JN415747

Brigham의 16e

재무관리

FUNDAMENTALS OF FINANCIAL MANAGEMENT

Fundamentals of Financial Management, 16th Edition

Eugene F. Brigham
Joel F. Houston

Original edition © 2022 Cengage Engineering, a part of Cengage Learning
Fundamentals of Financial Management, 16th Edition
by Eugene F. Brigham and Joel F. Houston
ISBN: 9780357517574

ISBN: 979-11-89607-65-4

Cengage Learning Korea Ltd.
14F YTN Newsquare 76 Sangamsan-ro
Mapo-gu Seoul 03926 Korea
Tel: (82) 2 330 7000
Fax: (82) 2 330 7001

Printed in Korea
Print Number: 01 Print Year: 2022

Brigham의 16e

재무관리

이현석 · 남두우 · 김 범 · 서지용 · 정병욱 공역

Cengage

Australia • Brazil • Canada • Mexico • Singapore • United Kingdom • United States

역자 서문

2008년의 금융위기와 2010년의 유럽 일부 국가의 부도위기, 2019년 발생한 코로나 바이러스의 팬데믹 등은 과거에는 상상하기 힘들었던 높은 수준의 경제 및 금융 관련 위험과 그 영향을 보여주고 있다. 양적완화와 정부지출의 확대, 낮은 이자율 등을 통해 경제위기와 저성장 기조를 타개하려던 각국의 노력은 최근 높은 인플레이션과 고금리, 재정적자 축소 등의 부메랑으로 되돌아오고 있다.

이러한 위험은 국내 및 해외시장에서 치열하게 경쟁하는 기업의 성과에 매우 중요한 영향을 미치고 있다. 얼마 전까지 매우 양호한 영업활동을 영위하던 기업도 경제상황과 시장의 변화에 따라 기업 경영의 불확실성이 크게 증가하여, 하루아침에 구조조정이나 파산에 몰리는 경우가 빈번하게 되었다. 특히 전 세계적인 저성장과 소비침체로 인해 각 기업의 성과도 크게 영향을 받으면서 지속적인 성장과 안정적 영업이 보장된 기업을 찾기가 어려워졌다. 끊임없이 변하는 경제 및 금융 상황에 제대로 대처하지 못하는 기업은 결국 시장에서 퇴출될 수밖에 없음을 국내외 다양한 기업 사례를 통해 확인할 수 있다.

이러한 시대적 상황은 금융 및 자본시장에 영향을 주고 있으며, 이는 기업의 투자와 자본조달, 자본관리, 거버넌스 등에도 많은 변화를 주고 있다. 기업 외부의 경제 및 금융환경 변화는 기업 경영에서 재무 관련 이슈의 중요성을 제고시키고 있다. 이를 고려하여 경영학의 재무분야에서도 많은 변화가 나타나고 있다. 재무분야는 새로운 재무이론과 기법, 최근의 경제 및 금융환경 등을 반영하기 위한 다양한 커리큘럼을 개발하고 있으며, 기존 과목의 콘텐츠를 보완하고 있다.

재무관리는 다양한 재무분야 커리큘럼을 시작하기 위한 기초과목이며, 재무분야 전반에 대한 기초지식을 제공하는 과목이다. 재무분야에 대한 다양한 교과목을 학습하기 위해서는 재무관리에 대한 지식 습득이 반드시 필요하다. 재무관리는 기업에 초점을 맞추고 있다. 재무관리는 재무제표에 대한 기초지식뿐만 아니라, 현금흐름, 시간가치, 주식 및 채권의 가격결정, 자본비용, 자본구조, 운전자본관리, 국제재무관리 등의 기본 개념을 제공하고 있다. 또한 최근의 재무관리 관련 교과서들은 최근의 경제 및 금융환경을 반영하여 파생상품과 혼합증권, 위험관리 등의 개념을 포함시켜 대상 범위의 폭을 넓히고 있다.

우리나라와 해외에 많은 재무관리 교재가 있지만 이들이 포함하고 있는 주요 내용은 대부분 큰 차이가 없다. 다만, 기본 개념에 대한 설명의 깊이와 충실함, 그리고 이해를 돕기 위한 예제 등에서 각각의 장단점을 갖고 있다. Brigham & Houston의

'*Fundamentals of Financial Management*'는 미국뿐만 아니라 전 세계 많은 대학에서 가장 많이 사용하는 교재 중의 하나이다. 이 책은 재무분야의 최근 학술 연구와 각종 발표자료 등을 반영하고 있으며, 재무관리의 기본 개념을 이해하기 쉽게 설명하고 있다. 또한 최신 기업 사례와 경제상황에 이들 개념을 적용함으로써 대학에서 강의를 수강하는 학생뿐만 아니라, 실무에서 재무관리 지식을 사용해야 하는 사람들에게도 매우 많은 도움을 주고 있다.

본서는 Brigham & Houston의 '*Fundamentals of Financial Management*' 16판을 우리말로 번역함으로써 이 책이 갖는 다양한 장점을 우리나라 대학과 실무에서 공유할 수 있도록 하고 있다. 역자들이 그동안의 강의 경험을 바탕으로 판단할 때, 본서는 재무관리가 갖추어야 하는 모든 개념을 망라하고 있을 뿐만 아니라 세밀한 설명과 사례 등을 통해 매우 쉽고 정확하게 그 개념을 나타내고 있다. 예를 들어, 다른 교과서와는 달리 이자지급 여부에 따라 부채와 채무를 엄격히 구분함으로써 잉여현금흐름의 측정이나 목표자본구조 등에 대한 이해를 보다 쉽게 설명하고 있다.

본서는 재무에 필요한 계산과정을 매우 구체적으로 언급함으로써 수학적 지식이 부족한 독자도 재무관리에서 요구하는 계산 문제를 다양한 방법을 통해 충분히 해결할 수 있도록 하고 있다. 또한 16판은 금융위기와 최근의 코로나바이러스 팬데믹 등에 대응하는 미국의 세제개혁, 금리정책, 기업들의 인수합병 동향 등 다양한 최신 사례를 제시하므로, 국내 및 해외에서 영업을 하는 기업에게 많은 재무적 시사점을 제공하리라고 확신한다.

14판에서는 원서에 포함되어 있던 실물옵션이나 파생상품, 국제재무 분야 등은 제외하고 재무관리에 포함되어야 할 기본적인 내용만 담았었다. 이는 우리나라 대부분의 대학에서 재무관리를 한 학기 동안 강의하고 있는 현실을 고려해 범위를 축소하는 것이 합리적이라고 판단했기 때문이다. 그러나 최근 재무관리를 두 학기에 걸쳐 강의를 하는 대학이 늘어나고 있으며, 또한 많은 독자들이 원서의 내용을 모두 다 제공해주기를 바라는 요구를 하고 있다. 따라서 이를 수용하여 16판에서는 실물옵션을 제외한 모든 설명과 문제 등을 세심하게 번역하여 수록하였다. 이로 인해 16판은 14판에 비해 역자의 수도 증가하였고, 역자들의 노력 또한 많이 필요하였다.

좋은 번역은 저자의 의도를 다른 언어로 이해하기 쉽게 설명하는 것이다. 다시 말해 역자가 저자의 표현을 충분이 이해하고, 이를 다른 언어로 재창조하는 것이 좋은 번역이라고 할 수 있다. 본서의 역자들은 저자의 의도를 이해하고, 저자가 제시하려는 정보를 우리말로 충분히 전달하기 위해 많은 시간을 할애했다. 의역과 직역을 혼합하면서 저자들이 세심하게 언급한 부분까지도 풀어서 설명하려고 했을 뿐만 아니라, 용어의 통일을 위해 우리나라에서 가장 많이 번역되거나 올바르다고 생각되는 우리말 어휘를 선택하려고 노력했다. 저자가 설명하는 내용을 독자가 우리글로 쉽게 읽고, 이해할 수 있다면 역자들은 매우 큰 보람을 느낄 것이다.

본서의 출판을 위해 시대가치 김광범 사장님과 편집실 임직원의 전폭적인 관심과 지원이 있었다. 특히 역자들의 작업에 대해 매우 꼼꼼하게 교정을 해준 편집실의 열정을 통해 이 책의 완성도를 높일 수 있었다. 이들 모두에게 깊은 감사의 마음을 전한다. 그렇지만 많은 노력에도 불구하고, 본서에 오류가 존재한다면 이는 역자들의 책임이고 몫임을 밝힌다.

옮긴이 일동
2022년 7월

저자 서문

43년 전에 본서의 초판이 발행되었을 때 저자들은 학생들에게 흥미롭고 이해하기 쉬운 원론 수준의 교재를 제공하고자 하였다. 본서는 발간 즉시 학부 수준의 재무관리 교재로 선도적 입지를 구축하고 유지하였다. 과거 출간판에서 지속하여 본 교재 16판에서 계속되는 목표는 재무관리 교재로서의 새로운 기준을 정립하고 이에 적합한 교재와 학습보조자료를 제공하는 것이다.

재무학은 매우 흥미롭고 지속적으로 변화하는 학문분야이다. 지난 판 발간 이후 글로벌 금융환경에 많은 중요한 변화가 발생했다. 이와 같이 변화하는 금융환경하에서 재무학은 매우 흥미로운 학습분야가 될 수 있다. 금번 16판에서는 재무학의 관점에서 이러한 변화를 발생시킨 주요 사건들이 강조되고 분석된다. 금융환경은 끊임없이 변화하고 있지만 지난 40여 년 동안 본 교재가 강조하고 검증된 이론들은 이제 그 어느 때보다 중요시되고 있다.

교재의 구조

본 교재의 목표 독자는 최초로 재무금융 과목을 수강하는 학생이다. 이 학생들 중 일부는 재무금융을 전공하기로 결정하고 계속해서 투자론, 금융시장론, 기업재무론 등의 후속 고급 과목을 수강할 것이다. 일부 학생들은 마케팅, 경영관리 등 재무금융분야 이외의 여타 전공을 선택할 것이다. 또는 일부 학생들은 경영학 이외의 분야를 주전공으로 선택하고 재무금융 및 여타 경영학 분야의 교과목을 수강할 수 있을 것이다.

본 교재의 과제는 이러한 모든 학생들에 적합한 교재를 제공하는 것이다. 따라서 본 교재는 화폐의 시간가치, 위험분석, 가치평가 등의 기본 주제를 포함하여 재무학의 핵심적 원리에 중점을 둔다. 또한 본 교재는 2가지 관점에서 이러한 주제들을 분석한다: (1) 현명한 투자대상을 선택하려는 투자자의 관점과 (2) 기업의 주식가치를 극대화하려는 경영자의 관점.

투자자와 경영자 모두 동일한 원리들을 이해해야 하므로 본 교재의 학습과정을 완료한 이후 학생들이 선택하는 다양한 진로와 상관없이 재무학의 핵심원리는 모든 학생들에게 공통적으로 중요한 학습주제이다.

교재의 구조를 기획할 때 저자들은 대부분의 학생들에게 중요한 재무금융의 핵심주제들을 선정하였다. 이와 같은 핵심주제들은 금융시장의 개요, 자산가치를 결정하는 현금흐름을 추정하는 방식, 화폐의 시간가치, 이자율의 결정요인, 위험분석의 기초, 채권의 가치평가, 주식의 가치평가 등을 포함한다. 처음 9개 장에서 이러한 핵심주제들을 학습한다.

본 교재를 학습하는 대부분의 학생들은 미래에 기업에서 근무할 것이므로 재무금융의 핵심원리들이 실제 기업실무에 적용되는 상황을 이해하는 것이 중요하다. 따라서 자본비용, 자본예산, 자본구조, 배당정책, 운전자본관리, 재무예측, 국제재무관리, 위험관리, 인수합병 등의 주제들에 대해서도 논의한다.

비재무금융 전공 학생들은 때때로 재무금융을 학습해야 하는 이유를 궁금해 할 수 있다. 저자들은 전공분야와 상관없이 모든 학생들이 시간가치, 위험, 시장, 가치평가 등의 개념을 이해할 필요가 있는지 명확히 알 수 있도록 본서의 구성을 기획하였다. 기본과정을 학습한 대부분의 학생들은 미래에 자금의 투자결정이 필요할 것으로 기대하며, 1장부터 9장까지 학습한 지식이 합리적인 투자결정에 매우 유용함을 알게 될 것이다.

또한 기업으로 진출하려는 학생들은 곧 자신의 성공을 위해 기업이 성공해야 한다는 사실을 깨닫고 10장부터 19장에 걸쳐 다룬 주제가 기업의 성공이라는 목표를 달성하기 위하여 매우 유용할 것이라는 것을 알게 될 것이다. 예를 들어, 자본예산에 대한 최적의사결정을 위해서 영업, 마케팅, 생산, 인사 담당자의 정확한 예측자료가 필요하고, 비재무 담당자들도 자신들의 업무가 기업의 이익과 미래 성과에 어떤 영향을 미치는지 이해할 수 있어야 한다.

각 장의 구성: 가치평가를 중심으로

교재 제1장에서 논의한 바와 같이, 미국 등 세계 각국의 기업 시스템에서 재무관리의 주요 목표는 기업가치를 극대화하는 것이다. 동시에, 저자들은 경영자가 기업의 주가를 올리기 위해 "필요한 것은 무엇이든" 하는 행위는 용납되지 않음을 강조한다. 경영자는 윤리적으로 행동할 책임이 있으며, 기업가치의 극대화를 위해 노력할 때 환경을 오염시키지 않으며, 부당노동행위에 관여하지 않으며, 독점금지법을 위반하지 않는 등의 법령 및 규제를 준수해야 한다.

제1장에서는 가치평가의 개념에 대해 논의하고 그것이 미래 현금흐름과 위험에 어떻게 의존하는지 설명하고 기업가치의 극대화가 사회 전반에 유익한 이유를 제시한다. 가치평가의 개념은 본 교재 전반에 걸쳐서 공통되는 주제이다.

주식과 채권의 가치는 금융시장에서 결정되기 때문에 금융시장에 대한 이해는 재무금융 분야에 종사하는 모든 사람에게 필수적이다. 따라서 제2장에서는 주요 유형의 금융시장, 투자자가 역사적으로 다양한 유형의 증권에 대해 얻은 수익률 및 이러한 증권에 내재된 위험을 학습한다. 이와 같은 학습내용은 재무금융 분야에서 종사하는 모든 사람에게 중요하며 또한 금융자산을 보유하고 있거나 보유하고자 하는 사람에게도 중요하다. 또한 제2장에서 저자들은 금융위기와 코로나바이러스 팬데믹의 여파로 발생할 수 있는 금융시장의 환경변화를 학습한다.

자산가치는 기본적으로 재무제표에 보고된 수익과 현금흐름에 의하여 결정된다. 따라서 저자들은 제3장에서 재무제표를 학습하고, 제4장에서 회계자료를 분석하여 기업이 과거에 얼마나 잘 운영되었고 미래에 얼마나 잘 수행할 것인지 추정하는 방법을 학습한다.

제5장에서는 재무금융에서 가장 기본적인 개념인 화폐의 시간가치(time value of money: TVM)를 학습한다. 화폐의 시간가치 개념을 기본으로 하여 구성된 가치평가 모형은 현금흐름, 위험, 이자율 등의 요소를 종합적으로 고려한 모형으로서 본 교재 전반에 걸쳐서 적용 · 활용된다. 따라서 학생들은 제5장을 학습하는 데 충분한 시간을 할애해야 한다.

제6장에서는 자산가치를 결정하는 핵심요소인 이자율을 분석한다. 위험, 인플레이션, 유동성, 경제 전반의 자본의 공급과 수요, 미국 연방준비제도이사회(FRB)의 통화정책 등의 요인들이 이자율에 미치는 영향을 토론한다. 이자율의 결정에 대한 논의는 제7장의 채권과 제8장, 제9장의 주식의 가치평가에 대한 주제로 직접 연결되며, 기본적인 TVM 모형을 적용하여 채권, 주식, 여타 유형의 금융자산의 가치를 평가하는 방식을 학습한다.

교재 제1장부터 제9장에 걸쳐서 학습되는 기초적인 재무금융 핵심원리들은 투자자와 기업 경영자 모두에게 필수적인 주제들이다. 관련 개념 및 용어들은 통상적으로 기업실무에 사용된다. 따라서 제1장부터 제9장까지는 가치평가에 필요한 개념과 모형의 설명과 이해에 중점을 두었고, 제10장부터 제19장은 경영자가 기업가치를 극대화하기 위해 취할 수 있는 구체적인 행위와 의사결정에 초점을 두었다.

경영학 전공 학생들 중에서 일부는 재무금융을 전공할 계획이 없기 때문에 기업재무와 관련된 본 교재의 장들이 자신과 특별히 관련이 없다고 생각할 수 있지만 이는 잘못된 생각이다. 저자들은 본 교재 전반에서 기업의 중요한 재무금융 의사결정에는 마케팅, 회계, 생산 등 여러 부문이 모두 관련되어 있음을 보여주고자 한다. 자본예산은 재무적 문제이지만 마케팅 담당자는 가능한 예상 매출액, 판매가격 등에 대한 자료를 제공하고, 생산부문 담당자는 제품원가, 고용비용 등에 대한 자료를 제공한다. 또한 자본예산 의사결정은 기업규모, 생산제품, 이익수준, 주식가치 등에 영향을 미치며, 이러한 요소들은 CEO에서 우편물 담당직원에 이르는 기업의 모든 임직원들에 영향을 미친다.

16판에서 추가된 혁신적인 내용

15판이 출간된 이후로 미국의 금융시장과 기업에서 중대한 변화가 발생했다. 16판에서 저자들은 이러한 역동적인 금융환경 변화를 반영하기 위하여 중요한 변경사항을 추가하였다. 다음은 보다 중요한 변경사항에 대한 간략한 요약이다.

1. 오늘날의 학생들은 미래의 기업, 정부, 비영리기관 등의 리더가 될 것이며, 따라서 재무금융의 핵심원리와 금융시장 및 기관이 경제에 미치는 중요한 영향을 이해하는 것이 필수적이다. 본 교재의 15판 출간 이후에 많은 주요 사건들이 금융시장과 경제 전반에 상당한 영향을 미쳤다. 특히 코로나바이러스 팬데믹은 세계 경세를 극적으로 변화시켰고 우리 시회의 많은 부분에 중대한 영향을 미쳤다. 본문에서 강조하는 것처럼 이러한 변화 중 많은 부분이 재무적 의사결정의 많은 요소에 영향을 미쳤으며, 이러한 변화 중 어떤 것은 장기간 오래 지속될 수 있다. 주요 사건으로 2016년 11월 도널드 J. 트럼프 대통령의 깜짝 당선, 2020년 선거를 둘러싼 불확실성, 미국 내 소요 사태 등이 있다. 당연히 이러한 사건은 기업의 의사결정과 정부의 정책에 영향을 미쳤고 금융시장에 심각한 영향을 미쳤다. 연방준비은행은 팬데믹에 대응하여 이자율을 역사적으로 낮은 수준으로 낮추었고, 경제 전반이 최근의 여러 사건들을 극복했다고 확신할 때까지 기준금리를 낮게 유지할 것으로 예상된다. 또한 주식시장에서 상당한 변동성을 목격했다. 5년 반 동안의 극적인 상승 이후, 시장은 팬데믹이 닥치기 직전에 기록적인 최고 수준에 도달했다. 팬데믹 초기에 주가가 크게 폭락했지만 시장은 빠르게 반등했고 2020년 10월에 다시 사상 최고 수준에 도달했다. 16판 전반에서 본 교재는 이러한 사건들과 금융시장 및 기업 경영자, 투자자, 기업, 정부의 정책입안자 등을 위한 재무금융의 기초적인 핵심 원리 및 개념을 설명한다.

2. 2017년 12월 미국 의회는 세금감면 및 고용법(TCJA)을 통과시켰다. 본 교재는 세금감면 및 고용법(TCJA)의 주요 특징과 영향을 설명하였다. 보다 구체적으로, 제3장(재무제표, 현금흐름, 세금)에서 새로 개정된 예시 재무제표와 개인 및 법인 세율 및 세금 규정에 대한 논의에 세금감면 및 고용법(TCJA)의 영향을 설명하였다. 제10장(자본비용)에서는 기업의 자본 구성요소와 세금감면 및 고용법(TCJA)이 기업의 세후 부채비용 및 WACC에 미치는 영향에 대해 논의한다. 제12장(현금흐름의 추정 및 위험분석)에서는 특정 신규 및 중고 자산의 즉각적인 100% 상각과 낮은 법인세율로 인한 프로젝트의 잉여현금흐름에 대한 세금감면 및 고용법(TCJA)의 영향을 학습한다. 제13장(자본구조와 레버리지)에서는 낮은 법인세율이 기업의 최적자본구조에 미치는 영향을 학습한다. 제14장(주주에 대한 분

배: 배당과 자사주매입)에서는 기업 배당 제외 비율의 변경에 대해 논의한다. 제 16장(재무계획 및 재무예측)에서는 낮은 법인세율이 기업의 추정 재무제표 및 관련 추정 비율에 미치는 영향을 토론한다. 마지막으로 관련 장들의 마지막 부분의 문제들도 수정하고 최근 조치의 영향을 고려하여 다양한 학습보조자료들을 업데이트하였다.

3. 16판에서 본 교재는 증가하는 세계화와 변화하는 기술의 중요한 영향을 계속해서 강조한다. 이러한 영향은 새로운 기회를 창출했을 뿐만 아니라 개인과 기업에 새로운 위험의 원천을 생성했다. 특히, 15판 이후 FANG(Facebook, Amazon, Netflix, Google의 첫 알파벳)의 주가가 경이적으로 상승했다. SNAP 및 Alibaba의 기업공개(IPO), Uber 및 Airbnb의 파괴적인 영업확대, Bitcoin 및 기타 암호화폐의 지속적인 가격 상승, 몇몇 대규모 합병 등이 이 기간에 목격되었다.

4. 교수와 학생들은 흥미롭고 관련성 있는 실제 사례의 중요성을 지속적으로 강조한다. 16판 전반에 걸쳐 최근 사건이 본문에서 다루는 핵심 개념을 이해하는 데 도움이 되는 몇 가지 새로운 사례와 사건이 추가되었다. 실제 기업에 영향을 미치는 각 장의 핵심 개념을 이해하는 데 도움이 되는 몇 가지 다음과 같은 새로운 사례들을 박스 형태로 추가하였다. 3장: "2000–2019년 가계 및 비영리기업의 총 재무상태표에 대한 요약"; 3장: "미국 의회는 2017년에 대폭 수정한 세제개혁법안을 통과시켰다"; 3장: "전 세계의 법인세율"; 6장 도입글: "이자율이 사상 최저로 하락하다"; 6장: "역 수익률곡선은 경기침체가 온다는 신호인가?"; 8장: "분산투자의 중요성을 조명한 최근의 연구"; 9장: "코로나바이러스와 주식시장"; 14장: "코로나바이러스로 인해 배당을 감축 또는 유예한 기업이 늘어났다"; 14장: "자사주매입이 공격받고 있다"; 17장: "트럼프 대통령이 새로운 관세를 부과하다"; 17장: "탈세계화의 시대"; 19장 도입글: "Disney 미디어 제국의 확장." 또한 실제 데이터를 제공하는 많은 표들을 확장 및 업데이트하였으며 "한걸음 더(Taking A Closer Look)" 문제도 업데이트하였다. 마지막으로, 항상 그렇듯이 각 장의 도입글을 크게 변경하였다.

5. 행동재무이론은 재무금융 분야 학술연구에 계속해서 중요한 영향을 미치고 있으며 많은 연구자, 실무자 등의 금융시장과 기업재무에 대한 사고방식에 변화를 가져왔다. 여기에 더하여 우리는 증권화의 중요성, 파생상품의 역할 그리고 헤지펀드, 뮤추얼펀드 및 사모펀드의 증가하는 중요성을 계속 강조한다.

6. 제1장에서 페이지 여백에 있는 용어 정의를 추가하고 환경, 사회 및 지배구조(ESG)의 측정치에 대하여 토론한다.

7. 제4장에서는 재고자산회전율을 매출액보다는 매출원가를 사용하여 표준화하여 측정하는 실무 및 재무금융분야 학술지/간행물상의 관행을 반영하도록 재고자산회전율의 정의를 수정하였다. 따라서 본 교재에서 재고자산회전율은 매출원가를 사용하여 측정된다. 이와 같은 변경사항을 반영하기 위해 제4장의 마지막 부분의 연습문제와 컴퓨터 모형을 업데이트하였다. 또한 EV/EBITDA비율에 대한 논의를 확대하여 다른 금융청구권들의 의미를 명확히 하였다.
8. 제17장에서 현재 세계경제 상황을 반영하기 위해 환율 자료를 업데이트하였다. 이에 따라 "Big Mac(빅맥)에 굶주렸는가? 남아프리카로 가자", "세계의 주가지수들", "국제주식에 대한 투자" 등을 토론하는 박스가 추가되었다.

본 교재를 수정할 때 교재를 보다 읽기 쉽고 학생들에게 적정한 주제를 토론할 수 있도록 만들기 위한 제안을 제공하는 검토자들에게 크게 의존한다. 서문 뒷부분에서 이 검토자들에게 특별한 감사를 드린다. 검토자들의 의견과 제안 사항은 확실히 본 교재의 16판을 개선하는 데 도움이 되었다.

교재의 오류 수정

이 시점에서 대부분의 저자는 다음과 같은 언급을 한다. "위에 나열된 사람들로부터 받은 모든 도움에 감사드린다. 그러나 나머지 오류는 물론 우리 자신의 책임이다." 실제로 남아 있는 오류가 적지 않을 것이다! 학생이자 교수로서 스스로 오류로 어려움을 겪은 저자들은 본 교재의 16판에서 이 문제를 피하기로 결정했다. 탐지절차의 결과, 저자들은 일부 오류가 남아 있다고 확신하지만 주로 다음 인쇄에서 수정할 수 있도록 누락되었을 수 있는 오류를 감지하고 싶기 때문에 인쇄된 교재 또는 해당 전자책의 오류를 최초로 신고한 사람에게 10달러의 보상을 제공하기로 결정하였다. 이와 같은 보상의 대상이 되는 본 교재의 오류는 철자가 틀린 단어, 반올림되지 않은 숫자 오류, 잘못된 설명 및 이해를 방해하는 기타 오류로 정의된다. 불규칙한 간격 및 문법 또는 구두점 규칙에 대한 의견 차이와 같은 조판 문제는 이 보상의 대상이 될 수 없다. 끊임없이 변화하는 World Wide Web의 특성을 감안할 때 웹주소의 변경도 오류로 간주되지 않지만 이에 대한 업데이트는 저자들에게 도움이 될 것이다. 마지막으로, 후속효과가 있는 것으로 판정된 오류는 2개의 오류로만 계산된다. 본 교재 16판의 오류를 발견하는 경우 bhfundamentals@gmail.com으로 이메일을 보내거나 아래 주소로 일반우편으로 Joel Houston에게 송부 바란다.

결론

재무금융은 진정한 의미에서 기업 시스템의 초석이다. 우수한 재무관리는 모든 기업의 경제적 건전성과 개별 국가 및 전 세계의 경제적 건전성에 매우 중요하다. 재무금융은 그 중요성 때문에 광범위하고 철저하게 이해해야 하지만 쉽지 않은 분야이다. 재무분야는 본질적으로 복잡하고 경제상황의 변화로 인하여 끊임없이 변화한다. 이 모든 것이 재무금융 학습을 자극적이고 흥미롭게 하지만 또는 도전적이고 때로는 당혹스럽게 만든다. 저자들은 본 교재의 16판이 학생들로 하여금 금융시스템을 더 잘 이해하는 데 기여함으로써 재무금융 분야에서 그들의 도전적 과제를 해결하는 데 효과적으로 활용될 수 있기를 진심으로 바란다.

EUGENE F. BRIGHAM
JOEL F. HOUSTON
Warrington College of Business
University of Florida
P.O. Box 117168
Gainesville, FL 32611-7168

bhfundamentals@gmail.com

November 2020

차 례

Brief Contents

PART 1
재무관리 개관

01 재무관리 개요 / 3

02 금융시장과 금융기관 / 39

PART 2
재무관리의 기본 개념

03 재무제표, 현금흐름, 세금 / 85

04 재무제표 분석 / 141

PART **4**

장기 자산 투자: 자본예산

10 자본비용 / 475

11 자본예산의 기초 / 517

12 현금흐름의 추정 및 위험분석 / 561

PART 5 자본구조와 배당정책

13 자본구조와 레버리지 / 611

14 주주에 대한 분배: 배당과 자사주매입 / 667

PART 6
운전자본관리, 재무예측 및 다국적기업의 재무관리

15 운전자본관리 / 713

16 재무계획과 재무예측 / 767

17 다국적기업의 재무관리 / 801

PART 7 재무관리의 특수주제

18 파생상품과 위험관리 / 849

19 합병과 인수 / 903

PART 1

재무관리 개관

01 CHAPTER

재무관리 개요

올바른 균형 잡기

1776년 아담 스미스는 '보이지 않는 손(invisible hand)'이 이익을 추구하는 기업에서 어떻게 작동하는지를 설명하였으며, 또한 그 손이 기업으로 하여금 사회에 도움이 되는 의사결정을 하도록 한다고 주장하였다. 스미스는 이러한 통찰을 통해 이익극대화가 기업의 올바른 목표이며, 자유기업체제가 가장 바람직한 경제시스템이라고 결론을 내렸다. 그러나 세상은 1776년 이후 많이 변하였다. 오늘날 기업의 규모는 이전과 비교해 매우 커졌으며, 국경선을 넘어 세계 곳곳에서 영업을 하고 있다. 또한 수천 명의 종업원이 기업에서 일하고 있으며, 수백만 명의 주주가 기업을 소유하고 있다. 이러한 상황은 '보이지 않는 손'을 계속 추종하는 사람들에게 다음과 같은 의문을 불러일으킨다. 기업은 여전히 이익극대화를 추구해야 할까? 아니면 고객과 종업원, 공급사 및 사회 전체의 이익을 모두 고려해야 하는가? 여러 이해관계자의 이익을 고려하여 적절한 균형을 취해야 하는가?

오늘날 많은 학자와 재무 전문가는 아담 스미스의 이론을 수정한 다음과 같은 생각에 동의하고 있다.

- 기업의 주요 재무목표는 주주의 부를 극대화하는 것이며, 이는 주식가치의 극대화를 의미한다.
- 자유기업은 오늘날에도 사회 전체를 위한 최선의 경제시스템이다. 자유기업체제에서 기업은 개인과 사회가 원하는 제품과 서비스를 자유롭게 개발할 수 있다.
- 그러나 몇 가지 제약이 기업에게 필요하다. 기업은 공기와

수질을 오염시켜서는 안 되며, 불공정한 고용을 하거나 소비자에게 해를 끼치는 독점도 해서는 안 된다.

기업에 대한 제약은 다양한 형태로 나타나고 있다. 제약의 첫 번째 형태는 기업이 사회에 피해를 주는 경우 벌금과 같은 비용을 부담시키는 것이다. 또 다른 형태의 제약은 정치적 과정을 통해서 나타나며, 이는 기업이 사회에 피해를 주지 못하도록 광범위한 규제를 설정하는 것이다. 기업이 부담하는 이러한 비용은 기업으로부터 피해를 본 당사자에게 직접적인 물질적 보상을 해주는 것 이외에도 기업이 유사한 사건을 저지르지 못하도록 유도하는 기능도 한다.

2007년과 2008년의 금융위기는 이러한 점을 잘 보여주고 있다. 월스트리트(Wall Street)의 금융기관들은 매우 위험이 큰 거래를 함으로써 금융시스템을 붕괴 직전으로 만들었다. 금융시스템을 살리기 위해 은행과 기타 금융기관에 대해 긴급구제를 했으며, 이러한 긴급구제를 위해 납세자는 막대한 비용을 부담하였다. 이로 인해 경제는 깊은 침체의 늪에 빠졌다. 사회 전체가 막대한 희생을 치렀지만 이와 동시에 금융기관도 엄청난 대가를 지불했다. 수많은 대형 금융기관의 주가는 폭락하였으며, 대형 금융기관의 일부는 파산하여 폐업했고, 월스트리트 금융기관의 많은 경영진은 실직했다. 이러한 희생을 치렀지만 향후 또 다른 금융위기가 발생하지 않는다고 말할 수 없다. 많은 사람들은 금융위기를 통해 시장은 정상 작동하지 않으므로 금융부문에 대한 보다 강력한 규제가 필요하다고 주장하고 있다. 예를 들어, 노벨상 수상자인 Joseph Stiglitz는 최근의 저서에서 규제 강화를 강력히 주장했다. 반면, 다른 정치적 신념을 가진 사람들은 과도한 규제로 인한 피해를 걱정하고 있다.

금융위기 이후, 법과 규제만으로 기업이 사회의 이익을 위해 행동하도록 할 수 있는지에 대한 의문이 생겼다. 주주의 부를 극대화할 필요성을 느낀 기업의 수가 많이 증가하고 있지만 기업은 주주를 위해 돈을 버는 것 이상의 사명이 있다는 것도 알고 있다. 구글의 모회사인 알파벳(Alphabet)의 좌우명은 '올바른 일을 하자. 법을 준수하고, 명예롭게 행동하며, 서로를 존중하자.'이다. 이를 실천하기 위해 알파벳은 사내 기금을 통해 전 세계의 다양한 자선사업에 많은 지원을 하고 있다.

마이크로소프트는 사회적 책임을 잘 수행하는 대표적 기업이다. 마이크로소프트의 최고경영자인 Satya Nadella는 마이크로소프트가 주주들에게 발표한 '2019년 기업의 사회적 책임 보고서'에서 보다 폭넓은 사명을 다음과 같이 강조했다.

> **지구상의 모든 사람과 모든 조직이 보다 많은 것을 성취하도록 하자**는 우리의 사명은 그 어느 때보다 중요합니다. 많은 사람이 사회 전체에 미치는 기술의 영향력에 대해 잘 알고 있는 이 시점에서 우리의 사명은 더욱 빛나고 있습니다. 이러한 사명은 우리가 만드는 기술이 지구 자체를 포함하여 지구상의 모든 사람에게 항상 혜택을 줄 수 있도록 해야 한다는 커다란 책임감에서 나온 것입니다. 우리 회사의 플랫폼과 도구는 중소기업의 생산성을 높이고, 다국적기업의 경쟁력을 높이며, 비영리단체와 정부의 효율성을 높이는 데 도움을 주고 있습니다. 그것들은 의료 및 교육의 성과를 향상시키며, 인간의 창의력을 발전시키고, 또한 모든 사람이 더 높은 곳에 도달할 수 있도록 해주고 있습니다.

이와 함께 2019년 주요 기업 임원들의 모임인 비즈니스 라운드테이블(Business Roundtable)은 기업이 주주의 이익만을 추구할 것이 아니라, 이해 당사자의 광범위한 이해관계에 대해서도 관심을 가져야 한다는 성명을 발표했다.

많은 기업과 개인이 사회적 책임을 다하기 위한 노력을 보여주기 위해 의미 있는 행동을 해왔지만 기업 경영자는 주주와 이해관계자 사이의 균형을 잡는데 여전히 어려움을 갖고 있다. 기업은 실제로 다양한 구성원 사이의 갈등에 노출되어 있다. 예를 들어, 기업은 일부 직원을 해고하여 주주가치를 향상시키거나, 반대로 환경을 개선하는 정책을 실행하면서 주주가치를 감소시키기도 한다. 또한 페이스북 및 구글과 같은 선도적인 기술 회사가 사용자의 개인정보를 취급했다는 이유로 문제가 되는 사례도 있었다. 이러한 문제가 발생하면 경영자는 충돌하는 이해관계의 균형을 맞추려고 하거나 혹은 특정 구성원의 이익만을 추구하려고 한다. 최근에는 코로나 바이러스 대유행으로 인한 혼란 속에서 모든 기업이 다양한 구성원의 이해관계를 조정해야 한다는 압력을 많이 받고 있다. 결국 모든 기업은 여러 구성원의 이해관계 속에서 올바른 균형을 잡기 위해 노력할 것이다. 현명한 경영자는 기업의 생존을 위해서는 돈 이외의 더 많은 것이 필요하다는 것을 알고 있다. 그러나 좋은 일을 하려면 돈이 필요할 때가 많다.

출처: "Microsoft 2019 Corporate Social Responsibility Report," microsoft.com/en-us/corporate-responsibility/reports-hub, October 16, 2019; "Microsoft 2019 Annual Report," microsoft.com/investor/reports/ar19/index.html, October 16, 2019; "Business Roundtable Redefines the Purpose of a Corporation to Promote 'An Economy That Serves All Americans,'" businessroundtable.org/businessroundtable-redefines-the-purpose-of-a-corporation-to-promote-an-economy-that-serves-all-americans, August 19, 2019; Kevin J. Delaney, "Google: From 'Don't Be Evil' to How to Do Good," *The Wall Street Journal*, January 18, 2008, pp. B1－B2; Joseph E. Stiglitz, *FreeFall: America, Free Markets, and the Sinking of the World Economy*(New York: W.W. Norton, 2010); and Joseph E. Stiglitz, *The Price of Inequality*(New York: W.W. Norton, 2012).

학습개요 및 목표

이 장에서는 재무관리가 무엇인지에 대해 설명할 것이다. 먼저 재무가 기업환경 전체와 어떠한 관련을 갖는지를 언급하고, 기업의 다양한 업무 수행에 재무 관련 지식이 어떤 도움을 줄 수 있는지 보여줄 것이다. 또한 기업 조직의 다양한 형태에 대해서도 설명할 것이다. 기업 경영자의 목표는 주주의 부를 극대화하는 것으로서 이는 주식가치를 극대화시키는 것과 같은 의미이다. 우리가 "주식가치를 극대화한다"는 말을 할 때의 주식가치는 현재 시점의 주식가치가 아니라 "참된, 장기 가치(true, long-run value)"를 의미한다. 이 장에서 우리는 경영자가 장기 주식가치 극대화에 초점을 맞추게 하기 위해 기업이 경영자에게 적절한 인센티브를 어떻게 제공해야 하는지를 설명할 것이다. 훌륭한 경영자는 기업윤리의 중요성을 이해하며, 장기 가치를 극대화하기 위해 사회적 책임도 이행해야 함을 인식하고 있다.

이 장을 마치면 다음 과제를 수행할 수 있어야 한다.

- 재무의 역할과 다양한 재무 관련 직업을 설명할 수 있다.
- 다양한 기업 조직형태에 대한 장점과 단점을 알 수 있다.
- 주식가치, 내재가치, 경영자 보상 사이의 관계를 설명할 수 있다.
- 기업 내에서 발생할 수 있는 주주와 경영자 및 주주와 채권자 사이의 잠재적 갈등을 파악하고, 기업이 이러한 갈등을 완화하기 위해 사용할 수 있는 방법을 설명할 수 있다.
- 기업윤리의 중요성과 비윤리적 행위의 결과를 논할 수 있다.

1-1 재무란?

「웹스터(Webster)」 사전에서 재무(finance)는 "통화의 순환, 신용공여, 투자결정, 금융서비스의 제공 등을 포함하는 시스템"으로 정의하고 있다. 재무는 다양한 측면을 가지고 있어 한 가지로 압축해서 정의하기 어렵다. 이 절에서는 재무 전문가가 어떤 일을 하며, 여러분이 졸업 후에 재무분야에 취업한다면 무슨 업무를 하는지에 대해 설명할 것이다.

1-1A 재무의 영역

대학에서 배우는 재무는 일반적으로 다음 세 가지 영역으로 나눌 수 있다. (1) 재무관리, (2) 자본시장, (3) 투자론.

재무관리(financial management) 또는 기업재무(corporate finance)는 어느 정도의 다양한 자산을 취득해야 하는지, 자산 매입에 필요한 자본을 어떻게 조달할지, 부의 극대화를 위해 기업을 어떻게 운영할 것인지 등과 관련한 의사결정에 초점을 맞춘다. 이러한 원리는 영리기업과 비영리기업 모두에 동일하게 적용할 수 있다. 이 책의 제목이 나타내는 것처럼 이 책의 대부분은 재무관리를 설명하고 있다.

자본시장(capital markets)은 주식 및 채권 가격을 포함하여, 이자율을 결정하는 시장과 관련되어 있다. 여기서는 또한 기업에 자본을 공급하는 금융기관에 대해서도 공부한다. 은행, 투자은행, 주식 브로커, 뮤추얼펀드, 보험회사 및 기타 금융기관은 돈을 갖고 있는 “저축자”의 자금을 모아 다양한 목적으로 자본이 필요한 기업, 개인, 기타 단체에 이를 제공하고 있다. 은행을 규제하고 통화의 공급을 통제하는 중앙은행과 공개시장에서 주식과 채권의 거래를 규제하는 증권거래위원회(Securities and Exchange Commission: SEC) 등의 정부 기구에 대해서도 자본시장에서 학습한다.

투자론(investment)은 주식과 채권에 관한 의사결정에 대해 설명하며, 다음 몇 가지 활동에 대해 논한다. (1) **증권분석**은 개별 증권(즉, 주식과 채권)의 적정 가치를 찾는 작업에 대해 설명하며, (2) **포트폴리오 이론**은 주식과 채권을 “결합(baskets)”해 최적 포트폴리오를 어떻게 구성할 것인지를 설명하는 내용이다. 합리적 투자자는 위험을 줄이기 위해 다양한 포트폴리오를 구성하고 싶어 하며, 적절히 균형 잡힌 포트폴리오를 선택하는 것은 모든 투자자에게 중요한 이슈이다. (3) **시장분석**은 어떤 특정 시점에서 주식과 채권 시장이 “과열”, “침체” 혹은 “적정”한지에 대한 이슈를 취급한다. **행태재무학**도 시장분석에 포함되며, 행태재무학에서는 주가가 투기적 거품으로 인해 비정상 수준으로 상승하고 있는지 혹은 비합리적 비관주의로 인해 비정상적으로 하락하고 있는지를 파악하기 위해 투자자의 심리를 살펴본다.

위에서는 세 영역을 분리해서 설명했지만 이들은 상호 밀접히 연관되어 있다. 금융기관은 자본시장 영역에서 학습하지만 기업의 대출 요구를 평가하는 은행의 대출담당자는 올바른 결정을 위해 기업재무를 이해해야만 한다. 마찬가지로 은행과 협상을 하는 기업의 재무담당자는 “합리적” 조건으로 대출받기 위해 금융업무를 이해해야 한다. 또한 주식의 참된 가치를 결정하려는 증권분석가는 그의 업무를 위해 기업재무와 자본시장을 이해해야 한다. 모든 형태의 재무적 의사결정은 이자율 수준에 의존한다:

따라서 기업재무, 투자, 금융기관에 종사하는 모든 사람은 이자율과 관련된 사항을 알아야 하며, 이자율이 어떻게 결정되는지도 알아야 한다. 이러한 상호의존성을 고려하여 이 책은 세 가지 영역 모두를 설명하고 있다.

1-1B 조직 내부의 재무

CFO의 임무는 수년간 확대되었다. CFO 매거진의 온라인 서비스인 cfo.com은 CFO가 새로운 책임을 다하는 데 도움을 주는 재무 관련 기사를 적시에 제공해주고 있다.

대부분의 영리 및 비영리 기업은 [그림 1.1]과 유사한 조직구조를 가지고 있다. 이사회는 최고관리기관이며, 이사회의 의장은 일반적으로 기업 내에서 가장 높은 직위에 있다. 그 다음 직위는 CEO(chief executive officer)이며, 이사회 의장이 겸직하는 경우가 많다. CEO 다음 직위는 운영담당 최고경영자(chief operating officer: COO)로서, COO는 사장직을 겸직하는 경우가 많으며, 회사의 운영업무를 담당하여 마케팅, 제조, 영업과 다른 운영부서들을 관장한다. CFO(chief financial officer)는 일반적으로 선임 부사장으로, 회사 내에서는 세 번째로 높은 지위에 있다. CFO는 회계, 자금, 신용정책, 자산투자결정 업무와 주주 및 언론과의 의사소통을 포함한 투자자관계(Investor Relations: IR) 업무를 담당한다.

사베인즈-옥슬리 법 (Sarbanes-Oxley Act)
자사의 재무제표가 정확하게 작성되었다는 것을 CEO와 CFO가 보증하도록 요구하는 미국 의회의 법안

공개기업의 CEO와 CFO는 주주에게 제출하는 보고서 특히 연차보고서(annual report)가 정확하게 작성되었다는 것을 증권거래위원회(Security Exchange Commission: SEC)에 보증하여야 한다. 보고서가 부정확한 것으로 밝혀지면, CEO와 CFO는 벌금형 혹은 실형을 받을 수 있다. 이러한 의무는 2002년에 만들어진 **사베인즈-옥슬리 법**(Sarbanes-Oxley Act)에 규정되어 있다. 미국 의회는 지금은 존재하지 않는 엔론(Enron)이나 월드콤(WolrdCom)을 비롯해 여러 기업이 저질렀던 기업 부정 사례를 방지하기 위해 이 법을 제정하였다. 엔론이나 월드콤은 거짓 정보를 발표함으로써 투자자와 종업원, 공급자에게 수십억 달러의 피해를 입혔다.

1-1C 재무와 경제학 및 회계의 관련

오늘날 우리가 알고 있는 재무는 경제학 및 회계와 밀접한 관련을 갖고 있다. 경제학자는 자산의 가치가 자산이 제공하는 미래 현금흐름에 의해 결정된다는 개념을 제공했으며, 회계담당자는 현금흐름의 크기에 관한 정보를 제공했다. 재무에 종사하는 사람들은 경제학과 회계 모두에 대한 지식이 필요하다. [그림 1.1]은 현대 기업에서 회계부서가 CFO의 통제를 받고 있음을 보여주고 있다. [그림 1.1]은 또한 재무와 경제학, 회계 사이의 관계를 나타내고 있다.

[그림 1.1] 재무 관련 조직

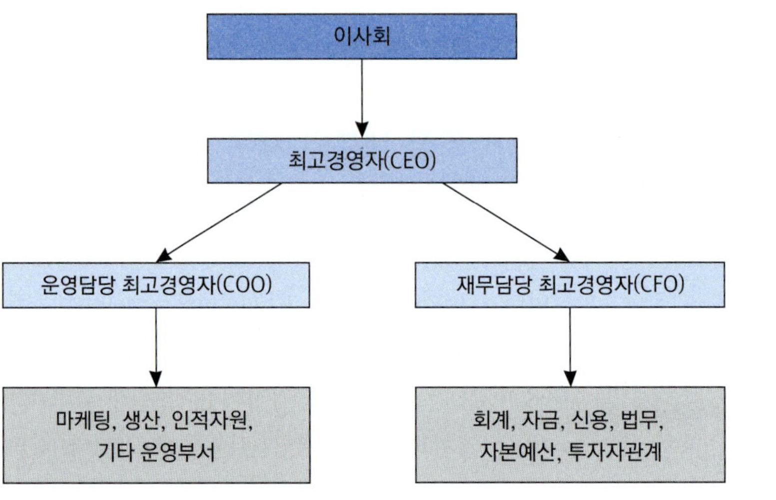

셀프 테스트

- 이 책이 다루는 세 가지 재무의 영역은 무엇인가? 이들 영역은 서로 독립적인가? 혹은 한 가지 영역에 종사하는 사람은 나머지 영역 각각에 대한 지식을 가져야 하기 때문에 각 영역은 상호 관련이 있는가?
- CFO는 어떤 사람이며, 기업의 어떤 직위에 있는가? CFO의 책임은 무엇인가?
- 병원이나 대학과 같은 비영리조직에 CFO가 있는 것이 적절한가? 그 이유는 무엇인가?
- 경제학, 재무, 회계 사이의 관계를 설명하라.

1-2 재무분야의 직업

재무관련 직업 정보는 allbusinessschools.com/business-careers/finance/job-description에서 얻을 수 있다. 이 웹사이트는 재무분야에 대한 다양한 직업 정보를 제공해주고 있다.

재무를 공부하면 금융, 투자, 보험, 기업, 정부 등에서 일자리를 얻을 수 있다. 회계를 공부하는 학생은 마케팅, 경영관리 및 인적자원 관리 등도 학습할 필요가 있다. 이들은 또한 재무를 이해할 필요가 있으며, 이는 재무가 다양한 경영 의사결정에 영향을 미치기 때문이다. 예를 들어, 마케팅담당자가 광고 프로그램을 제안하는 경우 재무담당자는 광고가 기업의 수익성에 어떤 영향을 미치는지를 판단하기 위해 이들 프로그램을 검토한다. 따라서 효율적인 마케팅 계획을 수립하기 위해서는 마케팅담당자도 재무에 대한 기본 지식을 알고 있어야 한다. 이는 경영관리에도 적용된다. 실제로 중요한 경영 의사결정이 기업가치에 어떤 영향을 미치는지 평가할 필요가 있다.

또한 재무는 기업이 아닌 개인의 일상생활에서도 중요하다. 몇 년 전 대부분의 종업원은 고용주로부터 퇴직연금을 받았으므로, 개인이 투자를 관리할 필요가 없었다. 그러나 이제는 더 이상 그렇지 않다. 오늘날 대부분의 기업은 "확정 기여형(defined contribution)" 연금 플랜을 제공하고 있으며, 이는 매년 기업이 일정 금액을 종업원의 계좌에 입금하는 것이다. 종업원은 이 자금을 주식이나 채권 혹은 단기금융자산에 어떻게 배분해서 투자할 것인지 혹은 주식이나 채권 투자를 할 때 어느 정도의 위험을 감수할 것인가를 알아야 한다. 이와 관련한 의사결정은 개인의 삶에 중대한 영향을 미치며, 이 책의 내용은 개인의 투자 의사결정 기법을 향상시키는 데 도움을 줄 수 있다.

1-3 기업의 조직 형태

efinancialcareers.com은 재무 및 회계 분야에서 근무하는 사람의 정보를 포함하여 재무 직업 관련 뉴스와 조언을 제공하고 있다.

기업의 조직 형태나 규모와 무관하게 재무관리의 원칙은 동일하다. 그러나 기업의 법적 구조는 기업 운영에 영향을 미치므로 이는 반드시 알고 있어야 한다.

기업 조직의 네 가지 주요 형태는 (1) 개인기업(proprietorship), (2) 파트너십회사(partnership), (3) 주식회사(corporation), (4) 유한책임회사(limited liability company: LLCs)와 유한책임합자회사(limited liability partnerships: LLPs)이다. 수적으로는 개인회사가 가장 많다. 그러나 매출액 기준으로는 주식회사가 전체 기업 매출의 80%를 차지하고 있다.[1)] 주식회사의 업무가 가장 많으며, 성공한 기업의 대부분은 주식회사로 전환하기 때문에 이 책에서는 주식회사에 중점을 둔다. 그러나 기업 형태 사이의 법적 차이를 이해하는 것은 중요하다.

개인기업

한 명의 개인이 소유한 법인화되지 못한 회사

개인기업(proprietorship)은 한 명의 개인이 소유하는 법인화되지 못한 기업이다. 자영업자로 사업을 하는 것은 쉽다. 왜냐하면 혼자서 기업을 운영할 수 있기 때문이다. 개인기업의 주요 장점은 다음과 같다. (1) 기업 설립이 쉽고 설립비용이 적다. (2) 개인기업은 정부의 규제를 거의 받지 않는다. (3) 개인기업은 주식회사보다 낮은 소득세를 납부한다. 그러나 개인기업은 다음과 같은 제약을 갖는다. (1) 소유주는 기업 부채에 대해 무제한의 개인 책임을 가지므로 설립자가 투자한 돈 이상의 손실을 입을 수 있다. $10,000을 투자해서 개인기업을 설립했지만 기업 운영 중에 종업원이 교통사고를 내면 $100만 이상의 소송을 당할 수도 있다. (2) 기업의 생존기간이 설립자의 수명으로 제한되므로 자기자본을 늘리는 경우, 자기자본의 신규 투자자는 개인기업이 새로운 기업 조직으로 변경되기를 바란다. (3) 상기 두 가지 이유로 개인기업은 많은 자본을 조달하기 어렵다. 따라서 개인기업은 주로 소기업에 많다. 그러나 기업은 주로 개

1) 다음을 참고하라. "SOI Tax Stats – Integrated Business Data: Table 1. Number of Returns, Total Receipts, Business Receipts, Net Income (less deficit), Net Income, and Deficit, by Form of Business, Tax Years 1980 – 2015," IRS, Statistics of Income Division, irs.gov/statistics/soi-tax-stats-integrated-business-data, February 2020.

인기업으로 시작하며, 성장하여 개인기업의 단점이 장점보다 많을 때는 주식회사로 전환한다.

파트너십회사
2명 이상이 소유한 법인화되지 못한 조직으로 합명회사와 합자회사가 있다.

합명회사(general partnership)는 두 명 이상의 무한책임사원이 기업을 소유하는 법적 형태이다. 합명회사는 설립이 상대적으로 쉽고 설립비용이 적다는 점에서 개인기업과 유사하다. 또한 무한책임사원에게 그들의 출자비율에 따라 기업의 이익을 배분하며, 사원은 개인소득세를 납부한다. 따라서 합명회사는 법인세를 피할 수 있다. 그러나 모든 무한책임사원은 부채에 대해 일반적으로 무제한의 책임을 지며, 이는 합명회사가 파산하거나, 무한책임사원 중 한 명이 자기 몫의 부채를 감당하지 못하는 경우에는 다른 무한책임사원이 잔여청구권을 보상할 책임을 져야 함을 의미한다. 따라서 어떤 무한책임사원이 기업을 파산시키는 행동을 하면 그 행동과 무관한 다른 무한책임사원이 기업의 채무를 변제해야 한다. 예를 들어, 텍사스 사원의 행동으로 인해 그의 행동과 무관한 뉴욕 사원이 파산할 수 있다. 부채에 대한 무한책임으로 인해 사원을 모집하기가 쉽지 않다. 따라서 합명회사가 대규모 자본을 조달하는 것은 어렵다.[2)]

주식회사
소유와 경영이 분리되어 있으며, 회사의 수명은 무한하고 소유권 이전이 용이하며, 소유주가 유한책임을 지는 법인체

주식회사(corporation)는 법인체로서 소유와 경영이 분리되어 있다. 소유와 경영의 분리로 인해 주주의 손실은 기업에 투자한 돈으로 한정된다. 따라서 기업이 막대한 손실을 보더라도 주주는 그들이 기업에 투자한 돈만 잃는다. 주식회사는 영속적이며, 주식회사 내의 주식 양도는 법인화되지 못한 기업에 비해 매우 쉽다. 이로 인해 주식회사는 대규모 사업 운영에 필요한 자본 조달이 매우 용이하다. 따라서 휴렛팩커드와 마이크로소프트와 같은 기업은 개인기업이나 합명 및 합자회사로 시작했지만 어느 시점에서는 주식회사가 더 큰 장점을 갖는다는 사실을 발견하였다.

S 주식회사
일정 요건을 갖춘 소기업으로서 개인기업이나 합명회사와 동일한 방식으로 세금을 납부하는 회사

주식회사의 가장 큰 문제점은 과세제도이다. 대부분의 주식회사는 이중과세의 대상이다. 주식회사는 이익에 대해 법인세 등의 세금을 납부한다. 세후 순이익을 배당으로 지급하면, 주주는 배당에 대해 다시 소득세를 납부한다. 미국 의회가 소기업을 돕기 위해 만든 **S 주식회사**(S corporation)는 개인기업이나 파트너십회사와 동일한 방식으로 세금을 납부한다. 즉, S 주식회사는 법인세가 면제되고 있다.[3)] S 주식회사의 자격

---

2) 원래는 합명회사만 존재했다. 그러나 지난 수년 동안에 법률가들은 다양한 형태의 합자회사 및 유한회사를 만들어 왔다. 이들의 설립 및 운영에 대한 세부적인 사항은 기업법이나 상법 과목에서 학습할 수 있다. 합자 및 유한회사 설립의 목적은 이들 기업의 소유주(사원)가 무한책임을 부담하지 않도록 하는 것이다. 예를 들어, "합자회사(limited partnership)"는 한 명 이상의 무한책임사원과 한 명 이상의 유한책임사원으로 구성된다. 유한책임이 좋을 수도 있지만 유한책임사원은 무한책임사원에게 경영권을 넘겨야 하며, 이는 유한책임사원은 회사 경영방식에 대한 발언권을 갖기 어렵다는 것을 의미한다. 주식회사에서는 소유주(주주)가 유한책임을 가지면서도 의결권을 행사하며, 변화가 필요하다면 기업 경영을 바꿀 수 있는 권리도 갖는다. 이 절의 후반부에 논의할 유한책임회사(LLCs, LLPs)가 합명이나 합자회사를 지속적으로 대체하고 있는 점을 주목할 필요가 있다.

3) 새로운 세법에 따라 2026년 1월 1일까지 S 주식회사, 합명회사, 개인기업과 같은 도관업체(pass-through entity)는 소득, 이익, 공제, 무역 또는 사업 관련 손실의 순익을 나타내는 적격사업소득(QBI: qualified business income)의 20%를 공제할 수 있다. QBI에는 투자 관련 수입 또는 손실은 포함하지 않는다. 2020

을 갖기 위해서는 주주의 수가 100명 이내이어야 하며, 소규모 비상장기업으로 제한하고 있다. 규모가 보다 큰 주식회사는 C **주식회사**(C corporation)라고 한다. 대다수의 소기업은 S 주식회사의 형태로 창업하지만 주식을 공개하면 C 주식회사가 된다.

유한책임회사

합명회사와 주식회사가 혼합한 조직

유한책임합자회사

LLC와 유사하며, 회계, 법률, 건축과 같은 전문가 기업에 많은 조직이다. 기업의 부채에 대해 유한책임을 갖지만 세금은 합명회사와 동일한 방식으로 납부한다.

유한책임회사(limited liability company: LLC)는 파트너십회사와 주식회사의 장점을 결합한 조직 형태로 각광을 받고 있다. **유한책임합자회사**(limited liability partnership: LLP)는 유한책임회사와 유사하다. LLP는 회계, 법률, 건축과 같은 전문가 중심 기업에 많으며, LLC는 이외의 사업 분야에 존재한다. LLC와 LLP 기업은 주식회사와 유사하게 부채에 대해 유한책임을 갖지만 세금은 파트너십회사처럼 납부한다. 무한책임사원이 기업 경영권 모두를 갖는 파트너십회사와는 달리 LLC와 LLP의 투자자는 그들의 지분 비율에 따른 의결권을 갖는다. LLC와 LLP 기업이 최근에 인기를 얻고 있지만 대기업은 자본 조달이 용이하기 때문에 C 주식회사를 선택한다.

기업의 조직 형태를 결정할 때는 법인(incorporation)이 갖는 장점과 법인의 높은 세금 부담을 동시에 고려하여야 한다. 그러나 주식회사는 규모가 작은 다른 조직 형태에 비해 기업가치의 극대화를 보다 쉽게 달성할 수 있다. 그 이유는 다음과 같다.

1. 유한책임은 투자자의 위험을 감소시킨다. 다른 모든 조건이 동일하다면 위험이 작을수록 기업가치는 더 커진다.
2. 기업의 가치는 기업의 성장 가능성에 의해 결정되며, 성장 가능성은 자본 조달 능력을 바탕으로 한다. 주식회사는 다른 조직 형태의 기업에 비해 보다 쉽게 자본을 조달할 수 있으므로 성장 가능성이 크다.
3. 자산의 가치는 유동성의 정도에 따라 결정된다. 유동성은 공정한 시장가격으로 자산을 현금화하는 데 걸리는 시간과 노력이 얼마나 적게 들어가는지를 의미한다. 주식회사의 주식은 개인기업이나 파트너십회사에 비해 다른 투자자로의 소유권 이전을 보다 용이하게 한다. 많은 투자자가 파트너십회사에 대한 투자보다 주식 투자를 선호하므로 주식의 유동성은 상대적으로 높다. 높은 주식 유동성으로 인해 주식회사의 가치는 증가한다.

년에 이 공제는 1인 납세자의 소득 $163,300, 부부 공동 신고의 경우 $326,600부터 단계적으로 폐지되기 시작했다. C 주식회사의 세율을 35%에서 21%로 낮추었지만 이중과세 문제는 여전히 남아 있다. 따라서 이익을 사업에 재투자하는 것보다 이익의 대부분을 소유자에게 분배하는 경우가 도관업체에 보다 유리하다. S 주식회사는 여전히 많은 경우에 장점을 갖고 있다. 자세한 내용은 다음을 참고하라. Nellie Akalp, “How the New Tax Law Will Affect Your Clients’ S Corporations,” *Accounting Today*(accountingtoday.com), February 6, 2018.

셀프 테스트

- 개인기업, 파트너십회사, 주식회사 사이의 중요한 차이는 무엇인가?
- LLC와 LLP는 다른 조직 형태와 어떤 차이가 있는가?
- S 주식회사는 무엇이며, C 주식회사와 비교하여 어떤 장점이 있는가? IBM, GE, 마이크로소프트와 같은 기업이 S 주식회사와 같은 조직 형태를 선택하지 않는 이유는 무엇인가?
- 주식회사가 다른 조직 형태의 기업에 비해 기업가치를 극대화할 수 있는 이유를 설명하라.

1-4 재무의 주요 목표: 투자자를 위한 가치 창출

공개기업의 경영자와 종업원은 기업을 소유한 주주를 위해 일하고 있다. 그러므로 그들은 주주의 부를 증진시킬 방안을 마련할 의무를 갖는다. 많은 기업이 성장, 주당이익, 시장점유율 등 다양한 목표를 달성하려고 하지만, 이러한 목적은 주주의 가치 창출이라는 근본적인 재무목표에 비해 중요도가 떨어진다. 기업의 주주는 관념적 대상이 아니다. 그들은 고생하여 번 돈을 기업에 투자하기로 결정한 개인이며 조직이다. 그들은 퇴직을 대비한 저축, 새로운 집, 자녀 교육 등과 같은 장기 재무목표를 달성하기 위해 투자수익을 찾아다닌다. 기업은 재무목표 이외에도 비재무적 목표를 갖고 있다. 이에 대해서는 1-7절에서 살펴보도록 하자.

어떤 경영자가 주주의 부를 극대화하려고 한다면 그는 부가 어떻게 결정되는지를 알아야만 한다. 이 책에서는 각 시점에서 자산 소유자에게 제공하는 현금흐름의 현재가치로 자산의 가치가 결정됨을 보여줄 것이다. 우리는 제9장에서 주식가치를 깊이 논의할 것이다. 제9장에서는 주가가 현재 시점이 아니라 미래 시점의 기대 현금흐름에 의해 결정되고 있음을 설명할 것이다. 따라서 주가를 극대화하기 위해서는 기업 경영을 장기 관점에서 살펴볼 필요가 있다. 그와 동시에 기업가치에 영향을 미치는 경영행위가 즉시 그 기업의 주가에 반영되지 못하고 일정 시간이 지난 후에 반영될 수 있다는 점도 생각할 필요가 있다.

1-4A 가치의 결정요인

[그림 1.2]는 가치의 결정요인을 보여주고 있다. 맨 위의 상자는 경제 상황, 세금, 정치적 환경 등을 고려한 경영행위가 기업의 미래 현금흐름 수준과 위험에 영향을 미치고 있음을 보여주고 있다. 미래 현금흐름은 궁극적으로 기업 주가를 결정한다. 예상한대로 투자자는 보다 높은 기대 현금흐름을 선호하며 위험을 싫어한다. 따라서 기대 현금흐름이 많고 인지하는 위험이 낮을수록 주가는 높다.

[그림 1.2] 내재가치와 주가의 결정요인

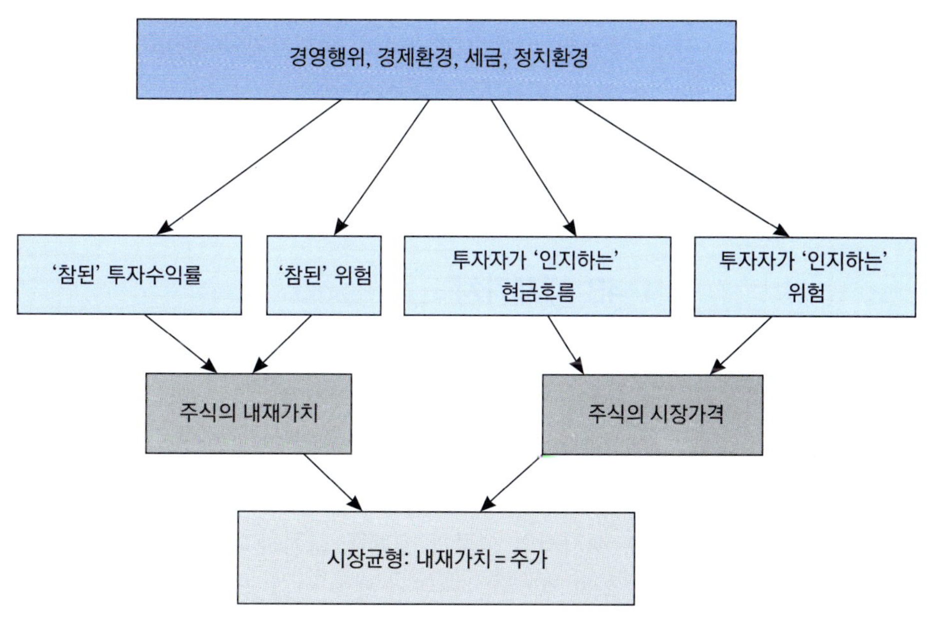

두 번째 행의 상자들은 "참된" 기대 현금흐름과 "참된" 위험이 투자가가 "인지하는" 현금흐름 및 "인지하는" 위험과 다르다는 것을 보여주고 있다. 현금흐름과 위험 앞에 사용한 "참된(true)"이라는 수식어는 투자자가 기업에 대한 모든 정보를 갖고 있을 때 기대하는 현금흐름과 위험을 나타내기 위해 사용했다. "인지하는(perceived)"이라는 수식어는 투자자가 제한된 정보를 바탕으로 예측함을 의미한다. 예를 들어, 2001년 초에 투자자는 엔론의 수익성이 높으며, 미래에도 높은 이익을 계속 보여줄 것이라고 생각하는 정보를 가지고 있었다. 그들은 또한 실제 영업성과도 기대 수준과 비슷하며, 엔론의 위험도 낮다고 생각했다. 그러나 엔론의 실제 이익 추정치는 매우 낮았으며, 위험도 매우 높았다. 경영진은 이러한 정보를 이미 알고 있었으나 일반 투자자는 이를 알지 못했던 것이다.

내재가치
위험과 수익에 대한 정확한 정보를 바탕으로 하는 주식의 "참된" 가치 추정치. 내재가치를 추정할 수는 있지만 정확히 측정할 수는 없다.

시장가격
한계투자자가 부정확한 정보를 바탕으로 인지하는 주식가치

한계투자자
자기 생각을 바탕으로 실제 주식 투자를 하는 투자자

세 번째 행의 상자는 모든 주식이 **내재가치**(intrinsic value)와 **시장가격**(market price)을 갖고 있음을 보여주고 있다. 내재가치는 유능한 주식분석가가 이용가능한 최상의 자료를 바탕으로 계산한 "참된" 주식가치의 추정치이다. 반면 시장가격은 **한계투자자**(marginal investor)[4]가 인지한 부정확한 정보를 바탕으로 시장에서 거래되는 가

4) 한계투자자는 실제로 시장에서 주가를 결정하는 투자자이다. 주식의 현재 가격이 높지 않다고 생각하는 주주는 자금이 생길 때마다 그 주식을 보다 많이 매입하려고 할 것이다. 주가가 현재 매우 높다고 생각하는 주주는 주가가 크게 하락하지 않는 한 주식을 사려고 하지 않을 것이다. 다른 주주는 현재의 주가가 적정 수준이라고 생각해서 주가가 약간 떨어지면 매입하고, 약간 상승하면 보유 주식을 매각하며, 주가의

격이다. 주식가격에 대한 모든 투자자의 견해가 다르기 때문에 실제 가격은 "한계"투자자가 결정한다.

균형
실제 시장가격과 내재가치가 동일한 상황. 이 경우 투자자는 주식 매입과 매도에 대해 무차별하다.

주식의 실제 시장가격이 내재가치와 동일하면 그 주식은 **균형**(equilibrium)에 있다고 한다. 이를 [그림 1.2]의 마지막 상자에서 보여주고 있다. 균형이 발생하면 주가 변화는 발생하지 않는다. 시장가격은 내재가치와 다를 수 있지만 시간이 지남에 따라 두 가치가 수렴하는 경향이 있다.

1-4B 내재가치

실제 주가는 쉽게 결정된다. 주가는 인터넷에서 실시간으로 찾을 수 있고, 신문에서는 매일 특정 시점 주가를 발표한다. 그러나 내재가치도 추정되어야 한다. 서로 다른 자료와 미래에 대한 여러 견해를 갖고 있는 많은 분석가들이 주식 내재가치의 다양한 추정치를 제시하고 있다. **내재가치를 추정하는 것은 증권분석가에게 가장 중요한 일이며, 투자자의 성공과 실패를 결정하기도 한다.** 우리가 주식의 내재가치를 안다면 투자는 쉬운 일이며, 항상 이익을 얻을 수 있으며, 위험도 존재하지 않는다. 그러나 당연히 우리는 내재가치를 알지 못한다. 우리는 내재가치를 추정할 수 있지만 그 추정치가 정확하다고 확신할 수 없다. 기업의 경영자는 기업의 미래 전망에 대한 최고의 정보를 갖고 있으므로, 보통 그들의 내재가치 추정치는 외부투자자보다 탁월하다. 그러나 경영자조차도 틀릴 때가 많다.

[그림 1.3]은 시간에 따른 가상기업의 실제 주가와 경영자가 추정한 내재가치를 보여주고 있다.[5] 이 기업이 매년 유보한 이익을 재투자하여 이익을 증가시키고 있기 때문에 이 기업의 내재가치도 증가하고 있다. 20년에 내재가치가 급상승한 것은 투자자는 알지 못했지만 이 시점에 R&D가 성공하여 경영자가 미래 이익이 상승할 것이라고 추정했기 때문이다. 실제 주가는 추정한 내재가치에 따라 상승하거나 하락하는 경향을 보이고 있다. 참된 내재가치에 대한 부정확한 정보로 인해 발생한 투자자의 낙관과 비관 전망이 실제 주가와 내재가치의 차이를 발생시켰다.

내재가치는 장기적 개념이다. **경영자의 목표는 현재 시점에서 주식의 시장가격을 극대화하는 행위가 아니라 기업의 내재가치를 극대화하는 행위를 하는 것이다.** 내재가치

변화가 없다면 그들의 보유 주식을 그대로 유지한다. 이들이 한계투자자이며 현재의 주가 수준은 한계투자자의 생각에 의해 결정된다. 우리는 이에 대한 자세한 사항을 주식시장에 대해 상세히 설명하고 있는 제9장에서 살펴볼 것이다.

5) 내재가치는 추정치이며, 다양한 분석가들은 동일 기업이라도 특정 시점의 내재가치에 대해 서로 다른 추정치를 제시하고 있다. 경영자 또한 그들 기업의 내재가치를 추정해야 하며 이를 바탕으로 내재가치를 극대화하는 행위를 해야 한다. 경영자는 외부 증권분석가에게 기업의 재무 상태와 운영에 대한 정확한 정보를 제공함으로써 내재가치를 증진시키는 데 도움을 주어야 한다. 이 과정에서 경쟁자에게 유리한 정보를 제공해서는 안 된다.

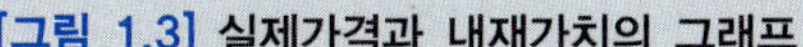

[그림 1.3] 실제가격과 내재가치의 그래프

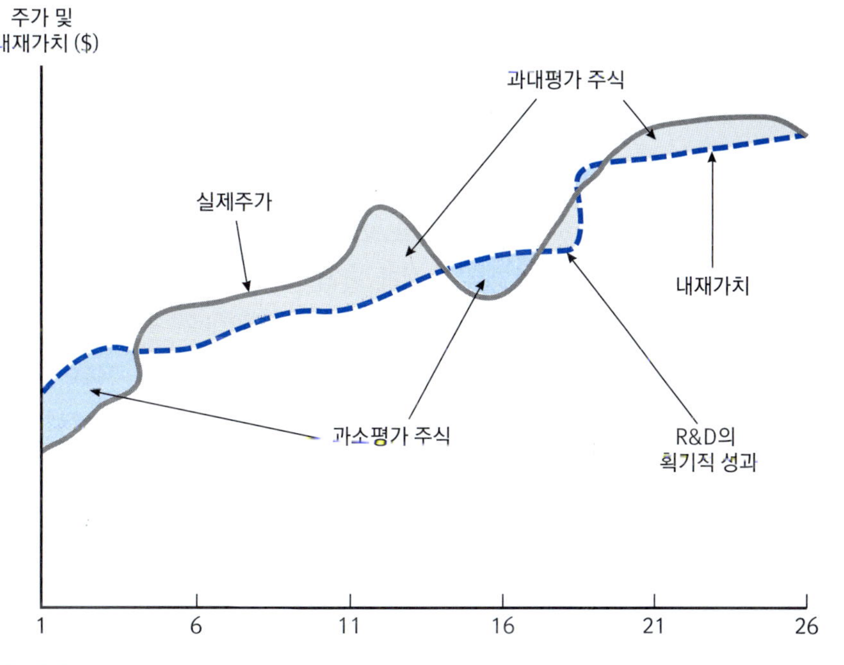

를 극대화하는 것은 장기 평균 주가를 극대화하는 것이며, 행위 시점의 현재 주가를 극대화하는 것이 아니라는 점에 주목하자. 예를 들어, 경영자는 금년의 이익은 줄일 수 있지만 기대 미래 이익을 증가시키는 투자를 택할 수도 있다. 투자자가 이러한 상황을 알지 못하면 비록 내재가치가 실제로 상승한다고 할지라도 주가는 현재의 이익을 반영해 하락하게 된다. 경영자는 투자자가 기업의 내재가치에 대한 보다 나은 판단을 하도록 도와주는 정보를 제공해야 한다. 이를 통해 주가가 균형에 보다 근접하도록 해야 한다. 그러나 경영자는 정보 제공으로 인해 경쟁기업을 유리하게 할 수 있기 때문에 정확한 상황을 밝히지 못하는 경우도 있다.6)

1-4C 단기 중심 경영의 결과

이상적인 경영자는 장기 중심 경영을 고수하지만 최근에는 단기 중심 경영으로 바꾸고 있는 기업의 사례가 많다. 특히 최근의 금융위기 이전에 많은 월스트리트의 금융기관 경영자들은 단기 이익을 얻을 수 있는 위험한 거래를 통해 많은 보너스를 받았

6) 제2장에서는 많은 학자들이 주가가 이용가능한 모든 정보를 반영하므로 주가는 내재가치와 매우 비슷하여 균형 상태에 있거나 균형 근처에 있다는 믿음에 대해 설명할 것이다. 그러나 거의 대부분의 사람들은 경영자가 일반 대중보다 정확한 정보를 갖고 있으며, 주가와 균형가격이 간혹 일치하지 않아 일시적으로 주가가 과소 혹은 과대 평가되고 있음([그림 1.3]과 같이)을 알고 있다.

다. 나중에 이러한 거래의 가치는 폭락하여 이들 월스트리트 금융기업은 정부의 막대한 구제금융을 받게 되었다.

월스트리트의 이러한 문제 이외에도 경영자가 장기 가치를 해치며 단기 이익을 추구하는 사례는 많다. 예를 들어, 웰스 파고(Wells Fargo)는 고객이 새로운 계좌를 등록하면 이를 등록시킨 직원에게 보상하는 인센티브를 실행했다. 이를 악용한 일부 직원은 보너스를 받기 위해 가짜 계좌를 만들거나 고객이 허가하지 않은 신용카드를 신청하게 했다. 이로 인해 수천 명의 직원과 CEO 및 기타 고위 관리자가 해고되었고 웰스 파고는 수백만 달러의 벌금을 물어야 했다. 또한 연방준비제도이사회는 웰스 파고 은행이 기업문화를 바꾸고 영업을 정리할 때까지는 총자산이 2017년 말의 총자산보다 커서는 안 된다는 제한을 설정했다. 2020년 2월 21일, 웰스 파고는 투자자들에게 돌려줄 \$5억을 포함하여 \$30억을 배상하기로 합의했다. 웰스 파고는 금융상품 기반의 판매목표를 없애고 직원이 보상을 받을 수 있는 다른 방법을 만들었으며 고객 동의 및 감독 시스템도 강화했다.[7] 많은 학계와 실무자들은 이러한 유형의 문제를 예방하기 위해서는 이사회와 이사가 **기업지배구조**(corporate governance)의 개선을 위해 노력할 필요가 있다고 주장하고 있다. 기업지배구조의 개선에는 경영자가 주주의 이익을 위해 행동하는 동시에 고객, 직원 및 기업의 영향을 받는 시민과 같은 기타 주요 구성원의 요구사항에 대해서도 균형을 맞출 수 있는 규칙과 관행의 제정도 포함된다. 강력한 기업지배구조를 갖기 위해서는 강력하고 독립적인 이사회가 매우 중요한 것으로 여겨지고 있다.

기업지배구조
경영자가 주주의 이익을 위해 행동하면서도 다른 주요 구성원의 요구 사항을 균형 있게 고려하도록 이사회가 정하는 규칙과 관행

효과적인 기업지배구조를 구축하기 위해서는 낮은 성과를 내는 경영자에게 책임을 묻기도 하고, 경영자가 올바른 목표에 초점을 맞추도록 경영자에 대한 보상체계를 수정할 필요도 있음을 이해해야 한다. 예를 들어, 경영자의 보너스를 당해 연도의 이익에 의해 결정하는 경우, 기업의 장기 가치를 해치면서 현재의 이익을 부풀리려는 경영자의 행위를 쉽게 발견할 수 있다. 이러한 우려를 불식시키기 인해 경영자의 주요한 보상 수단으로 주식이나 스톡옵션을 사용하는 기업의 수가 증가하고 있다. 이러한 방식의 보상 방안은 경영자로 하여금 주주 중심으로 생각하도록 하여 끊임없이 주주의 부를 증가시키게 한다.

좋은 의도에도 불구하고 주식 기반의 보상체계는 그 목적을 제대로 달성하지 못하는 경우도 많다. 경영자가 주식가격에 초점을 맞추도록 동기부여를 하기 위해 주주(이사회를 통해서 실행)는 미래 특정 시점에 행사할 수 있는 경영자 스톡옵션을 제공했다. 어떤 경영자는 미래 시점에 옵션을 행사해서 주식을 받고, 이를 즉시 처분해 이익

7) 다음을 참고하라. Paul Davidson and Jessica Menton, "Wells Fargo to Pay \$3B Settlement for Violating Antifraud Rules, Resolving Fake Account Probes," *USA Today*(usatoday.com), February 22, 2020.

을 얻을 수 있다. 이 이익은 옵션 행사 시점의 주가를 바탕으로 하므로 경영자는 장기적 측면이 아닌 그 행사 시점의 주가를 극대화하려고 할 수 있다. 이러한 경우 스톡옵션은 끔찍한 결과를 초래할 수 있다. 경영자는 옵션 행사 시점의 주가를 고려하기 때문에 투자의 성과가 옵션 행사 시점보다 늦게 나타나는 경우 경영자가 스독옵션을 거부하는 일이 발생할 수 있다. 보다 나쁜 경우는 일부 경영자가 고의로 이익을 부풀려 일시적으로 주가를 상승시킨 다음 옵션을 행사해서 높은 가격으로 그 주식을 처분하는 것이다. 향후 기업의 정확한 상황이 공개되면 외부 투자자가 그 손실을 모두 감당해야 한다.

셀프 테스트

- 주식의 현재 시장가격과 내재가치의 차이는 무엇인가?
- 주식의 내재가치를 알거나 "입증할 수" 있는가? 많은 사람은 내재가치에 대해 서로 다른 결론을 내리는가?
- 경영자는 내재가치를 측정해야만 하는가? 혹은 내재가치 평가를 외부 증권분석가에게만 맡겨 두어야 하는가?
- 만약 어떤 기업이 현재의 시장가격과 내재가치를 모두 극대화할 수 있다면 주주는 경영자가 이 중에서 무엇을 극대화시켜주기 바라는가?
- 기업의 경영자는 투자자가 기업의 내재가치 추정을 보다 더 잘하도록 도움을 주어야 하는가?

1 5 주주와 경영자의 갈등[8)]

주주의 부를 극대화하는 경영자의 행위와 개인적 목표를 추구하는 경영자의 행위 사이에는 상호 충돌할 수 있는 부분이 있다. 경영자는 주주의 부보다는 그들 자신의 부를 극대화하는 데 더 관심을 가질 수 있다. 예를 들어, 어떤 경영자는 자신에게 과도한 급여를 제공하기도 한다.

경영자의 보상체계를 효과적으로 구축할 수 있다면 경영자가 주주의 최대 이익을 위해 행동하도록 할 수 있다. 경영자에게 제공할 수 있는 유용한 동기부여 수단으로는 (1) 합리적 보상체계, (2) 성과가 나쁜 경영자의 해고, (3) 적대적 기업 인수 위협 등이 있다.

8) 이 절에서 설명하는 주주와 경영자 사이의 갈등 및 다음 절에서 설명하는 주주와 채권자 사이의 갈등을 재무분야에서는 **대리인이론**(agency theory)이라는 제목으로 연구하고 있다. 대리인이론에 관한 고전적 연구는 Michael C. Jensen and William H. Meckling의 "Theory of the Firm, Managerial Behavior, Agency Costs, and Ownership Structure," *Journal of Financial Economics*, October 1976, pp. 305-360이다.

1-5A 보상체계

보상체계(compensation package)는 유능한 경영자를 영입하거나 존속시키기에 충분해야 하지만 과도해서도 안 된다. 보상정책은 시간이 흘러도 변하지 않는 것이 좋다. 또한 경영자의 스톡옵션 행사 시점의 주가가 아니라 주가의 장기 성과를 바탕으로 경영자가 보상을 받도록 구성할 필요가 있다. 즉, 주식 지급이나 스톡옵션의 행사를 오랜 시간 동안 단계적으로 하게 함으로써 경영자가 주가를 장기간 높게 유지시킬 동기를 갖도록 해야 한다. 객관적이며 입증가능한 방법으로 내재가치를 측정할 수 있다면 경영자에게 지급하는 성과를 내재가치에 연동시키는 것이 바람직하다. 그러나 내재가치를 관찰할 수 없으므로 경영자에 대한 보상은 주식의 시장가격을 기준으로 할 수밖에 없다. 여기서 사용하는 주식가격은 특정 시점이 아니라 여러 기간을 평균하여 구해야 한다.

1-5B 주주의 직접 개입

예전에는 개인투자자가 많은 주식을 보유했으나 최근에는 보험회사, 기업, 연기금, 헤지펀드, 뮤추얼펀드 등과 같은 기관투자자가 대부분의 주식을 보유하고 있다. 사모투자그룹(private equity group)은 실적이 나쁜 기업을 인수하거나 경영에 개입할 준비와 능력을 갖고 있다. 이러한 기관투자자의 자금관리자는 투자대상 기업에 상당한 영향력을 행사하고 있다. 투자대상 기업에서 차지하는 중요성을 바탕으로 이들은 투자기업의 경영자를 쉽게 만날 수 있으며, 또한 기업 운영 방안을 제안하기도 한다. CalPERS(California Public Employees' Retirement System, $3,300억의 자산 규모를 갖고 있음)와 TIAA-CREF(Teachers Insurance and Annuity Association-College Retirement Equity Fund, 현재 $1조 590억 이상의 자산을 갖고 있으며, 원래는 사립대학교 교수를 위한 퇴직연금으로 시작됨)는 주주들을 위한 로비스트의 역할을 하고 있다. 이들 대주주가 제안을 하면 기업은 대부분 이를 수용할 수밖에 없다. 예를 들어, 코카콜라는 대주주인 워렌 버핏(Warren Buffett)이 보상체계에 대한 수정을 요구하자 이를 거의 수용했다.[9]

---

9) Anupreeta Das, Mike Esterl, and Joann S. Lublin, "Buffett Pressures Coca-Cola over Executive Pay," *The Wall Street Journal*(wsj.com), April 30, 2014; and Mark Melin, "Coca-Cola Changes Pay Plan, Warren Buffett Influence Credited," *ValueWalk*(valuewalk.com), October 1, 2014.

CEO의 보수는 과도한가?

월스트리트 저널은 정기적으로 대기업 CEO의 총 보수를 평가하고 있다. 월스트리트 저널의 최근 보고서는 143명의 최상위 CEO 중에서 중위에 해당하는 경영진이 2019년에 $1,300만(2018년 $1,120만에서 증가)의 총 보상을 받았음을 보여주고 있다. 최상위 CEO에 대한 총 보상에는 일반적으로 급여, 보너스와 같은 단기 보상과 스톡옵션과 같은 장기 인센티브를 포함하고 있다. 이러한 스톡옵션 중 다수는 2019년 주식시장의 호황에 힘입어 가치가 매우 상승하였다.

기업은 오랫동안 과도한 보상에 대한 언론의 추적과 투자자의 추궁을 받아왔다. 최고경영자가 회사의 평균 직원보다 몇 배나 더 많은 돈을 벌기 때문에, 최고경영자와 직원 사이의 소득 불평등에 대한 우려가 계속되고 있다. 이러한 문제에 대한 인식과 코로나바이러스 전염병은 많은 기업이 보상 패키지를 바꾸도록 만들었다. Russell 3000 지수에 포함된 600개 가까운 기업이 최고경영자의 급여를 삭감했으며 S&P 500의 102개 기업이 CEO의 기본급을 삭감했다. 급여를 몇 개월 동안 줄인 CEO도 있었지만, 일부 CEO는 1년 이상 급여 삭감을 당하기도 했다. 2020년 경영진의 보상 패키지와 관련하여 이사회가 경영자의 성과 측정 및 목표를 어떻게 변경했는지를 봐야 한다. 그러나 경영진의 현금 급여를 줄이고 기타 보상 등을 증가시키는 것은 이제까지의 경기침체에서 벗어나고 있음을 의미한다.

이러한 점을 고려하더라도 CEO에 대한 평균 보상 수준은 10~20년 전에 비해 매우 높다. 과거와 비교하여 CEO에 대한 보상이 최근 높아진 것은 스톡옵션의 영향력이 커졌기 때문으로 볼 수 있다.[10)]

긍정적 측면에서 스톡옵션은 CEO가 기업의 주가를 올리도록 강력한 동기부여를 한다. 사실 많은 사람들은 CEO의 보상체계와 주식가격의 실적 사이에 강한 인과관계가 있다고 믿고 있다. 많은 비판자들은 주식 성과와 연동된 보상체계가 적절한 보상 수준임을 인정하면서도 CEO의 전반적 보상 수준은 여전히 매우 높다고 주장하고 있다. 비판자들은 다음과 같은 질문을 하고 있다: 이들 CEO가 지금 받기로 한 스톡옵션의 1/2만을 받는다고 했다면 그들은 현재의 업무를 하지 않았을까? 그들은 노력을 훨씬 덜 할까? 그들 기업의 주가가 그만큼 상승하지 못했을까? 그렇다고 쉽게 말할 수는 없다. 또 다른 비판자들은 스톡옵션의 행사가 실제로 유능한 CEO뿐만 아니라 일부 평범한 CEO의 보상도 매우 증가시키고 있음을 지적하고 있다. 성과가 낮은 기업의 주식이더라도 주식시장의 활황기에는 이전보다 상승하기 때문에 평범한 CEO도 높은 보상을 받을 수 있다. 한편 CEO의 높은 급여로 인해 최고경영자와 중간관리자 사이의 급여 격차는 커지고 있다. 이로 인해 종업원의 불만을 초래하고 있고, 종업원의 사기와 충성심을 저해하고 있다.

CEO의 급여에 영향을 미치는 요인 중에는 주식수익률과 기업의 재무 성과가 있다. 그러나 경영자에 대한 보상이 많을수록 기업 성과가 커졌다고 볼 수는 없다. CEO의 급여에 영향을 미치는 또 다른 요인으로는 기업의 규모(대기업일수록 CEO의 급여가 높음)와 산업의 종류(에너지산업에서 CEO의 급여가 높음) 등이 있다.

출처. Inti Pacheco, "Coronavirus Caps Years of Rich Pay for Many CEOs," *The Wall Street Journal*(wsj.com), March 23, 2020; Chip Cutter and Theo Francis, "Coronavirus Crisis Dents Salaries, Not Stock Awards, for Many CEOs," *The Wall Street Journal*(wsj.com), June 3, 2020; Louis Lavelle, Frederick F. Jespersen, and Michael Arndt, "Executive Pay," *BusinessWeek,* April 15, 2002; pp. 80-86; Jason Zweig, "A Chance to Veto a CEO's Bonus," *The Wall Street Journal*(online.wsj.com) January 29, 2011; Emily Chasan, "Early Say-On-Pay results show Rising Support, Few Failures," *The Wall Street Journal*(online.wsj.com), April 2, 2014.

---

10) 지난 몇 년 동안 소수의 CEO가 급여로 1달러의 현금만 받겠다고 발표하여 주목을 받았다. 최근의 연구에 의하면 해당 기업의 주주가 탁월한 성과를 얻지 못했음에도 이들 CEO는 주식과 스톡옵션을 받아 급여의 부족을 만회하였으므로 이들의 전체 보상은 큰 변화가 없었다. 이에 대해서는 다음 논문을 참고하라. Gilberto R. Loureiro, Anil K. Makhija, and Dan Zhang, "The Ruse of a One-Dollar CEO Salary," Charles A. Dice Center Working Paper No. 2011-7 and Fisher College of Business Working Paper No. 2011-03-007, January 10, 2014. 이 논문은 http://ssrn.com/abstract=1571823에서 찾을 수 있다.

어떤 기업의 주식을 1년 동안 $2,000 보유한 주주는 경영자가 반대하더라도 연간 주주총회에서 투표 대상 안건을 발의할 수 있다.[11] 주주가 발의한 안건이 구속력이 없다 하더라도, 최고경영자는 투표 결과에 관심을 가질 수밖에 없다.

주주가 임원 선출 과정에서 어느 정도의 영향력을 가져야 하는지에 대한 논쟁이 계속되고 있다. 도드-프랭크 법안(Dodd-Frank Act)의 통과로 인해, SEC(Securities Exchange Commission, 미국 증권거래위원회)는 기업의 임원 선출에 주주가 영향력을 행사할 수 있는 규정을 만들었다. 2010년 8월 25일에 SEC는 주주에게 이사회 임원을 지명할 수 있는 권한을 줄 수 있도록 임원 선출 규정을 변경했다. 1934년에 만들어진 미국 증권거래법의 14a-11 규정은 상장기업의 주주가 최소 3년 동안 3% 이상의 의결권을 보유하면 그 기업의 이사 지명을 할 수 있도록 허용하고 있다.

몇 년 전까지는 주주가 대기업 경영자를 퇴출시키는 것은 매우 어려웠기 때문에 경영자는 거의 위협을 느끼지 않았다. 많은 기업의 주식은 매우 광범위하게 분포되어 있고, CEO는 의사결정 과정에 대한 영향력이 매우 컸기 때문에 반대하는 주주가 있다고 하더라도 경영진을 퇴출시키는 데 필요한 의결권을 얻는 것은 사실상 불가능했다. 그러나 상황은 변하고 있다. 최근 몇 년 동안 위워크(WeWork), 언더아머(Under Armour), 이베이(EBay), 줄(Juul), 우버(Uber), 마텔(Mattel), 시티그룹(Citigroup), 코카콜라(Coca-Cola), IBM, 타깃(Target) 등의 최고경영자들이 기업 실적 부진으로 쫓겨나기도 했다.[12]

이와 관련하여 2015년 월스트리트 저널(*The Wall Street Journal*)의 기사는 주주 행동주의자(shareholder activists)의 역할이 점점 더 중요하게 되었다고 밝히고 있다. 월스트리트 저널은 주주 행동주의자들은 2014년에 발생한 위임장 경쟁(proxy fight)의 73%에서 이사회 자리를 획득하는 엄청난 영향력을 발휘했다고 지적하고 있다. 마찬가지로, 이코노미스트(*The Economist*)의 2015년 커버스토리는 경영자가 주주의 이익을 위해 행동하도록 하는 데 주주 행동주의자의 역할이 중요하다고 강조했다. 이코노미스트는 이러한 주주 행동주의자를 "자본주의에서는 존재할 수 없는 영웅"으로 분류하고 있다. 또 다른 주목할 만한 예로는 GE가 있다. GE는 자발적으로 주주가 이사회 자리를 더 쉽게 확보할 수 있도록 해준 소수의 기업 중 하나가 되었다. GE는 주식의 3% 이상을 보유한 주주 그룹이 이사회 후보자를 직접 지명할 수 있도록 하는 새로운 계획을 만들었다.[13]

---

11) 미국의 현재 주주총회 발의 규정에 의하면, 주주가 발의할 수 있는 내용은 지배구조 관련 이슈로 국한하며, "기업 운영 관련 이슈"와 관련한 사항에 대해서는 주주의 의결 대상이 아니다. 그러나 SEC는 적어도 3년에 한 번씩 투표를 통해 CEO의 보상에 대한 권고를 할 수 있도록 하는 규정(도드-프랭크 법안의 통과로 인한 결과)을 최근에 채택했다.

12) 다음을 참고하라. Christine Lagorio-Chafkin, "7 High-Profile Departures That Defined the Great CEO Exodus of 2019," *Inc.*(inc.com), November 4, 2019.

보다 최근인 2019년의 월스트리트 저널 기사는 기업이 보다 많은 사회적 책임을 지도록 압력을 가하는 행동주의 투자자(activist investor)가 증가하고 있음을 부각시켰다. 이 기사는 기업으로 하여금 온실가스 총량을 줄이는 데 투자하도록 압력을 가한 행동주의 헤지펀드를 지적하고 있다. 또한 BlackRock 및 Vanguard와 같은 대형 기관투자자가 보유 주식을 활용해 다양한 사회적 목표를 달성한 것은 잘 알려진 사례이다.[14)]

환경, 사회, 지배구조(ESG) 측정
기업의 사회적 책임을 측정하는 세 가지 요소

이러한 행동들은 다양한 **환경**(environmental), **사회**(social), **지배구조**(governance)를 나타내는 ESG를 통해 기업의 성과를 평가하려는 움직임의 일부이다. 실제로 많은 개인투자자들은 사회적 책임을 갖는 기업에 투자하거나 ESG 등급이 낮은 기업을 피하려고 한다. 이제는 많은 뮤추얼펀드와 상장지수펀드(ETF)가 보다 사회적 책임을 갖는 기업에 초점을 맞추고 있는 것을 매우 자주 볼 수 있다. 그러나 기업이 사회적 책임을 기져야 하는지에 대한 논쟁은 여전히 존재하고 있다. 예를 들어, 일부 투자자는 탄소 배출과 기후변화를 염려하여 에너지 기업에 대한 투자를 피하고 싶어 한다. 그러나 "평균보다 더 친환경적"이지만 여전히 상당한 온실가스 총량을 발생시키는 에너지 회사에 대한 투자도 기피해야 하는가? 어떤 투자자들은 총기 제조업체나 다양한 종업원을 채용하지 않는 기업에 대해 보다 부정적이다. 이와 관련하여 2019년 블룸버그 기사는 여러 ESG 등급을 자세히 설명하면서 ESG 등급의 차이가 사회적 책임 펀드의 투자자에게 어떻게 혼란을 일으키는지를 보도하였다.[15)]

1-5C 경영자의 반응

기업 사냥꾼
가치가 낮게 평가되어 있는 기업을 인수대상 목표로 하는 개인이나 집단

적대적 인수
기업 경영자의 반대를 무릅쓰고 그 기업을 인수하는 행위

어떤 기업의 가치가 낮게 평가되면, **기업 사냥꾼**(corporate raiders)은 그 기업을 저렴한 상품으로 보고 **적대적 인수**(hostile takeover)를 통해 그 기업을 매입하려고 시도한다. 이러한 인수가 성공하면 대상 기업의 경영자는 거의 확실히 해고된다. 이러한 상황을 막기 위해 경영자는 기업의 주가를 극대화하는 강한 동기를 갖는다. 어떤 경영자는 다음과 같이 말했다.

---

13) 다음을 참고하라. David Benoit, "Activists Are on a Roll, with More to Come," *The Wall Street Journal*(wsj.com), January 1, 2015; "Capitalism's Unlikely Heroes," *The Economist*(economist.com), February 7, 2015; and Ted Mann and Joann S. Lublin, "GE to Allow Proxy Access for Big Investors," *The Wall Street Journal*(wsj.com), February 11, 2015. For an interesting review of 2019 proxy battles, take a look at this post: Jackie Cheung and Victor Guo, "2019 Proxy Season Review: North America Activism," *Harvard Law School Forum on Corporate Governance*(corpgov.law.harvard.edu), September 28, 2019.

14) 다음을 참고하라. Corrie Driebusch, "The Next Wave in Shareholder Activism: Socially Responsible Investing," *The Wall Street Journal*(wsj.com), March 8, 2020.

15) 다음을 참고하라. Jacqueline Poh, "Conflicting ESG Ratings are Confusing Sustainable Investors," *Bloomberg*(bloomberg.com), December 11, 2019.

"당신이 당신 자리를 지키고 싶으면, 반드시 당신 기업의 주식이 저렴하지 않도록 해야 한다."

경영자가 극대화해야 하는 주가는 특정 시점의 주가가 아니라는 점에 주의하자. 이는 장기간의 평균 주가이며, 경영자가 주식의 내재가치에 초점을 맞출 때 장기 평균 주가를 극대화할 수 있다. 경영자는 실제 주가가 내재가치에 근접할 수 있도록 주주와 의사소통(경쟁기업에 유리한 정보를 누설하지 않고)을 효과적으로 해야 한다. 내재가치는 높지만 실제 주가가 낮다면 이는 주주와 경영자 모두에게 불행한 일이다. 그러한 상황이 발생하면 기업 사냥꾼의 집중 공격을 받아 기업을 저렴한 가격으로 넘겨주게 되며, 경영자도 해고될 수밖에 없다. 앞서 언급한 내용을 다시 한번 언급해보자.

경영자는 기업의 내재가치를 극대화해야 하고, 주주와 효과적으로 의사소통해야 한다. 이렇게 하면 내재가치는 높아지며, 실제 주가도 시간이 지남에 따라 내재가치에 근접할 것이다.

내재가치를 관찰할 수 없기 때문에 내재가치가 극대화되었는지 아는 것은 불가능하다. 그러나 제9장에서 언급하겠지만 주식의 내재가치를 측정하는 방법은 있다. 경영자는 가치평가 모형을 사용해서 그들의 여러 경영 활동을 평가하고 그러한 활동이 기업가치에 어떤 영향을 미치는지 살펴볼 수 있다. 이러한 가치 기반 경영이 기업을 운영하는 최선의 방법이다.

셀프 테스트

- 주주 입장에서 경영자가 기업의 장기 주가를 극대화하도록 하기 위해 사용할 수 있는 세 가지 방법은 무엇인가?
- 경영자는 주식의 실제 시장가격과 내재가치 중에서 어느 것에 더 초점을 맞추어야 하는가?

1-6 주주와 채권자 사이의 갈등

갈등은 주주와 채권자 사이에서도 발생한다. 채권자는 기업이 거래하는 은행이나 회사채 보유자를 모두 포함한다. 채권자는 보통 기업의 성과와 무관하게 일정 금액만을 수령한다. 반면에 주주는 기업의 성과가 좋으면 더 많은 수익을 얻는다. 이러한 상황으로 인해 주주는 위험한 프로젝트에 투자할 마음을 가지며, 이로 인해 주주와 채권자 사이에 갈등이 발생한다.[16)]

16) 여기서 경영자는 주주를 위한 의사결정을 한다는 가정을 한다. 따라서 주주와 채권자 사이의 갈등이 존재한다는 말은 경영자와 채권자 사이의 갈등이 있다는 말과 같은 의미이다.

〈표 1.1〉 주주와 채권자의 갈등 예제

투자안 L:

	현재의 투자금액	1년 후의 시장 상황 경제호황	1년 후의 시장 상황 경제불황	기대 현금흐름	기대수익률
기업으로의 현금유입		$2,400	$2,000	$2,200	
채권자의 몫	$1,000	1,080	1,080	1,080	8.00%
주주의 몫	1,000	1,320	920	1,120	12.00

투자안 H:

	현재의 투자금액	1년 후의 시장 상황 경제호황	1년 후의 시장 상황 경제불황	기대 현금흐름	기대수익률
기업으로의 현금유입		$4,400	$0	$2,200	
채권자의 몫	$1,000	1,080	0	540	-46.00%
주주의 몫	1,000	3,320	0	1,660	66.00

주주와 채권자 사이의 갈등에 대한 예로서 <표 1.1>을 살펴보자. 표는 가상기업이 회사채 $1,000과 자기자본 $1,000을 각각 조달해 프로젝트 투자에 필요한 자본 $2,000을 마련했음을 보여주고 있다. 예를 간단히 하기 위해 채권의 만기는 1년이며, 연간 이자율은 8%라고 가정하자. 이 기업의 현재 계획은 프로젝트 L에 $2,000을 투자하는 것이다. 프로젝트 L은 상대적으로 위험이 낮은 투자 사업으로서 1년 후 시장이 호황일 때는 $2,400을, 불황일 때는 $2,000의 가치를 갖는다. 시장이 호황과 불황일 확률은 각각 50%로 동일하다. 시장이 호황이 되든 불황이 되든 회사채 보유자는 1년 후 원금 $1,000과 연간 이자율 8%를 모두 받을 수 있다. 주주는 회사채 보유자가 수령하고 남은 돈을 가져간다. 주주는 채권자가 가져가고 남은 잔여가치를 가져가므로 채권자보다 높은 위험을 갖는다. 왜냐하면 주주의 성과는 시장 상황에 따라 달라지기 때문이다. 채권자가 8%의 기대수익률을 얻지만 주주는 채권자보다 높은 위험을 부담하는 대신 채권자보다 높은 기대수익률 12%를 얻는다.

이제 이 가상기업이 매우 위험이 높은 또 다른 프로젝트 H를 고려한다고 가정해보자. 프로젝트 H는 프로젝트 L과 동일한 기대 현금흐름을 갖고 있다. 그러나 시장이 호황이면 $4,400의 가치를, 불황이면 $0의 가치를 갖는다. 당연히 회사채 보유자는 프로젝트 H에는 관심을 갖지 않는다. 왜냐하면 회사채 보유자는 시장이 호황이 되더라도 어떤 추가적인 혜택을 보지 못할 뿐만 아니라 시장이 불황이라면 아무것도 가져올 수 없기 때문이다. 그러나 주주 입장에서는 프로젝트 H가 프로젝트 L보다 높은 기대수익률을 가져다준다. 왜냐하면 시장이 호황이면 그로부터 얻을 수 있는 추가적인 혜택을 주주가 전부 차지할 수 있기 때문이다. 프로젝트 H가 프로젝트 L보다 위험이 명확히 높다. 그러나 주주의 이익을 위해서 일하는 경영자는 프로젝트 L에 비해 프로젝트 H의 위험이 높음에도 불구하고 프로젝트 H의 기대수익률이 훨씬 크기 때문에 채권자의 반대에도 불구하고 프로젝트 H를 진행할 것이다.

그러나 영악한 회사채 보유자는 경영자와 주주가 보다 위험한 프로젝트를 선택할 의도를 갖고 있음을 안다. 이러한 의도를 알아차린 채권자는 회사채가 더 위험해지므로 보다 높은 수익률을 요구할 것이다. 경영자가 채권자에게 과도한 위험 프로젝트를 수행하지 않겠다는 확신을 주지 않는다면, 채권자는 위험이 높다고 생각되는 프로젝트를 수행하는 기업의 회사채에 투자하지 않을 것이다.

주주와 채권자의 또 다른 갈등은 부채를 추가로 조달할 때 발생한다. 이 책의 후반부에서 살펴보겠지만 자산을 매입하기 위해 부채를 많이 사용할수록 기업의 위험은 커진다. 예를 들어, 어떤 기업이 $100백만의 자산을 매입하기 위해 회사채 $5백만과 보통주 $95백만으로 자금을 조달한다면 채권자보다 주주가 매우 불리하다. 반면에 회사채로 $95백만을, 보통주로 $5백만을 조달하면 자산가치가 조금만 하락해도 채권자는 손실을 보게 된다.

채권자는 채권계약을 할 때 기업이 추가적인 부채를 조달하지 못하게 하거나 경영자의 활동을 여러 가지 방법으로 제약하는 채권 약정을 요구함으로써 자신들을 보호하려고 한다. 우리는 이 책의 뒷부분에서 이러한 이슈에 대해 설명할 것이다. 이는 매우 중요한 내용으로서 누구나 이에 대해서 알아야만 한다.

셀프 테스트

- 주주와 채권자 사이의 갈등은 왜 발생하는가?
- 현명한 채권자는 주주가 위험한 프로젝트를 택하려고 할 때 어떻게 행동하는가?
- 경영자가 채권자에게 불리한 행동을 하지 못하도록 채권자가 자신들을 보호하는 방법은 무엇인가?

1-7 주주 이익과 사회 이익의 균형

주주 부의 극대화
상장기업 경영자의 주요 재무목표는 해당 기업 보통주의 장기 가치를 극대화하는 의사결정을 내리는 것이다.

이 책은 상장기업에 초점을 맞추고 있다. 따라서 우리는 경영자의 주요 재무목표는 **주주 부의 극대화**(shareholder wealth maximization)라는 가정을 바탕으로 설명을 하고 있다. 동시에 경영자는 "어떤 희생을 치르더라도" 주주 부의 극대화를 달성해야 하는 것은 아니라고 알고 있다. 경영자는 윤리적으로 행동해야 할 의무를 가지며, 이 장의 처음에 언급한 법과 사회적 제약을 준수해야만 한다.

기업 경영자가 사회와 주주의 이익 사이에서 어떻게 균형을 유지하는지 알기 위해 개인기업의 시각에서 이 문제를 먼저 살펴보도록 하자. 스포츠용품 가게를 소유한 Larry Jackson이라는 사람을 생각해보자. Jackson은 돈을 벌기 위해 일을 하고 있지만

사회책임기금에 대한 투자

소비자가 사회적 책임을 이행하는 기업의 제품을 사도록 하는 사회적 압력이 존재한다. 이는 투자자 또한 사회적 책임을 다하는 기업에 투자해야 한다는 압력을 만들어왔다. 오늘날 특정 사회적 목표를 충족하는 기업에만 투자를 하는 수많은 뮤추얼펀드가 있다. 사회책임기금은 다양한 투자기준을 갖고 있지만 보통은 기업의 환경보호 실적, 사회적 요구 충족 여부, 노사문제 등을 중심으로 하고 있다. 이러한 기금 중의 대다수는 알코올이나 담배, 도박, 핵발전소 등과 관련한 기업에 대한 투자를 제한하고 있다. 기금의 투자 성과는 매년 다르다. 아래 표는 대표적 사회책임기금인 Domini Social Equity Investor Fund의 20년 이상의 성과를 S&P 500 지수와 비교하여 보여주고 있다. 두 개의 성과는 대체로 비슷하지만 지난 18년 동안 S&P 500 성과가 Domini Social Equity보다 높았다.

2015년 월스트리트 저널에 실린 기사는 투자자들이 다른 투자자가 투자하지 않는 주식을 사면 이익을 얻을 수 있다는 연구결과를 소개하고 있다. 런던 비즈니스 스쿨(London Business School)의 Elroy Dimson, Paul Marsh, Mike Staunton 교수 등은 지난 세기 동안 미국 담배회사의 주식이 전체 시장 평균에 비해 높은 수익을 제공했음을 보여주는 연구를 했다. 저자 중 한 사람인 Marsh 교수는 이러한 결과가 나타나게 된 이유를 월스트리트 저널에 다음과 같이 말했다.[17)]

> "어떤 기업을 혐오하는 사람들이 그 기업의 주식을 사지 않으면, 그 기업의 주가는 하락하지만 해당 산업 자체를 붕괴시키지는 못한다. 따라서 양심의 가책이 없는 투자자들이 [혐오 기업의 주식을] 보다 저렴한 가격으로 살 수 있다."

Domini Social Equity Investor Fund와 S&P 500의 최근 성과

출처: finance.yahoo.com, March 25, 2020.

17) 다음을 참고하라. Jason Zweig, "'Sin-Vestors' Can Reap Smoking-Hot Returns," *The Wall Street Journal*(wsj.com), February 13, 2015.

금요일에 골프를 치기 위해 휴가를 내고 싶어 한다. 그는 유능하지는 않지만 우정과 충성심이 있는 종업원 몇 명을 고용하고 있다. Jackson은 그 자신의 개인적 목표를 우선하는 방향으로 사업을 하고 있다. 그는 그가 골프를 치지 않거나 종업원을 유능한 사람으로 바꾸면 돈을 더 벌 수 있음을 알고 있다. 그러나 그는 그의 선택에 만족하고 있다. 왜냐하면 이 가게는 그의 개인기업이기 때문에 맘대로 의사결정을 하는 편안함을 누리고 싶기 때문이다.

반대로 대기업의 CEO인 Linda Smith를 고려해보자. Smith는 기업을 경영하지만 퇴직 대비 자금, 자녀의 대학 학자금, 미래의 여행자금 등을 위해 주식을 매입한 주주가 그 기업을 소유하고 있다. 이들 주주가 이사회 임원을 선출하고, 이사회는 Smith를 CEO로 임명했다. Smith와 다른 경영자들은 주주를 위해 일을 하며, 그들의 임무는 주주의 부를 증진시키는 정책을 추구하는 것이다.

대부분의 경영자는 주주 부를 극대화하기 위해 사회에 도움이 되는 일을 무시해도 된다고 생각하지 않는다. 예를 들어, Linda Smith가 주주의 부에만 초점을 맞추어 종업원이나 고객을 고려하지 않고, 지역사회에 적대적 행위를 하며, 기업의 경영활동이 환경에 미치는 영향에 대해 무관심하다면 어떤 일이 벌어질 것인가 생각해보자. 이 경우 십중팔구 사회는 그 기업에 많은 비용을 부과할 것이다. 기업은 매우 유능한 종업원을 채용하기도 어렵고, 생산한 제품은 시장의 외면을 받을 것이며, 추가적인 소송과 규제를 초래하며, 부정적 여론에 직면해야 한다. 이러한 비용은 결국 주주의 부를 감소시키게 된다. 현명한 경영자는 주주의 부를 극대화하려고 할 때 사회가 부과할 수 있는 이러한 제약을 고려하고 있다.[18]

이를 보다 폭넓게 살펴보도록 하자. 기업은 마케팅, 회계, 생산, 인적자원 관리, 재무 등 다양한 부서를 갖고 있다. 재무부서의 주된 업무는 다른 부서의 제안 사항을 평가해서 이 제안이 주가와 주주의 부에 어떤 영향을 미치는지 판단하는 것이다. 예를 들어, 생산관리자가 기존 설비를 인건비가 줄어드는 최신 자동화 설비로 교체하고 싶다고 가정하자. 재무부서에서는 이 제안을 평가하고 인건비 축소를 위해 최신 설비 투자가 필요한지를 판단한다. 마찬가지로 마케팅부서가 슈퍼 볼(Super Bowl) 기간 중에 $10백만짜리 광고를 하려고 할 때, 재무부서는 이 제안을 평가하고 매출 증가액을 추정하여, 광고가 주가를 높이는 데 기여하는지에 대한 판단을 한다. 대부분의 중요한 의사결정은 재무적 측면을 주로 고려하지만 현명한 경영자는 이러한 의사결정이 사회 전반에 미치는 영향도 고려한다. 흥미롭게도 일부 기업은 사회의 광범위한 요구를 수

---

18) 다음을 참고하라. Richard Borghesi, Joel F. Houston, and Andy Naranjo, "Corporate Socially Responsible Investments: CEO Altruism, Reputation, and Shareholder Interests," *Journal of Corporate Finance*, vol. 26(June 2014), pp. 164-181. 이 연구는 기업의 경영자가 사회적 책임 투자를 하려는 이유를 밝혀주고 있다.

용하기 위해 보다 명확한 조치를 취하고 있다.

매우 소규모이지만 성장 속도가 빠른 기업 중에서 "B" 기업("B" Corporation) 또는 "사회적 유익 추구" 기업("benefit" corporation)이라는 인증을 받는 기업이 있다. B 기업은 이익 창출에 중점을 두면서도 직원, 고객 및 지역사회와 같은 이해관계자를 주주와 동등한 위치에 놓기 위해 최선을 다하고 있다. B 기업의 자격을 갖추려면 기업은 사회적 책임, 기업지배구조 및 투명성 등의 기업 활동에 대해 연례 감사를 받아야 한다. 2015년 타임지 기사에서는 미국의 26개 주(states)가 B 기업을 인증할 수 있는 법적 장치를 마련하고 있다고 지적했다. 이 기사는 또한 대략 1,200개 기업(대부분 소규모)이 B 기업의 자격을 갖춘 것으로 추정하고 있다.[19)]

주주와 기타 사회적 이해관계자의 이익 사이에 적절한 균형이 무엇인지에 대해 매우 다양한 의견이 존재하고 있다. 예를 들어, 어떤 뮤추얼펀드 매니저는 주주 부의 극대화를 "세상에서 가장 멍청한 생각"으로 묘사하여 많은 관심을 끌기도 했다. 그러나 그 후 월스트리트 저널의 저명한 칼럼니스트는 이러한 관점을 강하게 비판하며, 주주가치 극대화가 기업의 적절한 목표가 되어야 한다는 주장을 펼쳤다.[20)] 마찬가지로, 기업이 이해관계자의 이익에 더 집중할 것을 촉구하는 '비즈니스 라운드테이블(Business Roundtable)'의 2019 성명에 대해서도 많은 논쟁이 있었다.[21)] 이러한 논쟁은 앞으로도 계속될 것이지만, 기업 경영자가 주주가치를 극대화한다고 해서 다른 사회적 이익을 무시해서는 안 된다는 광범위한 합의가 만들어지고 있다. 이 장에서는 주주가치를 높이려는 기업은 광범위한 사회적 이익을 항상 염두에 두어야 한다고 설명하고 있다.

셀프 테스트

- 주주가치를 극대화하면 사회적 책임을 이행하기 어려운가?
- 보잉(Boeing)사가 새로운 제트 여객기에 $50억을 투자하기로 결정했다고 하자. 이 경우 경영자는 이 프로젝트가 보잉의 미래 이익과 주가에 어떤 영향을 미치는지 확신을 하고 있는가?

---

19) 다음을 참고하라. Bill Saporito, "Making Good, Plus a Profit: A New Type of Company Lures Activist Entrepreneurs," *Time*, March 23, 2015, p. 22.

20) 다음을 참고하라. Holman W. Jenkins, Jr., "Are Shareholders Obsolete?" *The Wall Street Journal* (wsj.com), January 2, 2015.

21) 다음을 참고하라. Richard J. Shinder, "The Business Roundtable's Recipe for Confusion," *The Wall Street Journal*(wsj.com), September 17, 2019; and Rick Wartzman and Kelly Tang, "The Business Roundtable's Model of Capitalism Does Pay Off," *The Wall Street Journal*(wsj.com), October 27, 2019.

1-8 기업윤리

지난 10년 동안 발생한 재무 스캔들로 인해 기업윤리(business ethics)를 강화해야 한다는 요구가 있다. 이러한 요구는 여러 분야에서 일어나고 있다. 뉴욕 검찰총장과 주지사를 역임한 Elliot Spitzer 및 기업의 부적절한 행동을 고발한 사람들이 기업윤리를 요구하기 시작했다. 의회는 재무제표가 조작된 것으로 밝혀지면 여기에 서명한 경영자에게 제재를 가할 수 있는 사베인즈-옥슬리 법을 2002년에 통과시켰다. 의회는 또한 2010년에 미국 금융규제시스템을 과감히 개선할 수 있도록 도드-프랭크(Dodd-Frank, 금융개혁 및 소비자보호법) 법을 통과시켰다. 이는 금융기관이 또 다른 금융위기를 발생시킬 수 있는 무모한 행동을 하지 못하도록 하고 있다. 한편, 경영대학에서도 학생들에게 적절한 기업 활동과 부적절한 기업 활동에 대해 알려주려는 노력을 하고 있다.

앞에서 언급한 것처럼 기업은 호평을 받으면 혜택을 누리지만 평판이 나쁘면 피해를 본다. 이는 개인의 경우에도 동일하다. 평판은 기업과 개인이 얼마나 윤리적인지를 반영한다. 윤리(ethics)는 웹스터(Webster) 사전에서 "행동규범 또는 도덕적 행위"로 정의하고 있다. 사람들은 기업윤리를 종업원, 고객, 공동체, 주주 등에 대한 기업의 태도와 행위라고 생각한다. 기업의 고위직부터 솔선수범하여, 종업원 전체가 법이나 규제, 도덕적 기준을 준수하려 하는지를 보고 기업윤리의 실천 정도를 측정할 수 있다. 여기서 사용하는 법과 규제, 도덕적 기준은 제품의 안전과 품질, 공정한 고용관행, 공정한 마케팅과 판매 활동, 사적 이익을 위한 비밀정보의 사용, 지역사회 참여, 거래를 하기 위해 부정한 자금 사용 등의 내용을 담고 있다.

지난 14년 동안 미국 애리조나주의 스코츠데일(Scottsdale)에 있는 Ethisphere는 윤리적인 기업 활동을 평가하고 있으며, "세계에서 가장 윤리적인 기업(The World's Most Ethical Companies)" 목록을 발표하고 있다. 이 조직은 기업이 내부적으로 윤리 표준을 설정하고, 이를 실행하도록 하고 있다. 또한 경영자와 종업원이 올바른 윤리적 선택을 하도록 장려하며, 기업이 윤리적 모범사례를 도입하여 업계 표준을 만들도록 하고 있다. 이 조직이 매년 작성하는 기업 목록에는 Aflac, Ecolab, Fluor Corporation, International Paper, Kao Corporation, Milliken & Company, Pepsico 등이 있다.[22)]

1-8A 윤리적 문제에 대한 기업의 행동

오늘날 대부분의 기업은 강력한 윤리행동강령을 작성하고 있다. 기업은 또한 다양한 상황에서 종업원의 바람직한 행동을 유도하는 교육프로그램을 갖고 있다. 이익과

22) "The World's Most Ethical Companies 2020," ethisphere.com, February 25, 2020.

윤리 사이의 충돌이 발생하면 윤리적 측면의 고려가 다른 것을 압도할 만큼 훨씬 중요할 때가 있다. 그러나 어떤 경우에는 무엇이 올바른 선택인지 판단하기 어렵다. 예를 들어, Norfolk Southern의 경영자는 석탄을 연료로 하는 기차가 공해를 발생시키는 사실을 알고 있다. 그러나 대기오염 수준이 법적 한계를 넘지 않고 있으며, 공해 저감을 위해서는 비용이 발생한다고 하자. 이 경우 경영자는 대기오염을 줄여야만 하는가? 마찬가지로 몇 년 전 제약회사 Merck는 자사의 진통제 Vioxx가 심장발작을 발생시킬 수 있음을 알았다. 그러나 이에 대한 증거는 확실하지 않았으며, 이 약이 일부 환자에게는 효능을 보이고 있었다. 시간이 지나 추가 검사를 한 결과 Vioxx가 건강에 위협이 될 수 있다는 강력한 증거가 나타났다. Merck는 어떤 조치를 취해야만 했는가? 그러한 조치는 언제 취해야 했는가? Merck가 부정적이지만 부정확할 수 있는 정보를 발표하면 이로 인해 매출은 타격을 입을 것이고 이 약이 필요한 일부 환자는 혜택을 볼 수 없다. 한편 이 기업이 추가적인 정보 발표를 늦춘다면 보나 많은 환자가 회복할 수 없는 피해를 입을 수 있다. Merck는 어느 시점에서 잠재적 문제를 공개해야 하는가? 이 질문에 대한 명백한 해답은 없다. 그러나 기업은 이러한 문제에 직면할 때가 많으며 이를 잘못 취급하면 심각한 결과를 초래할 수 있다.

1-8B 비윤리적 행위의 결과

지난 몇 년 동안 비윤리적 행위로 인해 많은 기업이 파산을 했다. 회계법인 아더 앤더슨(Arthur Andersen)과 엔론, 월드콤의 몰락은 비윤리적 행위가 기업을 어떻게 추락시킬 수 있는지를 잘 보여주고 있다. 세 기업의 최고경영자 모두 이익을 부풀리는 회계부정으로 인해 많은 비난을 받았다. 엔론과 월드콤의 임원은 그들의 주식을 재빨리 처분하면서도 종업원과 외부 투자자에게는 자사 주식 매입을 권유하였다. 이들 임원은 주가가 하락하기 전에 엄청난 돈을 벌었지만, 낮은 직급의 종업원과 외부 투자자는 그 피해를 고스란히 "받아야" 했다. 이들 임원 중 일부는 투옥되었으며 엔론의 CEO는 공모와 사기혐의로 재판을 받는 중에 치명적인 심장발작을 일으켰다. 메릴린치(Merrill Lynch)와 시티그룹(Citigroup)은 이들의 사기를 도운 혐의로 기소되어 수억 달러에 해당하는 벌금형을 받았다.

어떤 경우에는 기업이 파산을 면하기도 하지만 그들의 명성은 크게 추락한다. 안전에 대한 우려로 인해 신뢰성에서 확고한 명성을 가진 토요다(Toyota)는 큰 상처를 입었다. 기업의 최고경영자가 문제를 인지하는 시점과 이들 문제의 공개 시점과 관련해서 윤리적 이슈가 발생한다. GM의 경영진은 57명의 사망과 260만 대의 자동차 리콜을 초래한 점화스위치 고장을 늦게 발표함으로써 맹비난을 받고 있다.

2010년 4월에 SEC는 골드만삭스(Goldman Sachs)에 대해 민사 사기 소송을 제기했다. SEC는 골드만삭스가 서브프라임 모기지 연계 증권을 만들어 판매하면서 투자자를 속였다고 주장했다. 2010년 7월에 골드만삭스는 결국 $5억 5천만을 지급하는 데 동의하는 합의를 하였다. 이는 단지 하나의 예에 불과하지만 많은 사람들은 최근 몇 년 동안에 매우 많은 월스트리트의 금융회사 경영자들이 고의로 윤리기준을 준수하지 않았다고 믿고 있다. 2011년 5월에 헤지펀드인 Galleon Group LLC의 설립자인 Raj Rajaratnam은 미국 정부가 맞닥뜨린 최대 규모의 내부자 거래 사건에서 증권 사기와 공모 혐의로 유죄 판결을 받았다. Rajaratnam은 기술 기업들의 내부자 및 헤지펀드에 근무하는 사람들로부터 정보를 얻어 대략 $6,380만에 해당하는 내부자 거래를 했다. 2011년 10월 13일에 그는 11년의 징역형을 선고받았다. 2014년 3월 14일에 연방예금보험공사(Federal Deposit Insurance Corporation: FDIC)는 16개의 대형은행(뱅크 오브 아메리카, 시티그룹, JP모건 체이스 등을 포함)이 LIBOR(London Interbank Offer Rate) 이자율을 조작해서 부정한 이익을 얻었다는 혐의로 그들을 고소했다. 이는 매우 심각한 사건이다. 왜냐하면 많은 금융계약은 LIBOR 이자율을 계약조건으로 사용하기 때문이다. 대형은행들은 2007년 8월부터 2011년 중반까지 LIBOR 조작 혐의로 기소되었다. Barclay's와 RBS, UBS, Deutsche Bank, Rabobank of the Netherlands 등 5개 은행은 기소와 형사소추를 피하기 위해 $50억을 지불했다. 이 사건을 계기로 규제당국은 은행이 LIBOR 사용을 줄이면서, 2021년까지 이를 대체할 수 있는 벤치마크 금리를 개발하도록 압력을 행사했다.[23)]

최근 제약회사인 Mylan은 알레르기 주사 EPIPen에 대해 Medicaid(미국의 공공의료 지원 프로그램)를 과다 청구한 혐의로 인해 미국 법무부에 $4억 6,500만의 합의금을 지불하기로 했다. 2018년 초, Theranos의 창업자 Elizabeth Holmes는 사기 혐의로 기소된 후 SEC와 그 해결책에 합의했다. 그 해결책에는 벌금 납부, 그녀의 회사 경영 의결권 박탈, 10년 동안 상장회사의 임원 또는 이사직 금지 등을 포함하고 있다. 또 다른 유명한 사례로는 웰스 파고가 있다. 웰스 파고는 CEO를 비롯한 고위 경영자와 5,000명의 종업원을 해고하였으며, 또한 종업원에게 보너스를 받을 수 있는 판매 할당량을 설정함으로써 종업원이 가짜 계좌를 만들고 승인되지 않은 신용카드를 고객이름으로 등록했다. 이로 인해 웰스 파고는 $1억 8,500만의 벌금을 정부에 납부해야 했고, 고객에게는 환불을 해줘야 했다. 2020년 2월에 이 회사는 형사소송과 민사소송을 해결하기 위해 추가로 $30억을 지불하기로 합의했다. 미국의 연방준비제도이사회는 웰스 파고의 성장을 제한하는 추가적인 조치를 취했다. 이러한 일련의 문제는 미국 기업에만 해당하지 않는다. 폭스바겐(VW)은 자동차에 배기가스 검사를 속이는 소프트웨어를 설치하

---

23) 다음을 참고하라. John Heltman, "Libor Is Going Dark in 2021, and Some Banks Aren't Ready," *American Banker*(americanbanker.com), December 30, 2018; and Trevor Hunnicutt and Huw Jones, "Regulators Call For Urgent Move Away From Libor," *Reuters*(reuters.com), July 15, 2019.

여 판매한 사실을 최근에 인정했다. 이 소프트웨어는 유럽의 800만 대를 포함하여 전세계적으로 약 1,100만 대의 자동차에 설치되어 있다. VW는 수백만 대의 자동차를 리콜하기 위해 67억 유로(약 $76억)를 마련해야 했다. 이로 인해 VW는 2015년 3분기에 15년 만에 처음으로 분기 손실을 기록했다. 이 사건으로 인해 VW의 CEO는 사임하고 여러 최고경영자도 해고되었다. 또 다른 최근의 사건으로는 캐나다 제약회사 Valeant가 있다. 이 회사는 성장률을 높이기 위해 부적절한 회계 처리와 약탈적인 가격 인상을 했다는 비난을 받고 있다. 또한 Philidor(Valeant의 비상장 계열사)가 Valeant의 고가 의약품을 판매하기 위해 환자 처방을 변경했다는 의심을 받고 있다. 2016년 말에 두 명의 Philidor 임원(한 명은 Valeant의 임원이었음)이 수백만 달러의 사기 및 리베이트 혐의로 체포되어 기소되었다.

기업의 CEO는 그 회사의 얼굴이다. CEO가 부정행위로 고발된 경우 이사회는 독자적으로 CEO를 조사하고, 혐의가 확인되면 시정조치를 취한다. 이 경우 대부분의 CEO는 해고된다. CEO가 혐의는 있지만 불법적이지는 않은 행동을 하는 경우에 이사회가 어떻게 해야 하는지에 대해서는 여러 주장이 존재하고 있다. CEO가 부정행위로 고발되면 이사회는 실태를 조사하고 적절히 대처해야 한다. 특히 기업의 명성, 문화 및 장기 성과를 손상하지 않도록 하는 것이 무엇보다 중요하다.[24)]

부정행위가 널리 퍼져 있다는 인식은 많은 투자자가 미국 산업에 대해 불신을 갖도록 하여 주식시장을 떠나게 했다. 이로 인해 기업은 성장과 일자리 창출, 경제 활력 등을 위한 자금조달에 어려움을 겪고 있다. 따라서 일부 기업의 비윤리적 행위는 이를 저지른 기업뿐만 아니라 다른 윤리적 기업에도 좋지 않은 결과를 초래한다.

이상의 설명은 한 가지 질문으로 귀결된다. 기업은 비윤리적인가? 혹은 일부 직원만이 비윤리적인가? 이는 아서 앤더슨 사건의 핵심 이슈이다. 이 기업은 엔론과 월드콤 및 회계부정행위를 저지른 몇 개 기업들을 감사한 회계법인이다. 증거는 앤더슨의 소수 회계사가 부정행위를 저지른 것으로 밝혀졌다. 이 기업의 최고경영자는 소수의 비윤리적 회계사만이 부정행위에 가담했으며, 85,000명의 종업원 대부분과 기업 자체는 잘못이 없다고 주장했다. 미국 법무부는 이 수상에 동의하지 않았다. 법무부는 앤더슨이 비윤리적 행위가 허용되는 기업문화를 조성하였고, 해당 부정행위자와 기업 모두에게 이익이 되는 행동을 하도록 인센티브 시스템을 만들었다고 결론을 내렸다. 그 결과 앤더슨은 퇴출되었으며, 파트너들은 수백만 달러를 잃었으며 85,000명의 종업원은 일자리를 잃었다. 대부분의 다른 사건에서는 기업이 아니라 개인이 재판을 받아 기업은 살아남았지만 기업의 명성은 타격을 받아 미래 잠재 이익과 가치를 크게 하락시켰다.

---

24) David Larcker and Brian Tayan, "We Studied 38 Incidents of CEO Bad Behavior and Measured Their Consequences," *Harvard Business Review*(hbr.org), June 9, 2016.

1-8C 종업원은 비윤리적 행위에 어떻게 대처해야 하는가?

경영자는 스톡옵션이나 보너스, 승진에 대한 욕망으로 매우 자주 비윤리적 행동을 한다. 이들의 비윤리적 행동에는 경영자가 담당부서의 이익을 좋게 만드는 장부 조작, 매출 감소를 초래할 수 있는 불량제품에 대한 정보를 숨기는 것, 환경보호에 필요한 비용을 지불하지 않는 것 등이 있다. 일반적으로 이러한 비윤리적 행동은 엔론이나 월드콤 정도는 아니지만 여전히 문제가 될 수 있다. 의심스러운 행위가 지속된다면 누가 어떻게 대처해야 하는가? 최고경영자나 그와 비슷한 직급의 경영자가 부정행위를 저지른 엔론이나 월드콤과 같은 경우 고위 간부들은 불법행위를 알고 있었다. 어떤 경우에는 본인이나 본인이 있는 팀의 이익을 부풀려 보너스를 더 많이 받으려는 중간관리자에 의해 부정행위가 발생한다. 그럼에도 불구하고 이 모든 경우에 일부 하위 직급의 종업원도 부정행위 사실을 어느 정도 알고 있다. 그들은 부정행위에 가담하라는 요구를 받기도 한다. 하위 직급 종업원은 그들 상사의 요구를 수용해야 하는가? 이들 요구를 거부해야 하는가? 이러한 상황을 기업의 이사회나 감사와 같은 보다 높은 직급에게 보고해야 하는가? 아니면 연방 검사에게 보고해야 하는가?

이상의 문제를 해결하기 위해 어떤 행동을 언제 할 것인가를 결정하기 위해서는 종업원의 판단력이 필요하다. 하위 직급 종업원이 제품을 회수해야 한다고 생각하지만 상사가 이에 동의하지 않으면 그 종업원은 어떻게 해야 하는가? 종업원이 문제를 외부에 알리기로 결정하면 그것이 올바른 행동이더라도 문제가 발생할 수 있다. 경고가 잘못되면 그 기업은 피해를 보게 되며 많은 것을 잃을 수 있다. 이 경우 그 종업원은 해고될 수 있다. 종업원이 옳다고 하더라도 많은 기업(최소한 상사들)은 "충성스럽지 못하고 문제를 일으키는" 종업원을 좋아하지 않기 때문에 그의 경력에 오점이 남는다.

이러한 상황은 회계부정 이외에도 생산물 책임, 성희롱, 환경 문제 등 여러 분야에서도 자주 발생할 수 있다. 종업원은 상사의 반대에 맞서다가 그들의 일자리를 잃을 위험에 처하기도 한다. 그러나 그들이 부정행위를 신고하지 않는다면 그들은 정신적 고통에 직면할 수 있고, 기업의 몰락에 기여하는 꼴이 되며, 일자리를 잃게 되어 저축을 하지 못할 수도 있다. 더구나 종업원이 불법이라고 알고 있는 행위에 가담하면 그들은 감옥에 가게 될 수도 있다. 사실 재판에 회부된 대부분의 부정 사례에서 볼 수 있듯이, 잘못된 정보를 실제로 입력한 하위 직급 종업원이 지시를 내린 상사보다 더 긴 징역형을 받은 경우도 많다. 따라서 종업원은 그들이 도덕적 · 법적 의무를 이행하다가 일자리를 잃거나 상사의 지시를 따르다가 감옥에 가는 선택 사이에서 "진퇴양난에 빠질" 수 있다. 이상의 논의를 통해 윤리가 왜 기업과 경영대학에서 중요한 고려사항인지를 알 수 있다. 그리고 왜 이 책이 윤리 문제에 관심을 갖는지도 알 수 있을 것이다.

셀프 테스트

- 기업윤리에 대한 정의는?
- 기업 경영자의 보상체계가 비윤리적 행위를 발생시킬 수 있는가?
- 비윤리적 행동은 일반적으로 비윤리적 사람에 의해 행해진다. 기업이 종업원의 윤리적 행동을 유도하도록 하기 위해 할 수 있는 것에는 어떤 것이 있는가?

단원 종합

이 장은 재무관리에 대한 개괄적인 내용을 설명하고 있다. **경영의 주요 목표는 주식의 장기 가치, 즉 장기 주가로 측정되는 내재가치를 극대화하는 것이다.** 가치를 극대화하기 위해 기업은 소비자가 원하는 제품을 개발해야 하며, 제품을 효율적으로 생산해야 하고, 가격 경쟁력을 갖는 제품을 팔아야 하며 기업 활동과 관련한 법규를 준수해야 한다. 만약 기업이 주식의 가치를 극대화하는 데 성공한다면 이는 또한 사회 복지와 시민 행복에 기여하는 것이다.

기업은 개인기업, 파트너십회사, 주식회사, 유한책임회사(LLC), 유한책임합자회사(LLP) 등의 형태로 나눌 수 있다. 매우 많은 기업이 주식회사 형태를 갖고 있으며, 기업이 성공하면 대부분 주식회사가 된다. 이 책에서는 주식회사에 초점을 맞추어 설명한다.

CFO의 주요 업무는 (1) 내부 의사결정과 투자자를 위해 회계제도가 올바른 정보를 제공할 수 있도록 하고, (2) 기업이 올바른 방법의 자금조달을 하는지 확인하고, (3) 운영부서가 최적의 방법으로 업무를 수행하고 있는지를 평가하고, (4) 자본 지출 제안사항이 기업가치를 증가시킬 수 있는지를 평가하는 것이다. 이 책의 나머지 부분에서 재무관리자가 이러한 업무를 어떻게 처리해야 할지를 논의한다.

자가진단 질문과 문제

ST-1 **[핵심용어]** 다음 용어를 정의하라.

a. 사베인즈-옥슬리 법(Sarbanes-Oxley Act)

b. 개인기업; 파트너십회사; 주식회사

c. S 주식회사; 유한책임회사(LLC); 유한책임합자회사(LLP)

d. 내재가치; 시장가격

e. 한계투자자; 균형

f. 기업지배구조

g. 기업 사냥꾼; 적대적 인수

h. 주주 부의 극대화

i. 기업윤리

j. ESG 등급

질문

1-1 기업의 내재가치란 무엇인가? 현재의 주가란 무엇인가? 주식의 "참된" 장기 가치는 내재가치와 현재의 주가 중에서 어느 것과 더 밀접한 관련을 갖는가?

1-2 주식은 어떤 경우에 균형에 있다고 말할 수 있는가? 어느 시점에서 주식이 균형 상태를 달성하지 못하는 이유는 무엇인가?

1-3 3명의 정직한 사람이 주식 X의 내재가치에 대한 추정치를 말했다고 하자. 한 사람은 현재의 룸메이트이고, 두 번째 사람은 월스트리트에서 평판이 좋은 전문 보안분석가이며, 세 번째 사람은 X사의 CFO이다. 세 사람의 추정치가 서로 다르다면 어느 것을 가장 신뢰하겠는가? 그 이유는?

1-4 시장에서 기업의 실제 주가가 내재가치보다 낮은 것이 좋은가? 아니면 내재가치보다 실제 주가가 높거나 같은 것이 더 좋은가? 일반 주주와 $100만의 스톡옵션을 행사하고 퇴직하는 CEO 모두 동일하게 대답을 할 것인가? 이에 대해 설명하라.

1-5 기업의 이사회가 경영자로 하여금 주주 부를 극대화하도록 하고 싶다면 CEO의 보상을 고정급으로 해야 하는가? 아니면 기업 성과에 의해 결정되도록 해야 하는가? 만약 성과에 연동시킨다면 성과는 어떻게 측정해야 하는가? 재무제표의 당기순이익 성장률과 주식 내재가치의 성장률 가운데 어느 것이 보다 쉬운 성과 추정 방법인가? 더 좋은 성과 추정치는 무엇인가? 그 이유는?

1-6 기업 조직의 다양한 형태에는 무엇이 있는가? 각 형태의 장점과 단점은 무엇인가?

1-7 주주 부의 극대화는 기업의 장기 목표와 단기 목표 중 어디에 해당하는가? 예를 들어, 기업의 어떤 행위로 인해 주가가 현재 $20에서 6개월 후에 $25로, 5년 후에는 $30으로 상승한다고 하자. 한편 다른 행위로 주식가격이 몇 년 동안 $20을 유지하다가 5년 후에 $40으로 인상된다고 가정하자. 어떤 행위가 보다 좋은가? 이러한 주가 움직임을 나타나게 하는 기업 활동에는 무엇이 있는가?

1-8 경영자와 주주의 이해관계를 일치시키기 위해 주주가 취할 수 있는 행동에는 어떤 것이 있는가?

1-9 Southern Semiconductor Corporation(SSC)의 회장은 연례보고서에서 "SSC의 주요 목표는 보통주 지분 가치를 높이는 것입니다."라고 언급한 후 보고서 후반부에 다음과 같은 발표를 하였다.

a. SSC는 본사가 있는 앨라배마(Alabama)주 버밍엄(Birmingham)의 심포니 오케스트라에 $150만을 기부했다.

b. SSC는 스페인에서 새로운 공장을 짓고 사업을 확장하기 위해 $5억을 지출하고 있다. 스페인 사업에서는 4년 동안 이익이 발생하지 않으므로 스페인 사업을 확장하지 않는 경우와 비교하면 이 기간 동안 이익은 감소할 것이다.

c. SSC는 자산의 절반 정도를 미국 재무부채권 형태로 보유하고 있으며, 이는 비상 상황을 대비한 자금이다. 그러나 앞으로 SSC는 비상 자금을 국채에서 보통주로 전환할 계획이다.

SSC의 주주들이 위의 각 행동을 어떻게 평가할 것인지 언급하고, 이러한 행동이 주가에 어떤 영향을 미칠 수 있는지 논의하라.

1-10 투자자는 보통 보유 주식 1주당 1표를 행사한다. TIAA-CREF는 미국 최대의 주식 기관투자자이다. 따라서 TIAA-CREF는 다른 조직보다 많은 주식을 보유하고 있으며, 많은 의결권도 갖고 있다. 이 펀드는 전통적으로 경영진의 의사결정에 동조하는 수동적 투자자 역할을 수행해왔다. 그러나 1993년에 1,500개 회사 전체에 통지서를 발송하여 경영진이 제대로 업무를 수행하지 않을 경우 적극적으로 회사 경영에 개입할 계획이라고 밝혔다. 이 펀드의 목표는 기업 실적을 개선하여 보유 주식의 가격을 높이는 것이라고 밝혔다. 따라서 기업 이사회가 과반수의 독립적인 (사외)이사를 임명해야 하며, "CEO와 다른 의견을 갖는 효과적이고 독립적인 이사회가 없는" 기업의 이사에 대해서는 반대표를 던질 것이라고 선언했다.

과거 TIAA-CREF는 실적이 좋지 않은 종목을 매도하는 foot voting(적극적 의사표현이나 행동) 방식으로 실적 부진에 대응했다. 그러나 1993년부터는 두 가지 이유로 이러한 지위를 유지하기 어려워졌다. 첫째, 이 펀드는 주식시장에서 다양한 종목을 그 가치 비율에 따라 소유하는 "인덱스펀드"에 자산의 상당 부분을 투자했다. 또한 TIAA-CREF는 많은 기업의 주식을 대량 보유하고 있기 때문에 이를 매도하려고 시도하면 해당 기업의 주가가 크게 하락할 수 있다. 따라서 TIAA-CREF는 문제를 고려하여 보다 적극적인 투자자가 되기로 결정했다.

a. TIAA-CREF는 보통의 주주인가? 이에 대해 설명하라.
b. TIAA-CREF는 여러 기업의 주식에 많은 자산을 투자하고 있다. 이 펀드의 경영진은 해당 주식에 대해 의결권을 행사할 계획이다. 그러나 수많은 투자자가 TIAA-CREF를 소유하고 있다. TIAA-CREF 펀드의 매니저가 자신의 생각대로 주식 투표권을 행사해야 하는가? 아니면 소유 비율에 따라 주식 투표권을 주주에게 다시 전달해야 하는가? 이에 대해 설명하라.

1-11 Edmund Enterprises는 최근에 기술 업그레이드를 위한 대규모 투자를 했다. 기술 개발은 기업의 성과를 단기적으로 개선시키지는 않지만 미래의 비용을 크게 낮추어줄 것으로 기대한다. 이 투자는 Edmund Enterprises의 금년 주당순이익에 어떤 영향을 미치는가? 이 투자는 이 기업의 내재가치와 주가에 어떤 영향을 미치는가?

1-12 당신이 X사의 이사회 임원이자 보상위원회 위원장이라고 가정해보자. 그 위원회는 CEO에 대한 보상을 결정할 때 어떤 요소를 고려해야 하는가? 보상은 연봉과 회사 실적에 따라 달라지는 스톡옵션 중 무엇으로 해야 하는가? 아니면 이 둘의 혼합으로 구성하는 것이 타당한가? "기업의 성과"를 고려하여 보상을 구상한다면 성과를 어떻게 측정해야 하는가? 성과 측정을 이론적 및 실제 측면 모두에서 살펴보도록 하라. 당신이 X사의 부사장이라면, 다른 기업의 CEO일 때와 다른 행동을 할 것인가?

1-13 당신이 천연가스, 석유 및 소매(주유소)의 세 가지 사업부를 갖고 있는 에너지 기업의 이사라고 가정하자. 사업부들은 서로 독립적으로 운영되지만, 사업부의 경영자는 모두 회사의 CEO에게 보고를 하고 있다. 질문 1-12에서 논의한 바와 같이 당신이 보상위원회에 있고 그 위원회가 3명의 사업부 경영자에 대한 보상방법을 결정하도록 요구를 받았다고 하자. 당신은 회사의 CEO에게 적용한 기준을 사업부의 경영자에게도 동일하게 적용할 것인가? 이에 대한 당신의 생각을 설명하라.

1-14 Bedrock 회사는 부채로 $70백만을, 자기자본으로 $30백만을 갖고 있다. 부채는 1년 후에 만기가 되며 이자율은 10%이다. 따라서 이 기업은 1년 후에 $77백만을 채권자에게 상환해야 한다.

이 기업은 2개의 프로젝트를 고려하고 있으며, 2개 프로젝트 모두 초기에 $100백만의 투자가 필요하다. 각 프로젝트는 1년 동안 진행되며 프로젝트의 성과는 1년 후 경제 상황에 따라 결정된다. 1년 후 경제가 불황일 확률은 50%이며, 호황일 확률도 50%이다.

다음 표에는 2개 프로젝트의 기대 성과가 나타나 있다. 단위는 백만 달러이다.

	1년 후 경제 불황일 때의 성과	1년 후 경제 호황일 때의 성과	기대 성과
프로젝트 L	$90.00	$130.00	$110.00
프로젝트 H	50.00	170.00	110.00

2개 프로젝트 모두 동일한 기대 성과를 가지고 있다. 그러나 프로젝트 H는 보다 위험이 높다. 채권자는 항상 우선청구권을 가지며 주주는 채권자에게 지급한 후 남는 자금에 대한 잔여 청구권을 갖는다.

1년 후 채권자에게 원리금을 상환할 자금을 충분히 갖지 못하면 Bedrock은 파산할 수 있다고 가정하자. 파산을 선고하면 채권자는 남아 있는 돈을 모두 가지며, 주주는 아무것도 갖지 못한다.

a. 기업이 프로젝트 L을 선택했다고 가정하자. 이 기업 채권자의 기대 성과는 얼마인가? 또한 이 기업 주주의 기대 성과는?

b. 기업이 프로젝트 H를 선택했다고 가정하자. 이 기업 채권자의 기대 성과는 얼마인가? 또한 이 기업 주주의 기대 성과는?

c. 채권자는 기업의 경영자가 프로젝트 L과 H 중에서 무엇을 선택하기를 바라는가? 그 이유를 간단히 설명하라.

d. 주주를 위해 일하는 Bedrock의 경영자는 위험이 보다 높음에도 불구하고 프로젝트 H를 선택할 것이다. 그 이유를 설명하라.

e. 채권자는 그들의 이익을 보호하기 위해 어떤 행동을 취할 것인가?

금융시장과 금융기관

02
CHAPTER

건전한 금융시스템이 경제를 좌우한다

역사는 좋은 금융시스템이 경제발전과 번영에 필수적임을 보여주고 있다. 투자를 위해 자금을 조달하려는 기업이나 미래 소비를 위해 자금을 저축하려는 투자자는 잘 작동하는 금융시장과 금융기관을 필요로 한다.

지난 수십 년 동안 진행된 기술 변화와 정보통신의 발전은 국제 거래를 증가시켰으며, 글로벌 금융시스템의 범위와 효율성도 확장시켰다. 기업의 프로젝트는 전 세계에서 진행되고 있으며, 이에 필요한 자금도 세계 전역에서 쉽게 조달하고 있다. 피츠버그(Pittsburgh)에 사는 개인투자자는 마우스 클릭 한 번으로 유럽 은행에 예금을 하거나 중국 주식에 투자하는 뮤추얼펀드를 매입할 수 있다.

이러한 금융혁신은 전 세계에 있는 수많은 개인과 기업에 자본을 제공할 수 있게 하였으며, 세계경제의 성장을 촉신하도록 했다. 이와 함께 금융산업은 새로운 금융상품을 만들고 마케팅하고 거래하는 수많은 유능한 사람을 고용했다. 그러나 금융혁신의 급격한 진행으로 인한 후유증으로 2007년과 2008년의 금융위기가 발생했다. 금융위기는 금융자산의 가치 변화가 매우 급속히 진행될 수 있으며, 이로 인해 경제의 다른 부분도 크게 영향을 받을 수 있음을 보여주었다. 예를 들어, 월스트리트 저널의 2014년 기사는 투자자의 관심이 집중되었던 주요 기술 기업인 페이스북(Facebook), 킹 디지털 엔터테인먼트(King Digital Entertainment), 넷플릭스(Netflix), 옐프(Yelp), 트위터(Twitter) 등의 주가가 큰 폭으로 하락함으로써 스타트업 기업이 기업공개(IPO)를 통해 주식시장에서 자금을 조달하기 어려워졌다고 밝히고 있다.

그 이후 몇 년 동안 신기술로 인해 흥미로운 제품과 서비스를 제공하는 많은 기업이 생겼지만 이들 기업의 주가가 급등락하면서 금융시장의 변동성과 혼란은 증가하였다. 예를 들어, 2019년 우버(Uber), 리프트(Lyft), 슬랙(Slack) 및 비욘드 미트(Beyond Meat)와 같은 많은 유명 기업이 기업공개를 했지만 IPO 이후 높은 가치를 지속적으로 유지하지 못했다. 특히 2019년 9월에는 고성장 기업 위워크(WeWork)가 급격히 몰락하여 IPO 계획을 철회하기도 하였다.

최근에 발생한 이러한 주요 사건을 통해 거의 모든 기업이 기술 변화와 세계화의 영향을 받고 있음을 알 수 있다. 경영자와 투자자는 일반적으로 제한된 측면만 고려하지 않고, 크고 복잡한 금융환경까지 고려하여 의사결정을 내리고 있다. 금융환경은 금융시장 및 금융기관, 세금 및 규제관련 정책, 경제 상황 등도 포함한다. 우리는 2020년의 급속한 유가 하락과 코로나바이러스 발병이 경제와 금융시장을 얼마나 크게 변화시키는지 보았다. 요약하면 금융환경에 따라 재무적 의사결정의 내용이 달라지며, 의사결정의 결과도 영향을 받는다. 따라서 투자자와 재무관리자는 자신이 처한 금융환경을 잘 이해하는 것이 중요하다.

출처: Dan Gallagher, "Tech IPOs Will Face a Much Higher Bar," *The Wall Street Journal*(wsj.com), January 6, 2020; Mike Isaac and Michael J. De La Merced, "Uber Closes $1.6 Billion in Financing," *The New York Times*(dealbook.nytimes.com), January 21, 2015; Scott Austin, Chris Canipe, and Sarah Slobin, "The Billion Dollar Startup Club," *The Wall Street Journal*(graphics.wsj.com/billion-dollar-club/), February 18, 2015; and Rolfe Winkler, Matt Jarzemsky, and Evelyn Rusli, "Drop in Tech Stocks Hits Startup Funding," *The Wall Street Journal*(wsj.com), April 16, 2014.

학습개요 및 목표

금융위기에 관한 추가 정보는 stlouisfed.org/Financial-Crisis에서 살펴볼 수 있다. 또 다른 좋은 출처는 금융위기조사위원회(Financial Crisis Inquiry Commission)의 활동을 나타내는 fcic.law.stanford.edu이다.

제1장에서 우리는 기업의 주요 목표가 주식가격의 극대화임을 살펴보았다. 주가는 금융시장에서 결정된다. 재무관리자가 좋은 의사결정을 내리기 위해서는 시장이 어떻게 움직이는지 반드시 이해해야 한다. 또한 개인도 자신의 투자의사결정을 한다. 따라서 개인도 금융시장과 이 시장에서 영업을 하는 금융기관에 대해 알아야 할 필요가 있다. 이 장에서 우리는 자본을 조달하고 증권을 거래하며 주식가격을 결정하는 시장과, 이러한 시장에서 영업하는 금융기관에 대해 살펴볼 것이다. 우리는 시장 효율성의 개념을 살펴보며, 효율적 시장이 자본의 효율적 배분에 어떤 도움을 주는지 설명할 것이다.

최근 금융시장에서 가격의 변동성이 매우 커지면서 많은 사람이 시장 효율성에 대해 의문을 제기하고 있다. 이로 인해 행태재무이론에 대한 관심도 증가하고 있다. 행태재무이론은 심리적 요인이 개인의 의사결정(때로는 비정상적 의사결정)에 미치는 영향과 이러한 의사결정이 금융시장에 미치는 효과에 대해서도 설명하고 있다.

이 장을 마치고 나면, 여러분은 다음을 할 수 있어야 한다.

- 금융기관과 금융시장의 여러 유형을 확인하고, 금융시장과 금융기관이 어떻게 자본배분을 촉진하는지 설명할 수 있다.
- 주식시장이 어떻게 운영되는지 설명하고, 주식시장의 다양한 유형에 대한 차이점을 나열할 수 있다.
- 주식시장이 최근 몇 년간 어떻게 움직였는지 설명할 수 있다.

• 시장 효율성의 중요성을 이해하고, 왜 어떤 시장은 다른 시장보다 더욱 효율적인지를 설명할 수 있다.
• 행태재무이론을 간략히 설명할 수 있다.

2-1 자본배분 과정

기업, 개인, 정부는 자본을 조달해야 하는 경우가 많다. 예를 들어, Carolina Power & Light(CP&L)는 미국의 노스캐롤라이나와 사우스캐롤라이나 지방의 전력 수요가 증가할 것으로 예측했다. CP&L은 수요 증가에 맞추어 새로운 발전소를 건설할 예정이다. CP&L은 발전소를 짓기 위해 필요한 $10억을 갖고 있지 않으므로 금융시장에서 이 자본을 조달해야 한다. 마찬가지로, 샌프란시스코에서 물건을 파는 상점의 주인도 설비를 증가시키려고 한다. 그는 TV, 식기세척기, 냉장고 등의 기초 설비를 구입하기 위해 자금을 어디에서 조달해야 하는가? 또한 Johnson의 가족이 $20만짜리 주택을 구입하고 싶은데, 단지 $5만을 저축하고 있다고 가정하자. 그들은 추가로 필요한 $15만을 어디에서 구해야 하는가? 뉴욕시는 새로운 하수도 플랜트를 건설하기 위해 $200만이 필요하다. 이 자금을 어디에서 조달할 수 있는가? 마지막으로 연방정부는 세금 수입보다 더 많은 지출을 해야 한다. 추가 자금을 어디에서 구할 것인가?

한편, 일부 개인과 기업은 현재의 지출보다 많은 소득이 있다. 이러한 경우에 이들은 여유자금을 투자에 사용할 수 있다. 예를 들어, Carol Hawk의 소득은 $3.6만이지만 지출은 $3만이다. 따라서 나머지 $6,000을 투자에 사용할 수 있다. 마찬가지로, 마이크로소프트는 대략 $1,342.53억을 현금과 시장성 유가증권에 예치하고 있다. 마이크로소프트는 이 자금을 사용하기 전까지 무엇을 할 수 있는가?

여유자금을 갖고 있는 개인이나 조직은 미래 소비를 대비하기 위해 현재 시점에서 저축을 한다. 가계는 자녀의 교육과 부모의 은퇴를 위해 저축하는 반면에, 기업은 미래 투자에 대한 재원을 확보하기 위해 저축한다. 잉여자금을 가지고 있는 사람이나 기업 등은 투자에 대한 수익을 기대한다. 반면에, 자본을 필요로 하는 사람과 조직은 자본 제공자에게 이자를 지불해야 한다.

제대로 작동하는 경제에서는 잉여자본을 가진 사람으로부터 자본이 필요한 사람에게 효율적으로 자금이 이동한다. 이러한 흐름은 [그림 2.1]에서 보여주는 바와 같이 세 가지 방법으로 이루어진다.

1. [그림 2.1]의 첫 번째 그림에서 보는 바와 같이, 투자은행이나 금융기관이 개입하지 않고 기업이 주식이나 채권을 투자자에게 직접 매도하는 경우를 자금이나 증

[그림 2.1] 기업의 자본형성과정 도표

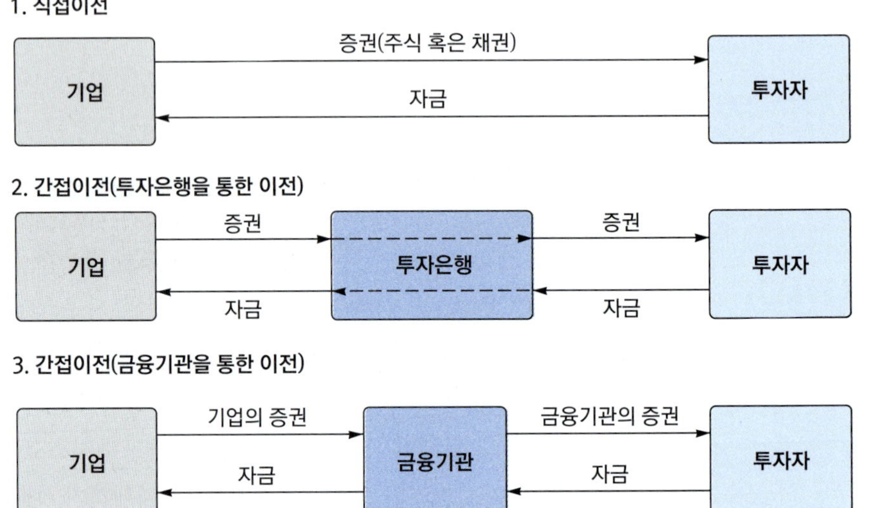

권의 직접 이동(direct transfer)이라고 한다. 기업은 투자자에게 증권을 전달하며, 투자자는 기업에 필요한 자금을 제공한다. 이러한 직접 이동은 보통 소규모 기업이 사용하며, 상대적으로 작은 금액의 자본은 직접 이동을 통해 조달한다.

2. [그림 2.1]의 중간 그림에서 보는 바와 같이, 자금의 이동은 발행 증권을 **인수**하는 모건 스탠리(Morgan Stanley)와 같은 투자은행을 통해 이루어지기도 한다. **인수자**(underwriter)는 증권 발행을 촉진하는 역할을 한다. 기업은 주식이나 채권을 투자은행에 매도하며, 투자은행은 이 증권을 투자자에게 다시 매도한다. 기업의 증권과 투자자의 자금은 투자은행을 "통과(pass through)"할 뿐이다. 그러나 투자은행은 증권을 사서 일정기간 동안 보유해야 하기 때문에 이에 대한 위험을 부담해야 한다. 이러한 위험에는 투자은행이 증권을 투자자에게 매도하면서 받는 금액이 증권을 매입하기 위해 기업에 지불한 금액보다 적은 경우 등도 포함한다. 새로운 증권이 시장에 유입되고, 기업은 증권 발행을 통해 자금을 확보하기 때문에 이러한 거래를 "**발행시장** 거래(primary market transaction)"라고 부른다.

3. 증권과 자금의 이동은 은행, 보험회사, 뮤추얼펀드와 같은 **금융기관**을 통해 이루어지기도 한다. 금융기관은 금융기관 발행 증권을 매각한 대가로 저축자로부터 자금을 받는다. 금융기관은 금융기관 발행 증권을 저축자에게 매각하여 확보한 자금으로 기업의 증권을 매입한다. 예를 들어, 어떤 저축자가 은행에 예금을 하고, 양도성예금증서(CD)를 받았다고 하자. 은행은 이 돈을 모기지 대출(mortgage loan)의 형태로 어떤 기업에게 빌려줄 수 있다. 즉, 금융기관은 완전히 새로운 유

형의 자본을 만들었다. 이 경우 양도성예금증서(CD)는 모기지 대출에 비해 안전하고 유동성이 높으므로 대부분의 저축자가 보다 선호하는 투자대상이다. 금융기관이 존재함으로써 단기 금융시장 및 자본시장의 효율성을 크게 증가시킬 수 있다.

보통은 기업(특히 주식회사)이 자금을 필요로 한다. 또한 수택 구매사 및 소규모 기업, 정부의 부처 또한 쉽게 생각할 수 있는 자금 수요자이다. 예를 들어, 당신 삼촌이 당신의 스타트업 기업에 자금을 빌려준다면 자금의 직접 이동이 발생한다. 한편, 당신이 주택을 구매하기 위해 자금을 차입한다면, 당신은 지역 상업은행이나 모기지 대출 은행과 같은 금융기관을 통해 자금을 조달하는 것이다. 은행은 투자은행에 당신의 모기지 증서를 판매할 수 있으며, 투자은행은 연기금으로 매입한 채권의 담보물로 모기지 증서를 사용할 수 있다.

전 세계적으로 경제발전은 금융시장이나 금융기관의 수준 및 효율성과 밀접한 관련을 갖고 있다.[1] 어떤 국가가 제대로 작동하는 금융시스템을 갖고 있지 않다면 그 나라의 경제성장 잠재력을 충분히 발휘하기 매우 어렵다.

미국과 같은 선진국의 경제시스템에서는 자본을 보다 효율적으로 배분하기 위해 다양한 금융시장과 금융기관이 발전해왔다. 자본을 효율적으로 조달하기 위해 기업의 경영자는 금융시장과 금융기관이 어떻게 작동하는지 이해해야 하고, 개인도 저축의 수익률을 높이기 위해 금융시장과 금융기관의 작동방법을 알아야 할 필요가 있다.

셀프 테스트

- 저축자와 차입자 사이에 자본이 이전하는 세 가지 방법을 설명하라.
- 효율적 자본시장은 경제성장에 왜 필요한가?

2-2 금융시장

자금을 차입하고 싶은 사람과 조직은 금융시장에서 잉여자금을 보유하고 있는 사람과 만날 수 있다. 금융시장은 매우 다양한 종류가 있음을 알아 두자. 미국과 같은 선진국에는 다양한 금융시장이 존재하고 있다. 우리는 여러 금융시장 중 몇 개의 주요 시장과 그 발전방향에 대해 살펴보도록 하자.

---

1) 금융발전과 경제성장 사이의 상관관계에 대한 상세한 설명은 다음을 참고하라. Ross Levine, "Finance and Growth: Theory and Evidence," Chapter 12 in *Handbook of Economic Growth*, edited by Philippe Aghion and Steven Durlauf(Amsterdam: Elsevier Science, 2005).

2-2A 시장의 유형

여러 종류의 금융시장이 다양한 종류의 고객에게 서비스를 제공하고 있으며, 국가의 여러 지역에서 거래를 하고 있다. 거래하는 증권의 만기와 증권 연계 자산의 유형에 따라 금융시장은 다양한 형태를 갖는다. 이에 따라 금융시장을 다음과 같이 분류할 수 있다.

1. **실물시장**(physical asset markets)과 **금융시장**(financial asset markets): **실물시장**["유형(tangible)" 또는 "실물(real)" 자산시장]은 밀, 자동차, 부동산, 컴퓨터, 기계 등을 거래하는 시장이다. **금융시장**은 주식, 채권, 어음, 모기지 등을 취급한다. 금융시장은 다른 자산의 가격 변화를 기준으로 가치가 결정되는 **파생증권**(derivative securities)도 거래한다. 포드(Ford) 자동차 주식은 "순수 금융자산(pure financial asset)"인 반면에, 포드 주식을 매입할 권리를 갖는 옵션은 그 가치가 포드 주식의 가격에 의해 결정되는 파생증권이다.

현물시장
현장(on-the-spot) 인도 방식으로 자산을 매입하거나 매도하는 시장

선물시장
현재 시점에서 시장 참여자가 미래 특정 시점에 자산을 매매하기로 합의하는 시장

2. **현물시장**(spot market)과 **선물시장**(future market): **현물시장**은 자산을 "현장(on-the-spot)" 인도(문자 그대로 며칠 이내)로 매입하거나 매도하는 시장이다. **선물시장**은 미래 특정 시점에 기초자산을 매입하거나 매도하도록 현재 시점에서 거래 당사자 간에 합의하는 시장이다. 예를 들어, 농부가 지금부터 6개월 후에 부셸(bushel)당 $8.7925의 가격으로 5,000부셸의 콩을 매도하기로 합의하는 선물계약을 오늘 체결할 수 있다. 반대의 경우, 미래에 콩을 필요로 하는 식품가공업자도 지금부터 6개월 후에 콩을 매입하는 선물계약을 체결할 수 있다. 이러한 거래는 농부와 식품가공업자 모두가 직면할 수 있는 위험을 줄여 주도록(**헤지**, hedge) 해준다.

단기 금융시장
자금을 단기(1년 이내)로 차입하거나 대출해주는 금융시장

자본시장
주식이나 중기 또는 장기 부채(1년 또는 그 이상)를 거래하는 금융시장

3. **단기 금융시장**(money markets)과 **자본시장**(capital markets): **단기 금융시장**은 유동성이 높은 단기 채무 증권시장이다. 뉴욕, 런던, 도쿄의 단기 금융시장은 세계 최대의 규모를 갖고 있다. **자본시장**은 중기 또는 장기 채권과 주식을 거래하는 시장이다. 미국의 대기업 주식을 거래하는 뉴욕증권거래소(New York Stock Exchange: NYSE)는 자본시장의 대표적인 예라고 할 수 있다. 명확한 구분은 아니지만 채권시장에서 단기는 일반적으로 1년 이내를 의미하며, 중기는 1년부터 10년, 그리고 장기는 10년 이상을 의미한다.

발행시장
새로운 증권을 발행함으로써 기업의 자본을 증가시키는 시장

유통시장
기업이 증권을 발행한 이후 투자자 사이에서 이를 거래하는 시장

4. **발행시장**(primary markets)과 **유통시장**(secondary markets): **발행시장**(1차 시장)은 기업이 새로운 자본을 조달하는 시장이다. 만약 GE가 자본을 조달하기 위해 보통주를 신규 발행하여 매각한다면, 이는 발행시장의 거래이다. 신규 발행 주식을 매도하는 기업인 GE는 발행시장에서 주식판매대금을 받는다. **유통시장**(2차 시장)은 이미 유통되고 있는 주식을 투자자 사이에서 거래하는 시장이다. 따라서

Jane Doe가 GE 주식 1,000주를 매입하기로 결정했다면, 주식 매입은 유통시장에서 발생한다. 뉴욕증권거래소는 신규 발행 주식과 채권이 아닌 기존 발행 주식과 채권을 다루고 있기 때문에 유통시장이다. 또한 모기지, 다양한 대출, 기타 재무자산을 취급하는 유통시장도 있다. 유통시장에서 어떤 기업의 주식이 거래되는 경우 해당 기업은 유통시장 거래에 참여할 수 없다. 따라서 그 기업은 증권을 팔아서 자금을 조달하지 못한다.

사모시장
두 당사자 사이에 직접 거래가 이루어지는 시장

공모시장
조직화된 거래소에서 표준화된 계약을 바탕으로 거래가 이루어지는 시장

5. **사모시장**(private markets)과 **공모시장**(public markets): **사모시장**은 둘 이상의 당사자가 직접 협상을 통해 거래를 하므로, 조직화된 거래소에서 표준화된 계약을 사용해 거래하는 **공모시장**과 차이가 있다. 은행 대출이나 보험회사의 사모 사채 발행은 사모시장 거래의 대표적 예다. 이러한 거래는 사적이기 때문에 관련 당사자의 합의로 거래를 체결한다. 반대로, 공모시장에서 거래하는 증권(예를 들어, 보통주와 회사채)은 많은 사람이 시장에 참여하여 거래하므로 매우 표준화된 계약 형태가 필요하다. 왜냐하면 공모시장에 참여하는 일반 투자자는 표준화되어 있지 않은 증권을 분석하거나 거래할 수 있는 시간과 전문성을 가지고 있지 않기 때문이다. 많은 증권 투자자는 공모시장의 증권을 소유하고 있으며, 또한 표준화를 이루고 있기 때문에 서로 다른 조건과 협상에 의해 거래하는 사모시장의 증권보다 유동성이 크다.

위의 구분 이외에도 여러 가지 방법으로 금융시장을 나눌 수 있지만, 이는 다양한 형태의 금융시장이 존재하고 있음을 나타내는데 불과하다. 또한 금융시장의 구별은 일반적인 기준을 제외하면 명확하지도 않으며, 중요하지도 않다. 예를 들어, 기업이 11개월이나 12개월, 13개월 만기의 자금을 차입했다면 각 만기 사이에는 작은 차이만 있다. 따라서 만기 기준에 의해 이를 "단기 금융"시장이나 "자본"시장 거래로 구분하는 것은 무의미하다. 시장 유형 사이의 중요한 차이를 알아야 하지만, 시장을 구분하는 데 많은 걱정을 할 필요는 없다.

건전한 경제를 결정하는 것은 잉여자금을 갖는 두사자로부터 자금이 필요한 기업이나 개인에게 효율적으로 자금을 이전할 수 있는지의 여부이다. 효율적인 이전을 할 수 없다면 경제는 제대로 작동할 수 없다. 즉, CP&L이 자본을 조달하지 못하면 롤리(Raleigh) 지역의 주민들은 전기 없이 지내야만 한다. 또한 Johnson 가족은 적정 수준의 주택을 구입하지 못한다. Carol Hawk은 투자할 대상을 찾지 못한다. 이들을 비롯해 기타 여러 가지 문제도 발생한다. 고용, 생산성 수준, 삶의 수준 등은 크게 하락할 것이 명확하다. 따라서 금융시장의 효율성은 매우 중요하다. 여기서 효율이라는 것은 속도가 빠르고 비용이 저렴함을 의미한다.

〈표 2.1〉 미국의 주요 금융상품, 시장참가자, 증권의 특성 요약

상품 (1)	시장 (2)	주요 참가자 (3)	증권의 특성 위험 (4)	증권의 특성 기본 만기 (5)	증권의 특성 2020.3.24의 이자율[a] (6)
미국 재무부증권 (U.S. Treasury bills)	단기 금융	연방 지출 자금을 조달하기 위해 미국 국채로 매도	채무불이행 위험 없음, 무위험에 근접	91일~1년	0.01%
기업어음(CP)	단기 금융	재무상태가 좋은 기업이 대형 투자자에게 발행	낮은 채무불이행 위험	270일까지	2.35%
양도성예금증서(CDs)	단기 금융	주요 대형 상업은행이 대형 투자자에게 발행	채무불이행 위험은 발행은행의 건전성에 의존	1년까지	0.15%
단기 금융시장의 뮤추얼펀드(MMF)	단기 금융	단기국채, CD, 기업어음에 투자, 개인과 기업이 보유	낮은 위험 수준	특정만기 없음 (매우 유동적)	0.36%
신용카드 부채를 포함한 소비자 신용	단기 금융	은행, 신용협동조합, 금융회사가 개별 투자자에게 발행	위험이 가변적임	가변적	가변적이며, 연이자율은 12.90~25.49%
미국 재무부 중기, 장기채권 (U.S. Treasury notes and bonds)	자본	미국 정부가 발행	채무불이행 위험이 없으나 이자율이 상승하면 가격은 하락한다. 따라서 약간의 위험이 존재한다.	2년~30년	2년 만기는 0.336%, 30년 만기는 1.446%
모기지(Mortgages)	자본	부동산을 담보로 개인과 기업에 대출하며 은행과 기타 금융기관이 매입	위험이 가변적이다. 서브프라임 대출의 경우 위험이 높음	30년까지	5년 변동이자율은 3.55%, 30년 고정이자율은 3.89%
주정부, 지역정부 채권 (State and local government bonds)	자본	주정부, 지역정부가 발행하며 개인 및 기관투자가 보유	미국 정부 채권보다 위험하지만 대부분의 세금으로부터 면제	30년까지	20년 만기의 AAA 등급은 2.977%, A등급은 4.431%
회사채(Corporate bonds)	자본	기업이 발행하며 개인과 기관투자가가 보유	미국 정부 채권보다 위험하지만 우선주와 보통주보다는 덜 위험하다. 채권이 갖는 다양한 위험 정도는 발행자의 건전성에 의존한다.	40년까지[b]	20년 만기 AAA등급 채권은 3.111%, A등급 채권은 4.937%

상품 (1)	시장 (2)	주요 참가자 (3)	증권의 특성 위험 (4)	기본 만기 (5)	2020.3.24의 이자율[a] (6)
리스(Leases)	자본	돈을 빌려서 물건을 매입하는 것이 아니라 자산 자체를 빌리는 일종의 부채	회사채와 유사한 위험	일반적으로 3년~20년	채권수익률과 유사함
우선주(Preferred stocks)	자본	기업이 개인과 기관투자가에게 발행	일반적으로 회사채보다 위험하나, 보통주보다는 덜 위험	제한 없음	5.75~9.5%
보통주(Common stocks)[c]	자본	기업이 개인과 기관투자가에게 발행	채권과 우선주보다는 위험하며, 위험은 기업마다 다양함	제한 없음	해당 없음

[a] 여기서 보여주는 수익률은 *The Wall Street Journal*(wsj.com)의 2020년 3월 24일; 연방준비제도이사회(Board of Governors of the Federal Reserve System)의 "일일 대표이자율(Selected Interest Rates(daily)"(www.federalreserve.gov/releases/H15/update); "FDIC 주간 전국 이자율 및 상한이자율(FDIC Weekly National Rates and Rate Caps)"(FDIC(fdic.gov/regulations/resources/rates/)); "지방채 면세 시장수익률(Tax-Free Municipal Bond Market Yields)", GMS Group (gmsgroup.com/market-yields/); "평균 신용카드 이자율(Average Credit Card Interest Rates): 2020년 3월 25일 주"(creditcards.com/credit-card-news/rate-report.php)의 자료이다.

[b] 드물지만 일부 기업은 100년 만기의 채권을 발행하기도 한다. 그러나 대부분의 채권은 40년보다 짧은 만기를 갖는다.

[c] 보통주는 이자를 지급하지 않지만, 배당과 자본이득 형태의 "수익"을 제공한다. 역사적으로 주식수익률은 연평균 9~12% 사이이며, 어떤 연도에는 이보다 훨씬 높거나 낮기도 했다. 당신이 주식을 매입한다면, 당신의 실제 수익률은 역사적 평균보다 높거나 낮을 수 있다.

<표 2.1>은 여러 금융시장에서 거래되는 주요 금융상품을 나열하고 있다. 금융상품은 만기가 짧은 것부터 긴 것의 순으로 배열했다. 이 책을 학습하면서 <표 2.1>에 나열한 많은 상품을 보다 자세히 살펴볼 것이다. 예를 들어, 회사채에는 다양한 종류가 있음을 알게 될 것이다. "표준형(plain vanilla)" 채권도 있지만, 보통주로 전환할 수 있는 채권, 이자 지급이 물가상승률에 의존하는 채권 등 다양한 종류가 존재한다. <표 2.1>은 주요 금융시장에서 거래되는 금융상품의 특성과 비용을 요약해서 정리하고 있다.

2-2B 최근의 경향

금융시장에서는 최근 몇 년간 많은 변화가 나타났다. 컴퓨터 및 통신기술의 발전은 금융과 통상 부문의 세계화와 규제 완화를 유도했으며, 이로 인해 전 세계적 경쟁이 심화되고 있다. 그 결과 몇 년 전보다 훨씬 더 복잡하고, 보다 효율적이며 국제적으로 연결된 시장이 나타나게 되었다. 이러한 발전은 매우 긍정적이지만 정책 입안자들에게는 많은 문제를 던져주고 있다. 금융시장의 급변에 대한 우려와 최근의 금융위기로 인해 의회와 규제 당국은 금융부문에 대한 규제를 강화하는 방향으로 움직이고 있다. 다음 페이지 박스에 있는 "기술 변화가 금융시장을 바꾸다"라는 글은 최근 기술 변화가 금융시장을 얼마나 크게 변화시키고 있는지를 보여주고 있다.

세계화로 인해 각국의 규제 당국은 국제적으로 광범위한 협력을 해야 하지만 국가 간 협력은 쉽지 않다. 국가 간 협력을 어렵게 하는 요인은 다음과 같다. (1) 은행과 증권 산업의 국가별 구조에 차이가 있으며, (2) 다양한 시장의 발전을 어렵게 하는 금융 서비스 대기업으로의 전환 추세와 (3) 각국이 자국 통화정책에 대한 주도권을 갖고 싶어 하기 때문이다. 그럼에도 불구하고 각국의 규제 당국은 전 세계적으로 각 시장의 감독 수준 차이를 좁힐 필요성에 동의하고 있다.

파생상품
"기초(underlying)"자산의 가격으로부터 가치가 파생되는 금융자산

최근 몇 년 동안 또 다른 중요한 흐름 중의 하나는 **파생상품** 사용의 증가이다. 파생상품은 다른 "기초"자산의 가격으로부터 가치가 파생하는 증권이다. IBM 주식을 매입할 권리를 갖는 옵션은 파생상품이다. 지금부터 6개월 후에 일본 엔화를 매입하기로 하는 계약도 파생상품이다. IBM 주식가격이 IBM 주식 옵션의 가치를 결정하며, 엔화와 달러 사이의 환율이 일본 엔화의 "선물(future)" 가치를 결정한다. 파생상품시장은 최근 어떤 시장보다 빠르게 성장해왔으며 투자자들에게 새로운 기회를 제공했다. 그러나 한편으로 파생상품은 투자자들을 새로운 위험에 노출시키고 있다.

파생상품시장의 중요성이 커지고 있음을 살펴보기 위해 **신용부도스왑**(credit default swap: CDS)에 대해 살펴보자.[2] CDS는 어떤 채권이 지급불능이 될 때를 대비한 보호

2) *The New York Times*의 2010년 기사에 의하면 CDS 시장은 2000년에 $9,000억에서 2008년에 $30조 이상

기술 변화가 금융시장을 바꾸다

최근의 기술 변화는 수많은 혁신을 만들고 있으며, 이로 인해 금융시장의 운영방법도 크게 바뀌고 있다. 몇 가지 흥미 있는 예를 나열하면 다음과 같다.

- 기술 변화로 인해 컴퓨터 알고리즘을 사용해 1초 미만의 속도로 증권을 매매하는 다양한 종류의 기업이 생겨났다. 고빈도 거래(high-frequency trading: HFT)를 하는 기업의 거래량은 어떤 날에는 시장 전체에서 매우 큰 비중을 차지하기도 한다. HFT 기업이 유동성을 제공하므로 거래비용을 축소시켜 투자자의 시장 진입과 탈퇴가 보다 쉬워졌다는 옹호자들도 있다. 비판자들은 이러한 행동이 시장의 불안정성을 초래하기도 하며, HFT 기업이 그들의 이익을 추구하는 거래를 하기 때문에 다른 투자자에게 피해를 줄 수 있다고 주장하고 있다. Michael Lewis의 최신 베스트셀러 *Flash Boys*는 HFT 기업에 대한 날카로운 비판을 제기해 많은 주목을 받고 있다.
- 기술 변화는 개인과 기업이 금융기관을 거치지 않고 다양한 프로젝트에 필요한 자금을 직접 조달할 수 있게 하고 있다. 이를 **크라우드펀딩**(crowdfunding)이라고 한다. 이 플랫폼에 대한 두 가지 예로는 Kickstarter와 Indiegogo가 있다.[3)]
- 많은 금융기업은 '투자기간' 및 '위험 조정'과 같은 요소를 기준으로 투자자에게 상대적으로 저렴한 최적의 투자 포트폴리오를 만들고 있다. 이를 위해 알고리즘 기술을 활용하는 "로보-어드바이저(robo-advisor)"를 구축해 왔다. 이러한 기술 발전은 보다 비용이 비싼 인간 투자자문가를 상당 부분 대체하기 시작했다. 동시에, 영리한 알고리즘 재무자문가는 자신과 고객 모두에게 이익이 되는 방식으로 가치를 더하고 기술을 통합하는 방법을 계속 추구하고 있다.
- 기술 변화는 많은 사람들의 지급결제방식을 바꾸었다. 우리들 대부분은 지급결제를 할 때 현금보다는 직불카드나 신용카드를 더 자주 사용한다. 어떤 사람들은 페이팔(PayPal)과 같은 온라인결제방식을 사용해 전자상거래를 한다. 마찬가지로, 페이스북이나 구글과 같은 기술 회사도 은행업이나 지급결제 관련 업무를 보다 강화하는 활동에 많은 관심을 가지고 있는 것으로 알려져 있다. 최근에는 금융기관을 경유하지 않으며 수수료도 지급하지 않는 비트코인(Bitcoin)을 비롯한 여러 암호화폐에 대한 관심이 커지고 있다.[4)] 월스트리트 저널의 다음 그래프는 최근 비트코인 가격이 큰 폭의 등락을 하고 있음을 보여주고 있다. 2017년 3월에 $1,000이 조금 넘는 가격으로 거래된 비트코인의 가격은 2017년 12월 중순에는 최고 $19,783까지 상승했다. 그 이후 2년 동안 비트코인의 가격은 하락하여 2020년 3월 말즈음에는 $6,500을 약간 넘었다. 흥미롭게도 많은 사람들은 규제가 없기 때문에 비트코인을 비롯한 암호화폐가 불법거래를 위한 매력적인 수단으로 자리 잡고 있다는 우려를 하고 있다.[5)]

으로 증가했다. 이 기사는 CDS가 2007-2008년의 미국과 유럽 금융위기에 어떤 영향을 미쳤는지 언급하고 있다. 다음을 참고하라. "Times Topics: Credit Default Swaps," *The New York Times*(topics.nytimes.com), March 10, 2010.

3) 이들 그룹이 자금조성 과정에서 하는 역할을 알고 싶다면 다음을 참고하라. "Where Do Crowdfunding Platforms Fit in Venture Capital?" *The Wall Street Journal*(blogs.wsj.com), May 2, 2014.

4) 비트코인에 대한 간결한 설명은 다음을 보기 바란다. Tal Yellin, Dominic Aratari, and Jose Pagliery, "What Is Bitcoin?" *CNN Money*(money.cnn.com), January 2014.

5) 이러한 우려에도 불구하고 많은 사람들은 비트코인이 글로벌 경제에서 중요한 역할을 할 것으로 예상하고 있다. 예를 들어, 최근에 나온 다음 논문을 참고하기 바란다. Paul Vigna and Michael J. Casey, "BitBeat: The Fed's Surprisingly Warm Take on Bitcoin," *The Wall Street Journal*(blogs.wsj.com), May 19, 2014.

- 비트코인의 참된 가치에 대한 많은 논쟁이 있지만, 비트코인의 가치에 대해 부정적인 회의론자들도 비트코인에서 사용하고 있는 블록체인 기술의 혁신적 잠재력을 믿고 있다. 이코노미스트(*The Economist*)의 2015년 기사는 이 기술의 전망에 대해 잘 요약하고 있다. 다음은 해당 기사의 관련 내용을 인용하고 있다.

그러나 무엇보다도 가장 아쉬운 것은 비트코인에 대한 부정적 생각으로 인해 사람들은 비트코인의 핵심 기술인 "블록체인"의 놀라운 잠재력을 간과하고 있다. 이 혁신적 기술은 암호화폐와 비교할 수 없는 의미를 지니고 있다. 블록체인을 사용하면 서로에 대한 특별한 신뢰가 없는 사람들도 중립적인 중앙기관을 거치지 않고 서로 협업할 수 있다. 간단히 말해 블록체인은 신뢰를 만드는 기술이다.

블록체인 분야의 저명한 학자인 NYU의 David Yermack 교수는 이 기술이 앞으로 몇 년 동안 회계 및 금융 시스템에 커다란 영향을 미칠 것이라고 믿고 있다. 보다 자세한 정보를 원한다면 그의 웹사이트(stern.nyu.edu/faculty/bio/david-yermack)를 참고하기 바란다.

출처: "The Trust Machine: The Technology Behind Bitcoin Could Transform How the Economy Works," *The Economist*(economist.com), October 31, 2015; and Steven Johnson, "Beyond the Bitcoin Bubble," *The New York Times*(nytimes.com), January 16, 2018.

계약이다. 어떤 상업은행이 차입자에게 빌려준 돈을 받지 못하는 경우를 대비하고 싶다고 하자. 이 상업은행은 다른 금융기관(예를 들어, 투자은행)에게 일정 기간마다 약속한 현금을 지급하는 CDS 계약을 체결할 수 있다. 상업은행의 차입자가 돈을 갚지 못하게 되면 CDS 계약을 체결한 투자은행은 상업은행의 손실을 보상해주어야 한다. CDS 시장은 2001년 초 $1조에 미치지 못했지만 금융위기가 시작된 2007년 말에는 $60조 이상으로 성장했다. 그 이후 10년 동안은 금융위기의 영향과 은행에 대한 규제 강화로 $3조 5,000억으로 줄어들었다. 그러나 최근 시장 변동성의 증가로 인해 CDS 시장은 다시 증가하고 있다.[6)]

은행이나 일반 기업이 파생상품 투자를 보고할 때, 그 파생상품이 밀의 가격 인상

---

6) "Quarterly Report on Bank Trading and Derivatives Activities: Fourth Quarter 2019," *Office of the Comptroller of the Currency*(occ.treas.gov), March 2020; Chris White, "The Rise and Fall of the Hottest Financial Product in the World," *Business Insider*(businessinsider.com), August 15, 2016; and Philip Stafford and Joe Rennison, "Credit Default Swaps Activity Heats Up," *Financial Times*(ft.com), February 4, 2016.

에 대비하는 헤지 목적의 보유인지 아니면 밀 가격 상승에 대한 투기 목적인지를 어떻게 밝힐 수 있는가? 그 답은 파생상품이 기업의 위험에 어떠한 영향을 주는지 말하기 매우 어렵다는 것이다. 금융기관의 경우, 파생상품의 영향을 명확히 밝히는 것은 더욱 복잡하다. 파생상품은 일반적으로 이자율, 환율 또는 주가의 변화를 바탕으로 한다. 세계적인 대형은행은 수많은 여러 종류의 파생상품을 계약하고 있다. 이러한 파생상품의 대규모 거래와 복잡성으로 인해 규제 당국 및 학계, 입법자들은 보다 고민이 많아지게 되었다. 전 연방준비제도이사회 의장인 Alan Greenspan은 이론적으로 파생상품은 기업이 위험관리를 보다 잘 할 수 있도록 도움을 주어야 하지만, 최근의 혁신으로 인해 "금융시스템 고유의 안정성을 증가시켰는지 감소시켰는지가 분명하지 않다"고 언급했다.

셀프 테스트

- 실물시장과 금융시장을 구별하라.
- 현물시장과 선물시장의 차이는 무엇인가?
- 단기 금융시장과 자본시장을 구별하라.
- 발행시장과 유통시장의 차이는 무엇인가?
- 사모시장과 공모시장을 구별하라.
- 건전한 경제와 경제성장을 위해 금융시장이 필요한 이유는?

2-3 금융기관

자금의 직접 이동은 보통 개인과 소규모 기업 사이에서 일어나거나 금융시장과 금융기관이 발달되지 못한 경제시스템에서도 발생한다. 그러나 선진국의 대기업은 금융기관의 서비스를 이용하여 자본조달을 하는 것이 보다 효율적이라고 생각하고 있다.

미국과 기타 선진국에서 금융기관은 매우 효율적인 방향으로 진화해 왔다. 이들 나라의 금융기관 업무는 매우 제한적이었으며, 규제로 인해 다양한 업무를 수행하지 못했다. 그러나 최근 몇 년 동안 다각화를 가로막는 규제가 대부분 사라지면서 오늘날에는 금융기관 사이의 구분이 불분명해졌다. 그럼에도 불구하고 금융기관의 기본 업무는 어느 정도 남아 있다. 여기서는 금융기관을 주요 업무에 따라 구분해보도록 하자. 그러나 명심할 것은 한 기업이 아래에 언급하는 다양한 기능을 가진 많은 자회사를 소유할 수 있다는 점이다.

투자은행
새로운 증권을 인수하고 배분하며, 기업의 자금조달을 도와주는 조직

1. **투자은행**(investment bank)은 전통적으로 기업의 자본조달을 돕는다. 그들은 (a)

기업으로 하여금 투자자가 매력을 갖는 증권을 발행하도록 도움을 주고, (b) 기업으로부터 이러한 증권을 매입하여, (c) 투자자에게 이를 재판매한다. 투자은행은 일반적으로 기업이 조달하려는 자본에 대해 보증하기 때문에, 투자은행을 **인수자**(underwriters)라고도 부른다. 신용위기는 투자은행 산업에 많은 영향을 미쳤다. 베어 스턴스(Bear Stearns)는 파산하여 JP 모건 체이스에 인수되었다. 리먼 브라더스(Lehman Brothers)도 파산했으며, 메릴린치(Merrill Lynch)는 뱅크 오브 아메리카(Bank of America)에 강제 매각되었다. "생존한" 두 개의 대형 투자은행 모건 스탠리와 골드만삭스(Goldman Sachs)는 연방준비제도의 승인을 받아 상업은행 지주회사가 되었다.

상업은행
다양한 저축과 대출 상품을 갖고 있는 전통적인 금융 백화점

2. 뱅크 오브 아메리카, 시티뱅크, 웰스 파고, JP 모건 체이스와 같은 **상업은행**(commercial bank)은 전통적으로 "금융 백화점"의 역할을 하고 있다. 왜냐하면 그들은 여러 종류의 저축과 대출 서비스를 다양한 저축자와 차입자에게 제공하기 때문이다. 역사적으로 상업은행은 당좌예금을 취급하며, 연방준비제도가 통화 공급을 확장하거나 축소시킬 때 사용하는 통로가 되어 왔다. 그러나 오늘날 다른 금융기관들 또한 당좌계좌 서비스를 제공하고 있고, 통화 공급에 큰 영향을 미치고 있다. 또한 대형은행은 일반적으로 다음에 설명하는 금융서비스 기업의 업무도 일부 수행하고 있음을 알아 두자.[7)]

금융서비스 회사
투자은행 업무, 중개인 영업, 보험, 그리고 상업은행 업무 등을 비롯한 광범위한 서비스를 제공하는 회사

3. **금융서비스 회사**(financial services corporations)는 한 개의 금융기업이 여러 분야의 금융기관을 통합하여 만든 대규모 복합기업이다. 대부분의 금융서비스 회사는 한 부문의 사업에서 시작했지만 이제는 거의 모든 금융업무를 취급할 수 있게 다각화되었다. 예를 들어, 시티그룹은 상업은행인 시티뱅크, 투자은행, 증권중개기업, 보험회사, 리스회사 등을 소유하고 있다.
4. **신용협동조합**(credit unions)은 특정 기업의 종업원처럼 조합원들이 공동의 연대를 가져야 하는 협동조합(cooperative associations)이다. 조합원의 저축은 오직 다른 조합원에게만 대출되며, 대출은 일반적으로 자동차 매입이나 주택 개량 대출, 주택 모기지 등으로 한정한다. 신용협동조합은 개인 차입자가 이용할 수 있는 가장 저렴한 대출이다.
5. **연기금**(pension funds)은 기업이나 정부기관이 근로자를 위한 펀드를 조성하여, 상업은행의 신탁부문이나 생명보험회사 등으로 하여금 이를 운영하도록 한 은퇴대비 펀드이다. 이들 운영 회사들은 연기금을 주로 채권, 주식, 모기지 및 부동산 등에 투자한다.

---

7) 몇 년 전에 중요했던 금융기관으로 저축대부조합(savings and loan association)과 상호저축은행(mutual savings banks)의 두 가지가 있었다. 최근에 이 금융기관들은 대부분 상업은행에 합병되었다.

6. **생명보험회사**(life insurance companies)는 연간 보험료의 형태로 자금을 수령한 후, 이 자금을 주식, 채권, 부동산 및 모기지 등에 투자해 보험계약의 수혜자에게 지급할 보험금을 마련한다. 최근 생명보험회사는 보험계약자가 퇴직한 후 혜택을 보도록 설계한 다양한 비과세 저축(tax-deferred savings) 상품을 제시하고 있다.

뮤추얼펀드
공동 출자한 투자자들이 금융상품을 매입하고 분산화를 통해 위험을 줄이는 조직

단기 금융펀드(MMF)
낮은 위험을 갖는 단기 증권에 투자하며, 투자자로 하여금 그들 계좌의 자금을 언제나 사용할 수 있도록 하는 뮤추얼펀드

7. **뮤추얼펀드**(mutual funds)는 투자자로부터 자금을 받아 기업이나 정부가 발행한 주식, 장기 채권, 단기 채권 등을 매입하는 주식회사이다. 이 조직은 다양한 상품에 펀드를 분산투자함으로써 위험을 줄이고 있다. 이들은 또한 증권분석, 포트폴리오 관리, 증권 매매 분야에서 규모의 경제를 갖고 있다. 뮤추얼펀드는 투자자의 다양한 목적에 맞는 여러 가지 펀드 상품을 만들고 있다. 펀드 상품 중에는 안전을 선호하는 투자자를 위한 채권 펀드, 보다 높은 수익률을 위해 위험을 기꺼이 부담하려는 투자자를 위한 주식 펀드, 그리고 이자 지급 당좌예금 계좌(interest-bearing checking accounts)인 **단기 금융펀드**(money market fund: MMF) 등이 있다.

   액티브펀드(actively managed fund)와 인덱스펀드(indexed fund) 사이에는 중요한 차이가 있다. 액티브펀드는 시장보다 높은 성과를 추구하지만, 인덱스펀드는 특정 시장지수의 성과를 모방하도록 만들어졌다. 예를 들어, 액티브펀드의 포트폴리오 운영자는 그의 전문성을 활용해 향후 일정 기간 동안 실적이 좋을 것으로 예상되는 주식을 선택한다. 반면에 S&P 500지수를 모방하는 인덱스펀드는 S&P 500과 유사한 주식 포트폴리오를 보유한다. 두 펀드 모두 투자자에게 수익성과 분산투자를 제공하지만 액티브펀드의 수수료가 보통 더 높다. 왜냐하면 액티브펀드는 시장에서 높은 성과를 얻을 주식을 선택하기 위한 비용을 추가로 사용하기 때문이다. 성과가 좋은 액티브펀드는 시장지수보다 탁월한 수익률을 갖는 경우도 있지만 시장수익률보다 낮은 경우도 많다. 어떤 경우에는 액티브펀드의 높은 수수료조차도 감당하지 못하고 손실을 보기도 한다. 액티브펀드가 언제 시장에서 성공할지를 예측하는 것은 매우 어렵다. 이러한 이유로 많은 학자와 실무자들은 투자자가 인덱스펀드에 더 많은 관심을 갖기를 권하고 있다.[8)]

   수십 개의 서로 다른 목표와 목적을 갖는 수많은 뮤추얼펀드가 존재하고 있다. 각 펀드의 투자 목적과 과거 성과에 대한 정확한 정보는 Value Line Investment Survey와 Morningstar Mutual Funds의 발표를 통해 알 수 있다. 이 자료는 도서관과 인터넷을 통해 이용할 수 있다.

---

8) 다음을 참고하라. Mark Hulbert, "The Index Funds Win Again," *The New York Times*(www.nytimes.com), February 21, 2009, and Rick Ferri, "Index Fund Portfolios Reign Superior," *Forbes* (www.forbes.com), August 20, 2012.

〈표 2.2〉 상위 10대 상장지수펀드(ETF), 2020년 3월

기호	펀드 이름	운용 자산(십억 달러)	기본 지수
SPY	SPDR S&P 500 ETF	$226.14	S&P 500
IVV	iShares Core S&P 500 ETF	153.54	S&P 500
VOO	Vanguard S&P 500 ETF	110.73	S&P 500
VTI	Vanguard Total Stock Market ETF	109.98	CRSP U.S. Total Market
QQQ	Invesco QQQ	82.93	NASDAQ 100
AGG	ishares Core U.S. Aggregate Bond ETF	66.61	Barclays Capital U.S. Aggregate Bond
VEA	Vanguard FTSE Developed Markets ETF	57.66	MSCI EAFE
IEFA	iShares Core MSCI EAFE ETF	55.21	MSCI EAFE Investable Market Index
BND	Vanguard Total Bond Market ETF	49.51	Barclays Capital U.S. Aggregate Bond
GLD	SPDR Gold Trust	48.31	Gold Bullion

출처: etfdb.com/compare/market-cap/

8. 상장지수펀드(exchange traded funds: ETF)는 일반 뮤추얼펀드와 유사하며, 보통은 뮤추얼펀드 회사가 이를 운영한다. ETF는 특정한 유형, 예를 들어 S&P 500이나 미디어 기업, 중국 기업 등의 주식으로 구성한 포트폴리오를 매입해서 만든 다음, ETF 지분을 일반인에게 판매한다. ETF 주식은 공개시장에서 거래할 수 있으므로, 중국시장에 투자하고 싶은 투자자는 중국 기업의 주식을 보유하고 있는 ETF 주식을 매입하면 된다. <표 2.2>는 2020년 3월 초 ETF의 운용 자산(assets under management: AUM) 순에 따라 정리한 상위 ETF 목록을 보여주고 있다.
9. 헤지펀드(hedge funds)는 투자자로부터 자금을 받아 증권 포트폴리오를 구성한다는 점에서는 뮤추얼펀드와 유사하지만, 둘 사이에는 몇 가지 중요한 차이점이 있다. 뮤추얼펀드 및 ETF는 증권거래위원회(SEC)에 등록하고 감독을 받지만, 헤지펀드는 대부분 감독을 받지 않는다. 이러한 차이로 인해 뮤추얼펀드는 보통 소규모 투자자를 대상으로 하고 있다. 반면 헤지펀드는 최소 투자금액이 보통 $1백만 이상으로 매우 크며, 여유자금을 많이 갖고 있는 기관이나 개인을 대상으로 영업을 하고 있다. 헤지펀드는 보통 개인이 위험을 "헤지"할 목적으로 이용하기 때문에 "헤지"라는 이름으로 부른다. 예를 들어, 회사채와 국채 사이의 이자율 차이가 너무 크다고 믿는 헤지펀드 관리자는 회사채 포트폴리오를 매입하는 동시에 국채 포트폴리오를 매도할 수 있다. 이 경우 포트폴리오는 두 채권 이자율의 움직임에 대해 "헤지"하고 있지만 두 채권의 스프레드가 작아지면 좋은 성과를 거둘 수도 있다.

그러나 일부 헤지펀드는 개별 주식이나 뮤추얼펀드의 평균 위험보다 매우 높

인덱스펀드는 낮은 수수료를 통해 투자자를 모으고 있다

이 책에서는 액티브펀드와 헤지펀드의 수수료가 인덱스펀드와 ETF를 포함하는 패시브펀드(passive fund)보다 매우 높다는 점을 지적하고 있다. 패시브펀드는 시장 평균보다 높은 수익을 얻기 위해 펀드 매니저에게 비싼 비용을 지불하지 않기 때문에 일반적으로 수수료가 낮다. 그 대신 패시브펀드는 주어진 시장을 단순한 기법을 사용하여 복제만 한다. 금융상품 사이의 경쟁 심화와 기술 향상은 패시브 투자의 수수료를 더욱 하락시키고 있다. 예를 들어, 2017년 월스트리트 저널은 모닝스타(Morningstar) 데이터를 바탕으로 액티브 미국 주식 펀드에 투자하는 경우 $10,000당 연간 평균 수수료는 $81이며, 이는 패시브 미국 주식 펀드의 평균 수수료 $14보다 5배 이상 높게 형성되고 있다고 보도했다. 또한 100개 이상의 패시브 뮤추얼펀드와 상장지수펀드는 $10,000당 $10 미만의 수수료를 부과하고 있다고 보도했다.

이러한 수수료 격차로 인해 많은 투자자들은 패시브 상품으로 자금을 이동시켰다. 모닝스타의 연간 자금 흐름(Annual Funds Flow) 보고서는 2007년부터 2018년까지 액티브펀드와 패시브펀드의 미국 주식시장 투자 흐름을 보여주고 있다.

패시브 투자가 증가하고 있다는 것은 그동안 액티브펀드가 평균적으로 인덱스펀드보다 높은 수익을 내지 못하였음을 설득력 있게 보여주는 증거이다. 액티브펀드의 투자자들은 패시브펀드보다 낮은 성과가 나타날 때도 더 많은 수수료를 지불하는 경우가 있었다. 그러나 특정 연도에 가장 실적이 좋은 액티브펀드의 수익률은 인덱스펀드 수익률을 능가한다는 점도 명심해야 한다. 그러나 중요한 것은 지속적으로 전체 시장보다 높은 수익률을 얻을 수 있는 펀드를 찾을 수 있느냐는 것이다.

이와 관련해 워렌 버핏은 2007년 자산운용사 Protégé Partners의 공동매니저인 Ted Seides와 '백만 달러 내기'를 하여 많은 주목을 받았다. 두 사람은 자선단체에 $50만을 투자한 후 두 가지 가상투자 중 어느 것이 향후 10년 동안 더 높은 성과를 낼 수 있을지에 대한 내기를 했다. 버핏은 Vanguard가 관리하는 저비용 S&P 500 인덱스펀드에, Seides는 5개의 헤지펀드에 투자하기로 했다. 2018년 2월 버핏은 주주에게 보낸 2017년 보고서에서 그가 투자한 인덱스펀드는 10년 동안 125.8% 상승했으며, 이는 연평균 8.5%의 복리 수익률에 해당한다고 밝혔다. 이에 반해 5개 헤지펀드의 10년 수익률은 2.8%에서 87.7%로서 연간 복리 수익률은 0.3%에서 6.5% 수준이었다.

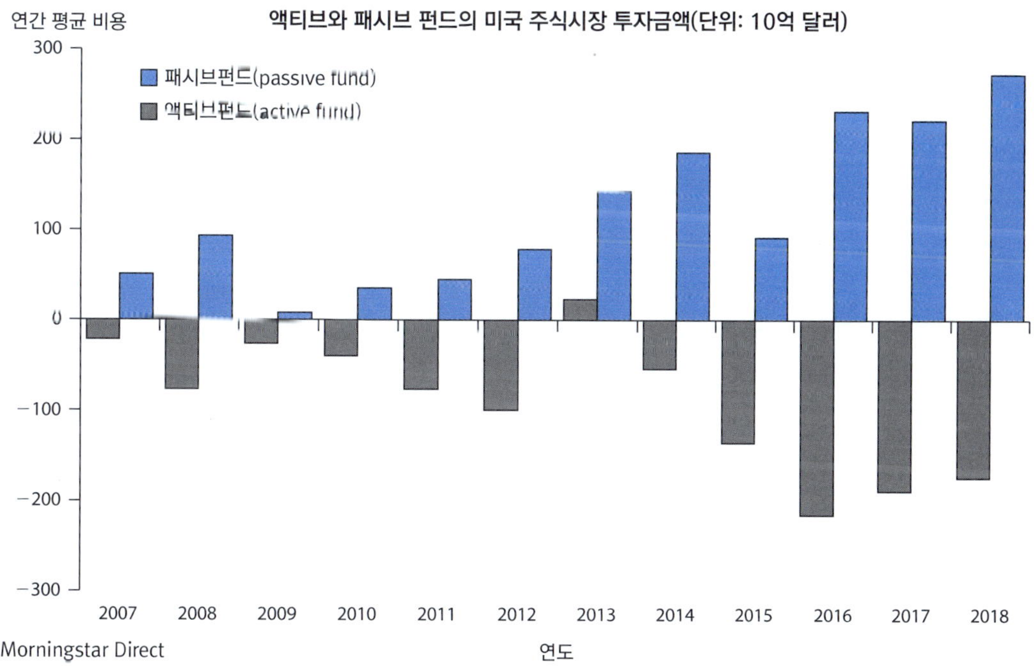

출처: Tom Lauricella and Gabrielle DiBenedetto, "A Look at the Road to Asset Parity Between Passive and Active U.S. Funds," *Morningstar*(morn-ingstar.com), June 12, 2019; Bernice Napach, "Passive Investments Drive Record Fund Flows in 2017: Morningstar," *ThinkAdvisor*(thinkadvisor.com), January 29, 2018; Carol J. Loomis, "Warren Buffett Scorches the Hedge Funds," *Fortune*(fortune.com), February 25, 2017; Jason Zweig and Sarah Krouse, "Fees on Mutual Funds and ETFs Tumble Toward Zero," *The Wall Street Journal*(wsj.com), January 26, 2016; and Warren Buffett's Annual Letter to Berkshire Hathaway Shareholders(berkshirehathaway.com/letters/2017ltr.pdf), February 24, 2018.

은 위험을 갖는다. 현재까지 가장 큰 10대 헤지펀드 실패 사례를 나열하면 Bernard L. Madoff Investment Securities, SAC Capital, The Galleon Group, Long-Term Capital Management, Pequot Capital, Amaranth Capital, Tiger Funds, Aman Capital, Marin Capital 및 Bailey Coates Cromwell Fund 등이다. Madoff 헤지펀드는 폰지(ponzi) 사기였으며, SAC, Galleon, Pequot 헤지펀드는 내부자 거래로 실패했다. 또한 나머지 펀드는 다른 이유로 실패하였다. Long-Term Capital Management는 시장의 일시적인 변화를 이용하는 차익거래전략을 실행했다. 그러나 이를 실행하기 위한 높은 차입거래전략은 실패하였다. 이로 인해 이 펀드는 1998년에 세계 금융시스템을 거의 붕괴시켰다. 이에 따라 연방준비제도이사회는 이 펀드에 대한 구제금융을 지원했으며, 채권단이 이 펀드를 인수했다. Amaranth Capital은 전환사채 차익거래전략을 사용했지만, 이 펀드는 2006년 파생상품 투자 중 일부가 실패하면서 $65억 이상의 손실을 보고 폐쇄되었다. Tiger Funds는 2000년에 과대평가된 기술주를 공매도(현재 주식을 차입하여 매도하고, 나중에 이 주식을 더 낮은 가격으로 구매하여 대출기관에 되돌려주어 그 차액으로 이익을 얻음)하였지만 기술주의 가격이 급상승하여 막대한 손실을 입었다. Aman Capital은 2005년 신용파생상품에 대한 차입거래로 수억 달러의 손실을 입으면서 파산했다. Marin Capital은 2005년 GM에 매우 큰돈을 베팅하기 위해 신용차익(credit arbitrage)거래와 전환차익(convertible arbitrage)거래를 사용하다 실패했다. GM의 주가가 떨어지고, GM의 채권은 정크본드로 강등되면서 이 펀드는 와해됐다. 마지막으로 Bailey Coates Cromwell은 2005년 미국 주식의 움직임을 잘못 예측한 상태에서 차입거래를 통한 베팅을 함으로써 실패했다.[9)]

<표 2.3>은 2019년 2분기의 10대 헤지펀드를 보여주고 있다. 헤지펀드는 지난 20년 동안 엄청난 성장을 했지만 최근 몇 년 동안은 다소 어려움을 겪고 있다. 운용 중인 헤지펀드 자산의 규모는 금융위기 이후 급격히 하락하다가 2013년이 되어서야 다시 금융위기 이전 수준으로 회복했다. 많은 헤지펀드는 높은

9) 다음을 참고하라. John Edwards, "The 10 Biggest Hedge Fund Failures," *Investopedia*(investopedia.com), February 27, 2020.

〈표 2.3〉 상위 10대 헤지펀드(2019년 2분기)

펀드	운용 자산(십억 달러)
Bridgewater Associates, LP	$132.05
Renaissance Technologies	110.00
Man Group	62.00
AQR Capital Management	60.84
Two Sigma Investments	42.90
Millennium Management LLC	38.78
Elliott Management	37.77
BlackRock	32.91
Citadel Advisors LLC	32.24
Davidson Kempner Capital Management	30.88

출처: "Largest Hedge Fund Firms," *Wikipedia*(en.wikipedia.org/wiki/List_of_hedge_funds), Second Quarter 2019.

수수료와 낮은 성과로 인해 비난을 받고 있다. 또한 헤지펀드는 다른 금융상품 및 투자자문가들과 극심한 경쟁을 하고 있다. 이러한 어려운 환경 속에서 일부 헤지펀드는 최소 투자 요건과 수수료를 줄이고 있다.

10. 사모펀드 회사(private equity companies)는 헤지펀드처럼 운영되는 조직이지만 사모펀드 운영자는 기업 주식 매입보다는 기업 자체를 매입하고 관리한다. 목표 기업을 매입하는 자금은 대부분 차입에 의존한다. 사모펀드 회사의 활동은 금융위기 이후 주춤했지만 지난 10년 동안 HJ Heinz, Dell Computer, Harrah's Entertainment, Albertson's, Neiman Marcus, Clear Channel 및 Keurig Green Mountain을 비롯한 많은 유명 기업을 사모펀드 회사가 인수하였다. 2017년 9월에 BDT Capital Partners와 JAB Holding은 Panera Bread를 $71.6억에 인수했으며, 또한 2017년 9월에 Sycamore Partners는 Staples를 $69억에 인수했다. 2018년 5월에 Bain Capital은 도시바(Toshiba)의 메모리 칩 사업부를 약 $180억에 인수하는 거래를 완료했다. 이 과정에서 Bain은 애플, 델, SK하이닉스 등과 협력하였으며, 도시바는 이 사업부의 지분을 40%로 하락시켰다. 2018년 7월에는 JAB Holding이 지원하는 Keurig Green Mountain이 Dr. Pepper Snapple을 $187억에 인수했다. 또 다른 주요 사모펀드 회사로는 Carlyle Group, Kohlberg Kravis Roberts, The Blackstone Group, Apollo Global Management, TGP 등이 있다.

헤지펀드와 사모펀드 회사를 제외한 대부분의 금융기관은 이들 금융기관의 건전성과 투자자 보호를 위해 규제를 받고 있다. 규제의 종류에는 미국 전 지역에 은행 영업점 설립 금지, 금융기관이 매입할 수 있는 자산 종류 제한, 금융기관이 지불하는 이자율의 상한 설정, 금융기관이 제공할 수 있는 서비스 종류의 제한 등이 있다. 역사적으로 이러한 규제의 대부분은 자본의 자유로운 이동을 방해해 자본시장의 효율성을 저해하였다. 이러한 사실을 인식한 정책 입안자들은 1980년대와 1990년대에 여러 단계에 걸쳐 금융기관에 대한 규제 완화를 실시했다. 예를 들어, 은행의 전국 지점 제한 규제는 1999년에 사라졌다.

많은 사람들은 금융산업에 대한 과도한 규제 완화와 감독 미흡이 2007 – 2008년 금융위기 발생에 일부 책임이 있다고 생각하고 있다. 이러한 생각 때문에 미국 의회는 도드-프랭크(Dodd-Frank) 법을 통과시켰다. 이 법안의 주요 목표는 소비자를 보호할 새로운 감독기관을 만들고, 파생상품 거래의 투명성을 제고시키고, 금융기관의 고위험 투자를 제한하며, 금융기관이 보다 많은 자본을 갖도록 하는 것이다. 도드-프랭크 법이 제정된 이후 이 법의 효과에 대한 논의가 활발하게 이루어지고 있다. 일부 사람들은 이 법안의 주요 목표를 효과적으로 달성했다고 주장하는 반면, 트럼프 대통령을 포함한 다른 사람들은 금융서비스 산업에 상당한 수준의 규정 준수 비용을 부과하는 대신 이 법의 폐지를 요구했다. 실제로 도널드 트럼프 대통령은 2018년 5월 24일 도드-프랭크 법의 일부를 수정하는 법안에 서명했다. 이 법안은 BB&T, Sun Trust Banks, Key Bank, American Express와 같은 지역 은행을 포함하여 커뮤니티 은행(community bank), 신용조합 등과 같은 소규모 은행의 규제 감독을 완화하는 내용을 담고 있다.[10)]

<표 2.4>의 A열은 미국의 10대 은행 지주회사를 나타내고 있으며, B열은 세계에서 가장 큰 주요 금융기관 10개를 보여주고 있다. 세계에서 가장 큰 10대 금융기관 중 미국 은행은 1개뿐이다. 미국 은행이 최근의 합병을 통해 매우 빨리 성장하고 있지만, 글로벌 기준에 비하면 여전히 그 규모는 작다. C열은 신주 발행금액 기준으로 선정한 세계적인 10대 IPO 인수업자(underwriter)이다. 상위 5개 인수업자는 A열과 B열에 있는 대규모 상업은행이나 은행 지주회사와 동일하거나 그 소속 회사이다. 이는 금융기관의 종류에 대한 구분이 갈수록 모호해짐을 의미한다.

---

10) Emily Stewart, "Congress Finally Found Something It Can Agree On: Helping Banks," *Vox*(vox. com), May 24, 2018.

〈표 2.4〉 초대형 은행과 투자은행

A: 미국 은행지주회사[a]	B: 세계적 초대형 은행[b]	C: 주요 글로벌 IPO 인수업자[c]
JPMorgan Chase & Co.	Industrial & Commercial Bank of China Ltd. (China)	Morgan Stanley
Bank of America Corp.	China Construction Bank Corporation (China)	Goldman Sachs & Co.
Citigroup Inc.	Agricultural Bank of China Ltd (China)	BofA Merrill Lynch
Wells Fargo & Co.	Bank of China Ltd. (China)	JPMorgan
Goldman Sachs Group, Inc.	China Development Bank (China)	Citi
Morgan Stanley	BNP Paribas SA (France)	Credit Suisse
U.S. Bancorp	JPMorgan Chase Bank National Association (USA)	Deutsche Bank
PNC Financial Services Group, Inc.	MUFG Bank Ltd. (Japan)	China International Capital Co.
TD Group US Holdings LLC	Japan Post Bank Co. Ltd. (Japan)	UBS
Capital One Financial Corp.	Credit Agricole SA (France)	Nomura

주:
a: 2019년 9월 30일 기준 총자산 규모별 순위
출처: National Information Center ffiec.gov/npw/Institution/TopHoldings

b: 2020년 2월 24일에서 이용할 수 있는 재무상태표의 총자산 규모별 순위
출처: accuity.com/resources/bank-rankings-top-banks-in-the-world/

c: 2018년 신규 IPO 발행으로 조달한 금액 기준 순위이며, 이 순위에 있는 인수업자는 발행 전체 과정을 담당하였다.
출처: Thomson Reuters, "Global Equity Capital Markets Review: Managing Underwriters, Full Year 2018," February 20, 2019, p. 3.

셀프 테스트

- 상업은행과 투자은행의 차이는 무엇인가?
- 금융기관의 주요 유형을 나열하고, 각 유형의 주된 업무를 간단하게 설명하라.
- 뮤추얼펀드, 상장지수펀드(ETF), 헤지펀드 사이의 차이점과 유사한 점을 설명하라.

증권화는 금융산업을 크게 변화시켰다.

예전의 상업은행은 오늘날보다 단순한 업무를 수행했다. 일반은행은 예금자로부터 돈을 받아 대출에 사용했다. 대부분의 경우에 은행의 대출은 만기까지 지속되었다. 은행은 만기까지 대출을 유지해야 하므로 대출기간 중 대출 관련 위험에 직면할 수밖에 없었다. 그러나 은행의 대출 여력은 한계가 있어서 추가적인 대출이 용이하지 않았다. 대출의 대부분은 은행 영업 지역의 개인과 기업에 국한하였으므로, 다른 지역으로 대출을 확장하기도 어려웠다.

이런 문제를 해결하기 위해 금융 엔지니어들은 대출 증권화(securitization)라는 개념을 제시했다. 대출 증권화는 투자은행과 같은 대리인이 여러 은행으로부터 수많은 대출을 매입한 다음, 대출의 현금흐름을 바탕으로 증권을 발행하는 법인을 만드는 과정이다. 증권화는 1970년대부터 시작되었다. 이 당시에 정부 지원을 받는 기관이 주택 모기지 풀(pool)을 매입해서 이를 분산 포트폴리오로 만든 다음, 이 포트폴리오에서 나오는 현금흐름을 제공하는 증권을 발행했다. 여러 가지 측면에서 증권화는 엄청난 혁신이었다. 은행은 더 이상 모기지 대출을 보유하지 않고 이를 현금으로 전환할 수 있었기 때문에 은행은 확보한 현금으로 또 다른 대출을 할 수 있었다. 동시에 새로 생성된 이 증권은 투자자에게 잘 분산되어 있는 주택 모기지 포트폴리오에 투자할 기회를 제공해주었다. 또한 이 증권이 공개시장에서 거래되었기 때문에 투자자들은 자본시장의 상황이나 모기지 시장의 전망에 따라 증권을 쉽게 사고팔 수 있게 되었다.

지난 수십 년 동안 증권화는 매우 많은 발전을 했다. 은행들은 여러 종류의 대출을 다양한 종류의 증권으로 전환하는 증권화를 했다. 대표적인 예가 **부채담보부증권**(collateralized debt obligations: CDOs)이다. 이는 대출 포트폴리오를 담보로 하여 여러 신용등급 계층을 갖도록 만든 증권이다. 예를 들어, 투자은행이 전국의 은행과 모기지 중개인으로부터 $1억의 모기지 대출을 매입했다고 하자. 투자은행은 이를 담보로 $1억짜리 새로운 증권을 만들고, 이 증권은 A, B, C 세 개의 신용등급 계층(이 계층을 **tranche**라고 한다.)을 갖도록 했다고 하자. 계층 A 채권은 모기지 현금흐름에 대한 최우선 청구권을 갖는다. 최우선 청구권을 가지므로 위험이 매우 낮아 신용평가기관으로부터 AAA 등급을 받는다. 계층 B는 계층 A에 원리금을 지급한 후, 나머지 잔액에서 원리금을 받지만 여전히 높은 신용등급을 갖는다. 계층 C는 계층 A와 B에 대한 지급 이후의 잔액을 모두 수령한다. 계층 C 채권은 최하위의 청구권을 가지므로 위험이 매우 높지만 가격은 가장 저렴하다. 담보로 설정한 모기지가 정상적인 상환을 하는 경우에 계층 C 채권은 가장 높은 수익률을 실현한다. 그러나 담보 모기지의 상환이 어려워지면 가장 큰 손실을 보게 된다.

보다 위험이 높은 모기지(서브프라임 모기지) 풀을 담보로 설정한 CDO는 2007-2008년 금융위기를 초래하는데 결정적 역할을 했다. 주택경기 호황기에 금융기관과 모기지 중개인은 많은 새로운 모기지를 만들었으며, 수수료 수입을 챙기고 싶은 투자은행은 기꺼이 서브프라임 모기지를 담보로 새로운 CDO를 만들었다. 상업은행, 투자은행, 헤지펀드, 뮤추얼펀드, 연기금 등의 금융기관이 주로 이러한 CDO를 매입했다. 주택가격의 하락은 결코 일어나지 않을 것이라는 믿음에 힘입어 금융기관들은 CDO를 확실한 투자대상으로 여겼고, CDO의 높은 신용등급으로 인해 위험도 거의 인식하지 못했다.

주택시장이 붕괴되자 CDO의 가치는 급락하였으며, 이를 매입한 금융기관은 막대한 손실을 보게 되었다. 설상가상으로 이 증권의 가치평가도 매우 어렵게 되었다. 왜냐하면 CDO는 매우 규모가 큰 모기지의 다양한 풀을 담보로 하기 때문이다. 손실액을 정확히 추정하지 못한 많은 금융기관은 이 증권을 동시에 매각하기 시작했으며, "출구로의 돌진"으로 인해 증권의 가격은 더욱 더 하락하는 악순환에 빠져들게 되었다.

금융위기 이후 많은 사람들은 증권화 업무의 개선이 필요함을 인정하게 되었다. 또한 일부는 CDO가 나중에 알려진 바와 같이 매우 위험한 증권임에도 불구하고 관례적으로 높은 신용등급을 부여했던 신용평가기관을 비판하였다. *Barron's*에 실린 기사는 증권화가 자본시장에서 중요한 역할을 수행하지만 경제 수준이 호황이 될 때까지 증권화 사업의 회복이 어려울 것이라는 우려를 제기하고 있다.

출처: David Adler, "A Flat Dow for 10 Years? Why It Could Happen," *Barron's*(online.barrons.com), December 28, 2009.

2-4 주식시장

앞서 언급했듯이, 이미 발행된 증권은 유통시장에서 거래된다. 미국 주식의 약 75%는 장기 투자자가 소유하고 있으며 단지 25% 정도만 단기 투자자가 보유하고 있다.[11] 재무관리자에게 가장 중요한 시장은 활발한 거래를 통해 기업의 주식가격을 결정하는 유통시장이며, 이를 주식시장(stock market)이라고 한다. 재무관리자의 주요 목표가 주주의 부를 극대화하는 것이므로, 주식시장에 대한 지식은 기업 경영에 관련된 모든 사람에게 매우 중요하다.

다양한 종류의 매우 많은 주식시장이 존재한다. 대표적인 시장으로는 NYSE(New York Stock Exchange)와 나스닥(NASDAQ)이다. 주식은 다양한 시장 메커니즘을 통해 거래되지만, 거래소의 물리적 존재 여부에 따라 다음과 같은 두 가지 유형으로 나눌 수 있다. (1) 물리적 위치가 존재하는 증권거래소로서 NYSE 및 여러 곳의 지역거래소가 이에 해당한다. (2) 나스닥과 같은 전자딜러 기반 시장(electronic dealer-based markets)으로 이는 규제가 덜한 장외시장(over-the-counter market)이며, 최근에 도입한 전자증권거래시스템(electronic communications networks: ECN) 등을 바탕으로 하고 있다. (아래 박스에서 "세계화하는 NYSE와 나스닥"을 보라.) 물리적 위치가 존재하는 거래소에 대한 이해가 쉬우므로 이를 먼저 설명하도록 하자.

2-4A 물리적 장소를 갖는 증권거래소

물리적 장소를 갖는 거래소
상장된 주식의 경매가 이루어지는 유형의 물리적 장소를 갖는 공식 조직

물리적 장소를 갖는 거래소는 유형의 실체가 존재한다. 각 대형 거래소는 자신의 빌딩을 갖고 있으며, 제한된 수의 사람만이 거래소의 객장에서 거래하며, 선출직 이사로 구성된 이사회가 있다. NYSE의 회원은 지금은 모두 서서 거래하고 있지만 예전에는 거래소에 "좌석"을 갖고 있었다. 오늘날 이 좌석은 거래 면허로 바뀌었다. 이 거래 면허는 회원 기업에게 경매로 팔리고 있으며, 연간 약 $5만의 비용을 지불한다. 대부분의 대형 투자은행은 중개부서(brokerage departments)를 운영하고 있다. 그들은 거래소의 거래 면허를 매입하고, 그들 직원 한 명 이상을 회원으로 지명한다. 거래소는 정상 근무일에 개장하며, 회원은 전국에 있는 그들 기업과 연락할 수 있도록 전화 및 전자 장비를 갖춘 대형 사무실에서 근무를 한다.

다른 시장과 마찬가지로, 증권거래소에서는 매입자와 매도자 사이의 통신이 원활하다. 예를 들어, 세계에서 두 번째로 큰 투자은행인 골드만삭스가 GE 주식을 매입하려는 고객의 주문을 받고, 세계 최대 투자은행인 모건 스탠리가 GE 주식을 매도하려는

11) 다음을 참고하라. Rebecca Darr and Tim Koller, "How to Build an Alliance Against Corporate Short-Termism," McKinsey & Company(mckinsey.com), January 2017.

글로벌 관점

세계화하는 NYSE와 나스닥

컴퓨터와 통신의 발달은 금융서비스 산업의 통합을 촉진시켰으며, 또한 전통적 거래소가 필요 없는 온라인 거래 시스템을 활성화시켰다. 이러한 시스템을 전자증권거래시스템(ECN)이라 부르며, 전자기술을 이용하여 구매자와 판매자가 직접 매매를 할 수 있도록 하고 있다. ECN의 도입으로 증권을 24시간 거래할 수 있게 되었다. 이로 인해 미국 투자자는 NYSE와 나스닥 같은 미국의 증권시장이 마감되더라도, ECN을 이용하여 우회적으로 거래를 할 수 있게 되었다.

이러한 새로운 위협에 직면하여 NYSE와 나스닥도 대응방안을 마련하였다. 먼저 두 거래소는 상장을 했으며, 주식 매각을 통해 마련한 "자금"을 ECN과 전 세계의 다른 거래소를 매입하는 데 사용하였다. 예를 들어, 나스닥은 필라델피아 증권거래소(Philadelphia Stock Exchange), 여러 ECN, 런던 증권거래소(London Stock Exchange)의 주식 15% 등을 확보하였다. 또한 나스닥은 글로벌 기업 서비스 강화를 위해 Marketwired를 인수하였으며, 주식옵션 사업을 강화하기 위해 ISE(International Securities Exchange)를 인수했다. NYSE도 유럽에서 가장 큰 거래소인 Euronext를 합병해 NYSE Euronext를 만들었으며, 그 이후에는 AMEX(American Stock Exchange)를 인수하는 등 인수 대상을 계속 물색하고 있다.

그러나 NYSE Euronext 자체가 피인수 대상이 되어 2013년 11월 3일에 ICE(Intercontinental Exchange)에 합병되었다. 이 거래를 통해 ICE는 선물, 장외, 파생상품 등의 거래를 NYSE의 주식 거래와 결합시킬 수 있었다. 2014년 6월 24일에 ICE는 Euronext를 분사했다. 2017년 1월 31일 NYSE Group은 National Stock Exchange를 인수하여 미국의 거래소를 또 추가하였다. 2018년 4월 9일 NYSE는 NYSE의 거래소에서 다른 경쟁 거래소에 상장된 모든 미국 주식과 상장지수펀드(ETF)를 거래할 수 있도록 함으로써 거래소에 대한 제한을 수십 년 만에 종식시켰다. 대부분의 미국 증권거래소는 어디에 상장되어 있든 모든 증권의 거래를 이전부터 허용하고 있었다. 거래소 간의 경쟁을 부추기는 규제로 인해 시장은 전자거래가 일반화되었으며, 또한 많은 경쟁 거래 플랫폼이 등장하였다. 따라서 NYSE가 그동안 시행했던 거래소 제한은 더 이상 설 자리를 잃었다. 그동안 NYSE는 자체 상장 증권만 거래할 수 있도록 제한했던 유일한 거래소였다.

이러한 사례들은 증권의 국제 거래와 전자거래가 매우 중요해지고 있음을 보여주는 것이다. 실제로 많은 전문가들은 NYSE와 같은 물리적 거래소에서 주식을 사고파는 장내 회원거래는 곧 사라질 것으로 예측하고 있다. 이의 실현 여부를 떠나 증권거래 메커니즘은 조만간 매우 크게 변할 것이다. NYSE와 나스닥에 대한 풍부한 최신 정보를 얻으려면 Google(또는 다른 검색사이트)을 방문해서 NYSE와 나스닥 관련 기록을 찾아보기 바란다.

출처: Alexander Osipovich, "NYSE Opens Doors to Stocks from Rival Exchanges, Ending Decades-Old Policy," *The Wall Street Journal*(wsj.com), April 9, 2018; John McCrank and Luke Jeffs, "ICE to Buy NYSE Euronext for $8.2 Billion," reuters.com, December 20, 2012; Inti Landauro, "ICE Plans Euronext IPO," *The Wall Street Journal*(wsj.com), May 27, 2014; Alex Gavrish, "Euronext NV: Recent Spin-Off Warrants Further Monitoring," *ValueWalk*(valuewalk. com), August 25, 2014; "Nasdaq Reaches 52-Week High on Compelling Acquisitions," nasdaq.com, March 14, 2016; "NYSE Agrees to Acquire National Stock Exchange," *Business Wire*(businesswire.com), December 14, 2016; and Alexander Osipovich, "NYSE to Open Floor Trading to Stocks Listed at Rival Exchanges," *The Wall Street Journal*(wsj.com), January 11, 2017.

고객의 주문을 받았다고 하자. 두 투자은행은 NYSE에 있는 두 회사의 대표(회원)와 전자시스템 통신을 통해 거래를 체결해준다. 이와 마찬가지로 전국에 있는 다른 투자은행도 자신의 거래소 회원과 통신을 하여 거래를 체결하도록 해준다. 매도 주문을 받은 거래소 회원은 주식 매도 제안을 하고, **매수 주문**을 받은 회원은 매입 제안을 한다. 거래소는 **경매시장**처럼 운영이 되고 있다.[12)]

2-4B 장외시장과 나스닥 주식시장

장외시장(OTC)
비상장증권을 거래하기 위해 전화와 컴퓨터 등의 전자장비를 사용해서 연결하는 중개인과 딜러의 대규모 집합

NYSE에서는 대부분의 대기업 주식을 거래하지만, 그 이외 많은 기업의 주식은 전통적으로 **장외시장**이라고 하는 거래소에서 거래한다. '장외(over-the-counter)'라는 용어가 어떻게 유래되었는지 살펴보자. 앞에서 언급한대로, 거래소는 경매시장처럼 운영이 되고 있다. 즉, 매입과 매도 주문이 거의 동시에 발생하며, 거래소 회원들은 이 주문을 연결시켜준다. 신생기업이나 소기업의 주식은 거래가 거의 없기 때문에 매매 주문의 빈도가 적다. 따라서 각 주문을 적정 시간 내에 연결시켜주기 어렵다. 이러한 문제를 피하기 위해, 일부 중개회사는 신생기업이나 소기업 주식을 일정량 보유하여 시장 조성을 한다. "딜러(dealer)"는 개인투자자가 이들 주식을 매도하고 싶어 할 때 이를 매입해주며, 투자자가 매입하고자 할 때는 딜러가 보유한 주식의 일부를 매도한다. 딜러가 보유하는 증권은 금고에 보관하며, 주식을 매매할 때 문자 그대로 이를 카운터에서(over the counter) 인도한다.

딜러시장
물리적 위치의 거래소가 아닌 곳에서 증권 거래를 할 수 있도록 모든 시설을 구비한 시장

오늘날 이러한 시장을 **딜러시장**이라고 한다. 딜러시장은 증권 거래를 위해 필요로 하는 모든 시설을 갖고 있지만, 실제 장소를 갖는 거래소는 아니다. 딜러시장은 다음과 같은 시스템을 갖고 있다. (1) 증권을 보유하며, 이 증권의 "시장을 조성하는" 소수의 딜러, (2) 딜러를 투자자와 연결시켜주는 다수의 중개 대리인, (3) 딜러와 중개인 사이의 통신을 연결시키는 컴퓨터, 터미널, 전자 네트워크. 특정 주식의 시장을 조성하는 딜러는 그들이 매입하려는 가격과 매도하는 가격을 정한다. 딜러가 제시하는 가격

---

12) NYSE는 실제로는 변형된 경매시장이다. 이 경매시장에서 사람들은 (그들의 중개인을 통해) 주식에 대한 매입 주문을 한다. 원래 – 1792년에 – 중개인은 실제로 소리를 질러서 주문을 했다. "Erie사 100주 매도합니다. 얼마에 사시겠습니까?"라고 소리치면서 최고가의 매입 주문자에게 주식을 판매했다. 만약 중개인이 매입 주문을 갖고 있다면, 그들은 "Erie사 주식 100주를 매입합니다. 누가 최저가격에 매도하겠습니까?"라고 소리친다. 최근에도 대부분의 상황은 크게 변하지 않았다. 다만 최근에 거래소는 **스페셜리스트(specialist)**로 알려진 회원을 갖고 있다. 이들은 자신이 담당하고 있는 주식을 일정량 보유하면서 거래를 촉진시키는 사람이다. 매도 주문은 없지만 매입 주문이 있는 경우, 스페셜리스트는 자신이 보유하고 있는 주식을 매도한다. 마찬가지로 매도 주문이 있는 경우, 스페셜리스트는 이를 매입해서 보유한다. 스페셜리스트는 **매수가**(bid price, 스페셜리스트가 주식 매입을 위해 지불하려는 가격)와 **매도가**(ask price, 스페셜리스트가 보유 주식을 매도하려는 가격)를 결정한다. 매입과 매도 가격은 적정 재고 수준을 유지하도록 설정한다. 시장의 호황으로 많은 매입 주문이 발생하거나, 불황으로 많은 매도 주문이 있는 경우, 스페셜리스트는 공급과 수요의 균형을 유지하기 위해 가격을 더 높이거나 낮춘다. 매입 가격은 매도 가격보다 다소 낮으며, 이 차이를 **스프레드(spread)**라고 한다. 스프레드는 스페셜리스트의 이익이 된다. 뮤추얼펀드나 연기금이 가격을 낮추지 않고 대량의 주식을 매도하려는 경우, 이들 기관투자가가 이용할 수 있는 특별한 시설이 있다. 기관투자가를 위한 브로커 하우스(brokerage houses)는 대량의 주식(10,000주 이상)을 매입해서 기관투자가나 개인에게 그 주식을 되팔고 있다. 또한 기업이 주가의 급격한 변화를 야기하는 주요 공시가 예정된 경우, 공시가 이루어져 그 정보를 투자자가 알 수 있을 때까지 브로커 하우스는 주식거래중단을 요구할 수 있다.

은 공급과 수요 상황에 따라 변하며, 이는 컴퓨터 스크린을 통해 전 세계에서 확인할 수 있다. **매수–매도 호가 차이**(bid-ask spread)는 매입 호가와 매도 호가 사이의 차이를 말하며, 딜러의 마진(markup) 혹은 이익을 의미한다. 딜러의 위험은 주가의 변동이 심하거나 거래 빈도가 적을 때 증가한다. 일반적으로 주가 변동이 심하고, 거래 빈도가 적은 주식의 스프레드는 크다고 예상할 수 있다. 왜냐하면 딜러가 그 주식을 보유함으로써 갖게 되는 위험에 대한 보상을 해주어야 하기 때문이다.

장외시장에 참여하는 중개인과 딜러는 **금융산업규제기구**(Financial Industry Regulatory Authority: FINRA)로 알려진 자율규제단체의 회원이다. FINRA는 중개인에게 면허를 부여하고 거래업무를 감독한다. FINRA가 사용하는 컴퓨터 네트워크를 나스닥(National Association of Securities Dealers Automated Quotations: NASDAQ)이라고 한다.

나스닥은 호가 시스템에서 출발했지만, 자체 상장요건을 갖고 있는 조직화된 증권시장으로 성장했다. 지난 십 년 동안 NYSE와 나스닥 사이의 경쟁은 점점 더 치열해졌다. 앞서 언급한 대로, 나스닥은 런던증권거래소와 여러 시장조성자에게 투자하고 있으며, NYSE는 Euronext와 합병한 다음, ICE에 인수되었다. NYSE에서는 주로 대기업 주식을 거래하기 때문에 NYSE에서 거래하는 주식의 시장가치는 나스닥보다 훨씬 더 크다. 2019년 5월 기준 NYSE의 상장기업 시가총액은 $23조 2,100억이며, 나스닥의 시가총액은 $11조 2,200억이다.[13)]

흥미롭게도, 마이크로소프트, 구글(현재는 알파벳), 인텔과 같은 많은 첨단 기술기업은 NYSE의 상장요건을 충족하고 있음에도 불구하고 여전히 나스닥에 남아 있다. 그러나 다른 하이테크 기업 중에는 나스닥을 떠나 NYSE로 옮긴 경우도 많다. 여러 가지 결점에도 불구하고, 지난 십 년 동안 나스닥의 성장은 놀랄 만하다. 몇 년 후 나스닥과 NYSE의 경쟁은 더 치열해질 것으로 예상할 수 있다.

셀프 테스트

- 물리적 장소가 존재하는 거래소와 나스닥 주식시장 사이의 차이점은 무엇인가?
- 매수–매도 호가 차이란 무엇인가?

---

13) 다음을 참고하라. M. Szmigiera, "Largest Stock Exchange Operators Worldwide as of May 2019, by Market Capitalization of Listed Companies," *Statista*(statista.com), January 7, 2020.

2-5 보통주 시장

비공개기업
기업 경영에 참여하거나 관련 있는 소수의 개인이 소유한 기업

상장기업
기업 경영에 적극적으로 참여하지 않는 비교적 많은 수의 개인이 소유한 기업

일부 기업은 매우 규모가 작아 보통주가 활발히 거래되지 못하고 있다. 이들 기업의 주식은 상대적으로 소수의 사람만이 보유하며, 이들은 보통 그 기업의 경영자이다. 이러한 기업을 **비공개기업**(closely held corporations 또는 privately owned)이라고 부른다. 그리고 이 기업의 주식을 비공개주식(closely held stock)이라고 부른다. 반대로, 대기업 주식의 대부분은 수많은 투자자가 보유하고 있으며, 대부분의 투자자는 경영에 거의 참여하지 않는다. 이러한 기업을 **상장기업**(publicly owned corporations)이라고 부르며, 이 기업의 주식을 상장주식(publicly held stock)이라고 한다.

2-5A 주식시장 거래의 유형

주식시장 거래는 다음 세 가지 범주로 구분할 수 있다.

1. 상장기업이 기존에 발행한 주식의 유통: 유통시장. 제3장과 제4장에서 학습할 Allied Food Products는 7,500만 주의 주식을 발행하였다. 어떤 사람이 이 기업의 주식 100주를 보유하다가 매도한다면, 그 거래는 유통시장에서 발생하는 것이다. 기존 발행 주식을 거래하는 주식시장을 유통시장이라고 한다. 유통시장은 투자자 사이의 거래이므로 기업은 유통시장에서 신규 자금을 조달할 수 없다.
2. 상장기업이 추가로 주식을 발행: 발행시장. Allied Food가 자기자본을 증가시키기 위해 추가로 1백만 주를 발행하기로 결정했다면 이 거래는 발행시장에서 발생한 것이다.[14)]
3. 비공개기업의 기업공개: 기업공개시장(initial public offering(IPO) market). 비공개기업의 주식이 신규 상장되면, 이 기업은 **주식 상장**(going public)을 했다고 말한다. 주식을 처음으로 상장시키는 시장을 **기업공개시장**이라고 한다. 2004년 여름에 구글은 주당 $85에 주식을 처음으로 공개했다. 2020년 3월에 모회사인 알파벳의 주가는 $1,160까지 상승했다. 또 다른 주목할 만한 거래는 GM이 정부 구제금융을 받아 조직개편을 한 다음 IPO를 했던 경우이다. 기타 최근의 유명한 IPO로는 리프트(Lyft), 우버(Uber), 펠로톤(Peloton), 비욘드 미트(Beyond Meat), 슬랙(Slack), 링크드인(LinkedIn Corp), 알리바바(Alibaba), 페이스북(Facebook), 트위터(Twitter), 스냅(Snap, Snapchat의 모회사), 드롭박스(Dropbox) 등이 있다.

기업공개(주식 상장)
비공개기업이나 비공개기업의 대주주가 공개적으로 주식을 대량으로 매도하는 활동

기업공개시장
기업공개 과정에 있는 기업의 주식을 거래하는 시장

---

14) Allied사는 9,000만 주를 발행할 수 있지만, 7,500만 주만 발행했다. 따라서 1,500만 주를 더 발행할 수 있지만 그렇게 하지 않고 있다. 만약 발행할 수 있는 여지가 있음에도 불구하고 발행하지 않은 주식이 있다면, 경영진은 주주의 승인을 받아 발행주식 수를 증가시킬 수 있다. 일반적으로 주주는 아무런 이의 제기 없이 이를 승인한다

IPO의 초기 높은 수익이 항상 장기간 지속되는 것은 아니다

포춘(Fortune)의 최근 기사는 IPO 투자자들에게 "IPO 첫 날 높은 실적을 보여주는 드라마에 속지 말라."고 경고했다. 이 기사는 IPO에 대한 시장의 초기 반응이 좋으면 주식의 장기 성과도 좋다는 상관관계가 항상 성립하는 것이 아님을 나타내는 것이다. 예를 들어, 포춘은 페이스북과 트위터의 IPO 이후 실적을 비교하였다. 본문에서 언급하듯이 페이스북의 주가는 IPO 이후 급락했지만, 그 이후 주가는 크게 반등했다. 이와 반대로 트위터의 IPO는 초기에 많은 화제를 일으켰지만, 그 이후로 주가는 상승하지 못하고 있다. 2020년 3월 말 현재 트위터의 주가는 $25.00 근처에 있다. 아래의 차트는 트위터의 주가가 IPO 이후 어려움을 겪고 있음을 보여주고 있으며, 이 기업이 상장 후 직면한 주요 사건도 나타내고 있다.

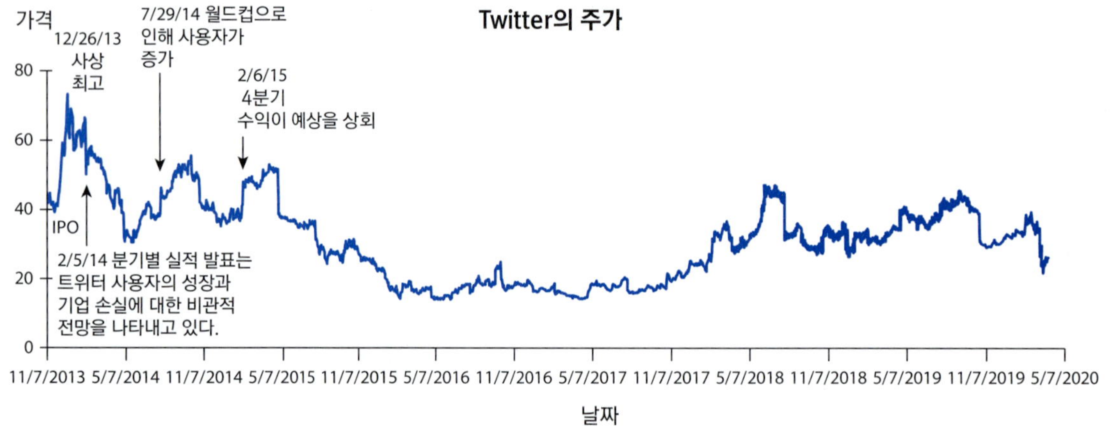

IPO에 대한 정보는 다음을 참고하라. Professor Jay Ritter's (University of Florida) web page site.warrington.ufl.edu/ritter/ipo-data/.

신규 IPO 건수는 주식시장의 상황에 따라 다르다. 시장이 호황이면, 많은 기업들이 새로운 자본을 확보하기 위해 기업공개를 하고, 설립자는 그가 보유한 주식의 일부를 현금으로 전환할 수 있는 기회를 갖는다. 예상하듯이 모든 IPO가 성공하지는 않는다. 대표적인 예로 2012년 IPO 규모가 가장 크고 투자자의 이목을 집중시켰던 페이스북의 경우이다. 2012년 5월 18일 이 회사의 주식은 주당 $38의 가격으로 상장되었다. IPO 이후 2주 만에 주가는 $28 아래로 하락했고 불과 몇 개월 후인 9월에는 가격이 $17.55까지 떨어졌다. 2012년 말까지 주가가 $26.62로 반등했지만, 이는 초기 공모가보다 30% 낮은 수준이었다. 따라서 페이스북은 IPO를 통해 많은 돈을 조달했지만, 공개 시점에서 이 주식을 매입한 투자자들은 기대했던 큰 수익을 당장 얻지는 못했다. 그러나 시작이 불안정했음에도 불구하고 페이스북 주식을 계속 보유했던 투자자들은 괜찮은 수익을 올렸다는 점에 주목할 필요가 있다. 이와는 반대로 "IPO의 초기 높은 수익이 항상 장기간 지속되는 것은 아니다"라는 위의 박스는 트위터의 IPO 경우, IPO 첫날에는 투자자가 매우 높은 수익을 얻었지만 그 이후는 실망스러운 수익률을 얻었음을 보여주고 있다. 이러한 경험으로 인해 많은 분석가들은 2017년 초 스냅이 IPO를 할 때 다음과 같은 질문을 던졌다. “스냅은 페이스북과 같은 경우인가? 아니면 트위터와 같은 경우인가?”[15] IPO 이후 현재 시점까지 스냅의 주가 실적 차트는 스냅의 주식 수익률이 페이스북보다 트위터에 보다 가깝다는 것을 보여주고 있다.

어떤 기업의 공개가 “뜨거운” 이슈가 되면 그 기업의 공모주를 매입하는 것이 어려워진다. 이러한 경우는 공모 주식에 대한 과잉 청약이 발생해 공모 가격으로 주식을 매입하려는 수요가 발행주식 수를 초과하기 때문이다. 이러한 상황에서 투자은행은 대규모의 기관투자자(그들에게 있어서는 최고의 고객)를 우대하므로 소규모 투자자가 기관투자자처럼 쉽게 주식을 사기는 매우 어렵다. 소규모 투자자는 공모 후에 시장에서 주식을 매입할 수밖에 없다. 그러나 소규모 투자자가 기관투자자와 동등한 자격을 갖지 못하는 경우, 장기적으로 IPO 주식의 수익률은 전체 시장수익률보다 실적이 좋지 않았음을 실증 결과가 보여주고 있다.[16] IPO 가격이 공개 당일 급등하는 것은 인수업자가 가격을 너무 낮게 책정해 발행자가 “더 많은 돈을 받지 못함으로써” 잠재적 이익을 극대화시키지 못한 것이라는 비판도 있다.[17]

구글의 IPO는 규모(구글은 IPO를 통해 $16억 7천만을 조달했다)와 판매 방법으로 인해 세간의 관심을 집중시켰다. 구글은 투자은행이 정한 공모가 대신에 **역경매**(Dutch auction) 방식을 채택했다. 역경매 방식은 개인투자자가 직접 주식의 매입가를 부르는 것이다. 역경매에서 실제 거래가격은 제시하는 주식 모두를 매도할 수 있는 최고가(청산가격)로 정해진다. 청산가격 또는 그 이상으로 그들의 입찰가격을 설정한 투자자는 그들이 청약한 모든 주식을 받는데, 이때의 입찰가격은 $85로 밝혀졌다. 구글의 기업공개는 많은 면에서 새로운 선례를 만들었지만, 구글 이후로 기업공개 주식을 배정하기 위해 역경매 방법을 사용하는 기업은 거의 없었다.

기업은 자기자본을 추가로 조달하지 않으면서도 기업공개를 할 수 있다. 예를 들어, 포드자동차는 포드 가족만이 그 주식을 소유하고 있다. 헨리 포드(Henry Ford)는 사망하면서 그의 주식 대부분을 포드재단에 남겼다. 포드재단이 나중에 일부 주식을 일반 사람에게 판매하려고 할 때, 포드자동차는 자기자본을 추가로 조달하지 않는 기업공개를 했다. 최근인 2018년 4월 3일에 스포티파이(Spotify)는 NYSE가 **직접 상장**(direct listing)을 한 첫 번째 경우이다. 직접 상장은 기존의 IPO와 달리 신주를 추가로 발행

15) Mathew Ingram, “Is Snap the Next Facebook or the Next Twitter?” *Fortune*(fortune.com), February 2, 2017.

16) 다음을 참고하라. Jay R. Ritter, “The Long-Run Performance of Initial Public Offerings,” *Journal of Finance*, Vol. 46, No. 1(March 1991), pp. 3-27. 최근의 IPO data에 대한 Ritter 교수의 요약은 다음 기사에서 찾을 수 있다: Miriam Gottfried, “Reaping IPO Riches Isn't a Snap,” *The Wall Street Journal*, March 9, 2017, p. B12.

17) 예를 위해 다음 온라인 칼럼을 참고하라. Professor Hersh Shefrin, “Why Twitter's IPO Was Really a Failure,” *Forbes*(www.forbes.com), November 8, 2013.

하지 않으며, 상장하는 주식을 기존 주주에게서 받는다. 이를 통해 스포티파이는 IPO에서 신규 자본을 조달하지 않았지만, 일부 주주는 "주식을 현금으로 전환"하였고 매우 많은 투자자가 이 주식을 매입할 수 있도록 해주었다.18)

셀프 테스트

- 비공개기업과 상장기업의 차이를 설명하라.
- 발행시장과 유통시장의 차이를 설명하라.
- IPO란 무엇인가?
- 역경매(Dutch Auction)란 무엇이며, IPO를 할 때 어떤 기업이 이 방법을 사용하였는가?

2-6 주식시장과 수익률

주식시장에 투자하는 사람이라면 기대가격과 기대수익률, 실현가격과 실현수익률을 사용하는 경우가 많다. 여기서 **기대**(expected)와 **실현**(realized)이란 표현 사이에는 커다란 차이가 있다. [그림 2.2]는 S&P 500 지수의 전체(배당수익률과 자본이득의 합) 실현수익률을 연도별로 보여주고 있다. 상식적으로(제9장에서 보여주겠지만) 투자자는 보통 주식 투자를 통해 양의 기대수익률을 얻을 것으로 예측한다. 이러한 기대가 없다

[그림 2.2] S&P 500 지수, 총수익률: 배당수익률+자본이득, 1968–2019

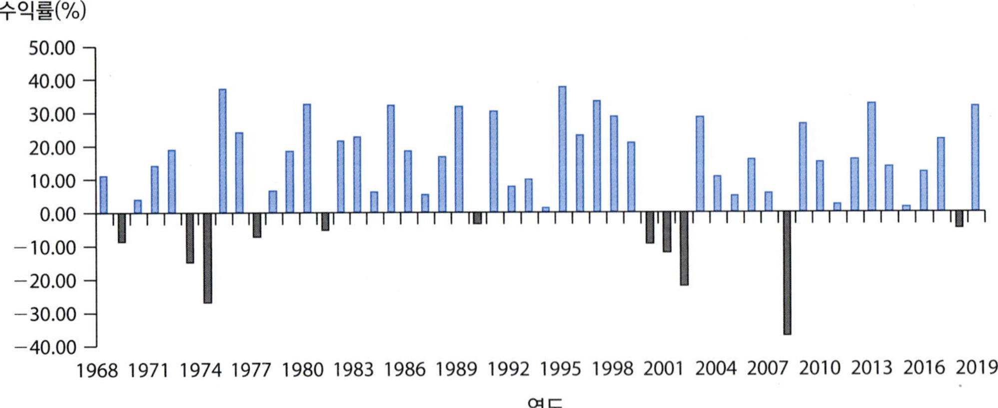

출처: 월스트리트 저널의 다음 자료로부터 추출한 자료이다. "Investment Scoreboard" section and "S&P 500 Annual Total Return Historical Data"(ycharts.com/indicators/sandp_500_total_return_annual), March 27, 2020.

18) Bob Pisani, "As Spotify Nears Its Direct Listing on NYSE, Traders Brace for Uncertainty," *CNBC* (cnbc.com), March 28, 2018.

면, 투자자는 주식을 매입하지 않을 것이다. 그럼에도 불구하고 [그림 2.2]는 어떤 연도에는 음의 실현수익률이 나타나기도 함을 보여주고 있다.

2-6A 주식시장의 정보 제공

몇 년 전까지만 해도, 주식 호가 정보에 대한 가장 좋은 자료는 월스트리트 저널과 같은 일간지의 경제 섹션이었다. 그러나 신문은 전날의 주가 정보만을 제공하는 문제점을 갖고 있다. 이제는 많은 인터넷 사이트가 당일의 주가 정보를 실시간으로 제공해 주고 있다. 주가 정보를 가장 잘 제공하는 인터넷 사이트 중에는 Yahoo!의 finance.yahoo.com이 있다. [그림 2.3]은 2020년 3월 27일 시점에서 트위터의 상세한 호가 정보를 보여주고 있다. 제목에서 보는 것처럼, 트위터는 TWTR이라는 주식 종목 기호(ticker symbol)로 NYSE에 상장되어 있다. 기업 이름과 종목 기호 아래의 행은 동부 여름 시간(EDT) 기준 오전 11시 57분의 실시간 호가는 $24.98이며, 이는 전날 종가보다 $1.43(혹은 5.43%) 하락했음을 나타낸다. 트위터 주식은 2020년 3월 26일(목요일)에 주당 $26.41로 마감되었으며, 2020년 3월 27일(금요일)의 거래는 주당 $25.56으로 시작하였다. 2020년 3월 27일 개장부터 정오까지 트위터의 주식은 최저 $24.76에서 $25.82로 거래되었으며, 지난 52주 동안은 최저 $20.00에서 최고 $45.86 사이의 주가를 보였다.

일별 및 연도별 가격 범위 위의 두 줄은 주식을 매입(Bid)할 때와 매도(Ask)할 때의 가격 범위를 나타내며, 둘 사이의 차이를 딜러의 스프레드(spread) 또는 이익이라고 한다. 이 그림에서 매입가격은 $24.78이고 매도가격은 $24.84이다. 2020년 3월

[그림 2.3] 2020년 3월 27일의 트위터(Twitter) 주식 호가

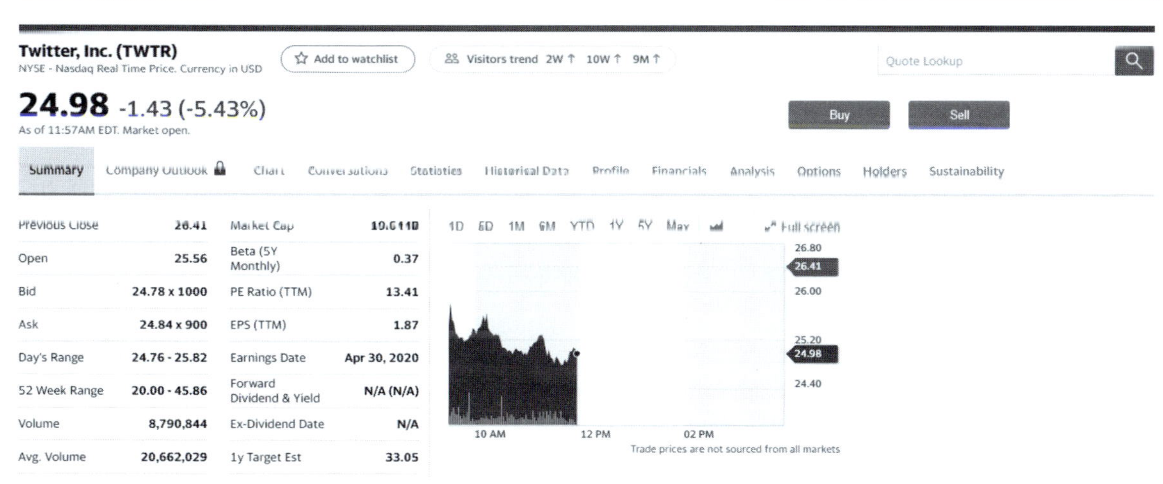

출처: Twitter, Inc.(TWTR), finance.yahoo.com, March 27, 2020.

27일 개장부터 정오까지 트위터의 거래량은 8,790,844주이며, 최근 3개월 기준의 하루 평균 거래량은 20,662,029주이다. 따라서 이날의 전체 거래량은 하루 평균 거래량보다 적을 것으로 예측할 수 있다.

"시가 총액(market cap)"으로 불리는 트위터 주식의 전체 가치는 $196억 4,400만이며, 시장 포트폴리오에 대한 특정 주식 변동성의 측도를 나타내는 베타(beta)는 0.37이다. 이는 시장 포트폴리오의 수익률이 1% 상승하면 트위터의 주식수익률은 대략 0.4% 정도 상승한다는 의미이다. 주당 가격을 최근 12개월 수익으로 나눈 트위터의 P/E비율(PE Ratio)은 $13.41이며, 최근 12개월 동안 주당 순이익(EPS)은 $1.87이다. 이 회사의 다음 실적 발표(Earning Date)는 2020년 4월 30일이다. 1년 목표 추정치(1y Target Est)는 해당 주식을 다루는 분석가가 예측한 1년 목표 가격의 중위수로서 이는 $33.05이다. 트위터는 배당을 하지 않기 때문에 배당 및 수익률 정보는 N/A(not applicable, 해당사항 없음)로 표시하고 있다.

[그림 2.3]의 오른쪽에 있는 차트는 당일 주가 움직임을 시간대별로 보여주고 있다. 차트 위의 줄에 있는 기간을 선택하면 선택한 기간 동안의 주가 움직임을 차트에 나타내도록 해준다. 살펴본 것처럼 Yahoo!는 상세한 호가를 통해 많은 정보를 제공하고 있다. 상세한 정보를 알고 싶으면 이 호가 정보 아래에 있는 화면 페이지를 이용하면 된다.

2-6B 주식시장수익률

제8장과 제9장에서는 주식수익률의 계산방법, 위험과 수익률 사이의 관계, 분석가가 주식의 가치를 평가하기 위해 어떤 기법을 사용하는지 등을 자세히 설명하고 있다. 이 장에서는 먼저 최근 몇 년 동안의 주식 성과에 관해 살펴보도록 하자. [그림 2.2]는 미국 대기업 주식수익률의 과거 자료를 보여주고 있다. 다음의 "주가지수" 제목의 박스는 미국의 주요 주식시장 지수에 대한 정보와 1990년대 중반 이후 이들 지수의 성과를 제시하고 있다.

주식의 시장수익률은 1968년 이후 크게 상승했지만, 매년 성장하지는 못했다. [그림 2.2]에서 볼 수 있듯이, 전체 시장가치는 2000년부터 2002년까지 3년 연속 하락했으며, 지난 52년 중 11년은 하락했음을 보여주고 있다. 마찬가지로 개별 기업의 주가도 등락을 해왔다.[19] 물론, 특정 해에는 주식시장 전체가 좋지 않아도 일부 기업은 좋은

---

19) 만약 우리가 지수가 아닌 개별 기업 주식에 대해 [그림 2.2]와 같은 그래프를 작성한다면, 보다 변동성이 크게 나타난다는 점을 확인할 수 있다. 그러나 채권에 대해서 [그림 2.2]와 같은 그래프를 작성한다면, 등락은 유사하지만 그 변동폭은 보다 작을 것이다. 이는 일반적으로 채권 투자의 손익은 주식보다 작기 때문이다. 채권에서 평균 이상의 수익률은 이자율이 하락할 때 발생하며, 이자율이 급격히 상승하면 채권 투자에서 손실이 발생한다. 그러나 채권의 이자 지급은 채권의 총수익을 안정시키는 경향이 있다. 우리는 제7장에서 채권에 대해 자세히 살펴볼 것이다.

성과를 보여줄 수 있다. 따라서 증권분석의 가장 중요한 핵심은 성과가 좋은 주식을 골라내는 일이다. 재무관리자는 이를 위해 노력하지만 항상 성공하지는 못한다. 다음 장에서는 기업이 시장에서 좋은 성과를 낼 수 있도록 하는 경영자의 의사결정에 대해 살펴볼 것이다.

주가지수

주가지수는 주식시장의 성과를 나타내기 위해 만들어졌다. 그러나 주가지수의 종류가 많기 때문에 여러 지수 중 시장을 가장 잘 반영하는 것이 무엇인지를 판단하기가 어렵다. 어떤 지수는 주식시장 전체를, 어떤 지수는 특성 산업 부문의 수익률을, 어떤 지수는 소형주, 중형주 혹은 대형주의 수익률을 나타내고 있다. 또한 여러 국가에도 다양한 주가지수가 존재한다. 미국 시장의 주가지수 중 대표적인 세 가지를 아래에서 설명하고 있다. 이 지수들은 개별 주식과 전체 시장의 비교, 시간에 따른 주가 추이, 시장에 영향을 미치는 경제적 요인의 파악 등을 위해 사용되고 있다.

다우존스 산업평균(DJIA) 지수

1896년 Charles H. Dow는 단지 10개 주식만을 가지고 DJIA(Dow Jones Industrial Average) 지수를 만들었다. 1916년에는 20개의 주식으로, 그 후 1928년에는 30개의 주식으로 구성 주식 수를 증가시켰다. 1928년부터 월스트리트 저널의 편집자들은 주식 분할에 따른 지수 조정을 하였으며, 구성 주식을 주기적으로 교체했다. 2015년에 DJIA는 컴퓨터 기술과 소셜 미디어 기업의 중요성을 인식하여 애플을 AT&T 대신 구성 주식에 포함시켰다. 또한 2018년에는 소비자 및 건강관리 부문의 중요성으로 인해 DJIA는 Walgreens Boots Alliance Inc.를 GE 대신 포함시켰다. 현재 DJIA는 여전히 30개의 기업으로 구성되어 있다. 이들 기업은 미국 전체 주식 시가총액의 약 5분의 1을 차지하며, 모두 해당 산업의 선두 기업으로서 개인 및 기관투자자가 골고루 보유하고 있다.

S&P 500 지수

1926년에 만들어진 S&P 500 지수는 미국 대기업의 주식시장 성과를 측정하는 기준으로 광범위하게 알려져 있다. S&P 500 지수에 편입되는 기업은 S&P 지수 위원회(Standard & Poor's Index Committee)가 선정하며, 이들 기업은 주요 산업의 대표 기업이다. S&P 500 지수는 각 주식의 시장가치로 가중평균하므로, 시장가치가 큰 기업일수록 지수에 보다 많은 영향을 미친다. 미국 주식시장에서 가장 많이 활용되는 비교지표 중의 하나가 S&P 500이다. S&P 500과 동일한 성과를 갖도록 고안한 인덱스펀드는 지난 10년 동안 그 수와 규모 모두 증가했다. 인덱스펀드의 수는 지난 10년 동안 네 배 이상 증가했으며, 미국에 투자하는 인덱스펀드는 미국 주식시장의 14%를 차지하고 있어 2010년의 7% 수준에 비해 크게 증가하였다.[20]

나스닥 종합주가지수

나스닥 종합주가지수는 나스닥에 상장된 모든 주식의 성과를 나타내고 있다. 최근에는 3,300개 정도의 기업이 나스닥에 포함되어 있다. 컴퓨터 기반의 나스닥 거래소에서는 많은 기술관련 기업의 주식을 거래하고 있기 때문에, 나스닥 종합주가지수는 일반적으로 하이테크 산업의 경제 지표가 되고 있다. 애플, 마이크로소프트, 아마존, 페이스북, 구글(현재는 알파벳으로 알려져 있다.)은 나스닥 시가총액의 거의 40%를 차지하고 있다. 이러한 이유로 이들 다섯 기업 주식의 움직임에 따라 나스닥 종합주가지수도 같은 방향으로 움직이고 있다.

최근 실적

첨부된 그림은 어떤 투자자가 위의 세 지수에 1995년 1월 1일에 $1을 투자한다고 가정할 때 현재 시점에 가질 수 있는 가치를 시점별로 보여주고 있다. 또한 이 세 가지 지수의 수익을 1년 만기 미국 단기 국채(T-bill)의 투자수익과 비교하고 있다. 지난 25년 동안 S&P 500의 연평균 수익률은 8.11%, 나스닥은 10.51%, 다우존스는 8.32%를 나타내고 있다.

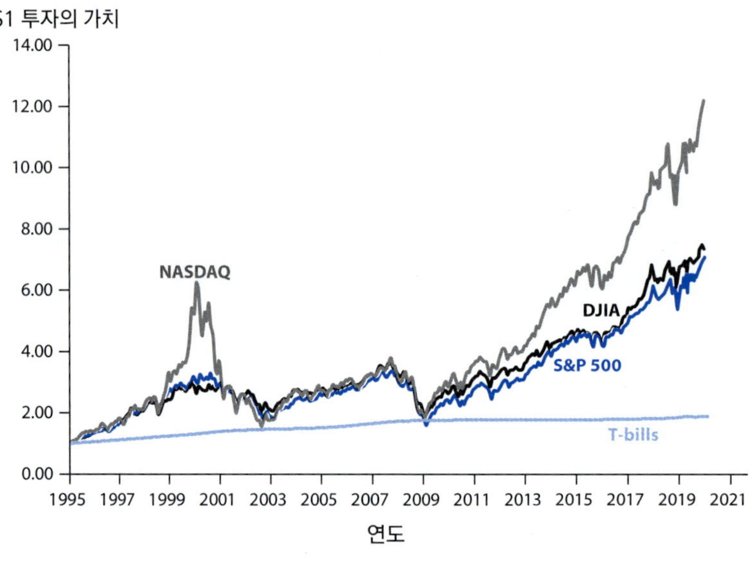

셀프 테스트

- NYSE 주식으로 구성한 포트폴리오가 나스닥 주식으로 구성한 포트폴리오보다 더욱 위험한가? 혹은 덜 위험한가?
- S&P 500에 포함된 어떤 기업의 주식에 대해 [그림 2.2]와 같은 차트를 만든다면, 변동성이 크게 나타나는가? 아니면 변동성이 작게 나타나는가? 설명하라.

2-7 주식시장 효율성

이 절을 살펴보기 위해서는 다음 정의를 알아야 한다.

- 시장가격(market price): 주식의 현재 가격이다. 예를 들어, 어느 날 인터넷에서 트위터의 주식이 $24.98임을 보여주었다. 시장가격은 매수 주문과 매도 주문이 발생한 동일한 날에 $24.76부터 $25.82까지 다양했다.
- 내재가치(intrinsic value): 모든 투자자가 주식에 대한 정보를 모두 알고 있을 때, 주식을 매도하려는 가격이다. 이 개념은 제1장에서 논의하였으며, 주식의 내재가치를 구하기 위해서는 기대 미래 현금흐름과 위험이 필요하다는 것을 살펴보았다. 시

20) 다음을 참고하라. Dawn Lim, "Index Funds Are the New Kings of Wall Street," *The Wall Street Journal*(wsj.com), September 18, 2019.

장가격은 내재가치를 중심으로 변하는 경향이 있다. 기업이 시작한 새로운 프로젝트의 성공여부, 경쟁자의 시장 진입 혹은 퇴출 등에 따라 내재가치는 시간이 지날수록 달라진다. 우리도 트위터의 내재가치를 추측 또는 추정할 수 있지만, 주식 분석가와 우리는 서로 다른 결론을 내릴 것이다.

- **균형가격**(equilibrium): 매입과 매도 주문의 균형이 이루어지는 어떤 시점의 가격이다. 주식이 균형 상태에 있으면 새로운 정보가 나타나 가격을 변동시킬 때까지 그 가격은 변화가 없다.
- **효율적 시장**(efficient market): 가격이 내재가치에 근접하고, 주가가 균형을 이루는 것처럼 보이는 시장이다.

시장이 효율적이면 투자자는 주식을 매매할 수 있으며, 매매가격이 적절하다는 확신을 갖는다. 그러나 시장이 비효율적이면 투자자는 투자를 꺼리고, 자금을 "베개 밑에" 숨겨둔다. 이렇게 되면 자본 분배의 왜곡이 발생하고 경제는 침체한다. 따라서 시장 효율성은 경제적인 관점에서도 중요하다.

학계와 금융전문가들은 시장 효율성에 대한 이슈를 광범위하게 연구해왔다.[21] 어떤 사람은 시장이 매우 효율적이라고 생각하며, 다른 사람은 시장이 매우 비효율적이라고 생각하고 있다. 또한 이 이슈가 너무 복잡해서 쉽게 결론을 내릴 수 없다는 사람도 있다. 이와 관련해 2013년에 유진 파마(Eugene Fama), 라스 한센(Lars Hansen), 로버트 실러(Robert Shiller) 등 세 명의 유명한 학자가 "자산가격의 실증 연구"로 노벨 경제학상을 받았다. 한센 교수는 합리적 시장을 테스트하기 위한 통계적 모형을 개발한 공로로 수상자가 되었다. 또한 노벨위원회는 효율적 시장에 대한 다양한 견해도 타당하다고 보고, 파마 교수(효율적 시장이론의 선구자)와 실러 교수(시장 효율성에 대한 회의론자)도 수상자의 자격이 있다고 판단했다.

시장이 효율적이라고 믿는 사람은 고도로 훈련된 100,000명 정도의 전문 분석가와 트레이더가 시장에서 하루 종일 일하고 있다는 점에 주목하고 있다. 이들 대다수는 재무분야의 석사와 박사를 포함하여 물리학, 화학, 기타 기술 분야의 박사학위 소지자들이다. 시장에는 3,000개 미만의 기업이 주식을 상장하고 있다. 따라서 한 명의 주식 분석가가 평균적으로 30개의 기업을 분석한다면(이는 어느 정도 맞는 말이다. 왜냐하면 분석가는 특정 산업에 집중하는 경향이 있기 때문이다) 100명의 분석가 정도면 상

21) 이러한 연구를 가리켜 일반적으로 **효율적 시장가설**(efficient markets hypothesis) 또는 EMH라고 명명한다. 여기서 '가설'이란 표현을 사용한 것은, 실증적으로 그 성립을 증명할 필요가 있기 때문이다. 논문에서, 연구자들은 효율성을 세 가지 수준으로 구분한다. 1) **약형**(weak form)은 과거 주가 정보의 움직임은 미래 주가를 예측하는 데 사용할 수 없다는 것이다. 2) **준강형**(semi-strong form)은 공개적으로 이용가능한 모든 정보는 즉각 주가에 반영된다는 내용이다(즉, 발행된 보고서를 분석해서 높은 수익률을 얻을 수 없다는 것). 3) **강형**(strong form)은 심지어 기업 내부자조차도 내부 정보를 가지고 비정상적인 높은 수익률을 얻을 수 없다는 내용이다.

장된 모든 주식을 분석할 수 있다. 또한 이러한 분석가는 골드만삭스, JP 모건 체이스, 도이체 방크(Deutsche Bank)와 같은 기업에 근무하면서 대규모 거래의 장점을 이용할 수 있는 워렌 버핏과 같은 억만장자 투자자를 위해 일하고 있다. 증권거래위원회(SEC)는 전자정보 네트워크를 결합하는 법규를 발표했는데, 이는 주식에 대한 새로운 정보가 모든 주식 분석가에게 즉시 전달되어, 이들이 거의 동시에 주식을 재평가할 수 있도록 하고 있다. 이러한 환경은 시장을 효율적으로 만들고 있으며, 주가가 내재가치를 중심으로 움직이도록 하고 있다.

그러나 시장이 효율적이지 않다고 주장하는 사람들도 있다. 예를 들어, 2010년 5월 6일 DJIA 지수는 거의 1,000포인트 하락했다가 당일 장 마감 직전에 재빨리 재반등했다.[22] 2000년에 인터넷 관련 주식은 엄청나게 높은 가격으로 올랐지만, 다음 해에는 가격이 거의 0 수준으로 하락하는 대폭락이 있었다. 이러한 변화를 가져올만한 중요한 뉴스 발표는 없었다. 시장이 효율적이라면 이러한 급격한 주가의 변화가 발생하기 어렵다. 사람들이 시장 효율성에 의문을 갖는 또 다른 증거는 일부 주식 분석가는 장기에 걸쳐 일관되게 시장을 능가하는 좋은 실적을 보여주고 있다는 점이다. 워렌 버핏을 비롯한 여러 사람이 이에 해당한다. 만약 시장이 정말 효율적이라면, 각 주식의 가격은 내재가치에 근접하고 있어야 한다. 따라서 어떠한 분석가도 시장을 능가하는 탁월한 성과를 계속 보여줄 수는 없다.

아래 그림은 시장의 효율성을 관찰자들이 어떻게 보고 있는지를 나타내고 있다. 이는 "효율성 연속(efficiency continuum)"을 나타내는 그림으로서 양 극단에 매우 효율적인 기업의 주식과 매우 비효율적인 주식을 보여주고 있다. 효율성을 결정하는 핵심 요인은 기업의 규모이다. 기업 규모가 클수록 보다 많은 주식 분석가가 그 기업을 분석하므로 주가는 새로운 정보를 보다 빨리 반영한다. 또한 어떤 기업이 분석가 및 투자자와 활발한 의사소통을 할수록 그 주식은 시장에서 보다 효율적이라고 평가받는다.

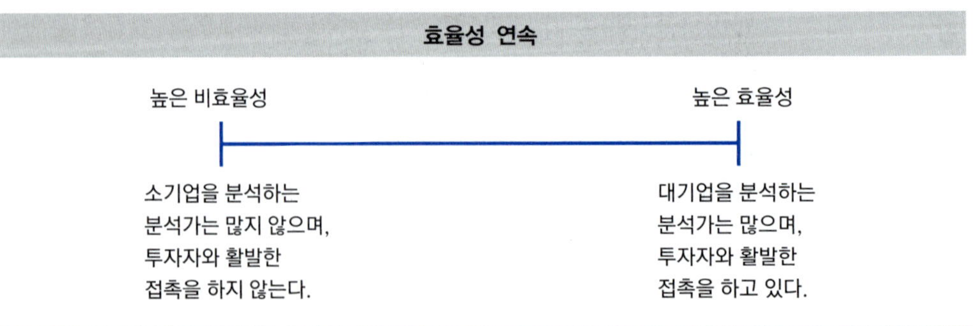

22) 규제기관은 급격한 하락의 원인을 조사 중이며, 컴퓨터 기반 거래에 특히 초점을 맞추고 있다. 다음을 참고하라. Tom Lauricella, Scott Patterson, and Carolyn Cui, "Computer Trading Is Eyed," *The Wall Street Journal*(online.wsj.com), May 8, 2010.

여러분이 투자자라면 가격이 효율적으로 결정되는 시장과 비효율적으로 결정되는 시장 가운데 어디서 주식을 매입하고 싶은가? 만약 여러분이 다른 사람이 모르는 어떤 정보를 알고 있다면, 여러분은 비효율적 시장을 선호할 것이다. 그러나 무한한 구매력을 갖고 있으며, 기업의 CEO에게도 쉽게 접근할 수 있는 물리학 박사가 당신보다 기업 정보를 더 많이 알고 있다면, 당신은 아마도 효율적 시장을 더 선호할 것이다. 효율적 시장에서 지불하는 가격은 "공정한(right)" 가격에 가깝다. 경제적 관점에서는 누구나 참여할 수 있는 효율적 시장이 바람직하다. 따라서 SEC를 비롯한 여러 규제기관은 시장 효율성을 촉진하도록 노력하고 있다.

이제까지 우리는 개별 주식 측면에서 시장 효율성을 설명했다. 그러나 효율성의 개념은 모든 자산가격결정에 적용할 수 있다. 예를 들어, 미국 주택가격의 급격한 상승과 하락은 주택시장에 비효율성이 있음을 의미하는 것이다. 시장 효율성 수준도 시간에 따라 달라진다는 점을 깨달을 필요가 있다. 거래비용이 낮아지고 분석기의 수가 많을수록 시간이 지남에 따라 시장 효율성이 증가한다고 예상할 수 있다. 그러나 최근의 주택경기 거품과 인터넷 관련 주식의 거품은 이와 반대의 증거를 보여주고 있다. 이러한 최근의 사건들은 시장의 비합리적 행동에 대해 새로운 원인을 찾아보도록 하고 있다. 많은 연구는 심리적 측면에서 시장의 비합리적 행동을 설명하고 있으며, 이에 대해서는 다음 절에서 살펴보도록 하자.

2-7A 행태재무이론

효율적 시장가설은 현대 재무이론의 초석이 되고 있다. 효율적 시장가설은 자산의 시장가격은 평균적으로 내재가치와 거의 동일하다고 주장한다. 효율적 시장가설의 논리는 간단하다. 만약 주가가 "너무 낮다"면 합리적인 거래자는 이 기회를 재빨리 이용하여 주식을 매입하려고 할 것이고, 이는 가격을 적정 수준까지 상승시킨다. 반대로, 만약 가격이 "너무 높다"면 합리적인 거래자는 주식을 매도하여 주가가 균형 수준으로 하락하도록 한다. 효율적 시장가설의 지지자들은 이러한 힘으로 인해 가격이 구조적으로 잘못 설정되는 것을 막아주고 있다고 주장한다.

효율적 시장가설의 논리는 당연한 것처럼 보이지만, 이 가설로는 전 세계의 많은 사건을 제대로 설명할 수 없기 때문에 **행태재무이론**(behavioral finance)이라는 분야의 성장을 촉발시켰다. 행태재무이론가는 투자자가 합리적이라는 가정을 하지 않으며, 투자자의 비합리적인 행위가 시간에 따라 어떻게 변하는지를 이해하기 위해 심리학을 사용하고 있다. 이 분야의 연구자로는 심리학자인 대니얼 카너먼(Daniel Kahneman), 아모스 트버스키(Amos Tversky), 리처드 세일러(Richard Thaler) 등이 있다. 이들의 연구를 시작으로 이 분야의 연구에 많은 학자가 참여하고 있다.[23)]

세일러 교수와 그의 동료인 니콜라스 바베리스(Nicholas Barberis)는 행태재무이론이 효율적 시장가설을 비판하는 이유를 다음 두 가지로 정리하고 있다. 첫째, 거래자가 잘못된 자산가격을 이용하여 돈을 버는 것은 어렵거나 위험하다. 예를 들어, 투자자들이 나쁜 소식에 과잉반응하고 있기 때문에 주가가 적정 수준보다 낮다고 생각하더라도, 한정된 자본을 가지고 있는 거래자는 이러한 과잉반응이 장기간 지속되어 주식가격이 계속 낮을 것이라는 생각을 갖기 때문에 주식을 매입하려고 하지 않는다. 마찬가지로, 최근의 주식시장에서 주가가 너무 올라 거품이 있다고 생각한 많은 거래자들은 주식을 공매도하였지만 많은 돈을 잃었다. 즉, 잘못된 가격이라도 시장에서 오래 유지될 수 있다.

두 번째 지적은 가격결정이 잘못되는 이유를 심리학으로 설명하고 있다. 예를 들어, 카너먼과 트버스키는 사람들이 잠재적인 손실과 이익을 서로 다르게 평가하고 있다고 말했다. 확실히 $500을 갖는 선택안과 동전을 던져서 동전의 앞면이 나오면 $1,000을 받고 뒷면이 나오면 아무것도 못 받는 선택안 두 가지를 제안받았다면, 대부분의 사람은 확실하게 $500을 받는 선택안을 선호한다. 이는 위험회피를 의미한다. 그러나 사람들에게 확실히 $500을 지불해야 하는 선택안과 동전을 던져서 앞면이 나오면 $1,000을 지불하고 뒷면이 나오면 아무것도 지불하지 않는 선택안을 제안하면, 많은 사람은 동전을 던지는 쪽을 선택한다. 어떤 연구는 사람들의 게임 욕구가 최근 성과에 의존하고 있음을 제시하기도 한다. 시장에는 보다 보수적인 사람도 있지만, 보다 높은 위험을 추구하는 게임 참여자도 존재한다.

이러한 실험은 투자자와 경영자가 상승 시장과 하락 시장에서 다른 행동을 보인다는 사실을 의미한다. 이는 주식시장 거품 초기에 자금을 투자한 사람이 가격이 매우 높아졌음에도 불구하고 그것을 매각하지 않고 그들의 자금을 계속 투자하는 이유도 설명해준다. 어떤 연구는 개인이 그들의 실제 능력을 과잉 추정하는 경향이 있음을 보여주고 있다. 예를 들어, 대다수 사람들(어떤 연구에서는 90% 이상)은 자신의 운전능력이 평균 이상이며, 사교성도 평균 이상이라고 믿는다. 바베리스와 세일러는 다음과 같은 지적을 하고 있다.

---

23) 행태재무이론에 관심을 갖는 학생이 볼만한 자료는 다음과 같다. George Akerlof and Robert Shiller, *Animal Spirits: How Human Psychology Drives the Economy, and Why It Matters for Global Capitalism*(Princeton, NJ: Princeton University Press, 2009); Richard Thaler and Cass Sunstein, Nudge: *Improving Decisions about Health, Wealth, and Happiness*(New Haven, CT: Yale University Press, 2009); Richard H. Thaler, Editor, *Advances in Behavioral Finance*(New York: Russel Sage Foundation, 1993); Hersh Shefrin, "Behavioral Corporate Finance," *Journal of Applied Corporate Finance*, vol. 14, no. 3(Fall 2001), pp. 113-125; and Nicholas Barberis와 Richard Thaler, "A Survey of Behavioral finance," Chapter 18 in *Handbook of the Economics of Finance*, edited by George Constantinides, Milt Harris, Rene Stulz(New York : Elsevier/North-Holland, 2003). 효율적 시장가설에 대해 더 많은 것을 알고 싶은 학생은 다음을 참고하라. Burton G. Malkiel, *A Random Walk Down Wall Street: The Time-Tested Strategy for Successful Investing*, 9th edition(New York: W.W. Norton & Company, 2007)

과도한 자신감은 두 가지 편향인 '자기귀인편향(self-attribution bias)'과 '사후과잉확신(hindsight bias)'으로부터 나온다. '**자기귀인편향**'은 어떤 활동에 성공하면 그들의 재능으로 돌리는 반면에, 실패하면 그들의 잘못보다는 나쁜 운으로 탓하는 경향을 말한다. 이를 반복하면, 사람들은 자신이 재능이 있는 사람이라는 잘못된 판단을 한다. 예를 들어, 투자자는 몇 분기 동안 투자에 성공한 후에는 과도한 자신감을 갖는다(Gervais and Odean, 2001). '**사후과잉확신**'은 사람들이 어떤 사건 발생 이후에 사건이 발생하기 전 이를 이미 예측했다고 믿는 경향이다. 지난 과거를 실제보다 더 잘 예측했다고 생각하면, 미래에 대해서도 실제보다 더 잘 예측할 수 있다고 믿게 된다.[24]

행태재무이론은 기업재무와 투자론 분야 모두에서 연구하고 있다. 예를 들어, 마크 그린블랫(Mark Grinblatt)과 마티 켈로하르주(Matti Keloharju)는 최근 연구에서 투자자들이 과도한 자신감을 가지고 있으며, "감각에 의존하는" 투자를 보다 자주 하고 있다는 사실을 보여줬다.[25] 스탠포드대학의 울리케 말멘디어(Ulrike Malmendier)와 와튼스쿨의 저프리 테이트(Geoffrey Tate)는 경영자의 과도한 자신감은 그들의 능력과 프로젝트의 수익성을 과대평가한다는 사실을 발견했다.[26] 이는 많은 기업 프로젝트가 기대에 부응하지 못하는 이유를 설명해준다.

2-7B 시장 효율성에 대한 결론

앞서 언급한 바와 같이, 주식시장이 효율적이라면 대부분의 사람이 주식 매매를 위해 주식 자료를 분석하는 것은 시간 낭비에 불과하다. 주가는 공개적으로 이용할 수 있는 모든 정보를 이미 반영하므로 현재의 주가는 이미 공정하게 설정되어 있기 때문이다. 따라서 운이 좋거나 내부 정보를 갖는 사람만이 시장에서 돈을 벌 수 있다. 과소평가된 주식을 발견하기 위해 시간과 돈을 낭비하는 것보다는 S&P 500과 같이 전체 시장을 반영하는 지수 펀드를 매입하는 것이 더 나을 수 있다. 그러나 우리가 수십억 달러를 보유하고 있는 금융기관에서 일한다면, 우리는 과소평가된 주식이나 기업을 발견하려고 노력할 것이다. 왜냐하면 작은 돈이 아니라 많은 돈을 투자하는 경우에는 어떤 주식이 조금이라도 과소평가되어 있다면 큰돈을 벌 수 있기 때문이다. 또한

---

24) Nicholas Barberis and Richard Thaler, "A Survey of Behavioral finance,", Chapter 18 in *Handbook of the Economics of Finance*, edited by George Constantinides, Milt Harris, Rene Stulz(New York: Elsevier/ North-Holland, 2003).

25) Mark Grinblatt and Matti Keloharju, "Sensation Seeking, Overconfidence, and Trading Activity," *The Journal of Finance*, vol. LXIV, no. 2(April 2009), pp. 549-578.

26) Ulkike Malmendier and Geoffrey Tate, "CEO Overconfidence and Corporate Investment," *National Bureau of Economic Research*, NBER Working Paper No. 10807, October 2004.

시장은 전체 기업보다 개별 주식에 대해 더욱 효율적이다. 따라서 충분한 자본을 보유한 투자자는 경영이 좋지 않은 기업을 매입해서 개선시키는 것이 합리적이다. 많은 사모펀드 업체들이 이와 같이 하고 있다는 점을 명심하자. 개별 기업의 주식시장이 효율적이면 전체 기업의 주식시장도 효율적이 된다.

그러나 시장이 효율적이고 모든 주식과 기업의 가격이 공정하게 결정된다고 하더라도, 투자자는 포트폴리오를 구성하기 위한 주식 선택에 여전히 주의를 기울여야 한다. 중요한 것은 포트폴리오는 다양한 산업의 주식뿐만 아니라 일부 채권과 기타 고정소득 증권을 포함하여 잘 분산되도록 해야 한다는 것이다. 제8장에서는 개별 투자가가 반드시 고려해야 하는 다각화에 대해 상세한 설명을 할 것이다.

셀프 테스트

- 시장이 "효율적"이라는 것은 어떠한 의미인가?
- 모든 주식에 대해 시장은 똑같이 효율적인가? 설명하라.
- 시장이 효율적인 것이 경제에 좋은 이유는 무엇인가?
- 개별 주식시장은 매우 효율적이지만, 전체 기업시장은 덜 효율적일 수 있는가? 설명하라.
- 차익거래란 무엇인가?
- 행태재무이론이란 무엇인가? 시장 효율성과 관련하여 행태재무이론의 시사점은 무엇인가?

단원 종합

이 장에서는 자본이 어떻게 배분되고, 배분과정에서 금융시장, 금융상품 그리고 금융기관이 어떤 역할을 하는지 설명했다. 보통주를 거래하기 위한 물리적 장소가 존재하는 거래소와 전자 기반 시장을 언급했고, 주식시장의 가격 정보, 주가지수에 대해서도 설명했다. 또한 주가가 변동하고 있음을 보여주었다. 따라서 투자자는 시간이 흐르면 돈을 벌 수 있을 것으로 기대하지만 어떤 해에는 대규모 손실을 보기도 한다. 마지막으로, 주식시장의 효율성과 행태재무이론의 발전을 설명했다. 이 장을 읽고 나면 기업과 개인이 활동하는 재무환경에 대한 일반적인 이해를 하고 있어야 하고 실제수익률과 기대수익률이 다르다는 점도 알아야 한다. 또한 경제신문 또는 다양한 인터넷 사이트의 주식시장 호가를 해석할 수 있어야 한다. 금융시장에 대한 연구는 "계속 진행 중"이며, 여전히 많은 연구가 필요하다는 점도 알아야 한다.

자가진단 질문과 문제

ST-1 **[핵심용어]** 다음 용어를 정의하라.

a. 현물시장과 선물시장
b. 단기 금융시장과 자본시장
c. 발행시장과 유통시장
d. 비공개시장과 공개시장
e. 파생상품
f. 투자은행, 상업은행, 금융서비스 회사
g. 뮤추얼펀드, 단기 금융펀드(MMF)
h. 상장지수펀드(ETF), 헤지펀드, 사모펀드회사
i. 물리적 장소를 갖는 거래소, 장외시장, 딜러시장
j. 비공개기업, 상장기업
k. 주식 상장(going public)과 기업공개(IPO) 시장
l. 효율적 시장가설(EMH), 차익거래
m. 행태재무이론

질문

2-1 비용-효율적 자본시장은 재화와 서비스의 가격을 줄이는 데 어떻게 도움을 주는가?

2-2 자본이 공급자로부터 자본을 필요로 하는 수요자에게 이동하는 다양한 방법을 설명하라.

2-3 기업공개(IPO)는 발행시장과 유통시장 중 어느 시장의 거래인가? 설명하라.

2-4 다음 금융상품은 단기 금융시장과 자본시장 중 어디에 해당하는 증권인가?

a. 미국 단기 국채
b. 장기 회사채
c. 보통주
d. 우선주
e. 기업어음

2-5 미국에서 사람들이 금융기관의 안전에 대한 믿음을 잃는다면 미국의 생활수준은 어떻게 될까? 설명하라.

2-6 지난 20년 동안 금융시장은 어떤 형태의 변화를 겪었나? 이러한 변화는 긍정적인가? 아니면 부정적인가? 설명하라.

2-7 딜러시장과 물리적인 위치를 갖는 주식시장의 차이를 설명하라.

2-8 오늘날 미국의 2개 주요 증권거래소를 말하고, 두 거래소를 비교하라.

2-9 "효율성 연속(efficiency continuum)" 용어의 의미가 무엇인지 간단하게 설명하라.

2-10 다음 설명이 참인지 거짓인지를 설명하라.

a. 파생상품 거래는 위험을 증가시키기 위해 고안되었고, 높은 수익을 얻고자 하는 투기자만이 대부분 사용하고 있다.
b. 헤지펀드는 보통 최소 투자 규모가 매우 크며, 많은 여유자금을 갖는 기관이나 개인을 대상으로 영업한다.
c. 헤지펀드는 전통적으로 많은 규제를 받고 있다.
d. 뉴욕증권거래소(NYSE)는 물리적 위치를 갖는 증권거래소이다.
e. 매수-매도차이가 크면 딜러가 얻는 이익은 줄어든다.

통합사례

SMYTH BARRY & COMPANY

2-11 **[금융시장 및 금융기관]** 당신은 최근에 재무 전공으로 대학을 졸업한 다음 중개회사인 Smyth Barry & Co에 투자 고문으로 일하게 되었다고 가정하자. 첫 번째 업무는 최근 멕시코에서 미국으로 건너온 프로 테니스 선수 Michelle Varga에게 미국 금융시장에 대해 설명해주는 것이다. Varga는 Smyth Barry를 통해 상당한 금액을 투자할 것으로 예상되는 높은 순위의 테니스 선수이다. 그녀는 매우 총명하기 때문에 그녀의 돈이 어떻게 흘러갈 것인지에 대해 알고 싶어 한다. 당신의 상사는 당신이 Varga에게 미국 금융시장을 설명할 때 포함되어야 할 내용을 다음과 같은 질문 형태로 만들었다.

a. 저축자와 차입자 사이에 자본이 이전되는 세 가지 주요 방법에 대해 각각 설명하라.
b. 시장이란 무엇인가? 실물자산 시장과 금융자산 시장, 현물시장과 선물시장, 단기 금융시장과 자본시장, 발행시장과 유통시장, 공개시장과 비공개시장을 구분하라.
c. 금융시장은 건전한 경제와 경제성장을 위해 왜 필요한가?
d. 파생상품이란 무엇인가? 위험을 줄이기 위해 파생상품을 어떻게 사용하는가? 파생상품을 사용함으로써 위험을 증가시킬 수 있는가? 설명하라.
e. 투자은행, 상업은행, 금융서비스 회사, 연기금, 뮤추얼펀드, 상장지수펀드, 헤지펀드, 사모펀드 등의 금융기관 각각에 대해 간략히 설명하라.
f. 미국에서 두 개의 주요 주식시장은 무엇인가? 또한 주식시장의 두 가지 기본 유형을 설명하라.

g. 애플이 보통주를 추가로 발행하기로 결정하고 Varga가 인수자인 Smyth Barry로부터 이 주식 100주를 구입했다면 이 거래는 발행시장 거래인가? 유통시장 거래인가? Varga가 딜러시장을 통해 이전에 발행된 애플 주식을 구매했다면 이는 어떤 시장의 거래인가?

h. 기업공개(IPO)란 무엇인가?

i. 시장이 효율적이라는 것은 무엇을 의미하는가? 일부 주가가 다른 주가보다 더 효율적인 이유를 설명하라.

j. Michelle Varga와 상담할 때, Michelle은 다음 두 가지 주식의 매입 방법에 대해 알고 싶어 했다.

1. 당신 사무실의 대기실에 있는 동안, Michelle은 금융 TV 채널에서 한 분석가가 의약품 연구를 하는 어떤 기업의 제품 중 하나가 FDA 승인을 받았다고 말하는 것을 우연히 들었다. 이 "뜨거운" 정보를 바탕으로 Michelle은 이 회사 주식을 많이 사려고 했다. 주식시장이 매우 효율적이라고 가정한다면 당신은 그녀에게 어떤 조언을 할 것인가?
2. Michelle은 많은 신문기사를 통해 어떤 선도적 기술회사가 대규모 IPO를 진행 중이라는 사실을 알았다. 그녀는 IPO를 하는 그 기업의 주식을 가능한 많이 구매하고 싶어 하며, 발행 직후 공개시장에서도 이 주식을 구매하고 싶어 한다. 당신은 그녀에게 어떤 조언을 할 것인가?

k. 행태재무이론은 효율적 시장가설(EMH)이 현실을 정확히 나타내지 못하는 이유를 어떻게 설명하고 있는가?

재무관리의 기본 개념

재무제표, 현금흐름, 세금

03 CHAPTER

재무제표에서 기치 있는 정보 찾아내기

제1장에서 경영자는 주당 순이익과 같은 단기 회계 성과보다는 주식의 장기 가치를 높이는 의사결정에 보다 많은 관심을 가져야 한다고 실명했다. 그렇다면 단기 성과에 초점을 맞추고 있는 회계와 재무제표를 왜 학습해야 하는지 궁금할 수 있다. 그 이유는 재무제표는 경영자가 해당 기업의 장점과 단점을 정확히 분석할 수 있게 해주며, 여러 사업의 기대효과를 추정할 수 있는 많은 유용한 정보를 제공해주기 때문이다. 훌륭한 경영자는 재무제표를 면밀히 검토하여 의사결정을 한다. 또한 외부 이해관계자가 기업의 주식을 매입할 것인지, 기업에 돈을 빌려줄 것인지, 기업과 장기 사업관계를 구축할 것인지 등을 결정할 때도 해당 기업의 재무제표를 바탕으로 판단한다.

재무제표의 내용이 매우 많고 복잡한 것처럼 보일 수 있지만, 찾고자 하는 정보가 무엇인지를 알고 있다면 재무제표를 빠르게 살펴보아도 기업에 대한 많은 정보를 얻을 수 있다. 재무상태표[**역주**: IFRS의 '재무상태표(statement of financial position)'와 GAPP의 '대차대조표(balance sheet)'는 차이가 존재한다. 따라서 이를 엄격히 구분해서 사용해야 하지만, IFRS에 익숙한 우리나라 독자들을 위해 원서의 'balance sheet'를 '재무상태표'로 번역하도록 한다]를 통해 해당 기업의 규모, 보유 자산의 종류, 자금조달 방법 등에 대해 알 수 있다. 손익계산서는 기업의 매출 증감이나 기업의 이익이 어디서 발생했는지에 대한 정보를 제공한다. 현금흐름표를 살펴보면 기업이 어떤 신규투자를 했는지, 자금조달을 부채나 자기자본으로 했는지, 배당을 지급했는지 등을 알 수 있다.

예를 들어, 2020년 초에 맥도날드는 2019년 4분기 재무제표를 발표했다. 맥도날드의 실적은 좋은 것으로 나타났다. 이 기업은 예상보다 높은 수익과 주당 순이익을 보여주었다. 특히 4분기 미국에 있는 점포의 고객 방문 수는 1.9% 감소했음에도 불구하고 매출은 5.1% 증가했다. 매출 성장은 가격 인상과 일부 주요 메뉴의 판매 호조에 의한 것이다.

이 회사의 2019년 회계연도 결산일(2019년 12월 31일) 시점의 연례보고서에서는 재무상태표의 총자산은 $475억, 총부채는 $557.2억으로 자기자본의 장부가치가 음수임을 보여주고 있다. 현금흐름표를 보면 맥도날드는 운영활동을 통해 $81.2억을 창출했으며, 매장에 키오스크를 지속적으로 구축하고 신제품 라인에 필요한 자원 등을 확보하는 투자활동에 $30억이 조금 넘는 현금을 사용했다. 맥도날드는 거의 $50억에 달하는 현금을 재무활동에 사용하였으며, 배당금을 지급하고 보통주 일부를 환매하는 데 이 돈의 대부분을 사용하였다. 2019년에 이 회사의 전체 현금 보유액은 $3,250만이 증가했다.

재무제표를 간단히 살펴보는 과정에서 많은 정보를 얻을 수 있지만, 훌륭한 재무분석가는 재무제표의 숫자를 액면 그대로 받아들이지 않는다. 재무분석가는 숫자가 발생한 원인과 기업의 미래 방향이 적절한지를 평가하기 위해 그들의 직관과 산업에 대한 지식 등을 활용해 재무제표의 의미를 더 깊이 파헤친다. 재무제표에 있는 매출이나 당기순이익 등의 숫자가 크다고 해서 그 기업 주식을 매입해야 한다는 것은 아니다. 맥도날드의 경우 4분기 실적이 좋다는 발표 이후 주가가 급등했다. 그러나 재무분석가들이 주가의 미래 방향에 대해 일치된 의견을 갖는 일은 거의 없다. 미래 전망에 대한 생각의 불일치는 재무이론을 흥미롭게 만든다. 재무분석가의 낙관과 비관 중 어느 것이 옳은지는 결국 시간이 말해준다.

출처: Heather Haddon and Micah Maidenberg, "McDonald's Global Sales Rise, but U.S. Guest Count Falls," *The Wall Street Journal*(wsj.com), January 29, 2020; Amelia Lucas, "McDonald's Earnings Beat Wall Street Estimates, Helped By Price Hikes as U.S. Foot Traffic Declined," *CNBC*(cnbc.com), January 29, 2020; and "McDonald's Reports Fourth Quarter and Full Year 2019 Results and Quarterly Cash Dividend," news.mcdonalds.com, January 29, 2020.

학습개요 및 목표

경영자의 주된 목표는 기업의 주식가치를 극대화하는 것이다. 주식가치는 기업의 미래 현금흐름을 바탕으로 결정된다. 그렇다면 경영자가 미래 현금흐름을 가장 많이 증가시킬 수 있는 행동을 결정하는 방법은 무엇인가? 또한 투자자는 미래 현금흐름을 어떻게 추정할 수 있는가? 이 두 가지 질문에 대한 답은 기업이 투자자에게 제공하는 재무제표에서 찾을 수 있다. 여기서 '투자자'는 기관(은행, 보험회사, 연기금 등)과 개인 모두를 포함한다.

이 장의 대부분은 기초 회계 과목에서 이미 학습한 개념을 다시 언급하고 있다. 이를 다시 언급하는 것은 회계정보의 중요성 때문이다. 회계에서는 재무제표가 어떻게 만들어지는지에 초점을 맞추지만, 여기서는 투자자와 경영자가 회계정보를 어떻게 해석하고 사용할 것인가에 초점을 맞추고 있다. 회계는 기업이 사용하는 기본 언어이다. 따라서 기업에 종사하는 사람이라면 회계에 대한 지식을 알고 있어야 한다. 회계는 "점수를 기록"하는 데 사용한다. 투자자와 경영자가 기업의 점수를 정확히 알지 못한다면 그들의 행동이 적절한지를 알 수 없다. 만약 당신이 중간시험을 보고 그 결과를 알지 못한다면, 좋은 학점을 받기 위해 공부를 더 해야 하는지에 대한 판단이 어렵다. 이와 같은 경우를 기업에도 적용할 수 있다. 만약 마케팅, 인사관리, 생산, 재무 분야 등에서 일하는 기업의 경영자가 재무제표를 이해하지 못한다면 그들이 수행하는 업무가 어떤 성과를 갖는지 정확히 판단할 수 없다. 이로 인해 기업의 생존은 위협을 받으며 경영자도 기업가치를 극대화하는 행동을 하기 어려워진다.

이 장을 마치면 다음 과제를 수행할 수 있어야 한다.

- 주요 재무제표의 목록을 나열할 수 있으며, 주요 재무제표가 기업 경영자와 투자자에게 어떤 정보를 제공하는지를 알 수 있다.
- 기업의 잉여현금흐름(free cash flow)을 추정하고, 잉여현금흐름이 기업가치에 중요한 영향을 미치는 이유를 설명할 수 있다.
- 미국 소득세제의 중요한 특징과 "세제개혁법안(Tax Cuts and Jobs Act: TCJA)"에 대해 언급할 수 있다.

3-1 재무제표와 보고서

연차보고서

기업이 주주에게 매년 발행하는 보고서로서 기본적인 재무제표와 기업의 과거 영업성과 및 미래 전망에 대한 경영자의 분석을 포함하고 있다.

연차보고서(annual report)는 기업이 주주에게 발행하는 가장 중요한 보고서이다. 연차보고서가 제공하는 정보는 다음과 같은 두 가지로 나눌 수 있다.[1] 첫째는 경영보고서 부문으로서, 이는 주로 기업 최고경영자의 편지 형태로 나타난다. 이 부문에서는 지난 1년 동안 기업의 영업성과를 언급하고, 향후 영업에 영향을 미칠 수 있는 새로운 연구 및 개발 등에 대해 언급한다. 둘째, 연차보고서는 다음과 같은 네 가지 기본 재무제표를 제공한다.

1. **재무상태표**(statement of financial position): "2021년 12월 31일"과 같은 특정일 시점으로 기업이 어떤 사산을 소유하고 있으며, 누가 각 자산에 대한 청구권을 갖고 있는지를 보여준다.
2. **손익계산서**(income statement): "2021년의 1년 동안"과 같이 과거 일정 기간 동안의 기업 매출과 비용, 이익 등을 보여준다.
3. **현금흐름표**(statement of cash flows): 회계기간 초와 말의 현금 수준과 회계기간 동안의 현금 증감을 보여준다.
4. **자본변동표**(statement of stockholder's equity): 회계기간 초와 말의 자기자본 수준과 회계기간 동안의 자기자본 증감 항목을 나타낸다.

1) 기업은 분기별 보고서를 제출하기도 한다. 그러나 분기별 보고서는 연차보고서에 비해 많은 내용을 제공하지 못한다. 한편, 대기업은 증권거래위원회(the Securities and Exchange Commission: SEC)의 기준에 맞추어 보다 상세한 재무제표를 제출하기도 한다. '10-K **보고서**'라고 부르는 이 보고서는 기업의 간사(company's corporate secretary)가 요구하며, 주주가 이용하고 있다. 이 장에서는 연말 재무상태표 혹은 연간 손익계산서와 같은 연간 자료에 초점을 맞추도록 한다.

글로벌 관점

국제회계기준: 그것이 가능한가?

투자자와 정보 사용자를 위한 회계정보의 개선을 위해 국제회계기준을 2017년까지 적용할 것처럼 보였다. 2005년에 EU는 국제회계기준(International Financial Reporting Standards: IFRS)의 도입을 요구했으며, 2007년부터 SEC는 IFRS에 의해 보고하는 기업에게는 미국의 일반회계기준(Generally Accepted Accounting Principles: GAAP)을 준수하는 재무제표를 제출하라는 요구를 하지 않았다. 지금까지 120개 국가가 IFRS를 채택하고 있다. 그러나 2012년 7월 13일에 SEC는 IFRS를 미국이 채택하기 어렵다는 보고서를 발표했다. 최종 결정은 SEC 위원회에 달려 있다. 2014년 12월 6일 미국 공인회계사(American Institute of Certified Public Accountants: AICPA) 전국 회의에서 당시 SEC 수석 회계사인 James Schnurr는 높은 수준의 회계정보를 얻기 위한 최선의 방법에 대한 논의는 계속되고 있지만, 현재 시점에서 미국이 IFRS를 조만간 채택할 가능성은 없다고 말했다.

회계기준을 국제화하려는 노력은 국제회계기준위원회(International Accounting Standards Committee)가 1973년에 설립되면서부터 시작되었다. 국제기준의 규칙을 제정하는 전담기구가 필요함에 따라 1998년에는 국제회계기준심의회(International Accounting Standards Board: IASB)를 설립하였다. IASB는 IFRS 제정을 담당하게 되었다. 2002년 9월부터 “노왁(Norwalk) 협약”에 따라 각국의 회계기준 통합 작업이 본격적으로 시작되었다. 노왁 협약은 미국의 재무회계기준심의회(Financial Accounting Standards Board: FASB)가 관리하는 미국 GAAP과 IASB가 관리하는 IFRS의 차이를 제거하기 위해 FASB와 IASB가 단기 통합 프로젝트에 착수한다는 것과 그들의 활동을 조정한다는 내용을 담고 있다. 이 협약은 두 기준 사이의 차이를 줄여 미국 기업이 큰 경제적 대가 없이 보다 쉽게 IFRS로 전환할 수 있도록 하기 위해 만들어졌다. 이 협약을 통해 통합은 일부 진전되었지만 여전히 그 차이는 지금도 남아 있다.

회계기준의 글로벌화는 엄청난 시도이며, IASB와 FASB 사이의 타협이 필요하다. 그러나 최근에 이러한 목표를 달성하려는 노력은 줄어들고 있다. 매우 좋은 의도에도 불구하고 통합과정은 2007-2008의 금융위기와 글로벌 경기침체로 인해 둔화되고 있다. 또한 GAAP에서 IFRS로 전환하는 데 드는 비용이 대기업과 소기업 모두에게 매우 커질 것이 분명해졌다. 통합을 받아들이지 못하는 또 다른 이유는 원칙 기반(principles-based) IFRS 접근 방식이 규칙 기반(rules-based) 미국의 일반회계기준과 비교하여 명확한 지침을 제공하지 못하기 때문이다. 또한 SEC는 도드-프랭크(Dodd-Frank) 금융개혁법과 소비자보호법을 추진하는 데 집중해야 하므로 국제회계기준의 도입에 신경 쓸 겨를이 없었다. 마침내 2017년 Jay Clayton이 SEC 회장으로 임명되면서 이 프로젝트는 중단되었다. 그는 회계기준의 통합은 본인이 담당해야 할 주요 사항이 아니라고 분명히 밝혔다.

미국이 세계에서 차지하는 경제적 위치는 매우 크다. 따라서 미국의 참여가 없다면 국제회계기준이 성공하기 어렵다. 그동안 여러 국가의 사업을 평가해야 하는 기업과 분석가는 다양한 국제회계기준 사이의 주요 차이점을 완전히 이해하는 것이 중요했다. 예측가능한 미래에 통일된 국제회계규정이 나올 것 같지는 않지만, FASB와 IASB는 서로의 회계기준 비교가 쉽도록 계속 협력할 것이다.

출처: Weaver Assurance, Tax & Advisory Firm, “Global Convergence Project: U.S. GAAP Is Alive and Well,” weaver.com/blog/global-convergence-project-us-gaap-alive-and-well, January 11, 2019; Nicolas Pologeorgis, “The Impact of Combining the U.S. GAAP and IFRS,” *Investopedia*(investopedia.com), March 12, 2018; David M. Katz “The Path to Global Standards?” *CFO*(cfo.com), January 28, 2011; “Global Accounting Standards: Closing the GAAP,” *The Economist*, vol. 404, July 21, 2012; Joe Adler, “Is Effort to Unify Accounting Regimes Falling Apart?” *American Banker*, vol. 177, no. 145, July 30, 2012; Kathleen Hoffelder, “SEC Report Backs Away from Convergence,” *CFO*(cfo.com), September 1, 2012; Ken Tysiac, “Still in Flux: Future of IFRS in U.S. Remains Unclear after SEC Report,” *Journal of Accountancy*(journalofaccountancy.com), September 2012; and Tammy Whitehouse, “Ten Years on, Convergence Movement Starting to Wane,” *Compliance Week*(complianceweek.com), October 2, 2012.

이들 재무제표는 서로 연관되어 있으므로, 이들을 종합하면 기업의 영업 및 재무 상태에 대한 회계정보를 알 수 있다.

재무제표와 경영보고서의 내용은 모두 중요하다. 기업의 재무제표는 과거 몇 년 동안 기업의 자산, 수입, 배당 등이 실제로 어떻게 변했는지를 나타낸다. 반면 경영보고서는 기업에서 발생한 상황이나 사업 등의 원인을 밝히고, 미래에 어떤 일이나 사업을 할 것인지를 나타낸다.

이해를 돕기 위해 다양한 종류의 식품을 가공하고 유통시키는 기업인 'Allied Food Products'의 데이터를 살펴보도록 하자. Allied는 몇 개의 지역 기업이 합병해 1985년에 최초 설립된 이후, 꾸준히 성장해 현재는 식품산업 부문의 최고 기업 중 하나가 되고 있다. Allied의 당기순이익은 2020년 $1억 5,230만에서 2021년에 $1억 4,630만으로 하락했다. 경영자는 3개월간의 파업으로 인한 비용 상승과 가뭄으로 인해 당기순이익이 하락했다고 밝혔다. 그러나 경영자는 조업을 완전히 재개하고 몇 개의 비수익 사업부문을 정리하면, 2021년의 이익은 급상승할 것이라는 보다 낙관적인 전망을 경영보고서에서 언급하고 있다. 물론 실제로 이익이 증가하지 않을 수 있다. 따라서 분석가는 과거에 경영자가 발표한 전망이 실제로 그 결과로 나타났는지를 비교해 경영자의 전망을 살펴보아야 한다. 아무튼 연차보고서에 포함된 정보는 미래의 이익과 배당을 예측하는 데 사용한다. 따라서 투자자들은 연차보고서에 많은 관심을 갖는다.

설명의 편의를 위해 재무제표의 상세한 항목을 제거했기 때문에 Allied의 재무제표는 상대적으로 단순하게 보이고 있다. Allied는 부채와 보통주만으로 자금을 조달하고 있다. 즉, Allied는 우선주도 없으며, 전환사채나 복합 파생증권도 발행하고 있지 않다. 또한 Allied의 재무상태표에는 영업권 취득 관련 항목도 없다. 우리는 회계에 대한 기초적 개념만을 전달하기 위해 일부러 이 기업을 선택했다. 따라서 이 장에서는 기초적인 재무분석만을 설명하며, 어려운 회계 문제는 회계원리나 증권분석 강좌에 맡기도록 한다. 우리는 재무제표를 해석하는 과정에서 겪을 수 있는 어려움에 대해서도 지적해야 하지만 이는 회계의 고급과정에 맡기도록 한다.

셀프 테스트

- 연차보고서는 무엇이며, 연차보고서가 제공하는 두 가지 종류의 정보는 무엇인가?
- 연차보고서가 일반적으로 포함하는 네 가지 재무제표는 무엇인가?
- 투자자가 연차보고서에 많은 관심을 갖는 이유는 무엇인가?

3-2 재무상태표

재무상태표
특정 시점의 기업 재무 상태를 나타내는 재무제표

재무상태표는 특정 시점의 기업 상태를 나타내는 스냅 사진과 같다. [그림 3.1]은 일반 기업이 사용하는 재무상태표의 구조를 보여주고 있다. 재무상태표의 좌변은 기업이 보유하고 있는 자산(asset)을 나타내며, 우변은 기업 자산에 대한 청구권인 기업의 부채(liability)와 자기자본(equity)을 나타낸다. [그림 3.1]이 보여주는 것처럼 자산은 크게 유동자산(current asset)과 고정(장기)자산(fixed asset 혹은 long-term asset) 두 가지로 구분할 수 있다. 유동자산은 1년 이내에 현금으로 전환할 수 있는 자산이며, 현금(cash)과 현금등가물(cash equivalents), 매출채권(accounts receivable), 재고자산(inventory) 등으로 구성되어 있다.[2] 고정자산은 1년 이상 사용할 것으로 예상되는 자산을 의미한다. 고정자산은 설비뿐만 아니라 특허권이나 저작권과 같은 지적재산권 등을 포함한다. 설비는 보통 누적 감가상각을 차감해 순가치 개념으로 계상한다. Allied의 고정자산은 모두 순설비자산으로 구성되어 있으며, 이를 "순고정자산(net fixed

[그림 3.1] 기본 재무상태표

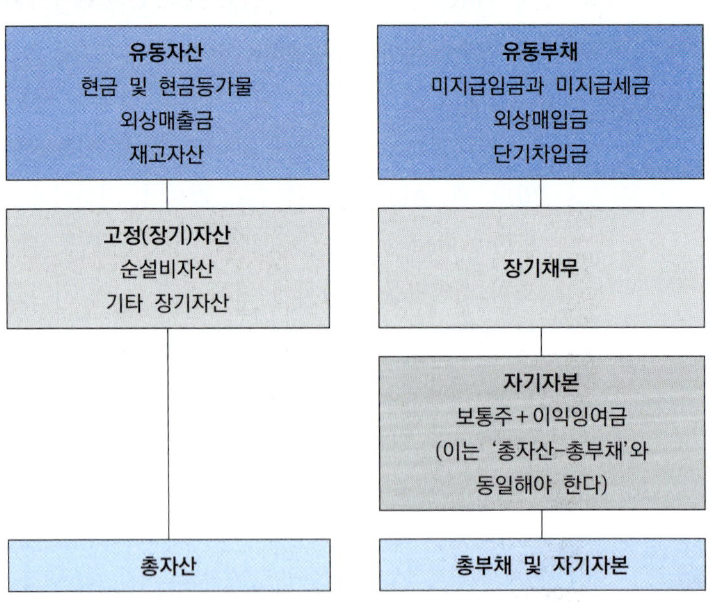

주: 이는 회계기간을 1년만 나타내는 기본 재무상태표이다. 2년 이상의 여러 재무상태표를 나타낼 때는 자산을 위에, 부채와 자기자본을 아래에 나타내도록 한다. 〈표 3.1〉을 참조하라.

2) Allied를 비롯한 대부분의 기업은 은행 당좌계좌(bank checking account)와 같은 유동자산을 갖고 있다. 이러한 당좌계좌는 단기 금리부 증권으로서 전화로 매도 주문이 가능하며, 즉시 현금으로 전환할 수도 있다. 이러한 증권을 "현금등가물"이라고 하며, 재무보고 목적을 위해서 일반적으로 당좌계좌에 포함시키고 있다. 만약 어떤 기업이 단기 투자 목적으로 주식이나 유가증권을 보유하고 있다면 이를 재무상태표에 나타내야 한다. Allied는 현금등가물 이외의 유가증권을 보유하고 있지 않다.

asset)"이라고도 한다.

자산에 대한 청구권은 기본적으로 부채(혹은 기업이 타인에게 갚아야 하는 돈)와 자기자본의 두 가지 형태를 갖는다. 유동부채는 1년 이내에 상환해야 하는 청구권으로 매입채무와 미지급비용(미지급인금과 미지급세금의 합), 1년 이내에 상환해야 하는 단기차입금(역주: 여기서는 의미를 분명하게 하기 위해 특별한 경우가 아니면 'notes payable'을 '지급어음'이 아닌 '단기차입금'으로 번역하도록 한다) 등으로 구성되어 있다. 장기채무(long-term debt)는 1년 이상의 만기를 갖는 채권(bonds)을 포함하고 있다.

자기자본
주주가 주식을 매입할 때 기업에 납부한 납입자본금과 기업 설립 후 생성한 이익잉여금의 합

주주의 자기자본(stockholder's equity)은 두 가지 측면에서 생각할 수 있다. 첫째는 자기자본을 조달하기 위해 기업이 주식을 발행하고, 주주가 이를 매입하기 위해 지불한 납입자본금과 주식회사 설립 이후 기업이 벌어들인 이익잉여금이다.[3)]

$$\text{자기자본} = \text{납입자본금} + \text{이익잉여금}$$

이익잉여금
기업 설립 후 기업이 배당 지급 이후 남긴 유보이익의 누적 합

이익잉여금(retained earnings)은 당해 연도에 벌어들인 유보이익만을 의미하지 않는다. 이는 기업 설립 후 최근까지 매년 기업이 벌어들인 유보이익을 누적하여 합한 것이다.

자기자본은 다음과 같이 구할 수도 있다.

$$\text{자기자본} = \text{총자산} - \text{총부채}$$

Allied가 여유자금을 채권에 투자했지만(Allied의 자산), 이 채권의 가치가 구입시점보다 하락했다면, Allied가 구입한 채권(자산)의 실제 가치는 하락할 것이다. 그러나 부채 총계는 변하지 않는다. 왜냐하면 기업의 자산가치가 하락하더라도 기업이 대출자에게 상환하기로 한 금액은 변하지 않기 때문이다. 이 경우 부채 수준은 변함이 없으므로 자기자본을 감소시켜야 한다. 회계담당자는 일련의 항목을 작성한 다음, 이익잉여금을 감소시켜 보통주 자기자본이 줄어들도록 회계처리를 한다. 자산은 부채와 자기자본의 합이기 때문에 재무상태표는 항상 좌변(자산)과 우변(부채와 자기자본)이 동일하도록 해야 한다. 즉, 보통주는 채권보다 위험하다는 것을 알 수 있다. 경영자의 잘못된 투자나 실수는 자기자본을 감소시켜 주주에게 악영향을 미친다. 물론 경영자의 훌륭한 의사결정은 자기자본을 증가시키므로 주주에게 그 혜택이 돌아간다. 위험에는 그에 상응하는 보상이 따르기 마련이다.

재무상태표의 자산 배열순서는 현금화(재고자산과 매출채권)하는 데 걸리는 시간과 기업의 사용기간(고정자산)에 의해 정해진다. 마찬가지로 부채 및 자기자본과 같은 청구권도 상환순서에 의해 배열한다. 즉, 매입채무는 보통 수일 이내에 상환해야 하

3) Allied의 재무상태표에서 보통주라는 표기는 단순히 주주가 보통주를 매입할 때 "지불한" 자본을 의미한다.

는 부채이며, 미지급비용은 그 이상 기간 동안, 단기차입금은 1년 이내에 상환해야 하는 부채이다. 부채는 상환기간이 짧을수록 앞에 나열한다. 부채 다음으로는 자기자본을 배열한다. 자기자본은 기업의 소유권을 나타내며 결코 "상환할" 필요가 없는 자금이다.

3-2A Allied의 재무상태표

자료(Resource)

학생들은 cengage.com에 있는 이 책의 학생 동반자 사이트에서 이 장의 엑셀 모형을 다운로드할 수 있다. 컴퓨터에 엑셀 모형을 다운로드한 후, 3장의 내용을 실행하라.

<표 3.1>은 Allied의 2021년과 2020년 말의 재무상태표를 보여주고 있다. 2021년 재무상태표에서 Allied의 자산은 $20억이며, 유동자산과 고정자산이 각각 절반을 차지하고 있다. 자산은 유동부채 $310백만, 장기채무 $750백만, 보통주 $940백만으로 조달했다. 2021년과 2020년의 재무상태표를 비교하면 Allied의 자산은 $320백만 증가했으므로, 부채와 자본의 합도 이와 동일한 금액만큼 증가했다. 자산은 반드시 부채와 자기자본의 합과 같아야 하며, 그렇지 못하면 대차의 균형을 이룰 수 없다.

재무상태표와 관련해 주목할 점들은 다음과 같다.

1. **현금과 기타 자산**: 재무상태표의 자산은 금액으로 그 가치를 표현한다. 그러나 현금과 현금등가물 계정의 금액은 가치가 아니라 실제 소비할 수 있는 돈을 의미한다. 매출채권은 재무상태표 작성 시점에서 회수되지 않은 신용매출을 의미한다. 재고자산은 원재료비와 가공품, 완성품을 나타낸다. 순고정자산은 영업에 사용하는 건물과 설비의 구입원가에서 이제까지 발생한 그 자산의 감가상각비를 차감한 값이다. 2021년 말에 Allied는 현금 $10백만을 갖고 있다. 따라서 이 한도까지 당좌수표를 발행할 수 있다. 비현금자산은 일정 기간 이후 현금으로 전환할 수 있지만 지금 당장은 현금이 아니라는 의미이다. 그러므로 오늘 비현금자산을 처분할 경우 실제로 재무상태표에 기록된 금액보다 많거나 적은 현금을 얻을 수 있다.

운전자본
유동자산

2. **운전자본(working capital)**: 유동자산은 전환(turn over)이 가능한 자산이므로 종종 '**운전자본**'이라고 부른다. 즉, 회계기간 동안 사용한 유동자산은 다른 자산으로 대체된다. Allied가 재고자산을 외상으로 매입하게 되면 이는 재고자산 공급자가 재고자산 구입자금을 Allied에 빌려주는 것과 같다. Allied는 은행에서 차입하거나 혹은 주식을 발행해 재고자산을 구입할 수도 있지만, 외상매입을 통해 재고자산 공급자로부터 자금을 빌리고 있다. 이를 매입채무(accounts payable)라고 한다. 매입채무는 보통 이자를 지급하지 않기 때문에 "무이자 부채"이다. Allied는 2주에 한 번 급여를 지급하며, 분기별로 세금을 납부한다. 따라서 Allied가 종업원과 세무 당국에 지급하지 않은 돈은 미지급임금과 미지급세금이며, 이를 합해 미지급비용(accrual)이라고 한다. 이와 같은 "무이자" 부채 이외에도 Allied는 은행에서 단기 차입을 하기도 한다. 이 은행차입금을 단기차입금(notes payable)

〈표 3.1〉 Allied Food Products의 12월 31일 재무상태표(단위: 백만 달러)

	2021	2020
자산		
유동자산		
현금 및 등가물	$10	$80
매출채권	375	315
재고자산	615	415
유동자산 총액	$1,000	$810
순고정자산		
순설비자산(감가상각비 차감)	1,000	870
기타 장기자산	0	0
자산 총계	$2,000	$1,680
부채 및 자기자본		
유동부채		
매입채무	$60	$30
미지급비용	140	130
단기차입금	110	60
유동부채 총액	$310	$220
장기 채무	750	580
부채 총계	$1,060	$800
자기자본		
보통주(7천 5백만 주)	$130	$130
이익잉여금	810	750
자기자본 총계	$940	$880
부채 및 자기자본 총계	$2,000	$1,680

주: 1. 재고자산은 다양한 방법에 의해 평가할 수 있다. 재고자산 평가방법에 따라 재무상태표의 가치와 매출원가가 영향을 받으며, 이로 인해 손익계산서의 순이익도 변하게 된다. 마찬가지로 감가상각 방법도 여러 가지가 있다. 감가상각 방법은 재무제표의 주석 사항에 반드시 명기해야 하며, 증권분석가는 기업을 비교할 때 그 차이가 회계처리 방법에 의한 것이라고 생각한다면 비교 기업의 감가상각 방법도 서로 동일하게 조정해야 한다.

2. 주당 장부가치 = 보통주 납입자본금 총액/발행 주식수 = $940/75 = $12.53

3. 일부 기업은 우선주를 사용하고 있다. 우선주는 제9장에서 논의할 것이다. 우선주는 여러 가지 형태를 갖고 있지만, 매년 고정 금액을 지급한다는 측면에서 채무와 같은 성격을 갖는다. 그러나 우선주에 대한 배당을 지급하지 않는다고 해서 기업이 파산하는 것은 아니기 때문에 보통주와 같은 성격도 갖는다. 어떤 기업이 우선주를 발행했다면 재무상태표에서 우선주는 총부채와 보통주 사이에 배열한다. 재무비율을 계산할 때 우선주를 자기자본으로 취급할지 부채로 취급할지에 대한 명확한 기준은 없다. 채권자는 우선주를 자기자본으로 보는 경향이 있고, 주주는 우선주가 고정된 금액을 지불한다는 측면에서 채무로 보려고 한다. 우선주는 채무와 보통주의 혼합(hybrid) 특성을 갖고 있다고 말할 수 있다.

으로 표기한다. 매입채무와 미지급비용은 이자를 지급하지 않지만 단기 은행차입금에 대해서는 이자를 지급한다. 매입채무, 미지급비용, 단기차입금은 재무상태표의 유동부채에 해당한다. 유동자산에서 유동부채를 차감한 잔액을 '**순운전자본**(net working capital: NWC)'이라고 한다. 순운전자본은 Allied가 유동자산으로부터 지급해야 할 단기 부채를 차감한 금액을 의미한다.

순운전자본

유동자산에서 유동부채를 차감한 값

$$\begin{aligned}\text{순운전자본} &= \text{유동자산} - \text{유동부채} \\ &= \$1{,}000 - \$310 = \$690(\text{백만})\end{aligned}$$

순영업운전자본(NOWC)
유동자산에서 이자 지급이 없는 유동부채를 차감한 값

유동부채에는 매입채무, 미지급비용, 단기차입금 등이 있다. 재무분석가는 순운전자본과 **순영업운전자본**(net operating working capital: NOWC)이라는 개념을 구분하고 있다. NOWC는 두 가지 측면에서 NWC와 차이가 있다. 첫째, NOWC는 영업 목적으로 사용하는 현금과 이에 해당하지 않는 "초과" 현금(excess cash)을 구분하고 있다. 따라서 NOWC를 계산할 때 분석가는 초과현금을 추정한 후 이를 유동자산에서 차감해 영업 유동자산을 구한다. 둘째, 분석가들은 유동부채를 "이자가 없는" 부채(미지급비용 및 매입채무)와 이자 발생 부채(단기차입금)로 구분하고 있다. 이자 발생 부채는 영업비용이 아닌 금융비용으로 처리하므로, 영업 유동부채에는 이자 발생 부채가 포함되지 않는다. 이러한 두 가지 측면을 고려하여 NOWC를 다음과 같이 계산한다.

$$\begin{aligned}\text{순영업운전자본(NOWC)} &= \text{영업 유동자산} - \text{영업 유동부채}\\ &= (\text{유동자산} - \text{초과현금}) - (\text{유동부채} - \text{단기차입금}) \qquad (3.1)\\ &= \$1{,}000 - (\$310 - \$110) = \$800(\text{백만})\end{aligned}$$

2021년 Allied의 현금은 $1천만으로 매우 작기 때문에 모든 현금은 영업 목적으로만 사용되며, 초과현금은 없다고 가정하자. Allied의 현금 $1천만이 모두 영업 이외 목적으로 보유하는 현금이라고 가정하면 NOWC를 계산하기 위해서는 이 초과현금 $1천만을 유동자산에서 차감해야 한다. 따라서 NOWC는 영업 목적 현금을 가정했을 때의 $8억이 아닌 $7.9억이 된다. Allied에서는 이 차이가 매우 작게 나타났지만 현금 보유가 많은 기업을 분석하는 경우 초과현금에 대한 가정은 상당히 중요하다. 예를 들어, 2019년 12월 31일에 알파벳과 애플 모두 현금과 단기 투자로 $1,000억 이상을 보유하고 있었다. 이 경우 현금을 영업현금으로 처리할 것인지 초과현금으로 처리할 것인지는 매우 중요하다. 분석을 간단히 하기 위해 초과현금이 있는 경우에는 이에 대해 언급할 것이며, 그렇지 않으면 영업현금으로 가정하도록 하자.

응용문제

〈표 3.1〉에 있는 Allied의 재무상태표를 보고 다음 질문에 답하라.

a. 2020년 12월 31일에 Allied의 순운전자본은 얼마인가?

b. 2020년 12월 31일에 Allied의 순영업운전자본은 얼마인가? Allied는 2020년에 초과현금을 보유하고 있지 않은 것으로 가정하라.

[해답]

a. $\text{순운전자본}_{2020} = \text{유동자산}_{2020} - \text{유동부채}_{2020}$

$\text{순운전자본}_{2020} = \$810 - \$220 =$ **$590(백만)**

b. $\text{순영업운전자본}_{2020} = (\text{유동자산}_{2020} - \text{초과현금}_{2020}) - (\text{유동부채}_{2020} - \text{단기차입금}_{2020})$

순영업운전자본$_{2020}$ = ($810 − $0) − ($220 − $60)
순영업운전자본$_{2020}$ = $810 − $160 = **$650(백만)**

3. 채무(debt)와 부채(liability): 어떤 기업의 채무는 이자를 지급하는 단기채무와 장기채무를 합한 총액이다. 기업 전체의 부채는 채무 총액에 "무이자" 부채를 합하여 계산한다. (역주: 이 책에서는 부채와 채무를 엄격히 구분할 필요가 있는 특별한 경우를 제외하고는 관례상 debt를 부채로 표현하기로 한다) Allied의 단기채무는 재무상태표에 단기차입금으로 나타나고 있다.[4)]

채무 총액 = 단기채무 + 장기채무
= $110 + $750 = $860(백만)

부채 총액 = 채무 총액 + (매입채무 + 미지급비용)
= $860 + ($60 + $140) = $1,060(백만) = $1.06(십억)

응용문제

〈표 3.1〉에 있는 Allied의 재무상태표를 보면 Allied의 2020년 12월 31일 채무 총액은 얼마인가?

[해답]

채무 총액$_{2020}$ = 단기채무$_{2020}$ + 장기채무$_{2020}$
채무 총액$_{2020}$ = $60 + $580 = **$640(백만)**

4. 기타 자금 원천: Allied를 포함해서 대부분의 기업은 단기채무와 장기채무, 보통주를 통해 자산에 필요한 자금을 조달한다. 일부 기업은 우선주나 전환사채, 장기 리스와 같은 혼합(hybrid)증권을 사용하기도 한다. 우선주는 보통주와 부채의 혼합이다. 반면에, 전환사채는 채권자가 그들의 채권을 일정 수의 주식으로 교환할 수 있는 권리를 부여한 부채증권이다. 기업이 파산하는 경우, 부채가 가장 먼저 상환되며, 부채 상환 후 남은 잔여분으로 우선주를 상환한다. 보통주는 마지막으로 상환되며, 이때 부채와 우선주를 상환하고 남은 금액만을 가져간다.[5)]
5. 감가상각비: 대부분의 기업은 두 가지 종류의 재무제표를 작성한다. 하나는 국세

---

4) 기업은 장기채무 중 1년 이내에 만기가 도래하는 부채는 단기채무에 포함시킨다.

5) 자금조달의 다양한 형태에 대해서는 다음 책의 제20장에서 자세히 설명하고 있다. "Hybrid Financing: Preferred Stock, Warrants, and Convertibles," from E. F. Brigham and P. R. Daves, *Intermediate Financial Management*, 14th edition (Mason, OH: Cengage Learning, 2022).

청(Internal Revenue Service: IRS) 기준에 의한 재무제표로서 세금을 계산하기 위한 목적으로 작성한다. 다른 하나는 투자자에게 보고하기 위해 일반회계기준(GAAP)에 의해 작성한다. 기업은 주주 보고를 위한 재무제표에서는 정액상각(straight-line depreciation)을 자주 사용한다. 왜냐하면 정액상각은 가속감가상각 방법(accelerated depreciation method)에 비해 주주가 더 높은 당기순이익을 갖는 것처럼 보고하기 때문이다. 기업은 세금을 납부하는 경우에는 IRS에서 규정한 감가상각 방법을 사용한다. 세제개혁법안(Tax Cuts and Jobs Act: TCJA) 이전에 기업은 가속감가상각 방법인 MACRS(modified accelerated cost recovery system) 감가상각을 사용하였다. 이로 인해 기업의 과세소득을 축소하여 세금을 줄이고 현금흐름을 증가시켰다. 2017년 의회를 통과한 TCJA에 따라 신규 및 중고 자산 비용의 100%를 즉시 비용 처리할 수 있게 되었다. 이 조항은 한시적으로만 적용되었다. 감가상각에 대해서는 세금에 대해 설명하는 3-9절 및 자본예산을 살펴보는 장에서 보다 자세히 논의할 것이다. Allied는 두 가지 종류의 재무제표에 대해 각각의 감가상각 방법을 사용하고 있다.[6)]

6. 시장가치(market value)와 장부가치(book value): 일반적으로 기업은 재무상태표에 기재하는 금액을 GAAP 기준으로 작성한다. 대부분의 경우 이렇게 기재하는 금액을 "장부가치"라고 하며 기업이 자산을 매도할 때 실제로 받는 금액인 "시장가치"와는 다르다. 예를 들어, Allied는 1991년에 시카고에 있는 본사 건물을 매입했다. GAAP에 의하면 Allied는 매년 이 자산의 가치를 역사적 원가(1991년의 건물 매입가격)에서 감가상각충당금을 차감한 금액으로 보고해야 한다. 시카고의 부동산 가격은 지난 26년 동안 상승했기 때문에 이 건물의 시장가치는 장부가치보다 크다. 이와 마찬가지로 다른 자산의 시장가치도 장부가치와 다를 수 있다.

   <표 3.1>에서 2021년 말 Allied의 보통주 장부가치는 $940백만으로 보여주고 있다. 발행주식 수가 75백만 주이기 때문에 주당 장부가치는 $940/75 = $12.53이다. 그러나 2021년 말에 보통주의 시장가치는 주당 $23.06이었다. 대부분의 기업과 마찬가지로 2021년에 주주들은 Allied 주식을 매입하기 위해 장부가치보다 더 큰 금액을 지불하려고 했다는 것을 알 수 있다. 보통주의 시장가치가 장부가치

---

6) 자산 매입가격의 100%를 즉시 비용으로 처리할 수 있다면 과세소득이 낮아져 세금이 줄어든다. 화폐의 시간가치 측면에서 세금 지급은 늦어질수록 유리하다. 가속 또는 정액 감가상각 방법 모두를 주주 보고에 사용할 수 있다. Allied는 당기순이익을 높게 보이려고 하는 기업은 아니기 때문에 세금 납부를 위한 감가상각 방법을 주주 보고에서도 사용하고 있다. Allied가 주주 보고에 정액법을 사용하기로 했다면, 2021년 감가상각비용은 $2,500만이 줄어 재무상태표에서 "순설비자산"에 쓰여 있는 $10억은 $2,500만이 증가한 금액이 되며, 이로 인해 당기순이익은 증가한 것으로 보고될 것이다.

자본예산은 고정자산의 신규 투자 결정과 미래 현금흐름을 분석하는 것이다. 이러한 자본예산에서 감가상각비는 중요한 고려 사항이다. 자본예산을 다루는 제12장에서 감가상각비에 대한 자세한 설명을 할 것이다.

보다 큰 이유는 자산의 가치가 인플레이션 때문에 증가했거나 혹은 주주가 해당 기업의 이익이 향후 증가할 것이라는 기대를 갖기 때문이다. 대부분의 기업과 마찬가지로 Allied는 미래 이익을 증가시킬 투자가 무엇인지를 알고 있다.

애플은 미래 전망이 매우 밝은 회사로서 2020년 3월 초에 시장가치가 장부가치의 14배 이상이었다. 반면에 어떤 기업에 문제가 있으면 시장가치는 장부가치 이하로 떨어질 수도 있다. 예를 들어, 2020년 3월에 최근 몇 년 동안 어려움을 겪고 있는 보험회사인 Genworth Financial은 주당 장부가치가 약 $26이었지만 시장가치는 주당 $4.50으로 거래되었다.

7. **시간 차원**(time dimension): 재무상태표는 2021년 12월 31일과 같은 **'특정 시점'**의 기업 재무상태를 나타내는 스냅 사진이다. 2020년 12월 31일에 Allied의 현금은 $80백만이며, 2021년 말에는 $10백만으로 하락했다. 재무상태표의 금액은 재고자산의 증감과 은행 대출금의 변화 등으로 인해 매일 변한다. Allied와 같이 계절에 따라 영업성과가 변하는 기업은 1년 동안 재무상태표에 많은 변화가 발생한다. 재고자산은 수확 시즌 이전에는 낮지만, 수확이 진행되면서 증가한다. 마찬가지로 소매상들은 크리스마스 이전에는 많은 재고자산을 갖지만 크리스마스 이후에는 재고자산이 감소한다. 우리는 이러한 변화의 효과를 제4장에서 살펴볼 것이다. 제4장에서는 여러 기업의 재무제표를 비교하고 그들의 실적을 평가할 것이다.

가계 및 비영리기업의 총 재무상태표에 대한 요약, 2000 2019

재무상태표는 기업만 작성하는 것은 아니다. 주 및 지방정부, 비영리기관, 개인 가구를 포함한 모든 단체도 재무상태표를 갖고 있다. 개별 가구 단위로 분류되어 있지는 않지만 총 가계 재무 상황에 대한 최신 정보를 연방준비제도이사회의 웹사이트에서 찾을 수 있다. 예를 들어, 2019년 3분기 이후의 발표 자료와 비교하면 총 가계 순자산은 2000년 말 이후 162%, 2009년 말 이후 80% 이상 증가한 것으로 나타났다.

아래 차트는 2004-2019년 기간 동안 총 가계 순자산의 변화를 보다 자세히 보여주고 있다. 이 차트는 가계의 자산, 부채 및 순자산을 모두 표시하고 있다. 2007년과 2008년 금융위기로 인해 가계의 자산가치가 지속적으로 하락했고 그에 따라 순자산의 가치도 하락했음을 알 수 있다. 2009년 이후 특징 지역의 집값이 급등하고 주식시장이 크게 상승하면서 가계의 순자산 가치는 개선되었다.

가계 전체적으로 순자산의 개선이 이루어지더라도 모든 가계가 혜택을 보는 것이 아니라는 사실을 알아야 한다. 실제로, 많은 사람들은 지난 수십 년 동안 순자산가치의 증가 대부분이 매우 부유한 사람에게 흘러갔다고 생각하고 있다. Pew Research Center는 2018년에 미국 가구의 상위 20%가 전체 소득의 48%를 벌었지만, 미국에서 가장 부유한 20% 가구가 미국 전체 부의 79%를 소유하고 있다고 보고했다.[7] 따라서 미국 가계의 현실을 정확히 평가하기 위해서는 전체 부의 수준과 가계 소득 및 부의 분포를 모두 고려하는 것이 중요하다.

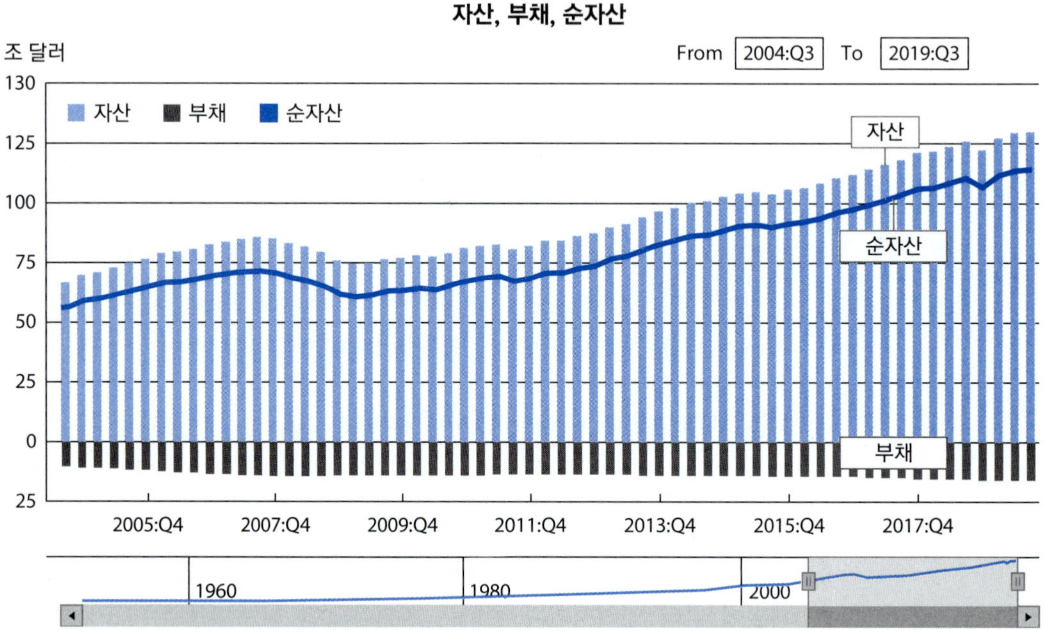

출처: "Financial Accounts of the United States: Household Balance Sheet, Changes in Net Worth," *Federal Reserve Statistical Release* (federalreserve.gov/releases/z1/dataviz/z1/balance_sheet/chart/), December 12, 2019; "Financial Accounts of the United States: Flow of Funds, Balance Sheets, and Integrated Macroeconomic Accounts, Third Quarter 2019," *Federal Reserve Statistical Release* (federalreserve.gov/releases/z1/20191212/z1.pdf), December 12, 2019; and Juliana Menasce Horowitz, Ruth Igielnik, and Rakesh Kochhar, "Trends in Income and Wealth Inequality," *Pew Research Center Social & Demographic Trends*(pewsocialtrends.org), January 9, 2020.

셀프 테스트

- 재무상태표는 무엇이며, 어떤 정보를 제공하는가?
- 재무상태표에서 각 계정과목의 순서는 어떻게 결정하는가?
- 순운전자본과 순영업운전자본의 차이는 무엇인가?
- 채무와 부채의 차이를 설명하라.
- 12월 31일과 6월 30일의 Allied 재무상태표 항목 중 서로 다를 것으로 생각할 수 있는 항목은? 이러한 차이는 Allied가 식품 가공보다는 식품 판매에 비중을 두는 경우에 더 커지는가? 설명하라.

7) 다음을 참고하라. Pew Research article by Juliana Menasce Horowitz, Ruth Igielnik, and Rakesh Kochhar, "Trends in Income and Wealth Inequality," *Pew Research Center Social & Demographic Trends*(pewsocialtrends.org), January 9, 2020.

3-3 손익계산서

손익계산서
1분기 혹은 1년과 같은 회계기간 동안 기업의 수입, 비용, 이익 등을 요약한 보고서

<표 3.2>는 Allied의 2020년과 2021년의 **손익계산서**(income statement)를 보여주고 있다. 순매출은 손익계산서의 상단에 나타나고 있다. 순매출에서 영업비용, 이자, 세금 등을 차감하여 보통주 주주에게 귀속되는 당기순이익을 구한다. <표 3.2>의 하단에는 주당 순이익(earnings per share: EPS)과 주당 배당을 보여주고 있다. 주당 순이익은 손익계산서의 모든 항목 중에서 주주에게 가장 중요하다. Allied의 EPS는 2020년 $2.03에서 2021년에 $1.95로 감소하였다. 당기순이익의 감소에도 불구하고 Allied는 2020년 주당 $1.06의 배당을 했으나 2021년에는 $1.15로 증가시켰다.

영업이익(EBIT)
이자 및 세금을 차감하기 전 영업으로부터 벌어들인 이익

대부분의 주주는 EPS의 수치에 많은 관심을 갖는다. 그러나 전문 증권분석가나 경영자는 영업이익(operating income)과 비영업이익(non-operating income)의 구분에 보다 관심을 갖는다. **영업이익**은 기업의 정상적인 핵심 사업에서 발생한다. Allied의 경우에는 식품 생산과 판매업이 핵심 사업이다. 영업이익은 비영업비용인 이자와 세금을 차감하기 전에 나타나는 항목이다. 영업이익을 EBIT(earnings before interest and taxes)라고도 한다. 영업이익은 다음과 같이 구한다.

$$\begin{aligned} \text{영업이익(EBIT)} &= \text{매출액} - \text{영업비용} \\ &= \$3{,}000 - \$2{,}722 \\ &= \$278(\text{백만}) \end{aligned} \tag{3.2}$$

위에서 계산한 영업이익은 손익계산서에 기록된 영업이익과 동일해야 한다.

기업에 따라 부채의 종류, 법인세 이월(carryforwards), 유가증권과 같은 비영업용 자산 등의 구성이 서로 다르다. 이러한 차이로 인해 두 기업의 영업이익이 같아도 그들은 당기순이익을 서로 다르게 보고한다. 예를 들어, 두 기업이 동일한 매출과 영업비용, 자산을 갖고 있다고 하자. 그러나 한 기업은 부채와 자기자본을, 다른 기업은 자기자본만을 사용하고 있다. 동일한 영업성과에도 불구하고, 부채가 없는 기업은 어떠한 이자 지급도 하지 않으므로 보다 높은 당기순이익을 얻는다. 따라서 두 기업의 영업성과를 비교할 때는 각 기업의 영업이익에 초점을 맞추는 것이 보다 바람직하다.[8)]

Allied의 손익계산서에서 영업이익은 2020년의 $263백만에서 2021년 $278백만으로 $15백만이 증가했다. 그러나 2021년의 당기순이익은 하락하고 있다. 당기순이익의 하

---

8) 영업이익이 중요한 몇 가지 이유가 있다. 첫째, 경영자는 그들이 담당하는 부서의 성과에 의해 보상을 받는다. 개별 부서의 경영자는 부서의 성과를 통제할 수는 있지만 기업 전체의 자본구조 정책이나 기타 의사결정에는 관여하지 않는다. 둘째, 한 기업이 다른 기업을 인수하려고 할 때, 피인수기업의 영업성과에 많은 관심을 갖는다. 피인수기업의 영업성과는 주로 그 기업의 영업이익으로 판단한다. 셋째, 영업이익은 보통 당기순이익보다 안정적이다. 당기순이익은 감가상각이나 이자 등의 영향을 크게 받는다. 그러므로 분석가들은 기업의 장기 주가를 추정할 때 영업이익에 보다 더 초점을 맞춘다.

〈표 3.2〉 Allied Food Products의 2021년 12월 31일의 손익계산서(단위: 백만 달러)

	2021	2020
순매출	$3,000.0	$2,850.0
감가상각비와 무형자산상각비를 제외한 영업비용[a]	2,622.0	2,497.0
감가상각비와 무형자산상각비	100.0	90.0
총영업비용	$2,722.0	$2,587.0
영업이익(EBIT)	$278.0	$263.0
(−) 이자	83.0	60.0
세전이익(EBT)	$195.0	$203.0
(−) 세금 (25%)	48.8	50.8
당기순이익	$146.3	$152.3
관련 항목		
배당 총액	$86.3	$79.5
유보이익 = 순이익 − 배당 총액	$60.0	$72.8
1주당 자료(단위: $)		
보통주 가격	$23.06	$26.00
주당 순이익(Earnings per share: EPS)[b]	$1.95	$2.03
주당 배당(Dividends per share: DPS)[b]	$1.15	$1.06
주당 장부가격(Book value per share: BVPS)[b]	$12.53	$11.73

주: a. 영업비용(operating cost)에는 매출원가, 판매비와 관리비, 간접비를 포함한다. Allied의 매출원가는 매출의 70%인 $21억이다.

b. Allied는 7천 5백만 주의 보통주를 발행하고 있다. EPS는 보통주의 주주가 얻는 당기순이익을 기준으로 구한다. 2021년 EPS, DPS, BVPS는 다음과 같이 계산한다.

$$\text{주당순이익} = \text{EPS} = \frac{\text{당기순이익}}{\text{보통주발행주식수}} = \frac{\$146,300,000}{75,000,000} = \$1.95$$

$$\text{주당배당} = \text{DPS} = \frac{\text{보통주배당총액}}{\text{보통주발행주식수}} = \frac{\$86,300,000}{75,000,000} = \$1.15$$

$$\text{주당장부가격} = \text{BVPS} = \frac{\text{보통주장부가치}}{\text{보통주발행주식수}} = \frac{\$940,000,000}{75,000,000} = \$12.53$$

기업이 옵션 혹은 전환사채를 갖고 있거나 보통주를 추가로 발행하면 "희석 EPS(diluted EPS)"라는 보다 광범위한 개념의 EPS를 사용해야 한다. 희석 EPS의 계산은 다소 복잡하지만 대부분의 재무회계 교과서에서 이를 다루고 있다.

락은 2021년의 부채 증가와 $23백만의 이자 증가로 인해 발생했다.

감가상각비
생산과정에 사용한 자산의 원가를 반영하는 금액으로서 현금 지출을 수반하지 않는다.

무형자산상각비
현금 지출이 없는 비용으로서 무형자산의 가치 하락 금액이다. 유형자산의 감가상각비와 유사하다.

손익계산서를 면밀히 살펴보면 감가상각비와 무형자산상각비가 영업비용의 중요한 항목임을 알 수 있다. 회계적으로 **감가상각비**(depreciation)는 생산과정에서 고갈되는 자본설비와 유형자산의 금액을 추정한 다음 이를 연간 비용으로 나타낸 것이다. **무형자산상각비**(amortization)는 특허권, 저작권, 상표권, 영업권 등과 같은 무형자산의 가치 하락을 나타낸다. 감가상각비와 무형자산상각비는 매우 유사하기 때문에 감가상각비에 무형자산상각비를 포함시키기도 한다. 이 두 가지는 자산의 비용이며, 자산의 내용연수 동안에 상각한다.

감가상각비와 무형자산상각비는 손익계산서에 비용으로 표시되지만 현금을 지급하는 비용은 아니다. 현금은 감가상각 자산을 취득할 때 이미 지급하였으며, 감가상각

기간 동안 어떠한 현금 비용도 발생하지 않는다. 그러므로 기업의 현금 수준에 관심을 갖는 경영자나 증권분석가, 은행 대출담당자는 이자, 세금, 감가상각비, 무형자산상각비를 차감하기 전의 영업이익인 EBITDA(earnings before interest, taxes, depreciation, and amortization)를 구하려고 한다. Allied는 무형자산상각비는 없고 감가상각비만 보고하고 있다. 2021년에 Allied의 EBITDA는 $378백만이다.

법인세 · 이자 · 감가상각비 차감 전 영업이익(EBITDA)
이자, 세금, 감가상각비와 무형자산상각비 등을 차감하기 전의 이익

재무상태표가 특정 시점의 스냅 사진이라면 손익계산서는 일정 기간 동안의 영업을 나타낸다. 예를 들어, 2021년 동안 Allied는 $30억의 매출을 올렸으며, 당기순이익은 $146.3백만이었다. 손익계산서는 월별, 분기별, 연간으로 작성하기도 한다. 분기와 연간 손익계산서는 투자자에게 보고하며, 월별 손익계산서는 경영자가 기업 내부의 계획과 통제를 위해 사용한다.

손익계산서와 재무상태표는 재무상태표의 이익잉여금 항목을 통해 서로 연결되어 있다. 손익계산서의 당기순이익에서 배당을 차감하면 당해 연도(예를 들어, 2021년) 유보이익이 된다. 이 유보이익과 2020년까지의 이익잉여금을 합한 것이 2021년 말의 이익잉여금이며, 이를 2021년 재무상태표에 나타낸다. 당해 연도의 유보이익은 주주의 자본변동표에도 기록한다. 이처럼 네 가지 연간 재무제표는 서로 연결되어 있다.

셀프 테스트

- 주당 순이익이 매우 중요한 정보인 이유는 무엇인가? EBIT 혹은 영업이익은 무엇인가?
- EBITDA는 무엇인가?
- 기업 영업을 나타내는 스냅 사진으로 재무상태표와 손익계산서 가운데 어느 것이 보다 적합한가? 그 이유를 설명하라.

3-4 현금흐름표

현금흐름표
재무상태표와 손익계산서 항목들이 기업의 현금흐름에 어떤 영향을 미치는지 보여주는 보고서

손익계산서에서 보고하는 당기순이익은 현금을 의미하는 것은 아니다. 재무에서 "현금은 왕"이라는 말이 있다. 경영자의 목표는 기업 내재가치를 극대화하는 것이다. 주식이나 자산의 가치는 자산으로부터 발생하는 현금흐름에 의해 좌우된다. 따라서 경영자는 투자자가 얻는 현금흐름을 극대화하려고 노력한다. <표 3.3>에 나타난 **현금흐름표**는 기업이 얼마나 많은 현금을 창출하고 있는지를 보여주는 재무제표이다. 현금흐름표는 네 개의 영역으로 나누어지며, 이를 순차적으로 설명하자.[9]

9) Allied는 상대적으로 단순한 구조의 회사이므로 현금흐름표도 다른 기업에 비해 단순하다. 많은 기업의 현금흐름표는 보다 복잡하다. 그러나 <표 3.3>을 이해할 수 있다면 보다 복잡한 현금흐름표를 이해하는 것도 어렵지 없다.

〈표 3.3〉 Allied Food Products의 2021년 현금흐름표(단위: 백만 달러)

		2021
a.	**Ⅰ. 영업활동**	
b.	당기순이익	$146.3
c.	감가상각비와 무형자산상각비	100.0
d.	재고자산의 증가	(200.0)
e.	매출채권의 증가	(60.0)
f.	매입채무의 증가	30.0
g.	미지급비용의 증가	10.0
h.	영업활동에 의해 창출된 현금흐름	$26.3
i.	**Ⅱ. 투자활동**	
j.	고정자산의 증가	($230.0)
k.	투자활동에 사용한 현금흐름	($230.0)
l.	**Ⅲ. 재무활동**	
m.	단기차입금의 증가	$50.0
n.	장기부채의 증가	170.0
o.	주주 배당금	(86.3)
p.	재무활동에 의해 창출된 현금흐름	$133.8
q.	**Ⅳ. 요약**	
r.	현금의 순감소(Ⅰ과 Ⅱ, Ⅲ의 순 합)	($70.0)
s.	연초의 현금 및 현금등가물	80.0
t.	연말의 현금 및 현금등가물	$10.0

주: 이 표를 포함하여 이 책 전체에서 소괄호는 음수를 나타내기 위해 사용한다.

다음은 <표 3.3>에 나타난 현금흐름표의 항목을 순차적으로 설명하고 있다.

a. 영업활동(Operating Activities): 영업활동은 정상적으로 진행하고 있는 영업 관련 항목을 나타낸다.

b. 당기순이익(Net Income): 첫 번째 영업활동은 당기순이익이다. 당기순이익은 현금의 첫 번째 원천이다. 모든 매출이 현금으로 이루어지고, 모든 비용을 현금으로 지급하며, 기업이 성장하지 않고 정지 상태(static situation)를 유지한다면 당기순이익은 영업활동에서 얻는 현금과 동일하다. 그러나 이러한 조건을 만족하는 기업은 없다. 따라서 당기순이익은 영업 현금흐름과 다를 수밖에 없다. 현금흐름표의 나머지 항목을 사용하여 이를 조정해야 한다.

c. 감가상각비(Depreciation)와 무형자산상각비(Amortization): 당기순이익의 첫 번째 조정은 감가상각비 및 무형자산상각비를 하는 것이다. Allied의 회계담당자는 현금을 지급하지 않는 비용인 감가상각비를 차감해서 순이익을 구했다. 따라서 순현금흐름을 계산할 때는 감가상각비를 다시 순이익에 가산해야 한다.

d. 재고자산의 증가(Increase in inventories): 재고자산을 만들거나 구입하기 위해서

기업은 현금을 사용해야 한다. 재고자산의 공급자나 생산자에게서 매입채무와 미지급비용 등으로 재고자산을 증가시킬 수도 있으나, 결국 재고자산을 증가시키려면 현금이 필요하다. Allied는 2021년에 재고자산을 $200백만 증가시켰다. 이 금액은 <표 3.3>의 d줄에 나타나고 있다. 여기서 소괄호 '( )'는 음의 값을 나타내며 재고자산을 증가시키기 위해 현금을 사용했음을 의미한다. 만약 Allied가 재고자산을 감소시키면 현금유입이 증가하므로 양의 값을 나타낸다.

e. **매출채권의 증가**(Increase in accounts receivable): Allied가 외상으로 매출을 했다면, 이는 즉시 받을 수 있는 현금을 받지 못함을 의미한다. 사업을 영위하기 위해서는 재고자산을 외상으로 판매해야 하는 경우도 많다. 그러나 매출채권은 현금을 직접 받는 것이 아니므로, 기업의 매출채권이 증가하면 이는 기업이 현금을 그만큼 사용하는 것과 동일하다. Allied의 매출채권은 2021년에 $60백만 증가하였으므로, 현금을 이 금액만큼 사용한 것이다. 이를 e줄에 음의 값으로 나타내고 있다. Allied가 매출채권을 줄인다면 현금흐름은 양의 값으로 나타날 것이다. (어떤 매출채권에 대해 현금을 받게 되면, 그 매출채권에 해당하는 항목은 사라지게 된다.)

f. **매입채무의 증가**(Increase in accounts payable): 매입채무는 물품 공급업자에게서 대출을 받는 것과 동일하다. Allied는 외상으로 물품을 구입했으며, 이로 인해 2021년에 매입채무가 $30백만 증가했다. 매입채무의 증가는 지급해야 할 현금을 지급하지 않은 것이기 때문에 Allied의 내부에 그만큼 현금이 증가했다는 의미이다. 이는 f줄에 현금 $30백만 증가로 처리한다. Allied가 매입채무를 줄이는 경우 현금 보유액은 그만큼 줄어들게 된다. Allied는 성장함에 따라 보다 많은 재고자산을 구입해야 한다. 재고자산을 외상으로 구입한다면 이는 재고자산 증가를 위해 외부에서 차입할 금액을 그만큼 줄여주는 것과 같다.

g. **미지급임금과 미지급세금의 증가**(Increase in accrued wages and taxes): 미지급비용과 현금 보유와의 관계는 매입채무의 경우와 동일하다. Allied가 2021년에 미지급비용을 $10백만 증가시킨 것은 Allied가 종업원과 세무 당국으로부터 $10백만을 차입한 것과 같은 의미이다. 따라서 현금유입 $10백만을 나타내고 있다.

h. **영업활동에 의해 증가한 순현금**(Net cash provided by operating activities): 앞에서 언급한 항목은 모두 정상적인 영업의 일부이다. 즉, 이들은 사업의 결과로서 발생했다. 이들을 합하면 영업활동에 의한 순현금흐름을 구할 수 있다. Allied는 순이익과 감가상각비, 매입채무와 미지급비용의 증가를 통해 양의 순현금흐름을 얻었다. 반면에 재고자산과 매출채권의 증가는 순현금의 유출이 된다. 따라서 Allied는 영업활동을 통해 $2,630만의 순현금유입을 얻었다.

i. **투자활동**(Investing Activities): 장기자산을 매입하는 투자활동은 「분야Ⅱ」에서 언급한다. 투자활동에는 유가증권의 거래 이외에도 단기 투자자산의 매입과 매도, 대출 및 대출금 회수 등을 포함하고 있다. Allied는 2021년에 고정자산 구입이라는 하나의 투자활동만을 했으며, 이를 j줄에 나타내고 있다. Allied가 고정자산을 매각했다면, 이는 현금이 증가한 것이므로 Allied의 회계담당자는 투자활동을 양의 값으로 보고했을 것이다.

j. **고정자산 증가**(Additions to property, plant, and equipment): Allied는 2021년에 고정자산 매입에 $230백만을 사용했다. 이는 현금유출에 해당하므로, 음의 값을 나타내는 소괄호를 사용하여 표기한다. 만약 Allied가 고정자산을 매각했다면 이는 현금유입으로 기록해야 한다.[10)]

k. **투자활동에 사용한 순현금**(Net cash used in investing activities): Allied는 고정자산 매입이라는 단 하나의 투자활동만을 했기 때문에 이 줄에 나타난 총액은 이전 줄의 금액과 동일하다.

l. **재무활동**(Financing Activities): Allied의 재무활동은 「분야Ⅲ」에 나타난다.

m. **단기차입금의 증가**(Increase in notes payable): Allied는 2021년에 은행으로부터 단기로 $50백만을 빌렸기 때문에 현금유입이 증가했다. Allied가 이 대출을 상환하면 이는 현금유출이 된다.

n. **장기채무의 증가**(Increase in bonds or long-term debt): Allied는 2021년에 채권을 새롭게 발행해 장기 투자자로부터 $170백만을 추가로 조달하였다. 이는 현금유입이 된다. 이 채권을 언젠가 상환하게 되면 그때는 현금유출이 발생한다.

o. **주주에게 배당금 지급**(Payment of dividends to stockholder): 배당이 현금으로 지불되었기 때문에 Allied가 지불한 $86.3백만은 음의 값이 된다.

p. **재무활동으로 지급한 순현금**(Net cash provided by financing activities): 위에서 언급한 세 가지 재무활동을 통해 $133.8백만을 확보하였다. 이 금액은 새로운 고정자산의 매입대금 $230백만과 영업활동의 적자를 줄이는 데 사용했다.

q. **요약**(Summary): 「분야Ⅳ」는 2021년 동안 현금과 현금등가물의 변화를 요약하고 있다.

r. **현금의 순감소**(Net decrease in cash): 영업활동, 투자활동, 재무활동으로 발생한 금액을 합한 값이 여기에 나타난다. 세 가지 활동으로 2021년 동안 $70백만의 순현금 감소가 발생했다. 순현금 감소의 주요 원인은 신규 고정자산의 구입을 위한 자금 지출 때문이다.

---

10) j줄에 있는 숫자는 "총"투자 혹은 총비용을 나타낸다. 즉, 이는 재무상태표의 고정자산 증가와 c줄에 있는 감가상각비를 합한 금액이다. 즉, 총투자 = 고정자산 순증가 + 감가상각비 = $130 + $100 = $230(백만)

s. 연초의 현금과 현금등가물(Cash and equivalent at the beginning of the year): Allied는 2021년 초에 현금 $80백만을 보유했음을 여기서 나타내고 있다.

t. 연말의 현금과 현금등가물(Cash and equivalent at the end of the year): Allied는 2021년 말에 현금 $10백만을 갖고 있음을 보고하고 있다. 이는 연초의 현금 $80백만에서 순현금의 감소분 $70백만을 차감한 결과로, Allied의 현금 수준은 2021년 초에 비해 크게 감소되었다는 것을 알 수 있다.

경영자와 투자자는 Allied의 현금흐름표에 관심을 갖는다. 이 회사는 소액의 영업적자와 고액의 고정자산 투자자금을 외부로부터의 차입과 연초에 보유하고 있던 현금을 통해 해결하고 있다. 그러나 이러한 해결방법을 무한히 지속할 수는 없다. 장기적으로, 「분야Ⅰ」의 영업현금흐름은 높은 양의 값을 보여야 한다. 또한 고정자산 지출을 나타내는 「분야Ⅱ」의 금액은 (1) 감가상각비(소모된 고정자산의 대체) 및 (2) 성장을 위해 필요한 추가적인 지출과 동일해야 한다. 「분야Ⅲ」은 보통 순차입 금액과 "합리적인" 수준의 배당을 나타낸다.[11] 마지막으로 「분야Ⅳ」는 매년 적정한 수준의 안정적인 현금 잔고를 보여주어야만 한다. 이러한 조건들이 Allied에서는 나타나지 않고 있다. 따라서 이 상황을 타개할 대책이 필요하다. 기업의 재무제표를 분석하는 제4장에서 이 상황을 개선할 바람직한 대안을 살펴보도록 하자.

셀프 테스트

- 현금흐름표는 무엇이며, 이를 통해 어떠한 궁금증을 해결할 수 있는가?
- 현금흐름표에 나타내는 네 가지 형태의 활동을 간략하게 설명하라.
- 어떤 기업이 영업활동으로부터 많은 현금흐름을 얻었다면, 이는 재무상태표의 현금 항목이 연초보다 연말에 크다는 것을 의미하는가? 이에 대해 설명하라.

3-5 자본변동표

자본변동표
회계기간 동안 기업의 자기자본이 얼마나 변했으며, 이러한 변화가 왜 발생했는지를 나타내는 재무제표

회계기간 동안 자기자본의 변화는 **자본변동표**(statement of stockholder's equity)에 나타난다. <표 3.4>는 Allied가 2021년 동안 $146.3백만의 당기순이익을 얻었고, 보통주에 대한 배당으로 $86.3백만을 지불했으며, 이익잉여금이 $60백만 증가했음을 나타내고 있다. 따라서 재무상태표의 "이익잉여금"은 2020년 말의 $750백만에서 2021

11) 보통의 기업은 당기순이익의 ⅓을 배당으로 지급한다. 그럼에도 불구하고 배당은 기업 사이에 큰 차이가 있다. 왜냐하면 기업마다 성장에 필요한 유보이익이 다르기 때문이다. 이 책의 제14장에서 배당을 자세히 다루도록 한다.

〈표 3.4〉 Allied Food Products의 2021년 12월 31일 자본변동표(백만 달러)

	보통주		이익 잉여금	자기자본의 합
	주식 수(천)	금액		
2020년 12월 31일의 자기자본	75,000	$130.0	$750.0	$880.0
2021년의 당기순이익			146.3	
현금 배당			(86.3)	
당기 유보이익				60.0
2021년 12월 31일의 자기자본	75,000	$130.0	$810.0	$940.0

년 말에는 $810백만으로 증가하였다.[12)]

"이익잉여금"은 **자산에 대한 청구권이지 자산 자체는 아니라는 점에 주의하자.** 주주는 경영자가 벌어들인 당기순이익 중 일부 혹은 전부를 사업에 재투자하여 고정자산이나 재고자산 등을 증가시키도록 하고 있다. 기업은 현금을 은행에 쌓아두지만은 않는다. **따라서 재무상태표에 보고된 이익잉여금은 현금을 나타내는 것이 아니며, 또한 배당이나 다른 용도로 "사용할 수" 있는 것도 아니다.**[13)]

셀프 테스트

- 자본변동표는 우리에게 어떤 정보를 주는가?
- 이익잉여금의 변화는 왜 발생하는가?
- 다음 설명이 맞는 이유를 설명하라. 재무상태표에 나타난 이익잉여금은 현금을 나타내는 것이 아니며, 또한 배당이나 기타 목적으로 "사용할 수 없다".

3-6 재무제표를 사용할 때 주의할 점

이 장의 서두에서 언급한 것처럼 재무제표는 유용한 정보를 많이 제공한다. 재무제표를 검토하면 다음과 같은 질문에 답할 수 있다. 기업의 규모는 어느 정도인가? 기업

12) 주식발행초과금(additional paid-in capital)과 자사주(treasury stock)를 나타내기 위해 열을 추가할 수 있다. 또한 행을 추가함으로써 신주 발행(new issues of stock), 자사주의 매매(treasury stock acquired or reissued), 행사한 스톡옵션(stock option) 및 미실현 외환손익 등에 대한 정보를 나타낼 수 있다.

13) 재무상태표 작성 시점에서 현금은 자산계정의 현금 항목에 나타난다. 이익잉여금 항목이 양의 값을 보이고 있다는 것은 기업이 과거에 양의 당기순이익을 얻었으며, 이를 배당으로 모두 지출하지 않았다는 것만을 의미한다. 어떤 기업이 당기순이익을 얻어 이익잉여금을 증가시켰음에도 불구하고, 기업이 성장을 하기 위해 이익잉여금을 유동자산이나 고정자산의 구입에 사용했다면 현금과부족에 직면할 수도 있다. 이는 개인의 경우에도 마찬가지이다. 당신이 대출 없이 BMW 자동차나 많은 의복, 고가의 주택을 새로 구입하면 당신의 전체 부는 증가한다. 그러나 수중에 $0.23, 당좌예금 계좌에 $5.00 정도만 있다면 현금 부족 상태가 해소된 것은 아니다.

은 성장하는가? 이익 혹은 손실을 보고 있는가? 영업활동을 통해 현금을 창출하고 있는가? 혹은 영업활동을 통해 현금이 감소하는가?

투자자가 재무제표를 살펴볼 때는 많은 주의가 필요하다. 기업이 GAAP이나 IFRS 등의 회계기준을 준수하고 있지만 경영자들은 거래에 대한 보고 방법과 시점에 많은 재량을 갖고 있기 때문이다.

완전히 동일한 상황에 있는 두 기업이라도 서로 다른 재무제표를 작성하기도 한다. 이러한 차이는 거래를 기록하는 올바른 방법에 대한 의견 차이로 발생한다. 어떤 경우에 경영자는 시간이 지남에 따라 당기순이익을 크게 하거나 혹은 일정하게 하는 회계처리 방법을 선택해 재무제표를 나타낸다. GAAP에 따르면 이러한 행위가 합법적이지만 회계처리 방법의 차이로 인해 투자자는 여러 기업을 비교하거나 각 기업의 실제 성과를 제대로 측정하기가 어려울 수 있다. 특히 최고경영자가 단기의 당기순이익을 바탕으로 보너스나 기타 보상을 받는 경우에 주의해야 한다. 이 경우 최고경영자는 그들의 보너스를 위해 당기순이익을 부풀려서 보고하려고 한다.

불행하게도 경영자가 GAAP을 무시하고 회계 부정을 저지르는 경우도 있다. 이러한 부정행위의 대표적인 예가 월드콤이며, 이 기업은 자산가치를 실제 가치보다 $110억이나 부풀려 보고했다. 이로 인해 비용이 축소되었으며, 이익은 과대계상되었다. 엔론도 매우 유명한 사례이다. 엔론은 일부 자산의 가치를 과대계상했으며, 이렇게 조작한 가치의 증가분을 이익으로 보고했다. 또한 이 기업은 사실을 숨기기 위해 조작한 자산을 자회사에 이전시키기까지 했다. 엔론과 월드콤 투자자는 나중에 어떤 일이 발생했는지를 알게 되었으며, 두 기업은 파산하게 되었다. 두 기업의 최고경영자는 감옥에 가게 되었으며, 이들 기업의 회계장부를 감사한 회계법인은 퇴출되었다. 또한 투자자는 수십억 달러에 달하는 손실을 입었다.

엔론과 월드콤의 분식회계 이후, 2002년에 미국 의회는 사베인즈-옥슬리(Sarbanes-Oxley: SOX) 법안을 통과시켰다. 이는 기업이 내부감시기준을 강화하도록 요구하고 있으며, 또한 CEO와 CFO는 재무제표가 적절하게 작성되었음을 인증하도록 요구하고 있다. SOX 법안은 새로운 사내 감시 조직을 만들어 이들이 외부 회계법인이 하고 있는 업무를 검증하도록 했다.

투자자들이 정확한 회계자료를 얻을 수 있다고 하더라도 그들에게 가장 중요한 것은 회계의 이익이 아니라 현금흐름임을 명심하자. 제11장부터 제12장까지를 살펴보면 경영자가 프로젝트 채택 여부와 관련한 자본예산결정에서 현금흐름에 가장 초점을 두고 있다는 사실을 확인하게 될 것이다.

셀프 테스트

- 여러 기업의 재무제표가 각각 GAAP에 따라 올바르게 작성된 경우, 투자자들은 서로 다른 기업의 회계 상태를 정확히 비교할 수 있는가?
- 기업에 따라 유사한 거래를 서로 다른 방법으로 회계처리하는 이유는 무엇인가?

3-7 잉여현금흐름

잉여현금흐름(FCF)
기업이 영업능력과 미래 현금흐름 창출 능력을 희생하지 않고도 인출할 수 있는 현금

이제까지 우리는 회계담당자가 작성하는 재무제표에 초점을 맞추어 왔다. 그러나 재무제표는 경영자나 주식 분석가를 위해서가 아니라 채권자와 세무 당국을 위해 만들어진다. 그러므로 기업의 의사결정자와 증권분석가는 그들의 필요에 따라 회계자료를 수정해서 사용해야 한다. 가장 중요한 수정은 **잉여현금흐름**(free cash flow: FCF)을 구하는 것이다. 잉여현금흐름은 "기업의 영업능력과 미래 현금흐름 창출 능력을 희생하지 않고도 인출할 수 있는 현금의 크기"로 정의할 수 있다. 다음은 잉여현금흐름을 계산하기 위한 공식이다.

$$FCF = [EBIT(1-T) + \text{감가상각비}] - [\text{자본적 지출} + \text{순영업운전자본의 증가}] \tag{3.3}$$

세후 순영업이익(NOPAT)
무부채기업이 영업용 자산만을 사용하여 벌어들이는 이익

첫 번째 대괄호는 현재의 영업활동에 의해 기업이 벌어들인 현금을 나타낸다. EBIT(1 − T)는 **세후 순영업이익**(net operating profit after taxed: NOPAT)이라고 한다. 감가상각비는 EBIT에서 차감하지만 기업이 투자자에게 지급할 현금을 감소시키지 않으므로 현금을 지급하지 않는 비용이다. 따라서 잉여현금흐름을 구하기 위해 이를 다시 더하도록 한다. 두 번째 대괄호는 현재의 영업을 지속하기 위해 기업이 고정자산(자본적 지출)과 영업운전자본에 투자한 현금을 나타낸다. FCF가 양의 값을 가지면 이는 기업이 고정자산과 운전자본 투자에 필요한 수준 이상의 충분한 현금을 갖고 있다는 의미이다. 반대로 FCF가 음의 값을 가지면 고정자산과 운전자본 투자에 필요한 자금을 내부에서 조달하지 못하므로 이들 투자를 위해 자본시장에서 신규 자금을 조달해야 함을 의미한다.

홈디포(Home Depot)의 사례를 살펴보자. (식 3.3)의 첫 번째 대괄호는 홈디포가 기존 상점에서 얻는 현금을 나타낸다. 두 번째 대괄호는 회계기간 중에 홈디포가 개점하는 데 필요한 현금을 의미한다. 홈디포가 개점하려면 토지매입자금과 건물신축자금이 필요하다. 이를 자본적 지출이라고 한다. 이로 인해 홈디포의 재무상태표에는 고정자산이 증가한다. 또한 개점을 하려면 순영업운전자본의 증가도 필요하다. 특히 이 기업은 새로운 재고를 신설 상점에 저장할 필요가 있다.

이 재고자산의 일부는 매입채무를 통해 조달할 수 있다. 예를 들어, 상품 공급업자가 오늘 손전등을 홈디포에 외상으로 공급할 수 있다. 이 경우에 순영업운전자본의 증가는 없다. 왜냐하면 유동자산의 증가만큼 유동부채가 동일하게 증가했기 때문이다. 재고자산의 일부를 매입채무가 아닌 현금으로 지급해야 한다면 순영업운전자본의 증가가 발생한다. 정리하면 홈디포는 기존 상점 영업을 통해 창출한 현금이 개점을 위해 들어가는 현금보다 많은 경우 양의 잉여현금흐름을 갖는다.

Allied의 주요 재무제표를 통해 잉여현금흐름 계산에 필요한 자료를 추출할 수 있다. 먼저 Allied의 EBIT와 감가상각비는 손익계산서에서 구할 수 있다. <표 3.2>를 보면 Allied의 2021년 EBIT는 $278백만이다. Allied의 세율은 25%이므로 NOPAT = EBIT(1 − T) = $278(1 − 0.25) = $208.5(백만)이다. Allied의 2021년 감가상각비는 $100백만이다.

Allied의 자본적 지출(새로운 고정자산을 매입하기 위해 사용한 현금)은 현금흐름표의 투자활동에서 찾을 수 있다. <표 3.3>을 보면 Allied의 2021년 자본적 지출은 $230백만이다.[14] 마지막으로 순영업운전자본(△NOWC)의 변화를 구할 필요가 있다. NOWC는 영업 유동자산(유동자산에서 초과현금 차감)에서 영업 유동부채(유동부채에서 단기차입금 차감)를 차감해서 구한다. Allied의 2021년 NOWC는 다음과 같다.

$$NOWC_{2021} = (\$1,000 - \$0) - (\$310 - \$110) = \$800(\text{백만})$$

마찬가지로 2020년의 NOWC는 다음과 같이 계산한다.

$$NOWC_{2020} = (\$810 - \$0) - (\$220 - \$60) = \$650(\text{백만})$$

따라서 Allied의 순영업운전자본의 증가(△NOWC)는 $150백만(= $800백만 − $650백만)이다. 이상을 정리하면 Allied의 2021년 잉여현금흐름을 다음과 같이 구할 수 있다.

$$FCF = [EBIT(1 - T) + \text{감가상각비}] - [\text{자본적 지출} + \triangle NOWC]$$
$$FCF_{2021} = [\$208.5 + \$100] - [\$230 + \$150] = -\$71.5(\text{백만})$$

Allied의 FCF는 음수를 나타내고 있으므로, 현금흐름이 양호하지 않다. 음의 FCF가 발생한 주요 원인은 새로운 설비를 구축하기 위해 $230백만을 지출했기 때문이다. 이 설비는 향후 몇 년 동안의 생산을 고려해서 대규모로 구축했으므로, 2025년까지 새로

14) 또한 Allied의 자본적 지출은 2020년과 2021년의 재무상태표에 있는 순고정자산의 증분과 2021년 감가상각비를 합해서도 구할 수 있다. Allied의 2020년 순고정자산은 $870백만이며, 2021년에는 $10억이므로 순고정자산이 $130백만 증가했다. 또한 2021년의 감가상각비는 $100백만이므로 자본적 지출의 합계는 $130백만 + $100백만 = $230백만이 된다.

운 설비는 더 이상 필요하지 않다. 2022년 이후 향후 몇 년 동안 Allied의 FCF는 증가할 것이기 때문에, 2021년 FCF가 음수라고 해서 Allied가 좋지 않은 상황에 있다고 말할 수는 없다.

급속히 성장하는 기업은 대부분 음의 FCF를 갖는다는 점에 주목하자. 왜냐하면 이들 기업은 현재의 영업으로부터 나오는 현금흐름을 가지고 빠른 성장에 필요한 고정자산이나 운전자본 투자를 감당할 수 없기 때문이다. 만약 새로운 투자가 향후 이익을 증가시켜, 미래의 FCF에 기여할 수 있다면 현재 음의 FCF를 갖는 것이 나쁘지만은 않다고 볼 수 있다.

많은 분석가들은 FCF가 재무제표로부터 얻을 수 있는 가장 중요한 숫자로 간주하며, 이를 당기순이익보다 우선하고 있다. FCF는 기업이 투자자에게 지급할 수 있는 현금이 어느 정도인지를 보여준다. 주식가치 평가에 대해 설명하는 제9장과 자본예산을 다루는 제11장에서 FCF를 다시 언급할 것이다.

응용문제

어떤 기업의 EBIT가 $30백만, 감가상각비가 $5백만, 세율이 25%라고 하자. 이 기업은 새로운 설비를 구축하기 위해 $10백만, 영업 유동자산을 증가시키기 위해 $15백만을 사용해야 한다. 또한 매입채무를 $2백만, 미지급비용을 $3백만, 단기차입금을 $8백만 증가시켜야 한다. 이 기업의 유동부채는 매입채무, 미지급비용, 단기차입금으로만 구성되어 있다. 이때 잉여현금흐름(FCF)은 얼마인가?

[해답]

먼저 △NOWC를 구할 필요가 있다.

△NOWC = △영업 유동자산 − △영업 유동부채

△NOWC = △영업 유동자산 − (△유동부채 − △단기차입금)

△NOWC = $15 − ($13 − $8)

△NOWC = $15 − $5 = $10(백만)

FCF = [EBIT(1 − T) + 감가상각비] − [자본적 지출 + △NOWC]

FCF = [$30(1 − 0.25) + $5] − [$10 + $10]

FCF = [$22.5 + $5] − $20

FCF = **$7.5(백만)**

잉여현금흐름은 소기업과 대기업 모두에게 중요하다

잉여현금흐름(FCF)은 Allied Food Products와 같은 대기업에 중요하다. 증권분석가는 Allied 주식의 가치를 측정하기 위하여 FCF를 사용하며, Allied의 경영자는 자본예산 프로젝트나 인수대상 기업의 가치를 평가하기 위하여 FCF를 사용한다. 그럼에도 불구하고 FCF의 개념은 소규모 기업에도 적용할 수 있다.

당신의 고모와 고모부가 작은 피자가게를 소유하고 있으며, 그들의 재무제표를 작성해주는 회계사가 있다고 가정하자. 손익계산서는 매년의 회계적 이익을 나타내기 때문에 고모와 고모부는 손익계산서의 숫자에 대해 많은 관심을 가지고 있다. 그러나 그들이 보다 관심을 갖는 것은 적절한 삶을 유지하기 위해 매년 어느 정도의 돈을 피자가게로부터 벌어들일 수 있느냐 하는 것이다. 2021년 이 가게의 당기순이익이 $75,000이라고 하자. 그러나 고모와 고모부는 부엌과 화장실의 설비를 교체하는 데 $50,000을 사용해야 한다.

피자가게에서 많은 이익을 얻었지만, 피자가게의 설비 교체에 재투자해야 하므로 고모와 고모부는 집으로 이익을 모두 가져갈 수 없다. 이를 달리 표현하면, 그들의 FCF는 당기순이익보다 훨씬 적다고 할 수 있다. 만약 재투자금액이 매우 크다면 피자 판매수입을 초과할 수도 있다. 이러한 경우에 고모와 고모부의 FCF는 음수가 된다. 이는 그들이 피자가게를 운영하기 위해서 가게의 순이익 이외에 다른 재원을 찾아야 한다는 것을 의미한다.

고모와 고모부는 빈틈없는 사업가로서 2021년에 부엌이나 화장실의 설비 교체는 예상 밖으로 발생했지만, 앞으로는 더 이상 이와 비슷한 투자가 필요없다고 정확히 예측하고 있다. 2021년의 부엌과 화장실 설비 교체를 제외하고, 예상하지 못한 투자가 더 이상 없다면, 그들은 피자가게에서 향후 더 많은 현금을 창출할 수 있으므로 FCF는 계속 증가할 것이다. 사업을 하다 보면 소유주가 현금을 가져가지 못하는 경우도 있다. 사업은 항상 양의 순이익을 내고 있지만, 이 순이익을 모두 사업에 재투지헤야 하는 경우가 있기 때문이다. 따라서 피자가게의 기치를 평기할 때, 실제로 중요한 것은 시간이 지님에 따라 사업에서 얻을 수 있는 FCF가 되어야 한다.

고모와 고모부는 향후 그 지역에 진입하는 전국적인 체인의 피자가게와 경쟁해야 한다. 이를 위해 그들은 식당을 현대화해야 할 필요성을 알고 있다. 이로 인해 그들은 수년 내에 매출과 FCF를 증가시키고 싶지만, 피자가게에서 발생하는 현금을 또 다시 투자에 사용해야 하기 때문에 FCF는 줄어들 수밖에 없다. 제11장부터 제12장까지 내용은 프로젝트의 평가에서는 미래 증분 FCF의 현재가치 합이 최초 프로젝트 투자액보다 많은가 하는 점을 살펴야 한다고 설명하고 있다. 결국 FCF의 계산은 자본예산 분석에서 매우 중요하다.

셀프 테스트

- 잉여현금흐름(FCF)은 무엇인가?
- FCF가 기업가치를 결정하는 중요 요소인 이유는 무엇인가?

3-8 MVA와 EVA

재무제표의 항목은 현재의 시장가치가 아닌 역사적 과거 가치를 반영하고 있다. 시장가치와 역사적 가치는 실제로 서로 차이가 있다. 이자율과 인플레이션의 변화는 재무제표에 있는 자산과 부채의 시장가격에는 영향을 미치지만 장부가격에는 영향을 미치지 못한다. 보다 중요한 사실은 시장에서 평가하는 가치는 미래의 투자기회와 현재의 영업활동 모두를 고려하고 있다는 것이다. 예를 들어, 마이크로소프트가 첫 번째 컴퓨터 운영시스템을 개발하는 비용은 매우 작았지만 이 시스템은 시장에서 수십억 달러의 가치가 있는 것으로 밝혀졌다. 그러나 이는 재무상태표에는 나타나지 않는다. 부채가 일정할 때, 자산가치가 증가하면 자기자본의 시장가치도 증가한다.

예를 들어, 다음 상황을 고려해보자. 어떤 기업의 사업 초기 장부가치(역사적 원가)는 $1백만의 자산과 부채 $500,000, 자기자본 $500,000(주당 $10으로 50,000주 발행)으로 구성되어 있다. 사업이 매우 성공하여, 이 기업의 자기자본 시장가치가 $19.5백만이 되면 주당 시장가격은 $19,500,000/50,000 = $390이 된다. 확실히 이 기업의 경영자는 주주에게 매우 큰 성과를 가져다주었다.

시장부가가치(MVA)
자기자본의 시장가치와 장부가치 사이의 차이

재무제표는 시장가치를 반영하지 못하기 때문에 경영자의 성과를 판단하는 자료로 활용하기에는 부족하다. 이러한 문제를 해결하기 위해 재무분석가들은 두 개의 추가적인 성과 측정 방안을 개발했다. 첫 번째는 **시장부가가치**(market value added: MVA)로서, 이는 자기자본의 시장가치와 재무상태표에 있는 장부가치와의 차이를 의미한다.[15] 여기서 시장가치는 발행주식 수에 주가를 곱해서 계산한다. 위에서 살펴본 가상 기업의 MVA는 $19.5백만 - $0.5백만 = $19백만이다.

Allied의 발행주식 수는 7,500만 주이며, 주가는 $23.06이므로 자기자본의 시장가치는 $1,729.5백만이다. 반면에 <표 3.1>에 있는 재무상태표의 장부가치는 $940백만이다. 따라서 Allied의 MVA는 $1,729.5 - $940 = $789.5(백만)이다. Allied의 주주가 창업 이후 이 기업에 투자한 돈 및 이익잉여금을 합한 것이 장부가치이며, 현재시점에서 이 기업을 처분할 때 주주가 받을 수 있는 돈이 시장가치이다. $789.5백만은 시장가치와 장부가치 사이의 차이를 나타낸다. MVA가 클수록 경영자가 주주를 위한 일을 많이 했다는 의미이다. 이사회는 경영자가 받을 보상을 결정할 때도 MVA를 고려한다. 그러나 밀물이 모든 배를 들어올리듯이 주식시장 호황기에는 대부분의 기업 주가가

15) EVA와 MVA의 개념은 컨설팅 기업 Stewart & Company의 공동창업자인 Joel Stern과 Bennett Stewart가 개발했다. 이들이 MVA와 EVA라는 용어에 대한 저작권을 갖고 있으므로 다른 컨설팅 기업들은 이들을 다른 이름으로 표현하고 있다. 그러나 여전히 MVA와 EVA는 실무에서 가장 많이 사용하는 용어이다. MVA와 EVA에 대한 보다 자세한 사항은 다음을 참고하라. G. Bennett Stewart, *The Quest for Value*(New York: HarperCollins, 1991, 1999)

상승한다. 따라서 MVA가 양의 값을 보이더라도 이를 경영자의 성과 때문이라고 해석할 수는 없다.

경제적 부가가치(EVA)
NOPAT에서 자본비용 금액을 차감한 값

두 번째 성과 측정 방안으로 **경제적 부가가치**(economic value added: EVA)가 있으며 이는 "경제적 이익"이라고도 한다. EVA는 MVA와 밀접한 관련을 갖고 있으며, 다음과 같이 계산한다.[16)]

$$\begin{aligned} \text{EVA} &= \text{세후 순영업이익(net operating profit after taxes: NOPAT)} - \text{연간 자본비용 금액} \\ &= \text{EBIT}(1-\text{T}) - (\text{투자자본 총액} \times \text{세후 자본비용}) \end{aligned} \tag{3.4}$$

투자에 들어간 자금조달비용보다 투자의 성과가 크면(양의 EVA를 실현), 기업은 가치를 창출하게 된다. 투자자본 총액은 기업이 채무와 자기자본, 기타 원천(우선주와 같은) 등으로 조달한 자금 모두를 의미한다.[17)] 연간 자본비용 금액은 투자자본 총액에 세후 자본비용을 곱해서 계산한다. 예를 들어, 기업이 $1백만의 자본을 조달하고, 자본비용이 10%라고 하면 연간 자본비용 금액은 $100,000이 된다. 이 자본은 여러 고정자산이나 순영업운전자본(NOWC)에 투자된다. 특정 시점에서 이러한 투자로부터 얻는 수익에서 영업비용과 세금을 차감하면 기업 투자자에게 귀속하는 자금인 NOPAT가 된다. 이런 측면에서 NOPAT는 자본 투자를 통해 창출한 돈으로 볼 수 있다.

EVA는 특정 시점에 기업이 실제로 얻는 경제적 이익의 추정치로서 회계적 당기순이익과 매우 다른 개념이다. 이 둘의 차이가 발생하는 가장 큰 원인은 당기순이익은 EBIT에서 부채비용(기업의 이자비용)만을 차감할 뿐 자기자본의 비용을 차감하지 않기 때문이다. 그러나 EVA는 부채와 자기자본의 자본비용을 포함해 투자에 사용된 모든 자본비용을 고려하고 있다.

EVA가 양의 값이면 세후 영업이익을 얻기 위해 투자한 모든 자본의 비용보다 세후 영업이익이 많다는 의미이다. 즉, 경영자는 주주를 위한 부가가치를 창출한 것이다. 매년 EVA가 양이면 MVA 또한 양의 값이 된다. MVA는 기업 전체에 적용하는 개념이지만 EVA는 기업 전체 및 사업부의 의사결정에도 사용할 수 있다. EVA는 기업 최고경영자 및 사업부의 "합리적" 보상을 위한 지침으로도 유용하다.

---

16) 최고 컨설팅 기업 중의 하나인 McKinsey & Company는 '경제적 이익'이라는 개념을 사용하고 있다. 경제적 이익의 정의는 다음과 같다.

투자자본 총액 × (투자자본수익률 − 자본비용)

투자자본수익률은 'EBIT(1 − T)/투자자본 총액'이므로, 대수적 표현의 차이는 있지만 EVA와 경제적 이익은 동일하다고 볼 수 있다.

17) 이 장의 재무상태표에 대한 설명에서 영업을 위해 사용하지 않는 현금을 초과현금이라고 했다. 일부 재무분석가들은 투자자본 총액을 계산할 때 초과현금을 제외하고 있다. 그러나 여기서는 분석을 단순하게 하기 위해 초과현금은 없다고 가정한다. 보다 자세한 설명은 다음을 참고하라. news.morningstar.com/classroom2/course.asp?docid = 145095&page = 9.

셀프 테스트

- 시장부가가치(MVA)와 경제적 부가가치(EVA)를 각각 정의하라.
- EVA와 당기순이익의 차이는?

3-9 소득세

미국의 IRS 웹사이트는 irs.gov이다. 이 사이트에서 현재의 세금 신고 관련 정보, 현재의 세액공제(tax credit) 및 소득공제(deduction) 정보 등을 찾을 수 있다. 또한 필요한 양식과 간행물을 요청할 수도 있다.

개인과 기업은 소득의 상당 부분을 세금으로 납부해야 하므로 개인과 기업의 의사결정에서 세금은 매우 중요하다. 이 절에서는 개인과 기업에 대한 미국 세제의 주요 내용을 2020년 자료를 사용하여 설명하고 있다. 세법의 세부 내용은 매우 자주 변경되고 있으며, 트럼프 대통령 또한 2017년 12월 22일에 세제개혁법안(Tax Cuts and Jobs Act: TCJA)에 서명하기도 했다. 이 법의 일부 조항은 종료될 예정이며, 이 절에서 설명하는 내용도 조만간 변경될 것이다.

미국 의회는 2017년에 대폭 수정한 세제개혁법안을 통과시켰다

1986년 이후 대폭적으로 세금 코드를 변경한 TCJA가 2017년 12월에 미국 의회를 통과하였고 트럼프 대통령도 이에 서명했다. TCJA는 개인과 기업 모두를 대상으로 하고 있다. 다음은 이 법안의 주요 조항을 간략히 요약한 것이며, 법안의 자세한 내용은 글 상자의 끝에 있는 출처를 참고하기 바란다.

개인 세금 코드의 주요 변경 사항

먼저 개인 세금 코드에 대한 주요 변경 사항을 요약하도록 하자. 여기서 나열하고 있는 각 조항 모두는 2025년 말에 만료된다는 점을 알아야 한다. 또한 향후 의회는 여러 조항 중 일부를 변경할 수도 있다.

- 이 법안은 최고 세율을 39.6%에서 37%로 낮추었다.
- 이 법안은 납세자 및 그의 피부양자에 대한 개인 면세를 없앴다.
- 이 법안은 모든 개인과 부부에 대한 표준공제를 대폭 인상했다. 표준공제는 납세자가 과세소득에서 공제받을 수 있는 금액이다. 일반적으로 각 가구는 두 가지 세금신고서 중 하나를 작성할 수 있다. 첫째, 표준공제를 선택하고 다른 공제를 받지 않는 매우 간단한 세금신고서를 제출하거나, 둘째 '항목별 공제'가 있는 보다 복잡한 세금신고서를 제출하는 것이다. 대부분의 가구는 표준공제를 선택하며, 항목별 공제는 거액의 모기지 상환, 기부금, 의료비 등 공제금액이 큰 가구가 선택한다. 2020년 과세연도의 개인 표준공제액은 $12,400이고 부부가 공동으로 신고하면 $24,800이다.
- 이 법안은 모기지 이자공제를 제한하고 있다. 납세자는 모기지 원금이 $750,000보다 작은 경우에만 이자를 공제받을 수 있다. 또한 주택담보대출(home equity loan)에 대한 이자는 더 이상 공제대상이 아니다.
- 이 법안은 주세 및 지방세에 대한 공제를 제한하고 있다.
- 개인 최저한세(alternative minimum tax: AMT)는 유지되었지만 면세금액은 증가하였고, 인플레이션에 따라 계속 조정하기로 했다.
- 이 법안은 상속세 공제금액을 두 배 늘려 $1,000만까지 확

대하였고, 향후 인플레이션에 따라 계속 조정하기로 했다.

이러한 변화의 의미

- 대부분의 가구는 표준공제의 증가 또는 한계세율(marginal tax rate)의 하락으로 인해 세금 감면을 받았다. 세금 감면으로 얻게 되는 세후 소득 증가 금액 가운데 일부를 지출이나 저축에 사용할 것이라는 의견에 대해 분석가는 동의하지 못하고 있다. 개인의 지출이나 저축 비율은 TCJA가 추구하는 경제 효과 및 금리 효과에 영향을 미칠 것이다.
- 의회예산국(Congressional Budget Office)은 TCJA가 향후 연방 적자를 증가시킬 것이며, 이로 인해 금리의 추가 상승 압박이 나타날 수 있다고 보고했다.
- 많은 납세자들은 표준공제금액을 증가시키며, 항목별 공제를 중단하여 간단한 세금신고를 할 것이다.
- TCJA는 잠재적으로 세율이 높은 주에 거주하는 항목별 공제 가구에 세금을 보다 많이 부과할 수 있으며, 이러한 주 및 지방은 세액공제를 축소하여 표준공제금액의 증가로 인한 세수 감소를 상쇄하려고 할 것이다. 이로 인해 세율이 높은 주에 거주하는 가계는 주 및 지방정부에 내는 세금이 증가하기 때문에 주정부의 지출과 세율을 낮추도록 압력을 가할 것이다.
- 대부분의 경우 의도하지 않은 파급효과가 있을 수 있다. 예를 들어, 개인 세후 소득의 증가는 자선단체에 대한 기부를 증가시킬 것으로 예상할 수 있다. 그러나 동시에 항목별 공제를 택하는 가구가 줄어들게 되고 표준공제를 선택하는 가구가 증가하기 때문에 자선단체에 대한 기부가 축소될 가능성도 있다.

법인세 코드의 주요 변경 사항

다음으로 법인세 코드에 대한 TCJA의 주요 변경 사항을 요약하도록 하자. 법인세 관련 조항의 대부분은 시간이 지나도 자동으로 종료되지 않지만 일부는 시간이 지남에 따라 변경되거나 삭제될 것으로 본다. 시간이 지남에 따라 차기 의회에서 다시 또 변경할 가능성도 있다.

- TCJA는 법인세율을 21%로 고정했다. 법인세율을 낮춘 이유는 미국 기업의 경쟁력을 높여 일자리를 보다 많이 창출하려는 목적 때문이다.
- TCJA는 특정 자산을 신규이든 중고이든 2017년 9월 27일부터 2023년 1월 1일 이전까지 사업장에 배치하여 사용하는 경우, 이 자산에 대해 가격의 100%를 비용으로 처리할 수 있도록 허용하고 있다. 이 "보너스" 비율은 2023년 1월 1일 이후부터 2027년 1월 1일 이전까지는 80%로 축소된다. 이 조항은 2027년 1월 1일에 종료된다. 이 조항을 만든 이유는 플랜트 및 장비에 대한 신규 투자를 촉진하기 위함이다.
- TCJA는 기업의 최저한세(AMT)를 폐지했다.
- TCJA는 순영업손실(net operating loss: NOL) 환급(carry-back) 조항을 삭제하고 법인세 이월(carryforward) 관련 조항을 변경하여 NOL을 무기한 이월할 수 있도록 변경했다. 그러나 어떤 연도의 이월 최대 금액은 NOL과 해당 연도 과세소득의 80% 중에서 낮은 금액으로 제한하고 있다.
- TCJA는 기업의 재무에 대한 이자공제를 소득(2018~2021년에는 EBITDA로, 이후에는 EBIT로 측정)의 30%로 제한하였다. 이렇게 제한한 이유는 기업이 너무 많은 채무를 갖지 않도록 하기 위함이다. 지난 3년 동안 평균 매출이 $25백만 이하인 기업은 이 조항의 적용을 받지 않는다.
- TCJA는 해외에 자금을 보관하고 있는 기업의 송환 자금에 대해서는 세금 면제를 1회 해주기로 했다. 기업은 해외에 있는 현금 및 현금등가물에 대해 15.5%, 해외에서 얻은 이익으로 해외에서 구매한 장비와 같은 비현금성 자산 및 유동자산에 대해서는 8%의 세금을 부과할 것이다. 세율을 낮춘 이유는 기업이 현금을 해외에서 미국으로 가져와 사용하도록 하기 위한 것이다.
- TCJA는 지분을 20% 미만 소유한 자회사가 제공하는 배당에 대한 공제를 70%에서 50%로, 80% 미만 소유한 자회사에 대해서는 80%에서 65%로 변경했다.

이러한 변화의 의미

- 법인세율을 낮추면 미국 기업의 글로벌 경쟁력을 높이고, 기업이 외국에서 벌어들인 소득을 미국으로 송환하도록 촉진할 수 있다.
- 법인세율을 낮추면 채무로 자금조달을 할 때 나타나는 세액공제금액이 줄어든다. 이로 인해 자본구조에서 채무의 비중이 줄어들게 되어 일반 기업의 가중평균자본비용을 증가시킨다.
- 법인세율이 낮아지면 일반 기업의 세후 잉여현금흐름이 증가한다.
- 세후 잉여현금흐름의 증가와 기업 자산의 비용 처리를 통해 기업은 양의 순현재가치(net present value: NPV)를 갖는 프로젝트를 보다 많이 갖게 되므로 기업에 대한 투자를

촉진할 것이다.

- TCJA는 기업의 과세소득에 대한 공제를 많이 없앴지만 세율을 낮추었다. 따라서 세금 혜택은 기업마다 달라지게 되었다. 공제금액이 많은 기업에 비해 공제금액이 적은 기업은 법인세율이 낮아져 혜택을 보다 많이 받게 되었다.

여기까지 TCJA의 주요 내용을 요약했다. 제12장과 제13장에서는 이러한 세법의 변화가 기업의 자본예산과 자본구조 결정에 어떤 영향을 미치는지 더 자세히 고찰할 것이다.

출처: "Analysis of the Final Tax Reform Bill," (cooley.com), December 20, 2017; Phillip Daves, "Web Extension 1C: The 2017/18 Tax Reform and Its Impact on Corporate Finance," *Intermediate Financial Management*, 13th edition(Mason: OH, Cengage Learning, 2019); Kimberly Amadeo, "Trump's Tax Plan and How It Affects You," *The Balance*(thebalance.com), April 9, 2018; Wendy Connick, "What's in the Final Version of the Tax Cuts and Jobs Act," *The Motley Fool*(fool.com), January 3, 2018; and Ben Casselman, "Federal Tax Cuts Leave States in a Bind," *The New York Times*(nytimes.com), May 12, 2018. Refer to Congress.gov(congress.gov/bill/115th-Congress/house-bill/1) for the actual bill and all its provisions.

3-9A 개인소득세

누진세

높은 소득자에게 보다 높은 세율을 부과하는 세제로서 미국의 개인소득세는 최소 소득자에게는 0%, 최고 소득자에게는 37%를 누진적으로 적용하고 있다.

개인은 임금 및 급여, 투자소득(배당, 이자, 증권매도차익), 경영권과 파트너십의 이익 등에 대해 세금을 납부한다. 세율은 **누진적**(progressive)으로 결정되며, 이는 개인의 소득이 증가할수록 보다 높은 세율을 부담한다는 것을 의미한다. <표 3.5>는 미국 개인납세자가 2021년 4월 15까지 납부해야 하는 2020년 과세소득(taxable income)에 대한 세율을 나타내고 있다.

과세소득은 "총소득에서 과세제외(exemptions)와 소득공제(deductions) 모두를 차감한 것"으로 정의한다. TCJA는 개인 소득에 대한 과세제외를 허용하지 않기 때문에 2021년에 2020년 과세를 신고하는 경우, 개인납세자는 납세자 본인과 피부양자에 대한 과세제외 혜택을 받지 못하게 되었다. 특정 비용은 여전히 소득공제 대상으로 과세소득을 줄여주고 있지만, 일부 비용 항목의 경우 소득공제가 삭제되거나 그 규모가 줄어들었다. 예를 들어, 2017년 12월 31일 이후에 개시되는 모기지의 경우 납세자는 모기지의 원금이 $750,000보다 작아야만 이자를 공제받을 수 있다. 그러나 주택담보대출에 대한 이자공제는 삭제되었다. 또한 TCJA는 항목별 공제의 대부분을 제거했지만 자선단체 기부금, 퇴직저축 및 학자금대출이자에 대한 공제는 그대로 존속시켰다. 납세자는 이제 주정부 및 지방정부에 재산세, 소득세 및 판매세를 합산하여 최대 $10,000(부부가 공동신고하는 경우) 및 $5,000(단독 납세자의 경우)까지 항목별 공제를 청구할 수 있다. 마지막으로, 2020년 표준공제(항목별 공제가 이 금액 미만인 경우 적용) 금액은 미혼자의 경우 $12,400, 소득 합산신고를 한 부부의 경우 $24,800이다.

한계세율

개인의 마지막 소득구간에 적용하는 세율

한계세율(marginal tax rate)은 "마지막 소득구간에 대한 세율"로 정의한다. 한계세율은 최하 10%에서 최고 37%이다. 그러나 사회보장세와 공적 의료보험료, 주정부 세금 등을 고려하면, 한계세율은 실제로 45%를 초과할 수 있다. 평균 세율은 <표 3.5>

〈표 3.5〉 2020년 개인소득세율

미혼자

과세소득구간	구간별 최저 소득에 대한 세금	구간 최저 소득 초과 부분의 세율(한계세율)	각 구간의 최고 소득에 대한 평균 세율
$9,875 이하	$0.00	10.0%	10.0%
$9,875-$40,125	987.50	12.0	11.5
$40,125-$85,525	4,617.50	22.0	17.1
$85,525-$163,300	14,605.50	24.0	20.4
$163,300-$207,350	33,271.50	32.0	22.8
$207,350-$518,400	47,367.50	35.0	30.1
$518,400 이상	156,235.00	37.0	37.0

소득 합산신고를 한 부부

과세소득구간	구간별 최저 소득에 대한 세금	구간 최저 소득 초과 부분의 세율(한계세율)	각 구간의 최고 소득에 대한 평균 세율
$19,750 이하	$0.00	10.0%	10.0%
$19,750-$80,250	1,975.00	12.0	11.5
$80,250-$171,050	9,235.00	22.0	17.1
$171,050-$326,600	29,211.00	24.0	20.4
$326,600-$414,700	66,543.00	32.0	22.8
$414,700-$622,050	94,735.00	35.0	26.9
$622,050 이상	167,307.50	37.0	37.0

주: 1. 이는 2021년 4월 15일까지 신고하는 2020년의 과세소득에 대한 세율이다. 각 세율에 따른 소득구간은 인플레이션을 고려해서 조정하므로, 매년 달라진다.
2. 평균 세율은 항상 한계세율보다 작다. 그러나 소득이 무한히 증가한다고 가정하면 최고 소득구간의 평균 세율은 2020년에 37%에 도달하므로 한계세율과 같아진다.
3. 2018년에 개인납세자의 과세제외(exemption) 혜택이 폐지되었다. 주정부 및 지방정부의 재산세, 소득세 및 판매세에 대한 공제한도와 급여세(payroll tax, 사회보장세 및 공적 의료보험료)의 존재로 인해 2020년 유효세율(effective tax rate)은 37%보다 높을 것이다.

를 바탕으로 계산할 수 있다. 예를 들어, 어떤 여성의 과세소득이 $45,000이라면 이 여성이 납부할 세금은 $4,617.50 + ($45,000 − $40,125)(0.22) = $4,617.50 + $1,072.50 = $5,690.00이다. 이 경우 그녀의 한계세율은 22%이지만, **평균 세율**(average tax rate)은 $5,690/$45,000 = 12.64%이다. 그녀가 $1,000의 소득을 추가로 얻어 $46,000의 과세소득을 획득했다면 그녀는 $220의 세금을 추가로 납부해야 하므로, 세후 소득은 $780 증가한다.

평균 세율
세금을 과세소득으로 나눈 비율

개인이 회사채에 투자해서 얻는 이자소득은 기타소득(other income)이 되므로 최대 37%에 달하는 연방정부의 세율에 주정부의 세율을 합하여 납부한다.[18] 한편, 자본이득과 자본손실(capital gains and losses)은 다양한 세금 구조를 갖고 있다. 주식이나

18) 미국의 세법에서 주정부나 지방정부 발행 채권(municipals 혹은 'munis')은 연방 소득세법의 적용을 받지 않는다. 이러한 세제는 지방정부 채권의 가치와 수익률에 중요한 영향을 미친다. 이에 대해서는 제8장에서 살펴보도록 한다.

자본이득
자본자산의 매각대금이 구입금액을 초과해서 발생하는 이익

자본손실
자본자산의 매각대금이 구입금액보다 작아 발생하는 손실

채권, 부동산과 같은 자산은 **자본자산**(capital assets)으로 정의한다. 자본자산을 구입해서 추후에 이를 구입한 금액보다 비싸게 매각할 경우, 매각금액과 매입금액의 차이를 **자본이득**(capital gain)이라고 하며, 매각금액이 매입금액보다 작은 경우 이의 차이를 **자본손실**(capital loss)이라고 한다. 만약 자본자산의 보유기간이 1년 미만일 경우에는 자본이득 및 손실을 **단기 이득 혹은 손실**이라고 하며, 1년 이상일 경우에는 **장기 이득 혹은 손실**이라고 한다. 만약 디즈니 주식 100주를 주당 $100에 사서 주당 $110에 팔았다면, 자본이득은 100×$10＝$1,000이 된다. 그러나 이 주식을 주당 $90에 매각했다면 $1,000의 자본손실을 보게 된다. 이 주식을 어느 기간 동안 보유했는지에 따라 단기 혹은 장기 이득 및 손실이 결정된다.[19] 만약 주식을 정확히 주당 $100에 매각했다면, 이득이나 손실이 발생하지 않으므로 세금이 부과되지 않는다.

단기 자본이득은 일반 소득과 동일한 세율로 과세된다. 그러나 장기 자본이득은 이와 다르다. 대부분의 납세자가 부담하는 장기 자본이득의 세율은 15%에 불과하다.[20] 2020년에 소득이 $300,000인 개인납세자가 단기 자본이득을 얻었다면 이는 일반 소득과 동일하게 과세되지만 장기 자본이득을 얻은 경우에는 15%의 세율만 적용한다. 그러나 소득이 $441,450 이상인 미혼 납세자와 $496,600 이상인 합산신고 부부의 경우에는 장기 자본이득에 대해 20%의 세율을 적용한다. 또한 고소득 납세자는 자본이득 및 기타 순투자소득에 3.8%의 세금을 추가로 납부해야 하는 순투자소득세(net investment income tax: NIIT)를 부담한다. 일반 세율로 과세되는 단기 자본이득의 최고 세율은 40.8%이며, 장기 자본이득은 23.8%가 된다. 고소득 납세자의 경우에도 장기 자본이득에 대한 세율은 일반 소득에 비해 매우 낮은 수준이다.

2013년부터 세율 39.6%의 소득구간에 있는 납세자가 부담해야 하는 **적격배당소득**(qualified dividends)의 최고 세율을 20%로 인상했다.[21] 그러나 대부분의 개인납세자의 적격배당에 대한 최고 세율은 15%이다.[22] 기업은 법인세를 차감한 후에 남은 당기순이익을 바탕으로 배당을 지급하므로 **기업 소득의 이중과세**(double taxation) 문제가 발생한다. 즉, 기업이 법인세를 납부하고 지급한 배당에 대해 주주가 한 번 더 세금을

---

19) 어떤 해에 순자본손실(자본손실에서 자본이익을 차감한 값)을 보게 되면 기타 소득(예를 들어, 급여, 이자, 배당 등)에서 최대 $3,000까지 소득공제를 할 수 있다.

20) 장기 자본이득의 세율은 0%, 15%, 20%이다. 소득이 최대 $40,000인 미혼 납세자와 $80,000인 소득 합산신고 부부의 장기 자본이득 세율은 0%이다. 미혼 납세자의 소득이 $40,000에서 $441,450에 있거나 소득 합산신고 부부의 소득이 $80,000에서 $496,600인 경우에 장기 자본이득 세율은 15%이다. 소득이 이 범위를 초과하는 경우 장기 자본이득 세율은 20%이다.

21) "적격(qualified)"배당이 되기 위해서는 투자자가 배당락일(ex-dividend date)을 기준으로 이전 60일과 이후 60일, 즉 121일 동안 주식을 보유해야 한다. 배당에 대해서는 제14장에서 설명할 것이다. 배당락일은 주식 보유자가 배당에 대한 권리를 상실한 날이다.

22) 적격배당의 세율은 0%, 15%, 20%이며, 이 세율은 장기 자본이득에 대한 세율과 동일한 소득구간을 갖고 있다.

납부하기 때문이다. 이러한 이중과세 문제로 인해 의회는 배당세율을 낮게 설정하고 있다.

배당과 자본이득에 대한 세율은 연도에 따라 다르지만, 일반 과세소득보다는 낮게 책정하고 있다. 의회는 경제성장을 원하며, 성장은 생산적인 자산에 대한 투자를 필요로 한다. 자본이득 세율과 배당세율을 낮추면 투자가 촉진된다. 투자자금이 있는 개인은 신생기업에 대한 자기자본 투자가 회사채 매입보다 세제 혜택이 크다는 것을 알고 있다. 따라서 신생 벤처기업은 현재의 세제 하에서 자기자본을 유치하기가 보다 쉽다. 대부분의 경우 낮은 자본이득 세율과 배당세율은 자본 형성과 투자를 촉진한다.

전통적 IRA
적격 출자금에 대해 세금공제가 가능하며, 은퇴연금의 투자에 대한 소득 및 자본이득에 대해 59.5세 이후의 인출 시점까지 세금을 부과하지 않는 개인은퇴연금제도

Roth IRA
출자금이 세금공제대상은 아니지만 59.5세 이후에 돈을 인출하는 경우 은퇴연금계좌에 있는 미래 소득 및 자본이득에 대해 과세하지 않는 개인은퇴연금제도

미국 의회는 수년 동안 개인의 활동을 촉진하기 위해 세금 코드를 자주 변경했다. 예를 들어, 개인은퇴연금계좌(individual retirement accounts: IRA)는 개인이 은퇴를 대비해 보다 많은 저축을 하도록 권장하고 있다. IRA는 전통적(traditional) IRA와 Roth IRA의 두 가지 유형을 갖고 있다. 두 경우 모두 투자자는 59.5세까지 은퇴연금계좌에 돈이 남아 있으면 세제 혜택을 많이 받을 수 있다. **전통적** IRA에 세제적격 출자(qualified contribution)를 하는 경우 세금공제가 가능하며, 은퇴연금으로 얻는 투자소득이나 자본이득은 59.5세 이후부터 돈을 인출하는 시점까지 과세되지 않는다. 반면에 Roth IRA에 대한 출자는 세금공제의 대상은 아니지만(세후 소득으로 출자), 돈을 인출하기 시작한 후의 미래 소득이나 투자로 인한 자본이득에 대해서는 과세를 하지 않는다. 두 경우 모두 IRA 투자자는 적절한 자격을 갖지 않고 59.5세 이전에 자금을 인출하면 위약금을 내야 한다. 그러나 Roth IRA 출자자가 생애 첫 주택을 구입하기 위해 그의 연금계좌에서 $10,000을 인출하는 경우에는 적절한 자격을 갖추고 있으므로 위약금을 납부하지 않는다.

대체적으로 Roth IRA는 향후 세율이 인상될 것이라고 믿는 개인에게 적합하다. 따라서 나이가 들수록 소득이 상승할 것으로 생각하거나 의회가 향후 세율을 인상할 것으로 예상하는 젊은 출자자는 Roth IRA를 선택하는 경향이 있다. 실제로 월스트리트저널의 최근 기사는 자산운용사 뱅가드(Vanguard)의 분석가가 30세 미만의 투자자는 IRA 자금의 92%를 Roth IRA에 할당하는 것으로 추정하고 있다는 보도를 했다. 그러나 한 가지 유형이 모두 사람에게 맞는 것은 아니며, IRA의 유형을 선택할 때는 구체적인 자격 요건, 위약금의 크기 및 투자할당정책 등을 검토하는 것이 중요하다. 전통적 IRA와 Roth IRA의 상대적인 장점과 단점을 정리한 훌륭한 온라인 자료는 쉽게 찾을 수 있다.[23]

23) IRA에 대한 추가 정보를 얻고 싶다면 다음을 참고하라. Laura Saunders, "Is a Roth Account Right for You?" *The Wall Street Journal*(wsj.com), December 19, 2014; and David Wolpe, "All about IRAs," *The Motley Fool*(g.foolcdn.com/money/allaboutiras/allaboutiras01.htm).

최저한세(AMT)
부유한 사람이 다양한 감세제도를 통해 납세를 피하는 것을 보다 어렵게 하기 위해 의회가 만든 세제

또 다른 세금 관련 사항으로는 **최저한세**(Alternative Minimum Tax: AMT)가 있다. 1969년에 의회는 155명의 백만장자가 고소득을 얻고 있음에도 불구하고 부동산에 대한 감가상각이나 지방정부 발행 채권의 이자공제와 같은 많은 세금 회피 방법을 통해 어떠한 세금도 납부하지 않는다는 사실을 알았다. 이에 대한 대안으로 의회는 AMT를 만들었다. 이 규정에 의해 납세자는 우선 정상적인 세제로 세금 계산을 한 이후에, 다시 AMT 세제에 의해 세금을 계산하도록 하고 있다. 즉, 정상적인 세제로 얻은 많은 공제를 다시 소득에 합산한 후에 이에 대해 특정 AMT 세율로 과세한다. 오랫동안 AMT 세율은 인플레이션과 연계되지 않았으며, 수백만 명의 납세자가 이 복잡한 세금의 대상이 되어야 했다.[24)]

소득이 $200,000 이상인 미혼 납세자와 $250,000 이상의 부부 합산 납세자는 특정 유형의 투자소득에 대해 0.9%의 공적 의료보험료와 3.8%의 순투자소득세(NIIT)를 납부해야 한다. 환자보호 및 부담적정보험법(Affordable Care Act: ACA)에서 만들어진 이 세금은 TCJA에서도 그대로 유지되고 있다.

3-9B 법인세

법인세(corporate tax) 구조는 단순하다. 새로운 세법은 법인세율을 21%의 단일 고정 세율로 낮추었다. 주 및 지방 세율 등을 고려하여 이 책에서는 연방과 주 모두를 합한 법인세율을 25%로 설정하고 있다. 예를 들어, 기업의 과세소득이 $65,000이고 연방과 주의 통합 법인세율이 25%라고 가정하면 납부할 법인세는 $16,250이 된다.

$$\text{세금} = \$65{,}000(0.25) = \$16{,}250$$

기업이 받은 이자와 배당소득

기업은 영업활동을 통해 수익의 대부분을 얻지만 채권이나 주식과 같은 증권에 투자하여 이자나 배당소득을 얻기도 한다. 기업이 받은 이자소득은 낮아진 단일 고정 법인세율로 일반 과세소득과 마찬가지로 과세된다. 그러나 배당에 대한 세금은 기업에 유리하게 설정되어 있다. 기업이 수령한 배당의 50%는 과세소득에서 제외되며, 나머지 50%에 대해서만 고정 단일 법인세율을 적용한다.[25)] 따라서 어떤 기업의 연방 및 주의

24) 2013년부터 AMT의 과세제외 금액은 인플레이션과 연동되고 있다. 2020년에 AMT 과세제외 금액은 독신 납세자에게는 $72,900(과세제외 단계 면제금액은 $518,400), 부부 합산신고의 경우에는 $113,400(과세제외 단계 면제금액은 $1,036,800)이다. TCJA는 기업에 대한 AMT를 폐지했다.

25) 과세소득에서 제외할 수 있는 비율은 배당 지급 기업의 주식 소유 비율에 따라 다르다. 100%를 소유하는 경우(따라서 배당 지급 기업은 전액 출자한 자회사이다.) 모든 배당금이 과세소득에서 제외된다. 자회사의 지분이 80% 미만인 경우 배당금의 65%를 제외하고, 보유주식이 20% 미만인 경우(단순 투자인 경우)에는 50%를 제외한다. 이 책에서는 배당 지급 기업의 주식을 투자용으로 보유하므로 그 기업 주식의 20% 미만을 소유하고 있다고 가정한다. 따라서 과세소득에서 제외하는 배당금 공제 비율은 50%이다.

전 세계의 법인세율

이 장에서는 TCJA의 주요 내용을 설명하고 있다. 이 법안은 개인과 법인 모두의 세율을 낮추고, 낮은 법인세율로 기업이 일자리 창출을 보다 많이 할 수 있게 힘을 실어주는 목적을 갖고 있다. 그럼에도 불구하고 미국 기업은 TCJA가 통과되기 이전에 글로벌 경쟁 기업에 비해 매우 높은 법인세율을 부담하고 있었다. 세법 개정을 통해 법인세율을 단일고정세율 21%로 비교적 낮게 설정하면서 전 세계 다른 나라의 법인세율과 비슷한 수준이 되었다. 아래 표는 2016년부터 2019년까지 연방, 주, 지방의 통합 법인세율을 고려하여 계산한 실효 법인세율을 나타내고 있다. 미국의 법인세율은 2018년과 2019년에 21%를 넘고 있으며, 2017년 이후 더 이상 전 세계에서 가장 높은 법인세율이 아니다.

전 세계 대표 법인세율

국가	2016년 세율	2017년 세율	2018년 세율	2019년 세율
Australia	30.00%	30.00%	30.00%	30.00%
Canada	26.50	26.50	26.50	26.50
Denmark	22.00	22.00	22.00	22.00
France	33.30	33.33	33.00	31.00
Germany	29.72	29.79	30.00	30.00
Hong Kong	16.50	16.50	16.50	16.50
Ireland	12.50	12.50	12.50	12.50
Japan	30.86	30.86	30.86	30.62
Mexico	30.00	30.00	30.00	30.00
Russia	20.00	20.00	20.00	20.00
Saudi Arabia	20.00	20.00	20.00	20.00
South Africa	28.00	28.00	28.00	28.00
Spain	25.00	25.00	25.00	25.00
United Kingdom	20.00	19.00	19.00	19.00
United states	40.00	40.00	27.00	27.00

출처: "Corporate Tax Rates Table," (home.kpmg.com/xx/en/home/services/tax/tax-tools-and-resources/tax-rates online/corporate-tax-rates-table.html).

통합 법인세율을 25%로 가정할 때 이 기업은 실제 배당소득 중 (0.5)(0.25) = 0.125 = 12.5%만 세금으로 납부한다. 만약 이 기업이 세전 배당소득으로 $10,000을 받았다면, 세후 배당소득은 다음과 같이 $8,750이 된다.

$$\text{세후 소득} = \text{세전 소득}(1 - \text{세율}) = \$10,000(1 - 0.125) = \$8,750$$

배당에 대해 공제를 많이 해주는 이유는 다음과 같다. 기업 A가 기업 B 주식에 대

또한 주정부의 세법은 매우 다양하지만 여기서는 Allied도 주정부의 세금공제를 받는다고 가정한다.

한 배당소득을 받아 기업 A의 주주에게 법인세를 납부한 다음 당기순이익 중 일부를 배당으로 지급했다고 하자. 이 경우 기업 A의 주주는 다음과 같은 삼중과세(triple taxation)의 문제에 직면하기 때문이다.

1. 기업 B는 세전 이익에 대해 '법인세를 납부'한 후 기업 B의 주주(기업 A 포함)에게 배당을 지급한다.
2. 기업 A는 기업 B로부터 수령한 배당을 포함한 세전 이익에 대해 '법인세를 납부'한 후 기업 A의 주주에게 배당을 지급한다.
3. 기업 A의 배당을 받은 개인은 '소득세를 납부'한다.

이와 같은 문제를 고려하여 기업 A가 투자한 기업 B로부터 받는 배당에 대해서는 50%의 공제를 해주고 있다.

어떤 기업이 영업에 사용하지 않는 초과현금이 있다고 하자. 이 기업은 이를 시장성 유가증권에 투자할 계획이라고 가정하자. 이 경우 배당을 지급하는 주식에 투자하는 것이 이자를 지급하는 채권보다 세금 측면에서 유리하다. 예를 들어, Allied가 유가증권에 투자할 자금 $100,000을 갖고 있으며, 이를 연간 8%의 이자(연간 $8,000)를 지급하는 채권을 사거나 혹은 연간 7%의 배당(연간 $7,000)을 지급하는 주식을 살 수 있다고 하자. Allied의 연방과 주 통합 법인세율은 25%라는 것을 기억하자. Allied가 채권을 사서 이자를 받는다면 이자 $8,000에 대해 0.25($8,000) = $2,000의 세금을 납부해야 하므로 세후 소득은 $6,000이 된다. 반면에 주식을 매입한다면, 세금은 $7,000(0.125) = $875이므로 세후 소득은 $6,125가 된다. Allied는 세금 이외의 다른 요인 때문에 채권에 투자할 수 있지만, 세금만을 고려한다면 주식에 투자하는 것이 바람직하다.

기업이 지급하는 이자와 배당

Allied와 같은 기업은 영업활동의 자금을 부채나 주식으로 조달할 수 있다. 어떤 기업이 부채를 사용하면 이자를 지급해야 하며, 주식을 사용하면 배당을 지급해야 한다. 지급이자가 있는 경우 영업이익에서 이를 차감하여 과세소득을 구할 수 있지만, 2018년부터 2021년까지는 EBITDA의 30%까지만 차감할 수 있으며 2022년부터는 EBIT의 30%까지만 차감할 수 있다.[26] 과거 3년 동안 연간 평균 총 매출이 $2,500만 이하인 회사는 이 제한을 받지 않는다. 그러나 지급한 배당금은 공제받을 수 없다. 따라서 Allied는 $1의 이자를 지불하기 위해서는 $1의 세전 소득이 필요하지만, 25%의 통합 법인세율로 인해 $1의 배당금을 지불하려면 $1.33의 세전 소득을 벌어야 한다.

26) 허용받지 못한 이자공제는 무기한 이월(carryforward)할 수 있다. 이월에 대해서는 이 후의 섹션에서 살펴볼 것이다. 2020년 3월 27일에 서명된 CARES 법안은 2019년과 2020년에 시작하는 과세연도에 대해 기업의 이자공제한도를 30%에서 50%로 증가시키고 있다. 합명 및 합자회사의 경우에는 2020년에만 50%의 한도 증가를 허용했다.

〈표 3.6〉 채권과 주식을 발행한 기업에 대한 투자자의 수익

	채권 사용	주식 사용
매출	$5,000,000	$5,000,000
영업비용	3,500,000	3,500,000
EBIT	$1,500,000	$1,500,000
지급이자	1,500,000	0
과세소득	$0	$1,500,000
연방과 주의 통합 법인세	0	375,000
세후 소득	$0	$1,125,000
투자자의 수익	$1,500,000	$1,125,000
자산 $10백만에 대한 수익률	15.0%	11.25%

$$\text{배당 \$1을 지급하기 위해 필요한 세전 이익} = \frac{\$1}{1-\text{법인세율}} = \frac{\$1}{0.75} = \$1.33$$

거꾸로 말하면 Allied가 세전 이익 $1.33을 얻었다면 세금으로 (0.25)($1.33) = $0.33을 납부하고 세후 이익으로 $1.00을 남길 수 있다.

<표 3.6>은 자산 $10백만, 매출 $5백만, EBIT $1.5백만을 가진 어떤 기업의 손익계산서를 보여주고 있다. 이 기업은 과거 3년 동안 연간 평균 매출총액이 $25백만보다 작았으므로 이자공제 한도의 제약을 받지 않는다.

첫 번째 열에서 보여주는 것처럼, 기업이 채권으로만 자금을 조달해 이자를 $1.5백만 지급하는 경우 과세소득은 0이 되므로 세금을 납부하지 않으며, 채권 투자자는 지급받은 이자 $1.5백만을 모두 소득으로 가져간다(여기서 투자자라는 의미는 주주와 채권자 모두를 나타낸다). 그러나 두 번째 열은 기업이 부채를 사용하지 않고 전액 자기자본으로 자금을 조달하는 경우, EBIT $1.5백만 모두가 기업의 과세소득이 되며, 기업은 세금으로 $1,500,000(0.25) = $375,000을 납부하고 주식투자자는 $1.125백만을 받는다. 그러므로 $10백만을 투자하는 경우 수익률은 채권 투자자가 주식 투자자에 비해 높다.

물론 기업이 주식을 사용하지 않고 부채로만 자금을 조달할 수는 없다. 또한 부채 비중이 높을 경우 주주의 기대수익이 커지는 장점이 있지만 위험도 증가하므로 두 가지는 서로 상쇄 효과를 갖는다. 그럼에도 불구하고 지급이자가 비용공제 항목이라는 사실은 기업의 자금조달 결정에 중요한 영향을 미친다. 법인세제로 인해 기업은 자기자본보다 부채에 의한 자금조달을 선호한다. 이에 대해서는 제10장과 제13장에서 보다 자세히 살펴볼 것이다.[27)]

27) 이론적으로 기업은 주주가 배당에 대한 세금을 납부하지 않도록 하기 위해 배당을 자제하려고 한다. 미국 국세청(Internal Revenue Service: IRS)은 배당을 하지 않고 유보이익을 부적절하게 축적하지 못하도록 하고 있다. 그러나 기업의 유보이익 축적을 옹호하는 논리를 쉽게 찾을 수 있다. 또한 부적절하게 유보이익을 축적한 기업은 지금까지 거의 없다.

기업의 자본이득

1987년 이전에는 기업의 경상소득에 비해 장기 자본이득(long-term capital gains)에 대한 세율이 낮았다. 이 시기의 자본이득세율은 기업과 개인에게 비슷했다. 그러나 최근에 기업의 자본이득은 영업이익과 마찬가지로 단일 고정 법인세율로 과세하고 있다.

기업 손실에 대한 결손금 이월

이월결손금
기업의 특정 연도 일반 영업손실을 무기한 미래로 이월할 수 있다.

기업의 영업손실이 발생하면 손실을 무기한 **이월**(carryforward)할 수 있다. 이월공제 최대 금액은 결손금 이월이 가능한 연도의 순영업손실(NOL)과 과세소득의 80% 중 작은 금액으로 제한하고 있다.

예를 들어, 기업 X가 2021년 현재 시점에 $12백만의 손실을 기록했지만, 2022년과 2023년에는 각각 이익을 보아 과세소득이 $10백만이 되었다고 하자(물론 미래에 대한 정보는 사전에 가질 수 없으며, 여기서는 결손금 이월이 어떻게 구현되는지를 보여주기 위한 예를 보여주고 있다). <표 3.7>은 기업 X가 2022년과 2023년의 이익에 대해 2021년의 결손금을 이월하는 경우 납부할 세금을 어떻게 조정할 수 있는지를 보여주고 있다.

2022년으로 이월할 수 있는 결손금은 실제 순영업손실($12백만)과 2022년 과세소득($10백만)의 80%($8백만) 중에서 작은 금액이다. 따라서 기업 X는 2021년의 손실 중 $8백만을 2022년으로 이월시켜, 2022년의 과세소득에서 차감할 수 있다. 따라서 기업 X는 2022년의 원래 과세소득($10백만)에서 2021년의 손실이월금액 $8백만을 차감한 $2백만이 조정이익(adjusted profit)이 된다. 따라서 기업 X가 2022년에 납부해야 하는 법인세는 $500,000[=(0.25)($2,000,000)]이 된다.

그러나 아직 2021년의 손실 $4백만이 남아 있으므로 이는 2023년으로 이월시킬 수 있다. 2023년에 이 기업의 과세소득이 $10백만이므로 이월할 수 있는 손실($4백만)은 과세소득의 80%인 $8백만보다 작다. 따라서 2021년의 나머지 손실 모두를 2023년으로 이월시킬 수 있다. 따라서 2023년의 조정이익은 과세소득 $10백만에서 이월결손금

〈표 3.7〉 2021년의 $12백만 결손금에 대한 2022–2023년 이월 금액 계산

	2022	2023
당해 연도의 과세소득	$10,000,000	$10,000,000
할당된 이월금액	8,000,000	4,000,000
조정이익	$2,000,000	$6,000,000
당해 연도에 지급한 세금(25%)	$500,000	$1,500,000
2021년 손실	$12,000,000	$12,000,000
기 적용한 이월금액	8,000,000	12,000,000
향후 이용가능한 이월금액	$4,000,000	$0

$4백만을 차감해 $6백만이 된다. 여기에 세율 25%를 곱하면 2023년에 납부해야 하는 법인세는 $1.5백만이다. 따라서 2023년에는 기업 X가 사용할 수 있는 이월결손금이 남아 있지 않는다.

결손금 이월은 무기한 연장할 수 있으므로 이월할 결손금이 있으면 기업은 다음 연도로 이월시켜 위에서 언급한 방법으로 이익을 조정할 수 있다. 이를 통해 기업은 다음 연도의 이익과 법인세를 줄일 수 있다. 기업의 영업손실을 결손금 이월에 의해 처리하도록 하는 것은 이익이 매년 크게 변동하는 기업이 법인세 납부에 불이익을 받지 않도록 하기 위함이다.

법인세 연결납세

어떤 기업이 다른 기업의 주식을 80% 이상 소유하는 경우, 그 기업은 두 기업의 소득을 합산한 후, 연결납세(consolidated tax return)를 신고할 수 있다. 이는 한 기업이 손실을 볼 경우, 다른 기업의 이익으로 상쇄하도록 해주는 것이다(마찬가지로 한 부서(division)의 손실을 다른 부서의 이익으로 상쇄하는 데 사용할 수도 있다). 어떤 기업도 손실이 발생하는 것을 원하지 않는다. 연결납세를 사용하면 사내벤처를 창업하거나 사내벤처 사업을 수행하는 과정에서 발생할 수 있는 손실의 부담을 분산시켜 줄 수 있다.

소규모 기업의 세금: S 주식회사

S 주식회사
내국세법의 'Subchapter S'에 의해 만들어진 회사이다. 세금이 주주의 소유 비율에 따라 주주에게 부과되는 소규모 주식회사로서, 주식회사의 장점도 갖고 있다.

제1장에서 살펴본 것처럼 미국 세법은 특정 조건을 충족하는 소규모 기업이 주식회사가 갖고 있는 유한책임의 장점을 살리면서도 주식회사와는 달리 기업의 이익을 소유자 개인의 소득으로 간주하여 소유권에 따라 세금을 부과하도록 하고 있다. 이러한 기업을 **S 주식회사**라고 한다(일반 주식회사는 C 주식회사라고 한다). 기업이 S를 택하면, 기업의 모든 이익은 소유 비율에 따라 주주 개인의 소득으로 간주되며, 주주의 각 소득은 개인소득세율을 적용해 과세한다. 기업 이익에 대해 단지 한 번만 과세하므로 매년 벌어들이는 이익의 대부분을 배당으로 가져가야 하는 소규모 기업의 주주에게 매우 유리하다. 이는 유한책임회사(Limited Liability Company: LLC)의 경우와 유사하다.

감가상각

감가상각은 법인세 계산에서 매우 중요한 역할을 한다. 감가상각비가 커질수록 과세소득은 감소하므로 납세할 세금은 적어지고 기업의 영업현금흐름은 좋아진다. TCJA는 2017년 9월 27일부터 2023년 1월 1일까지 특정 신규 및 중고 자산 구입가격의 100%를 '즉시 비용(immediate expensing)' 처리할 수 있게 했다. 2027년 1월 1일부터는 구입 자산가격의 80%만 즉시 비용 처리할 수 있다. 구입 자산의 즉시 비용 처리는 2027년 1월 1일 이후에 폐지된다. 이러한 "보너스" 감가상각은 일반적으로 수명이 20년 미만인 자산에 적용되고 있다. "보너스" 감가상각 대상이 아닌 비주거용 부동산은 대체 감가상각 시스템(alternative depreciation system)을 적용하며 40년에 걸쳐 균등하게 감가상각을 한다. 자본예산을 학습하는 장에서 감가상각을 보다 자세히 살펴볼 것이며, 감가상각이 소득 및 현금흐름에 미치는 영향에 대해서도 공부할 것이다.

셀프 테스트

- 다음 문장을 설명하라. 나의 세율은 누진적(progressive)이다.
- 한계세율과 평균 세율의 차이는 무엇인가?
- 최저한세(AMT)는 무엇이며, 이를 만든 목적은?
- '지방정부 발행 채권(muni bond)'은 무엇이며, 이 채권의 과세 방법은?
- 장기 자본이득은 무엇인가? 이는 다른 소득과 마찬가지로 과세되는가? 설명하라.
- 미국의 세제는 기업의 부채 조달에 어떤 영향을 미치는가?
- 이월결손금을 허용한 논리적 근거는 무엇인가?
- S와 C 주식회사의 차이를 밝혀라.

단원 종합

이 장의 주요 목적은 재무제표에 대해 설명하고, 현금흐름을 이해하기 위해서는 어떤 정보가 필요하며, 현금흐름과 회계적 이익을 구별하고, 소득세 체계에 대한 개괄적 설명을 하는 것이다. 다음 장에서 우리는 이러한 정보를 바탕으로 기업의 재무제표를 분석하며, 또한 기업의 재무적 건전성에 대해서도 살펴볼 것이다.

자가진단 질문과 문제

ST-1 [핵심용어] 다음 용어를 정의하라.

a. 연차보고서, 재무상태표, 손익계산서, 현금흐름표, 자본변동표
b. 주주의 자기자본, 이익잉여금, 운전자본, 순운전자본, 순영업운전자본(NOWC), 총부채
c. 감가상각비, 무형자산상각비, 영업이익, EBITDA, 잉여현금흐름(FCF)
d. 세후 순영업이익(NOPAT)
e. 시장부가가치(MVA), 경제적 부가가치(EVA)
f. 누진세, 한계세율, 평균 세율
g. 이월결손금, 최저한세(AMT)
h. 전통적 IRA, Roth IRA
i. 자본이익(손실)
j. S 주식회사

ST-2 [당기순이익과 현금흐름] 지난해 Rattner Robotics는 $5백만의 영업이익(EBIT)을 얻었다. 감가상각비는 $1백만, 이자비용은 $1백만, 그리고 법인세는 25%이다. 연말에 유동자산은 $14백만, 매입채무는 $3백만, 미지급비용은 $1백만, 단기차입금은 $2백만, 순고정자산은 $15백만이다. Rattner는 초과현금이 없다고 가정하자. Rattner는 운영을 위해 부채와 보통주만으로 자금을 조달하고 있다. 즉, Rattner의 재무상태표에는 우선주 항목이 없다. Rattner는 위에서 언급한 유동부채 이외의 다른 유동부채를 갖고 있지 않다. Rattner의 비현금성 비용 항목으로는 감가상각비만 존재한다.

a. 기업의 당기순이익은 얼마인가?
b. 순영업운전자본(NOWC)은 얼마인가?
c. 순운전자본(NWC)은 얼마인가?
d. Rattner는 전년도에 순고정자산이 $12백만이었다. 순영업운전자본은 매년 일정하다. 이 기업의 금년 말 잉여현금흐름(FCF)은 얼마인가?
e. Rattner는 지난해까지 보통주 500,000주를 발행하고 있으며, 재무상태표에는 $5백만으로 나타나고 있다. 이는 이익잉여금을 제외한 금액으로서 보통주 발행을 통해 주주로부터 직접 조달한 자기자본금액이다. 이 기업은 당해 연도에 보통주를 추가로 발행하지도 않았으며, 자사주를 매입하지도 않았다. 작년 재무상태표에 있는 이익잉여금은 $11.2백만이며, 작년에는 $1.8백만의 배당금을 지급했다. Rattner의 당해 연도 말 자본변동표를 작성하라.
f. 이 기업의 연말 주가는 $52이다. 이 기업의 MVA는 얼마인가?
g. 이 기업의 세후 자본비용이 9%라고 하면 연말의 EVA는 얼마인가?

질문

3-1 대부분의 연차보고서에 포함되는 네 가지 재무제표는 무엇인가?

3-2 누가 주로 재무제표를 이용하며, 이를 어떻게 사용하는가?

3-3 어떤 기업이 재무상태표의 이익잉여금으로 $20백만을 보고했다. 이 기업의 이사들은 망설임 없이 $20백만의 현금배당을 선언할 수 있는가? 이에 대해 설명하라.

3-4 다음 표현을 설명하라. '재무상태표는 특정 시점의 기업 재무상태에 대한 스냅사진으로 생각할 수 있는 반면에, 손익계산서는 한 기간 동안의 영업실적을 나타낸다.'

3-5 일반회계기준(GAAP)에 의해 재무제표를 작성하였으며, 회계법인의 감사도 받았다. 투자자는 이 재무제표가 올바르게 작성되었는지 의심할 필요가 있는가? 이에 대해 설명하라.

3-6 이 장에 있는 글상자 "가계 및 비영리기업의 총 재무상태표에 대한 요약, 2000 – 2019"를 바탕으로 다음의 a와 b에 대해 답하라.

a. 2007년과 2008년의 금융위기 이후 순자산은 어떻게 변하고 있는가? 이러한 변화가 발생한 이유는 무엇인가?

b. 순자산 가치의 증가는 가계 사이에 균등하게 분배되었는가? 이에 대해 간략히 답하라.

3-7 잉여현금흐름(FCF)이란 무엇인가? 당신이 투자자라면 당기순이익보다 잉여현금흐름에 보다 더 관심을 갖는 이유는 무엇인가?

3-8 어떤 기업이 음의 잉여현금흐름(FCF)을 보고해도 투자자는 그 기업이 높은 가치를 가지고 있다고 볼 수 있는가? 즉, 투자자 입장에서 음의 잉여현금흐름을 나쁘지 않게 보기도 하는가? 이에 대해 답하라.

3-9 경영진의 활동은 EVA와 MVA에 어떻게 나타나는가? EVA와 MVA는 어떻게 연결되어 있는가?

3-10 다음 문장을 설명하라. "우리의 세율은 누진적이다."

3-11 기업 소득에 대한 이중과세는 무엇을 의미하는가? 소득은 삼중과세를 받기도 하는가? 이에 대해 답하라.

3-12 어떤 기업이 이자와 배당을 지급할 때, 이자와 배당에 대한 과세소득 공제금액의 차이가 이 기업의 자금조달 선택(즉, 부채 혹은 자기자본 사용)에 어떤 영향을 미치는가?

문제

초급 문제
1~8

3-1 **[재무상태표]** Dallas & Associates의 자산은 유동자산과 순고정자산으로만 구성되어 있으며, 초과현금은 없다. 이 기업의 자산 총액은 $2.5백만이며, 순고정자산은 $2백만이다. 한편 단기차입금은 $150,000, 장기부채는 $750,000, 보통주 자기자본은 $1.5백만이다. 이 기업은 매입채무와 미지급비용을 갖고 있다. 이 기업은 부채와 보통주로만 자본을 조달했으며, 우선주의 발행은 없다.

a. 이 기업의 부채 총액은 얼마인가?

b. 이 기업의 재무상태표에 있는 부채 총액과 자기자본은 얼마인가?

c. 이 기업의 재무상태표에 있는 유동자산은 얼마인가?

d. 이 기업의 재무상태표에 있는 유동부채는 얼마인가?

e. 이 기업의 재무상태표에 있는 매입채무와 미지급비용의 합은 얼마인가? (힌트: Dallas & Associates의 재무상태표에서 이를 한 개의 항목으로 간주하라.)

f. 이 기업의 순운전자본은 얼마인가?

g. 이 기업의 순영업운전자본은 얼마인가?

h. 문제 f와 g의 차이는 왜 발생하는가?

3-2 **[손익계산서]** Byron Books는 최근 당기순이익으로 $15백만을 보고하였다. EBIT는 $20.8백만이고, 세율은 25%이다. 이자비용은 얼마인가? [힌트: 먼저 손익계산서의 각 항목에 주어진 값을 대입한다. 그 다음 당기순이익 $15백만을 (1 − T) = 0.75로 나누어 법인세차감전이익을 계산한다. EBIT와 과세소득의 차이가 이자비용이다. 유사한 문제도 이러한 방법을 사용하여 해결하라.]

3-3 **[손익계산서]** Patterson Brothers는 최근 $7.5백만의 EBITDA와 $2.625백만의 당기순이익을 보고했다. 또한 $1.5백만의 이자비용이 있으며, 법인세율은 25%이다. 감가상각비와 무형자산상각비의 합은 얼마인가?

3-4 **[자본변동표]** Nessler Inc.는 금년의 재무제표에서 $75백만의 당기순이익과 이익잉여금 $825백만을 보고했다. 작년의 이익잉여금은 $784백만이었다. 이 기업은 금년에 배당금을 얼마 지급하였는가? 모든 배당은 현금으로 지급되었다고 가정하자.

3-5 **[MVA]** Harper Industries의 재무상태표는 자기자본(보통주) 총액을 $900백만으로 나타내고 있다. 이 기업의 주가는 주당 $80, 시장부가가치(MVA)는 $50백만이다. 현재 보통주는 몇 주 발행되었는가?

3-6 **[MVA]** 최근 몇 년 동안 Masterson Corporation의 주주들은 신주를 매입하기 위해 $34백만을 지급했으며, 경영진이 당기순이익의 일부를 유보할 수 있도록 했다. 이 기업이 발행한 보통주는 현재 2백만 주이며, 주당 시장가격은 $28이다. 최근 몇 년 동안 Masterson의 경영진이 주주의 자기자본 장부가치에 더해 추가적으로 창출한 부는 얼마인가? 즉, Masterson의

MVA는 얼마인가?

3-7 **[EVA]** 어떤 해에 Barton Industries의 영업이익은 $3.5백만이었으며, 법인세율은 25%이다. 투자에 사용한 총자본은 $20백만이며, 세후 자본비용은 8%이다. 이 기업의 EVA는?

3-8 **[개인 세금]** Susan과 Stan Britton은 소득 합산신고서를 제출한 부부이다. 이들의 세율은 이 장의 개인소득세율 표에 나와 있다. 올해 과세소득이 $375,000이라고 가정하자.

a. 이들이 정부에 납부해야 하는 세금은 얼마인가?
b. 이들의 한계세율은 얼마인가?
c. 이들의 평균 세율은 얼마인가?

중급 문제
9~14

3-9 **[재무상태표]** 다음 활동 중 기업의 재무상태표에 있는 현금을 직접 증가시킬 가능성이 있는 것은? 어떤 가정으로 그렇게 대답했는가?

a. 신규 보통주 $4백만을 발행하였다.
b. $3백만을 지불하고 새로운 고정자산을 매입하였다.
c. 해당 연도에 대규모 손실이 발생하였다.
d. 보통주의 배당 지급액이 증가하였다.

3-10 **[자본변동표]** Electronics World Inc.는 연말에 보통주에 대한 전체 배당금으로 $22.4백만을 지급하였고, 이익잉여금으로 $144.7백만을 보고하였다. 작년의 이익잉여금은 $95.5백만이었다. 당기순이익은 얼마인가? 모든 배당은 현금지급으로 이루어졌다고 가정한다.

3-11 **[EVA]** 2021년에 Gourmet Kitchen Products는 $22백만의 매출과 $19백만의 영업비용(감가상각비 포함)을 보고했다. 이 기업의 투자자본 총액은 $15백만이다. 세후 자본비용이 10%이고, 연방 및 주의 통합 법인세율은 25%이다. 이 기업의 경제적 부가가치(EVA)는 얼마인가? 즉, 2021년 동안 경영진은 주주의 부를 얼마나 증가시켰는가?

3-12 **[현금흐름표]** Hampton Industries는 2020년 말에는 $39,000의 현금을, 2021년 말에는 $11,000의 현금을 보유하고 있다. 이 기업은 신규 고정자산 취득을 위해 현금 $210,000을 지급하였다. 이 고정자산의 내용연수는 20년 이상이며, 대체 감가상각법(정액상각)을 사용한다. 이 기업은 재무활동으로 총 $120,000의 현금흐름을 얻었다.

a. 영업활동으로부터의 현금흐름은 얼마인가?
b. 미지급비용이 $15,000 증가하고, 매출채권과 재고자산이 합이 $50,000 증가하였으며, 감가상각비와 무형자산상각비의 합이 총 $25,000이라면 이 기업의 당기순이익은 얼마가 되겠는가?

3-13 **[현금흐름표]** 당신이 Barrington Industries의 재무분석가로 채용되었다고 하자. 그러나 불행하게도 이 기업의 모든 기록을 보관하고 있는 회사의 본사가 화재로 파괴되었다. 이로 인해 당신의 첫 번째 작업은 전년도의 현금흐름표를 다시 작성하는 것이다. 이 기업이 전년도 말에 은행에 보관한 현금은 $100,000이었으며, 현금을 제외한 운전자본은 작년 내내 변함이 없었다.

작년 한 해 동안 $5백만의 당기순이익을 냈으며, 보통주에 대한 배당으로 현금 $800,000을 지급했다. 작년에 고정자산을 구입하기 위해 지불한 현금은 $5.5백만이다. 이들 고정자산은 내용연수가 20년 이상이며 대체 감가상각법(정액상각)을 적용한다. 당신은 회계사를 통해 작년의 연간 감가상각비가 $450,000이라는 것을 알았다. 작년에 지급한 유형자산의 구입대금은 감가상각을 하기 전에 기존 고정자산에 추가되었다. 즉, 작년의 감가상각비 $450,000은 기존 및 신규 고정자산 모두에 대한 것이다. 또한 이 기업은 작년에 이자율 6%의 장기부채 $1백만을 조달하였다. 이 기업의 작년 말 현금 잔고는 얼마인가? 답을 구하기 위해 이 기업의 현금흐름표를 다시 작성하라.

3-14 **[잉여현금흐름]** Arlington Corporation의 재무제표는 다음과 같다(금액과 주식 수 모두 단위가 백만이다).

12월 31일의 재무상태표

	2021년	2020년
자산		
현금 및 현금등가물	$15,000	$14,000
매출채권	35,000	30,000
재고자산	33,320	27,000
총유동자산	$83,320	$71,000
순고정자산	48,000	46,000
총자산	$131,320	$117,000
부채와 자본		
매입채무	$10,100	$9,000
미지급비용	8,000	6,000
단기차입금	7,000	5,050
총유동부채	$25,100	$20,050
장기부채	20,000	20,000
총부채	$45,100	$40,050
보통주(4,000주)	40,000	40,000
이익잉여금	46,220	36,950
보통주 지분금	$86,220	$76,950
총부채와 총자본	$131,320	$117,000

2021년 12월 31일의 연간 손익계산서

매출액	$210,000
감가상각비와 무형자산상각비를 제외한 영업비용	160,000
EBITDA	$50,000
감가상각비와 무형자산상각비	6,000
EBIT	$44,000
이자비용	5,350
EBT	$38,650
세금(25%)	9,663
당기순이익	$28,988
배당지급액	$19,718

a. 2020년과 2021년의 순영업운전자본은 얼마인가? 모든 초과현금은 없다고 가정하자. 초과현금은 영업활동을 위해 사용되는 돈이 아니다.

b Arlington의 2021년도 잉여현금흐름은 얼마인가?

c. Arlington의 2021년도 자본변동표를 작성하라.

d. Arlington의 2021년도 EVA는? 세후 자본비용은 10%라고 가정하자.

e. Arlington의 2021년 말 MVA는? 2021년 12월 31일의 주가를 $25로 가정하자.

고급 문제 15~18

3-15 **[손익계산서]** Edmonds Industries의 추정 손익계산서는 다음과 같다.

매출액	$10,000,000
감가상각비와 무형자산상각비를 제외한 영업비용	5,500,000
EBITDA	$4,500,000
감가상각비와 무형자산상각비	1,200,000
EBIT	$3,300,000
이자비용	500,000
EBT	$2,800,000
세금(25%)	700,000
당기순이익	$2,100,000

CEO는 매출이 이보다 증가하고, 당기순이익도 $3,000,000이 되기를 바라고 있다. 이를 위한 영업비용(감가상각비 및 무형자산상각비를 제외)은 매출의 55%이고 감가상각비 및 무형자산상각비, 이자비용은 추정 손익계산서 금액에 비해 각각 6% 증가한다고 가정하자. 법인세율은 25%로 동일하다고 하자(법인세율이 동일하더라도 납부하는 세금의 크기는 다르게 된다). 당기순이익이 $3,000,000이 되기 위해서는 매출 수준이 어느 정도가 되어야 하는가?

3-16 **[재무제표]** Davidson Corporation의 재무상태표와 손익계산서는 다음과 같다.

2021년 12월 31일의 재무상태표(단위: 백만 달러)

자산		부채와 자본	
현금 및 현금등가물	$15	매입채무	$120
매출채권	515	미지급비용	280
재고자산	880	단기차입금	220
총유동자산	$1,410	총유동부채	$620
순고정자산	2,590	장기부채	1,520
		총부채	$2,140
		보통주(100백만주)	260
		이익잉여금	1,600
		보통주 자본금	$1,860
총자산	$4,000	총부채와 총자본	$4,000

2021년 12월 31일의 연간 손익계산서(단위: 백만 달러)

매출액	$6,250
감가상각비와 무형자산상각비를 제외한 영업비용	5,230
EBITDA	$1,020
감가상각비와 무형자산상각비	220
EBIT	$800
이자비용	180
EBT	$620
세금(25%)	155
당기순이익	$465
보통주 배당지급액	$183
주당 순이익(EPS)	$4.65

a. 2021년 12월 31일의 자본변동표를 작성하라. 2021년에 신규 발행한 보통주는 없다.

b. 이 기간 동안 기업에 재투자한 자금은 얼마인가?

c. 현재 시점에서 부도가 발생하지 않는 수표 발행 한도(즉, 보유 현금 수준)는 얼마인가?

d. 내년에 현재의 채권자에게 지급해야 하는 금액은 얼마인가?

3-17 [잉여현금흐름] Powell Panther Corporation의 재무정보는 다음과 같다.

12월 31일의 연간 손익계산서(단위: 백만 달러)

	2021	2020
매출액	$1,200.0	$1,000.0
감가상각비와 무형자산상각비를 제외한 영업비용	1,020.0	850.0
EBITDA	$180.0	$150.0
감가상각비와 무형자산상각비	30.0	25.0
EBIT	$150.0	$125.0
이자비용	21.7	20.2
EBT	$128.3	$104.8
세금(25%)	32.1	26.2
당기순이익	$96.2	$78.6
보통주 현금배당	$79.7	$61.3

12월 31일의 재무상태표(단위: 백만 달러)

	2021	2020
자산		
현금 및 현금등가물	$12.0	$10.0
매출채권	180.0	150.0
재고자산	180.0	200.0
총유동자산	$372.0	$360.0
순고정자산	300.0	250.0
총자산	$672.0	$610.0
부채와 자본		
매입채무	$108.0	$90.0
미지급비용	72.0	60.0
단기차입금	67.0	51.5

	2021	2020
총유동부채	$247.0	$201.5
장기부채	150.0	150.0
총부채	$397.0	$351.5
보통주 (50백만주)	50.0	50.0
이익잉여금	225.0	208.5
보통주 자본금	$275.0	$258.5
총부채와 총자본	$672.0	$610.0

a. 2020년과 2021년의 순영업운전자본은 얼마인가? 초과현금은 없는 것으로 가정하자.

b. 2021년의 잉여현금흐름은 얼마인가?

c. 2021년도의 배당금이 크게 증가한 이유는 무엇인가?

3-18 **[개인소득세]** Mary Jarvis는 이전 연도 소득에 대한 세금신고서를 작성하고 있는 독신자이다. 그녀에 대한 정보는 다음과 같다.

- 급여로 $82,000을 받았다.
- 배당소득으로 $12,000을 받았다.
- 홈디포가 발행한 채권의 이자소득으로 $5,000을 받았다.
- 2년 전에 $9,000을 지급하고 매입한 디즈니(Disney) 주식을 팔아 $22,000을 받았다.
- 6개월 전에 $7,500을 지급하고 매입한 구글(Google) 주식을 팔아 $10,000을 받았다.
- Mary가 항목별 공제를 받는 경우 소득공제는 $7,500이므로, 표준공제를 선택해 $12,400의 소득공제를 받았다. 그녀의 과세소득을 결정하기 위해 전체 소득에서 표준공제금액을 차감한다.

이 장에 있는 개인소득세율 표를 바탕으로 다음 질문에 답하라.

a. Mary가 정부에 납부해야 하는 세금 총액은?

b. 그녀의 한계세율은?

c. 그녀의 평균 세율은?

종합계산문제

3-19 **[재무제표, 현금흐름, 세금]** Laiho Industries의 2020년과 2021년의 재무상태표는 다음과 같다. 여기서 단위는 $1,000이다.

Laiho Industries의 12월 31일 재무상태표(단위: $1,000)

	2021	2020
현금	$102,850	$89,725
매출채권	103,365	85,527
재고자산	38,444	34,982
총유동자산	$244,659	$210,234
순고정자산	67,165	42,436
총자산	$311,824	$252,670
매입채무	$30,761	$23,110
미지급비용	30,477	22,656
단기차입금	16,717	14,217
총유동부채	$77,955	$59,983
장기부채	76,264	63,914
총부채	$154,219	$123,897
보통주 자본금	100,000	90,000
이익잉여금	57,605	38,773
보통주 자본 총계	$157,605	$128,773
총부채와 총자본	$311,824	$252,670

a. 2021년 매출은 $455,150,000이고 EBITDA는 매출의 15%이다. 또한 감가상각비와 무형자산상각비는 순고정자산의 18%, 이자는 $8,583,000, 법인세율은 25%이다. Laiho는 당기순이익의 47.25%를 배당금으로 지급했다. 이 정보를 바탕으로 이 기업의 2021년 손익계산서를 작성하라.

b. 2021년 12월 31일에 끝나는 회계연도의 자본변동표와 2021년 현금흐름표를 작성하라.

c. 2020년 및 2021년의 순영업운전자본(NOWC) 및 2021년 잉여현금흐름(FCF)을 계산하라. 이 기업은 초과현금이 없다고 가정하자.

d. Laiho Industries가 배당성향을 높인다면 이 기업이 지급해야 하는 법인세는 어떤 영향을 받는가? 또한 이 기업의 주주가 지급해야 하는 세금에는 어떤 영향을 미치는가?

e. 이 기업의 세후 자본비용이 10.5%라고 가정하자. 이 기업의 2021년 EVA는 얼마인가?

f. 이 기업의 주가가 주당 $22이고 2021년 말에 이 기업의 발행주식 수가 1천만 주라고 가정하자. 2021년 말 이 기업의 MVA는 얼마인가?

통합사례

D'LEON INC., Part 1

3-20 **[재무제표 및 세금]** 2016년에 플로리다 대학을 졸업한 Donna Jamison은 4년 동안 은행에서 일한 후 소규모 식품 생산업체인 D'Leon Inc.의 이사회 의장을 보좌하는 직위로 영입되었다. D'Leon은 플로리다 북부에 있으며, 스낵식품시장에서 고품질 피칸(pecan) 및 기타 견과류 제품을 주로 판매하는 기업이다. 2020년에 D'Leon의 사장인 Al Watkins는 대규모 확장을 통해 Frito-Lay, Eagle 및 기타 주요 스낵식품 회사와 경쟁하기 위하여 "전국화"하기로 결정했다. Watkins는 D'Leon의 제품이 경쟁기업의 제품보다 품질이 우수하며 이러한 품질 차이로 인해 보다 높은 가격을 받을 수 있기 때문에 결국 매출, 이익 및 주가가 크게 증가할 것이라고 생각했다.

D'Leon은 설비시설을 두 배로 늘렸고, 다른 주에 새로운 영업사무소를 열었으며, 값비싼 광고 캠페인을 시작했다. D'Leon의 실적은 매우 만족스럽지 않았다. 사장, 부사장, 대주주(모두 지역 기업인)로 구성된 이사회는 그 확장 과정에 심각한 문제가 있다는 사실을 알았다. 원자재 공급업자는 대금을 늦게 받았으며, 은행은 D'Leon의 악화된 상황에 대해 불평하면서 거래를 중단하겠다고 위협하고 있었다. 결국 Watkins는 이 상황을 신속히 개선하지 못하면 해고된다는 통보를 받았다. 이 상황에서 이사회가 Donna Jamison를 영입하여, D'Leon의 이사회 의장이자 최대 주주인 은퇴한 은행가 Fred Campo를 보좌하도록 했다. Campo는 Jamison의 도움을 받아 골프를 치는 날 이외에는 회사의 정상화를 돕기로 했다.

Jamison은 표 IC 3.1, IC 3.2, IC 3.3, IC 3.4에 있는 재무제표와 기타 자료를 수집하기 시작했다. 당신이 Jamison의 조수라고 가정하자. 당신은 Jamison이 Campo의 다음 질문에 답할 수 있도록 도와주어야 한다. (참고: 이 사례는 제4장에서도 계속 이어지고 있다. 따라서 아래 질문에 답을 잘 할수록 제4장을 이해하는 데 도움이 된다. 설명을 명확히 하기 바란다.)

a. 사업 확장이 매출, 세후 영업이익, 순영업운전자본(NOWC) 및 당기순이익에 미친 영향은?

b. 사업 확장이 잉여현금흐름에 미친 영향은?

c. D'Leon은 원자재 구매금액을 30일 이내에 지불하는 조건의 매입채무를 사용하고 있다. 2021년 재무상태표에 의하면 D'Leon은 원자재 공급업체에 대한 매입채무를 약속된 기간 내에 상환할 수 있는가? 이에 대한 설명을 할 때 공급업체가 약속된 기간 내에 자금을 받지 못하는 경우 발생할 수 있는 문제도 언급하라.

d. D'Leon은 노동, 원자재 및 고정자산(감가상각)에 돈을 지불하고 제품을 생산한다. 또한 생산한 제품을 판매하는 데 보다 많은 돈을 사용하고 있다. 이러한 매출은 대부분 매출채권 형태로 이루어지고 있으므로 현금은 나중에 들어온다. D'Leon의 단위당 판매가격이 단위당 비용을 초과하고 있다고 볼 수 있는가? 이는 현금 잔고에 어떤 영향을 미치는가?

e. D'Leon의 영업관리자가 영업직원에게 매출채권의 만기를 현재의 30일이 아닌 60일로 변경하도록 지시했다고 가정하자. D'Leon의 경쟁자들도 비슷한 조건으로 대출채권의 만기를

연장할 것이기 때문에 D'Leon의 매출은 이전과 동일한 수준이 될 것이다. 이는 현금 계정에 어떤 영향을 미치는가? 대출채권 회수 정책의 변경으로 매출을 두 배로 늘릴 수 있다면 현금 계정은 어떤 영향을 받는가?

f. 단위당 판매가격이 단위당 생산비용을 초과하는 경우, 판매량이 급격히 증가하면 현금 잔고가 감소하는 상황이 발생할 수 있는가? 설명하라.

g. D'Leon은 확장 프로그램을 진행하기 위해 내부 조달자금(이익잉여금에 감가상각을 더한 금액)을 사용했는가? 아니면 외부 자본으로 자금을 조달했는가? 자금조달 선택 방법이 기업의 재무 건전성에 어떤 영향을 주는가?

h. <표 IC 3.2> 및 <표 IC 3.4>를 참조하라. D'Leon의 매출액이 영업비용과 이자비용을 합한 금액과 동일하여 손익분기점에 도달했다고 가정하자. 이 기업은 자산 확장을 하는 과정에서 현금 부족이 발생해 이를 외부 자본으로 조달해야 할 필요가 있는가? 설명하라.

i. TCJA는 특정 적격 사업용 자산에 대해서는 장기에 걸쳐 감가상각하기보다는 즉시 비용 처리하도록 요구하고 있다. 이는 (1) 기업의 실제 자산 보유수준, (2) 재무상태표의 고정자산 계정, (3) 기업이 보고하는 당기순이익, (4) 기업의 현금 수준 등에 어떤 영향을 미치는가? 주주 보고와 세금 계산을 위한 재무제표는 동일한 감가상각 방법을 사용하며, 회계처리의 변경이 자산의 물리적 수명에 영향을 미치지 않는다고 가정하자.

j. 주당 순이익(EPS), 주당 배당금(DPS) 및 주당 장부가격을 계산하는 방법과 이들의 의미를 설명하라. 주당 시장가격이 주당 장부가치와 다른 이유는 무엇인가?

k. (1) 지급한 이자와 배당, (2) 수령한 이자와 배당, (3) 자본이득, (4) 법인세 이월의 세무처리를 간략하게 설명하라. 이들 각각은 D'Leon의 법인세에 어떤 영향을 미치는가?

〈표 IC 3.1〉 재무상태표

	2021	2020
자산		
현금[a]	$7,282	$57,600
매출채권	632,160	351,200
재고자산	1,287,360	715,200
총유동자산	$1,926,802	$1,124,000
순고정자산	939,790	344,800
총자산	$2,866,592	$1,468,800
부채와 자본		
매입채무	$524,160	$145,600
미지급비용	489,600	136,000
단기차입금	636,808	200,000
총유동부채	$1,650,568	$481,600
장기부채	723,432	323,432
보통주 (1백만주)	460,000	460,000
이익잉여금	32,592	203,768
자본금 총액	$492,592	$663,768
총부채와 총자본	$2,866,592	$1,468,800

a: 모든 현금은 초과현금이라고 가정하자. 즉, 이 현금은 영업 목적으로 보유하는 것이 아니다.

〈표 IC 3.2〉 손익계산서

	2021	2020
매출액	$6,126,796	$3,432,000
매출원가	5,528,000	2,864,000
기타 비용	519,988	358,672
감가상각비와 무형자산상각비를 제외한 영업비용	$6,047,988	$3,222,672
감가상각비와 무형자산상각비	116,960	18,900
EBIT	($38,152)	$190,428
이자비용	122,024[a]	43,828
EBT	($160,176)	$146,600
세금(25%)	0[b]	36,650
당기순이익	($160,176)	$109,950
EPS	($1.602)	$1.100
DPS	$0.110	$0.275
주당 장부가치	$4.926	$6.638
주가	$2.25	$8.50
발행주식 수	100,000	100,000
법인세율	25.00%	25.00%
리스 지급액	$40,000	$40,000
감채기금 상환액	0	0

a: D'Leon Inc.의 연간 총매출은 지난 3년 동안 $25백만 미만이므로 이자비용 공제한도의 적용을 받지 않는다.

b: 2021년 순영업손실(NOL)은 무기한 이월시킬 수 있기 때문에 미래 연도의 과세소득 및 세금을 낮출 수 있다. 그러나 현재 연도에서는 세금 환급을 받지 못한다. 법인세 이월 처리 방법은 제3장 9절을 참고하라.

〈표 IC 3.3〉 2021년 자본변동표

	보통주		이익 잉여금	자기자본의 합
	주식 수(천)	금액		
2020년 12월 31일의 자기자본	100,000	$460,000	$203,768	$663,768
2021년의 당기순이익			(160,176)	
현금배당			(11,000)	
당기 유보이익				(171,176)
2021년 12월 31일의 자기자본	100,000	$460,000	$32,592	$492,592

〈표 IC 3.4〉 2021년 현금흐름표

영업활동	
당기순이익	($160,176)
감가상각비와 무형자산상각비	116,960
매입채무의 증가	378,560
미지급비용의 증가	353,600
매출채권의 증가	(280,960)
재고자산의 증가	(572,160)
영업활동에 의해 창출된 순현금	($164,176)
투자활동	
고정자산의 증가	($711,950)
투자활동에 사용한 순현금	($711,950)
재무활동	
단기차입금의 증가	$436,808
장기부채의 증가	400,000
현금 배당금	(11,000)
재무활동에 의해 창출된 순현금	$825,808
요약	
현금의 순 감소	($50,318)
연초의 현금	57,600
연말의 현금	$7,282

던킨 브랜드 그룹의 재무제표 살펴보기

아래 질문에 답하기 위해 온라인 자료를 사용하라. 웹사이트 정보는 시간이 지남에 따라 변하므로, 이러한 변경으로 인해 아래 질문 중 일부의 답이 어려울 수 있다.

던킨 브랜드 그룹(Dunkin' Brands Group, Inc.)은 전 세계적으로 던킨도너츠(Dunkin' Donuts) 및 배스킨라빈스(Baskin-Robbins) 브랜드로 영업을 하고 있으며, 13,000개 이상의 던킨도너츠와 8,100개 이상의 배스킨라빈스 매점을 보유하고 있다. Finance.yahoo.com 및 money.msn.com과 같은 금융 웹사이트를 방문하면 던킨 브랜드를 비롯한 여러 기업의 풍부한 재무정보를 접할 수 있다. 이 기업의 주식 종목 기호인 DNKN을 입력하면 던킨 브랜드가 하는 일에 대한 요약(Profile), 최근 주가 차트(Chart), EPS 추정치(Analysis), 최근 뉴스 기사(Summary), 주요 재무 데이터 및 비율(Statistics) 등을 찾을 수 있다.

기업의 영업성과를 분석할 때 가장 먼저 살펴봐야 하는 것은 그 기업의 최근 주가 정보이다. 대화형 차트에서 해당 기업의 주가 성과 차트를 가져올 수 있으며, 2011년부터 2020년 사이의 전체 시장(S&P 500 지수로 측정) 성과와 비교할 수도 있다. 던킨 브랜드는 상승과 하락을 보여주고 있다. 그러나 이 기업의 전반적인 성과는 시장 추세를 따라 지난 5년 동안 양호했으며, 지난 2년 동안은 대체로 시장 성과를 상회하고 있다.

웹사이트에서는 던킨 브랜드의 최근 재무제표(Financials)도 볼 수 있다. 일반적으로 4년 동안의 연간 재무상태표, 손익계산서, 현금흐름표를 찾을 수 있다. 분기별 정보도 구할 수 있다.

토론문제

1. 이용가능한 가장 최근 연도를 살펴보면 던킨 브랜드의 재무상태표에 있는 총자산 금액은 얼마인가? 플랜트 및 장비와 같은 고정자산은 자산의 몇 퍼센트인가? 유동자산은 몇 퍼센트인가? 살펴본 기간 동안 이 기업은 자산 기준으로 얼마나 성장했는가?
2. 던킨 브랜드는 장기부채를 많이 가지고 있는가? 던킨 브랜드가 자산에 대한 재원을 조달하는 주요 방법은 무엇인가?
3. 살펴본 기간 동안의 현금흐름표를 볼 때 이 기업의 현금 수준이 변한 것은 어떤 요인 때문에 발생했는가?
4. 손익계산서를 보면 최근 이 기업의 매출과 당기순이익은 어떻게 나타나고 있는가? 지난 몇 년 동안 매출성장률은 어느 정도인가? 당기순이익의 증가율은 어느 정도인가?
5. 지난 몇 년 동안을 볼 때, 주가 성과와 재무제표에 나타난 당기순이익 사이에 강한 상관관계가 있는가? 설명하라. (힌트: 재무제표에 표시된 연도와 일치하도록 대화형 주식 차트를 변경하라.)

재무제표 분석

04 CHAPTER

주식분석으로 돈을 벌 수 있는가?

오랫동안 위 질문에 대한 격렬한 논쟁이 진행 중이다. 어떤 사람들은 주식시장이 매우 효율적이어서 주식에 대한 거의 모든 정보가 주가에 이미 반영되어 있다고 주장한다. "효율적 시장 옹호론자"들은 똑똑하고, 잘 훈련된 수천 명의 분석가가 금융기관에서 수십억 달러를 운용하고 있다는 점을 들었다. 이들 분석가는 최신 정보를 가지고 있으며, 기업의 미래 수익에 관한 정보가 발표되면 즉시 주식을 매수하거나 또는 매도한다. "효율적 시장 옹호론자"들은 뮤추얼펀드가 우수한 인력을 고용하여 그들에게 높은 임금을 지급하고 있지만 시장의 평균 수익률보다 높은 수익률을 보이지 못하는 사실을 지적하기도 한다. 이러한 전문가도 평균 수익 정도만을 얻는다면, 평범한 우리가 시장에서 높은 수익률을 얻을 수 있겠는가?

이에 동의하지 않는 사람들은 분석을 통해 성과를 낼 수 있다고 주장한다. 그들은 일부 펀드매니저가 해마다 평균보다 좋은 성과를 얻고 있음을 지적하고 있다. 또한 그들은 일부 "적극적인" 투자자들이 기업을 주의 깊게 분석한 다음, 수정이 가능한 문제점을 확인하여 관리자에게 기업의 성과를 개선하도록 설득하고 있는 점에 주목하고 있다.

전 세계에서 잘 알려진 투자자 중 한 명이 워렌 버핏(Warren Buffett)이다. 버핏은 그의 회사 버크셔 해서웨이(Berkshire Hathaway)를 통해 GEICO, Fruit of the Loom, Duracell, Dairy Queen과 같은 많은 유명 기업을 소유하고 있다. 버크셔 해서웨이는 또한 애플, 코카콜라, 델타 항공, 웰스 파고를 비롯한 많은 기업의 지분을 상당량 보유하고 있다. 버핏은 기업의 장기 성과에 많은 관심을 갖는 것으로 유명하다. 그의 가치-투자 접근법(value-investing approach)은 수십 년 전 벤저민 그레이엄(Benjamin Graham)이 가졌던 생각을 바탕으로 하고 있다. 이 접근법은 추정한 내재가치보다 매우 낮은 가격으로 거래되는 주식을 찾는 것이다. 가치투자자는 기업의 강점과 약점을 평가하고, 내재가치 추정을 위한 핵심 변수를 도출하기 위해 이 장에서 설명하는 분석방법을 주로 사용하고 있다.

버핏이 관리하는 버크셔 해서웨이는 놀라운 실적을 기록했다. 1965년과 2019년 사이에 버핏이 이끄는 버크셔 해서웨이 주식은 투자자들에게 2,744,062%의 엄청난 수익률을 제공했으며, 이는 연간 복리수익률로 환산하면 20.3%에 해당한다!

장기간 동안 높은 성과를 가질 수는 있지만 매년 지속적으로 시장보다 나은 성과를 제공할 수 있는 주식이나 펀드는 없다. 실제로 버크셔 해서웨이의 주식은 2019년 전체 주식시장보다 매우 낮은 실적을 보였다. 그 기업의 주가는 11% 상승했지만, S&P 500은 31.5% 상승했다. 많은 분석가들은 이러한 저조한 성과를 1년 동안의 사소한 문제로 보고 있지만 다른 분석가들은 우려를 제기하기 시작했다. 일부 분석가는 아지트 자인(Ajit Jain)과 그렉 아벨(Greg Abel)의 말에 더 관심을 가지고 있다. 자인과 아벨 두 사람은 이 회사의 수석 부사장으로서 버핏의 뒤를 이어 버크셔 해서웨이의 최고경영자가 될 가능성이 높은 것으로 알려져 있다. 워렌 버핏은 2020년 2월 주주들에게 보낸 편지에서 5월에 있을 차기 주주총회에서 자인과 아벨이 참석하여 답변할 것임을 분명히 했다.

다른 분석가들은 버크셔 해서웨이가 최근에 보유하고 있는 $1,200억 이상의 대규모 현금 중 많은 금액을 주주들에게 돌려주라고 주장하고 있다. 그러나 버핏은 시장보다 높은 성과를 얻기 위해 주주에게 현금을 돌려주는 대신 이 현금을 새로운 사업에 투자할 기회를 찾았다. 예를 들어, 2013년 6월 버크셔 해서웨이는 사모펀드 회사 3G Capital과 제휴하여 H. J. Heinz Company를 $280억에 인수했다. 1년 후인 2014년 11월, 버핏은 또 다른 좋은 투자기회를 찾았는데, 이는 버크셔 해서웨이가 Procter and Gamble로부터 Duracell 배터리 사업부문을 매입하는 거래였다. 2015년 3월, 버핏은 Heinz와 Kraft Foods 간의 합병 자금을 조달하기 위해 3G Capital과 또 다시 제휴하였다. 이러한 각각의 경우를 보면, 버핏은 실적 개선 가능성이 매우 높다고 생각되는 기업을 매입하고 있다. 더욱 놀랄 만한 점은 버크셔 해서웨이가 2016년 4분기에 애플에 적시에 거액의 투자를 했다는 뉴스이다. 또한 버크셔 해서웨이는 2017년 10월에 미국 최고의 여행센터 운영자 중의 하나인 Pilot Flying J의 파트너십 지분 38.6%을 구입했다. 버크셔 해서웨이는 계속해서 투자대상 사업을 찾고 있지만, 최근에는 유리한 가격으로 인수할 수 있는 대규모 투자대상을 찾는 데 어려움을 겪고 있다.

많은 사람들은 재무제표를 "단지 회계"에 불과한 것으로 여기지만 재무제표에는 실제로 더 많은 정보가 들어 있다. 이 장에서 살펴보겠지만 재무제표는 경영자, 투자자, 금융기관, 고객, 공급자, 규제기관 등의 목적에 부합하는 풍부한 정보를 제공한다. 재무제표의 분석은 기업의 강점과 약점을 명확히 해주며, 이에 대한 정보를 기반으로 경영자가 기업의 성과를 개선할 수 있도록 해주며, 외부 이해관계자가 기업의 미래 성과를 예측하는 데 도움을 주기도 한다.

출처: Nicole Friedman, "Warren Buffett's Berkshire Hathaway Stock Underperforms the Most Since 2009," *The Wall Street Journal*(wsj.com), February 22, 2020; "Berkshire's Performance vs. the S&P 500," Warren Buffett's 2019 Annual Letter to Shareholders(berkshirehathaway.com/letters/2019ltr.pdf), February 22, 2020; Ed Hammond and Noah Buhayar, "Buffett's Berkshire Hathaway Buys Stake in Pilot Flying J," *Bloomberg*(bloomberg.com/news), October 3, 2017; Jonathan Stempel and Devika Krishna Kumar, "Buffett's Berkshire Hathaway Buys P&G's Duracell," *Reuters*(reuters.com), November 13, 2014; and Lauren Gensler, "Warren Buffett Nearly Quadruples Stake in Apple," *Forbes*(forbes.com), February 14, 2017.

학습개요 및 목표

재무관리의 주요 목표는 당기순이익이나 주당순이익(EPS)과 같은 회계적 지표가 아니라, 주주의 부를 극대화하는 데 있다. 그러나 회계자료는 주가와 관련이 있으며, 회계자료를 사용하여 기업이 현재와 같은 경영 방식을 취하는 이유와 향후 경영 방향을 알 수 있다. 제3장에서는 주요 재무제표를 설명하고, 기업 운영이 변하면 재무제표가 어떻게 변하는지 보여주었다. 제4장에서는 기업의 주가를 높이기 위해 경영자가 재무제표를 어떻게 사용하는지 살펴보도록 하자. 또한 차입자의 대출금 상환 가능성을 평가하기 위해 금융기관이 재무제표를 어떻게 사용하는지 살펴보며, 이익과 배당, 주가를 예측하기 위해 증권분석가가 재무제표를 어떻게 이용하는지에 대해서도 살펴보도록 하자.

경영자가 기업의 가치를 극대화하려면, 기업의 강점을 살리고 약점은 보완해야 한다. 재무분석은 다음을 포함한다. (1) 기업의 성과를 같은 산업 내 다른 기업과 비교한다. (2) 기업의 재무상태가 시간에 따라 어떤 추세를 갖는지 평가한다. 재무분석은 경영자가 문제를 파악하고 개선하는 행동을 하는 데 도움을 준다. 이 장에서는 경영자와 투자자가 기업의 재무상태를 평가하는 방법에 초점을 맞추도록 한다. 이후 장에서는 경영자가 기업의 성과를 개선하고, 주가를 상승시키기 위해 어떤 행동을 할 수 있는지 살펴보도록 한다.

이 장을 마치고 나면, 다음 과제를 수행할 수 있어야 한다.

- 재무비율 분석이 무엇인지 설명한다.
- 재무비율에 대한 다섯 가지 범주를 제시하고, 각 범주의 주요 비율에 대해 설명할 수 있으며, 이를 계산하고 해석할 수 있다.
- 재무상태표 및 손익계산서와 각 재무비율의 관계에 대해 설명한다.
- 경영자가 ROE를 핵심 재무비율로 관리하려는 이유를 설명한 후, 다른 재무비율이 ROE에 어떤 영향을 미치는지 언급한다. 또한 ROE를 향상시키기 위해 듀퐁 공식을 어떻게 사용할지 설명한다.
- 다른 기업과 재무비율을 비교하고(벤치마킹), 시간에 따른 재무비율의 변화를 분석한다(추세분석).
- 시간에 따라 재무비율의 추세가 어떻게 변하는지 언급하고, 이 추세에 문제가 있는지를 살펴본다. 회계 관행 및 여러 요인이 재무비율에 어떤 영향을 미치는지 살펴보고, 재무비율을 사용할 때 왜 주의를 해야 하는지를 설명한다.

4-1 비율분석

자료(Resource)

학생들은 cengage.com에 있는 교과서의 학생 동반자 사이트에서 이 장의 엑셀 모형을 다운로드할 수 있다. 컴퓨터에 엑셀 모형을 다운로드한 후, 4장의 내용을 실행하라.

비율분석(ratio analysis)은 재무제표를 평가하는 데 도움을 준다. 예를 들어, 2021년 말 Allied Food Products는 $860백만의 이자 지급 부채를 보유하고 있으며, 이자로 $83백만을 지불했다. 반면에, Midwest Products는 $52백만의 이자 지급 부채를 보유하면서 $4백만의 이자를 부담하고 있다. 어떤 기업이 보다 건전한가? 기업의 부채 부담과 부채 상환능력은 각 기업의 자산 대비 부채 수준을 살펴보거나, 이자 지급에 사용할 수 있는 이익 혹은 현금을 이자비용과 비교함으로써 평가할 수 있다. 비율분석은 이러한 비교를 용이하게 한다. 이 장에서는 <표 3.1>의 재무상태표와 <표 3.2>의 손익계산서 자료를 이용하여 2021년 Allied의 재무비율을 계산하려고 한다. 사용하는 단위는 백만 달러이며, Allied의 재무비율을 식품산업의 평균과 비교하고, 평가하도록 한다.[1)] 기업의 다양한 영업활동을 분석하기 위해 많은 재무비율을 구할 것이다. 그러나 비율의 명칭과 식을 암기하는 것보다는 각 비율이 의도하는 바를 이해하는 것이 무엇보다 중요하다.

여기서는 재무비율을 다음과 같은 다섯 가지 범주로 나누고 있다.

1. **유동성비율**(liquidity ratio): 만기가 1년 이내인 부채의 지불능력을 보여준다.
2. **자산관리비율**(asset management ratio): 기업이 자산을 얼마나 효율적으로 사용하는지를 보여준다.
3. **부채관리비율**(debt management ratio): 기업의 장기부채 상환능력 이외에도 자금조달 방법을 보여준다.
4. **수익성비율**(profitability ratio): 기업이 자산을 운영하고 이용하여 이익을 얼마나 얻는지 보여준다.
5. **시장가치비율**(market value ratio): 투자자가 기업의 현재와 미래 전망을 어떻게 생각하는지를 보여준다.

기업이 영업을 계속하려면 유동성비율이 좋아야 한다. 기업이 비용을 줄이고 순이익을 크게 하기 위해서는 자산관리비율이 양호해야 한다. 부채관리비율은 기업의 자금사정이 얼마나 위험한지 그리고 얼마나 많은 영업이익을 주식투자자가 아닌 채권투자자에게 지급할 수 있는지를 보여준다. 수익성비율은 자산관리비율과 부채관리비율을 결합해 이들 비율이 ROE에 어떤 영향을 미치는지를 보여준다. 마지막으로, 시장가치비율은 투자자가 기업의 현재와 미래에 대해 어떻게 생각하는지 알려준다.

재무비율 모두가 중요하지만, 기업에 따라 비율의 중요성이 다르다. 예를 들어, 과

---

1) 거래소에 상장된 기업의 재무제표 자료는 대부분 인터넷을 통해 얻을 수 있다. 이러한 정보를 제공하는 사이트 중에는 Yahoo! Finance(finance.yahoo.com)가 있다. 이 웹 사이트는 엑셀 파일로 복사할 수 있는 재무제표를 제공하며, 이를 통해 필요한 재무비율을 계산할 수 있다. 또한 자체적으로 계산한 재무비율도 제공하고 있다.

이 장에서 설명하는 비율 이외에도 재무분석가는 구성비율 분석(common size analysis)으로 알려진 기법을 사용하기도 한다. 구성비율 재무상태표를 작성하기 위해서는 각 자산과 부채, 그리고 자본을 단순히 전체 자산금액으로 각각 나누고, 이를 비율로 나타내면 된다. 구성비율 손익계산서는 각 손익계산서 항목을 매출액으로 나누어 구한다. 비율로 표현한 재무제표는 대기업과 소기업을 비교할 수 있고, 동일한 기업을 시간에 따라 비교할 수 있게 해준다. Yahoo!와 같은 사이트에서 기본 재무제표를 얻어, 이를 엑셀로 저장한 후 구성비율 재무제표를 작성하는 것은 매우 간단하다. 산업 평균 자료는 개별 기업의 구성비율 재무제표와 비교를 쉽게 하기 위해 보통 비율로 주어져 있음을 알아두자. Allied Food Products의 구성비율 재무제표는 웹부록 4A에서 제공하고 있다.

거에 부채를 매우 많이 차입해 부도 위협을 받는 기업이라면, 부채비율이 매우 중요하다. 마찬가지로, 기업의 확장 속도가 매우 빨라 재고와 생산능력이 과도하다면, 자산관리비율이 중요하다. ROE는 항상 중요한 비율이다. ROE를 높이기 위해서는 유동성을 잘 유지해야 하며, 또한 효율적인 자산관리와 부채의 적절한 사용이 필요하다. 경영자는 주가에 매우 많은 관심을 갖고 있다. 경영자는 주식시장의 성과를 직접 통제할 수는 없지만 그들 기업의 ROE는 통제할 수 있다. 따라서 ROE는 경영자의 주요 관심대상이 되고 있다.

4-2 유동성비율

유동성비율은 다음 질문의 답에 도움을 준다. 부채의 만기 시점에서, 해당 부채를 상환하고도 기업에 문제가 없겠는가? 만약 답이 '아니오'라면, 유동성은 가장 중요한 관심 대상이 되어야 한다.

유동자산
시장에서 큰 가격 하락 없이 빨리 현금으로 전환할 수 있는 자산

유동성비율
기업의 현금 및 기타 유동자산과 유동부채와의 관계를 보여주는 비율

유동자산(liquid asset)은 거래가 활발한 시장에서 매매되는 자산으로 시장에서 현금으로 빠르게 전환할 수 있다. <표 3.1>에서 보는 것처럼, Allied사는 1년 이내에 반드시 상환해야 하는 부채로 $310백만을 가지고 있다. 이 경우 부채 상환 문제가 발생할 수 있는가? 유동성분석은 현금관리와 관련이 있다. 현금관리는 운전자본관리를 다루는 제15장에서 논의한다. 현금 및 기타 유동자산을 유동부채와 비교함으로써, 유동성비율을 쉽고 빠르게 측정할 수 있다. 가장 일반적으로 사용하는 두 가지 **유동성비율**은 아래와 같다.

4-2A 유동비율

유동비율
유동자산을 유동부채로 나누어 계산한 비율. 이는 가까운 미래에 현금으로 전환할 수 있는 유동자산으로 유동부채를 어느 정도 감당할 수 있는지를 보여준다.

대표적인 유동성비율은 **유동비율**(current ratio)이며, 유동자산을 유동부채로 나누어 계산한다.

$$\text{유동비율} = \frac{\text{유동자산}}{\text{유동부채}} = \frac{\$1,000}{\$310} = 3.2\text{x}$$

$$\text{산업 평균} = 4.2\text{x}$$

유동자산에는 현금, 시장성 유가증권, 매출채권, 그리고 재고자산 등이 있다. Allied사의 유동부채는 매입채무, 미지급급여와 미지급세금, 단기차입금으로 구성되어 있으며, 만기가 모두 1년 이내이다.

만약 기업이 재무적 곤경에 처해 있다면, 보통 매입채무의 상환은 느려지고 은행의 단기차입금은 증가하기 시작한다. 이는 모두 유동부채를 증가시킨다. 만약 유동부채가 유동자산보다 빠른 속도로 증가한다면, 유동비율은 떨어진다. 이는 기업에 문제가 있

인터넷 재무분석

인터넷을 사용하여 다양한 가치 있는 재무정보를 얻을 수 있다. 투자자는 클릭 몇 번으로 상장기업 대부분의 주요 재무제표를 찾을 수 있다.

디즈니 주식을 사려고 한다고 가정하자. 이를 위해 최근 디즈니의 실적을 분석하려고 한다. 다음은 이러한 작업을 시작하기 위해 액세스할 수 있는 일부(완전한 것은 아님) 사이트 목록이다.

- 사이트 중의 하나는 'Yahoo! Finance(finance.yahoo.com)'이다. 이 사이트는 최신의 시장 정보를 다양한 분석 사이트와 연계하여 제공하고 있다. 주식의 종목 기호를 입력하면 그 기업에 대한 최근 뉴스와 함께 현재 주가를 볼 수 있다. "Statistics" 메뉴를 클릭하면 해당 기업의 주요 재무비율에 대한 보고서를 찾을 수 있다. 그 기업의 재무제표(손익계산서, 재무상태표 및 현금흐름표)에 대한 링크도 찾을 수 있다. Yahoo! Finance는 또한 해당 기업의 CEO 및 기타 주요 내부자가 그 기업의 주식을 매매하고 있는지를 알려주는 내부자거래 목록(Holder 메뉴에서 찾을 수 있음)도 보여준다. 이 사이트는 투자자가 해당 기업에 대한 의견을 나눌 수 있는 게시판(Conversations 메뉴 아래에서 찾을 수 있음)도 있다. 대부분의 경우 해당 기업이 SEC에 제출하는 서류의 전체 목록은 SEC 웹사이트(sec.gov)에서 찾을 수 있다.
- 유사한 정보를 두 웹사이트 Google Finance(google.com/finance) 및 MSN Money(msn.com/en-us/money/markets)에서 찾을 수 있다. 주식의 종목 기호를 입력하면 해당 기업의 현재 주가와 최근 뉴스 목록을 볼 수 있다. MSN Money 웹사이트에서는 기업의 재무제표 및 주요 재무비율 이외에도 분석가의 조언, 과거 차트, 이익 추정치, 내부거래 요약 등을 포함한 여러 정보를 찾을 수 있다.
- 최신 시장 정보는 CNN Money(money.cnn.com), Zacks Investment Research(zacks.com), MarketWatch(marketwatch.com), The Wall Street Journal Digital Network에서 볼 수 있다. 이 사이트는 주식 시세, 재무제표, 기업 프로필 및 시간 경과에 따른 주가 차트를 제공하고 있다.
- 재무정보를 얻을 수 있는 또 다른 사이트로는 CNBC(cnbc.com)가 있다. 여기서 종목 기호를 입력하면 해당 기업의 주가, 시가 총액, 베타, 배당수익률과 같은 기초 자료를 얻을 수 있다. 또한 기업의 주가 차트, 뉴스, 과거 이익 및 미래 추정치, 산업 내 기업 비교, 분기별 또는 연간 재무제표, 소유 현황 요약 등의 자료도 찾을 수 있다.
- Seekingalpha.com도 주가 시세를 제공하고 있다. 여기서는 주가 차트, EPS, P/E, 배당수익률 정보 등과 같은 기초 자료를 찾을 수 있다. 또한 본인이 구입한 주식이나 평소 관심 있는 주식에 대한 속보도 얻을 수 있다.
- Bloomberg(bloomberg.com)는 채권수익률, 주요 이자율 및 환율에 대한 자료를 제공하고 있다.
- 또 다른 좋은 웹사이트는 Reuters(reuters.com)이다. 여기서는 기업의 주요 변화, 주가 차트, 재무제표, 주요 지표 등을 찾을 수 있다.
- Value Line Investment Survey(valueline.com)는 가입자만이 액세스하는 웹사이트로서 산업 및 개별 기업의 손익계산서 자료, 자본구조 자료, 수익률 자료, EPS, 주당 장부가, 주당 현금흐름 및 기타 투자관련 자료를 제공하고 있다.
- 개별 주식의 기준 값을 찾고 싶다면 ValuePro(valuepro.net)가 도움이 될 수 있다. 이 사이트는 주가를 구하기 위해 사용한 주요 재무항목의 숫자를 보여주고 있으며, 사용자가 이들 항목에 다른 값을 대입하는 경우 주가가 어떻게 변하는지를 알 수 있게 해준다.
- 이 모든 정보를 수집하였다면, 전체 시장 및 특정 주식의 움직임에 대한 의견을 제공하는 사이트도 볼 수 있다. 인기 있는 두 사이트로는 The Motley Fool(fool.com)과 The Street(street.com)가 있다.
- 인기 있는 웹사이트는 The Wall Street Journal(wsj.com)이다. 훌륭한 자료를 보유하고 있지만 모든 범위의 자료에 액세스하려면 구독해야 한다.

여러 웹사이트의 자료를 사용하여 비율을 구할 때, 각 웹사이트가 재무비율을 계산하는 방법을 반드시 이해하고 있어야 한다. 각 사이트가 제시하는 비율이 서로 다른 이유는 시간 차이(평균값을 사용하거나 과거 12개월 값을 사용) 및 재무비율에 대한 서로 다른 정의 때문이다. 특정 기업에 대해 동일한 이름의 재무비율을 조사하는 경우 어떠한 웹사이트 자료를 선택했느냐에 따라 그 재무비율이 서로 다른 값으로 나타날 수 있다. 사용한 웹사이트에 있는 "Help"를 클릭하여, 그 사이트가 제공하는 재무비율의 정의를 검색할 필요가 있다. 비율분석을 수행할 때는 항상 이러한 점들을 염두에 두어야 한다.

여기서 제시하고 있는 웹사이트 목록은 온라인에서 사용할 수 있는 정보의 일부이며, 이 장의 끝부분에 있는 인터넷 연습 "한걸음 더"를 수행하는 데 이용할 수 있다. 웹사이트는 만들어지고 없어지기도 하며, 콘텐츠를 변경하기도 한다. 또한 새롭고 흥미로운 사이트도 지속적으로 인터넷에 추가되고 있다.

다는 신호이다. Allied사의 유동비율은 3.2이며, 이는 산업 평균인 4.2보다 낮다. 유동성이 좋지는 않지만 절망적인 수준은 아니다.[2)]

산업 평균 재무비율에 대해서는 이 장의 후반부에서 설명하겠지만, 기업이 반드시 산업 평균 비율을 따라야 하는 것은 아니다. 경영을 매우 잘 하는 일부 기업을 제외하고, 양호한 기업 가운데 산업 평균에 못 미치는 비율을 갖는 경우도 많다. 그러나 기업의 재무비율이 산업 평균과 큰 차이를 가지고 있다면, 분석가는 차이가 발생한 이유에 대해 관심을 가져야 한다. 산업 평균과 차이가 크다면 분석가(또는 기업경영자)가 기업을 보다 세심히 살펴보라는 신호로 볼 수 있다. 매우 높은 유동비율을 갖고 있는 기업은 일반적으로 매우 건전하며, 유동성이 안정적이다. 그러나 기업이 장부에 기재할 필요가 없는 낡은 재고자산을 너무 많이 보유하거나, 악성부채로 분류해야 하는 장기 거액의 매출채권을 가지고 있어도 높은 유동비율이 나타날 수 있다. 유동비율이 높다는 것은 기업이 매출에 비해 현금과 매출채권, 재고자산 등을 과다보유하고 있으며, 이러한 자산을 효율적으로 관리하지 않고 있음을 의미하기도 한다. 따라서 기업이 얼마나 경영을 잘 하고 있는지를 판단하기 위해서는 전체 비율분석을 깊이 있게 살펴볼 필요가 있다.

4-2B 당좌(산성시험)비율

당좌(산성시험)비율
이 비율은 유동자산에서 재고자산을 차감한 후 유동부채로 나누어 계산한다.

두 번째 유동성비율은 **당좌**(quick) 또는 **산성시험**(acid test)**비율**이며, 유동자산으로부터 재고자산을 차감한 후 유동부채로 나누어 계산한다.

$$\text{당좌(또는 산성시험)비율} = \frac{\text{유동자산} - \text{재고자산}}{\text{유동부채}} = \frac{\$385}{\$310} = 1.2\text{x}$$

$$\text{산업 평균} = 2.2\text{x}$$

2) 유동자산은 1년 이내에 현금으로 전환할 수 있으므로, 장부가격과 큰 차이 없이 처분할 수 있다. 3.2의 유동비율을 갖고 있는 Allied사는 장부가치의 31%(1/3.2 = 0.31, 또는 31%)에 해당하는 유동자산만 처분하면, 유동부채의 채권자에게 채무를 모두 상환할 수 있다. 즉, 정리해야 할 유동부채 금액은 0.31($1,000) = $310이다.

유동자산 중에서 재고자산은 유동성이 가장 낮다. 따라서 매출이 감소하더라도 재고자산을 기대한 만큼 빨리 현금화할 수 없다.[3] 또한 재고자산은 매각할 때 손실이 발생하기 가장 쉬운 자산이다. 당좌비율은 재고자산의 처분과 상관없이 기업의 단기 지불능력을 측정하는 중요한 지표이다.

산업 평균 당좌비율은 2.2이지만 Allied사는 1.2로 상대적으로 낮다. 그러나 매출채권을 회수할 수 있다면, 재고자산의 처분에 문제가 있다고 하더라도 유동부채를 지불할 수 있다.

셀프 테스트

- 유동자산의 특징은 무엇인가? 유동자산의 예를 몇 가지 제시하라.
- 두 가지 유동성비율을 통해 어떤 질문에 답할 수 있는가?
- 기업의 유동자산 가운데 유동성이 가장 낮은 자산은?
- 어떤 기업이 $500백만의 유동부채를 보유하고 있으며, 유동비율은 2.0이다. 유동자산의 전체 금액은 얼마인가? **($1,000백만)** 만약 기업의 당좌비율이 1.6이라면, 재고자산은 얼마나 보유하고 있는가? **($200백만)** (힌트: 이 문제와 이 장의 다른 문제들을 풀기 위해서는 질문에 해당하는 비율 공식을 쓰고 주어진 자료를 이 공식해 대입해 비어 있는 값을 찾도록 한다). 예를 들어, 다음과 같이 계산한다.

  유동비율 = 2.0 = 유동자산/유동부채 = 유동자산/$500, 따라서 유동자산 = 2($500) = $1,000
  당좌비율 = 1.6 = (유동자산 − 재고자산)/유동부채 = ($1,000 − 재고자산)/$500
  따라서 재고자산 = $1,000 − $800 = $200

4-3 자산관리비율

자산관리비율
기업이 자산을 얼마나 효율적으로 관리하고 있는가를 측정하는 비율의 집합

비율분석의 두 번째 범주는 **자산관리비율**(asset management ratio)로서 기업이 자산을 얼마나 효율적으로 관리하는지를 나타낸다. 이 비율은 다음 질문에 답을 한다: 현재 매출이나 예상 매출과 비교할 때 자산 규모가 적정한가? 너무 많은가? 또는 너무 적은가? Allied나 다른 기업이 자산을 매입하기 위해서는 은행이나 기타 출처로부터 자본을 조달해야 하므로 자본비용은 커지게 된다. 따라서 자산의 적정 수준을 측정하는 자산관리비율은 중요하다. Allied가 너무 많은 자산을 보유하면 자본비용이 매우

3) 일부 기업은 재무상태표에 "기타 유동자산"이란 항목을 보고할 때도 있다. 당좌비율에 대한 정의를 할 때, 기타 유동자산도 쉽게 현금화할 수 있는 자산으로 가정하고 있다. 일부 분석가는 이런 점을 고려하여 다음과 같이 당좌비율을 정의하기도 한다.

$$\frac{(\text{현금과 등가물} + \text{매출채권})}{\text{유동부채}}$$

이 측정값은 기타 유동자산이 쉽게 현금화하기 어렵다고 가정한다. Allied는 기타 유동자산이 없기 때문에 두 측정값 모두 동일하다.

커져 이익이 감소한다. 또한 자산 규모가 너무 작으면, 수익성 있는 매출 기회를 놓칠 수 있다. 따라서 Allied는 자산의 규모를 적절한 수준으로 맞추어야 하며, 자산관리비율은 자산의 적절한 균형에 도움을 준다.

4-3A 재고자산회전율

재고자산회전율
매출원가를 재고자산으로 나누어 계산한다. 이 비율은 재고자산이 한 해 동안 몇 번 회전했는지를 보여준다.

"회전율(turnover ratios)"은 매출을 특정 자산으로 나누어 '매출/각종 자산'과 같이 계산한다. 이름에서 의미하는 바와 같이, 이 비율은 특정 자산이 한 해 동안 몇 번 "회전"했는지를 보여준다. 그러나 재고자산회전율은 매출은 "시장"가격으로, 재고자산은 원가로 나타내기 때문에 서로 다른 자료를 이용하고 있다. 따라서 매출을 재고자산회전율 계산에 사용하면 재고자산회전율을 과장할 수 있다. Allied의 매출원가는 매출의 70%이며 $2,100백만이다(제3장 <표 3.2> 참조). 다음은 Allied의 **재고자산회전율**(inventory turnover ratio)이다.

$$\text{재고자산회전율} = \frac{\text{매출원가}}{\text{재고자산}} = \frac{\$2,100}{\$615} = 3.4\text{x}$$

$$\text{산업 평균} = 7.6\text{x}$$

Allied의 재고자산은 1년에 3.4번 판매 및 재입고를 했다. 즉, 3.4번 "회전"했다. Allied의 재고자산회전율은 3.4로서 산업 평균인 7.6보다 훨씬 낮다. 이는 재고자산을 매우 많이 보유하고 있음을 뜻한다. 과도한 재고자산은 생산성을 떨어뜨리며, 또한 투자수익률이 낮다는 것을 의미한다. Allied의 낮은 재고자산회전율은 이 기업의 유동비율이 적절한지에 대한 의문을 제기한다. 어떤 기업이 낮은 재고자산회전율을 보이는 경우, 이 기업의 재고자산은 쓸모없는 것이어서 장부에 기재된 금액보다 재고자산의 실제 가치가 낮을 수 있다.[4)]

매출원가는 1년 동안에 걸쳐 발생한 금액이지만 재고자산은 한 시점의 수치를 사용한다는 점에 주목하자. 이러한 이유로 한 시점의 재고자산 대신 평균 재고를 사용하는 것이 보다 바람직할 수 있다.[5)] 사업이 계절 영향을 많이 받거나, 1년 동안 매출이 급상승하거나 하락 추세를 보였다면 이를 조정할 필요가 있다. Allied의 매출은 급속히

4) 이전 판에서는 매출액을 재고자산회전율의 분자로 사용했다. 그러나 Value Line(valueline.com)이나 Morningstar(morningstar.com)와 같은 재무비율 제공자들은 이 공식의 분자에 있는 매출액 대신 매출원가를 사용하여 재고자산을 계산하고 있다. 따라서 여기서도 재고자산회전율의 분모로 매출원가를 사용하도록 한다. 다양한 출처로부터 재무비율을 찾아서 평가하고 비교하는 경우, 각 자료에서 제공하는 재무비율이 어떻게 계산되었는지 이해하는 것은 중요하다.

5) 평균 재고는 보통 1년 동안의 월별 재고자산 금액을 더한 후 12로 나누어 계산한다. 만약 월별 자료를 이용할 수 없다면, 연초 재고와 연말 재고를 더한 후 2로 나누어 계산한다. 두 방법 모두 재고의 증가에 대한 조정을 하고 있지만 계절효과는 고려하지 못하고 있다.

증가하지 않고 있다. 따라서 우리는 산업 평균과 비교 기준을 통일시키기 위해 평균 재고가 아닌 연말 재고를 사용했다.

4-3B 매출채권 회수일수

매출채권 회수일수
이 비율은 매출채권을 일평균 매출액으로 나누어 계산한다. 이는 기업이 물건을 판매한 후 현금으로 회수할 때까지 걸리는 평균 시간을 나타낸다.

매출채권을 평가하는 방법 중의 하나는 **매출채권 회수일수**(days sales outstanding: DSO)이며, 이를 평균 회수기간(average collection period: ACP)이라고도 한다.[6] DSO는 매출채권을 일평균 매출액으로 나누어 계산하며, 이를 통해 매출이 매출채권의 형태로 있었던 기간을 알 수 있다. DSO는 기업이 매출 후 현금을 받기까지 걸리는 평균 시간을 나타낸다. Allied의 DSO는 46일이며, 이는 산업 평균인 36일보다 길다.

$$\text{매출채권 회수일수} = \frac{\text{매출채권}}{\text{일평균 매출액}} = \frac{\text{매출채권}}{\text{평균 매출액}/365}$$

$$= \frac{\$375}{\$3,000/365} = \frac{\$375}{\$8.2192} = 45.625\text{일} \approx 46\text{일}$$

$$\text{산업 평균} = 36\text{일}$$

DSO는 산업 평균과도 비교할 수 있지만, Allied의 매출채권에 대한 신용조건과 비교해 평가할 수 있다. Allied의 신용정책은 판매 후 30일 이내에 현금을 수령하도록 정하고 있다. DSO가 30일이 아니라 46일이라는 것은 Allied의 고객이 평균적으로 제때에 그들의 채무를 이행하지 않고 있음을 의미한다. 이는 기업이 금융기관에서 빌린 차입금이나 고금리 채무를 상환하는 데 현금을 사용하지 못하는 부정적 결과를 갖게 한다. 대부분의 고객이 제때에 매출채권을 상환하는 경우라도, 소수의 고객이 매우 늦게 매출채권을 상환하면 DSO는 높게 나타난다. 상환이 늦는 고객은 채무불이행을 자주 발생시킨다. 이 경우 이들의 매출채권은 회수할 수 없는 불량채권이 되기도 한다.[7] 과거 몇 년 동안 DSO 추세가 증가하고 있지만, Allied의 신용정책은 변하지 않고 있음에 주목하자. 이는 Allied의 신용관리자가 매출채권 회수방법을 개선해야 한다는 의미이다.

---

6) 매출채권을 평가하기 위해 매출채권회전율(receivables turnover)을 사용할 수도 있다. Allied의 매출채권회전율은 $3,000/$375 = 8x이다. 그러나 DSO비율이 이해와 판단에 보다 용이하다.

7) 예를 들어, 이 책의 제6부(운전자본관리, 재무예측 및 다국적기업의 재무관리)에서는 DSO가 평균 46일인 경우, 고객의 85%가 30일 이내에 상환하고, 나머지 15%의 고객은 평균 136.67일 이내에 상환한다고 설명하고 있다. 채무자가 결제를 늦게 하면 기업은 재무적 곤경에 처한다. 좋은 분석가라면 DSO가 46일인 경우 더 심도 있는 분석이 필요함을 감지할 것이다.

4-3C 고정자산회전율

고정자산회전율
매출액을 순고정자산으로 나눈 비율이다. 이는 기업이 고정자산을 얼마나 효율적으로 사용하는지를 측정하는 비율이다.

고정자산회전율(fixed assets turnover ratio)은 매출액을 순고정자산으로 나누어 계산하며, 기업이 얼마나 효율적으로 고정자산을 사용하는지 측정하는 비율이다.

$$\text{고정자산회전율} = \frac{\text{매출액}}{\text{고정자산}} = \frac{\$3{,}000}{\$1{,}000} = 3.0\text{x}$$

$$\text{산업 평균} = 2.8\text{x}$$

Allied의 고정자산회전율은 3.0으로 산업 평균인 2.8보다 약간 높다. 따라서 동일한 산업의 다른 기업보다 조금 더 효율적으로 고정자산을 활용하고 있음을 알 수 있다. 즉, Allied는 매출과 비교할 때 적절한 수준의 고정자산을 갖고 있는 것으로 보인다.

그러나 고정자산회전율을 해석할 때 많은 주의가 필요하다. 재무상태표의 고정자산은 고정자산 매입비용에서 감가상각충당금을 차감하여 기록하고 있다. 인플레이션으로 인해 과거에 매입한 많은 자산의 가치는 현재 시점에서 과소평가된다. 따라서 과거에 고정자산을 매입해 여러 해 동안 감가상각을 한 기존기업과 최근에 고정자산을 구매하여 유사한 사업을 하는 신생기업을 비교하면, 기존기업이 보다 높은 고정자산회전율을 보인다. 이는 신생기업이 고정자산을 비효율적으로 운영하고 있기 때문이 아니라 자산의 사용기간이 짧기 때문에 발생하는 현상이다. 회계전문가들은 기업 사이의 비교를 합리적으로 할 수 있도록 역사적 가치보다는 현재가치를 반영하는 재무제표를 개발하고 있지만 지금 당장은 이 문제를 해결할 수 없다. 따라서 재무분석가는 이러한 문제를 고려해서 판단해야 한다. Allied의 경우, 이 문제가 심각하지는 않다. 왜냐하면 산업 내 모든 기업의 성장 속도가 대부분 비슷하기 때문이다. 따라서 비교대상 기업의 재무상태표만으로도 합리적 비교가 가능하다.[8)]

4-3D 총자산회전율

총자산회전율
매출액을 총자산으로 나눈 비율이다. 이는 기업이 총자산을 얼마나 효율적으로 사용하는지를 측정하는 비율이다.

또 다른 자산관리비율로는 **총자산회전율**(total assets turnover ratio)이 있다. 이는 기업 전체 자산의 회전율을 나타내며, 매출액을 총자산으로 나누어 계산한다.

$$\text{총자산회전율} = \frac{\text{매출액}}{\text{총자산}} = \frac{\$3{,}000}{\$2{,}000} = 1.5\text{x}$$

$$\text{산업 평균} = 1.8\text{x}$$

8) 인플레이션이 재무제표에 미치는 효과를 논의한 FASB Accounting Standards Codification(ASC) Topic 255의 '변동가격'을 참고하라. ASC 255는 FASB #89 '재무보고와 변동가격'(1986. 12월)을 참고하고 있다.

Allied의 총자산회전율은 산업 평균보다 낮다. 이는 산업 평균과 비교할 때, Allied의 전체 자산이 매출에 충분히 기여하지 못하고 있음을 의미한다. Allied의 고정자산회전율은 산업 평균과 비슷하다는 것을 앞에서 확인했다. 따라서 총자산회전율이 낮은 이유는 유동자산, 재고자산, 매출채권의 회전율이 산업 평균보다 낮기 때문이다. Allied는 영업활동을 개선하기 위해 재고자산은 줄이고 매출채권을 더 빨리 회수해야 한다.

셀프 테스트

- 기업이 자산을 효율적으로 관리하는지를 측정하는 네 가지 비율이 있다. 이들의 계산식은 무엇인가?
- 한 기업이 다른 기업보다 높은 성장을 하는 경우, 그들의 재고자산회전율을 단순 비교하면 어떤 문제가 발생할 수 있는가?
- 어떤 기업의 매출채권 회수일수(DSO)를 무엇과 비교하여 평가할 수 있는가?
- 사용기간이 서로 다른 고정자산을 보유하고 있는 기업의 고정자산회전율을 비교할 때 어떤 문제가 발생할 수 있는가?
- 어떤 기업의 연간 매출은 $100백만, 매출원가 $80백만, 재고자산은 $20백만, 매출채권은 $30백만이라고 하자. 재고자산회전율은? **(4x)** 매출채권 회수일수(DSO)는? **(109.5일)**

4-4 부채관리비율

[**역주**: 부채관리비율에서 '부채'는 엄밀한 의미에서 채무(debt)를 의미한다. 채무는 단기차입금과 장기부채의 합이다. 그러나 대부분의 교과서나 논문에서는 채무와 부채를 같은 개념으로 사용하고 있다. 부채관리비율에서도 특별한 구분이 필요한 경우를 제외하고는 채무와 부채를 혼용하도록 한다.]

부채관리비율
기업 경영자가 부채를 얼마나 효율적으로 관리하는지 측정하는 비율

부채의 이자비용보다 영업이익이 더 많다면 기업이 부채를 많이 사용할수록 그 기업의 ROE는 증가한다(leverage up). 그러나 기업이 부채를 사용하면 자기자본만을 사용할 때보다 위험은 증가한다. 이 절에서 우리는 **부채관리비율**(debt management ratios)을 살펴보도록 한다.

<표 4.1>은 부채 사용에 따른 잠재적인 수익과 위험을 나타내고 있다.[9] 여기서는 자본조달방법만 다르고 영업활동이나 자산 규모가 동일한 두 기업을 분석하도록 한다.

---

9) 이 장의 후반부에서 ROE를 보다 심도 있게 논의할 것이며, 제13장에서 레버리지의 효과를 보다 자세히 설명할 것이다. 부채관리비율과 채권 등급 사이의 관계는 제7장에서 다루도록 한다.

〈표 4.1〉 재무 레버리지의 효과

기업 U [무부채기업]

유동자산	$50	부채	$0
고정자산	50	보통주	100
총자산	$100	총부채와 총자본	$100

		경기 상태		
		호황	정상	불황
매출수익		$150.00	$100.00	$75.00
영업비용	고정	45.00	45.00	45.00
	변동	60.00	40.00	30.00
총영업비용		105.00	85.00	75.00
영업이익(EBIT)		$45.00	$15.00	$0.00
이자비용(10%)		0.00	0.00	0.00
법인세차감전순이익(EBT)		$45.00	$15.00	$0.00
법인세(25%)		11.25	3.75	0.00
당기순이익(NI)		$33.75	$11.25	$0.00
ROE_U		33.75%	11.25%	0.00%

기업 L [부채기업(일부 부채)]

유동자산	$50	부채	$50
고정자산	50	보통주	50
총자산	$100	총부채와 총자본	$100

		경기 상태		
		호황	정상	불황
매출수익		$150.00	$100.00	$75.00
영업비용	고정	45.00	45.00	45.00
	변동	60.00	40.00	30.00
총영업비용		105.00	85.00	75.00
영업이익(EBIT)		$45.00	$15.00	$0.00
이자비용(10%)		5.00	5.00	5.00
법인세차감전순이익(EBT)		$40.00	$10.00	-$5.00
법인세(25%)		10.00	2.50	0.00
당기순이익(NI)		$30.00	$7.50	-$5.00
ROE_L		60.00%	15.00%	-10.00%

기업 U(무부채기업)는 부채가 없이 100% 보통주로만 자본을 조달했다. 기업 L(부채기업)은 자본의 50%를 부채로 조달하였으며, 부채의 이자율은 10%이다. 두 기업 모두 $100의 자산을 가지고 있으며, 그들의 매출은 경기에 따라 호경기에는 $150, 불경기에는 $75가 될 것으로 예상한다. 영업비용(예를 들어, 임차료 및 최고경영자의 보수)은 매출 단위와 관계없는 고정비이며, 기타 비용(예를 들어, 노무비 및 원재료비)은 매출에 따라 변하는 변동비이다.[10)]

<표 4.1>을 보면 부채기업과 무부채기업의 영업이익은 모두 동일하므로 두 기업의

EBIT도 각 경기 상황에서 모두 동일하다. 그러나 영업이익 이외의 항목은 서로 다르다. 기업 U는 부채가 없으므로 이자를 지불하지 않는다. 그러므로 법인세차감전순이익은 영업이익과 동일하며, 25%의 연방 및 주 통합 법인세를 지불하면 당기순이익은 호경기일 때 $33.75, 불경기일 때 $0이 된다. 기업 U의 당기순이익을 보통주의 장부가치로 나누어서 구한 ROE는 경기 상태에 따라 각각 33.75%와 0% 사이가 된다.

기업 L도 기업 U와 동일한 EBIT를 갖는다. 그러나 기업 L은 10%의 이자비용을 지불하는 부채 $50을 사용하고 있다. 따라서 경기 상태와 관계없이 $5의 이자비용이 발생한다. 이 $5를 EBIT에서 차감하여 법인세차감전순이익을 산출한다. 법인세차감전순이익에서 법인세를 차감하면 당기순이익을 구할 수 있다. 당기순이익은 경기 상태에 따라 $30과 −$5의 범위로 나타나고 있다.[11] 기업 U가 각각의 경기 상태에서 보다 나은 것처럼 보이지만 이는 잘못된 판단이다. 이를 정확히 파악하기 위해서는 두 기업의 자기자본 규모를 고려할 필요가 있다. 기업 L의 자기자본은 단지 $50이다. 따라서 자기자본 투자액을 당기순이익으로 나누면 호경기일 때의 ROE는 60%(무부채기업은 33.75%), 정상 상태일 때는 15%(무부채기업은 11.25%)가 된다. 그러나 불경기일 때, 기업 L의 ROE는 −10%로 떨어진다. 기업 L이 여러 해 동안 음의 ROE를 벗어나지 못하면 파산할 수도 있다.

상대적으로 높은 부채비율을 갖는 기업은 일반적으로 경제가 정상 수준일 때에는 높은 기대수익률을 갖지만, 불경기에서는 낮은 수익률과 파산 가능성을 갖는다. 그러므로 부채 사용에 대한 의사결정을 할 때는 기대수익률이 증가하면 위험도 증가한다는 점을 고려해야 한다. 최적 부채수준을 결정하는 과정은 복잡하다. 자본구조를 다루는 제13장에서 이 주제에 대해 논의하도록 하자. 지금까지 분석가가 기업의 부채 수준을 살펴보기 위해 사용하는 다음과 같은 두 가지 절차를 살펴보았다. (1) 분석가는 전체 자금 가운데 부채의 비중을 보기 위해 재무상태표를 확인한다. 그리고 (2) 분석가는 영업이익으로 이자비용을 얼마나 충당할 수 있는지 보기 위해 손익계산서를 세심하게 관찰한다.

---

10) 재무제표는 영업비용을 고정비와 변동비로 분리해서 보여주지 않지만, 기업은 내부적 목적으로 이를 나누기도 한다. 물론, 이러한 분리가 항상 정확한 것은 아니다. 왜냐하면 어떤 비용은 단기에는 고정비이지만 장기로는 변동비가 될 수 있기 때문이다. 기업은 변동비의 비중을 증가시키려고 한다. 이를 위해 기업은 기본급보다 성과급을 증가시키고, 고정급을 이익분배방식으로 전환하고 있으며, 아웃소싱 등을 증가시키고 있다.

11) 앞 장에서 논의한 바와 같이, 기업은 손실이 발생할 경우 이를 여러 해에 걸쳐 무기한 이연할 수 있다. 기업이 미래 어떤 해에 과세소득이 발생할 경우 현재의 순영업손실(NOL)을 그 해로 이월시켜 과세소득을 줄일 수 있다. 이로 인해 그 해에 납부할 법인세가 줄어든다. 법인세 이연에 대한 예제는 제3장에 나와 있다.

4-4A 총자본 대비 총부채비율

총자본 대비 총부채비율

총채무를 총자본으로 나눈 비율로서 기업의 전체 자본 중에서 채권자가 제공하는 채무의 비율을 나타낸다.

총자본 대비 총부채비율(total debt to total capital)은 기업의 전체 자본 중에서 채권자가 제공하는 채무의 비중을 나타낸다. [역주: 총자본(total capital)은 '총채무'와 자기자본의 합이며, 자산 총액(total asset)은 '총부채'와 자기자본의 합이다. 이 둘을 구분할 필요가 있다.]

$$\frac{\text{총채무}}{\text{총자본}} = \frac{\text{총채무}}{\text{총채무} + \text{자기자본}}$$

$$= \frac{\$110 + \$750}{\$860 + \$940} = \frac{\$860}{\$1{,}800} = 47.8\%$$

$$\text{산업 평균} = 36.4\%$$

제3장에서 살펴본 것처럼 총채무는 장기부채와 이자지급 유동부채를 합한 것이다. 따라서 유동부채 중에서 매입채무와 미지급비용을 차감한다. Allied의 총채무는 $860백만이며, 이는 단기차입금 $110백만과 장기부채 $750백만으로 구성되어 있다. 이 기업의 총자본은 $1,800백만으로서 채무 $860백만과 자기자본 $940백만을 합해서 구했다. 앞으로 특별한 말이 없는 한 기업의 **부채비율**(debt ratio)이라고 하면 총채무/총자본을 의미하는 것으로 하자.[12)]

채권자는 낮은 부채비율을 선호한다. 왜냐하면 부채비율이 낮을수록, 기업 청산 시 채권자의 손실이 줄어들기 때문이다. 반대로 주주는 보다 많은 부채비율을 선호하는데, 그 이유는 <표 4.1>에서 보는 바와 같이 부채비율이 높을수록 기대이익을 보다 많이 얻을 수 있기 때문이다.

Allied의 부채비율은 47.8%이며, 이는 채권자가 제공하는 채무가 총자본의 절반 정도를 제공하고 있음을 의미한다. 제13장에서 언급하겠지만 많은 요인이 기업의 최적 부채비율에 영향을 준다. 그럼에도 불구하고, Allied의 부채비율이 산업 평균을 크게 초과하고 있는 점은 위험에 대한 경고 신호로 해석할 수 있다. 즉, Allied가 자기자본으로 자본을 우선 조달하지 않고, 부채로 추가 자금을 조달하면 상대적으로 높은 이자를 지급해야 함을 의미한다. 채권자는 기업의 부채가 많지 않기를 바란다. 경영자가 추가 자금의 대부분을 부채로만 조달하면, 부채비용의 상승으로 기업의 파산 가능성이 커지게 된다.

---

12) 재무분석에서 자주 사용되는 두 가지 부채비율로는 다음이 있다.

1. 일부 분석가는 총부채/총자산을 사용하기도 하는데, 여기서의 총부채는 매입채무와 미지급비용 등을 모두 포함한 유동부채와 장기부채의 합이다. Allied의 경우, 총부채는 $1,060백만, 총자산은 $2,000백만이므로 총부채/총자산은 53%이다. 산업 평균은 40%이다.
2. 또 다른 부채비율로는 총채무를 자기자본총액으로 나눈 '자기자본 대비 채무비율(debt-to-equity)'을 사용하기도 한다. Allied의 경우 이는 $860백만/$940백만 = 91.5%이다.

4-4B 이자보상비율

이자보상비율
이자와 법인세차감전순이익(EBIT)을 이자비용으로 나눈 비율이다. 기업의 연간 이자지급 능력을 측정한다.

이자보상비율[times-interest-earned(TIE) ratio]은 이자와 법인세차감전순이익(<표 3.2>의 EBIT)을 이자비용으로 나누어 계산한다.

$$\text{이자보상비율} = \frac{\text{EBIT}}{\text{이자비용}} = \frac{\$278}{\$83} = 3.3\text{x}$$

$$\text{산업 평균} = 6.0\text{x}$$

이자보상비율은 영업이익이 기업의 연간 이자비용을 감당할 수 있는지를 측정한다. 기업이 이자를 지불하지 못하면 채권자는 법적 조치를 취하며, 기업은 결국 파산하게 된다. 분자에 당기순이익이 아닌 이자와 법인세차감전순이익을 사용했음에 주목하자. 이자는 세전비용이므로 기업의 당해연도 이자 지급능력은 세금의 영향을 받지 않는다.

Allied의 이자보상비율은 3.3이다. 산업 평균은 6이므로, Allied는 산업 평균에 비해 이자비용을 감당할 EBIT가 작아 상대적으로 안전 한도(margin of safety)가 낮다. 이자보상비율에 대한 분석 결과는 부채비율에서 얻은 결론, 즉 Allied가 추가 자금을 조달하려고 하면 어려움에 직면할 것이라는 점을 확고하게 해준다.[13)]

셀프 테스트

- 재무 레버리지를 사용하는 경우 주주의 지배력에 미치는 영향은?
- 법인세제는 기업의 부채 조달에 어떤 영향을 미치는가?
- 부채 사용 결정이 위험-수익률 교환관계 문제와 어떤 관계가 있는지 설명하라.
- 다음을 설명하라: 분석가는 기업의 재무상태를 평가할 때 재무상태표와 손익계산서 비율을 모두 검토한다.
- 재무 레버리지를 측정하기 위해 사용하는 두 가지 비율의 이름을 제시하고, 그 식을 나타내라.

---

13) 보통 사용되는 또 다른 부채관리비율로는 EBITDA(earnings before interest, taxes, depreciation, and amortization) 보상비율(coverage ratio)이 있으며, 이는 다음과 같다.

$$\text{EBITDA 보상비율} = \frac{\text{EBITDA} + \text{리스지급액}}{\text{이자비용} + \text{원금상환액} + \text{리스지급액}}$$

이 비율은 이자보상비율보다 더욱 복잡하다. 왜냐하면 감가상각비와 무형자산상각액은 현금으로 지불하는 비용이 아니므로 부채의 원리금 상환에 이용할 수 있고, 리스 지급액과 부채의 원금 상환액은 고정비용이기 때문이다. 이 비율에 대한 더 자세한 사항은 E. F. Brigham and P. R. Daves, *Intermediate Financial Management*, 14th edition(Mason, OH: Cengage Learning, 2022), Chapter 7을 참고하기 바란다.

4-5 수익성비율

수익성비율
유동성비율과 자산관리비율, 부채비율이 경영성과에 어떤 영향을 미쳤는지를 측정하는 비율이다.

재무제표는 과거 사건을 나타내지만, 미래에 발생 가능성이 있는 상황을 추측할 수 있는 중요한 단서도 제공해준다. 유동성비율, 자산관리비율, 부채비율은 기업의 정책과 경영성과에 대한 정보를 알려준다. 이제 **수익성비율**(profitability ratios)을 통해 자금조달 정책과 경영 의사결정이 어떤 결과를 가져왔는지 살펴보도록 하자.

4-5A 영업이익률

영업이익률
매출 1단위 금액에서 차지하는 EBIT 비중을 나타낸다. 이는 영업이익을 매출액으로 나누어 계산한다.

영업이익률(operating margin)은 영업이익(EBIT)을 매출액으로 나누어 계산하며, 매출 1단위에서 차지하는 영업이익의 비중을 의미한다.

$$\text{영업이익률} = \frac{\text{EBIT}}{\text{매출액}} = \frac{\$278}{\$3{,}000} = 9.3\%$$

$$\text{산업 평균} = 10.0\%$$

Allied의 영업이익률은 9.3%로서 산업 평균인 10%보다 낮다. 이는 Allied의 영업비용이 산업 평균보다 높다는 것을 의미한다. 이 결과는 우리가 앞서 계산한 낮은 재고자산회전율과 높은 매출채권 회수일수와 일치하고 있다.

4-5B 매출이익률

매출이익률
이 비율은 매출 1단위 금액에서 차지하는 당기순이익의 비중을 나타내며, 당기순이익을 매출액으로 나누어 계산한다.

매출이익률(profit margin) 혹은 **매출순이익률**(net profit margin)은 당기순이익을 매출액으로 나누어 계산한다.

$$\text{매출이익률} = \frac{\text{당기순이익}}{\text{매출액}} = \frac{\$146.3}{\$3{,}000} = 4.9\%$$

$$\text{산업 평균} = 6.0\%$$

Allied의 매출이익률 4.9%는 산업 평균인 6.0%보다 낮다. 매출이익률이 산업 평균보다 낮은 이유는 두 가지로 해석할 수 있다. 첫째, Allied의 영업이익은 기업의 높은 영업비용 때문에 산업 평균보다 낮다. 둘째, 매출이익률은 Allied의 과다한 부채사용으로 인해 낮아졌다. 두 번째 이유를 자세히 알아보도록 하자. 당기순이익은 부채에 대한 이자와 법인세를 지급한 이후에 결정된다. 매출액과 영업비용, 영업이익이 동일한 두 기업이 있다고 가정하자. 한 기업은 다른 기업보다 부채를 많이 사용하고 있어 이자 부담이 더 많다. 이자가 증가할수록 당기순이익은 감소한다. 따라서 매출액이 두 기업 모두 동일하다고 하더라도 상대적으로 부채를 더 많이 사용하는 기업의 매출이익률은 작아지게 된다. Allied가 비효율적인 영업활동을 하고 있으며, 부채비율이 높기 때문에 산업 평균보다 매출이익률이 낮아지게 되었다는 것을 알 수 있다. 어떤 두 기업이 동일한 영업이익을 갖지만 서로 다른 부채비율을 갖는 경우, 부채비율이 높은 기업이 보다 낮은 매출이익률을 보이게 된다.

매출이익률이 좋아지면 회전율(turnover)에 관심을 가져야 한다. 어떤 기업이 제품의 가격을 높게 설정하면, 매출 단위당 높은 수익을 얻을 수 있지만 판매량은 감소한다. 즉, 제품의 가격을 인상하면 매출이익률은 높아지지만, 판매량이 줄어 당기순이익은 감소한다. 듀퐁 공식은 매출이익률, 부채비율, 회전율 등이 주주의 수익률에 어떠한 영향을 미치는지를 보여준다.

4-5C 총자산이익률

총자산이익률(ROA)
총자산 대비 당기순이익의 비율이다. 기업의 자산이 수익률에 미치는 영향을 측정한다.

당기순이익을 총자산으로 나눈 **총자산이익률**(return on total assets: ROA)의 식은 다음과 같다.

$$\text{총자산이익률(ROA)} = \frac{\text{당기순이익}}{\text{총자산}} = \frac{\$146.3}{\$2,000} = 7.3\%$$

$$\text{산업 평균} = 10.8\%$$

Allied의 총자산이익률은 7.3%로 산업 평균인 10.8%보다 작다. 이는 바람직한 현상이 아니다. 총자산이익률은 높을수록 좋다. 부채를 많이 사용하면 ROA가 낮아질 수 있다. 부채를 사용할수록 이자를 많이 지급해야 하므로 당기순이익은 상대적으로 작아진다. Allied의 ROA가 낮은 이유도 부채를 많이 사용하고 있기 때문이다. 다음과 같은 사실을 결코 잊지 말아야 한다; 단지 몇 개가 아닌 많은 수의 재무비율을 관찰해야 하며, 각 재무비율의 결과가 제시하는 의미를 이해해야 한다. 기업의 성과를 판단할 때는 전체 상황을 주시해야 하며, 어떤 조치가 기업성과를 개선할 수 있는지 고려해야 한다.

4-5D 자기자본이익률

자기자본이익률(ROE)
보통주 자기자본 대비 당기순이익의 비율이다. 보통주의 투자수익률을 측정한다.

매우 중요한 재무비율 중 하나가 **자기자본이익률**(return on common equity: ROE)이며, 이는 다음과 같이 계산한다.

$$\text{자기자본이익률(ROE)} = \frac{\text{당기순이익}}{\text{보통주 자본}} = \frac{\$146.3}{\$940} = 15.6\%$$

$$\text{산업 평균} = 18.7\%$$

주주는 그들이 투자한 자기자본에 대해 높은 수익을 기대한다. 자기자본이익률은 회계적 측면에서 주주가 얼마나 수익을 얻고 있는지를 보여준다. Allied의 자기자본이익률 15.6%는 산업 평균인 18.7%보다 낮지만, 총자산이익률에 비해서는 양호하다. 이는 기업이 부채를 많이 사용하면 ROE가 높아지기 때문이다. 이에 대해서는 앞 절에서 설명했다.

4-5E 투자자본수익률

투자자본수익률(ROIC)
전체 투자자본 대비 세후 영업이익으로 이는 기업이 투자자에게 제공하는 수익률을 나타낸다.

투자자본수익률(return on invested capital: ROIC)은 기업이 채권자와 주주 모두에게 제공하는 전체 수익률을 나타낸다.

$$\text{투자자본수익률(ROIC)} = \frac{\text{EBIT}(1-\text{T})}{\text{투자자본 총액}}$$

$$= \frac{\text{EBIT}(1-\text{T})}{\text{채무}+\text{자기자본}} = \frac{\$208.5}{\$1,800} = 11.6\%$$

$$\text{산업 평균} = 13.2\%$$

ROIC는 두 가지 측면에서 ROA와 다르다. 첫째, ROA는 분모에 자산총액을 사용하지만 ROIC는 분모에 채무와 자기자본을 합한 투자자본 총액을 사용한다. 둘째, ROIC의 분자는 당기순이익이 아니라 세후 영업이익(NOPAT)을 사용하고 있다. 당기순이익은 EBIT에서 세후 이자비용을 차감해서 계산하므로 주주에게 돌아가는 몫을 의미하지만 NOPAT는 주주와 채권자 모두가 이용할 수 있는 자금을 나타낸다.

응용문제

어떤 기업이 매출 $200억과 당기순이익 $10억을 얻었다. 이 기업의 자산 총액은 $100억이다. 이 기업의 자산 총액과 투자자본은 동일하다. 투자자본은 채무와 자기자본이 각각 1/2씩 차지하고 있다. 이 기업의 이자율은 5%이며, 법인세율은 25%이다.

a. 매출이익률은 얼마인가?
b. ROA는 얼마인가?
c. ROE는 얼마인가?
d. ROIC는 얼마인가?
e. 이 기업이 부채를 적게 사용하면 ROA는 증가하는가? (기업의 자산 규모는 변하지 않는다.)

[해답]

a. $\text{매출이익률} = \frac{\text{당기순이익}}{\text{매출액}} = \frac{\$10\text{억}}{\$200\text{억}} = 5\%$

b. $\text{ROA} = \dfrac{\text{당기순이익}}{\text{총자산}} = \dfrac{\$10\text{억}}{\$100\text{억}} = 10\%$

c. $\text{ROE} = \dfrac{\text{당기순이익}}{\text{보통주 자본}} = \dfrac{\$10\text{억}}{\$50\text{억}} = 20\%$

d. ROIC를 계산하기 위해서는 EBIT를 알아야 한다. 이를 계산하기 위해서는 기업의 손익계산서를 사용해야 한다.

EBIT	\$1,583,333,333	EBT + 이자비용
이자비용	250,000,000	0.05 × 0.5 × \$10,000,000,000
EBT	\$1,333,333,333	\$1,000,000,000/(1 − 0.25)
법인세(25%)	333,333,333	EBT × 0.25
당기순이익	\$1,000,000,000	

$$\text{ROIC} = \frac{\text{EBIT}(1-\text{T})}{\text{투자자본 총액}} = \frac{\$1{,}583{,}333{,}333 \times 0.75}{\$100\text{억}} = 11.9\%$$

e. 기업이 부채를 적게 사용할수록 이자비용이 감소하므로 당기순이익은 증가한다. 자산 규모는 변하지 않고, 당기순이익이 증가하므로 ROA는 증가한다.

4-5F 기초 수익성비율

기초 수익성비율

이 비율은 기업의 자산이 영업이익을 얼마나 발생시키는지를 측정한다. 이는 EBIT를 총자산으로 나누어 계산한다.

기초 수익성비율(basic earning power(BEP) ratio)은 영업이익(EBIT)을 총자산으로 나누어 계산한다.

$$\text{기초 수익성(BEP)비율} = \frac{\text{EBIT}}{\text{총자산}} = \frac{\$278}{\$2{,}000} = 13.9\%$$

$$\text{산업 평균} = 18.0\%$$

이 비율은 세금과 부채의 영향을 고려하지 않고 측정한 기업 자산의 수익성을 보여준다. 부채 수준과 법인세가 서로 다른 기업을 비교할 때 유용한 비율이다. 낮은 회전율과 부실한 매출이익률 때문에 Allied는 식품 가공기업의 평균보다 낮은 기초 수익성비율을 갖고 있다.

셀프 테스트

- 여섯 가지 수익성비율을 나열하고 그 계산식을 나타내라.
- 왜 부채의 사용이 매출이익률과 ROA를 낮게 하는가?
- 부채를 많이 사용하면 당기순이익과 ROA 모두 낮아진다. 그러나 부채가 ROE에 부정적인 영향을 미치지 않는 이유는 무엇인가?

- 어떤 기업의 ROA는 10%이다. 이 기업의 총자산 규모는 투자자본 총액과 동일하며, 부채를 전혀 사용하지 않고 있다고 가정하자. 따라서 이 기업의 투자자본은 자기자본과 동일하다. 이 기업의 ROE와 ROIC는 각각 얼마인가? **(10%, 10%)**

4-6 시장가치비율

ROE는 여러 가지 비율을 종합해서 반영하므로, 기업 성과를 알 수 있는 가장 좋은 회계 지표이다. ROE가 높으면 주가도 높으므로 투자자는 높은 ROE를 선호한다. 그러나 투자자는 ROE 이외의 다른 변수도 고려해야 한다. 예를 들어, 재무 레버리지는 ROE를 증가시키지만, 또한 기업의 위험도 증가시킨다. 따라서 과도한 부채를 사용하면 ROE가 높아지지만, 부채를 적게 사용해 ROE가 낮은 기업에 비해 주가가 낮아질 수 있다. 이런 문제를 살펴보기 위해서는 **시장가치비율**(market value ratios)을 검토할 필요가 있다. 시장가치비율은 주가를 기업의 당기순이익이나 장부가치와 비교하는 비율이다. 현재 유동성비율, 자산관리비율, 부채관리비율, 수익성비율 등이 모두 좋고, 투자자가 이 비율들이 향후에도 계속 좋을 것으로 생각한다면, 시장가치비율도 커지고 주가도 기대한 만큼 상승할 것이다. 이는 경영자가 기업을 잘 운영하고 있는 것으로 해석할 수 있다.

시장가치비율
기업의 주가를 기업의 당기순이익 및 주당 장부가치와 비교하는 비율이다.

시장가치비율을 사용하는 이해관계자는 다음 세 가지이다. (1) 주식을 사거나 팔려고 결정하는 투자자, (2) 신규발행 주식(IPO)의 가격을 결정하려는 투자은행, (3) 피합병기업에게 인수가격을 제안하려는 합병기업.

4-6A 주가수익비율

주가수익비율(price/earnings(P/E) ratio)은 주식투자자가 당기순이익 한 단위 금액을 얻기 위해 지불할 수 있는 투자금액을 나타낸다. Allied의 주식은 \$23.06이고, EPS는 \$1.95이므로 주가수익비율은 11.8×이다.

주가수익(P/E)비율
주당 순이익 대비 주가의 비율이다. 주식투자자가 당기순이익 한 단위를 얻기 위해 얼마나 지불할 수 있는지를 나타낸다.

$$\text{주가수익(P/E)비율} = \frac{\text{주당 가격}}{\text{주당 당기순이익}} = \frac{\$23.06}{\$1.95} = 11.8\text{x}$$

$$\text{산업 평균} = 13.6\text{x}$$

제9장에서 살펴보겠지만, 성장률이 높고 위험이 낮은 기업의 주가수익비율은 높고, 성장률이 낮고 위험이 높은 기업의 주가수익비율은 낮다. Allied의 주가수익비율은 산업 평균보다 낮다. 이는 Allied의 위험이 높거나 성장률이 낮다는 의미이며, 혹은 이

두 가지 모두가 나타나고 있다는 의미이다.[14]

주가수익비율은 시점과 기업에 따라 상이하다.[15] 2020년 3월 중순 S&P 500의 P/E 비율은 18.90x이었다. 같은 시점에서 애플의 P/E는 22.07x이고, 세계에서 가장 높은 매출을 올리는 온라인 소매업체인 아마존(Amazon)의 P/E는 77.57x이다. 또한 민간의료보험 업계에서 안정적인 지위를 갖고 있지만, "환자보호 및 부담적정보험법(Affordable Care Act)"과 관련하여 불확실성을 갖는 기업인 AFLAC의 P/E비율은 7.83x이다.

4-6B 장부가치 대비 시장가치비율

주식의 장부가치 대비 시장가치비율은 투자자에게 기업의 상태를 알려주는 또 다른 지표이다. 투자자가 좋게 인식하는 기업은 낮은 위험과 높은 성장을 하는 기업으로서 높은 장부가치 대비 시장가치(M/B)비율을 가지고 있다. Allied의 주당 장부가치(book value per share)는 다음과 같이 계산한다.

$$\text{주당 장부가치} = \frac{\text{보통주 장부가치}}{\text{발행주식 수}} = \frac{\$940}{75} = \$12.53$$

장부가치 대비 시장가치(M/B)비율
주식의 장부가치 대비 시장가격의 비율이다.

여기서 구한 주당 장부가치로 주당 시장가격을 나누어 **장부가치 대비 시장가치비율**(market/book(M/B) ratio)을 계산한다. Allied의 M/B비율은 1.8x이다.

$$\text{시장가치/장부가치(M/B)비율} = \frac{\text{주당 시장가격}}{\text{주당 장부가치}} = \frac{\$23.06}{\$12.53} = 1.8\text{x}$$

$$\text{산업 평균} = 2.6\text{x}$$

주식투자자는 Allied의 자기자본 장부가치에 대해 산업 평균보다 낮은 시장가치를 설정하고 있다. 이는 다른 재무비율에서 발견한 결과와 일치한다. M/B비율은 보통 1.0을 초과한다. 이는 보통 투자자가 주식의 장부가치보다는 시장가치를 보다 많이 지불하고 있음을 의미한다. 이러한 상황이 발생하는 이유는 기업의 재무상태표에 표기되는 자산가치는 인플레이션이나 영업권 등을 반영하고 있지 않기 때문이다. 자산은 인

---

14) 증권분석가는 주가/잉여현금흐름(price-to-free-cash-flow) 비율을 살펴보기도 한다. 분석가는 또한 P/E를 기업의 추정 성장률로 나누어 계산한 PEG(성장률 대비 P/E비율)을 고려하기도 한다. 다수의 증권분석가가 Allied의 향후 5년간 추정 성장률을 6.0%으로 보고 있다면 PEG = 11.8/6.0 = 2.0x이다. PEG 비율은 낮을수록 좋다. 대부분 기업의 PEG는 1.0x부터 2.0x의 범위에 걸쳐 있다. P/E비율은 해마다 이익과 추정 성장률이 변동하기 때문에 매년 크게 변한다는 점을 염두에 두자. 다른 비율처럼 PEG도 흥미로운 비율이지만, 주의해서 해석하고 판단해야 한다.

15) Robert Shiller는 그의 웹사이트(econ.yale.edu/~shiller/data.htm)에서 1971년 이후의 주식시장 전체 주가수익(P/E)비율을 보여주고 있다. 그의 계산에 의하면 시장 전체의 P/E비율 평균은 17x이며, 범위는 4.8x에서 44.2x로 나타났다.

플레이션이 일어나기 전에 구입한 가격이며, 심지어 인플레이션이 발생하여 자산의 실제 가치가 충분히 상승해도 이를 반영하지 못한다. 또한 성공하는 기업의 시장가치는 역사적 원가보다 상승하지만, 성공하지 못하는 기업은 M/B비율이 낮다.[16] 이는 알파벳(Alphabet Inc., 현재 구글의 모회사)과 메트라이프(MetLife, Inc.)에 의해 입증되었다. 2020년 3월 중순에 알파벳의 M/B비율은 4.503이었지만, 메트라이프의 M/B비율은 0.563에 불과했다. 알파벳의 주주들은 자기자본 $1.00당 시장가치로 $4.50을 갖고 있는 반면, 메트라이프의 주주들은 $1.00당 $0.56의 시장가치만 갖고 있다.

4-6C EBITDA 대비 기업가치

EV/EBITDA비율
EBITDA에 대한 기업가치의 비율

최근 몇 년 동안 많은 분석가들이 또 다른 핵심 비율인 **EV/EBITDA비율**에 관심을 집중하기 시작했다. 여기서 EV는 기업가치이다. 자기자본의 상대적 시장가치에 초점을 맞추는 P/E와 M/B비율과 달리 EV/EBITDA비율은 기업의 주요 재무청구권이 갖는 상대적 시장가치를 나타낸다. EV/EBITDA비율은 P/E비율과 달리 기업의 부채 및 세금의 영향을 받지 않는다는 장점을 갖고 있다.[17] Allied의 기업가치를 먼저 구해보자.

$$
\begin{aligned}
\text{기업가치(EV)}_{2021} &= \text{자기자본의 시장가치} + \text{총채무의 시장가치} + \text{기타 재무청구권의} \\
&\quad\ \text{시장가치} - \text{(현금 및 등가물)} \\
&= (\$23.06 \times 75) + (\$110 + \$750) + \$0 - \$10 \\
&= \$1{,}729.5 + \$800 + \$0 - \$10 = \$2{,}579.5\text{(백만)}
\end{aligned}
$$

이 계산에서 자기자본의 시장가치는 발행주식 수에 현재의 주가를 곱해서 구한 Allied의 보통주 시장가치이다. 총채무는 장기부채와 단기차입금으로 구성되어 있다. 분석의 편의를 위해 Allied의 채무는 액면가로 평가되어 있어 재무의 시장가치와 장부가치는 동일하다고 가정하자. 이 기업가치 측정 식에는 "기타 재무청구권의 시장가치" 항목도 포함되어 있다. 이 항목은 채무와 보통주 이외의 기업 자산에 대한 청구권을 갖는 기타 증권을 의미한다. 보통 우선주가 이에 해당한다. Allied는 우선주를 발행하지 않고 있으므로 기타 재무청구권의 시장가치는 0이라고 가정한다. 기업가치를 측정하기 위해서는 기업이 보유하고 있는 현금을 차감한다. 이러한 조정을 통해 초과현금 수준을 다른 기업과 쉽게 비교할 수 있다. 예를 들어, 이 가정을 하지 않는다면, 현금을 많이 보유하고 있지만 비효율적 경영을 하는 기업이 효율적인 경영을 하지만 현금

---

16) 성공한 기업의 M/B비율이 높고, 성공하지 못한 기업의 M/B비율이 낮은 또 다른 이유는 "생존 편의(survivor bias)" 때문으로 알려져 있다. 성공하는 기업은 생존하였으므로 평균에 반영되는 반면에, 성공하지 못하는 기업은 사라지므로 평균 계산에 포함되지 못하기 때문이다.

17) 이는 기초 수익성비율과 유사한 개념이다.

을 적게 보유한 회사보다 성과가 좋은 것으로 잘못 판단할 수 있다.

마지막으로 위에서 구한 Allied의 기업가치를 이 기업의 2021년 EBITDA $378백만(3장 3-3절에서 계산)으로 나눈다. 이렇게 구한 Allied의 EV/EBITDA비율은 다음과 같다.

$$\text{EV/EBITDA}_{2021} = \frac{\$2,579.5(\text{백만})}{\$378(\text{백만})} = 6.8\text{x}$$

$$\text{산업 평균} = 9.2\text{x}$$

Allied의 EV/EBITDA비율은 업계 평균보다 훨씬 낮다. 이것은 이 기업이 효율적으로 운영되지 않는다는 다른 재무비율 계산 결과와 일치하고 있다.

셀프 테스트

- 이 절에서 설명하고 있는 세 가지 비율과 그 계산식을 나타내라.
- 시장가치비율은 주식의 위험과 기대 미래 성장에 대한 투자자의 생각을 어떻게 반영하는가?
- 주가수익(P/E)비율은 무엇을 나타내는가? 만약 한 기업의 P/E비율이 다른 기업보다 낮다면, 그 차이가 발생하는 요인은 무엇인가?
- 주당 장부가치는 어떻게 계산하는가? 인플레이션과 R&D로 인해 시장가치와 장부가치의 차이가 어떻게 확대되는지 설명하라.

4-7 재무비율의 통합: 듀퐁 공식

듀퐁 공식
자기자본이익률을 매출이익률, 총자산회전율, 자기자본 승수의 곱으로 나타낸 공식이다. 이는 자산관리비율, 부채관리비율, 수익성비율 사이의 관계를 보여준다.

이제까지 많은 재무비율을 살펴보았다. 이제는 여러 종류의 재무비율이 ROE를 결정하는 데 어떤 역할을 하는지 살펴보도록 하자. 이를 위해 **듀퐁 공식**(DuPont equation)을 사용하도록 한다. 듀퐁 공식은 1920년대에 듀퐁의 재무관리자가 개발하였다. 아래에 Allied와 식품가공산업의 듀퐁 공식이 있다.

$$
\begin{aligned}
\text{ROE} &= \text{ROA} \times \text{자기자본 승수} \quad (4.1)\\
&= \text{매출이익률} \times \text{총자산회전율} \times \text{자기자본 승수}\\
&= \frac{\text{당기순이익}}{\text{매출액}} \times \frac{\text{매출액}}{\text{총자산}} \times \frac{\text{총자산}}{\text{자기자본 총액}}\\
&= \frac{\$146.3}{\$3{,}000} \times \frac{\$3{,}000}{\$2{,}000} \times \frac{\$2{,}000}{\$940}\\
&= 4.88\% \times 1.5\text{배} \times 2.13\text{배} = 15.6\%\\
\text{산업} &= 6.0\% \times 1.8\text{배} \times 1.73\text{배} = 18.7\%
\end{aligned}
$$

- 첫째 항에서 매출이익률은 기업의 매출에서 당기순이익이 차지하는 비중을 나타낸다. 이 비율은 영업비용, 이자비용, 세금 및 판매가격 등에 의해 결정된다. 만약 기업이 단위당 판매가격을 높게 설정하고, 비용도 줄일 수 있다면, 매출이익률은 커지게 되며 이로 인해 ROE도 향상된다.
- 둘째 항은 총자산회전율이다. 이는 매출이익률이 1년 동안 몇 번 반복되는지를 말해주는 "승수(multiplier)"이다. Allied의 경우, 매출 단위당 4.88%의 이익을 얻고 있으며, 총자산은 1년 동안 1.5번 회전하고 있다. 따라서 총자산이익률은 4.88%×1.5＝7.3%이다. 여기서 7.3%의 수익률은 모두 보통주 주주에게 귀속된다. 왜냐하면 채권보유자는 이자의 형태로 수익을 얻으며, 이자는 주주의 당기순이익을 계산하기 전에 차감하는 비용이기 때문이다. 따라서 전체 7.3%의 총자산이익률은 주주가 얻는 수익률이다. 높은 자기자본이익률을 얻기 위해서는 총자산이익률을 상향 조정해야 한다.
- 셋째 항은 자기자본 승수이며, 이는 조정요소(adjustment factor)이다. Allied의 자산은 자기자본의 2.13배이다. 따라서 7.3%의 총자산이익률에 2.13x의 자기자본 승수를 곱하면 15.6%의 ROE를 얻을 수 있다.[18]

듀퐁 공식을 이용하여 계산한 ROE와 앞서 계산한 Allied의 ROE는 모두 15.6%로 동일하다. 듀퐁 공식에서 ROE를 구하기 위해 단계별로 여러 재무비율을 사용하는 이유는 무엇인가? 답은 듀퐁 공식이 Allied의 ROE가 산업 평균 18.7%에 비해 15.6%로 낮게 나타나는 이유를 설명하는 데 도움을 주기 때문이다. 먼저, Allied의 매출이익률은 산업 평균보다 낮다. 이는 프리미엄 가격을 부과하지 못하거나 비용을 통제하지 못하고 있음을 나타낸다. 또한 다른 기업에 비해 보다 많은 부채를 사용하고 있으므로

18) 자기자본 승수는 기업의 부채 사용과 관련되어 있다. 산업 평균 자기자본 승수는 산업 평균 ROE와 ROA로부터 구할 수 있다. 자기자본 승수＝총자산/자기자본 총액, ROE＝당기순이익/자기자본 총액, ROA＝당기순이익/총자산. 따라서 ROE ÷ ROA＝자기자본 승수다. 이는 다음과 같이 나타낼 수 있다.
$$\frac{\text{ROE}}{\text{ROA}} = \frac{\text{당기순이익}}{\text{자기자본총액}} \div \frac{\text{당기순이익}}{\text{총자산}} = \frac{\text{당기순이익}}{\text{자기자본총액}} \times \frac{\text{총자산}}{\text{당기순이익}} = \frac{\text{총자산}}{\text{자기자본총액}} = \text{자기자본 승수}$$

마이크로소프트의 엑셀: 필수적인 도구

마이크로소프트의 엑셀(Excel)은 재무 및 회계 전문가, 변호사, 마케팅담당자, 자동차판매관리자, 공무원 등 비즈니스 문제를 다루는 모든 사람에게 필수적인 도구이다. 실제로 숫자를 취급하는 사람이 엑셀의 기본 사용법을 알고 있으면 보다 효율적이며 생산적으로 작업을 할 수 있다. 따라서 관리직을 희망하는 사람에게 엑셀은 필수 도구이다.

이 책에서 엑셀은 네 가지 분야에서 사용되고 있다.

1. **금융 계산기.** 엑셀은 더하기, 빼기, 곱하기 및 나누기를 할 수 있으며, 작업의 결과를 저장하여 다음 작업에 사용할 수 있다. 예를 들어, 제3장에서 재무제표를 엑셀로 작성하였다면 이 장에서는 이를 사용하여 재무분석을 쉽게 할 수 있다. 계산기나 연필, 종이를 사용하여 이러한 작업을 수행할 수도 있지만 엑셀을 사용하면 작업이 매우 쉽다. 이 책 전체에서 볼 수 있듯이 엑셀은 다양한 내장 재무함수를 갖고 있어 광범위한 재무문제에 대한 답을 간단히 계산할 수 있도록 해준다. 예를 들어, 엑셀을 사용하면 투자수익률, 채권가격, 프로젝트의 가치 등을 간단히 계산할 수 있다.
2. **상황에 따른 작업 결과의 변경이 용이.** 직장의 상급자가 당신에게 제3장에서 설명한 재무제표를 작성해줄 것을 요청했다고 하자. 당신이 재무제표의 작성을 완료했지만, 상급자가 당신에게 다음과 같이 말할 때가 있다. "회계부서가 우리에게 2021년의 재고자산이 $100백만 과대계상되어 총자산이 부채와 자기자본의 합보다 높게 나타나고 있다고 알려 주었습니다. 재무상태표의 균형을 유지하려면 이익잉여금, 보통주 및 부채 등의 값을 줄여야 합니다. 이를 조정해서 내일 아침 이사회 전에 수정된 재무제표를 제출해 주세요."

   계산기로 작업하면 밤샘 작업을 해야 하지만 엑셀을 사용하면 '2021년 재고자산을 $100백만 감소'시키는 단 한 가지 작업만으로도 재무제표를 바로 수정할 수 있다. 기업이 이와 같은 문제를 두 사람에게 배정했는데, 한 사람은 계산기로, 다른 한 사람은 엑셀로 작업했다고 하자. 누가 승진이 되고, 누가 해고를 당하겠는가?
3. **민감도분석.** 재무제표를 분석하여 기업의 경영을 평가하는 경우 보통 재무비율을 사용한다. 재무비율을 통해 기업의 문제점을 알고 이를 통해 문제를 개선할 수 있다. 예를 들어, Allied의 주가를 결정하는 핵심 요소인 자기자본이익률(ROE)은 업계 평균보다 낮다. ROE는 재고자산의 수준을 비롯한 여러 요인의 영향을 받아 결정된다. 엑셀을 사용하면 재고자산이 증가하거나 감소할 경우 ROE가 어떻게 변하는지 알 수 있다. 경영진이 현재의 재고자산 정책을 변경하려는 경우, 엑셀을 사용하여 이 방안이 이익과 ROE에 어떤 영향을 미치는지 확인할 수 있다. 계산기를 사용해도 이러한 분석을 수행할 수 있지만 이는 비효율적이다. 경쟁이 치열한 세상에서 살아남기 위해서는 효율성을 추구해야 한다.
4. **위험 평가.** 민감도분석을 사용하여 다양한 정책이 갖는 위험을 평가할 수 있다. 예를 들어, 기업이 부채를 증가시키면 일반적으로 예상 자기자본이익률은 상승하지만, 경기가 안 좋게 되면 기업의 위험은 보다 커진다. 엑셀을 사용하여 다양한 부채 수준에 대한 여러 경제 상황의 영향과 경기침체에 따른 파산확률을 계량화할 수 있다. 많은 기업들이 2007–2008년 경기침체 기간 동안 부채가 많은 기업이 위험에 보다 많이 노출된다는 사실을 알게 되었으며, 그 이후 기업들은 위험 모형에 대해 보다 많은 관심을 갖게 되었다.

네 가지 분야에 대한 설명을 통해 엑셀의 기능과 오늘날 비즈니스에서 엑셀이 중요한 이유를 알아보았다. 이 책 전체에서 엑셀에 대한 설명이 자주 나타나므로 엑셀의 사용법을 이해하도록 해야 한다. 엑셀 모형은 cengage.com의 학생 동반자 사이트에서 찾을 수 있다. 엑셀을 잘 이해하고 있으면 취업에 매우 유리하다는 것을 알게 될 것이다.19)

---

19) 교수가 학생에게 엑셀을 재무관리에 활용할 수 있는지를 테스트하는 일은 별로 없다. 일부 학생들은 엑셀이 시험에 도움이 되지 않기 때문에 이를 공부하지 않으려고 한다. 그러나 이는 바람직하지 않다. 대학에서는 학점을 받기 위한 공부보다는 그 이상의 지식을 쌓도록 해야 한다. 엑셀을 학습함으로써 대학이 제공하는 소중한 분석방법 중 하나를 얻도록 하자.

이자비용이 많이 발생해 매출이익률을 감소시키고 있기 때문이다. 둘째, 총자산회전율도 산업 평균보다 낮다. 이는 필요 이상으로 자산을 많이 보유하고 있음을 나타낸다. 마지막으로, 자기자본 승수는 산업 평균에 비해 높게 나타나 과다한 부채사용으로 인한 낮은 매출이익률과 회전율을 상쇄시키고 있다. 그러나 부채비율이 높기 때문에 Allied는 산업 평균 이상의 파산위험에 노출되어 있다. 따라서 재무 레버리지를 줄일 필요가 있다. Allied가 산업 평균 수준으로 부채를 줄인다면, ROE는 4.88%×1.5×1.73 =12.66%로 크게 감소할 것이다.[20]

Allied의 경영진은 성과를 향상시키기 위해 듀퐁 공식을 사용할 수 있다. 매출이익률에 초점을 맞추면, 마케팅 담당자는 판매가격을 인상하거나 마진이 높은 신상품을 도입하면 어떤 효과를 갖는지 분석할 수 있다. 원가계산 담당자는 엔지니어, 구매 담당자 및 기타 운영자와 함께 각 상품의 다양한 비용을 조사한 후, 비용을 줄이기 위한 방법을 모색할 수 있다.

신용관리자가 매출채권을 보다 빨리 회수할 방법을 찾아내 매출채권의 규모를 줄인다면 총자산회전율을 향상시킬 수 있다. 재무 담당자는 부채 조달 방법의 효과를 분석하여 레버리지의 변화가 기대 ROE와 파산위험 모두에 어떤 영향을 미치는지 알려줄 수 있다.

분석 결과, Allied의 CEO인 Ellen Jackson은 20% 이상의 영업비용을 삭감할 수 있는 일련의 조치를 취하기 시작했다. Jackson을 비롯한 Allied의 경영진은 기업의 재무성과를 향상시키려는 강한 인센티브를 가지고 있다. 왜냐하면 그들은 기업의 경영성과에 따라 보상을 받기 때문이다.

셀프 테스트

- 듀퐁 공식을 작성하라.
- 자기자본 승수는 무엇이며, 왜 사용하는가?
- 경영자는 기업 성과를 개선하기 위해 듀퐁 공식을 어떻게 사용할 수 있는가?

20) ROE는 실제로 이보다 작게 감소한다. 왜냐하면 부채가 낮아지면, 이자지급액 또한 감소하기 때문에 매출이익률을 증가시킨다. Allied의 분석가는 부채를 감소시키면 ROE도 크게 감소할 것으로 예측했다.

4-8 ROE의 잠재적 문제

ROE가 중요한 성과지표이기는 하지만, 경영자는 주주의 부를 극대화해야 한다. 기업이 ROE를 향상시키는 조치를 단계적으로 취하면, 주주의 부도 증가하는가? 그 답은 "반드시 그런 것만은 아니다"이다. 기업이 성과를 측정하기 위해 ROE에 많이 의존하면 세 가지 문제가 발생할 수 있다.

첫째, ROE는 위험을 고려하지 않는다. 주주는 ROE뿐만 아니라 위험에 대해서도 많은 관심을 갖는다. 이를 설명하기 위해, 동일한 기업 내 두 사업부를 고려해보자. 사업부 S는 현금흐름이 안정적이며 ROE는 15%가 될 것으로 예측하고 있다. 사업부 R은 16%의 ROE를 예상하고 있지만 현금흐름이 매우 불안정하다. 이 경우 기대 ROE는 크게 중요하지 않다. 예를 들어, 각 사업부의 경영자가 ROE에 의해 보상을 받는다고 하자. 또한 두 사업부의 경영자는 1년 후에 기대 ROE를 모두 달성했다고 하자. 이 경우 위험대비 수익률을 고려하면 사업부 S는 보다 적은 위험을 부담했기 때문에 사업부 R보다 주주에게 실제로 더 큰 가치를 제공했다고 볼 수 있다. 그럼에도 불구하고, 보상은 ROE에만 연동하므로 사업부 R의 경영자는 사업부 S의 경영자보다 더 많은 보상을 받게 된다. 마찬가지로, 재무 레버리지도 기대 ROE를 증가시킨다. 그러나 레버리지가 높을수록 위험도 커진다. 따라서 레버리지를 사용해 ROE를 증가시키는 것은 바람직하지 않다.

둘째, ROE는 투자자본의 규모를 고려하지 않는다. 이를 설명하기 위해, 두 가지 상호 배타적인 프로젝트 가운데 하나를 선택하는 기업을 예로 들어보자. 프로젝트 A의 기대 ROE는 50%이며 투자자본은 $50,000이다. 반면에, 프로젝트 B는 기대 ROE가 45%이며 $1,000,000의 자본이 필요하다. 두 프로젝트의 위험은 동일하며, 기업의 자본비용은 10%이다. 프로젝트 A는 프로젝트 B보다 높은 ROE를 가지고 있지만, 훨씬 규모가 작다. 주주의 부를 보다 극대화해야 하는 경영자의 목표에 의하면 프로젝트 B를 선택하는 것이 타당하다.

셋째, ROE에 초점을 맞추면 경영자가 수익성 있는 프로젝트를 기각할 수 있다. 예를 들어, 당신이 대기업의 한 사업부를 관리한다고 가정하고, 기업의 보너스는 전적으로 ROE를 바탕으로 결정된다고 하자. 당신은 한 해 동안 당신 사업부의 ROE가 45%가 될 것으로 예측하고 있다. 당신은 또한 규모가 보다 크고 위험이 낮지만 기대 ROE가 35%인 프로젝트에 투자할 기회를 가졌다고 하자. 이 프로젝트는 기업의 자본비용 10%보다 높은 ROE를 가지고 있다. 이 프로젝트의 수익 규모가 더 크다고 하더라도, 당신은 이 프로젝트를 택하지 않을 것이다. 왜냐하면 이 프로젝트를 택하면 당신 사업부의 평균 ROE를 감소시켜 당신의 연말 보너스를 줄이기 때문이다.

경제적 부가가치(EVA)와 당기순이익(NI)

제3장에서 언급한 것처럼 경제적 부가가치(Economic Value Added, EVA)는 경영자가 한 해 동안 주주의 부를 얼마나 증가시켰는지를 측정하는 것이다. EVA가 가지고 있는 아이디어를 보다 잘 이해하기 위해 Allied의 2021년 재무상태표(백만 달러 단위)를 보도록 하자. 이 기업의 투자자본 총액은 $1,800으로서 이는 단기차입금 $110, 장기부채 $750, 보통주 자기자본 $940으로 구성되어 있다. 전체 투자자본 중에서 채무는 47.78%, 자기자본은 52.22%이다. 제10장에서 Allied의 자본비용을 계산하는 방법을 설명하겠지만 이 장에서는 자본비용을 단순히 10%라고 가정하자. 따라서 1년 동안 이 기업의 총자본비용(부채와 자본을 포함한)은 0.10 × $1,800 = $180이다.

이제 Allied의 손익계산서를 살펴보도록 하자. 영업이익(EBIT)은 $278이며, 이자비용은 $83이다. 따라서 법인세차감전순이익은 $278 − $83 = $195이며, 법인세는 과세대상 소득의 25%이므로, 0.25($195) = $48.8이다. 따라서 기업의 당기순이익은 $146.3이며, 자기자본이익률(ROE)은 $146.3/$940 = 15.6%이다.

이상의 자료를 바탕으로, 우리는 이제 Allied의 EVA를 계산해보자. EVA의 기본 공식은 다음과 같다.

EVA = EBIT(1 − T) − (투자자본 총액) × (세후 자본비용)
= $278(1 − 0.25) − ($1,800)(0.10)
= $208.5 − $180
= $28.5

양(+)의 EVA는 Allied의 주주가 Allied와 동일한 위험을 갖는 다른 주식에 투자하여 얻는 이익보다 $28.5백만을 더 얻었음을 의미한다. 이 $28.5가 왜 발생했는지 알아보기 위해, 사금흐름을 살펴보도록 하자.

- 기업은 영업이익으로 $278을 얻었다.
- $48.8을 정부에 세금으로 지급하므로, 잔액 $229.3이 투자자(주주와 채권자)에게 돌아가는 몫이다.
- $83은 채권자에게 이자로 지급되었으므로, $146.3이 주주의 몫이다.
- Allied의 주주 또한 기업에 투자한 자기자본에서 수익을 얻어야 한다. 왜냐하면 그들은 유사한 위험을 갖는 다른 기업에 투자할 수 있기 때문이다. 우리는 이를 Allied의 자기자본비용이라고 부른다.
- Allied의 주주가 수익을 "얻었다면", 기업은 $28.5백만을 추가로 만든 것이다. 이 금액이 경제적 부가가치이다. Allied의 경영자는 양의 부를 창출했다. 왜냐하면 주주가 Allied 주식과 같은 위험을 갖는 다른 투자에서 얻을 수 있는 수익보다 높은 수익을 주주에게 지급했기 때문이다.
- 실제로, EVA를 보다 정확히 측정하기 위해서는 몇 가지 조정이 필요하다. 비영업용 자산, 리스 자산, 감가상각 및 고급 재무과정에서 논의할 기타 회계적 세부사항 등에 대한 조정이 필요하다.

ROE와 EVA 사이의 관계

EVA는 일반적으로 알고 있는 회계적 이익과는 다른 개념이다. 왜냐하면 EVA는 부채비용과 자기자본비용을 모두 반영하기 때문이다. EVA를 당기순이익에서 자기자본의 비용 금액을 차감하여 표현할 수 있다.

EVA = 당기순이익 − (자기자본 × 자기자본비용)

위의 표현은 다음과 같이 다시 쓸 수 있다.

EVA = (자기자본)(당기순이익/자기자본 − 자기자본비용)

또한 이는 다음과 같이 변환할 수 있다.

EVA = 자기자본(ROE − 자기자본비용)

마지막 식은 EVA가 세 가지 요소에 의존하고 있음을 보여주고 있다. 1) 수익률: ROE에 반영된다. 2) 위험: 자기자본의 자본비용에 영향을 미친다. 3) 규모: 조달한 자기자본의 금액으로 측정한다. 이 장의 전반부에서 주주가치는 위험, 수익률, 그리고 투자자본에 의해 결정된다고 했다. 위의 마지막 식은 이 점을 보여주고 있다.

이상의 세 가지 예제는 기업의 주가에 미치는 프로젝트의 효과를 정확히 측정하기 위해서는, ROE뿐만 아니라 프로젝트의 규모와 위험도 동시에 고려해야 함을 보여주고 있다. 이를 아래 그림에서 보여주고 있다.

이에 대한 자세한 내용은 제11장 자본예산에서 설명할 것이다. 제11장에서는 주가를 극대화하기 위해서는 어떤 프로젝트를 선택해야 하는지 자세히 살펴볼 것이다.

셀프 테스트

- 기업이 미래 기대 ROE를 증가시키는 조치를 취하면, 주가도 반드시 상승하는가? 설명하라.

4-9 성과평가를 위한 재무비율의 사용

재무비율이 재무제표를 평가하는 데 도움이 되기는 하지만 단지 비율만을 가지고 기업을 평가할 수는 없다. 예를 들어, 어떤 기업의 유동비율이 1.2라고 할 때, 적절한 비율을 사전에 설정하지 않았다면 이 비율의 좋고 나쁨을 판단하기 쉽지 않다. 이러한 문제를 해결하기 위해 Allied의 경영자는 1) 산업 평균, 혹은 2) 특정 기업이나 "벤치마크 기업"과 비교하며, 또한 3) 각 비율의 추세를 분석하기도 한다. 이 절에서는 이 세 가지 접근법을 살펴보도록 하자.

4-9A 산업 평균과의 비교

Allied에 대해 살펴본 것처럼, 성과를 평가하는 한 가지 방법은 기업의 주요 재무비율을 산업 평균과 비교하는 것이다. <표 4.2>는 이 장에서 논의한 재무비율을 요약하고 있다. 이 표는 전체 비율을 한 번에 파악하게 해주고 있다. 각각의 비율 값과 마지막 열의 평가는 산업 평균과 비교해 Allied의 강점과 약점이 무엇인지를 판단하는 데 도움을 준다. <표 4.3>은 2020년 3월 중순 현재 주요 산업의 "실제" 산업 평균 비율을 보여주고 있다.

〈표 4.2〉 Allied Food Products: 재무비율 요약 (단위: 백만 달러)

비율	공식	계산	비율	산업 평균	평가
유동성비율					
유동비율	유동자산 / 유동부채	$1,000 / $310	= 3.2x	4.2x	부실함
당좌비율	유동자산 – 재고자산 / 유동부채	$385 / $310	= 1.2x	2.2x	부실함
자산관리비율					
재고자산회전율	매출원가 / 재고자산	$2,100 / $615	= 3.4x	7.6x	부실함
매출채권 회수일수(DSO)	매출채권 / 평균 매출액/365	$375 / $8.2192	= 46일	36일	부실함
고정자산회전율	매출액 / 고정자산	$3,000 / $1,000	= 3.0x	2.8x	적절함
총자산회전율	매출액 / 총자산	$3,000 / $2,000	= 1.5x	1.8x	약간 낮음
부채관리비율					
총자본 대비 총부채비율	총채무 / 총자본	$860 / $1,800	= 47.8%	36.4%	높음(위험함)
이자보상(TIE)비율	EBIT / 이자비용	$278 / $83	= 3.3x	6.0x	낮음(위험함)
수익성비율					
영업이익률	EBIT / 매출액	$278 / $3,000	= 9.3%	10.0%	낮음
매출이익률	당기순이익 / 매출액	$146.3 / $3,000	= 4.9%	6.0%	부실함
총자산이익률(ROA)	당기순이익 / 총자산	$146.3 / $2,000	= 7.3%	10.8%	부실함
자기자본이익률(ROE)	당기순이익 / 보통주 자본	$146.3 / $940	= 15.6%	18.7%	부실함
투자자본수익률(ROIC)	EBIT(1 – T) / 투자자본 총액	$208.5 / $1,800	= 11.6%	13.2%	부실함
기초 수익성(BEP)비율	EBIT / 총자산	$278 / $2,000	= 13.9%	18.0%	부실함
시장가치비율					
주가수익(P/E)비율	주당 가격 / 주당 당기순이익	$23.06 / $1.95	= 11.8x	13.6x	낮음
시장가치 대비 장부가치(M/B)비율	주당 시장가격 / 주당 장부가치	$23.06 / $12.53	= 1.8x	2.6x	낮음
EV/EBITDA	기업가치 / EBITDA	$2,579.5 / $378	= 6.8x	9.2x	낮음

〈표 4.3〉 일부 산업의 주요 재무비율[a]

산업명	유동비율	재고자산 회전율[b]	총자산 회전율	장기부채 /장기자본[c]	매출 이익률	총자산 이익률	자기자본 이익률	P/E비율	EV/EBITDA[d]
항공/방위	1.13	2.60	0.68	56.52%	4.69%	4.39%	16.91%	0.00	14.94
의류 상점	1.29	4.18	1.46	48.45	4.09	8.45	17.42	12.74	10.93
자동차제조-대기업	1.21	6.83	0.75	51.46	3.63	4.08	8.47	129.65	14.39
음료(청량음료)	1.10	3.82	0.53	46.24	11.95	8.87	16.89	23.25	19.92
전기-복합	1.44	6.49	1.02	38.27	2.42	3.46	5.95	17.73	13.07
식료품 상점	0.97	10.36	1.76	51.92	1.65	4.33	10.52	16.83	8.93
헬스 서비스	1.17	10.64	0.98	52.15	3.97	6.05	14.22	6.77	9.37
숙박업	1.08	7.99	0.58	55.16	8.14	6.26	14.51	5.04	12.74
신문	1.17	8.62	0.47	49.24	7.88	5.07	10.72	0.00	9.18
종이와 종이생산	1.26	5.79	0.77	52.83	4.77	5.06	11.16	10.07	7.53
철도	1.15	25.34	0.86	53.05	4.90	5.05	11.40	12.22	12.56
레스토랑	1.07	7.94	0.57	55.16	8.27	6.32	14.69	7.26	16.88
소매-백화점	1.12	6.19	1.37	42.20	3.58	6.90	14.94	9.10	12.21
과학 및 기술장비	1.80	5.23	0.74	33.77	7.28	5.95	10.91	28.43	15.71
스포츠 제품	2.23	4.29	1.01	28.57	5.54	7.92	10.76	6.53	13.31
강철 및 철	1.36	4.56	0.71	39.02	5.64	6.19	9.25	9.87	6.24
담배	1.25	5.02	0.80	43.18	5.42	6.12	10.54	14.09	12.30

주: a. 비율은 각 산업의 평균이다. 개별 기업에 대한 재무비율도 이용할 수 있다.

b. 이 표의 재고자산회전율은 과거 12개월 동안의 매출원가를 직전 분기와 1년 전 동일 분기의 재고자산 평균으로 나누어 계산했다.

c. 장기부채/장기자본은 MSN의 부채(D)/자기자본(E) 비율을 바탕으로 장기부채/(장기부채+자기자본)으로 계산했다. 계산식은 다음과 같다.

$$\frac{D/E}{(1+D/E)}$$

d. 이 정보는 NYU Stern School of Business에서 얻었다. 2020년 1월 현재 이용할 수 있는 자료는 다음과 같다. pages.stern.nyu.edu/~adamodar/New_Home_Page/datafile/vebitda.html.

출처: 기업가치 변수를 제외한 모든 비율 자료는 2020년 3월 19일 MSN Money Analysis(msn.com/en-us/money/markets/)에서 구하였으며, 기업가치 변수는 2020년 1월 NYU Stern School of Business의 Aswath Damodaran에서 구했다.

4-9B 벤치마킹

벤치마킹
특정 기업을 해당 산업에서 가장 잘 나가는 경쟁기업 및 집단과 비교하는 과정

어떤 기업의 재무비율은 산업 평균 비율과 비교도 하지만 Allied를 비롯한 많은 기업은 그 산업 내에서 가장 좋은 기업과 비교하기도 한다. 이를 **벤치마킹**(benchmarking)이라고 부르며 비교에 사용한 기업을 벤치마크 기업(benchmark company)이라고 부른다. Allied의 경영자는 통조림 수프의 선도기업인 Campbell Soup, 닭, 쇠고기, 돼지고기 가공업체인 Tyson Foods, 영양식품 제조기업인 J&J Snack Foods, 냉동 감자와 기타 야채를 소비자에게 공급하는 포장식품회사인 Conagra Brands, 빵과 스낵식품 제조업자인 Flowers Foods, 초콜릿과 과자 제조업체인 Hershey Foods, 인스턴트 시리얼 및 간편식품 제조업체인 Kellogg Company 등을 벤치마크 기업으로 선정했다.

2020년 3월 4일 시점에서 Yahoo! Finance(finance. yahoo.com)가 제공하는 각 기업의 최근 12개월 자료를 바탕으로 매출이익률을 계산한 후, 이를 다음과 같이 내림차순으로 정리했다.

기업	매출이익률
Campbell Soup	17.95%
Hershey	14.40
J&J Snack Foods	7.88
Conagra Brands	7.62
Kellogg	7.07
Allied Food Products	**4.88**
Tyson Foods	4.71
Flowers Foods	3.99

벤치마킹의 설정을 통해 Allied의 경영자는 경쟁기업에 비해 Allied가 어떤 위치에 있는지 쉽고 정확하게 판단할 수 있다. 자료에서 보는 것처럼 Allied는 벤치마크 기업에 비해 매출이익률에서 거의 최하위에 위치하고 있다. 따라서 보다 많은 개선이 필요하다. 다른 재무비율도 이와 유사한 방법으로 분석할 수 있다.

비교 재무비율(comparative ratio)은 Yahoo! Finance와 MSN Money와 같은 사이트에서 찾을 수 있다. Value Line이나 Dun & Bradstreet(D&B), 은행 대출담당자의 전국 연합인 Risk Management Association 등도 유용한 재무비율을 작성해서 제공하고 있다. 또한 많은 상장기업의 재무제표는 인터넷 사이트를 통해서 구할 수 있다. 중개업자와 은행, 기타 금융기관은 이들 자료에 접속하고 있으며, 증권분석가들은 그들의 필요에 맞추어 비교 재무비율을 작성하고 있다.

자료를 공급하는 기관들은 그들의 목적에 맞추어서 다소 다른 재무비율을 제공하고 있다. 예를 들어, D&B는 주로 소기업이나 수많은 개인기업의 자료를 작성해서 은행이나 기타 대출기관에게 판매하고 있다. D&B는 주로 채권자 관점에서 자료를 작성하므로 이들이 취급하는 재무비율은 시장가치비율이 아닌 유동자산과 유동부채가 대부분이다. 따라서 기업을 서로 비교하기 위한 자료를 선택할 때는 자료 제공 기관의 관점이 당신의 사용 목적과 유사한지를 확인해야 한다. 또한 자료 제공 기관마다 재무비율의 정의가 다르기 때문에 자료를 사용하기 전에 정의를 확인하여 본인의 작업 목적과 일치하는지를 판단해야 한다.

4-9C 추세분석

추세분석
기업의 재무비율을 시간 경과에 따라 분석하는 것으로, 기업 재무 환경의 개선 또는 악화 가능성을 추정하는 데 사용한다.

Allied가 사용할 수 있는 성과 평가의 또 다른 비교 방법은 현재의 재무비율을 과거 수준과 비교하는 것이다. 비율분석에서는 비율의 절대적 수준 이외에 추세를 분석하는 것도 중요하다. 추세는 기업의 재무상태가 개선 또는 악화될 것인지에 대한 실마리를 제공한다. **추세분석**(trend analysis) 결과는 [그림 4.1]과 같이 Allied의 재무비율과 산업 평균을 시간에 따라 그려보면 쉽게 알 수 있다. 그래프에서는 2018년 이후 산업 평균은 안정적 모습을 보이는 데 비해 Allied의 ROE는 하락하고 있음을 보이고 있다. 다른 비율도 이와 유사하게 분석할 수 있으며, 이러한 분석을 통해 ROE가 감소한 이유를 파악할 수 있다.

[그림 4.1] 자기자본이익률, 2017–2021

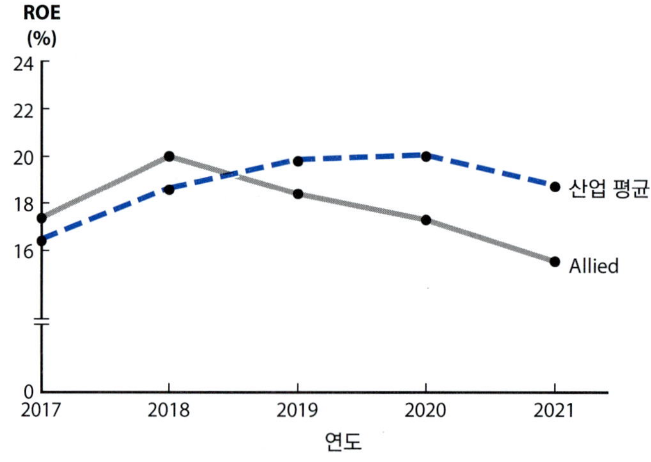

셀프 테스트

- 철도산업의 총자산회전율은 낮지만, 식품도매 및 식료품점 산업의 총자산회전율이 높게 나타나는 이유는 무엇인가?
- 경쟁으로 인해 모든 기업이 장기적으로 유사한 ROE를 갖게 된다면, 높은 회전율을 갖는 기업의 매출이익률은 높게 나타나는가? 낮게 나타나는가? 설명하라.
- 비교 비율분석이 유용한 이유는 무엇인가?
- 추세분석은 어떻게 실행하는가?
- 추세분석을 통해 어떤 중요 정보를 얻을 수 있는가?

4-10 비율분석의 한계점

기업에 대한 정보를 빠르게 찾으려면 reuters.com/finance에 접속하라. *symbol*(화면 오른쪽 상단)에 회사 이름이나 종목 기호를 입력하면 회사 프로필, 주가 시세는 물론 주식 정보, 주가 차트 및 주요 지표를 찾을 수 있다.

앞서 언급한 바와 같이, 비율분석은 세 그룹의 이해관계자가 사용한다. (1) **경영자:** 기업의 영업활동을 분석, 통제, 개선하는 데 도움을 얻기 위해 비율을 사용, (2) **신용분석가:** 은행 대출담당자와 채권등급 분석가와 함께 기업의 부채상환능력을 판단하기 위해 비율을 사용, (3) **주식분석가:** 기업의 효율성, 위험, 성장 전망 등을 알기 위해 비율을 사용. 이후 장에서 우리는 재무비율을 결정하는 주요 요인들을 보다 자세히 살펴볼 것이다. 비율분석은 기업의 영업과 재무 상황에 대한 유용한 정보를 제공하지만 한계점도 있음을 알아야 한다. 발생할 수 있는 몇 가지 문제점은 다음과 같다:

1. 많은 기업은 한 종류의 산업에만 종사하는 것이 아니라 여러 종류의 산업에 걸쳐 영업을 하고 있다. 동시에 여러 산업의 일을 하는 기업의 경우 의미 있는 산업평균을 만드는 것이 쉽지 않다. 비율분석은 다양한 사업부를 갖는 기업보다는 특정 산업에 종사하는 기업에 보다 유용하다.
2. 대부분의 기업은 평균 이상의 재무비율을 가지고 싶어 하므로, 평균 수준에 도달했다고 해서 반드시 좋다고 할 수는 없다. 높은 수준의 성과를 목표로 하는 기업은 해당 산업에서 가장 높은 수준의 재무비율을 갖는 기업에 초점을 맞추는 것이 바람직하다. 벤치마킹은 이 점에서 도움을 준다.
3. 인플레이션은 많은 기업의 재무상태표를 왜곡시킨다. 이로 인해 장부가치는 시장가치와 종종 다르게 나타난다. 시장가치를 사용하는 것이 보다 바람직하지만, 시장가치를 구하는 것이 쉽지 않다. 왜냐하면 기업이 사용한 기계와 동일한 자산을 시장에서 거래할 수 없기 때문이다. 더구나 인플레이션은 자산가치, 감가상각비, 재고자산의 가격, 그리고 이익에 영향을 미친다. 그러므로 한 기업을 시간에 따라 혹은 설립연도가 다른 기업을 비교하기 위해 비율분석을 사용하는 경우 주의해서 해석하고 판단해야 한다.
4. 계절적 요인으로 인해 비율분석이 왜곡될 수 있다. 예를 들어, 식품 가공기업의 재고자산회전율은 재고자산을 기록하는 재무상태표의 작성 시점이 통조림 제조 시즌 이전이냐, 이후냐에 따라 달라진다. 이러한 문제는 회전율을 계산할 때 재고자산(그리고 매출채권) 등을 월 평균으로 나타냄으로써 완화시킬 수 있다.
5. 기업은 그들의 재무제표를 향상시키기 위해 **"분식회계(window dressing)" 기법**을 사용하기도 한다. 예를 들어, 사람들은 헤지펀드의 규모가 클수록 계속 규모가 커진다고 생각한다. 왜냐하면 대규모 헤지펀드가 높은 수익률을 내기 때문에 많은 투자자가 모여들 것으로 생각하기 때문이다. 그러나 2007년에 일부 펀드는 그들의 규모가 큰 것처럼 보이기 위해 자금을 대출받았다는 사실이 밝혀졌다.

"분식회계" 기법(window dressing techniques)
기업이 재무상태를 실제보다 더 좋아 보이도록 만드는 기법이다.

'Wharton Asset Management' 펀드는 $20억을 "관리 중"이라고 보고했지만, 실제로 투자자로부터 확보한 출자금은 $100백만보다 작았다.

6. 기업마다 다른 회계처리 관행이 재무비율의 비교를 어렵게 한다. 앞서 언급한 바와 같이, 재고자산 평가와 감가상각 방법이 다른 기업의 재무제표는 상이하므로, 기업 사이의 비교를 왜곡할 수 있다. 또한 과거에는 리스자산이 재무상태표에 표시되지 않았기 때문에 부채를 조달하여 장비를 직접 구매하는 기업과 장비를 임대하는 기업을 서로 비교하는 것이 쉽지 않았다. 결과적으로, 리스자산이 있는 회사는 자산과 부채 수준을 적게 보고하는 경향이 있으며, 이로 인해 다른 기업과의 비교를 왜곡할 수 있다. 최근에는 회계전문가들이 장기 리스를 부외계정에서 제거하도록 하는 지침(ASC 842)을 마련함으로써 리스자산의 왜곡 문제를 줄이고 있다.
7. 특정 비율이 "좋은지" 또는 "나쁜지"를 일반화하기 어렵다. 예를 들어, 유동비율이 좋으면 기업의 유동성이 좋다는 의미이지만, 은행에 과도한 현금을 쌓아 두면 수익성이 하락하므로 나쁘다고 볼 수도 있다. 마찬가지로, 높은 고정자산회전율은 기업이 자산을 효율적으로 사용한다고 해석할 수 있지만, 이는 기업의 현금 부족을 의미하므로 필요한 고정자산에 투자하지 못하고 있음을 나타내기도 한다.
8. "좋은" 재무비율과 "나쁜" 재무비율을 동시에 갖는 기업이 있다. 이런 경우 기업이 적절한 균형을 이루고 있는지, 건전한지 혹은 부실한지에 대한 결정을 내리기 어렵다. 이 문제를 다루기 위해 은행이나 기타 금융기관은 비율분석의 **순효과**를 분석하기도 하며, 또한 기업의 재무적 위험 확률을 계산하는 통계적 방법을 사용하기도 한다.[21)]

비율분석은 기업의 성과를 판단하는 데 매우 유용하다. 그러나 비율분석을 사용하는 분석가는 위에서 언급한 비율분석의 문제점을 인식하고 사용 목적에 따라 이를 조정할 필요가 있다. 비율분석을 기계적으로 생각 없이 사용하는 것은 위험하다. 그러나 현명하게 사용하고 올바른 판단을 할 수 있다면 비율분석은 기업의 운영에 대한 유용한 통찰을 제공해준다. 비율을 해석하는 능력이 이 시점에서는 부족하겠지만, 이 책의 나머지를 보다 깊이 학습하면 크게 향상될 것이다.

---

21) 이러한 통계적 방법으로 판별분석(discriminant analysis)을 많이 사용한다. 이 주제에 관한 대표적 연구는 다음과 같다. Edward I. Altman, "Financial Ratios, Discriminant Analysis, and the Prediction of Corporate Bankruptcy," *Journal of Finance,* vol. 23, no. 4(September 1968), pp. 589-609.

셀프 테스트

- 비율분석 이용자의 세 가지 유형을 나열하라. 서로 다른 유형의 이용자가 중요하게 생각하는 재무비율은 모두 동일한가? 아니면 이용자마다 재무비율의 중요성을 다르게 평가하는가? 설명하라.
- 비율분석이 갖는 잠재적 문제점을 제시하라.

재무제표상의 위험 신호

회계부정 사건들로 인해 재무회계에 대한 관심이 크게 증가하였다. 분석가들은 기업이 문제를 숨기고 있는지 살펴보기 위해 재무제표를 보다 철저히 조사하게 되었다. 재무회계에 대한 이러한 관심으로 인해 기업의 재무제표를 검토할 때 주의해야 할 목록이 만들어졌다. 예를 들어, 포춘(*Fortune*)의 Shawn Tully는 뉴욕대학교의 회계학 교수인 Baruch Lev와 상의한 후 다음과 같은 위험 신호를 제시했다.

- 매년 기업은 재조정한 비용(charge)과 평가절하(write-down) 등을 통해 회계자료를 보고한다. 이러한 관행은 기업이 평가절하를 통해 영업비용의 축소와 이익의 과대계상을 낳을 수 있다는 우려를 낳고 있다.
- 일련의 합병을 통해 기업의 이익을 부풀리고 있다. 인수기업이 피인수기업보다 높은 주가수익(P/E)비율을 갖고 있다면, 합병은 이익을 증가시킬 수 있다. 그러나 이러한 "성장"은 장기적으로 유지되기 어렵다.
- 기업의 감가상각 기간이 산업 평균보다 긴 경우가 있다. 이로 인해 감가상각비를 적게 계상할 수 있다. 감가상각비가 적으면 현재의 이익을 상승시키지만, 감가상각이 완전히 이루어진 후에는 이러한 이익이 유지될 수 없다.
- 기업의 이익이 지속적으로 높게 나타나고 있지만 현금흐름은 생각보다 낮은 수준일 수 있다. Tully는 이러한 상황이 엔론(Enron)에서 일어났다고 설명하고 있다. 회계부정이 알려지기 몇 개월 전인 2001년 2사분기에 엔론은 $423백만의 당기순이익을 보고했지만, 현금흐름은 －$527백만이었다.

이와 유사하게, 각계 전문가의 조언을 바탕으로 뉴어크 스타 레저(*Newark Star Ledger*)의 Ellen Simson은 다음과 같은 위험 신호 목록을 제시했다.

- 오늘 현재의 가격으로 주식을 매입하지 않으려 한다.
- 기업의 재무제표를 명확히 이해할 수 없다.
- 기업은 "창조적 회계(creative accounting)"를 하는 사업을 하고 있다.
- 기업은 비경상비용 항목을 가지고 있다.
- 매출채권과 재고자산이 매출보다 빠르게 증가하고 있다.
- 기업 내부자가 그들의 주식을 매도하고 있다.
- 기업이 그들과 무관한 업종을 공격적으로 인수하고 있다.

두 리스트는 중복되는 사항도 몇 가지 있다. 위에서 제시한 위험 신호가 발생했다고 해서 기업이 부실하다고 바로 판단해서는 안 된다. 이러한 위험 신호는 투자 의사결정을 내리기에 앞서 기업의 성과를 보다 자세히 확인할 때 주의해야 하는 경고 신호로 해석해야 한다.

4-11 질적 요인의 고려

학생들은 AAII의 교육 웹사이트 aaii.com을 방문할 수 있다. 이 사이트는 투자의 기초, 재무계획, 포트폴리오 관리 등에 대한 지식을 제공하여 개인이 그들의 자산을 효율적으로 관리할 수 있도록 한다.

이 장은 재무제표를 이해하고 해석하는 능력을 키우는 데 도움을 주고 있다. 이러한 능력은 사업에 대한 의사결정을 하거나 주가를 예측하려는 사람에게 매우 중요하다. 그러나 재무분석을 올바르게 하기 위해서는 숫자를 관찰하는 것 이상의 의미가 필요하다. 좋은 분석은 질적 요인도 고려하는 것이다. 고려해야 할 질적 요인에 대해 미국 개인투자자협회(American Association of Individual Investors, AAII)는 다음과 같이 요약하고 있다:

1. 기업의 수익이 단 하나의 핵심 고객에 의해 결정되는가? 이 경우 고객이 다른 기업을 택한다면 기업의 성과는 크게 감소할 수 있다. 반면 다른 기업의 제품으로 대체할 수 없는 제품을 고객에게 판매하고 있다면, 기업의 매출은 안정적이다.
2. 기업의 매출이 하나의 핵심 상품에 어느 정도 의존하는가? 한 개의 제품만 생산하는 기업이 보다 효율적이지만, 다양한 제품을 구비하지 못하는 경우 위험도 증가한다. 여러 제품을 판매할 수 있다면 변동이 심한 환경에서 안정적인 이익과 현금흐름을 가져올 수 있다.
3. 기업이 하나의 공급자에게 어느 정도 의존하는가? 한 개의 공급자에 의존하는 것은 예측하지 못한 공급 부족을 발생시켜, 매출과 이익에 타격을 줄 수 있다.
4. 기업의 매출 중 어느 정도가 해외에서 발생하는가? 해외 사업의 비중이 높은 기업은 보다 높은 성장과 큰 매출 이익을 실현할 기회가 많다. 그러나 해외 영업은 기업을 정치적 위험과 환율 문제에 노출시킬 수 있다.
5. 기업이 직면하는 경쟁의 정도는 얼마인가? 경쟁이 증가하면 가격과 매출 이익이 보다 낮아지는 경향이 있다. 따라서 미래 성과를 예측할 때 현재 경쟁자의 행동과 신규 진입 경쟁자를 모두 평가하는 것이 중요하다.
6. 연구개발에 지속적으로 투자해야 하는가? 연구개발을 계속하는 기업의 경우, 현재 연구개발 중인 신제품의 성공 여부가 그 기업의 미래 성과에 매우 큰 영향을 미칠 것이다. 예를 들어, 제약회사에 투자하는 투자자는 기업이 대박을 가져다줄 신약을 개발하고 있는지, 혹은 그 제품의 임상시험 결과가 좋은지 등에 대해 알고 싶어 한다.
7. 법과 규제의 변화가 기업에 중요한 의미를 갖는가? 예를 들어, 전력회사의 미래를 예측하려고 할 때, 석탄, 원자력, 그리고 가스연료 사용에 대한 규제가 미치는 영향을 분석하는 것이 중요하다.

재무비율의 질적 측면을 고려할 필요가 있다는 좋은 예로 최근 상승하고 있는 기업 넷플릭스(Netflix)를 생각해보자. 2018년 2월 넷플릭스의 주가는 주당 $140이었다.

2년 후인 2020년 2월 주식은 $385로 상승하였다. 넷플릭스의 재무제표는 시간이 지남에 따라 서서히 개선되고 있었지만, 넷플릭스의 미래 전망에 대한 시장의 긍정적 기대로 인해 주가는 급상승했다. 투자자들은 변화하는 기술을 성공적으로 활용하는 넷플릭스의 능력과 자체 콘텐츠 제작에서도 지속적인 성공을 거두는 모습에 깊은 인상을 받았다. 그러나 넷플릭스의 미래가 항상 밝다고 할 수는 없다. 넷플릭스는 변화하는 기술에 직면해야 하며, 다른 스트리밍 서비스 기업과의 치열한 경쟁도 계속해야 한다. 소비자와 넷플릭스의 주주들이 향후 이 경쟁의 결과가 어떻게 진행될지 살펴보는 것은 흥미로울 것이다.

셀프 테스트

- 분석가가 기업의 미래 재무성과를 평가할 때 고려해야 하는 질적 요소는 무엇인가?

단원 종합

제3장에서 우리는 주요 재무제표에 대해 살펴보았다. 그리고 이 장에서 우리는 재무제표를 분석하기 위하여 비율분석을 어떻게 사용할 것인지에 대해 언급했다. 재무제표 분석은 기업의 문제점을 파악할 수 있게 하므로, 주가를 극대화하는 데 도움을 준다. 비율분석은 다음과 같이 다섯 가지 범주로 나눌 수 있다.

- 유동성
- 자산관리
- 부채관리
- 수익성
- 시장가치

재무비율을 산업 평균 및 산업 내 선두기업과 비교(벤치마킹)하면, 미래 성과를 향상시키는 정책을 수립하는 데 도움을 준다. 마찬가지로, 기업의 비율을 시간에 따라 분석함으로써 기업상황이 호전되고 있는지 혹은 악화되고 있는지를 살펴볼 수 있다(추세분석).

경영자가 통제해야 하는 가장 중요한 비율은 ROE이다. 다른 재무비율도 중요하지만 이들도 결국은 대부분 ROE에 영향을 미치고 있다. ROE가 어떻게 결정되는지를 보여주기 위해 사용하는 중요한 분석도구로 듀퐁 공식이 있으며, 이는 다음과 같다.

ROE = 매출이익률 × 총자산회전율 × 자기자본 승수. 기업의 ROE가 산업 평균이나 벤치마크 기업보다 작으면, 듀퐁 분석을 통해 개선해야 할 문제점을 확인한 후, 개선하는 조치를 취해야 한다. 이 후 장에서는 ROE를 개선하고, 기업의 주가를 올릴 수 있는 방법에 대해 언급하도록 한다. 비록 비율분석이 유용하다고 하더라도 신중함과 현명한 판단을 가지고 사용해야 한다. 한 가지 비율만을 향상시키기 위한 활동은 다른 비율에 부정적인 영향을 미칠 수 있다. 예를 들어, 보다 많은 부채를 사용함으로써 ROE를 향상시킬 수 있다. 그러나 부채의 증가는 위험도 증가시켜 주가수익(P/E)비율과 기업의 주가를 하락시킬 수 있다. 비율분석과 같은 정량적인 분석도 유용하지만 비율분석 결과가 갖는 의미를 생각하는 것이 보다 더 중요하다.

자가진단 질문과 문제

ST-1 **[핵심용어]** 다음의 용어를 정의하라.

a. 유동자산
b. 유동성비율: 유동비율, 당좌(산성시험)비율
c. 자산관리비율: 재고자산회전율, 매출채권 회수일수(DSO), 고정자산회전율, 총자산회전율
d. 부채관리비율: 총자본 대비 총부채비율, 이자보상비율(TIE비율)
e. 수익성비율: 영업이익률, 매출이익률, 총자산이익률(ROA), 자기자본이익률(ROE), 투자자본수익률(ROIC), 기초 수익성(BEP)비율
f. 시장가치비율: 수가수익(P/E)비율, 장부가치 대비 시장가치(M/B)비율, EV/EBITDA비율
g. 듀퐁 공식, 벤치마킹, 추세분석
h. '분식회계' 기법

ST-2 **[부채비율]** 작년에 K. Billingsworth & Co.의 주당 이익은 $4, 주당 배당은 $2였다. 1년 동안의 유보이익은 $12백만이며, 주당 장부가치는 연말에 $40이었다. Billingsworth는 우선주를 보유하지 않고 있으며, 지난해 새로운 보통주를 추가로 발행하지 않았다. 연말 총부채가 $120백만이라면, 기업의 총자본 대비 총부채비율은 어떻게 되는가?

ST-3 **[비율분석]** A.L. Kaiser & Company의 회계자료는 다음과 같다(단위: 백만 달러).

현금과 현금등가물	$100.00
고정자산	283.50
매출액	1,000.00
당기순이익	50.00
유동부채	105.50
은행 지급어음	20.00
유동비율	3.00x
매출채권 회수일수(DSO)[a]	40.55일
ROE	12.00%

* [a]이 자료는 1년(365일) 동안 발생한 결과이다.

Kaiser는 우선주를 보유하고 있지 않으며, 단지 보통주, 유동부채, 장기부채만을 보유하고 있다.

a. Kaiser의 (1) 매출채권, (2) 유동자산, (3) 총자산, (4) ROA, (5) 보통주, (6) 당좌비율, 그리고 (7) 장기부채를 계산하라.
b. 'a'에서 Kaiser의 매출채권(A/R)은 $111.1백만으로 나타났을 것이다. 만약 Kaiser가 다른 항목은 변경하지 않고, 매출채권 회수일수(DSO)만 40.55일에서 30.4일로 줄이면 얼마나 많은 현금이 증가하겠는가? 만약 이 현금으로 자사주(보통주)를 장부가치로 매입한다면, 보통

주의 수는 감소할 것이다. 이로 인해 (1) ROE, (2) ROA, 그리고 (3) 총부채/총자산 비율은 어떤 영향을 받는가?

질문

4-1 신용분석가, 주식분석가, 경영자 등의 세 그룹이 재무비율을 분석하고 있다. 각 그룹의 주요 강조점은 무엇이며, 이러한 강조점이 재무비율에 어떤 영향을 미치는가?

4-2 재고자산회전율이 보험회사보다는 식료품 체인점을 분석하는 사람에게 보다 중요한 이유는 무엇인가?

4-3 작년 한 해 동안 M.D. Ryngaert & Co.의 유동비율은 증가하였고, 총자산회전율은 감소하였다. 그러나 기업의 매출, 현금과 현금등가물, 매출채권 회수일수, 그리고 고정자산회전율은 일정하게 유지되었다. 재무상태표의 어떤 항목 때문에 이런 결과가 발생했는가?

4-4 매출이익률과 회전율은 산업마다 다르다. 식료품 체인과 철강회사는 회전율, 매출이익률, 듀퐁 공식에서 어떤 차이가 있을 것으로 예상하는가?

4-5 인플레이션은 어떤 기업에 대한 추세분석과 다른 기업과의 재무비율 비교를 어떻게 왜곡시키는가? 인플레이션은 재무상태표 항목에만 영향을 주는가? 아니면 재무상태표와 손익계산서 항목 모두에 영향을 주는가?

4-6 기업의 ROE가 낮아 경영자가 이를 향상시키고 싶다. 경영자가 부채를 보다 많이 조달하면 ROE가 어떻게 상승할 수 있는지 설명하라.

4-7 재무비율을 비교할 때 (a) 계절적 요인과 (b) 상이한 성장률이 어떤 왜곡을 발생시킬 수 있는지 몇 가지 예를 들어 설명하라. 이러한 문제를 완화시키는 방법은 무엇인가?

4-8 동일한 산업 내의 다른 기업과 재무비율을 비교할 때, 간혹 잘못 판단하는 경우가 발생한다. 그 이유는 무엇인가?

4-9 할인판매점과 고급판매점을 비교하려고 한다. 두 기업의 ROE는 동일하다고 가정하자. 두 기업에 듀퐁 공식을 적용하면 듀퐁 공식의 세 가지 구성 요소가 두 기업 모두 동일한가? 그렇지 않다면 재무상태표와 손익계산서의 어떤 항목이 구성 요소의 차이를 발생시키는지 설명하라.

4-10 Yahoo! Finance와 같은 온라인 금융 사이트를 방문해서 구글의 모회사인 알파벳(Alphabet Inc.) 및 Macy's의 P/E비율을 찾아보라. 두 기업 중 P/E비율이 보다 높은 기업은? 어떤 요인이 이러한 차이를 발생시켰는가?

4-11 ROE와 ROIC의 차이는 무엇인가?

4-12 다음 표에 나열한 거래가 총유동자산, 유동비율, 그리고 당기순이익에 미치는 영향을 표시하라. 증가를 나타내기 위해서는 (+)를, 감소는 (−)를, 영향이 없는 경우는 (0)으로 나타내라. 필요한 가정이 있으면 설정하고, 초기 유동비율은 1.0 이상이라고 가정하자. (참고: 아래 거래 중 일부는 회계지식이 필요할 수 있다. 지식이 없다면 가능한 거래에 대해서만 답을 하라.)

	총유동자산	유동비율	당기순이익에 미치는 효과
a. 보통주의 추가 발행을 통해 현금 조달	______	______	______
b. 상품의 현금 판매	______	______	______
c. 전년도 법인세의 납부	______	______	______
d. 고정자산을 장부가치보다 낮은 가격에 매도	______	______	______
e. 고정자산을 장부가치보다 높은 가격에 매도	______	______	______
f. 상품을 신용으로 판매	______	______	______
g. 채권사에게 매입채무 상환	______	______	______
h. 현금배당을 선언하고 지급	______	______	______
i. 단기 은행대출을 통해 현금 조달	______	______	______
j. 단기 받을어음을 할인하여 매도	______	______	______
k. 시장성 유가증권을 매입가격보다 낮은 가격으로 매도	______	______	______
l. 종업원에게 선급금 지급	______	______	______
m. 당기의 영업비용 지급	______	______	______
n. 매입채무를 상환하기 위해 단기 약속어음으로 교환	______	______	______
o. 매입채무를 상환하기 위해 10년 만기 채권 발행	______	______	______
p. 감가상각이 끝난 자산 폐기	______	______	______
q. 매출채권 회수	______	______	______
r. 장비를 단기어음으로 구입	______	______	______
s. 상품을 외상으로 판매	______	______	______
t. 지급할 추정 세금의 증가	______	______	______

문제

초급 문제 1~6

4-1 **[매출채권 회수일수]** Baxley Brothers는 23일의 매출채권 회수일수(DSO)를 가지고 있으며, 연간 매출액은 $3,650,000이다. 매출채권은 얼마인가? 1년을 365일로 가정하라.

4-2 **[부채비율]** Kaye's Kitchenware의 주식은 시장가치/장부가치의 비율이 1이다. 이 기업의 주가는 주당 $12이며, 발행주식 수는 480만 주이다. 이 기업의 총자본은 $110백만이며, 이는 채무와 보통주로만 조달하였다. 이 기업의 부채비율(= 채무/총자본)은 얼마인가?

4-3 **[듀퐁 분석]** Henderson Hardware의 ROA는 11%, 매출이익률은 6%, ROE는 23%이다. 총자산회전율은 얼마인가? 자기자본 승수는 얼마인가?

4-4 **[시장가치/장부가치 및 EV/EBITDA비율]** Edelman Engines의 총자산은 $170억이며 이 중 현금 및 현금등가물은 $1억이다. 재무상태표에는 유동부채가 $17억으로 표시되어 있으며 그 중 단기차입금은 $10억이다. 이 기업은 또한 $102억의 장기 부채와 $51억의 보통주 장부가치를 갖고 있다. 발행한 보통주의 수는 3억 주이며, 주가는 주당 $20이다. 이 기업의 EBITDA는 $13.68억이다. 회사의 채무는 액면가로 책정되어 채무의 시장가치와 장부가치는 동일하다고 가정하자. Edelman의 시장가치/장부가치 및 EV/EBITDA비율은 얼마인가?

4-5 **[주가수익비율]** 어떤 기업의 주당 순이익(EPS)은 $2.40, 주당 장부가치는 $21.84, 시장가치/장부가치비율은 2.7x이다. 주가수익(P/E)비율은 얼마인가?

4-6 **[듀퐁과 ROE]** 어떤 기업의 매출이익률은 3%이며 자기자본 승수는 1.9이다. 또한 매출액은 $100백만이고, 총자산은 $60백만이다. ROE는 얼마인가?

중급 문제 7~19

4-7 **[ROE와 ROIC]** Baker Industries의 순이익은 $24,000, 이자비용은 $5,000, 세율은 25%이다. 단기차입금은 $27,000, 장기부채는 $75,000, 보통주는 $250,000이다. 이 기업은 채무와 보통주로만 자금을 조달하므로 우선주는 없다. 이 기업의 ROE와 ROIC는 얼마인가?

4-8 **[듀퐁과 당기순이익]** Precious Metal Mining의 매출은 $17백만이고, ROE는 17%, 그리고 총자산회전율은 3.2x이다. 이 기업 자산의 50%는 보통주 자기자본으로 조달하였다. 당기순이익은 얼마인가?

4-9 **[BEP, ROE, ROIC]** Broward Manufacturing은 최근에 다음과 같은 보고를 했다.

당기순이익	$615,000
ROA	10%
이자비용	$202,950
매입채무와 미지급비용	$950,000

Broward의 세율은 25%이다. Broward는 채무와 보통주 자기자본으로만 자금을 조달하였으며, 우선주는 없다. 총투자자본의 40%는 채무이며, 60%는 보통주 자기자본이다. 기초 수익성(basic earning power: BEP)비율과 자기자본이익률(ROE), 투자자본수익률(ROIC)은 각각 얼마인가?

4-10 **[M/B, 주가 및 EV/EBITDA]** 다음 정보를 고려하자. 어떤 기업의 재무상태표에는 보통주 자기자본=$65억, 주가수익(P/E)비율=9, 발행 보통주 수=1억 8천만 주, 그리고 보통주의 시장가치/장부가치비율=2.0으로 나타나고 있다. 이 기업이 보유한 채무 총액의 시장가치는 $70억이고, 현금 및 현금등가물은 $2.5억이며, EBITDA는 $20억이다. 이 기업의 보통주 주당 가격은 얼마인가? 이 기업의 EV/EBITDA는 얼마인가?

4-11 **[비율계산]** Caulder Corp.에 대한 정보가 아래와 같다고 가정하자.

매출액/총자산	1.3×
총자산이익률(ROA)	4.0%
자기자본이익률(ROE)	8.0%

이 기업은 채무와 보통주 자기자본으로만 자금을 조달하고 있다고 가정하자. 따라서 이 기업의 총자산과 투자자본총액은 동일하다. Caulder의 매출이익률과 부채비율(총자산 대비 총부채비율)을 계산하라.

4-12 **[비율 계산]** Thomson Trucking의 자산은 $120억이고 법인세율은 25%이다. 기초 수익성(BEP) 비율은 10%이고, 총자산이익률(ROA)은 5.25%이다. TIE(이자보상)비율은 얼마인가?

4-13 **[이자보상비율과 ROIC]** W.C. Pruett Corp.는 $600,000의 이자지급 부채를 가지고 있으며, 연간 이자율은 7%이다. 또한 보통주 자기자본은 $600,000이다. 이 기업은 채무와 보통주 자기자본으로만 자금을 조달하고 있으며, 우선주는 없다. 연간 매출액은 $2.7백만이며, 평균 세율은 25%, 그리고 매출이익률은 7%이다. 이자보상(TIE)비율과 투자자본수익률(ROIC)은 얼마인가?

4-14 **[자기자본이익률]** Pacific Packaging의 작년 ROE는 5%에 불과했다. 그러나 경영진은 총자본 대비 총부채비율을 40%로 하는 새로운 경영 계획을 세웠으며, 이로 인해 연간 이자비용은 $561,000이 될 것이다. 이 기업은 우선주를 사용할 계획은 없으며 총자산과 투자자본 총액은 동일하다. 경영진은 매출과 EBIT가 각각 $17,000,000과 $1,870,000이 될 것으로 예상하고 있으며, 총자산회전율은 2.1로 예상하고 있다. 이러한 상황에서 법인세율은 25%이다. 새로운 경영 계획이 실행되면 이 기업의 자기자본이익률(ROE)은 얼마가 되는가?

4-15 **[자기자본이익률과 당좌비율]** Lloyd는 $200,000의 매출, $15,000의 당기순이익, 그리고 다음 재무상태표를 보고하고 있다.

현금	$10,000	매입채무	$30,000
매출채권	50,000	단기차입금	20,000
재고자산	150,000	유동부채 총액	$50,000
유동자산 총액	$210,000	장기부채	50,000
순고정자산	90,000	보통주 자본금	200,000
총자산	$300,000	총부채와 자기자본	$300,000

이 기업의 새로운 소유주는 재고자산이 과도하므로 매출이나 당기순이익에 영향을 주지 않으면서 유동비율을 산업 평균과 같은 2.5x로 낮출 수 있다고 생각하고 있다. 재고자산을 매각하되 충당하지 않는다면(따라서 유동비율을 2.5x로 줄인다면), 재고자산 매각대금은 보통주 자기자본을 줄이는 데 사용할 수 있다(주식은 장부가치로 재매입할 수 있다). 다른 변경 사항이 없다면 ROE는 어느 정도 변하는가? 기업의 새로운 당좌비율은 얼마가 되겠는가?

4-16 **[자기자본이익률]** Commonwealth Construction(CC)은 사업을 시작하기 위해 $3백만의 자산이 필요하다. 이 자산으로 인해 기초 수익성(BEP)비율은 35%가 될 것으로 기대한다. CC의 영업외수익 및 영업외비용은 없다. 따라서 이자 및 법인세차감전이익과 영업이익은 동일하다. CC가 자산을 구입할 경우, 구입대금의 30%는 채무로 조달하려고 하며, 이자율은 8%로 예상하고 있다. 이 기업은 채무와 보통주로만 자금조달을 하므로 우선주를 사용하지는 않는다.

과세소득에 대해 25%의 세율을 가정하자. CC가 자산 구입대금의 30%를 부채로 조달할 때와 모두 보통주로 조달했을 때의 ROE는 각각 얼마인가?

4-17 **[자기자본이익률 관련 개념]** 다음 설명 중 가장 옳은 것은? (힌트: 4-17에 답하기 전에 문제 4-16을 풀어라. 4-16에서 구한 답을 바탕으로 4-17의 문제를 고려하라.)

a. 기업의 기초 수익성(BEP)비율이 총자산 수준에 관계없이 일정하며 채무의 이자율을 초과하고 있다고 가정하자. 이 경우 자산을 늘리기 위해 채무로 자금을 조달하면 기업의 기대 보통주 자기자본이익률(ROE)은 상승한다.

b. 기업의 법인세율이 올라갈수록 BEP비율은 낮아지지만 다른 비율의 변화는 없다.

c. 기업 채무의 이자율이 올라갈수록 BEP비율이 낮아지지만 다른 비율의 변화는 없다.

d. 기업의 부채비율이 올라갈수록 BEP비율은 낮아지지만 다른 비율의 변화는 없다.

e. 보기 'a'는 거짓이지만 'b'와 'c', 'd'는 참이다.

4-18 **[이자보상비율]** MPI Incorporated의 자산은 $60억이고 법인세율은 25%이다. 또한 기초 수익성(BEP)비율은 11%이고 총자산이익률(ROA)은 6%이다. MPI의 이자보상(TIE)비율은 얼마인가?

4-19 **[유동비율]** Stewart Company의 유동자산은 $2,392,500, 유동부채는 $1,076,625이며, 기초 재고자산은 $526,350이다. 단기차입금으로 재고자산을 증가시키려고 한다. 유동비율을 2.0 이하로 하락시키지 않으려면 단기차입금을 얼마나 증가시켜야 하는가?

고급 문제
20~24

4-20 **[매출채권 회수일수와 매출채권]** Ingraham Inc.는 현재 $205,000의 매출채권을 보유하고 있으며, 매출채권 회수일수(DSO)는 71일이다. 고객이 매출채권을 제때 결제하도록 하기 위해 DSO를 20일로 줄이고자 한다. 만약 이 정책을 채택한다면, 기업의 평균 매출액은 15%가 떨어질 것이다. 이 정책을 채택하는 경우 매출채권의 수준은 얼마가 되겠는가? 1년을 365일로 가정하라.

4-21 **[주가수익비율과 주가]** Ferrell Inc.는 최근 $8백만의 당기순이익을 보고했다. 이 기업은 보통주 540,000주를 보유하고 있으며, 보통주는 현재 주당 $21로 거래되고 있다. Ferrell은 계속 성장하고 있으며 내년에는 당기순이익이 $13.2백만이 될 것으로 예상된다. 내년에는 또한 81,000주의 주식을 추가 발행하려고 하므로, 보통주의 발행주식 수는 621,000주가 될 것이다. Ferrell의 주가수익(P/E)비율이 현재 수준과 동일하다고 가정하면, 내년의 주가는 얼마가 될 것인가?

4-22 다음 재무자료를 사용하여 재무상태표의 빈칸을 채우고, 또한 매출액과 매출원가도 계산하라.

총자산회전율: 1.5x
매출채권 회수일수(DSO): 36.5일(365일 기준으로 작성)
재고자산회전율: 3.75x

고정자산회전율: 3.0x

유동비율: 2.0x

총 매출이익률: (매출액 − 매출원가)/매출액 = 25%

재무상태표

현금		유동부채	
매출채권		장기부채	60,000
재고자산		보통주	
고정자산		이익잉여금	97,500
총자산	$300,000	총부채와 자기자본	
매출액		매출원가	

4-23 **[비율분석]** Barry Computer의 재무 자료와 산업 평균 자료는 아래와 같다. 이 기업의 부채는 액면가로 책정되어 있으므로 부채의 시장가치는 장부가치와 동일하다. 단위는 천 달러이며, 주식 수도 천 단위로 표시하고 있다.

a. 공란으로 되어 있는 Barry의 재무비율을 계산하여 나타내라.

b. Barry와 산업 평균의 듀퐁 공식을 각각 작성하라.

c. 재무비율의 분석을 통해 드러난 Barry의 강점과 약점을 설명하라.

d. 2021년 동안 Barry의 매출, 재고자산, 매출채권, 보통주 자기자본이 모두 두 배가 되었다고 가정하자. 이 정보가 비율분석의 유효성에 어떤 영향을 미치는가? (힌트: 평균에 대해 생각해라. 평균을 사용하지 않는다면 계정과목의 급격한 증가가 재무비율에 어떤 영향을 미치는지 생각해보라. 계산은 필요하지 않다.)

Barry Computer Company:
2021년 12월 31일의 재무상태표 (단위: $1,000)

현금	$77,500	매입채무	$129,000
매출채권	336,000	기타 유동부채	117,000
재고자산	241,500	단기차입금	84,000
총유동자산	$655,000	총유동부채	$330,000
		장기부채	256,500
순고정자산	292,500	보통주 자본금(36,100주)	361,000
총자산	$947,500	총부채와 자기자본	$947,500

Barry Computer Company:
2021년 12월 31일의 손익계산서 (단위: $1,000)

매출액		$1,607,500
매출원가		
원재료	$717,000	
노무비	453,000	
수도광열비	68,000	
간접노무비	113,000	1,351,000
매출총이익		$256,500

판매비용	115,000
일반관리비	30,000
감가상각비	41,500
이자와 법인세차감전순이익(EBIT)	$70,000
이자비용	21,000
법인세차감전순이익(EBT)	$49,000
법인세(25%)	12,250
당기순이익	$36,750
주당 당기순이익	$1.018
2021년 12월 31일의 주당 가격	$12.00

비율	Barry	산업 평균
유동	______	2.0x
당좌	______	1.3x
매출채권회전일[a]	______	35일
재고자산회전율	______	5.7x
총자산회전율	______	3.0x
매출이익률	______	1.6%
ROA	______	4.8%
ROE	______	12.1%
ROIC	______	9.4%
TIE	______	3.5x
부채/총자산	______	47.0%
M/B	______	4.22x
P/E	______	13.27
EV/EBITDA	______	9.14

a. 1년 365일 기준으로 계산하였다.

4-24 **[듀퐁 분석]** 어떤 기업의 수익성은 최근에 좋지 않게 나타났다. 듀퐁 공식을 사용해 이 기업의 재무상태를 분석하라. 이 기업은 리스비용은 없으나, 부채에 대해 $2백만의 감채기금을 가지고 있다. 가장 최근의 산업 평균 비율과 이 기업의 재무제표는 다음과 같다.

산업 평균 비율

유동비율	3x	고정자산회전율	6x
부채/총자산 비율	20%	총자산회전율	3x
이자보상비율	7x	매출이익률	3.75%
EBITDA 보상비율	9x	총자산이익률	11.25%
재고자산회전율	8x	자기자본이익률	16.10%
매출채권회전일[a]	24일	투자자본수익률	14.40%

a. 1년 365일을 기준으로 계산하였다.

2021년 12월 31일의 재무상태표 (단위: 백만 달러)

현금과 현금등가물	$78	매입채무	$45
매출채권	66	기타 유동부채	11
재고자산	159	단기차입금	29
총유동자산	$303	총유동부채	$85
		장기부채	50
		총부채	$135
총고정자산	225	보통주 자본금	114
감가상각충당금	78	이익잉여금	201
순고정자산	$147	자기자본의 합	$315
총자산	$450	총부채와 자기자본	$450

2021년 12월 31일의 손익계산서 (단위: 백만 달러)

순매출	$795.00
매출원가	660.00
매출총이익	$135.00
판매비용	73.50
EBITDA	$61.50
감가상각비	12.00
이자와 법인세차감전순이익(EBIT)	$49.50
이자비용	4.50
법인세차감전순이익(EBT)	$45.00
법인세(25%)	11.25
당기순이익	$33.75

a. 분석에 필요한 이 기업의 재무비율을 구하라.

b. 듀퐁 공식을 작성하고, 이 기업의 재무비율을 산업 평균과 비교하라.

c. 이 기업의 당기순이익이 낮은 이유로 재무상태표와 손익계산서 중 어느 것의 영향이 보다 큰가?

d. 산업 내 다른 기업과의 차이를 크게 하는 계정과목은 무엇인가?

e. 만약 기업이 계절에 따라 매출이 다르거나 또는 금년에만 급속한 성장을 했다면, 비율분석은 여전히 유효한가? 이러한 문제를 어떻게 수정할 수 있는가?

종합계산문제

4-25 **[비율 분석]** Corrigan Corporation의 2020년과 2021년 재무제표와 일부 재무비율의 산업 평균이 주어졌다. Corrigan은 지난 3년 동안 평균 총매출이 $25백만 미만이었기 때문에 이자공제한도의 제약을 받지 않는다. 따라서 EBIT에서 이자비용을 모두 차감할 수 있다.

a. Corrigan의 유동성비율을 계산해 동종 산업의 기업과 비교하라. 또한 유동성비율이 시간이 지남에 따라 어떻게 변했는지 확인하라.

b. Corrigan의 자산관리비율을 계산해 동종 산업의 기업과 비교하라. 또한 자산관리의 효율성이 시간이 지남에 따라 어떻게 변했는지 확인하라.

c. Corrigan의 부채관리비율을 계산해 동종 산업의 기업과 비교하라. 또한 부채관리비율이 시간이 지남에 따라 어떻게 변했는지 확인하라.

d. Corrigan의 수익성비율을 계산해 동종 산업의 기업과 비교하라. 또한 수익성비율이 시간이 지남에 따라 어떻게 변했는지 확인하라.

e. Corrigan의 시장가치비율을 계산해 동종 산업의 기업과 비교하라. 또한 시장가치비율이 시간이 지남에 따라 어떻게 변했는지 확인하라. 이 기업의 부채가 액면가로 거래되고 있어 부채의 시장가치와 장부가치가 동일하다고 가정하라.

f. 듀퐁 공식을 사용하여 Corrigan의 ROE와 산업 평균 ROE를 계산하라. 이 분석에서 Corrigan의 재무비율은 산업 평균과 어느 정도 차이가 있는가?

g. 이 기업이 재고자산을 줄이고 매출원가를 크게 감소시키는 비용 절감 조치를 시작했다고 하자. 이 기업의 재무비율은 어떻게 변할 것으로 예상하는가? 계산은 필요하지 않다. 재고자산과 매출원가의 변경으로 어떤 재무비율이 영향을 받을 것으로 보는가?

Corrigan Corporation의 12월 31일 재무상태표

	2021	2020
현금	$72,000	$65,000
매출채권	439,000	328,000
재고자산	894,000	813,000
유동자산 총액	$1,405,000	$1,206,000
토지 및 건물	238,000	271,000
기계	132,000	133,000
기타 고정자산	61,000	57,000
자산 총액	$1,836,000	$1,667,000
매입채무	$80,000	$72,708
미지급비용	45,010	40,880
단기차입금	476,990	457,912
유동부채 총액	$602,000	$571,500
장기부채	399,688	258,898
보통주	575,000	575,000
이익잉여금	259,312	261,602
총부채 및 자기자본	$1,836,000	$1,667,000

12월 31일의 손익계산서

	2021	2020
매출	$4,240,000	$3,635,000
매출원가	3,680,000	2,980,000
매출총이익	$560,000	$655,000
일반관리 및 판매비용	303,320	297,550
감가상각비	159,000	154,500
EBIT	$97,680	$202,950
이자비용	67,000	43,000
법인세차감전순이익(EBT)	$30,680	$159,950
법인세(25%)	7,670	39,988
당기순이익	$23,010	$119,963

주당 자료

	2021	2020
EPS	$1.00	$5.22
현금 배당	$1.10	$0.95
시장가격(평균)	$12.34	$23.57
P/E비율	12.33x	4.52x
발행주식 수	23,000	23,000

산업 평균 비율[a]

	2021
유동비율	2.7x
재고자산회전율[b]	7.0x
매출채권 회수일수[c]	32.0일
고정자산회전율[b]	13.0x
총자산회전율[b]	2.6x
총자산이익률	11.4%
자기자본이익률	18.2%
투자자본수익률	14.5%
매출이익률	4.4%
총자본 대비 총부채비율[d]	50.0%
P/E비율	6.0x
M/B비율	1.5x
EV/EBITDA비율	6.0x

a: 산업 평균 비율은 지난 4년 동안 동일했다.
b: 연말 재무상태표 기준으로 작성했다.
c: 1년 365일 기준으로 계산했다.
d: (단기차입금 + 장기부채)/(단기차입금 + 장기부채 + 보통주)로 계산하였다.

통합사례

D'LEON INC., PART II

4-26 **[재무제표와 세금]** 제3장의 사례 Part I에서는 플로리다 지역의 스낵식품 생산업체 D'Leon Inc.가 확장 프로그램을 실행한 후 상황이 어떻게 되었는지 살펴보았다. D'Leon은 식품을 '전국적으로' 판매하기 위해 공장 규모를 확대하고, 대규모 마케팅 캠페인을 시작했다. 그러나 매출은 예상 수준에 미치지 못했으며, 비용도 예상보다 높게 나왔다. 따라서 2021년에 이익을 예상했지만 큰 손실을 보게 되었다. 결과적으로 경영자, 이사 및 투자자는 이 기업의 생존에 대해 걱정을 하게 되었다. 이 기업의 재무 상태를 정상으로 돌려놓기 위한 임무를 맡은 D'Leon의 회장인 Fred Campo는 그의 보좌를 위해 Donna Jamison을 영입하였다. D'Leon의 2020년, 2021년 및 2022년 추정 재무상태표와 손익계산서는 <표 IC 4.1>과 <표 IC 4.2>에 나와 있다. D'Leon은 이전 3년 동안의 평균 매출이 $25백만 미만이었기 때문에 이자공제한도의 적용을 받지 않는다. 즉, 이자비용은 영업이익에서 100% 차감할 수 있다. 또한 D'Leon의 자산 중 상당수는 수명이 20년 이상이므로 100% 보너스 감가상각(구입자산의 즉시 비용 처리)이 아닌 대체 감가상각 시스템(정액상각)을 적용하고 있다. <표 IC 4.3>은 D'Leon의 2020년 및 2021년 재무비율과 산업 평균 비율을 보여주고 있다. 2022년 추정 재무제표 자료는 Jamison과 Campo가 D'Leon이 위기를 극복하기 위한 추가 자금조달이 가능하다는 가정하에서 가장 낙관적으로 예측한 2022년 실적을 보여주고 있다.

Jamison은 2021년의 월별 자료를 조사한 후(이 문제에서는 보여주지 않음) D'Leon의 재무상태가 2021년 동안 개선 추세에 있다는 것을 알았다. 월별 매출은 증가하였으며, 비용은 감소하였고, 2021년 초기 몇 달 동안은 큰 손실을 보았지만 12월이 되자 작지만 이익을 보는 것으로 나타났다. 그러나 2021년 12월의 자료와 비교할 때 연간 자료는 D'Leon의 실적을 나쁘게 보여주고 있다. 한편, 광고 프로그램의 진행 시간, 새로운 영업소가 매출을 올릴 때까지의 시간, 새로운 제조시설이 효율적으로 운영될 때까지의 시간 등은 보다 오래 걸릴 것으로 보인다. 즉, 돈을 쓰는 시점과 수익을 얻는 시점 사이의 시차는 D'Leon이 경영자가 예상한 것보다 길었다. 이러한 이유로 Jamison과 Campo는 이 기업이 단기적으로 생존하기만 한다면 D'Leon의 경영 상태는 앞으로 좋아질 것이라는 희망을 갖고 있다.

Jamison은 D'Leon의 현재 상태를 파악하고, 재무 건전성을 회복하기 위해 무엇을 해야 하며, 어떤 조치를 취할지를 분석해야 한다. 당신의 임무는 그녀가 다음 질문에 답하도록 돕는 것이다.

각 질문에 대해서 '예' 또는 '아니오'로 답하지 말고 명확한 설명을 하기 바란다.

a. 재무비율이 유용한 이유는 무엇인가? 재무비율의 다섯 가지 주요 범주는 무엇인가?

b. 추정 재무상태표 및 손익계산서의 자료를 바탕으로 D'Leon의 2022년 유동비율과 당좌비

율을 계산하라. 2020년과 2021년, 2022년의 추정 자료를 바탕으로 D'Leon의 유동성비율에 대해 어떻게 말할 수 있는가? 재무비율은 (1) 기업을 경영하는 경영자, (2) 신용분석을 위한 은행가, (3) 주식 평가를 위한 주주 등에게 유용한 것으로 알려져 있다. 이와 같은 여러 종류의 분석가 모두 D'Leon의 유동성비율에 대해 동일한 정도의 관심을 갖는가? 설명하라.

c. 2022년의 재고자산회전율, 매출채권 회수일수(DSO), 고정자산회전율 및 총자산회전율을 계산하라. D'Leon은 동일 산업의 다른 기업과 비교하여 자산을 얼마나 효율적으로 사용하고 있는가?

d. 2022년의 총자본 대비 총부채비율, 이자보상(TIE)비율을 계산하라. D'Leon의 재무 레버리지는 산업 평균과 얼마나 차이가 있는가? 이러한 재무비율을 통해 어떤 결론을 내릴 수 있는가?

e. 2022년의 영업이익률, 매출이익률, 기초 수익성(BEP)비율, 총자산이익률(ROA) 및 자기자본이익률(ROE)을 계산하라. 이 재무비율에 대해 어떻게 말할 수 있는가?

f. 2022년의 주가수익비율과 시장가치 대비 장부가치 비율을 계산하라. 이 재무비율을 통해 투자자는 D'Leon에 대해 좋은 평가를 하리라 예상하는가? 아니면 나쁜 평가를 하리라 예상하는가?

g. 듀퐁 공식을 사용하여 2022년에 예상되는 D'Leon의 재무상태를 요약하라. 이 기업의 주요 강점과 약점은 무엇인가?

h. 다음은 2022년 추정 재무상태표를 간단히 표기한 것이다. 이를 사용하여 DSO 개선이 주가에 어떤 영향을 미치는지 설명하라. 예를 들어, D'Leon이 매출채권의 회수 절차를 개선하여 매출에 영향을 미치지 않고도 DSO를 46.4일에서 산업 평균인 32일로 낮출 수 있다면 재무제표가 어떻게 변하며(다음 표의 단위는 $1,000이다.), 이로 인해 주가는 어떤 영향을 받는가?

매출채권	$878	유동부채	$845
기타 유동자산	1,802	채무	700
순고정자산	817	자기자본	1,952
총자산	$3,497	부채 및 자기자본	$3,497

i. 재고자산의 수준을 변경할 수 있는가? 그렇다면 이 변경을 통해 D'Leon의 수익성과 주가는 어떤 영향을 받는가?

j. 2021년에 D'Leon은 약속한 날짜보다 훨씬 늦게 매입채무를 공급업체에 상환했다. 또한 은행대출계약에서 약속한 수준으로 재무비율을 유지하지 못했다. 따라서 공급업체는 이 기업과의 거래를 중단할 수 있으며, 은행은 90일 후의 대출 만기일 시점에서 대출 갱신을 거부할 수 있다. 제공한 자료를 바탕으로 당신이 공급업체의 신용관리자라면 계속해서 D'Leon에 외상으로 판매할 수 있는가? (착불조건으로 대금을 받을 수 있지만 이 경우 D'Leon은 이 공급업체와 거래하지 않을 수 있다.) 마찬가지로 당신이 은행의 대출담당자라면 대출 갱

신과 상환 요구 중 어느 것을 권하고 싶은가? 2022년 초에 D'Leon이 $1.2백만 이상의 신규 주식을 발행하여 자금을 조달할 것이라는 확신을 주고, 또한 2022년에 대한 낙관적 전망을 보여준다고 하자. 이 경우 당신이 은행 대출담당자라면, 당신의 행동은 어떤 영향을 받는가?

k. 2020년으로 돌아간다면 D'Leon은 이때 어떻게 해야 하는가?

l. 재무비율 분석의 잠재적인 문제점과 한계는 무엇인가?

m. 분석가가 기업의 미래 재무성과를 평가할 때 고려해야 하는 질적 요소는 무엇인가?

〈표 IC 4.1〉 재무상태표

	2022E	2021	2020
자산			
현금	$85,632	$7,282	$57,600
매출채권	878,000	632,160	351,200
재고자산	1,716,480	1,287,360	715,200
총유동자산	$2,680,112	$1,926,802	$1,124,000
순고정자산	817,040	939,790	344,800
총자산	$3,497,152	$2,866,592	$1,468,800
부채와 자본			
매입채무	$436,800	$524,160	$145,600
미지급비용	408,000	489,600	136,000
단기차입금	300,000	636,808	200,000
총유동부채	$1,144,800	$1,650,568	$481,600
장기부채	400,000	723,432	323,432
보통주	1,718,986	460,000	460,000
이익잉여금	233,366	32,592	203,768
자본금 총액	$1,952,352	$492,592	$663,768
총부채와 총자본	$3,497,152	$2,866,592	$1,468,800

참고: 여기서 'E'는 추정을 나타낸다. 즉, 2022년 자료는 예측 값이다.

〈표 IC 4.2〉 손익계산서

	2022E	2021	2020
매출액	$6,900,600	$6,126,796	$3,432,000
매출원가	5,875,992	5,528,000	2,864,000
기타 비용	550,000	519,988	358,672
감가상각비와 무형자산상각비를 제외한 영업비용	$6,425,992	$6,047,988	$3,222,672
EBITDA	$474,608	$78,808	$209,328
감가상각비와 무형자산상각비	116,960	116,960	18,900
EBIT	$357,648	($38,152)	$190,428
이자비용	70,008	122,024	43,828
EBT	$287,640	($160,176)	$146,600

세금(25%)	31,866[a]	0[a]	36,650
당기순이익	$255,774	($160,176)	$109,950
EPS	$1.023	($1.602)	$1.100
DPS	$0.220	$0.110	$0.275
주당 장부가치	$7.809	$4.926	$6.638
주가	$12.17	$2.25	$8.50
발행주식 수	250,000	100,000	100,000
법인세율	25.00%	25.00%	25.00%
리스 지급액	$40,000	$40,000	$40,000
감채기금 상환액	0	0	0

참고: 여기서 'E'는 추정을 나타낸다. 즉, 2022년 자료는 예측 값이다.

a: 회사는 2022년에 2021년 손실 전체를 이월하기에 충분한 과세소득이 있었다(2021년 손실은 손실공제 전의 2022년 과세소득의 80%를 넘지 않았다). 결과적으로 2022년 세금은 (손실금액×0.25)만큼 감소했다.

〈표 IC 4.3〉 비율 분석

	2022E	2021	2020	산업 평균
유동비율		1.2x	2.33	2.7x
당좌비율		0.4x	0.83	1.0x
재고자산회전율		4.3x	4.03	5.5x
매출채권 회수일수(DSO)[a]		37.7	37.4	32.0
고정자산회전율		6.5x	10.03	7.0x
총자산회전율		2.1x	2.3x	2.6x
총자본 대비 총부채비율		73.4%	44.1%	40.0%
이자보상비율		−0.3x	4.3x	6.2x
영업이익률		−0.6%	5.5%	7.3%
매출이익률		−2.6%	3.2%	4.3%
기초 수익성비율		−1.3%	13.0%	19.1%
ROA		−5.6%	7.5%	11.2%
ROE		−32.5%	16.6%	18.2%
주당 가격/주당 당기순이익(P/E)		−1.4x	7.7x	14.2x
시장가치/장부가치(M/B)		0.5x	1.3x	2.4x
주당 장부가치		$4.93	$6.64	n.a.
EV/EBITDA		20.02x	6.29x	8.0x

참고: 여기서 'E'는 추정을 나타낸다. 즉, 2022년 자료는 예측 값이다.

a: 1년 365일 기준으로 계산하였다.

HP Inc.에 대한 재무비율 분석하기

아래 질문에 답하기 위해 온라인 자료를 사용하라. 웹사이트 정보는 시간이 지남에 따라 변하므로, 이러한 변경으로 인해 아래 질문 중 일부의 답이 어려울 수 있다.

제3장에서는 던킨 브랜드(Dunkin' Brands)의 재무제표를 살펴보았다. 이 장에서는 재무 인터넷 웹사이트인 morningstar.com을 사용하여 컴퓨터 하드웨어 기업인 HP Inc.를 분석할 것이다. 웹사이트에 접속하여 HP Inc.의 종목 기호(HPQ)를 입력하면 필요한 재무정보를 얻을 수 있다. 또한 시간 경과에 따라 주요 비율이 어떻게 변했는지를 나타내는 추세분석도 할 수 있다.

Morningstar 웹사이트의 화면을 아래로 스크롤하면서 각 재무제표의 이름을 클릭하면 최근 5개 시점의 연간 또는 분기별 재무제표(손익계산서, 재무상태표 및 현금흐름표)를 찾을 수 있다. 또한 이 웹사이트는 10년 동안의 주요 재무비율(수익성, 성장, 현금흐름, 재무 건전성, 효율성)을 제공하고 있다. (홈 화면에서 “Key Ratios”와 “Full Key Ratios Data”를 클릭하면 다음 화면에서 10년 동안의 주요 재무비율을 볼 수 있다.) 이 웹사이트의 “Key Ratios”를 사용하여 HP의 추세분석을 수행하도록 하자. (홈 화면 상단에서 “Learn” 탭을 클릭하고 “Investing Glossary”을 선택하면 각 재무비율의 정의를 찾을 수 있다.)

토론문제

1. Morningstar가 제공하는 Financial Health(재무 건전성) 비율을 살펴보면 지난 10년 동안 HP의 유동성비율은 어떻게 나타나고 있는가?
2. Morningstar가 제공하는 Financial Health(재무 건전성) 비율을 살펴보면 지난 10년 동안 HP의 재무 레버리지 관련 비율(재무 레버리지 및 부채/자기자본비율 모두)은 어떻게 나타나고 있는가? Morningstar의 Financial Leverage(재무 레버리지) 비율은 이 책에서 사용하는 Equity Multiplier(자기자본 승수)와 동일하다.
3. Morningstar가 제공하는 Profitability(수익성) 비율을 살펴보면 지난 10년 동안 HP의 매출이익률(매출순이익률, %)은 어떻게 나타나고 있는가? 지난 10년 동안 총자산이익률(ROA)과 자기자본이익률(ROE)은 어떻게 나타나고 있는가?
4. Morningstar가 제공하는 Efficiency(효율성) 비율을 살펴보면 지난 10년 동안 HP는 자산관리(매출채권 회수일수, 재고자산회전율, 고정자산회전율, 총자산회전율 등으로 측정)를 얼마나 잘하고 있는가?

05 CHAPTER

화폐의 시간가치

당신은 은퇴 준비를 하고 있습니까?

전 세계 저축률에 관한 자료를 gfmag.com/global-data/economic-data/916lqg-household-saving-rates에서 제공하고 있다.

이 질문에 대해 사람들은 다음과 같이 답할 수도 있다. "내가 가장 걱정하는 것은 은퇴 자체보다 새로운 일자리를 얻는 것입니다." 그러나 은퇴와 관련한 문제를 잘 이해하면 새로운 일자리를 얻는 데 도움을 받을 수 있다. 왜냐하면 첫째, 은퇴는 오늘날 중요한 이슈가 되고 있으며, 둘째, 사용자는 은퇴 실무에 밝은 사람을 채용하고 싶어 하며, 셋째, 교수들은 화폐의 시간가치 문제에서 은퇴를 대비한 저축금액을 구하라는 테스트를 하기 때문이다.

Employee Benefit Research Institute의 최근 연구는 많은 미국 근로자가 은퇴 준비를 충분히 하지 못하고 있음을 밝히고 있다. 이 조사에 의하면 근로자의 40%는 저축과 투자 금액의 합이 $25,000 미만인 것으로 나타났다(근로자의 주택가치와 확정급여형 연금은 포함하지 않았음). 또한 근로자의 19%는 저축이 $1,000 미만이라고 보고하고 있다. 한편, 조사대상자의 67%만이 은퇴 후에 안락한 생활을 할 수 있을 것이라고 응답했다.[1] 불행하

1) 다음을 참고하라. Greenwald & Associates, "2019 Retirement Confidence Survey: Summary Report,"

게도 불충분한 은퇴 대비를 해결하는 것은 매우 어려운 문제이다. 은퇴를 대비하여 많은 근로자는 더 오래 일할 필요가 있으며, 소비를 줄이고 보다 많은 저축을 해야 하며, 지금 하고 있는 저축에서 보다 높은 수익률을 얻어야 한다.

역사적으로 많은 미국인은 은퇴 이후의 주수입원을 사회보장제도에 의존해 왔다. 그러나 현재의 인구통계자료를 보면 사회보장 프로그램을 지속하기 위해서는 향후 이를 재구성할 필요가 있을 것으로 보인다. 미국의 평균 개인저축률은 최근에 개선되고 있기는 하지만, 2019년 12월에는 7.6%에 불과했다. 이는 1960년대와 1970년대의 저축률보다 낮은 수준이며, 1975년 5월에 저축률이 17.3%의 최고치를 기록한 것과 비교하면 매우 낮은 수준이다.[2] 또한 은퇴자 한 명을 부양하기 위한 미국 근로자의 수는 지난 반세기 동안 꾸준히 하락하고 있다. 1955년에는 8.6명의 근로자가 은퇴자 한 명을 부양했지만, 1975년에는 은퇴자 한 명을 3.2명의 근로자가 부양하였다. 1975년부터 2016년까지 은퇴자 한 명에 대한 부양 근로자 비율은 2.8~3.4명으로 유지되고 있다. 현재의 예상으로는 몇 년 후에 이 비율은 급격히 하락할 것으로 보인다. 즉, 2035년과 2095년에는 은퇴자 한 명당 부양 근로자의 수가 각각 2.3명과 2.1명이 될 것으로 추정된다.[3] 사회보장제도에서 돈을 납부하는 사람의 수가 적고, 연금을 타는 사람이 많아지면 이 제도는 심각한 문제에 직면하게 될 것이다. 사실 예상보다 7년이나 앞선 2010년에 사회보장제도는 최초로 적자를 기록했다. 즉, 급여 중 수령한 사회보장보험료보다 연금 지급액이 더 많았다. 이러한 점을 생각할 때, 많은 사람들은 은퇴 후에 정상적인 삶의 질을 유지하기 어려울 것이다. 따라서 지금 현재의 대학생들은 그들 부모에게 직접 경제적 도움을 주어야 한다.

은퇴는 수많은 미국인에게 중요한 이슈임에도 불구하고, 많은 사람은 은퇴 관련 문제에 어떻게 대응할지 모르고 있다. 대부분의 미국인은 은퇴가 개인적, 사회적으로 매우 중요한 문제라는 사실을 망각하고 있다. 그러나 이 장을 열심히 공부한다면 은퇴 문제에 대해 보다 깊은 생각을 할 수 있을 것이다.

학습개요 및 목표

시간가치(time value) 분석은 은퇴설계, 주식과 채권의 가치평가, 대출상환계획 설정, 고정자산 투자 의사결정 등과 같은 다양한 분야에 적용할 수 있다. 사실, 재무의 여러 개념 가운데 화폐의 시간가치는 가장 중요한 개념이다. 이 책의 전 범위에 걸쳐서 시간가치 분석을 사용하고 있으며, 이후의 장을 학습하기 위해서는 이 장에 대한 이해가 매우 중요하다.

시간가치의 개념을 파악하는 것이 중요하지만 시간가치를 구하기 위해 필요한 계산을 할 수 없다면 개념 관련 지식은 큰 도움이 되지 못한다. 따라서 이 장에서는 시간가치의 계산에 중점을 두도록 한다. 재무를 공부하는 대부분의 학생은 재무 혹은 공학용 계산기를 가지고 있거나, 컴퓨터를 소

Employee Benefit Research Institute(ebri.org/docs/default-source/rcs/2019-rcs/2019-rcs-short-report.pdf?sfvrsn=85543f2f_4), April 23, 2019.

2) 다음을 참고하라. U.S. Bureau of Economic Analysis, *Personal Saving Rate: January 1, 1959-December 1, 2019*, fred.stlouisfed.org/series/PSAVERT.

3) 다음을 참고하라. U.S. Social Security Administration, *The 2019 Annual Report of the Board of Trustees of the Federal Old-Age and Survivors Insurance and Federal Disability Insurance Trust Funds*, Table IV. B3, pp. 60-61.

매우 탁월한 은퇴 계산기 중 하나는 msn.com/en-us/money/tools/retirementplanner, ssa.gov/retire, andchoosetosave.org/calculators이다. 이 계산기에 가상의 은퇴저축정보를 입력하면, 저축금액이 은퇴 후에 필요한 자금을 마련하는 데 충분한지 보여준다.

유하고 있으며 또한 컴퓨터에 접속할 줄 안다. 적절한 시간 내에 많은 재무 문제를 해결하기 위해서는 이러한 도구 가운데 하나가 필요하다. 그러나 이 장을 처음 접하는 학생 가운데 대다수는 계산기나 컴퓨터에 있는 시간가치 함수의 사용법을 알지 못하고 있다. 만약 시간가치 함수를 사용할 수 없다면, 시간가치 개념에 대한 공부와 병행해서 계산기 사용 방법을 배우도록 해야 한다. 따라서 이 장을 학습하는 데 예상보다 많은 시간이 필요할지 모른다.[4)]

이 장을 마치고 나면 다음 과제를 수행할 수 있어야 한다.

- 화폐의 시간가치가 어떻게 작동하는지 설명하며, 시간가치가 재무에서 왜 중요한 개념인가를 설명할 수 있다.
- 화폐의 현재가치와 미래가치를 계산할 수 있다.
- 연금의 종류를 언급할 수 있으며, 기말연금과 기초연금의 현재가치와 미래가치를 계산할 수 있다. 또한 연금지급액을 계산할 수 있다.
- 불균등한 현금흐름의 현재가치와 미래가치를 계산할 수 있다. 이후 장에서 보통주와 기업 프로젝트의 현재가치를 계산할 때 이 지식을 사용할 수 있다.
- 명목이자율, 기간이자율, 유효이자율 사이의 차이를 설명할 수 있다. 이러한 이자율 개념을 이해하면 여러 투자의 수익률을 비교할 때 유용하다.
- 대출상환의 기본 개념을 설명할 수 있으며, 자동차대출이나 주택담보대출을 고려할 때 대출상환 계획을 작성할 수 있다.

5-1 시간수평선

시간수평선
시간가치 분석을 위해 사용하는 중요 수단으로서 현금흐름의 발생 시점을 나타내는 그래프이다.

시간가치 분석의 첫 번째 단계는 **시간수평선**(time line)을 설정하는 것이다. 시간수평선은 시간 관련 문제를 시각적으로 이해하는 데 큰 도움을 준다. 예를 들어, 다음 그림은 시간수평선을 나타내고 있다. 여기서 PV는 현재 $100을 가지고 있다는 의미이며, FV는 미래의 특정일에 그 가치가 얼마가 될 것인지를 나타낸다.

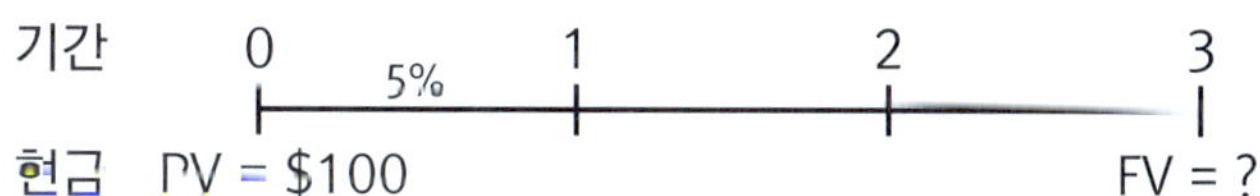

0과 1, 1과 2, 2와 3 사이의 간격은 연수(年數)나 개월과 같은 기간(time period)이다. 시점 0은 현재를 말하며, 기간 1의 시작 시점이다. 시점 1은 오늘부터 한 기간 후

4) 계산기의 사용설명서는 재무과정에 필요하지 않은 내용까지 많이 포함하고 있으므로 길고 복잡한 경향이 있다. 이 책의 학생 동반자 사이트에서는 가장 많이 사용하는 계산기의 사용설명서를 제공하고 있으며, cengage.com에 접속하여 구할 수도 있다. 이 설명서는 본 장에 맞추어서 작성되었으며, 이 장에 필요한 계산방법을 정확히 제시하고 있다. 계산기 사용법을 알지 못한다면 학생 동반자 사이트를 방문해서 관련된 사용설명서를 찾아 이 장을 공부할 때 계산기를 사용할 수 있도록 하자.

를 의미하며, 기간 1의 종료 시점 혹은 기간 2의 시작 시점과 같다. 다른 기간 및 시점도 이와 동일한 방법으로 나타낼 수 있다. 기간(period)은 보통 년(year)을 의미하지만 분기(quarter), 월(month) 혹은 일(day)을 나타내기도 한다. 각 점(tick)은 한 기간의 **끝** 혹은 다음 기간의 **시작**이다. 따라서 기간이 1년이라면 시점(Time) 2는 2년의 **말** 시점 혹은 3년의 **시작** 시점을 의미한다.

현금흐름은 시점을 나타내는 각 점의 아래에 직접 표시하며, 관련 이자율은 시간수평선 위의 시간 간격 사이에 표시한다. 계산해야 하는 현금흐름은 물음표로 나타낸다. 위에 보여준 시간수평선은 이자율이 5%임을 보여주고 있다. 시점 0에서 한 번의 현금흐름 $100을 투자했다. 시점 3의 물음표는 시점 0에서 투자한 자금의 회수금액을 알지 못하고 있음을 의미한다. 이 예에서 현금흐름은 시점 0과 3에서만 발생하며, 시점 1과 2에서는 어떠한 현금흐름의 발생도 없다. 또한 여기서 이자율은 3년 동안 5%로 동일하다. 보통 이자율이 매 기간 변하지 않는다는 조건을 사용하고 있다. 만약 이 조건을 사용하지 않는다면 각 기간에 대해 다른 이자율이 주어져야 한다.

시간수평선은 시간가치 개념을 처음으로 학습하는 사람에게는 반드시 필요하다. 또한 전문가조차도 시간수평선을 사용해서 복잡한 재무 문제를 해결하고 있다. 이 책 전체에서도 시간수평선을 사용하고 있다. 재무 문제가 주어지면 시간수평선을 통해 어떤 현금흐름이 발생하는지를 살펴보고, 이를 바탕으로 문제의 해를 찾기 위한 방정식을 설정해야 한다. 방정식의 해를 찾기 위해 일반 계산기와 재무계산기, 스프레드시트의 사용방법도 살펴보도록 하자.

셀프 테스트

- 시간수평선은 연도만을 다루는가? 혹은 다른 시간도 사용하는가?
- 다음 상황을 나타내는 시간수평선을 설정하라. 연간 4%의 이자율을 지급하는 3년 만기 양도성예금증서(CD) $2,000을 만기까지 보유하려고 한다.

5-2 미래가치

현재가치(PV)
미래 단일 현금흐름 혹은 복수 현금흐름의 현재 시점 가치

미래가치(FV)
복리 이자율을 적용해서 구한 단일 혹은 복수 현금흐름의 일정 기간 후의 금액

현재의 $1은 미래에 $1 이상의 가치를 갖는다. 왜냐하면 현재 보유하고 있는 $1을 투자하면 이자를 얻을 수 있으므로 미래에는 $1 이상을 얻을 수 있기 때문이다. **현재가치**(present value: PV)에서 **미래가치**(future value: FV)로의 변환은 **복리계산**(compounding)으로 한다. 예를 들어, 3년 기간을 갖는 시간수평선을 고려하자. 현재 은행에 $100을 저축하면, 매년 5%의 이자가 발생한다고 가정하자. 시점 3에 받는 금액은 얼마인가? 이를 위해 다음과 같은 몇 가지 용어를 정의하자. 그 다음에 시간수평선을

복리계산
복리 이자율을 적용해서 단일 현금흐름 혹은 복수 현금흐름의 최종 가치를 결정하는 계산과정

설정하고 미래가치를 어떻게 계산하는지 살펴보도록 하자.

PV = 현재가치 혹은 시작 시점의 금액. 시간수평선에서는 PV = $100으로 표기한다.

FV_N = N기간 후의 미래가치, 혹은 N기간 후 종료 시점의 금액. PV는 현재 시점의 가치 혹은 현재가치인 반면에 FV_N는 현재부터 미래까지 N기간 후의 가치를 의미한다. N기간 동안 이자가 누적된다.

CF_t = 현금흐름. 현금흐름은 양 혹은 음의 값을 갖는다. 현금흐름에서 특정 기간(t)은 아래 첨자로 나타낸다. 따라서 'CF_0 = PV = 시점 0의 현금흐름'을 의미하며, CF_3은 3기간 말의 현금흐름이다.

I = 기간당 이자율. 때로는 소문자 i를 사용한다. 이자금액은 매년 초의 잔액에 이자율을 곱하여 구하며, 이자는 기말에 지급하는 것으로 가정한다. 앞의 예에서 I = 5%로 나타내거나 혹은 I = 0.05와 같은 소수점으로 나타낼 수 있다. 대부분의 재무계산기와 마찬가지로 이 장 전체에서 이자율은 I(혹은 연간이자율은 I/YR)로 나타내도록 한다. 하지만 이후의 장에서는 재무 관련 책이나 논문과 마찬가지로 이자율을 r로 나타내기로 한다. 또한 이 장에서 이자율은 미국 정부가 보증하는 무위험수익률로 가정한다. 그러나 이후의 장에서 위험이 있는 투자를 고려할 때는 위험 수준에 맞는 다양한 이자율을 적용해야 한다.

INT = 연간 이자수입 = 기초 금액 × I. 이전 절의 예에서 INT = $100(0.05) = $5.

N = 분석대상 기간의 수. 이전 절의 예에서 N = 3이다. 때로는 기간의 수를 소문자 n을 사용해서 나타내기도 한다. N과 n 모두 기간의 수를 나타낸다.

우리는 시간가치 문제를 해결하기 위하여 네 가지 접근법을 사용하고 있다.[5] 이 접근법은 다음과 같다.

5) 다섯 번째 방법은 "이자율 계수(interest factor)"를 나타내는 표를 사용하는 것으로 계산기나 컴퓨터가 도입되기 전에 이용하였다. 그러나 현재는 계산기나 엑셀과 같은 스프레드시트에 주어진 문제에 필요한 이자율 계수가 프로그램 되어 있으며, 이를 사용하여 FV를 찾고 있다. 이러한 방법이 이자율 계수표를 사용하는 것보다 편리하다. 계산기나 스프레드시트는 이자율이 5.375%일 때 $100의 3.75년 후의 미래가치를 구하는 경우와 같이 소수점으로 나타나는 기간이나 이자율도 쉽게 계산할 수 있도록 한다. 반면에 이자율 계수표는 정수로 나타나는 기간이나 이자율만을 나타내고 있다. 이러한 이유로 이자율 계수표는 실무에서는 사용하지 않고 있으므로 이 책에서도 이를 언급하지 않는다.

5-2A 단계적 접근법

이자율 5%를 가정할 때, $100의 3년 후의 FV를 구하는 시간수평선과 미래가치 계산방법을 아래에 보여주고 있다. 매 기간마다 기초 금액에 (1+I)=(1.05)를 계속해서 곱하여 미래가치를 계산한다.

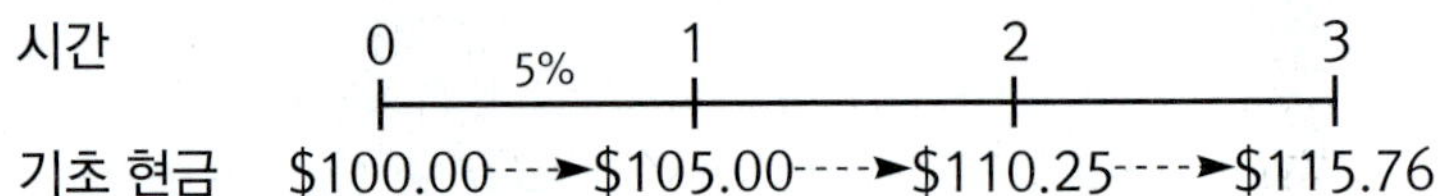

현재 $100의 예금을 가지고 있다고 하자. 이는 t=0시점을 의미한다.

- 첫 번째 기간 동안 $100(0.05)=$5의 이자를 얻는다. 따라서 1차년 말(t=1)에 예금은 $100+$5=$105가 된다.
- 2차년 초(1차년 말)는 $105를 시작으로 두 번째 기간 동안 0.05($105)=$5.25의 이자를 추가로 얻어 2차년 말의 예금은 $110.25로 증가한다. 두 번째 기간에 얻은 이자는 $5.25로서 이는 첫 번째 기간에 벌어들인 이자 $5.00보다 많다. 두 금액의 차이가 발생한 이유는 첫 번째 기간에 벌어들인 이자에 대해 다시 이자가 붙어 $5(0.05)=$0.25를 추가로 얻었기 때문이다. 이를 복리계산(compounding)이라고 하며, 이자에 대해 다시 얻은 이자를 복리(compound interest)라고 부른다.
- 이러한 과정을 계속 진행한다. 따라서 초기의 예금 잔고는 시간이 지남에 따라 점차 증가하므로, 매년 얻는 이자도 증가한다.
- 전체 이자수입은 $15.76이며, 이는 만기 시점의 예금 잔고 $115.76에 포함되어 있다.

각 시점이나 기간 동안 어떤 계산을 사용하고 있는지를 정확히 보여주기 때문에 단계적 접근법(step-by-step approach)은 편리한 측면이 있다. 그러나 이 접근법은 시점의 수가 많아지면 작성하는데 많은 시간이 필요하다. 이를 위해 보다 간단한 접근법이 개발되었다.

5-2B 공식 접근법

단계적 접근법에서는 각 기간 초의 금액에 (1+I)=(1.05)를 곱했다. 만약 N=3이라면, (1+I)를 세 번 곱해야 한다. 이는 초기 금액에 $(1+I)^3$을 직접 곱한 결과와 동일하다. 이러한 개념을 확장해서 다음 식을 만들 수 있다.

$$FV_N = PV(1+I)^N \tag{5.1}$$

단리와 복리

이전 기간에 얻은 이자로부터 또 다시 얻는 이자를 **복리**(compound interest)라고 하며, 식 (5.1)을 사용해서 계산한다. 기존에 얻은 이자로부터 이자를 얻을 수 없는 경우를 **단리**(simple interest)라고 한다. 단리를 적용하면 미래가치는 $FV = PV + PV(I)(N)$이다. 따라서 앞에서 살펴보고 있는 예에 단리를 적용하면 FV는 \$100 + \$100(0.05)(3) = \$100 + \$15 = \$115가 된다. 대부분의 재무계약은 복리를 바탕으로 하고 있다. 그러나 법적 소송에서는 종종 단리를 사용한다. 예를 들어, 홈런왕 Roger Maris가 설립한 기업, Maris Distributing은 Anheuser-Busch(이하 A-B)와의 소송에서 승소를 했다. 왜냐하면 A-B가 계약을 위반하고 Maris의 프랜차이즈를 무시하고 버드와이저(Budweiser) 맥주를 판매했기 때문이다. 판사는 이에 대해 원금 \$50백만 이외에 A-B가 계약을 위반한 1997년부터 배상이 실제로 완료될 때까지 매년 원금의 10%에 해당하는 이자를 지급하도록 판결했다. 여기서 배상이자는 단리를 적용했다. 따라서 2005년 현재 시점을 기준으로 전체 배상금은 원금 \$50백만에서 \$50백만 + 0.10(\$50백만)(8년) = \$90백만으로 증가했다. 만약 법이 복리를 적용했다면 배상금은 (\$50백만)$(1.10)^8$ = \$107.18백만으로 단리를 적용할 때보다 \$17.18백만이 더 많아지게 된다. 소송 절차와 관련한 규정은 계산기나 컴퓨터가 도입되기 이전에 만들어졌다. 법은 느리게 변한다!

복리
이전 기간에 얻은 이자에 다시 이자를 부과하는 것

단리
이자에 대한 이자가 없는 것

우리 예에서 FV를 구하기 위해서 식 (5.1)을 사용하면 다음을 얻을 수 있다.

$$FV_3 = \$100(1.05)^3 = \$115.76$$

식 (5.1)은 지수함수가 있는 계산기를 사용하면 쉽게 구할 수 있다. 여기서 지수함수는 분석대상 시점의 수에 상관없이 FV를 쉽게 구하도록 해준다.

5-2C 재무계산기

재무계산기(financial calculators)는 시간가치 문제를 해결하는 데 매우 유용하다. 사용설명서는 계산기의 사용법을 상세히 설명해주고 있다. 학생 동반자 사이트는 자주 사용하는 재무계산기의 사용법을 요약하고 있다. 또한 이 책의 p.206의 "재무계산기 사용 요령"이라는 글상자에서는 계산기를 사용하면서 저지르게 되는 실수를 피하는 방법을 제시하고 있다. 아직 계산기에 익숙하지 않은 사람이라면 이 장을 학습하면서 계산기의 사용설명서도 같이 공부하기를 권한다.

재무계산기는 시간가치와 관련한 5개의 기본변수 키를 가지고 있다. 키의 위에는 우리 예제에서 다루는 입력변수의 값을, 키의 아래에는 산출변수인 FV를 보여주고 있다. 기간별 지급액이 없기 때문에 PMT는 0을 입력한다. 아래 그림은 각 키들을 상세하게 나타내고 있다.

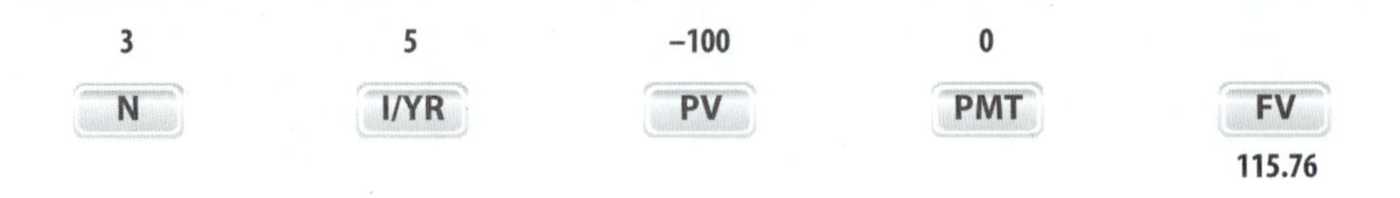

N = 기간의 수. 일부 계산기는 N 대신 n을 사용한다.

I/YR = 기간의 이자율. 일부 계산기는 I/YR 대신 i 혹은 I를 사용한다.

PV = 현재가치. 예금은 현금의 유출이다. 따라서 PV는 음의 부호가 들어가야 한다. 대부분의 계산기는 숫자 100을 입력한 후, +/− 키를 눌러서 +100 혹은 −100으로 변환한다. 만약 −100으로 직접 입력하면, 계산기는 100을 이전의 값에서 차감하는 것으로 인식하여 부정확한 값을 산출한다.

PMT = 기간별 지급액(payment). 이 키는 일정한 금액을 만기까지 기간마다 연속적으로 지불해야 하는 경우에 사용한다. 우리의 예에서는 만기 이전에 어떠한 기간별 지급도 없으므로 PMT = 0으로 입력한다. PMT키는 이 장의 후반부에서 살펴보도록 한다.

FV = 미래가치. 우리의 예에서 PV는 음의 값을 가지므로, FV는 양의 값을 갖는다. 만약 100을 양수로 입력하면, FV는 음수로 나타난다.

시간수평선 예제에서 위에서 언급한 값(N, I/YR, PMT와 PV)을 차례로 입력한 후에 FV키를 누르면 115.76이라는 답을 얻을 수 있다. 만약 PV를 양의 숫자로 입력하면 FV는 음의 값으로 나타난다. 계산기는 PV와 FV 가운데 하나는 반드시 음의 값을 갖는 것으로 가정하고 있다. 따라서 계산기를 사용해서 작업할 때는 이러한 점을 고려해야 한다. PMT가 0이면 PV에 입력하는 부호가 무엇이든지 FV는 반대 부호가 자동으로 나온다. 이 장의 후반부에서 연금 관련 논의를 할 때 이 점을 보다 자세히 살펴볼 것이다.

5-2D 스프레드시트(spreadsheet)[6)]

자료(Resource)

학생들은 cengage.com의 학생 동반자 사이트에서 각 장의 엑셀 모형을 다운로드할 수 있다. 컴퓨터에 다운로드한 후 제5장 엑셀 모형을 검색하여 이 장의 내용을 수행하라.

학생들은 숙제나 시험을 위해 계산기를 주로 사용한다. 그러나 실무에 종사하는 사람들은 보통 화폐의 시간가치(time value of money: TVM)와 관련한 문제를 해결하기 위해 스프레드시트를 사용한다. 스프레드시트는 현금흐름과 계산과정을 상세히 보여주며, 개념의 오류나 자료 입력 오류 등을 줄여준다. 스프레드시트에 대한 설명을 하지 않더라도 본 장의 내용을 이해하는 데는 문제가 없다. 그러나 엑셀의 기본 원리를 알

6) 여러분이 스프레드시트를 사용할 수 없다면 이 절을 읽지 않아도 된다. 그러나 스프레드시트가 재무 문제에 어떻게 사용되는지 알고 싶다면 이 절을 읽고, 이 장의 엑셀 모형을 참고하기 바란다.

고 있고, 컴퓨터 활용능력이 있다면 이 절을 읽어볼 것을 권한다. 당신이 스프레드시트에 익숙하지 않더라도 이 절을 통해 스프레드시트가 어떻게 작동되는지 알 수 있다.

엑셀을 사용해 <표 5.1>을 작성했다. <표 5.1>은 FV를 찾는 네 가지 방법을 요약하고 있으며, 표의 아래에 스프레드시트 함수를 보여주고 있다. 스프레드시트는 계산을 하는 데 주로 사용하지만, <표 5.1>에서 볼 수 있듯이 워드 프로세서처럼 문자와 그림도 함께 나타낼 수 있다. 최상단의 문자는 열을, 좌측 가장자리 숫자는 행을 나타내며, 행과 열을 결합해 셀의 위치를 나타낸다. C14의 −$100은 투자를 의미하는 셀이며, C15는 이자율을, C16은 기간의 수를 보여주고 있다. 행 17부터 19까지는 시간수평선을 나타내며, 행 21에서는 단계적 접근법의 계산과정을 보여주고 있다. 여기서는 각 기간 초의 값에 (1+I)를 곱해서 구한 각 기간 말의 복리계산 결과를 나타내고 있다. 셀 G21은 최종 결과를 나타내고 있다. 행 23은 식 (5.1)의 공식 접근법을 나타내주며, FV가 $115.76임을 보여주고 있다. 행 25부터 27은 재무계산기에 의한 풀이 결과를 나타내고 있다. 마지막으로 행 30과 31에서는 엑셀의 내장함수인 'FV'를 이용하는 접근법을 나타내며, 내장함수를 사용하여 구한 답을 셀 G30과 G31에 보여주고 있다. G30의 답은 숫자를 직접 대입해서 얻은 결과이며, G31은 다른 셀을 참조해서 얻은 결과이다. G31과 같이 다른 셀을 참조해서 답을 구하면 입력변수를 쉽게 바꿀 수 있으며 그에 따른 결과를 산출변수에서 확인할 수 있다.

〈표 5.1〉 미래가치 계산 요약

	A	B	C	D	E	F	G
14	투사액	= CF_0 = PV =	-$100.00				
15	이자율	= I =	5.00%				
16	기간 수	= N =	3				
17			기간:	0	1	2	3
18							
19			시간수평선:	-$100			FV = ?
20							
21	단계적 접근법			$100	$105.00	$110.25	$115.76
22							
23	공식 접근법: $FV_N = PV(1 + I)^N$			FV_N =	$100(1.05)^3$	=	$115.76
24							
25			3	5	-$100.00	$0	
26	계산기 접근법:		N	I/YR	PV	PMT	FV
27							$115.76
28							
29	엑셀 접근법:		FV 함수:	FV_N =	=FV(rate,nper,pmt,pv,type)		
30			숫자 입력:	FV_N =	=FV(0.05,3,0,-100) =		$115.76
31			셀 참조:	FV_N =	=FV(C15,C16,0,C14) =		$115.76
32	엑셀 함수에서 각 항은 다음 순서로 입력한다: 이자율, 기간의 수, 0(중간 현금흐름이 없음을 나타냄), 현재가치. 자료는 숫자를 직접 대입하거나 셀 참조로 입력한다.						

재무계산기 사용 요령

재무계산기를 사용할 때 여기서 설명한대로 설정하라. 계산기를 설정하기 위한 정보가 필요하면 계산기 사용설명서나 학생 동반자 사이트에 있는 계산기 자습서를 살펴보기 바란다.

- **기간당 지급 횟수(One payment per period)**: 많은 계산기는 1년에 12번의 기간별 지급이 있다는 가정을 바탕으로 "계산 결과를 보여준다." 즉, 계산기는 월별 지급을 가정하고 있다. 그러나 이 책에서는 대부분 매년 단지 한 번의 지급만이 있는 문제를 다루고 있다. 그러므로 당신은 계산기를 연간 1회 지급으로 설정해야 한다. 도움이 필요하다면 우리의 자습서나 계산기 사용설명서를 보기 바란다.
- **기말 모드(End mode)**: 대부분의 계약에서 지급은 각 기간 말에 이루어진다. 그러나 일부 계약은 기간 초에 지급이 발생하기도 한다. 문제에 따라 "기말 모드"를 "기초 모드(Begin mode)"로 전환할 필요가 있다. 이 책의 문제 대부분은 기말 지급을 요구하고 있기 때문에 기초 지급과 관련한 문제풀이 작업을 완료한 후에는 다시 "기말 모드"로 변경해야 한다.
- **음의 현금유출(Negative sign for outflow)**: 현금유출은 음의 부호로 입력해야 한다. 이를 위해서는 현금유출을 양의 값으로 입력한 다음, enter키를 누르기 전에 +/- 키를 눌러서 (+)를 (-)로 전환해야 한다.
- **소수 자릿수(Decimal place)**: 대부분의 계산기는 0부터 11자리의 소수를 나타낼 수 있도록 하고 있다. 금액을 다루는 경우에는 일반적으로 소수점 두 자리로 나타낸다. 이자율을 백분율로 표현할 때는 소수점 두 자리로(예를 들어, 5.25%), 소수로 표현할 때는 소수점 네 자리(예를 들어, 0.0525)로 나타낸다.
- **이자율(Interest rate)**: 비재무용 계산기로 연산을 할 때는 0.0525를 사용해야 한다. 그러나 재무계산기의 TVM키를 사용할 때는 0.0525가 아니라 5.25로 입력해야 한다. 왜냐하면 재무계산기는 이자율을 백분율로 가정하고 있기 때문이다.

예를 들어, 이자율 5% 대신 7%을 입력하는 경우 미래가치가 어떻게 변하는지 보고 싶다면 셀 C15를 7%로 바꾸기만 하면 된다. 셀 G31을 보면 미래가치는 $122.50으로 변경되었음을 확인할 수 있다.

엑셀을 사용하는 경우 다음 몇 가지 사항을 고려해야 한다.

- 엑셀에서 화폐의 시간가치를 계산할 때 이자율은 백분율 또는 소수로 입력한다(예: 5% 혹은 .05). 그러나 대부분의 재무계산기에서는 화폐의 시간가치 기능을 사용할 때 일반적으로 이자율을 정수(예: 5)로 입력한다.
- 엑셀에서는 화폐의 시간가치를 계산할 때 '기간 수'의 약자로 'nper'을 사용하지만, 대부분의 재무계산기에서는 단순히 N을 약자로 사용한다. 이 책 전체에서는 이 약자들을 서로 바꿔서 사용할 것이다.
- 엑셀에서 화폐의 시간가치를 계산할 때 Type을 입력하라는 메시지가 나타나는 경우가 많다. Type은 돈이 연말(이 경우 Type=0 혹은 생략할 수 있음) 또는 연

초(이 경우 Type = 1)에 지급되는지 여부를 나타낸다. 대부분의 재무계산기는 지급이 기간의 시작 또는 끝에 오는지 여부를 나타내기 위해 BEGIN/END 모드 기능을 갖고 있다.

<표 5.1>은 서로 다른 계산과정을 사용했음에도 불구하고 네 가지 접근법의 계산 결과가 동일함을 보여주고 있다. 또한 엑셀을 사용하면 모든 입력변수를 한 곳에 나타내므로 입력한 자료를 쉽게 확인할 수 있다. 마지막으로 엑셀을 통한 분석과정을 보여주고 있다. 이는 업무를 수행하는 과정에서 매우 중요하다. 업무에서는 "올바른 답을 얻기 위해서" 당신이 무엇을 했는지 설명하는 것이 중요하다. 왜냐하면 의사결정자가 분석과정을 이해하지 못하면 당신의 조언을 거부할 수 있기 때문이다.

5-2E 복리 결과의 그래프

[그림 5.1]은 서로 다른 이자율과 기간에 따라 $1의 미래가치가 어떻게 변하는지를 보여주고 있다. 각 곡선은 식 (5.1)에 다양한 N과 I를 대입해서 도출했다. 이자율은 증가율로 이해할 수 있다. 현재 시점에 예금을 하고, 매년 5%의 이자율을 얻을 수 있다면 예금액은 매년 5%씩 증가하기 때문이다. 이러한 시간가치 개념은 매출이나 인구, 주당 당기순이익, 미래 급여와 같이 증가율을 갖는 경우에도 적용할 수 있다.

[그림 5.1] 이자율에 따른 기간별 $1의 가치 변화

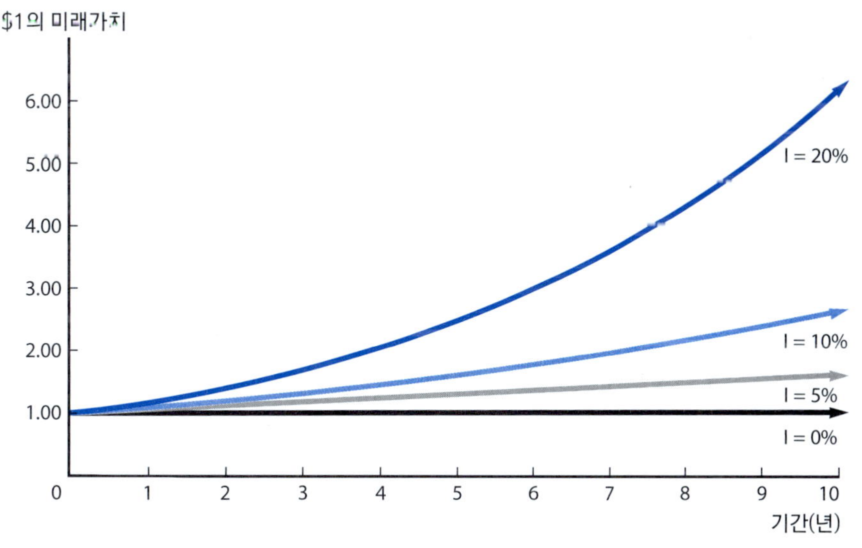

응용문제

대학 1학년 초에 고모와 고모부가 연간 5%의 이자를 지급하는 4년 만기 양도성예금증서(CD) $10,000을 주었다. 4년 후 대학을 졸업할 때 이 예금(누적 이자도 포함)을 인출하려고 한다. 4년 후 이 계좌에는 얼마의 돈이 있는가?

[해답]

공식 접근법을 사용하면 $FV_N = PV(1+I)^N$을 이용할 수 있다. 여기서 N=4, PV=$10,000, I=0.05이다. 따라서 4년 후의 미래가치는 $FV_4 = \$10,000(1.05)^4$ =**$12,155.06**이다. 계산기 접근법을 사용하면 다음과 같이 문제를 설정할 수 있다.

4	5	−10000	0	
N	I/YR	PV	PMT	FV
				12,155.06

이를 엑셀의 FV(미래가치) 함수를 사용하면 다음과 같이 입력할 수 있다.

=FV(0.05,4,0,−10000)
FV(rate, nper, pmt, [pv], [type])

여기서도 미래가치는 **$12,155.06**으로 나타나고 있다.

셀프 테스트

- 다음 설명이 타당한 이유를 설명하라: 현재 보유하고 있는 $1은 내년에 받는 $1보다 더 가치가 있다.
- 복리계산이란 무엇인가? 단리와 복리의 차이는 무엇인가? 10%의 복리 이자를 가정할 때 현재 $100의 5년 후 미래가치는 얼마인가? 만약 10%의 단리 이자가 적용된다면 얼마가 되는가? **($161.05; $150.00)**
- 당신이 현재 가지고 있는 $2,000을 매년 4%의 복리가 적용되는 3년 만기 양도성예금증서(CD)를 구입하는 데 사용하려 한다고 가정하자. CD가 만기가 될 때 당신은 얼마를 받을 수 있는가? 만약 이자율이 각각 5% 및 6%, 20%라면 결과는 어떻게 변하는가? **($2,249.73; $2,315.25; $2,382.03; $3,456.00)**
  (힌트: 계산기에서 N=3, I/YR=4, PV=−2000 및 PMT=0으로 입력하라. 그 다음 FV를 누르면 2,249.73을 얻는다. 이자율 4%를 5%로 바꾸기 위해 I/YR=5를 입력한 후 다시 FV를 입력하면 두 번째 결과를 얻을 수 있다. 일반적으로 한 번에 하나의 입력변수를 변경시켜 각각의 산출변수를 얻을 수 있다.)
- 어떤 기업의 매출이 2021년에 $100백만이라고 하자. 만약 매출이 연간 8%로 증가하면, 10년 후인 2031년에는 얼마가 되는가? **($215.89백만)**

- $1이 연간 5%로 증가한다고 할 때 100년 후에는 얼마가 되는가? 만약 성장률이 10%라면 FV는 얼마가 되는가? **($131.50; $13,780.61)**

5-3 현재가치

현재가치의 계산은 미래가치 계산의 반대이다. 미래가치를 나타내는 식 (5.1)을 현재가치(PV)를 나타내도록 변형하면 식 (5.2)가 된다.

$$\text{미래가치}= FV_N = PV(1+I)^N \quad (5.1)$$

$$\text{현재가치}= PV = \frac{FV_N}{(1+I)^N} \quad (5.2)$$

현재가치를 계산하기 위해 다음 예제를 고려하자. 어떤 중개인이 당신에게 3년 후에 $115.76을 지급하는 미국 재무부의 장기 채권(Treasury bond: T-bond)을 매도하려고 한다. 은행은 현재 3년 만기 양도성예금증서(CD)에 대해 5%의 확정적 이자를 지급하고 있다. 당신이 T-bond를 매입하지 않는다면 CD를 살 수 있다. CD 금리 5%는 당신의 **기회비용**(opportunity cost)으로서 T-bond와 유사한 위험을 갖는 다른 투자의 수익률이다. 이러한 조건이 주어졌다면 당신이 채권에 대해 지급할 수 있는 최대 금액은 얼마인가? 이 질문에 대한 답은 이전 절에서 살펴보았던 네 가지 접근법(단계적, 공식, 재무계산기, 스프레드시트 접근법)을 사용하여 구할 수 있다. <표 5.2>는 이 결과를 요약하고 있다.

기회비용
유사한 위험을 갖는 대체 투자로부터 얻을 수 있는 최대수익률

앞에서 살펴본 미래가치 예제를 생각해보자. 예제에서는 현재 5%의 이자율로 $100을 투자하면 3년 후에 $115.76으로 증가했다. 현재 T-bond를 매입하면 3년 후 $115.76을 만들 수 있다. 그러므로 현재 T-bond의 가격으로 지급할 수 있는 최대 금액은 $100이며, 이 금액은 "공정한 가격(fair price)"이다. 만약 당신이 $100보다 낮은 가격으로 T-bond를 살 수 있다면 CD가 아닌 T-bond를 사야 한다. 반대로 T-bond가 $100보다 높은 가격이면 CD를 사는 것이 바람직하다. T-bond의 가격이 정확히 $100이면 T-bond와 CD는 동일한 가치를 주는 투자대상이다.

여기서 $100은 이자율이 5%일 때 3년 후 $115.76을 지급하는 투자의 현재가치(PV)로 정의할 수 있다. 일반적으로 N년 후에 받을 현금흐름의 현재가치를 알고 있다면, 현재 시점에서 현재가치에 해당하는 금액을 투자하는 경우 N년 후에는 동일한 미래 현금흐름을 얻어야 한다. $100을 5%의 이자율로 3년 동안 투자하면 $115.76으로 증가한다. 여기서 $100은 5%의 이자율로 3년 후 미래가치 $115.76을 얻을 수 있는

〈표 5.2〉 현재가치 계산 요약

	A	B	C	D	E	F	G
64	미래 지급액	= CF_N = FV =	$115.76				
65	이자율	= I =	5.00%				
66	기간 수	= N =	3				
67			기간:	0	1	2	3
68							
69			시간수평선:	PV = ?			$115.76
70				←	←	←	
71	단계적 접근법:			$100.00	$105.00	$110.25	$115.76
72				←	←	←	
73	공식 접근법: PV = FV_N / $(1 + I)^N$			PV =	$\$115.76/(1.05)^3$	=	$100.00
74							
75			3	5		$0	$115.76
76	계산기 접근법:		N	I/YR	PV	PMT	FV
77					-$100.00		
78	엑셀 접근법:		PV 함수:	PV =	=PV(rate,nper,pmt,fv,type)		
79			숫자 입력:	PV =	=PV(0.05,3,0,115.76) =		-$100.00
80			셀 참조:	PV =	=PV(C65,C66,0,C64) =		-$100.00
81							
82	엑셀 함수에서 0은 중간 현금흐름이 없음을 나타낸다.						

할인계산
단일 현금흐름 혹은 복수 현금흐름의 현재가치를 찾는 과정으로 복리계산과 반대이다.

투자의 현재가치가 된다. 현재가치를 찾는 과정을 **할인계산**(discounting)이라고 한다. 이는 앞에서 살펴본 복리계산(compounding)의 반대이다. 따라서 당신이 PV를 알고 있다면, 복리계산을 통해 FV를 구할 수 있으며, 반대로 FV를 알고 있다면 할인계산을 통해 PV를 찾을 수 있다.

<표 5.2>의 윗부분은 단계적 접근법(step-by-step approach)을 사용해서 PV를 계산하고 있다. 이전 절에서 미래가치를 구할 때는, 좌측에서 우측으로 초기 금액에 $(1+I)$를 매년 곱했다. 현재가치를 구하기 위해서는 이와 반대로 우측에서 좌측으로 미래가치를 매년 $(1+I)$로 나누도록 한다. 이러한 방법은 각 시점에 어떤 결과가 나오는지를 정확히 확인할 수 있기 때문에 복잡한 문제를 해결하는 데 매우 유용하다. 그러나 분석대상 기간의 수가 많아지면 비효율적인 방법이다.

식 (5.2)를 사용한 공식 접근법은 단순히 미래가치를 $(1+I)^N$으로 나누어서 구한다. 이는 단계적 접근법과 결과는 같지만 보다 효율적인 방법이다. 식 (5.2)는 재무계산기에 내장되어 있다. <표 5.2>에서 보는 것처럼 N, I/YR, PMT와 FV를 입력한 후 PV 키를 누르면 PV를 구할 수 있다. 마지막으로 엑셀의 PV 함수를 사용하여 현재가치를 구할 수도 있다.

```
=PV(0.05,3,0,-115.76)
PV(rate, nper, pmt, [fv], [type])
```

[그림 5.2] 이자와 기간별 $1의 현재가치

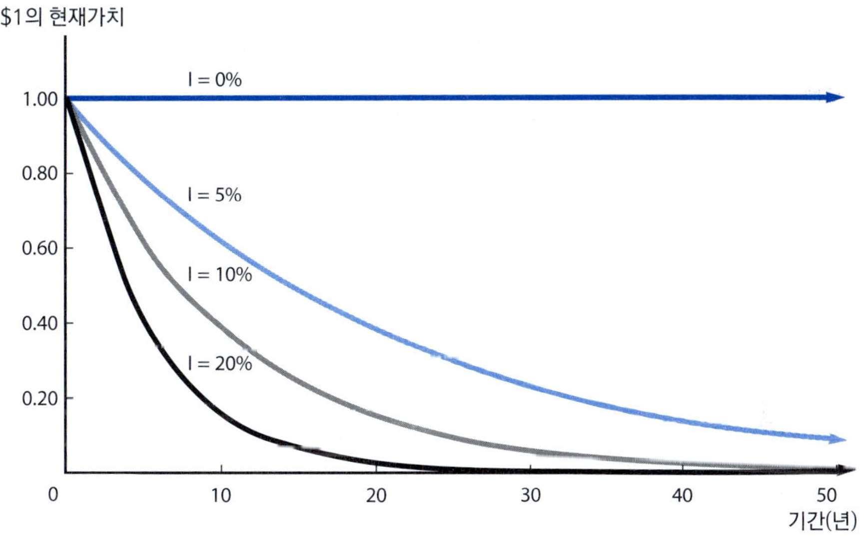

재무관리의 기본 목적은 기업가치를 극대화하는 것이며, 자기자본과 부채 등을 포함하는 총자산의 가치는 기대 미래 현금흐름의 현재가치로 구한다. 현재가치는 가치평가 과정에서 핵심 역할을 하므로 이 장의 후반부와 이 책 전체에서 이에 대해 많은 설명을 하도록 한다.

5-3A 할인계산의 그래프

[그림 5.2]는 미래 기간이 길어질수록 미래에 받을 금액의 현재가치가 감소하여 0으로 수렴하고 있음을 보여주고 있다. 또한 현재가치는 이자율이 높을수록 보다 빨리 감소하고 있다. 상대적으로 이자율이 높을수록 미래에 받을 자금의 현재가치는 작아진다. 예를 들어, 20%의 할인율을 적용할 때, 100년 후 받는 $1백만의 현재가치는 $0.0121이다. 이는 $0.0121이 20%의 복리를 적용하면 100년 후에 $1백만으로 증가한다는 의미이다.

셀프 테스트

- 할인계산이란 무엇인가? 할인계산은 복리계산과 어떤 관련이 있는가? 미래가치 공식 (5.1)은 현재가치 공식 (5.2)와 어떤 관련이 있는가?
- 돈을 받을 시점이 길어질수록 미래 받는 돈의 현재가치는 어떻게 되는가? 또한 이자율이 증가할수록 미래 금액의 현재가치는?
- 미국 정부의 채권(국채)이 지금부터 3년 후에 $2,249.73을 지급한다고 하자. 3년 만기 국

채의 현재 이자율이 4%라고 할 때 이 국채의 현재 가격은 얼마인가? 만약 만기가 3년이 아니라 5년이라면 결과는 어떻게 바뀌는가? 또한 이자율이 4%가 아닌 6%라면 5년 만기 국채의 현재 가격은? **($2,000; $1,849.11; $1,681.13)**

- 할인율이 5%라면 100년 후 $1백만의 현재가치는? 만약 할인율이 20%라면 현재가치는? **($7,604.49; $0.0121)**

5-4 이자율(I)의 계산

지금까지 우리는 미래가치와 현재가치를 찾기 위해서 식 (5.1)과 (5.2)를 사용했다. 이 식은 네 개의 변수로 이루어져 있다. 따라서 우리는 세 개의 변수를 알고 있다면 나머지 한 변수도 찾을 수 있다. 만약 PV, I, N을 알고 있다면 식 (5.1)을 통해 FV를 찾을 수 있다. 또한 FV와 I, N을 알고 있다면 식 (5.2)를 통해 PV를 계산할 수 있다. 이상의 내용은 이미 앞의 두 절에서 살펴보았다.

이제 PV와 FV, N이 주어질 때 I를 찾아보자. 예를 들어, 어떤 채권의 현재 가격이 $100이며, 10년 후에 $150을 가져다준다고 하자. 이 예에서는 PV와 FV, N이 주어져 있다. 현재 채권을 구입하는 경우에 얼마의 수익률을 얻을 수 있는지 알고 싶으면 다음 식을 사용해야 한다.

$$FV = PV(1+I)^N$$

$$\$150 = \$100(1+I)^{10}$$

$$\$150/\$100 = (1+I)^{10}$$

$$1.5 = (1+I)^{10}$$

불행하게도 I에 관한 해를 찾기 위해서는 다소 복잡한 대수적 방법을 사용해야 한다.[7] 그러나 재무계산기나 스프레드시트를 사용하면 이자율을 즉시 알 수 있다. 다음은 재무계산기 설정 방법이다.

10		−100	0	150
N	I/YR	PV	PMT	FV
	4.14			

7) 위 식의 좌변, 1.5에 대해 1/N = 1/10 = 0.1의 거듭제곱을 하면, 1.0414를 얻을 수 있다. 이 숫자는 1과 이자율의 합이다. 따라서 이자율은 0.0414, 즉 4.14%이다.

N = 10과 PV = − 100을 입력하고, 채권의 만기까지 어떠한 지급이 없으므로 PMT = 0, FV = 150을 입력하자. 그 다음 I/YR키를 누르면 계산기는 4.14%의 값을 보여준다. 엑셀에서 RATE 함수를 사용해도 동일한 결과를 얻을 수 있다.

```
=RATE(10,0,-100,150)
  RATE(nper, pmt, pv, [fv], [type], [guess])
```

여기서도 이자율이 4.14%로 동일하게 나타난다.8)

셀프 테스트

- 미국 재무부는 $585.43의 가격으로 어떤 채권을 매각하려고 한다. 채권의 만기는 지금부터 10년 후이며, 만기까지 어떠한 현금 지급도 없다. 만기에 이 채권은 $1,000을 상환한다. 이 채권을 $585.43의 가격으로 현재 매입해서 만기까지 보유할 경우의 이자율은 얼마인가? 만약 이 채권을 $550으로 구입한다면 이자율은 얼마가 되는가? 또한 $600으로 매입한다면? **(5.5%; 6.16%; 5.24%)**
- 2007년에 마이크로소프트 주식에 투자하면 주당 $1.42의 당기순이익을 얻을 수 있었다. 10년 후인 2017년에는 주당 $3.08의 당기순이익을 얻었다. 10년 동안 마이크로소프트의 주당 이익(earnings per share: EPS)의 성장률은 얼마인가? 만약 2017년에 $3.08이 아닌 $2.40의 EPS를 얻는다면 성장률은 얼마가 되는가? **(8.05%; 5.39%)**

5-5 투자기간(N)의 계산

초기 자금과 이 자금의 수익률이 주어졌을 때, 일정 금액을 모으기 위해 시간이 얼마나 걸리는지 알고 싶을 때가 있다. 예를 들어, 우리가 퇴직 후 안락한 생활을 하기 위하여 $1백만이 필요하다고 가정하자. 현재 $500,000을 4.5%로 투자한다고 가정할 경우 $1백만을 얻기 위해 얼마의 기간이 필요한지 계산해 보도록 하자. 투자기간의 계산도 이자율과 마찬가지로 공식이 단순하지 않으며, 공식에 로그를 사용해야 한다. 그러나 재무계산기와 스프레드시트는 투자기간 N을 매우 빠르게 찾는다. 다음은 재무계산기의 설정 방법이다.

	4.5	-500000	0	1000000
N	I/YR	PV	PMT	FV
15.7473				

8) RATE 함수에는 추정 값을 입력하는 공백이 있다. 많은 경우에 이 공백은 채우지 않고 그대로 남겨둔다. 그러나 엑셀이 문제의 해를 찾을 수 없는 경우에는 공백에 적절한 값을 입력하면 정확한 해로 수렴하는 데 도움이 된다.

I/YR = 4.5, PV = − 500000, PMT = 0과 FV = 1000000을 차례로 입력하자. 그 다음 N키를 누르면 15.7473년이라는 답을 얻을 수 있다. N = 15.7473을 FV 공식에 입력하면 이 값이 정확한 해인지를 확인할 수 있다.

$$FV = PV(1+I)^N = \$500,000(1.045)^{15.7473} = \$1,000,000$$

엑셀의 NPER 함수를 사용해도 동일한 값을 얻을 수 있다.

```
=NPER(0.045,0,-500000,1000000)
 NPER(rate, pmt, pv, [fv], [type])
```

4.5%의 이자율로 \$500,000이 \$1,000,000으로 두 배가 되는 데 걸리는 기간은 15.7473년으로 나타나고 있다.

셀프 테스트

- 연간 6%의 이자를 지급하는 은행에 \$1,000을 예금하면 예금이 두 배 되는데 얼마의 시간이 필요한가? 만약 이자율이 10%라면 얼마의 시간이 필요한가? **(11.9년; 7.27년)**
- 마이크로소프트의 2019년 주당 순이익(EPS)은 \$5.06이다. 과거 10년 동안 EPS의 연간 성장률은 12.06%였다. 이 성장률이 미래에도 지속된다고 가정할 때, 마이크로소프트의 2019년 EPS가 두 배가 되는 데 필요한 시간은? **(6.09년)**

5-6 연금

이제까지는 한 번의 지급이나 상환만 있는 "일시불(lump sum)"의 경우만 살펴보았다. 그러나 많은 자산은 시간이 지남에 따라 여러 번의 현금유입을 가져다준다. 또한 자동차대출이나 학자금대출, 모기지대출 등의 채무는 여러 번의 지급을 해야 한다. 매 시점의 지급금액이 동일하고, 각 시점 사이의 기간이 일정한 복수의 현금흐름을 **연금**(annuity)이라고 한다. 예를 들어, 향후 3년 동안 연말에 \$100을 지급한다면 이는 3년 연금에 해당한다. 만약 이 지급이 매년 말에 이루어진다면, 이 연금을 **보통연금**(deferred annuity) 혹은 **기말연금**(ordinary annuity)이라고 한다.

연금
정해진 기간 동안 일정 시점마다 동일한 금액이 발생하는 복수의 현금흐름

기말연금
각 기간의 말에 지급이 발생하는 연금

기초연금
각 기간의 초에 지급이 발생하는 연금

만약 지급이 매년 초에 이루어진다면 이를 **기초연금**(annuity due)이라고 한다. 보통연금이라고 하면 기말연금을 의미한다. 특별한 언급이 없는 한 이 책에서도 연금이라고 하면 각 기간의 말에 지급이 발생하는 기말연금을 나타내는 것으로 가정하자.

5%의 이자율을 가정할 때, 3년 동안 매년마다 \$100을 지불하는 기말연금과 기초연금을 나타내는 시간수평선을 살펴보자. 기초연금은 기말연금의 현금흐름을 좌측으로

1년씩 이동한 것과 동일하다. 매년 $100의 예금을 할 경우, 이는 현금유출이므로 음의 부호로 나타낸다.

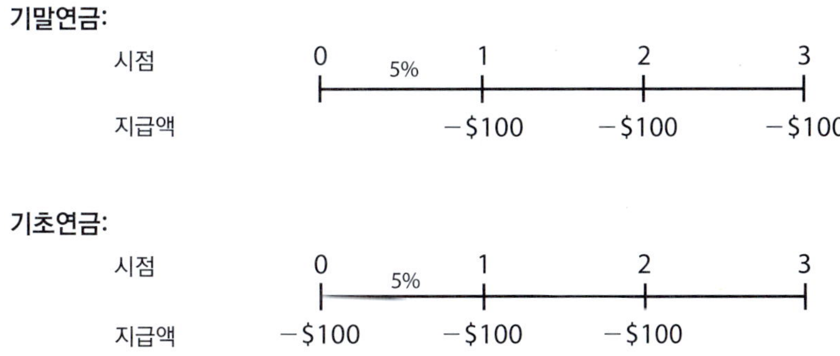

다음 절에서는 연금의 미래 및 현재가치, 연금계약의 이자율, 연금을 사용해서 재무적 목표를 달성하기 위한 기간의 수 등을 언급하도록 한다. 연금이란 동일한 금액을 일정 기간 동안 지급하는 것임을 명심하라. 만약 이 조건이 성립하지 않는다면 이는 연금이라고 할 수 없다.

셀프 테스트

- 기초연금과 기말연금의 차이는 무엇인가?
- 10년 동안 매년 $10,000을 받을 수 있는 기초연금이 유사한 조건의 기말연금보다 유리한 이유는 무엇인가?

5-7 기말연금의 미래가치

FVA_N
연금의 N기간 후 미래가치

연금의 미래가치는 단계적 접근법이나 공식, 재무계산기, 스프레드시트를 사용해서 계산할 수 있다. 예를 들어, 앞에서 살펴보았던 기말연금에 대해 시간수평선을 나타내 보자. 이 연금은 5%의 연간이사율로 3년 동안 매년 말에 $100을 예금한 후 3년 말 시점에 찾는 것이다. 3년 말 시점에 받는 금액은 얼마인가? 이에 대한 답은 $315.25이다. 이를 **연금의 미래가치**(future value of annuity) FVA_N라고 하며, <표 5.3>에서 계산과정을 보여주고 있다.

<표 5.3>의 단계적 접근법 부분에 나타난 것처럼, 매년의 지급액을 시점 3까지 복리 적용한 후 각 시점의 FV를 합하면 FVA_3=$315.25를 얻을 수 있다. 첫 번째 지급은 2기간의 복리를, 두 번째 지급은 1기간의 복리를 적용하였다. 마지막 세 번째 지급은 연금기간의 마지막 시점에서 이루어지기 때문에 어떠한 이자도 얻지 못한다. 이러

〈표 5.3〉 기말연금의 미래가치

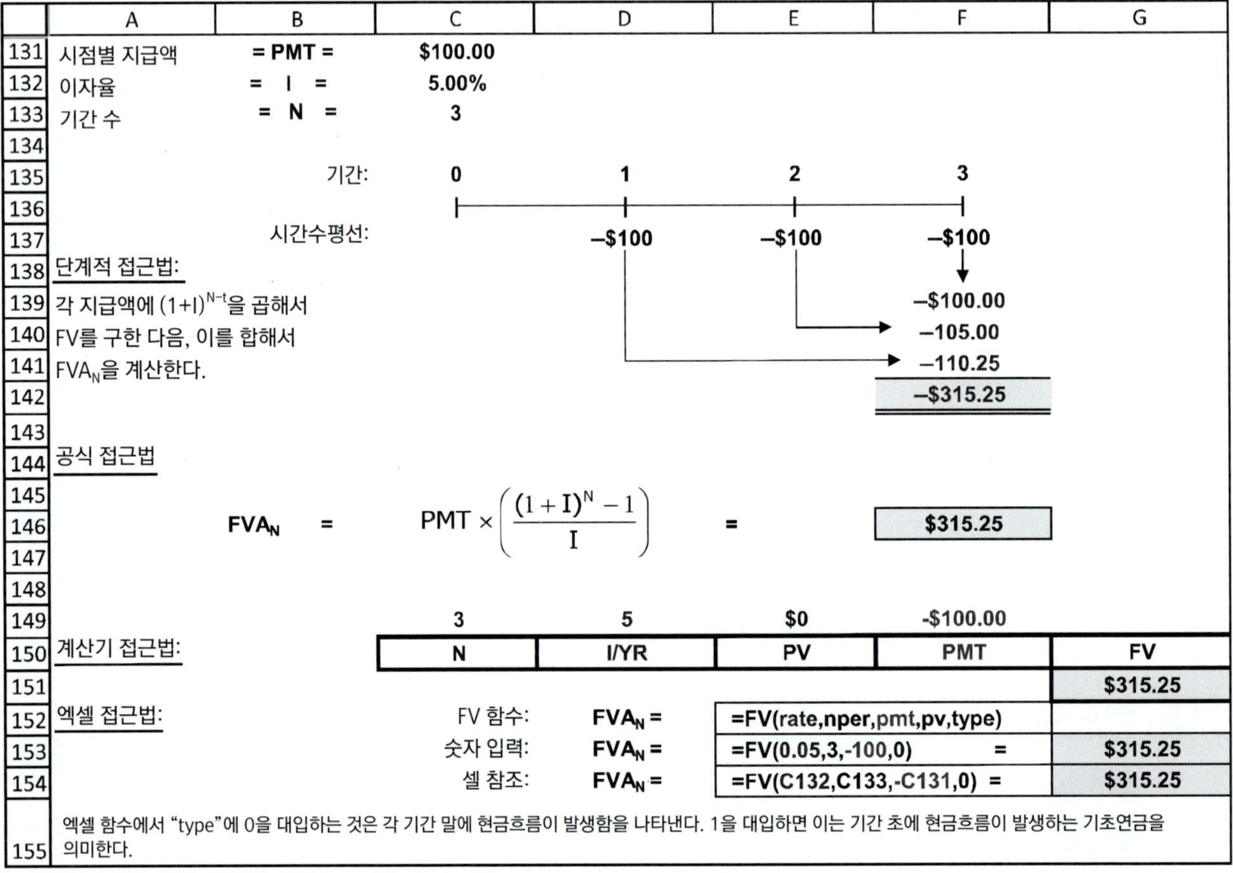

	A	B	C	D	E	F	G
131	시점별 지급액	= PMT =	$100.00				
132	이자율	= I =	5.00%				
133	기간 수	= N =	3				
134							
135		기간:	0	1	2	3	
136							
137		시간수평선:		–$100	–$100	–$100	
138	단계적 접근법:						
139	각 지급액에 $(1+I)^{N-t}$을 곱해서					–$100.00	
140	FV를 구한 다음, 이를 합해서					–105.00	
141	FVA_N을 계산한다.					–110.25	
142						–$315.25	
143							
144	공식 접근법						
145							
146		FVA_N =	$PMT \times \left(\frac{(1+I)^N - 1}{I}\right)$		=	$315.25	
147							
148							
149			3	5	$0	-$100.00	
150	계산기 접근법:		N	I/YR	PV	PMT	FV
151							$315.25
152	엑셀 접근법:		FV 함수:	FVA_N =	=FV(rate,nper,pmt,pv,type)		
153			숫자 입력:	FVA_N =	=FV(0.05,3,-100,0)	=	$315.25
154			셀 참조:	FVA_N =	=FV(C132,C133,-C131,0)	=	$315.25
155	엑셀 함수에서 “type”에 0을 대입하는 것은 각 기간 말에 현금흐름이 발생함을 나타낸다. 1을 대입하면 이는 기간 초에 현금흐름이 발생하는 기초연금을 의미한다.						

한 접근법은 분석과정을 모두 밝혀주기 때문에 명시적이다. 그러나 연금기간이 길어지면 단계적 접근법은 많은 시간을 필요로 한다.

앞 절의 시간수평선 그림에서 보는 것처럼 N=3과 I=5%를 대입하여 단계적 접근법을 적용하면 다음과 같이 나타낼 수 있다.

$$\begin{aligned} FVA_N &= PMT(1+I)^{N-1} + PMT(1+I)^{N-2} + PMT(1+I)^{N-3} \\ &= \$100(1.05)^2 + \$100(1.05)^1 + \$100(1.05)^0 \\ &= \$315.25 \end{aligned}$$

위의 식은 다음과 같이 일반화할 수 있다.

$$\begin{aligned} FVA_N &= PMT(1+I)^{N-1} + PMT(1+I)^{N-2} + PMT(1+I)^{N-3} + \cdots + PMT(1+I)^0 \\ &= PMT\left[\frac{(1+I)^N - 1}{I}\right] \end{aligned} \tag{5.3}$$

위 식의 첫 번째 줄은 길게 나열되어 있다. 두 번째 줄은 비재무용 계산기에서도 연금 문제의 답을 구할 수 있는 간단한 형태이다.[9] 이 식은 재무계산기와 스프레드시트에 내장되어 있다. 연금은 반복적으로 발생하는 현금흐름이므로 PMT키를 사용해야 한다. 연금 예제의 계산을 위한 재무계산기는 다음과 같이 설정한다.

3	5	0	−100		End Mode
N	I/YR	PV	PMT	FV	
				315.25	

초기 시점의 현금흐름은 없으므로 PV = 0으로 입력한다. 한편 내년 말에 $100을 예금할 계획이므로 PMT = −100으로 입력한다. 그 다음 FV키를 누르면 $FVA_3 = 315.25$의 답을 얻을 수 있다.

여기서 다루고 있는 예제는 매년 말에 현금지급이 이루어지는 기말연금에 관한 것이므로 계산기를 이에 맞게 설정해야 한다. 앞에서 언급한 것처럼 재무계산기는 매 기간 말에 현금지급이 이루어진다는 기말연금 가정을 바탕으로 "결과를 나타내고" 있다. 그러나 재무계산기는 기말연금과 기초연금의 변환 키도 가지고 있다. 기말연금으로 전환하기 위해서는 "End Mode" 혹은 이와 유사한 키를 입력하도록 되어 있으며, 기초연금은 "Begin"이나 "Begin Mode" 혹은 이와 유사한 키를 입력하면 된다. 만약 당신이 기말연금을 계산해야 하는데 실수로 재무계산기를 "Begin Mode"로 설정했다면 각 연금은 1년의 이자가 추가로 붙는다. 즉, 1년에 대한 복리 이자가 추가되어 FVA가 보다 커지게 된다.

<표 5.3>의 마지막 접근법은 엑셀의 내장함수를 사용해서 스프레드시트의 해를 구하고 있다. 내장함수에 직접 N, I, PMT에 해당하는 숫자를 대입해 계산할 수 있다. 내장함수에 입력할 값은 셀 참조를 통해서도 찾을 수 있다. 셀 참조를 사용하면 입력 변수의 값이 변할 때 산출 결과가 어떤 영향을 받는지 쉽게 알 수 있다.

응용문제

할아버지는 당신이 어릴 적부터 저축하는 습관을 가지라고 권했다. 이를 위해 할아버지는 매일 봉투에 $5를 넣어주겠다고 제안했다. 따라서 연말에는 $1,825(365×$5)를 갖게 된다. 할아버지는 연말에 이 돈을 모아 연간 8%의 기대수익률을 제공하는 온라인 중개 뮤추얼펀드에 투자하라고 제안했다.

9) 식 (5.3)의 첫 번째 줄은 등비수열을 나타내고 있으며, 두 번째 줄은 등비수열의 합을 나타낸다.

당신의 현재 나이는 18살이다. 오늘부터 할아버지의 제안대로 평생 이렇게 저축을 한다면, 당신이 65살이 되었을 때 증권계좌에는 얼마가 있을 것으로 예상하는가?

[해답]

이 문제는 기말연금의 미래가치를 계산하는 것이다. 당신은 8%의 연간이자율로 매년 $1,825를 47년 동안 납부하게 된다.

답을 빨리 찾기 위해 재무계산기에 다음을 입력하자: N = 47; I/YR = 8; PV = 0; PMT = −1825. 기말연금의 미래가치를 계산하기 위해서는 FV키를 입력하면 된다. 그 결과 FV = **$826,542.78**이 된다.

엑셀의 FV 함수를 사용해서 미래가치를 구할 수도 있다.

=FV(0.08,47,−1825,0)

FV(rate, nper, pmt, [pv], [type])

여기서도 미래가치가 **$826,542.78**로 나타나고 있다.

당신의 할아버지가 현명한 사람임을 알 수 있다. 일찍 저축을 시작하는 것이 확실히 좋다!

셀프 테스트

- 10%의 이자율을 가정할 때, 5년 동안 매년 $100을 예금하는 기말연금 문제를 고려하자. 첫 번째 예금에 대한 이자수입은 몇 년 후에 발생하는가? 첫 번째 예금은 연금기간 말에 얼마의 가치를 갖는가? 다섯 번째 예금에 대해서도 이자수입 발생 시점과 연금기간 말의 가치를 구하라. **(4년, $146.41, 0년, $100)**
- 당신은 지금부터 5년 후에 콘도를 구입할 계획을 가지고 있으며, 이를 위해 매년 $2,500을 저축하려고 한다. 연간 4%의 이자율로 은행에 이 돈을 예금하려고 하며, 첫 번째 예금은 그 해 말에 이루어진다고 가정하자. 5년 후 당신은 얼마의 돈을 가질 수 있는가? 만약 이자율이 6%로 증가하거나 3%로 하락하면 결과는 어떻게 변하는가? **($13,540.81, $14,092.73, $13,272.84)**

5-8 기초연금의 미래가치

기초연금은 기말연금에 비해 각 현금흐름이 한 기간 먼저 발생하므로, 모든 현금흐름에는 한 기간의 이자가 추가된다. 그러므로 기초연금의 미래가치(FV)는 유사한 조건의 기말연금보다 금액이 크다. 단계적 접근법을 사용하면 이제까지 살펴보고 있는 예제의 기초연금과 기말연금은 각각 $331.01과 $315.25의 미래가치를 갖는 것을 확인할 수 있다.

식 (5.3)은 기말연금에 대한 식이므로, 공식 접근법을 사용하기 위해서는 식 (5.3)에

(1+I)를 곱해야 한다.

$$FVA_{기초} = FVA_{기말}(1+I) \tag{5.4}$$

식 (5.4)를 이용하면 기초연금은 $FVA_{기초}$ = −$315.25(1.05)=$331.01로서 단계적 접근법을 사용할 때의 결과와 동일하다. 재무계산기를 사용하는 경우에는 기말연금을 계산할 때와 동일한 변수를 입력한 후에 계산기를 Begin Mode로 설정하면 $331.01이 나타난다.

셀프 테스트

- 기초연금이 기말연금보다 미래가치가 항상 큰 이유는 무엇인가?
- 기말연금의 값을 계산했다면, 동일한 조건의 기초연금 값을 어떻게 구할 수 있는가?
- 당신이 지금부터 5년 후에 콘도를 구입하려고 하며, 콘도 구입계약금(down payment)을 마련하기 위해 저축을 하려고 한다. 4%의 이자율을 지급하는 은행에 매년 $2,500(첫 번째 저축은 지금 당장 이루어진다)을 예금하려고 한다. 5년 후에 얼마의 돈을 마련할 수 있는가? 만약 연초가 아닌 연말에 예금을 한다면 얼마가 되는가? **($14,082.44, $13,540.81)**

5-9 기말연금의 현재가치

PVA$_N$
N기간 연금의 현재가치

어떤 연금의 현재가치 **PVA$_N$**는 단계적 접근법 및 공식 접근법, 재무계산기, 스프레드시트 등에 의해 구할 수 있다. <표 5.3>을 다시 살펴보자. 연금의 FV를 구하기 위해서 예금에 대해 복리계산을 했다. PV를 구하기 위해서는 연금의 각 현금흐름을 $(1+I)^t$로 할인해야 한다. 단계적 접근법에 의한 계산과정은 아래 그림에 나타나 있다.

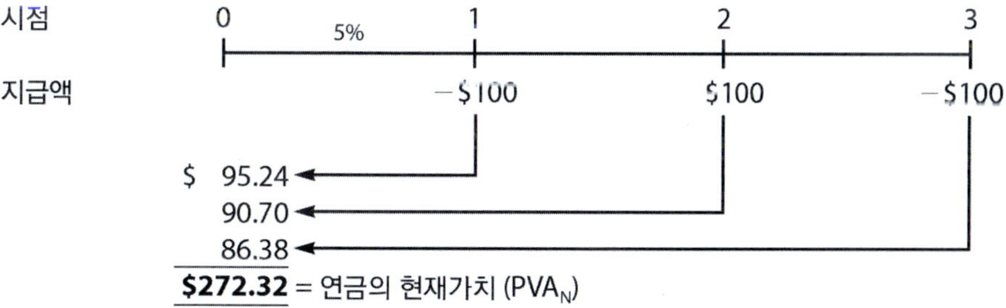

식 (5.5)는 단계적 접근법을 공식 형태로 표현한 것이다. 공학용 계산기를 가지고 있다면 대괄호 형태의 두 번째 식을 사용할 수 있다. 두 번째 식은 연금기간이 매우 많을 때 유용하다.

$$PVA_N = PMT/(1+I)^1 + PMT/(1+I)^2 + \cdots + PMT/(1+I)^N \qquad (5.5)$$

$$= PMT\left[\frac{1-\frac{1}{(1+I)^N}}{1}\right]$$

$$= \$100 \times [1 - 1/(1.05)^3]/0.05 = \$272.32$$

재무계산기는 식 (5.5)를 계산할 수 있도록 프로그램되어 있다. 계산기를 End Mode로 설정한 후, 변수를 입력하고 PV키를 누르기만 하면 된다. 기말연금과 기초연금에 따라 계산기의 설정이 다르다. 기초연금은 기말연금에 비해 각 현금흐름의 할인을 1년 덜 하므로 기초연금의 PV는 기말연금보다 크다. 따라서 기말연금의 현재가치에 (1+I) = 1.05를 곱한 \$272.32(1.05) = \$285.94가 기초연금의 PV이다.

3	5		−100	0	End Mode (기말연금)
N	I/YR	PV	PMT	FV	
		272.32			

3	5		−100	0	Begin Mode (기초연금)
N	I/YR	PV	PMT	FV	
		285.94			

응용문제

당신이 복권에 당첨되었다. 당첨금 수령은 다음 두 가지 형태 가운데 하나를 택할 수 있다.

1. 향후 30년 동안 매년 \$1,000,000을 수령한다.
2. 현재 시점에 \$15,000,000을 모두 다 수령한다.

현재의 이자율은 6%라고 하자. 어떤 형태의 가치가 더 큰가?

[해답]

가장 가치 있는 선택은 현재가치를 가장 크게 하는 것이다. 두 번째 형태는 현재가치가 \$15,000,000이다. 따라서 첫 번째 형태의 현재가치가 \$15,000,000을 초과하는지 살펴보면 된다.

공식 접근법을 사용해서 연금의 현재가치를 다음과 같이 구할 수 있다.

$$PVA_N = PMT\left[\frac{1-\frac{1}{(1+I)^N}}{I}\right] = \$1,000,000\left[\frac{1-\frac{1}{(1+0.06)^{30}}}{0.06}\right] = \$13,764,831.15$$

계산기 접근법을 사용하면 문제를 다음과 같이 설정할 수 있다.

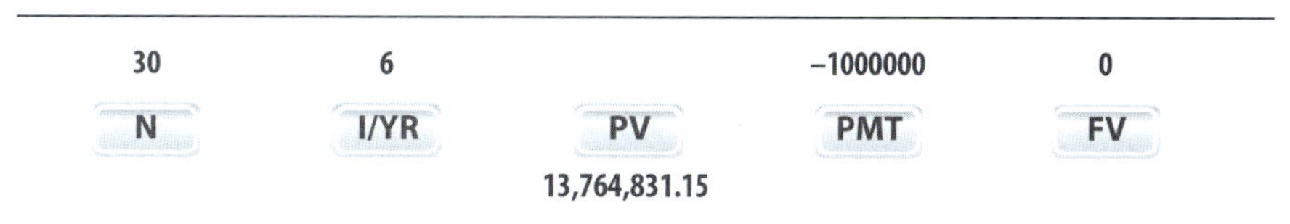

마지막으로 엑셀의 PV 함수를 사용할 수도 있다.

=PV(0.06,30,-1000000,0)
PV(rate, nper, pmt, [fv], [type])

여기서도 현재가치는 $13,764,831.15가 나온다.
첫 번째 형태의 현재가치가 $15,000,000보다 작으므로 당신은 현재 시점에 모두 수령하는 두 번째 형태를 택해야 한다.

셀프 테스트

- 기초현금이 기말연금에 비해 현재가치가 큰 이유는 무엇인가?
- 만약 기말연금의 현재가치를 안다면 동일한 조건의 기초연금의 PV를 어떻게 구할 수 있는가?
- 적정 이자율이 10%라고 할 때 $100을 1년에 한 번씩 10번 지급하는 기말연금의 PVA는 얼마인가? 만약 이자율이 4%라면 PVA는? 이자율이 0%일 때의 PVA는? 기초연금에서는 각 이자율에 따라 PVA가 어떻게 달라지는가? **($614.46, $811.09, $1,000.00, $675.90, $843.53, $1,000.00)**
- 10년 동안 매년 말에 $100을 받을 수 있는 연금을 제안받았다고 가정하자. 이 돈을 동일한 위험을 갖는 다른 대안에 투자하면 8%의 이자를 얻을 수 있다. 당신은 연금을 받기 위해 최대 얼마의 목돈을 지금 저축해야 하는가? 첫 번째 연금 지급이 지금 당장 이루어진다면 연금의 현재가치는 얼마가 되는가? **($671.01; $724.69)**

5-10 연금지급액 및 기간, 이자율의 계산

우리는 연금의 매기 지급액과 연금기간, 이자율 등을 구할 수 있다. 이러한 계산에는 N과 I, PMT, FV, PV의 5개 변수를 사용한다. 이 중에서 네 개의 변수를 알고 있다면, 나머지 하나를 구할 수 있다.

5-10A 연금지급액(PMT) 계산

지금부터 5년 후에 $10,000이 필요하다고 하자. 저축에 대한 이자율은 6%이며, 현재의 저축은 0이다. 따라서 FV = 10,000, PV = 0, N = 5, I/YR = 6이다. 이 값을 재무계산기에 입력하고 PMT키를 누르면 우리가 매 시점에 저축해야 할 금액을 구할 수 있다. 물론 이에 대한 답은 연금의 형태가 기말연금 혹은 기초연금 중 어느 것에 해당하는지에 따라 달라진다. 여기에 두 가지 형태의 연금에 대한 계산 결과가 있다.

기말연금:

5	6	0		10000	**End Mode**
N	I/YR	PV	PMT	FV	(기말연금)
			−1,773.96		

엑셀의 PMT 함수를 사용해도 동일한 결과를 얻을 수 있다.

=PMT(0.06,5,0,10000
PMT(rate, nper, pv, [fv], [type])

예금은 연말에 이루어지기 때문에, “type”은 빈칸으로 남겨둘 수 있다. 계산 결과는 5년 후의 목표 금액을 달성하기 위해서는 매년 말에 $1,773.96을 저축해야 함을 보여주고 있다.

기초연금:

5	6	0		10000	**Begin Mode**
N	I/YR	PV	PMT	FV	(기초연금)
			−1,673.55		

엑셀의 PMT 함수를 사용해도 매년 초의 예금을 계산할 수 있다.

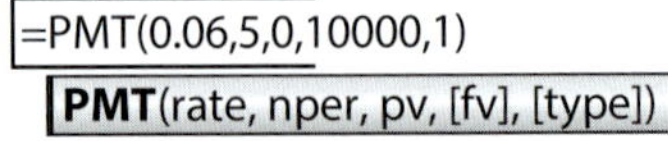
=PMT(0.06,5,0,10000,1)
PMT(rate, nper, pv, [fv], [type])

예금은 매년 초에 이루어지기 때문에 “type”에는 1을 대입해야 한다. 계산기와 엑셀을 사용한 결과, 5년 후의 목표를 달성하기 위해서는 매년 초에 $1,673.55를 저축해야 하는 것으로 나타났다.

따라서 당신은 매년 말에 예금을 하는 경우에는 $1,773.96을 저축해야 하며, 매년 초에 예금을 하는 경우라면 $1,673.55를 저축해야 한다. 기초연금에 필요한 연간 저축은 기말연금의 금액을 (1+I)로 나누어 $1,773.96/1.06=$1,673.55와 같이 구할 수 있다.

5-10B 연금기간(N) 계산

당신이 매년 말에 $1,200을 저축할 수 있다고 가정하자. 6%의 이자율을 가정할 경우 목표액 $10,000을 얻기 위해서는 어느 정도의 기간이 필요한가? 다음과 같이 계산기를 설정하도록 하자.

	6	0	−1200	10000	End Mode
N	I/YR	PV	PMT	FV	
6.96					

매년 말에 $1,200을 저축해서 목표액 $10,000을 얻는데 6.96년이 필요함을 알 수 있다. 만약 매년 초에 저축을 하는 기초연금을 사용한다면 N은 기말연금보다 작은 6.63년이 된다.

엑셀의 NPER 함수를 사용해도 위와 같은 답을 얻을 수 있다. 기말연금을 가정하면 엑셀의 NPER은 다음과 같다.

```
=NPER(0.06,–1200,0,10000)
NPER(rate, pmt, pv, [fv], [type])
```

여기서도 목표 달성에 필요한 시간은 6.96년으로 나온다.

만약 기초연금 방법을 사용한다면 엑셀의 NPER은 다음과 같다.

```
=NPER(0.06,–1200,0,10000,1)
NPER(rate, pmt, pv, [fv], [type])
```

기초연금 방법을 사용하는 경우 목표 달성에 필요한 시간은 6.63년이다

5-10C 이자율(I) 계산

매년 $1,200을 저축해서 5년 후에 $10,000을 얻으려고 한다고 가정하자. 이 목표를 달성하기 위해서는 수익률이 얼마가 되어야 하는가? 계산기를 다음과 같이 설정하자.

5		0	−1200	10000	End Mode
N	I/YR	PV	PMT	FV	
	25.78				

엑셀의 RATE 함수를 사용해도 동일한 답을 얻을 수 있다.

```
=RATE(5,-1200,0,10000)
RATE(nper, pmt, pv, [fv], [type], [guess])
```

여기서 이자율은 25.78%로 나온다.

목표를 달성하기 위해서는 25.78%라는 엄청난 수익률이 필요하다. 이러한 높은 수익률을 얻을 수 있는 방법은 위험이 높은 주식에 투자하거나 라스베이거스의 카지노로 가는 것뿐이다. 물론 위험이 높은 주식이나 도박에 투자하는 것은 은행의 예금처럼 확실한 수익률을 보장해주지 않기 때문에 투자금액 전부를 날릴 수도 있다. 따라서 저축을 보다 많이 하고, 목표액을 $10,000보다 낮게 설정하고, 투자기간을 보다 길게 하는 방향으로 당신의 계획을 수정할 필요가 있다. 높은 수익을 추구하려는 노력은 바람직하다. 그러나 6%의 이자율이 적용되는 시장에서 25.78%의 수익률을 얻기 위해서는 과도한 위험을 감수해야 한다.

재무계산기나 스프레드시트를 사용해서 수익률을 쉽게 찾을 수 있다. 그러나 이러한 것들이 없다면 수익률을 계산하기 위해 시행착오 과정(trial-and-error process)을 사용해야 한다. 연금기간이 길수록 이러한 방법의 계산에는 많은 시간이 필요하다.

셀프 테스트

- 당신은 $100,000을 상속받아 연간 7%의 수익률을 제공하는 투자를 했다. 당신은 10년 동안 매년 말에 동일한 자금을 인출해서 10년 후에는 투자액을 남기지 않으려고 한다. 매년 인출할 수 있는 최대 금액은 얼마인가? 만약 매년 초에 인출한다면 최대 금액은 어떻게 변하는가? **($14,237.75; $13,306.31)**
- 당신은 $100,000을 7%의 이자율을 주는 예금에 저축을 했다. 이 예금으로부터 매년 말에 $10,000을 인출하려고 한다. 이 예금의 잔액이 0이 되는데 걸리는 기간은? 만약 이자율이 0%라면 예금 잔액이 남아 있는 기간은? 이자율은 7%이지만 매년 $7,000을 인출한다면 예금 잔액이 남아 있는 기간은? **(17.8년; 10년; 영원히)**
- 삼촌이 그의 생명보험 수익자로 당신을 지명했다. 보험회사는 당신에게 현재 $100,000을 가져갈 것인지 혹은 12년 동안 매년 말에 $12,000을 받는 연금을 선택할 것인지를 물었다. 보험회사가 제시하는 연금의 수익률은 얼마인가? **(6.11%)**
- 당신은 현재 시점에서 첫 번째 지급이 이루어지는 어떤 연금의 상속인이다. 이 연금은 10년 동안 매년 $10,000을 당신에게 지급해준다. 당신 어머니의 친구가 당신에게서 연금을

$60,000에 사겠다고 제안했다. 만약 당신이 이 연금을 매도한다면 당신 어머니의 친구가 얻는 투자의 수익률은 얼마인가? 만약 당신이 "공정한" 수익률이 6%라고 생각한다면 당신은 얼마의 가격을 요구할 수 있는가? **(13.70%; $78,016.92)**

5-11 영구연금

영구연금
일정 시점마다 동일한 이자를 영원히 지급하는 연금

영구연금(perpetuity)은 만기가 무한한 연금이다. 이자 지급을 영원히 계속하기 때문에 단계적 접근법을 사용할 수 없다. 그러나 식 (5.5)의 N을 무한으로 설정하고 계산하면 영구연금의 PV를 쉽게 찾을 수 있다.

$$\text{영구연금의 PV} = \frac{\text{PMT}}{\text{I}} \tag{5.6}$$

예를 들어, 어떤 기업의 우선주를 구입했다고 하자. 이 우선주는 기업이 존속하는 동안 매년 $2.50의 고정 배당을 한다. 이 기업이 영원히 존속한다고 가정하면 우선주는 영구연금과 동일한 방법으로 현재가치를 계산할 수 있다. 우선주의 할인율이 10%라고 하면 우선주의 현재가치는 $25이다.

$$\text{영구연금의 PV} = \frac{\$2.50}{0.10} = \$25$$

셀프 테스트

- 만약 적정 이자율이 5%라고 할 때, 지금부터 1년 후 매년 $1,000을 지급하는 영구연금의 현재가치는 얼마인가? 연금의 지급이 현재 시점을 포함해서 매년 초에 이루어진다면 영구연금의 가치는? **($20,000; $21,000. 힌트: 1년 후부터 지급이 이루어지는 영구연금의 현재가치에 지금 당장 받는 $1,000을 더해서 구하면 된다.)**

5-12 불균등한 현금흐름

불균등한 현금흐름
기간마다 금액이 다른 일련의 현금흐름

연금의 정의에는 "동일한 금액의 지급"이라는 표현이 들어간다. 즉, 연금은 매 시점마다 동일한 금액을 지급한다. 많은 재무 의사결정은 동일한 금액의 지급과 관련한 문제를 다루고 있지만, 일정하지 않은 현금흐름에 대한 의사결정을 할 때도 많다. 예를 들어, 보통주의 배당은 시간에 따라 증가하며, 자본 설비에 대한 투자도 대부분 **불균등한 현금흐름**을 갖는다. 이 책에서는 매 기간마다 동일한 금액을 지급하는 연금에 대

지급액(PMT)
일정한 기간마다 발생하는 동일한 현금흐름

현금흐름(CF_t)
연금과는 달리 불균등한 현금흐름을 나타내는 용어

해서는 **지급액**(payment, PMT)이라는 용어를 사용하고, 불균등한 현금흐름에 대해서는 **현금흐름**(cash flow; CF_t)이라는 용어를 사용한다. 여기서 t는 현금흐름이 발생하는 기간을 의미한다.

불균등한 현금흐름은 크게 두 가지 종류로 구분할 수 있다: (1) 만기 이전까지는 연금 형태의 지급을 하고 만기 시점에 목돈을 지급하는 현금흐름, (2) 모든 현금흐름이 불균등하게 발생하는 경우. 채권은 첫 번째 형태의 대표적인 예이고, 주식과 자본투자는 두 번째 형태에 해당한다. 여기서는 두 가지 흐름을 숫자를 사용해서 살펴보자.

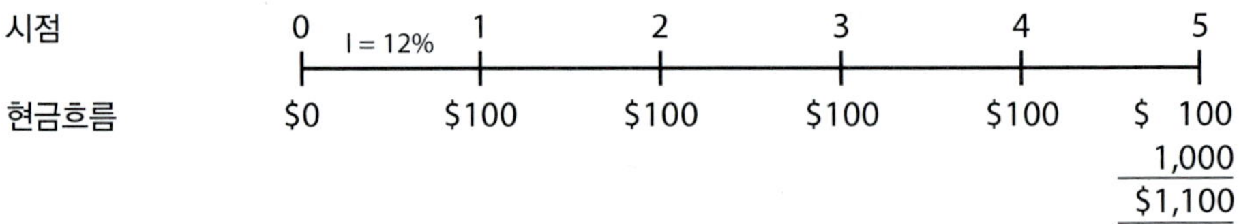

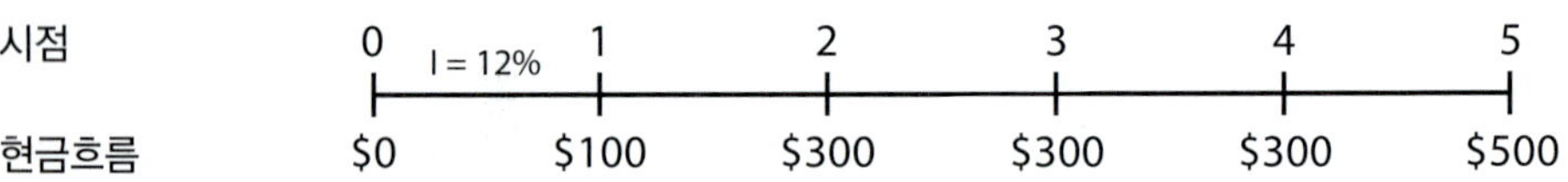

식 (5.7)과 단계적 접근법을 사용해서 두 현금흐름의 PV를 구할 수 있다. 이들 방법은 각 시점의 현금흐름을 할인한 후에 이를 합해서 PV를 구하고 있다.

$$PV = \frac{CF_1}{(1+I)^1} + \frac{CF_2}{(1+I)^2} + \cdots + \frac{CF_N}{(1+I)^N} = \sum_{t=1}^{N} \frac{CF_t}{(1+I)^t} \quad (5.7)$$

계산 결과, 첫 번째 현금흐름의 PV는 $927.90이며, 두 번째 현금흐름의 현재가치는 $1,016.35이다.

단계적 접근법은 명료하다. 그러나 이 방법을 사용하면 현금흐름이 많은 경우에는 계산 시간이 많이 필요하다. 그러나 재무계산기는 계산 속도가 이보다 훨씬 빠르다. 먼저 형태 (1)의 예에 대해 살펴보자. 이는 5년 만기와 12% 이자율로 매년 $100의 지급액을 갖는 기말연금과 만기 시점에 $1,000의 목돈을 지급하는 현금흐름이다. 먼저 연금의 PV를 계산하고, 그 다음 마지막 지급액의 PV를 구한 다음 이 둘을 합하여 전체 현금흐름의 현재가치를 구할 수 있다. 재무계산기에서 이는 단지 한 단계로 수행할 수 있다. 다섯 개의 TVM(time value of money)키를 사용해서, 아래에 주어진 자료를 입력한 다음 PV키를 누르면 $927.90이라는 답을 얻을 수 있다.

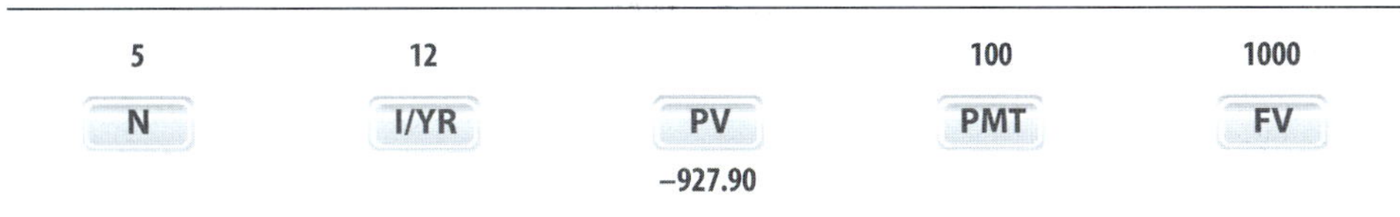

[그림 5.3] 불균등한 현금흐름의 현재가치

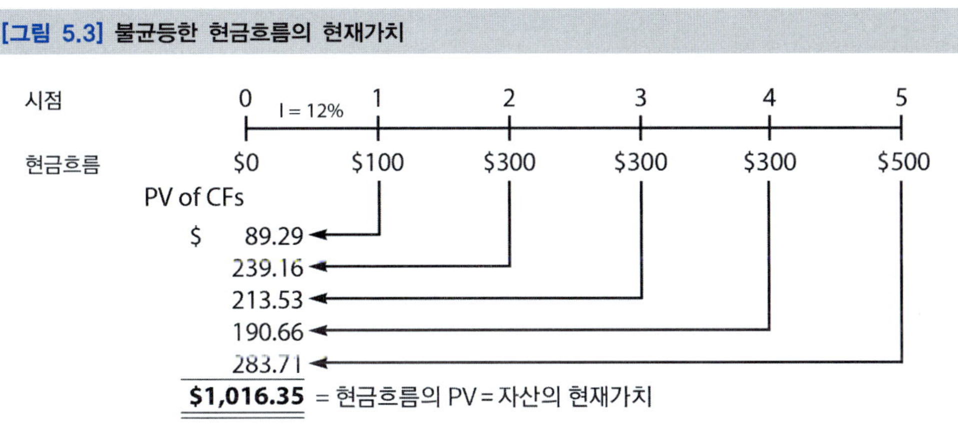

두 번째 형태의 불균등한 현금흐름에 대한 계산방법은 첫 번째와는 다르다. 여기서는 [그림 5.3]과 같은 단계적 접근법을 사용해야 한다. 재무계산기와 스프레드시트에서도 이러한 형태의 문제를 단계적 접근법을 사용해서 해를 구하고 있지만, 이들 도구를 사용하면 계산 속도가 보다 빠르고 효율적이다. 먼저 모든 현금흐름과 이자율을 입력한다. 계산기와 컴퓨터는 각 현금흐름을 할인해서 각 시점의 PV를 구한 후, 이들 각 시점의 PV를 모두 합하여 전체 현금흐름의 PV를 계산한다. 당신은 먼저 현금흐름을 계산기의 "cash flow register"에 입력한 후 이자율을 입력하고, 모든 현금흐름의 PV를 구하기 위해서 NPV를 누른다. 여기서 NPV는 "순현재가치(net present value)"를 의미한다. 제9장과 제11장에서는 불규칙 현금흐름과 NPV에 대해 보다 상세히 다루고 있다. NPV 계산은 주식과 자본예산 프로젝트를 분석할 때 많이 사용한다. 만약 당신이 계산기 사용방법을 모른다면 계산기 사용설명서를 참고하기 바란다. 당신은 언젠가 계산기 사용방법을 배워야 하므로 지금 이를 시작하는 것이 좋다.

셀프 테스트

- 불균등한 현금흐름의 PV를 구하기 위해서 식 (5.2)를 어떻게 사용해야 하는가?
- 이자율이 6%일 때, 5년 동안 매년 $100을 지급하는 기말연금과 5년 후에 추가로 $500을 지급하는 현금흐름의 현재가치는 얼마인가? 또한 1년부터 10년까지 매년 말에 $100을 지급하고 10년 말에 $500을 추가로 지급하는 현금흐름의 현재가치는 얼마인가? **($794.87; $1,015.21)**

- 다음 불균등한 현금흐름을 고려하자. 이자율이 8%일 때, 시점 0에서는 $0, 1년 후에 $100, 2년 후에 $200, 3년 후에 $0, 4년 후에 $400을 지급하는 현금흐름. 이 현금흐름의 현재가치는 얼마인가? **($558.07)**
- 보통주는 연금과 불균등한 현금흐름 가운데 어느 것에 보다 가까운 현금흐름을 갖는가? 설명하라.

5-13 불균등한 현금흐름의 미래가치

불균등한 현금흐름의 미래가치는 할인계산이 아닌 복리계산을 통해 구할 수 있다. 이전 절에서 살펴보았던 두 번째 형태의 현금흐름을 고려하자. PV를 구하기 위해서는 현금흐름을 각각 할인했지만, FV를 구하기 위해서는 이 현금흐름에 복리계산을 적용하면 된다. [그림 5.4]는 단계적 접근법을 사용해서 현금흐름의 FV를 구하는 과정을 보여주고 있다.

주식, 채권, 사업자금투자 등과 같은 재무자산의 가치는 기대 미래 현금흐름의 현재가치로 구한다. 그러므로 현재가치를 미래가치보다 훨씬 자주 사용한다. 이로 인해 모든 재무계산기는 PV를 자동으로 구하는 함수는 제공하고 있지만, FV를 자동으로 구하는 함수는 거의 제공하지 않는다. 불균등한 현금흐름의 FV를 구하는 경우는 자주 발생하지 않지만, 이를 계산하는 경우에는 일반적으로 [그림 5.4]와 같은 단계적 접근법을 사용한다. 이 접근법은 현금흐름이 0이거나 음의 값을 가지는 경우를 포함하여 모든 현금흐름에 적용할 수 있다.10)

[그림 5.4] 불균등한 현금흐름의 미래가치

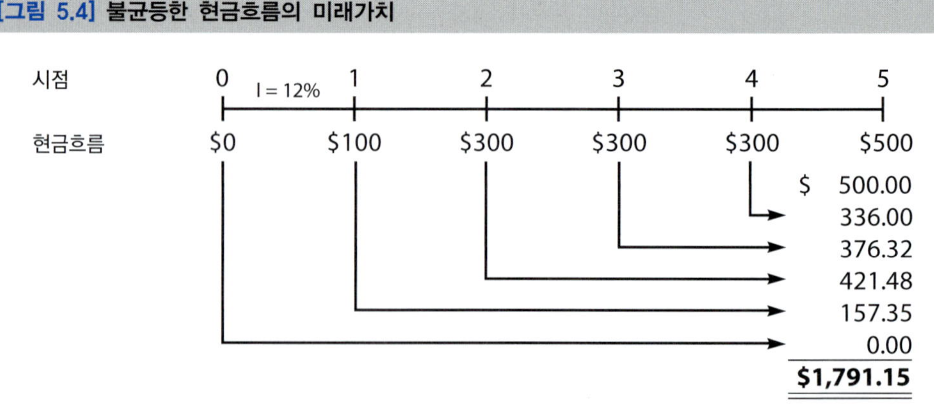

10) HP 10bII+ 계산기는 현금흐름의 미래가치를 구하는 단축키가 있다. 현금흐름을 계산기의 "cash flow register"에 입력하고, 이자율을 입력하면 현금흐름의 순현재가치(NPV)를 계산할 수 있다. 현금흐름의 NPV가 계산된 다음 SWAP키를 누르면 계산기는 현금흐름의 미래가치를 계산하여 보여준다.

셀프 테스트

- 현금흐름의 FV보다 PV를 구하는 경우가 보다 많은 이유는 무엇인가?
- 다음 현금흐름을 고려하자. 적정 이자율이 15%일 때, 1년 후에 $100, 2년 후에 $150, 3년 후에 $300을 지급하는 현금흐름. 이 현금흐름의 미래가치는 얼마인가? **($604.75)**

5-14 불균등한 현금흐름의 이자율(I) 계산[11]

재무계산기와 스프레드시트를 사용하기 전에는 불균등한 현금흐름의 이자율(I)을 구하는 것은 매우 어려운 작업이었다. 스프레드시트와 재무계산기를 사용하면 I를 비교적 쉽게 찾을 수 있다. 만약 연금과 만기 시점의 목돈이 동시에 발생하는 현금흐름을 가지고 있다면 계산기의 TVM 영역에 N, PV, PMT, FV의 값을 입력한 후에 I/YR키를 누른다. 자산을 구입하기 위해 $927.90을 지급한다는 가정을 하는 경우, 5-12절에서 설명하고 있는 첫 번째 불균등한 현금흐름 유형의 계산기 설정방법을 아래에 보여주고 있다. $927.90의 투자에 대한 수익률은 12%이다.

5		−927.90	100	1000
N	I/YR	PV	PMT	FV
	12.00			

두 번째 형태와 같은 불균등한 현금흐름의 이자율을 구하는 작업은 다소 복잡하다. 먼저 간단한 계산방법이 없다는 점에 주목하자. 이자율을 구하기 위해서는 시행착오 과정이 필요하며, 이를 위해서는 재무계산기나 스프레드시트를 사용해야 한다. 재무계산기의 'cash flow register'에 CF 값을 입력하고 IRR키를 누르면 답을 구할 수 있다. 여기서 IRR은 "내부수익률(internal rate of return)"로서 투자수익률을 의미한다. 투자는 시점 0에서의 현금흐름이며, 이는 반드시 음의 값으로 입력해야 한다. 예를 들어, 아래의 현금흐름을 살펴보자. 여기서 $CF_0 = -\$1{,}000$은 자산의 매입비용이다.

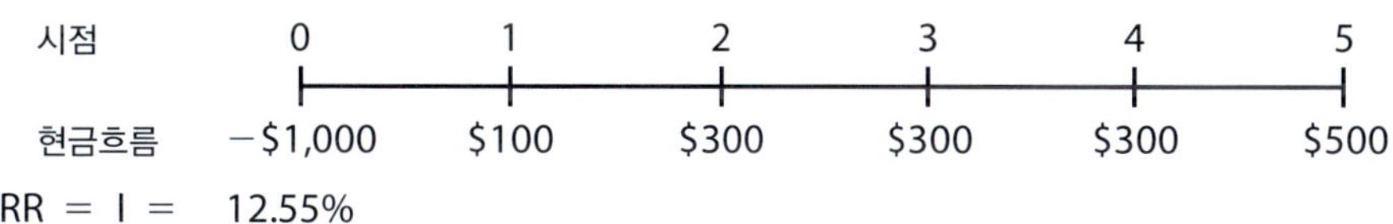

11) 이 절은 상대적으로 기술적인 부분을 다루고 있다. 따라서 이 부분을 읽지 않고 넘어가도 무방하다. 그러나 제11장에서는 이 계산과정에 대한 지식이 필요하다.

계산기의 "cash flow register"에 각 현금흐름을 입력하고 IRR키를 누르면 $1,000의 투자에 대한 수익률로 12.55%를 얻을 수 있다. 엑셀의 IRR 함수를 사용해도 동일한 답을 얻을 수 있다. 이 과정을 계산기의 사용설명서에서 언급하고 있으며, 또한 자본예산을 다루는 제11장에서도 설명하고 있다.

셀프 테스트

- 어떤 투자는 현재 시점에서 $465가 필요하다. 이 투자는 향후 4년 동안 매년 말에 $100의 연간 현금흐름과 4년 후에 $200의 목돈을 가져다줄 것으로 예상하고 있다. 이 투자의 기대수익률은 얼마인가? **(9.05%)**
- 어떤 투자는 현재 시점에서 $465가 필요하다. 이 투자는 1년 후에 $100, 2년 후에 $200, 3년 후에 $300의 현금흐름을 가져다줄 것으로 예상하고 있다. 이 투자의 기대수익률은 얼마인가? **(11.71%)**

5-15 반년 및 기타 복리기간

연 복리
현금흐름에 대해 1년에 한 번 이자를 더해주는 계산과정

반년 복리
현금흐름에 대해 1년에 두 번 이자를 더해주는 계산과정

이제까지는 1년에 한 번 복리가 적용되는 경우를 가정했다. 이를 **연 복리**(annual compounding)라고 한다. 연간이자율 5%를 지급하는 어떤 은행에 $100을 저축했으며, 이 저축은 반년마다 복리가 적용된다고 하자. 두 번째 반년 동안에는 원금 $100과 첫 번째 반년 기간에 받은 이자를 합한 금액 전체에 대해 이자를 계산한다. 이를 **반년 복리**(semiannual compounding)라고 한다. 은행은 일반적으로 1년에 1회 이상 이자를 지급한다. 실제로 미국에서 대부분의 채권은 반년마다 이자를 지급한다. 또한 대부분의 모기지대출, 학자금대출, 자동차대출 등은 월별 상환을 요구하고 있다. 그러므로 1년에 다수의 복리를 어떻게 적용할지를 이해하는 것은 중요하다.

반년 복리의 예로서 5%의 이자를 지급하는 예금에 $100을 저축해서 10년 후에 인출한다고 가정하자. 우선 연간 복리를 적용할 경우 미래가치가 얼마가 되는지 다시 살펴보자.

$$FV_N = PV(1+I)^N = \$100(1.05)^{10} = \$162.89$$

이러한 결과는 물론 재무계산기나 스프레드시트를 사용해도 얻을 수 있다.

이 예에서 이자가 1년에 한 번이 아닌 두 번 지급한다고 가정하면 결과는 어떻게 변할까? 먼저 1년에 1회 이상 이자 지급이 발생하면 두 가지 변환이 필요하다: (1) 표시이자율(stated interest rate)을 "기간이자율(periodic rate)"로 전환하고 (2) 연수(年數)를 "기간의 수(number of periods)"로 전환해야 한다.

이러한 전환은 다음과 같다. 여기서 I를 명시 연간이자율, M을 연간 복리 횟수, 그리고 N을 연수라고 하자.

$$\text{기간이자율}(I_{PER}) = \frac{\text{연간 표시이자율}}{\text{연간 이자지급 횟수}} = \frac{I}{M} \tag{5.8}$$

연간 표시이자율이 5%이고 반년마다 복리가 적용되는 경우, 기간이자율은 2.5%이다.

$$\text{기간이자율} = \frac{5\%}{2} = 2.5\%$$

연간 복리기간의 수는 식 (5.9)를 사용해서 구할 수 있다.

$$\text{전체 기간 수} = (\text{연수})(\text{연간 기간 수}) = NM \tag{5.9}$$

10년 동안 반년 복리가 적용되는 경우, 전체는 20기간이다.

$$\text{전체 기간 수} = 10(2) = 20\text{기간}$$

반년 복리가 적용되는 경우, 현재의 투자 $100은 10년 동안 매년 5%의 이자율이 아닌 20개의 반년 기간 동안 2.5%의 6개월 이자율을 얻는다. 당신은 이 경우 표시이자율과 연간 기간 수가 아닌 기간이자율과 6개월 기간의 수를 시간수평선에 나타내야 하며, 이를 재무계산기와 스프레드시트에 입력해야 한다.[12)]

이러한 개념을 바탕으로, 5%의 연간 표시이자율을 갖는 예금 $100에 대해 10년 동안 반년 복리를 적용하여 예금의 미래가치를 구할 수 있다. 다음은 시간수평선과 미래가치를 보여주고 있다.

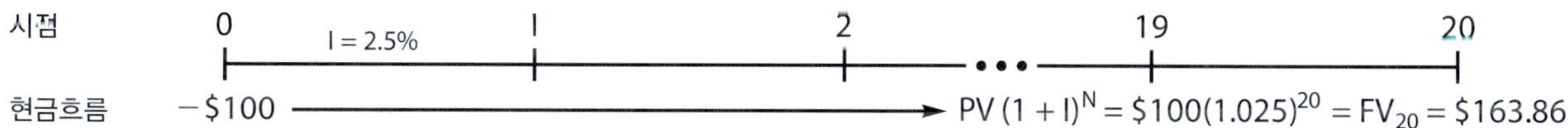

재무계산기에 기간이자율과 기간 수를 입력해도 동일한 결과를 얻을 수 있다.

N	I/YR	PV	PMT	FV
20	2.5	−100	0	163.86

12) 일부 재무계산기는 여기서 제시하는 전환 방법을 사용하지 않고, 연간 표시이자율과 연간 복리 횟수를 입력하도록 하기도 한다. 여기서는 전환 방법을 사용하도록 한다. 왜냐하면 연간 표시이자율과 연간 복리 횟수를 입력하는 방법은 시간수평선을 사용해야 하며, 또한 계산기의 설정을 변경한 후에 다시 원래대로 해놓는 것을 잊어버려 다음 문제를 풀 때 오류가 자주 발생하기 때문이다.

반년 복리를 적용할 때의 미래가치는 \$163.86으로 연간 복리를 적용할 때의 FV인 \$162.89보다 크다. 왜냐하면 반년 복리는 연간 복리보다 이자가 보다 빨리 발생하므로, 이자에 대해 더 많은 이자를 얻을 수 있기 때문이다.

이상 살펴본 예에서 분기 혹은 월별이나 일별로 복리를 적용하면 결과는 어떻게 될 것인가? 분기 복리를 적용하면 기간의 수는 NM = 10(4) = 40개이며, 기간이자율은 분기당 I/M = 5%/4 = 1.25%이다. 이 값을 적용하면 FV = \$164.36이 된다. 월별 복리를 적용하면 기간 수는 10(12) = 120이며 월별 이자율은 5%/12 = 0.416667%이므로 FV는 \$164.70으로 증가한다. 일별 복리를 적용하면 10(365) = 3,650의 기간 수와 5%/365 = 0.0136986%의 일별 이자율이 얻어지며 이를 바탕으로 계산한 FV는 \$164.87이다(1년 365일 기준).

반년 복리 하에서의 현재가치를 구하는 데도 동일한 논리를 사용할 수 있다. 연간 표시이자율을 기간이자율로 전환하기 위해 식 (5.8)을, 반년 기간의 수를 찾기 위해 식 (5.9)를 각각 사용하자. 여기서 구한 기간이자율과 기간의 수를 계산기에 입력하자. 예를 들어, 연간 표시이자율이 5%일 때, 10년 후에 받는 \$100의 PV는 다음과 같이 구할 수 있다.

$$\text{기간이자율} = \frac{5\%}{2} = \text{기간당 } 2.5\%$$

$$\text{전체 기간의 수} = 10(2) = 20\text{기간}$$

$$\$100\text{의 PV} = \frac{\$100}{(1.025)^{20}} = \$61.03$$

재무계산기를 사용해도 위와 동일한 결과를 얻을 수 있다.

20	2.5		0	−100
N	I/YR	PV	PMT	FV
		61.03		

연간 복리기간의 수를 2(반년)가 아닌 12(월별)로 증가시키면 PV는 \$60.72로 감소한다. 또한 일별 복리를 적용하면 PV는 \$60.66으로 하락한다.

셀프 테스트

● 연간 표시이자율이 7%일 때, 1년에 한 번 복리를 적용하는 예금과 매월 복리를 적용하는 예금 가운데 어디에 투자해야 하는가? 반대로 연간 표시이자율이 7%일 때, 연간 복리와 월별 복리를 적용하는 차입 가운데 어느 것을 택해야 하는가? 이유는?

- 연간 표시이자율이 8%일 때, 1년에 한 번 복리를 적용하는 경우 현재 $100의 3년 후 미래가치는? 만약 월별 복리를 적용하면? **($125.97, $127.02)**
- 연간 표시이자율 8%의 연간 복리를 적용할 때, 3년 후 받는 $100의 현재가치는? 만약 월별 복리를 적용하면? **($79.38, $78.73)**

5-16 이자율의 비교

투자에 따라 다양한 복리기간이 필요할 때가 있다. 예를 들어, 은행의 예금은 일별 이자를 지급하기도 하며, 채권은 대부분 반년마다 이자를 지급한다. 주식은 분기마다 배당을 지급하며, 모기지 및 자동차대출과 기타 금융상품은 월별 이자를 요구한다.[13] 만약 서로 다른 복리기간을 갖는 투자나 대출을 비교하고 싶다면 이들 상품에 공통의 기준을 적용해야 한다. 이를 위해 필요한 몇 가지 용어를 살펴보기로 한다.

명목이자율(APR), I_{NOM}
계약에 사용하는 이자율

- **명목이자율**(nominal interest rate: I_{NOM})은 **연간이자율**(annual percentage rate: APR), 고시이자율(quoted rate), 표시이자율(stated rate)이라고도 한다. 이는 신용카드 회사, 학자금대출 회사 직원, 자동차 딜러 등이 사람들에게 말해주는 대출이자율이다. 만약 두 은행이 모두 8%의 동일한 명목이자율로 대출을 하더라도 한 은행이 월별 이자를, 다른 은행이 분기별 이자를 적용한다면 "실제" 이자율은 서로 다르다. 월별 이자를 적용하는 은행은 분기별 이자를 적용하는 은행에 비해 보다 높은 이자를 부과하고 있는 것이다. 왜냐하면 월별 이자를 적용하는 경우 보다 빨리 돈을 받기 때문이다. 대출자의 대출상품이나 다양한 증권의 이자수입을 비교하기 위해서는 아래에 설명하는 유효 연간이자율을 계산해야 한다.[14]

유효 연간이자율(EFF% 혹은 EAR)
명목이자율과 반대로 실제로 받는 연간이자율

- **유효 연간이자율**(effective annual rate: EFF%)은 **유효이자율**(effective rate) 혹은 **등가 연간이자율**(equivalent annual rate: EAR)이라고도 한다. 명목이자율이 주어질 때, 1년에 여러 번의 복리가 있는 경우 이를 1년에 한 번 복리가 발생하는 연간이자율로 전환한 것이 유효이자율이다.
- 대출이나 투자가 연간 1회 복리를 적용하고 있다면 명목이자율과 유효이자율은 동일하다. 그러나 복리가 1년에 1회 이상이라면 EFF%는 I_{NOM}보다 크다.

---

13) 일부 은행은 연속 복리 이자를 지급하기도 한다. 연속 복리(continuous compounding)는 웹부록 5A에서 설명하고 있다.

14) 그럼에도 불구하고 반년마다 이자를 지급하는 두 채권을 비교하는 경우에는 명목이자율을 사용해도 무방하다. 마찬가지로 명목이자율을 가지고 일별 이자를 지급하는 두 개의 단기 금융펀드(money fund)를 비교할 수 있다. 그러나 반년 복리를 지급하는 채권의 명목이자율과 일별 복리를 지급하는 단기 금융펀드의 명목이자율을 비교해서는 안 된다. 왜냐하면 단기 금융펀드가 실제보다 더 가치가 없는 것처럼 보이기 때문이다.

- 예를 들어, 명목이자율 10%의 반년 복리와 명목이자율 10.25%의 1년 복리는 실제수익률이 동일하다. 왜냐하면 두 명목이자율 모두 현재의 $100을 1년 후에 동일한 금액의 미래가치를 갖도록 하기 때문이다. 아래 그림의 윗부분은 명목이자율 10.25%로 1년 복리를 적용하면 현재의 $100이 1년 후에 $110.25가 됨을 보여주고 있다. 아랫부분은 명목이자율 10%로 반년 복리를 하는 경우를 보여주고 있다.

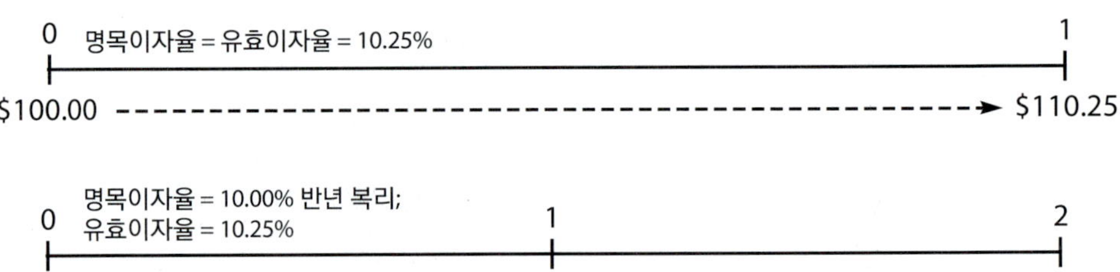

명목이자율과 연간 복리 횟수가 주어지면 다음 식을 통해 유효이자율을 구할 수 있다.

$$\text{유효이자율(EFF\%)} = \left[1 + \frac{I_{NOM}}{M}\right]^{M} - 1.0 \tag{5.10}$$

여기서 I_{NOM}은 소수점으로 표현한 명목이자율이며, M은 연간 복리 횟수이다. 위의 예에서 명목이자율은 10%이다. 반년 복리를 사용하면 $I_{NOM} = 10\% = 0.1$과 $M = 2$이다. 이를 통해 EFF% = 10.25%를 얻을 수 있다.

$$\text{유효이자율(EFF\%)} = \left[1 + \frac{0.10}{2}\right]^{2} - 1.0 = 0.1025 = 10.25\%$$

엑셀의 EFFECT 함수를 사용해도 유효이자율을 계산할 수 있다.

```
=EFFECT (0.1,2)
    EFFECT(nominal_rate, npery)
```

여기서 유효이자율은 10.25%임을 볼 수 있다. 입력변수 NPERY는 연간 복리 횟수를 나타낸다. 마찬가지로 유효이자율을 알고 있으면, 이를 엑셀의 NOMINAL 함수를 사용해 명목이자율로 전환할 수 있다.[15] 따라서 명목이자율이 10%이며, 반년마다 복

15) 대부분의 재무계산기는 EFF%를 구하도록 프로그램되어 있으며, 혹은 EFF%가 주어질 때 명목이자율을 구하는 프로그램도 있다. 이를 **이자율 전환**(interest conversion)이라고 한다. 명목이자율과 연간 복리 횟수를 입력하고 EFF%키를 누르면 유효이자율을 구할 수 있다. 그러나 보통은 식 (5.10)을 사용한다. 왜냐하면 계산기를 사용하는 것보다는 이자율 전환이 쉽고, 식 (5.10)을 사용하면 무엇을 계산하는지 알

리를 적용하는 어떤 투자의 경우, 이 투자는 명목이자율 10.25%로 1년에 한 번 복리를 적용하는 투자와 동일한 수익률을 가져다준다.

응용문제

당신이 처음으로 신용카드를 발급받자마자 이를 가지고 애플의 신형 아이패드를 구입하기로 결정했다. 당신은 신용카드로 아이패드의 가격 $500을 결제하였다. 신용카드의 명목이자율은 18%이며, 매월 복리가 적용된다고 가정하자.

매월 $10씩 분할상환한다면 카드대금을 완납하기 위해서는 몇 개월이 필요한가?

[해답]

명목이자율이 18%이므로 월별 기간이자율은 1.5%(18%/12)이다. 재무계산기를 사용하면 카드대금 완납에 걸리는 기간을 나음과 같이 계산할 수 있다.

N	I/YR	PV	PMT	FV
	1.5	500	–10	0
93.11				

엑셀의 NPER 함수를 사용해도 동일한 결과를 얻을 수 있다.

```
=NPER(0.015,–10,500,0)
NPER(rate, pmt, pv, [fv], [type])
```

계산 결과, 카드대금 완납에 걸리는 시간은 **93.11개월**이다.

아이패드 대금은 상환하기 위해서는 거의 8년이나 걸릴 수 있다는 점에 주목하자. 당신이 신용카드를 잘못 사용하면 재무적 곤경에 쉽게 빠질 수 있다!

셀프 테스트

- 연간이자율(APR)과 유효 연간이자율(EFF%), 명목이자율(I_{NOM})에 대해 정의하라.
- 어떤 은행이 예금에 대해 명목이자율 5%로 일별 복리를 지급한다고 하자. 이 은행은 새로운 고객을 유치하기 위해 유효이자율이 얼마라고 광고해야 하는가?
- 법에 의하면 신용카드 발행자는 연간이자율(APR)을 월별 명세서에 명시해야 한다. 어떤 대출의 APR이 18%이며 매월 이자를 지급한다고 하자. 이 대출의 EFF%는 얼마인가? **(EFF% = $[1 + 0.18/12]^{12} - 1$ = 0.1956 = 19.56%)**

수 있기 때문이다. 재무계산기에서 이자율 전환 기능을 사용하면 계산기의 설정을 다시 원위치시켜야 한다. 이자율 전환은 계산기 사용설명서에서 언급하고 있다.

- 50년 전에 은행은 신용카드에 부과하는 이자율을 별도로 고지하지 않았다. 의회는 은행이 APR을 공개하도록 하는 "대출정보공개법(Truth in Lending Act)"을 통과시켰다. APR이 현실을 "제대로 설명하는" 이자율인가? 아니면 EFF%가 "보다 잘 설명하는" 이자율인가? 설명하라.

5-17 분수 형태의 시간

이제까지는 현금흐름이 기간 중이 아니라 기간 초나 말에 발생하는 것으로 가정했다. 그러나 분수 형태의 기간에 대한 복리나 할인을 적용할 경우가 종종 발생한다. 예를 들어, 명목이자율 10%로 일별 이자를 지급하는(1년 365일 기준) 어떤 은행에 \$100을 예금했다고 하자. 9개월 후에 얼마의 돈을 받을 수 있는가? 이의 답은 \$107.79이며, 계산과정은 다음과 같다.[16)]

$$\text{기간이자율} = I_{PER} = \frac{0.10}{365} = 0.000273973/\text{일}$$

$$\text{기간일수} = \left(\frac{9}{12}\right)(365) = 0.75(365) = 273.75(\text{반올림해서 } 274)$$

$$\text{기말 금액} = \$100(1.000273973)^{274} = \$107.79$$

당신이 은행에서 \$100을 명목이자율 10%의 단리(이자에 대한 이자가 발생하지 않는)로 차입한다고 가정하자. 대출의 만기가 274일이라면 당신이 지급해야 하는 전체 이자는 얼마인가? 위에서 계산한 일별 이자율, I_{PER}에 274를 곱해서(지수가 아닌) 다음과 같이 계산할 수 있다.

$$\text{상환이자} = \$100(0.000273973)(274) = \$7.51$$

당신은 274일 후에 \$107.51을 상환해야 한다. 이는 대부분의 은행이 대출이자를 계산하는 방법이다. 물론 은행은 차입자에게 274일이 아닌 월별 기준의 이자 지급을 요구할 수도 있다.

16) 은행의 대출계약은 1년 360일 혹은 365일 기준 가운데 어느 것을 사용하는지 명시해야 한다. 만약 360일 기준을 사용한다면 일별 이자율은 보다 높으며, 이는 유효 연간이자율 또한 높아지게 됨을 의미한다. 여기서는 365일 기준을 가정하고 있다. 실제 계산에서 은행의 컴퓨터는 내장된 달력을 가지고 있다. 따라서 한 달이 30일 혹은 31일, 28일, 29일인지를 고려해서 정확한 일수를 계산할 수 있다.

셀프 테스트

- 어떤 기업이 9%의 명목이자율로 $1백만을 단리로 차입했으며, 매월 말에 이에 대한 이자를 지급한다고 가정하자. 은행은 1년 360일 기준을 사용하고 있다. 이 기업이 30일 후인 1개월 후에 지불해야 하는 이자는 얼마인가? 만약 은행이 365일 기준을 사용한다면 이자는 얼마가 되는가? **(1개월 후의 이자는 [0.09/360][30][$1,000,000] = $7,500이다. 1년 365일 기준에 의하면 이자는 [0.09/365][30][$1,000,000] = $7,397.26이다. 360일 기준을 사용하면 기업은 $102.74의 이자를 추가로 부담해야 한다. 따라서 은행이 360일 기준을 사용하는 이유를 알 수 있다.)**
- 7%의 명목이자율로 1년 365일 기준을 적용하는 일별 복리로 신용조합에 $1,000을 예금했다. EFF%는 얼마인가? 또한 7개월 후(1년의 7/12에 해당하는 것으로 가정)에 예금을 인출하면 얼마를 받을 수 있는가? **(EFF% = $[1 + 0.07/365]^{365} - 1$ = 0.07250098 = 7.250098%. 따라서 당신이 현재 $1,000을 예금하면 7개월 후에 $1,000[1.07250098]^{0.583333}$ = $1,041.67을 인출할 수 있다.)**

5-18 분할상환대출[17)]

분할상환대출
대출기간 동안 일정 시점마다 동일한 금액을 상환하는 대출

매 시점마다 분할상환하는 대출에 복리 이자의 개념을 적용할 수 있다. 자동차대출, 모기지대출, 학자금대출 및 많은 사업자금대출은 매 시점마다 분할상환을 요구한다. 매월, 매 분기, 매년마다 동일한 금액을 상환하는 대출을 **분할상환대출**(amortized loan)이라고 한다.[18)]

<표 5.4>는 분할상환 과정을 보여주고 있다. 주택 소유자는 모기지대출로 $100,000을 차입했으며, 이 대출은 향후 5년 동안 매년 말에 동일한 금액을 상환한다고 하자.[19)] 대출자는 매년 초에 대출 잔액에 대해 6%의 연간이자율을 부과하고 있다. 가장 먼저 해야 할 일은 주택 소유자가 매년 상환해야 할 금액을 결정하는 것이다. 이를 다음 그림으로 나타낼 수 있다.

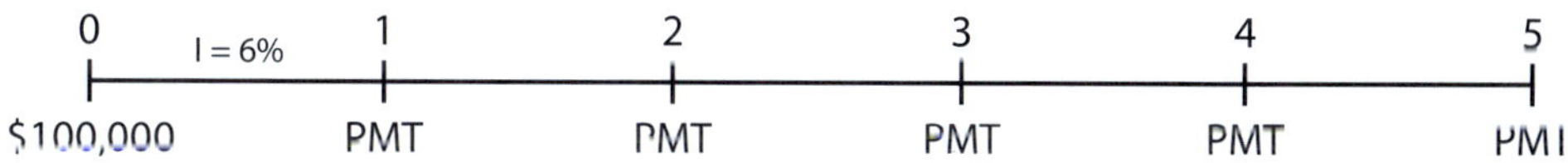

17) 분할상환대출은 중요한 개념이지만, 이 절을 생략해도 화폐의 시간가치를 이해하는 데 문제가 없다.

18) ‘amortized’란 단어는 “죽음”을 의미하는 라틴어 ‘mors’에서 유래했다. 분할상환대출은 시간이 지남에 따라 갚을 금액이 “사라지는(killed off)” 대출이다.

19) 대부분의 모기지대출은 10년에서 30년 동안 월별 상환을 한다. 그러나 우리는 계산과정을 줄이기 위해 보다 짧은 기간을 사용했다.

분할상환액 전체의 현재가치를 합하면 $100,000과 동일해야 한다.

$$\$100,000 = \frac{PMT}{(1.06)^1} + \frac{PMT}{(1.06)^2} + \frac{PMT}{(1.06)^3} + \frac{PMT}{(1.06)^4} + \frac{PMT}{(1.06)^5} = \sum_{t=1}^{5} \frac{PMT}{(1.06)^t}$$

계산기에 다음과 같이 입력해서 구하려는 분할상환액, $23,739.64를 찾을 수 있다.[20]

5	6	100000		0
N	I/YR	PV	PMT	FV
			−23,739.64	

그러므로 차입자는 향후 5년 동안 매년 $23,739.64를 상환해야 한다.

분할상환 계획표

대출 상환을 나타내는 표이다. 이 표는 분할상환 일자 및 분할상환액 중 이자와 원금의 규모를 보여 준다.

각 분할상환은 이자와 원금이라는 두 개의 부분으로 구성되어 있다. 이는 <표 5.4>의 **분할상환 계획표**(amortization schedule)에 나타나 있다. 이자는 1차년에는 상대적으로 높지만, 그 이후 대출 잔액이 감소함에 따라 하락하고 있다. 세법상 차입자는 이자 부분을 소득에서 공제할 수 있으며, 대출자는 이자 부분을 과세소득으로 보고해야 한다.

〈표 5.4〉 원금 10만 달러, 이자율 6%의 대출에 대한 5년 동안의 분할상환 계획표

차입금액: $100,000
기간(년): 5
명목이자율: 6%
PMT: −$23,739.64

연도	기초금액 (1)	상환액 (2)	이자금액[a] (3)	원금상환액[b] (4)	기말잔고 (5)
1	$100,000.00	$23,739.64	$6,000.00	$17,739.64	$82,260.36
2	82,260.36	23,739.64	4,935.62	18,804.02	63,456.34
3	63,456.34	23,739.64	3,807.38	19,932.26	43,524.08
4	43,524.08	23,739.64	2,611.44	21,128.20	22,395.89
5	22,395.89	23,739.64	1,343.75	22,395.89	0.00

주: a. 매 기간의 이자는 매년 초의 대출 잔액에 이자율을 곱해서 계산했다. 그러므로 1차년의 이자는 $100,000.00(0.06) = $6,000이며, 2차년의 이자는 $4,935.62와 같이 계산했다. 이를 매년 반복했다.
b. 원리금 상환액은 각 시점의 상환액 $23,739.64에서 각 기간의 이자금액을 차감한 것이다.

20) 이 식에서 PMT(각 시점별 상환액)는 다음과 같이 계산할 수도 있다: $\sum_{t=1}^{5} 1/(1.06)^t = 4.212364$를 찾은 다음, $100,000을 이로 나누면 PMT = $23,739.64가 된다.

셀프 테스트

- 당신은 학자금대출로 $30,000을 차입했으며, 연간이자율은 8%이다. 이 대출은 향후 3년 동안 매년 분할상환하기로 했다. 당신의 연간 상환액은 얼마인가? 첫 번째 상환액 중 이자와 원금은 각각 얼마인가? 첫 번째 상환 후 원금의 잔액은 얼마인가? **(PMT = $11,641.01; 이자 = $2,400; 원금 = $9,241.01; 1년 말 잔액 = $20,758.99)**

단원 종합

이 장에서는 단일 현금흐름, 기말연금, 기초연금, 영구연금 및 불균등한 현금흐름에 대해 살펴보았다. 식 (5.1)은 어떤 금액의 미래가치를 계산하는 데 사용한다. 이를 식 (5.2)로 변형할 수 있으며, 이는 미래 금액의 현재가치를 계산하는 데 사용한다. 현금흐름의 각 발생시점을 나타내기 위해 시간수평선을 사용했다. 그리고 각각의 현금흐름에 포함된 시간가치 문제를 단계적 접근법과 이를 정리한 공식 접근법, 재무계산기, 스프레드시트 등을 통해 해결할 수 있음을 확인했다.

앞서 언급한 바와 같이, TVM은 재무에서 가장 중요한 개념이며, 제5장에서 제시한 풀이방법은 이 책 전체에서 사용할 것이다. 화폐의 시간가치 분석은 주식, 채권 및 자본예산 프로젝트의 가치를 발견하는 데 사용한다. 이는 또한 이 장을 시작할 때 설명한 은퇴 이슈와 같은 개인재무 문제를 분석하는 데도 사용할 수 있다. 여러분은 이 책을 통해 화폐의 시간가치라는 개념을 자주 접하겠지만, 이에 대한 개념을 충분히 이해하려면 제5장을 열심히 학습해야 한다.

자가진단 질문과 문제

ST-1 **[핵심용어]** 다음의 용어를 정의하라.

a. 시간수평선
b. FV_N; PV; I; INT; N; FVA_N; PMT; PVA_N
c. 복리계산, 할인계산
d. 단리, 복리
e. 기회비용
f. 연금, 기말연금, 기초연금, 영구연금
g. 불균등한 현금흐름, 지급액(PMT), 현금흐름(CF_t)
h. 연 복리, 반년 복리
i. 명목이자율(표시이자율), 연간이자율(APR), 유효 연간이자율(EAR 혹은 EFF%)
j. 분할상환대출, 분할상환 계획표

ST-2 **[미래가치]** 오늘은 2021년 1월 1일이다. 오늘 당신은 8%의 이자를 지급하는 저축에 $1,000을 예금하려고 한다.

a. 은행이 연 1회 복리계산을 한다면, 2024년 1월 1일의 예금 잔액은 얼마가 될 것인가?
b. 만약 은행이 1년에 4번 복리계산을 한다면 2024년 1월 1일의 예금 잔액은 얼마가 되겠는가?
c. 당신이 2022년 1월 1일, 2023년 1월 1일, 2024년 1월 1일에 각각 $333.333씩 세 번 예금하여 전체 $1,000을 예금한다고 가정하자. 연 8% 복리계산을 가정할 때, 2024년 1월 1일의 예금 잔액은 얼마가 되겠는가?
d. 매년 $333.333을 예금하는 시작 시점을 2021년 1월 1일으로 변경하고, 동일한 금액을 매년 세 차례 예금을 한다면 2024년 1월 1일의 예금 잔액은 얼마가 되겠는가?
e. 당신이 2022년 1월 1일, 2023년 1월 1일, 2024년 1월 1일에 동일한 금액을 예금한다고 하자. 8%의 이자율을 가정할 때, 위의 문제 'a'와 동일한 예금 잔액을 만들기 위해서 당신은 매년 얼마를 예금해야 하는가?

ST-3 **[화폐의 시간가치]** 지금은 2021년 1월 1일이다. 당신은 4년 후인 2025년 1월 1일에 $1,000이 필요하다. 은행은 연 8%의 이자율을 복리로 적용하고 있다.

a. 2025년 1월 1일의 예금 잔액이 $1,000이 되려면 오늘 얼마를 예금해야 하는가?
b. 2022년부터 2025년까지 매년 1월 1일에 네 번 동일한 금액을 예금하여 2025년 1월 1일에 $1,000을 가지고 싶다면, 매년 얼마를 예금해야 하는가? (첫 예금은 지금부터 1년 후 시점이다.)
c. 당신의 아버지가 문제 'b'에서 계산한 예금액($221.92)을 매년 지급해주거나 혹은 당신에게 2022년 1월 1일(오늘부터 1년 후)에 $750을 일시에 주겠다고 제안한다면 어떤 것을 선택

해야 하는가? 설명하라.

d. 당신은 2022년 1월 1일의 $750을 3년 동안 연간 복리를 적용하는 예금에 가입해 2025년 1월 1일에 $1,000으로 만들려고 한다. 연간이자율은 얼마가 되어야 하는가?

e. 당신은 2022년 1월 1일부터 2025년 1월 1일까지(4년간) 매년 $200을 예금할 수 있다. 연 1회 복리를 적용해 2025년 1월 1일에 $1,000으로 만들려면 연간이자율은 얼마가 되어야 하는가?

f. 당신의 아버지가 당신에게 2022년 1월 1일에 준 $400을 예금하려고 한다. 당신은 또한 2022년 7월부터 2025년 1월까지 6개월마다 일정한 금액을 추가로 예금하려고 한다. 은행의 연간이자율은 8%이며, 연 2회 복리를 적용한다. 2025년 1월 1일 $1,000을 얻기 위해서는 6개월마다 얼마를 예금해야 하는가?

g. 문제 'f'에서 은행 예금의 EAR 또는 EFF%는 얼마인가? 이 예금의 APR은 얼마인가?

ST-4 **[유효이자율]** 은행 A는 대출에 대해 8%의 명목이자율(APR)을 적용하고 있으며, 분기별 이자 지급을 요구하고 있다. 즉, 이 대출은 분기별로 복리계산을 한다. 은행 B는 동일한 대출에 대해 은행 A와 동일한 유효이자율을 부과하기 원하지만, 이자는 월별로 받기를 원한다. 즉, 월별로 복리계산을 한다. 은행 B가 설정해야 하는 명목이자율은?

질문

5-1 기회비용이란 무엇인가? 이 개념은 화폐의 시간가치(TVM) 분석에서 어떻게 사용되며, 시간수평선의 어디에 표시하는가? 모든 상황에서 단지 한 개의 숫자만 존재하는가? 설명하라.

5-2 다음 설명이 맞는지 틀리는지를 설명하라: 10년 동안 매년 $100을 지급하는 것은 연금이다. 그러나 첫 번째 연도에 $100, 두 번째 연도에 $200, 그리고 세 번째 연도부터 10년째까지 $400을 지급하는 것은 연금이 아니다. 그러나 두 번째 현금흐름 시리즈는 연금을 포함하고 있다.

5-3 기업의 주당 순이익이 10년 동안 $1에서 $2로 성장하여 전체 성장률이 100%가 되었지만, 연간 성장률은 10% 미만이다. 맞는가 아니면 틀리는가? 설명하라. (힌트: 바로 답하기 어렵다면, 몇 가지 숫자를 넣어보고 확인해보자.)

5-4 당신은 5%를 연 2회 복리를 적용하여 이자를 지급하는 예금보다 5%를 일별 복리를 적용하여 이자를 지급하는 예금을 선호할 것인가? 설명하라.

5-5 불균등한 현금흐름의 현재가치를 계산하기 위해서는 각 현금흐름의 현재가치를 계산한 후, 이를 더해야 한다. 이 경우 연금 계산방법을 사용할 수 없다. 왜냐하면 일부 현금흐름이 연금을 구성하고 있다고 하더라도 전체 현금흐름은 연금이 아니기 때문이다. 맞는가 아니면 틀리는가? 설명하라.

5-6 영구연금의 현재가치는 연금의 지급액인 PMT를 이자율 I로 나눈 것과 동일하다. 즉, PV = PMT/I이다. 매년 PMT를 지급하는 영구연금의 미래가치는 얼마인가? (힌트: 답은 무한대이다. 그 이유를 설명하라.)

5-7 은행 및 기타 대출기관은 APR이라고 하는 이자율을 공개해야 한다. 이 이자율은 무엇을 의미하는가? 의회가 공개를 요구한 이유는 무엇인가? 유효이자율과 동일한가? 여러 대출기관의 대출이자를 비교할 때, 가장 낮은 유효이자율을 갖는 대출을 찾기 위해 APR을 사용할 수 있는가? 설명하라.

5-8 분할상환 계획이란 무엇이며, 분할상환 계획은 어떤 방식으로 사용되는가?

문제

초급 문제
1~8

5-1 **[미래가치]** 연 6%의 이자를 지급하는 은행 계좌에 $2,000을 예금했다. 5년 후 이 계좌에는 얼마의 돈이 있겠는가?

5-2 **[현재가치]** 어떤 증권이 20년 후에 $29,000을 준다고 하자. 이 증권과 동일한 위험을 갖는 다른 증권의 수익률이 연 5%라고 할 때, 이 증권의 현재가치는?

5-3 **[요구이자율 계산]** 당신의 부모님은 19년 후에 은퇴할 것으로 예상하고 있다. 부모님은 현재 $350,000을 예금하고 있지만 은퇴 시점에는 $800,000이 필요할 것으로 본다. 어떠한 자금도 추가로 입금하지 않는다고 가정할 때, 부모님의 은퇴목표금액을 달성하기 위해서는 연간이자율이 얼마가 되어야 하는가?

5-4 **[일시불 금액이 두 배가 되는 시간]** 당신이 오늘 연이자율 4%를 지급하는 저축에 예금한다면, 당신의 돈이 두 배가 될 때까지 걸리는 시간은?

5-5 **[재무목표에 도달하는 시간]** 당신은 어떤 계좌에 $33,556.25가 있다. 이 계좌의 잔고가 총 $220,000이 될 때까지 매년 말에 $5,000씩 추가로 예금할 계획이다. 이 계좌는 연간 12%의 수익률을 제공할 것으로 예상하고 있다. 목표를 달성하는 데 몇 년이 걸리는가?

5-6 **[미래가치: 기말연금과 기초연금]** 연간이자율이 5%라고 할 때, 매년 $800을 지불하는 기말연금의 5년 후 미래가치는? 기초연금일 경우 5년 후 미래가치는?

5-7 **[복수 현금흐름의 현재가치와 미래가치]** 어떤 투자는 향후 3년간 매년 말에 $150을 지불하고, 4년째 말에는 $250, 5년째 말에는 $300, 그리고 6년째 말에는 $500을 지불한다. 동일한 위험을 갖는 다른 투자가 매년 11%의 수익률을 가져다준다고 하자. 이 투자의 현재가치는 얼마인가? 또한 미래가치는?

5-8 **[분할상환대출과 EAR]** 당신은 차를 사기 위해 지방은행으로부터 $40,000을 대출받았다. 이 대출은 5년 동안(60개월) 전액 분할상환하며, 명목이자율은 8%이고 매월 이자를 지급한다. 월별 분할상환액은 얼마인가? 이 대출의 EAR은 얼마인가?

중급 문제 9~26

5-9 **[다양한 기간에 대한 현재가치와 미래가치]** 다음 값을 구하라. 복리와 할인은 매년 1회 발생하는 것으로 가정하라.

a. 수익률이 6%일 때, 초기 자금 $600의 1년 후 미래가치
b. 수익률이 6%일 때, 초기 자금 $600의 2년 후 미래가치
c. 할인율이 6%일 때, 1년 후 $600의 현재가치
d. 할인율이 6%일 때, 2년 후 $600의 현재가치

5-10 **[다양한 이자율에 따른 현재가치와 미래가치]** 다음 값을 구하라. 복리와 할인은 매년 1회 발생하는 것으로 가정하라.

a. 수익률이 4%일 때, 초기 자금 $200의 10년 후 미래가치
b. 수익률이 8%일 때, 초기 자금 $200의 10년 후 미래가치
c. 할인율이 4%일 때, 10년 후 $200의 현재가치
d. 할인율이 각각 8%와 4%일 때, 10년 후 $1,870의 현재가치
e. 현재가치를 정의하고, 문제 'd'의 계산과정을 시간수평선을 사용하여 나타내라. 할인율이 현재가치에 어느 정도의 영향을 주는가?

5-11 **[성장률]** Sawyer Corporation의 2020년도 매출액은 $5백만이었다. 이 기업의 2015년도 매출액은 $2.5백만이었다.

a. 연간 매출성장률은 얼마인가?
b. 누군가가 이런 진술을 했다고 가정하자: "매출액은 5년 후 두 배가 되었다. 이는 5년 동안 100%의 성장을 했다는 것을 의미한다. 따라서 100%를 5로 나누어 연간 성장률이 20%로 계산되었다." 이 진술은 옳은가?

5-12 **[유효이자율]** 다음 각 상황별로 실제로 얻는 유효이자율을 구하라.

a. $720을 차입해서 1년 후 $792를 돌려주기로 약속했다.
b. $720을 대출해주고 차입자로부터 1년 후 $792를 받기로 약속했다.
c. $65,000을 차입해서 14년 후 $98,319를 돌려주기로 약속했다.
d. $15,000을 차입한 후, 5년 동안 매년 말에 $4,058.60을 지급하기로 약속했다.

5-13 **[일시불 금액이 두 배가 되는 시간]** 다음과 같은 연간이자율을 가정하자. $300이 두 배로 되는 데 걸리는 시간은? 복리는 1년에 한 번 발생하는 것으로 가정하자.

a. 6%
b. 13%

c. 21%

d. 100%

5-14 **[연금의 미래가치]** 다음 기말연금의 미래가치를 계산하라. 복리계산은 1년에 한 번 한다.

a. 14%의 이자율로 매년 $500을 8년간 지급

b. 7%의 이자율로 매년 $250을 4년간 지급

c. 0%의 이자율로 매년 $700을 4년간 지급

d. 기초연금을 가정하고 문제 'a'와 'b', 'c'를 다시 계산하라.

5-15 **[연금의 현재가치]** 다음 기말연금의 현재가치를 계산하라. 할인계산은 1년에 한 번 한다.

a. 8%의 이자율로 매년 $600을 12년간 지급

b. 4%의 이자율로 매년 $300을 6년간 지급

c. 0%의 이자율로 매년 $500을 6년간 지급

d. 기초연금을 가정하고, 문제 'a'와 'b', 'c'를 다시 계산하라.

5-16 **[영구연금의 현재가치]** 이자율이 5%일 때 매년 $600을 지급하는 영구연금의 현재가치는? 이자율이 10%로 2배 증가한다면 이 영구연금의 현재가치는?

5-17 **[유효이자율]** 당신은 현재 $230,000을 차입했으며, 이는 향후 30년 동안 매년 $20,430.31씩 상환하여 갚기로 했다. 이때 적용한 이자율은?

5-18 **[불균등한 현금흐름]**

a. 다음 현금흐름의 현재가치를 5%의 할인율로 구하라.

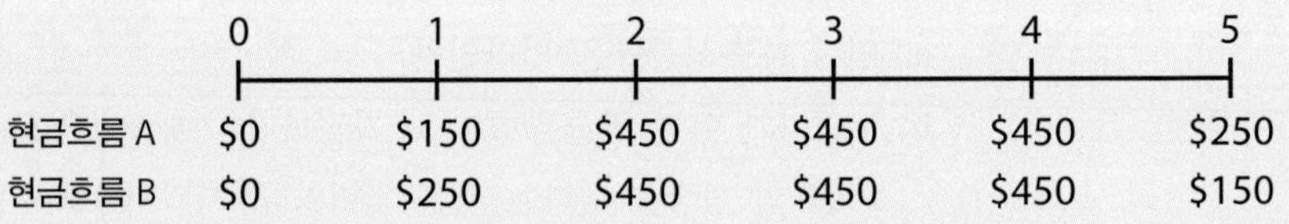

	0	1	2	3	4	5
현금흐름 A	$0	$150	$450	$450	$450	$250
현금흐름 B	$0	$250	$450	$450	$450	$150

b. 할인율이 0%인 경우 위 현금흐름의 현재가치는 얼마가 되는가?

5-19 **[연금의 미래가치]** 당신의 고객은 26세이다. 그녀는 은퇴를 위해 저축을 시작하려고 하며, 첫 번째 납입은 지금부터 1년 후로 생각하고 있다. 그녀는 매년 $8,000을 저축할 수 있으며, 당신은 그녀에게 주식시장에 투자하라고 조언하고 있다. 향후 연간 평균 수익률은 10%로 예상하고 있다.

a. 그녀가 당신의 조언을 따른다면 65세에 얼마의 돈을 갖는가?

b. 그녀가 70세가 되면 얼마를 가질 수 있는가?

c. 그녀가 65세에 은퇴하면 20년, 70살에 은퇴하면 15년 동안 살 것으로 예상하고 있다. 그녀의 투자가 매년 동일한 수익률을 가져다준다면 은퇴 후 매년 말에 얼마를 받을 수 있는가?

5-20 **[현금흐름의 현재가치]** 신인 쿼터백은 첫 번째 NFL계약을 협상하고 있다. 그의 기회비용은 7%이다. 그는 4년간의 계약에 대해 3개의 조건 중 하나를 선택하는 제안을 받았다. 연봉은 매년 말에 정확히 지급된다고 하자. 각 계약조건은 다음과 같다.

	1	2	3	4
계약 1	$3,000,000	$3,000,000	$3,000,000	$3,000,000
계약 2	$2,000,000	$3,000,000	$4,500,000	$5,500,000
계약 3	$7,000,000	$1,000,000	$1,000,000	$1,000,000

그의 조언자로서 당신은 그에게 어떤 계약을 수락하도록 추천하겠는가?

5-21 **[일시불과 연금의 평가]** Kristina는 복권에 당첨되어 세 가지 수령 방법 중 하나를 선택해야 한다. 그녀는 오늘 $62백만을 일시불로 받거나, 매년 말에 10년 동안 $9.5백만의 돈을 받거나, 매년 말에 30년 동안 $5.6백만을 받는 방법을 선택할 수 있다.

a. 연간 7%의 수익률을 가정한다면 그녀는 무엇을 선택해야 하는가?
b. 연간 8%의 수익률을 가정한다면 그녀의 가장 좋은 선택은?
c. 연간 9%의 수익률을 가정한다면 그녀가 무엇을 선택하도록 추천하겠는가?
d. 수익률이 그녀의 선택에 어떤 영향을 미치는지 설명하라.

5-22 **[분할상환대출]** Jan은 12월 31일에 집을 팔았다. 그녀는 매각대금 중 $10,000을 분할상환 형태로 10년 동안 받기로 했다. 10년 분할상환의 이자율은 10%이며, 내년 6월 30일을 시작으로 반년마다 일정한 금액을 상환받기로 했다. Jan은 내년 1년 동안 두 번의 상환을 받을 것이다. 그녀는 이 두 번의 상환에 포함된 이자에 대해 세무신고를 해야 한다.

a. Jan이 반년마다 받는 상환액은 얼마인가?
b. 첫 번째 상환액 중 이자는 얼마인가? 상환액 중 원금은 얼마인가? 두 번째 상환액에서는 이자와 원금이 각각 얼마가 되는가?
c. Jan은 1년 동안 받은 두 번의 상환액에 포함된 이자를 세무당국에 신고해야 한다. 그녀가 1년 동안 받은 이자는 얼마인가? 그녀의 이자수입은 내년에도 동일한가?
d. 상환액은 일정하지만 시간이 지남에 따라 이자는 왜 달라지는가?

5-23 **[다양한 복리기간의 미래가치]** 다음 각 조건에서 현재 $500이 미래가치는?

a. 5년 동안 연 12%의 1년 복리
b. 5년 동안 연 12%의 반년 복리
c. 5년 동안 연 12%의 분기별 복리
d. 5년 동안 연 12%의 월별 복리
e. 5년 동안 연 12%의 일별 복리
f. 위에서 구한 미래가치가 서로 다른 이유는 무엇인가?

5-24 **[다양한 할인기간의 현재가치]** 다음 각 조건에서 미래 $500의 현재가치는?

a. 12%의 명목이자율, 반년 복리, 5년 동안 할인
b. 12%의 명목이자율, 분기별 복리, 5년 동안 할인
c. 12%의 명목이자율, 월별 복리, 1년 동안 할인
d. 현재가치의 차이가 발생하는 이유는 무엇인가?

5-25 **[연금의 미래가치]** 다음 기말연금의 미래가치를 계산하라.

a. 명목이자율 12%로 연 2회 복리계산을 할 때, 5년 동안 매 6개월마다 $400을 받는 연금의 미래가치
b. 명목이자율 12%로 분기별 복리계산을 할 때, 5년 동안 매 3개월마다 $200을 받는 연금의 미래가치
c. 위의 두 연금은 5년 동안 동일한 금액의 현금을 받으며, 또한 동일한 명목이자율을 적용하고 있다. 그러나 문제 'a'의 연금보다 문제 'b의 연금이 보다 큰 미래가치를 갖고 있다. 왜 이런 현상이 발생하는가?

5-26 **[현재가치와 대출금]** 당신은 새로운 차의 계약금으로 $4,000을 가지고 있다. 당신이 상환할 수 있는 월별 최대 금액은 $350이다. 대출은 12%의 APR로 매월 말 상환한다. 대출기간이 48개월이라면 당신이 구입할 수 있는 최고가의 차는 얼마인가? 만약 대출기간이 60개월이라면?

고급 문제 27~40

5-27 **[유효이자율과 명목이자율]** 은행 A는 예금에 대해 매년 1회 연 2%의 이자를 지급하는 반면, 은행 B는 연 1.75%의 이자를 매일 복리로 지급하고 있다.

a. EAR(또는 EFF%)을 기준으로 할 때, 어느 은행을 선택해야 하는가?
b. 연말이 아닌 연중에 예금을 인출할 수 있다면 은행 선택은 영향을 받는가? 이자를 받기 위해서는 전체 복리기간 동안 예금을 유지해야 한다고 가정하라.

5-28 **[명목이자율 및 신용공여]** 보석가게 경영자는 외상으로 매출을 하고 이에 대해 매월 이자를 받으려고 한다. 경영자는 이러한 매출채권 전략에 들어가는 돈을 마련하기 위해 은행에서 명목이자율 9%의 월별 복리로 자금을 차입해야 한다. 경영자는 여러 가지 비용을 고려하여 은행의 EAR(또는 EFF%)보다 3% 더 많은 EAR을 고객에게 부과시키려고 한다. 고객에게 청구해야 하는 APR은 얼마인가?

5-29 **[가격에 이자비용의 반영]** 당신의 기업은 이제까지 현금판매만 했다. 그러나 고객이 90일 이내에 지급할 수 있다면 신용거래도 고려할 수 있다. 고객은 화폐의 시간가치를 알고 있으므로 90일까지 기다려서 그 날에 전액 상환하려고 할 것이다. 매출채권을 회수할 때까지, 당신의 기업은 은행으로부터 1년 360일 기준으로 명목이자율 9%의 일별 복리 자금을 차입해야 한다. 당신의 기업은 은행에 지급하는 이자비용 모두를 제품가격에 반영시키려고 한다. 이자율을 정확히 반영하도록 하기 위해 제품가격을 얼마나 인상시켜야 하는가?

5-30 **[재무목표 달성]** 쌍둥이인 Allison과 Leslie는 스물다섯 번째 생일에 각각 $10,000을 받았다. 그 둘은 백만장자가 되고 싶은 열망을 가지고 있다. 그녀들은 생일날 "조기퇴직기금"에 오늘부터 매년 $5,000을 적립하려고 한다. Allison은 Safety First Bond Fund에 계좌를 개설하였다. 이 펀드는 신용등급이 양호한 채권에 투자하는 펀드로서 투자자들은 과거에 연간 8%의 수익률을 얻었다. Leslie는 New Issue Bio-Tech Fund에 투자했다. 이 펀드는 소규모 신생 바이오기술 주식에 투자하고 있으며, 상대적으로 짧은 기금 운영기간 동안 연평균 13%의 수익률을 얻었다.

a. 두 여자의 펀드가 과거 실적과 동일한 수익률을 가져다준다면, 백만장자가 될 때까지 각자 얼마나 기다려야 하는가?
b. 그녀들의 기대수익률이 실현된다고 가정할 때, Leslie와 Allison이 동일한 연도에 백만장자가 되려면, Allison의 매년 적립액은 얼마가 되어야 하는가?
c. Allison이 주식보다 채권 펀드에 투자하는 것이 합리적인가? 아니면 비합리적인가?

5-31 **[필요한 일시불]** 내년부터 시작하여 4년간의 학업을 위해 당신은 매년 $5,000이 필요하다. (1년 후 $5,000을 처음으로 인출한다.) 당신의 삼촌은 연간이자율 6%를 지급하는 은행에 오늘 예금하여, 필요 시점마다 $5,000을 받도록 했다.

a. 삼촌은 얼마의 금액을 오늘 예금해야 하는가?
b. 당신이 예금을 처음 인출하면 계좌의 잔고는 얼마가 되는가?

5-32 **[재무목표 달성]** 오늘부터 6년 후에 $10,000이 필요하다. 당신은 5%의 유효이자율을 지불하는 계좌에 1년 후에 첫 번째 저축을 시작으로 매년 $1,500을 저축할 계획이다. $10,000에 도달하면 저축을 더 이상 하지 않으므로, 6년 말의 예금은 $1,500 미만일 수 있다. 6년 말의 저축금액은 얼마인가?

5-33 **[불균등한 현금흐름의 미래가치]** 당신은 3년 안에 주택을 매입하려고 하며, 계약금을 마련하기 위해 저축을 하려고 한다. 첫 번째 연도 말에 $9,000을 저축하고, 그 이후 매년 5%씩 저축을 증가시키려고 한다. 당신이 예측하고 있는 연간 수익률은 8%이다. 3년째 말 계약금은 얼마가 되겠는가?

5-34 **[분할상환 계획]**

a. 대출금 $19,000에 내해 향후 3년간 매년 말 동일한 금액으로 분할상환하려고 한다. 분할상환 일정을 설정하라. 이자율은 매년 8%의 복리를 가정하자.
b. 향후 3년 동안 분할상환액의 이자와 원금의 구성비는 어떻게 변하는가? 시간에 따라 구성비가 달라지는 이유는 무엇인가?

5-35 **[분할상환 계획 및 만기 잔금 일시 상환]** 당신은 $140,000짜리 집을 사고 싶어 한다. 당신은 계약금으로 $14,000을 가지고 있지만 나머지 잔금 $126,000에 대해 모기지대출을 이용할 수 없을 정도로 당신의 신용은 좋지 않다. 그러나 부동산중개인은 대출금을 3년 내에 전액 상환

받는다는 전제 하에 매년 5%의 이자율로 잔금 $126,000을 당신에게 빌려주도록 매도인을 설득하고 있다. 당신은 3년 후에 $140,000을 상속받을 것으로 예상하고 있지만 지금은 계약금 $14,000만 가지고 있다. 당신은 급여 수준을 감안할 때 매년 $22,000까지만 상환할 수 있다. (대출은 월별 상환을 하는 것이 보통이지만 문제를 단순화하기 위해 연말에만 상환한다고 가정하자.)

a. 대출이 3년에 걸쳐 상환된다면 연간 상환액은 얼마가 되는가? 당신은 이를 감당할 수 있는가?
b. 대출이 30년에 걸쳐 상환된다면 매년 상환액은 얼마인가? 당신은 이를 감당할 수 있는가?
c. 주택 매도인을 만족시키기 위해 30년 대출을 만기 잔금 일시 상환(balloon payment)으로 체결했다. 즉, 3년 말에 30년 대출의 상환액과 대출 잔액 모두를 상환해야 한다. 3년 말에 대출 잔액은 얼마이며, 만기 잔금 일시 상환액은 얼마인가?

5-36 [1년에 여러 번의 복리]

a. 6개월마다 $1,000씩 다섯 번의 예금을 하려고 한다. 첫 번째 예금은 지금부터 6개월 후이며, 예금은 다섯 번으로 끝난다. 은행이 6%의 명목이자율로 반년 복리를 적용한다고 할 경우 3년 후 예금 계좌에 있는 금액은?
b. 당신은 오늘부터 1년 후에 $4,000을 지급해야 한다. 이 지급을 준비하기 위해 은행에 1분기와 2분기 말에 어떤 금액을 동일하게 예금하려고 한다. 이 예금의 명목이자율은 6%이며, 분기별 복리를 적용한다. 각 시점에 저축해야 하는 예금은 얼마인가?

5-37 [신용카드 상환] Simon은 최근에 18%의 명목이자율이 적용되는 신용카드를 받았다. 이 카드로 그는 아이폰 11을 $700에 구입했다. 이 카드의 최소상환금액은 매월 $20이다.

a. Simon이 다른 대금을 상환하지 않고 월별 최소상환금액만 상환한다고 하자. 신용카드의 차입금을 완전히 상환하는 데 몇 개월이 필요한가?
b. Simon이 매월 $70을 상환한다면, 차입금을 갚을 때까지 몇 개월이 필요한가?
c. Simon이 매월 $70을 상환하기보다 매월 $20을 상환하기로 한다면 전체 상환기간은 얼마나 더 필요한가? N(상환기간)을 소수점 세 자리로 나타내라.

5-38 [현재가치 및 소송의 보상금] 현재 시점은 2020년 12월 31일(t = 0)이다. 오늘 배심원단은 2019년 1월 사고를 당한 여성이 시를 상대로 제기한 소송에서 그 여성의 손을 들어주었다. 그녀는 임금 손실과 고통에 대해 $300,000, 법적 비용으로 $60,000의 보상을 요청했다. 그녀를 담당한 의사는 그녀가 사고 이후 일을 하지 못했으며, 앞으로도 일을 할 수 없을 것이라고 증언했다. 그녀는 현재 62세이며, 배심원단은 그녀가 앞으로 3년은 더 일할 수 있다고 판단했다. 그녀는 2019년에 $36,000을 받기로 했다. (이 문제를 단순화하기 위해 2019년 12월 31일 시점에 연봉 전액을 받았다고 가정하자.) 그녀의 고용주는 그녀가 연간 3%의 임금 인상을 받았을 것이라고 증언했다. 배심원단이 결정한 보상금은 2021년 12월 31일에 지불된다고 하자. 판사는 2021년 12월 31일 기준으로 보상금의 현재가치를 구해야 하며, 이때 연간이자율은 8%, 1년 1회 복리를 적용하도록 규정했다. 또한 그는 임금 손실과 고통, 법적 비용에 대한 보상금은

2020년 12월 31일을 기준으로 해야 한다고 명기했다. 2021년 12월 31일에 시가 발행해야 하는 수표의 금액은?

5-39 **[연금납부금액]** 당신의 아버지는 현재 50세이며 10년 후에 은퇴할 예정이다. 그는 은퇴한 후 85세가 될 때까지 25년을 생존할 것으로 예상하고 있다. 그는 오늘부터 10년 후 매년 현재의 $50,000과 동일한 구매력을 갖는 고정 은퇴소득을 24회 받으려고 한다. 인플레이션으로 인해 그가 받는 은퇴소득의 실질가치는 은퇴 후 매년 감소할 것이다. 연간 인플레이션은 4%로 가정하자. 그는 현재 $90,000의 연금저축을 하고 있으며, 이 돈은 연간 8%의 수익률을 올릴 것으로 기대하고 있다. 은퇴목표를 달성하기 위해 향후 10년 동안 매년 말에 얼마를 저축해야 하는가?

5-40 **[연금납부금액]** 아버지는 딸이 대학에 다닐 수 있도록 하기 위해 저축을 계획하고 있다. 그녀는 현재 13세이고, 5년 후 대학에 입학할 계획이다. 그녀는 4년 만에 졸업해야 한다. 현재는 연간 비용(음식, 옷, 수업료, 책, 여행 등 모든 비용)을 $12,000으로 추정하고 있지만, 이 비용은 매년 6%씩 성장할 것으로 예측한다. 대학은 이 금액을 매년 초에 납부하도록 요구한다. 그녀는 지금 매년 9%의 이자를 지급하는 대학 학자금 예금에 $10,000을 저축하고 있다. 그녀의 아버지는 그녀의 계좌에 향후 여섯 번 매년 동일한 금액을 예금할 것이다; 오늘 첫 번째 예금을 했고, 여섯 번째 예금 시점에 딸은 대학에 입학한다. 매년 얼마를 여섯 번 동안 예금해야 하는가? [힌트: 그녀가 대학에 들어간 시점부터, 대학생활의 연간 비용(매년 6%의 인플레이션 가정)을 계산하고, 9%의 할인율을 사용해서 이 비용의 현재가치를 구한다. 그 다음 현재의 $10,000이 대학입학 시점에서 얼마의 미래가치를 갖는지 복리계산을 통해 산출한다. 비용 전체의 현재가치와 이 금액의 미래가치의 차이는 아버지가 내주는 여섯 번의 예금으로 채워져야 한다. 필요한 금액을 채우기 위해 아버지는 매년 동일한 예금을 해야 한다. 이 예금액을 구하라.]

종합계산문제

5-41 **[화폐의 시간가치]** 다음 질문에 답하라.

a. 연간이자율을 10%로 가정할 때, $1,000의 5년 후 미래가치는?

b. 0%, 5%, 20%의 연간 수익률을 가정할 때, 현재 시점의 $1,000이 0, 1, 2, 3, 4, 5년 후에 갖게 될 각각의 미래가치는?

c. 할인율을 10%로 가정할 때, 5년 후에 얻는 $1,000의 현재가치는?

d. 현재 가격이 $1,000이고 5년 후에 $2,000을 찾을 수 있는 유가증권의 연간 수익률은 얼마인가?

e. 캘리포니아의 현재 인구는 4천만 명이며, 향후 인구는 매년 2%씩 증가할 것으로 예상하고 있다. 인구가 두 배로 늘어나는 데 걸리는 시간은?

f. 이자율을 15%로 가정할 때, 향후 5년 동안 매년 $1,000을 지급하는 기말연금의 현재가치를 구하라. 이 연금의 미래가치는?

g. 문제 'f'의 기말연금을 기초연금으로 변경하는 경우 기초연금의 현재가치와 미래가치는?

h. 이자율이 10%이며, 반기 복리가 적용될 경우 5년 후에 $1,000을 받는 투자의 미래가치와 현재가치는?

i. 이자율이 8%라고 가정하자. 10년 만기를 갖는 기말연금의 현재가치가 $1,000이다. 10년 동안 매년 얼마를 납부해야 하는가? 만약 기초연금이라면 연간 납부금액은?

j. 다음과 같은 연말 현금흐름을 고려하자. 연간 8%의 이자율을 가정할 때 이 현금흐름의 현재가치와 미래가치는?

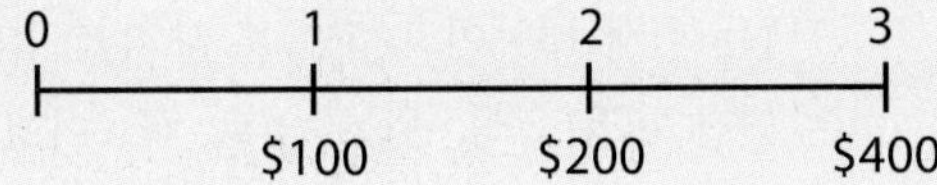

k. A, B, C, D, E의 5개 은행은 예금에 대해 동일한 명목이자율 6%를 적용하고 있다. 그러나 A는 1년에 한 번, B는 반년마다, C는 분기별로, D는 월별로, E는 매일 이자를 지급하고 있다.

1. 각 은행의 유효이자율은? 오늘 각 은행에 $5,000을 예치하면 1년 후 각 은행의 예금은 얼마가 되는가? 2년 후의 예금액은?
2. 모든 은행이 예금보험에 가입되어 있어 예금에 대해 동일한 위험을 갖는다고 하자. 이 경우 모두 동일한 금액의 예금을 유치할 수 있는가? 그렇지 않은 경우(TVM이 유일한 고려 사항임) A은행과 동일한 유효이자율을 갖도록 나머지 4개 은행이 설정해야 하는 명목이자율은?
3. 당신은 1년 후에 $5,000이 필요하다고 가정하자. A는 1년에 한 번, B는 반년마다, C는 분기별로, D는 월별로, E는 매일 이자를 지급한다고 하자. 당신은 오늘 각 은행에 얼마를 예금해야 하는가?
4. 5개 은행이 동일한 유효이자율을 제공한다고 하자. 합리적인 투자자는 각 은행에 대해 차이를 두지 않는가? 설명하라.

l. $15,000을 차입했다고 가정하자. 이 대출의 연간이자율은 8%이며, 매년 말에 동일한 금액을 4년 동안 상환하기로 했다. 연간 상환액, 이자 지급액, 원금 지급액, 최초 시점 및 종료 시점의 대출 잔액을 나타내는 분할상환 계획을 설정하라.

통합사례

FIRST NATIONAL BANK

5-42 **[화폐의 시간가치 분석]** 당신은 어떤 은행에 지원했다. 당신은 평가를 받기 위해 화폐의 시간가치 분석을 얼마나 잘 이해하고 있는지 아래의 질문으로 이루어진 시험을 봐야 한다.

a. 다음 현금흐름에 대한 시간수평선을 작성하라.

(1) 2년차 말의 $100 일시불 현금흐름, (2) 3년 동안 매년 $100을 납부하는 기말연금, (3) 0년에서 3년차 말에 −$50, $100, $75, $50이 발생하는 불균등한 현금흐름

b. 1. 연간이자율 4%와 연간 복리를 가정할 때, 현재 $100의 3년 후 미래가치는?

2. 연간이자율 4%와 연간 복리를 가정할 때, 3년 후에 받는 $100의 현재가치는?

c. 현재의 $100을 3년 후에 $119.10으로 증가시키기 위한 연간이자율은 얼마인가?

d. 회사의 매출이 매년 10%씩 성장한다면 매출이 2배가 되는 데 걸리는 시간은?

e. 기말연금과 기초연금의 차이점은 무엇인가? 아래 시간수평선에 나타나는 연금 유형은 무엇인가? 다른 유형의 연금으로 바꾸는 방법은?

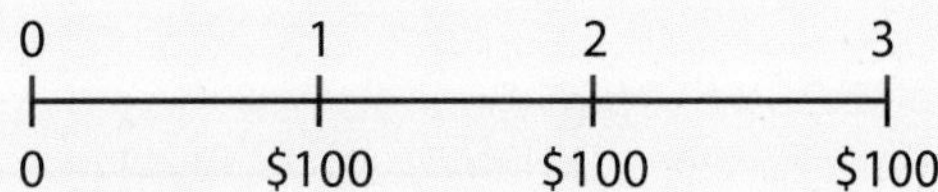

f. 1. 연간이자율이 4%라고 가정할 때, 3년 동안 매년 $100을 납부하는 기말연금의 미래가치는 얼마인가?

2. 현재가치는 얼마인가?

3. 기초연금이라면 미래가치와 현재가치는 각각 얼마인가?

g. 5년 동안 매년 $100을 지급하는 기말연금의 연간이자율은 4%이다.

1. 현재가치는 얼마인가?

2. 10년 만기 연금이라면 현재가치는 얼마인가?

3. 25년 만기의 연금이라면 현재가치는 얼마인가?

4. 영구연금이라면 현재가치는 얼마인가?

h. 20세인 어떤 학생이 은퇴를 위해 매일 $5를 저축하려고 한다. 그녀는 매일 서랍에 $5를 넣고 있다. 1년 후에 그녀는 보관한 돈($1,825)을 기대연간수익률이 8%인 증권계좌에 투자하고 있다.

1. 이와 같은 방법의 저축을 계속한다면 65세에 얼마를 모을 것인가?

2. 40세 투자자가 이와 같은 방법으로 저축을 시작했다면 65세에 얼마를 모을 것인가?

3. 40세 투자자가 65세가 되었을 때, 20세부터 투자한 투자자와 동일한 금액을 모으려면 매년 저축해야 할 금액은?

i. 다음과 같은 불균등한 현금흐름을 고려하자. 현재가치는 얼마인가? 연간이자율은 4%로 가정하자.

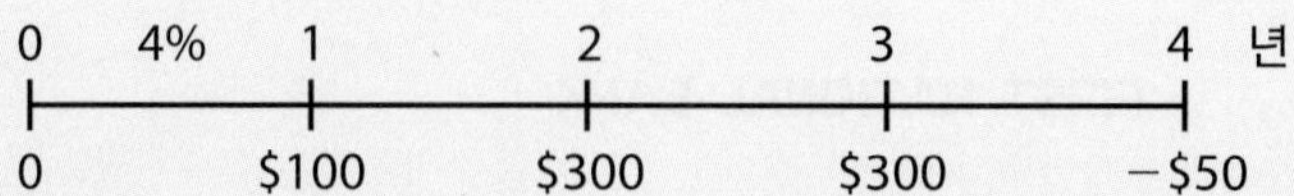

j. 1. 1년의 복리 횟수를 1회보다 늘리면 미래가치가 더 커지는가? 아니면 작아지는가? 그 이유는?

2. 다음을 정의하라. (a) 명목이자율, (b) 기간이자율, (c) 유효이자율(EAR 또는 EFF%)

3. 연간이자율 4%로 반년마다 복리계산을 하는 경우, EAR은 얼마인가? 분기별로 복리계산을 하는 경우의 EAR은? 매일 복리를 적용하는 경우의 EAR은?

4. 연간이자율 4%로 반년마다 복리계산을 하는 경우, 현재 시점의 $100이 3년 후 갖는 미래가치는 얼마인가? 분기별로 복리를 적용하는 경우의 미래가치는?

k. EAR이 명목이자율과 같아지는 경우는?

l. 1. 연간이자율 4%로 반년마다 복리계산을 하는 경우, 아래 현금흐름의 3년차 말 가치는 얼마인가? (힌트: EAR을 사용하여 현금흐름을 기말연금처럼 취급하거나, 6개월마다 발생하는 현금흐름에 대해 기간이자율을 사용한 복리계산으로 구할 수 있다.)

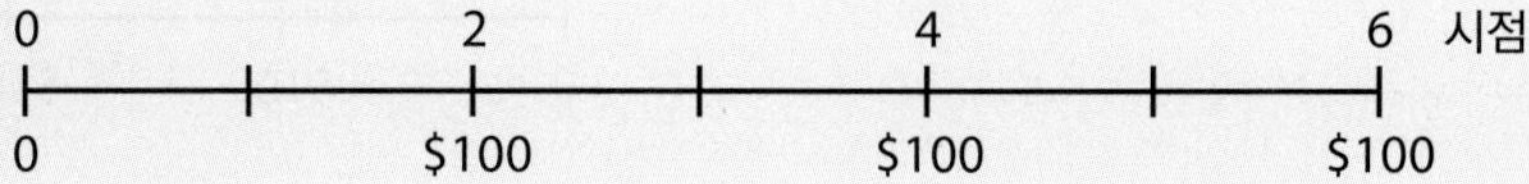

2. 현재가치는 얼마인가?

3. EAR이나 기간이자율, $I_{NOM}/2 = 4\%/2 = 2\%$가 아닌 명목이자율을 그대로 사용한다면 문제 1과 2의 답은 어떻게 되는가?

m. 1. $1,000의 대출에 대해 연간이자율 4%로 3년 동안 매년 분할상환을 하려고 한다. 분할상환 일정을 작성하라.

2. 2차 연도 동안 차입자의 연간 이자비용과 대출자의 연간 이자수입은 얼마인가?

금융자산

06 CHAPTER

이자율

이자율이 사상 최저로 하락하다

이자율은 지난 40년 동안 하락세를 보여 왔다. 이러한 추세가 계속되면서 2020년 3월에는 10년 만기 미국 국채 금리가 사상 처음으로 0.5% 아래로 떨어졌다. 가장 최근의 하락은 코로나바이러스가 전 세계로 확산되어 경제적 공포가 한창일 때 이루어졌다.

경제적 두려움이 커지면 연방준비제도이사회(연준)는 시장의 두려움을 완화하고 경기침체를 방지하기 위해 금리를 인하하는 공격적인 조치를 취한다. 그러나 이러한 조치에 대해 일부 사람들은 금리가 매우 낮은 상황에서는 연준의 금리 인하 효과가 크지 않을 것이라고 주장했다. 이러한 의견 차이가 처음은 아니다. 연준은 적절한 균형을 찾아야 하는 어려운 일을 수행해야 한다. 시중의 자금을 축소하는 정책을 취하는 경우 급격한 금리 인상을 불러와 경기침체로 이어질 수 있다. 반면에 민간에 대한 대출을 확대시키면 인플레이션을 부추길 수 있다. 연준의 궁극적인 목표는 인플레이션을 적절한 수준에서 관리하면서 경제가 건실한 성장을 하도록 하는 **골디락스**(Goldilocks) **정책**을 추구하는 것이다.

2007~2008년 금융위기 이후 경제를 부양하기 위해 연준은 금리를 매우 낮게 설정했다. 금리 인하를 통해 기업 투자를 촉진하고, 침체된 주택시장을 되살리고, 주식 및 채권시장도 안정시킬 수 있을 것으로 기대했다. 금융위기 발생 직후, 정부가 경제의 붕괴를 겨우 막긴 했지만 경제 상황은 개선되지 못했으며 실업률도 여전히 높은 수준이었다. 경기침체가 지속되자 연준은 경기 부양을 위해 '양적 완화(quantitative easing)' 정책을 사용했다. 이로 인해 연준은 대형 금융기관으로부터 장기금융자산을 체계적으로 대량 매입했다. 연준이 장기금융자산을 매입함으로써 시중에는 새로운 자금이 투입되었으며, 이로 인해 시장이자율은 낮아졌다. 연준은 이러한 조치를 통해 10년 만기 국채 금리를 2% 이하로 낮추었으며, 단기 국채 금리를 0에 근접하도록 만들었다.

금융위기 이후 10년 동안 경제는 반등했다. 이러한 반등을 고려하여 연준은 금리를 "정상" 수준으로 되돌리기 위한 몇 가지 조치를 취하기 시작했다. 2018년 2월에 연준 의장으로 취임한 제롬 파월(Jerome Powell)은 처음에는 경기 과열을 막기 위해 금리를 천천히 인상할 계획이었다. 그러나 파월의 취임 후 몇 년 동안 도널드 트럼프 대통령을 비롯한 많은 사람들은 인플레이션 징후가 없기 때문에 경기 부양을 위해 연준이 금리를 계속 낮게 유지하라고 압박했다.

연준의 정책이 금리 수준에 매우 커다란 영향을 미치고 있지만, 다른 요인들도 금리를 낮게 유지하는 데 역할을 하고 있다. 낮은 인플레이션과 미국 증권을 사려는 외국인투자자들의 강한 의지도 금리를 낮추는 대표적인 요인에 해당한다. 그러나 향후 외국인투자자 중 일부가 미국 증권을 매도하여 금리를 상승시킬 것이라는 염려도 있다. 또한 인플레이션이 상승하면 미국 달러 가치가 하락해 금리가 상승할 가능성도 있다. 연방정부의 예산 적자도 금리를 상승시킬 가능성이 높다. 연방정부의 적자가 커지고, 인플레이션이 상승하며, 달러가 약세를 보이면 외국인투자자는 미국 채권을 매도할 것이다. 이로 인해 금리가 상승할 가능성이 더욱 커진다.

이자율은 기업과 개인에게 매우 큰 영향을 미치므로 금리를 결정하는 주요 요인에 대해 자세히 알아보는 것은 매우 중요하다. 앞으로 살펴보겠지만 이자율은 단 하나로 존재하지는 않는다. 즉, 다양한 요인이 차입자가 지불하는 이자율을 결정하며, 부채의 종류에 따라 각 이자율은 서로 다른 방향으로 움직이기도 한다. 이와 함께 장기와 단기 금리 사이 및 국채와 회사채 사이의 스프레드에 영향을 미치는 다양한 요인에 대해서도 살펴볼 것이다.

출처: Kevin Warsh, "The Fed Can't Wait to Respond to the Coronavirus," *The Wall Street Journal*(wsj.com), February 26, 2020; Sunny Oh, "The 10-Year Treasury Yield Is Sliding Toward Its All-Time Low—Here's Why—MarketWatch," *The Wall Street Journal*(wsj.com), February 25, 2020; Nick Timiraos, "Fed Officials Say It Is Too Soon to Assess Coronavirus Impact on U.S. Economy," *The Wall Street Journal*(wsj.com), February 24, 2020; Howard Schneider, "Powell Says Fed Ready to Act as Coronavirus Poses 'Evolving' Economic Risks," *Reuters*(reuters.com), February 28, 2020; Nick Timiraos, "Fed Holds Rates Steady, but Indicates Increases Will Continue," *The Wall Street Journal*(wsj.com), May 2, 2018; Jeff Cox, "Fed to Keep Easing, Sets Target for Rates," *CNBC*(cnbc.com), December 12, 2012; and Eric Morath, "Brisk Jobs Growth Puts Fed on Notice," *The Wall Street Journal Weekend*, March 7-8, 2015, pp. A1-A2.

학습개요 및 목표

기업의 주요 자본조달 방법은 부채와 자기자본의 두 가지이다. 자유경제시스템에서 자본은 다른 자원과 마찬가지로 자금의 이전 기능과 가격결정 기능을 수행하는 시장시스템을 통해 분배된다. 이자율은 부채 자본에 대해 대출자가 수령하고 차입자가 지급하는 가격이다. 마찬가지로 자기자본 투자자는 배당과 자본이득을 기대하며, 이들의 합이 자기자본의 비용이다. 자기자본의 비용 문제는 이후의 장에서 살펴볼 것이며, 이 장에서는 부채의 비용인 이자율에 초점을 맞추려고 한다. 이자율은 자본의 수요와 공급에 의해 결정된다. 따라서 자본의 수요와 공급에 영향을 미치는 요인을 살펴보도록 한다. 차입자의 위험과 자금 사용 목적, 담보의 형태, 차입기간 등에 따라 다양한 부채가 있으며, 이에 대한 이자율도 각각 존재하므로 시장에서 단 하나의 이자율은 없다. 이 장에서는 다양한 요인이 개인의 부채비용에 어떤 영향을 미치는지를 주로 살펴볼 것이다. 그러나 이 후의 장에서는 부채가 기업의 부채비용과 투자 의사결정에 미치는 역할에 대해 살펴볼 것이다. 제7장과 제9장에서 살펴보겠지만 부채비용은 채권과 주식의 가격을 결정하는 주요 변수이다. 제10장에서는 기업의 자본비용을 구하기 위해서는 부채비용을 포함시켜야 한다는 점을 배울 것이다.

이 장을 학습한 후에 다음을 수행할 수 있어야 한다.

- 화폐의 비용에 영향을 미치는 요인이 무엇인지를 나열한다.
- 차입자의 자금 수요, 기대인플레이션, 여러 증권의 위험, 증권의 유동성 등이 시장이자율에 어떤 영향을 미치는지를 설명한다.
- 수익률곡선이 무엇이며, 수익률곡선의 형태를 결정짓는 요인이 무엇이며, 미래 이자율을 예측하기 위해 수익률곡선을 어떻게 사용할 수 있는지를 각각 설명한다.

6-1 화폐의 비용

생산기회
현금을 창출하는 생산자산에 대한 투자기회

소비에 대한 시간 선호
소비자가 미래 소비를 위해 저축하는 것보다 현재의 소비를 선호하는 것이다.

위험
금융시장에서 어떤 투자가 매우 낮은 수익률이나 마이너스(−) 수익률을 가져올 가능성

인플레이션
물가가 시간에 따라 상승하는 정도

화폐의 비용에 영향을 미치는 주요 요인으로는 (1) **생산기회**(production opportunity), (2) **소비에 대한 시간 선호**(time preferences for consumption), (3) **위험**(risk), (4) **인플레이션**(inflation) 등의 네 가지가 있다. 이들 요인이 어떻게 작용하는지를 알기 위해 어떤 고립된 섬 공동체에 물고기를 먹고 사는 주민들이 있다고 상상해보자. 그들은 적정 수준의 삶을 영위할 수 있는 물고기 잡이 도구를 가지고 있음에도 불구하고 현재 수준보다 많은 물고기를 잡고 싶어 한다. 이 섬 주민 중 한 명인 Mr. Crusoe가 평소보다 두 배 이상 물고기를 잡을 수 있는 새로운 그물을 고안했다고 하자. 그러나 그가 이 그물에 대한 디자인, 제작, 사용방법의 숙지 등을 하기 위해서는 1년이 걸린다고 하자. 이 과정에서 Mr. Crusoe는 새로운 그물을 사용하기 전에 굶어 죽을 수도 있다. 그래서 그는 Ms. Robinson, Mr. Friday와 몇 명의 다른 주민에게 그들이 1년 동안 매일 물고기 한 마리를 준다면 내년에는 매일 물고기 두 마리를 되돌려주겠다고 제안했다. 만약 어떤 사람이 이 제안을 수락한다면 Ms. Robinson을 비롯한 다른 주민이 Mr. Crusoe에게 준 물고기는 **저축**(saving)에 해당한다. 이 저축을 받은 Mr. Crusoe는 새로운 그물 작업에 **투자**(invest)를 하고, 새로운 그물로 잡은 물고기 중 두 마리를 주민들에게 돌려줄 것이다. 이 두 마리 중 주민이 제공한 물고기 한 마리를 제외한 나머지 한 마리를 **투자수익**(return on the investment)이라고 한다.

Mr. Crusoe가 만든 새로운 그물의 생산성이 예전보다 높을수록 잠재적 투자자가 저축에 대해 돌려받는 수익도 커지게 된다. 이 예에서는 Mr. Crusoe가 받은 물고기 한 마리에 대해 두 마리를 되돌려주는 제안을 했으므로 100%의 수익률을 제공하는 것으로 가정하고 있다. 만약 그가 Ms. Robinson과 잠재적 투자자에게 금년에 매일 받는

물고기 한 마리에 대해 내년에는 매일 1.5마리를 되돌려주겠다고 했다면 수익률은 50%가 된다.

Mr. Crusoe의 제안이 잠재적 저축자에게 얼마나 매력적인지 여부는 저축자의 **소비 시점 선호**에 따라 크게 달라진다. 예를 들어, Ms. Robinson이 물고기 잡이를 더 이상 하지 않겠다면 그녀는 앞으로의 생계를 위해 오늘 한 마리의 물고기를 미래 한 마리와 1:1로 교환할 것이다. 반면에 Mr. Friday는 아내와 어린 자녀가 있어 당장 한 마리의 물고기도 아쉽다. 이 경우 그는 내년에 받을 물고기 수가 세 마리 이상이 되는 경우에만 오늘 잡은 물고기 한 마리를 빌려주려고 할 수 있다. 이 경우 Mr. Friday는 현재의 소비에 대해 매우 높은 시간 선호를 하고 있으며, Ms. Robinson은 그보다 낮은 시간 선호를 하고 있다. 만약 모든 주민이 최저 생활수준으로 근근이 살아가고 있다면 현재 소비에 대한 시간 선호는 매우 높아질 수밖에 없다. 따라서 저축은 줄어들며, 이자율은 커지고, 자본 축적은 어려워진다.

그물 프로젝트에서 **위험**은 Mr. Crusoe가 빚을 상환하지 못할 가능성을 의미하며, 이는 투자자가 요구하는 수익률에도 영향을 미친다. 투자자가 위험이 높다고 생각할수록 투자자의 요구수익률은 상승한다. 보다 복잡한 사회에서는 Mr. Crusoe와 같은 기업이 많으며, 물고기 이외에도 많은 상품이 존재하고, Ms. Robinson이나 Mr. Friday와 같은 저축자도 많다. 이러한 경우 물고기를 교환하는 것보다는 화폐를 교환의 수단으로 사용한다. 화폐를 사용하면 미래의 가치가 **인플레이션**에 따라 변할 수 있다는 점을 생각해야 한다. 기대인플레이션이 클수록 보다 많은 미래가치를 요구하므로 요구수익률은 커진다. 우리는 이 장의 후반부에서 이를 상세히 논할 것이다.

이제 우리는 저축자에게 지불하는 이자율이 (1) 생산자가 투자자본으로 벌어들일 것으로 기대하는 수익률, (2) 현재와 미래 시점에 대한 저축자의 시간 선호, (3) 대출의 위험, (4) 인플레이션의 기대 상승률 등에 의존하고 있음을 살펴보았다. 생산자가 어떤 사업에 투자해서 얻을 것으로 기대하는 수익률은 그들이 저축자에게 지급할 수 있는 이자율보다 크거나 같다. 반면에 소비자의 시간 선호(time preference)는 현재 시점에서 소비를 어느 정도 줄여 얼마나 저축할 것인지를 결정하도록 한다.[1)] 한편 이자율은 위험과 인플레이션이 커질수록 증가한다.

---

1) 이 예에서 생산자(producer)라는 용어는 매우 협소한 의미이다. 보다 적절한 단어는 차입자(borrower)이다. 이는 기업과 주택 구매자, 대학의 학자금 융자를 받는 사람, 심지어 자동차를 구매하거나 휴가를 위해 차입하는 사람 등을 포함한다. 또한 사회의 부와 인구통계에 따라 사람들의 저축능력에 차이가 있으며, 현재와 미래 소비에 대한 시간 선호도 다르다.

셀프 테스트

- 부채를 차입하는 비용을 무엇이라고 하는가?
- 자기자본의 수익률을 발생시키는 두 가지 항목은 무엇인가?
- 화폐의 비용에 영향을 미치는 네 개의 기본 요소는 무엇인가?
- 어떤 요인이 저축 이자율의 상한을 결정하는가?
- 이자율에 따라 저축 규모의 차이가 발생하는 원인은 무엇인가?
- 위험과 인플레이션은 이자율에 어떤 영향을 미치는가?

6-2 이자율 수준

차입자는 부채에 대한 가격을 제시하기 위해 이자율을 사용한다. 수익이 많은 투자 기회를 갖는 기업은 차입한 자본에 대해 다른 기업보다 더 많은 이자를 지불할 의향과 능력이 있다. 따라서 그들은 비효율적 기업이나 수요가 없는 제품을 생산하는 기업과는 달리 자본을 쉽게 차입할 수 있다. 동시에 정부 정책도 자본의 배분이나 이자율 수준에 영향을 줄 수 있다. 예를 들어, 정부는 개인이나 단체가 유리한 조건으로 융자를 받도록 도와주는 기관을 운영하고 있다. 소기업, 소수자 집단, 높은 실업률을 갖는 지역에 공장을 건설하려는 기업 등은 이러한 기관의 도움을 받을 수 있다. 그러나 보통 대부분의 자본은 시장의 가격시스템을 통해 배분되며, 차입 및 대출에 사용하는 자본의 가격을 이자율이라고 한다.

[그림 6.1]은 두 개의 자본시장에서 수요와 공급이 이자율을 어떻게 결정하는지 보여주고 있다. 시장 L과 H는 현존하는 많은 자본시장 중에서 두 가지를 대표하고 있다. 두 시장에서 공급곡선은 우상향의 기울기를 갖고 있으며, 이는 투자자가 그들 자본에 대한 이자율이 높을수록 보다 많은 자본을 공급할 의향이 있음을 의미한다. 마찬가지로 우하향 기울기를 갖는 수요곡선은 이자율이 낮을수록 차입자가 보다 많은 자본을 차입하고 싶어함을 나타낸다. 각 시장의 시장이자율은 수요와 공급 곡선이 만나는 점에서 결정된다. 이자율을 r로 표기하자. 시장 L에서 저위험 증권의 이자율은 처음에 5%이다. 이 시장에서 양호한 신용을 가진 차입자는 5%의 이자율로 자금을 차입할 수 있으며, 대출을 하려는 투자자는 추가적인 위험 없이 5%의 수익을 얻을 수 있다. 신용이 안 좋은 차입자는 시장 H에서 보다 높은 이자를 지급해야 차입할 수 있다. 반면에 보다 높은 위험을 감수하려는 투자자는 7%의 수익을 기대하지만 이를 온전히 다 받을 수 있다고 생각하지는 않는다. 이 시나리오에서 투자자는 시장 L에 비해 위험이 높은 시장 H를 선택하는 대신 7% − 5% = 2%의 **위험프리미엄(risk premium)**을

[그림 6.1] 자금의 수요와 공급 함수로서의 이자율

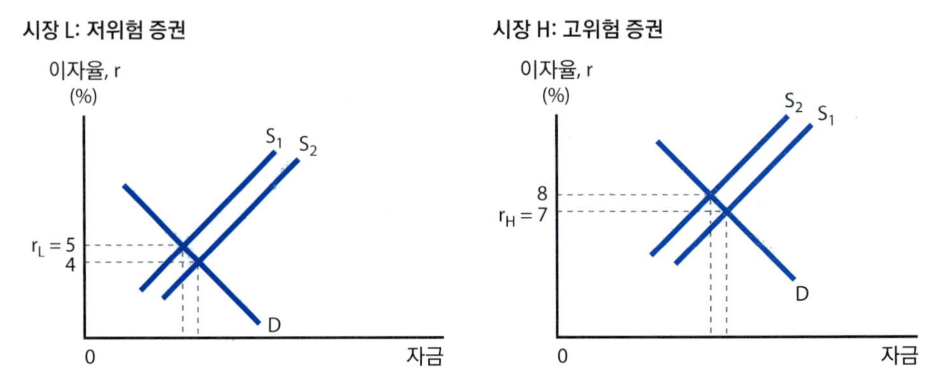

받는다.

시장 상황의 변화로 인해 투자자는 시장 H가 2% 위험프리미엄 이상의 위험을 가질 것으로 생각한다고 하자. 이 경우 투자자는 보다 안전한 투자로 전환하려고 할 것이다. 이를 "양질 자산 선호현상(flight to quality)"이라고 한다. 투자자가 시장 H에서 L로 자금을 이동하게 됨에 따라 시장 L의 자금 공급곡선은 S_1에서 S_2로 증가한다. 자본의 공급 증가는 시장이자율을 5%에서 4%로 낮추게 한다. 한편 시장 H에서는 자금이 유출되므로 자금의 공급곡선은 S_1에서 S_2로 감소한다. 이때 시장 H에는 대출 가능한 자금이 부족해지기 때문에 시장이자율은 7%에서 8%로 상승한다. 새로운 시장 상황에서 자금은 시장 H에서 시장 L로 이동하며, 위험프리미엄은 2%에서 4%(=8% −4%)로 증가한다.

미국에는 많은 자본시장이 존재하고 있다. [그림 6.1]은 각 자본시장이 서로 연결되어 있음을 보여주고 있다. 미국 기업은 세계 전역에서 투자와 자본 모집을 하며, 외국인도 미국에서 차입과 대출을 한다. 미국에는 주택대출, 농업대출, 기업대출, 연방 · 주 · 지방정부대출, 소비자대출 등의 시장이 있다. 각 대출시장에는 지역시장 및 다양한 형태의 하위시장이 있다. 예를 들어, 부동산시장은 1차 및 2차 모기지를 취급하는 대출시장 이외에 독신자 주택, 아파트, 사무실 빌딩, 쇼핑센터, 휴양지 등을 취급하는 대출시장도 존재한다. 물론 프라임 모기지와 서브프라임 모기지 대출시장도 존재한다. 기업부문에서도 수십 종류의 부채시장과 다양한 종류의 보통주 시장이 있다.

부채와 보통주 시장에도 가격이 존재하며, 시간이 흘러 공급과 수요 조건이 변하면 가격도 변한다. [그림 6.2]는 기업이 차입하는 부채의 장기와 단기 이자율이 1970년대 초부터 어떻게 변했는지 보여주고 있다. 단기 이자율은 변동 폭이 커서 호황기에는 급격히 상승하다가 불황기에는 급격히 하락하고 있다. 여기서 그림의 음영 부분은 경제 불황기를 나타낸다. 경제가 확장 국면이면 기업은 자본을 필요로 하며, 자금 수요의

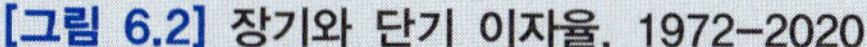

[그림 6.2] 장기와 단기 이자율, 1972–2020

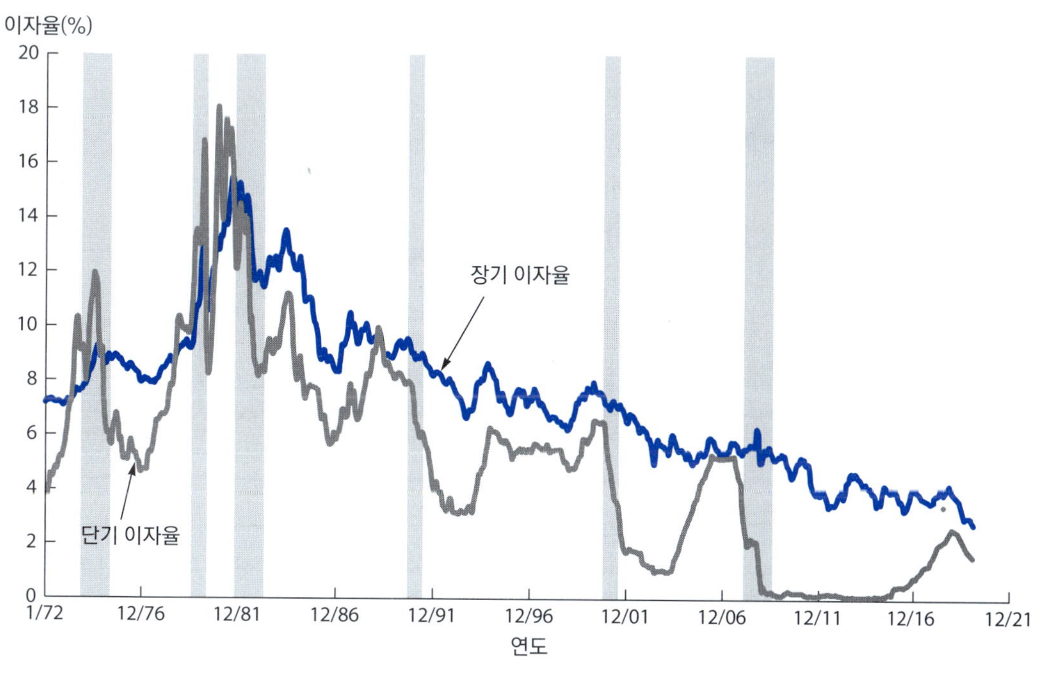

주: 1. 음영 처리된 부분은 경기침체를 나타낸다.
2. 단기 이자율은 대형 우량기업에 대한 3~6개월 만기 이자율로 측정하였으며, 장기 이자율은 AAA 등급의 회사채로 측정하였다.

출처: St. Louis Federal Reserve FRED database, fred.stlouisfed.org/series/AAA and fred.stlouisfed.org/series/CPN3M.

증가는 시장이자율을 상승시킨다. 호황기에서는 인플레이션이 강하게 나타나며, 이로 인해 이자율은 상승한다. 불황 국면에서는 이와 반대의 상황이 나타난다. 경기가 침체하면 대출 수요는 감소하고, 인플레이션율은 하락하며 정부는 시중에 자금을 공급해 경제를 활성화시키려고 한다. 이로 인해 이자율은 하락한다.

그러나 이러한 현상이 반드시 성립하는 것은 아니라는 것을 1984년 이후의 경제 현상에서 확인할 수 있다. 1985년과 1986년의 오일가격 급락은 다른 상품의 가격 인상도 억제함으로써 장기 인플레이션의 발생 가능성을 크게 줄였다. 그 이전에는 인플레이션의 가능성이 커지면 이자율을 크게 상승시키기도 했다. 1984년부터 1987년 사이에 경제는 매우 호황이었지만 인플레이션의 가능성은 줄어들었다. 호황기에는 이자율이 상승한다는 일반적인 현상과는 반대로 오히려 이 기간에는 이자율이 감소하였다.[2]

시간이 지남에 따라 인플레이션과 장기 이자율이 어떤 관계를 갖는지 [그림 6.3]에서 보여주고 있다. 1960년대 초에 인플레이션은 평균 1%였으며, 장기 우량채권의 이

2) 단기 이자율은 현재의 경제 상태를 나타내며, 장기 이자율은 인플레이션에 대한 장기 기대를 주로 반영한다. 그 결과 단기 이자율이 장기 이자율보다 낮거나 높기도 한다. 장기와 단기 이자율 사이의 관계를 '이자율의 기간 구조(term structure of interest rates)'라고 한다. 이에 대해서는 이 장의 후반부에 다룰 것이다.

[그림 6.3] 연간 인플레이션율과 장기 이자율의 관계, 1972-2020

주: 1. 이자율은 AAA 장기 회사채에 대한 것이다.
2. 인플레이션은 소비자물가지수(CPI)의 연간 변화율로 측정하였다.

출처: St. Louis Federal Reserve, FRED database(fred.stlouisfed.org/series/AAA) and Department of Labor, Bureau of Labor Statistics, CPI-All Urban Consumers(Current Series), 1982－1984＝100(data.bls.gov/cgi-bin/surveymost?cu).

자율은 평균 4%였다. 베트남 전쟁이 치열해지면서 인플레이션은 증가했고, 이자율도 급상승하기 시작했다. 전쟁이 끝난 1970년대 초에 인플레이션은 조금 하락했지만 1973년 중동의 석유수출제한 이후 오일가격은 급등하였다. 이로 인해 인플레이션은 다시 급상승했고, 이자율도 크게 올랐다.

인플레이션은 1980년에 약 13%로 정점을 찍었다. 그러나 이자율은 1981년과 1982년까지 계속 증가하였으며, 1985년까지 높은 수준을 유지했다. 이는 사람들이 인플레이션이 커질 것이라는 두려움을 이자율에 반영시켰기 때문이다. 즉, 1970년대에 형성된 "인플레이션 심리(inflationary psychology)"가 1980년대 중반까지 지속된 것이었다. 사람들은 연준이 인플레이션을 낮추려고 노력하고 있다고 차츰 생각하기 시작했다. 그리고 미국의 자동차 제조업자를 비롯한 여러 기업이 국제 경쟁력을 갖추기 위해 과거와 달리 가격 인상을 하지 않을 것이라는 사실도 알았다. 또한 기업이 가격 인상을 제한함으로써 노조의 임금 인상 요구를 어렵게 만들고 있음도 알게 되었다. 이러한 인식이 공감대를 가지면서 이자율은 서서히 하락하기 시작했다.

현재의 이자율에서 현재의 인플레이션을 차감하면([그림 6.3]의 인플레이션 막대그래프와 이자율 곡선 사이의 차이) "현재의 실질이자율"로 정의할 수 있다. 이는 많은 투자자가 인플레이션 효과를 제거한 후에 어느 정도의 이자를 얻을 수 있는지를 보여주기 때문에 "실질이자율(real rate)"이라는 이름을 붙였다. 실질이자율은 1980년대 중반에는 매우 높았지만 1987년 이후에는 1%에서 4%의 범위 안에 있다.[3)]

최근에 인플레이션은 매우 낮아 연 평균 2% 정도이다. 심지어 2009년에는 심각한 경기 불황으로 물가가 하락하면서 마이너스 인플레이션이 발생하기도 했다. 그러나 장기 이자율은 가변적이었다. 왜냐하면 투자자는 인플레이션이 실제로 통제되고 있다고 믿지 않으며, 언제든지 1980년대의 높은 수준으로 되돌아갈 수 있다고 생각하기 때문이다. 향후 우리는 다음 두 가지를 확신할 수 있다. (1) 이자율은 가변적이며, (2) 인플레이션이 상승할 것으로 보이면 이자율은 상승하고, 인플레이션이 하락할 것으로 예상되면 이자율은 하락한다.

셀프 테스트

- 이자율은 여러 종류의 잠재적 차입자에게 자본을 배분하는 데 어떤 역할을 하는가?
- 자본시장에서 자금의 공급이 감소하면 균형 이자율은 어떻게 되는가? 기대인플레이션이 증가하거나 감소하면 균형 이자율은 어떻게 되는가?
- 자본의 가격은 경기호황 기간에 어떤 경향을 갖는가? 또한 경기 불황 기간에는 어떤가?
- 위험은 이자율에 어떤 영향을 미치는가?
- 지난 12개월 동안 인플레이션이 2%이고, 그 기간 동안 이자율이 5%라면 실질이자율은 얼마인가? 만약 내년에 인플레이션이 평균 4%이고, 실질이자율이 3%로 예상된다면 현재의 이자율은 얼마인가? **(3%; 7%)**

6-3 시장이자율의 결정요인

자료(Resource)

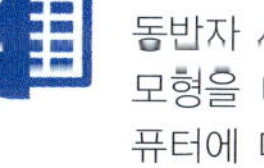

학생들은 cengage.com의 학생 동반자 사이트에서 각 장의 엑셀 모형을 다운로드할 수 있다. 컴퓨터에 다운로드한 후 제6장 엑셀 모형을 검색하여 이 장의 내용을 수행하라.

일반적으로 부채증권의 명시이자율(혹은 명목이자율) r은 실질무위험이자율 r*와 인플레이션, 증권의 위험, 유동성, 만기까지의 기간 등의 프리미엄을 합한 것이다. 이 관계를 다음과 같이 나타낼 수 있다.

$$\text{명목이자율} = r = r^* + IP + DRP + LP + MRP \qquad (6.1)$$

여기서

r = 부채증권의 명목이자율[4)]

r^* = 실질무위험이자율, r^*는 "r-star"로 읽으며 인플레이션이 없는 경우의 무위험증권 이자율이다.

$r_{RF} = r^* + IP$. 이는 유동성이 매우 높고 위험을 거의 갖고 있지 않는 미국 국채

3) 다음을 참고하라. Carmen M. Reinhart and Kenneth S. Rogoff, *This Time Is Different: Eight Centuries of Financial Folly*(Princeton, New Jersey: Princeton University Press, 2009).

와 같은 무위험증권의 명목이자율이다. IP는 기대인플레이션에 대한 프리미엄이며, r_{RF}에 포함된다.

IP = 인플레이션 프리미엄. IP는 부채증권의 만기까지 예상되는 평균 기대인플레이션율이다. 기대 미래 인플레이션율은 현재의 인플레이션율과 반드시 같을 필요가 없으므로, IP도 [그림 6.3]에 있는 현재의 인플레이션과 동일하지 않다.

DRP = 채무불이행위험프리미엄. 이 프리미엄은 부채증권 발행자가 정해진 시점에 약속한 이자나 원금을 상환하지 못할 가능성을 반영한다. 미국 국채의 경우 DRP는 0이지만, 발행자의 위험이 커질수록 DRP는 증가한다.

LP = 유동성(혹은 시장성)프리미엄. 이는 대출자가 부채증권을 "합리적" 가격의 현금으로 즉시 바꿀 수 없기 때문에 이에 대한 대가로 요구하는 프리미엄이다. LP는 국채나 대기업이 발행한 증권의 경우에는 매우 낮지만 소규모 기업이나 사적 소유 기업에서는 상대적으로 높다.

MRP = 만기위험프리미엄. 이후에 설명하겠지만 국채를 포함한 장기 채권은 인플레이션과 이자율 증가로 인한 가격 하락 위험이 매우 크다. 만기위험프리미엄은 대출자가 이 위험을 고려해서 요구하는 것이다.

$r_{RF} = r^* + IP$이므로 식 (6.1)은 다음과 같이 나타낼 수 있다.

$$\text{명목이자율} = r = r_{RF} + DRP + LP + MRP$$

이제 명목이자율을 구성하는 요인들에 대해 설명해보자.

6-3A 실질무위험이자율, r*

실질무위험이자율, r*
인플레이션에 대한 기대가 없는 경우, 채무불이행위험이 없는 미국 국채의 이자율

실질무위험이자율, r*는 인플레이션이 없는 경우의 무위험증권 이자율이다. 인플레이션이 없는 상황에서 미국 국채의 단기 이자율이 실질무위험이자율을 대표하는 것으로 받아들여지고 있다. 실질무위험이자율은 일정하지 않고, 시간에 따라 변하며 특히 다음과 같은 경제 상황에 따라 변한다. (1) 기업 및 기타 차입자가 생산 자산을 통해 벌어들일 것으로 예상하는 수익률, (2) 현재와 미래 소비에 대한 사람들의 시간 선호.

차입자가 빌린 돈에 대해 지불할 수 있는 최대 이자는 차입자가 생산을 통해 얻을

---

4) 명목(nominal)이란 용어는 실질이자율이 아닌 표시이자율을 의미한다. 실질이자율은 인플레이션 효과를 제거해서 조정한 것이다. 만약 30년 만기 국채를 명목이자율 3.1%에 매입하고, 인플레이션이 향후 30년 동안 연 평균 2.0%라면 실질이자율은 3.1% − 2.0% = 1.1%가 된다. 이후의 장에서 부채와 자기자본의 수익률을 나타낼 때 하첨자 d와 s를 사용하여 각각 r_d와 r_s로 나타낼 것이다.

수 있는 기대수익이다. 따라서 차입자는 기대수익률 이하의 실질무위험이자율을 지급한다. 또한 저축자의 소비에 대한 시간 선호는 저축자가 미래 소비를 위해 현재 포기할 소비 수준을 결정한다. 저축자들은 서로 다른 시간 선호를 가지고 있으므로 그들의 대출 결정은 다양한 이자율에 따라 다르다.

실질이자율을 정확히 측정하는 것은 어렵지만 대부분의 전문가는 r^*가 1%에서 3% 범위에서 변동한다고 믿고 있다.[5] r^*의 가장 훌륭한 추정치는 물가지수 연계 국채수익률이며, 이는 이 장의 후반부에서 설명할 것이다. 2011년과 2020년 사이에 물가지수 연계 국채의 수익률이 가끔 음의 값을 보였다는 점은 흥미롭다. 이 기간에 실질이자율이 음의 값을 나타낸 주된 이유는 연방준비은행이 국채의 이자율을 기대인플레이션보다 낮게 유지하는 정책을 밀어붙였기 때문이다.

6-3B 명목무위험이자율, $r_{RF} = r^* + IP$

명목무위험이자율, r_{RF}
위험이 전혀 없는 증권의 이자율, r_{RF}는 단기 미국 국채 혹은 장기 미국 국채의 이자율을 대리변수로 사용한다. r_{RF}는 인플레이션 프리미엄을 포함하고 있다.

명목 혹은 **명시 무위험이자율**, r_{RF}는 실질무위험이자율에 기대인플레이션 프리미엄을 합해서 $r_{RF} = r^* + IP$으로 나타낸다. 엄밀하게 정의하면 무위험이자율은 위험이 전혀 없는 증권에 대한 이자율이다. 즉, 채무불이행위험, 만기위험, 유동성위험, 인플레이션의 발생으로 생기는 손실위험 및 기타 어떤 형태의 위험도 없는 이자율이다. 그러나 최근 미국 국채의 신용등급 하락이 보여주는 것처럼 사실 전혀 위험이 없는 증권은 존재하지 않는다. 즉, 진정한 의미의 관찰가능한 무위험이자율은 없다고 할 수 있다. 그러나 인플레이션에 따라 가치가 상승하는 미국 재무부 물가연동채권(Treasury Inflation Protected Security: TIPS)은 위험이 거의 없는 것으로 알려져 있다. 단기 TIPS는 채무불이행, 만기, 유동성위험, 명목이자율 수준의 변화에 의해 발생하는 위험 등이 없다. 그러나 이 채권도 실질이자율의 변화와 관련한 위험은 갖고 있다.[6]

'무위험이자율'이란 용어가 '실질' 혹은 '명목'이란 수식어가 없이 사용되는 경우 사람들은 일반적으로 명목이자율 관점에서 이해하며, 이 책에서도 이를 따르기로 한다.

5) 여기서 언급하는 실질이자율은 [그림 6.3]에서 언급한 '현재의' 실질이자율과는 다르다. 현재의 실질이자율은 현재의 이자율에서 현재(혹은 직전의)의 인플레이션을 차감한 값이며, ('현재의'라는 수식어가 없는) 실질이자율은 현재의 이자율에서 어떤 증권의 만기까지의 '기대 미래' 인플레이션율을 차감한 것이다. 예를 들어, 1년 만기 국채가 현재 2.0%의 명목이자율을 갖고 있으며, 최근 1년 동안의 인플레이션이 1.0%이고 향후 1년 동안의 기대인플레이션이 1.5%라고 하자. 이 경우 현재의 실질이자율은 2.0% − 1.0% = 1.0%이며, '기대'실질이자율은 2.0% − 1.5% = 0.5%이다. 예를 들어, 10년 만기 채권의 실질이자율은 향후 10년 동안의 평균 기대인플레이션율을 고려해서 계산한다. 일반 출판물에서 '실질이자율'이란 용어는 현재의 실질이자율을 의미하지만, 경제학이나 재무(특별한 언급이 없는 한 이 책에서도)에서의 실질이자율은 기대인플레이션을 바탕으로 구한 '기대실질이자율'이다.

6) TIPS는 미국 재무부가 발행하는 물가연동국채(Indexed Treasury security)이다. 물가연동국채는 무위험증권에 가장 가깝기는 하지만 위험이 전혀 없는 것은 아니다. 왜냐하면 r^*는 변할 수 있으며, 이로 인해 물가연동국채의 가치가 하락할 수 있기 때문이다.

그러므로 우리가 무위험이자율, r_{RF}를 사용할 때는 명목무위험이자율을 나타내는 것이다. 여기서 인플레이션 프리미엄은 채권의 잔존 기간에 대한 평균 기대인플레이션율이다. 일반적으로 단기 미국 국채(T-bill)의 이자율을 단기 무위험이자율의 근사값으로, 장기 미국 국채(T-bond)의 이자율을 장기 무위험이자율의 근사값으로 사용한다. 따라서 여러분이 무위험이자율이란 용어를 보게 되면, 이는 단기 미국 국채 혹은 장기 미국 국채의 명목이자율을 언급하는 것으로 생각하자. 무위험이자율에 대한 이러한 정의는 최근의 신용등급 하락에도 불구하고 미국 국채가 채무불이행위험을 거의 갖고 있지 않다고 가정하는 것이다. 편의상 앞으로 다루게 될 문제와 예제에서 미국 국채는 어떠한 위험도 없는 것으로 가정하도록 하자.

6-3C 인플레이션 프리미엄(IP)

인플레이션은 투자수익의 실질가치를 감소시키기 때문에 이자율에 중요한 영향을 미친다. 예를 들어, 당신이 자동차를 사기 위해 $10,000을 저축했다고 가정하자. 당신은 연초 시점인 오늘이 아니라 1년 후에 자동차를 살 예정이므로, 1년 동안 이 돈을 채권 매입에 투자할 수 있다. 만약 당신이 연간 1%의 이자를 지급하는 1년 만기 국채에 투자하기로 결정했다면 지금보다 조금 더 많은 돈(원래의 돈 $10,000에 이자 $100을 합한 $10,100)을 1년 후에 얻을 수 있다. 1년 동안 모든 물가가 3% 상승했다고 하자. 이 경우 연초에 구입할 수 있었던 $10,000짜리 자동차는 연말에 3%가 상승한 $10,300이 될 것이다. 따라서 1년 만기 국채를 통해 얻는 이자로는 자동차 가격의 예상 증가액을 감당할 수 없다. 명목이자율이 기대인플레이션율보다 작기 때문에 연말의 구매력은 연초보다 떨어졌다.

인플레이션 프리미엄(IP)
투자자가 실질무위험이자율에 가산하는 프리미엄으로 기대인플레이션과 동일하다.

투자자들은 위와 같은 상황을 잘 대처하고 있다. 그들은 자금을 빌려줄 때 그들이 요구하는 이자율에 대출기간 동안의 평균 기대인플레이션율과 동일한 **인플레이션 프리미엄**(inflation premium: IP)을 부과한다. 이전에 언급한 바와 같이 실제로 관찰하는 단기 무위험 미국 국채의 이자율, $r_{T\text{-}bill}$도 실질무위험이자율 r^*에 인플레이션 프리미엄(IP)을 더한 것이다.

$$r_{T\text{-}bill} = r_{RF} = r^* + IP$$

따라서 실질무위험이자율이 $r^* = 1.7\%$이고, 내년의 인플레이션이 1.5%로 예상된다면(즉, IP = 1.5%), 1년 만기 단기 국채의 명목이자율은 1.7% + 1.5% = 3.2%가 된다.

이자율에 포함되는 인플레이션율은 과거에 발생한 인플레이션율이 아니라 미래의 기대인플레이션이라는 점에 유의해야 한다. 가장 최근에 발표된 인플레이션 수치가 3%라면 이는 지난 12개월 동안의 작년 자료이다. 만약 사람들이 평균적으로 미래에

4%의 인플레이션율을 기대한다면, 현재의 이자율은 이를 반영해야 한다. 어떤 증권의 명목이자율에 반영된 인플레이션율은 **그 증권의 만기까지의 평균 기대인플레이션율**이라는 점을 명심하자. 즉, 1년 만기 채권의 이자율에 포함된 인플레이션율은 향후 1년 동안의 기대인플레이션율을 의미하며, 30년 만기 채권의 경우에는 향후 30년 동안의 평균 기대인플레이션율을 반영하고 있다.[7)]

학생들은 bloomberg.com/markets/rates-bonds를 방문하여 미국과 영국, 독일, 일본, 호주의 현재 금리를 확인하도록 하자.

기대 미래 인플레이션은 과거의 인플레이션율과 완전히 일치하지는 않지만 밀접한 관련을 갖고 있다. 그러므로 지난달의 인플레이션율이 상승했다면 사람들은 기대 미래 인플레이션도 상승할 것으로 예측하는 경향이 있다. 기대 미래 인플레이션이 상승하면 현재의 이자율도 상승하게 된다. 소비자물가 수준은 생산자물가 수준을 일정한 시차를 두고 따라간다. 따라서 이번 달에 오일가격이 상승하면 휘발유가격은 다음 달에 상승할 가능성이 있다. 최종 완제품 가격과 생산재 가격 사이의 시차는 경제 전반에 걸쳐 존재하고 있다.

스위스는 과거 몇 년 동안 미국보다 낮은 인플레이션율을 보였다. 따라서 스위스의 이자율은 미국의 이자율보다 대부분 낮은 수준을 유지했다. 남아프리카 공화국, 멕시코, 대부분의 남미 국가 등은 높은 인플레이션을 경험했으며, 그 결과 이들 국가의 이자율은 미국보다 높은 수준이었다.

6-3D 채무불이행위험프리미엄(DRP)

학생들은 이자율, 인플레이션, GDP와 같은 여러 경제지표에 대한 정보를 얻기 위해 tradingeconomics.com을 방문하도록 하자.

차입자가 약속한 이자나 원금을 상환하지 못하는 채무불이행위험은 채권의 시장이자율에 영향을 미친다. 즉, 채권의 채무불이행위험이 커질수록 시장이자율은 커진다. 우리는 미국 국채는 어떠한 채무불이행위험도 갖지 않는다고 가정을 하고 있다. 따라서 미국에서 미국 국채는 과세대상 증권 가운데 가장 낮은 이자를 지급한다. 만번에 회사채는 채권 등급을 사용하여 채무불이행위험을 측정하고 있다. 채권 등급이 높을수록 채무불이행위험이 낮아 이자율도 낮아진다.[8)] 만기와 유동성 및 기타 특성이 동일

---

7) 이론적으로 정확하기 위해서는 기하평균(geometric average)을 사용해야 한다. 또한 수많은 투자자가 시장에 참여하고 있기 때문에 그들 모두가 의견 일치를 보는 기대인플레이션율을 정확히 설정하는 것은 불가능하다. 시장조사 자료를 이용할 수 있지만 이는 투자자들이 향후 2년에서 3년 동안의 합리적인 생각을 제시할 뿐이다. 예를 들어, 1980년에 미시간 주립대학교의 시장조사연구센터(University of Michigan's Survey Research Center)는 사람들이 1981년의 인플레이션을 11.9%로 예상하고 있으며, 향후 5년에서 10년까지의 평균 기대인플레이션율을 10.5%라고 발표했다. 이러한 기대는 사상 최고의 이자율을 발생시켰다. 그러나 1980년 이후 경제는 가라앉기 시작했으며, [그림 6.3]에서 보듯이 실제 인플레이션도 급격히 하락했다. 이로 인해 기대 미래 인플레이션율은 점진적으로 하락했으며, 인플레이션에 대한 기대가 하락함에 따라 명목 시장이자율도 하락했다.

8) 일반적으로 채권 등급과 채권의 위험에 대해서는 제7장에서 언급할 것이다. 여기서는 AAA등급의 채권이 AA등급의 채권보다 낮은 채무불이행위험을 갖는다고 생각하자. 또한 AA등급 채권은 A등급 채권보다 위험이 낮으며, 이하 등급도 이와 비슷하다. 채권 신용등급은 AAA 혹은 Aaa, AA 혹은 Aa 등으로 신용평가기관에 따라 달리 지정한다. 이 책에서는 신용등급 표기를 바꿔가며 사용하고 있다.

채무불이행위험프리미엄(DRP)
동일한 만기와 시장성을 갖는 미국 국채와 회사채의 이자율 차이

한 국채와 회사채의 명목이자율 차이를 **채무불이행위험프리미엄**(default risk premium: DRP)이라고 한다. 평균 채무불이행위험프리미엄은 시간에 따라 변하며, 경제가 좋지 않거나 차입자가 그들의 부채 상환에 어려움을 갖는 경우에는 더 커지는 경향을 갖는다.

6-3E 유동성프리미엄(LP)

"유동성을 갖는" 자산은 "공정한 시장가격"으로 즉시 현금화할 수 있다. 일반적으로 실물자산은 금융자산보다 유동성이 높지 않으며, 금융자산들도 서로 다른 유동성을 갖고 있다. 사람들은 보다 유동성이 높은 자산을 선호하기 때문에 투자자는 많은 부채증권의 이자율에 **유동성프리미엄**(liquidity premium: LP)을 포함시키고 있다.

유동성프리미엄(LP)
증권이 즉시 현금화하기 어렵거나 "공정한 시장가격"에 근접하지 못할 경우 균형 이자율에 추가하는 프리미엄

유동성프리미엄을 정확히 추정하는 것은 어렵지만 사람들은 자산의 유동성을 그 자산의 거래규모를 통해 추정하려고 한다. 많은 거래량을 갖는 자산은 보다 쉽게 매도할 수 있으므로 유동성이 높다. 평균 유동성프리미엄도 시간에 따라 변한다. 최근의 금융위기 기간 동안 많은 자산의 유동성프리미엄이 급증했다. 높은 유동성을 갖는 자산도 모든 사람이 동시에 그 자산을 매도하려고 하면 그 자산을 매입하는 사람이 많지 않기 때문에 시장에서 거래가 쉽게 이루어지지 않는다. 실물자산의 유동성도 시간에 따라 변한다. 예를 들어, 주택 경기가 최고 수준의 호황에 있을 때는 부동산시장이 "과열되어" 주택 매물을 내놓은 당일에 팔리는 경우도 많았다. 그러나 거품 붕괴 후, 부동산시장에서는 수개월 동안 팔리지 않는 주택의 수가 많아졌다.

6-3F 이자율위험과 만기위험프리미엄(MRP)

미국 정부의 장기 부채가 급증하여 최근에는 연방정부의 장기 부채상환능력에 대한 의구심이 생기고 있다. 그럼에도 불구하고, 연방정부의 국채 이자 지급과 만기 시점의 원금 상환에 대해 대부분의 사람들은 거의 확실한 믿음을 갖고 있으므로 미국 국채를 채무불이행위험이 없다고 가정할 수 있다. 그러므로 미국 국채의 채무불이행위험프리미엄을 0이라고 하자. 또한 시장에서 미국 국채에 대한 활발한 거래가 이루어지고 있으므로 미국 국채의 유동성프리미엄도 0이라고 가정하자.[9] 실질무위험이자율과 인플레이션 프리미엄의 합으로 나타내는 무위험이자율, $r_{RF} = r^* + IP$의 근사값으로 국채이자율을 사용하도록 하자. 이자율이 상승하면 장기 채권의 가격은 하락한다. 이자율이 상승하는 경우 장기 국채를 포함한 모든 장기 채권은 **이자율위험**(interest rate risk)이라고 부르는 위험 요소를 갖는다. 일반적으로 어떤 조직이 발행한 채권은 채권의 만

이자율위험
투자자가 이자율 변화로 인해 보게 될 자본손실위험

9) 국채의 유동성프리미엄이 0이라고 가정하는 것이 대체로 합리적이지만, 실제로 일부 국채는 다른 국채와 유동성의 차이를 보이고 있다. 특히 발행된 지 오래된 채권의 경우 유동성이 하락하는 경향이 있다.

만기위험프리미엄(MRP)
이자율위험을 나타내는 프리미엄

기가 길어질수록 더 많은 이자율위험을 갖는다.[10] 따라서 **만기위험프리미엄**(maturity risk premium: MRP)은 만기가 길수록 커지며, 요구이자율은 이를 반영한다.

만기위험프리미엄이 있는 경우 단기 채권에 비해 장기 채권의 이자율이 상승하게 된다. 다른 프리미엄과 마찬가지로 이 프리미엄을 측정하는 것도 쉽지 않다. 그러나 다음은 알 수 있다. (1) 만기위험프리미엄은 시간에 따라 변한다. 이자율의 변동이 크고 불확실하면 만기위험프리미엄은 상승하며, 이자율이 안정적일 때는 하락한다. (2) 최근 몇 년 동안 20년 만기 국채의 만기위험프리미엄은 1~2%포인트 범위에 있었다.[11]

재투자수익률위험
채권이 만기가 되어 자금을 재투자해야 할 때, 이자율 하락으로 보다 낮은 수익을 얻게 될 위험

장기 채권은 이자율위험에 크게 노출되어 있지만, 단기 채권은 **재투자수익률위험**(reinvestment rate risk)에 많이 노출되고 있음에 유의해야 한다. 단기 채권이 만기가 되어 회수한 원금을 재투자하거나 혹은 만기를 연장하려고 할 때, 시장이자율이 하락하면 이전보다 낮은 이자율로 재투자를 하게 되어 결국 이자수입이 감소한다. 예를 들어, 당신이 단기 미국 국채에 $100,000을 투자하고 있으며, 이 채권의 이자소득으로 살아간다고 하자. 1981년에 단기 국채의 이자율은 대략 15%였으며, 이로 인해 당신의 소득은 $15,000이 될 것이다. 그러나 1983년에 당신의 소득은 약 $9,000으로 하락하며, 2020년 3월에는 $130이 된다. 만약 당신이 돈을 장기 미국 국채에 투자했다면 당신의 이자소득(원금의 가치가 아니라)은 안정적이었을 것이다.[12] 따라서 "단기 채권에 투자"하는 것은 원금은 보존해주지만 단기 미국 국채가 제공하는 이자소득은 장기 국채에 비해 안정적이지 못하다.

---

10) 예를 들어, 어떤 사람이 장기 이자율이 5.3%였던 1998년 10월에 $1,000을 주고 20년 만기 장기 국채를 매입한 다음 장기 국채의 이자율이 5.8%인 2002년 5월에 매도했다면, 이 채권의 가격은 약 $942로 하락할 것이다. 이는 5.8%의 손실이 발생했음을 의미하며, 미국의 장기 국채까지도 포함해 장기 채권에 위험이 상존하고 있음을 보여주는 것이다. 그러나 투자자가 1998년에 단기 국채를 매입해서 회수한 원금으로 매 시점마다 단기 국채에 재투자를 반복한다면 원금 $1,000을 여전히 보유할 수 있다. 이에 대해서는 제7장에서 상세히 언급할 것이다.

11) 1926년부터 2019년 사이에 장기 채권의 MRP는 평균 1.5%였다. 다음을 참고하라. Roger G. Ibbotson, *Stocks, Bonds, Bills, and Inflation: 2020 Yearbook*(Chicago, IL: Duff & Phelps, 2020).

12) 장기 채권도 대부분 어느 정도의 재투자위험을 갖고 있다. 만약 어떤 사람이 미래 어떤 목적을(예를 들어, 주택 구매나 퇴직을 대비하여) 위해 저축 혹은 투자 수단으로 장기 채권을 고려한다면, 그는 장기 채권의 이자 지급 시점마다 수령한 이자를 그 시점의 명목이자율로 재투자해야 한다. 이자 수령 시점의 이자율이 낮으면 이자는 낮은 이자율로 재투자해야 한다. 따라서 실현수익률은 장기 채권 구입시점의 명목이자율보다 낮아질 수 있다. 그럼에도 불구하고 장기 채권의 재투자수익률위험은 단기 채권보다 낮다. 왜냐하면 장기 채권은 (이자와 원금의 합이 아닌) 수령한 이자만 재투자수익률위험에 노출되기 때문이다. 제7장에서 살펴볼 중도상환이 없는 무이표채는 만기까지 재투자수익률위험이 전혀 없다.

위험이 거의 없는 미국 국채

채권을 구매하는 투자자는 늘 인플레이션에 대해 걱정을 해야 한다. 인플레이션이 기대 수준보다 높다면 채권은 기대한 것보다 낮은 실질이자율을 제공한다. 인플레이션이 증가할 것으로 예상하면 투자자는 자신을 보호하기 위해 인플레이션 위험프리미엄을 요구수익률에 포함시킨다. 이로 인해 차입자의 비용, 즉 이자율은 증가한다.

투자자에게 인플레이션 위험을 제거한 채권을 공급하고, 정부의 이자비용을 줄이기 위해 미국 재무부는 인플레이션과 연동한 '재무부 물가연동채권(Treasury Inflation Protected Securities: TIPS)'을 발행했다. 예를 들어, 2018년에 재무부는 0.5% 이표를 지급하는 10년 만기 TIPS를 발행했다. 이 채권은 0.5% 이자율 이외에도 인플레이션을 상쇄하기에 충분한 추가 이자율을 제공하고 있다. 6개월마다 원금(최초의 액면가 혹은 $1,000으로 설정)은 인플레이션율에 맞추어 조정된다. TIPS가 어떻게 운영되는지를 이해하기 위해 발행 후 최초 6개월 동안 인플레이션(CPI로 추정한)이 1.764% 증가했던 사실을 고려하자(2018년 1월 15일의 CPI는 246.66571이며, 2018년 7월 15일의 CPI는 251.01658이다). 인플레이션을 조정한 원금은 $\$1,000(1+0.01764)=\$1,000 \times 1.01764=\$1,017.64$로 계산한다. 따라서 2018년 7월 15일에 이 채권의 이자지급액은 $(0.005/2) \times \$1,017.64=\$2.54$가 된다. 이표이자율을 2로 나눈 것은 미국 국채 및 미국에서 발행하는 채권은 대부분 1년에 두 번 이자를 지급하기 때문이다.

이와 동일한 조정 과정은 채권의 만기일인 2028년 1월 15일까지 계속되며, 만기일에는 액면 금액이 아닌 인플레이션이 조정된 금액을 제공할 것이다. 국채가 최초 발행된 시점에 비교하면 2020년 1월 15일에는 CPI가 4.305% 상승했다. 이 경우 인플레이션이 조정된 원금은 $\$1,000 \times 1.04305=\$1,043.05$가 된다. 이로 인해 2020년 1월 15일에 이 채권은 $(0.005/2) \times \$1,043.05=\$2.61$의 이자를 지급했다. 따라서 채권이 제공하는 현금소득은 정확히 인플레이션을 상쇄하기에 충분할 만큼 증가하거나 감소하여 이 채권의 보유자에게 채권 발행일부터 만기까지 실질 인플레이션 조정 이자율 0.5%를 제공한다. 또한 인플레이션율의 상승과 하락을 반영하여 원금도 상승하거나 하락하기 때문에 투자자는 인플레이션으로부터 보호를 받는다.

수령한 이자나 원금의 증가는 연간 이자소득으로 과세를 하며 이는 인플레이션 조정 이자를 채권 만기 이전에 수령하지 않아도 계속된다. 따라서 TIPS는 현재의 소득세제하에서는 좋은 투자 수단이 아니다. 그러나 자금을 인출하기 전까지 과세하지 않는 개인퇴직금적립계정(individual retirement accounts: IRAs)이나 401(k) 퇴직연금의 경우에는 TIPS가 좋은 투자 수단이다.

미국 재무부는 물가연동채권을 발행할 때 정기적으로 경매를 실시한다. 0.5%의 이표이자율은 발행시점의 수요와 공급을 바탕으로 하고 있으며, 이는 채권의 만기까지 고정된다. 그러나 채권이 발행된 후에 채권은 공개시장에서 거래가 계속 이루어지며 채권의 가격은 실질이자율 변화에 대한 채권자의

예측 정도에 따라 변한다. 위의 그림은 2018년 채권이 발행된 이후, 실질이자율이 2018년 1월부터 10월까지는 상승, 그 이후 2020년 3월까지는 꾸준한 하락, 그 이후 단기간 상승과 하락을 하고 있음을 보여주고 있다. TIPS가 발행된 이후 실질이자율의 변화가 있음을 그림에서 확인할 수 있다. 실질이자율이 변하면 채권의 가격도 변한다. 따라서 인플레이션 위험을 보호하기 위한 목적에도 불구하고 물가연동채권도 위험을 완전히 제거하지는 못하고 있다. 실질이자율도 변할 수 있다. 만약 r*가 상승하면, 물가연동채권의 가격은 하락할 것이다. 이는 세상에 공짜 혹은 무위험증권이 존재하지 않는다는 사실을 다시 한번 확인하게 해준다.

출처: Dow Jones & Company, Haver Analytics, and St. Louis Federal Reserve, FRED database, fred.stlouisfed.org.

응용문제

어떤 증권분석가는 다음 정보를 얻었다. 실질이자율은 2%이며, 이는 향후 3년 동안 동일할 것으로 예상하고 있다. 인플레이션은 내년에 3%가 될 것으로 기대하며, 그 다음 해에는 3.5%, 마지막 3년 차에는 4%가 될 것으로 예상한다. 만기위험프리미엄은 $0.1\times(t-1)\%$이며, 여기서 t는 만기까지의 연수이다. 유사한 3년 만기 증권의 유동성프리미엄은 0.25%이며, 유사한 3년 만기 증권의 채무불이행위험프리미엄은 0.6%이다.

a. 1년 만기 국채의 수익률은 얼마인가?
b. 3년 만기 국채의 수익률은 얼마인가?
c. 3년 만기 회사채의 수익률은 얼마인가?

[해답]

a. 국채는 채무불이행위험프리미엄이나 유동성프리미엄이 없다. 따라서 다음이 된다.

$r_{T1} = r^* + IP_1 + MRP_1$

$r_{T1} = 2\% + 3\% + 0.1(1-1)\%$

$r_{T1} = 5\%$

b. 국채는 채무불이행위험프리미엄이나 유동성프리미엄이 없다. 따라서 다음이 된다.

$r_{T3} = r^* + IP_3 + MRP_3$

$r_{T3} = 2\% + [(3\% + 3.5\% + 4\%)/3] + 0.1(3-1)\%$

$r_{T3} = 2\% + 3.5\% + 0.2\%$

$r_{T3} = 5.7\%$

c. 국채와는 달리 회사채는 채무불이행위험프리미엄과 유동성프리미엄을 모두 갖는다.

$r_{C3} = r^* + IP_3 + MRP_3 + DRP + LP$

위 식 우변의 처음 세 개 항은 '문제 b'의 항과 동일하다. 따라서 이를 다음과 같이 표현할 수 있다.

$r_{C3} = r_{T3} + DRP + LP$

위의 식에 주어진 값을 대입하면 다음이 된다.

r_{C3} = 5.7% + 0.6% + 0.25%

r_{C3} = **6.55%**

셀프 테스트

- 어떤 채권의 명목이자율과 구성 요소를 식으로 작성하라.
- 실질무위험이자율, r^*와 명목무위험이자율, r_{RF}의 차이를 설명하라.
- 투자자가 금융시장에서 이자율을 결정할 때 인플레이션을 어떻게 고려하는가?
- 장기 국채의 이자율은 채무불이행위험프리미엄을 포함하는가? 설명하라.
- 유동성 자산과 비유동성 자산의 차이를 설명하라. 그리고 유동자산과 비유동자산에는 어떤 것들이 있는지 나열하라.
- 다음 표현을 간단히 설명하라: 장기 채권은 이자율위험에 크게 노출되며, 단기 채권은 재투자수익률위험에 많이 노출되어 있다. 만기위험프리미엄은 이 두 가지 상반된 위험의 순효과를 반영한다.
- 향후 매년 실질무위험이자율이 $r^* = 2\%$이고 평균 기대인플레이션율이 매년 3%라고 가정하자. 채권 X의 DRP와 LP가 각각 1%이고, MRP의 적정 수준은 2%이다. 채권 X의 이자율은 얼마인가? 채권 X는 (1) 국채인가? 회사채인가? 또한 (2) 3개월 만기일 것 같은가? 20년 만기일 것 같은가? **(9%, 회사채, 20년 만기)**

6-4 이자율의 기간 구조

이자율의 기간 구조
채권 수익률과 만기 사이의 관계

이자율의 기간 구조(term structure)는 장기와 단기 이자율의 관계를 나타낸다. 기간 구조는 기업 재무담당자가 장기와 단기 부채 중에서 무엇으로 차입할지, 투자자가 장기와 단기 채권 중에서 어떤 것을 살 것인지 등을 결정하는 데 있어서 중요한 역할을 한다. 그러므로 차입자와 대출자 모두 (1) 장기와 단기 이자율이 서로 어떤 관계를 갖고 있으며, (2) 어떤 요인이 이들의 관계를 변하게 하는지를 이해해야 한다.

수익률곡선
채권 수익률과 만기 사이의 관계를 나타내는 그래프

채권의 만기는 다양하며, 채권의 이자율은 월스트리트 저널이나 연방준비제도이사회의 게시판, 신문이나 출판물, Bloomberg, Yahoo!, CNN Money와 같은 많은 웹사이트 등에서 찾을 수 있다. 이들이 제공하는 이자율 자료를 사용해 각 시점의 기간 구조를 알 수 있다. 예를 들어, [그림 6.4]의 표 부분은 세 가지 시점에서 측정한 만기별 이자율을 나타내고 있다. 각 시점의 만기별 이자율 자료를 [그림 6.4]와 같은 그래프에 나타낼 때, 이를 해당 시점의 **수익률곡선**(yield curve)이라고 한다.

[그림 6.4] 미국 국채의 수익률곡선

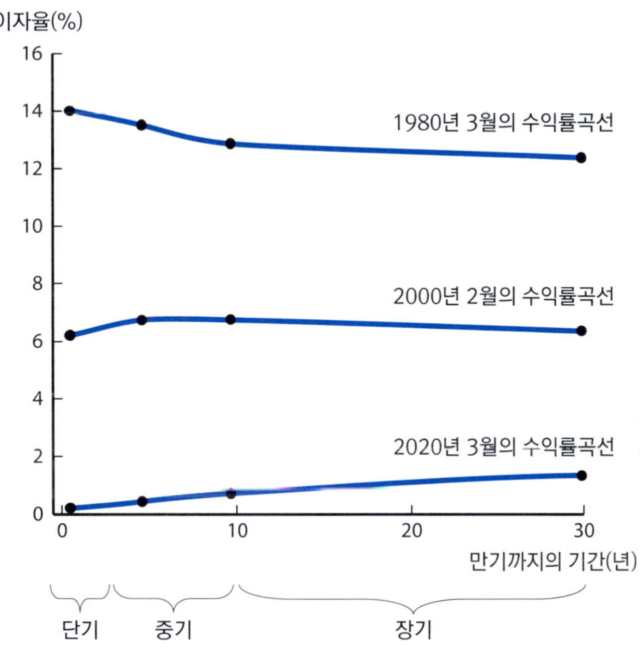

만기	이자율		
	1980년 3월	2000년 2월	2020년 3월
1년	14.0%	6.2%	0.1%
5년	13.5	6.7	0.4
10년	12.8	6.7	0.6
30년	12.3	6.3	1.2

그림이 보여주는 것처럼 수익률곡선은 시간에 따라 위치와 기울기가 변한다. 1980년 3월에는 인플레이션이 높은 수준일 것으로 생각했기 때문에 보는 이자율은 매우 높은 수준이다. 그러나 인플레이션율은 줄어들 것으로 기대하기 때문에 단기 이자율은 장기 이자율보다 높아 수익률곡선은 **우하향 기울기**를 나타내고 있다. 2000년 2월까지 인플레이션율은 실제로 하락하였으며, 이로 인해 모든 이자율은 낮은 수준을 나타내고 있다. 또한 수익률곡선은 중기 이자율이 단기와 장기 이자율보다 높은 **낙타 혹 모양**을 보여주고 있다. 2020년 3월까지 모든 이자율은 2000년 수준 이하로 내려갔으며, 단기 이자율이 장기 이자율 아래로 내려가 수익률곡선은 **우상향 기울기**를 나타내고 있다.

[그림 6.4]는 미국 재무부 국채의 수익률곡선을 보여주고 있다. 그러나 GE, IBM, 델타항공 및 기타 기업이 발행한 다양한 만기의 채권에 대해서도 수익률곡선을 그릴 수 있다. [그림 6.4]에 기업이 발행한 채권의 수익률곡선을 나타내는 경우, 이는 국채의 수익률곡선보다 높은 수준을 보여줄 것이다. 왜냐하면 기업 발행 채권의 수익률은

채무불이행위험프리미엄과 국채보다 다소 높은 유동성프리미엄을 모두 포함하고 있기 때문이다. 그럼에도 불구하고 기업의 수익률곡선도 국채의 수익률곡선과 동일한 형태를 나타낼 것이다. 또한 기업의 위험이 커질수록 수익률곡선도 높아진다. 예를 들어, 2020년 3월에 마이크로소프트의 5년 만기 채권은 Moody's와 S&P에서 모두 AAA 등급을 받았고 1.255%의 수익률을 보였다. 반면에 세계 굴지의 전력 기업인 AES사는 BB+ 및 5.595%의 수익률을 기록했다. 당시 5년 만기 국고채 금리는 0.4%였다.

"정상" 수익률곡선
우상향하는 수익률곡선

"역(비정상)" 수익률곡선
우하향하는 수익률곡선

"낙타봉" 수익률곡선
중기 만기를 갖는 이자율이 단기와 장기 이자율보다 높은 수익률곡선

역사적으로 장기 이자율은 일반적으로 만기위험프리미엄 때문에 단기 이자율보다 높다. 따라서 대부분의 수익률곡선은 보통 우상향 기울기를 갖고 있다. 이러한 이유로 우상향 기울기를 갖는 수익률곡선을 **"정상(normal)" 수익률곡선**이라고 하며, 우하향 기울기를 갖는 수익률곡선을 **역(inverted)** 혹은 **"비정상(abnormal)" 수익률곡선**이라고 부른다. 그러므로 [그림 6.4]에서 1980년 3월의 수익률곡선은 역 수익률곡선을, 2020년 3월은 정상 수익률곡선을 나타낸 것이다. 그러나 2000년 2월의 수익률곡선은 중기 이자율이 단기와 장기보다 높은 낙타 혹 모양의 수익률곡선을 나타내므로 이를 **낙타봉 수익률곡선(humped yield curve)**이라고 한다. 정상 수익률곡선의 기울기가 우상향하는 이유에 대해서는 앞으로 자세히 살펴볼 것이다. 그러나 그 이유를 간단히 요약하면 단기 채권은 장기 채권보다 낮은 이자율위험을 갖고 있으므로 단기 채권의 MRP가 보다 낮기 때문이다. 따라서 단기 이자율은 보통 장기 이자율보다 낮다.

셀프 테스트

- 수익률곡선은 무엇인가? 이 곡선을 그리기 위해서는 어떤 정보가 필요한가?
- "정상" 수익률곡선과 "비정상" 수익률곡선, "낙타봉" 수익률곡선의 모양은 어떤 차이를 갖는가?
- 1년, 5년, 10년, 30년 만기 채권의 이자율이 각각 4%, 5%, 6% 및 7%라고 할 경우, 수익률곡선은 어떤 모양을 갖는가? 만약 이자율이 반대가 된다면, 그 때의 수익률곡선은 어떤 모양인가?

6-5 수익률곡선의 모양을 결정하는 것은 무엇인가?

만기위험프리미엄은 양의 값을 가지므로 다른 변수가 일정하다면 장기 채권은 항상 단기 채권의 이자율보다 높아야 한다. 그러나 시장이자율은 기대인플레이션, 채무불이행위험, 유동성 등에 따라 달라지며, 이들 각각은 만기에 따라 다양한 값을 갖는다.

기대인플레이션은 수익률곡선의 형태에 특히 중요한 영향을 미치고 있다. 이는 미국 국채의 수익률곡선에서 잘 나타나고 있다. 국채는 본질적으로 채무불이행위험이나

유동성위험을 갖지 않는다. 따라서 만기가 t년인 국채의 수익률은 다음과 같이 표현할 수 있다.

$$국채수익률 = r_t^* + IP_t + MRP_t \tag{6.2}$$

시간이 지남에 따라 경제 상황과 인구통계의 변화가 발생하므로 실질무위험이자율, r*도 변한다. 그러나 경제 상황과 인구통계의 변화는 예측이 어려우며 무작위로 나타난다. 그러므로 r*의 미래 추정치는 현재의 값을 사용하여 예측할 수밖에 없다. 그러나 인플레이션 프리미엄, IP는 시간의 영향을 매우 많이 받기 때문에 어느 정도는 예측이 가능하다. 인플레이션 프리미엄이 채권 만기까지의 기대인플레이션의 평균 수준이라는 점을 상기해보자. 시장에서 인플레이션이 향후 상승(예를 들어, 향후 3년 동안 각각 3%, 4%, 5%)할 것으로 기대한다면 인플레이션 프리미엄은 1년 만기 채권보다 3년 만기 채권에서 보다 높아진다. 반면에 향후 인플레이션이 하락할 것으로 예상되면 장기 채권의 인플레이션 프리미엄은 단기 채권보다 작아진다. 한편 투자자는 이자율위험으로 인해 장기 채권이 단기 채권보다 위험하다고 생각하므로 만기위험프리미엄은 만기가 길수록 항상 증가한다.

[그림 6.5]는 두 개의 가상 수익률곡선을 나타내고 있다. 하나는 인플레이션이 향후 상승할 것으로 예상하는 수익률곡선이고, 다른 하나는 인플레이션이 하락할 것으로 예상하는 수익률곡선이다. 이 가상 이자율은 역사적 이자율과 유사하지만 현재의 이자율보다는 훨씬 크다. [그림 6.5]의 a는 인플레이션이 상승할 경우의 국채수익률곡선이다. 여기서는 장기 채권이 단기 채권에 비해 높은 수익률곡선을 보이고 있다. 이는 두 가지 이유로 설명할 수 있다. (1) 인플레이션은 향후 상승할 것으로 예상이 되며, (2) 만기위험프리미엄이 양의 값을 갖고 있기 때문이다. [그림 6.5]의 b는 인플레이션이 하락할 것으로 예상하는 경우의 수익률곡선이다. 우하향 기울기를 갖는 수익률곡선은 경기침체가 오고 있다는 신호이다. 경기가 좋지 않으면 일반적으로 인플레이션이 하락하고 결국에는 장기 이자율이 낮아지기 때문이다.[13)]

이제 회사채의 수익률곡선에 대해 살펴보자. 회사채는 채무불이행위험프리미엄(DRP)과 유동성프리미엄(LP)을 포함하고 있다. 따라서 만기가 t년인 회사채의 수익률곡선은 다음과 같이 나타낼 수 있다.

$$회사채수익률 = r_t^* + IP_t + MRP_t + DRP_t + LP_t \tag{6.3}$$

---

13) 수익률곡선은 5년에서 10년 만기 채권에 대해서는 상대적으로 가파른 상승 혹은 하락 추세를 보이다가 그 이후의 만기에서는 평평해지는 경향이 있음에 주목하자. 이러한 상황이 발생하는 이유는 사람들은 미래 이자율을 예측할 때 향후 2, 3년 동안의 인플레이션의 상승 혹은 하락에 대한 추정을 한 다음, 이를 그 이후의 평균 장기 인플레이션율로 가정하기 때문이다. 따라서 단기 채권의 수익률곡선은 보다 굴곡이 심하며, 장기 채권의 수익률곡선은 보다 안정적인 모습을 보이는 경향이 있다.

[그림 6.5] 가상 국채의 수익률곡선

a. 인플레이션이 증가할 것으로 기대

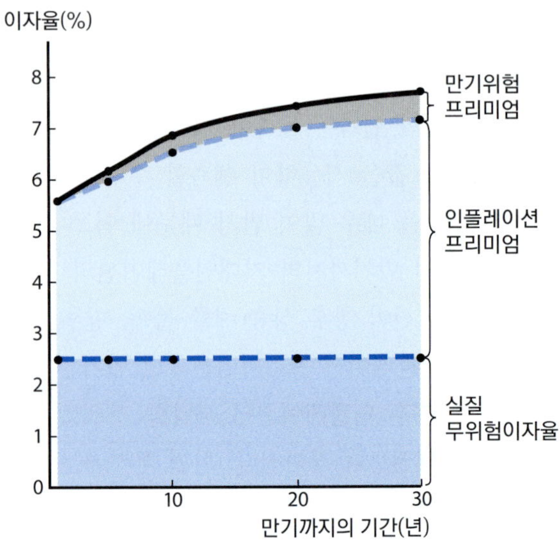

b. 인플레이션이 감소할 것으로 기대

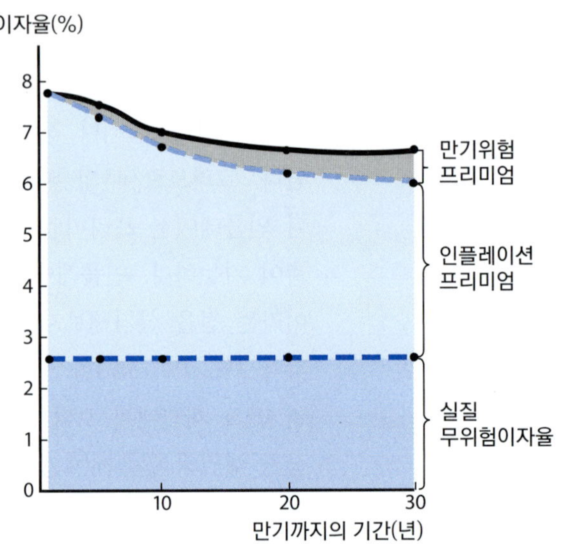

	인플레이션의 증가 예상			
만기	r*	IP	MRP	수익률
1년	2.50%	3.00%	0.00%	5.50%
5년	2.50	3.40	0.18	6.08
10년	2.50	4.00	0.28	6.78
20년	2.50	4.50	0.42	7.42
30년	2.50	4.67	0.53	7.70

	인플레이션의 하락 예상			
만기	r*	IP	MRP	수익률
1년	2.50%	5.00%	0.00%	7.50%
5년	2.50	4.60	0.18	7.28
10년	2.50	4.00	0.28	6.78
20년	2.50	3.50	0.42	6.42
30년	2.50	3.33	0.53	6.36

국채수익률을 나타내는 식 (6.2)와 회사채수익률 식 (6.3)을 결합하면 회사채수익률 스프레드를 다음과 같이 나타낼 수 있다.

$$\text{회사채수익률 스프레드} = \text{회사채수익률} - \text{국채수익률} = DRP_t + LP_t$$

최근의 연구에서 채무불이행위험프리미엄과 유동성프리미엄이 시간에 따라 변하며, 많은 회사채수익률 스프레드가 채무불이행위험의 영향을 받는다는 주장이 있다.[14)]

14) 다음을 참고하라. Francis A. Longstaff, Sanjay Mithal, and Eric Neis, "Corporate Yield Spreads: Default Risk or Liquidity? New Evidence from the Credit Default Swap Market," *Journal of Finance*, 60권 5호, 2005년 10월, pp. 2213-2253.

인플레이션과 이자율의 관계: 자세히 살펴보기

이 책에서 우리는 기대인플레이션과 명목무위험이자율, r_{RF} 사이의 관계를 나타내기 위해 다음 식을 사용하고 있다.

$$r_{RF} = r^* + IP$$

여기서 r^*는 실질무위험이자율이며, IP는 인플레이션 프리미엄이다. 위 식은 기대인플레이션과 명목이자율 사이에 단순한 관계가 있음을 보여주고 있다.

그러나 실제 관계는 보다 복잡하다. 이 관계를 완전히 이해하기 위해 먼저 사람들이 빵, 물, 머리 깎기, 피자, 교과서 등과 같은 실물 재화나 서비스의 소비를 통해 효용을 얻는다고 생각해보자. 우리가 돈을 저축하는 것은, 미래에 보다 많은 재화를 소비하기 위해 현재 시점에서 이들 재화의 소비 기회를 포기하는 것을 의미한다. 소비를 미루는 것에 대한 이득은 실질이자율, r^*로 측정한다.

이를 살펴보기 위해 다음 예를 고려하자. 빵 한 덩어리의 가격이 현재 $1이라고 가정하자. 또한 실질이자율은 3%이며, 1년 동안 인플레이션은 5%로 예상된다고 하자. 3%의 실질이자율은 평범한 소비자가 현재 시점의 100덩어리 빵을 내년의 103덩어리 빵과 교환할 수 있음을 의미한다. 만약 "빵 은행"을 이용할 수 있다면, 내년으로 소비를 미루려는 소비자는 현재 100덩어리 빵을 예치해 내년에 103덩어리의 빵을 인출할 수 있다. 실제로 대부분의 사람은 빵과 같은 실물 재화를 직접 거래하지 않는다. 정상적으로 작동하는 시장에서는 재화보다 돈으로 거래하는 것이 보다 효율적이기 때문에 돈을 주고 빵을 구매한다. 그러나 우리가 돈을 일정 시간 동안 빌려주면, 인플레이션으로 인해 차입자가 미래 상환하는 대출의 가치가 현재 시점의 가치와 같지 않을 수 있다는 두려움 갖는다. 이러한 위험을 보상받기 위해 대출자는 기대인플레이션에 대한 프리미엄을 설정한다.

이러한 점을 고려하여, 현재 100덩어리 빵의 가격과 내년의 103덩어리 빵의 가격을 비교해보자. 현재 시점에 100덩어리 빵을 구입하기 위해서는 현재 가격 기준으로 $100이 필요하다. 기대인플레이션이 5%이므로 내년에 한 덩어리 빵의 가격은 $1.05가 될 것으로 예상이 된다. 따라서 내년에 103덩어리 빵을 구입하기 위해서는 $108.15(103×$1.05)의 돈이 필요하다. 그러므로 소비자가 현재 은행에 $100을 저축하여 3%의 실질수익률을 실현하려면 명목이자율은 8.15%가 되어야 한다.

이를 정리하면, 1년 만기 명목이자율을 다음과 같다.

$$\begin{aligned} r_{RF} &= (1+r^*)(1+IP)-1 \\ &= (1.03)(1.05)-1 = 0.0815 = 8.15\% \end{aligned}$$

이를 다음과 같이 간단히 표현할 수 있다.

$$r_{RF} = r^* + IP + (r^* \times IP)$$

이 식의 우변 셋째 항에 있는 "교차항", $r^* \times IP$를 제외하면 앞에서 언급한 명목무위험이자율의 식과 동일하다. 실질이자율과 기대인플레이션이 상대적으로 작다면, 교차항은 매우 작아지므로 종종 이를 무시한다. 교차항은 보통 매우 미미하기 때문에 특별한 언급이 없다면 이 교과서에서도 이를 무시할 것이다(문제를 풀 때, 교차항을 포함시켜야 하는 경우에는 여러분에게 알려줄 것이다. 그렇지 않으면 답을 구하는 과정에서 교차항을 고려하지 않아도 된다).

한 가지 명심할 것은 이자율이 낮을 때는(현재의 미국 이자율처럼) 교차항을 무시하는 것이 합리적이지만, 많은 신흥시장에서는 이자율과 인플레이션이 매우 높기 때문에 이러한 시장에 투자를 하는 경우에는 교차항을 무시해서는 안 된다. 이런 시장에서는 교차항이 중요하므로 이를 고려해야 한다.

회사채의 채무불이행과 유동성위험은 만기의 영향을 받는다. 예를 들어, 코카콜라가 발행한 단기 채권의 채무불이행위험은 매우 낮다. 왜냐하면 코카콜라가 향후 2, 3년 내에 파산할 확률은 거의 없기 때문이다. 그러나 코카콜라가 70년 이상의 만기를 갖는 채권을 발행한다면 이 채권의 채무불이행 확률은 높지 않더라도 장기 채권의 채무불이행위험 가능성은 단기 채권에 비해 크다.

장기 회사채는 단기 회사채에 비해 유동성이 높지 않다. 단기 채권은 채무불이행위험이 낮기 때문에 장기 채권을 구입할 때 고려하는 신용 확인을 하지 않아도 되기 때문이다. 따라서 사람들은 단기 회사채를 장기 회사채에 비해 비교적 빠르게 사고팔 수 있다. 그 결과 단기 회사채는 유동성이 높아 장기 채권에 비해 낮은 유동성프리미엄을 갖는다.

[그림 6.6]은 두 개의 가상 회사채, 하나는 채무불이행위험이 낮은 AA등급의 채권이며, 다른 하나는 보다 채무불이행위험이 높은 BBB등급의 채권의 수익률곡선과 [그림 6.5]의 a에 있는 국채수익률곡선을 나타내고 있다. 여기서는 인플레이션이 향후 상승한다고 가정하고 있으므로 국채수익률곡선은 상향 기울기를 갖는다. 채무불이행 및 유동성위험을 고려하면 회사채는 동일한 만기를 갖는 국채보다 수익률이 높으며, BBB등급 채권의 수익률은 AA등급 채권의 수익률보다 높다. 또한 회사채와 국채 사

[그림 6.6] 가상 회사채와 국채의 수익률곡선

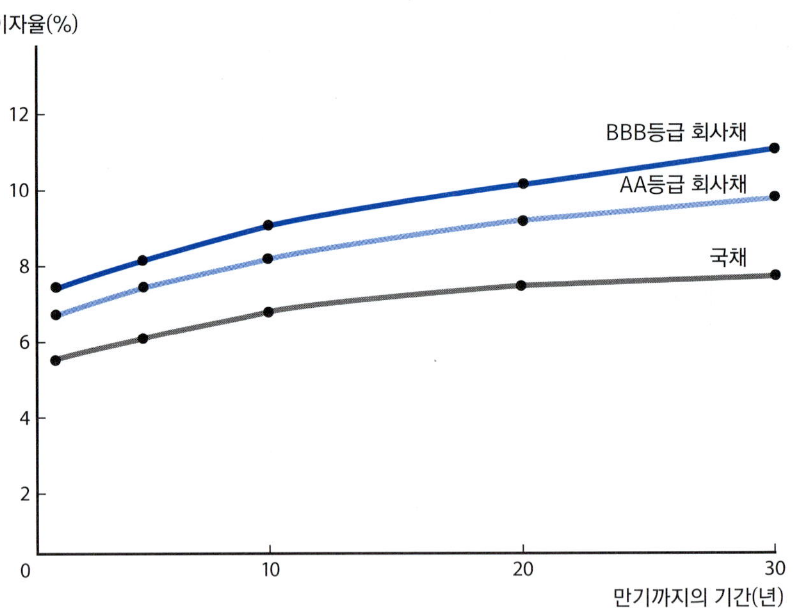

만기	이자율		
	국채	AA등급 회사채	BBB등급 회사채
1년	5.5%	6.7%	7.4%
5년	6.1	7.4	8.1
10년	6.8	8.2	9.1
20년	7.4	9.2	10.2
30년	7.7	9.8	11.1

이의 수익률 스프레드는 만기가 길수록 커진다는 점에 주목하자. 이는 장기 회사채는 단기 회사채에 비해 보다 높은 채무불이행위험과 유동성위험을 갖고 있으며, 국채에는 채무불이행위험과 유동성프리미엄이 존재하지 않기 때문이다.

셀프 테스트

- 만기위험프리미엄은 수익률곡선에 어떤 영향을 미치는가?
- 인플레이션율이 상승할 것으로 예상되면, 수익률곡선의 기울기는 상승하는가? 아니면 하락하는가?
- 인플레이션율이 미래에도 현재 수준과 동일할 것으로 예상하면, 수익률곡선은 상승하는가? 하락하는가? 아니면 수평인가? 인플레이션뿐만 아니라 수익률곡선에 영향을 미치는 모든 요인을 고려하라.
- 회사채의 채무불이행과 유동성프리미엄이 만기가 길수록 증가하는 이유를 설명하라.
- 회사채가 항상 국채보다 높은 수익률을 제공하는 이유를 설명하라. 또한 BBB등급 채권의 수익률이 AA등급 채권보다 항상 높은 수익률을 제공하는 이유도 설명하라.

6-6 수익률곡선을 사용하여 미래 이자율 추정[15)]

이전 절에서 우리는 수익률곡선이 다음 두 개 요인에 의해 결정됨을 살펴보았다. (1) 미래 인플레이션에 대한 기대와 (2) 채권 위험에 대한 만기 효과. 우리는 또한 인플레이션과 만기에 대한 위험이 주어지는 경우 수익률곡선을 어떻게 계산하는지도 학습했다. 그럼에도 불구하고 사람들은 이 과정을 역으로 생각한다. 사람들은 수익률곡선을 보고 수익률곡선에 포함된 정보를 이용하여 미래 인플레이션, 위험, 단기 이자율에 대한 시장의 기대를 추정한다. 예를 들어, 어떤 기업이 5년 동안의 투자 확장 프로그램을 진행하고 있으며, 재무담당자는 1년 후에 단기 자금을 조달할 계획이라고 하자. 그는 현재의 1년 만기 이자율을 알고 있으며, 1년 후의 1년 만기 이자율을 수익률곡선을 통해 알려고 한다. 곧 살펴보겠지만 1년 후의 1년 만기 이자율에 대한 정보는 현재의 수익률곡선을 분석함으로써 추정할 수 있다.

우리는 (1) 국채에 초점을 맞추며, (2) 국채는 어떤 만기위험프리미엄도 없다고[16)]

15) 이 절은 다소 기술적인 부분을 다루고 있으므로, 이 절을 읽지 않고 넘어가도 무방하다.

16) 대부분의 실증 연구는 만기위험프리미엄이 존재함을 보여주고 있지만, 일부 학자와 실무자들은 두 번째 가정을 하더라도 현실과 어느 정도 부합하고 있기 때문에 합리적이라고 주장하고 있다. 시장은 매일 다양한 만기의 채권을 사고파는 대형 채권 거래자가 주도하고 있으며, 이 거래자들은 단기 수익률에만 초점을 맞추고 있고, 만기위험에는 관심이 없다고 주장한다. 이 견해에 따르면 채권 거래자는 3개월 만기의 채권을 사서 단기 수익을 얻으며, 20년 만기 채권도 단기적으로 보유하여 단기 수익을 얻으려고 한다. 이 주장의 옹호론자들은 이러한 단기 이익 목적 투자로 인해 국채수익률곡선의 형태는 미래 이자율

순수 기대이론
수익률곡선의 형태가 투자자의 미래 이자율 예상에 의존하고 있다는 이론

가정하여 추정과정을 간단히 살펴볼 것이다. 이자율 기간 구조에 대해 이러한 가정을 하는 주장을 **순수기대이론**(pure expectation theory)이라고 하며, 보통 간단히 "기대이론(expectation theory)"이라고 부른다. 기대이론은 채권 거래자가 미래 이자율의 기대를 바탕으로 채권가격과 이자율을 직접 결정하며, 또한 채권 거래자는 장기 채권과 단기 채권 사이의 위험을 동일한 것으로 보기 때문에 이자율은 만기와 무관한 것으로 가정한다. 이것이 사실이라면 만기위험프리미엄(MRP)은 0이 되며, 장기 이자율은 단순히 현재와 기대 미래 단기 이자율의 가중평균이다.

순수기대이론을 설명하기 위해 1년 만기 국채수익률이 현재 5.00%이며, 2년 만기 채권수익률은 5.50%라고 가정하자. 향후 2년 동안 투자하려는 투자자는 다음 두 가지 옵션을 갖는다.

옵션 1: 2년 만기 채권을 사서 2년 동안 보유한다.

옵션 2: 1년 만기 채권을 사서 1년 동안 보유한 다음 1년 후에 이 채권의 원리금을 또 다른 1년 만기 채권에 재투자한다.

투자자가 옵션 1을 선택하면, 오늘 투자한 $1은 2년 후에 $1.113025가 될 것이다.

$$2\text{년 후의 자금} = \$1 \times (1.055)^2 = \$1.113025$$

옵션 2를 선택해도, 2년 후에 위와 동일한 금액을 얻어야 한다. 2년 후의 회수 금액을 구하기 위해서는 다음 식이 사용되어야 한다.

$$2\text{년 후의 자금} = \$1 \times (1.05) \times (1+X)$$

여기서 X는 1년 후의 1년 만기 채권에 대한 기대이자율이다.

만약 기대이론이 맞다면, 위의 옵션 모두 2년 후에는 동일한 금액을 제공해야 한다. 따라서 다음이 성립한다.

$$(1.05)(1+X) = (1.055)^2$$

위 식을 정리하고 X에 대해 구하면 다음이 된다.

$$1+X = \frac{(1.055)^2}{1.05}$$

$$X = \frac{(1.055)^2}{1.05} - 1 = 0.0600238 = 6.00238\%$$

에 대한 시장의 기대만을 반영한다고 주장한다. 이 절의 후반부에서 우리는 만기위험프리미엄 효과를 국채수익률 분석에 포함하는 경우에 채권 기대수익률이 어떻게 되는지 살펴볼 것이다.

그러므로 1년 후의 1년 만기 이자율, X는 6.00238%가 되어야 한다. 그렇지 않으면 두 옵션이 서로 다른 성과를 나타내므로 시장에서는 불균형이 발생한다. 시장이 불균형 상태이면 채권의 활발한 거래를 통해 균형으로 수렴한다. 예를 들어, 투자자가 현재 시점에서 1년 후의 1년 만기 국채 이자율이 6.00238%, 2년 만기 국채 이자율을 5.50%가 아닌 5.25%로 예상하고 있다고 가정하자. 이 경우 채권 거래자들은 다음 전략을 통해 이익을 얻을 수 있다.

1. 2년 동안 2년 만기 연간 이자율 5.25%로 자금을 차입한다.
2. 차입한 돈을 1년 만기 국채에 투자하면 1년 후에 5.00%를 벌고, 1년 후 시점에서 이 돈을 다시 1년 만기 국채에 투자하면, 2년 동안 예상할 수 있는 총수익률은 $(1.05 \times 1.0600238)^{1/2} - 1 = 5.50\%$이다.

5.25%로 차입해서 5.50%의 수익률을 얻을 수 있는 투자는 매력적인 거래이다. 따라서 채권 투자자는 2년 만기로 자금을 차입(자금의 수요)해 1년 만기 시장에 투자(자금의 공급)하려고 몰려 들 것이다.

자금의 공급이 줄면 이자율이 상승하고, 공급이 늘면 이자율이 하락하는 모습을 보여주는 [그림 6.1]을 생각해보자. 이와 마찬가지로 자금 수요가 증가하면 이자율이 상승하고, 수요가 감소하면 이자율은 하락한다. 따라서 채권 거래자는 2년 만기 채권의 이자율을 상승시키는 반면 1년 만기 채권의 수익률을 하락시킨다. 이러한 채권 매매는 2년 만기 이자율이 기대 미래 1년 만기 이자율의 가중평균이 될 때까지 진행된다.[17)]

수익률곡선이 다음과 같다고 가정하자.

1년 만기 국채 : 5.00%
2년 만기 국채 : 5.50%
4년 만기 국채 : 6.25%

투자자가 오늘 1년 만기 국채를 매입하고 1년 후에 이 국채의 원리금을 받아 3년 만기 국채에 투자한다고 하자. 투자자는 1년 후에 3년 만기 국채의 수익률을 얼마로 예상할 것인가? 위에서 제시한 수익률곡선 정보로부터 1년 후의 3년 만기 국채에 대한 기대수익률을 구할 수 있다. 식을 다음과 같이 설정하자.

$$(1.0625)^4 = (1.05) \times (1 + X)^3$$

17) 우리는 가중평균을 구하기 위해 현재와 기대 1년 만기 이자율의 기하평균을 사용했다: $(1.05 \times 1.0600238)^{1/2} - 1 = 0.055$ 혹은 5.50%. 두 이자율의 산술평균은 $(5\% + 6.00238\%)/2 = 5.50119\%$이다. 기하평균이 이론적으로 올바르지만 산술평균과의 차이는 0.00119%이다. 최근 미국과 대부분의 다른 나라의 이자율 수준이 매우 낮기 때문에 기하와 산술평균은 거의 비슷하다. 따라서 미래 1년 이자율의 추정을 하는 경우 많은 사람들은 산술평균을 사용하기도 한다.

$$\frac{(1.0625)^4}{1.05} = (1+X)^3$$
$$1.213742 = (1+X)^3$$
$$(1.213742)^{1/3} = 1+X$$
$$1.0667 = 1+X, \text{ 따라서 } X = 6.67\% \text{ 이다.}$$

우변의 지수를 제거하기 위해 식의 양변에 1/3 거듭제곱을 했다.

투자자는 현재 시점에서 1년 후에 3년 만기 국채의 연간 수익률이 6.67%라고 예상할 수 있다. 투자자는 현재 4년 만기 국채에 투자해서 얻는 수익률과 1년 만기 국채에 투자한 후, 1년 후에 이 원리금을 받아 3년 만기 국채에 재투자해서 얻는 수익률은 동일할 것으로 기대한다.

이제까지의 분석은 만기위험프리미엄(MRP)이 0이라는 가정을 바탕으로 이루어졌다. 그러나 대부분의 실증 연구는 MRP가 양의 값을 가지고 있음을 보이고 있다. 예를 들어, 1년 만기와 2년 만기 수익률이 각각 5.00%와 5.50%라고 가정하자. 즉, 수익률곡선은 상승하는 모양을 갖고 있다. 그러나 이제 2년 만기 채권의 MRP가 0.20%이며, 1년 만기 채권은 0이라고 가정하자. MRP의 존재로 인해 균형에서 2년 만기 채권의 기대 연간 수익률(5.50%)은 현재 시점의 1년 만기 채권의 수익률(5.00%)과 1년 후의 1년 만기 채권수익률(X%)보다 0.20% 커져야 한다. 그러므로 1년마다 1년 만기 채권에 매년 투자하는 경우(2년 동안 매년 연속투자)의 기대수익률은 5.50% − 0.20% = 5.30%가 되어야 한다.

$$\begin{aligned}\text{2년 동안 매년 연속투자의 기대수익률} &= \text{2년 만기 채권수익률} - \text{MRP} \\ &= 0.055 - 0.002 = 0.053 = 5.30\%\end{aligned}$$

따라서 1년 만기 채권에 매년 투자하는 경우의 연간 기대수익률(5.30%)을 바탕으로 내년의 1년 만기 국채수익률을 다음과 같이 구할 수 있다. 여기서 X는 내년의 1년 만기 수익률이다.

$$(1.05)(1+X) = (1 + \text{2년 동안 매년 연속투자의 기대수익률})^2 = (1.053)^2$$
$$1.05X = (1.053)^2 - 1.05$$
$$X = \frac{0.0588090}{1.05} = 0.0560086 = 5.60086\%$$

이러한 조건하에서 시장이 균형을 달성하기 위해서는 시장 참가자들이 내년의 1년 만기 수익률을 5.60086%로 예상해야 한다.

만기가 1년에서 2년으로 증가하면 수익률곡선의 이자율은 0.50% 높아진다. 즉, 5.50% − 5.00% = 0.50%이다. 0.50%의 증가 중에서 0.20%는 MRP에 기인하며, 나머지 0.30%는 1년 후의 1년 만기 채권의 기대수익률 증가이다.

이상을 종합하면 시장은 수익률곡선을 이용하여 내년의 단기 이자율을 추정할 수 있다. 그러나 이를 위해서는 MRP에 대한 추정이 필요하다. 또한 추정한 MRP가 부정확하면 수익률곡선을 바탕으로 구한 이자율 예측도 부정확하다. 따라서 수익률곡선을 사용하여 시장이 미래 이자율을 예측할 수는 있지만 순수기대이론이 성립하지 않거나 MRP를 정확히 알지 못한다면 위의 예측(미래 이자율이 정확하다 할지라도)은 정확하지 않다. 순수기대이론이 성립하지도, 확실한 MRP를 알지 못하기 때문에 시장이 미래를 어떻게 예측하는지 정확히 알 수 없다.

시장이 미래 이자율에 대해 동일한 예측을 하더라도 시장이 항상 옳은 것은 아니다. 수익률곡선을 바탕으로 1년 후 이자율을 예측하는 것은 틀릴 수 있다. 따라서 1년 후 혹은 심지어 한 달 후의 이자율조차도 정확히 예측하기가 매우 어렵다.

셀프 테스트

- 순수기대이론이 성립하기 위한 주요 가정은 무엇인가?
- 순수기대이론이 올바르다고 가정하면 기대 단기 이자율로 기대 장기 이자율을 구할 수 있는가?
- 순수기대이론에 따르면 장기 이자율이 기대 단기 이자율의 평균과 다르다면 어떻게 되는가?
- 많은 실증 결과는 만기위험프리미엄이 양의 값을 갖고 있음을 보여주고 있다. 양의 만기위험프리미엄은 이자율 결정 계산에 어떤 영향을 미치는가?
- 현재 1년 만기 국채 이자율이 7%이며, 2년 만기 채권 이자율이 9%라고 하자. 만기위험프리미엄이 0이라면, 1년 후의 1년 만기 채권의 이자율을 얼마로 예측하는 것이 합리적인가? 2년 만기 채권의 만기위험프리미엄이 0.5%이고 1년 만기 채권은 0이라고 하면, 1년 후의 1년 만기 채권의 이자율의 합리적 예측 값은? **(11.04%; 10.02%)**

6-7 이자율 수준에 영향을 미치는 거시경제 요인

연방준비제도이사회 홈페이지는 Federalreserve.gov이다. 이 사이트를 통해 연방준비제도이사회와 관련한 보도자료, 연설 및 통화정책을 포함하는 다양한 정보를 얻을 수 있다.

우리는 이제까지 기대인플레이션, 채무불이행위험, 만기위험, 유동성위험 등과 같은 주요 구성 요소가 시간이 지남에 따라 시장의 이자율 수준에 어떤 영향을 미치는지 살펴보았다. 매일 쏟아지는 다양한 거시경제 요인은 이러한 구성 요소 중 하나 이상에 영향을 미칠 수 있으므로 이자율 수준과 수익률곡선의 형태도 영향을 크게 받는다. 주요 거시경제 요인으로는 (1) 중앙은행의 정책, (2) 국가재정 적자 또는 흑자, (3) 외국과의 무역수지 및 다른 나라의 이자율 등과 같은 국제 요인, (4) 경기 수준 등이다.

6-7A 중앙은행의 정책

경제학에서는 다음을 제시하고 있다. (1) 통화의 공급은 경기 수준, 인플레이션, 이자율에 중요한 영향을 미치며, (2) 중앙은행은 통화 공급을 조절한다. 중앙은행은 경제를 활성화시키기 위해 통화 공급을 하며, 이는 주로 단기 채권의 매매를 통해 수행된다. 즉, 통화 확대의 1차 목표는 단기 이자율의 하락이다. 그러나 통화 공급이 증가하면 기대 미래 인플레이션도 증가하기 때문에 단기 이자율이 하락함에도 불구하고 장기 이자율은 상승한다. 중앙은행이 통화 공급을 축소하면 반대 상황이 발생한다. 중앙은행의 역할은 인플레이션을 억제하면서 경제성장을 촉진시키는 것이다. 이러한 조치는 시장균형을 고려하여 세심하게 수행되어야 한다.

[그림 6.2]에서 본 것처럼, 최근 몇 년 동안 이자율은 상대적으로 낮은 수준이었으며 특히 과거 10년 동안(2010년 1월부터 2020년 3월까지)의 단기 이자율은 매우 낮았다. 이 장의 시작 부분에서 설명한 바와 같이 현재의 이자율은 역사상 매우 낮은 수준을 유지하고 있다. 연방준비제도이사회(연준)가 향후 금리 인상을 할 것인지 여부는 여전히 의문사항이다. 2016년 12월과 2018년 12월 사이에 이자율을 약간 상승시켰지만 연준은 코로나바이러스가 발병하자 이에 대처하기 위해 2019년에 세 번, 그리고 2020년 초에 두 번 이자율을 인하함으로써 이자율을 거의 0의 수준까지 내렸다.

단기 이자율을 낮추더라도 장기 이자율이 반드시 하락하는 것은 아니다. 이자율이 낮아지면 외국인은 보유한 미국 채권을 매각하려고 한다. 외국 투자자들은 채권 매각으로 달러를 수령하며, 이 달러를 그들 통화를 매입하는 데 사용한다. 달러의 매각과 외국통화의 매입은 달러의 평가절하를 가져온다. 이로 인해 미국 제품의 수출가격이 낮아지기 때문에 제조업자의 수출이 증가하여 미국의 무역 적자는 줄어든다. 연준이 시장에 적극적으로 개입하면 수익률곡선이 일시적으로 변할 수 있다. 단기 이자율은 연준이 대출을 완화하면 장기 균형 이자율 수준 이하가 되며, 대출을 억제하면 장기 균형 이자율보다 상승할 수 있다. 연준은 단기 이자율을 통제할 수 있지만 장기 이자율에는 거의 영향을 미치지 않는다.

6-7B 국가재정 적자 혹은 흑자

중앙정부가 세수보다 많은 지출을 하면 재정 적자가 발생한다: 이 적자는 추가적 차입(보다 많은 국채 발행)이나 화폐 발행을 통해 보충한다. 정부가 차입을 하면 이는 자금의 수요를 증가시키므로 이자율은 상승한다. 정부가 화폐를 발행하면 투자자는 "주어진 양의 재화를 사기 위해 보다 많은 돈이 필요하다."고 인식하므로 인플레이션이 증가한다. 이로 인해 이자율도 상승한다. 따라서 다른 변수가 일정하다면 중앙정부의 적자가 증가할수록 이자율 수준도 증가한다.

미국 연방정부는 과거 수십 년 동안 막대한 재정 적자를 보고 있다. 1990년대 후반에 일시적 재정 흑자가 있었지만, 2001년 9월 11일의 9·11 테러 이후에 경기침체가 계속되었다. 또한 이라크전쟁은 정부 지출을 증가시켜 재정 적자를 확대했다. 2017년의 세법은 재정 적자를 더욱 증가시킬 것으로 예상되기 때문에 향후 재정 적자에 대한 불안이 보다 커지게 되었다. 또한 2020년 3월에 통과된 $2조 2천억의 코로나바이러스 구제금융도 재정 적자를 확대시켰다.

6-7C 국제 요인

해외무역 적자
어떤 나라의 수입이 수출보다 많은 상황

미국에 있는 기업과 개인은 전 세계 사람 및 기업과 무역을 한다. 미국 기업과 사람들이 수출하는 것보다 더 많은 수입을 하면 **해외무역 적자**(foreign trade deficit)가 발생한다. 무역 적자가 발생하면 해당 국가의 기업과 사람들은 자금을 차입해야 하며 이는 수출 흑자를 보는 나라로부터 이루어진다. 만약 미국이 $2천억에 해당하는 재화를 수입하고, 단지 $1천억의 재화를 수출했다면 무역 적자는 $1천억이 되며, 다른 나라들은 $1천억의 무역 흑자를 기록한다. 미국은 부족한 $1천억을 무역 흑자 국가로부터 차입할 수 있다.[18] 어쨌든 무역 적자가 커질수록 해외 차입은 증가하게 된다. 외국인은 미국 채권의 이자율이 다른 나라의 이자율보다 경쟁력이 있는 경우에만 미국 채권을 매입한다. 이로 인해 미국의 이자율은 다른 나라의 이자율과 상호 연관되어 있다.

이러한 상호 연관성으로 인해 미국의 경제활동을 통제하기 위해 통화정책을 사용하려는 연준의 활동은 제한을 받을 수밖에 없다. 예를 들어, 연준이 미국의 이자율을 외국의 이자율보다 낮추려고 시도하면 외국인은 미국 채권을 매각하기 시작할 것이다. 이러한 채권 매각은 미국 채권의 가격을 하락시켜 미국의 이자율을 상승시킨다. 따라서 미국이 대규모의 무역 적자(또한 장기간의 무역 적자로 인해 미국 채권의 외국인 소유)를 기록하면, 이자율을 낮춰 경기를 회복시키려는 연준의 목표가 충분히 실현되지 못한다.

제2차 세계대전 이후 25년 동안 미국은 대규모 무역 흑자를 기록하였으며, 세계의 여러 나라는 미국에 수십억 달러에 달하는 빚을 졌다. 그러나 이러한 상황이 바뀌어 미국은 1970년대 중반 이후 무역 적자를 기록하고 있다. (재화와 서비스에 대한 미국의 2019년 연간 국제 무역 적자는 $6,170억이며, 이는 전년보다 1.7% 하락한 것이다.) 이러한 적자의 누적은 미국을 세계 최고의 채권국에서 세계 최고의 채무국으로 변화시켰다. 그 결과 미국의 이자율은 다른 나라 이자율의 영향을 많이 받고 있다 —

18) 적자는 금이나 기업 주식, 기업 자체 및 부동산 등과 같은 자산을 매각함으로써 메울 수 있다. 미국은 최근 몇 년 동안 이러한 수단을 통해 막대한 무역 적자를 줄여 왔다. 무역 적자 해결의 주된 방법은 외국으로부터의 차입이지만 최근 몇 년 동안에는 미국 자산의 외국인 매입, 특히 석유 수출국과 같은 외국인이 미국 기업을 매입하는 경우가 크게 증가하고 있다.

외국의 이자율이 높거나 낮으면 미국 이자율도 높거나 낮게 된다. 이로 인해 이자율에 민감한 기업의 재무담당자 등은 세계경제 상황에 대한 이해가 밝아야 한다.

6-7D 경기 수준

[그림 6.2]에서 경기 수준이 이자율에 어떤 영향을 미치는지 살펴보았다. 그래프에서 나타난 주요 사항은 다음과 같다.

1. 인플레이션이 1972년부터 1981년까지 증가했기 때문에 이 기간 동안 이자율도 높은 수준을 나타냈다. 그러나 1981년을 정점으로 이자율은 감소 추세를 보이고 있다.
2. 그래프의 음영 부분은 경기침체를 나타내고 있으며, 이 기간 동안 (a) 화폐에 대한 수요와 인플레이션율은 감소 추세를 보이고 있고, (b) 연준은 경제 활성화를 위해 화폐 공급을 증가시키려고 했다. 이러한 결과로 이자율은 경기침체기간 동안 하락하는 모습을 보였다. 예를 들어, 2000년에 경기가 하락 추세를 보이기 시작했고, 2001년에는 완만한 경기침체에 진입했다. 이에 대응하여 연준은 이자율을 인하했다. 2004년에는 경제가 반등하기 시작했다. 따라서 연준은 이자율을 올리기 시작했다. 그러나 2007년에 서브프라임 사태가 발생했다. 그러자 연준은 2007년 9월에 이자율을 다시 낮추기 시작했다. 2008년 2월까지 연준의 목표 이자율은 5.25%에서 3.00%로 하락했다. 그러나 결국 금융위기 기간 중에 이자율은 거의 0의 수준까지 하락했다. 연준은 금융위기 이후 2018년 12월까지 9차례 금리를 인상했으며 목표 단기 이자율을 2.25~2.50%의 범위로 설정했다. 2019년 10월에 연준은 세 번째로 금리를 인하했으며 목표 단기 이자율의 범위는 1.50~1.75%이었다. 연준은 2020년 3월 두 차례에 걸쳐 다시 한번 금리를 인하했고, 코로나바이러스 사태로 주식시장이 급격한 침체를 겪자 마침내 목표 금리를 0~0.25%로 설정했다.
3. 경기침체기간에 단기 이자율은 장기 이자율보다 크게 하락한다. 이는 다음과 같은 이유 때문이다. (a) 연준은 주로 단기 이자율에 초점을 맞추기 때문에 연준이 개입을 하면 단기 이자율이 큰 영향을 받는다. (b) 장기 이자율은 향후 20년에서 30년까지의 평균 기대인플레이션율을 반영하고 있다. 따라서 현재의 인플레이션 영향을 별로 받지 않기 때문에 장기 이자율에 대한 시장의 기대는 쉽게 바뀌지 않는다. 따라서 단기 이자율은 장기 이자율보다 변동 폭이 크다. [그림 6.2]를 다시 살펴보면 최근에 단기 이자율이 장기 이자율보다 크게 하락했음을 알 수 있다.

역 수익률곡선은 경기침체가 온다는 신호인가?

역 수익률곡선은 장기 이자율이 단기 이자율 아래로 떨어질 때 발생한다. 2019년에 시장에서는 10년 만에 처음으로 역 수익률곡선이 나타났다. 이에 대해 많은 경제 예측 전문가들은 역 수익률곡선은 경기침체 가능성을 보여주는 끔찍한 신호라고 말했다.[19] 이러한 우려가 과장되었다고 주장하는 이들도 있다.[20]

역 수익률곡선이 다가오는 경기침체의 신호가 되는 이유는 무엇인가? 이러한 주장은 이 장에서 강조하고 있는 다음 두 가지 사항 때문이다.

1. 장기 이자율이 단기 이자율 아래로 떨어지면 시장은 미래 이자율이 현재 수준보다 낮을 것으로 기대한다.
2. 기대이자율이 낮으면 경제활동이 침체될 것이라고 예상한다.

출처: Board of Governors of the Federal Reserve; National Bureau of Economic Research; authors' calculations.

주: 1959년 1월부터 2009년 12월까지의 데이터를 사용하여 모수를 추정했으며, 모수 추정치는 $\alpha = 0.5333$, $\beta = 0.6330$이다. 2019년 7월까지의 데이터를 사용하여 경기침체 확률을 예측했다. 음영 처리 부분은 국가경제조사국(National Bureau of Economic Research)이 설정한 경기침체 기간이다.

이 문제를 자세히 살펴보기 위해 뉴욕 연방준비은행이 정기적으로 업데이트 하고 있는 차트를 살펴보자.

차트의 위 패널은 1959년부터 2020년 초까지 10년 만기 국채 금리와 3개월 국채 금리 사이의 스프레드를 보여주고 있다. 이 스프레드가 0 아래로 떨어지면 역 수익률곡선이 나타난다. 아래 패널은 수익률곡선 스프레드를 예측 변수로 사용하여 향후 12개월 동안의 경기침체 발생 가능성에 대한 뉴욕 연준의 내부 추정을 나타내고 있다. 음영 처리된 부분은 실제로 경기침체가 발생한 기간을 나타낸다. 아래 패널은 최근 몇 년 동안 경기침체의 가능성이 증가했지만 그 확률은 여전히 50% 미만으로 예측되고 있음을 보여주고 있다.

마지막으로 다음 두 가지 사항을 깊이 생각해보자. 첫째, 많은 분석가들은 상당한 수준의 수익률 역전 현상이 있고 이 역전이 장기간 지속되면 수익률곡선이 보여주는 경기침체 신호는 더 강해진다고 주장한다. 둘째, 역 수익률곡선은 다가오는 경기침체를 예측하는 하나의(유일한 것은 아니지만) 변수라는 점에 주목할 필요가 있다. 실제로, 코로나바이러스 전염병을 둘러싼 사회적 거리두기 요구사항으로 경제가 2020년 2분기에 매우 급격하게 위축되었지만, 이는 수익률곡선의 모양과 관련이 없는 것이다.

셀프 테스트

- 이자율에 영향을 미치는 거시경제 요인에는 무엇이 있으며, 이들이 미치는 영향을 설명하라.
- 중앙은행이 경제를 활성화시키는 방법은? 중앙은행은 이자율에 어떤 영향을 미치는가?
- 연준은 미국의 이자율을 완전하게 통제하는가? 즉, 연준이 결정한 수준으로 시장이자율을 설정할 수 있는가? 그 이유를 설명하라.

6-8 이자율과 기업 의사결정

여러분이 예상한대로 기업은 중요 의사결정을 할 때, 이자율 수준과 수익률곡선의 형태를 주의 깊게 살펴본다. 예를 들어, Leading Edge 기업이 30년의 수명을 갖는 새로운 플랜트를 건설할 계획이 있다고 가정하자. 이 플랜트 건설에는 $1백만이 필요하며, 이 돈을 신주 발행보다는 차입을 통해 조달할 계획을 갖고 있다. 의사결정 시점에서 수익률곡선은 우상향 기울기를 보이고 있다. 은행에서 단기로(예를 들어, 1년) 자금을 차입하면 이 기업의 연간 이자율은 단지 2.5%로서 이자비용은 $25,000이다. 반면에 장기 채권을 발행하면 연간 이자율은 4.7%이며, 기업은 연간 $47,000을 이자로 부담해야 한다. 얼핏 생각하면 Leading Edge가 단기 부채를 선택해야 한다고 생각할 수 있다.

---

19) 다음을 참고하라. Neil Irwin, "The Bond Market is Giving Ominous Warnings About the Global Economy," *The New York Times*(nytimes.com), May 29, 2019.

20) 다음을 참고하라. Randall W. Forsyth, "An Inverted Yield Curve Is Usually Scary. Not This Time," *Barron's*(barrons.com), May 31, 2019.

그러나 이는 끔찍한 실수가 될 수 있다. 단기 부채를 사용하면 매년 부채를 갱신해야 하며 매년 부담해야 하는 새로운 이자율은 그 시점의 단기 이자율로 결정될 것이다. 이자율이 급격히 증가하면 기업이 지불해야 할 이자는 시간이 지남에 따라 크게 증가할 것이다. 많은 이자를 지급하면 기업의 이익은 줄어들거나 사라진다. 더구나 대출자가 신규 대출을 거부하거나 대출금의 상환을 요구할 경우 Leading Edge는 손실을 보더라도 자산을 매각해야 하므로 파산에 이를 수도 있다. 반면에 이 기업이 장기 부채를 사용하면 이자비용은 매년 $47,000으로 동일하다. 따라서 시간이 흘러 시장이자율이 상승하더라도 직접적인 피해를 입지 않을 수 있다.

이러한 이유가 있기 때문에 기업은 단기 부채를 피해야 하는가? 그렇지는 않다. 향후 몇 년 동안 인플레이션이 하락하면 이자율도 하락한다. Leading Edge가 장기 부채로 차입해서 4.7%의 고정이자율을 지급한다면 경쟁기업에 비해 불리할 수도 있다. 단기 부채를 사용하는 경쟁기업은 단지 2.5%의 이자율을 부담하기 때문이다.

미래 이자율을 정확히 예측할 수 있다면 자금조달 결정은 쉬운 일이다. 불행히도 이자율을 일관된 정확성을 갖고 예측하는 것은 거의 불가능에 가깝다. 그러나 미래 이자율 수준을 예측하는 것이 어렵다고 하더라도 이자율이 변동할 것이라고 예측하는 것은 쉽다. 이자율은 항상 변하고 있으며, 앞으로도 변할 것이다. 이러한 상황에서 기업의 합리적인 자금조달 정책은 장기와 단기 부채를 적절히 결합하거나 주식을 이용하는 것이다. 이러한 방법을 사용하면 미래 이자율이 어떻게 변하더라도 기업은 생존할 수 있다. 한편 최적 자금조달 정책을 결정할 때는 기업 자산의 특성도 중요하게 고려해야 한다. 예를 들어, 자산의 유동화가 쉬울수록 보다 많은 단기 부채를 사용할 수 있다. 기업이 재고자산이나 매출채권과 같은 유동자산을 단기 부채로 조달하고, 건물이나 설비와 같은 고정자산을 장기 부채로 조달하는 것이 합리적이다. 이와 관련한 이슈는 자본구조와 자금조달 정책에 대해 언급하는 장에서 설명할 것이다.

이자율의 변화는 저축자에게도 많은 영향을 미친다. 예를 들어, 향후 대부분의 사람이 갖게 될 401(k) 퇴직연금을 당신이 갖고 있다면 당신은 그 자금 중 일부를 채권 뮤추얼펀드에 투자하고 싶을 것이다. 당신은 평균 만기가 25년, 20년 혹은 몇 달의 만기(예를 들어, MMF)를 갖는 펀드 중에서 택할 수 있다. 당신의 선택은 당신의 투자 결과와 퇴직연금 수입에 어떤 영향을 미치는가? 먼저 당신의 의사결정은 연간 이자수입에 영향을 미친다. 예를 들어, 수익률곡선이 정상적인 우상향 기울기를 갖고 있다면 장기 채권을 보유하는 펀드를 선택하여 더 많은 이자수입을 얻을 수 있다. 그러나 장기 펀드를 선택해서 이자율이 상승하면 펀드의 시장가격이 하락하게 된다. 예를 들어, 제7장에서 살펴보겠지만 어떤 펀드가 만기 25년과 6%의 이표이자율을 갖는 채권으로 구성되어 있으며, 당신은 이 펀드에 $100,000을 투자했다고 하자. 만약 이자율이 6%

에서 10%로 상승하면 이 펀드의 시장가치는 $100,000에서 $63,500으로 하락한다. 반면에 이자율이 하락하면 펀드의 가치는 상승한다. 당신이 단기 펀드에 투자했다면 펀드의 시장가치는 작은 변동을 갖지만 펀드의 연간 이자수입은 감소할 것이다. 당신의 만기 선택은 당신의 투자 성과와 당신의 미래 수입에 중요한 영향을 미친다.

셀프 테스트

- 단기 이자율이 장기 이자율보다 낮더라도 차입자는 왜 장기 부채로 자금조달을 하려고 하는가?
- 다음 문장을 설명하라: 최적 자금조달 정책은 기업 자산의 특성을 고려하는 것이 중요하다.

단원 종합

이 장에서 우리는 이자율의 결정 방법, 이자율의 기간 구조, 이자율이 기업 의사결정에 영향을 미치는 방법 등에 대해 언급했다. 우리는 어떤 채권의 이자율, r이 다음 식을 바탕으로 하고 있음을 살펴보았다.

$$r = r^* + IP + DRP + LP + MRP$$

여기서 r^*는 실질무위험이자율이며, IP는 기대인플레이션의 프리미엄, DRP는 잠재적 채무불이행위험의 프리미엄, LP는 유동성 부족에 대한 프리미엄이고, MRP는 만기가 긴 채권에 포함된 위험을 보상해주는 프리미엄이다. r^*와 다양한 프리미엄은 시간에 따라, 경제 상황에 따라, 중앙은행의 행동에 따라, 기타 여러 조건에 따라 변한다. 이러한 요인의 변화를 예측하는 것은 어렵기 때문에 미래 이자율의 방향을 정확히 예측하는 것은 쉬운 일이 아니다.

채권 이자율과 만기와의 관련성을 나타내는 수익률곡선은 보통 우상향 기울기를 갖고 있지만, 상승하기도 하고 하락하기도 한다. 수익률곡선의 형태와 수준도 시간에 따라 변한다. 수익률곡선의 형태를 결정하는 주요 변수는 미래 인플레이션에 대한 기대와 MRP이다. 시장 참가자가 미래 이자율을 어떻게 생각하는지 추정하기 위해 수익률곡선 자료를 분석할 수 있다. 이 장에서 얻은 통찰력을 바탕으로, 이후의 장에서는 채권과 주식의 가치를 분석하며, 다양한 기업의 투자 결정 및 자금조달 결정에 대해 살펴볼 것이다.

자가진단 질문과 문제

ST-1 **[핵심용어]** 다음의 용어를 정의하라.

a. 생산기회, 소비에 대한 시간 선호, 위험, 인플레이션
b. 실질무위험이자율(r^*), 명목무위험이자율(r_{RF})
c. 인플레이션 프리미엄(IP)
d. 채무불이행위험프리미엄(DRP)
e. 유동성프리미엄(LP), 만기위험프리미엄(MRP)
f. 이자율위험, 재투자수익률위험
g. 이자율의 기간 구조, 수익률곡선
h. "정상" 수익률곡선, "역(비정상)" 수익률곡선, "낙타봉" 수익률곡선
i. 순수기대이론
j. 해외무역 적자

ST-2 **[인플레이션과 이자율]** 실질무위험이자율, r^*가 3%이고, 이는 시간이 흘러도 변하지 않을 것으로 기대한다. 인플레이션은 향후 3년 동안 연간 2%, 그 다음 향후 5년 동안은 연간 4%로 예상한다. 만기위험프리미엄은 $0.1 \times (t-1)\%$이며, 여기서 t는 채권 만기까지의 연수이다. BBB등급 채권의 채무불이행위험프리미엄은 1.3%이다.

a. 향후 4년 동안의 평균 기대인플레이션율은 얼마인가?
b. 4년 만기 국채의 수익률은 얼마인가?
c. 유동성프리미엄이 0.5%인 4년 만기 BBB등급 회사채의 수익률은 얼마인가?
d. 8년 만기 국채의 수익률은 얼마인가?
e. 유동성프리미엄이 0.5%인 8년 만기 BBB등급 회사채의 수익률은 얼마인가?
f. 9년 만기 국채수익률이 7.3%이라면 이는 9년 동안의 기대인플레이션이 얼마임을 의미하는가?

ST-3 **[순수기대이론]** 1년 만기 국채의 수익률은 6%, 2년 만기 국채의 수익률은 6.2%, 3년 만기 국채의 수익률은 6.3%, 4년 만기 국채의 수익률은 6.5%이다. 모든 채권은 만기위험프리미엄이 없다. 기대이론과 기하평균을 사용해서 다음 국채의 수익률을 예측하라.

a. 1년 후의 1년 만기 국채
b. 2년 후의 1년 만기 국채
c. 1년 후의 2년 만기 국채
d. 1년 후의 3년 만기 국채

질문

6-1 동일한 위험을 갖는 주택 모기지의 이자율이 캘리포니아에서는 5.5%, 뉴욕에서는 7.0%이라고 하자. 이 차이는 계속 유지될 수 있는가? 두 이자율이 동일해지도록 만드는 힘은 무엇인가? 캘리포니아와 뉴욕에 있는 기업이 동일한 위험을 갖는다고 하자. 두 기업의 이자율 차이는 주택 모기지의 이자율 차이보다 커지는가? 아니면 작아지는가? 비교대상 기업의 규모에 큰 차이가 있는 경우에 뉴욕과 캘리포니아 기업의 이자율 차이가 발생할 가능성은 보다 커지는가? 이 모든 것이 전국의 지사에 미치는 영향은 무엇인가?

6-2 장기와 단기 이자율 가운데 변동이 더 심한 것은? 그 이유는?

6-3 당신은 경제가 지금 불황에 접어들고 있다고 생각하고 있다. 당신 기업은 이 시점에서 자본을 부채로 조달하려고 한다. 당신은 장기 혹은 단기 부채 중에서 무엇을 선택해야 하는가? 그 이유는?

6-4 지역 Y는 비교적 젊은 사람으로, 지역 O는 비교적 고령인 사람으로 구성되었다고 하자. 두 지역의 다른 모든 것은 동일하다고 가정하자.

a. 두 지역의 이자율은 동일한가? 아니면 차이가 있는가? 설명하라.

b. 은행은 전국 지점을 설치하고 있는 추세이며, 또한 다양한 업무를 취급하는 금융기관으로 발전하는 추세이다. 이러한 경향은 문제 'a'의 답에 영향을 미치는가? 설명하라.

6-5 바닷물에서 기름을 추출할 수 있는 새로운 공정이 개발되었다고 가정하자. 필요한 장비는 매우 비싸지만 시간이 지나면 휘발유, 전기 및 기타 유형의 에너지에 비해 가격이 낮아질 것으로 보인다. 이것이 이자율에 어떤 영향을 미치는가?

6-6 진보적인 국회와 행정부가 새로 선출되었다고 가정하자. 그들의 첫 번째 업무는 중앙은행의 독립성을 없애 통화 공급을 크게 확대하도록 하는 것이다. 이는 다음 각각에 대해 어떤 영향을 미치는가?

a. 첫 번째 업무에 대한 발표 직후 수익률곡선의 수준과 기울기는?

b. 2~3년 후에 나타날 수익률곡선의 수준과 기울기는?

6-7 정부가 (1) 저축은행의 발전을 장려하고, (2) 저축은행이 사실상 장기 고정금리 모기지를 취급하도록 하고, (3) 저축은행의 대출금 대부분을 인출가능한 예금으로 구성하도록 요구했다.

a. 저축은행 입장에서 "정상" 수익률곡선과 "역(비정상)" 수익률곡선 중 어디가 보다 유리한가? 설명하라.

b. 저축은행이 모기지를 정부에 매각하고 서비스 수수료를 징수하는 방법과 저축은행이 모기지를 계속 보유하는 것 중에서 저축은행에 도움이 되는 것은?

6-8 유럽의 높은 이자율로 인해 미국 국채의 이자율이 5%에서 9%로 상승했다고 가정하자. 이는 기업의 보통주 가격에 어떤 영향을 미치는가?

6-9 미국이 무역 적자를 기록하고 있다고 말하는 것은 어떤 의미인가? 무역 적자는 이자율에 어떤 영향을 미치는가?

6-10 회사채의 수익률곡선 기울기가 지난 몇 달 동안 더 가파르게 되었다는 것을 알았다고 하자. 어떤 요인으로 인해 기울기가 변했는가?

문제

초급 문제
1~7

6-1 **[수익률곡선]** 미국 국채의 수익률이 다음과 같다고 하자.

만기	수익률
6개월	4.69%
1년	5.49
2년	5.66
3년	5.71
4년	5.89
5년	6.05
10년	6.12
20년	6.64
30년	6.76

a. 이 자료를 바탕으로 수익률곡선을 그려라.

b. 수익률곡선은 어떤 형태로 나타나는가?

c. 이 그래프가 주는 정보는 무엇인가?

d. 1년 이상 돈을 빌리고 싶다고 하자. 이 수익률곡선을 기준으로 할 때 단기로 차입하여 대출을 갱신하는 방법과 장기로 차입하는 것 중 어느 것이 합리적인가? 설명하라.

6-2 **[실질무위험이자율]** 월스트리트 저널에서 30일 만기 국채의 수익률이 5.8%라는 기사를 읽었다. 당신의 처남은 Safe and Sound Securities의 중개인으로서 그는 현재의 이자율프리미엄에 대해 다음과 같이 추정을 하고 있다.

- 인플레이션 프리미엄=3.25%
- 유동성프리미엄=0.6%
- 만기위험프리미엄=1.85%
- 채무불이행위험프리미엄=2.15%

이 자료를 바탕으로 실질무위험이자율을 계산하라.

6-3 **[기대이자율]** 실질무위험이자율은 2.25%이다. 인플레이션은 금년에는 2%, 그 이후 향후 2년 동안은 4.25%로 예상된다. 만기위험프리미엄은 0이라고 하자. 2년 만기 국채의 수익률은 얼마인가? 3년 만기 국채의 수익률은 얼마인가?

6-4 **[채무불이행위험프리미엄]** 10년 만기 국채의 수익률은 5.75%이며, 10년 만기 회사채의 수익률은 8.75%이다. 회사채의 유동성프리미엄은 0.35%라고 가정하자. 회사채의 채무불이행위험프리미엄은 얼마인가?

6-5 **[만기위험프리미엄]** 실질무위험이자율은 2.5%이며, 인플레이션은 향후 2년 동안 2.75%로 예상하고 있다. 2년 만기 국채의 수익률은 5.55%이다. 2년 만기 국채의 만기위험프리미엄은 얼마인가?

6-6 **[인플레이션 교차 상관관계]** 어떤 분석가는 인플레이션이 매우 높은 개발도상국의 채권을 평가하고 있다. 이 분석가는 실질이자율과 인플레이션 사이의 교차 상관관계를 무시하지 말라는 경고를 받았다. 만약 실질무위험이자율이 5%이고, 인플레이션이 향후 4년 동안 매년 18%로 예상된다면 4년 만기 채권의 수익률은 얼마인가? 만기위험과 채무불이행위험, 유동성위험이 없는 것으로 가정하라. (힌트: p. 277에 있는 "인플레이션과 이자율의 관계: 자세히 살펴보기"를 참고하라.)

6-7 **[기대이론]** 1년 만기 국채의 수익률은 4.85%이다. 시장에서는 1년 후 1년 만기 국채수익률이 5.2%가 될 것으로 예상하고 있다. 순수기대이론이 성립한다면 현재 시점의 2년 만기 국채수익률은? 기하평균을 사용하여 수익률을 계산하라.

중급 문제
8~16

6-8 **[기대이론]** 4년 만기 국채의 수익률이 6.7%이며, 6년 만기 국채의 수익률은 7.25%이다. 순수기대이론이 성립한다면 시장은 지금부터 4년 후의 2년 만기 국채의 수익률을 얼마로 예상하는가? 기하평균을 사용하여 수익률을 계산하라.

6-9 **[기대이자율]** 실질무위험이자율은 2.05%이다. 인플레이션은 올해 3.05%, 내년 4.75%, 그 이후 2.3%로 예상된다. 만기위험프리미엄은 0.05 × (t − 1)%로 추정되며, 여기서 t는 만기까지의 연수이다. 7년 만기 국채수익률은?

6-10 **[인플레이션]** 경기침체로 인해 올해의 기대인플레이션은 겨우 3.25%이다. 그러나 내년 이후의 인플레이션율은 3.25% 이상에서 고정될 것으로 예상하고 있다. 기대이론이 성립하고, 실질무위험이자율(r^*)이 2.5%라고 하자. 3년 만기 국채수익률이 1년 만기 국채수익률에 1.5%을 더한 수익률과 동일하다면 1년 후의 기대인플레이션율을 얼마로 예상하고 있는가?

6-11 **[채무불이행위험프리미엄]** 어떤 기업의 5년 만기 채권은 연간 7%의 수익률을 제공하고 있다. 동일한 만기를 갖는 국채는 연간 5.2%의 수익률을 제공하며, 실질무위험이자율(r^*)은 2.75%이다. 평균 인플레이션 프리미엄이 2.05%이고, 만기위험프리미엄은 0.1 × (t − 1)%이다. 여기서 t는 채권의 만기까지 연수이다. 유동성프리미엄이 0.7%라면 이 회사채의 채무불이행위험프리미엄은 얼마인가?

6-12 **[만기위험프리미엄]** 국채 투자자는 인플레이션이 1차년에 2.1%, 2차년에 2.7%, 그 이후 매년 3.65%가 될 것으로 예상하고 있다. 현재 실질무위험이자율은 1.95%이며, 이는 향후에도 동일하다고 가정하자. 3년 만기 국채의 수익률은 5.20%이며, 5년 만기 국채의 수익률은 6%이다. 두 국채 사이의 만기위험프리미엄 차이는 얼마인가: 즉, $MRP_5 - MRP_3$은 얼마인가?

6-13 **[채무불이행위험프리미엄]** 실질무위험이자율, r^*는 1.7%이다. 인플레이션은 향후 4년 동안 연평균 1.5%가 될 것으로 예상되며, 그 이후에는 연평균 4.8%가 될 것으로 예상된다. 만기위험프리미엄이 없다고 가정하자. 11년 만기 회사채의 수익률은 8.7%이며, 이는 유동성프리미엄 0.3%를 포함한 값이다. 채무불이행위험프리미엄은 얼마인가?

6-14 **[기대이론과 인플레이션]** 2년 만기 국채수익률은 4.1%이며, 1년 만기 국채는 3.2%의 수익률을 제공한다. 또한 r^*는 1%이며, 만기위험프리미엄은 0이다.

a. 기대이론에 의하면 지금부터 1년 후의 1년 만기 국채수익률은 얼마인가? 기하평균을 사용하여 수익률을 계산하라.

b. 첫 번째와 두 번째 해의 기대인플레이션은 각각 얼마인가?

6-15 **[기대이론]** 실질무위험이자율은 2%이고 만기위험프리미엄은 0이라고 가정하자. 1년 만기 국채수익률은 5%, 2년 만기 국채수익률은 7%인 경우 2년 후에 예상되는 1년 만기 이자율은 얼마인가? 기하평균을 사용하여 수익률을 계산하라. 2년 후의 예상 인플레이션율은 얼마인가? 2년 동안의 평균 이자율과 2년 후에 예상하는 1년 만기 평균 이자율이 서로 다른 이유에 대해 설명하라.

6-16 **[인플레이션 교차 상관관계]** 어떤 분석가가 인플레이션율이 매우 높은 개발도상국의 채권을 평가하고 있다. 이 분석가는 실질이자율과 인플레이션 사이의 교차 상관관계를 무시하지 말라는 경고를 받았다. 만기위험, 채무불이행위험, 유동성위험이 없는 6년 만기 채권의 수익률은 20.84%이다. 실질무위험이자율이 6%라면 향후 6년 동안 이 나라의 평균 인플레이션율을 얼마로 예상할 수 있는가? (힌트: p. 277에 있는 "인플레이션과 이자율의 관계: 자세히 살펴보기"를 참고하라.)

고급 문제 17~19

6-17 **[이자율프리미엄]** 5년 만기 국채의 수익률은 5.2%이다. 10년 만기 국채수익률은 6.4%, 10년 만기 회사채수익률은 8.4%이다. 시장은 향후 10년 동안 인플레이션율이 평균 2.5%가 될 것으로 예상하고 있다($IP_{10} = 2.5\%$). 만기위험프리미엄은 없으며($MRP = 0$) 연간 실질무위험이자율, r^*는 향후 10년 동안 동일하게 유지된다고 가정하자. (힌트: 국채의 경우 채무불이행위험프리미엄과 유동성프리미엄은 0이다. 즉, $DRP = LP = 0$이다.) 5년 만기 회사채는 10년 만기 회사채와 동일한 채무불이행위험프리미엄과 유동성프리미엄을 갖고 있다. 5년 만기 회사채의 수익률은 얼마인가?

6-18 **[수익률곡선]** 인플레이션율이 1년 후에 7%, 2년 후에 5%, 그 이후 3%가 될 것으로 예상한다고 하자. 실질무위험이자율, r^*는 2%로 일정하며 국채의 만기위험프리미엄은 (며칠 동안의

만기를 갖는) 초단기 채권은 0, 1년 만기 채권은 0.2%이다. 만기위험프리미엄은 만기가 1년 증가할 때마다 0.2%씩 증가하며, 5년 만기 및 그 이상 만기의 국채는 1.0%로 일정하다.

a. 1년, 2년, 3년, 4년, 5년, 10년 및 20년 만기 국채의 이자율을 계산하고 이를 바탕으로 수익률곡선을 그려라.

b. 어떤 AAA등급(기업이 가질 수 있는 최고 등급) 기업은 국채와 동일한 만기를 갖는 채권을 발행하고 있다. AAA등급 기업 회사채의 수익률곡선을 추정하고 이를 국채수익률곡선과 동일한 그래프 위에 나타내라. (힌트: 장기 채권과 단기 채권의 채무불이행위험에 대해 생각하라.)

c. 동일한 그래프에 보다 높은 채무불이행위험을 갖는 낮은 신용등급 기업의 대략적인 수익률곡선을 그려보라.

6-19 **[인플레이션과 금리]** 1980년 말에 미국 상무부는 인플레이션이 15%라고 발표했다. 당시 우대금리는 21%로 사상 최고치를 기록했다. 그러나 많은 투자자들은 새 레이건 행정부가 카터 행정부보다 인플레이션을 보다 효과적으로 통제하리라 예상했다. 많은 관계자들은 연방준비제도이사회가 인플레이션을 억제하려는 시도로 이자율을 올리고, 신용 제한을 하는 것은 경기침체를 불러오게 될 것이며, 이로 인해 인플레이션과 이자율은 모두 하락할 것이라고 믿었다. 1981년 초에 1981년, 1982년, 1983년, 1984년의 기대인플레이션율을 각각 13%, 9%, 7%, 6%로 추정했다.

a. 1981년부터 1985년까지 5년 동안의 평균 기대인플레이션율은 얼마인가? (산술평균을 사용하라.)

b. 5년 동안 2%의 실질무위험이자율을 제공하는 5년 만기 국채의 평균 명목이자율은 얼마로 예상하는가? MRP = 0이라고 가정하자.

c. 실질무위험이자율이 2%이고 만기위험프리미엄이 0.1 × (t)%라고 가정하자. 여기서 t는 만기까지의 연수이다. 1981년 1월 시점에서 만기가 1년, 2년, 5년, 10년, 20년인 채권의 이자율을 추정하라. 또한 이 자료를 바탕으로 수익률곡선을 나타내라.

d. 우상향 수익률곡선은 보통 어떤 경제 상황에서 나타나는가?

e. 1981년 초에 투자자들이 미래 모든 연도의 인플레이션율을 10%로 예상했다고 하자. (즉, t = 1에서 ∞까지 $I_t = I_{t+1} = 10\%$이다.) 이 경우 수익률곡선은 어떤 모습을 갖는가? 수익률곡선에 영향을 주는 요인을 모두 고려하라. 당신의 답은 문제 'c'에서 보여준 수익률곡선이 올바르다는 확신을 주는가?

종합계산문제

6-20 [이자율 결정과 수익률곡선]

a. 다음 각 사건이 명목이자율 수준에 어떤 영향을 주는가?

1. 가계는 저축률을 크게 높이고 있다.
2. 기업은 투자기회가 늘어남에 따라 자금 수요를 증가시키고 있다.
3. 정부가 예상보다 큰 재정 적자를 기록하고 있다.
4. 기대인플레이션이 증가하고 있다.

b. 12년 만기 국채와 7년 만기 A등급 회사채라는 두 가지 투자기회를 고려하자. 현재 실질무위험이자율은 4%이며, 인플레이션은 향후 2년 동안은 2%, 그다음 향후 4년 동안은 3%, 그 이후는 4%로 예상된다. 만기위험프리미엄은 MRP = 0.02(t − 1)%으로 추정한다. 회사채의 유동성프리미엄(LP)은 0.3%로 추정하고 있다. 아래 표는 국채와 등급별 회사채수익률 및 수익률 스프레드를 보여주고 있다. 이 표를 바탕으로 회사채의 채권 등급이 주어지면 이를 바탕으로 채무불이행위험프리미엄(DRP)을 구할 수 있다. 회사채의 DRP를 구하기 위해서는 표에 있는 회사채수익률 스프레드에서 LP를 차감하면 된다. 12년 만기 국채와 7년 만기 A등급 회사채의 수익률을 각각 얼마로 예측하는가?

	수익률	회사채수익률 스프레드 = DRP + LP
국채	0.83%	——
AAA등급 회사채	0.93	0.10%
AA등급 회사채	1.29	0.46
A등급 회사채	1.67	0.84

c. 국채수익률 정보가 다음과 같이 주어졌다. 수익률곡선의 그래프를 작성하라.

만기	수익률
1년	5.37%
2년	5.47
3년	5.65
4년	5.71
5년	5.64
10년	5.75
20년	6.33
30년	5.94

d. 문제 'b'에서 제공한 회사채 정보를 바탕으로 회사채의 만기별 수익률을 계산한 다음 국채와 회사채 모두를 보여주는 새로운 수익률곡선 그래프를 작성하라.

e. 시간이 지남에 따라 수익률곡선의 왼쪽과 오른쪽 중 어느 부분의 변동성이 보다 크겠는가?

f. 문제 'c'의 국채수익률 정보를 바탕으로 기하평균을 사용하여 다음 수익률을 계산하라.
   1. 지금부터 1년 후의 1년 만기 수익률
   2. 지금부터 5년 후의 5년 만기 수익률
   3. 지금부터 10년 후의 10년 만기 수익률
   4. 지금부터 20년 후의 10년 만기 수익률

통합사례

MORTON HANDLEY & COMPANY

6-21 [이자율 결정] Maria Juarez는 프로 테니스 선수이며 당신의 회사는 그녀의 돈을 관리하고 있다. 그녀는 이자율을 결정하는 요소들에 대한 정보를 제공해달라고 당신에게 요청했다. 당신의 상사는 당신이 제공해야 할 답변을 다음과 같이 정리해 주었다.

a. 이자율 수준에 영향을 미치는 가장 기본적인 네 가지 요소는 무엇인가?

b. 실질무위험이자율(r^*)과 명목무위험이자율(r_{RF})은 무엇인가? 이 두 가지 이자율은 어떻게 측정하는가?

c. 인플레이션 프리미엄(IP), 채무불이행위험프리미엄(DRP), 유동성프리미엄(LP) 및 만기위험프리미엄(MRP)이라는 용어를 정의하라. 이들 중 (1) 단기 국채, (2) 장기 국채, (3) 단기 회사채, (4) 장기 회사채 등의 이자율 결정에 포함되는 프리미엄을 각각 나열하라. 시간이 지남에 따라 방금 언급한 네 가지 채권의 프리미엄은 어떻게 달라지는지 설명하라.

d. 이자율의 기간 구조는 무엇인가? 수익률곡선이란 무엇인가?

e. 대부분의 투자자들이 인플레이션율을 내년에 5%, 다음 해에 6%, 그 이후에 8%가 될 것으로 예상한다고 하자. 실질무위험이자율은 3%이다. 만기위험프리미엄은 1년 이하 만기 채권의 경우 0, 2년 만기 채권의 경우 0.1%이다. 그 후 MRP는 20년 동안 매년 0.1%씩 증가하고 그 이후에는 일정하다. 1년, 10년, 20년 만기 국채 이자율은 얼마인가? 이 자료를 바탕으로 수익률곡선을 작성하라. 이 수익률곡선이 우상향하는 이유를 무슨 요인으로 설명할 수 있는가?

f. 특정 시점에서 AAA등급 회사채의 수익률곡선과 국채의 수익률곡선을 어떻게 비교할 수 있는가? 특정 시점에서 BB등급 회사채의 수익률곡선과 국채의 수익률곡선을 어떻게 비교할 수 있는가? 그래프를 그려 답을 나타내라.

g. 순수기대이론이란? 순수기대이론은 이자율의 기간 구조와 관련하여 무엇을 의미하는가?

h. 국채에 대해 다음과 같은 기간 구조를 관찰했다고 하자.

만기	수익률
1년	6.0%
2년	6.2
3년	6.4
4년	6.5
5년	6.5

이자율의 기간 구조에서 순수기대이론이 성립한다고 가정하자. (이는 제시한 수익률곡선을 사용하여 미래 이자율에 대한 시장의 기대를 바꿀 수 있음을 의미한다.) 시장은 지금부터 1년 후 1년 만기 국채의 이자율을 어떻게 예상하는가? 시장은 지금부터 2년 후 3년 만기 국채의 이자율을 어떻게 예상하는가? 기하평균을 사용하여 이러한 이자율을 계산하라.

i. 거시경제 요인이 이자율 수준에 어떤 영향을 미치는지 설명하라. 최근 몇 년 동안 이자율이 낮아진 이유를 거시경제 요인으로 설명하라?

한걸음 더

이자율을 이해하기 위해 뉴욕 타임즈의 채권시장 페이지와 FINRA 채권 센터 웹사이트를 사용하라.

아래 질문에 답하기 위해 온라인 자료를 사용하라. 웹사이트 정보는 시간이 지남에 따라 변하므로, 이러한 변경으로 인해 아래 질문 중 일부의 답이 어려울 수 있다.

제6장에서는 시장이자율의 결정요인을 살펴보았다. 이자율에 대한 이해를 돕기 위해 다음 질문을 마련하였다. 아래 질문에 답을 하기 위해 뉴욕 타임즈의 채권시장 페이지 웹사이트(markets.on.nytimes.com/research/markets/bonds/bonds.asp)와 FINRA 채권 센터 웹사이트(finra-markets.morningstar.com/BondCenter/)에 접속하도록 하자.

1. 뉴욕 타임즈의 채권시장 페이지 웹사이트를 사용하여 국채에 대한 가장 최근의 수익률곡선을 작성하라.
2. 뉴욕 타임즈의 채권시장 페이지 웹사이트에서 국채의 현재 수익률곡선과 1개월 전의 수익률곡선을 비교할 때 어떤 차이가 있는가? 또한 현재의 수익률곡선과 1년 전의 수익률곡선을 비교하면 어떤 차이가 있는가?
3. FINRA 채권 센터 웹사이트와 고급 검색 도구를 사용하여 여러 투자등급 회사채 정보를 나열하라. 이 정보는 채권 발행자, 이표이자율, 만기, 신용등급 및 수익률 등으로 구성되어 있다.
4. FINRA 채권 센터 웹사이트와 고급 검색 도구를 사용하여 몇 개의 고수익 회사채 정보를 나열하라. 이 정보는 채권 발행자, 이표이자율, 만기, 신용등급 및 수익률 등으로 구성되어 있다.

07 CHAPTER

채권 및 채권의 가치평가

채권시장에서의 위험 평가하기

많은 사람들이 미국 국채인 재무부증권(Treasury securities)을 성과는 부진하지만 매우 안전한 투자로 보고 있다. 지급불능 또는 채무불이행(default)의 관점에서 보면, 미국 재무부채권은 실제로 가장 안전한 투자이긴 하지만, 이자율이 상승하면 가격은 언제든지 하락할 수 있다. 이는 미국 장기 국채(Treasury bonds)의 경우에는 특히 맞는 말이어서, 그 가격은 2009년에 거의 15% 정도 하락했다. 하지만, 최근의 여러 사례에서 알 수 있듯이 이자율이 하락할 때에도 채권의 성과는 괜찮았다. 실제로 미국 장기 국채는 2011년에 27%를 상회하는 수익률을 냈고, 2000년부터 2019년까지의 20년 기간 동안에 주식보다 성과가 좋은 해가 9차례 있었다.

모든 채권이 똑같은 것은 아니어서, 채권의 가격이 항상 동일한 방향으로 움직이지는 않는다. 예를 들면, 회사채(corporate bonds)는 종종 수의상환이 가능하고 채무불이행이 발생할 수 있는 반면에, 국채는 이러한 위험들에 노출되어 있지 않다. 투자자에게 이러한 추가적인 위험들에 대해 보상하기 위해, 회사채는 통상 더 높은 수익률을 갖는다. 경제가 호황일 때, 회사채는 약정된 수익률이 더 높기 때문에 국채보다 일반적으로 더 높은 수익률을 내고, 채무불이행은 거의 발생하지 않기 때문에 대부분이 약정된 지불을 하게 된다. 하지만, 경제가 불황일 때는 채무불이행에 대한 우려가 커지고 회사채 가격이 하락하게 된다. 더군다나, 회사채 간에는 항상 큰 차이가 존재하고 있다. 예를 들면, AAA의 신용등급을 보유한 Johnson & Johnson이 발행한 2033년 만기의 회사채는

2020년 4월에 만기수익률 1.902%에 거래됐다. 동일한 시점에, B의 신용등급을 보유하고 있는 Genworth Financial Inc.가 발행한 2034년 만기의 회사채는 만기수익률 8.033%에 거래됐다.

월스트리트 저널의 2009년 한 기사에서는 금융위기 직후시기에 채권투자자가 직면한 여러 우려들을 조명했다. 기사에서 제시한 조언은 오늘날과 같은 환경에서도 여전히 유효하다. 이 기사에서는 소위 "5개 주요 지침"을 제시하고 있다:

1. **채무불이행을 조심하라**. 투자자는 채무불이행의 우려가 큰 낮은 등급의 회사채를 경계해야 한다. 기사에서는 주정부 및 지자체가 수지 균형을 맞추기 위해 악전고투함에 따라 지방채 시장(municipal market)에서 증가하고 있는 채무불이행위험(default risk)에 대해 투자자에게 경고하고 있다.
2. **당신의 이자율위험에 대해 한계를 정해라**. 경제가 희망한대로 회복세가 지속됨에 됨에 따라 이자율도 오를 가능성이 크다. 이 장에서 보다시피, 이자율이 증가하면 채권의 가치는 떨어지게 되는데, 이 영향은 장기 채권의 경우 특히 중요하다. 이러한 이유로 월스트리트 저널의 필자는 일부 채권 투자자가 만기가 긴 채권으로부터 점차적으로 이동할 것이라고 제시하고 있다.
3. **수동적 전략을 고려하라**. 이 조언은 특히 채권 뮤추얼펀드에 대한 투자자를 위한 것이다. 편입된 채권들이 계속 바뀌는 적극관리펀드(actively managed funds)에 투자하기보다는 인덱스펀드(index funds)나 상장지수펀드(exchange-traded funds: ETFs)에 투자할 것을 제안한다.
4. **인플레이션에 대비하라**. 많은 애널리스트들은 더 큰 정부지출 및 관련된 통화정책이 향후 궁극적으로는 높은 수준의 인플레이션을 초래할 것이라고 우려하고 있다. 이 장에서 알 수 있는 것처럼, 증가하는 인플레이션에 대한 대비책 중의 한 방법은 인플레이션과 연동된 미국 재무부채권에 투자하는 것이다.
5. **시장에 맞추려고 하지마라**. 최근에 보다시피, 채권가격은 빠르고 급격하게 변할 수 있어서 시장이 어느 방향으로 움직일지 예측하는 것은 사실상 어렵다. 채권과 관련해서는 시장의 향후 움직임에 대해 맞추려고 하기보다는 좀 더 장기적인 전략을 권한다.

이러한 지침은 현재의 시장에서도 유효하고, 많은 측면에서 영구불변의 조언이라고 할 수 있다. 2001년에 유사한 위험에 직면해서 비즈니스위크 기사는 투자자들에게 다음과 같은 비슷한 조언을 하고 있는데, 이는 오늘날에도 적용가능하다:

> 주식투자에서처럼 채권에 대해서도 동일한 분산투자 접근방법을 택하라. 미국 국채와 높은 등급 및 높은 수익률을 갖는 회사채, 그리고 심지어는 일부 외국 국채까지도 혼합하라. 과세대상에 투자하고 있다면, 비과세 지방채도 고려하라. 물가연동채권을 구입하는 것도 나쁘지 않다.

출처: Michael A. Pollack, "The New Bond Equation," *The Wall Street Journal*(online.wsj.com), August 3, 2009; Scott Patterson, "Ahead of the Tape: Junk Yields Flashing Back to '01 Slump," *The Wall Street Journal*, January 30, 2008, p. C1; Roger G. Ibbotson, *Stocks, Bonds, Bills, and Inflation: 2020 Yearbook*(Chicago, IL: Duff & Phelps, 2020); Susan Scherreik, "Getting the Most Bang Out of Your Bonds," *BusinessWeek*(businessweek.com), November 12, 2001; and FINRA(finra-markets.morningstar.com/BondCenter/), April 8, 2020.

학습개요 및 목표

이전 장들에서는 기업이 자본을 조달하는 두 가지 주요 형식인 부채와 자기자본을 언급했다. 이 장에서는 채권의 특성을 살펴보고 채권가격에 영향을 미치는 다양한 요인들에 대해 논의하고, 제9장에서는 주식 및 주식의 가치평가에 대해 살펴볼 것이다.

월스트리트 저널을 훑어보면, 아주 다양한 채권들에 대한 기사를 접하게 될 것이다. 너무 다양하여 매우 혼란스러울지 모르지만, 실제로는 몇 가지 특징에 의해서 채권의 다양한 유형이 구분된다.

여러분이 이 장을 마치면 다음의 내용을 수행할 수 있어야 한다:

- 회사채와 국채의 다른 특성들을 구별할 수 있다.
- 시장에서 채권가격이 어떻게 결정되며, 이자율과 채권가격 사이에는 어떤 관계가 존재하고, 시간이 지남에 따라 만기가 다가오면 채권가격이 어떻게 변하는지 논의할 수 있다.
- 채권의 만기수익률 및 중도상환이 가능한 채권이면 중도상환수익률을 계산할 수 있고, "실질"수익률을 산정할 수 있다.
- 채권발행자와 투자자가 직면하게 되는 여러 유형의 위험을 설명할 수 있고, 채권의 이자율에 영향을 미치기 위해 채권의 조건 및 담보 방식이 어떻게 변경될 수 있는지 논의할 수 있다.

7-1 채권은 누가 발행하는가?

채권
장기채무 상품

채권(bond)은 채무자가 채권의 보유자에게 특정한 날짜에 원금과 이자를 지급하기로 약정한 장기계약이다. 채권은 장기 타인자본을 원하는 회사나 정부기관에 의해 발행된다. 예를 들면, Allied Food Products는 2021년 1월 4일에 $1억 7,000만의 채권발행을 통해 $1억 7,000만을 차입했다. 편의상, Allied가 170,000개의 개별 채권을 각각 $1,000에 팔았다고 가정하자. 실제로는 액면가가 $1억 7,000만인 1개의 채권 또는 액면가가 $1,000만인 17개의 채권과 같이, 총계가 $1억 7,000만이 되는 다양한 조합의 채권으로 팔 수 있다. 어떤 경우든 Allied는 $1억 7,000만을 받았고, 그 대신 매년 이자를 지불하고 명시된 만기일에 $1억 7,000만을 상환하기로 약속한 것이다.

1970년대까지는 대부분의 채권들이 종이에 모두 공제 인쇄되었고 채권이 액면가를 포함하는 주요 조건들이 채권에 자세하게 명기되어 있었다. 하지만 오늘날 거의 모든 채권은 은행 당좌예금에 들어있는 "돈(money)"과 같이 안전한 컴퓨터에 저장되어 있는 전자정보로 대표된다.

채권은 여러 방식으로 분류할 수 있다. 중앙정부, 기업, 주정부 및 지자체나 외국인 등 발행자에 따라 분류하는 것이 한 방법이다. 각 채권은 위험 수준이 상이하고 따라서 그 기대수익률도 다르다.

미국 재무부채권
미국 연방정부에 의해 발행된 채권으로 중앙정부가 발행하는 국채(government bonds)

중앙정부가 발행하는 채권을 국채(government bonds)라고 부르는데, 미국 연방정부가 발행한 국채는 **미국 재무부채권**(Treasury bonds) 또는 간단하게 트레저리스(Treasuries)라고 통칭한다.[1] 미국 정부가 약정된 지불을 차질 없이 이행한다고 전제하

1) 미국 재무부(U.S. Treasury)는 자신들의 채무를 실제로는 "bills", "notes", "bonds"라고 부른다. T-bill은 미국 단기 국채이며 일반적으로 발행 당시에 1년 이하의 만기를 가지고, T-note는 미국 중기 국채로 통상 2년에서 10년의 만기를 가지며, T-bond는 미국 장기 국채로 10년이 넘는 만기를 가진다. 이들 사이에는

는 것은 합리적이므로 미국 재무부채권에는 채무불이행위험이 없다. 그러나 이 채권들의 가격은 이자율이 상승할 때 하락하기 때문에 위험이 전혀 없는 것은 아니다.

회사채
기업에 의해 발행된 채권

회사채(corporate bonds)는 일반기업에서 발행한다. 국채와는 달리, 회사채는 채무불이행위험에 노출되어 있다. 즉, 발행회사가 곤경에 처하게 되면, 그 회사는 약정된 이자와 원금을 지불할 수 없게 되고 채권보유자는 손실을 입게 될 수도 있다. 회사채는 발행회사의 특성과 개별 채권의 조건들에 따라 채무불이행위험의 수준이 달라진다. 채무불이행위험은 "신용위험(credit risk)"으로 불리기도 하며, 제6장에서 살펴본 것처럼, 이 위험이 클수록 투자자가 요구하는 이자율도 높아진다.

지방채
주정부나 지자체에 의해 발행된 채권

지방채(municipal bonds)는 간단히 뮤니스(munis)라고도 불리는데 주정부나 지자체가 발행하는 채권이다. 회사채와 마찬가지로 지방채 역시 일부 채무불이행위험에 노출되어 있지만, 모든 다른 채권들과 비교할 때 한 가지 중요한 이점을 가지고 있다. 제3장에서 논의했던 것처럼, 채권보유자가 채권을 발행한 주의 거주자라면, 대부분의 지방채에서 얻는 이자는 연방세나 주세가 면세이다. 그 결과 지방채에 대한 시장이자율은 동등한 위험을 갖는 회사채에 대한 시장이자율보다 상당히 낮은 편이다.

외국채
외국 정부나 외국 기업에 의해 발행된 채권

외국채(foreign bonds)는 외국의 정부나 기업이 발행한 채권이다. 어떤 외국 국채는 채무불이행위험에 노출되어 있으며, 또한 모든 외국 회사채는 채무불이행위험에 노출되어 있다. 실제로 최근에는 아르헨티나, 그리스, 아일랜드, 이탈리아, 포르투갈, 스페인 등을 포함한 많은 국가에서 채무불이행의 가능성에 대한 우려가 커졌다. 실제로 2017년 11월에 베네수엘라는 채무를 상환하지 못하고 지급불능 상황에 처했다. 채권이 투자자의 자국 통화와 다른 화폐로 표시될 때는 추가적인 위험도 존재한다. 예를 들어, 일본 엔화로 표시된 회사채를 구매한 미국 투자자를 고려해보자. 어느 시점에 투자자는 자신의 투자를 정리해서 엔화를 다시 미국 달러로 전환하기를 원할 것이다. 만약 일본 엔화의 가치가 달러와 비교해서 예상치 않게 하락했다면, 투자자는 처음에 받을 것이라 기대했던 금액보다 더 적은 달러를 받게 될 것이다. 따라서 채권이 채무불이행 상황에 빠지지 않더라도 투자자는 손실을 입을 수 있다.

셀프 테스트

- 채권이란 무엇인가?
- 네 가지 유형의 채권발행자는 누구인가?
- 미국 재무부채권이 완전히 안전하지 않은 이유는 무엇인가?

기술적으로 차이가 존재하지만, 이 기술적인 차이는 많은 경우에 중요하지 않아서 모든 미국 재무부채권을 bills, notes, bonds의 구분 없이 일반적으로 "bonds"라고 부른다. 발행 당시 30년 만기의 T-bond는 그 다음해에는 29년 만기의 채권이 되고, 29년 후에는 1년 만기의 채권이 된다는 점도 명심하자.

● 채무불이행위험에 더하여 외국채에 투자할 때 투자자가 직면하는 주요 위험은 무엇인가? 설명하라.

7-2 채권의 주요 특성

채권에 대한 유용한 웹사이트로는 finra-markets.morningstar.com/BondCenter/가 있다. Morningstar의 채권센터 웹사이트는 채권시장에 관한 광범위한 정보를 제공하며, 특정한 채권을 신속하게 검색하거나 일정한 기준에 근거한 고급검색을 수행할 수 있는 기능을 제공하고 있다.

모든 채권이 몇 가지 공통된 특성을 가지지만, 서로 다른 유형의 채권은 각각 상이한 계약상의 특징을 가질 수 있다. 예를 들면, 대부분의 회사채는 발행자가 채권 상환을 조기에 하는 것을 허용하는 조항("수의상환(call)" 특성)을 갖고 있지만, 구체적인 수의상환조항은 채권마다 매우 다양하다. 마찬가지로, 발행사의 채무불이행 시에 채권보유자에게 넘겨져야 하는 특정 자산에 의해 담보되는 채권들도 있는 반면에, 이러한 담보보증이 없는 채권들도 있다. 계약조항의 차이[그리고 채권을 보증하는 회사의 재무적 강점을 받쳐주는 기초체력(fundamental)의 차이]는 채권의 위험, 가격 및 기대수익률의 차이를 가져온다. 채권을 이해하기 위해서는 다음 용어들을 이해하는 것이 필수적이다.

7-2A 액면가

액면가
채권의 표면가치

액면가(par value)는 채권에 명시된 표면가치이고, 실제로는 $1,000의 어떠한 배수도 사용될 수 있지만(가령, $1만 혹은 $1,000만), 설명의 편의상 대부분 액면가 $1,000을 가정한다. 액면가는 일반적으로 기업이 빌려서 만기일에 상환하기로 약속한 금액을 나타낸다.

7-2B 이표이자율

이표금액
매년 지급되는 이자금액

Allied Food Products의 채권은 회사가 매년 고정된 이자를 지급하도록 되어 있다. 일반적으로 **이표금액**(coupon payment)이라고 불리는 이 지급액은 채권이 발행될 당시에 정해지고, 채권의 만기까지 지급된다.2) 대개 이표금액은 채권이 발행되는 시점에 투자자가 액면가 혹은 액면가에 가까운 가격으로 채권을 사도록 유도하기 위한 수준에서 정해진다. 이 책에 있는 대부분의 예시와 문제들은 고정 이표이자율을 가진 채권

---

2) 채권이 컴퓨터에 저장된 전자정보 대신에 종이에 인쇄되던 때에는, 각 채권에 날짜가 기재되어 있는 여러 개의 조그마한(1/2인치 × 2인치) 쿠폰(coupon, 이표)이 붙어 있었다. 각각의 이자지급일에 채권소유자는 해당 "쿠폰을 오려내서" 회사의 지급대리인에게 보내고, 그 이자에 대한 수표를 받는다. 연 2회 이자가 지급되는 30년 만기의 채권은 처음에 60개의 쿠폰으로 시작하고, 반면에 연 1회 이자가 지급되는 5년 만기의 채권은 처음에 단지 다섯 개의 쿠폰만으로 시작하게 된다. 어떠한 실물형태의 쿠폰도 관련되어 있지 않은 오늘날에는 이자지급용 수표가 우편으로 오거나 이자지급일에 공식 등록된 소유자의 계좌에 자동적으로 입금된다. 그럼에도 불구하고, 사람들은 **이표(쿠폰)** 및 **이표이자율**이라는 용어를 계속해서 사용하고 있다. 이표이자율은 **약정이자율**로 간주할 수 있다.

에 초점을 맞출 것이다.

이표이자율
채권에 명시된 연간 이자율

이 연간 이표금액을 액면가로 나누면 **이표이자율**(coupon interest rate)이 된다. 예를 들면, Allied의 채권은 액면가 $1,000이고, 매년 $80의 이자를 지급한다. 채권의 이표금액은 $80이고, 이표이자율은 $80/$1,000 = 8%이다. 이 점에 있어서 $80은 투자자가 채권에 투자했을 때 받게 되는 연간소득이다.

고정금리채권
이표이자율이 만기까지 고정된 채권

변동금리채권
이표이자율이 시장이자율의 변화에 따라 변동하는 채권

Allied의 채권은 이표이자율이 채권의 만기까지 고정되어 있기 때문에 **고정금리채권**(fixed-rate bonds)이다. 하지만, 어떤 경우에는 시간이 지나면서 채권의 이표금액이 변동하기도 한다. 이런 **변동금리채권**(floating-rate bonds)은 다음과 같이 작동한다: 이표이자율이 초기(보통 첫 6개월 동안)에 대해서만 정해지고, 그 후에는 6개월마다 시장이자율에 따라 조정된다. 가령, 10년 만기 국채이자율에 1.5%포인트의 "스프레드"를 더한 이자율로 채권의 이자율을 설정할 수 있다. 회사채에는 다른 조항들이 포함될 수도 있다. 예를 들면, 어떤 채권은 보유자의 선택에 의해 고정금리부채로 전환될 수도 있고, 어떤 변동금리채권은 이자율이 얼마나 높은 수준 또는 낮은 수준까지 변동할 수 있는지에 대한 상한(caps)과 하한(floors)을 가지고 있기도 하다.

무이표채
이자는 전혀 지급하지 않지만 액면가 이하의 할인된 가격에 발행됨으로써 투자자들에게 자본이득을 제공하는 채권.

최초할인발행(OID)채권
최초 발행 시에 액면가보다 낮은 가격에 발행된 채권.

어떤 채권들은 이자를 전혀 지급하지 않고 액면가 이하의 할인된 가격에 발행됨으로써, 이자소득보다는 자본이득을 투자자에게 제공한다. 이런 증권들을 **무이표채**(zero coupon bonds) 또는 간단히 **제로스**(zeros)라고 부른다. 다른 채권들은 이표이자를 지급하지만, 투자자가 채권을 액면가에 구매할 유인은 충분하지 않다. 일반적으로 처음에 액면가보다 상당히 낮은 가격에 발행된 채권을 **최초할인발행(OID)채권**(original issue discount(OID) bond)이라고 부른다. 무이표채의 발행과 투자에 관련된 세부적인 사항은 웹부록 7A에 좀 더 상세히 설명되어 있다.

7-2C 만기일

만기일
채권의 액면가가 상환되어야 하는 명시된 특정 날짜

최초만기
채권이 발행될 당시 만기까지의 연수

채권은 일반적으로 액면가가 상환되어야 하는 특정 **만기일**(maturity date)을 가지고 있다. 2021년 1월 4일에 발행된 Allied의 채권은 2036년 1월 3일에 만기가 되고, 따라서 발행 당시 이 채권은 15년의 만기를 가진다. 대부분의 채권은 채권이 발행될 당시의 만기인 **최초만기**(original maturities)가 10년에서 40년의 범위에 있지만, 어떠한 만기도 법적으로 허용된다.[3] 물론, 채권의 유효만기는 발행된 후에 매년 감소한다. 이렇게 Allied의 채권은 15년의 최초만기를 가지지만 1년 후인 2022년에는 14년 만기를 가지고, 그 1년 후에는 13년 만기를 가질 것이다.

---

3) Walt Disney company는 낮은 이자율에 고정하기 위해 1993년 7월에 최초로 100년 만기의 채권을 발행함으로써 "장기 채권"의 의미를 확장했다. 이어서 Coca-Cola가 두 번째로 100년 만기의 채권을 발행했고, Columbia/HCA Healthcare Corporation, BellSouth Telecommunications, J.C. Penney, Wisconsin Electric Power Company, IBM 등 여러 회사들이 뒤따랐다.

7-2D 수의상환조항

수의상환조항
채권의 발행자에게 만기일 이전에 명시된 특정 조건으로 채권을 상환할 수 있는 권리를 부여한 채권계약서상의 조항

많은 회사채와 지방채에는 발행자에게 채권을 수의상환할 수 있는 권리를 부여하는 **수의상환조항**(call provision)이 포함되어 있다. 일반적으로 수의상환조항은 수의상환을 할 경우 채권발행자는 보유자에게 액면가보다 큰 금액을 시급해야 한다고 명시하고 있다. 이 추가적인 지급액은 **수의상환 프리미엄**(call premium)이라고 불리는데, 보통 연간 이자와 같다. 예를 들어, 연 10%의 이표 및 $1,000의 액면가를 가진 10년 만기 채권에 대한 수의상환 프리미엄은 $100이 될 것이고, 이는 만약 채권을 수의상환하기 원한다면 발행자는 투자자에게 $1,100(액면가에 수의상환 프리미엄을 더한 금액)을 지불해야 한다는 것을 의미한다. 대부분의 경우, 채권계약서의 조항들에는 시간이 지나면서 만기에 가까워질수록 수의상환 프리미엄은 감소하도록 설정된다. 또한 즉시 수의상환이 가능한 채권도 있지만, 대부분의 경우에 채권은 발행 후 몇 년(보통 5년에서 10년) 동안에는 수의상환이 금지된다. 이는 **이연수의상환**(deferred call)으로 불리고, 이러한 채권들은 **수의상환보호**(call protection)가 되어 있다고 말한다.

기업은 채권 발행 이후 이자율이 상당히 하락하지 않는 한 채권을 수의상환하지 않을 것이다. 이자율이 비교적 높았던 때 채권을 발행했던 회사를 가정해보자. 수의상환이 가능한 채권이라면, 이자율이 하락했을 때 기업은 낮은 이자율로 채권을 새로이 발행하고 여기서 얻은 수입으로 높은 이자율의 채권을 상환함으로써, 기업의 이자비용을 낮출 수 있다. 이러한 과정을 **차환과정**(refunding operation)이라고 부른다. 이렇게 수의상환이라는 법적 권리는 기업에게는 소중하지만, 조기상환받은 자금을 낮아진 이자율로 새로이 재투자해야 하는 장기투자자에게는 불이익이 된다. 따라서 신규 발행된 수의상환채권의 이자율은 수의상환 없이 신규 발행된 채권의 이자율보다 높을 것이다. 예를 들면, 2021년 4월 30일에 Pacific Timber Company는 즉시 수의상환이 가능한 수익률 6%의 채권을 발행했다. 같은 날, Northwest Milling Company는 비슷한 위험과 만기를 가진 수익률 5.5%의 10년 동안 수의상환이 금지된 채권을 발행했다. 투자자는 적어도 10년 동안은 5.5% 이자율을 얻을 것이라고 확신하고 Northwest 채권에 대해 0.5% 낮은 이표이자율을 기꺼이 받아들일 것이다. 반면에, Pacific은 이자율이 하락하는 경우에 채권을 수의상환할 수 있는 선택권 때문에 0.5% 높은 연이자율을 부담해야 한다.

차환과정은 이자율이 하락하는 경우 주택담보대출을 차환대출받는 주택소유자와 비슷하다는 점을 명심하라. 가령, 7%의 주택담보대출을 보유한 주택소유자를 고려해보자. 주택담보대출 이자율이 4%로 하락한다면, 주택소유자는 아마도 주택담보대출을 차환대출받는 것이 유리하다는 것을 알게 될 것이다. 차환대출에는 약간의 수수료가 발생할 수도 있지만, 낮은 이자율이 이 수수료를 충분히 상쇄하고도 남을 만큼 이득이

될 것이다. 필요로 하는 분석은 주택소유자 및 기업에게 본질적으로 동일하다.

7-2E 감채기금

감채기금조항
채권의 발행자에게 매년 발행채권의 일정 비율을 상환하도록 한 채권계약서상의 조항

어떤 채권은 발행채권의 체계적인 상환을 용이하게 하는 **감채기금조항**(sinking fund provision)을 포함하고 있다. 오래 전에는 기업들이 수탁자에게 돈을 공탁해야 했고, 수탁자는 이 자금을 투자하고 그 누적금액을 채권의 만기가 될 때 상환에 사용했다. 하지만, 요즘은 감채기금조항이 있어서 발행자가 매년 발행채권의 일정 비율을 다시 매입하도록 요구된다. 감채기금요건을 충족시키지 못하면 부도를 야기하게 되고, 이것은 기업을 파산에 이르게 할 수도 있다. 그러므로 감채기금은 의무적인 납입액이다.

한 회사가 20년 만기의 채권 $1억을 발행했고 매년 발행액의 5%, 즉 $500만의 채권을 상환하는 것이 요구된다고 가정해보자. 대부분의 경우 발행자는 두 가지 방법 중 하나로 감채기금요건을 충족시킬 수 있다:

1. 회사는 요구된 채권 $500만을 액면가에 수의상환할 수 있다. 채권은 일련번호가 매겨지고, 상환이 요구되는 채권은 수탁자가 주관하는 추첨을 통해 결정된다.
2. 회사는 요구된 수만큼의 채권을 공개시장에서 구매할 수 있다.

기업은 비용이 가장 적게 드는 방법을 선택할 것이다. 채권이 발행된 후에 이자율이 하락한다면, 그 채권은 액면가 이상으로 거래될 것이다. 이 경우에 기업은 수의상환 옵션을 사용할 것이다. 하지만, 이자율이 상승한다면 그 채권은 액면가 이하 가격으로 거래될 것이고, 기업은 액면가 $500만의 채권을 공개시장에서 $500만보다 낮은 가격에 구매할 수 있고 당연히 그렇게 할 것이다. 대부분의 감채기금을 위한 수의상환에는 수의상환 프리미엄을 요구하지 않기 때문에 일반적으로 감채기금 목적의 수의상환은 차환 목적의 수의상환과는 다르다. 그러나 보통 어떤 특정 연도에 발행채권의 아주 낮은 비율만 수의상환이 가능하다.

감채기금은 발행채권들이 체계적인 방식으로 상환되도록 보장함으로써 투자자를 보호할 목적으로 만들어졌지만, 채권의 이표이자율이 현재 시장이자율보다 높다면 이 감채기금은 채권보유자들에게 불리하게 작용한다. 예를 들면, 한 채권의 이표이자율은 10%이고 비슷한 채권들의 수익률은 현재 7.5%에 불과하다고 가정해보자. 액면가에 이루어지는 감채기금 수의상환은 장기투자자로 하여금 $100의 이자를 지급하는 채권을 포기하고 매년 $75의 이자만 지급하는 채권에 재투자하도록 한다. 이것은 수의상환 대상이 되는 채권의 보유자에게는 명백한 불이익이다. 그러나 모든 점을 고려해보면 감채기금조항을 가진 채권은 그런 조항이 없는 채권보다 더 안전한 것으로 간주되고, 따라서 채권이 발행될 때 감채기금조항이 있는 채권은 감채기금조항은 없지만 그

밖의 면에서는 유사한 채권보다 낮은 이표이자율을 가진다.

7-2F 다른 특징들

전환사채
채권보유자의 선택으로 채권발행회사의 보통주로 전환가능한 채권

신주인수권
채권보유자가 특정 가격에 명시된 수의 보통주를 매입할 수 있는 장기적인 선택권

몇몇 다른 유형의 채권들도 언급이 필요할 만큼 많이 사용된다. 첫째, **전환사채**(convertible bonds)는 채권보유자의 선택으로 특정 가격에 보통주로 교환할 수 있는 채권이다. 전환사채는 주식가격이 오르면 투자자에게 자본이득의 기회를 제공하지만, 그 특징 때문에 발행회사는 비슷한 신용위험을 가진 비전환사채보다 낮은 이표이자를 지급할 수 있다. **신주인수권**(warrants)이 포함되어 발행된 채권은 전환사채와 비슷하지만, 투자자에게 채권을 주식으로 교환하는 선택권을 부여하는 대신에, 채권보유자에게 명시된 가격에 주식을 살 수 있는 선택권을 부여함으로써 주식가격이 상승하면 자본이득을 제공한다. 이 요인 때문에 전환사채처럼 신주인수권이 포함되어 발행된 채권은 비슷한 비전환사채보다 낮은 이표이자율을 가진다.

수의상환청구채권
투자자들이 만기일 전에 예정된 가격으로 보유하고 있는 채권을 발행회사에 되팔 수 있는 조항을 갖고 있는 채권

수익채권
이자 지급에 충분한 수익이 발생할 때만 이자를 지급하는 채권

지수연동(구매력)채권
채권보유자를 인플레이션으로부터 보호하기 위해 인플레이션지수에 연동해서 이자를 지급하는 채권

수의상환채권은 **발행자**에게 만기 전에 부채를 상환할 권리를 부여한 반면, **수의상환청구채권**(putable bonds)은 **투자자**가 기업에게 만기 전에 미리 채권을 상환하도록 요구하는 것이 허용된 채권이다. 이자율이 오르면, 투자자는 채권을 다시 회사에 팔고 높은 이표이자율을 갖는 채권에 재투자할 것이다. 또 다른 유형의 채권으로는 **수익채권**(income bond)이 있는데, 이 채권은 발행자가 이자지급을 감당할 수 있을 만큼 충분히 돈을 벌었을 때에만 이자를 지급하는 채권이다. 따라서 수익채권은 회사를 파산시킬 수 없다. 하지만 투자자의 입장에서 보면 수익채권은 "일반" 채권보다 더 위험하다. 또 다른 채권에는 **지수연동채권**(indexed bond) 또는 **구매력채권**(purchasing power bond)이 있다. 이자율은 소비자물가지수와 같은 인플레이션지수를 바탕으로 하고 있기 때문에, 인플레이션율이 오르면 자동적으로 지급이자도 상승하게 되고, 따라서 인플레이션으로부터 채권보유자를 보호하게 된다. 제6장에서 언급했던 것처럼, 미국 재무부는 지수연동채권의 주요 발행자이다.

셀프 테스트

- 변동금리채권, 무이표채, 수의상환채권, 수의상환청구채권, 수익채권, 전환사채, 인플레이션지수연동채권(TIPS)을 정의하라.
- 다른 모든 것들이 불변이라면, 수의상환채권과 수의상환청구채권 중 어떤 것이 투자자에게 더 위험한가?
- 일반적으로 변동금리채권의 이자율은 어떻게 결정되는가?
- 감채기금요건을 충족시킬 수 있는 두 가지 방법은 무엇인가? 이자율이 상승한다면 어떤 대안이 사용될까? 이자율이 하락한다면?

7-3 채권의 가치평가

자료(Resource)

cengage.com의 본 교재 관련 사이트에서 Excel 챕터 모형들을 다운로드할 수 있다. 다운로드 후에는 제7장 파일을 열어 이 챕터를 읽으면서 따라 해보자.

주식, 채권, 리스 등과 같은 금융자산이나 아파트나 기계장비 등과 같은 실물자산의 가치는 그 자산이 창출할 것으로 예상되는 현금흐름의 현가(PV)이다. Allied Food의 채권과 같은 표준적인 이표채권의 현금흐름은 만기까지 15년 동안의 이자지급액 및 만기에 지급되는 차입금액(일반적으로 액면가)으로 구성된다. 변동금리채권의 경우, 이자지급액은 시간이 지나면서 변동한다. 무이표채의 경우에는 이자지급액이 없어서 유일한 현금흐름은 채권의 만기에 지급되는 액면금액이다. Allied의 채권처럼 고정이표를 지급하는 "일반" 채권에 대해 상황은 다음과 같다:

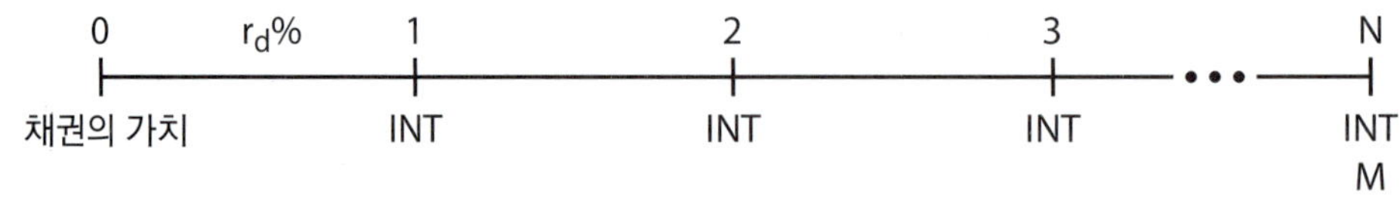

여기서,

r_d = 채권의 시장이자율 = 8%. 이것은 채권의 가격이기도 한 현금흐름의 현재가치를 계산하기 위해 사용된 할인율이다. 제6장에서는 시장이자율을 결정하는 다양한 요인들에 대해 자세히 논의했다. r_d는 이표이자율이 아니라는 점을 명심하라. 하지만, r_d가 이표이자율과 같을 때도 있는데, 특히 채권이 발행된 날에 그러하다. 그리고 이 경우에서처럼 두 이자율이 같을 때 채권은 액면가에 거래된다.

N = 채권 만기까지의 연수 = 15. N은 채권이 발행된 후에 시간이 지나면서 감소하는데, 채권이 발행될 때는 15년의 만기를 가진 채권(최초만기 = 15)이 1년 뒤에는 N = 14, 2년 후에는 N = 13 등의 만기를 가질 것이다. 여기서는 채권이 이자를 1년에 한 번 또는 연간으로 지급한다고 가정하고, 따라서 N은 년으로 측정된다. 나중에 우리는 반기별로 이자가 지급되는 채권을 분석할 것인데, 이 채권은 매 6개월마다 이자를 지급한다.

INT = 매년 지급되는 이자액 = 이표이자율 × 액면가 = 0.08($1,000) = $80. 계산기 설정에서는 INT = PMT = 80이다. 반기별로 이자가 지급되는 채권이라면, 이자지급액은 매 6개월마다 $40일 것이다. Allied가 무이표채로 발행했다면 이자지급액은 0일 것이고, 채권이 "변동금리"로 발행되었다면 이자지급액은 시간이 지나면서 변할 것이다.

M = 채권의 액면가 또는 만기가치 = $1,000. 이 금액은 만기에 지급되어야 한다. 종이 쿠폰(이표)이 붙어 있는 종이 채권이 사용되던 1970년대 및 그 이전에는 대부분 채권의 액면가는 $1,000이었다. 컴퓨터에 채권을 등록하는 오늘날에는 액면가가 다양할 수 있지만, 본 교재에서는 편의상 $1,000을 사용한다.

이제 우리는 채권의 가치(그리고 균형상태가 존재한다는 가정하에서의 가격)인 V_B를 제외한 모든 변수들의 수치를 보여주기 위해 시간선(time line)을 다시 그릴 수 있다:

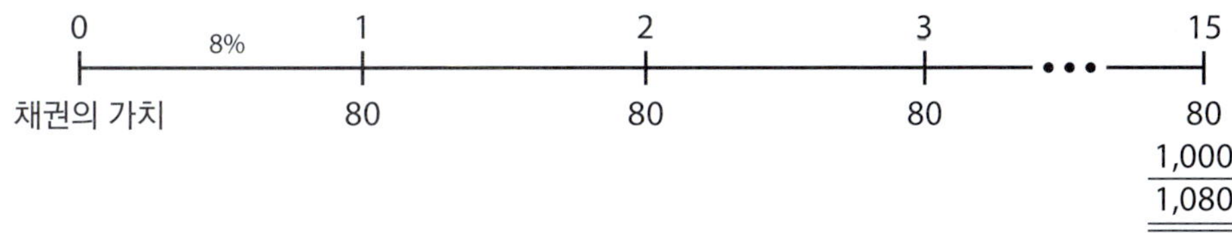

다음의 일반적인 식은 어떤 채권에 대해서도 그 가치를 구하기 위해 사용될 수 있다:

$$\text{채권의 가치} = V_B = \frac{INT}{(1+r_d)^1} + \frac{INT}{(1+r_d)^2} + \cdots + \frac{INT}{(1+r_d)^N} + \frac{M}{(1+r_d)^N} \tag{7.1}$$

$$= \sum_{t=1}^{N} \frac{INT}{(1+r_d)^t} + \frac{M}{(1+r_d)^N}$$

Allied 채권의 경우 수치들을 입력하면 다음과 같은 식을 얻는다.

$$V_B = \sum_{t=1}^{15} \frac{\$80}{(1.08)^t} + \frac{\$1,000}{(1.08)^{15}}$$

현금흐름은 N년짜리 연금 및 N년 말에 지급되는 일시불을 더한 것으로 구성되며, 이런 내용이 식 (7.1)에 반영되어 있다.

채권의 가치를 구하기 위해서는 단순하게 각 현금흐름을 현재 시점으로 할인하고 그 현가들을 합하면 된다. 구체적인 예는 [그림 7.1]을 참조하라. 그러나 이 절차는 그리 효율적이지 못한데, 특히 채권의 만기까지 오래 남아 있을 경우에는 더 그렇다. 그래서 이런 문제를 풀기 위해 재무계산기를 사용한다. 설정은 다음과 같다:

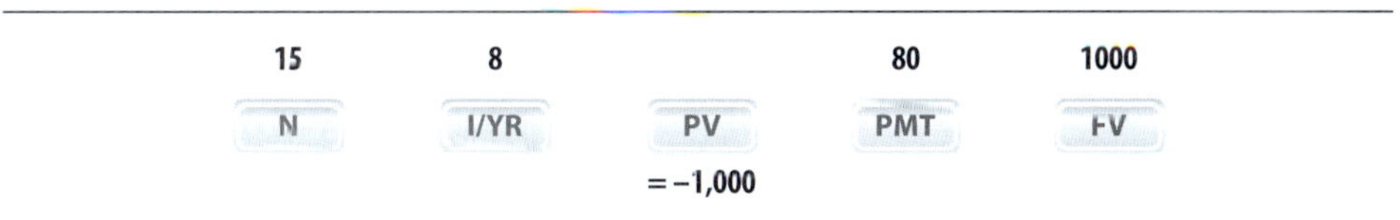

간단하게 $N = 15$, $r_d = I/YR = 8$, $INT = PMT = 80$, $M = FV = 1000$을 입력한 후에, 채권의 가치(이 경우에는 \$1,000)를 구하기 위해 PV키를 누른다.[4] 투자자에게 현가는 현금유출이기 때문에, 마이너스(−) 부호로 표시된다. 계산기는 식 (7.1)을 풀도록 프

4) 채권의 가치를 구하기 위해 스프레드시트 또한 사용될 수 있다. 이 채권의 현가는 엑셀의 PV 함수를 이용해서 계산할 수 있다:

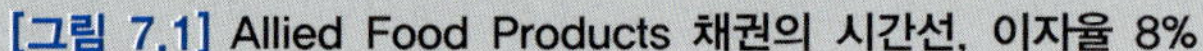
[그림 7.1] Allied Food Products 채권의 시간선, 이자율 8%

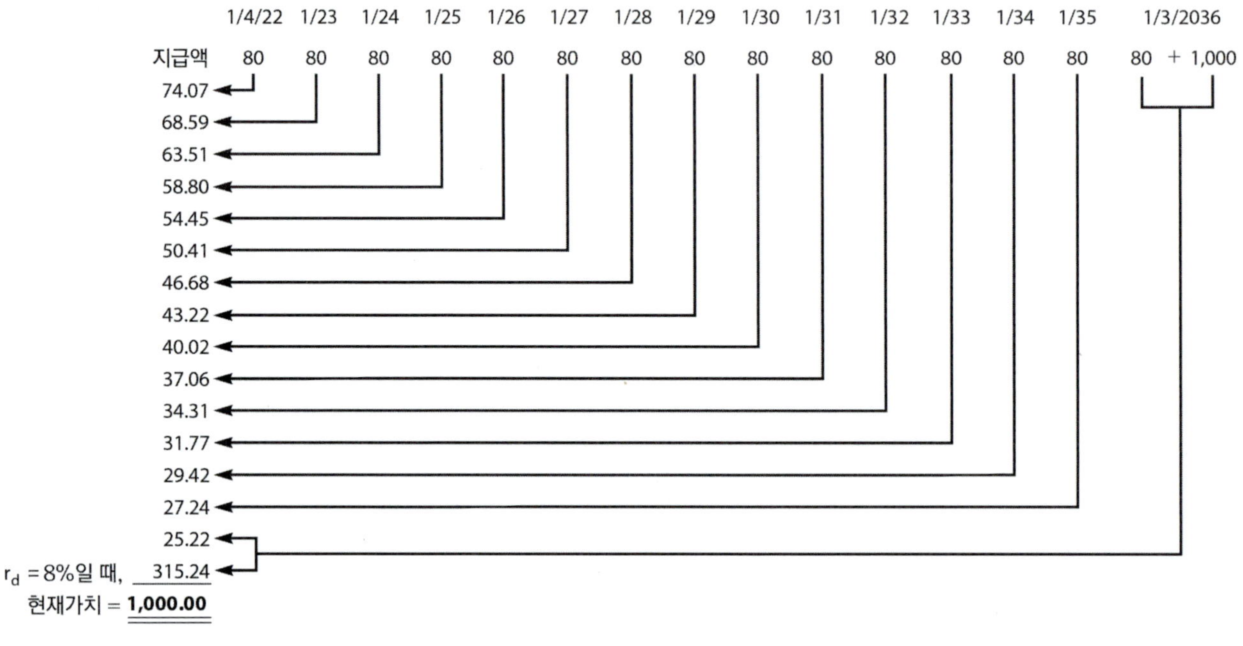

로그램화되어 있다. 15년 동안 매년 \$80이 발생하는 연금을 8%로 할인해서 현가를 구하고 만기지급액 \$1,000의 현가를 구해서, 채권의 가치를 계산하기 위해 이 두 현가를 합산한다. 이 Allied의 예에서는 채권이 액면가와 같은 가격에 거래된다.

채권의 시장이자율 혹은 현행이자율인 r_d가 채권의 이표이자율과 같을 때는 언제나 **고정금리**채권은 액면가에 매매될 것이다. 보통 이표이자율은 채권이 발행된 날 시장의 현행이자율로 설정되므로 처음에 채권은 액면가로 거래된다.

이표이자율은 채권이 발행된 후에는 고정된 상태로 있지만, 시장에서의 이자율은 상승하거나 하락한다. 식 (7.1)을 보면, 시장이자율(r_d)의 **상승**은 발행된 채권의 가격을 **하락**하게 하는 반면에, 시장이자율의 **하락**은 채권의 가격을 **상승**하게 한다. 예를 들면, Allied 채권의 시장이자율이 채권 발행 직후 12%로 상승한다면, 새로운 시장이자율로 채권의 가격을 재계산한 결과는 다음과 같다:

= PV(0.08,15,80,1000)

PV(rate, nper, pmt, [fv], [type])

채권의 가치는 \$1,000으로 계산된다. 현금흐름은 매년 말에 발생하므로 이 함수에서 type는 공란이라는 점에 주의하라.

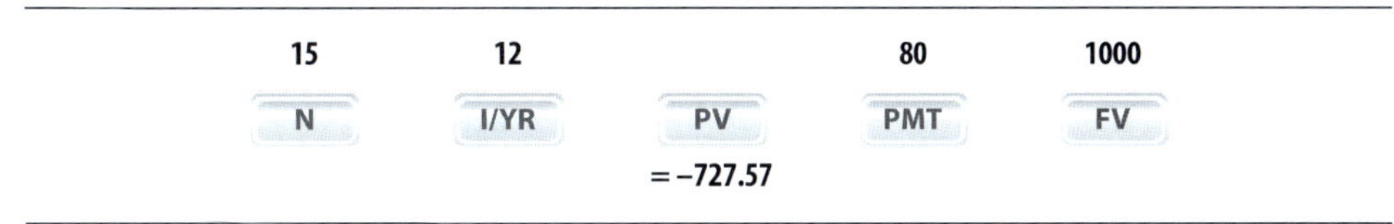

할인채
액면가보다 낮은 가격에 거래되는 채권으로 현행 이자율이 이표이자율보다 높을 경우에 발생한다.

채권의 가격은 이자율 상승으로 인해 액면가보다 훨씬 낮은 $727.57로 하락할 것이다. 현행이자율이 이표이자율보다 **높게 되면** 고정금리채권의 가격은 액면가보다 **낮게 되고**, 이런 유형의 채권을 **할인채**(discount bond)라고 부른다.

반면에, 시장이자율이 하락하면 채권가격은 상승한다. 예를 들면, Allied 채권의 시장이자율이 채권 발행 직후 4%로 하락하는 경우, 한 번 더 새로운 시장이자율로 채권의 가격을 재계산한 결과는 다음과 같다:

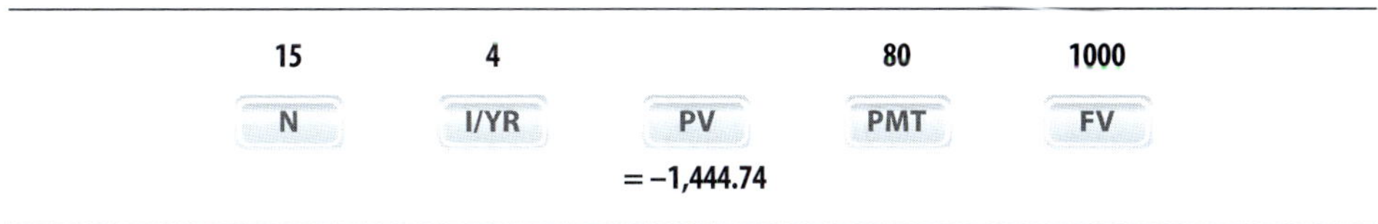

할증채
액면가보다 높은 가격에 거래되는 채권으로 현행 이자율이 이표이자율보다 낮을 경우에 발생한다.

이 경우 채권의 가격은 $1,444.74로 상승한다. 일반적으로, 현행이자율이 이표이자율보다 **낮게 되면** 고정금리채권의 가격은 액면가보다 **높게 되고**, 이런 유형의 채권을 **할증채**(premium bond)라고 부른다.

이상을 요약하면 다음과 같다:

r_d = 이표이자율, 고정금리채권은 액면가에 거래되고, 따라서 이 채권은 **액면채**(par bond)이다.

r_d > 이표이자율, 고정금리채권은 액면가보다 낮게 거래되고, 따라서 이 채권은 **할인채**이다.

r_d < 이표이자율, 고정금리채권은 액면가보다 높게 거래되고, 따라서 이 채권은 **할증채**이다.

응용문제

당신의 한 친구가 만기까지 10년 남은 연 이표이자율 5%의 채권에 투자했다. 이 채권의 액면가는 $1,000이고 시장이자율은 현재 7%이다. 당신의 친구는 이 채권을 얼마에 매입했을까? 이 채권은 액면채인가, 할증채인가 또는 할인채인가?

[해답]

재무계산기를 사용하면, 당신의 친구가 이 채권을 매입하기 위해 $859.53을 지불했다는 결론을 얻을 수 있다.

10	7		50	1000
N	I/YR	PV	PMT	FV
		= -859.53		

엑셀의 PV 함수를 이용해서 다음과 같이 채권의 가치를 구한다:

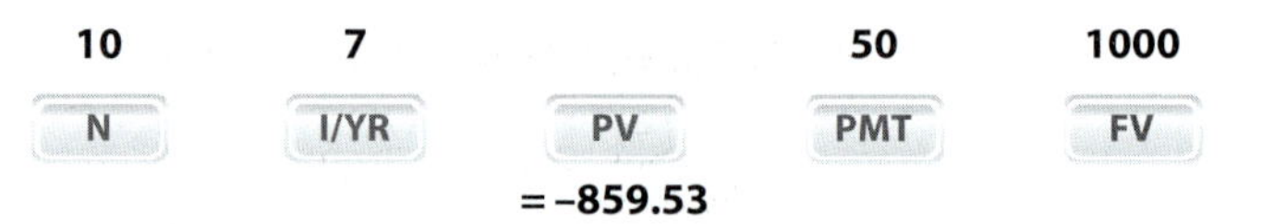

여기서 채권의 가치는 $859.53으로 구해진다.

채권의 이표이자율(5%)이 현재 시장이자율(7%)보다 낮으므로 이 채권은 할인채이며, 채권이 발행된 후에 이자율이 상승했다는 점을 반영하고 있다.

셀프 테스트

- 8년 후 만기가 되는 채권의 액면가는 $1,000이고 연 이표이자지급액은 $70, 시장이자율은 9%이다. 채권의 가격은 얼마인가? **($889.30)**
- 12년 후 만기가 되는 채권의 액면가는 $1,000이고 연 이표이자율은 10%, 시장이자율은 8%이다. 채권의 가격은 얼마인가? **($1,150.72)**
- 이 두 채권 중 할인채는 어느 것인가? 할증채는 어느 것인가? 설명하라.

7-4 채권수익률

월스트리트 저널의 채권시장 일람표나 채권딜러가 발간하는 가격표를 살펴보면, 통상적으로 각 채권의 만기일, 가격 및 이표이자율에 관한 정보를 알게 된다. 또한 고시된 수익률도 알 수 있을 것이다. 고정되어 있는 이표이자율과는 달리, 채권의 수익률은 현재 시장 상황에 따라 매일매일 변동한다.

크게 도움이 되려면 채권의 수익률은 오늘 채권을 구매해서 잔존연수 동안 보유할 경우 얻을 수 있는 수익률의 추정치를 제공해야 한다. 수의상환채권이 아니라면, 채권의 잔존연수는 만기까지 남아 있는 연수이다. 수의상환채권의 경우에 채권의 잔존연수는 채권이 수의상환되지 않는다면 만기까지의 연수이고, 채권이 수의상환된다면 수의상환될 때까지의 연수이다. 다음에서는 이 두 가지 수익률을 계산하는 방법과 투자자는 어떤 수익률을 얻을 가능성이 높은가에 대해 설명한다.

7-4A 만기수익률

만기수익률(YTM)
채권을 만기까지 보유했을 때 얻게 되는 채권의 수익률

14년 만기, 연 이표 8%, 액면가 $1,000의 채권을 $1,422.52의 가격에 매입하라는 제안을 받았다고 가정하자. 이 채권을 구입해서 만기까지 보유하고 약정이자 및 만기지급액을 모두 받는다면, 이 투자에서 얻을 수 있는 이자율은 얼마인가? 이 이자율을 채권의 **만기수익률**(yield to maturity: YTM)이라 부르고, 이것은 일반적으로 투자자들이 수익률에 대해 이야기할 때 언급되는 이자율이며 월스트리트 저널이나 다른 간행물에 공표되는 이자율이다. YTM을 계산하기 위해서는 다음과 같이 식 (7.1)을 r_d에 대해서 풀면 된다:

$$V_B = \frac{INT}{(1+r_d)^1} + \frac{INT}{(1+r_d)^2} + \cdots + \frac{INT}{(1+r_d)^N} + \frac{M}{(1+r_d)^N}$$

$$\$1,422.52 = \frac{\$80}{(1+r_d)^1} + \cdots + \frac{\$80}{(1+r_d)^{14}} + \frac{\$1,000}{(1+r_d)^{14}}$$

이 식에서 현가의 총합이 $1,422.52와 같아지게 만드는 r_d의 값을 구할 때까지 r_d에 다른 수치들을 대입한다. 하지만, 시행착오(trial and error)를 이용해서 $r_d = YTM$을 구하는 것은 시간이 많이 걸리는 지루한 과정이다. 이미 당신이 생각하고 있을지도 모르지만, 재무계산기를 사용하면 계산은 아주 간단해진다.[5] 설정은 다음과 같다:

14		−1422.52	80	1000
N	I/YR	PV	PMT	FV
	4			

5) 스프레드시트를 이용해서 YTM을 구할 수도 있다. 엑셀에서 RATE 함수를 이용한다:

```
=RATE(14,80,–1422.52,1000)
RATE(nper, pmt, pv, [fv], [type], [guess])
```

YTM은 4%로 구해진다. 이 함수에서 type나 guess에 대한 수치는 명기할 필요가 없다는 점에 주의하라.

간단하게 N = 14, PV = − 1422.52, PMT = 80, FV = 1000을 입력한 후에 I/YR키를 눌러라. 답은 4%로 나올 것이다.

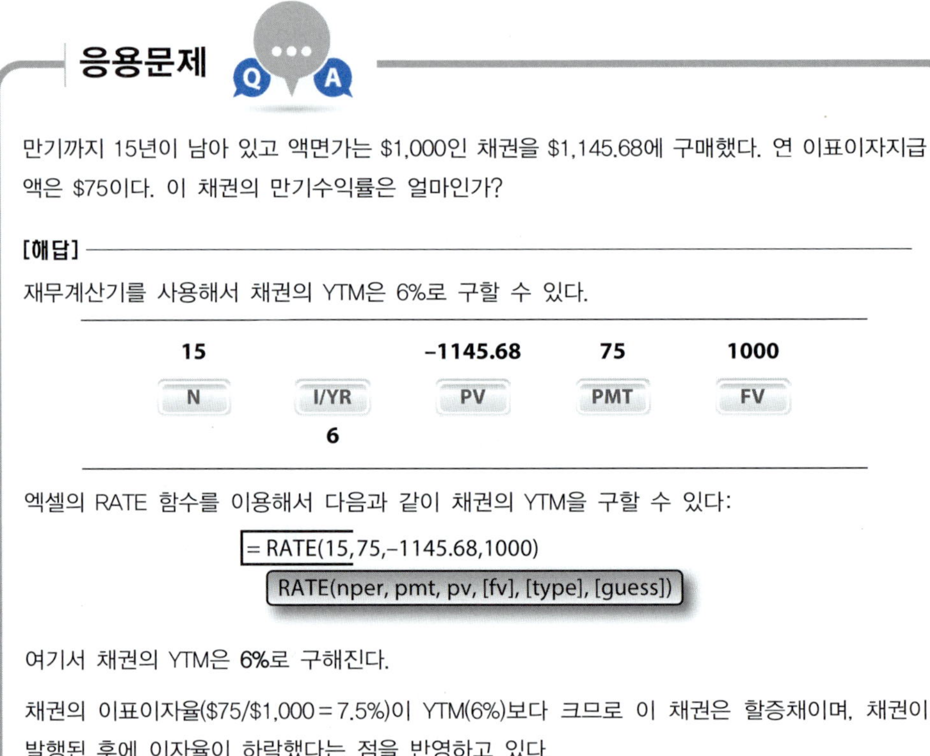

응용문제

만기까지 15년이 남아 있고 액면가는 $1,000인 채권을 $1,145.68에 구매했다. 연 이표이자지급액은 $75이다. 이 채권의 만기수익률은 얼마인가?

[해답]

재무계산기를 사용해서 채권의 YTM은 6%로 구할 수 있다.

15		−1145.68	75	1000
N	I/YR	PV	PMT	FV
	6			

엑셀의 RATE 함수를 이용해서 다음과 같이 채권의 YTM을 구할 수 있다:

= RATE(15,75,−1145.68,1000)

RATE(nper, pmt, pv, [fv], [type], [guess])

여기서 채권의 YTM은 **6%**로 구해진다.

채권의 이표이자율($75/$1,000 = 7.5%)이 YTM(6%)보다 크므로 이 채권은 할증채이며, 채권이 발행된 후에 이자율이 하락했다는 점을 반영하고 있다.

만기수익률은 채권의 **약정수익률**로도 볼 수 있는데, 약정수익률은 약속된 모든 금액의 지급이 완료되었을 경우 투자자가 얻는 수익률이다. 하지만, 만기수익률은 (1) 채무불이행의 확률이 0일 때 및 (2) 채권이 수의상환될 수 없을 때에만 **기대수익률**과 같게 된다. 만약 채무불이행위험이나 수의상환될 가능성이 일부라도 있다면, 만기까지 약정된 금액을 제대로 받지 못할 가능성이 존재하는데, 이런 경우에 산정된 만기수익률은 기대수익률을 초과할 것이다.

계산된 채권의 만기수익률은 시장에서 이자율이 변할 때마다 변동하며, 이것은 거의 매일 일어난다는 점을 명심하라. 채권을 사서 만기까지 보유하는 투자자는 구매일의 YTM을 얻게 되지만, 산정된 채권의 YTM은 구매일과 만기일 사이에 자주 변동할 것이다.

7-4B 수의상환수익률

수의상환채권에 투자했는데 기업이 그 채권을 수의상환한다면, 투자자가 만기까지 채권을 보유할 수 있는 선택권이 없어진다. 따라서 투자자는 만기수익률을 얻지 못할 것이다. 가령, Allied의 8% 이표채가 수의상환이 가능하다면, 이사율이 8%에서 4%로 하락하는 경우 Allied는 8% 채권을 수의상환하고 4% 채권으로 대체해서 채권당 매년 $80 − $40 = $40의 이자를 절약할 것이다. 이것은 기업에게는 이득이 되겠지만 채권보유자에게는 그렇지 않을 것이다.

수의상환수익률(YTC)
채권이 만기일 전에 수의상환될 때 얻게 되는 채권의 수익률

현재 시장이자율이 발행된 채권의 이표이자율보다 훨씬 낮다면, 수의상환채권은 수의상환될 가능성이 높고, 투자자는 만기수익률이 아닌 **수의상환수익률**(yield to call: YTC)을 채권의 수익률로 평가할 것이다. 수의상환수익률을 계산하기 위해서는, 수의상환되기까지의 연수를 N, 그리고 액면가 대신에 수의상환가격(call price)을 마지막 지급액으로 사용해서 식 (7.1)을 수정한다. 수정된 공식은 다음과 같다:

$$\text{채권의 가격} = \sum_{t=1}^{N} \frac{\text{INT}}{(1+r_d)^t} + \frac{\text{수의상환가격}}{(1+r_d)^N} \tag{7.2}$$

여기서 N은 기업이 채권을 수의상환할 수 있을 때까지의 연수, 수의상환가격은 기업이 채권을 수의상환하기 위해서 반드시 지불해야 하는 가격(이것은 종종 액면가에 1년 이자를 더한 금액과 같게 설정된다)이고, r_d는 수의상환수익률(YTC)이다.

예를 들어, Allied의 채권은 기업이 원한다면 채권 발행 10년 후에 $1,080의 가격으로 그 채권을 수의상환할 수 있는 이연수의상환조항을 갖고 있다고 가정하자. 또한 이사율은 계속 하락하고 있고 발행 1년 후에 현행이자율이 하락해서 채권의 가격은 $1,422.52로 올랐다고 가정하자. 재무계산기를 이용해서 채권의 YTC를 구하기 위한 시간선과 계산기 설정은 다음과 같다:

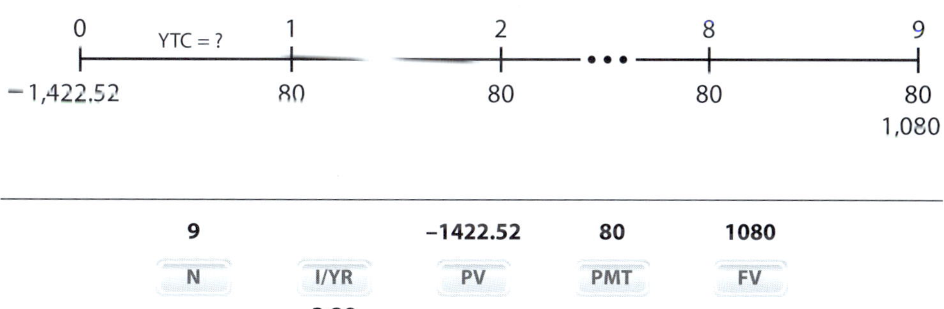

YTC는 3.28%이며, 이것은 Allied의 채권을 $1,422.52의 가격에 사서 9년 후에 이 채권이 수의상환되는 경우에 얻을 수 있는 수익률이다. (이 채권은 이연수의상환조항 때문에 발행 후 10년째까지는 수의상환될 수 없다. 1년이 경과했으므로 첫 수의상환일까지는 9년이 남아 있게 된다.)

응용문제

만기까지 15년이 남아 있고 액면가는 $1,000인 채권을 $1,145.68에 구매했다. 연 이표이자지급액은 $75이다. p.316에 있는 응용문제 박스에서 이 채권의 YTM(6%)을 계산했다. 이제 이 채권은 7년 후 $1,075의 가격에 수의상환이 가능하다고 가정하자. 이 채권의 YTC는 얼마인가? 이 기간 동안 수익률곡선이 현재의 수준에서 평평하다면, YTM이나 YTC 중 어떤 수익률을 예상하는가?

[해답]

재무계산기를 사용해서 채권의 YTC는 5.81%로 구할 수 있다.

7		−1145.68	75	1075
N	I/YR	PV	PMT	FV
	5.81			

엑셀의 RATE 함수를 이용해서 다음과 같이 채권의 YTC를 구할 수 있다:

```
= RATE(7,75,−1145.68,1075)
RATE(nper, pmt, pv, [fv], [type], [guess])
```

여기서 채권의 YTC는 5.81%로 구해진다.

채권이 발행된 후에 이자율이 하락했으므로 이 채권은 액면가보다 높게 거래된다. 향후 7년 동안 수익률곡선이 현재의 수준에서 평평하다면, 회사는 이 채권을 수의상환하고 더 낮은 6% 이자율에 채권을 발행할 것이고, 이렇게 하는 비용이 채권당 $75 − $60 = $15의 이자 절감분보다 낮을 때 행해진다.

기업이 높은 이자율의 부채를 더 싼 자금조달수단으로 대체할 수 있다면 채권을 수의상환할 가능성이 더 커진다. 대체로 채권의 가격이 액면가보다 높다면 그 채권은 수의상환될 가능성이 큰데, 왜냐하면 액면가보다 높은 가격은 현행 시장이자율(만기수익률)이 이표이자율보다 낮다는 것을 의미하기 때문이다. 이제 Allied는 수의상환이 가능할 때 이표이자율 8%의 채권을 수의상환할 것이라고 생각하는가? Allied의 결정은 수의상환이 가능해졌을 때의 현행이자율 수준에 따라 달라질 것이다. 현행이자율이 r_d = 4%에서 일정하다면, Allied는 매년 채권당 8% − 4% = 4%, 즉 $40을 절약할 수 있고, 따라서 Allied는 8%의 채권을 수의상환하고 새로운 4%의 채권으로 교체할 것이다. 이와 같이 채권을 교체하기 위해서는 비용이 수반되는데, 이자절감분이 그 비용을 상쇄할 수 있기 때문에 Allied는 채권을 교체할 것이다. 따라서 제시된 조건으로 채권을 샀다면, YTM = 4%보다는 YTC = 3.28%를 얻을 것으로 예상할 수 있다.

이 장에서는 별도의 언급이 없으면 채권은 수의상환될 수 없다고 가정한다. 그러나 이 장 끝부분에 있는 몇몇 문제들에서는 수의상환수익률을 다룰 것이다.[6)]

셀프 테스트

- 만기수익률과 수의상환수익률의 차이점을 설명하라.
- Halley Enterprises의 채권은 현재 $975에 거래되고 있다. 이 채권의 만기는 7년, 연 이표이자는 $90, 액면가는 $1,000이다. 이 채권의 만기수익률은 얼마인가? **(9.51%)**
- Henderson Company의 채권은 현재 $1,275에 거래되고 있다. 이 채권의 연 이표이자는 $120, 만기는 20년, 액면가는 $1,000이고, 5년 후에 $1,120의 가격에 수의상환될 수 있다. 이 채권의 YTM과 YTC는 얼마인가? 그리고 수익률곡선이 평평하다면, 투자자에게 더 적절한 수익률은 어느 것인가? **(8.99%, 7.31%, YTC)**

7-5 시간경과에 따른 채권가치의 변화

이표채를 발행할 때, 일반적으로 이표이자율은 채권의 시장가격이 액면가와 같게 되는 수준으로 설정된다. 만약 채권이 더 낮은 이표이자율로 발행된다면, 투자자는 채권에 $1,000을 지불하지 않을 것이다. 하지만, 더 높은 이표이자율로 발행된다면, 많은 투자자들이 채권 구입을 원할 것이고 결국 가격은 $1,000 이상이 될 것이다. 투자은행은 채권이 액면가 $1,000에 거래되도록 하는 이표이자율을 매우 정확하게 평가할 수 있다.

방금 발행된 채권은 **신규발행채권**(new issue)이라고 하고, 일단 발행되고 나면 그 채권은 **기발행채권**(outstanding bond 또는 seasoned issue)이 된다. 일반적으로 새로 발행된 채권은 액면가에 매우 근접한 가격에 거래되지만, 기발행채권의 가격은 액면가와 아주 다를 수 있다. 변동금리채권을 제외한 채권의 이표이자는 변하지 않고, 따라

6) 증권회사(brokerage house)는 종종 채권의 **경상수익률**(current yield)을 고시하는데, 이것은 연간 이자지급액을 현재 가격으로 나눈 값으로 정의된다. 예를 들어, Allied의 8% 이표채가 $981.60에 거래되고 있다면, 경상수익률은 $80/$981.60 = 8.15%가 될 것이다. YTM이나 YTC와는 달리, 경상수익률은 채권을 만기까지 또는 수의상환될 때까지 보유했을 때 얻을 수 있는 자본이득 혹은 자본손실을 포함하지 않기 때문에, 투자자가 기대하는 실제수익률을 나타내지 못한다. 경상수익률은 계산하기 쉽기 때문에 계산기나 컴퓨터가 나오기 이전에는 널리 사용되었다. 하지만, 경상수익률은 오해의 소지가 있고, 또한 이제는 YTM 및 YTC도 쉽게 계산가능하다.

서 경제상황이 바뀌면 발행 당시에 액면가 $1,000에 거래되었던 이표 $80의 채권은 그 이후에 $1,000 이상 혹은 이하의 가격으로 거래될 것이다.

Allied의 기발행채권 중에는 현재 15년 후에 만기가 도래하는 비슷한 위험을 가진 세 개의 채권이 있다:

- Allied의 15년 만기 신규발행채권은 이표이자율이 8%이다. 채권은 액면가에 발행되었는데, 이것은 채권발행일에 시장이자율 역시 8%였다는 것을 의미한다. 이표이자율이 시장이자율과 같기 때문에, 이 채권은 액면가, 즉 $1,000에 거래된다.
- Allied는 5년 전에 이표이자율 5%인 20년 만기의 채권을 발행했다. 이 채권은 현재 만기까지 15년이 남아 있다. 채권은 액면가에 발행되었고, 이는 5년 전에 시장이자율이 5%였다는 것을 의미한다. 현재 이 채권의 이표이자율은 8%인 시장이자율보다 낮고, 따라서 할인된 가격으로 거래된다. 재무계산기나 스프레드시트를 이용해서 이 채권의 가격은 $743.22라는 것을 신속하게 구할 수 있다. (N = 15, I/YR = 8, PMT = 50 및 FV = 1000으로 설정하고, PV에 대해 풀면 채권의 가격이 계산된다.)
- Allied는 10년 전에 이표이자율 11%인 25년 만기의 채권을 발행했다. 이 채권은 현재 만기까지 15년이 남아 있다. 채권은 액면가에 발행되었고, 이는 10년 전에 시장이자율이 11%였다는 것을 의미한다. 이 채권의 이표이자율은 현행 시장이자율보다 높기 때문에, 채권은 할증된 가격으로 거래된다. 재무계산기나 스프레드시트를 이용해서 이 채권의 가격은 $1,256.78이라는 것을 알 수 있다. (N = 15, I/YR = 8, PMT = 110 및 FV = 1000으로 설정하고, PV에 대해 풀면 채권의 가격이 계산된다.)

세 채권의 만기는 모두 15년으로 동일하고 각 채권의 신용위험도 같기 때문에, 동일한 시장이자율 8%가 적용된다. 하지만, 서로 다른 이표이자율 때문에 세 채권의 가격은 서로 다르게 된다.

이제 시장이자율은 8%로 일정하고 Allied의 채무불이행은 없다는 가정하에, 만기까지 남아 있는 15년 동안 이 세 채권의 가격이 어떻게 변하는지를 고려해보자. <표 7.1>은 시장이자율이 8%로 일정할 때, 시간이 경과함에 따라 세 채권의 가격이 어떻게 변할지를 보여주고 있다. 지금으로부터 1년 후 각 채권의 만기는 14년, 즉 N = 14가 된다. 재무계산기에서 N = 15 대신 N = 14를 입력하고 PV키를 누르면 지금으로부터 1년 후의 각 채권의 가치를 구할 수 있다. 계속해서 N = 13, N = 12 등과 같이 입력하면 시간의 경과에 따라 채권의 가격이 어떻게 변하는지를 알 수 있다.

<표 7.1>은 또한 시간이 경과함에 따라 경상수익률(이표이자를 채권의 가격으로 나눈 수익률), 자본이득률, 총수익률의 변화를 보여준다. 어떤 해의 **자본이득률(capital**

gains yield)은 채권의 연간 가격변동분을 연초 가격으로 나눠서 계산한다. 예를 들면, 채권이 연초에는 $1,000의 가격에 거래되고 연말에는 $1,035의 가격에 거래된다면, 이 채권의 그해 자본이득률은 $35/$1,000 = 3.5%가 될 것이다. (만약 채권이 할증된 가격으로 거래된다면, 이 채권의 가격은 시간이 지나면서 하락할 것이다. 그렇게 되면 자본이득률은 마이너스가 되지만, 이는 높은 경상수익률로 상쇄될 것이다.) 채권의 총수익률을 수하기 위해서는 경상수익률에 자본이득률을 더한다. 채무불이행위험이 없고 시장이 균형 상태라면, 총수익률은 YTM 및 시장이자율과 같은데, 이 예에서는 8%이다.

[그림 7.2]는 <표 7.1>에서 계산된 세 채권의 예상가격을 그린 것이다. 시간이 경과함에 따라 세 채권의 가격 경로는 매우 나르지민, 만기에는 세 채권 모두 $1,000의 액면가에 거래된다는 점에 주목하라. 시간의 경과에 따른 채권의 가격에 대한 몇 가지 특징은 다음과 같다:

- 시장이자율이 8%로 일정하다면, 액면가에 거래되는 8% 이표채의 가격은 $1,000에 남아 있게 된다. 따라서 채권의 경상수익률은 8% 그대로이고, 매년 자본이득률은 0%일 것이다.
- 5% 이표채는 할인된 가격으로 거래되지만, 만기에는 기업이 채권보유자에게 지급하는 금액인 액면가에 거래되어야 한다. 따라서 채권의 가격은 시간이 지나면서 상승하게 된다.
- 11% 이표채는 할증된 가격으로 거래된다. 하지만, 만기에는 채권의 가격이 액면가와 같아져야 하고, 따라서 가격은 시간이 지나면서 하락하게 된다.

5% 이표채와 11% 이표채의 가격은 시간이 지나면서 서로 다른 방향으로 움직이지만, 각 채권은 투자자에게 동일한 총수익률 8%를 제공한다. 또한 이것은 액면가에 거래되는 8% 이표채의 총수익률이기도 하다. 할인채는 낮은 이표이자율(따라서 낮은 경상수익률)을 갖고 있지만 매년 자본이득을 제공한다. 반면에, 할증채는 높은 경상수익률을 갖고 있지만 매년 예상된 자본손실을 초래한다.7)

---

7) 이 예시에서(그리고 본 교재 전체에서), 다른 유형의 채권들을 매입할 때 관련된 세금효과는 무시한다. 현행 세법(2020년 4월)에 의하면, 이표채의 경우 이표지급액은 일반소득으로 과세되지만, 장기자본이득은 장기자본이득세율로 과세된다. 제3장에서 언급했다시피, 대부분의 투자자에게 장기자본이득세율은 개인소득세율보다 낮다. 게다가, 이표지급액은 매년 과세되는 반면, 자본이득세는 채권을 팔거나 만기 때까지 연기된다. 따라서 다른 모든 조건이 동일하다면, 투자자는 총수익의 많은 부분이 자본이득의 형태로 발생하는 할인채의 경우에 더 낮은 세금을 부담하게 된다. 무이표채에 대한 세금관련 상세 내용은 웹부록 7A를 참조하라.

〈표 7.1〉 시장이자율이 8%로 일정할 때 5%, 8% 및 11% 이표채의 경상수익률, 자본이득률 및 총수익률 계산

	5% 이표채				8% 이표채				11% 이표채			
만기까지 남은 연수	가격[a]	기대경상 수익률[b]	기대자본 이득률[c]	기대 총수익률[d]	가격[a]	기대경상 수익률[b]	기대자본 이득률[c]	기대 총수익률[d]	가격[a]	기대경상 수익률[b]	기대자본 이득률[c]	기대 총수익률[d]
15	$743.22	6.7%	1.3%	8.0%	$1,000.00	8.0%	0.0%	8.0%	$1,256.78	8.8%	−0.8%	8.0%
14	752.67	6.6	1.4	8.0	1,000.00	8.0	0.0	8.0	1,247.33	8.8	−0.8	8.0
13	762.89	6.6	1.4	8.0	1,000.00	8.0	0.0	8.0	1,237.11	8.9	−0.9	8.0
12	773.92	6.5	1.5	8.0	1,000.00	8.0	0.0	8.0	1,226.08	9.0	−1.0	8.0
11	785.83	6.4	1.6	8.0	1,000.00	8.0	0.0	8.0	1,214.17	9.1	−1.1	8.0
10	798.70	6.3	1.7	8.0	1,000.00	8.0	0.0	8.0	1,201.30	9.2	−1.2	8.0
9	812.59	6.2	1.8	8.0	1,000.00	8.0	0.0	8.0	1,187.41	9.3	−1.3	8.0
8	827.60	6.0	2.0	8.0	1,000.00	8.0	0.0	8.0	1,172.40	9.4	−1.4	8.0
7	843.81	5.9	2.1	8.0	1,000.00	8.0	0.0	8.0	1,156.19	9.5	−1.5	8.0
6	861.31	5.8	2.2	8.0	1,000.00	8.0	0.0	8.0	1,138.69	9.7	−1.7	8.0
5	880.22	5.7	2.3	8.0	1,000.00	8.0	0.0	8.0	1,119.78	9.8	−1.8	8.0
4	900.64	5.6	2.4	8.0	1,000.00	8.0	0.0	8.0	1,099.36	10.0	−2.0	8.0
3	922.69	5.4	2.6	8.0	1,000.00	8.0	0.0	8.0	1,077.31	10.2	−2.2	8.0
2	946.50	5.3	2.7	8.0	1,000.00	8.0	0.0	8.0	1,053.50	10.4	−2.4	8.0
1	972.22	5.1	2.9	8.0	1,000.00	8.0	0.0	8.0	1,027.78	10.7	−2.7	8.0
0	1,000.00				1,000.00				1,000.00			

주: a 재무계산기를 사용해서 N, I/YR, PMT 및 FV에 해당 수치를 입력하고 PV=채권의 가치에 대해 풀어서 각 채권의 가격을 구한다.
b 기대경상수익률은 연간 이자지급액을 채권의 가격으로 나눠서 계산한다.
c 기대자본이득률은 채권의 연말 가격과 연초 가격의 차이를 연초 가격으로 나눠서 계산한다.
d 기대총수익률은 기대경상수익률과 기대자본이득률의 합이다.

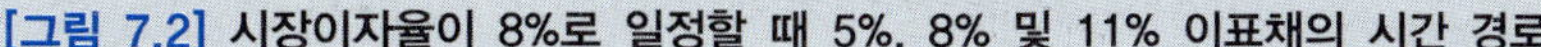
[그림 7.2] 시장이자율이 8%로 일정할 때 5%, 8% 및 11% 이표채의 시간 경로

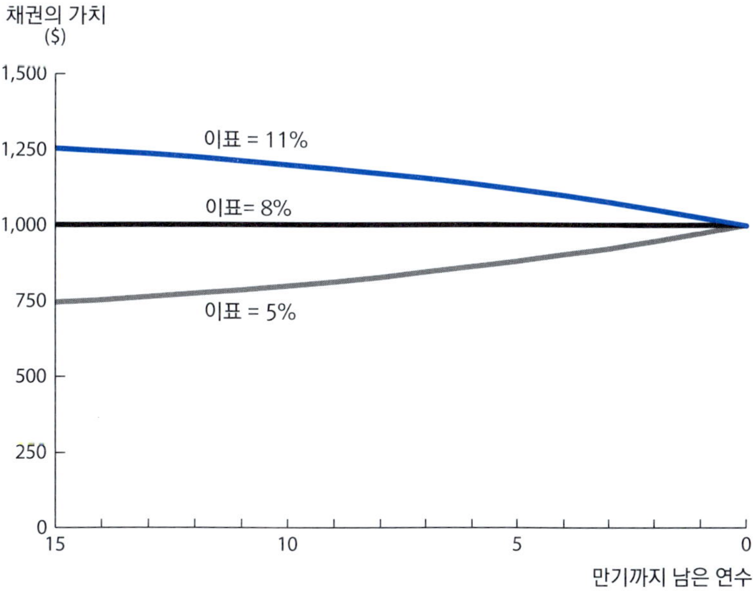

셀프 테스트

- 신규발행채권과 기발행채권이라는 용어는 무엇을 의미하는가?
- 작년에 한 회사가 만기 20년, 이표이자율 8%의 연 이표채를 액면가 $1,000에 발행했다.
  a. 1년 후에 현행 시장이자율이 6%로 하락했다고 가정하자. 이제 만기까지 19년이 남았다면, 이 채권의 새로운 가격은 얼마인가? **($1,223.16)**
  b. 발행 1년 후에 현행 시장이자율이 10%(6% 대신)라고 가정하자. 채권의 가격은 얼마가 되겠는가? **($832.70)**
- 인플레이션에 대한 기대가 증가할 때, 고정금리채권의 가격은 왜 하락하는가?

7-6 반기이표채

일부 채권은 연 1회 이자를 지급하기도 하지만, 실제로 대부분의 채권은 연 2회 이자를 지급한다. 반기이표채를 평가하기 위해서는 가치평가모형(식 (7.1))을 다음과 같이 수정해야 한다:

1. 매 6개월마다 지급되는 이자를 결정하기 위해 연 이표이자지급액을 2로 나눈다.
2. 반기의 기간 수를 결정하기 위해 만기까지 남은 연수 N을 2로 곱한다.
3. 기간(반기)이자율을 결정하기 위해 명목(명시)이자율 r_d를 2로 나눈다.

시간선에서 보면 이자지급 횟수는 두 배가 되지만, 각 지급액은 연 이표채의 절반 수준이다. 제시된 대로 수정을 하면, 반기이표채의 가격을 구하기 위한 식은 다음과 같이 된다:

$$V_B = \sum_{t=1}^{2N} \frac{INT/2}{(1+r_d/2)^t} + \frac{M}{(1+r_d/2)^{2N}} \tag{7.1a}$$

예를 들어 설명하기 위해, 7-3절에서 살펴봤던 Allied Food의 15년 만기 채권이 연말에 $80의 이자를 지급하는 대신 매 6개월마다 $40의 이자를 지급한다고 가정한다. 따라서 각각의 이자지급액은 절반이 되지만, 이자지급 횟수는 2배가 많다. 우리는 이 표이자율을 "반기 지급의 8%"로 표현할 것이다.8)

현행 (명목)이자율이 $r_d = 4\%$이고 반년 복리인 경우, 만기가 15년이고 매 6개월마다 $40의 이자를 지급하는 8% 반기이표채의 가치는 다음과 같이 구해진다:

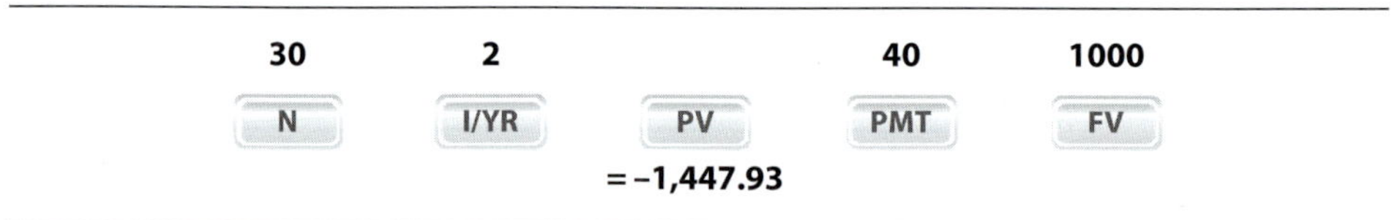

N = 30, r_d = I/YR = 2, PMT = 40, FV = 1000을 입력하고, 채권의 가치 $1,447.93을 구하기 위해 PV키를 누른다. 연 2회 이자를 지급하는 채권의 가치는 7-3절에서 계산했던 연 1회 이자가 지급되는 채권의 가치인 $1,444.74보다 약간 높다. 연 2회 복리계산 하에서는 각각의 지급이자를 약간 빨리 받을 수 있기 때문에 채권의 가치는 더 높아진다.

한편, 반기이표채의 가격을 알고 있을 때, 채권의 명목 만기수익률을 쉽게 계산해 낼 수 있다. 이전의 예에서 반기 지급의 이표이자율이 8%이고 만기가 15년인 채권이 $1,447.93에 거래되고 있다면, 채권의 기간 이자율은 다음과 같이 구해진다:

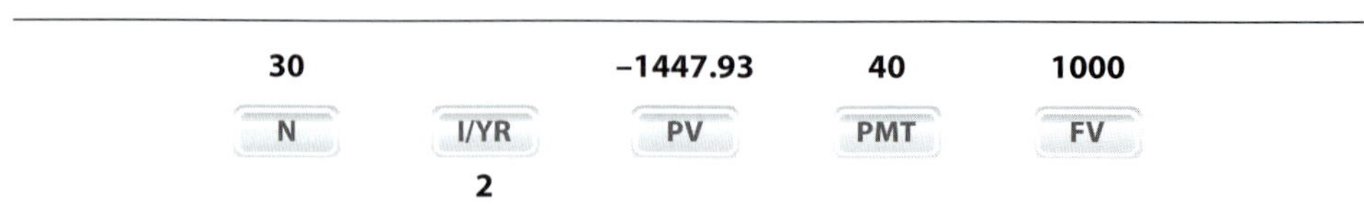

---

8) 이 상황에서 "반년마다 지급되는 8%"의 이표이자율은 채권 딜러, 기업의 재무담당자, 투자자가 일반적으로 얘기하는 이자율이다. 물론 이 채권이 액면가에 발행되었다면, 이 채권의 실효연이자율(effective annual rate)은 8%보다 높을 것이다.

$$EAR = EFF\% = \left(1+\frac{r_{NOM}}{M}\right)^M - 1 = \left(1+\frac{0.08}{2}\right)^2 - 1 = (1.04)^2 - 1 = 8.16\%$$

연간 지급의 8%는 반기 지급의 8%와는 매우 다르기 때문에, 이 절에서는 연간 지급의 8%를 가정했던 7-3절의 상황과는 달리 실효이자율의 변화를 가정했다.

이 경우에 N = 30, PV = − 1447.93, PMT = 40 및 FV = 1000을 입력한 후 I/YR키를 누르면 6개월 기간 동안의 이자율 2%를 얻는다. 여기에 2를 곱하면 채권의 명목 만기 수익률은 4%로 계산된다.[9)]

응용문제

당신은 방금 액면가 $1,000의 수의상환이 불가능한 만기 15년 채권을 구입했다. 이 채권은 반기 복리의 7.5% 이자를 지급한다고 가정한다. 현행 (명목)이자율이 6%라면, 당신은 이 채권 구입을 위해 얼마를 지불했나? 이 가격은 연 이표채의 가격과 어떻게 다른가?

[해답]

재무계산기를 사용해서 채권의 가격은 $1,147.00으로 구할 수 있다.

30	3		37.50	1000
N	I/YR	PV	PMT	FV
		= −1,147.00		

엑셀의 PV 함수를 이용해서 다음과 같이 반기 지급 채권의 가격을 구할 수 있다:

```
= PV(0.03,30,37.5,1000)
PV(rate, nper, pmt, [fv], [type])
```

여기서 채권의 가치는 $1,147.00으로 구해진다.

p.316의 응용문제에서 가격이 $1,145.68인 연 이표채에 대한 YTM을 계산했다. 연 1회 대신 연 2회 이자지급을 받기 때문에 반기이표채의 가격은 $1,147.00 − $1,145.68 = $1.32만큼 높다는 사실에 수목하라.

셀프 테스트

- 반기 이표지급 채권을 평가하기 위해서는 연간 지급 채권의 가치평가공식을 어떻게 수정해야 하는지를 설명하고, 수정된 공식을 써라.
- Hartwell Corporation의 채권은 만기가 20년, 반기 이표이고 이표이자율은 8% 및 액면가는 $1,000이다. 현행 명목이자율($r_d$)은 7%이다. 이 채권의 가격은 얼마인가? **($1,106.78)**

9) 반기 지급 채권의 명목 수의상환수익률을 계산하기 위해서 비슷한 과정을 사용할 수 있다. 차이점은 N이 채권이 수의상환될 때까지의 반기 기간 수를 나타낸다는 것과 FV가 채권의 액면가가 아니라 채권의 수의상환가격이라는 것이다.

7-7 채권의 위험도 평가

이 절에서는 채권의 위험도에 영향을 주는 두 가지 중요한 요인을 파악하고 이에 대해 설명한다. 일단 이 요인들이 파악되면, 요인들 사이의 차이점을 구분하고 어떻게 이 위험들을 최소화할 수 있을지에 대해 논의한다.

7-7A 가격위험

가격(이자율)위험
이자율 상승으로 인해 채권의 가격이 하락할 위험

제6장에서 살펴본 것처럼, 이자율은 시간이 경과하면서 변동하고, 이자율이 상승하면 발행된 채권의 가치는 하락한다. 이자율 상승으로 인한 채권가치의 하락 위험을 **가격위험**(price risk) 또는 **이자율위험**(interest rate risk)이라고 부른다. 설명을 위해, Allied의 채권으로 돌아가서 이표이자율이 8%인 이 채권을 액면가인 $1,000에 구입했다고 한 번 더 가정하자. 채권 구매 후에 곧 현행 이자율은 8%에서 12%로 상승했다.[10] 7-3절에서 살펴본 것처럼, 이 이자율의 상승으로 인해 채권의 가격은 $1,000에서 $727.57로 하락하게 되고, 당신은 이 채권 투자로부터 $272.43의 손실을 입을 것이다.[11] 이자율 상승은 채권보유자에게 손실을 초래하고, 채권에 투자한 개인이나 기업은 이자율 상승으로부터 발생하는 위험에 노출되어 있다.

가격위험은 가까운 미래에 만기가 되는 채권보다는 만기가 긴 채권에서 더 크다.[12] 이것은 만기가 길수록 채권이 완전히 상환되어서 채권보유자가 더 높은 이표이자를 지급하는 다른 채권으로 교체할 수 있기까지 더 오래 걸리기 때문이다. 이러한 특성은 이표이자율이 8%인 1년 만기 채권의 가치가 r_d의 변동에 따라 어떻게 변하는지를 살펴보고 15년 만기 채권의 가치 변동과 비교해보면 알 수 있다. 이자율을 달리할 때 1년 만기 채권의 가치는 다음과 같다:

---

10) 8%에서 12%로의 즉각적인 이자율 상승은 매우 이례적인 것인데, 이런 경우는 그 기업에 대한 아주 나쁜 일이 드러났거나 혹은 경제에 아주 나쁜 일이 발생했을 때에만 일어날 것이다. 채권보유자에게 불리한 영향을 미치는 작지만 여전히 중요한 이자율 상승은 아주 종종 발생한다.

11) 투자자가 채권을 팔았을 때에만 회계상(그리고 세무상)의 손실을 입는다. 만일 만기 때까지 채권을 보유한다면, 투자자는 이러한 손실을 입지 않을 것이다. 그러나 채권을 팔지 않더라도, 투자자는 12%로 투자할 기회를 놓치고 12%의 시장에서 8%의 채권을 보유해야 하기 때문에, 여전히 기회비용의 차원에서 투자자는 실질적인 경제적 손실을 입는다. 이런 의미에서 "서류상 손실"도 실현된 회계상의 손실만큼 나쁜 것이다.

12) 실제로 채권의 만기와 이표이자율 둘 다 가격위험에 영향을 준다. 작은 이표금액은 채권의 수익이 대부분 원금의 상환으로부터 발생한다는 것을 의미하는 반면에, 동일한 만기를 가진 이표이자율이 높은 채권에서는 비교적 큰 이표금액 때문에 현금흐름의 많은 부분이 초기에 발생할 것이다.

1년 만기 채권의 가치는:

r_d = 4%:	1	4		80	1000
	N	I/YR	PV	PMT	FV
			= –1,038.46		

r_d = 8%:	1	8		80	1000
	N	I/YR	PV	PMT	FV
			= –1,000.00		

r_d = 12%:	1	12		80	1000
	N	I/YR	PV	PMT	FV
			= –964.29		

재무계산기에서 N = 1, I/YR = 4, PMT = 80 및 FV = 1000을 입력하고 PV키를 누르면 첫 번째 가격인 $1,038.46을 얻을 것이다. 다른 입력수치는 그대로 두고, I/YR = 4 대신 I/YR = 8을 입력하고 PV키를 누르면 8% 이자율에서의 채권가격을 구할 수 있는데, 채권의 가치는 $1,000으로 하락했다. 이어서 I/YR = 12를 입력하고 PV키를 누르면 마지막 채권의 가치인 $964.29를 구할 수 있다.

7-3절에서 구한 이자율 상승이 15년 만기 채권의 가치에 미치는 영향을 방금 계산한 1년 만기 채권의 가격에 미치는 영향과 비교할 수 있다. 이 비교는 이자율을 달리할 때 채권가격들과 그 가격들을 그래프로 그린 [그림 7.3]에서 보여준다. 1년 만기 채권과 비교했을 때, 15년 만기 채권은 이자율 변화에 훨씬 더 민감하다. 8% 이자율에서 15년 만기 채권과 1년 만기 채권의 가격은 모두 $1,000이다. 이자율이 12%로 상승하면, 15년 만기 채권의 가격은 $727.57로 하락하지만 1년 만기 채권의 가격은 $964.29로 약간 하락하는 정도에 그친다. 1년 만기 채권의 가격 하락폭은 3.57%인 반면, 15년 만기 채권의 가격 하락폭은 27.24%에 달하게 된다.

이표이자율이 비슷한 채권에 대해, 이런 다른 이자율 민감도는 언제나 성립한다. 즉, 채권의 만기가 길수록 이자율 변화에 대한 채권가격의 변화는 더 커진다. 따라서 두 채권의 채무불이행위험이 정확하게 같다고 하더라도, 만기가 긴 채권이 보통 이자율 상승에 따른 위험에 더 많이 노출된다.[13)]

13) [그림 7.3]에서 10년 만기 채권을 그래프로 나타내면, 이 채권의 수익률곡선은 15년 만기 채권과 1년 만기 채권의 수익률곡선 사이에 위치할 것이다. 1개월 만기 채권의 수익률곡선은 채권의 가격이 이자율이 변동하더라도 거의 변하지 않기 때문에 수평에 가까울 것이다. 하지만 100년 만기 채권은 아주 가파른 기울기를 가질 것이고 영구채의 기울기는 더 가파를 것이다. 또한 무이표채의 가격은 이자율 변동에 아주 민감하고, 채권의 만기가 길수록 채권의 가격 민감도는 더 크게 된다. 그러므로 30년 만기 무이표채는 매우 큰 가격위험을 가질 것이다.

[그림 7.3] 다른 시장이자율 수준에서 단기 및 장기 8% 연 이표채의 가치

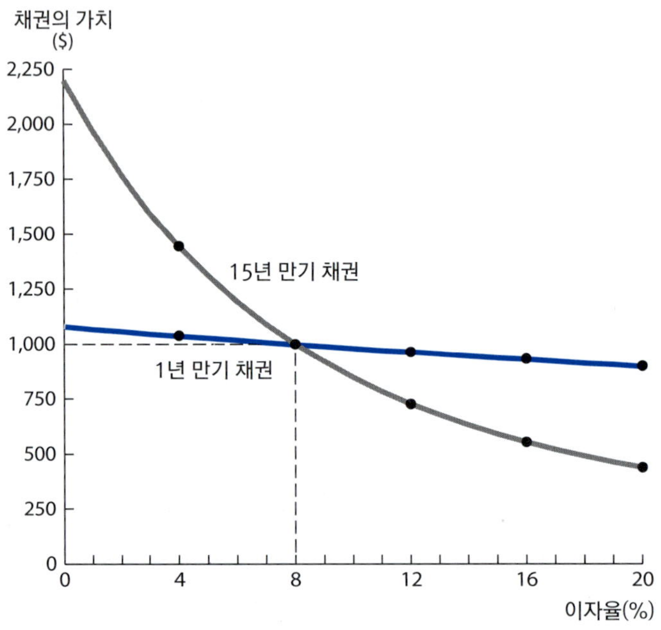

현행 시장이자율, r_d	가치	
	1년 만기 채권	15년 만기 채권
4%	$1,038.46	$1,444.74
8	1,000.00	1,000.00
12	964.29	727.57
16	931.03	553.96
20	900.00	438.94

주: 채권의 가치는 연간, 즉 연 1회의 복리를 가정하고 재무계산기를 사용해서 계산되었다.

가격위험의 차이에 대한 논리적 설명은 간단하다. 당신이 연 8%, 즉 $80의 수익을 내는 15년 만기 채권을 샀다고 가정하자. 이제 유사한 위험을 가진 채권의 이자율이 12%로 상승했다고 가정한다. 당신은 향후 15년 동안 $80의 이자를 지급받는 투자에 묶여 있게 된다. 반면에, 1년 만기 채권을 샀다면, 당신은 1년 동안만 낮은 수익을 얻게 될 것이다. 연말에 $1,000을 돌려받게 되면, 당신은 재투자해서 향후 14년 동안 연 12%, 즉 $120의 수익을 얻을 수 있을 것이다.

7-7B 재투자위험

앞 절에서 살펴본 바와 같이, 이자율 상승은 채권포트폴리오의 가치 하락을 초래해서 채권보유자에게 손실을 가져다준다. 그러면 이자율 하락도 채권보유자에게 손실을 입힐까? 이자율이 하락하면 장기투자자는 소득의 감소를 감내해야 하기 때문에 그 답은 예(yes)이다. 예를 들어, 채권포트폴리오를 보유하고 이 투자로부터 발생하는 소득으로 생활하는 퇴직자를 생각해보자. 포트폴리오에 포함된 채권들은 평균적으로 이표이자율이 8%이다. 이제 이자율이 4%로 하락했다고 가정해보자. 많은 채권들은 만기가 되거나 수의상환될 것이고, 이렇게 되면 채권보유자는 8%의 채권을 4%의 채권으로 대체해야 할 것이다. 그러면 퇴직자는 소득의 감소로 인해 고통을 받을 것이다.[14)]

재투자위험
이자율 하락으로 인해 채권포트폴리오의 수익이 감소할 위험

이자율 하락으로 인한 소득 감소의 위험을 **재투자위험**(reinvestment risk)이라 부르는데, 그 중요성은 1980년대 중반 이후 급격한 이자율 하락의 결과로 인해 모든 채권보유자들이 실감했다. 재투자위험은 명백히 수의상환채권에서 높다. 또한 채권의 만기가 짧을수록 이표이자율이 상대적으로 높은 채권을 이표이자율이 낮은 새로운 채권으로 대체할 수 있는 기간이 짧아지기 때문에, 단기 채권의 재투자위험은 높다. 따라서 주요 보유자산이 단기 채권이거나 다른 부채증권인 퇴직자는 이자율 하락으로 인해 심각한 손실을 입을 것이다. 하지만 수의상환이 불가능한 장기 채권의 보유자는 계속해서 이전과 같은 높은 이자율을 향유할 것이다.

7-7C 가격위험과 재투자위험의 비교

가격위험은 채권포트폴리오의 **현재 시장가치**와 관련이 있는 반면, 재투자위험은 포트폴리오가 창출하는 **소득**과 관련이 있다는 점에 유의하라. 장기 채권을 보유하고 있다면 이자율이 상승하는 경우 보유한 포트폴리오의 가치가 하락하기 때문에 상당한 가격위험에 직면하게 되지만, 소득은 안정적이기 때문에 재투자위험은 크지 않을 것이다. 반면에, 단기 채권을 보유하고 있다면 가격위험은 크지 않지만 상당한 재투자위험에 노출될 것이다. <표 7.2>는 채권의 만기와 이표이자율이 채권의 가격위험 및 재투자위험에 어떻게 영향을 미치는지를 요약하고 있다. 예를 들면, 장기 무이표채는 매우 높은 수준의 가격위험을 가지지만 재투자위험은 상대적으로 거의 없을 것이다. 대조적으로 높은 이표이자율의 단기 채권에서는 가격위험은 낮지만 상당한 재투자위험이 있게 된다.

〈표 7.2〉 가격위험과 재투자위험 비교

채권	가격위험 수준	재투자위험 수준
만기가 장기인 채권	높음	낮음
이표이자율이 높은 채권	낮음	높음

14) Charles Schwab은 월스트리트 저널의 한 최근 기사에서 이 점을 지적하고 있다. 계속된 낮은 이자율은 이자소득으로 생활하는 많은 고령자들에게 결정적인 악영향을 미쳤다는 것이다. 추가적인 내용은 Charles Schwab, "Low Interest Rates Are Squeezing Seniors," *The Wall Street Journal*(wsj.com), March 30, 2010을 참조하라.

투자기간
투자자가 어떤 개별 투자대상을 보유하고자 계획하는 기간

투자자에게 어떤 유형의 위험이 "더 관련성"이 있는가는 투자자가 얼마동안 채권을 보유할 것인지에 따라 결정되는데, 이것을 종종 투자자의 **투자기간**(investment horizon)이라고 부른다. 예를 들어, 상대적으로 짧은 1년의 투자기간을 가진 어떤 투자자의 경우를 고려해보자. 이 투자자는 1년 후에 대학원 진학을 계획하고 있어서 그때 수업료 및 경비 등의 지불을 위해 자금을 필요로 한다. 이 투자자에게는 재투자할 시간이 거의 없기 때문에 재투자위험은 큰 관심사가 아니다. 투자자는 1년 만기 국채를 매입함으로써 가격위험을 제거할 수 있는데, 왜냐하면 지금으로부터 1년 후(투자기간) 채권의 액면가를 확실히 받을 수 있기 때문이다. 그러나 이 투자자가 장기 국채를 매입한다면 앞에서 살펴본 것처럼 장기 채권의 가격은 이자율이 상승할 때 하락하기 때문에 상당한 가격위험을 가질 것이다. 따라서 단기의 투자기간을 가진 투자자는 장기 채권을 단기 채권보다 더 위험한 것으로 간주할 것이다.

이와 반대로, 단기 채권에 내재된 재투자위험은 장기의 투자기간을 가진 투자자에게 특히 관련성이 크다. 포트폴리오에서 나오는 소득으로 생활하는 퇴직자를 생각해보자. 1년 만기 채권을 매입한다면 이 투자자는 매년 "재투자"해야 할 것이고, 만약 이자율이 하락한다면 그 다음 해부터 소득은 감소할 것이다. 퇴직이나 자녀의 대학 등록금을 위해 저축을 하는 젊은 부부의 경우에도 단기 채권을 매입한다면 그들의 포트폴리오를 낮은 이자율로 재투자해야 하기 때문에 비슷한 영향을 받을 것이다. 이처럼 재투자되는 현금흐름에서 얻을 수 있는 이자율에 대한 현재의 불확실성 때문에 장기투자자는 단기 채권에 내재된 재투자위험에 대해 특히 주의해야 한다.

듀레이션
채권으로부터 각각의 현금흐름을 받는 데 소요되는 시간의 가중평균

채권의 만기 및 이표이자율과 관련된 영향을 설명하기 위해 많은 애널리스트들은 **듀레이션**(duration)에 초점을 맞춘다. 채권의 듀레이션은 채권의 각 현금흐름을 받는 데 걸리는 시간의 가중평균이다. 만기에 유일한 현금흐름을 지급하는 무이표채는 만기와 동일한 듀레이션을 가지는 반면에, 이표채는 만기보다 짧은 듀레이션을 가질 것이다. 채권의 듀레이션을 계산하기 위해서는 엑셀의 DURATION 함수를 이용할 수 있다. 웹부록 7B에서 듀레이션에 대해 상세하게 논의한다.

가격위험과 재투자위험을 동시에 관리하기 위한 한 가지 방법은 투자자의 투자기간과 동일한 듀레이션을 가진 무이표국채를 사는 것이다. 이를 실행하는 아주 간단한 방법은 투자기간과 일치하는 만기를 가진 무이표채를 사는 것이다. 예를 들어, 투자기간은 10년이라고 가정하면 10년 만기 무이표채를 매입한 경우 10년 후에 채권의 액면가와 동일한 금액을 지급받게 된다.[15] 더욱이 재투자할 이표이자가 없기 때문에 재투자

15) 이 예에서 10년 만기 무이표채는 채권의 **현재** 가격이 이자율 변동에 매우 민감하기 때문에 기술적으로 상당한 가격위험을 가진다. 그러나 매년의 가격 변동은 10년의 투자기간을 가진 투자자에게는 그리 큰 우려사항은 아닌데, 왜냐하면 투자자는 이자율이 어떻게 변동하더라도 채권의 가격은 만기 때 $1,000이라는 것을 알고 있기 때문이다.

위험도 없다. 이것은 특정한 목적을 가진 투자자가 왜 종종 무이표채에 투자하는지를 설명해준다.[16)]

제6장에서 살펴본 만기위험프리미엄은 일반적으로 양(+)의 값이라는 점을 상기하라.[17)] 양(+)의 만기위험프리미엄은 평균적으로 투자자가 장기 채권을 단기 채권보다 더 위험하다고 간주한다는 것을 의미한다. 이는 평균적인 투자자는 가격위험에 더 관심을 가지고 있다는 것을 시사한다. 각 투자자는 자신들의 상황을 고려해서 서로 다른 만기의 채권들에 내재된 위험을 인식하고 가장 관련성이 높은 위험을 가장 효과적으로 관리할 수 있는 포트폴리오를 구성하는 것이 필요하다.

셀프 테스트

- 가격위험과 재투자위험을 구별하라.
- 장기 채권의 보유자는 어떤 유형의 위험에 노출되어 있는가? 단기 채권의 보유자는?
- 일정한 투자기간을 가진 투자자가 가격위험과 재투자위험을 함께 최소화하는 데 어떤 유형의 증권이 사용될 수 있는가?

7-8 채무불이행위험

잠재적인 채무불이행은 채권보유자가 직면하는 또 다른 중요한 위험이다. 발행자가 지급불능이 되면 투자자는 약속된 수익보다 적은 금액을 받게 될 것이다. 제6장에서 살펴본 것처럼 고시이자율은 채무불이행위험프리미엄을 포함하고 있다는 점을 떠올리자. 즉, 채무불이행의 가능성이 클수록 프리미엄은 커지고 따라서 만기수익률은 높아진다. 미국 재무부채권에 대한 채무불이행위험은 영(0)이지만, 낮은 신용등급의 회사채나 지방채에서는 채무불이행위험이 크다.

예를 들어, 두 채권의 약정된 현금흐름은 동일하지만, 즉 이들 채권의 이표이자율, 만기, 유동성, 인플레이션에 대한 노출 등은 동일하지만 한 채권이 다른 채권보다 더 큰 채무불이행위험을 갖고 있다고 가정하자. 투자자는 자연스럽게 채무불이행 가능성이 낮은 채권에 더 높은 금액을 지불할 것이다. 그 결과 채무불이행위험이 더 큰 채권

16) 무이표채에서 주의해야 할 두 가지를 순서대로 살펴보자. 첫째, 웹부록 7A에 있는 것처럼, 무이표채에 대한 투자자는 채권의 만기까지 아무런 현금을 지급받지 않더라도 매년 가치증가분에 대해 세금을 내야 한다. 둘째, 투자기간과 동일한 만기를 가진 무이표채를 구입하면 만기에 확정된 명목현금을 지급받지만, 그 지급액의 **실질**가치는 여전히 투자기간 동안에 인플레이션이 어떻게 되느냐에 따라 달라진다.

17) 만기위험프리미엄이 양(+)이라는 사실은 대부분의 투자자들이 상대적으로 짧은 투자기간을 갖고 있거나 적어도 자신들의 순자산이 단기적으로 어떻게 변동할지에 대해 우려하고 있다는 것을 시사한다. Roger G. Ibbotson *Stocks, Bonds, Bills, and Inflation: 2020 Yearbook*(Chicago, IL: Duff & Phelps, 2020)에 의하면, 지난 94년 동안에 장기 채권의 만기위험프리미엄은 평균 1.5%였다는 것을 알 수 있다.

은 더 높은 시장이자율을 가진다: $r_d = r^* + IP + DRP + LP + MRP$. 채권의 채무불이행위험이 변한다면, r_d 및 가격도 영향을 받게 될 것이다. 따라서 Allied 채권의 채무불이행위험이 증가하면, 채권의 가격은 하락할 것이고 만기수익률(YTM $= r_d$)은 상승할 것이다.

7-8A 회사채의 다양한 유형

채무불이행위험은 발행자의 재무능력과 담보설정 유무를 포함한 채권의 구체적인 계약조건에 의해 영향을 받는다. 이 절에서는 몇 가지 중요한 유형의 채권에 대한 특징들을 살펴본다.

담보부채권

담보부채권
고정자산에 의해 보증된 채권. 제1순위 담보부채권의 청구권은 제2순위 담보부채권의 청구권보다 우선한다.

담보부채권(mortgage bond)에서 기업은 채권을 보증하기 위해 특정 자산을 담보로 제공한다. 예를 들어, 2021년에 Billingham Corporation은 지역유통센터를 건축하기 위해서 $1,000만이 필요했다. 대지를 **제1순위 담보**(first mortgage)로 해서 $400만의 채권을 발행했다. (나머지 $600만은 자기자본으로 조달했다.) 만약 Billingham이 이 채권에 대해 지급불능 상태가 되면, 채권보유자는 청구액을 회수하기 위해 대지에 대한 담보권을 행사해서 처분할 수 있다.

Billingham이 원한다면 동일한 $1,000만에 달하는 자산들을 담보로 **제2순위 담보부채권**(second mortgage bonds)을 발행할 수 있을 것이다. 회사가 청산할 경우, 제2순위 담보부채권의 보유자는 대지에 대한 청구권을 가질 수 있지만, 제1순위 담보부채권의 보유자가 전액 지급받은 후에야 가능하다. 그래서 제2순위 담보부채권을 때때로 **후순위담보부채권**(junior mortgages)이라고 부르는데, 왜냐하면 제2순위 담보부채권은 **우선담보부채권**(senior mortgages), 즉 **제1순위 담보부채권**(first mortgage bonds)보다 청구우선권에서 후순위이기 때문이다.

채권약정서
채권발행자와 채권보유자 사이의 공식적인 계약서

모든 담보부채권은 채권보유자와 기업의 권리를 상세히 규정해 놓은 법적 문서인 **채권약정서**(indenture)의 구속을 받는다. 많은 대기업의 채권약정서는 20년, 30년, 40년이나 그보다 오래 전에 만들어졌다. 이 채권약정서들은 통상 "개방형"으로, 이 용어는 때때로 동일한 채권약정서 하에 새로운 채권이 발행될 수도 있다는 것을 의미한다. 하지만 허용되는 신규 채권의 발행액은 보통 회사의 총 "저당권 설정이 가능한 재산"의 특정 비율로 제한되어 있다. 저당권 설정을 할 수 있는 재산이란 일반적으로 토지, 공장, 장비 등을 포함한다. 그리고 물론 새로 발행되는 채권의 이표이자율은 기존 채권들에 대한 시장이자율에 따라 변동한다.

무담보장기사채

무담보장기사채
특정한 자산에 의해 보증되지 않는 장기채권

무담보장기사채(debenture)는 담보가 없는 채권으로 의무 이행을 위한 보증으로 특정 담보물을 제공하지 않는다. 따라서 무담보장기사채의 보유자는 별도로 저당권이 설정되지 않은 재산에 의해서 보호받는 일반적인 채권자이다. 실제로, 무담보장기사채의 사용은 기업이 보유하고 있는 자산의 특성 및 기업의 일반적인 신용도에 의존한다. General Electric이나 ExxonMobil 같은 매우 우량한 기업은 부채에 대한 담보로 그들의 재산을 제공할 필요가 없기 때문에 무담보장기사채를 사용할 수 있다. 무담보장기사채는 또한 이미 회사 자산의 대부분을 담보부대출의 담보로 제공한 부실한 기업이 발행할 수도 있다. 이 경우에 무담보장기사채는 아주 위험하고, 이 위험은 이자율에 반영될 것이다.

Benmelech, Kumar와 Rajan의 2020년 연구는 지난 세기 동안에 담보부채권의 사용이 점차적으로 크게 감소했음을 보여준다.18) 1900년에는 발행된 채권의 98.5%가 담보부채권이었는데, 이 비중은 근래에 15% 정도로 하락했다. 이 연구에서는 채권보유자들이 담보물이라는 추가적인 보호장치가 없이도 파산 시에 자신들의 청구권이 이행될 것이라는 점을 더욱 확신하게 되었고, 이런 증대된 믿음이 무담보채권에 대한 투자의향을 더 강하게 만들었다고 설명했다. 또한 상황이 어려워질 때에 대비해서 채권발행자들은 담보부채권 발행이라는 선택지를 계속 보유하고 싶어 하기 때문에 보통 무담보채권을 더 선호한다. 이와 일관된 맥락에서 경제 침체기에는 통상적으로 담보부부채의 비중이 증가한다는 사실도 확인했다.

후순위채

후순위채
기업이 청산될 경우 선순위 채무가 완불된 후에만 자산에 대한 청구권을 갖는 채권

후순위라는 용어는 "아래" 혹은 "하위"를 의미하고, 회사가 파산할 경우에 후순위부채는 우선순위부채에 대해 완전히 지급되고 난 후에만 사산에 대한 청구권을 가진다. **후순위채**(subordinated debentures)는 지정된 지급어음(보통 은행대출)이나 또는 모든 다른 부채에 후순위가 될 수 있다. 청산이나 구조조정이 이루어지는 경우에 후순위채의 보유자는 무담보장기사채의 약정서에 명시된 모든 우선순위부채에 대한 지급이 완료될 때까지 아무것도 돌려받지 못한다. 후순위가 어떻게 작동하고 후순위가 우선순위부채보유자의 입지를 어떻게 강화시키는지에 관한 내용은 웹부록 7C에 상세히 설명되어 있다.

---

18) Efraim Benmelech, Nitish Kumar, and Raghuram G. Rajan, "The Decline of Secured Debt," papers.ssrn.com/sol3/papers.cfm?abstract_id=3512974, May 12, 2020을 참조하라.

7-8B 채권의 신용등급

투자적격채권
BBB등급 이상의 채권으로 은행을 비롯한 많은 기관투자자들은 투자적격채권만을 보유할 수 있게 법으로 제한되어 있다.

정크본드
고위험, 고수익 채권

1900년대 초 이후 지급불능이 될 가능성을 반영해서 채권에 등급이 부여되었다. 세 군데 주요한 신용평가회사로는 Moody's Investors Service(Moody's), Standard & Poor's Corporation(S&P) 및 Fitch Investors Service가 있다. <표 7.3>은 Moody's와 S&P의 등급표시를 보여준다.[19] AAA와 AA등급의 채권은 아주 안전한 채권이다. A와 BBB등급의 채권은 충분히 우량해서 **투자적격채권**(investment-grade bonds)이라 불리고, 많은 은행과 기관투자자들이 보유할 수 있도록 법으로 허용된 채권 중 가장 낮은 등급의 채권이다. BB등급 및 그보다 낮은 등급의 채권은 투기적 등급(speculative-grade) 채권[**정크본드**(junk bonds)]이라 불리고, 채무불이행의 가능성이 상당히 높은 채권이다.

〈표 7.3〉 채권 등급, 채무불이행위험 및 수익률

신용평가회사[a]		채무불이행비율 이내:[b]		중위비율[c]		2019년에 등급 상향 또는 하향된 비율[b]		
S&P 및 Fitch	Moody's	1년	5년	자본 이익률	총부채/총자본	하향	상향	수익률[d]
(1)	(2)	(3)	(4)	(5)	(6)	(7)	(8)	(9)
투자적격채권								
AAA	Aaa	0.12%	0.65%	30.6%	14.7%	0.00%	NA%	2.55%
AA	Aa	0.05	0.06	23.6	29.2	8.51	0.71	2.40
A	A	0.05	0.46	20.7	33.8	2.07	0.52	2.65
BBB	Baa	0.13	1.34	13.2	43.5	2.04	2.03	3.19
정크본드								
BB	Ba	0.62	4.96	10.9	52.2	8.48	5.60	3.77
B	B	1.96	10.22	7.8	75.2	12.87	5.43	5.28
CCC	Caa	22.12	36.19	2.7	98.9	31.71	12.20	11.78

주: a 신용평가회사들은 AAA등급 아래의 채권들에 대한 등급평가를 위해서 "조정인자(modifiers)"를 사용한다. S&P와 Fitch는 플러스(+), 마이너스(−) 체계를 사용한다. 따라서 A+는 A등급의 채권 중 가장 우량한 채권을, A−는 가장 열위인 채권을 나타낸다. 한편, Moody's는 1, 2, 3으로 표시하는데, 1은 가장 우량한 채권을, 3은 가장 열위인 채권을 나타낸다. 즉, Aa등급 내에서 Aa1이 가장 우량하고 Aa2는 평균 수준의 채권을 나타내며 Aa3은 가장 열위인 채권이다.

b 채무불이행 자료 및 등급 상향과 하향 자료의 출처는 Fitch Ratings Global Corporate Finance 2019 Transition and Default Study, March 27, 2020이다. fitchratings.com/research/corporate-finance/2019-transition-default를 참조하라. 채무불이행 자료는 1990-2019년 기간에 대한 자료이다.(Fitch보고서를 구하기 위해서는 무료 등록이 필요하다.)

c 중위비율의 출처는 Edward Altman, "Corporate Credit Scoring Models for U.S. and Global Credit Markets," NYU Stern School of Business(people.stern.nyu.edu/ealtman/CorpCrScoringModels.pdf), Fall 2016이다.

d 자료의 출처는 BofA Merrill Lynch이고, FRED(Federal Reserve Bank of St. Louis, fred.stlouisfed.org, December 31, 2019)에서 검색했다.

---

19) 이어지는 논의에서 S&P의 등급평가를 언급하는 경우 Moody's 및 Fitch의 등급평가도 함께 의미한다. 즉, BBB 채권은 BBB와 Baa등급의 채권 둘 다를 의미하고, BB 채권은 BB와 Ba등급의 채권을 함께 의미한다.

이와 같은 맥락에서 <표 7.3>은 낮은 등급의 채권이 더 높은 채무불이행 비율을 가진다는 것을 보여준다. 이 수치들은 과거 수년간에 걸쳐 Fitch Ratings가 평가한 채권들의 표본에 근거하고 있다. 예를 들어, A등급 채권의 0.46%는 발행 후 5년 이내에 채무불이행 상황에 처하는 반면에, 이 비율은 C등급 채권의 경우에 36.19%에 달한다. 또한 이 표는 낮은 등급의 채권이 (기대한 대로) 더 높은 수익률을 내고 그 발행회사는 더 높은 부채비율을 갖고 있음을 보여준다.

채권의 등급평가 기준

신용평가회사들이 사용하는 틀은 질적인 요인과 계량적인 요인 모두를 조사한다. 제4장에서 논의된 기업의 재무비율들을 분석하는 계량적 요인들은 재무위험(financial risk)과 관련이 있다. 물론 공표된 재무비율들은 과거에 기초하고 있다. 즉, 재무비율들은 과거의 기업 상태를 보여주는데, 채권투자자들은 미래의 기업 상태에 더 관심을 가질 것이다. 질적인 요인들은 산업 내에서의 경쟁력, 경영진의 소양 등과 같은 기업의 사업위험(business risk)에 대한 분석을 포함한다. 채권 등급의 결정요인들은 다음과 같다:

1. **재무비율.** 잠재적으로 모든 비율들이 중요하지만 재무위험과 관련된 비율들이 핵심이다. 부채비율과 이자보상비율이 가장 중요하다. 신용평가회사의 애널리스트들은 제4장에서 논의된 내용을 바탕으로 재무분석을 실시하고, 제16장에서 설명할 내용에 기초해서 미래의 비율들을 예측한다.
2. **질적인 요인: 채권의 계약조건.** 모든 채권은 채권약정서라 불리는 발행자와 채권보유자 간의 계약에 의해 보호받는다. 채권약정서에서는 채권과 관련된 모든 조건들이 상세히 설명된다. 채권약정서에 포함되는 내용으로는 만기, 이표이자율, 채권이 특정 사산에 의해 보증되고 있는지에 대한 내용, 감채기금조항, 채권이 우수한 신용등급을 가진 다른 기관에 의해 보증되고 있는지에 대한 내용 등이 있다. 다른 조항들로는 기업의 부채비율이 명시된 수준을 초과하지 못하도록 하는 요건, 기업이 이자보상비율을 특정 수준 또는 그 이상으로 유지해야 하는 요건 등과 같은 **제한적 약관**(restrictive covenants)이 있을 수 있다. 어떤 채권약정서는 수백 페이지에 달할 만큼 긴 반면에 다른 약정서는 대출조건만을 다룬 아주 짧은 경우도 있다.
3. **기타 질적인 요인.** 여기에는 경제상황에 따른 기업 수익의 민감도, 인플레이션에 영향을 받는 정도, 노사 문제를 갖고 있거나 노사 문제가 발생할 가능성이 있는지에 대한 내용, 사업을 하고 있는 국가들의 안정성 등을 포함한 국제적 영업환경, 잠재적인 환경 문제, 잠재적인 반독과점 문제 등과 같은 현안들이 포함된다. 오늘날 가장 중요한 요인은 서브프라임 대출에 대한 노출인데, 이런 대출들에 의

〈표 7.4〉 채권의 등급평가 기준

a: 기준점 결정을 위한 사업위험 및 재무위험 특성 조합

	재무위험 특성					
사업위험 특성	극소	적당	중간	중대	과대	매우 과대
우수	AAA/AA+	AA	A+/A	A-	BBB	BBB-/BB+
양호	AA/AA-	A+/A	A-/BBB+	BBB	BB+	BB
만족	A/A-	BBB+	BBB/BBB-	BBB-/BB+	BB	B+
적당	BBB/BBB-	BBB-	BB+	BB	BB-	B
취약	BB+	BB+	BB	BB-	B+	B/B-
매우 취약	BB-	BB-	BB-/B+	B+	B	B-

b: 발행자 및 발행채권 신용등급

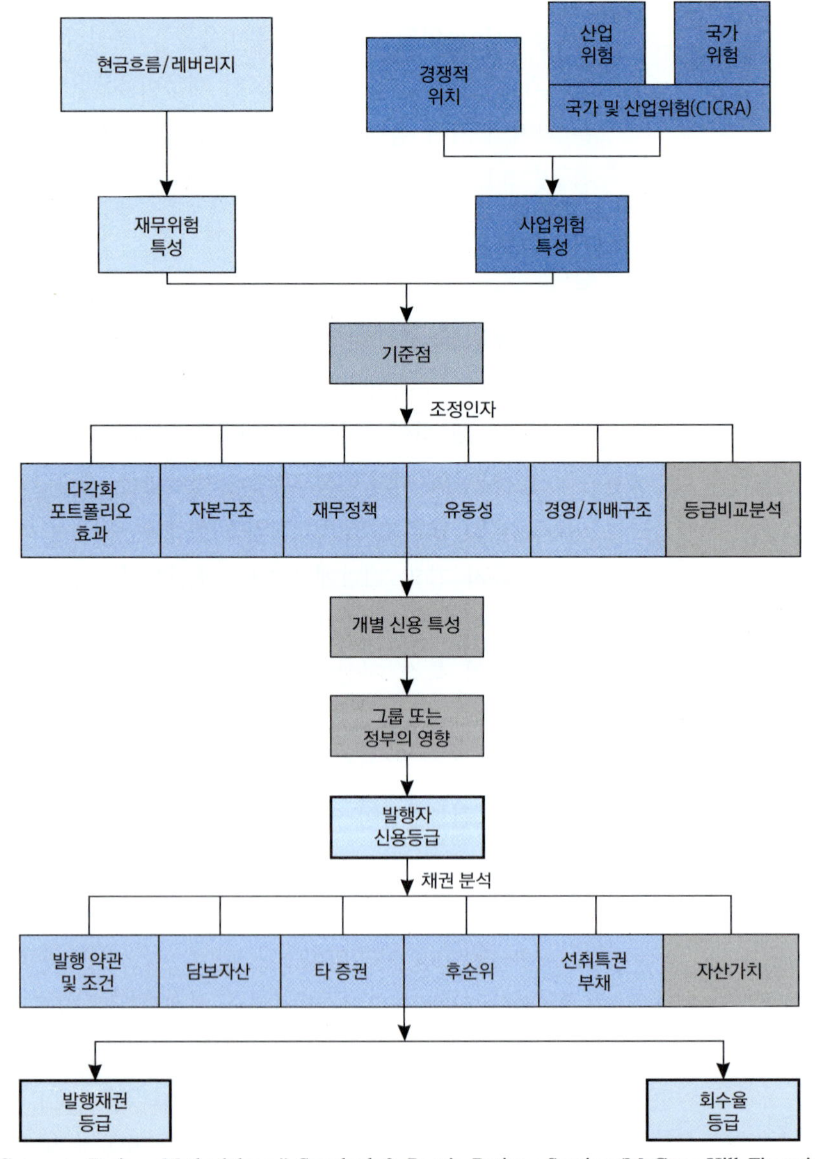

출처: "Corporate Ratings Methodology," Standard & Poor's Ratings Services(McGraw-Hill Financial), April 2014.

해 보증되는 자산이 복잡해짐에 따라 그 노출 정도의 크기를 알 수 없는 어려움이 발생한다.

우리는 채권의 신용등급이 계량적이거나 질적인(혹은 주관적인) 매우 많은 요인들에 의해 결정된다는 것을 알았다. 그리고 등급평가 과정은 동적이다. 즉, 어떤 경우에는 하나의 요인이 가장 중요하게 작용하기도 하고, 다른 경우에는 또 다른 요인이 핵심이 되기도 한다. <표 7.4>는 신용평가회사들이 기업의 채권을 평가할 때 분석하는 기준들에 대한 요약을 제공한다. 패널 a는 사업위험 및 재무위험이 어떻게 기본적인 신용등급을 정하기 위한 "기준점(anchor)"을 결정하는지를 보여준다. 그리고 패널 b는 발행자의 최종 신용등급을 결정하기 위해 이 기준점이 다른 광범위한 요인들과 어떻게 합쳐지는지를 설명한다.

채권 신용등급의 중요성

채권의 신용등급은 기업과 투자자 모두에게 중요하다. 첫째, 채권의 등급은 기업의 채무불이행위험에 대한 지표이기 때문에, 신용등급은 채권의 이자율 및 기업의 부채비용에 대해 직접적이고 중요한 영향을 미친다. 둘째, 대부분의 채권은 개인보다는 기관투자자들이 구매하는데, 많은 기관들의 경우 투자적격증권에만 투자하도록 하는 제한을 갖고 있다. 따라서 기업의 채권이 BBB 이하의 등급으로 하락하면, 많은 잠재적 구매자들이 그 채권을 구입할 수 없기 때문에 기업은 새 채권을 파는 데 많은 어려움을

[그림 7.4] 장기 채권의 수익률, 1994-2020년

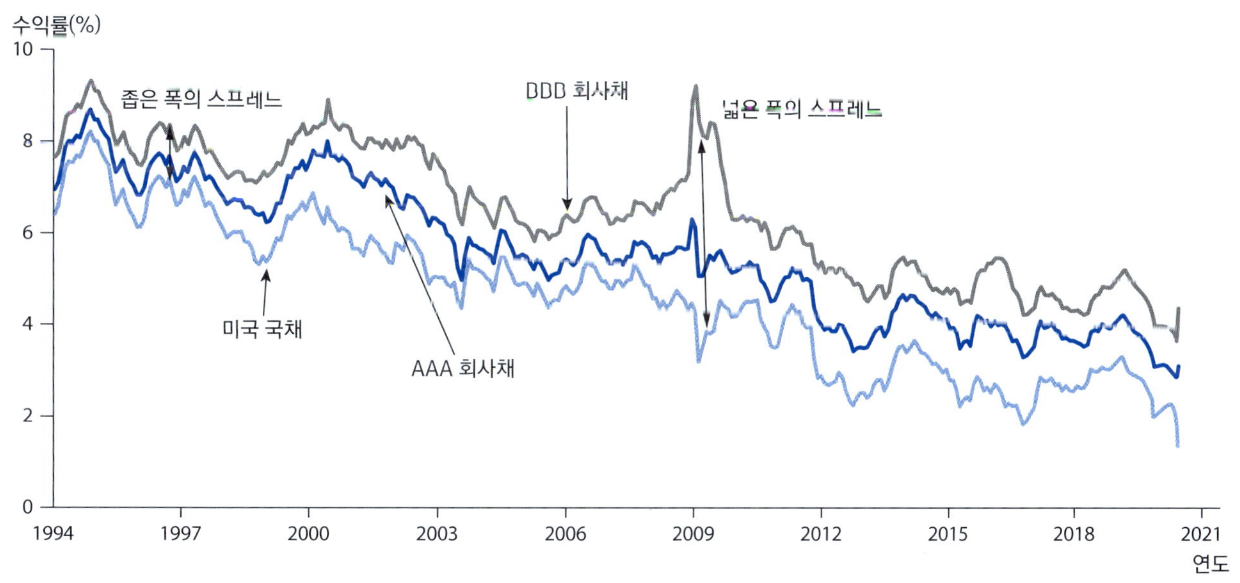

출처: FRED Economic Data, Federal Reserve Bank of St. Louis, fred.stlouisfed.org.

[그림 7.5] 채권의 신용등급 및 수익률 간의 관계, 2009-2020년

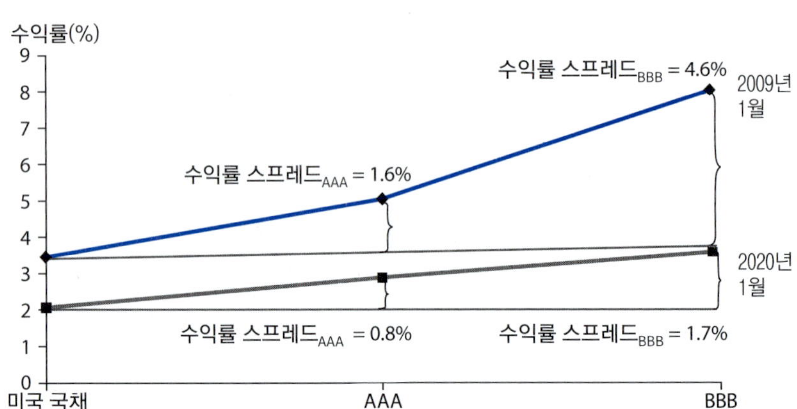

	장기 국채 (채무불이행 없음) (1)	AAA 회사채 (2)	BBB 회사채 (3)	수익률 스프레드	
				AAA (4) = (2) - (1)	BBB (5) = (3) - (1)
2009년 1월	3.5%	5.1%	8.1%	1.6%	4.6%
2020년 1월	2.1	2.9	3.8	0.8	1.7

출처: FRED Economic Data, Federal Reserve Bank of St. Louis, fred.stlouisfed.org.

겪게 될 것이다.

더 큰 위험과 제한적인 시장으로 인하여 낮은 등급의 채권은 높은 등급의 채권보다 높은 요구수익률 r_d를 가진다. [그림 7.4]는 이 점을 잘 설명해준다. [그림 7.4]에서 보듯이 매년 미국 국채는 가장 낮은 수익률을, AAA등급의 채권이 그 다음 낮은 수익률을 기록했고, BBB등급의 채권은 가장 높은 수익률을 기록했다. 또한 [그림 7.4]는 세 유형의 채권에 대한 수익률 차이가 시간이 지나면서 변하는 것을 보여주고 있는데, 이는 부채비용의 차이, 즉 수익률 스프레드가 매년 변동한다는 것을 나타낸다. 최근의 금융위기 때는 그 여파로 회사채와 미국 국채 간의 수익률 스프레드가 매우 크게 증가했다. 금융위기 이후에는 투자자들이 서서히 위험이 큰 증권들을 다시 보유하려고 함에 따라 위기 이후 수년 동안 이 스프레드의 폭은 좁아지고 있다. 이 현상은 [그림 7.5]에 잘 나타나 있는데, 이는 2009년 1월부터 2020년 1월 기간 동안에 세 유형의 채권에 대한 수익률과 미국 국채 대비 AAA등급의 채권 및 BBB등급의 채권의 수익률 스프레드를 보여준다.[20] [그림 7.5]에서 첫 번째로 주목할 것은 수직축 절편인 무

20) 수익률 스프레드는 회사채의 위험프리미엄과 관련이 있지만 동일하지는 않다. 순수 **위험프리미엄(risk premium)**은 위험의 차이로부터 발생하는 두 증권 간의 기대(그리고 요구)수익률의 차이만을 반영한다. 하지만 수익률 스프레드는 (1) 순수 위험프리미엄; (2) 미국 국채가 대부분의 회사채보다 더 활발히 거

위험이자율은 2020년 1월에 2009년 1월보다 낮아졌다는 점이다. 둘째, 그래프의 기울기는 감소했다. 마지막으로 2020년 1월 이후에 이 스프레드는 코로나바이러스 팬데믹(coronavirus pandemic)에 대한 우려로 인해 다시 증가하기 시작했다는 점에 주목할 필요가 있다.

신용등급의 변화

회사채 등급의 변화는 기업의 자금차입 능력과 자금조달 시에 적용되는 자본비용에 영향을 미친다. 신용평가회사는 주기적으로 기발행된 채권을 검토하고, 발행자의 변화된 상황을 근거로 채권의 등급을 조정한다. 예를 들면, 2018년 4월 11일에 Moody's는 Netflix의 채권 등급을 B1에서 Ba3로 상향 조정했다. 이 등급 상향은 구독자 및 수익의 지속적인 증가에 대한 기대가 주요 배경이라고 Moody's는 설명했다. 반면에 2018년 3월 27일에는 Tesla의 신용등급을 B2에서 B3로 하향 조정했는데, 이 등급 하향은 Tesla의 Model 3 생산 부족과 어려운 재정 상태가 그 이유라고 Moody's는 언급했다. <표 7.3>은 2019년에 각 등급 범주 내에서 하향되거나 상향된 비율을 보여준다. 표에서 알 수 있다시피 2019년에 AAA등급의 채권을 제외하고는 채권 등급이 하향된 비율이 상향된 비율을 훨씬 넘어섰다.

장기적으로 보면, 신용평가회사는 채권의 평균적인 신용위험에 대한 측정 및 신용의 질에 중요한 변화가 있을 때마다 등급 조정을 상당히 잘 수행해 왔다. 그러나 신용등급은 신용의 질이 변할 때 즉시 조정되지는 않는다는 사실을 이해하는 것이 중요하다. 실제로 어떤 경우에는 신용의 질에 있어서의 변화와 신용등급 변화 사이에는 상당한 시차가 존재할 수도 있다. 예를 들면, Enron의 채권은 2001년 12월의 한 금요일에도 투자적격등급을 유지하고 있었지만, 이틀 후인 일요일에 회사는 파산을 선언했다. 이후에도 신용평가회사들은 비우량주택담보대출(subprime mortgages)에 의해 보증된 많은 증권들의 위험을 심각하게 과소평가했다는 이유로 상당한 비난에 직면했다. 발행회사가 신용평가회사들의 보수를 지급하기 때문에 신용평가회사들이 위험을 올바르게 측정할 적절한 동기를 갖고 있지 못하다는 우려가 많다. 이런 우려를 반영해서 2010년에 제정된 도드-프랭크법(Dodd-Frank Act)에서는 증권거래위원회(SEC)가 신용평가회사들에 대해 더 강력한 감독을 실시하도록 규정했다. 이 감독의 성격을 정확하게 규정짓는 작업은 여전히 진행 중이다.[21]

래된다는 사실을 반영한 유동성프리미엄; (3) 대부분의 미국 국채는 수의상환이 불가능한 반면, 회사채는 수의상환이 가능하기 때문에 발생하는 수의상환 프리미엄; 그리고 (4) 회사채로부터의 손실 가능성이 더 높다는 것을 반영한 기대손실의 차이를 반영한다. 마지막 요인에 대한 예로, BBB 채권의 만기수익률이 6.0%, 국채의 만기수익률이 4.8%이며, 회사채의 채무불이행에 따른 손실의 가능성은 5%라고 가정해보자. 이 경우 BBB 채권의 기대수익률은 0.95(6.0%) + 0.05(0%) = 5.7%이고, 수익률 스프레드는 "약정" 만기수익률의 차이인 1.2%포인트가 아닌 0.9%포인트일 것이다.

7-8C 파산 및 구조조정

기업이 **채무불이행**(insolvent) 상태가 되면, 대부분의 경우에 그 기업에는 이자와 원금을 지급할 충분한 현금이 없게 된다. 그러면 **청산**(liquidation)을 통해 회사를 해산시킬 것인지 아니면 **구조조정**(reorganize)을 해서 영업을 계속하도록 허용할 것인지에 대해 결정해야 한다. 이러한 문제들은 연방파산법령 제7조(Chapter 7) 및 제11조(Chapter 11)에서 다루고 있고, 최종 결정은 연방파산법원의 판사에 의해 이루어진다.

회사를 청산할 것인지 아니면 구조조정을 허용할 것인지에 대한 결정은 구조조정된 회사의 가치가 회사의 자산을 따로따로 매각하는 경우의 자산 가치보다 클 것인가에 달려 있다. 구조조정의 경우, 회사의 채권자들은 가능한 구조조정의 내용을 경영진과 협상한다. 구조조정계획은 부채의 **재편**(restructuring)을 요구할 수도 있는데, 이런 부채 재편의 경우 이자율이 감소되거나 만기가 연장되거나 또는 일부 부채가 자기자본으로 교환될 수도 있다. 구조조정의 핵심은 회사의 추정현금흐름으로 충당가능한 수준까지 금융 부담을 줄이는 것이다. 물론 보통주 주주들 역시 다소의 "손해"를 감수해야 하는데, 일반적으로 부채의 원금 및 이자가 감소하는 것을 받아들이는 대신에 채권자에게 제공되는 추가적인 주식 배정의 결과로 인해 기존 주주의 소유지분은 실질적으로 하락하게 된다. 구조조정을 감독할 법정관리인을 법원이 임명할 수도 있지만, 일반적으로 현재의 경영진이 경영권을 유지하도록 허용된다.

청산은 회사가 "생존할" 때보다 "사망할" 때 더 가치가 크다고 판단되는 경우 일어난다. 파산법원이 청산을 명령하면, 자산들은 경매 처분되고 확보된 현금은 파산법 제7조에서 명시한대로 배분된다. 웹부록 7C는 청산 시에 회사의 자산이 어떻게 배분되는지에 대한 실례를 제공한다. 현재로서 알아야 할 점은 (1) 연방파산법령이 구조조정과 청산을 관리하고; (2) 파산은 자주 발생하고; (3) 청산된 회사의 자산이 배분될 때 명시된 청구권의 우선순위를 따라야 하고; (4) 채권보유자에 대한 처우는 채권의 조건에 달려 있으며; (5) 통상 자산의 가치는 부채금액보다 낮기 때문에 주주는 일반적으로 구조조정 시에는 조금밖에 받지 못하고 청산 시에는 아무것도 받지 못한다는 것이다.

셀프 테스트

- 담보부채권과 무담보장기사채를 구분하라.
- 주요한 신용평가회사들 및 채권의 신용등급에 영향을 미치는 요인들을 열거하라.

---

21) SEC의 현행 정책에 대한 개요에 대해서는 SEC의 웹사이트 sec.gov/spotlight/dodd-frank.shtml을 참조하라. 관련하여 *New York Times*의 한 기사에서는 이 새로운 규정들의 초안을 만드는 작업에 수반된 여러 어려움을 다루고 있다. Gretchen Morgenson, "The Stone Unturned: Credit Ratings," *The New York Times*(nytimes.com), March 22, 2014를 참조하라.

- 기업과 투자자에게 채권의 신용등급은 왜 중요한가?
- 채권의 신용등급은 신용의 질에 있어서의 변화에 따라 즉시 조정되는가? 설명하라.
- 연방파산법령 제7조의 청산 및 제11조의 구조조정을 구분하라. 각각은 일반적으로 언제 사용되는가?

7-9 채권시장

회사채는 주로 장외(OTC)시장에서 거래된다. 대부분의 채권은 대규모 금융기관(예를 들면, 생명보험회사, 뮤추얼펀드, 헤지펀드, 연기금과 같이 상당히 대규모로 증권들을 다루는 모든 기관투자자)이 보유하고 그들 사이에서 거래되고 있다. 그리고 장외시장의 채권딜러들에게 있어서 상대적으로 소수의 채권보유자들과 대규모의 채권 거래를 하는 것은 비교적 쉬운 일이다. 크고 작은 수많은 주식보유자들이 존재하는 주식시장에서 이런 비슷한 방식으로 운영되기는 어려울 것이다. 그래서 주식은 거래소에서 매매가 이루어지는 비중이 높다.

많은 경제 관련 간행물이나 웹사이트는 국채, 회사채, 지방채 시장에서 일어나는 주요한 현안들을 주기적으로 기사화한다. 예를 들어, 월스트리트 저널은 (미국 국채 대비) 그 전날에 수익률 스프레드의 폭이 제일 넓어지거나 좁아진 채권들의 목록을 제공한다. <표 7.5>는 2020년 4월의 특정일에 실린 이런 자료의 일부를 발췌한 것이다. 이 표는 또한 기업의 전날 주가 변동을 보여주는데, 이는 최근의 뉴스가 그 기업의 주가와 부채조달비용인 이자율에 어떻게 영향을 미치는지를 투자자가 쉽게 알 수 있게 해준다. 그리고 월스트리트 저널은 추가적인 자료로 많은 채권시수들과 여러 국가의 국채이지율에 대한 정보도 제공하고 있다. 이외에 다른 유용한 정보의 원천으로는 Bloomberg.com이나 Finra-markets.morningstar.com 등의 채권 관련 섹션이 있다.

경과이자와 이표채의 가격결정

이 장에서는 채권의 가격에 영향을 미치는 다양한 요인들에 대해 살펴봤다. 그러나 실제로 당신이 채권에 얼마를 지불할지는 다음 이표지급액의 시점에도 달려 있다. 다른 모든 사정이 동일하다면 당신은 이표이자가 지급된 다음날의 채권보다는 이표이자가 지급되기 바로 전날의 채권에 더 높은 가격을 지불하고자 할 것이다. 따라서 이표지급 시점 중간에 있는 채권을 매입한다면 당신은 **경과이자**(accrued interest)라고 불리는 부분에 대해서도 지불해야 한다. 경과이자는 이자지급 사이에 누적된 이자금액을 나타내고, 다음과 같이 계산된다:

경과이자 = 이표지급액 × (직전 이표지급 이후 경과일수/이표지급기간 내 일수)

예를 들어, 2020년 4월 30일에 발행된 회사채를 고려해보자. 이 채권의 이표이자율은 연 2회 지급의 8%이고 액면가는 $1,000이다. 따라서 6개월 후인 2020년 10월 30일에 첫 번째 이표이자인 $40이 지급되고, 2021년 4월 30일에는 두 번째 이표이자 $40이 지급된다. 당신이 2021년 7월 19일에 (4월 30일에 이표이자가 지급되고 79일 후) 이 채권을 구입한다면, 당신은 $17.56의 경과이자를 판매자에게 지불해야 할 것이다:[22)]

경과이자 = $40 × (79/180) = $17.56

대부분의 경우에 채권은 흔히 **순가격(**clean price)이라고 불리는 경과이자를 고려하지 않은 가격으로 표시된다. 당신이 지불하는 실제의 청구가격 또는 송장가격(invoice price)은 순가격에 경과이자를 더한 금액으로 흔히 **총가격**(dirty price)이라고 불린다. 이 채권의 예에서 채권의 명목만기수익률은 채권이 발행되었을 당시와 동일한 8%라고 가정하자. 이는 경과이자를 제외하면 채권은 계속해서 액면가에 거래된다는 것을 의미한다:

순가격(공시가격) = $1,000
경과이자 = $17.56
총가격(청구가격) = 순가격 + 경과이자
= $1,017.56

경과이자를 간단하게 계산하기 위해 엑셀에서 경과이자 함수(ACCRINT)를 이용할 수도 있다.[23)] 마지막 주의사항으로는 본문에서 사용하고 있는 예들에서 채권의 가격이라고 언급할 때는 채권의 공시가격(quoted price), 즉 순가격을 의미한다는 것이다. 하지만 채권을 거래한다면 지불하거나 지급받는 실제 가격은 경과이자를 포함하고 있는 총가격임을 명심해야 한다.

셀프 테스트

- 대부분의 채권 거래가 장외(OTC)시장에서 이루어지는 이유는 무엇인가?
- 경과이자는 어떻게 계산하는가?
- 순가격과 총가격이라는 용어는 무엇을 의미하는가?

22) Yahoo Finance의 용어 섹션에서 경과이자를 찾아보면 경과이자의 지급과 관련한 더 자세한 내용을 알 수 있다. 주목할 내용은 경과이자가 회사채와 미국 재무부채권에 대해서 약간 다르게 계산된다는 것이다:

대부분의 채권과 확정소득증권에 대한 이자는 1년에 2회 지급된다. 회사채나 지방채에 대해서는 이자가 월 30일 및 연 360일 기준으로 계산되고, 국채에 대해서는 이자가 실제 일수인 연 365일 기준으로 계산된다.

23) 제7장의 단원별 엑셀 모형에 있는 『Accrued Interest』 탭을 참조하라. 이 예제에는 엑셀의 ACCRINT 함수에서 날짜 계산 기준으로 2를 입력하여 실제 일수/360을 사용했다.

〈표 7.5〉 월스트리트 저널의 회사채 섹션, 2020년 4월 8일

Corporate Debt

Price moves by a company's debt in the credit markets sometimes mirror and sometimes anticipate, moves in that same company's share price.

Investment-grade spreads that tightened the most...

Issuer	Symbol	Coupon (%)	Maturity	Spread*, in basis points Current	One-day change	Last week	Stock Performance Close ($)	% chg
Noble Energy	NBL	3.900	Nov. 15,'24	715	−136	962	7.22	6.49
Air Lease	AL	4.250	Feb. 1,'24	688	−92	n.a.	24.62	3.01
Fluor	FLR	4.250	Sept.15,'28	655	−92	872	7.28	7.85
Interpublic	IPG	5.400	Oct.1,'48	321	−89	376	15.90	3.31
Ally Financial	ALLY	4.625	March 30,'25	450	−82	523	15.22	5.77

...And spreads that widened the most

Issuer	Symbol	Coupon (%)	Maturity	Current	One-day change	Last week	Close ($)	% chg
Valero Energy	VLO	3.650	March 15,'25	365	160	381	51.60	7.48
Sysco	SYY	3.300	Feb. 15,'50	424	102	375	47.25	2.56
Air Lease	AL	3.875	July 3,'23	804	96	636	24.62	3.01
Sumitomo Mitsui Financial	SUMIBK	3.936	Oct. 16,'23	240	74	n.a.	...	...
Nissan Motor Acceptance	...	2.650	July 13,'22	616	66	n.a.	...	...
Nordstrom	JWN	4.375	April 1,'30	849	59	690	19.00	5.32
Williams	WMB	3.750	June15,'27	367	58	390	15.34	1.25
Verisk Analytics	VRSK	4.125	March 15,'29	340	47	327	148.70	1.04

High-yield issues with the biggest price increases...

Issuer	Symbol	Coupon (%)	Maturity	Bond Price as % of face value Current	One-day change	Last week	Stock Performance Close ($)	% chg
Mallinckrodt International Finance	...	4.875	April 15,'20	100.500	13.50	71.500	...	...
Occidental Petroleum	OXY	4.400	April 15,'46	55.500	5.50	42.000	15.56	12.43
Hertz	...	5.500	Oct. 15,'24	49.500	5.00	53.000	...	...
Western Midstream Operating	...	5.500	Aug. 15,'48	62.500	5.00	38.975	...	...
WPX Energy	WPX	5.250	Oct. 15,'27	80.000	5.00	55.750	4.30	11.69
Tegna	TGNA	4.625	March 15,'28	90.400	4.90	88.000	11.70	6.36
L Brands	LB	6.950	March 1,'33	59.500	4.50	59.000	14.58	10.12

...And with the biggest price decreases

Issuer	Symbol	Coupon (%)	Maturity	Current	One-day change	Last week	Close ($)	% chg
Quicken Loans	QUICKN	5.750	May 1,'25	85.000	−9.75	98.000	...	...
Nationstar Mortgage Holdings	NSM	6.000	Jan. 15,'27	78.250	−4.78	83.250	...	...
Station Casinos	...	5.000	Oct. 1,'25	77.500	−4.25	82.000	...	...
Ladder Capital Finance	...	5.875	Aug. 1,'21	67.500	−4.00	n.a.	...	...
Chemours	CC	7.000	May. 15,'25	84.000	−3.60	83.500	9.52	10.31
TransDigm	TDG	6.375	June 15,'26	85.000	−2.63	92.000	328.25	14.60
J.C. Penney	JCP	7.625	March 1,'97	8.000	−2.50	n.a.	0.33	1.18
Hertz	...	7.625	June 1,'22	72.700	−2.30	n.a.	...	...

*Estimated spread over 2-year, 3-year, 5-year, 10-year or 30-year hot-run Treasury; 100 basis points = one percentage pt; change in spread shown is for Z-spread.
Note: Data are for the most active issue of bonds with maturities of 2 years or more.

출처: MarketAxess Corporate Bond Ticker; WSJ Market Data Group; Corporate Debt Section, *The Wall Street Journal* (wsj.com), April 9, 2020, p. B8.

단원 종합

이 장에서는 정부 및 기업이 발행하는 서로 다른 유형의 채권들과 채권의 가격이 어떻게 결정되는지에 대해 설명했고, 또한 투자자가 어떻게 채권에 대한 수익률을 측정하는지를 살펴봤다. 투자자가 채권을 구입할 때 직면하게 되는 다양한 유형의 위험들에 대해서도 살펴봤다.

투자자가 기업의 채권을 구입할 때 투자자는 그 기업에 자본을 제공하는 것이다. 더욱이 기업이 채권을 발행할 때, **투자자가 채권에 대해 요구하는 수익률은 기업에게는 부채자본의 비용을 나타낸다.** 이 점은 제10장에서 그 범위가 확장된다. 즉, 제10장에서는 이 장에서 다룬 개념들이 기업의 총자본비용을 결정하는 데 사용된다. 이는 자본예산과정에서 기본적인 요소이다.

최근에 많은 기업들이 대규모의 자금을 조달하기 위해 무이표채를 사용하고 있고, 파산은 부채를 발행하는 기업이나 투자자 모두에게 중요한 고려사항이다. 이 두 가지 연관된 주제를 웹부록 7A 및 7C에서 상세히 논의한다. 채권으로부터 발생하는 현금흐름의 가중평균과 관련된 측정치인 듀레이션은 웹부록 7B에서 다룬다.

자가진단 질문과 문제

ST-1 [핵심용어] 다음의 용어를 정의하라:

a. 채권; 국채; 회사채; 지방채; 외국채
b. 액면가; 만기일; 최초만기
c. 이표이자; 이표이자율
d. 고정금리채권; 변동금리채권; 무이표채; 최초할인발행(OID)채권
e. 수의상환조항; 감채기금조항
f. 전환사채; 신주인수권; 수의상환청구채권; 수익채권; 지수연동채권 혹은 구매력채권
g. 할인채; 할증채
h. 만기수익률(YTM); 수의상환수익률(YTC)
i. 경상수익률; 자본이득률; 총수익률
j. 가격위험; 재투자위험; 투자기간; 채무불이행위험; 듀레이션
k. 담보부채권; 채권약정서; 무담보장기사채; 후순위채
l. 투자적격채권; 정크본드

ST-2 [채권의 가치평가] Pennington Corporation은 1997년 1월 1일에 새로운 일련의 채권을 발행했다. 이 채권은 액면가($1,000)에 팔렸고, 이표이자율은 12%이며 30년 후인 2026년 12월 31일에 만기가 된다. 이표이자는 연 2회(6월 30일 및 12월 31일)에 걸쳐 지급된다.

a. 1997년 1월 1일에 YTM은 얼마인가?
b. 이자율이 10%로 하락했다고 가정했을 때, 5년 뒤인 2002년 1월 1일에 채권의 가격은 얼마인가?
c. b에서 계산된 가격으로 2020년 1월 1일의 경상수익률, 자본이득률, 총수익률을 계산하라.
d. 2020년 7월 1일에 6.5년 후에 만기가 되는 Pennington의 채권은 $916.42에 거래되었다. 이 당시에 YTM, 경상수익률, 자본이득률, 총수익률은 얼마인가?
e. 2020년 3월 1일에 유통 중인 Pennington의 채권을 구입하려고 계획하고 있다고 가정하자. 이 채권의 위험에 상응하는 현행 이자율은 이 당시 15.5%였다. 거래를 완료하기 위해서는 얼마를 지불해야 하는가? (이 문제는 난이도가 높다.)

ST-3 [감채기금] Vancouver Development Company(VDC)는 10년 만기로 12%의 연 2회 이표이자를 지급하는 채권 $1억을 발행하려고 계획 중이다. 채권의 만기까지 발행액을 전액상환하기 위해 감채기금조항이 채권약정서에 포함될 것이다. 감채기금의 적립은 연말에 이루어지고, 각 적립액은 최초 발행액의 10%를 상환하기에 충분해야 한다. 최종 감채기금적립액은 마지막 채권을 상환하는 데 사용된다. 매 기간에 상환될 채권은 공개시장에서 구입하거나 또는 VDC의 옵션 행사를 통해 최초 발행액의 5%를 액면가에 수의상환함으로써 확보할 수 있다.

a. 회사가 (1) 액면가에 수의상환 옵션을 행사하거나, (2) 공개시장에서 채권을 구입하기로 결정했을 때 각 감채기금의 적립액은 얼마인가? (2)번에 대해서는 말로 설명하라.

b. 채권의 만기까지 10년 동안 이 채권 발행과 관련해서 매년 부채상환요건에는 어떤 일이 발생하는가?

c. 이제 VDC가 매년 균등한 금액을 한 은행이 관리하는 감채기금신탁에 적립해서 연이자율 7%의 국채에 투자되도록 하는 방식으로 회사의 감채기금을 설정하는 대안을 고려해보자. 적립액과 누적 이자를 더한 금액은 만기인 10년째 말에 발행액을 상환하기 위해 그 총합이 $1억이 되어야 한다. 매년 감채기금의 적립액은 얼마여야 하는가? 이 금액은 확정된 것인가? 아니면 높거나 낮을 수도 있는가?

d. c에서 설명한 신탁약정 조건하에서, 부채상환비용을 감당하기 위해 소요되는 연간 현금 요구액은 얼마인가? (주: Vancouver가 발행해서 유통 중인 채권에 대한 이자는 지급되어야 하지만, 이미 상환된 채권에 대한 이자는 지급되지 않는다.) 이 질문에 답하기 위해 수평의 이자율 수준을 가정하라.

e. 매년 일부 채권을 상환할 때, 회사가 채권을 수의상환하기보다는 공개시장에서 구입하게 하려면 이자율은 어떻게 되어야 하는가?

질문

7-1 감채기금은 다음의 두 가지 방법 중 하나의 방식으로 설정될 수 있다:

- 기업은 연간 일정한 금액을 수탁자에게 지급하고 수탁자는 그 금액을 증권(흔히 국채)에 투자한다. 누적 총액은 만기에 채권의 발행액을 상환하는 데 사용된다.
- 수탁자는 매년 발행채권의 일부분을 상환하기 위해 연간 적립액을 사용한다. 추첨을 통해 일정 비율의 채권을 수의상환해서 각 채권에 명시된 가격을 지불하거나 또는 공개시장에서 채권을 구입하는 방법 중에 비용이 적게 드는 방법을 선택한다.

기업 및 채권보유자의 관점에서 각 절차의 장점과 단점은 무엇인가?

7-2 아래의 식이 1년에 한 번 이자를 지급하는 만기가 N년인 채권의 가치를 구하는 데 사용될 수 있는가? 채권은 몇 년 전에 발행되었다고 가정하라.

$$V_B = \sum_{t=1}^{N} \frac{\text{연간이자}}{(1+r_d)^t} + \frac{\text{액면가}}{(1+r_d)^N}$$

7-3 발행된 채권의 가치는 현행 이자율이 변동할 때마다 변한다. 일반적으로 단기 이자율은 장기 이자율보다 더 심하게 변동한다. 따라서 단기 채권의 가격은 장기 채권의 가격보다 이자율 변화에 더 민감하다. 이 문장은 참인가 거짓인가? 설명하라. (힌트: 질문에 답하기 위해 1년 만기의 채권과 20년 만기의 채권을 이용해서 "적당한" 예를 구성하라.)

7-4 채권이 발행된 후에 이자율이 상승한다면, 이 채권의 가격과 만기수익률은 어떻게 되는가? 이자율 변동이 채권의 가격에 영향을 주는 정도에 만기가 어떤 영향을 미치는가? (예를 구성하면 이 질문에 답하는 데 도움이 될 것이다.)

7-5 다음 문장을 평가하라: 채권의 만기수익률은 채권의 약정수익률이고, 이는 채권의 기대수익률과 같다.

7-6 수의상환채권을 구입했는데 이자율이 하락한다면, 구입한 채권의 가치는 수의상환이 가능하지 않은 채권의 가치가 상승한 만큼 상승할 것인가? 설명하라.

7-7 단기(1년 미만)의 투자기간을 가정해보자. 당신은 두 가지 투자안을 고려하고 있다: 1년 만기의 국채와 20년 만기의 국채. 이 두 투자안 중 어떤 투자가 더 위험한 것으로 생각되는가? 설명하라.

7-8 다음 각각의 행위가 채권의 만기수익률을 증가시킬지 또는 감소시킬지 설명하라.

a. 채권의 가격이 상승한다.
b. 신용평가회사가 채권의 등급을 하향 조정한다.
c. 파산법 개정은 기업이 파산할 경우 채권보유자가 지급받는 것을 더 어렵게 만든다.
d. 경기가 호황에서 불황으로 전환될 것 같다. 기업의 신용도에 대한 영향을 함께 논하라.
e. 채권이 다른 발행부채보다 후순위라는 것을 투자자가 알게 되었다.

7-9 수의상환조항이 채권발행자에게 왜 유리한가? 발행자가 차환 목적의 수의상환에 착수할 가능성이 높은 때는 언제인가?

7-10 채권보유자의 관점에서 감채기금조항이 포함된 채권은 이 조항이 포함되지 않는 채권보다 더 위험한가? 설명하라.

7-11 감채기금 목적의 수의상환과 차환 목적의 수의상환 간의 차이는 무엇인가?

7-12 전환사채나 신주인수권부사채가 통상 비슷한 등급의 일반 채권보다 낮은 이표이자를 지급하는 이유는 무엇인가?

7-13 다음 문장이 참인지 거짓인지 설명하라: 부실한 기업만이 무담보장기사채를 발행한다.

7-14 경기가 불황으로 접어들고 있다면, 동일한 만기를 가진 국채 대비 회사채의 수익률 스프레드는 커지는가 혹은 작아지는가? 이 스프레드의 변화는 기업의 신용도에 의해 영향을 받는가? 설명하라.

7-15 채권의 기대수익률은 그 채권의 YTM으로 추정되기도 하고 YTC로 추정되기도 한다. 어떤 조건에서 YTM이 더 나은 추정치를 제공하는가? YTC가 더 나을 때는 언제인가?

7-16 다음의 채권들 중에 가격위험이 가장 큰 채권은 어떤 것인가? 이유를 설명하라. (힌트: <표 7.2>를 참조하라.)

a. 이표이자율이 5%인 7년 만기의 채권
b. 이표이자율이 12%인 1년 만기의 채권
c. 이표이자율이 5%인 3년 만기의 채권
d. 15년 만기의 무이표채
e. 이표이자율이 10%인 15년 만기의 채권

7-17 다음의 채권들 중에 재투자위험이 가장 큰 채권은 어떤 것인가? 이유를 설명하라. (힌트: <표 7.2>를 참조하라.)

a. 이표이자율이 5%인 7년 만기의 채권
b. 이표이자율이 12%인 1년 만기의 채권
c. 이표이자율이 5%인 3년 만기의 채권
d. 15년 만기의 무이표채
e. 이표이자율이 10%인 15년 만기의 채권

문제

초급 문제
1~4

7-1 **[채권의 가치평가]** Madsen Motors의 채권은 만기까지 23년이 남아 있다. 이자는 연간으로 지급되며 액면가는 $1,000이고 이표이자율은 9%, 만기수익률은 11%이다. 채권의 현재 시장가격은 얼마인가?

7-2 **[만기수익률과 미래 가격]** 액면가 $1,000, 만기 12년, 연 이표이자율 8%인 채권이 $980에 거래되고 있다.

a. 채권의 만기수익률(YTM)은 얼마인가?
b. 만기수익률이 향후 3년 동안 일정하다고 가정하자. 지금으로부터 3년 후의 가격은 얼마인가?

7-3 **[채권의 가치평가]** Nesmith Corporation이 발행한 채권은 액면가가 $1,000, 이표이자율은 반기 지급의 8%, 만기가 14년, YTM은 11%이다. 이 채권의 가격은 얼마인가?

7-4 **[만기수익률]** 어떤 회사의 채권은 액면가 $1,000, 8년 만기, 연 11%의 이표이자율로 연 2회 이표이자를 지급하고, 4년 후에는 $1,154에 수의상환될 수 있으며, 현재 $1,283.09의 가격에 거래되고 있다. 이 채권의 명목 만기수익률과 명목 수의상환수익률은 얼마인가? 투자자는 이 채권에 대해 어떤 수익률을 얻을 것이라고 기대해야 하는가?

중급 문제 5~14

7-5 **[채권의 가치평가]** 한 투자자는 자신의 포트폴리오에 액면가 $1,000, 11% 연 이표를 지급하는 두 가지 채권을 보유하고 있다. 채권 L은 12년 후에 만기가 되고, 채권 S는 1년 후에 만기가 된다.

a. 현행이자율이 6%, 8%, 12%일 경우에 각 채권의 가격은 얼마인가? 채권 S는 만기에 지급되는 한 번의 이자가 남아 있고, 채권 L은 12번의 이자가 남아 있다고 가정하라.

b. 이자율이 변동할 때 장기 채권의 가격이 단기 채권의 가격보다 더 많이 변화하는 이유는 무엇인가?

7-6 **[채권의 가치평가]** 한 투자자는 자신의 포트폴리오에 채권 C와 채권 Z 두 가지 채권을 보유하고 있다. 각각의 채권은 4년 후에 만기가 되고, 액면가는 $1,000, 만기수익률은 8.2%이다. 채권 C는 11.5%의 연 이표금액을 지급하는 반면에 채권 Z는 무이표채이다.

a. 각 채권의 만기수익률이 향후 4년 동안 8.2%로 일정하다고 가정하고, 만기까지의 기간이 다음과 같을 때 채권의 가격을 계산하라:

만기까지의 연수	채권 C의 가격	채권 Z의 가격
4	______	______
3	______	______
2	______	______
1	______	______
0	______	______

b. 각 채권에 대해 가격의 시간경로를 그려라.

7-7 **[이자율 민감도]** 한 투자자가 다음 다섯 가지 채권을 구입했다. 구입일 당시 각 채권의 액면가는 $1,000, 만기수익률은 8%였다. 투자자가 채권을 구입한 직후에 이자율이 하락했고, 각 채권의 새로운 YTM은 7%가 되었다. 이자율이 하락한 후에 각 채권의 가격 변화율은 얼마인가? 다음 표의 빈칸을 채워라.

	8%일 때 가격	7%일 때 가격	변화율
10년 만기의 10% 연 이표채	______	______	______
10년 만기의 무이표채	______	______	______
5년 만기의 무이표채	______	______	______
30년 만기의 무이표채	______	______	______
$100의 영구채	______	______	______

7-8 **[수의상환수익률]** 7년 전에 Templeton Company는 연 11%의 이표이자율을 가진 20년 만기의 채권을 액면가($1,000)에 발행했다. 이 채권은 5년 동안 수의상환 보호를 받고 7.5%의 수의상환 프리미엄을 가진다. Templeton은 오늘 채권을 수의상환했다. 채권이 발행될 때 구입해서 수의상환될 때까지 이 채권을 보유하고 있는 투자자가 얻게 되는 실현수익률을 계산하라. Templeton이 이 채권을 수의상환하는 것이 왜 투자자에게 좋은 일인지 혹은 좋지 않은 일인지

그 이유를 설명하라.

7-9 **[만기수익률]** Harrimon Industries의 채권은 만기까지 6년이 남아 있다. 이자는 연 1회 지급되고, 액면가는 $1,000, 이표이자율은 10%이다.

a. 현재 시장가격이 (1) $865 및 (2) $1,166일 경우에 만기수익률은 얼마인가?

b. 채권의 "공정" 시장이자율이 12%(즉, $r_d = 12\%$)라고 생각된다면 이 채권에 $865를 지불하겠는가? 이유를 설명하라.

7-10 **[경상수익률, 자본이득률, 만기수익률]** Pelzer Printing Inc.의 채권은 만기까지 9년이 남아 있다. 이 채권은 연 9%의 이표이자율을 갖고 있고, 1년 전에 액면가($1,000)에 발행되었다. 하지만 이자율 변동으로 인해 채권의 시장가격은 $910.30으로 하락했다. 지난해에 자본이득률은 −8.97%였다.

a. 만기수익률은 얼마인가?

b. 내년의 기대경상수익률과 기대자본이득률은 얼마인가? (힌트: 경상수익률의 정의에 대한 각주 6 및 <표 7.1>을 참조하라.)

c. 이자율이 변동하는 경우에 실제의 실현수익률은 기대수익률과 같은가? 같지 않다면 어떻게 다른가?

7-11 **[채권수익률]** 지난해에 Carson Industries는 10년 만기로 13%의 반기이표채를 액면가($1,000)에 발행했다. 현재 이 채권은 6년 후에 $1,065에 수의상환될 수 있고 $1,200에 거래되고 있다.

a. 이 채권의 명목 만기수익률과 명목 수의상환수익률은 얼마인가? 투자자는 YTM을 얻을 가능성이 더 높은가? 아니면 YTC를 얻을 가능성이 더 높은가?

b. 경상수익률은 얼마인가? 이 수익률은 채권이 수의상환될지 여부에 따라 영향을 받는가? (힌트: 경상수익률의 정의에 대한 각주 6 및 <표 7.1>을 참조하라.)

c. 내년의 기대자본이득률(혹은 기대자본손실률)은 얼마인가? 이 수익률은 채권이 수의상환될지 여부에 따라 영향을 받는가? 이유를 설명하라.

7-12 **[수의상환수익률]** 2021년 1월 1일 현재, 당신은 2019년 1월 1일에 발행된 채권의 매입을 고려중이다. 연 1회 지급의 이표이자율은 8%이고 최초만기는 30년이다. (이 채권은 2048년 12월 31에 만기가 된다.) 5년 동안(2023년 12월 31일까지) 수의상환 보호가 되고, 그 이후에는 108(부연해서 설명하면 액면가의 108%, 즉 $1,080)에 수의상환될 수 있다. 채권이 발행된 후 이자율이 하락해서, 이제는 액면가의 119.12%, 즉 $1,191.20에 거래되고 있다.

a. 만기수익률은 얼마인가? 수의상환수익률은 얼마인가?

b. 이 채권을 구입했다면, 당신은 실제로 어떤 수익률을 얻는가? 추론과정을 설명하라.

c. 이 채권이 할증가가 아닌 할인가에 거래되고 있다고 가정하자. 발생가능성이 높은 수익률은 만기수익률인가 아니면 수의상환수익률인가?

7-13 **[가격과 수익률]** 7%의 반기이표채가 4년 후에 만기가 된다. 이 채권의 액면가는 $1,000이고 경상수익률은 7.5401%이다. 채권의 가격 및 YTM은 얼마인가? (힌트: 경상수익률의 정의에 대한 각주 6 및 <표 7.1>을 참조하라.)

7-14 **[기대이자율]** 25년 후에 만기가 되는 Lourdes Corporation의 채권은 이표이자율이 12%이고, 매 반기에 이자를 지급하며 액면가는 $1,000이다. 이 채권은 지금으로부터 6년 후 $1,025에 수의상환이 가능하다. 채권의 가격은 $1,278.56이고 수익률곡선은 평평하다. 시장이자율은 현재 수준에서 일정할 것으로 예상된다고 가정하자.

a. 이 채권의 잔존연수에 대한 최선의 추정치는 얼마인가?

b. Lourdes가 추가 자본조달을 계획하고 있고 부채로 조달하기를 원한다면, 새로운 채권을 액면가에 발행하기 위해 이표이자율을 얼마로 성해야 하는가?

고급 문제 15~18

7-15 **[채권의 가치평가]** 채권 X는 수의상환이 불가능하고 20년 만기, 연 1회 지급의 이표이자율 8%, 액면가는 $1,000이다. 채권 X에 대한 요구수익률은 9%이다. 만약 당신이 이 채권을 구입한다면 5년 동안 채권을 보유할 계획이다. 당신(그리고 시장)은 5년 후 비슷한 위험을 가진 15년 만기의 채권에 대한 만기수익률이 7.5%일 것으로 기대하고 있다. 당신은 현재 채권 X에 대해 얼마를 지불하겠는가? (힌트: 이 채권이 5년 후에 얼마의 가치가 있을지 알아야 한다.)

7-16 **[채권의 가치평가]** 당신은 10년 만기, 액면가가 $1,000인 채권의 매입을 고려하고 있다. 이 채권의 이표이자율은 8%이고 이자는 연 2회 지급된다. 당신이 7.1225%의 (명목이자율이 아닌) "실효"연이자율을 요구한다면, 이 채권에 대해 얼마를 지불하겠는가?

7-17 **[채권수익률]** 지난해 Janet은 연 8%의 이표이자율과 15년의 만기를 가진 액면가 $1,000의 회사채를 매입했다. 구입 시점에 이 채권의 기대 만기수익률은 10.45%였다. 만약 오늘 Janet이 이 채권을 $820.17의 가격에 매각했다면 지난해 그녀가 얻은 수익률은 얼마인가?

7-18 **[만기수익률과 수의상환수익률]** Kempton Enterprises의 채권은 액면가 $1,000, 만기까지 10년이 남아 있다. 채권의 연 이표이자율은 11%이고 현재 가격은 $1,185이다. 이 채권은 5년 후에 액면가의 109%에 수의상환될 수 있다(수의상환가격=$1,090).

a. 만기수익률은 얼마인가?

b. 5년 후에 수의상환된다면 수의상환수익률은 얼마인가?

c. 투자자가 이 채권으로부터 얻을 것으로 기대되는 수익률은 어떤 것인가? 이유는 무엇인가?

d. 채권약정서는 5년째부터 매년 말 채권을 수의상환할 수 있는 권리를 기업에게 부여하는 수의상환조항을 포함하고 있다. 5년째에 이 채권은 액면가의 109%에 수의상환될 수 있지만 그 다음 4년 동안에는 수의상환비율이 1%포인트씩 하락한다. 따라서 6년째에는 액면가의 108%에 수의상환될 수 있고, 7년째에는 액면가의 107%에 수의상환될 것이다. 수익률곡선은 수평이고 이자율은 현재 수준에서 일정하다면, 투자자는 이 회사가 채권을 수의상환하는 가장 마지막 시기를 언제라고 예상할 수 있는가?

종합계산문제

7-19 **[채권의 가치평가]** Clifford Clark는 최근에 퇴직했는데 자신이 저축한 돈의 일부를 회사채에 투자하고자 한다. 재무설계사는 다음과 같은 채권에 투자하기를 제안했다:

- 채권 A의 연 이표이자율은 7%, 만기까지 12년 남아 있고 액면가는 $1,000이다.
- 채권 B의 연 이표이자율은 9%, 만기까지 12년 남아 있고 액면가는 $1,000이다.
- 채권 C의 연 이표이자율은 11%, 만기까지 12년 남아 있고 액면가는 $1,000이다.

각 채권의 만기수익률은 9%로 동일하다.

a. 채권의 가격을 계산하기 전에 각 채권이 할증채인지, 할인채인지, 혹은 액면채인지 구분하라.

b. 세 채권의 가격을 각각 계산하라.

c. 세 채권의 경상수익률을 각각 계산하라. (힌트: 경상수익률의 정의에 대한 각주 6 및 <표 7.1>을 참조하라.)

d. 각 채권의 만기수익률이 9%에서 변하지 않는다면, 1년 후 각 채권의 가격은 어떻게 될 것인가? 각 채권의 기대자본이득률은 어떻게 되는가? 각 채권의 기대총수익률은 어떻게 되는가?

e. Mr. Clark는 채권 D라고 하는 또 다른 채권의 매입을 고려하고 있다. 이 채권은 8%의 반기이표채이고 액면가는 $1,000이다(즉, 매 6개월마다 $40의 이자를 지급한다). 채권 D는 9년 후에 만기가 되고, 가격은 현재 $1,150이다. 또한 5년 후에 $1,040의 수의상환가격으로 수의상환이 가능하다.

1. 이 채권의 명목 만기수익률은 얼마인가?
2. 이 채권의 명목 수의상환수익률은 얼마인가?
3. Mr. Clark가 이 채권을 매입한다면 만기수익률을 얻을 가능성이 더 높은가 아니면 수의상환수익률을 얻을 가능성이 더 높은가? 답을 설명하라.

f. 가격위험과 재투자위험의 차이를 간략하게 설명하라. 아래 채권들 중에 가장 큰 가격위험을 갖는 채권은 어떤 채권인가? 가장 큰 재투자위험을 갖는 채권은 어떤 채권인가?

- 연 이표이자율 9%의 1년 만기 채권
- 연 이표이자율 9%의 5년 만기 채권
- 5년 만기의 무이표채
- 연 이표이자율 9%의 10년 만기 채권
- 10년 만기의 무이표채

g. 스프레드시트를 사용하는 경우에만 이 문제를 풀기 바란다. 이자율이 일정하다는 가정하에 만기까지 매년도 말 각 채권(A, B 및 C)의 가격을 계산하라. [그림 7.2]와 비슷하게 각 채권 가치의 시간경로를 보여주는 그래프를 만들어라.

1. 각 채권의 기대경상수익률은 매년 얼마인가?

2. 각 채권의 기대자본이득률은 매년 얼마인가?
3. 각 채권의 총수익률은 매년 얼마인가?

통합사례

WESTERN MONEY MANAGEMENT INC.

7-20 **[채권의 가치평가]** Robert Black과 Carol Alvarez는 Western Money Management의 부사장이자 회사의 연기금관리 부문의 공동 부문장이다. California League of Cities라는 신규 주요 고객이 Western에 관련 도시의 시장들을 위해 투자세미나를 개최해달라고 요청했다. 세미나에서 발표를 할 예정인 Black과 Alvarez는 당신에게 다음과 같은 질문들에 답변하기 위한 자료의 작성을 도와달라고 부탁했다:

a. 채권의 주요 특성은 무엇인가?

b. 수의상환조항과 감채기금조항은 무엇인가? 이 조항들은 채권의 위험을 증가시키는가 아니면 감소시키는가?

c. 어떤 자산의 가치가 미래 기대현금흐름에 기초하는 경우 그 자산의 가치는 어떻게 결정되는가?

d. 채권의 가치는 어떻게 결정되는가? 만기 10년, 액면가 $1,000, 연 이표이자율 10%인 채권의 경우 요구수익률이 10%라면 그 가치는 얼마인가?

e. 1. 이표이자율 13%를 제외하고는 파트 d의 채권과 동일한 채권의 경우 그 가치는 얼마인가? 이 경우에 채권은 할인채인가 아니면 할증채인가?
2. 동일한 속성을 갖는 이표이자율 7%인 채권의 가치는 얼마인가? 이 경우에 채권은 할인채인가 아니면 할증채인가?
3. 요구수익률이 10%로 일정하다면 시간이 지남에 따라 7%, 10% 및 13% 연 이표채의 가치는 어떻게 되는가? (힌트: 재무계산기에 PMT, I/YR, FV 및 N을 입력한 후, 만기에 가까워지면서 PV가 어떻게 변하는지 알아보기 위해 N을 변경시켜라.)

f. 1. 만기 10년, 연 이표이자율 9%, 액면가 $1,000인 채권이 $887.00에 거래되고 있다면 이 채권의 만기수익률은 얼마인가? $1,134.20에 거래되고 있다면 만기수익률은 얼마인가? 할인이나 할증된 가격에 거래되고 있다는 사실이 r_d와 이표이자율 간의 관계에 대해 무엇을 말해주는가?
2. 할인채의 총수익률, 경상수익률 및 자본이득률은 어떻게 되는가? 만기까지 보유하며 채무불이행은 없다고 가정하라. (힌트: 경상수익률의 정의에 대한 각주 6 및 <표 7.1>을 참조하라.)

g. 가격위험은 무엇인가? 1년 만기의 연 이표채와 10년 만기의 연 이표채 중 어떤 채권의 가격위험이 더 큰가? 이유를 설명하라.

h. 재투자위험은 무엇인가? 1년 만기의 채권과 10년 만기의 채권 중 어떤 채권의 재투자위험이 더 큰가?

i. 이자가 반기마다 지급된다면 채권의 가치평가 공식은 어떻게 변하는가? 명목 r_d가 13%인 경우에 10년 만기, 10% 이표이자율을 가진 반기이표채의 가치를 구하라.

j. 보유 중인 $1,000으로 10년 만기의 10% 연 이표채나 10년 만기의 10% 반기이표채를 매입할 수 있다고 가정하자. 두 채권의 위험은 동일하다. 어떤 채권을 선호하는가? $1,000이 반기이표채의 적정한 가격이라면 연 이표채의 균형가격은 얼마인가?

k. 10년 만기, $1,000 액면가인 10% 반기이표채가 현재 $1,135.90에 거래되고 있고, 따라서 명목 만기수익률은 8%이다. 하지만, 이 채권은 4년 후 $1,050의 가격에 수의상환될 수 있다.
   1. 이 채권의 명목 수의상환수익률(YTC)은 얼마인가?
   2. 이 채권을 매입한다면 YTM을 얻을 가능성이 더 높은가 아니면 YTC를 얻을 가능성이 더 높은가? 이유를 설명하라.

l. 만기수익률은 채권의 약정수익률을 나타내는가 아니면 기대수익률을 나타내는가? 이유를 설명하라.

m. 이 채권들은 S&P에서 AA-등급으로 평가되었다. 이 채권들을 투자적격채권으로 생각하는가 아니면 정크본드로 생각하는가?

n. 어떤 요인들이 기업의 채권 등급을 결정하는가?

o. 발행한 채권들에 대해 채무불이행에 빠진다면 이 기업은 즉시 청산되는가? 채권보유자들이 모든 약정된 지급액을 받을 수 있도록 보장되는가? 답을 설명하라.

채권의 가치평가에 이자율이 미치는 영향을 이해하기 위해 온라인 자료 활용하기

이 장의 질문들에 답하기 위해 온라인 자료를 활용하라. 시간이 지나면서 웹사이트 정보는 변하고 이러한 변화는 일부 질문들에 대해 답하는 데 제약으로 작용할 수 있다는 점에 유의하라.

제7장에서 이자율이 채권의 가치평가에 어떻게 영향을 미치는지 살펴봤다. 다음 질문들은 상이한 이자율 수준에 따라 채권의 가치가 어떻게 영향을 받는지에 대한 이해를 돕기 위해 만들어졌다. 여기서는 이 질문들에 답하기 위해 finra-marekts.morningstar.com/BondCenter/ 웹사이트에 접속할 것이다.

1. Bond Center 화면에 접속해서 화면의 중앙에 있는 검색 탭을 클릭하라. Alphabet 채권들을 검색하라. Alphabet은 Google의 모회사라는 점을 기억하자. S&P에서 등급 평가한 채권들은 어떤 것인가? Moody's에서 등급 평가한 채권들은 어떤 것인가? 화면에 표시된 채권들 중 만기가 가장 긴 채권은 어떤 것인가? 이 채권의 가격과 수익률은 얼마인가? 이 채권은 액면가나 할인가 혹은 할증가 중 어떤 가격에 거래되고 있는가? 채권이 발행된 후에 이자율은 어떻게 되었는가? (힌트: 이 채권의 이표이자율과 만기수익률 간의 관계를 살펴봐라.)
2. 이제 Bond Center의 메인(main) 화면으로 돌아가서 고급검색을 해보자. 화면의 중앙에 있는 검색 탭을 클릭하고, "Show"("Advanced Search" 옆)를 클릭하라. Industrial, Senior, Non-convertible, Corporate Bond를 검색하라. 모든 유형의 채권상품을 선택하자. 이 채권은 고정된 반기이표이어야 하지만 이표이자율은 명시하지 않는다. 마지막으로 채권의 등급을 명시하지 않고, 이제 "Show Results"를 선택하라. 이 채권들의 만기수익률이 채권 등급에 따라 어떻게 변화하는지 간단히 설명하라.
3. 검색 결과 중에 가장 낮은 등급의 채권을 파악하라. 채권 등급은 어떻게 되는가? 이 채권의 현재 가격 및 만기수익률은 얼마인가? 만기는 언제인가?
4. 이제 검색 결과 중에 다른 채권을 선택하자. Moody's가 평가한 채권 등급은 어떻게 되는가? S&P가 평가한 채권 등급은 어떻게 되는가? 이 채권은 투자적격채권인가? 답을 설명하라.
5. 질문 4에서 선택한 채권의 이표이자율, 만기, 현재 가격 및 만기수익률을 확인하라. 검색한 정보에 근거하면 이 채권의 만기수익률은 발행 이후에 증가했는가, 감소했는가 아니면 동일한 수준에서 일정한가? 현재 이 채권은 액면가나 할인가 혹은 할증가 중 어떤 가격에 거래되고 있는가?

위험과 수익률

08
CHAPTER

혼란한 시기에 위험 관리하기

지난 수십 년간 미국의 주식시장은 나름대로의 부침을 겪었다. 시장의 최근 성과를 빠르게 이해하기 위해서는 1993년 4월에 S&P 500 주가지수는 440선 정도 수준이었다는 점을 감안할 필요가 있다. 그다음 7년 동안에 시장은 최고 1,516까지 치솟았고, 약 2년 후에는 2001년 미국 본토에서의 테러공격과 이로 인한 경기침체에 따라 지수는 거의 절반 수준으로 하락했다. 기복이 심했던 5년여의 기간을 거치고 2007년 9월에 마침내 시장은 옛 최고점 수준인 1,500선까지 회복되었다. 그러나 그 무렵 주택시장은 붕괴했고 금융위기가 시작되어서 2009년 3월까지 S&P 500은 700선 이하 수준으로 하락했다. 약 11년 후인 2020년 3월 초에 시장은 새로운 최고점인 3,400선에 약간 못 미치는 수준을 기록했지만, 불과 몇 주 후에는 코로나바이러스(coronavirus)의 발생이 미국을 강타했고 그 여파로 지수가 2,300선까지 하락하는 붕괴 수준의 상황을 겪었다. 곧이어 시장은 부분적으로 반등해서 2개월 후인 2020년 5월에는 3,000선 근처에서 거래되고 있다.

많은 경우에 개별 주식에 대한 수익률은 S&P 500 주가지수보다 훨씬 더 변동이 심하다. 예를 들면, Netflix의 주가는 2009년 7월 $6에 약간 못 미치는 수준에서 2011년 7월 $38 이상의 수준으로 2년의 기간 동안에 500% 이상 상승했다. 하지만 이런 놀라운 급등에 이어서 약 1년 후인 2012년 8월에는 주가가 $8 수준으로 폭락했다. 이후 주가는 다시 한 번 폭등해서 2017년 5월에 Netflix의 주가는 $156을 넘어서는 수준을 기록했다.[1] 더욱 놀라운 것은 그다음 해에 주가는 2배 이상 상승해서 2018년 5월에 $330을 넘어서게 되었다.

하지만 코로나바이러스 발생의 여파로 주가는 2020년 3월에 $390에서 $315로 다시 한 번 폭락했다. 예상할 수 있다시피 Netflix가 다른 많은 회사들보다는 코로나바이러스 팬데믹의 영향을 덜 받았는데, 이는 외출을 자제하고 집에 머무르는 게 더 중요해진 상황에서 Netflix의 구독을 끊는 경향이 점점 줄어들기 때문이라는 주장이 유력하게 대두되었다.[2]

이 장에서 살펴볼 것처럼 투자의 위험을 줄이는 한 방법은 분산된 주식포트폴리오를 보유하는 것이다. 한 접근방법으로는 시장 전체를 좇는 뮤추얼펀드나 상장지수펀드(exchange-traded funds: ETFs)에 투자하는 전략이 있을 수 있다. 더 광범위한 분산화 전략은 주식, 채권, 상품, 부동산 등을 포함하는 다양한 종류의 국제적인 자산에 투자하는 것이다. 많은 미국의 투자자들은 외국의 주식이나 채권에 투자하는 것을 주저하지만, 많은 외국 시장들은 성과가 좋았고 그 성과는 미국 시장과 완벽한 상관관계에 있지는 않았다. 따라서 국제적인 분산투자는 미국 투자자들에게 수익률을 높이는 동시에 위험을 줄일 수 있는 기회를 제공한다. 그러나 확실히 이런 다른 투자들도 때때로 매우 위험할 수 있다.

분산투자는 중요하지만, 지난 십여 년 동안의 사건들은 완벽한 분산투자를 하고 있는 투자자라고 하더라도 짧은 기간에 대규모 손실을 입을 수 있다는 것을 잘 보여준다. 그 결과, 많은 사람들이 투자에 있어서 더 보수적이 되었고 많은 현금과 안전자산을 자신의 포트폴리오에 포함시켰다. 이 투자자들은 기대수익률이 주식이나 더 투기적인 다른 투자들에 대한 위험을 충분히 정당화한다는 확신이 서지 않는 한 시장으로 복귀하지 않을 것이라고 전망된다.

이 장에서는 이런 개념들에 대해 더 자세히 살펴본다. 구체적으로 투자자들이 직면하게 되는 다양한 유형의 위험, 분산화의 혜택, 위험과 수익률 간의 기본적인 상반관계에 대해 고찰한다. 본 장에서 이 개념들을 공부한 후에, 당신은 많은 투자자들이 부를 추구하는 과정에서 최근에 직면했던 투자 시에 빠질 수 있는 함정들을 피할 수 있어야 한다.

학습개요 및 목표

투자자들은 수익을 좋아하고 위험은 싫어해서 높은 기대수익률을 제공할 때에만 투자자들이 위험자산에 투자할 것이라는 기본적인 전제로부터 이 장을 시작한다. 투자와 관련된 위험이 의미하는 것이 무엇인지 정의하고, 위험을 측정하기 위해 사용되는 절차를 살펴보고, 위험과 수익률 간의 관계를 논의한다. 기업의 경영자가 기업의 미래를 좌우할 방안들을 마련하기 위해 이 개념들을 이해해야 하는 것처럼, 투자자도 이 개념들을 이해해야 한다.

위험은 여러 방법으로 측정될 수 있고, 위험을 측정하기 위해 사용된 방법에 따라 자산의 위험도에 대해 다른 결론에 도달할 수도 있다. 위험분석은 혼동스러울 수 있지만, 다음의 내용을 명심한다면 도움이 될 것이다:

---

1) 주목할 것은 이 가격들이 2015년 7월에 7대1 주식분할을 반영해서 조정된 가격이라는 점이다.

2) 반면에 Royal Caribbean Cruises의 주가는 2020년에 $132.20으로 시작했는데, 코로나바이러스의 발생으로 인해 모든 크루즈를 갑자기 중단시킬 수밖에 없는 상황에서 2020년 3월에는 $22.33으로 폭락했다. 2020년 4월 17일 현재 주가는 $37.39로 반등했다. 실제 사례들에서 알 수 있다시피 어떤 회사들은 코로나바이러스의 발생으로 인해 다른 회사들보다 더 부정적인 영향을 받았다.

1. 모든 사업용 자산은 **현금흐름**을 창출할 것으로 기대되고 자산의 위험도는 이 현금흐름의 위험도에 기초하고 있다. 현금흐름이 위험할수록 자산의 위험도 더 크다.
2. 자산은 주식이나 채권과 같은 **금융자산** 및 트럭, 기계, 기업 전체와 같은 **실물자산**으로 구분될 수 있다. 이론상으로 모든 유형의 자산에 대한 위험분석은 유사하고 동일한 기본 개념들이 모든 자산에 적용된다. 하지만 실제로는 이용가능한 자료의 유형에 차이가 있기 때문에 주식, 채권, 실물자산에 대한 위험분석은 다른 절차를 따른다. 이 장에서의 초점은 금융자산, 특히 주식에 있다. 제7장에서는 채권에 대해 고찰했고, 자본예산과 관련된 장들, 특히 제12장에서 실물자산을 다룰 것이다.
3. 주식의 위험은 두 방식으로 고려될 수 있다: (a) **개별 자산 기반** 또는 **개별 주식 기반** 그리고 (b) 많은 주식들을 묶어서 그 통합된 현금흐름을 분석하는 **포트폴리오 기반**이다.[3] 개별자산위험과 포트폴리오위험 간에는 중요한 차이가 있는데, 단독으로 보유할 때 상당한 위험을 가진 주식도 대규모 포트폴리오의 일부일 때는 위험이 훨씬 더 작아질 수도 있다.
4. 포트폴리오 기반에서 주식의 위험은 두 가지 요소로 나누어질 수 있다: (a) **분산가능위험**, 이것은 분산투자로 제거될 수 있는 위험으로, 분산투자자들은 거의 우려하지 않는 위험이고, (b) **시장위험**, 이것은 주식시장이 전체적으로 하락할 위험을 반영하고 분산투자에 의해 제거될 수 없기 때문에 투자자가 우려하는 위험이다. 분산가능위험은 제거될 수 있고 또 제거될 것이기 때문에 합리적 투자자들에게는 시장위험만이 **해당**(relevant)된다.
5. 큰 시장위험을 가진 주식은 투자자의 관심을 끌기 위해서는 높은 기대수익률을 제공해야 한다. 일반적으로 투자자는 **위험을 회피**하기 때문에 높은 기대수익률로 보상받지 못한다면 위험자산을 구매하려고 하지 않을 것이다.
6. 평균적으로 투자자들이 주식의 기대수익률이 그 위험을 보상하기에 너무 낮다고 생각한다면 투자자들은 주식을 매도하기 시작할 것이고, 이것은 주식의 가격을 하락시키고 기대수익률을 높이는 결과를 가져온다. 반대로 주식의 기대수익률이 위험을 보상하고도 남으면 사람들은 주식을 매수하기 시작할 것이다. 따라서 주식의 가격은 상승하게 되고 기대수익률은 낮아질 것이다. 기대수익률이 위험에 대한 보상을 정확하게 충족시킬 때, 주식은 매수압력이나 매도압력이 없는 균형상태에 있게 될 것이다.
7. 8-2절에서 다룰 개별자산위험은 주식분석에서 기본적으로 포트폴리오위험에 대한 분석을 위한 도입부로서 그 중요성이 있다. 하지만 개별자산위험은 자본예산의 투자안들과 같은 실물자산을 분석할 때는 매우 중요하다.

여러분이 이 장을 마치면 다음의 내용을 수행할 수 있어야 한다:

- 개별자산위험과 포트폴리오 기반에서의 위험 간의 차이를 설명할 수 있다.
- 위험회피가 주식의 요구수익률에 어떤 영향을 주는지 설명할 수 있다.
- 분산가능위험과 시장위험 간의 차이를 논할 수 있고, 각 유형의 위험이 분산투자가 잘된 투자자

3) 포트폴리오는 투자증권들의 집합이다. General Motors, ExxonMobil 및 IBM의 주식을 보유하고 있다면 당신은 세 가지 주식으로 구성된 포트폴리오를 보유하고 있는 것이다. 분산투자는 기대수익률을 크게 희생시키지 않고 위험을 낮춰주기 때문에, 대부분의 주식들은 포트폴리오에 편입되어 있다.

들에게 어떻게 영향을 미치는지 설명할 수 있다.

- CAPM이 무엇이고, 이것이 주식의 기대수익률을 추정하는 데 어떻게 사용되는지를 설명할 수 있다.
- 전체 주식시장과 채권시장의 변화가 어떻게 기업의 주식에 대한 요구수익률을 변하게 할 수 있는지 논할 수 있다.
- 기업의 영업전략 변화가 어떻게 그 기업의 주식에 대한 요구수익률을 변하게 할 수 있는지 논할 수 있다.

8-1 위험-수익의 상반관계

앞에서 언급한 것처럼 투자자들은 수익을 좋아하고 위험을 싫어한다는 매우 단순한 전제로부터 출발한다. 이 전제는 위험과 수익률 간에 기본적인 상반관계가 존재한다는 것을 시사한다: 투자자들이 더 큰 위험을 취하도록 유인하기 위해서는 그들에게 더 높은 기대수익률을 제공해야 한다. 이러한 상반관계는 [그림 8.1]을 통해 설명한다.

[그림 8.1]의 패널 a에서 위험-수익률선의 기울기는 더 높은 수준의 위험을 감수하기 위해 투자자가 얼마만큼의 추가적인 수익률을 요구하는지를 나타낸다. 기울기가 가파를수록 투자자가 매우 위험회피적이라는 것을 의미하고, 반면에 기울기가 완만할수록 투자자가 위험의 감수를 덜 불편해한다는 것을 의미한다. 위험 감수를 불편해하는 투자자들은 낮은 위험의 투자로 몰리는 경향이 있고, 위험추구형의 투자자들은 고위험, 고수익 투자에 자신들의 돈을 투자하게 된다. 평균적인 투자자의 위험을 감수하고자 하는 의중 또한 시간이 지나면서 변한다. 예를 들면, 최근의 금융위기 이전에는 점점 더 많은 투자자들이 고성장 주식, 정크본드, 그리고 신흥시장펀드에 투자했다. 위기 이후에는 투자자들이 빠르게 위험한 투자로부터 벗어나서 대신에 미국 재무부증권이나 단기금융펀드와 같은 더 안전한 투자로 몰리는 "안전자산 선호(flight to quality)"가 엄청난 규모로 일어났다. 언제든지 투자자의 목표는 인지된 투자의 위험을 보상하기에 충분하고도 남을 만큼의 수익률을 얻는 것이어야 한다. 다시 말하면 [그림 8.1]의 패널 a에 있는 위험-수익률선의 기울기 위쪽의 수익률을 얻는 것이다.

또한 위험과 수익률 간의 상반관계는 주주를 위해 가치를 창출하고자 노력하는 기업의 입장에서도 중요한 개념이다. [그림 8.1]의 패널 b는 회사가 위험한 투자안에 투자하고 있다면 회사는 투자자들(채권보유자와 주주 모두)에게 그만큼 더 높은 기대수익률을 제공해야 한다는 것을 시사한다. 제7장에서 살펴본 것처럼 고위험의 회사들은 추가적인 채무불이행위험에 대해 채권보유자들에게 보상하기 위해 더 높은 채권수익률을 지급해야 한다. 이와 마찬가지로 주가를 끌어올리기 위해 노력하는 위험이 더 큰

[그림 8.1] 위험과 수익률 간의 상반관계

패널 a: 개인투자자 관점

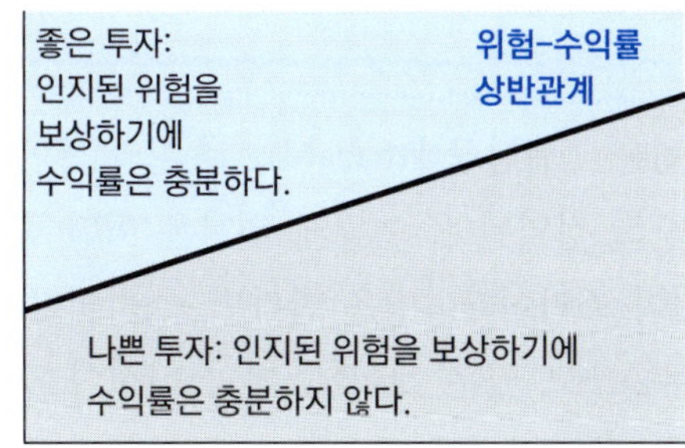

주: 위험-수익률선의 기울기는 위험을 감수하고자 하는 개인투자자의 의중에 달려 있다. 기울기가 가파를수록 투자자는 더 위험회피적이라는 것을 나타낸다.

패널 b: 위험한 투자안에 투자하기 위해 자금조달을 하는 기업의 관점

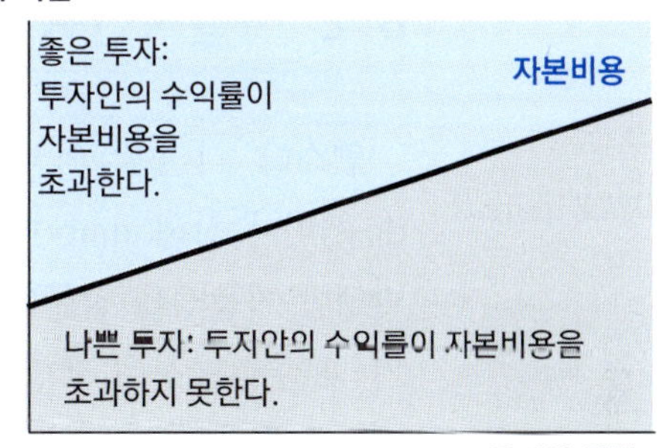

주: 자본비용선의 기울기는 시장에서 평균적인 투자자의 위험을 감수하고자 하는 의중에 달려 있다. 기울기가 가파를수록 평균적인 투자자는 더 위험회피적이라는 것을 나타낸다.

회사들은 추가적인 위험에 대해 주주들에게 보상하기 위해 더 높은 수익률을 보장해야 한다는 점을 이 장에서 살펴볼 것이다. 기업이 투자자들에게 지급해야 하는 수익률은 그 기업의 자본조달비용을 나타낸다는 것을 이해하는 게 중요하다. 따라서 기업의 관점에서는 [그림 8.1]의 패널 b에 있는 위험-수익률선이 기업의 자본조달비용을 나타내고 이 위험-수익률선의 기울기는 평균적인 투자자가 현재 갖고 있는 위험 감수 정도를 반영한다. 제10장부터 제12장에 걸쳐 살펴볼 것처럼, 기업은 투자로부터의 수익률이 그 자본비용을 초과하는 투자안에 투자함으로써 가치를 창출한다. 다시 한 번 말하지만 이것은 위험-수익률선의 위쪽에서 운영되고 있다는 것을 의미한다.

이 장에서는 이 간단한 개념들을 더 자세히 논의한다. 우선 위험의 개념에 대한 논의를 시작으로, 그 후에 수익률에 대해 논의한다. 위험과 수익률 간의 상반관계를 추정하는 모형에 대해서도 살펴볼 것이다.

셀프 테스트

- 위험과 수익률 간의 기본적인 상반관계를 간략하게 설명하라.
- [그림 8.1]에 묘사된 위험-수익률선의 기울기는 무엇을 나타내는가?
- 위험을 감수하고자 하는 평균적인 투자자의 의중은 시간이 지남에 따라 변하는가? 설명하라.
- 평균적인 투자자의 위험에 대한 인식은 현재 어떻다고 생각하는가? 평균적인 투자자가

현재 어떤 유형의 투자에 투자하고 있다고 생각하는가?
- 기업은 고위험의 투자안을 철저히 피해야 하는가? 설명하라.

8-2 개별자산위험

위험
어떤 불리한 일이 발생할 가능성

웹스터 사전에 의하면 **위험**(risk)은 "위험상태(hazard); 손실의 원인(peril); 손실(loss)이나 상해(injury)에 대한 노출"로 정의된다. 이렇게 위험은 어떤 좋지 않은 일이 발생할 가능성을 말한다. 만약 당신이 스카이다이빙을 한다면, 스카이다이빙은 위험하기 때문에 당신은 생명의 위험을 무릅쓰고 있는 것이다. 만약 당신이 경마에 돈을 건다면, 당신의 돈이 위험에 직면하게 되는 것이다.

이전 장들에서 살펴본 것처럼, 개인이나 기업은 미래에 추가적인 자금을 받을 것을 기대하고 오늘 자금을 투자한다. 채권은 상대적으로 낮은 수익률을 제공하지만 적어도 국채나 높은 등급의 회사채를 고수한다면 상대적으로 위험도 작다. 일반적으로 주식은 높은 수익률의 기회를 제공하지만 채권보다 더 위험하다. 투기적 성격이 강한 주식(혹은 실제로 아무 주식이나)에 투자하고 있다면, 높은 수익률을 기대하면서 상당한 위험을 감수하고 있는 것이다.

개별자산위험
투자자가 하나의 자산만을 보유하고 있을 때 직면하게 되는 위험

자산의 위험은 두 가지 방식으로 분석될 수 있는데, (1) 그 자산 자체만을 고려하는 개별자산 기반과 (2) 자산이 포트폴리오에 포함된 많은 자산들 중의 하나로 보유되는 포트폴리오 기반이다. 따라서 자산의 **개별자산위험**(stand-alone risk)은 투자자가 하나의 자산만을 보유하고 있을 때 직면하게 되는 위험이다. 대부분의 금융자산, 특히 주식은 포트폴리오에 포함되어 보유되지만, 포트폴리오 기반에서 위험을 이해하기 위해서는 개별자산위험을 이해하는 것이 필요하다.

개별자산위험을 설명하기 위해, 투자자가 기대수익률이 5%인 미국 단기 국채를 $100,000에 구입했다고 가정하자. 이 경우에 투자로부터의 수익률 5%는 매우 정확하게 추정될 수 있고, 이 투자는 본질적으로 무위험(risk-free)으로 정의된다. 이 투자자가 중부대서양에서의 원유탐사를 위해 신설된 회사의 주식에 $100,000을 투자할 수도 있다. 이 경우 주식의 수익률을 예측하기는 훨씬 더 어렵다. 최악의 경우에 회사는 파산할 수도 있고 투자자는 자신이 투자한 모든 돈을 잃어버릴 수 있다. 이 경우에 수익률은 −100%일 것이다. 최상의 시나리오는 회사가 막대한 양의 원유를 발견해서 투자자가 1,000% 수익률을 얻는 것이다. 이 투자를 평가할 때, 투자자는 상황을 분석해 통계적 의미에서 기대수익률이 20%라는 결론을 내릴 수도 있지만 실제수익률은 가령 +1,000%에서 −100%까지 될 수 있다. 기대수익률보다 훨씬 작은 수익률을 얻게 될

가능성이 상당히 있기 때문에, 이러한 주식은 상대적으로 위험할 것이다.

기대수익률이 인식된 위험을 보상할 만큼 충분히 높지 않다면 어떤 투자도 이뤄지지 않아야 한다. 이 예에서 원유탐사 주식의 기대수익률이 미국 단기 국채의 기대수익률보다 높지 않다면 그 주식을 사려고 하는 투자자는 확실히 거의 없을 것이다. 이 예는 극단적인 경우이다. 그러나 일반적으로 상황은 훨씬 불명확하고, 우리는 고려중인 투자가 이뤄져야 하는지를 결정하기 위해 위험을 측정해야 한다. 따라서 우리는 위험을 좀 더 엄밀하게 정의할 필요가 있다.

앞으로 살펴보겠지만, 자산이 그 자체만으로 보유될 때와 자산군, 즉 포트폴리오의 일부로 보유될 때 자산의 위험은 다르다. 이 절에서는 개별자산위험을 다루고, 다음 절들에서는 포트폴리오위험을 다룬다. 포트폴리오위험을 이해하기 위해서는 개별자산위험에 대해 아는 것이 필요하다. 또한 개별자산위험은 소규모 비즈니스의 소유주에게도 중요하고, 나중에 나오는 자본예산을 다루는 장들에서 실물자산을 분석할 때도 중요하다. 주식이나 대부분의 금융자산에서 포트폴리오위험이 가장 중요하지만, 여전히 두 유형의 위험에 있어서 주요한 요소들을 이해할 필요가 있다.

8-2A 개별자산위험의 통계적 측정치

자료(Resource)

cengage.com의 본 교재 관련 사이트에서 Excel 챕터 모형들을 다운로드할 수 있다. 다운로드 후에는 제8장 파일을 열어 이 챕터를 읽으면서 따라 해보자.

본 교재는 통계학 서적도 아니고 통계학에 많은 시간을 할애하지도 않을 것이지만, 이 절에 나오는 비교적 간단한 통계학에 대해 직관적인 이해는 필요하다. 모든 계산은 계산기나 엑셀로 쉽게 할 수 있다. 엑셀의 설정을 보여주기는 하지만, 계산을 위해 엑셀이 필요하지는 않다.

여기에 우리가 알아야 할 6개의 주요 사항이 있다:

1. 확률분포
2. 기대수익률, $\hat{r}$ (“r hat”)
3. 역사적 또는 과거 실현수익률, $\bar{r}$ (“r bar”)
4. 표준편차, σ(sigma)
5. 변동계수(CV)
6. 샤프비율

확률분포
가능한 상황들이나 사건들에 대해 각각 그 확률(발생 가능성)이 할당된 표

<표 8.1>은 장거리수송 트럭(18륜 트럭)의 엔진을 만드는 Martin Products와 생필품 판매로 매우 안정적인 매출과 이익을 내는 U.S. Water의 **확률분포**(probability distribution)를 보여준다. 첫 번째 열은 세 가지 가능한 경제 상태를 보여주고, 두 번째 열에는 퍼센트가 아닌 소수로 표시된 각각의 상태가 발생할 확률이 주어져 있다. 이 확률은 다섯 번째 열에서 다시 반복해 나타난다. 경제가 강세일 확률, 즉 강한 수

〈표 8.1〉 확률분포와 기대수익률

	A	B	C	D	E	F	G	H
16		Martin Products				U.S. Water		
17								
18								
19	수요에	수요	수요			수요	수요	
20	영향을 주는	발생	발생시	곱		발생	발생시	곱
21	경제 상태	확률	수익률	(2) × (3)		확률	수익률	(5) × (6)
22	(1)	(2)	(3)	(4)		(5)	(6)	(7)
23	강세	0.30	80%	24%		0.30	15%	4.5%
24	보통	0.40	10%	4%		0.40	10%	4.0%
25	약세	0.30	−60%	−18%		0.30	5%	1.5%
26		1.00	기대수익률 =	10%		1.00	기대수익률 =	10.0%
27								

요가 나타날 상태의 확률이 30%이고, 보통의 수요가 나타날 확률이 40%, 그리고 약한 수요가 나타날 확률은 30%이다.

세 번째 열과 여섯 번째 열은 각각의 경제 상태하에서 두 회사의 수익률을 보여준다. 수익률은 수요가 강할 때 비교적 높고, 수요가 약할 때는 비교적 낮다. 그러나 Martin의 수익률은 U.S. Water의 수익률보다는 훨씬 더 폭넓게 변한다는 점에 주목하라. 실제 Martin의 주식은 60%의 손실을 낼 가능성이 상당히 높은 반면에 U.S. Water는 최악의 상황에서도 5% 수익률을 낸다.4)

기대수익률, $\hat{r}$
투자로부터 실현될 것이라고 기대되는 수익률로 가능한 결과들에 대한 확률분포의 가중평균

네 번째 열과 일곱 번째 열은 다른 수요 수준하에 발생하는 수익률과 확률의 곱을 나타낸다. 이 곱들의 총합을 계산하면 이 주식의 **기대수익률**(expected rates of return) $\hat{r}$ ("r-hat")을 얻는다. 이 두 주식의 기대수익률은 10%이다.5)

우리는 <표 8.1>의 자료를 이용해서 [그림 8.2]에서처럼 그래프로 나타낼 수 있다. 각각의 막대높이는 주어진 결과가 발생할 확률을 가리킨다. Martin 수익률의 가능 범

4) 이 예는 설명을 위한 목적이기는 하지만 다소 비현실적이다. 실제로 대부분의 주식은 적어도 어느 정도는 음의 수익률을 낼 가능성을 갖고 있다.

5) 기대수익률은 표에서 한 것과 동일한 다음의 식을 이용해서 계산할 수 있다:

$$\text{기대수익률} = \hat{r} = P_1 r_1 + P_2 r_2 + \cdots + P_N r_N \tag{8.1}$$

$$= \sum_{i=1}^{N} P_i r_i$$

식의 두 번째 줄은 축약된 표현인데, 여기서 시그마(sigma, Σ)는 N개 요소들의 값을 "합계"하거나 또는 더하는 것을 의미한다. 만약 i = 1이라면 $P_i r_i = P_1 r_1$이고 i = 2라면 $P_i r_i = P_2 r_2$이며, 마지막 가능한 결과인 i = N이 될 때까지 이런 식으로 계속된다. 기호 $\sum_{i=1}^{N}$은 "i = 1로 해서 첫 번째 곱을 구하고 i = 2로 해서 두 번째 곱을 구하며 N까지 각각의 곱이 구해질 때까지 계속한 후에, 기대수익률을 구하기 위해 이 개별 곱들을 모두 더하는" 절차를 간단히 표시한 것이다.

[그림 8.2] Martin Products와 U.S. Water의 수익률의 확률분포

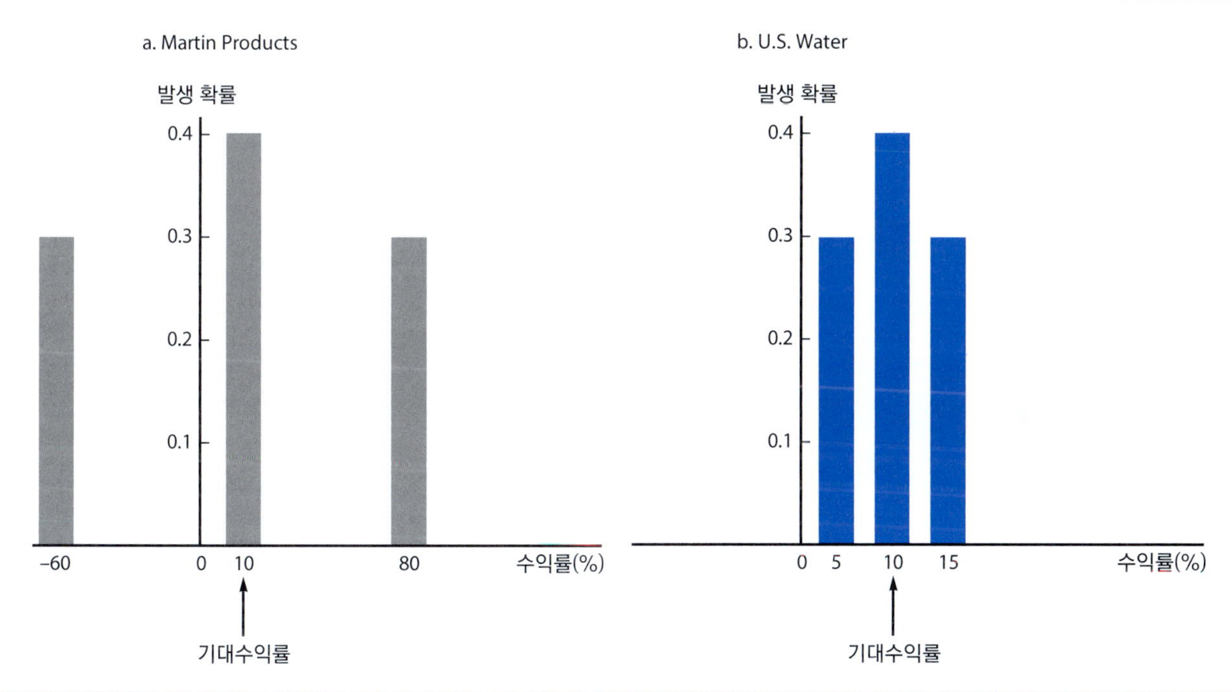

위는 −60%에서 +80%이고 기대수익률은 10%이다. U.S. Water의 기대수익률 역시 10%이지만, 이 회사 수익률의 가능 범위(그래서 최대한의 손실)는 훨씬 좁다.

[그림 8.2]에서 우리는 단지 세 가지의 경제 상태(강세, 보통, 약세)만 발생할 것이라고 가정했다. 실제로 경제는 극심한 경기침체에서 전례 없는 경기호황까지 다양할 수 있다. 그리고 이 사이에는 무한한 경우의 수가 존재한다. 시간과 인내를 가지고 가능한 모든 수요 수준에 확률을 할당하고(여전히 확률의 합은 1.0이다), 각각의 수요 수준별로 각 주식의 수익률을 배정한다고 가정해보자. 수요 수준이 더 많아진다는 점을 제외하고는 <표 8.1>과 비슷한 표가 될 것이다. 이 표는 앞에서처럼 기대수익률을 계산하는 데 사용될 수 있다. 각 상태에 대한 확률과 결과는 [그림 8.3]에 있는 것처럼 연속되는 곡선으로 나타낼 수 있을 것이다. 여기서는 Martin의 수익률이 −60% 이하 또는 80% 이상이 될 가능성이나 U.S. Water의 수익률이 5% 이하 또는 15% 이상이 될 가능성은 근본적으로 없다는 방식으로 가정들을 바꿨다. 그러나 사실상 이 범위 내에서는 어떤 수익률도 가능하다.

확률분포가 좁을수록(혹은 더 뾰족할수록) 실제의 결과가 기댓값에 가까울 가능성이 더 커지고, 따라서 실제수익률이 기대수익률보다 훨씬 밑에 있을 가능성이 작아진다. **이렇게 확률분포가 좁을수록 위험은 더 낮아진다.** [그림 8.3]에서 U.S. Water가 상대적으로 좁은 분포를 가졌기 때문에, U.S. Water의 실제수익률이 기대수익률 10%에 가

[그림 8.3] Martin Products와 U.S. Water의 수익률의 연속확률분포

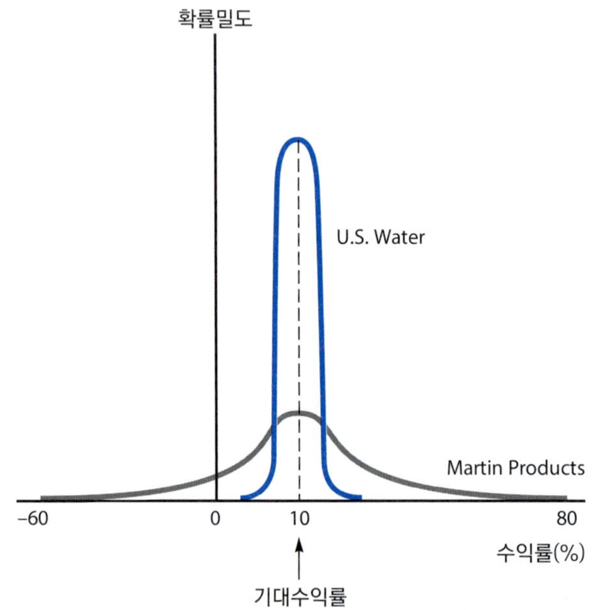

주: 다양한 결과들의 확률에 대한 가정은 [그림 8.2]와는 달라졌다. [그림 8.2]에서는 정확히 10%의 수익률을 얻을 확률이 40%였는데, 이제 나올 수 있는 결과가 단지 세 경우가 아니고 많은 가능한 경우들이 있기 때문에 여기서는 그 확률이 훨씬 작다. 연속분포이기 때문에, 정확히 수익률의 확률을 묻는 것보다는 적어도 특정 수익률 이상을 얻을 수 있는 확률을 묻는 것이 더 타당하다. 이 주제는 통계수업에서 상세히 다뤄진다.

까울 가능성이 Martin의 실제수익률이 기대수익률 10%에 가까울 가능성보다는 더 크고, 따라서 U.S. Water의 위험이 더 작다.[6)]

8-2B 개별자산위험 측정: 표준편차[7)]

비교 목적으로 위험을 측정하는 것은 유용하지만, 위험은 다양한 방법으로 정의되고 측정될 수 있다. 우리의 목적을 충족시켜주는 위험에 관한 보편적인 정의는 [그림 8.3]에서 보여준 것과 같은 확률분포에 기초하고 있다: **미래 기대수익률의 확률분포가 좁을수록 그 투자의 위험은 더 작아진다.** 이 정의에 따르면, U.S. Water의 실제수익률이 기대수익률보다 훨씬 낮을 가능성이 작기 때문에 U.S. Water의 위험은 Martin Products보다 작다.

확률분포의 좁은 정도를 계량화하기 위해서 표준편차(σ, "시그마"(sigma)로 읽음)를

---

6) 이 예에서는 경제 상태가 수익률에 영향을 미치는 유일한 요인이라는 점을 암묵적으로 가정했다. 하지만 실제로는 노동, 원재료, 개발비용 등을 포함한 많은 요인들이 수익률에 영향을 미친다. 이 내용은 나중에 나오는 자본예산에 관한 장들에서 더 상세하게 다뤄진다.

7) 이 절은 비교적 기술적인 내용이어서 생략하더라도 내용의 연속성에는 지장이 없다.

모든 재무계산기(그리고 엑셀)는 과거 자료에 근거해서 σ를 구하는 사용하기 쉬운 기능을 가지고 있다.[14] 표준편차를 구하기 위해서는 간단히 수익률을 입력하고 나서 S(혹은 S_x)로 표시된 키를 누른다. 그러나 계산기이든 엑셀이든 확률적인 자료가 관계된다면 σ를 구하는 내장된 공식은 없다. 이런 경우는 <표 8.2>에 있는 순서에 따라서 표준편차를 계산해야 한다.

8-2D 개별자산위험에 대한 다른 측정치: 변동계수 및 샤프비율

동일한 기대수익률을 갖지만 표준편차가 다른 두 가지 투자 중에서 선택을 해야 한다면, 대부분의 사람들은 표준편차가 작아서 위험이 더 낮은 투자를 선택할 것이다. 마찬가지로, 동일한 위험(표준편차)과 다른 기대수익률을 가진 두 투자 사이에서 선택이 주어지면, 투자자들은 일반적으로 높은 기대수익률을 가진 투자를 선호한다. 대부분의 사람들에게 이것은 상식이다 — 수익은 "좋은 것"이고 위험은 "나쁜 것"이다. 이렇게 투자자들은 가능한 높은 수익률과 가능한 낮은 위험을 원한다. 그러나 높은 기대수익률을 가진 투자와 낮은 표준편차를 가진 두 가지 투자 사이에서 어떤 선택을 해야 하는가? 이 질문에 답하기 위해서 보통 위험에 대한 다른 측정치들을 사용한다. 그 중 하나의 측정치는 표준편차를 기대수익률로 나눈 **변동계수**(coefficient of variation: CV)이다:

변동계수(CV)
수익률 한 단위당 위험을 측정하는 표준화된 척도로 표준편차를 기대수익률로 나눠서 계산한다.

$$\text{변동계수} = CV = \frac{\sigma}{\hat{r}} \tag{8.3}$$

변동계수는 수익률 한 단위당 위험을 나타내고, 두 가지 대안에서 기대수익률이 동일하지 않을 때 더 의미 있는 위험의 측정치를 제공한다. U.S. Water와 Martin Products는 동일한 기대수익률을 가졌으므로, 이 경우에는 변동계수가 필요하지 않다. 이 예에서 더 큰 표준편차를 가진 회사인 Martin은 또한 더 큰 변동계수도 갖게 된다. 실제로 Martin의 변동계수는 54.22/10 = 5.42이고, U.S. Water의 변동계수는 3.87/10 = 0.39이다. 따라서 이 기준에서 보면 Martin은 U.S. Water보다 약 14배 정도 더 위험하다.

샤프비율 또는 샤프지수
일정한 기간 동안 어떤 자산의 실현 초과수익률과 그 표준편차를 비교하는 개별자산위험의 측정치. 높은 비율을 가진 투자대상이 낮은 비율을 가진 투자대상보다 성과가 더 좋다.

또 다른 측정치는 **샤프비율**(Sharpe ratio)인데, 노벨 경제학상 수상자인 William Sharpe가 만들었다. 샤프비율은 특정 기간 동안의 자산의 실현 초과수익률을 표준편차로 나눈 비율이다:

$$\text{샤프비율} = (\text{수익률} - \text{무위험이자율})/\sigma$$

14) 역사적 표준편차의 계산에 대한 설명으로는 본 교재의 웹사이트(cengage.com)에 있는 지침서나 계산기의 매뉴얼을 참조하라.

상황에 따라 과거 수익률 및 표준편차를 사용해서 샤프비율을 계산하기도 하고 향후의 기대수익률에 대한 추정치에 근거하기도 한다. 어느 경우든지 초과수익률은 투자수익률이 무위험이자율을 얼마나 상회하는지를 측정하고, 따라서 수익률이 무위험이자율과 동일한 투자는 영(0)의 샤프비율을 갖는다.[15] 어느 일정 기간을 고려할 때 높은 샤프비율을 가진 투자는 성과가 더 좋은데, 그 이유는 위험 한 단위당 더 높은 초과수익률을 내기 때문이다. 예를 들어, 무위험이자율을 4%로 가정하고 향후의 추정치에 근거해서 U.S. Water와 Martin Products의 샤프비율을 계산한다면, U.S. Water의 샤프비율은 1.55[=(10% −4%)/3.87%]이고 Martin Products의 샤프비율은 0.11[=(10% −4%)/54.22%]일 것이다. 따라서 위험조정에 기반(risk-adjusted basis)하면 U.S. Water가 더 나은 성과를 나타낼 것으로 예상됨을 다시 한 번 알 수 있는데, 그 이유는 두 회사의 기대 초과수익률은 동일하지만 U.S. Water가 Martin Products보다 훨씬 작은 위험을 갖고 있기 때문이다.

응용문제

지난 5년 동안 주식 A와 주식 B에 대한 역사적 수익률은 다음과 같다. 무위험이자율은 3%이다.

연도	주식 A	주식 B
1	20.0%	25.0%
2	30.0	18.0
3	−2.0	50.0
4	6.0	10.0
5	18.0	21.5

a. 주식 A와 주식 B의 변동계수는 얼마인가?

b. 주식 A와 주식 B의 샤프비율은 얼마인가? 위험조정에 기반하면 어떤 주식이 더 나은 성과를 나타냈는가? 답을 설명하라.

[해답]

a. 주식 A의 평균 수익률은 14.4%=(20.0% + 30.0% + −2.0% + 6.0% + 18.0%)/5이고, 표준편차는 [((20.0%−14.4%)^2 + (30.0%−14.4%)^2 + (−2.0%−14.4%)^2 + (6.0%−14.4%)^2 + (18.0%−14.4%)^2)/(5−1)]^0.5=12.52%이다. 따라서 주식 A의 변동계수=12.52%/14.4%=0.87%, 즉 CV_A = **0.87**이다.

주식 B의 평균 수익률은 24.9%=(25.0% + 18.0% + 50.0% + 10.0% + 21.5%)/5이고, 표준편차는 [((25.0%−24.9%)^2 + (18.0%−24.9%)^2 + (50.0%−24.9%)^2 + (10.0%−

15) 샤프비율은 수익률이 무위험이자율을 초과하는 위험자산을 평가하는 경우에 유용한 측정치이다. 수익률이 무위험이자율보다 낮은 자산(음의 샤프비율을 의미)의 상대적 성과를 평가하는 경우에는 그 유용성이 낮아진다.

24.9%)^2 + (21.5% − 24.9%)^2)/(5 − 1)]^0.5 = 15.09%이다. 따라서 주식 B의 변동계수 = 15.09%/24.9% = 0.61%, 즉 CV_B = **0.61**이다.

b. 주식 A의 샤프비율은 (14.4% − 3.0%)/12.52% = **0.91**이며, 주식 B의 샤프비율은 (24.9% − 3.0%)/15.09% = **1.45**이다. 따라서 주식 B의 변동계수가 더 낮고 샤프비율은 더 높으므로 주식 B가 위험조정에 기반해서 더 나은 성과를 나타낸 주식이라는 것을 알 수 있다.

8-2E 위험회피와 요구수익률

당신이 $100만을 상속받았다고 가정해보자. 이 돈을 투자해서 그 소득을 갖고 퇴직할 계획을 세우고 있다. 당신은 이자율 5%의 미국 단기 국채를 구매할 수 있고, 이 경우 $50,000의 이자소득을 확실히 얻게 된다. 대안으로 R&D Enterprises의 주식을 구매할 수도 있다. 만약 R&D의 연구프로젝트가 성공적이라면, 당신이 보유하고 있는 주식의 가치는 $210만으로 증가할 것이다. 그러나 연구가 실패한다면, 주식의 가치는 영(0)이 될 것이고, 당신 또한 무일푼이 될 것이다. 당신은 R&D의 성공 가능성과 실패 가능성을 50-50으로 생각하며, 따라서 1년 후 주식의 기댓값은 0.5($0) + 0.5($2,100,000) = $1,050,000이다. $100만의 비용을 차감하면 미국 단기 국채와 동일하게 $50,000의 기대이익, 즉 5%의 수익률을 얻게 된다.

$$\text{기대수익률} = \frac{\text{기대 최종가치} - \text{비용}}{\text{비용}}$$

$$= \frac{\$1,050,000 - \$1,000,000}{\$1,000,000}$$

$$= \frac{\$50,000}{\$1,000,000} = 5\%$$

확실한 $50,000의 이익(5%의 수익률)과 위험한 기대이익 $50,000(5%의 수익률) 중 선택해야 한다면, 당신은 어떤 것을 선택하겠는가? 만약 위험이 낮은 투자를 선택한다면, 당신은 위험회피적(risk-averse)이다. 대부분의 투자자들은 위험회피적인데, 보통의 투자자들은 틀림없이 자신들의 "중요한 자금(serious money)"과 관련해서는 더욱 그렇다. 이것은 실증적으로 잘 입증된 사실이기 때문에, 본 교재의 다른 부분에서도 **위험회피**(risk aversion)를 가정한다.

위험회피

위험회피적인 투자자들은 위험을 싫어하고 위험이 큰 증권을 구입하기 위한 유인책으로 더 높은 수익률을 요구한다.

증권 가격과 수익률에서 위험회피가 함축하는 의미는 무엇인가? 답은 다른 모든 것이 동일하다면 증권의 위험이 클수록 요구수익률이 높다는 것이고, 만약 이 상황이 유지되지 않는다면 가격은 이 조건이 만족될 때까지 변할 것이다. 이 점을 설명하기 위

위험과 수익률 간의 역사적 상반관계

이 박스에 있는 표는 1926년부터 2019년까지 다양한 유형의 투자에 대해 위험과 수익률 간의 역사적 상반관계를 요약한 것이다. 표에서 알 수 있는 것처럼 가장 높은 평균 수익률을 내는 자산은 또한 표준편차가 가장 크고 수익률의 범위도 가장 넓었다. 예를 들어, 중소형 종목(small-cap)의 주식은 연평균 수익률이 16.3%로 가장 높았지만 수익률의 표준편차 또한 31.5%로 가장 컸다. 반대로, 미국 단기 국채는 표준편차가 3.1%로 가장 작았지만 연평균 수익률은 3.4%로 가장 낮았다. 역사가 반복된다는 보장은 없지만, 과거에 관측된 수익률과 표준편차는 종종 미래의 수익률을 추정하는 데 있어서 출발점으로 사용된다.

실현수익률, 1926–2019

	평균 수익률	표준편차
소형주(small-cap stocks)	16.3%	31.5%
대형주(large-cap stocks)	12.1	19.8
장기 회사채	6.4	8.5
장기 국채	6.0	9.8
미국 단기 국채(T-bills)	3.4	3.1
포트폴리오:		
90% 주식/10% 채권	11.4%	17.8%
70% 주식/30% 채권	10.2	14.1

출처: Roger G. Ibbotson, *Stock, Bonds, Bills, and Inflation: 2020 Yearbook*(Chicago, IL: Duff & Phelps, 2020), pp. 2-23에서 발췌.

해, [그림 8.3]으로 돌아가서 U.S. Water와 Martin Products의 주식을 다시 고려해보자. 각 주식이 주당 $100에 거래되고 기대수익률은 10%라고 가정하자. 투자자가 위험회피적이라는 조건하에서는 일반적으로 U.S. Water를 선호할 것이다. 투자할 돈을 가진 사람들은 U.S. Water의 주식을 매수하고자 할 것이고, Martin의 주주들은 이 회사의 주식을 매도하고 그 돈으로 U.S. Water의 주식을 매수하는 데 사용하고자 할 것이다. 매수압력은 U.S. Water 주식의 가격을 빠르게 상승하게 만들고 동시에 매도압력은 Martin 주식의 가격을 하락하게 만들 것이다.

이러한 가격 변화가 차례로 두 증권의 기대수익률을 변하게 할 것이다. 예를 들면, U.S. Water 주식의 가격은 $100에서 $125로 상승했고 Martin 주식의 가격은 $100에서 $77로 하락했다고 가정해보자. 이 가격 변화로 인해 U.S. Water 주식의 기대수익률은 8%로 하락하고 Martin 주식의 기대수익률은 13%로 상승하게 될 것이다.[16]

16) 각 주식이 주주들에게 연 $10을 영구적으로 지급한다고 가정한다. 이 영구연금의 가격은 연간 현금흐름을 주식의 수익률로 나눠서 구할 수 있다. 따라서 주식의 기대수익률이 10%라면 가격은 $10/0.10 = $100

위험프리미엄(RP)
위험이 큰 자산에 대한 기대수익률과 위험이 크지 않은 자산에 대한 기대수익률의 차이

수익률의 차이인 13% − 8% = 5%는 **위험프리미엄**(risk premium: RP)이고, 이것은 Martin의 높은 위험과 관련해서 투자자들이 요구하는 추가적인 보상을 나타낸다.

이 예는 아주 중요한 원칙을 설명하고 있다: 위험회피적인 투자자가 대부분인 시장에서는 저위험 증권과 비교했을 때 고위험 증권은 한계투자자가 추정한 만큼의 높은 기대수익률을 가져야 한다. 이런 상황이 존재하지 않는다면, 이런 상황이 존재할 때까지 매수와 매도가 일어날 것이다. 이 장의 뒷부분에서는 분산투자가 위험을 측정하는 방법에 어떻게 영향을 주는지 알아본 후에 위험증권에 대한 수익률이 얼마나 더 높아야 하는지에 대한 질문을 고려할 것이다.

셀프 테스트

- 투자위험의 의미는 무엇인가?
- 어떤 투자에 대해 여러 다른 상황들이 발생할 확률, 각 상황하에서의 수익률, 그리고 기대수익률을 나타내는 확률분포표를 구성하라.
- [그림 8.3]에서 두 주식 중 어느 주식이 덜 위험한가? 이유를 설명하라.
- 이 절에서 살펴본 개별자산위험의 세 가지 측정치를 열거하고 각 측정치가 무엇을 나타내는지 간단히 설명하라.
- 다음의 문장에 동의하는 이유 혹은 동의하지 않는 이유를 설명하라: 대부분의 투자자는 위험회피적이다.
- 위험회피가 수익률에 어떻게 영향을 주는가?
- 20%의 수익률을 낼 가능성은 50%, 8%의 수익률을 낼 가능성은 25%, −12%의 수익률을 낼 가능성은 25%인 투자가 있다. 이 투자의 기대수익률은 얼마인가? **(9%)**

8-3 포트폴리오와 관련한 위험: 자본자산가격결정모형(CAPM)

자본자산가격결정모형(CAPM)
어떤 주식의 요구수익률은 무위험수익률 및 분산투자로 제거될 수 없는 위험을 반영한 위험프리미엄의 합과 같다는 명제에 기초한 모형

이 절에서는 개별자산으로서의 주식의 위험이 아닌 포트폴리오로 보유될 때의 주식의 위험을 논의한다. 이 논의는 1960년대에 개발된 **자본자산가격결정모형**(capital asset pricing model), 즉 **CAPM**이라는 매우 중요한 이론에 기초하고 있다.[17] 여기서는 CAPM을 상세히 다루지는 않고, 단지 주식과 다른 자산들이 포트폴리오에 포함되어 있을 때 위험이 어떻게 고려되는지를 설명하기 위해 단순히 CAPM의 직관적인 통

이다. 이 경우에 8%의 기대수익률은 $125의 주식가격($10/0.08 = $125)을 의미하고, 13%의 수익률은 $77의 주식가격($10/0.13 = $77)을 의미하게 된다.

17) CAPM은 1964년 William F. Sharpe 교수의 논문("Capital Asset Prices: A Theory of Market Equilibrium Under Conditions of Risk," *Journal of Finance,* vol. 19, no. 3(1964), pp. 425-442)에서 비롯되었다. 그 후에 CAPM의 다양한 측면을 분석하는 수많은 논문들이 출간되었고, 이 모형은 투자분석에서 매우 보편적으로 사용되고 있다.

찰력을 이용할 것이다. 만약 투자론에 대한 수업을 듣는다면 CAPM을 더 자세히 다루게 될 것이다.

이제까지는 자산이 독립된 상태에 있을 때의 위험을 고려해왔다. 이것은 일반적으로 소기업, 부동산 투자, 자본예산의 프로젝트에 적합한 것이다. 그러나 포트폴리오에 포함되어 있는 주식의 위험은 일반적으로 개별적으로 보유될 때의 주식의 위험보다 더 낮다. 투자자가 위험을 싫어하고 포트폴리오를 보유함으로써 위험이 감소될 수 있기 때문에 대부분의 주식은 포트폴리오에 포함되어 투자된다. 은행, 연기금, 보험회사, 뮤추얼펀드, 다른 금융기관들은 분산된 포트폴리오를 보유하도록 법으로 요구되어진다. 증권보유가 그들의 전체 부의 중요한 부분을 차지하는 대부분의 개인투자자 역시 포트폴리오를 보유한다. 그러므로 하나의 특정 주식의 가격이 상승하고 하락하는 사실은 중요하지 않다. **중요한 것은 포트폴리오의 수익률과 포트폴리오의 위험이다. 따라서 개별 주식의 위험과 수익률은 포트폴리오에 포함되어 있는 증권이 포트폴리오의 위험과 수익률에 어떤 영향을 미치는지의 관점에서 논리적으로 분석되어야 한다.**

예를 들어 설명하면, Pay Up Inc.는 전국적으로 37개의 사무실을 가지고 영업하는 추심대행회사이다. 이 회사는 잘 알려져 있지 않고 주식도 그다지 유동적이지 않으며, 과거에 회사 수익률은 매우 변동이 심한 편이었다. 이것은 Pay Up이 위험이 크고 요구수익률 r이 비교적 높다는 것을 시사한다. 하지만 2021년에(그리고 다른 모든 해에도) Pay Up의 요구수익률은 대부분의 다른 회사와 비교했을 때 상당히 낮았다. 이것은 투자자들이 불확실한 이익에도 불구하고 Pay Up은 저위험 회사라고 생각한다는 점을 나타낸다. **이런 반직관적인 결과는 분산투자 및 분산투자의 위험에 미치는 영향과 관계가 있다.** Pay Up의 수익률은 경기침체기에 상승한 반면, 대부분의 다른 회사의 수익률은 경기가 침체기였을 때 하락했다. 따라서 Pay Up의 주식은 보험과도 같고 — 다른 투자들의 상황이 나쁠 때 그 효과를 발휘한다 — 따라서 "일반적인" 주식으로 구성된 포트폴리오에 Pay Up의 주식을 추가하면 포트폴리오의 수익률을 안정화시키고 위험을 작게 만든다.

8-3A 포트폴리오 기대수익률, $\hat{r}_p$

포트폴리오 기대수익률, $\hat{r}_p$
포트폴리오에 포함되어 있는 자산들에 대한 기대수익률의 가중평균

포트폴리오 기대수익률(expected return on a portfolio)인 $\hat{r}_p$는 총포트폴리오에서 각 자산이 차지하는 비율을 가중치로 사용한 포트폴리오에 포함된 개별 자산들의 기대수익률의 가중평균이다:

〈표 8.4〉 가상의 예: 포트폴리오에 대한 기대수익률, $\hat{r}_p$

	A	B	C	D	E	F	G	H
101				가중치비율		곱		
102	주식	기대수익률	투자금액	(w_i)		(2) × (4)		
103	(1)	(2)	(3)	(4)		(5)		
104	Microsoft	7.75%	$25,000	25.0%		1.9375%		
105	IBM	7.25%	$25,000	25.0%		1.8125%		
106	GE	8.75%	$25,000	25.0%		2.1875%		
107	ExxonMobil	7.75%	$25,000	25.0%		1.9375%		
108		7.875%	$100,000	100.0%		7.875%	= 기대 r_p	
109								

$$\hat{r}_p = w_1\hat{r}_1 + w_2\hat{r}_2 + \cdots + w_N\hat{r}_N = \sum_{i=1}^{N} w_i\hat{r}_i \quad (8.4)$$

여기서 $\hat{r}_i$는 i번째 주식의 기대수익률이고, w_i는 주식의 가중치 혹은 각 주식이 포트폴리오의 총가치에서 차지하는 비율이고, N은 포트폴리오에 포함된 주식의 수이다.

<표 8.4>를 사용하여 기대수익률을 계산할 수 있다. 여기서 애널리스트가 첫 번째 열에 있는 네 개 주식의 다음 연도 수익률을 두 번째 열과 같이 추정했다고 가정하자. 투자자는 $100,000을 갖고 있고, $25,000, 즉 총액의 25%를 각각의 주식에 투자할 계획이라고 가정하자. 네 번째 열에 있는 각 주식의 가중치비율을 기대수익률로 곱해서 다섯 번째 열의 값을 구할 수 있고, 다섯 번째 열의 값들을 더하면 포트폴리오 기대수익률인 7.875%를 얻을 수 있다.

만약 투자자가 기대수익률이 높은 주식을 추가한다면 포트폴리오의 기대수익률은 상승할 것이고, 기대수익률이 낮은 주식을 추가한다면 그 반대가 될 것이다. 기억해야 할 핵심은 포트폴리오에 대한 기대수익률이 포트폴리오에 포함된 주식들의 기대수익률의 가중평균이라는 것이다.

몇 가지 추가적인 사항은 다음과 같다:

1. 두 번째 열의 기대수익률은 일정 유형의 분석에 기초하고 있지만, 애널리스트들마다 같은 자료를 보고 다른 결론을 낼 수 있기 때문에 여전히 본질적으로는 주관적인 것이 될 수 있다. 따라서 이런 유형의 분석은 비판적 시각으로 보아야 할 필요가 있다. 그럼에도 불구하고 누군가 현명한 투자결정을 해야 한다면 이런 분석은 유용하고 실제로도 필요하다.
2. 일반적으로 비교적 위험이 크다고 간주되는 U.S. Steel Corp.나 Netflix와 같은

회사의 주식을 추가한다면, 투자자가 추정한 이들 주식의 기대수익률은 비교적 높을 것이다. 그렇지 않다면 투자자는 그 주식을 팔 것이고 주식가격은 내려가게 되므로, 이들 주식의 기대수익률은 더 안전한 주식의 수익률을 약간 상회하게 될 것이다.

실현수익률, $\bar{r}$
과거 일정 기간 동안에 실제로 얻은 수익률. 무위험자산을 제외하고는 일반적으로 실제수익률($\bar{r}$)과 기대수익률($\hat{r}$)은 다르다.

3. 1년 후 개별 주식에 대한 실제의 **실현수익률**(realized rates of return)인 $\bar{r}_i$(즉 "r-bar"의 값)는 투자자가 처음 기대했던 값과는 확실히 다를 것이다. 이것은 포트폴리오의 실제수익률인 $\bar{r}_p$가 기대수익률 $\hat{r}_p = 7.875\%$와 다른 원인이 된다. 예를 들어, Microsoft의 주식가격은 두 배가 되어서 +100%의 수익률을 제공할지도 모른다. 반면에, IBM은 끔찍한 한 해를 보내서 주식의 가격이 급격히 하락하여 −75%의 수익률을 낼 수도 있다. 그래도 이 두 사건이 서로 상쇄될 수 있고, 따라서 개별 주식의 수익률이 기대가격과 많이 다를지라도 포트폴리오의 수익률은 여전히 기대수익률과 가까울 수 있다.

8-3B 포트폴리오위험

비록 포트폴리오의 기대수익률이 단순히 포트폴리오에 포함되어 있는 개별 주식의 기대수익률의 가중평균이라고 할지라도, 포트폴리오위험인 σ_p는 개별 주식의 표준편차의 가중평균값이 아니다. 분산투자가 포트폴리오의 위험을 낮춰주기 때문에 일반적으로 포트폴리오의 위험은 개별 주식들의 σ의 평균보다 더 작다.

이 점을 예를 들어 설명하기 위해 [그림 8.4]의 상황을 고려해보자. 아래쪽 부분은 개별 주식 W와 M의 자료를 보여주고, 각각의 가중치가 50%일 때의 포트폴리오 자료도 보여준다. 왼쪽 그래프는 시계열 자료를 이용해 그래프를 그린 것으로, 개별 주식의 수익률이 해마다 아주 다르다는 사실을 보여준다. 따라서 개별 주식은 매우 위험하다. 그러나 포트폴리오의 수익률은 변함없이 15%로 포트폴리오는 전혀 위험하지 않다는 점을 보여준다. 오른쪽의 확률분포 그래프도 같은 내용을 보여준다. 만약 두 주식이 개별적으로 보유된다면 이 주식들은 아주 위험할 것이다. 하지만 두 주식을 묶어서 포트폴리오 WM을 구성하면 어떤 경우이든 위험이 없어진다.

만약 당신의 돈을 모두 주식 W에 투자했다면, 당신은 15%의 기대수익률을 갖지만 상당한 위험에 직면하게 될 것이다. 당신이 주식 M에 모두 투자했다면 똑같은 일이 발생할 것이다. 하지만 각 주식에 50%씩 투자했다면 동일한 15%의 기대수익률을 갖지만 어떤 경우에도 위험은 없어진다. 합리적이고 위험을 회피하는 당신과 다른 모든 합리적인 투자자들은 개별적으로 주식을 보유하는 것보다 포트폴리오로 보유하는 선택을 할 것이다.

주식 W와 M은 경기순환주기상 서로 반대방향으로 움직이기 때문에 무위험 포트폴

[그림 8.4] 완벽한 음의 상관관계($\rho = -1.0$)인 경우의 수익률

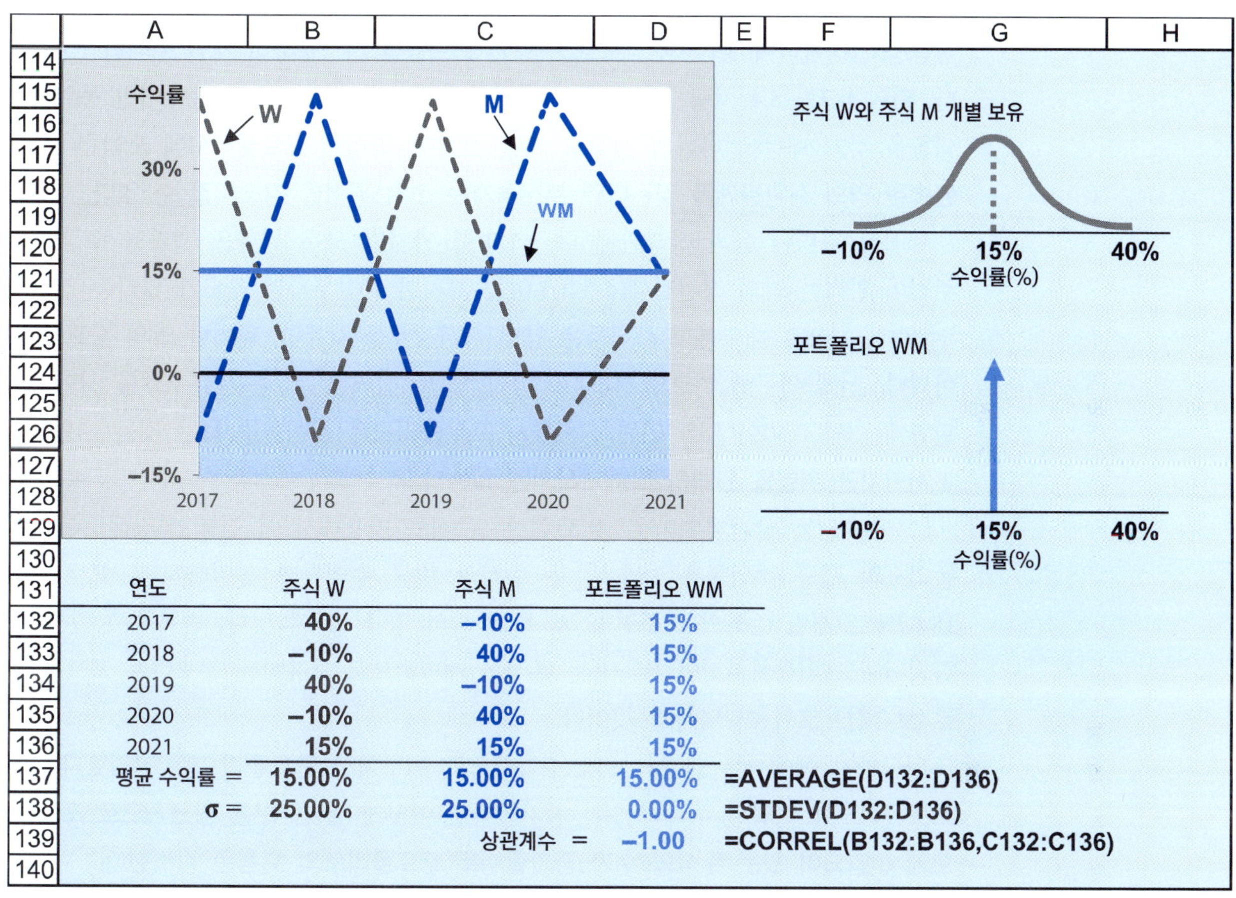

연도	주식 W	주식 M	포트폴리오 WM	
2017	40%	–10%	15%	
2018	–10%	40%	15%	
2019	40%	–10%	15%	
2020	–10%	40%	15%	
2021	15%	15%	15%	
평균 수익률 =	15.00%	15.00%	15.00%	=AVERAGE(D132:D136)
σ =	25.00%	25.00%	0.00%	=STDEV(D132:D136)
		상관계수 =	–1.00	=CORREL(B132:B136,C132:C136)

상관관계
두 변수가 함께 움직이는 경향

상관계수, ρ
두 변수가 함께 움직이는 정도에 대한 측정치

리오를 구성하기 위해 두 주식을 묶을 수 있다 — 주식 W의 수익률이 하락하면 수식 M의 수익률이 상승하고, 주식 W의 수익률이 상승하면 주식 M의 수익률이 하락한다. 두 개의 변수가 함께 움직이는 경향을 **상관관계**(correlation)라고 부르고, **상관계수**(correlation coefficient)인 ρ("rho"로 읽음)는 그 정도를 측정한다.[18] 통계용어로, 주식 W와 M의 수익률은 $\rho = -1.0$인 완벽한 음의 상관관계를 가진다고 말한다. 완벽한 음의 상관관계의 반대는 $\rho = +1.0$을 갖는 완벽한 양의 상관관계이다. 만약 두 수익률이

18) 상관계수 ρ는 두 변수가 완벽하게 동시에 상승하거나 감소함을 나타내는 +1.0에서부터 두 변수가 정확히 반대방향으로 움직이는 것을 나타내는 −1.0까지의 값을 가진다. 상관계수 영(0)은 두 변수가 서로 관련이 없다는 것을 나타내며, 이는 한 변수의 변화가 다른 변수의 변화와 독립적이라는 것을 의미한다. 재무계산기를 사용해서 상관계수를 구하는 것은 쉬운데 단순히 두 주식의 수익률을 입력하고 "r"로 표시된 키를 누르면 된다. 주식 W와 주식 M의 경우 $\rho = -1.0$이다. 정확한 절차에 대해서는 본 교재의 웹사이트(cengage.com)에 있는 지침서를 참조하거나 계산기의 매뉴얼을 참조하면 된다. 또한 상관계수는 종종 r로 표시되기도 하는데, 여기서는 수익률을 나타내는 r과 혼동을 피하기 위해 ρ를 사용한다.

전혀 관계가 없다면, 두 주식은 **독립적**이라 하고 이때 ρ = 0이다.

동일한 기대수익률을 갖는 완벽한 양의 상관관계를 갖는 두 주식의 수익률은 함께 상승하고 하락하며, 이런 주식으로 구성된 포트폴리오는 정확히 개별 주식만큼 위험하다. 만약 [그림 8.4]처럼 그래프를 그린다면, 두 주식과 포트폴리오는 매번 동일한 수익률을 갖기 때문에 하나의 선으로 보일 것이다. **따라서 포트폴리오에 포함된 주식이 완벽한 양의 상관관계를 갖는다면 분산투자는 전혀 위험을 감소시킬 수 없다.**

주식이 완벽한 음의 상관관계(ρ = −1.0)를 가지면 모든 위험은 제거될 수 있으나, 주식이 완벽한 양의 상관관계(ρ = +1.0)를 가지면 분산투자는 쓸모가 없다는 점을 알 수 있다. 실제로 대부분의 주식들은 양의 상관관계를 갖지만, 완벽한 양의 상관관계는 아니다. 선행 연구에 따르면, 대체로 임의적으로 선택된 두 주식의 수익률 사이의 상관관계는 약 0.30이다.[19] **이런 상황에서 포트폴리오로 주식들을 묶는 것은 위험을 감소시키지만 위험을 완벽하게 제거하지는 않는다.**[20]

[그림 8.5]는 상관계수 ρ = +0.35인 두 주식을 이용해서 이 점을 설명해준다. 포트폴리오의 평균 수익률은 15%로 두 주식의 평균 수익률과 동일하지만, 표준편차는 18.62%로 개별 주식의 표준편차 및 두 주식의 평균 σ보다 낮다. 반복해서 말하지만, 합리적이고 위험회피적인 투자자는 주식을 개별적으로 보유하는 것보다는 포트폴리오로 보유함으로써 더 나아질 것이다.

지금까지 예에서는 단 두 개의 주식만으로 이루어진 포트폴리오를 고려했다. 만약 포트폴리오에 편입된 주식의 수가 증가한다면 어떻게 될까? **보통 평균적으로 포트폴리오에 편입되어 있는 주식의 수가 증가할수록 포트폴리오의 위험은 감소한다.**

부분적인 상관관계에 있는 주식을 충분히 추가한다면 위험을 완전히 제거할 수 있을까? 일반적으로 답변은 "아니오(no)"이다. 설명을 위해, 주식들이 추가됨에 따라 포트폴리오의 위험이 감소하는 것을 보여주는 [그림 8.6]을 참조하라. [그림 8.6]에서 명심해야 할 몇 가지 사항은 다음과 같다:

---

19) Chan, Karceski, Lakonishok(1999)의 연구에서는 임의적으로 선택된 두 주식의 평균 상관계수는 0.28, 두 대기업 주식의 평균 상관계수는 0.33으로 산정되었고, 사용된 표본은 1968년부터 1998년까지의 기간을 대상으로 했다. Louis K. C. Chan, Jason Karceski, and Josef Lakonishok, "On Portfolio Optimization: Forecasting Covariance and Choosing the Risk Model," *The Review of Financial Studies,* vol. 12, no. 5(Winter 1999), pp. 937-974를 참조하라. 그러나 평균 상관계수도 시간이 지남에 따라 변한다는 점을 인식하는 것이 중요하다. 예를 들면 2007-2008년의 금융위기 직후에는 모든 주식들이 동일한 거시경제적 요인들로부터 심각하게 영향을 받았기 때문에 주식 간의 평균 상관계수가 매우 높았다. 그 이후 평균 상관계수는 다시 꾸준히 낮아지기 시작했다. Matt Jarzemsky and Tom Lauricella, "Stock Break from Herd," *The Wall Street Journal*(wsj.com), August 18, 2013을 참조하라. 또한 William Watts, "Thid Little-Noticed Phenomenon Could Mske Stock Picking Great Again," *MarketWatch*(marketwatch.com), February 13, 2017도 참조하기 바란다.

20) 만약 ρ = 0인 많은 주식들로 포트폴리오를 구성하면 무위험 포트폴리오를 만들 수 있다. 그러나 ρ = 0인 주식은 그렇게 많지가 않고, 주식의 수익률은 서로 독립적이지 않아서 함께 움직이는 경향이 있다.

[그림 8.5] 부분적 상관관계($\rho = +0.35$)인 경우의 수익률

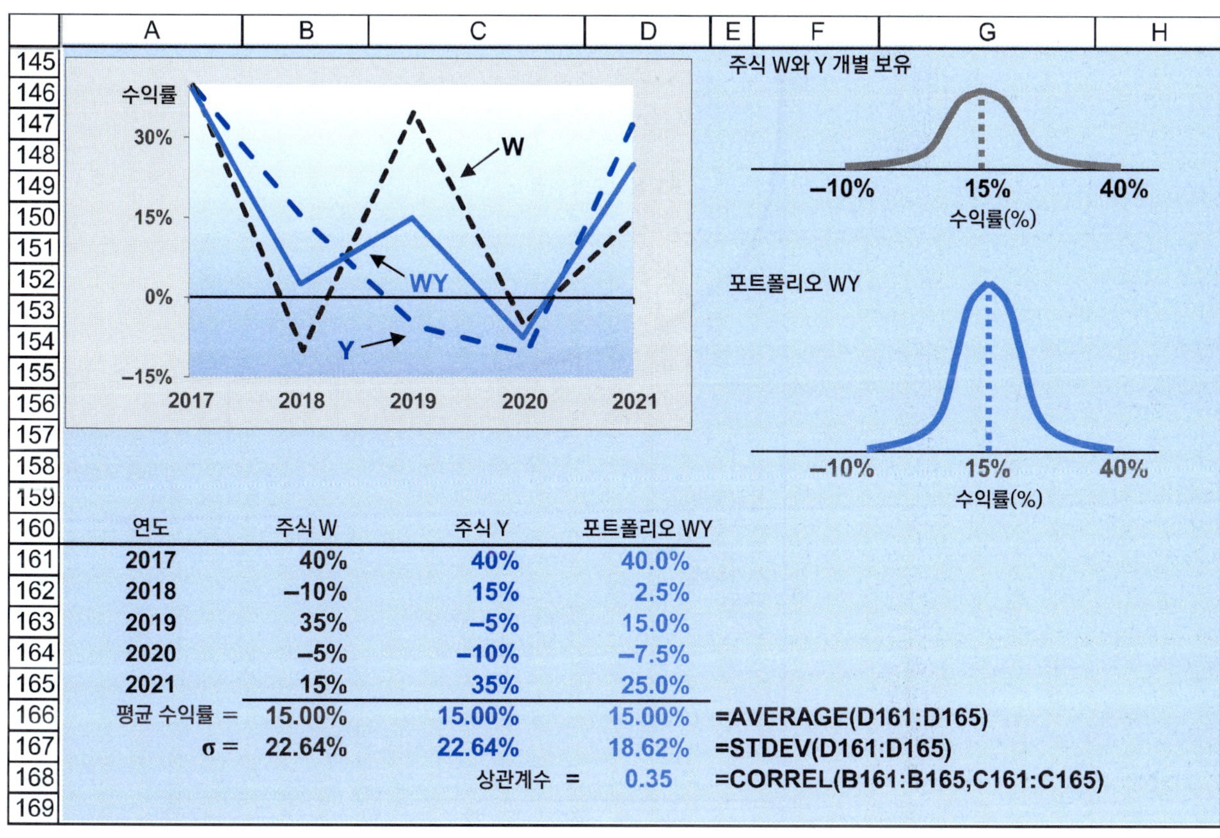

연도	주식 W	주식 Y	포트폴리오 WY	
2017	40%	40%	40.0%	
2018	–10%	15%	2.5%	
2019	35%	–5%	15.0%	
2020	–5%	–10%	–7.5%	
2021	15%	35%	25.0%	
평균 수익률 =	15.00%	15.00%	15.00%	=AVERAGE(D161:D165)
σ =	22.64%	22.64%	18.62%	=STDEV(D161:D165)
		상관계수 =	0.35	=CORREL(B161:B165,C161:C165)

1. 포트폴리오의 위험은 주식들이 추가됨에 따라 감소하지만, 위험의 감소율은 차츰 감소한다. 일단 포트폴리오가 40~50개의 주식을 포함하고 있을 때, 주식의 추가는 위험 감소에 별로 도움이 되지 않는다.

분산가능위험

무작위적으로 발생하는 사건과 관련된 주식의 위험으로 적절한 분산투자를 통해 제거될 수 있다. 이 위험은 기업 고유위험 또는 비체계적 위험으로도 알려져 있다.

시장위험

분산투자로 기업 고유위험을 모두 제거한 후에도 포트폴리오에 남아 있는 위험. 이 위험은 분산불가능위험, 체계적 위험, 또는 베타위험으로도 알려져 있다.

2. 포트폴리오의 총위험은 **분산가능위험**(diversifiable risk)과 **시장위험**(market risk)의 두 부분으로 나눠질 수 있다. 분산가능위험은 주식을 추가함으로써 제거될 수 있는 위험이다. 시장위험은 포트폴리오가 시장에 있는 모든 주식을 포함하고 있더라도 남아 있는 위험이다.

3. 분산가능위험은 법적 소송, 파업, 마케팅과 R&D의 성공이나 실패, 주요 계약의 성사와 실패 등과 같은 임의적이고 비체계적인 사건과 같은 특정 기업의 독특한 사건으로 인해 야기된다. 포트폴리오에 영향을 미치는 이러한 사건은 임의적이기 때문에 분산투자로 인해 제거될 수 있다 — 어떤 기업의 나쁜 사건은 다른 기업의 좋은 사건으로 인해 상쇄될 것이다. 반면에, 시장위험은 전쟁, 인플레이션, 경기침체, 고금리, 다른 거시요인들처럼 대부분의 기업에 체계적으로 영향을 미치

[그림 8.6] 임의로 선택된 주식들로 구성된 포트폴리오의 위험에 포트폴리오의 규모가 미치는 영향

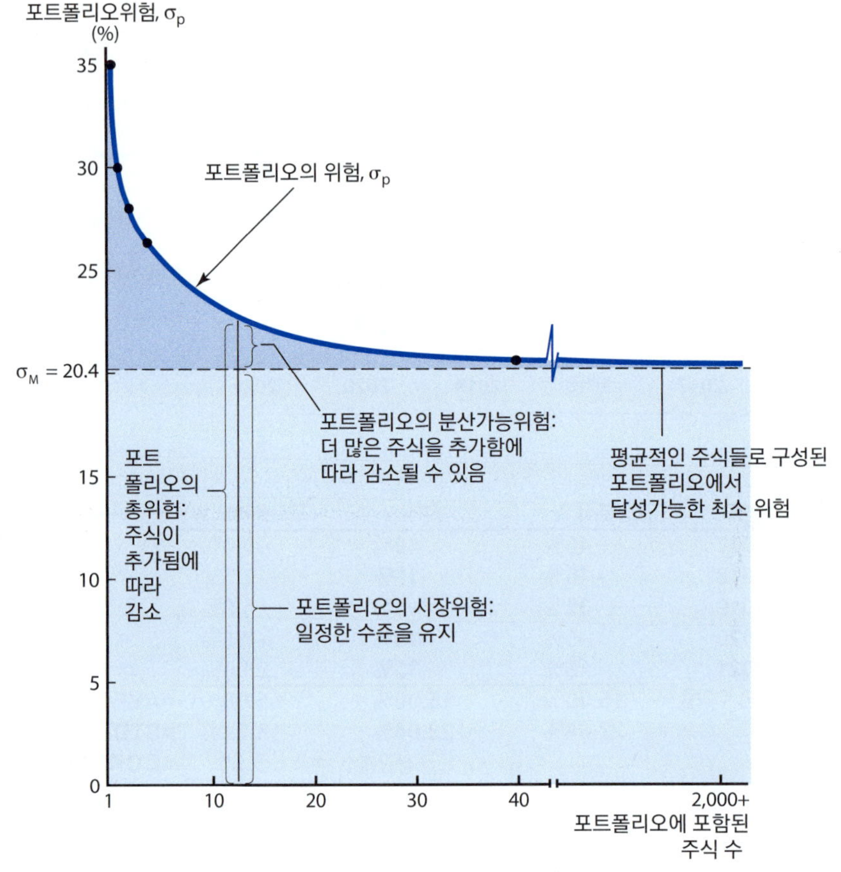

주: 이 그래프는 포트폴리오에 포함된 주식들이 뉴욕증권거래소(NYSE)에 상장된 주식 전체에서 임의적으로 선택되었다고 가정한다.

는 요인들로부터 기인한다. 대부분의 주식들은 이러한 거시요인들의 영향을 받기 때문에 시장위험은 분산투자로 제거될 수 없다.

4. 우리가 포트폴리오에 포함되어 있는 주식을 신중하게 선택한다면 그래프는 변할 것이다. 특히, 서로 낮은 상관관계와 낮은 개별자산위험을 가진 주식을 선택한다면 임의로 주식을 추가하는 것보다 빠르게 포트폴리오의 위험을 감소시킬 것이다. 높은 상관관계와 높은 σ를 가진 주식들을 추가한다면 그 역도 성립할 것이다.

시장포트폴리오
모든 주식들로 구성된 포트폴리오

5. 다른 조건이 일정할 때 위험을 싫어한다는 면에서 대부분의 투자자는 합리적이다. 따라서 많은 투자자들에게 이상적인 전략은 낮은 거래비용과 수수료를 부담하는 분산투자된 **시장포트폴리오**(market portfolio)를 보유하는 것이다. 이러한 동기는 광범위한 분산투자 효과를 제공하는 낮은 수수료의 인덱스펀드(index

fund)가 왜 최근에 인기를 얻고 있는지 그 이유를 잘 설명해준다. 상황이 이런데 투자자는 왜 한 종목(혹은 몇 종목)의 주식만을 보유할까? 어떤 경우에는 투자자가 자신이 "시장을 이길 수 있는(beat the market)" 우월한 분석을 할 수 있다고 믿으며, 이 경우에는 많은 종목의 주식들을 보유하는 대신에 일부 종목의 주식에 초점을 둘 수도 있다.

6. 한 가지 중요한 질문이 남아 있다: 개별 주식에 대한 위험을 어떻게 측정해야 하는가? 기대수익률의 표준편차 σ는 포트폴리오에 주식을 편입시킴으로써 제거될 수 있는 위험을 포함하고 있기 때문에 적절하지 않다. 그렇다면 대부분 사람들이 포트폴리오를 보유하고 있는 세상에서 어떻게 개별 주식의 위험을 측정해야 하는가? 이것이 바로 다음 절에서 다룰 주제이다.

주식을 추가하더라도 반드시 포트폴리오의 위험이 감소하는 것은 아니다

[그림 8.6]은 분산투자의 중요성을 보여주지만, 어떤 경우에는 포트폴리오에 더 많은 주식을 추가하더라도 반드시 위험이 줄어들지는 않는다는 점을 깨닫는 것이 중요하다. 사실 어떤 경우에는 오히려 위험을 증가시킬 수 있다. 왜 이런 경우가 발생하는지 이해하기 위해서 당신의 포트폴리오에 포함시키려고 임의로 선택된 첫 번째 주식은 매우 안전한 공공시설업체이지만 임의로 선택된 두 번째 주식은 매우 위험한 바이오업체라고 가정하자. 이 경우에, 분산투자로부터 일부 혜택을 볼 수도 있지만 이 두 주식으로 구성된 포트폴리오는 더 큰 위험을 가질 가능성이 높다.

월스트리트 저널의 한 기사에서는 이 문제를 좀 더 자세히 다루고 있다. 이 기사는 루이지애나주립대의 Don Chance 교수가 진행한 최근의 몇몇 연구에 대해 논의한다. Chance 교수는 수업에서 학생들에게 먼저 자신들의 포트폴리오를 구성하기 위해 한 주식을 선택하고 30개의 주식으로 구성된 포트폴리오가 만들어질 때까지 주식들을 계속 추가하도록 하는 연구를 수행했다. 이 연구로부터 발견된 내용의 요약은 다음과 같다:

> Chance 교수는 학생들에게 분산투자가 작동한다는 것을 증명하길 원했다. 평균적으로 한 개의 주식에서 20개의 주식으로까지 분산투자하게 되면 연구에서 예측한대로 포트폴리오의 위험도는 약 40%까지 감소했다. Chance 교수는 "마술과 같았다"라고 말하고 있다. "학생들은 교과서에 있는 그래프와 정확히 일치하는 결과를 얻었다."
>
> 하지만 Chance 교수는 각 학생별로 결과를 다시 분석했고 분산투자는 자주 눈에 띄게 실패한다는 것을 발견했다. 하나의 주식에서 30개의 주식으로 보유하는 주식들을 다양화할수록 많은 학생들이 위험을 낮추는 대신에 오히려 증가시켰다. 십중팔구 처음에 선택했던 한 회사의 주식보다 30개의 주식으로 구성된 포트폴리오가 더 위험한 결과로 귀결되었다. 20% 정도는 30개의 주식으로 구성된 포트폴리오가 단지 5개의 주식으로 구성된 포트폴리오보다 더 심하게 변동했다.
>
> 교훈: 개별 투자자에 대해서 평균은 적용되지 않는다. Chance 교수는 "분산투자를 위해 이렇게 많은 주식들이 필요하지는 않다는 메시지를 전달한다. 하지만 이것은 사실이 아니다"라고 말한다. 이런 이상한 결과가 나오는 이유는 무엇인가?
>
> 확률과정이 외견상 일어날 것 같지 않은 이상치(outliers)를 발생시킨다는 것을 보이는 일은 Chance 교수에게 맡기자. 컴퓨터로 만들어진 20개의 주식으로 구성된 포트폴리오가 한 개의 주식으로 구성된 포트폴리오보다 더 위험할 가능성은 13% 정도다.

또한 당신의 포트폴리오에 주식들을 무작위로 추가하는 대신에 동일한 유형의 주식들(가령 모두 기술주나 모두 금융주)을 추가하게 되면 분산투자의 혜택은 상당히 작아질 것이라는 점에 주목하라. 하지만 더 중요한 점을 명심하라. 평균적으로 당신이 포트폴리오에 소수의 주식들만을 보유한다면 위험을 낮추기는 힘들 것이다. 이 점을 염두에 두고 많은 애널리스트들은 개인투자자들에게 낮은 거래비용으로 광범위한 분산투자 효과를 제공하는 인덱스펀드에 투자할 것을 추천한다. 이 주장에 공감해서 월스트리트 저널의 기사는 다음과 같은 의견과 권고를 제시하면서 끝맺는다:

> 연방준비제도의 소비자 금융에 대한 조사에 따르면 직접 주식을 매입한 가구의 84%는 9개 이하의 주식을 보유하고 있고, 36%는 단지 한 개 회사의 주식을 보유하고 있다.
>
> 이건 너무 적다. 하지만 30개나 40개도 충분하지 않다. 당신이 직접 주식들을 선택하기를 원한다면 투자자금의 90%에서 95% 정도는 낮은 비용으로 수천 개 회사의 주식을 보유할 수 있는 전체 주식시장 인덱스펀드에 넣어라. 나머지 자금은 당신이 주의 깊게 주시할 수 있고 인내심을 가지고 보유할 수 있는 많아야 세 개에서 다섯 개 정도의 주식에 투자하라. 소수의 주식 외에 더 많은 회사의 주식들을 추가하는 것은 아마 분산투자의 효과를 감소시킬 것이다.

[그림 8.6]은 포트폴리오에 **임의로** 주식들을 추가하면 **평균적으로** 무슨 일이 일어나는지를 보여준다는 점에 유의해야 한다. 그러나 이 그림은 평균적으로 무슨 일이 일어나는지를 보여주기는 하지만 당신의 포트폴리오에 주식들을 추가할 때마다 포트폴리오의 위험이 줄어들 것이라는 확실한 보장은 없다.

출처: Jason Zweig, "More Stocks May Not Make a Portfolio Safer," *The Wall Street Journal*(wsj.com), November 26, 2009.

8-3C 포트폴리오에서의 위험: 베타계수

해당위험
어떤 주식이 분산투자된 포트폴리오에 편입되어 있을 때에도 여전히 남아 있는 위험은 포트폴리오의 시장위험에 대한 기여분이다. 이 위험은 주식이 시장에 따라 상승하거나 하락하는 정도에 의해서 측정된다.

주식이 단독으로 보유될 때, 주식의 위험은 기대수익률의 표준편차로 측정될 수 있다. 그러나 대부분의 주식이 그렇듯이 포트폴리오에 편입되어 보유될 때는 σ는 위험의 측정치로서 적당하지 않다. 그러면 어떻게 포트폴리오에 편입되어 있는 주식의 **해당위험**(relevant risk) 또는 **체계적 위험**을 측정할 것인가?

첫째, 시장 전체의 움직임과 관계있는 위험을 제외한 모든 위험은 대부분의 투자자들이 분산투자를 통해서 제거할 수 있고 또 제거할 것이라는 점에 주목하라 — 합리적인 투자자라면 [그림 8.6]에서 포트폴리오에 시장위험만이 남게 되는 수준까지 위험곡선을 아래로 이동시킬 정도의 많은 주식종목을 보유할 것이다.

> 어떤 주식이 분산투자된 포트폴리오에 편입되어 있을 때에도 여전히 남아 있는 위험은 포트폴리오의 시장위험에 대한 기여분이며, 그 위험은 주식이 시장에 따라 상승하거나 하락하는 정도에 의해서 측정될 수 있다.

베타계수, b
개별 주식의 수익률이 주식시장에 따라 변동하는 정도를 보여주는 척도. 베타는 시장위험을 측정한다.

시장에 따라 움직이는 주식의 성향은 **베타계수**(beta coefficient)인 **b**로 측정된다. 어떤 주식의 베타를 추정할 때, 우리는 상상이긴 하지만 미래에 전체 주식시장과 대비해서 그 주식이 어떻게 움직일 것인지를 예언하는 수정구슬(crystal ball)을 갖고 싶어 한다. 그러나 미래를 볼 수 없기 때문에 우리는 종종 과거 자료를 사용하고 그 주식의 역사적 베타계수가 미래에 시장대비 주식이 어떻게 움직일지에 대한 합리적 추정치를 제공할 것이라고 가정한다.

과거 자료의 이용에 대한 설명을 위해, 세 주식 및 시장지수의 역사적 수익률을 보여주는 [그림 8.7]을 살펴보자. 연도 1에 모든 주식을 포함하는 포트폴리오로 정의된 "시장"은 세 개별 주식처럼 10%의 총수익률(배당수익률과 자본이득률을 더한 수익률)을 갖고 있다. 연도 2에 시장은 급격히 상승했고 그 수익률은 20%가 되었다. 주식 H(고베타)는 30%까지 급등했고, 주식 A(평균 베타)는 시장과 동일하게 20%의 수익률을 냈으며, 주식 L(저베타)은 15%의 수익률을 냈다. 연도 3에 시장은 급격히 하락해서 수익률은 −10%가 되었다. 세 주식의 수익률 역시 하락했다 — 주식 H의 수익률은 −30%, 주식 A의 수익률은 −10%였고, 주식 L은 0%의 수익률을 냈다. 연도 4와 연도 5에 시장은 각각 0%와 5%의 수익률을 냈고, 세 주식의 수익률은 그림에 나타나 있는 것과 같다.

평균 주식의 베타, b_A

평균 위험의 주식은 전체 시장과 변동하는 정도가 같은 주식이기 때문에 정의상 $b_A = 1$이다.

자료에 대한 도표는 이 세 주식이 시장과 대비해서 상승하거나 하락하는 것을 보여주고 있지만, 주식 H는 시장보다 두 배나 변동이 심하고, 주식 A는 시장과 동일한 수준으로 변동하며, 주식 L은 시장의 변동성보다 절반 수준에 불과하다. 직선이 가파를수록 주식의 변동성은 더 커서 하락장에서 주식의 손실이 더 크다는 사실은 명확하다. **직선의 기울기는 주식의 베타계수이다.** 그림에서 H의 기울기계수는 2.0이고, A는 1.0, L은 0.5라는 것을 알 수 있다.[21] 이렇게 베타는 시장대비 해당 주식의 변동성을 측정하고, **평균 주식의 베타**(average stock's beta) 또는 **시장위험 주식의 베타** $b_A = 1.0$이다.

주식 A는 베타계수 $b = 1.0$을 갖고 있기 때문에 **평균 위험 주식**이다. 그러므로 전체 주식시장에 맞춰서 상승하고 하락한다. 따라서 전체 시장이 10% 상승할 때 평균 주식도 10% 상승하고, 시장이 10% 하락하면 주식도 10% 하락한다. $b = 1.0$인 주식들로 구성된 대규모 포트폴리오는 (1) 주식의 모든 분산가능위험이 제거될 것이지만 (2) 전체 시장의 평균에 맞춰 여전히 상승하거나 하락하므로 그에 상응하는 위험을 가질 것이다.

$b = 2.0$의 주식 H는 평균 주식보다 두 배나 더 변동이 심하고, 이것은 두 배 더 위험하다는 것을 의미한다. $b = 2.0$인 주식들로 구성된 포트폴리오의 가치는 짧은 시간 동안에 두 배가 되거나 혹은 절반이 될 것이다. 만약 이런 포트폴리오를 보유하고 있다면, 당신은 아주 빠르게 백만장자가 되거나 아니면 극빈자가 될 것이다. 반면에, $b = 0.5$인 주식 L은 평균 주식보다 절반만큼만 변동한다. 그리고 이 주식들로 이루어진 포

21) 베타 계산에 대한 추가적인 내용은 Eugene F. Brigham and Phillip R. Daves, *Intermediate Financial Management,* 14th edition(Mason, OH: Cengage Learning, 2022)의 제2장과 제3장을 참조하라.

[그림 8.7] 베타: 주식 H, 주식 A, 주식 L의 상대적 변동성

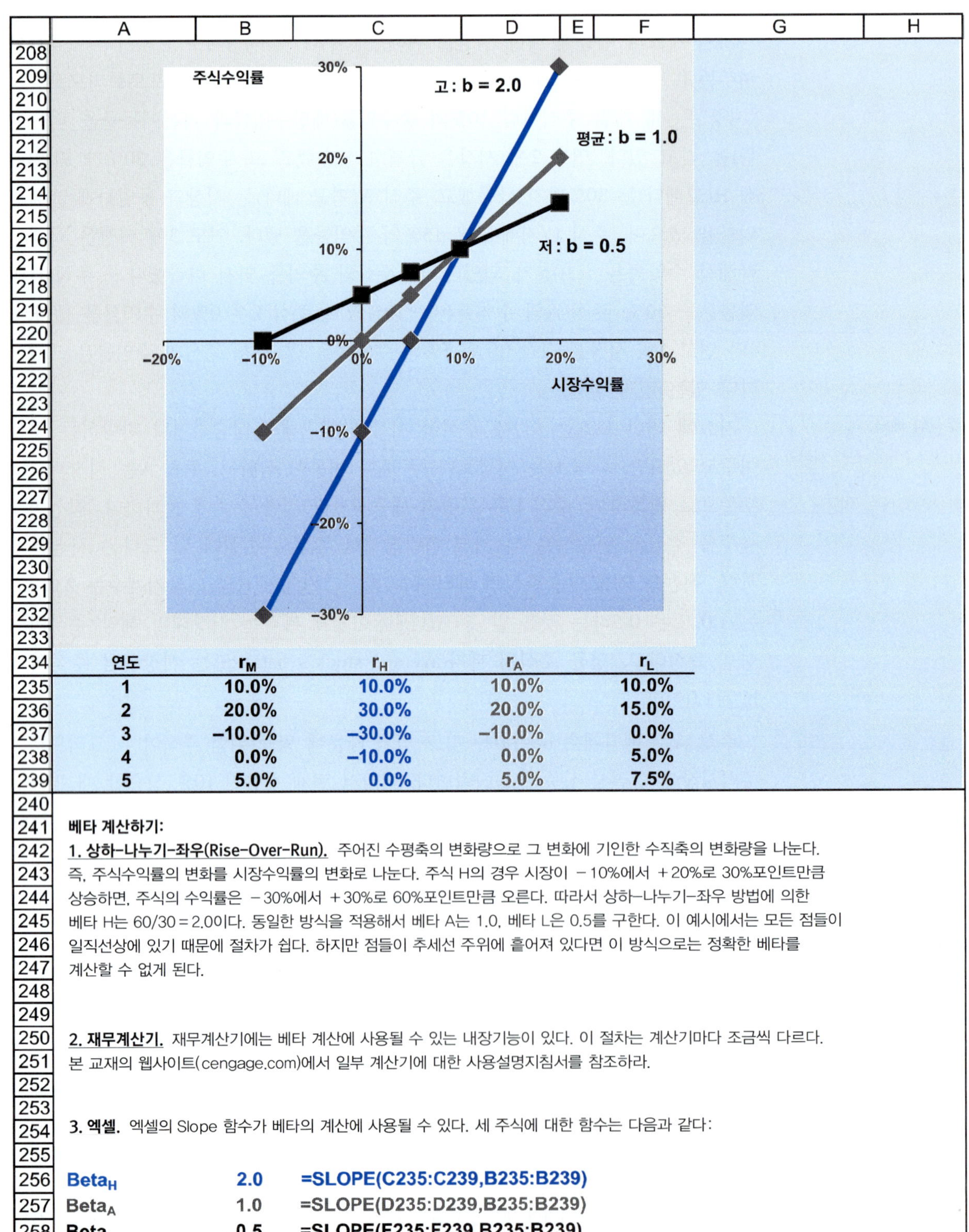

연도	r_M	r_H	r_A	r_L
1	10.0%	10.0%	10.0%	10.0%
2	20.0%	30.0%	20.0%	15.0%
3	−10.0%	−30.0%	−10.0%	0.0%
4	0.0%	−10.0%	0.0%	5.0%
5	5.0%	0.0%	5.0%	7.5%

베타 계산하기:

1. **상하-나누기-좌우(Rise-Over-Run).** 주어진 수평축의 변화량으로 그 변화에 기인한 수직축의 변화량을 나눈다. 즉, 주식수익률의 변화를 시장수익률의 변화로 나눈다. 주식 H의 경우 시장이 −10%에서 +20%로 30%포인트만큼 상승하면, 주식의 수익률은 −30%에서 +30%로 60%포인트만큼 오른다. 따라서 상하-나누기-좌우 방법에 의한 베타 H는 60/30 = 2.0이다. 동일한 방식을 적용해서 베타 A는 1.0, 베타 L은 0.5를 구한다. 이 예시에서는 모든 점들이 일직선상에 있기 때문에 절차가 쉽다. 하지만 점들이 추세선 주위에 흩어져 있다면 이 방식으로는 정확한 베타를 계산할 수 없게 된다.

2. **재무계산기.** 재무계산기에는 베타 계산에 사용될 수 있는 내장기능이 있다. 이 절차는 계산기마다 조금씩 다르다. 본 교재의 웹사이트(cengage.com)에서 일부 계산기에 대한 사용설명지침서를 참조하라.

3. **엑셀.** 엑셀의 Slope 함수가 베타의 계산에 사용될 수 있다. 세 주식에 대한 함수는 다음과 같다:

$Beta_H$	2.0	=SLOPE(C235:C239,B235:B239)
$Beta_A$	1.0	=SLOPE(D235:D239,B235:B239)
$Beta_L$	0.5	=SLOPE(F235:F239,B235:B239)

〈표 8.5〉 일부 기업에 대한 베타계수

주식	베타
American Airlines	2.04
NCR Corporation	1.81
Bank of America	1.70
Daimler AG	1.60
Harley-Davidson	1.46
Best Buy	1.30
General Electric	1.29
ExxonMobil	1.27
Facebook	1.07
eBay	1.05
Netflix	1.03
Microsoft	0.96
Chipotle Mexican Grill	0.93
Coca-Cola	0.60
Procter & Gamble	0.39

출처: Yahoo! Finance(finance.yahoo.com), April 2020에서 발췌.

트폴리오는 시장 대비 오직 절반만 상승하고 하락할 것이다. 그러므로 이 포트폴리오의 위험은 b = 1.0인 평균 위험 포트폴리오의 절반일 것이다.

실제로 수많은 회사들에 대한 베타는 Value Line, Yahoo!, Google과 다른 많은 기관들에 의해서 계산되고 발표되는데, 일부 잘 알려진 회사의 베타계수를 <표 8.5>에서 보여준다. 대부분의 주식들은 0.50에서 1.50의 범위 내의 베타를 가진다. 모든 주식들에 대한 베타 평균은 1.0이고, 이는 평균적인 주식은 시장과 동일하게 움직인다는 것을 나타낸다.[22]

베타가 1.0보다 큰(가령 1.5인) 주식이 b_p = 1.0인 포트폴리오에 추가된다면, 포트폴리오의 베타와 그에 따라 포트폴리오의 위험은 증가할 것이다. 반대로 말하면, 베타가 1.0보다 작은 주식이 b_p = 1.0인 포트폴리오에 추가된다면, 이 포트폴리오의 베타와 위험은 감소할 것이다. 따라서 한 주식의 베타는 포트폴리오의 위험도에 대한 그 주식의 기여분을 반영하기 때문에, 베타는 이론적으로 주식의 위험도에 대한 정확한 측정치이다.

지금까지의 논의를 다음과 같이 요약할 수 있다:

1. 주식의 위험은 두 개의 구성요소인 분산가능위험과 시장위험을 가진다.

22) 아주 드물기는 하지만 주식이 마이너스 베타를 갖는 것도 가능하다. 이런 경우에 그 주식의 수익률은 다른 주식들의 수익률이 하락할 때 상승하는 경향이 있게 된다.

2. 분산가능위험은 제거될 수 있고, 대부분의 투자자들은 매우 대규모 포트폴리오를 보유하거나 혹은 뮤추얼펀드의 지분을 매입함으로써 분산가능위험을 제거한다. 이제 시장위험이 남아 있다. 시장위험은 주식시장에서 일반적인 움직임에 의해 야기되는 위험이다. 시장위험은 대부분의 주식이 전쟁, 경기침체, 인플레이션과 같은 사건들에 의해 체계적으로 영향을 받는다는 사실을 반영한다. 시장위험만이 합리적이고 분산투자를 하고 있는 투자자에게 중요한 유일한 위험이다. 많은 경우에 개별자산위험이 큰 기업은 베타도 높다. 예를 들어, 이 장의 도입부에서 Netflix의 주가가 과거 몇 년 동안에 크게 변동했다는 것을 조명했는데, <표 8.5>에서 Netflix의 베타는 평균 이상임을 알 수 있다.
3. 투자자는 위험을 감수하는 것에 대해 보상을 받아야 한다 — 주식의 위험이 클수록 주식의 요구수익률도 높다. 그러나 보상은 분산투자로 제거될 수 없는 위험에만 요구된다. 분산가능위험 때문에 주식의 위험프리미엄이 존재한다면, 그 주식은 분산투자가 잘된 투자자들에게는 싼 매물이 될 것이다. 그들은 이 주식을 사기 시작해서 가격을 올릴 것이고, 그러면 이 주식의 최종(균형) 가격은 주식의 시장위험만을 반영한 기대수익률과 일치할 것이다.

   이 점을 설명하기 위해, 주식 B의 위험의 절반은 시장위험(이것은 주식이 시장에 따라 상승하고 하락하기 때문에 발생한다)이고, 나머지 절반은 분산가능하다고 가정해보자. 당신은 주식 B를 구입해서 이 주식으로만 구성된 포트폴리오를 보유할 생각을 갖고 있다. 그렇게 되면 당신은 그 주식의 모든 위험에 노출될 것이다. 너무 큰 위험부담에 대한 보상으로 당신은 미국 장기 국채에 대한 수익률 3%에 8%의 위험프리미엄을 더한 수익률을 원할 것이다. 즉, 당신의 요구수익률은 $r_B = 3\% + 8\% = 11\%$이다. 하지만 당신의 지도교수를 포함한 다른 투자자들은 잘 분산된 투자를 하고 있다. 다른 투자자들 역시 주식 B에 주목하고 있지만 그들은 주식 B를 분산된 포트폴리오에 편입해서 분산가능위험을 제거할 것이다. 이렇게 함으로써 그들은 당신이 노출된 위험보다 절반 수준의 위험에 노출될 것이다. 따라서 그들의 위험프리미엄은 당신의 위험프리미엄의 절반이 될 것이고, 그들의 요구수익률은 $r_B = 3\% + 4\% = 7\%$일 것이다.

   만약 주식 B가 당신이 요구하는 11%의 수익률을 내는 가격에 거래되고 있다면, 지도교수를 포함한 다른 분산투자자들은 그 주식을 매입해서 가격을 오르게 하고 수익률을 하락시켜서 당신은 11%의 수익률을 얻을 만큼의 낮은 가격으로 그 주식을 매입하지는 못할 것이다. 결국 7%의 수익률을 받아들이든지 아니면 은행에 예금해야 한다.
4. 주식의 시장위험은 주식의 상대적 변동성에 대한 지수인 베타계수로 측정된다.

몇몇 기준베타는 다음과 같다:

$b = 0.5$: 주식이 평균 주식에 비해 절반만 변동하거나 위험이 절반이다.

$b = 1.0$: 주식은 평균 위험을 가진다.

$b = 2.0$: 주식은 평균 주식보다 두 배 위험하다.

5. 포트폴리오의 베타계수는 아래 식을 사용해서 구한 개별 증권 베타의 가중평균이기 때문에, 저베타 주식으로 구성된 포트폴리오 역시 저베타를 가진다:

$$b_p = w_1 b_1 + w_2 b_2 + \cdots + w_N b_N \tag{8.5}$$

$$= \sum_{i=1}^{N} w_i b_i$$

여기서 b_p는 포트폴리오의 베타이고, 이것은 시장과 대비해서 포트폴리오가 얼마나 심하게 변동하는지를 보여준다. w_i는 i번째 주식에 투자된 포트폴리오의 비율이다. 그리고 b_i는 i번째 주식의 베타계수이다. 예를 들어 설명하면, 만약 투자자가 각각 $33,333.33을 투자한 세 주식으로 구성된 $100,000 규모의 포트폴리오를 보유하고 있다면, 주식의 베타가 모두 0.70인 경우, 포트폴리오의 베타는 $b_p = 0.70$일 것이다:

$$b_p = 0.333(0.70) + 0.333(0.70) + 0.333(0.70) = 0.70$$

이런 포트폴리오는 시장보다 위험이 낮을 것이다. 따라서 이 포트폴리오는 가격변동 폭이 비교적 좁고 비교적 작은 수익률 변동성을 가진다. [그림 8.7]에서 보면, 이 포트폴리오의 회귀선의 기울기는 0.70일 것이고, 이는 평균 주식으로 구성된 포트폴리오의 회귀선의 기울기보다 작다는 것을 의미한다.

이제 주식 중의 하나를 매각하고 나서 $b_i = 2.00$인 주식으로 대체했다고 가정하자. 이에 따라 포트폴리오의 베타는 $b_{p1} = 0.70$에서 $b_{p2} = 1.13$으로 증가될 것이다:

$$b_{p2} = 0.333(0.70) + 0.333(0.70) + 0.333(2.00) = 1.13$$

$b_i = 0.20$인 주식이 추가되었다면, 포트폴리오의 베타는 0.70에서 0.53으로 감소했을 것이다. 이렇게 저베타 주식을 추가하게 되면 포트폴리오의 위험도는 감소할 것이다. 결론적으로 포트폴리오에 포함된 주식을 바꾸면 그 포트폴리오의 위험도를 변하게 할 수 있다.

6. 주식의 베타계수는 주식이 분산투자된 포트폴리오의 위험에 어떻게 영향을 미치는지를 결정하기 때문에, 이론상으로 베타는 주식위험의 가장 적절한 측정치이다.

응용문제

포트폴리오 P는 두 개의 주식으로 구성되어 있다: 주식 A와 주식 B에 50%씩 투자된다. 주식 A의 표준편차는 25%, 베타는 1.2이고, 주식 B의 표준편차는 35%, 베타는 0.80이다. 이 두 주식 간의 상관계수는 0.4이다.

a. 포트폴리오 P의 표준편차는 얼마인가?
  1. 30% 미만
  2. 30%
  3. 30% 초과

b. 포트폴리오 P의 베타는 얼마인가?

c. 분산투자자에게 어떤 주식이 더 위험한가?

[해답]

a. 이 질문에 답하기 위해 계산은 필요하지 않다. 두 개의 주식으로 구성된 포트폴리오의 표준편차는 주식 간의 상관계수가 1.0보다 작은 경우에는 개별 주식에 대한 표준편차의 가중평균보다 작다는 점을 기억하라. 따라서 이 경우에는 상관계수가 0.4이기 때문에 포트폴리오 P의 표준편차는 **30%보다 작다**는 것을 알 수 있다.

b. $b_p = 0.5(1.2) + 0.5(0.8)$

$b_p = 1.0$

포트폴리오의 베타는 개별 주식에 대한 베타의 가중평균과 같다.

c. 분산투자자에게 위험의 적절한 측정치는 베타이다. 따라서 분산투자자는 베타가 높은 주식(**주식** A)이 더 위험하다고 간주한다.

글로벌 관점

해외 분산투자의 혜택

점점 커지고 있는 외국 증권의 이용 가능성은 미국 증권에만 투자할 때보다 더 나은 위험-수익의 상반관계를 달성할 수 있게 했다. 그래서 해외투자는 위험은 낮지만 높은 기대수익률을 내는 포트폴리오를 가능하게 만들지도 모른다. 이 결과는 미국 증권의 수익률과 외국 증권의 수익률 간에 낮은 상관관계가 존재하고 또한 외국 증권의 수익률이 높을 가능성이 있기 때문에 발생한다.

앞에서 제시된 [그림 8.6]은 투자자가 많은 수의 주식을 보유함으로써 자신의 포트폴리오에 대한 위험을 감소시킬 수 있다는 것을 보여준다. 국내외 주식이 완벽한 상관관계를 갖고 있지는 않다는 사실을 고려하면 투자자들은 세계 각국의 주식들로 구성된 포트폴리오를 보유함으로써 위험을 더 줄일 수도 있다.

외국 주식이 전 세계 주식시장의 약 50%를 차지하고 있으며, 해외투자의 명백한 이점에도 불구하고 보통의 미국 투자자들은 여전히 자신들 자금의 10% 미만을 외국 주식에 투자하고 있다. 해외투자를 꺼려하는 것에 대한 한 가지 가능한 설명은 낮은 거래비용 때문에 투자자들이 국내 주식 투자를 선호한다는 것이다. 그러나 이 설명은 최근의 연구들에서 투자자들이 국내 주식 거래보다 더 빈번하게 해외주식을 사고판다는 사실이 밝혀졌기 때문에 의문의 여지가 있다.

국내 주식에 몰리는 데 대한 다른 설명들로는 해외투자에서 발생하는 추가적인 위험(가령 환율위험)을 들 수도 있고, 보통의 미국 투자자가 해외투자에 대한 정보를 가지고 있지 않거나 혹은 해외투자는 극도로 위험하다고 생각한다는 사실을 들 수도 있다. 세계자본시장이 점점 더 통합되면서 국가들 간에 수익률의 상관관계가 증가하게 되고 따라서 국제적 분산투자에서 발생하는 이점이 감소된다는 주장이 있어왔다. 게다가, 미국의 기업들은 더욱 많이 국제적으로 투자를 하고 있어서 미국 주식들만 매입하더라도 미국 투자자들은 국제적인 분산투자를 하고 있는 셈이다.

글로벌 분산투자의 이점을 고려해서 많은 애널리스트들은 미국의 투자자들에게 포트폴리오에 상당한 비중의 외국 자산을 포함시켜서 보유할 것을 조언하고 있다. 월스트리트 저널의 최근 분석기사에서는 최고의 투자자문 전문가들에게 외국 자산들에 대한 적정한 할당비율이 어느 정도인지 그들의 견해를 물었다. 예상한 대로 의견은 다양했다 — 그러나 평균적인 미국 투자자들은 30%에서 40% 정도의 외국 자산을 포트폴리오에 포함시켜 보유해야 한다는 데 꽤 광범위한 합의가 있는 것처럼 보였다. 이 분석에서는 또한 적정한 목표치는 시간의 경과에 따라, 그리고 투자자에 따라 다르다는 점도 지적했다.

출처: George Sisti, "Should You Own International Stocks?" *MarketWatch*(marketwatch.com), July 25, 2016; "The Experts: How Much Should You Invest Abroad?" *The Wall Street Journal*(wsj.com), June 10, 2013 및 Kenneth Kasa, "Measuring the Gains from International Portfolio Diversification," *Federal Reserve Bank of San Francisco Weekly Letter*, no. 94-14, April 8, 1994.

분산투자의 중요성을 조명한 최근의 연구

어떤 해에 가장 성과가 좋은 주식은 주식시장 전체의 성과보다 종종 매우 우월할 것이다. 동시에 성과가 나쁜 주식의 대부분은 그 수익률이 시장 전체의 수익률보다 상당히 낮은 것이다. 물론 어려운 문제는 어떤 개별 주식이 좋은 성과를 낼지 나쁜 성과를 낼지를 사전에 아는 것이다.

Hendrik Bessembinder 교수의 최근 연구는 개별 주식과 관련된 위험을 더 상세하게 조명했다. 1926-2016년의 기간에 걸쳐 개별 주식들의 성과를 분석했는데 이 오랜 기간 동안에 보통주의 42.6%만이 동일한 투자기간에서 1개월 만기의 미국 재무부채권보다 높은 수익률을 기록했다. 더욱이 일련의 시뮬레이션을 통해 Bessembinder는 장기적으로 주식의 4%만이 전체 시장보다 성과가 좋았다는 것을 밝혔다.

이런 결과는 주식시장 전체의 실현수익률이 T-bill 수익률보다 꽤 높다는 사실과 어떻게 양립할 수 있을까? (p.372에 있는 "위험과 수익률 간의 역사적 상반관계" 박스를 참조하라.) 간략한 답은 역사적으로 주식시장의 높은 수익률은 매우 소수의 주식이 극단적으로 높은 수익률을 냈기 때문이라는 것이다. 하지만 어려운 문제는 어떤 개별 주식이 큰 승자가 될지를 사전에 알아야 한다는 것으로 또다시 귀착된다. 따라서 주식시장에서의 승자와 패자를 효과적으로 예측할 수 있는 수정구슬(crystal ball)을 갖고 있지 않다면, 많은 투자자들에게 최선의 전략은 주식시장 전체의 성과를 복제하는 분산투자된 포트폴리오를 보유하는 것임을 이 연구는 확인해주고 있다.

출처: Hendrik Bessembinder, "Do Stocks Outperform Treasury Bills?" *Journal of Financial Economics*, vol. 129, no. 3(September 2018), pp. 440-457 및 "Bessembinder Rocks the Investment World," *Nasdaq*(nasdaq.com), October 19, 2017.

셀프 테스트

- 다음 문장을 설명하라: 포트폴리오의 일부분으로 보유된 자산은 일반적으로 단독으로 보유된 동일한 자산보다 위험이 낮다.
- 완벽한 양의 상관관계, 완벽한 음의 상관관계, 그리고 영(0)의 상관관계가 의미하는 것은 무엇인가?
- 일반적으로 포트폴리오에 편입된 주식의 수를 증가시킴으로써 포트폴리오의 위험도를 영(0)으로 감소시킬 수 있는가? 설명하라.
- 평균 위험의 주식은 무엇인가? 이런 주식의 베타계수는 얼마인가?
- 베타계수가 주식의 위험에 대한 가장 적절한 측정치라고 주장하는 이유는 무엇인가?
- 투자자가 주식 X에 $25,000을 투자하고 주식 Y에 $50,000을 투자한 두 주식 포트폴리오를 가지고 있다. 주식 X의 베타는 1.50이고 주식 Y의 베타는 0.60이다. 투자자의 포트폴리오에 대한 베타는 얼마인가? **(0.90)**

8-4 위험과 수익률 간의 관계

이전 절에서 CAPM 이론의 조건 하에서는 베타계수가 가장 적절한 주식의 해당위험에 대한 측정치라는 점을 설명했다. 다음 문제는 베타로 측정한 위험 수준이 주어졌을 때, 투자자가 그 위험부담을 보상받기 위해 필요로 하는 수익률은 얼마인가를 알아보는 것이다. 우선은 다음 용어들을 정의해보자:

$\hat{r}_i$ = i번째 주식의 기대수익률

r_i = i번째 주식의 요구수익률. 만약 $\hat{r}_i$가 r_i보다 작다면, 전형적인 투자자는 이 주식을 구매하지 않거나 혹은 이미 보유하고 있다면 이 주식을 팔 것이라는 점을 유념하라. 만약 $\hat{r}_i$가 r_i보다 크다면, 이 주식이 싼 매물처럼 보이기 때문에 투자자는 그 주식을 구매할 것이다. 만약 $\hat{r}_i = r_i$라면, 투자자는 무차별일 것이다. 이 두 수익률이 때때로 다를 수 있지만, 투자자의 매수와 매도 거래로 기대수익률이 요구수익률과 같아지는 경향이 있다.

$\bar{r}_i$ = 실현수익률 혹은 사후수익률. 투자자는 자신이 주식의 구매를 고려하고 있을 당시에는 $\bar{r}_i$를 명백히 알지 못한다.

r_{RF} = 무위험수익률. 일반적으로 r_{RF}는 미국 재무부채권에 대한 수익률로 측정된다. 어떤 애널리스트들은 미국 단기 국채(T-bill)의 사용을 권장하고, 다른 애널리스트들은 미국 장기 국채(T-bond)의 사용을 권장한다. 미국 장기 국채의 만기가 일반적인 투자자들의 주식보유기간과 가깝기 때문에 일반적으로 미국 장기

국채를 사용한다.

b_i = i번째 주식의 베타계수. 평균 주식의 베타는 $b_A = 1.0$이다.

r_M = 모든 주식을 포함하는 포트폴리오의 요구수익률로, 시장포트폴리오라고 한다. r_M은 보통 평균 주식($b_A = 1.0$)의 요구수익률과 같다.

$RP_M = (r_M - r_{RF})$ = "시장"위험프리미엄으로 평균 주식의 프리미엄. 이것은 일반적인 투자자가 평균 위험에 대한 보상으로 요구하는 추가적인 수익률이다. 평균 위험은 $b_i = b_A = 1.0$인 주식의 위험을 의미한다.

$RP_i = (r_M - r_{RF})b_i = (RP_M)b_i$ = i번째 주식의 위험프리미엄. 이 주식의 베타가 1.0보다 작은지, 같은지, 혹은 큰지에 따라 주식의 위험프리미엄은 평균 주식의 프리미엄 RP_M보다 작거나 같거나 클 것이다. 만약 $b_i = b_A = 1.0$이면, $RP_i = RP_M$이다.

시장위험프리미엄, RP_M
평균적인 위험을 감수하는 투자자들에 대한 보상으로 요구되는 수익률로 무위험수익률을 초과하는 추가적인 수익률

시장위험프리미엄(market risk premium)인 RP_M은 투자자가 평균 주식의 위험을 부담하는 데 요구되는 프리미엄을 나타낸다. 이 프리미엄의 크기는 투자자가 주식시장이 얼마나 위험하다고 생각하는지에 따라서 그리고 투자자의 위험회피 정도에 따라서 결정된다. 현재 미국 장기 국채의 수익률은 $r_{RF} = 3\%$이고 보통주의 요구수익률은 $r_M = 8\%$라고 가정하자. 따라서 시장위험프리미엄은 5%이고 다음과 같이 계산된다:

$$RP_M = r_M - r_{RF} = 8\% - 3\% = 5\%$$

미래의 기대시장수익률 r_M의 정확한 측정값을 얻는 것은 불가능하기 때문에, 평균 주식의 위험프리미엄 $r_M - r_{RF}$는 실제로 측정하기가 어렵다.[23] 미래의 시장수익률 측정의 어려움 때문에 애널리스트들은 시장위험프리미엄을 측정하기 위해서 종종 역사적 자료를 이용한다. 역사적 자료에 따르면, 시장위험프리미엄은 투자자의 위험회피도의 변화 때문에 매년 조금씩 다르지만 일반적으로 4%에서 8%의 범위에서 움직인다.

역사적 측정값이 시장위험프리미엄을 측정하는 훌륭한 출발점이 될 수 있지만, 만약 시간이 지나면서 위험에 대한 투자자의 태도가 상당히 변한다면 이러한 측정값은 잘못된 결과로 이어질 수 있다. (p.393의 박스에 있는 "시장위험프리미엄의 추정"을 참조하라.) 실제로 많은 애널리스트들은 시장위험프리미엄이 최근에 많이 하락했다고 주장한다. 만약 이 주장이 정확하다면, 시장위험프리미엄은 과거 자료에 근거한 시장위험프리미엄보다는 상당히 낮을 것이다.

---

23) CAPM의 다른 측면뿐만 아니라 이 개념도 Eugene F. Brigham과 Philip R. Daves, *Intermediate Financial Management,* 14th edition(Mason, OH: Cengage Learning, 2022)의 제3장에서 더 상세하게 다뤄진다. 이 장에서는 CAPM 틀에 포함된 가정들에 대해서도 살펴본다. 이 가정들 중 일부는 비현실적이기 때문에 이 이론이 정확하게 성립되지는 않는다.

개별 주식의 위험프리미엄은 시장위험프리미엄에 따라 체계적으로 변한다. 예를 들어, 하나의 주식이 다른 주식보다 베타계수로 측정한 위험이 두 배 더 높다면 이 주식의 위험프리미엄은 두 배 더 높을 것이다. 그러므로 만약 시장위험프리미엄 RP_M과 주식의 베타 b_i를 안다면, 이 주식의 위험프리미엄을 $(RP_M)b_i$인 값으로 구할 수 있다. 예를 들면, 주식 L의 베타가 0.5이고 $RP_M = 5\%$라면, RP_L은 2.5%일 것이다:

$$\begin{aligned}\text{주식 L의 위험프리미엄} &= RP_L = (RP_M)b_L \\ &= (5\%)(0.5) \\ &= 2.5\%\end{aligned} \tag{8.6}$$

제6장에서의 논의가 의미하듯이 어떤 주식의 요구수익률은 다음과 같이 구해질 수 있다:

주식의 요구수익률 = 무위험수익률 + 주식의 위험프리미엄

증권시장선(SML)식
베타계수로 측정된 위험과 개별 주식에 대한 요구수익률 간의 관계를 보여주는 식

여기서 무위험수익률은 기대인플레이션에 대한 프리미엄을 포함한다. 그리고 만약 고려중인 주식이 비슷한 만기와 유동성을 가졌다면, 주식 L의 요구수익률은 **증권시장선(SML)식**(security market line equation)을 사용해서 구할 수 있다:

$$\text{주식 L의 요구수익률} = \text{무위험수익률} + (\text{시장위험프리미엄})(\text{주식 L의 베타}) \tag{8.7}$$

$$\begin{aligned} r_L &= r_{RF} + (r_M - r_{RF})b_L \\ &= r_{RF} + (RP_M)b_L \\ &= 3\% + (8\% - 3\%)(0.5) \\ &= 3\% + 2.5\% \\ &= 5.5\% \end{aligned}$$

주식 H의 베타는 $b_H = 2.0$이고, 이 주식의 요구수익률은 13%이다:

$$r_H = 3\% + (5\%)2.0 = 13\%$$

$b = 1.0$인 평균 주식의 요구수익률은 8%이고, 이는 시장수익률과 같다:

$$r_A = 3\% + (5\%)1.0 = 8\% = r_M$$

시장위험프리미엄의 추정

자본자산가격결정모형(CAPM)은 위험과 수익률 간의 상반관계를 설명하는 이론 그 이상이며, 실제로 널리 사용되고 있다. 나중에 보게 되겠지만, 투자자들은 주식의 가치평가를 위한 할인율을 구하기 위해 CAPM를 시용하고 기업의 경영자들은 자기자본의 비용을 측정하기 위해서 CAPM을 사용한다.

시장위험프리미엄은 CAPM의 중요한 구성요소이고, 이것은 **전체 주식시장의 미래 기대수익률과 무위험투자에 대한 미래 기대수익률 간의 차이이다**. 그러나 우리는 투자자들의 기대를 구할 수 없고, 대신에 학계와 실무자들은 기대위험프리미엄의 대용치로 역사적 위험프리미엄을 종종 사용한다. 역사적 프리미엄은 여러 해 동안의 전체 주식시장에 대한 실제수익률과 무위험수익률 간의 차이를 계산하고 그 연도별 결과를 평균해서 구한다. Roger Ibbotson은 *Stocks, Bonds, Bills, and Inflation* 연감들을 통해 역사적 위험프리미엄에 대해 가장 종합적인 추정치를 제공한다. 이 연감에 의하면 지난 94년 동안 연평균 프리미엄은 7%이다.

그러나 역사적 위험프리미엄에는 세 가지 잠재적인 문제점이 있다. 첫째, 평균을 계산하기 위해 적당한 연도 수는 얼마인가? Ibbotson은 1926년까지 거슬러 올라가는데, 이때 처음으로 신뢰할 만한 자료가 이용가능했기 때문이다. 하지만 이 역시 임의적인 선택이다. 최초 시점과 최종 시점은 프리미엄의 계산에 중요한 영향을 준다.

둘째, 역사적 프리미엄은 시장위험프리미엄이 변하는 경우에는 잘못된 결과를 유도할 수 있다. 예를 들어 설명하면, 1995년부터 1999년까지 주식시장은 강세였는데, **일정 부분 투자자들의 위험회피가 작았다는 데 기인한다. 이것은 투자자들이 주식의 가치를 평가할 때 낮은 위험프리미엄을 적용했다는 것을 의미한다**. 강세시장에서 주식의 수익률은 연평균 약 30%였고, 높은 주식수익률에서 채권수익률을 차감하면 계산된 위험프리미엄은 연평균 22.3%를 기록했다. 이러한 높은 수익률들이 이전 연도들의 자료에 추가되면, 장기적인 역사적 위험프리미엄은 Ibbotson이 구한 것처럼 증가하게 된다. 따라서 "진정한" 위험프리미엄의 하락은 매우 높은 주식수익률로 귀결되었고, 이것은 계산된 역사적 위험프리미엄의 증가를 가져왔다. 이것은 우려스러운 결과이다.

셋째, 역사적 추정치는 살아남은 기업들의 수익률만을 포함하고 있기 때문에 높게 편향될 수 있다 — 실패한 기업들에 투자해서 발생한 손실들은 반영하고 있지 않다. Stephen Brown, William Goetzmann, Setphen Ross는 1995년 *Journal of Finance*에 실린 논문에서 이 **생존편향**(survivorship bias)의 의미에 대해 논의했다. Tim Koller, Marc Goedhart, David Wessels는 이 개념을 실제에 적용해서 생존편향은 역사적 수익률을 연간 1%에서 2% 정도 증가시킨다고 제시했다. 따라서 이들은 실무자들이 CAPM에서 사용하기 위해 위험프리미엄을 구할 때 역사적 추정치에서 1%에서 2% 정도를 차감해야 한다고 주장했다.

John R. Graham, Campbell R. Harvey의 2018년 연구에서는 미국의 CFO들을 대상으로 2000년 6월부터 2017년 12월까지의 기간에 걸쳐 매 분기 진행된 조사에 기초해서 주식의 위험프리미엄에 대한 변천을 분석했다. 이 연구에서는 10년 만기의 T-bond 수익률을 동일 투자기간의 기대 S&P 수익률에서 차감하여 매 분기 위험프리미엄을 계산했다. 이 18년 기간 동안의 평균 위험프리미엄은 3.64%로 추정되었다.

81개국의 학계, 애널리스트, 실무자 5,235여 명을 대상으로 진행된 2020년의 한 조사는 요구 시장위험프리미엄에 대해 의미 있는 내용을 제시하고 있다. 미국의 경우에는 평균 요구 시장위험프리미엄이 5.6%로 나타났다. 베네수엘라의 경우에는 평균 요구 시장위험프리미엄이 23.1%로 나타났고, 뉴질랜드의 경우에는 평균 요구 시장위험프리미엄이 6.2%로 조사되었다.

출처: Roger G. Ibbotson, *Stocks, Bonds, Bills, and Inflation: 2020 Yearbook*(Chicago, IL: Duff & Phelps, 2020), p. 10-7; Pablo Fernandez, Eduardo de Apellaniz, and Javier F. Acin, "Survey: Market Risk Premium and Risk-Free Rate Used in 81 Countires in 2020," *Social Science Research Network*, March 25, 2020, ssrn.com/abstract=3560869; John R. Graham and Campbell R. Harvey, "The Equity Risk Premium in 2018," *Social Science Research Network*, March 28, 2018, ssrn.com/abstract=3151162; Stephen J. Brown, William N. Goetzmann, and Stephen A. Ross, "Survival," *Journal of Finance*, vol. 50, no. 3(July 1995), pp. 853-873 및 Tim Koller, Marc Goedhart, and David Wessels, *Valuation: Measuring and Managing the Value of Companies*, 5th edition(New York: McKinsey & Company, 2010).

[그림 8.8] 증권시장선(SML)

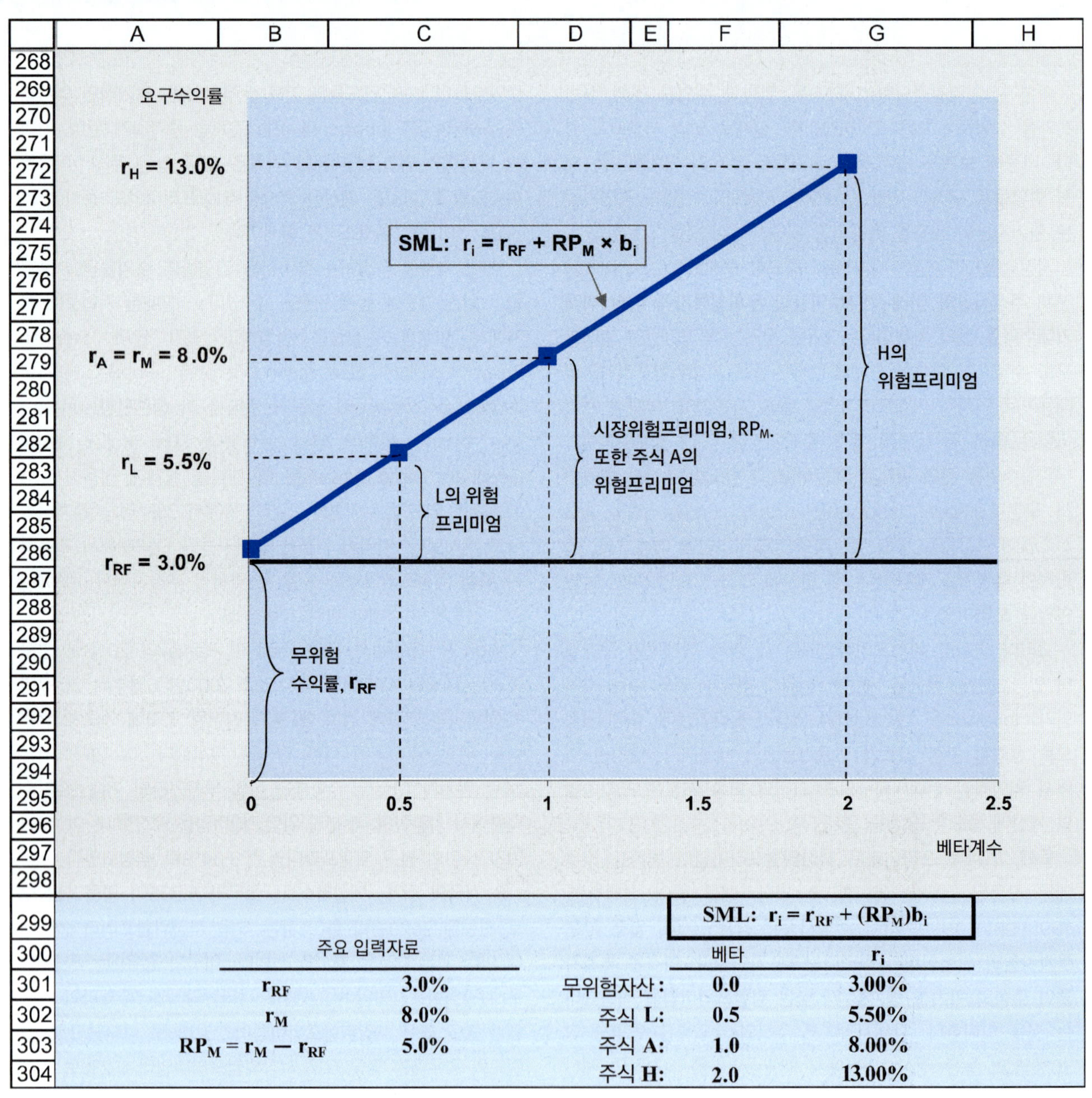

주요 입력자료	
r_{RF}	3.0%
r_M	8.0%
$RP_M = r_M - r_{RF}$	5.0%

SML: $r_i = r_{RF} + (RP_M)b_i$

	베타	r_i
무위험자산:	0.0	3.00%
주식 L:	0.5	5.50%
주식 A:	1.0	8.00%
주식 H:	2.0	13.00%

[그림 8.8]은 $r_{RF}=3\%$, $r_M=8\%$라는 가정하에 그래프 아래에 주어진 주식 L, 주식 A 및 주식 H에 대한 자료를 사용해서 SML식을 그래프로 나타낸 그림이다. 다음의 사항을 주목할 필요가 있다:

1. 요구수익률은 수직축에 나타내고 베타로 측정된 위험은 수평축에 나타낸다. 이

그래프는 베타를 계산했던 [그림 8.7]에 있는 그래프와는 매우 다르다. [그림 8.7]에서는 개별 주식의 수익률을 수직축에 나타냈고 시장지수수익률을 수평축에 나타냈다. [그림 8.7]에서 구해진 베타는 [그림 8.8]의 수평축에 점으로 나타난다.

2. 무위험증권은 $b_i = 0$이기 때문에 $r_{RF} = 3\%$인 무위험자산의 수익률은 [그림 8.8]에서 수직축 절편으로 나타난다.
3. [그림 8.8]에서 SML의 기울기는 상하－나누기－좌우(rise-over-run)의 절차를 이용해서 구해질 수 있다. 베타가 0에서 1.0으로 갈 때, 요구수익률은 3%에서 8%로 5%포인트 상승하므로 기울기는 5%/1.0＝5%이다. 따라서 베타가 한 단위 증가하면 요구수익률은 5%만큼 증가한다.
4. SML의 기울기는 시장에서 위험회피의 정도를 반영한다. 보통 투자자의 위험회피가 클수록, (a) 선의 기울기는 더 가파르고, (b) 모든 주식의 위험프리미엄이 더 커진다. 그 결과 모든 주식의 요구수익률은 더 높아진다.
5. 한 번 더 말하면 SML은 주어진 위험 수준에서의 요구수익률을 보여준다. 이 요구수익률보다 높은 실현수익률을 내는 투자의 경우 그 투자는 시장의 성과보다 좋은데, 이 경우에 보통 양(＋)의 **알파**(alpha)가 발생한다고 말한다. 반면에 이 요구수익률보다 낮은 실현수익률을 내는 투자의 경우 음(－)의 알파를 갖는다. 그래프에서 보면 양(＋)의 알파를 가진 투자는 SML의 위쪽에 위치하고, 음(－)의 알파를 가진 투자는 SML의 아래쪽에 위치하게 된다.[24)]

SML과 SML상 기업의 위치는 이자율, 투자자의 위험회피 정도, 그리고 개별 기업의 베타 변화로 인해 시간이 지나면서 변한다. 이러한 변화들은 다음 절에서 살펴본다.

8-4A 기대인플레이션의 영향

제6장에서 살펴본 것처럼 이자는 빌린 돈에 대한 "사용료"(rent), 즉 돈의 가격이다. 따라서 r_{RF}는 무위험차입자에게 있어서 돈의 가격이다. 또한 미국 재무부증권의 이자율로 측정된 무위험이자율은 **명목이자율**(nominal rate) 혹은 **고시이자율**(quoted rate)로 불리고, 이것은 (1) **실질수익률**(real inflation-free rate of return) r^* 및 (2) **기대인플레이션율**과 동일한 수치인 **인플레이션 프리미엄**(inflation premium, IP)의 두 가지 요소로 구성된다는 것도 알고 있다.[25)] 따라서 $r_{RF} = r^* + IP$이다. 그러므로 [그림 8.8]

24) 알파(alpha)는 투자의 성과가 명시된 표준(benchmark)보다 좋은 경우를 포함하여 더 폭넓게 정의될 수 있다. 이 예에서 명시된 표준은 CAPM을 사용하여 구한 요구수익률이다. 하지만 애널리스트들은 경우에 따라 다른 표준을 적용하는데, 예를 들어 어떤 뮤추얼펀드의 성과가 동일한 위험특성을 갖는 다른 뮤추얼펀드의 성과보다 좋다면 이 펀드는 양(＋)의 알파를 갖는다고 얘기할 수 있다.

25) 미국 장기 국채에는 만기위험프리미엄(maturity risk premium: MRP)도 포함된다. 여기서는 논의를 단순

[그림 8.9] 기대인플레이션의 증가로 인한 SML의 이동

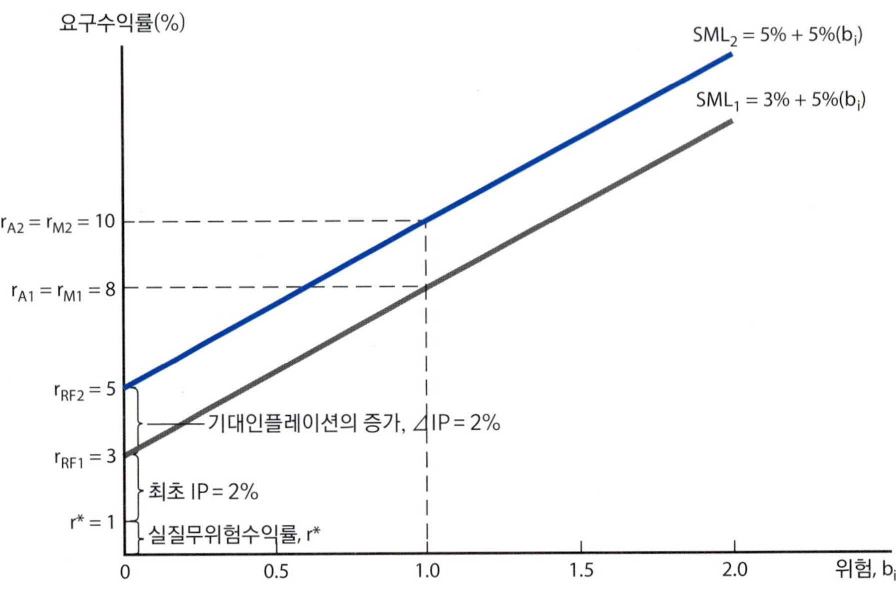

에 있는 3%의 r_{RF}는 실질무위험수익률 1%에 인플레이션 프리미엄 2%를 더한 것으로 생각할 수 있다: $r_{RF} = r^* + IP = 1\% + 2\% = 3\%$.

만약 기대인플레이션율이 2%포인트 증가해서 2% + 2% = 4%가 되면, r_{RF}는 5%로 증가할 것이다. 기대인플레이션율이 상승함에 따라 인플레이션으로 인한 투자자의 구매력(purchasing power) 상실을 보상하기 위해 프리미엄이 실질무위험수익률에 더해져야 한다. 이 변동은 [그림 8.9]에 나타나 있다. 동일한 인플레이션 프리미엄이 무위험자산과 위험자산의 요구수익률에 포함되기 때문에 r_{RF}의 증가는 모든 위험자산의 수익률을 동일하게 상승시킨다.[26] 따라서 이 예에서 평균 주식에 대한 수익률(r_A)은 8%에서 10%로 상승하게 된다. 다른 위험증권들의 수익률 역시 2%포인트 상승하게 된다.

화하기 위해 MRP가 r*에 포함된 것으로 간주한다.

26) 어떤 자산의 인플레이션 프리미엄은 그 자산의 수명기간의 평균 기대인플레이션율이라는 점을 상기할 필요가 있다. 따라서 이 분석에서는 SML 그래프상에 나타낸 모든 증권들이 동일한 수명기간을 가지거나 미래 기대인플레이션율은 일정하다고 가정해야 한다.

또한 CAPM 분석에서 r_{RF}는 장기이자율(미국 장기 국채 이자율)이나 혹은 단기이자율(미국 단기 국채 이자율) 중 하나가 대용치(proxy)로 사용될 수 있다는 점도 주목할 필요가 있다. 전통적으로 미국 단기 국채 이자율이 사용되었지만, 최근에는 미국 단기 국채수익률과 주식수익률 간의 관계보다는 미국 장기 국채수익률과 주식수익률 간에 더 밀접한 관계가 있기 때문에 미국 장기 국채 이자율을 사용하고자 하는 흐름이 있다.

8-4B 위험회피의 변화

증권시장선(SML)의 기울기는 투자자가 위험을 회피하려는 정도를 반영하는데, 그래프의 기울기가 가파를수록 평균적인 투자자들은 위험을 감수하는 데 대한 보상으로 더 높은 수익률을 요구한다. 투자자는 위험에 대한 호불호가 없다고 가정해보자. 즉, 이 가정은 투자자가 위험회피적이지 않다는 것을 의미한다. 위험회피가 없다면 위험프리미엄도 없을 것이기 때문에, r_{RF}가 3%라면 위험자산의 요구수익률 역시 3%일 것이다. 이런 경우에는 SML이 수평한 선으로 그려진다. 하지만 투자자는 위험회피적이기 때문에 위험프리미엄이 존재하고, 위험회피가 클수록 SML의 기울기도 더 가파르게 된다.

[그림 8.10]은 위험회피의 증가로 인한 영향을 보여준다. 시장위험프리미엄이 5%에서 7.5%로 증가하면 r_M은 $r_{M1}=8\%$에서 $r_{M2}=10.5\%$로 상승하게 된다. 다른 위험자산의 수익률 역시 상승하게 되는데, 이러한 위험회피 변화의 영향은 위험이 큰 자산일수록 더욱 두드러진다. 예를 들면, b=0.5인 주식 L의 요구수익률은 5.5%에서 6.75%로 1.25%포인트 증가하는 반면에 베타가 1.5인 주식의 요구수익률은 10.5%에서 14.25%로 3.75%포인트 증가하게 된다.

[그림 8.10] 위험회피의 증가로 인한 SML의 이동

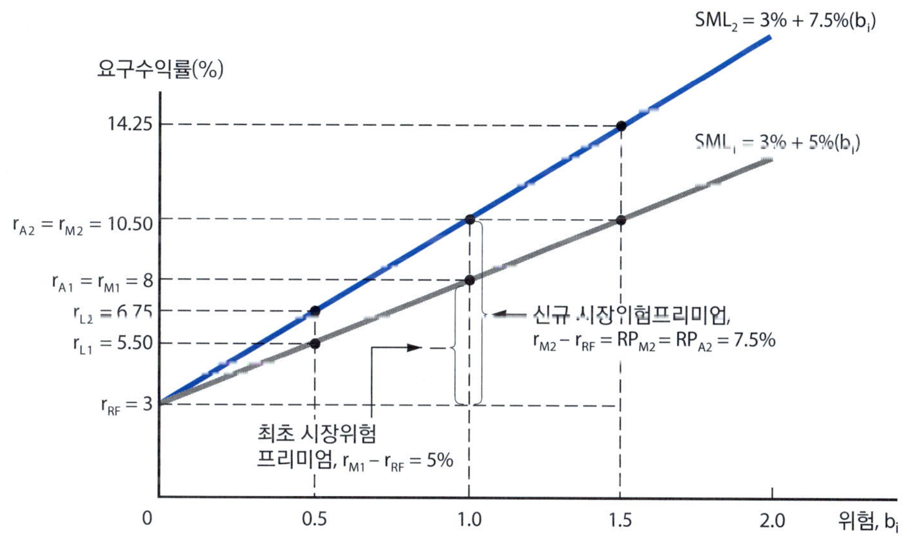

응용문제

무위험이자율은 3%이고 시장위험프리미엄 $(r_M - r_{RF})$는 4%이다. 주식 A는 베타가 1.2이고 주식 B는 베타가 0.8이다.

a. 각 주식에 대한 요구수익률은 얼마인가?
b. 투자자들이 위험을 감수하려는 의향이 줄어들고 있다(즉 투자자들이 더 위험회피적이 된다)고 가정하자. 따라서 시장위험프리미엄은 4%에서 6%로 증가한다. 무위험이자율은 일정하다고 가정하라. 이것이 두 주식에 대한 요구수익률에 어떤 영향을 미치는가?

[해답]

a. $RP_M = r_M - r_{RF} = 4\%$

$$r_A = r_{RF} + RP_M(b_A)$$
$$= 3\% + 4\%(1.2)$$
$$= 7.8\%$$
$$r_B = r_{RF} + RP_M(b_B)$$
$$= 3\% + 4\%(0.8)$$
$$= 6.2\%$$

b. RP_M은 4%에서 6%로 증가하지만 r_{RF}는 3%로 변하지 않고 일정하다.

$$r_A = 3\% + 6\%(1.2)$$
$$= 10.2\%$$
$$r_B = 3\% + 6\%(0.8)$$
$$= 7.8\%$$

따라서 주식 A에 대한 요구수익률은 7.8%에서 10.2%로 증가하고, 주식 B에 대한 요구수익률은 6.2%에서 7.8%로 증가한다. 주식 A가 더 높은 베타를 갖고 있기 때문에 주식 A의 요구수익률이 주식 B의 요구수익률보다 더 크게 증가했다는 점에 주목할 필요가 있다. 위험프리미엄의 변동은 위험이 큰 주식들(즉, 높은 베타를 가진 주식들)에 더 두드러진 영향을 미친다.

8-4C 주식 베타계수의 변화

본 교재의 뒷부분에서 살펴보겠지만, 기업은 자산구성의 변화와 사용하고 있는 부채규모의 변화를 통해서 시장위험(따라서 기업의 베타)에 영향을 미칠 수 있다. 기업의 베타 역시 동종 산업에서 증가하는 경쟁과 특허의 만기와 같은 외적 요인들의 결과로 인해 변할 수 있다. 베타가 변하게 되면 기업의 요구수익률 역시 변한다. 그리고 제9장에서 살펴볼 것처럼, 이 변화는 그 기업의 주식가격에 영향을 줄 것이다. 예를 들어, 1.2의 베타를 가진 Keller Medical Products의 경우에 베타가 1.2에서 2.0으로 증가하게 되는 어떤 사건이 일어났다고 가정해보자. [그림 8.8]의 조건들이 성립한다면 Keller의 요구수익률은 9%에서 13%로 증가하게 될 것이다:

$$r_1 = r_{RF} + (r_M - r_{RF})b_i$$
$$= 3\% + (8\% - 3\%)1.2$$
$$= 9\%$$

에서

$$r_2 = 3\% + (8\% - 3\%)2.0$$
$$= 13\%$$

제9장에서 살펴보겠지만 베타의 증가는 그 기업의 주식가격에 부정적인 영향을 미칠 것이다.[27]

셀프 테스트

- 주식의 기대수익률($\hat{r}$); 요구수익률(r); 사후 역사적 실현수익률($\bar{r}$)을 구별하라. 당신이 주식을 매입하도록 유인하는 것은 $\hat{r}$과 r 중 어느 것이 더 큰가? 어느 특정한 시점에 $\hat{r}$, r, $\bar{r}$는 일반적으로 동일한가 아니면 다른가? 설명하라.
- "베타가 만들어지는" 상대적 변동성 그래프([그림 8.7])와 "베타가 사용되는" SML 그래프([그림 8.8]) 간의 차이는 무엇인가? 이 두 그래프는 어떻게 구성되고 이 그래프들이 전달하는 정보는 무엇인지 설명하라.
- 양(+)의 알파 또는 음(−)의 알파는 무엇을 의미하는가?
- 만약 기대인플레이션이 증가하거나 감소한다면, [그림 8.8]의 SML 그래프는 어떻게 변하는가?
- 위험회피가 증가하거나 감소할 때 SML 그래프는 어떻게 변하는가?
- 투자자들이 위험에 무차별하다면, 다시 말해 영(0)의 위험회피를 가졌다면 SML은 어떤 모양을 보이는가?
- 기업은 베타의 크기에 어떻게 영향을 미칠 수 있는가?
- 어떤 주식의 베타가 1.2이다. 무위험이자율이 4.5%이고 시장위험프리미엄은 5%라고 가정하자. 이 주식의 요구수익률은 얼마인가? **(10.5%)**

27) 이 장에서 다루고 있는 개념들은 투자자들에게 중요하지만, 또한 두 가지 핵심적인 측면에서 경영자들에게도 중요하다. 첫째, 다음 장에서 보겠지만 주식의 위험은 자기자본에 대한 요구수익률에 영향을 미치고, 이것은 자본예산(capital budgeting)이라는 중요한 주제와 직접적으로 연관된다. 둘째, 이 역시 자본예산과 관련이 있는데, 개별 투자안들의 "진정한(true)" 위험은 기업의 다른 투자안들 및 주주들이 보유하고 있을 수 있는 다른 자산들과의 상관관계에 의해 영향을 받는다. 이 주제에 대해서는 교재의 뒷부분에 있는 장들에서 살펴본다.

8-5 베타와 CAPM에 대한 몇 가지 우려[28)]

Kenneth French의 웹사이트인 mba.tuck.dartmouth.edu/pages/faculty/ken.french/index.html은 주식의 수익률과 관련된 요인들에 대한 유용한 정보를 제공하고 있다.

자본자산가격결정모형(CAPM)은 교과서들에서 설명되는 단지 추상적인 이론 그 이상의 것이다 — 이것은 상당한 직관적 매력을 가지고 있고 애널리스트나 투자자 그리고 기업 모두에서 널리 사용되고 있다. 그러나 최근의 수많은 연구는 이 이론의 타당성에 우려를 제기하고 있다. 예를 들면, 시카고대의 Eugene Fama와 다트머스대의 Kenneth French에 의한 연구는 주식들의 수익률과 그 시장베타 간에 역사적 관계가 없다는 것을 발견했는데, 이것은 일부 학계와 주식시장 애널리스트들 사이에서 오랫동안 유지되어 온 입장을 확인하는 것이었다.[29)]

전통적인 CAPM의 대안으로서 연구자들과 실무자들은 단지 베타만 있는 모형을 넘어서서 더 많은 설명변수들을 갖고 있는 모형들을 개발하고 있다. 이러한 다변수모형들은 시장위험(분산투자로 제거할 수 없는 위험)이 자산의 가격결정에 기초가 된다는 전통적인 CAPM의 통찰을 매력적인 방법으로 일반화시킨다. 다변수모형에서 위험은 수많은 요인들에 의해 생긴다고 가정한다. 반면에 CAPM은 시장포트폴리오의 수익률과 관련이 있는 위험만을 측정한다. 이 다변수모형들은 재무이론이 앞으로 나아갈 잠재적으로 중요한 방향을 나타내지만, 이 모형들 역시 현실에 적용할 때는 많은 결함이 있다. 그 결과 기본적인 CAPM은 주식에 대한 요구수익률 추정에 있어서 여전히 가장 널리 사용되고 있는 방법이다.

셀프 테스트

- CAPM의 타당성에 의문을 제기하는 연구들이 있는가? 답을 설명하라.

---

28) 이 절에서는 CAPM의 대안으로 제시된 모형들에 대해 간략하게만 설명한다. 이 주제에 관한 더 자세한 내용은 Eugene F. Brigham and Phillip R. Daves, *Intermediate Financial Management*, 14th edition (Mason, OH: Cengage Learning, 2022)의 제3장을 참조하기 바란다.

29) Eugene F. Fama and Kenneth R. French, "The Cross-Section of Expected Stock Returns," *Journal of Finance*, vol. 47, no. 2(June 1992), pp. 427-465; Eugene F. Fama and Kenneth R. French, "Common Risk Factors in the Returns on Stocks and Bonds," *Journal of Financial Economics*, vol. 33, no. 1 (February 1993), pp. 3-56을 참조하라. Fama and French는 주식의 수익률이 기업의 규모 및 시장가/장부가 비율(market/book ratio)과 관련이 있다는 사실을 발견했다. 소규모 기업들과 낮은 시장가/장부가 비율을 가진 기업들이 높은 수익률을 냈지만, 수익률과 베타 간에는 어떤 관계도 발견하지 못했다.

8-6 마무리 생각: 기업 경영자와 투자자를 위한 시사점

위험과 수익 간의 관계는 아주 중요한 개념이고, 이 개념은 기업의 경영자들과 투자자들 모두에게 수많은 시사점을 함축하고 있다. 이후 장들에서 보겠지만, 기업의 경영자는 개별 투자안들의 위험과 수익률을 평가하는 데 상당한 시간을 소비한다. 실제로 개별 투자안들의 위험에 대한 우려를 고려하면 주식의 위험도를 논의하는 데 왜 그렇게 많은 시간을 투입하는지 묻는 것은 당연할 수 있다. 왜 공장이나 설비와 같은 운영자산의 위험도를 살펴보는 것으로 시작하지 않는 것일까? 그 이유는 경영자에게 중요한 목표는 주식가격의 극대화이며, 따라서 가장 중요한 고려사항은 곧 기업 주식의 위험도이고, 어떠한 실물자산이라도 그 해당위험은 투자자자들이 바라보는 주식의 위험에 미치는 영향이라는 관점에서 측정되어야 하기 때문이다. 예를 들어, 타이어를 생산하는 Goodyear가 신제품인 재생타이어에 대한 대규모 투자를 고려하고 있다고 가정해보자. 재생타이어의 판매(따라서 새로운 사업으로부터의 이익)는 아주 불확실하고, 그래서 개별자산 기반에서 보면 새로운 사업은 매우 위험한 것으로 보인다. 하지만 재생타이어 사업에서의 수익이 Goodyear의 다른 사업들과 음의 상관관계를 가진다고 가정해보자. 경기가 좋을 때는 사람들이 경제적으로 여유가 있어서 새 타이어를 장착한 신차를 구입하지만, 경기가 나쁠 때는 오히려 오래된 차를 계속 보유하면서 재생타이어를 구입할 가능성이 크다. 따라서 경기가 호황이면 수익은 통상적인 사업들에서는 높고 재생타이어 사업에서는 낮을 것이다. 경기침체기 동안에는 그 반대가 될 것이다. 그 결과는 앞에서 주식 W와 주식 M에 대해 살펴본 [그림 8.4]에 제시된 유형과 같을 것이다. 이렇게 개별자산 기반에서 고려할 때는 위험한 투자로 보이는 투자가 회사 전체의 관점에서 볼 때는 그렇게 위험하지 않을 수도 있다.

이 분석은 기업의 주주들에게도 확장될 수 있다. Goodyear의 주식은 분산투자를 하고 있는 주주들에 의해 보유되기 때문에, 매번 경영진이 투자 결정을 할 때 당면하는 실질적 문제는 다음과 같다: 이 투자가 우리 주주들의 위험에 어떤 영향을 미칠까? 또 다시 말하면, 개별 투자안의 개별자산위험은 매우 높아 보일 수 있지만 투자안이 주주 위험에 미치는 영향의 맥락에서 보면 이 위험은 그렇게 크지 않을 수 있다. 이 문제는 자본예산이 기업의 베타계수에 미치는 영향과 따라서 주주들의 위험에 미치는 영향을 다루는 제12장에서 다시 살펴볼 것이다.

이 개념들이 개별 투자자에게 중요한 것은 분명하지만 기업의 경영자들에게도 역시 중요하다. 모든 투자자들이 고려해야 할 몇 가지 중요한 개념들을 요약한다:

1. 위험과 수익률 간에는 상반관계가 존재한다. 평균적인 투자자는 높은 수익률은 좋아하지만 위험은 싫어한다. 고위험 투자는 투자자들에게 높은 기대수익률을 제

공해야 한다. 다르게 표현하면, 만약 당신이 높은 수익률을 얻고자 한다면 큰 위험을 감수해야 한다.

2. 분산투자는 매우 중요하다. 분산투자를 현명하게 하면 투자자는 기대수익률의 하락 없이도 위험을 급격하게 줄일 수 있다. 당신의 모든 자금을 하나 또는 두 개의 주식 혹은 하나 혹은 두 개의 산업에 투자하지 마라. 많은 사람들이 하는 가장 큰 실수는 자신들의 자금의 많은 부분을 자기 회사 주식에 투자하는 것이다. 만약 회사가 파산하게 되면, 투자자는 직장을 잃을 뿐만 아니라 투자자금까지도 잃게 된다. 완전하게 위험이 없는 주식은 없지만, 분산투자가 잘된 포트폴리오를 보유함으로써 곤란을 제거할 수 있다.
3. 중요한 것은 실질수익률이다. 모든 투자자들은 명목수익률과 실제수익률 간의 차이를 이해해야 한다. 투자성과를 평가할 때, 실질수익률(인플레이션 감안 후에 남는 수익률)이 중요한 것이다. 따라서 기대인플레이션이 증가하면 투자자들은 더 높은 명목수익률을 얻어야 한다.
4. 투자의 위험은 당신이 얼마동안 투자할 것인지에 따라 결정된다. 예를 들면, 보통주는 단기 투자자에게는 매우 위험하다. 그러나 장기적으로 보면 곤란한 상황은 정상이 되는 경향이 있어서 주식들을 장기적인 포트폴리오의 일부로 보유하는 경우에 그 주식들의 위험은 낮아진다. 실제로 펜실베이니아대의 Jeremy Siegel 교수는 그의 베스트셀러 저서인 *Stocks for the Long Run*에서 "구매력을 유지하는 가장 안전한 장기 투자는 채권이 아닌 주식이다"라고 결론을 내렸다.
5. 과거는 다양한 투자들에 대한 위험 및 수익과 관련해서 통찰력을 제공하지만, 미래가 과거를 반복할 것이라는 보장은 없다. 최근에 비교적 수익률이 높았던 주식이 폭락할 수도 있고 고전을 면치 못하던 주식이 다시 호조를 보일 수도 있다. 전체 주식시장에도 똑같이 적용될 수 있다. 역사적으로 주식이 훌륭한 장기 투자라고 강조했던 Jeremy Siegel 교수조차도 미래의 수익률이 과거의 수익률만큼 좋을 것인지에 대해서는 확신이 없다고 주장했다. 더욱 중요한 것은 당신이 주식을 매입할 때 항상 "이 주식은 적정하게 평가되어 있는가? 혹은 현재 이 주식의 가격이 너무 높은 것은 아닌가?"와 같은 질문을 해야 한다는 것이다. 이 문제에 대해서는 다음 장에서 보다 상세하게 논의한다.

셀프 테스트

- 다음 문장을 설명하라: 기업의 개별 투자안에 대한 개별자산위험은 매우 높을 수 있지만, 그 위험이 주주들의 위험에 미치는 영향의 관점에서 보면 투자안의 진정한 위험은 그렇게 크지 않을 수 있다.
- 어떤 투자안에 대한 수익률과 기업의 다른 자산들에 대한 수익률 간의 상관관계는 그 투

자안의 위험에 어떻게 영향을 미치는가?

- 다양한 투자들의 위험과 수익률을 평가할 때 개별 투자자들이 고려해야 하는 중요한 개념들은 무엇인가?

단원 종합

이 장에서는 위험과 수익 간의 관계를 설명했다. 개별자산 및 포트폴리오에 대한 위험과 수익률을 계산하는 방법을 논의했다. 특히 개별자산위험과 포트폴리오 기반에서의 위험을 구별했고, 분산투자의 혜택을 설명했다. 또한 위험이 어떻게 측정되어야 하고, 위험이 어떻게 수익률에 영향을 미치는지를 설명해주는 CAPM을 살펴봤다. 다음 장들에서는 기업의 보통주에 대한 요구수익률을 추정하는 데 필요한 수단을 제공하고 기업의 자본비용을 추정하기 위해 이 수익률과 채권수익률이 어떻게 사용되는지 설명한다. 앞으로 살펴보겠지만, 자본비용은 자본예산과정에서 핵심적인 요소이다.

자가진단 질문과 문제

ST-1 **[핵심용어]** 다음의 각 용어들을 정의하라. 답을 설명하기 위해 가능한 경우에는 그래프나 식을 사용하라:

a. 위험: 개별자산위험; 확률분포

b. 기대수익률, $\hat{r}$

c. 표준편차, σ; 변동계수(CV); 샤프비율

d. 위험회피; 위험프리미엄(RP); 실현수익률, $\bar{r}$

e. 주식 i의 위험프리미엄, RP_i; 시장위험프리미엄, RP_M

f. 포트폴리오에 대한 기대수익률, $\hat{r}_p$; 시장포트폴리오

g. 상관관계; 상관계수, ρ

h. 시장위험, 분산가능위험, 해당위험

i. 자본자산가격결정모형(CAPM)

j. 베타계수, b; 평균 주식의 베타, b_A

k. 증권시장선(SML)식

ST-2 **[실현수익률]** 주식 A와 주식 B는 다음과 같은 역사적 수익률을 가진다:

연도	주식 A의 수익률, r_A	주식 B의 수익률, r_B
2016	(24.25%)	5.50%
2017	18.50	26.73
2018	38.67	48.25
2019	14.33	(4.50)
2020	39.13	43.86

a. 2016년부터 2020년 기간 동안의 각 주식의 평균 수익률을 계산하라. 어떤 사람이 주식 A에 50%, 주식 B에 50%를 투자한 포트폴리오를 보유하고 있다고 가정하자. 2016년부터 2020년까지 매년 이 포트폴리오에 대한 실현수익률은 얼마인가? 이 기간 동안 포트폴리오의 평균 수익률은 얼마인가?

b. 각 주식과 포트폴리오에 대한 수익률의 표준편차를 계산하라. 식 (8.2a)를 이용하라.

c. 이 기간의 무위험이자율은 3.5%라고 가정하자. 평균 수익률을 사용해서 계산하면 이 기간 동안의 주식 A와 주식 B 및 포트폴리오의 샤프비율은 얼마인가?

d. 이 두 주식의 연간 수익률을 보면, 이 두 주식 사이의 상관계수가 +0.8에 가까운지 아니면 −0.8에 가까운지 추측할 수 있는가?

e. 포트폴리오에 임의로 선택된 더 많은 주식들이 포함된다면, σ_p가 어떻게 될지에 대한 가장 정확한 문장은 어느 것인가?

(1) σ_p는 변하지 않고 일정할 것이다.

(2) σ_p는 20% 근방에 있을 것이다.

(3) 충분한 수의 주식이 포함된다면, σ_p는 영(0)으로 하락할 것이다.

ST-3 **[베타와 요구수익률]** ECRI Corporation은 네 개의 주요 자회사를 가지고 있는 지주회사이다. 이 회사가 각각의 자회사에 투자한 자본의 비율(그리고 각 자회사의 베타)은 다음과 같다:

자회사	자본의 비율	베타
전력공급	60%	0.70
유선방송	25	0.90
부동산개발	10	1.30
국제/특별 프로젝트	5	1.50

a. 지주회사의 베타는 얼마인가?

b. 무위험이자율이 4%이고 시장위험프리미엄이 5%라면, 지주회사의 요구수익률은 얼마인가?

c. ECRI는 전략적 초점의 전환을 고려하고 있다. 이 회사는 전력공급 자회사에 대한 의존도를 낮추기 위해 이 자회사에 투자된 자본의 비율을 50%로 감소시키려고 한다. 동시에 국제/특별 프로젝트 부문에 대한 회사의 의존도를 높이려고 하는데, 이렇게 되면 이 자회사에 투자된 자본의 비율은 15%로 상승할 것이다. 이러한 변화 후에 이 회사의 요구수익률은 얼마인가?

질문

8-1 당신은 $250,000의 미국 장기 국채로 구성된 포트폴리오를 보유하고 있다고 가정하자.

a. 당신의 포트폴리오는 무위험인가? 설명하라.

b. 이제 30일 만기인 미국 단기 국채로 구성된 $250,000의 포트폴리오를 가지고 있다고 가정해보자. 매 30일마다 당신의 단기 국채는 만기가 되고, 원금($250,000)을 새로운 단기 국채에 재투자할 것이다. 당신은 포트폴리오에서 나오는 투자소득으로 생활할 계획이고 변함없는 생활수준을 유지하기를 원한다. 미국 단기 국채로 구성된 포트폴리오가 진정으로 무위험인가? 설명하라.

c. 당신이 생각할 수 있는 가장 위험이 낮은 증권은 무엇인가? 설명하라.

8-2 위험이 낮은 기대수익률의 확률분포는 위험한 수익률보다는 더 뾰족하다. (a) 완벽하게 확실한 수익률 및 (b) 완벽하게 불확실한 수익률에 대한 확률분포는 어떤 모양인가?

8-3 생명보험증권은 지불된 보험료가 투자의 비용을 나타내는 금융자산이다.

a. 1년 만기 생명보험증권에 대한 기대수익률은 어떻게 계산하는가?

b. 생명보험증권 소유자가 다른 금융자산은 없다고 가정하자 — 그 사람의 유일한 다른 자산은 "인적자본" 혹은 수익 역량이다. 보험증권의 수익률과 인적자본의 수익률 간의 상관계수는

얼마인가?

c. 생명보험회사는 관리비용과 보험설계사에게 지불하는 수수료를 부담해야 하고, 따라서 보험료에 대한 기대수익률은 일반적으로 낮거나 심지어는 마이너스이다. 낮은 기대수익률에도 불구하고 사람들이 생명보험을 사는 이유를 포트폴리오 개념을 이용하여 설명하라.

8-4 무위험이자율과 동일한 요구수익률을 가진 포트폴리오를 실제의 주식들을 이용하여 구성하는 것이 가능한가?

8-5 주식 A는 기대수익률 7%, 기대수익률의 표준편차 35%, 시장과의 상관계수 −0.3, 베타계수 −0.5를 가진다. 주식 B는 기대수익률 12%, 기대수익률의 표준편차 10%, 시장과의 상관계수 0.7, 베타계수 1.0을 가진다. 어떤 증권이 더 위험한가? 그 이유는 무엇인가?

8-6 전반적으로 주식시장이 하락했던 지난해에 주식 A는 12%의 기대수익률을 냈다. 이것은 이 주식이 포트폴리오에 포함되어서 보유된다면 주식이 음의 베타를 가지고 있어서 위험이 거의 없다는 것을 의미하는가? 설명하라.

8-7 투자자의 위험회피가 증가하면, 고베타 주식의 위험프리미엄이 저베타 주식의 위험프리미엄보다 더 많이 증가하는가 아니면 더 적게 증가하는가? 설명하라.

8-8 기업의 베타가 두 배가 되면, 이 기업의 요구수익률 역시 두 배가 되는가?

8-9 제7장에서 채권에 대한 시장이자율 r_d가 상승하면 채권의 가격이 하락한다는 것을 알았다. 동일한 논리를 주식에 적용해서, (a) 위험회피의 감소가 어떻게 주식의 가격과 수익률에 영향을 미치는지, (b) 이 위험회피의 감소는 주식에 대한 수익률과 채권에 대한 수익률 간의 역사적 차이로 측정되는 위험프리미엄에 어떻게 영향을 미치는지, 그리고 (c) SML식을 이용할 때 역사적 위험프리미엄의 사용에 대해 위험회피 감소의 의미는 무엇인지를 설명하라.

8-10 주식 A와 주식 B를 보유하고 있다고 가정하자. 최근 10년 동안의 데이터에 기초해서 계산된 주식 A의 샤프비율은 1.3이고 주식 B의 샤프비율은 0.8이다. 어떤 주식의 성과가 더 좋았는지 간략하게 설명하라.

8-11 작년에 ABC Company의 주식은 10%의 수익률을 냈고, SML식에 바탕한 이 주식에 대한 요구수익률은 9%로 산정되었다. 이 주식은 SML상에서 어디에 위치하는가? 이 투자의 알파에 대해서는 어떻게 말할 수 있는가? 답을 설명하라.

문제

초급 문제
1~5

8-1 **[기대수익률]** 주식의 수익률이 다음과 같은 분포를 가진다.

회사의 제품에 대한 수요	수요 발생 확률	수요 발생 시 수익률
약함	0.1	(30%)
보통 이하	0.1	(14)
보통	0.3	11
보통 이상	0.3	20
강함	0.2	45
	1.0	

무위험이자율은 2%라고 가정하자. 이 주식의 기대수익률, 표준편차, 변동계수 및 샤프비율을 계산하라.

8-2 **[포트폴리오 베타]** 어떤 투자자가 $20,000을 베타가 0.6인 주식에 투자하고 $75,000을 베타가 2.5인 주식에 투자했다. 이 두 개의 투자만으로 포트폴리오가 구성되었다면 이 포트폴리오의 베타는 얼마인가?

8-3 **[요구수익률]** 무위험이자율이 5.5%이고 시장에 대한 요구수익률은 12%라고 가정하자. 베타가 2인 주식의 요구수익률은 얼마인가?

8-4 **[기대수익률과 요구수익률]** 무위험이자율이 3.5%이고 시장위험프리미엄은 4%라고 가정하자. 주식시장 전체에 대한 요구수익률은 얼마인가? 베타가 0.8인 주식의 요구수익률은 얼마인가?

8-5 **[베타와 요구수익률]** 어떤 주식의 요구수익률은 9%이고 무위험이자율이 4.5%, 시장위험프리미엄은 3%이다.

a. 이 주식의 베타는 얼마인가?

b. 시장위험프리미엄이 5%로 증가한다면, 이 주식의 요구수익률은 어떻게 되는가? 무위험이자율과 베타는 일정하다고 가정하라.

중급 문제
6~12

8-6 **[기대수익률]** 주식 A와 주식 B의 미래 기대수익률에 대한 확률분포는 다음과 같다:

확률	A	B
0.1	(10%)	(35%)
0.2	2	0
0.4	12	20
0.2	20	25
0.1	38	45

a. 주식 B에 대해 기대수익률 $\hat{r}_B$를 계산하라($\hat{r}_A = 12\%$).

b. 주식 A에 대해 기대수익률의 표준편차 σ_A를 계산하라($\sigma_B = 20.35\%$). 주식 B의 변동계수

를 계산하라. 대부분의 투자자들이 주식 B를 주식 A보다 덜 위험하다고 간주하는 게 가능한가? 답을 설명하라.

c. 무위험이자율은 2.5%라고 가정하면 주식 A와 주식 B의 샤프비율은 얼마인가? 이 계산 결과는 파트 b에서 계산한 변동계수의 계산으로부터 얻은 정보와 일치하는가? 답을 설명하라.

8-7 **[포트폴리오 요구수익률]** 당신은 $482만 규모 투자펀드의 펀드매니저라고 가정하자. 이 펀드는 다음과 같은 투자액과 베타를 가진 네 개의 주식으로 구성되어 있다:

주식	투자액	베타
A	$460,000	1.50
B	500,000	(0.50)
C	1,260,000	1.25
D	2,600,000	0.75

시장의 요구수익률이 8%이고 무위험이자율은 4%라면 이 펀드의 요구수익률은 얼마인가?

8-8 **[베타계수]** 다음과 같은 정보가 주어져 있을 때 균형상태와 일치하는 주식 L에 대한 베타계수를 산정하라: $\hat{r}_L = 10.5\%$; $r_{RF} = 3.5\%$; $r_M = 9.5\%$.

8-9 **[요구수익률]** 주식 R의 베타는 2.0, 주식 S의 베타는 0.45이고, 평균 주식에 대한 기대수익률은 10%, 무위험수익률은 5%이다. 위험이 큰 주식의 요구수익률은 위험이 작은 주식의 요구수익률을 얼마만큼 초과하는가?

8-10 **[CAPM과 요구수익률]** Beale Manufacturing Company의 베타는 1.1이고, Foley Industries의 베타는 0.30이다. 전체 주식시장을 복제하는 인덱스펀드에 대한 요구수익률은 11%이고 무위험이자율은 4.5%이다. Beale의 요구수익률은 Foley의 요구수익률을 얼마만큼 초과하는가?

8-11 **[CAPM과 요구수익률]** 투자자들이 미래 인플레이션율은 3.6%일 것으로 기대하는 경우 Mudd Enterprises에 대한 요구수익률을 계산하라. 실질무위험이자율은 1.0%, 시장위험프리미엄은 6.0%이며, Mudd의 베타는 1.5이고 지난 5년 동안의 실현수익률은 평균 8.5%를 기록했다.

8-12 **[요구수익률]** $r_{RF} = 4\%$, $r_M = 10\%$ 및 $b_i = 1.4$라고 가정하자.

a. 주식 i에 대한 요구수익률(r_i)은 얼마인가?

b. 이제 r_{RF}가 (1) 5%로 증가하거나 또는 (2) 3%로 하락한다고 가정하자. SML의 기울기는 변하지 않고 일정하다. 이 증가나 하락은 r_M과 r_i에 어떤 영향을 미치는가?

c. 이번에는 r_{RF}는 4%로 일정하지만, r_M이 (1) 12%로 증가하거나 또는 (2) 9%로 하락한다고 가정하자. SML의 기울기는 변한다. 이 증가나 하락은 r_i에 어떤 영향을 미치는가?

고급 문제
13~21

8-13 **[CAPM, 포트폴리오위험 및 수익률]** 주식 A, 주식 B 및 주식 C에 대한 정보는 다음과 같다. 이 세 주식들에 대한 수익률은 양(+)의 상관관계를 갖지만 완벽한 상관관계는 아니다. (즉, 각각의 상관계수는 0에서 1 사이에 있다.)

주식	기대수익률	표준편차	베타
A	9.55%	15%	0.9
B	10.45	15	1.1
C	12.70	15	1.6

펀드 P는 세 주식에 각각 3분의 1씩 투자되었다. 무위험이자율은 5.5%이고, 시장은 균형상태이다(즉, 요구수익률은 기대수익률과 같다).

a. 시장위험프리미엄($r_M - r_{RF}$)은 얼마인가?
b. 펀드 P의 베타는 얼마인가?
c. 펀드 P의 요구수익률은 얼마인가?
d. 펀드 P의 표준편차는 15%보다 작을 것인가 혹은 클 것인가 아니면 15%와 같을 것으로 예상하는가? 답을 설명하라.

8-14 **[포트폴리오 베타]** 20개 종목의 다른 보통주에 각각 $7,500씩을 투자하여 구성된 포트폴리오를 보유하고 있다고 가정하자. 이 포트폴리오의 베타는 1.25이다. 이제 포트폴리오에서 베타가 1.0인 주식 중의 한 종목을 $7,500에 매도하고 그 자금으로 베타가 0.80인 다른 주식을 매입하기로 결정했다고 가정하자. 이 포트폴리오의 새로운 베타는 얼마인가?

8-15 **[CAPM과 요구수익률]** HR Industries(HRI)의 베타는 1.6이고 LR Industries(LRI)의 베타는 0.8이다. 무위험이자율은 6%이고, 평균 주식에 대한 요구수익률은 13%이다. r_{RF}에 포함된 기대인플레이션율이 1.5%포인트 하락하고 실질무위험이자율은 변하지 않고 일정하다. 또한 시장에 대한 요구수익률은 10.5%로 하락하고, 모든 베타는 변하지 않고 일정하다. 이 모든 변화 후에 HRI 및 LRI에 대한 요구수익률 간의 차이는 얼마인가?

8-16 **[CAPM과 포트폴리오 수익률]** 당신은 베타가 1.15이고 요구수익률이 1.475%인 $500만의 포트폴리오를 운용하고 있다. 현재 무위험이자율은 4%이다. $500,000을 추가로 투자받아서 이 자금으로 베타가 0.85인 주식을 매입한다면 이 $550만의 포트폴리오에 대한 요구수익률은 얼마인가?

8-17 **[포트폴리오 베타]** 뮤추얼펀드의 펀드매니저는 베타가 1.7인 $2,000만의 포트폴리오를 관리하고 있다. 무위험이자율은 4.5%이고, 시장위험프리미엄은 7%이다. 이 펀드매니저는 추가로 $500만을 투자받을 것으로 예상하며 이 자금으로는 여러 주식들을 매입할 계획을 갖고 있다. 추가적인 자금을 투자한 후에는 펀드의 요구수익률이 15%가 되기를 원한다. 포트폴리오에 새로이 추가되는 주식들의 평균 베타는 얼마가 되어야 하는가?

8-18 **[기대수익률]** 당신은 복권에 당첨되어서 두 방안 중에서 선택을 해야 한다고 가정하자: (1) $50만을 받는 방안, (2) 동전을 던져서 앞면이 나오면 $100만을 받지만 뒷면이 나오면 아무것도 받지 못하는 내기를 하는 방안.

a. 이 내기의 기댓값은 얼마인가?

b. 당신은 확실한 $50만을 받겠는가 아니면 내기를 하겠는가?

c. 확실한 $50만을 선택한다면 이 선택은 당신이 위험회피형이나 위험추구형 중 어떤 유형임을 나타내는가?

d. 상금은 실제로 $50만이었고, 이것이 유일한 선택지였다고 가정하자. 이제 이 자금으로 연말에 $537,500을 지급받는 미국 장기 국채에 투자하는 방안 및 50-50의 확률로 연말에 $115만의 가치가 있거나 혹은 아무런 가치도 없게 되는 보통주에 투자하는 방안 중에 선택해야 하는 상황에 직면했다.

(1) 미국 장기 국채 투자에 대한 기대이익은 $37,500이다. 주식 투자에 대한 기대이익은 금액으로 얼마인가?

(2) 미국 장기 국채 투자에 대한 기대수익률은 7.5%이다. 주식 투자에 대한 기대수익률은 얼마인가?

(3) 당신은 채권에 투자할 것인가 아니면 주식에 투자할 것인가? 이유를 설명하라.

(4) 채권의 수익률이 7.5%일 때, 당신이 주식에 투자하도록 만드는 주식 투자에 대한 기대이익(혹은 기대수익률)은 얼마가 되어야 하는가?

(5) $50만으로 한 종목의 주식을 매입하는 대신에 100개의 주식종목에 각각 $5,000씩을 투자해서 포트폴리오를 구성할 수 있다면, 당신의 결정은 어떤 영향을 받을 것인가? 각 주식들은 한 종목의 주식과 동일한 수익률 특성을 가지는데, 이 특성은 연말에 $11,500의 가치가 있거나 혹은 아무런 가치도 없게 될 확률이 50-50이라는 것이다. 이 주식들에 대한 수익률 간의 상관관계는 중요한가? 답을 설명하라.

8-19 **[위험 및 수익률 평가]** 주식 X의 기대수익률은 10%, 베타계수가 0.9이고 기대수익률의 표준편차는 35%이다. 주식 Y의 기대수익률은 12.5%, 베타계수가 1.2이고 표준편차는 25%이다. 무위험이자율은 6%이고 시장위험프리미엄은 5%이다.

a. 각 주식의 변동계수를 계산하라.

b. 어떤 주식이 분산투자자에게 더 위험한가?

c. 각 주식의 요구수익률을 계산하라.

d. 두 주식의 기대수익률과 요구수익률에 근거하면 어떤 주식이 분산투자자에게 더 매력적인가?

e. 주식 X에 $7,500, 주식 Y에 $2,500을 투자한 포트폴리오의 요구수익률을 계산하라.

f. 시장위험프리미엄이 6%로 증가한다면 두 주식 중 어느 주식의 요구수익률이 더 크게 증가하는가?

8-20 **[실현수익률]** 주식 A와 주식 B의 역사적 수익률은 다음과 같다:

연도	주식 A의 수익률, r_A	주식 B의 수익률, r_B
2016	(18.00%)	(14.50%)
2017	33.00	21.80
2018	15.00	30.50
2019	(0.50)	(7.60)
2020	27.00	26.30

a. 2016년부터 2020년 기간 동안 각 주식의 평균 수익률을 계산하라.

b. 어떤 사람이 주식 A에 50%, 주식 B에 50%를 투자한 포트폴리오를 보유하고 있다고 가정하자. 이 포트폴리오에 대한 연도별 실현수익률은 얼마인가? 이 기간 동안 포트폴리오에 대한 평균 수익률은 얼마인가?

c. 각 주식에 대한 수익률의 표준편차와 포트폴리오에 대한 수익률의 표준편차를 계산하라.

d. 각 주식에 대한 변동계수와 포트폴리오에 대한 변동계수를 계산하라.

e. 당신이 위험회피적인 투자자라고 가정하면 당신은 주식 A나 주식 B 또는 포트폴리오 보유 중에서 어떤 투자를 선호할 것인가? 이유를 설명하라.

8-21 **[증권시장선]** 당신은 Kish Hedge Fund에 투자할 계획인데, 이 헤지펀드는 다섯 종목의 주식에 총 $5억을 투자하고 있다:

주식	투자액	주식의 베타계수
A	$1억 6,000만	0.5
B	1억 2,000만	1.2
C	8,000만	1.8
D	8,000만	1.0
E	6,000만	1.6

Kish의 베타계수는 각 주식의 베타의 가중평균으로 구할 수 있다. 무위험이자율은 6%이고, 당신은 미래 시장수익률에 대한 다음의 확률분포가 현실적이라고 믿고 있다:

확률	시장수익률
0.1	−28%
0.2	0
0.4	12
0.2	30
0.1	50

a. 증권시장선(SML)에 대한 식은 무엇인가? (힌트: 먼저 기대시장수익률을 결정하라.)

b. Kish의 요구수익률을 계산하라.

c. 사장인 Rick Kish는 신규 자본을 필요로 하는 기업으로부터 제안을 받았다. 그 기업의 주식

을 매입하는 데 필요한 자금은 $5,000만이고, 기대수익률은 15%, 추정 베타는 1.5이다. Kish는 이 기업에 투자해야 하는가? Kish가 이 주식의 매입에 대해 중립적이려면 기대수익률은 얼마가 되어야 하는가?

종합계산문제

8-22 **[위험 및 수익률 평가]** 2015-2020년 기간 동안 Bartman Industries 및 Reynolds Inc.의 주식가격과 배당금, 그리고 Winslow 5000 Index는 다음과 같다. Winslow 5000 데이터는 배당을 반영해서 조정되었다.

	Bartman Industries		Reynolds Inc.		Winslow 5000
연도	주식가격	배당금	주식가격	배당금	배당 포함
2020	$17.25	$1.15	$48.75	$3.00	$11,663.98
2019	14.75	1.06	52.30	2.90	8,785.70
2018	16.50	1.00	48.75	2.75	8,679.98
2017	10.75	0.95	57.25	2.50	6,434.03
2016	11.37	0.90	60.00	2.25	5,602.28
2015	7.62	0.85	55.75	2.00	4,705.97

a. 주어진 데이터를 사용해서 Bartman, Reynolds 및 Winslow 5000 Index에 대한 연수익률을 계산하라. 5년 기간에 대한 각각의 평균 수익률을 계산하라. (힌트: 수익률 계산을 위해서는 기말 가격에서 기초 가격을 차감하여 자본이득이나 손실을 구하고 여기에 배당소득을 더한 후 그 결과를 기초 가격으로 나누는 과정을 기억할 필요가 있다. 배당은 이미 지수에 포함되었다고 가정하자. 또한 2014년에 대한 데이터는 없기 때문에 2015년의 수익률은 계산할 수 없다.)

b. Bartman, Reynolds 및 Winslow 5000에 대한 수익률의 표준편차를 계산하라. (힌트: 엑셀의 STDEV 함수에 해당하는 식 (8.2a)의 표본 표준편차 공식을 사용하라.)

c. Bartman, Reynolds 및 Winslow 5000에 대한 변동계수를 계산하라.

d. 이 기간 동안의 무위험이자율은 3%로 가정하고, 평균 수익률을 사용해서 이 기간의 Bartman, Reynolds 및 Index에 대한 샤프비율을 계산하라.

e. 수직축에 Bartman 및 Reynolds의 수익률을 나타내고, 수평축에 Winslow 5000 Index의 수익률을 보여주는 산포도(scatter diagram)를 작성하라.

f. Bartman 및 Reynolds의 수익률과 지수의 수익률 간의 관계를 분석하는 회귀식을 통해 Bartman 및 Reynolds의 베타를 추정하라. (힌트: 웹부록 8A를 참조하라.) 이 베타들은 작성한 그래프와 일관되는가?

g. 미국 장기 국채의 무위험이자율은 4.5%라고 가정하자. 또한 Winslow 5000의 연평균 수익률은 너무 높기 때문에 시장의 요구수익률에 대한 좋은 추정치가 아니라고 가정하자. 따라

서 시장에 대한 기대수익률로는 10%를 사용한다. SML식을 사용해서 두 회사의 요구수익률을 계산하라.

h. Bartman 주식 50%, Reynolds 주식 50%의 비중으로 포트폴리오를 구성한다면 포트폴리오의 베타 및 요구수익률은 얼마인가?

i. 한 투자자가 Bartman Industries 주식을 자신의 포트폴리오에 추가하려고 한다. 현재 이 포트폴리오는 주식 A, 주식 B 및 주식 C로 구성되어 있고, 각각의 베타는 0.769, 0.985 및 1.423이다. Bartman 25%, 주식 A 15%, 주식 B 40%, 주식 C 20%의 비중으로 새로이 구성되는 포트폴리오에 대한 요구수익률을 계산하라.

통합사례

MERRILL FINCH INC.

8-23 **[위험과 수익률]** 당신은 최근에 재무 전공으로 졸업했다고 가정하자. 대형 금융서비스회사인 Merrill Finch Inc.에 재무설계사(financial planner)로 취업했는데, 첫 번째 임무는 한 고객이 맡긴 $100,000을 투자하는 것이다. 이 자금은 1년도 말에 사업에 투자될 예정이기 때문에 1년의 투자기간에 대한 계획 수립을 요청받았다. 또한 당신의 상사는 각 상황에 따른 발생확률 및 결과를 나타낸 다음의 표에 있는 투자대안들로만 한정하도록 지시했다. (당분간 표의 가장 아래에 있는 항목들은 무시하라. 이 빈칸들은 나중에 채워질 것이다.)

		투자대안의 수익률					
		추정 수익률					
경제상황	확률	T-Bills	High Tech	Collections	U.S. Rubber	시장 포트폴리오	2개 주식 포트폴리오
불황	0.1	3.0%	(29.5%)	24.5%	3.5%[a]	(19.5%)	(2.5%)
평균 이하	0.2	3.0	(9.5)	10.5	(16.5)	(5.5)	
평균	0.4	3.0	12.5	(1.0)	0.5	7.5	5.8
평균 이상	0.2	3.0	27.5	(5.0)	38.5	22.5	
호황	0.1	3.0	42.5	(20.0)	23.5	35.5	11.3
$\hat{r}$				1.2%	7.3%	8.0%	
σ		0.0		11.2	18.8	15.2	4.6
CV				9.8	2.6	1.9	0.8
샤프비율		—		-0.16			0.54
b				-0.50	0.88		

주: a U.S. Rubber의 추정 수익률은 전체 경제와 항상 같은 방향으로 움직이는 것은 아니다. 예를 들어, 경제가 평균 이하일 때 소비자들은 경기가 좋을 때보다 구매를 줄이게 된다. 하지만 경제가 불황일 때는 신차 구입을 계획하고 있던 많은 소비자들은 구입을 미루고 대신에 자신이 이미 소유하고 있는 차의 타이어를 새 타이어로 교체하는 선택을 할 수도 있다. 이런 상황이라면 경제가 평균 이하일 때보다 불황일 때 U.S. Rubber의 주식가격은 더 상승할 것으로 예상할 수 있다.

Merrill Finch의 경제전망예측 담당자는 경제 상황에 대한 확률 추정치를 개발했고, 증권분석 담당자는 각 경제 상황에 따라 투자대안들의 수익률을 추정하는 복잡한 컴퓨터 프로그램을 개발했다. High Tech Inc.는 전자회사이고, Collections Inc.는 연체된 채무를 수금하는 추심회사이며, U.S. Rubber는 타이어와 다양한 고무 제품 및 플라스틱 제품을 제조하는 회사이다. 또한 Merrill Finch는 시장가치 비중에 기초해서 상장된 모든 주식을 포함하여 구성된 "시장포트폴리오"를 보유하고 있으며, 따라서 평균 주식의 성과를 얻는다. 이렇게 주어진 상황 하에서 다음의 질문에 답하라:

a. 1. 왜 T-bill의 수익률은 경제 상황과 독립적인가? T-bill은 완전하게 무위험수익률인가? 답을 설명하라.
   2. 왜 High Tech의 수익률은 경제와 같은 방향으로 움직이는데 Collections의 수익률은 경제와 반대 방향으로 움직이는가?

b. 각 대안의 기대수익률을 계산하고, 앞의 표에 있는 $\hat{r}$ 행의 빈칸을 채워라.

c. 기대수익률에만 의존해서 의사결정을 하는 것은 위험중립적 투자자에게만 적합하다는 점을 알고 있어야 한다. 다른 대부분의 사람들처럼 당신의 고객은 위험회피적이기 때문에 각 대안의 위험도는 투자의사결정에 있어서 중요한 측면이다. 위험에 대해 가능한 하나의 측정치는 수익률의 표준편차이다.
   1. 각 대안에 대해 이 수치를 계산하여 앞의 표에 있는 σ 행의 빈칸을 채워라.
   2. 표준편차는 어떤 유형의 위험을 측정하는가?
   3. High Tech, U.S. Rubber 및 T-bill에 대한 확률분포의 대략적인 모양을 나타내는 그래프를 작성하라.

d. 여러 투자대안들의 기대수익률이 서로 크게 다른 경우 표준편차보다는 변동계수(CV)가 일반적으로 개별자산위험에 대한 더 나은 측정치로 간주되고 있다는 것이 갑자기 떠올랐다. 앞의 표에서 누락된 변동계수를 계산하여 CV 행의 빈칸을 채워라. CV를 사용하는 경우에 표준편차를 사용해서 얻은 위험 순위와 동일한가? 답을 설명하라.

e. 개별자산위험의 측정치로서 샤프비율도 사용할 수 있다고 누군가 언급했다. 앞의 표에서 누락된 비율을 계산하여 샤프비율 행의 빈칸을 채워라. 샤프비율이 실제로 무엇을 의미하는지 간략히 설명하라.

f. High Tech에 \$50,000, Collections에 \$50,000을 투자해서 2개 주식 포트폴리오를 구성했다고 가정하자.
   1. 이 포트폴리오의 기대수익률($\hat{r}_p$), 표준편차(σ_p), 변동계수(CV_p) 및 샤프비율을 계산하여 앞의 표에서 관련된 빈칸을 채워라.
   2. 이 2개 주식 포트폴리오의 위험도는 하나의 주식만을 보유하고 있는 경우 개별 주식의 위험도와 비교해서 어떻게 다른가?

g. 어떤 투자자가 임의로 선택된 하나의 주식으로 포트폴리오 구성을 시작한다고 가정하자.
   1. 임의로 선택된 여러 주식들이 포트폴리오에 추가된다면 이 포트폴리오의 위험도와 기대

수익률은 어떻게 될 것인가?

2. 투자자들에 대한 시사점은 무엇인가? 답을 설명하기 위해 두 포트폴리오의 그래프를 작성하라.

h. 1. 포트폴리오 효과는 투자자들이 개별 주식의 위험에 관해 생각하는 방식에 영향을 미치야 하는 요인인가?

2. 하나의 주식으로만 구성된 포트폴리오를 보유하기로 결정했다면(따라서 분산투자한 투자자들보다 더 큰 위험에 노출), 이 투자의 모든 위험을 감수하는 데 대한 보상을 기대할 수 있는가? 즉, 분산투자함으로써 제거했을 수 있는 위험에 대한 위험프리미엄도 얻을 수 있는가?

i. 독립적인 외부의 애널리스트가 제공한 대안들에 대한 기대수익률 및 베타계수는 다음과 같다:

주식	수익률, $\hat{r}$	위험(베타)
High Tech	9.9%	1.31
Market	8.0	1.00
U.S. Rubber	7.3	0.88
T-bills	3.0	0.00
Collections	1.2	(0.50)

1. 베타계수는 얼마인가? 그리고 베타는 위험분석에서 어떻게 사용되는가?
2. 기대수익률은 각 대안의 시장위험과 관련된 것 같아 보이는가?
3. 지금까지 구한 정보에 기초하면 대안들 중에 선택하는 것이 가능한가? 문제의 도입부에 있는 자료를 사용해서 T-bill, High Tech 및 시장의 베타계수는 어떻게 계산되는지를 보여주는 그래프를 작성하라. 그리고 베타가 측정하는 것이 무엇인지, 베타는 위험분석에서 어떻게 사용되는지를 설명하라.

j. 현재 수익률곡선은 평평하다. 즉, 미국 장기 국채의 수익률 또한 3.0%이다. 따라서 Merrill Finch는 무위험이자율이 3.0%라고 가정한다.

1. 증권시장선(SML)식을 쓰고, 이 식을 사용해서 각 대안의 요구수익률을 계산하라. 그리고 기대수익률과 요구수익률 간의 관계를 그래프로 나타내라.
2. 기대수익률은 요구수익률과 어떻게 비교되는가?
3. Collections의 기대수익률이 T-bill 수익률보다 낮다는 사실은 타당한가? 답을 설명하라.
4. High Tech와 Collections로 구성된 50-50 포트폴리오의 시장위험과 요구수익률은 얼마인가? High Tech와 U.S. Rubber로 구성된 50-50 포트폴리오는?

k. 1. 투자자들이 무위험이자율 3.0%에 반영된 현재 추정치에 추가해서 인플레이션 기대치를 3%포인트 올렸다고 가정하자. 높아진 인플레이션은 SML 및 고위험 증권과 저위험 증권의 요구수익률에 어떤 영향을 미치는가?

2. 이번에는 투자자의 위험회피가 증가해서 시장위험프리미엄을 3%포인트 증가시켰다고 가정하자.(인플레이션은 변하지 않고 일정하다.) 이 변화는 SML 및 고위험 증권과 저위험 증권의 요구수익률에 어떤 영향을 미치는가?

요구수익률을 추정하기 위해 과거 정보 활용하기

이 장의 질문들에 답하기 위해 온라인 자료를 활용하라. 시간이 지나면서 웹사이트 정보는 변하고 이러한 변화는 일부 질문들에 대해 답하는 데 제약으로 작용할 수 있다는 점에 유의하라.

제8장에서 위험과 수익률 간의 기본적인 상반관계에 대해 살펴봤다. 자본자산가격결정모형(CAPM)에 대한 논의에서는 베타가 분산투자자들에게 올바른 위험 측정치라는 것을 살펴봤다. 베타는 어떤 한 주식의 수익률이 주식시장 전체와 어떻게 움직이는지 그 정도를 측정한다는 것도 기억할 필요가 있다. 요구수익률을 추정하기 위해 CAPM을 사용하는 경우 그 주식이 미래에 시장과 어떻게 움직일지를 알고 싶을 것이다. 하지만, 수정구슬을 갖고 있지 않기 때문에 베타와의 관계를 추정하기 위해서는 일반적으로 역사적 데이터를 사용한다.

웹부록 8A에서 언급되다시피 베타는 개별 주식의 수익률과 시장 전체의 수익률에 대한 회귀분석을 통해 추정될 수 있다. 직접 회귀분석을 수행하는 대안으로는 공표된 베타를 여러 출처로부터 구하는 방법도 있는데, 이 출처를 이용하면 상장된 대부분의 기업들에 대한 베타 추정치를 쉽게 구할 수 있다. 하지만 주의할 점이 있는데, 베타 추정치는 추정에 사용된 데이터의 기간, 사용된 시장지수, 사용된 데이터의 빈도에 매우 민감할 수 있다는 것이다. 따라서 출처에 따라 베타 추정치의 범위가 넓게 분포되는 경우도 드물지는 않다.

토론문제

1. 주식시장 전체의 역사적 성과로부터 시작하자. 통상 대부분의 재무금융관련 웹사이트에서 S&P 500을 입력하면 지수의 요약 페이지로 이동할 수 있고, 여기서 지난 24시간과 12개월 동안의 시장성과에 대한 요약을 볼 수 있다. 작년에 시장은 어떤 성과를 보였는가?
2. 요약 화면에서 인터랙티브 차트로 가면 통상적으로 지난 24시간, 1개월, 6개월 등 5년까지의 또는 그 이상의 기간에 대한 성과를 차트로 그릴 수 있다. 서로 다른 기간들을 선택해서 그래프가 어떻게 변동하는지를 확인하라. 또한 이 화면에서 과거 가격들(역사적 데이터)을 선택하는 메뉴를 볼 수 있다. 일부 웹사이트는 일별 거래동향뿐만 아니라 주간이나 월간 거래동향도 보여주며, 몇몇 웹사이트에서는 데이터를 엑셀 스프레드시트의 형식으로 다운로드할 수도 있다.
3. 이제 Colgate Palmolive(종목코드(ticker) = CL), McDonald's(MCD), Microsoft(MSFT) 및 Tiffany & Co(TIF) 등 4개 기업의 주식을 좀 더 자세히 살펴보도록 하자. 데이터를 분석하기 전에, 이 기업들 중 어떤 기업이 상대적으로 높은 베타(1.0보다 큰)를 가질 것으로 예상하는가? 어떤 기업이 상대적으로 낮은 베타(1.0보다 작은)를 가질 것으로 예상하는가?
4. 질문 3에 있는 4개의 주식 중 하나를 선택해서 이용 중인 웹사이트에 그 기업의 종목코드(ticker symbol)를 입력하라. 화면의 인터랙티브 차트로 가서 6개월 기간을 선택하고, S&P 500을 차트에 추가하여 그래프 상에서 이 주식의 성과를 S&P 500의 성과와 비교하라. 이 기간 동안에 개별 주식의 성과가 시장 전체의 성과보다 좋았는가 아니면 나빴는가?

5. 요약 페이지로 돌아가서 기업의 베타에 대한 추정치를 살펴보자. 이 기업의 베타는 얼마인가? 추정된 베타의 출처는 무엇인가? 다른 웹사이트로 가서 이 기업의 베타를 검색하여 측정방식의 차이로 인해 베타가 다를 수도 있다는 것을 확인하라.
6. 이 기업의 현재 배당수익률은 얼마인가? 투자자들의 작년 총수익률은 얼마인가? 지난 3년 동안 총수익률은 얼마인가? (총수익률은 배당수익률에 자본이득률이나 자본손실률을 더해서 구한다.) 이 정보를 검색하려면 둘 이상의 웹사이트를 방문해야 한다. MSN Money(msn.com/en-us/money/markets)는 Financials의 손익계산서 페이지에서 지난 4년 동안의 DPS에 관한 정보를 제공한다. (화면의 상단에 있는 웹검색 박스가 아닌 화면의 중앙에 위치한 시세 검색 박스에 종목코드를 입력하도록 주의하라.) 가격정보를 이용해서 배당수익률과 자본이득률을 계산할 수 있다. Yahoo! Finance는 과거의 가격정보를 제공한다.
7. 무위험이자율은 3%, 시장위험프리미엄은 5%라고 가정하자. 이 기업의 주식에 대한 요구수익률은 얼마인가?
8. 동일한 실습을 나머지 3개 기업에 대해서도 반복하라. 공표된 베타는 앞에서 답한 상대적으로 높거나 낮은 베타를 가진 기업에 대한 예상과 일치하는가? 일반적으로 높은 베타의 주식은 호황장에서 더 좋은 성과를 내고 불황장에서는 더 저조한 성과를 내는 경향이 있다는 것을 발견했는가? 답을 설명하라.

주식 및 주식의 가치평가

09 CHAPTER

적절한 주식 찾기

장기적으로 미국 주식시장에서의 수익률은 연평균 약 12%로 매우 좋았다. 하지만 이 수익률을 얻는 게 결코 확실한 것은 아니고, 시장의 성과는 연도별로 상당한 변동이 있다.

제8장에서 살펴본 것처럼 개별 주식들의 수익률은 시장 전체의 수익률보다 더 심하게 변동한다. 예를 들면, 2019년에 Apple의 주식가격은 86.2%, Advanced Micro Device의 주식가격은 148.4% 상승했고, Snap의 주식가격은 196.4% 폭등했다. S&P 500 지수도 2019년에는 28.9% 상승했지만 모든 주식들의 성과가 좋았던 것은 아니다. 하락한 주식들을 살펴보면 Walgreen의 주식가격은 13.7%, Macy's의 주식가격은 42.9% 하락했고, PG&E의 주식가격은 54.2% 폭락했다. 이렇게 개별 주식들의 성과가 크게 다른 것은 첫째, 분산투자가 중요하고, 둘째, 주식을 고를 때 단순히 좋은 기업을 선택하는 것만으로는 충분하지 않다는 것을 보여주며, 여기에 추가해서 그 주식은 "공정하게(fairly)" 평가되어 있어야 한다.

주식이 공정하게 평가되어 있는지를 판단하기 위해서는 우선 그 주식의 진정한 가치, 즉 앞서 제1장에서 논의했던 개념인 "내재가치(intrinsic value)"를 추정할 필요가 있다. 이런 목적을 염두에 두고 이 장에서는 애널리스트들이 내재가치를 추정하기 위해 사용하고 있는 여러 모형들에 대해 논의한다. 앞으로 보겠지만, 주식가격을 예상하는 것이 어렵기는 하지만 완전히 암흑 속에 있는 것은 아니다. 실제로 이 장을 공부하고 나면 주식가격에 영향을 미치는 요인들에 대해 상당히 높은 이해도를 갖게 될 것이고, 그러한 지식과 함께 약간의 운을 더하면 자주 발생하는 예상과 어긋난 시장의 부침을 성공적으로 헤쳐 나갈 수 있을 것이다.

학습개요 및 목표

증권업계의 주요 추세는 sifma.org/resources/archive/research/에 설명과 함께 열거되어 있다.

제7장에서는 채권과 그 가치평가에 대해 살펴봤다. 이제 보통주와 우선주를 포함한 주식에 대해 살펴볼 것이다. 채권의 현금흐름은 계약에 의해 정해져 있기 때문에 일반적으로 채권의 현금흐름을 예측하는 것은 쉬운 일이다. 우선주의 배당금 역시 계약으로 정해져 있어서 채권과 비슷하고, 따라서 우선주는 채권과 거의 동일한 방식으로 평가된다. 그러나 보통주의 배당금은 계약으로 보증된 것은 아니다-그 배당금은 기업의 이익에 달려 있고 또한 이 이익은 많은 우발적인 요인들에 따라 달라지기 때문에 보통주의 가치평가를 더 어렵게 만든다. 상당히 직관적인 두 가지 모형이 주식의 내재가치(또는 "진정한" 가치)를 측정하는 데 사용된다: (1) 배당할인모형과 (2) 기업가치평가모형이다. 물론 주식은 그 가격이 추정된 내재가치보다 낮다면 매입해야 하고 내재가치보다 높다면 매도해야 한다.

여러분이 이 장을 마치면 다음의 내용을 수행할 수 있어야 한다:

- 주주의 법적 권리에 대해 논할 수 있다.
- 주식의 가격과 그 내재가치의 차이를 설명할 수 있다.
- 주식의 내재가치를 추정하기 위해 사용될 수 있는 두 가지 모형을 구별하여 설명할 수 있다: 배당할인모형과 기업가치평가모형.
- 우선주의 중요한 특징들을 열거할 수 있고, 우선주의 가치를 추정하는 방법을 설명할 수 있다.

주식의 가치평가는 그 자체로 흥미로운 일이지만, 또한 기업의 가장 중요한 과제라고 할 수 있는 자본예산분석에서 사용되는 자본비용을 추정할 때에도 가치평가를 이해할 필요가 있다.

9-1 보통주 주주의 법적 권리와 특권

기업의 보통주 주주들은 회사의 소유주이다. 그리고 이 절에서 논의하는 바와 같이 그들은 특정한 권리와 특권을 갖는다.

9-1A 회사에 대한 통제

회사의 보통주 주주는 이사를 선출할 권리를 가지고, 이사회는 경영진을 임명한다. 소기업일 경우, 통상적으로 대주주는 회사의 대표가 되고 또한 이사회의 의장이 된다. 규모가 크고 상장된 기업일 경우, 경영진은 어느 정도의 주식을 보유하나 그들의 개인적인 지분은 대개 그들이 회사를 통제할 수 있을 정도로 충분하지 못하다. 그러므로 대부분 상장회사의 경영진은 그들이 회사를 효과적으로 경영하지 못한다면 주주들에 의해 파면될 수 있다.

연방정부와 주정부의 법률은 주주가 어떻게 회사를 통제해야 하는지에 대해 규정하고 있다. 첫째, 기업은 보통 1년에 한 번 정기적으로 선거를 통한 이사선출을 위해 주주총회를 개최해야 한다. 통상적으로 주식은 한 주당 하나의 의결권을 행사하므로, 1,000주를 보유한 주주는 각각의 이사에 대해서 1,000개의 의결권을 갖는다.[1] 주주들은 주주총회에 참석하여 직접 투표권을 행사할 수 있지만, 대부분의 경우에 주주들은 그들의 권리를 **위임장**(proxy)을 통해 다른 사람에게 투표권을 위임한다. 경영진은 항상 주주의 위임을 요청하여 일반적으로 위임장을 받는다. 그러나 만약 성과가 나빠져서 주주들이 만족하지 못했을 경우에는 외부 그룹이 경영진을 교체시키고 회사 경영에 대한 통제권을 획득하고자 일반 주주들에게 위임 요청을 하기도 한다. 이것을 **위임장 대결**(proxy fight)이라고 한다. 다른 경우에서는 어떤 기업이 다른 기업의 발행주식을 대량으로 매입하여 대주주가 됨으로써 그 기업을 인수하려는 시도를 할 수도 있다. 이러한 행위를 **기업인수**(takeover)라고 한다. 과거 기업인수 전쟁의 잘 알려진 몇몇 사례로는 KKR의 RJR Nabisco 인수, Chevron의 Gulf Oil 인수, 그리고 QVC/Viacom의 Paramount를 인수하기 위한 대결 등이 있다. 2009년 11월에는 Kraft Foods가 영국의 초콜릿 및 껌 제조업체인 Cadbury에 대해 적대적 인수를 진행하기 위해 $167억의 매입가를 제시했다. 2010년 1월 19일에 Cadbury의 경영진은 Kraft가 수정 제시한 $218억의 매수 제안을 받아들였고 주주들에게 이 제안을 권고하기로 합의했다. 흥미로운 점은 Kraft가 2015년 3월에 Heinz와 합병하려는 계획을 발표하는 등 합병거래 시도를 계속했다는 것이다. 이 합병거래에는 브라질의 사모회사인 3G Capital과 Warren Buffett의 Berkshire Hathaway가 일부 자금을 제공했는데, 합병은 2015년 7월에 마무리되었고 The Kraft Heinz Company가 출범했다. 모든 적대적 인수 시도가 성공하는 것은 아니라는 점에 주목할 필요가 있다. 예를 들어, 2020년 3월에 Xerox는 Hewlett Packard(HP)를 적대적 인수하려는 계획을 발표했다. 하지만 Xerox는 코로나바이러스의 발생으로 인한 어려운 환경을 언급하면서 HP의 이사회 이사들을 교체하려는 위임장 대결에서 물러섰다.[2]

위임장
한 사람에게 다른 사람을 대리할 수 있는 권한(일반적으로 보통주의 투표권)을 부여하는 증서

위임장 대결
현 경영진을 교체하기 위해 어떤 개인이나 집단이 주주들로부터 투표권을 위임받아 행사함으로써 기업의 경영권을 확보하고자 하는 시도

기업인수
어떤 개인이나 집단이 현 경영진을 퇴출시키고 회사의 경영권을 획득하는 행위

회사 주식의 50% 이상을 보유하지 않은 경영자들은 위임장 대결과 기업인수에 대해서 매우 우려하고, 따라서 경영자의 상당수는 기업인수를 더욱 어렵게 만들기 위해 회사정관을 바꾸기 위한 주주의 승인을 얻으려고 노력한다. 예를 들면, 많은 기업들은

---

1) 예로 든 이 상황에서, 만약 이사회에 세 명의 이사를 새로 선출해야 한다면, 1,000주를 보유한 주주는 세 명의 이사에 대해 각각 1,000개의 투표권을 행사할 수 있다. 회사정관에 규정할 수 있는 다른 방법은 **누적투표법**(cumulative voting)이라는 것이다. 만약 공석이 세 자리라면, 1,000주를 보유한 주주는 3,000개의 투표권을 얻는데 한 명의 이사에게 모든 표를 던질 수 있다. 누적투표법은 소액주주 그룹의 권리를 이사회에서 대표할 수 있는 사람이 이사로 선출될 수 있도록 하는 데 도움이 된다.

2) Cara Lombardo, "Xerox Is Ending Hostile Takeover Bid for HP," *The Wall Street Journal*(wsj.com), April 1, 2020을 참고하라.

주주들이 (1) 매년 이사의 3분의 1만을 선출(매년 모든 이사를 선출하는 대신)하는 것, (2) 합병 승인을 위해 주주의 75%(50% 대신)가 승인하는 것, 그리고 (3) 피인수기업의 주주들이 인수기업의 주식을 할인가에 매입할 수 있도록 하는 "독약(poison pill)" 조항에 투표하는 것에 동의하도록 설득했다. 독약조항은 기업인수가 매력이 없도록 만들어 적대적 인수합병의 예방책으로 종종 쓰인다. 그러한 변화를 모색하는 경영진은 대개 기업이 헐값에 넘어가는 것에 대한 우려 때문이라고 말하지만, 사실은 경영진 자신들이 자리를 잃지 않으려는 이해관계가 최우선 고려대상인 것 같아 보이는 경우가 많이 있다.

기업인수를 더욱 어렵게 만들려는 경영진의 움직임은 무능한 경영진을 보호하기 위해 세워진 장벽을 좋아하지 않는 주주들, 특히 대규모 기관투자자들과 충돌한다. 예를 들면, 캘리포니아주 공무원연금제도(California Public Employees Retirement System: CalPERS)는 가장 큰 기관투자자 중 하나인데, CalPERS가 판단하기에 재무성과가 나쁜 몇몇 기업들과의 위임장 대결을 이끌었다. CalPERS는 기업들이 주주 불만에 대해 경영진이 더 적극적으로 반응하도록 압박할 수 있는 사외(비경영진)이사의 영향력을 증대시키기를 원했다.

경영진의 보수는 또 다른 논쟁적인 문제이다. 어떤 경우에는 CEO가 그 기업의 이사회와 너무 밀접하게 연계되어 있기 때문에 과도한 보상을 받는다는 주장이 있다. 그래도 현명한 이사회는 CEO가 주주들의 이해에 따라 행동할 때는 그 CEO에게 보상하지만 저조한 성과에 대해서는 책임을 지우기를 원한다. CalPERS와 다른 기관투자자들은 기업들에게 그들의 보상체계를 더욱 투명하고 주주들의 이해관계와 보조를 맞추도록 개선하라고 권고했다. 이와 비슷하게 도드-프랭크 법은 주주들에게 경영진의 보상체계에 대해 투표할 수 있는 권한을 부여하는 주주승인권(Say-on-Pay) 조항을 부과했다. 이 조항이 구속력이 있는 것은 아니지만, 주주들의 투표에 의해 자신들의 보상패키지가 부결되는 상황을 보고 싶어 하지 않는 경영자들에게는 어느 정도의 압력으로 작용한다. 예를 들면, 2014년에 Coca-Cola는 Warren Buffett과 다른 기관투자자들로부터 부정적인 피드백을 받은 후에 주요 임원들의 보상패키지를 조정하는 조치를 취했다.[3] 실제로 2018년 4월에는 재무설계, 자산관리 및 보험상품에 특화된 회사인 Ameriprise Financial Inc.의 주주들이 75%의 반대로 이 회사의 2017년 보상패키지를 거부했다. 투표는 구속력은 없었지만 Ameriprise 이사회는 투표결과를 감안해서 주주가치 창출에 좀 더 부합하도록 보상패키지를 재조정하기로 합의했다.[4] 더 최근에는

---

3) 이 내용에 대해서는 Anupreeta Das, Mike Esterl, and Joann S. Lublin, "Buffet Pressures Coca-Cola over Executive Pay," *The Wall Street Journal*(wsj.com), April 30, 2014 및 Mark Melin, "Coca-Cola Changes Pay Plan, warren Buffett Influence Credited," *ValueWalk*(valuewalk.com), October 1, 2014를 참조하라.

4) Mark Reilly, "Ameriprise Shareholders Revolt over Pay for Top Executives," *Minneapolis/St. Paul*

Coke가 New York State Common Retirement Fund의 압력에 직면하고 고위임원들의 연봉과 종업원의 평균 연봉 간에 갭을 좁히기 위한 조치를 취하기로 합의했다.5)

오랫동안 SEC 규정들은 CalPERS와 같은 대규모 기관투자자들이 담합하여 회사 경영진으로 하여금 정책을 바꾸도록 강요하는 것을 금지했다. 그러나 SEC는 1993년에 이 규정들을 바꾸기 시작했고, 이제는 경영상의 변화를 압박하기 위해 대규모 투자자들이 함께 협력할 수 있다. 이러한 결정들은 경영진이 주주들의 관심사에 계속해서 초점을 맞추도록 하는 역할을 해왔으며, 실제로 행동주의 투자자들(activist investors)이 속도를 늦추려고 한다는 신호는 없다. 최근에는 Twitter가 Elliott Management Group으로부터의 심각한 압력에 직면했고, 일부에서는 경제 불황기인 2020년에 임원들의 연봉을 삭감하는 조치를 취하지 않는 기업들은 장래에 행동주의 투자자들로부터의 분노에 직면할지도 모른다는 예측을 하고 있다.6)

9-1B 신주우선인수권

신주우선인수권

기업이 신규로 보통주(또는 전환증권)를 발행할 경우에 기존 주주들에게 자신이 보유하고 있는 주식 수에 비례해서 추가적인 주식을 구매할 수 있는 권리를 부여한 회사정관이나 내규의 조항

보통주 주주들은 **신주우선인수권**(preemptive right)이라는 권리를 갖는데, 이는 회사가 추가로 주식을 발행할 경우에 기존 주주들에게 자신이 소유한 주식 수에 비례하여 추가적인 주식을 구매할 수 있는 권리를 말한다. 몇몇 주(states)에서는 신주우선인수권이 자동적으로 모든 회사정관에 포함되고, 또 다른 주에서는 신주우선인수권이 구체적으로 회사정관에 삽입되어 있다.

신주우선인수권의 목적은 두 가지로 볼 수 있다. 첫째, 신주우선인수권은 회사의 경영진이 다량의 추가 주식을 발행해서 그 주식을 자신들이 매입하는 것을 막는다. 경영진은 기업에 대한 통제권을 장악하고 기존 주주들의 의지를 꺾기 위해 이런 전략을 사용할 수도 있다. 두 번째가 훨씬 중요한데, 신주우선인수권은 지분가치가 희석되는 것으로부터 주주들을 보호한다. 예를 들어, 주당 $100인 보통주 1,000주가 있다고 가정하자. 이 기업의 총시장가치는 $100,000이다. 만약 추가로 1,000주가 주당 $50에 발행된다면, 추가로 유입된 $50,000으로 인해 기업의 총시장가치는 $150,000으로 증가할 것이다. 새로운 총시장가치를 새로운 총주식 수인 2,000으로 나누면 주당 $75의 가치를 얻는다. 이렇게 예전 주주들은 주당 $25의 손실을 보고 새로운 주주들은 즉각적으로 주당 $25의 이익을 얻게 될 것이다. 따라서 보통주를 시장가치보다 낮은 가격

Business Journal(bizjournals.com), April 30, 2018을 참조하라.

5) Christopher Doering, "Coca-Cola Will Link Executive Pay to Company Emplyees," *Food Dive* (fooddive.com), March 10, 2020을 참조하라.

6) Betsy Morris and Corrie Driebusch, "Twitter CEO Dorsey Faces Pressure to Grow Depite Elliott Truce," *The Wall Street Journal*(wsj.com), March 10, 2020 및 Nina Trentmann and Kristin Broughton, "Companies That Don't Cut Executive Pay Now Could Pay for It Later," *The Wall Street Journal* (wsj.com), April 21, 2020을 참조하라.

에 발행하는 것은 기업의 주식가격을 희석시키고, 현재의 주주들로부터 새로이 발행된 주식을 매입한 주주들에게 부를 이전시킨다. 신주우선인수권은 이것을 방지한다.

셀프 테스트

- 기업인수를 더 어렵게 만들기 위해 기업이 취할 수 있는 행동에 대해 설명하라.
- 신주우선인수권이란 무엇이며, 이것이 존재하는 두 가지 주요한 이유는 무엇인가?

"스마트 베타" 펀드는 스마트한 아이디어인가?

제8장에서 분산투자로 얻을 수 있는 혜택을 설명했다. 이런 혜택들은 많은 전문가가가 투자자들에게 자신들의 부의 일부를 정기적으로 잘 분산된 인덱스펀드에 투자할 것을 권장하는 배경이 된다. 이 인덱스펀드는 낮은 거래비용으로 분산투자의 효과를 제공하는 장점이 있다. 예를 들어, S&P 500을 추종하는 Vanguard 펀드의 거래비용은 총투자액의 0.20% 미만이다.

사실상 이 펀드들은 S&P 500 주식들로 구성된 포트폴리오를 보유하고 있으며, 포트폴리오에서 각 주식의 비중은 현재의 시가총액(주식가격에 발행주식 수를 곱한 값)에 의해 결정된다. 따라서 예를 들어, 어떤 주식의 시가총액이 S&P 500 총시가총액의 1%라면 S&P 500 인덱스펀드나 상장지수펀드(exchange-traded fund)는 그 주식에 1%를 투자하게 된다.

일반적으로 환영을 받고는 있지만 일부 애널리스트들은 인덱스펀드가 "과대평가된" 주식들에 통상적으로 과대투자할 수도 있다는 우려를 표명해왔다. 우려의 배경을 좀 더 살펴보면, 주식이 과대평가됨에 따라 시가총액은 증가(내재가치가 의미하는 수준 이상으로 증가)하게 되고 이 증가는 인덱스펀드가 과대평가된 주식을 더 큰 비중으로 보유하는 결과를 자동적으로 초래한다. 이런 우려를 불식시키기 위해 시가총액 외의 방법들에 기초한 포트폴리오 비중을 사용하는 펀드 투자가 등장했다. 이 대안들은 흔히 "스마트 베타(smart beta)" 또는 "전략적 베타(strategic beta)" 펀드라고 특징지어진다.

이 펀드들은 통상적으로 지수 구성을 위한 여러 다양한 방법들을 사용한다. 예를 들어, 한편에서는 지수를 구성하고 있는 각 주식에 시가총액을 고려하지 않고 동일한 가중치를 부여하는 동일가중 방법을 사용하고, 또 다른 한편에서는 내재가치와 상관관계가 있다고 생각되는 배당금이나 이익과 같은 "펀더멘털(fundamental)"에 따라 주식들의 가중치를 정한다. CNBC.com의 최근 기사에서는 Morningstar의 한 애널리스트가 스마트 베타 상품들의 급속한 성장을 조명했는데, 다음과 같이 요약된다:

> "투자자들이 여기에서 얻는 것은 적극적인 내기(active bet)이고, 두 상품이 동일한 전략을 가졌더라도 동일한 상품은 없다."라고 Morningstar의 애널리스트인 Alex Bryan은 말했다. "수수료는 일반적으로 적극적으로 관리되는 액티브펀드보다는 매우 낮지만 전통적인 인덱스펀드보다는 높다."

예상했다시피 모든 애널리스트들이 스마트 베타는 현명한 아이디어라고 생각하는 것은 아니다. 월스트리트 저널의 한 기사에서 "스마트 베타의 대부"라고 호칭된 초기의 옹호자조차도 새로이 나온 상품의 일부에 대해서 그 가치평가와 내재된 위험에 관한 우려를 제기했다. 일부에서는 시장을 앞지르기 위해 아직도 높은 수수료를 지불하고 있다고 지적하는데, 대부분 펀드들의 경우에 시장을 앞지르는 일이 어렵다는 것은 널리 알려진 사실이다. 놀랍지는 않을지도 모르지만 Vanguard의 설립자이자 오랜 기간 인덱스펀드의 챔피언인 Jack Bogle은 스마트 베타 투자를 "어리석은" 일이라고 한마디로 요약했다.

출처: "Do Smart Beta' Funds Outperform Index Funds?" finance.yahoo.com, March 16, 2015; Aaron Kuriloff, "Rob Arnott, 'Godfather of Smart Beta,' Tells Investors: You're Doing it Wrong," *The Wall Street Journal*(wsj.com), April 28, 2017.

9-2 보통주의 유형

종류주식
기업의 특정한 필요에 의해서 Class A나 Class B 등과 같이 특별한 명칭이 부여된 보통주

대부분의 기업은 한 가지 형태의 보통주를 보유하지만, 어떤 경우에는 **종류주식**(classified stock)이 회사의 특별한 목적을 충족시키기 위해 사용된다. 일반적으로 특별한 분류가 사용되는 경우에 한 유형은 Class A로 나타내고 다른 유형은 Class B 등과 같이 나타낸다. 외부로부터 빈번하게 자금을 조달하는 작은 신생기업이 이러한 다른 종류의 보통주를 사용한다. 예를 들면, Google이 기업공개를 했을 때 Class A 주식은 일반에게 공모하고 Class B 주식은 회사 내부자들이 보유했다. 이 둘 사이의 중요한 차이점은 Class B 주식은 주당 10개의 투표권을 갖는 반면에 Class A 주식은 주당 1개의 투표권을 갖는다는 것이다. 기업공개 이후에 Google의 지주회사인 Alphabet은 Class C 주식을 발행했는데, 이 유형의 주식은 일반투자자들이 매입 가능하지만 어떠한 투표권도 포함하지 않는다. 같은 맥락에서 2017년 Snap이 기업공개를 했을 때 신규 발행된 주식에는 투표권이 없었다.[7] 좀 더 범위를 넓혀보면 University of Florida의 IPO 전문가인 Jay Ritter 교수는 2015년부터 2019년 사이에 기업공개한 테크 기업들의 35.8%가 비내부자들에게는 제한된 투표권을 부여하는 주식을 발행했다고 추정했다. 비테크 기업들의 경우에는 이 비율이 13.9%이었다.[8]

설립자 주식
기업의 설립자가 과반수의 주식을 보유하지 않고도 그 기업의 경영권을 유지할 수 있게 해주는 설립자 보유 주식

종류주식의 사용은 기업의 설립자가 보통주의 과반을 소유하지 않아도 기업에 대한 통제권을 유지할 수 있게 해준다. 이러한 이유로, Class B 주식을 때때로 **설립자 주식**(founders' shares)이라고 부른다. 이러한 유형의 차등의결권(dual-class shares) 구조는 주요한 내부자들에게 특별한 투표 특권을 주기 때문에 비판의 대상이 되기도 하는데, 이러한 구조로 인해 내부자들이 주주 대다수의 이익에 반하는 결정을 하게 할 가능성이 있기 때문이다. 이런 우려를 감안해서 S&P Dow Jones Indices는 최근에 이중적인 주식 구조를 가진 기업들은 더 이상 S&P 500 지수에 추가되지 않을 것이라고 발표했다.[9]

"Class A"나 "Class B" 등의 유형 구분이 정형화되어 있는 것은 아니다. 대부분의 기업은 종류주식을 발행하고 있지 않지만, 어떤 기업은 설립자 주식을 Class B 수식으로 지정하고 일반에 매각하는 주식을 Class A로 지정하는 반면에 다른 기업은 반대로 지정할 수도 있다. 또 다른 기업들은 완전히 다른 이유로 주식 유형의 구분을 사용

---

7) Maureen Farrell, "In Snap IPO, New Investors to Get Zero Votes, While Founders Keep Control," *The Wall Street Journal*(wsj.com), January 16, 2017을 참조하라.

8) 이 비율들은 Jay Ritter의 IPO 웹사이트에 있는 Table 23에 근거해서 계산되었다: 웹 주소는 site.warrington.ufl.edu/ritter/files/2020/02/IPOs2019DualClass.pdf.

9) Chris Dieterich, Maureen Farrell, and Sarah Krouse, "Stock Indexes Push Back Against Dual-Class Listings," *The Wall Street Journal*(wsj.com), August 2, 2017 및 Ken Brown, "Indexers Push Back Against Wall Street," *The Wall Street Journal*(wsj.com), August 1, 2017을 참조하라.

하기도 한다. 예를 들면, General Motors가 Hughes Aircraft를 $50억에 인수했을 때 새로운 유형의 Class H 보통주인 GMH로 인수대금 일부를 지급했는데, 이 등급의 주식은 제한적인 투표권을 가지며 배당은 GM의 자회사로서 Hughes의 성과에 연동되어 있었다. 새로운 등급의 주식을 발행한 이유는 (1) GM은 발생가능한 기업인수에 대한 경영진의 우려 때문에 투표권을 제한하기를 원했고, (2) Hughes의 종업원들이 일반적인 GM의 주식의 성과보다는 Hughes의 성과와 좀 더 직접적으로 연계된 보상을 원했기 때문이다. 이 Class H 주식은 GM이 Hughes 사업부를 매각하기로 결정한 2003년에 사라졌다.

셀프 테스트

- 종류주식을 사용하는 이유들은 무엇인가?

9-3 주식가격 대 내재가치

제1장에서 경영자는 기업의 주식가치의 극대화를 추구해야 한다는 것을 보았다. 또한 우리는 제1장에서 주식가격과 주식의 내재가치 사이의 차이점을 강조했다. 주식가격은 단순히 현재의 시장가격이고 시장에서 공개적으로 거래되는 주식에 대한 주식가격은 쉽게 관찰된다. 이와 반대로, 회사 주식의 "진정한" 가치를 나타내는 내재가치는 직접적으로는 관찰할 수 없기 때문에 반드시 추정해야 한다. [그림 9.1]은 주식가격과 내재가치 사이의 연관성을 다시 한 번 그림으로 나타낸 것이다.

그림에서 볼 수 있는 것처럼, 주식가격이 내재가치와 같을 때 시장의 균형이 달성된다. 만약 주식시장이 보편적으로 효율적이라면, 주식가격과 내재가치 사이의 차이는 그다지 크지 않아야 하고 차이가 장기간 지속되지 않아야 한다. 하지만 일부 경우에는 꽤 오랜 기간에 걸쳐 개별 기업의 주식이 내재가치보다 훨씬 높거나 낮은 가격에 거래될 수 있다. 제2장에서 살펴본 것처럼, 행동재무학(behavioral finance) 이론에서는 투자자들의 비합리성(irrationality)이 때때로 장기간에 걸쳐 투자자들로 하여금 특정 투자의 질과 위험을 왜 조직적으로 잘못 평가하게 하는지를 이해하기 위한 노력의 일환으로 심리학의 원리들을 이용해왔다.[10] 주목할 만한 예를 들면, 2007-2008년의 신

10) 더 최근에는 Andrew Lo 교수가 적응적 시장가설(adaptive markets hypothesis)을 제안했다. 이 분석에서는 시장참가자들이 변화하는 환경에 적응하려고 종종 단순한 경험칙(rule of thumb)을 어떻게 사용하는지 설명하기 위해 진화론(evolution)의 원리들을 사용한다. 이 연구는 행동재무학과 시장효율성 간의 흥미로운 가교 역할을 제공한다. 더 상세한 내용은 Andrew W. Lo, *Adaptive Markets: Financial Evolution at the Speed of Thought*(Princeton, NJ: Princeton University Press, 2017)를 참조하라.

[그림 9.1] 내재가치와 주식가격의 결정요인

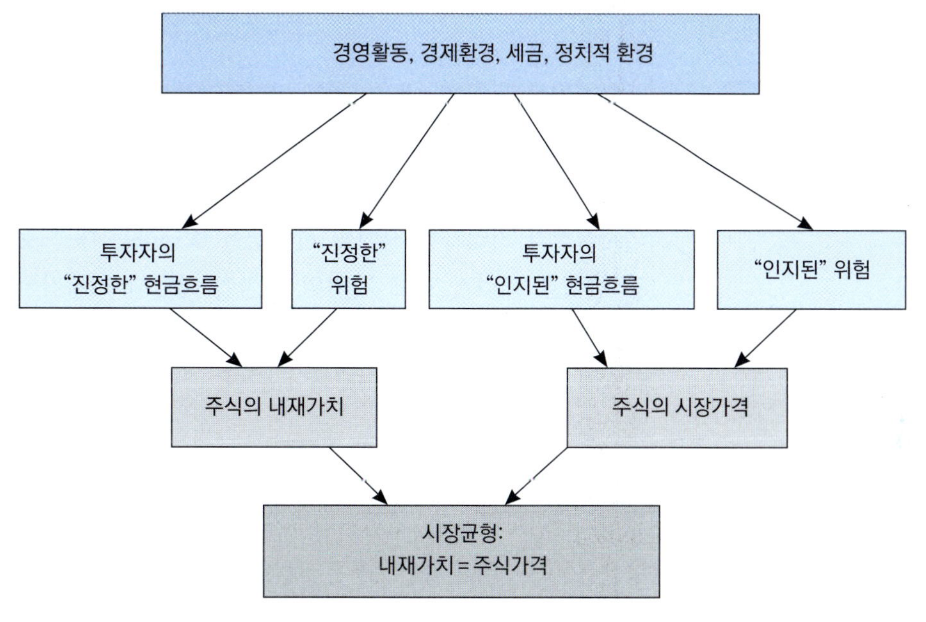

용경색이 일어나기까지 그 이전 몇 년 동안 대부분의 거대 투자은행들은 기록적인 이익을 달성했고 주식도 기록적으로 높은 가격에 거래되었다. 그러나 이런 기록적인 이익의 대부분은 투자은행들이 매입했던 주택저당증권(mortgage-backed securities)에 내재하는 막대한 위험을 반영하지 않았기 때문에 환상에 불과했다. 뒤늦게 깨달은 것이지만, 이제는 2007년 직전에 대부분의 금융회사들 주식의 시장가격이 내재가치보다 훨씬 높았다는 것을 알고 있다. 그러고 나서 무수 일이 벌어졌는지 시장이 깨닫게 되었을 때 그 주식들의 가격은 폭락했다. Citigroup, Merrill Lynch 등을 비롯한 금융회사들은 몇 개월 동안에 그 가치의 60%를 잃었고, 그 당시에 투자은행 규모 5위의 Bear Stearns는 주식가격이 2007년 $171에서 2008년 3월 중순에는 $2로 폭락하는 것을 지켜봐야 했다. 때때로 시장가격에 의심을 품는 것은 당연한 것이다!

9-3A 투자자와 기업은 왜 내재가치에 관심을 가질까?

이 장의 나머지 부분에서는 내재가치를 평가하는 여러 접근방식을 주로 다룰 것이다. 이러한 접근방식을 설명하기 전에 투자자와 기업이 내재가치 평가방법을 이해하는 것이 중요한 이유를 알아야 할 필요가 있다.

보통주에 투자할 때 투자자들의 목표는 저평가된(즉, 주식가격이 내재가치보다 낮은) 주식을 구입하고 고평가된 주식은 피하는 것이다. 따라서 월스트리트 애널리스트들, 뮤추얼펀드와 연기금을 관리하는 기관투자자들, 그리고 많은 개인투자자들은 내재가치를 추정하는 데 도움이 되는 신뢰할 만한 모형을 찾는 것에 관심을 기울일 것이다.

투자자들은 분명 내재가치에 관심을 갖고 있지만, 경영진들 또한 내재가치가 어떤 방식으로 추정되는지 이해할 필요가 있다. 첫째, 경영진들은 여러 대안들이 주식가격에 얼마나 영향을 미칠지를 알 필요가 있는데, 우리가 볼 내재가치 모형들은 경영진의 의사결정과 기업가치 사이의 관련성을 증명하는 데 도움을 준다. 둘째, 경영진들은 어떤 결정을 내리기 전에 기업의 주식이 상당히 저평가되어 있거나 고평가되어 있는지를 고려해야 한다. 예를 들면, 만약 기업의 주식이 저평가되어 있다면 기업은 새로운 주식을 발행할 때 깊이 숙고해야 한다. 그리고 추정된 주식의 내재가치가 그러한 결정을 내리는 기준이 된다.

두 가지 기본 모형이 내재가치를 평가하는 데 사용된다. 그것은 **배당할인모형**과 **기업가치평가모형**이다. 기업가치평가모형은 배당금 외에 매출, 비용, 잉여현금흐름을 사용하는 반면, 배당할인모형은 배당금만을 사용한다. 다음 절들에서는 이러한 접근방법을 보다 자세히 설명한다.

셀프 테스트

- 주식의 가격과 그 내재가치의 차이점은 무엇인가?
- 왜 투자자들과 경영자들은 기업의 내재가치를 추정하는 방법을 이해해야 하는가?
- 주식의 내재가치를 추정하는 데 일반적으로 사용되는 두 가지 접근방법은 무엇인가?

9-4 배당할인모형

보통주 한 주의 가치는 그 회사의 미래 현금흐름에 따라 달라지는데, 그 현금흐름은 두 가지 요소로 구성된다. (1) 주식을 보유함으로써 매년 투자자가 받게 되는 배당금과 (2) 주식을 팔았을 때의 가격이다. 최종가격은 살 때 지불한 가격과 기대자본이득의 합이다. 시장에는 많은 다양한 투자자들이 있으며, 그들의 기대치는 서로 다를 수 있다는 것을 명심하라. 그러므로 서로 다른 투자자들은 주식의 진짜 내재가치에 대해 서로 다른 견해를 보일 것이고 적정가격에 대해서도 마찬가지일 것이다. 주식의 균형가격 결정에 실질적인 영향을 미치는 **한계투자자**(marginal investor)에 의한 분석은 매우 중요하지만, 한계투자자이든 아니든 모든 투자자들은 암묵적으로 같은 형태의 분석을 행한다.

한계투자자
대표 투자자로 그 주식거래 행위에 현재 시장참가자들의 믿음이 반영된 투자자. 주식의 가격은 한계투자자에 의해서 결정된다.

다음은 이 분석에서 사용되는 용어들이다:[11)]

D_t = 매 t년 말 주주가 받을 것으로 기대하는 배당금. D_0는 기업이 지급한 바로 직전의 배당금이다. 이 배당금은 이미 지급되었기 때문에, 주식구매자는 D_0를 받지 못할 것이다. 새로운 구매자가 받을 첫 배당금은 D_1인데 이것은 1년도 말에 지급된다. D_2는 2년도 말에 기대되는 배당금이고, D_3는 3년도 말에 기대되는 배당금 등등이다. D_0는 이미 확실하게 알고 있지만, D_1, D_2 등의 모든 미래 배당금은 **기댓값**이고 각 투자자들은 서로 다른 기대치를 가질 수 있다.[12)] 우리의 주된 관심사는 **한계투자자**(marginal investor)에 의해 예측되는 D_t이다.

시장가격, P_0
주식이 시장에서 거래되는 가격

P_0 = 현재 주식의 실제 **시장가격**(market price). P_0는 이미 확실하게 알고 있지만, 미래 예상가격은 불확실하다.

$\hat{P}_t$ = "P hat t"로 발음하고, 분석을 하는 투자자가 보는 매 t년 말 주식의 기대가격이자 기대내재가치. $\hat{P}_t$는 배당흐름에 대한 투자자의 예측과 배당의 위험도에 의해 결정된다. 시장에는 많은 투자자들이 있기 때문에 $\hat{P}_t$에 대한 추정치 또한 많을 수 있다. 하지만 한계투자자에게 P_0는 반드시 $\hat{P}_0$와 같아야 한다. 그렇지 않으면 불균형이 존재하고 시장에서 매매가 일어남으로써 P_0와 한계투자자가 보는 $\hat{P}_0$는 같아지게 된다.

성장률, g
주당 배당금의 기대성장률

g = 투자자에 의해 예측된 기대배당**성장률**(growth rate). 만약 배당금이 일정 비율로 성장할 것이라 기대된다면, g 또한 이익 및 주식가격의 기대성장률과 같아야 한다. 투자자들은 회사의 주식을 평가할 때 서로 다른 g를 이용하지만, 시장가격인 P_0는 한계투자자들에 의해 추정된 g를 기초로 한다.

요구수익률, r_s
투자자가 받아들일 수 있는 주식에 대한 최소한의 수익률

r_s = 주식의 위험도 및 다른 투자들에서 얻을 수 있는 수익을 고려할 때 그 주식에 대한 **요구수익률**(required rate of return) 또는 최저 필수수익률. 투자자들은 서로 다른 견해를 가지고 있지만, 핵심은 역시 한계투자자이다. r_s의 결정요인들은 제8장에서 논의했던 요소들인 실질수익률, 기대인

---

11) 여기에 많은 용어들이 나오는데 가끔씩 학생들은 그 많은 용어들을 모두 기억해야 하는지 걱정한다. 학생들에게 시험 때 공식이 적힌 포뮬러 시트(formula sheet)를 줄 것이기 때문에 모든 것을 외우려고 노력할 필요는 없다. 이렇게 할 때 학생들은 공식들을 암기하려고 시간을 허비하는 대신 그 용어들이 실제로 무엇을 의미하는지를 배우게 될 것이다.

12) 주식은 일반적으로 분기마다 배당금을 지급하기 때문에 이론적으로는 매 분기를 바탕으로 주식을 평가해야 한다. 그러나 대부분의 애널리스트들은 실제로 연간 자료로 분석을 하는데, 예측된 주식자료가 분기를 바탕으로 한 모형의 사용을 정당화할 정도로 충분히 정확하지는 못하기 때문이다. 분기에 기초한 모형에 대한 추가적인 내용은 Charles M. Linke and J. Kenton Zumwalt, "Estimation Biases in Discounted Cash Flow Analysis of Equity Capital Costs in Rate Regulation," *Financial Management,* vol. 13, no. 3(Autumn 1984), pp. 15-21을 참조하라.

기대수익률, $\hat{r}_s$
투자자가 미래에 얻게 될 것이라고 기대하는 주식에 대한 수익률

플레이션, 위험 등을 포함한다.

$\hat{r}_s$ = "r hat s"로 발음하고, 투자자가 그 주식이 미래에 제공할 것이라고 믿는 **기대수익률**(expected rate of return). 기대수익률은 요구수익률보다 높거나 낮을 수 있지만, 합리적인 투자자라면 $\hat{r}_s$가 r_s보다 높으면 주식을 매입하고 $\hat{r}_s$가 r_s보다 낮으면 주식을 매도할 것이다. 두 수익률이 같으면 그냥 보유하게 된다. 다시 말하지만, 핵심은 한계투자자인데, 그들의 견해가 실제 주식가격을 결정한다.

실제(실현)수익률, $\bar{r}_s$
과거 일정 기간 동안에 투자자가 실제로 얻은 주식에 대한 수익률로 $\bar{r}_s$는 $\hat{r}_s$나 r_s보다 크거나 작을 수 있다.

$\bar{r}_s$ = "r bar s"로 발음하고, 사후의(after-the-fact) **실제수익률**(actual rate of return) 또는 **실현수익률**(realized rate of return). 당신은 오늘 주식을 매입해서 $\bar{r}_s = 10\%$의 수익을 얻을 것이라 **기대**할 수 있지만, 만약 시장이 하락할 경우에는 훨씬 낮은 어쩌면 마이너스의 실제 실현수익률을 얻을 수도 있다.

배당수익률
기대배당금을 현재 주식의 가격으로 나눠서 구한 수익률

D_1/P_0 = 다음 해에 기대되는 **배당수익률**(dividend yield). 만약 기업 X의 주식이 다음 12개월 동안 $D_1 = \$1$의 배당금을 지급할 것이라고 예상되고 X의 현재 주가가 $P_0 = \$20$일 경우, 기대배당수익률은 $\$1/\$20 = 0.05 = 5\%$가 될 것이다. 투자자들은 D_1에 대해 서로 다른 기대치를 가질 수 있지만, 또 다시 말하자면 한계투자자가 핵심이다.

자본이득률
연간 자본이득을 연초의 주식가격으로 나눠서 구한 수익률

$(\hat{P}_1 - P_0)/P_0$ = 다음 해의 주식에 대한 기대**자본이득률**(capital gains yield). 만약 현재 주식이 \$20.00에 거래되고 금년 말까지 \$21.00으로 오를 것이라 기대된다면, 기대자본이득은 $\hat{P}_1 - P_0 = \$21.00 - \$20.00 = \$1.00$이고 기대자본이득률은 $\$1.00/\$20.00 = 0.05 = 5\%$가 될 것이다. 투자자들은 각기 다른 $\hat{P}_1$에 대한 기대치를 가질 수 있지만, 한계투자자가 중요하다.

총기대이익
기대배당수익률과 기대자본이득률의 합

총기대이익 = $\hat{r}_s$ = 기대배당수익률(D_1/P_0)과 기대자본이득률[$(\hat{P}_1 - P_0)/P_0$]의 합. 이 예에서 **총기대이익**(expected total return) = 5% + 5% = 10%이다.

모든 적극적인 투자자들은 평균보다 높은 성과를 바란다. 그들은 주식의 내재가치가 현재의 주가보다 높으며 기대수익률(투자자들이 기대하는)이 요구수익률보다 높은 주식을 가려내고 싶어 한다. 그렇지만 투자자들의 절반은 쉽게 좌절한다는 것에 주의하라. 이 장의 핵심내용을 잘 이해하는 것이 여러분이 좌절하는 것을 피하도록 도와줄 것이다.

9-4A 주식가치에 대한 기반으로서 기대배당금

우리가 채권을 다룰 때, 채권의 가치를 구하는 데 식 (7.1)을 이용했다. 이 식에 의하면 채권의 가치는 채권의 만기 동안 지급된 이자의 현재가치와 만기에 지급되는 액면가의 현재가치의 합으로 계산된다:

$$V_B = \frac{INT}{(1+r_d)^1} + \frac{INT}{(1+r_d)^2} + \cdots + \frac{INT}{(1+r_d)^N} + \frac{M}{(1+r_d)^N}$$

이와 같이 주식가격은 일련의 현금흐름의 현재가치로 결정되고, 기본적인 주식평가의 식은 채권의 식과 비슷하다. 기업이 주주에게 제공하는 현금흐름이란 무엇인가? 이 질문에 답하기 위해, 여러분이 무한히 지속되리라 기대되는 어떤 기업(가령 GE)의 주식을 매수한 투자자라고 생각해보자. 여러분은 그 주식을 영원히 보유하려고 한다. 이런 경우 여러분(그리고 여러분 자손들)이 받게 될 모든 것은 배당흐름이고, 현재의 주식가치는 무한한 배당흐름의 현재가치로 추정할 수 있다:

$$\begin{aligned} \text{주식의 가치} &= \hat{P}_0 = \text{미래 기대배당금의 PV} \\ &= \frac{D_1}{(1+r_s)^1} + \frac{D_2}{(1+r_s)^2} + \cdots + \frac{D_\infty}{(1+r_s)^\infty} \qquad (9.1) \\ &= \sum_{t=1}^{\infty} \frac{D_t}{(1+r_s)^t} \end{aligned}$$

좀 더 일반적인 경우는 어떨까? 어떤 일정한 기간에만 주식을 보유하다가 파는 경우에 $\hat{P}_0$의 가치는 얼마일까? 그 기업이 정산되거나 매각되어서 사라질 가능성이 없다면, 그 주식의 가치 역시 식 (9.1)에 의해 결정된다. 이것을 살펴보기 위해 어떤 개인 투자자의 기대현금흐름은 기대배당금과 주식의 기대매도가격의 합이다. 그러나 현재 투자자에게 매도가격은 어떤 미래 투자자가 기대하는 배당금에 따라 달라지고, 또 그 미래 투자자가 기대하는 매도가격 또한 어떤 미래 배당금에 따라 달라진다. 그러므로 모든 현재와 미래 투자자들이 기대하는 현금흐름은 미래 기대배당금에 근거해야 한다. 다시 말해서, 만약 어떤 기업이 청산되거나 다른 기업에게 팔리지 않는다면, 그 주주들에게 제공하는 현금흐름은 오직 배당흐름으로만 이루어진다. 따라서 주당 가치는 주식의 기대배당흐름의 현재가치로 추정되어야 한다.[13)]

---

13) 식 (9.1)의 일반적인 타당성은 다음과 같은 질문을 스스로에게 물어보면 확인할 수 있다: 주식을 매입해서 1년 동안 보유할 예정이라고 가정하자. 이렇게 되면 그 기간에 지급된 배당금 및 연말에 주식을 처분할 때의 가치인 $\hat{P}_1$을 받게 될 것이다. 그런데 무엇이 $\hat{P}_1$의 가치를 결정하는가? 답을 하면 $\hat{P}_1$의 가치는 2년도에 기대되는 배당금 및 2년도 말의 주식가격의 현재가치로 구해지고, 또한 2년도 말의 가치는 일

셀프 테스트

- 다음의 문장에 대해 설명하라: 채권은 이자 지급의 약정을 포함하는 반면, 보통주는 배당금과 자본이득을 약정하지는 않지만 배당과 자본이득이 있을 것이라는 예상은 가능하다.
- 대부분의 주식의 총기대수익을 이루는 두 부분은 무엇인가?
- 만약 $D_1 = \$2.00$, $g = 6\%$, $P_0 = \$40.00$이라면, 다음 해 주식의 기대배당수익률, 자본이득률, 총기대수익은 얼마인가? **(5%, 6%, 11%)**
- 주식이 균형상태가 되기 위해서는 모든 투자자들이 동일한 예상을 하는 것이 필수적인가?
- 만약 "한계투자자"가 어떤 주식을 검토하고 그 주식의 내재가치가 현재 시장가격보다 크다고 결론을 내린다면, 주식의 가격은 어떻게 될 것인가?

9-5 일정성장주식

식 (9.1)은 D_t가 증가하거나 감소하거나, 또는 임의로 변동하며 수년 동안 제로가 될 수도 있다는 점에서 일반화된 주식평가모형이다. 식 (9.1)은 위와 같은 어떠한 상황에도 적용될 수 있고, 미래 배당금의 추정치를 안다면 엑셀을 이용해서 주식의 내재가치를 찾는 데 이 식을 쉽게 이용할 수 있다. 하지만 미래 배당금의 정확한 추정치를 얻기는 쉽지 않다.

일정성장(고든)모형
일정성장 주식의 가치를 구하는 데 사용되는 모형

아직도 우리는 많은 기업의 배당금이 일정 비율로 성장할 것이라 예상하는 것을 논리적이라고 여긴다. 이 경우 식 (9.1)은 다음과 같이 수정될 수 있다:

$$\hat{P}_0 = \frac{D_0(1+g)^1}{(1+r_s)^1} + \frac{D_0(1+g)^2}{(1+r_s)^2} + \cdots + \frac{D_0(1+g)^\infty}{(1+r_s)^\infty} \tag{9.2}$$

$$= \frac{D_0(1+g)}{r_s - g} = \frac{D_1}{r_s - g}$$

식 (9.2)의 마지막 항을 **일정성장모형**(constant growth model) 또는 이 모형을 발전시키고 널리 알린 Myron J. Gordon의 이름을 따라서 **고든모형**(Gordon model)이라고

련의 미래 배당금들 및 심지어는 훨씬 먼 미래의 주식가격의 현재가치로 구해질 것이다. 이 과정은 무한히 계속되고 궁극적인 결과가 식 (9.1)이다.

주기적으로 투자자들은 투자의 대상으로 주식이 갖는 장기적인 특성을 잊어버리고, 또한 이익을 얻고 주식을 매도하기 위해서는 더 높은 가격을 지불할 매수자를 찾아야 한다는 것도 잊어버린다는 점에 주목할 필요가 있다. 만약 당신이 식 (9.1)에 따라 주식의 가치를 분석해서 주식의 시장가격이 도출된 가치보다 높다는 결론을 내렸음에도 불구하고 어쨌든 그 주식을 매입한다면, 당신은 **투자의 "더 큰 바보" 이론**(bigger fool theory of investment)을 따르는 것이다. 이 이론에 의하면 당신은 높은 가격에 주식을 매입한 것에 대해 자신을 바보로 생각할 수도 있지만, 당신이 주식을 매도하려고 할 때 더 큰 바보인 누군가를 찾을 수 있다고 또한 믿는다는 것이다. 주식시장이 붕괴되기 직전인 2000년 여름에 더 큰 바보 이론은 꽤 유행했다.

한다.[14]

식 (9.2)의 r_s 항은 무위험이자율과 위험프리미엄을 합한 **요구수익률**이다. 그러나 만약 주식이 균형상태라면 요구수익률과 기대수익률은 반드시 같아야 하는데, 기대수익률은 기대배당수익률과 기대자본이득률의 합이다. 따라서 식 (9.2)를 r_s에 대해 풀 수 있는데, 지금 다루는 것은 기대수익률이기 때문에 기댓값으로 나타낸다:[15]

$$\text{기대수익률} = \text{기대배당수익률} + \text{기대성장률, 즉 자본이득률} \qquad (9.3)$$

$$\hat{r}_s = \frac{D_1}{P_0} + g$$

다음 절에서는 식 (9.2)와 식 (9.3)을 설명한다.

9-5A 일정성장주식의 예시

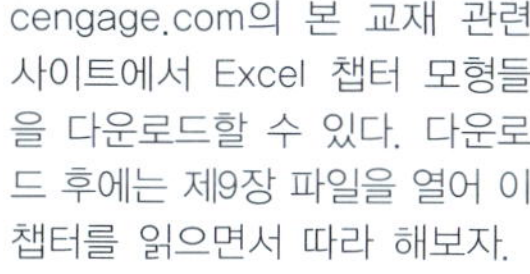

<표 9.1>은 Keller Medical Products의 CFO가 주재한 애널리스트들과 투자자들을 위한 회의 후에 한 증권애널리스트에 의해 수행된 Keller의 주식에 대한 분석을 보여준다. 복잡해 보이지만 실제로는 매우 간단하다.[16] 표의 왼편 위쪽에 있는 파트 I은 기초 자료를 보여주고 있다. 방금 지급된 마지막 배당금은 $1.00이고, 주식의 마지막 종가는 $20.80이며, 이 주식은 균형상태에 있다. Keller의 과거와 가능한 미래에 대한 분석에 기초하여, 이 애널리스트는 이익과 배당금이 매년 4%의 일정한 비율로 성장하고 주식의 가격도 같은 비율로 증가할 것이라고 예상하며, 또한 가장 적절한 요구수익률은 9%라고 믿고 있다. 다른 애널리스트들은 다른 투입요소를 사용할 수도 있지만, 많은 사람들이 이 애널리스트를 추종하기 때문에 그 분석결과는 한계투자자의 견해를 대표한다고 가정하자.

이제 파트 IV를 보자. 여기서는 배당수익률, 자본이득률, 총기대수익률에 대한 연간 수치와 함께 예상 배당흐름과 주식가격을 보여준다. 6열에 있는 총수익률은 파트 I에 있는 요구수익률과 같다는 것에 주목하라. 이것은 주식애널리스트가 이 주식이 공정하게 평가되어 있다고 생각한다는 점을 나타내고, 따라서 이 주식은 균형상태에 있다는 것을 의미한다. 애널리스트는 향후 10년 동안의 자료를 추정했지만 추정은 무한히 계

14) 식 (9.2)의 마지막 항은 Eugene F. Brigham and Phillip R. Daves, *Intermediate Financial Management*, 14th edition(Mason, OH: Cengage Learning, 2022)의 제8장 Web Extension에서 도출과정을 보여준다. 본질적으로 식 (9.2)는 등비수열의 합이고 최종 결과는 그 수열의 해이다.

15) 식 (9.2)에서 r_s는 요구수익률이지만, 식 (9.3)을 얻기 위해 식 (9.2)를 변형시키면 기대수익률을 얻게 된다. 이 변형은 물론 $r_s = \hat{r}_s$를 필요로 한다. 보통 대부분의 경우처럼 주식이 균형상태에 있다면 이 등식은 반드시 성립해야 한다.

16) 일부 사소한 "오류"를 표에서 볼 수 있지만, 이는 실제로 오류가 아니고 반올림 때문에 생기는 단순 차이이다.

〈표 9.1〉 일정성장주식에 대한 분석

I. 기초 정보:			**II. 분석에 사용된 공식:**	
D_0	=	\$1.00	2열: t년도 배당, D_t	$D_{t-1}(1 + g)$
P_0	=	\$20.80	3열: t년도 내재가치(및 가격), P_t	$D_{t+1} / (r_s - g)$
g	=	4.00%	4열: 배당수익률(일정)	D_t / P_{t-1}
r_s	=	9.00%	5열: 자본이득률(일정)	$(P_t - P_{t-1}) / P_{t-1}$
			6열: 총수익률(일정)	Div. yield + CG yield
			7열: 9.0%로 할인된 배당금의 PV	$D_t / (1 + r_s)^t$

III. 예시

2열	D_1 = \$1.00(1.04)	\$1.04
3열	P_0 = \$1.04 / (0.09 − 0.04)	\$20.80
4열	배당수익률, 1년도: \$1.04 / \$20.80	5.0%
5열	자본이득률, 1년도: (\$21.63 − \$20.80) / \$20.80	4.0%
6열	총수익률, 1년도: 5.0% + 4.0%	9.0%
7열	9.0%로 할인된 D_1의 PV	\$0.95

IV. 시간의 경과에 따른 추정 결과:

연도말 (1)	배당 (2)	가격* (3)	배당수익률 (4)	자본이득률 (5)	총수익률 (6)	9.0%로 할인된 배당의 PV (7)
2021	\$1.00	\$20.80				
2022	\$1.04	\$21.63	5.0%	4.0%	9.0%	\$0.95
2023	\$1.08	\$22.50	5.0%	4.0%	9.0%	\$0.91
2024	\$1.12	\$23.40	5.0%	4.0%	9.0%	\$0.87
2025	\$1.17	\$24.33	5.0%	4.0%	9.0%	\$0.83
2026	\$1.22	\$25.31	5.0%	4.0%	9.0%	\$0.79
2027	\$1.27	\$26.32	5.0%	4.0%	9.0%	\$0.75
2028	\$1.32	\$27.37	5.0%	4.0%	9.0%	\$0.72
2029	\$1.37	\$28.47	5.0%	4.0%	9.0%	\$0.69
2030	\$1.42	\$29.60	5.0%	4.0%	9.0%	\$0.66
2031	\$1.48	\$30.79	5.0%	4.0%	9.0%	\$0.63
↓						↓
∞		1차년도부터 무한대(∞)까지 PV들의 합 = P_0 =				**\$20.80** = 1/1/2022 가치

* 이 주식은 일정성장주식이기 때문에, P_t의 값을 $P_{t-1}(1 + g)$로 구할 수도 있다. 예를 들어, P_1 = \$20.80(1.04) = \$21.63이다.

속될 수 있다.

파트 II는 파트 IV에 있는 수치들을 계산하는 데 사용된 공식을 보여주고, 파트 III는 계산의 예시를 보여주고 있다. 예를 들면, 주식의 구매자가 받을 첫 배당금 D_1은 D_1 = \$1.00(1.04) = \$1.04로 예상되고, 2열의 다른 기대배당금도 이와 비슷하게 계산된다. 3열에 있는 추정 내재가치는 식 (9.2)의 일정성장모형에 기초하고 있다: $P_0 = D_1/(r_s - g)$ = \$1.04/(0.09 − 0.04) = \$20.80, $\hat{P}_1$ = \$21.63 등과 같이 계산된다.

[그림 9.2] 일정성장주식에 대한 배당의 현재가치(D_0 = \$1.00, g = 4.0%, r_s = 9.0%)

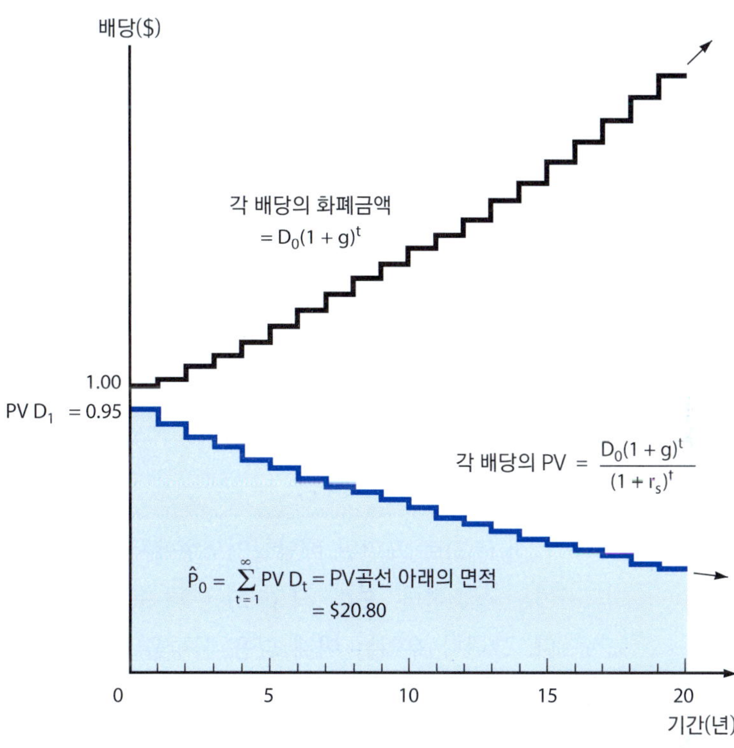

4열은 2022년도의 배당수익률 D_1/P_0 = 5.0%를 보여주고 있고, 이 배당수익률은 그 후로 일정하다. 2022년에 기대되는 자본이득은 $\hat{P}_1 - P_0$ = \$21.63 − \$20.80 = \$0.83이고, P_0로 나누면 기대자본이득률 \$0.83/\$20.80 = 4.0%를 구할 수 있다. 총수익률은 배당수익률과 자본이득률을 합한 9.0%로 구해지고, 이것은 일정하고 또한 피트 I에서 주어진 요구수익률과 동일하다.

마지막으로, 표에서 7열을 살펴보자. 여기서는 2열에 있는 각 배당금을 요구수익률로 할인해서 계산된 현재가치를 알 수 있다. 예를 들면, D_1의 PV = \$1.04/(1.09)^1 = \$0.95, D_2의 PV = \$1.08/(1.09)^2 = \$0.91 등등이다. 만약 이 표를 170년 정도까지로 확장시켜서 모든 배당금의 PV들을 합하면(엑셀을 사용하면 쉽다), 식 (9.2)를 사용해서 구한 \$20.80과 동일한 값을 얻게 될 것이다.[17] [그림 9.2]는 이 내용을 보여준다. 표를 20년까지로 확장해서, 2열의 배당금들을 위쪽에 있는 계단함수곡선으로 나타냈고 이

17) 배당금은 상당히 커지지만 할인율은 성장률을 초과한다. 따라서 배당금의 PV들은 매우 작아진다. 이론상으로 일정성장주식의 정확한 가격을 구하기 위해서는 무한히 진행해야 하지만, 170년까지로 분석을 확장한다면 식 (9.2)를 사용해서 구한 가치와 PV들의 합계 간의 차이는 소수점 둘째 자리까지에서는 없을 것이다.

배당금들의 현재가치를 아래쪽의 계단함수곡선으로 나타냈다. PV들의 합은 예측된 주식의 내재가치에 대한 추정치이다.

<표 9.1>에서, 추정된 내재가치는 현재의 주식가격과 같고 총기대수익률은 요구수익률과 같다는 점에 주목하라. 이런 상황이라면 애널리스트는 주식을 "보유(Hold)"대상으로 판단하고 투자자들에게 이 주식을 매수하지도 매도하지도 말라고 권할 것이다. 그러나 만약 애널리스트가 다소 낙관적이어서 성장률이 4.0%가 아닌 5.0%일 것이라고 생각한다면, 식 (9.2)에 의해 예상되는 내재가치는 $26.25가 되고 애널리스트는 "매수(Buy)"대상으로 권유할 것이다. g = 3.0%에서는 내재가치가 $17.17이 되고 주식은 "매도(Sell)"대상으로 분류될 것이다. 요구수익률의 변화는 추정 내재가치와 현재 균형가격에 비슷한 영향을 미칠 것이다.

9-5B 배당 대 성장

식 (9.2)로 표현된 배당할인모형에서는 다른 변수들이 일정할 때 D_1이 더 커지면 주가는 상승한다. 또한 식 (9.2)는 더 높은 성장률이 주가를 상승시킨다는 것도 보여준다. 그러나 우리는 이제 다음 사항을 이해해야 한다:

- 배당금은 이익으로부터 지급된다.
- 그러므로 배당금의 성장은 이익의 성장을 필요로 한다.
- 기업이 이익을 내부 유보하여 사업에 재투자하기 때문에 장기적인 이익의 성장이 일어난다.
- 그러므로 이익의 내부유보비율이 더 높을수록 성장률은 더 높아진다.

설명을 위해, 당신이 부채는 없고 자산이 $1,000,000인 사업을 물려받았다고 가정하자. 부채가 없으므로 자기자본은 $1,000,000이 된다. 기대 자기자본이익률(ROE)이 10.0%이면, 다음 연도의 기대이익은 (0.10)$1,000,000 = $100,000이다. 당신은 전체 이익 $100,000을 배당금으로 가질 수도 있고, 아니면 $100,000 전부나 일부분을 사업에 재투자할 수도 있다. 만약 모든 이익을 지출한다면, 이번 연도에 $100,000의 배당소득을 얻게 될 것이나, 자산과 이익이 성장하지 않기 때문에 배당금은 성장하지 못할 것이다.

하지만 회사가 이익의 60%를 배당하고 40%를 내부유보하기로 결정했다고 가정해 보자. 이제 이번 연도에 당신의 배당소득은 $60,000이지만, 자산은 $40,000이 증가하여 이익과 배당 모두 다음과 같이 증가할 것이다:

$$
\begin{aligned}
\text{내년도 이익} &= \text{전년도 이익} + \text{ROE}(\text{유보이익}) \\
&= \$100{,}000 + 0.1(\$40{,}000) \\
&= \$104{,}000 \\
\text{내년도 배당금} &= 0.6(\$104{,}000) = \$62{,}400
\end{aligned}
$$

더욱이 배당소득은 그 후로 매년 4%씩 계속 성장할 것이다:

$$
\begin{aligned}
\text{성장률} &= (1 - \text{배당성향})\text{ROE} \\
&= (1 - 0.6)10.0\% \\
&= 0.4(10.0\%) = 4.0\%
\end{aligned}
\tag{9.4}
$$

이것은 장기적으로 배당의 성장은 주로 기업의 배당성향과 ROE에 따라 결정된다는 것을 보여주고 있다.

이 예에서 다른 조건들은 일정하게 유지된다고 가정했다. 이것은 항상 그런 것은 아니지만 가끔은 논리적인 가정이다. 예를 들어, 만약 기업이 성공적인 새 제품을 개발하거나 유능한 CEO를 고용하는 등 ROE를 증가시키는 다른 변화들을 했다고 가정하자. 이러한 행동들은 모두 ROE의 증가를 가져오고, 그로 인해 성장률을 증가시킨다. 신생 기업들의 이익은 종종 수년간 낮거나 심지어는 음이다가 급격히 상승하기 시작한다. 마침내 기업이 성숙기에 접어들면 성장은 안정적이 될 것이다. 그러한 기업은 처음 몇 년간은 배당을 하지 않을 수 있고, 그리고는 낮은 초기 배당금을 지급하지만 이후 급격히 증가하게 된다. 결국 일단 이익이 안정되면 일정하게 성장하는 정기적인 배당을 할 것이다. 이러한 상황이라면 다음 절에서 논의할 다단계성장모형을 사용해야 한다.

9-5C 어떤 것이 더 좋은가: 현재의 배당 혹은 성장

이전 절에서 배당성향을 증가시켜 배당성장률을 낮춤으로써 기업이 더 높은 현재의 배당금을 지급할 수 있음을 살펴봤다. 따라서 회사는 비교적 높은 현재의 배당금을 줄 수 있거나 또는 높은 배당성장률을 가질 수 있지만 둘 다를 동시에 할 수는 없다. 상황이 이렇다면 주주는 어느 것을 더 선호하는가? 그 답은 그렇게 확실하지는 않다. 제14장에서 보겠지만, 어떤 주주들은 더 낮은 배당성향과 미래의 성장을 선호하는 반면에 어떤 주주들은 현재의 배당금을 선호한다. 실증연구들은 기업의 주가를 극대화시키기 위해서 어떤 전략이 최적인지를 결정할 수 없었다. 그래서 배당정책은 수학적인 공식이 아니라 경영진의 판단에 기초하여 경영진이 결정해야만 하는 문제이다. 논리적으로는 만약 기업이 아주 좋은 투자기회를 가지고 있다면 주주들은 더 많은 이익을 내부 유보하는(결과적으로 더 적은 현재의 배당을 주는) 기업을 선호해야 한다. 그러나 만약 투자기회가 나쁘다면 주주들은 더 높은 배당을 선호해야 한다. 이러한 것들 외에도 세금과 다른 요인들이 이 상황을 더 복잡하게 만든다. 우리는 이 모든 것들을 제14장에서 자세히 논의할 것이다. 지금은 기업의 경영진이 특정 배당정책을 가지고 있고, 실제 배당금 결정에 그 정책을 사용한다고 가정한다.

9-5D 일정성장모형의 필수조건들

식 (9.2)가 사용되기 위해서는 몇몇 조건들이 필요하다. 첫째, 요구수익률 r_s는 반드시 장기성장률 g보다 커야 한다. **만약 g가 r_s보다 더 큰 상황에서 식 (9.2)를 사용하면, 그 결과는 틀리게 되고 아무 의미도 없으며, 오도할 소지가 있게 될 것이다.** 예를 들어, 만약 추정된 성장률이 요구수익률 9.0%를 초과하는 10%라면, 식 (9.2)로 계산된 주식가격은 음수인 −$110.00으로 구해질 것이다. 이 주식가격은 이치에 맞지 않는데, 주식은 음(−)의 가격을 가질 수 없다. 더욱이 <표 9.1>에서 각각의 미래 배당금의 현재가치는 그 전년도 수치를 초과한다. 만약 이러한 상황이 [그림 9.2]에 그려진다면 배당금의 PV에 대한 계단함수곡선은 감소하지 않고 증가할 것이다. 따라서 현재가치의 합은 무한대로 높아질 것이고, 이것은 무한대로 높은 주식가격을 의미한다. 명백하게 주식가격은 무한대이거나 음(−)이 될 수 없으므로 식 (9.2)는 $r_s > g$가 아니면 사용될 수 없다.

둘째, 식 (9.2)로 표현된 일정성장모형은 기업의 성장률이 미래에 일정하게 유지될 것이라 기대되지 않는다면 적절하지 않다. 이러한 조건은 신생 기업에게는 거의 일어나지 않지만 많은 성숙한 기업에게는 해당된다. 실제로 Keller나 Allied, GE 같은 성숙한 기업들은 일반적으로 명목 국내총생산[실질 국내총생산(GDP)과 인플레이션의 합]과 거의 같은 비율로 성장할 것이라고 기대된다. 이를 바탕으로 우리는 평균적인 보통 기업의 배당은 매년 3%에서 6%의 비율로 성장할 것이라고 기대할 수도 있다.

제로성장주식
미래의 배당금이 전혀 증가하지 않을 것(즉 g = 0)으로 예상되는 주식

식 (9.2)는 시간이 지나도 배당이 일정할 것이라 기대되는 **제로성장주식**(zero growth stock)의 경우를 다룰 수 있을 만큼 충분히 일반적이다. 만약 g = 0이면, 식 (9.2)는 식 (9.5)처럼 간단하게 할 수 있다:

$$\hat{P}_0 = \frac{D}{r_s} \tag{9.5}$$

이 식은 우리가 제5장에서 보았던 영구연금의 식과 같은 식인데, 이 식은 단순히 현재의 배당금을 요구수익률로 나눈 것이다.

마지막으로, 나중에 이 장에서 논의하겠지만, 심지어 급속히 성장하고 있는 벤처회사들이나 현재 아무런 배당금도 지급하지 않고 있는 회사들까지 포함해서 대부분의

기업들은 미래의 어떤 시점에서는 배당금을 지급할 것이라고 기대할 수 있고, 그 시점이 되면 일정성장모형은 잘 적용될 수 있을 것이다. 그러한 기업들에 대해서는 식 (9.2)가 다음에 논의할 좀 더 복잡한 가치평가 식의 한 부분으로서 사용된다.

셀프 테스트

- 일정성장주식에 대한 가치평가 공식을 쓰고 설명하라.
- 제로성장주식에 대한 공식은 일정성장주식의 공식으로부터 어떻게 도출될 수 있는지 설명하라.
- 기업 A는 매년 말 $1.00의 배당금을 지급할 것으로 기대된다. 요구수익률 $r_s = 11\%$이다. 다른 조건들이 일정하다면, 성장률이 5%인 경우 주식의 가격은 얼마인가? 만일 g가 0%라면 어떻게 되겠는가? **($16.67, $9.09)**
- 기업 B의 ROE는 12%이다. 다른 조건들이 일정하다면, 이익의 25%를 배당금으로 지급하는 경우 기대성장률은 얼마인가? 이익의 75%라면 어떻게 되겠는가? **(9%, 3%)**
- 기업 B가 배당성향을 75%에서 25%로 낮춰서 성장률을 3%에서 9%로 증가시킨다면, 이러한 행동이 반드시 그 주식의 가격을 올리는가 혹은 그렇지 않은가? 이유는 무엇인가?

9-6 다단계성장주식의 가치평가

초(다단계)성장
기업이 경제 전체보다 훨씬 빠르게 성장하는 수명주기상의 단계

많은 기업들의 배당금이 일정한 비율로 증가할 것이라고 가정하는 것은 적절치 않다. 실제로 대부분의 기업들은 **수명주기**(life cycle)상의 단계에 따라 상이한 성장률을 경험한다. 수명주기의 초기에 대부분의 기업들은 전체적인 경제보다 훨씬 빠르게 성장한다. 그리고는 경제와 비슷하게 성장하며, 나중에는 전반적인 경제성장률보다 낮은 속도로 성장한다.[18] 1920년대 자동차 제조업체, 1990년대 Microsoft와 같은 컴퓨터 소프트웨어 회사, 그리고 2000년대 Google 등이 자신들의 사이클에서 초기에 속했던 회사의 예들이다. 이러한 회사들을 **초성장**(supernormal growth) 또는 **다단계성장**(nonconstant growth) 기업이라고 정의한다. [그림 9.3]에서는 다단계성장을 정상성장, 제로성장, 그리고 마이너스성장(하락성장)과 비교하여 설명한다.[19]

18) 수명주기(life cycles)의 개념은 소규모 벤처기업들과 Microsoft나 Procter & Gamble과 같은 대기업들을 포괄하는 **제품주기**(product cycle)로 확장될 수 있는데, 이 기업들은 매출과 이익을 상승시키는 신제품들을 주기적으로 시장에 출시한다. 또한 매출과 이익을 번갈아 가며 감소시키거나 증가시키는 **경기순환주기**(business cycle)도 언급할 필요가 있다. 주요 신제품이 출시된 직후(또는 기업이 깊은 침체로부터 탈출한 직후)의 성장률은 배당할인모형에서 사용하기에 적절한 수치인 "장기 평균 기대성장률"보다 훨씬 더 높을 가능성이 있다.

19) 음(−)의 성장률은 쇠퇴하는 기업을 가리킨다. 광석의 감소로 인해 이익이 하락하고 있는 광산회사가 그 예이다. 이러한 기업의 주식을 매입한 투자자는 이익(결과적으로 기업의 배당금과 주식가격)이 매년 하락할 것으로 예상하고, 이는 자본이득보다는 자본손실로 귀결될 것이다. 쇠퇴하는 기업의 주식가격은 상

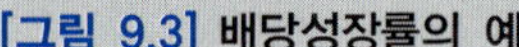

[그림 9.3] 배당성장률의 예

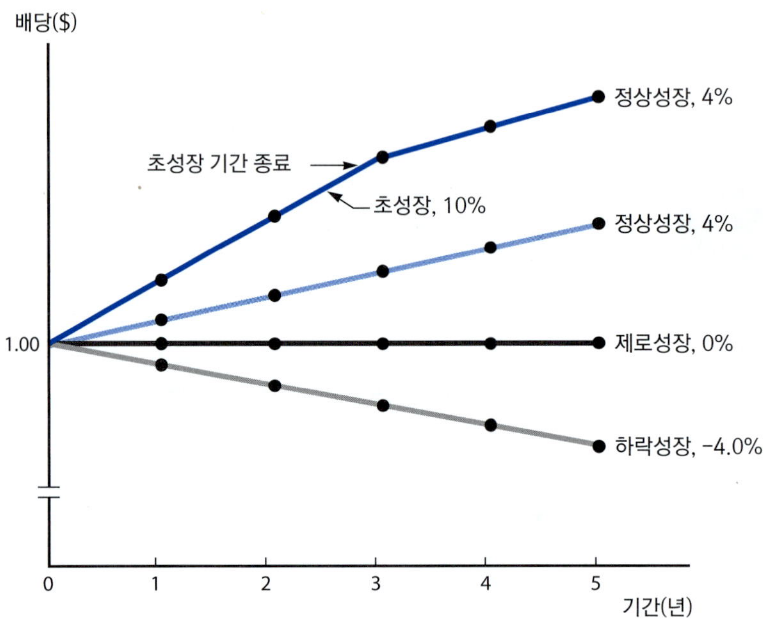

그림에서는 초성장 기업의 배당금은 3년간 연 10% 성장할 것이라 기대되고 그 후에는 성장률이 경제 전체의 평균으로 가정된 4%로 떨어질 것이라고 예상된다. 이 기업의 주식가치는 다른 자산들처럼 식 (9.1)에 의해 결정되는 미래 기대배당금의 현재가치이다. D_t가 일정한 비율로 증가할 때, 식 (9.1)을 식 (9.2), 즉 $\hat{P}_0 = D_1/(r_s - g)$로 간단히 할 수 있다. 하지만 초성장의 경우에는 기대성장률이 일정하지는 않다. 이 예에서는 두 개의 완전히 다른 성장률이 있다.

경계(종료)일
성장률이 일정하게 되는 날. 이날부터는 더 이상 개별 배당금을 추정할 필요가 없다.

경계일(잔존) 가치
경계일 시점에서 그 이후에 예상되는 모든 배당금의 가치

식 (9.2)는 일정한 성장률이 필수적이기 때문에 일정한 비율로 성장하지 않는 주식 평가에는 그 식을 이용할 수 없다. 그러나 현재 매우 급속하게 성장하는 기업도 미래에는 결국 성장률이 하락하여 일정성장형 주식이 된다고 가정하면, 식 (9.1)과 식 (9.2)를 조합하여 주식의 가치평가를 위한 새로운 공식인 식 (9.6)을 만들 수 있다.

첫째, 배당금이 N기간 동안 일정하지 않은 비율(일반적으로 비교적 높은 비율)로 성장할 것이고, 그 이후에 일정한 비율인 g로 성장할 것이라고 가정한다. N은 종종 **경계일**(horizon date) 또는 **종료일**(terminal date)이라고 불린다. 둘째, 일정성장 공식인 식 (9.2)를 앞으로 N기간 후에 주식의 **경계일 가치**(horizon value) 또는 **잔존가치**

대적으로 낮지만, 배당수익률이 기대자본손실률을 상쇄하고도 남을 정도로 충분히 높아서 다른 주식에 뒤지지 않는 총수익률이 발생해야 한다. 때때로 학생들은 가격이 하락할 것이라고 예상되는 주식은 절대로 매입하지 않을 것이라고 주장한다. 하지만 만약 기대배당금의 현재가치가 주식가격을 초과한다면 그 주식은 여전히 괜찮은 수익률을 제공하는 좋은 투자이다.

(continuing value)가 얼마일지를 결정하는 데 사용할 수 있다:

$$경계일\ 가치 = \hat{P}_N = \frac{D_{N+1}}{r_s - g}$$

코로나바이러스(Coronavirus)와 주식시장

S&P 500 지수는 2020년 2월 19일에 종가 기준으로 역대 최고 수준인 3,386에 도달했다. 불과 33일 후인 3월 23일에 지수는 2,237로 마감했다. 따라서 불과 한 달여 동안에 투자자들이 코로나바이러스 발생의 심각함을 이해하기 시작함에 따라 주식시장은 대략 그 총가치의 3분의 1을 잃어버린 셈이다. 한 달 후에 시장은 25% 상승해서 2,800선에서 거래되고 있다. 인상적인 반전이기는 하지만 이 기간에 계속 시장에 머물러 있던 투자자들은 아직도 2개월 전과 비교해서 17%의 손실을 보고 있다.

전 세계를 강타한 팬데믹(pandemic)이 경제와 주식시장에 미치는 영향은 광범위하지만, 일부 주식들의 경우 그 성과는 시장을 압도한 반면에 다른 주식들은 저조한 성과를 나타냈다. 이 박스에 있는 차트는 코로나바이러스의 발생이 4개 종목의 개별 주식(Netflix, Zoom, Delta Airlines, Macy's)과 S&P 500에 미친 영향을 대조적으로 잘 보여주고 있다. 시장이 하락을 시작한 초기에 Netflix와 Zoom은 시장 전체만큼 하락하지는 않았고, 이어지는 반등기에는 더 급격하게 상승했다는 것을 알 수 있다. 실제로 5월 초에 Netflix와 Zoom은 경제의 붕괴에도 불구하고 연초보다 높은 가격에 거래되고 있었다. 대부분의 사람들이 집에 머무를 수밖에 없고 그 기회를 최대한 활용할 수 있는 기업들이라는 점을 고려하면, 이 상황은 어떤 면에서는 예상하지 못했던 바는 아니다. 이와 반대로 소비자들이 여행 계획을 포기하거나 오프라인 매장에서 쇼핑을 할 수 없게 됨에 따라 Delta Airlines와 Macy's의 투자자들은 큰 손실을 입었다.

주식시장이 어디로 향하고 있는지 예측하는 것은 지극히 어려운 일이고, 팬데믹과 같은 대규모의 사건과 관련된 미지의 영향을 감안하는 것은 특히 어려운 일이다. 이런 맥락에서 고려해볼 만한 몇 가지 사항을 요약하면 다음과 같다:

- 2020년 5월 현재, 시간이 지나면서 바이러스가 어떻게 변이를 일으킬지, 또한 그런 상황이 기업들의 현금흐름과

출처: finance.yahoo.com, May 4, 2020.

가치평가에 어떤 영향을 미칠지에 대해서는 매우 큰 불확실성이 존재하고 있다. 관련된 우려로는 백신과 효과적인 치료약이 빠르게 널리 이용가능해질 것인가를 꼽을 수 있다. Knowledge@Wharton의 최근 게시물에서는 바이러스의 확대, 치명적인 정도, 변이 여부, 한번 바이러스에 노출된 사람들은 재감염으로부터 영구히 보호되는지 여부 등과 같은 과학적 요인들에 근거하여 다양한 시장 시나리오에 대한 흥미로운 분석을 제공하고 있다.[20]

- 투자자들이 2020년 5월에 고려해야 할 또 다른 요인은 경제가 얼마나 빠르게 회복될 수 있을까 하는 점이다. Duke University의 Campbell Harvey 교수는 *Politico*와의 인터뷰에서 우리가 경험할지도 모르는 회복의 가능한 유형에 대해 사려 깊은 요약을 제공하고 있다. 또한 그의 분석에서는 정부지원 프로그램이나 중앙은행인 연방준비제도이사회(Federal Reserve)가 취하는 조치들의 결과로 발생할 수 있는 다양한 영향들도 고려하고 있다.[21]
- 투자자들은 경제 전반에 대한 여러 전망들을 선별해내려고 노력하는 동시에 어떤 기업들이나 산업분야들이 앞으로 다가오는 미래에 가장 좋은 성과를 낼지를 파악하기 위해서도 애쓸 것이다. 이런 문제는 고객들이 장단기적으로 반응할 방향성에 대해 사람들이 어떻게 생각하는지에 중요하게 달려 있다. 일부 기업들에서는 감소된 매출이 궁극적으로는 대부분 회복될 수 있고, 다른 기업들에서는 회복되지 못할 것이다. 예를 들어, 팬데믹 기간에는 필요한 신차 구매를 잠정적으로 보류할 수도 있지만 "정상적인 일상으로 돌아가면" 그동안 보류했던 신차 구매를 할 것이다. 반면에 경제가 정지되다시피 한 기간에 Starbucks가 겪은 매출 감소는 향후에도 회복되기가 어려울 것이다. 4월에 못했던 구매를 벌충하기 위해 고객들이 9월에 소비를 두 배로 늘리는 것은 비현실적이기 때문이다. 좀 더 넓게 보면, 차트에서 알 수 있는 것처럼 최근의 경제 휴지기는 일시적일 수 있지만 인상적인 방식으로 일부 기업들을 변환시켰다. 이런 전환의 많은 부분들이 영구적일까 하는 질문은 아직 남아 있다. 예를 들어, 경제가 다시 완전히 재개되면 Zoom의 사용빈도는 지속적으로 높은 수준을 유지할 수 있을까? 마찬가지로 항공여행은 경제가 정지되기 이전 수준으로 회복될 수 있을까? 아니면 팬데믹이 여행 수요에 대해 장기적으로 계속되는 영향을 미칠까?
- 이 모든 고려사항들은 미래의 현금흐름을 추정하는 것이 왜 어려운 일인가 하는 점을 부각시키고 있다. 동시에 할인율을 추정하는 것 또한 어려운 일이다. 한 측면에서는 무위험이자율이 역대 최저 수준을 그대로 유지할지 여부가 명확하지 않다. 또한 팬데믹이 위험자산에 대한 투자자들의 상대적인 수요와 시장위험프리미엄에 지속적인 영향을 미칠지의 여부도 의문으로 남아 있다. University of Chicago의 Stefan Nagel 교수와 University of California, Berkeley의 Ulrike Malmendier 교수가 수행한 최근 연구에서는 밀레니얼 세대(millennials), 즉 M세대가 최근의 상황에 특히 영향을 받았을 수 있다고 제시하고 있는데, 그 이유는 많은 M세대가 주식 투자를 처음으로 시작할 무렵에 최근의 경제침체가 발생했고 주식시장의 변동성은 커졌기 때문이다. 또한 이 연구에서는 1930년대의 대공황(Great Depression) 시기 이후에 볼 수 있었던 것과 유사하게 초기의 경험이 궁극적으로는 장래에 장기적으로 지속되는 더 큰 시장위험프리미엄으로 귀결될 수도 있는 장기적인 태도를 형성하게 만드는 경향이 있다는 것도 제시하고 있다.[22]

---

20) "Why Are Markets Collapsing? How Bad Will Covid-19 Really Be?" *knowledge@Wharton* (knowledge.wharton.upenn.edu), March 16, 2020을 참조하라.

21) Joseph Guinto, "Why This Recession Will Be Different (and How to Keep It Mild)," *Politico* (politico.com), April 13, 2020을 참조하라.

22) James Mackintosh, "Coronavirus Scars Might Weaken Economy for Years to Come," *The Wall Street Journal*(wsj.com), April 12, 2020을 참조하라.

주식의 현재 내재가치 $\hat{P}_0$는 다단계성장 기간의 배당금의 현재가치와 경계일 가치의 현재가치의 합이다:

$$\hat{P}_0 = \underbrace{\frac{D_1}{(1+r_s)^1} + \frac{D_2}{(1+r_s)^2} + \cdots + \frac{D_N}{(1+r_s)^N}}_{\substack{\text{다단계성장 기간의} \\ \text{배당의 PV} \\ t=1,\cdots N}} + \underbrace{\frac{D_{N+1}}{(1+r_s)^{N+1}} + \cdots + \frac{D_\infty}{(1+r_s)^\infty}}_{\substack{\text{경계일 가치}=\text{일정성장} \\ \text{기간의 배당의 PV} \\ t=N+1,\cdots\infty}}$$

$$\hat{P}_0 = \underbrace{\frac{D_1}{(1+r_s)^1} + \frac{D_2}{(1+r_s)^2} + \cdots + \frac{D_N}{(1+r_s)^N}}_{\substack{\text{다단계성장 기간의} \\ \text{배당의 PV} \\ t=1,\cdots N}} + \underbrace{\frac{\hat{P}_N}{(1+r_s)^N}}_{\substack{\text{경계일 가치}(\hat{P}_N)\text{의 PV :} \\ \frac{[(D_{N+1})/(r_s-g)]}{(1+r_s)^N}}} \tag{9.6}$$

식 (9.6)을 실행하기 위해서는 다음의 세 단계를 거쳐야 한다:

1. 다단계성장 기간의 각 배당금의 PV와 이 PV들의 합을 구하라.
2. 다단계성장 기간 말의 기대 주식가격을 구하라. 이 시점에서 주식은 일정성장주식이 되고, 따라서 일정성장모형을 사용해서 가치평가를 할 수 있다. 이 가격을 현재시점으로 할인하라.
3. 주식의 내재가치 $\hat{P}_0$를 구하기 위해 이 두 요소를 더하라.

[그림 9.4]는 다단계성장주식의 가치를 평가하는 과정을 설명한다. 여기서는 새로운 회사인 기업 M을 이용하고, 다음의 정보를 가정한다.

r_s = 주주의 요구수익률 = 9.0%. 이 수익률은 현금흐름의 할인에 사용된다.

N = 다단계성장 기간 = 3년

g_s = 다단계성장 기간의 이익 및 배당의 성장률 = 10%. 이 비율은 시간선에 직접 나타낸다. (주: 다단계성장 기간의 성장률은 매년 바뀔 수 있다. 또한 몇몇의 다른 다단계성장 기간이 있을 수도 있다. 가령, 3년 동안에는 10%, 그 다음 3년 동안에는 8%, 그리고 그 이후에는 일정한 성장률 4%).

g_n = 다단계성장 기간 후에 나타나는 정상적인 일정성장률 = 4.0%. 이 비율 또한 시간선에 직접 나타내는데, 이 성장률이 적용되는 3년도 이후에 시간선 위에 나타낸다.

D_0 = 기업이 바로 직전에 지급한 마지막 배당금 = $1.00.

[그림 9.4] 다단계성장주식의 가치평가

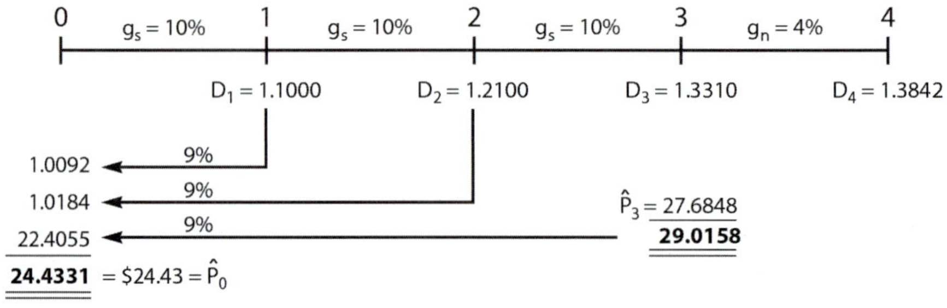

주:

단계 1. 다단계성장 기간의 매년 말에 기대되는 배당금을 계산하라. 첫 번째 배당금 $D_1 = D_0(1+g_s) = \$1.00(1.10) = \$1.1000$을 구한다. 여기서 g_s는 다단계성장 기간인 3년 동안의 성장률인 10%이다. 시간선상에 시점 1의 현금흐름 $1.1000을 나타내라. $D_2 = D_1(1+g_s) = \$1.1000(1.10) = \$1.2100$을 계산하고, 이를 이용해서 $D_3 = D_2(1+g_s) = \$1.2100(1.10) = \$1.3310$을 계산하라. 시간선상에 시점 2와 시점 3의 현금흐름을 나타내라. D_0는 D_1을 계산하기 위해 사용된다는 것에 유의하라.

단계 2. 주식의 가격은 시점 1부터 무한의 시간까지 지급되는 배당금들의 PV이고, 따라서 이론상으로는 D_4와 그 이후의 배당금을 계산하는 데 사용할 일정성장률 $g_n = 4\%$를 적용하여 각각의 미래 배당금을 추정할 수 있다. 하지만 시점 3에서 D_3가 지급된 후에 주식은 일정성장주식이 되는 것을 알고 있다. 따라서 시점 3에서 평가된 시점 4부터 무한대까지의 배당금에 대한 PV인 $\hat{P}_3$를 구하기 위해 일정성장 공식을 사용할 수 있다.

첫째, 공식을 이용해서 $D_4 = \$1.3310(1.04) = \$1.3842$를 구한다. 그리고 $\hat{P}_3$를 다음과 같이 계산한다:

$$\hat{P}_3 = \frac{D_4}{r_s - g_n} = \frac{\$1.3842}{0.09 - 0.04} = \$27.6848$$

시간선 상에 $27.6848을 시점 3의 두 번째 현금흐름으로 나타낸다. $27.6848은 주식보유자가 시점 3에서 이 주식을 $27.6848에 매도할 수 있다는 측면과 또한 시점 4부터 무한대까지의 배당 현금흐름의 현재가치가 $27.6848이라는 측면에서 시점 3의 현금흐름이다. 시점 3에서의 총현금흐름은 $D_3 + \hat{P}_3 = \$1.3310 + \$27.6848 = \$29.0158$이라는 것을 명심하라.

단계 3. 이제 현금흐름들이 시간선 위에 나타나 있기 때문에, 각 현금흐름을 요구수익률인 $r_s = 9.0\%$로 할인할 수 있다. 각 현금흐름을 $(1.09)^t$로 나눔으로써 할인할 수 있는데, 여기서 t는 각각 시점 1, 시점 2, 시점 3에 대해 각각 t = 1, t = 2, t = 3이다. 이것이 시간선의 왼쪽 아래에 보이는 PV들이고, 그 PV들의 합은 다단계성장주식의 가치인 $24.43이다.

재무계산기에서는 현금흐름(CFLO) 기능을 이용해서 시간선에 나타나 있는 현금흐름들의 PV를 구할 수 있다. 시점 0에서는 아무런 현금흐름도 없기 때문에 CF_0에 0을 입력하고, $CF_1 = 1.10$, $CF_2 = 1.21$, $CF_3 = 1.3310 + 27.6848 = 29.0158$을 입력하라. 그 다음에 I/YR = 9.0을 입력하고 NPV 키를 누르면 주식의 가치인 $24.43을 얻는다.

[그림 9.4]에 나타난 가치평가 과정은 시간선 아래에 단계별로 설명되어 있다. 다단계성장주식의 가치는 $24.43으로 계산된다.

이 예에서 계산을 단순하게 만들기 위해 비교적 짧은 3년의 기간을 가정했다. 주식을 평가할 때 대부분의 애널리스트들은 내재가치를 추정하는 데 더 긴 기간(가령 10년)을 사용한다. 약간의 더 많은 계산이 필요하지만, 스프레드시트를 사용하기 때문에 계산은 문제되지 않는다. 실제에서 진짜 한계는 미래성장에 대한 신뢰할 만한 예측을 구하는 것이다.

셀프 테스트

- 다단계성장주식의 가치를 어떻게 구하는지 설명하라.
- 경계(종료)일과 경계일(잔존) 가치는 무엇을 의미하는지 설명하라.

배당을 지급하지 않는 주식의 가치평가

배당할인모형은 기업이 현재 배당금을 지급하고 있다는 것을 전제한다. 하지만 많은 기업들은, 심지어는 Google과 같이 상당히 높은 이익을 내는 기업들까지도 배당금을 지급한 적이 없다. 만약 이러한 기업이 미래에 배당금을 지급할 것이라고 예상된다면, 이 장에서 제시된 식들을 수정해서 그 주식의 가치를 결정하는 데 사용할 수 있다.

신생 기업은 신제품을 개발하는 처음 몇 년 동안은 저조한 매출을 기록할 것이다. 이후에 그 제품이 인기를 얻게 되면 매출은 수년 동안 빠르게 성장할 것이다. 매출의 증가는 추가적인 자산에 대한 필요성을 수반한다 — 기업은 자산의 증가 없이는 매출을 증가시킬 수 없고, 자산의 증가는 부채나 자기자본 계정의 증가를 필요로 한다. 소규모 기업들은 일반적으로 일정 정도의 은행대출을 이용하지만 부채와 자기자본 사이에 적당한 균형을 유지해야 한다. 이렇게 추가적인 은행대출은 자기자본의 증가를 필요로 하는데, 성장을 뒷받침하는 데 필요한 자기자본을 조달하는 것은 소규모 기업들에게는 어려울 수 있다. 소규모 기업들의 자본시장 접근에는 한계가 있는데, 심지어는 소규모 기업들이 보통주를 발행할 수 있을 때에도 그 소유주들은 기업의 통제권을 잃을까 두려워 그렇게 하는 것을 주저한다. 따라서 대부분 소규모 기업들에게 최상의 자기자본 원천은 내부유보금이고 이러한 이유로 대부분의 소규모 기업들은 고도성장기간에는 배당금을 지급하지 않는다. 결국 성공적인 소규모 기업들이 배당금을 지급하게 되고, 이러한 배당금은 일반적으로 처음에는 급속히 증가하지만 기업이 일단 성숙기에 들어서면 지속가능한 일정 비율까지 천천히 하락한다.

만일 어떤 기업이 현재는 배당금을 지급하지 않지만 미래에는 배당금을 지급할 것으로 기대된다면, 그 주식의 가치는 다음과 같이 계산할 수 있다:

1. 배당금이 지급될 시점, 첫 배당금의 규모, 초성장기간 동안의 성장률, 초성장기간의 지속 연수, 장기적(일정한) 성장률, 그리고 투자자들의 요구수익률을 추정하라.
2. 기업이 안정적인 성장 상태에 도달한 후의 주식가격을 구하기 위해 일정성장모형을 이용하라.
3. 현금흐름들(초성장기간의 배당금 및 일정성장 상태가 되었을 때의 주식가격)을 시간선 상에 배열하고, 이러한 현금흐름들의 현재가치를 구하라. 이 현재가치가 현재 주식의 가치를 나타낸다.

이 과정을 설명하기 위해, 2020년에 설립되어서 새로운 제품인 첨단의 낚시용 가짜미끼(fishing lure)를 생산하고 판매하는 Marvel-Lure Inc.사를 고려하자. 이 회사의 매출은 현재 매년 200%의 비율로 증가하고 있다. 이 회사는 향후 10년간 높기는 하지만 점차 체감하는 성장률로 매출과 이익이 성장하고, 그 이후로는 매년 꾸준히 10%로 성장할 것이라고 예측된다. 이 회사의 경영진은 5년 동안은 배당금을 지급하지 않지만, 만약 이익이 예상대로 실현된다면 6년도 말에는 주당 $0.20의 배당금을 지급하고, 7년도에는 $0.30, 8년도에는 $0.40, 9년도에는 $0.45, 10년도에는 $0.50을 지급할 것이라고 발표했다. 10년도 이후에는 매년 10%씩 배당을 증가시킨다는 것이 현재 계획이다.

Marvel-Lure와 연관된 투자은행은 투자자들이 비슷한 주식들에 대해 15%의 수익률을 요구한다고 추정한다. 따라서 Marvel-Lure 주식의 주당 가치는 다음과 같이 계산된다:

$$\hat{P}_0 = \frac{\$0}{(1.15)^1} + \cdots + \frac{\$0}{(1.15)^5} + \frac{\$0.20}{(1.15)^6} + \frac{\$0.30}{(1.15)^7} + \frac{\$0.40}{(1.15)^8} + \frac{\$0.45}{(1.15)^9} + \frac{\$0.50}{(1.15)^{10}} + \left(\frac{\$0.50(1.10)}{0.15-0.10}\right)\left(\frac{1}{(1.15)^{10}}\right) = \$3.30$$

마지막 항에서는 10년도에 예상되는 주식의 기대가격을 구하고 나서 그 가격의 현재가치를 구한다. 이렇게 만일 우리가 미래의 배당금들을 신뢰할 수 있을 정도로 추정할 수 있다면, 배당할인모형을 현재는 배당금을 지급하지 않고 있는 기업들에게도 적용할 수 있을 것이다. 그러나 많은 경우에 우리는 잉여현금흐름의 예측을 더 신뢰할 수 있고, 이런 경우에는 다음에 살펴볼 기업가치평가모형을 사용하는 것이 더 바람직하다.

9-7 기업기반 가치평가 접근법[23)]

지금까지는 기업의 보통주를 평가하는 배당할인모형을 논의했다. 이 모형은 널리 쓰이지만 애널리스트가 미래의 배당을 합리적으로 잘 예상할 수 있다는 가정을 기초로 한다. 이 방법은 배당이 일정하게 꾸준히 성장하는 성숙된 기업의 경우에는 적절할 수 있다. 하지만 배당은 이익에 따라 달라지며, 그래서 실제로 배당에 대한 신뢰할 만한 예측은 반드시 기업의 미래 매출, 비용, 필요자본에 대한 추정을 기초로 하여 이루어져야 한다. 이러한 인식은 또 다른 주식가치평가 접근법인 **기업가치평가모형**(corporate valuation model)에 이르게 했다.

기업가치평가모형

기업의 가치를 산정하기 위한 배당할인모형의 대안으로 사용되는 가치평가모형. 특히, 배당금 지급의 이력이 없는 기업이나 대규모 기업의 한 사업부문에 대한 가치를 평가하는 데 사용된다. 기업모형은 먼저 기업의 잉여현금흐름을 계산하고, 그 다음에 그 현재가치를 구해서 기업의 가치를 산정한다.

배당금의 추정부터 시작하는 것이 아니라, 기업가치평가모형은 기업의 미래 잉여현금흐름(FCF)에 초점을 맞춘다. FCF에 대해서는 제3장에서 살펴봤고 다음의 공식을 사용했다:

$$FCF = [(EBIT(1-T) + \text{감가상각비 및 무형자산상각비}] - [\text{자본적 지출} + \Delta\,\text{순영업운전자본}]$$

EBIT는 이자와 세금공제 전의 이익이고, 잉여현금흐름은 현재 영업활동으로부터 창출된 현금에서 미래 성장을 위한 고정자산 투자에 반드시 사용되어야 하는 현금과 운전자본에 투자된 현금을 차감한 금액이다. Home Depot(HD)의 경우를 생각해보자. 앞의 식에서 괄호 안의 첫 항은 HD의 현재 영업점들로부터 창출되는 현금의 양을 나타낸다. 두 번째 항은 이번 기에 새로운 영업점을 세우려는 계획에 드는 현금의 양을 나타낸다. 새로운 영업점을 열기 위해서 HD는 부지를 매입하고 건물을 신축하는 데 현금을 지출해야 하며, 이것이 자본적 지출(capital expenditures)이고 재무상태표상에서 고정자산이 그에 상응한 만큼 증가한다. 또한 HD는 운전자본, 특히 재고자산의 증가가 필요하다. 모든 것을 종합해 볼 때, HD는 영업점으로부터 발생한 현금흐름이 건물을 짓고 새로운 영업점을 정비하는 데 필요한 현금을 초과할 때 양의 잉여현금흐름을

23) 이 절에서 제시된 기업가치평가모형은 애널리스트들에 의해 널리 사용되고 있고, 많은 측면에서 배당할인모형보다 우위에 있다. 하지만 기업가치평가모형은 할인과정을 시작하기 전에 미래의 매출액, 비용, 그리고 현금흐름들을 추정해야 해서 다소 복잡하다. 이런 이유로 입문 과목의 수업에서는 강사에 따라 이 절을 생략하고 바로 다음 절로 건너뛰는 것을 선호하기도 한다.

창출한다.

9-7A 기업가치평가모형

제3장에서 기업의 가치는 현재와 미래의 현금흐름 창출 능력에 의해 결정된다고 설명했다. 따라서 기업 영업활동의 시장가치는 다음과 같이 표현될 수 있다:

$$\text{기업 영업활동의 시장가치} = V_{\text{기업 영업활동}} = \text{미래 기대잉여현금흐름의 PV} \tag{9.7}$$
$$= \frac{FCF_1}{(1+WACC)^1} + \frac{FCF_2}{(1+WACC)^2} + \cdots + \frac{FCF_\infty}{(1+WACC)^\infty}$$

여기서 FCF_t는 t년도의 잉여현금흐름이고, 할인율인 WACC는 기업의 모든 자본에 대한 가중평균자본비용이다. WACC를 고려할 때 다음 두 가지 점에 유의하라:

1. 기업은 부채와 우선주, 그리고 보통주로 자금을 조달한다. WACC는 이러한 세 유형의 자본에 대한 가중평균인데, 이 내용은 제10장에서 자세히 살펴볼 것이다.
2. 잉여현금흐름은 투자자들에게 어떤 지급도 이뤄지기 전에 창출된 현금이고, 따라서 잉여현금흐름은 반드시 보통주 주주, 우선주 주주, 그리고 채권보유자에 대한 보상을 하는 데 사용되어야 한다. 더욱이 각각의 투자자들은 서로 다른 요구수익률을 원하고, 그러한 요구수익률들의 가중평균이 WACC이다. 이것이 잉여현금흐름을 할인할 때 사용된다.

FCF는 일반적으로 5년에서 10년까지 추정하고, 그 이후에는 마지막으로 추정된 FCF가 일정한 장기성장률로 증가할 것이라고 가정한다. 일단 경계일에 도달하면 현금흐름이 일정 성장률로 증가하기 시작할 것이기 때문에 그 시점에서 기업 영업활동의 시장가치는 다음의 식을 이용하여 계산할 수 있다:

$$\text{경계일 가치} = V_{\text{기업 영업활동},\ t=N} = FCF_{N+1}/(WACC - g_{FCF}) \tag{9.8}$$

일부 기업들은 영업자산 외에도 추정 잉여현금흐름에 반영되지 않는 비영업자산을 상당한 규모로 보유하고 있을 수도 있다. 이 비영업자산은 총기업가치의 일부로 포함되어야 한다. 예로서는 대규모의 현금 보유, 주된 영업활동과 관련 없는 부동산 보유, 다른 기업에 대한 소수주주지분 또는 비지배주주지분 보유 등을 들 수 있다. 따라서 기업의 총시장가치는 다음과 같이 산정될 수 있다:

$$\text{기업의 시장가치} = \begin{matrix}\text{기업 영업활동의}\\ \text{시장가치}\end{matrix} + \begin{matrix}\text{기업 비영업자산의}\\ \text{시장가치}\end{matrix} \tag{9.9}$$

$$\text{기업의 시장가치} = \frac{FCF_1}{(1+WACC)^1} + \frac{FCF_2}{(1+WACC)^2} + \cdots + \frac{FCF_\infty}{(1+WACC)^\infty}$$
$$+ \text{기업 비영업자산의 시장가치}$$

예를 들어, Microsoft의 가치를 평가하고자 한다면 먼저 장래 출시될 신제품에서 창출될 것으로 예상되는 현금뿐만 아니라 운영시스템인 Microsoft Windows 제품군이나 Microsoft Office Suite와 같은 기존 제품으로부터 창출될 것으로 예상되는 현금을 포함한 이 기업의 미래 잉여현금흐름들에 대한 현재가치를 추정해야 한다. 이 추정으로부터 기업의 영업활동에 대한 예측치를 구할 수 있고, 그다음으로 비영업자산이 있다면 그 비영업자산의 가치를 산정한다. Microsoft의 경우에 가장 주목할 만한 비영업자산은 대규모의 현금보유액이다. 실제로 2020년 4월에 Microsoft의 현금보유액은 대부분을 과도한 현금보유로 볼 수 있는 $1,340억이었다.

기업가치평가모형은 기업의 재무부서와 외부의 증권애널리스트에 의해 내부적으로 적용된다. 설명을 위해 투자은행인 Morton Staley and Company의 요식업 선임애널리스트인 Susan Buskirk가 수행한 Allied의 잉여현금흐름에 근거한 가치평가 분석을 살펴본다. 이 분석은 <표 9.2>에 요약되어 있는데 이 장에 대한 엑셀모형에서 가져온 것이다.

- Allied의 과거 및 이 회사의 사업계획에 대해 Buskirk가 알고 있는 내용에 근거해서 5년 동안의 연간 매출액, 비용, 현금흐름들을 추정했다. 성장률은 그 기간에는 변동할 것이지만, 차츰 모든 것들이 안정화 단계로 들어서서 5년도 이후에는 성장률이 일정할 것이라고 가정한다. 만약 안정 상태인 일정성장 상황에 도달하는 데 더 오랜 시간이 걸릴 것이라 생각한다면 더 많은 기간에 대해 추정을 해야 할 것이다.
- 첫 5년의 각 기간에 대해 Buskirk는 잉여현금흐름에 영향을 미치는 주요 변수들에 특별한 관심을 기울였다. 구체적으로 EBIT, 요구되는 자본적 지출, 순영업운전자본(NOWC)의 변화에 초점을 두었다.
- Buskirk는 다음으로 다단계성장의 5년 동안 각 연도의 기대 잉여현금흐름들(FCFs)을 계산해서 WACC로 할인된 그 현금흐름들의 PV를 구했다.
- 5년 후에는 FCF의 성장이 일정할 것이라 가정했고, 그래서 5년도 말의 Allied 영업활동의 시장가치를 구하기 위해 일정성장모형을 이용할 수 있었다. 이 "경계일 가치 또는 잔존가치"는 6년도부터 그 이후의 미래에 발생하는 FCF들을 WACC를 사용해서 5년도 시점으로 할인한 PV의 합이고, 다음과 같다:
  t=5에서의 경계일 가치 $= FCF_6/(WACC - g_{FCF})$이며, 여기서 g_{FCF}는 잉여현금흐름의 장기성장률을 나타낸다.

〈표 9.2〉 Allied Food Products: 잉여현금흐름 가치평가

	A	B	C	D	E	F	G	H
135	파트 1. 주요 입력자료			추정연도				
136				2022	2023	2024	2025	2026
137	매출액 성장률			10.0%	9.0%	8.0%	7.0%	7.0%
138	매출액 대비 영업비용 비율			87.0%	87.0%	86.0%	85.0%	85.0%
139	순고정자산 증가율			8.0%	8.0%	8.0%	7.0%	7.0%
140	NOWC 증가율			8.0%	8.0%	8.0%	7.0%	7.0%
141	운영자본 대비 감가상각비 비율			6.0%	8.0%	7.0%	7.0%	7.0%
142	법인세율			25%				
143	WACC			10%				
144	장기 FCF 성장률, g_{FCF}			4.0%				
145								
146	파트 2. 다단계성장 기간의 현금흐름 추정							
147			현재	추정연도				
148			2021	2022	2023	2024	2025	2026
149								
150	매출액		$3,000.0	$3,300.0	$3,597.0	$3,884.8	$4,156.7	$4,447.7
151	영업비용		2,622.0	2,871.0	3,129.4	3,340.9	3,533.2	3,780.5
152	DEP = 감가상각비		100.0	116.6	168.0	158.7	169.8	181.7
153	EBIT		$278.0	$312.4	$299.6	$385.1	$453.7	$485.4
154	EBIT × (1−T)		208.5	234.3	224.7	288.9	340.3	364.1
155	EBIT × (1−T) + DEP		308.5	350.9	392.7	447.6	510.1	545.8
156								
157	순고정자산		$1,000.0	$1,080.0	$1,166.4	$1,259.7	$1,347.9	$1,442.2
158	순영업운전자본(NOWC)		800.0	864.0	933.1	1,007.8	1,078.3	1,153.8
159	총운영자본		$1,800.0	$1,944.0	$2,099.5	$2,267.5	$2,426.2	$2,596.0
160	순CAPEX = 순고정자산의 변동		130.0	80.0	86.4	93.3	88.2	94.4
161	CAPEX = 총 자본적 지출 =순CAPEX + DEP		230.0	196.6	254.4	252.0	258.0	276.1
162	⊿NOWC		150.0	64.0	69.1	74.6	70.5	75.5
163								
164	잉여현금흐름, FCF = EBIT(1−T) + DEP − CAPEX − ⊿NOWC		−$71.5	$90.3	$69.2	$120.9	$181.5	$194.2
165	FCF의 PV		N.A.	$82.1	$57.2	$90.8	$124.0	$120.6
166								
167	파트 3. 경계일 가치 및 내재가치 추정							
168	경계일(2026년)에서의 추정가치					$FCF_{2026}(1+g_{FCF})$		
169	잉여현금흐름(2027년)			$202.0 ←		$HV_{2026} = \frac{FCF_{2027}}{WACC - g_{FCF}}$		
170	2026년에서의 경계일 가치, HV_{2026}			$3,366.7 ←				
171	HV_{2026}의 PV			$2,090.5 ←		$HV_{2026} / (1+WACC)^N$		
172								
173	기업의 내재가치 산정							
174	FCF들의 PV 합계, 2022~2026년			$474.7				
175	HV_{2026}의 PV			2,090.5				
176	비영업자산의 MV			0.0				
177	총기업가치			$2,565.2				
178	차감: 부채 및 우선주의 시장가치			860.0				
179	보통주의 내재가치			$1,705.2				
180	발행주식 수(백만)			75.0				
181								
182	주당 내재가치			$22.74				

- 다음으로 현재 시점(t = 0)에서 경계일 가치의 PV를 구하기 위해 5년도의 경계일 가치를 현재 시점으로 할인했다.
- 그 다음에 모든 PV, 즉 다단계성장 기간에 발생한 연간 현금흐름들의 PV와 경계일 가치의 PV를 합해서 기업 영업활동의 추정 시장가치를 구했다.

- 다음 단계로 비영업자산이 있다면 비영업자산의 가치를 추정해서 더해야 하는데, 이 경우에 Buskirk는 Allied가 의미 있는 어떤 비영업자산도 보유하고 있지 않다고 가정한 후 기업의 총시장가치는 영업활동의 시장가치와 동일하다는 결론에 도달했다. Allied의 총시장가치는 양(+)의 비영업자산을 보유하고 있었다면 확실히 더 높았을 것이다.[24)]
- 그리고 Allied의 보통주 가치를 구하기 위해 부채와 우선주의 현재 시장가치를 기업의 총시장가치 추정치로부터 차감했다.
- 마지막으로 보통주 가치를 발행주식 수로 나눠서 Allied의 주당 내재가치를 추정했다.

이 수치는 주식의 시장가격에 상당히 근접했기 때문에, Allied의 주식가격은 균형상태에 있다고 결론 내렸다. 따라서 Buskirk는 이 주식을 "보유(Hold)"대상으로 추천했다. 만약 추정된 내재가치가 시장가격보다 상당히 낮았다면 이 주식은 "매도(Sell)"대상으로 권유되었을 것이고, 만약 추정된 내재가치가 시장가격보다 충분히 높았다면 "매수(Buy)"대상으로 추천되었을 것이다.

실무적으로 기업가치모형은 여러 다양한 요인들을 고려하기 위해 더 확장될 수 있다. 분석 시에 과소 적립된 연금채무나 장래 소송과 관련된 우발채무와 같은 상당한 규모의 비영업부채를 감안할 필요가 있을지도 모른다. 또 다른 예로는 경영진스톡옵션(executive stock option)을 들 수 있는데, 이 옵션이 가치를 갖는 한 기업의 경영진은 그 기업의 미래 이익 일부를 받는 셈이다. 어떤 기업들에서는 이러한 다른 요인들이 매우 중요할 수 있으며 대개 매우 까다롭기도 하다. 이런 맥락에서 더 자세한 내용은 가치평가에 중점을 두는 상위 레벨의 재무관리 과목에서 다루게 된다.

9-7B 기업가치평가모형과 배당할인모형의 비교

애널리스트들은 성숙하고 배당을 지급하는 기업을 평가할 때 배당할인모형과 기업가치평가모형을 모두 사용하고, 배당을 지급하지 않는 기업이나 사업부문을 평가할 때는 일반적으로 기업가치평가모형을 사용한다. 원칙적으로 어떤 모형을 사용하더라도 동일한 내재가치를 얻어야 하지만 차이가 종종 발견된다. 차이가 존재하는 경우에 기업가치평가모형에 속하는 가정들은 재검토될 수 있으며, 일단 그 가정들이 합리적이라는 확신이 선다면 그 모형의 결과가 사용된다.

---

24) 대신에 Allied가 어떤 자산인지 특정되지는 않지만 $1억의 비영업자산을 보유하고 있다고 가정해보자. 비영업자산이 없는 경우에 이 기업의 총시장가치는 $25.652억이고, 비영업자산을 고려하는 경우에 총기업가치는 $26.652억으로 증가하며 보통주의 내재가치는 $18.052억으로 증가하게 된다. 따라서 이 기업의 내재가치는 주당 $1.33만큼 증가하여 $24.07(=$18.052/0.75)이 된다.

보통주의 가치를 평가하는 다른 접근법들

이 장에서 설명한 배당할인모형과 기업가치평가모형이 보통주에 대한 가치평가방법으로 아주 광범위하게 사용되지만, 두 모형만이 보통주의 가치를 평가할 수 있는 접근법은 아니다. 애널리스트들은 종종 다른 다양한 방법들을 주식의 가치평가에 사용한다. 여기에서는 대안들 중에 세 가지 가치평가 접근법을 살펴본다.

주가수익 배수(P/E Multiple) 접근법

오랫동안 투자자들은 주식이 공정하게 평가되어 있는지를 결정하기 위한 간단한 지침을 모색했다. 그러한 접근법들 중의 하나는 주식의 주가수익비율(price-to-earnings(P/E) ratio)이다. 제4장에서 기업의 P/E비율은 기업의 공시된 이익 $1에 대해 투자자들이 얼마를 지불하려고 하는지를 보여준다고 했던 것을 떠올리자. 출발점으로서, 당신은 낮은 P/E비율의 주식은 주어진 현재 이익에 비해 주가가 "낮기" 때문에 저평가되어 있다고 결론을 낼 수도 있고, 반면에 높은 P/E비율의 주식은 고평가되어 있다고 할지도 모른다.

하지만 불행하게도 주식의 가치평가는 그렇게 단순하지 않다. 우리는 모든 기업들이 똑같은 P/E비율을 가질 것이라고 기대해서는 안 된다. P/E비율은 위험의 영향을 받는데, 투자자들은 고위험 주식의 이익을 더 높은 이자율로 할인한다. 따라서 다른 모든 조건들이 동일하다면 위험이 더 높은 주식은 더 낮은 P/E비율을 가져야 한다. 또한 주식을 구입할 때 당신은 현재의 이익뿐만 아니라 모든 미래의 이익에 대한 청구권을 갖게 되는 것이다. 다른 모든 조건들이 동일하다면 고성장 기회를 가진 기업들은 더 큰 미래 이익을 창출할 것이고, 따라서 더 높은 P/E비율로 거래되어야 한다. 따라서 높은 P/E비율 그 자체가 주식이 고평가되어 있다는 것을 의미하지는 않는다.

그럼에도 불구하고 P/E비율은 주식의 가치평가에 있어서 유용한 출발점이 될 수 있다. 만약 주식의 P/E비율이 산업평균보다 상당히 높고 주식의 성장 잠재력과 위험이 동종 산업의 다른 기업들과 비슷하다면, 주식의 가격이 아마도 너무 높은 것일 수도 있다. 마찬가지로, 만약 기업의 P/E비율이 그 기업의 역사적 평균보다 훨씬 아래로 하락한다면, 그 주식은 저평가되어 있을지도 모른다—기업의 성장 전망과 위험이 변하지 않은 경우, 그리고 또한 시장의 전체적인 P/E비율이 일정하거나 증가한 경우에는 특히 그렇다.

P/E비율 접근법의 한 가지 명백한 결점은 공시된 장부상의 회계적 이익에 의존한다는 것이다. 이러한 이유로, 어떤 애널리스트들은 주식의 가치를 평가하기 위해 다른 배수들을 사용하는 것을 선택한다. 예를 들면, 기업의 주가현금흐름비율(price-to-cash-flow ratio)을 사용하기도 하고, 주가매출액비율(price-to-sales ratio)을 사용하기도 한다.

기업기반 배수(Enterprise-Based Multiple) 접근법

다른 애널리스트들은 기업의 기업가치(enterprise value) 대비 EBITDA 비율(EV/EBITDA)에 기초한 더 넓은 범위의 배수들(multiples)에 초점을 맞춘다. 제4장으로부터 기업의 기업가치는 다음과 같이 계산됨을 알 수 있다:

기업가치(EV) = 자기자본의 시장가치 + 총부채의 시장가치 + 기타 금융청구권의 시장가치 − (현금 및 현금등가물)

예를 들어, TripleJ Corporation의 추정 EBITDA는 $30억이고, 또한 TripleJ가 속한 산업의 평균 EV/EBITDA비율은 10, TripleJ의 추정 위험 및 성장기회는 그 산업의 평균적인 기업과 동일하다고 가정하자. TripleJ의 기업가치에 대한 합리적인 추정치는 산업평균 EV/EBITDA × TripleJ의 EBITDA = 10 × $30억으로 계산된 $300억일 것이다.

TripleJ는 재무상태표상 현재 $110억의 부채(시장가치)와 $60억의 현금 및 현금등가물이 있고, 발행주식 수는 10억 주이다. 주어진 정보 하에 기업의 추정 기업가치를 이용해서 보통주의 시장가치에 대한 추정치를 역으로 구할 수 있다:

자기자본의 시장가치 = EV − 부채의 시장가치 + (현금 및 현금등가물)

자기자본의 시장가치 = $300억 − $110억 + $60억 = $250억

마지막으로 기업의 주당 내재가치를 추정하고자 한다면 단순하게 기업의 추정 시장가치($250억)를 발행주식 수(10억)로 나누면 되고, 그 결과 추정치는 주당 $25로 구해진다.

경제적 부가가치(EVA) 접근법

최근에 애널리스트들은 배당할인모형에 대한 좀 더 엄밀한 대안을 찾으려고 노력해 왔다. 뉴욕주식거래소(NYSE)에 상장된 모든 주식들의 4분의 1 이상은 배당금을 지급하지 않는다. 이 비중은 나스닥(NASDAQ) 시장에서는 더 높다. 배당할인모형이 이러한 주식들에 여전히 사용될 수는 있지만("배당을 지급하지 않는 주식의 가치평가"를 참조하라), 이 접근법은 애널리스트들에게 언제 주식이 배당금을 지급하기 시작할 것인지, 일단 배당을 하기로 한다면 배당금은 얼마가 될지, 미래 배당 성장률은 얼마가 될지 등을 추정하도록 요구한다. 많은 경우에, 이러한 예측들은 상당한 오차를 수반한다.

대안으로 제시되는 접근법은 제3장과 제4장의 "경제적 부가가치(EVA) 대 순이익" 박스에서 논의했던 경제적 부가가치(EVA)의 개념에 기초하는데, 이것은 다음과 같이 표현될 수 있다:

$$\text{EVA} = (\text{자기자본})(\text{ROE} - \text{자기자본비용})$$

이 식은 기업이 자기자본비용보다 높은 수익률을 주주들이 얻게 되는 투자안들에 투자함으로써 EVA를 증가시킬 수 있다는 것을 제시하고 있고, 여기서 자기자본비용은 주주들이 동일한 위험을 가진 다른 투자 대안들에서 얻을 것으로 기대할 수 있는 수익률이다. 어떤 기업의 주식을 매입할 때 당신은 자기자본의 장부가치 이상을 얻게 되는데, 즉 그 기업의 경영진이 창출하는 모든 미래가치에 대한 청구권(미래의 모든 EVA의 현재가치)도 얻는 것이다. 따라서 기업의 자기자본에 대한 시장가치는 다음과 같이 나타낼 수 있다:

$$\text{자기자본의 시장가치} = \text{장부가치} + \text{미래 모든 EVA의 PV}$$

위 식에 있는 자기자본의 시장가치를 단순히 발행주식 수로 나누면 주식의 "내재"가치인 P_0를 구할 수 있다.

배당할인모형의 경우처럼, 어떤 시점에서 연간 EVA가 영구연금이 되거나 또는 시간이 지나면서 일정한 비율로 증가할 것이라고 가정함으로써 그 식을 단순화할 수 있다. 여기에 제시된 것은 Edwards-Bell-Ohlson(EBO)모형을 단순화한 버전이다. 이 방법에 대한 더 자세한 내용 및 실제에서 어떻게 적용될 수 있는지에 관한 탁월한 요약은 Charles M. C. Lee, "Measuring Wealth," *CA Magazine*, April 1996, pp. 32–37을 참조하라.

실제로 두 모형에 의한 내재가치 추정치는 보통 상이할 것이며 또한 실제 주식가격과도 다를 것이고, 이는 애널리스트에 따라 어떤 특정한 주식의 매력도에 대해 서로 다른 결론을 내리게 될 것이다. 좋은 애널리스트일수록 가치평가의 결과는 더욱 자주 옳은 것으로 나올 테지만, 미래에는 예상하지 못한 너무 많은 것들이 불규칙하게 변화하기 때문에 어느 누구도 완벽한 예측을 할 수는 없다. 이러한 모든 것들을 고려할 때 주식의 가치평가 시 기업가치평가모형을 사용하든 배당할인모형을 사용하든 그것이 문제가 될까? 우리는 그렇다고 주장한다. 예를 들어, 만약 배당이 미래에 안정적으로 성장할 것이라고 기대되는 100개의 성숙 기업을 평가해야 한다면 아마도 배당할인모형을 사용할 것이다. 이 경우에는 재무제표들 전부를 추정하는 것이 아니고 단지 배당의 성장률만을 추정할 것이기 때문에 배당할인모형의 사용이 더 알맞을 것이다.

하지만 만약 단지 한 기업이나 몇몇 기업들, 특히 수명주기에서 여전히 고성장 단계인 기업들을 평가한다면, 미래 배당금을 추정하기 전에 미래의 재무제표들을 추정하고 싶어 할 것이다. 여기서는 이미 미래의 재무제표들을 추정했기 때문에 기업가치평가모형을 적용한다. Intel은 \$5.16의 주당 이익 대비 \$1.32의 배당을 지급하는데, 이 경우는 두 모형 중에 어느 모형이나 사용할 수 있는 기업의 예이지만 기업가치평가모형이 더 알맞다고 판단된다.

이제 지금까지 배당금을 전혀 지급하지 않았던 Snap과 같은 기업이나 기업공개를 하려고 하는 한 신생 기업의 가치를 추정한다고 가정하자. 두 상황 모두에서 기업가치평가모형을 사용하는 것이 더 나은 선택일 것이다. 실제로 어떤 기업이 안정적인 배당금을 지급한다고 하더라도 기업가치평가모형으로부터 많은 것을 알 수 있고, 그래서 오늘날 애널리스트들은 모든 유형의 가치평가에 있어서 기업가치평가모형을 사용한다. 미래의 재무제표들을 추정하는 과정은 기업의 운영활동과 필요자금에 대한 많은 것들을 알려줄 수 있다. 또한 이러한 분석은 기업의 가치를 증대시키기 위해 어떠한 조치들을 취해야 하는지에 대한 안목을 제공하기 때문에 앞으로 다른 장에서 살펴볼 재무계획 및 예측 과정에 절대적으로 필요하다.

셀프 테스트

- 잉여현금흐름의 식을 쓰고 설명하라.
- 과거에 배당금을 지급했던 기업들에 대해 기업가치평가모형을 사용하는 이유는 무엇인가?
- 기업가치평가모형을 사용하여 주식가격을 구하기 위해서는 어떤 절차가 필요한가?
- 산정된 내재가치가 주식의 현재 시장가격과 다른 이유는 무엇인가? 어떤 것이 “맞는” 것인가? “맞는”의 의미는 무엇인가?

9-8 우선주[25)]

우선주는 혼성증권(hybrid)인데, 어떤 점에서는 채권과 비슷하고 다른 점에서는 보통주와 비슷하다. 이러한 복합적인 특성은 우선주를 채권과 보통주에 관련시켜 분류해 볼 때 명백해진다. 우선주는 채권처럼 액면가격과 고정된 배당금이 있는데, 배당금은 보통주 배당금이 지급되기 전에 반드시 지급되어야 한다. 그러나 이사회는 기업을 파산시키지 않고 우선주의 배당을 생략(또는 “건너뜀”)할 수 있다. 그래서 우선주가 채권처럼 고정된 금액의 지급을 필요로 하더라도 지급을 건너뛰는 것이 파산으로 귀결되지는 않는다.

앞에서 살펴본 것처럼 우선주는 그 보유자들에게 정기적이고 고정된 배당을 지급받을 수 있는 권리를 부여한다. 만약 배당이 영속적이라면 이 증권은 **영구연금**이고 그 가치인 V_P는 다음과 같이 구해진다:

25) 우선주에 대한 더 자세한 내용은 Eugene F. Brigham and Phillip R. Daves, *Intermediate Financial Management*, 14th edition(Mason, OH: Cengage Learning, 2022)의 제20장을 참고하라.

$$V_P = \frac{D_P}{r_P} \tag{9.10}$$

V_P는 우선주의 가치, D_P는 우선주의 배당금, r_P는 우선주에 대한 요구수익률이다. Allied Food는 유통 중인 우선주가 없지만, 그 발행에 대한 논의에서 우선주는 매년 $10의 배당금을 지급해야 한다고 제안되었다. 만약 요구수익률이 10.3%라면, 우선주의 가치는 다음과 같이 $97.09로 구해진다:

$$V_P = \$10.00/0.103 = \$97.09$$

균형에서 기대수익률 $\hat{r}_P$는 반드시 요구수익률 r_P와 같아야 한다. 따라서 우선주의 현재 가격과 배당금을 알고 있다면, 다음과 같이 기대수익률을 구할 수 있다:

$$\hat{r}_P = \frac{D_P}{V_P} \tag{9.10a}$$

어떤 우선주들은 가령 50년 만기와 같이 종종 명시된 만기를 가진다. 이 예시에서 우선주가 50년의 만기를 갖고 있고 매년 $10의 배당금을 지급하며 요구수익률은 8%라고 가정하자. 그러면 다음과 같이 우선주의 가격을 계산할 수 있다: N = 50, I/YR = 8, PMT = 10, 그리고 FV = 100을 입력하라. 그리고 PV를 누르면 가격 $V_P = \$124.47$을 얻을 수 있다. 만일 r_P가 10%로 증가한다면 I/YR은 10으로 변경될 것이고, 이 경우에 $V_P = PV = \$100$이 된다. 우선주의 주당 가격을 알고 있다면, I/YR에 대해 풀어서 기대수익률 $\hat{r}_P$를 구할 수 있다.

셀프 테스트

- 다음의 문장에 대해 설명하라: 우선주는 혼성증권이다.
- 우선주를 평가하는 데 사용되는 식은 채권의 가치를 평가하는 식과 "정상적인" 일정성장 보통주의 가치를 평가하는 식 중 어느 것과 더 비슷한가? 설명하라.

단원 종합

기업의 의사결정은 여러 가지 대안들이 기업의 가치에 어떻게 영향을 미치는지의 관점에 따라 분석되어야 한다. 하지만 어떤 결정이 그 기업의 가치에 어떻게 영향을 미치는지를 측정하려고 시도하기 전에 주식가격이 어떻게 정해지는지 이해할 필요가 있다. 이 장에서는 보통주 주주들의 권리와 특권에 대해 논의했고, 주식의 가치가 어떻게 결정되는지를 살펴봤으며, 또한 투자자들이 주식의 내재가치와 기대수익률을 어떻게 추정하는지를 설명했다.

두 가지 주식가치평가모형이 논의되었다: 배당할인모형과 기업가치평가모형. 배당할인모형은 성숙되고 안정된 기업을 평가할 때 유용하다. 이 모형이 사용하기는 더 쉽지만, 기업가치평가모형이 배당금을 지급하지 않는 기업들이나 배당금을 예측하기가 특별히 어려운 기업들에게 사용하기에 더 유연하고 더 낫다.

또한 보통주의 일부 특성과 채권의 일부 특성을 조금씩 갖는 혼성증권인 우선주에 대해서도 살펴봤다. 우선주는 영구적이며 "일반적인" 채권의 가치평가 방식과 유사한 모형을 사용해서 평가된다.

자가진단 질문과 문제

ST-1 **[핵심용어]** 다음의 용어들을 정의하라.

a. 위임장; 위임장 대결; 기업인수

b. 신주우선인수권

c. 등급이 부여된 주식; 설립자 주식

d. 한계투자자; 내재가치($\hat{P}_0$); 시장가격(P_0)

e. 요구수익률 r_s; 기대수익률 $\hat{r}_s$; 실제(실현)수익률 $\bar{r}_s$

f. 자본이득률; 배당수익률; 총기대수익률; 성장률 g

g. 제로성장주식

h. 일정성장(고든)모형; 초(다단계)성장

i. 기업가치평가모형

j. 경계(종료)일; 경계일(잔존) 가치

k. 우선주

ST-2 **[일정성장주식의 가치평가]** Fletcher Company의 현재 주식가격은 $36.00이고 마지막 배당금은 $2.40, 요구수익률은 12%이다. 만약 배당금이 미래에 일정한 성장률 g로 성장하고 r_s는 12%로 일정할 것이라고 예상된다면, 지금으로부터 5년 후 Fletcher의 기대 주식가격은 얼마인가?

ST-3 **[다단계성장주식의 가치평가]** Snyder Computers Inc.는 급속한 성장을 하고 있다. 이익과 배당이 앞으로 2년 동안에는 15%, 그다음 해에는 13%, 그리고 4년도부터는 6%의 일정한 비율로 성장할 것이라고 예상된다. 마지막 배당은 $1.15이었고, 요구수익률은 12%이다.

a. 현재 주식의 가치를 계산하라.

b. $\hat{P}_1$ 및 $\hat{P}_2$를 계산하라.

c. 1년도, 2년도 및 3년도의 배당수익률과 자본이득률을 계산하라.

ST-4 **[기업가치평가]** Shome Industries는 모든 이익을 유보하여 재투자해서 배당을 지급하지 않고 있으며 가까운 시일 내에 배당을 지급할 계획도 갖고 있지 않다. 주요 연기금에서 Shome의 주식을 매입하려고 한다. 이 연기금의 펀드매니저는 향후 3년간에 걸친 Shome의 잉여현금흐름을 $500만, $900만, $1,200만으로 추정했다. 3년 이후에는 잉여현금흐름이 4%로 일정하게 성장할 것으로 예상된다. Shome의 WACC는 10%이고, 부채와 우선주의 시장가치는 합해서 $2,727.27만이며 비영업자산은 $1,000만, 보통주의 발행주식 수는 500만 주이다. Shome의 주식가격에 대한 추정치는 얼마인가?

질문

9-1 신주우선인수권의 목적 중 하나는 투자자들이 소유주식의 비율 및 기업에 대한 통제권을 유지하기 위해서라는 것은 자주 인용된다.

a. 뉴욕증권거래소(NYSE)에 상장된 기업의 주식을 보유하고 있는 보통의 주주들에게 통제권은 얼마나 중요하다고 생각하는가?

b. 통제권 문제가 공개기업의 주주들에게 더 중요한가 아니면 비공개기업의 주주들에게 더 중요한가? 답을 설명하라.

9-2 다음 식이 일정성장주식의 가치를 계산하는 데 올바른 식인가? 답을 설명하라.

$$\hat{P}_0 = \frac{D_0}{r_s + g}$$

9-3 만약 당신이 한 회사의 보통주를 매입했다면, 아마도 배당금을 받고 궁극적으로는 자본이득을 얻기를 기대할 것이다. 이익의 더 많은 부분을 내부유보해서 재투자하기보다는 배당금을 더 많이 지급하려는 회사의 결정이 배당수익률과 자본이득률에 영향을 미치는가? 설명하라.

9-4 두 투자자가 GE의 주식을 매입하려고 평가하고 있다. 그들은 D_1의 기댓값과 미래 기대배당성장률에는 동의하고, 또한 주식의 위험도에 대해서도 동의한다. 그러나 한 투자자는 통상 2년 동안 주식을 보유하는 반면, 다른 투자자는 10년 동안 보유한다. 이 장에서 수행된 것과 같은 형식의 분석에 근거하면, 그들은 GE의 주식에 대해 동일한 가격을 지불해야 하는가? 설명하라.

9-5 만기가 없이 영구히 이자를 지급하는 채권은 영구채이다. 어떤 측면에서 영구채가 무성장 보통주와 비슷한가? 영구채와 비슷하게 평가되는 우선주와 또한 만기가 있는 채권에 가까운 유형의 우선주가 존재하는가? 설명하라.

9-6 배당할인모형과 기업가치평가모형 간의 유사점 및 차이점을 논의하라.

9-7 이 장에서는 보통주의 가치평가를 위해 배당할인모형과 기업가치평가모형을 살펴봤다. 세 가지 대안으로서 P/E 배수 접근법, 기업가치 및 EVA 접근법이 제시되었다. 각 방법을 설명하고, 보통주의 가치평가를 위해 각 방법이 어떻게 사용될 수 있는지 설명하라.

9-8 기업가치평가모형을 사용하는 경우에 비영업자산이 기업의 가치평가에 어떻게 영향을 미치는가?

문제

초급 문제
1~6

9-1 **[DPS 계산]** Weston Corporation은 방금 주당 \$1.00의 배당을 지급했다(즉, D_0 = \$1.00). 배당은 향후 3년 동안에는 연 12%로 증가하고 그 이후부터는 연 5%로 증가할 것으로 예상된다. 향후 5년 동안에 연도별 주당 기대배당금은 각각 얼마인가?

9-2 **[일정성장주식의 가치평가]** Tresnan Brothers는 연말에 주당 \$1.80의 배당을 지급할 것으로 예상된다(즉, D_1 = \$1.80). 배당은 연 4%의 일정한 비율로 증가할 것이라고 예상된다. 이 주식에 대한 요구수익률 r_s는 10%이다. 이 주식의 현재 주당 가치는 얼마인가?

9-3 **[일정성장주식의 가치평가]** Holtzman Clothiers의 주식은 현재 주당 \$38.00에 거래되고 있다. 이제 주당 \$2.00의 배당을 지급했다(즉, D_0 = \$2.00). 배당은 연 5%의 일정한 비율로 증가할 것으로 기대된다. 지금으로부터 1년 후 예상되는 주식의 가격은 얼마인가? 요구수익률은 얼마인가?

9-4 **[다단계성장주식의 가치평가]** Holt Enterprises는 최근 D_0 = \$2.75의 배당을 지급했다. 배당은 2년 동안에는 18%로 증가하고 그 후에는 6%로 일정하게 증가하는 다단계성장률을 가질 것으로 예상된다. 이 기업의 요구수익률은 12%이다.

a. 경계일은 얼마나 멀리 있는가?
b. 이 회사의 경계일 가치(또는 잔존가치)는 얼마인가?
c. 기업의 현재 내재가치 $\hat{P}_0$는 얼마인가?

9-5 **[기업가치평가]** Scampini Technologies는 내년에 \$2,500만의 잉여현금흐름을 창출할 것으로 기대되고, FCF는 연 4%의 비율로 일정하게 영구히 증가할 것이라고 예상된다. Scampini에는 부채나 우선주가 없고 비영업자산도 없으며, WACC는 10%이다. Scampini의 발행주식 수가 4,000만 주라면 주당 주식의 가치는 얼마인가?

9-6 **[우선주의 가치평가]** Farley Inc.에는 주당 \$30에 거래되는 영구 우선주가 있고, 이 우선주는 매년 말 \$2.75의 배당을 지급한다. 요구수익률은 얼마인가?

중급 문제
7~15

9-7 **[우선주의 수익률]** 액면가는 \$100이고 명시 배당금이 10%인 영구 우선주의 현재 시장가격이 (a) \$61, (b) \$90, (c) \$100, (d) \$138일 때, 이 영구 우선주에 대한 명목수익률은 얼마인가?

9-8 **[우선주의 가치평가]** Earley Corporation은 매년 8%의 배당을 지급하는 영구 우선주를 발행했다. 이 주식의 현재 수익률은 7%이고 액면가는 \$100이다.

a. 주식의 가치는 얼마인가?
b. 이자율이 상승해서 우선주의 수익률이 9%로 높아진다고 가정하자. 새로운 시장가격은 얼마인가?

9-9 **[우선주의 수익률]** Avondale Aeronautics는 액면가가 \$100인 영구 우선주를 발행했다. 이 주식은 분기마다 \$1.00의 배당을 지급하고 현재 가격은 \$45이다.

a. 이 우선주의 연간 명목수익률은 얼마인가?
b. 이 우선주의 연간 실효수익률은 얼마인가?

9-10 **[하락성장주식의 가치평가]** Maxwell Mining Company의 광석 매장량이 고갈되고 있어서 이 회사의 매출은 하락하고 있다. 또한 이 광산의 갱이 매년 점점 깊어지고 있어서 비용 또한 증가하고 있다. 그 결과 이 회사의 이익과 배당금은 연 6%의 일정한 비율로 감소하고 있다. $D_0 = \$3$이고 $r_s = 10\%$라면 Maxwell Mining 주식의 가치는 얼마인가?

9-11 **[일정성장주식의 가치평가]** 어떤 주식이 연말에 \$2.75의 배당을 지급할 것으로 예상되고 (즉, $D_1 = 2.75$), 이 배당은 일정하게 연 5%의 비율로 계속 증가한다. 이 주식에 대한 요구수익률이 15%라면 지금으로부터 4년 후에 주식의 기대가격은 얼마인가?

9-12 **[일정성장주식의 가치평가]** 투자자들은 Mather Company의 주식에 대해 8%의 수익률을 요구한다(즉, $r_s = 8\%$).

a. 바로 직전의 배당은 $D_0 = \$1.25$이고 투자자들은 배당이 매년 (1) −2%, (2) 0%, (3) 3%, (4) 5%의 일정한 비율로 증가할 것이라고 예상한다면, 각각의 경우에 이 주식의 가치는 얼마인가?
b. 파트 a의 자료를 이용해서 요구수익률이 8%이고 기대성장률은 (1) 8%, (2) 12%일 때, 고든(일정성장)모형으로 평가한 가치는 얼마인가? 이 결과들은 타당한가? 답을 설명하라.
c. 일정성장주식들이 $g > r_s$일 수 있다고 생각하는 것은 합리적인가? 그렇거나 그렇지 않은 이유는 무엇인가?

9-13 **[일정성장]** 당신은 Justus Corporation의 수식에 투자하려고 생각 중이다. 이 주식은 연말에 주당 \$2.25의 배당 지급($D_1 = \$2.25$)이 예상되고 베타는 0.9이다. 무위험이자율은 4.9%이고 시장위험프리미엄은 5%이다. Justus는 현재 주당 \$46.00에 거래되고 있고, 배당은 일정한 비율 g로 증가할 것으로 예상된다. 시장이 균형상태에 있다고 가정한다면 시장이 기대하는 이 주식의 3년도 말 가격은 얼마인가? (즉, $\hat{P}_3$는 얼마인가?)

9-14 **[다단계성장]** Computech Corporation은 빠르게 확장하고 있고, 현재 모든 이익을 내부유보하는 것이 필요해서 배당을 지급하지 않는다. 하지만 투자자들은 Computech가 지금으로부터 3년 후에 \$0.50의 배당을 개시로 배당을 지급하기 시작할 것이라 기대한다. 배당은 4년도와 5년도에는 매년 35%의 비율로 빠르게 증가하지만 5년도 이후부터는 연 7%의 일정한 비율로 증가한다. Computech에 대한 요구수익률이 13%라면 현재 이 주식의 가치는 얼마인가?

9-15 **[기업가치평가]** Dantzler Corporation은 빠르게 성장하고 있는 사무용품 공급업체이다. 애널리스트들은 향후 3년 동안의 잉여현금흐름(FCF)이 다음과 같을 것이라고 추정하고 그 이후

에는 연 5%의 일정한 비율로 증가할 것으로 예측한다. Dantzler의 WACC는 11%이다.

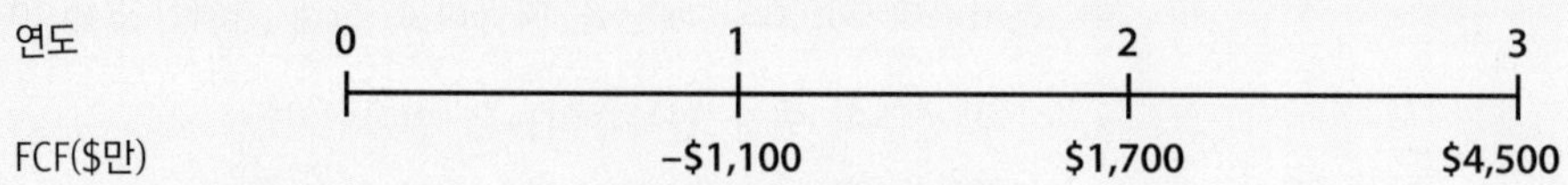

a. Dantzler의 경계일 가치(또는 잔존가치)는 얼마인가? (힌트: 3년도 시점에서 할인된 3년도 이후의 모든 잉여현금흐름들의 가치를 구하라.)

b. 현재 이 기업의 시장가치는 얼마인가? Dantzler는 비영업자산을 갖고 있지 않다고 가정한다.

c. Dantzler의 부채는 $1억 1,260만이고 발행주식 수는 2,500만 주라고 가정하면 현재 주당 가격의 추정치는 얼마인가?

고급 문제 16~21

9-16 **[다단계성장]** Carnes Cosmetics Co.의 주식가격은 $30이고, 최근에 $1.00의 배당을 지급했다. 이 배당은 향후 3년 동안 매년 30%씩 증가하고 그 이후에는 영구히 일정한 성장률 g로 증가할 것으로 예상되며, $r_s = 9\%$이다. 3년도 이후에 이 주식은 어떤 비율의 일정한 성장률로 증가할 것이라고 예상되는가?

9-17 **[일정성장]** 당신의 주식중개인이 어제 $2.00의 배당을 지급한 Bahnsen & Co.의 보통주 거래를 당신에게 제시했다. Bahnsen의 배당은 향후 3년 동안 연 5%로 성장할 것이라고 예상된다. 만약 당신이 이 주식을 매입한다면 3년 동안 보유하다가 매도할 계획이다. 적정한 할인율은 12%이다.

a. 향후 3년 동안 연도별 기대배당금을 구하라. 즉, D_1, D_2, D_3를 계산하라. $D_0 = \$2.00$이다.

b. 첫 배당금 지급은 지금으로부터 1년 후에 발생한다. 이 배당흐름의 현재가치를 구하라. 즉, D_1, D_2, D_3의 현재가치를 계산한 후에 이 PV들을 합계하면 된다.

c. 당신은 지금으로부터 3년 후의 주식가격이 $34.73일 것으로 예상한다. 즉, $\hat{P}_3$는 $34.73일 것이라고 예상된다. 할인율이 12%라면 이 미래 기대주식가격의 현재가치는 얼마인가? 즉, $34.73의 PV를 계산하면 된다.

d. 만약 이 주식을 매입해서 3년 동안 보유하다가 $34.73에 매도할 계획이라면, 당신이 현재 그 주식에 대해 지불해야 하는 가장 높은 가격은 얼마인가?

e. 식 (9.2)를 이용해서 이 주식의 현재가치를 계산하라. $g = 5\%$이고 또한 일정하다고 가정한다.

f. 이 주식의 가치는 당신이 이 주식을 얼마동안 보유할 계획인지에 따라 달라지는가? 다시 말하면, 당신이 계획하고 있는 보유기간이 3년이 아니고 2년이나 5년이라면 이것이 현재의 주식가격 $\hat{P}_0$에 어떤 영향을 미치는가? 답을 설명하라.

9-18 **[다단계성장주식의 가치평가]** Taussig Technologies Corporation(TTC)은 최근에 연 20%의 비율로 성장했다. 이와 같은 성장률은 향후 2년 동안 지속되고 그 이후에는 $g_n = 6\%$로 하락할 것으로 예상된다.

a. 만약 D_0 = \$1.60이고 r_s = 10%라면, TTC의 현재 주식은 얼마의 가치가 있는가? 이번에, 즉 1년도의 기대 배당수익률과 자본이득률은 얼마인가?

b. 이제 TTC의 초성장기간이 2년이 아니고 5년 동안 지속될 것이라고 가정하자. 이것이 가격, 배당수익률, 자본이득률에 어떤 영향을 미치는가? 말로 답하라.

c. 일단 초성장기간이 끝나면 TTC의 배당수익률과 자본이득률은 얼마가 되겠는가? (힌트: 이 수치들은 초성장기간이 2년인지 5년인지 관계없이 동일하고 계산은 매우 쉽다.)

d. 투자자들은 시간이 지나면서 변하는 배당수익률과 자본이득률 간의 관계에 왜 관심이 있는지 그 이유를 설명하라.

9-19 **[기업가치평가]** Brandtly Industries는 R&D에 대규모로 투자를 하며, 따라서 이익의 모두를 내부유보하고 재투자한다. 즉, Brandtly는 현재 배당을 지급하지 않고 있으며, 가까운 미래에 배당금을 지급할 계획도 없다. 주요 연기금이 Brandtly의 주식을 매입하는 데 관심이 있다. 이 연기금의 펀드매니저는 향후 4년 동안 Brandtly의 잉여현금흐름을 다음과 같이 추정했다: \$300만, \$600만, \$800만, \$1,600만. 4년도 이후에는 잉여현금흐름이 3%의 일정한 성장률로 증가할 것이라고 추정된다. Brandtly의 WACC는 9%이며, 부채와 우선주의 시장가치는 합해서 \$7,500만이고 비영업자산은 \$1,500만, 그리고 보통주의 발행주식 수는 750만 주이다.

a. 향후 4년 동안 추정된 잉여현금흐름들의 현재가치는 얼마인가?

b. 이 기업의 경계일 가치(또는 잔존가치)는 얼마인가?

c. 이 기업의 영업활동의 시장가치는 얼마인가? 현재 기업의 총시장가치는 얼마인가?

d. Brandtly의 주식가격에 대한 추정치는 얼마인가?

9-20 **[기업가치평가모형]** 오늘은 2021년 12월 31일이고, 다음과 같은 정보가 Abner Airlines에 적용된다고 가정하자:

- 2022년의 세후 영업이익 [EBIT(1 − T)]는 \$4억으로 추정된다.
- 2022년의 감가상각비는 \$1.4억으로 예상된다.
- 2022년의 자본적 지출은 \$2.25억으로 추정된다.
- 순영업운전자본에는 아무런 변화가 없을 것으로 예상된다.
- 잉여현금흐름은 매년 6%의 일정한 비율로 증가할 것으로 추정된다
- 자기자본에 대한 요구수익률은 14%이다
- WACC는 10%이다.
- 이 기업의 비영업자산은 \$2억이다.
- 이 기업이 갖고 있는 부채의 시장가치는 \$38.75억이다.
- 발행주식 수는 2억 주이다.

기업가치평가모형을 사용하면 이 기업의 현재 주식가격은 얼마이어야 하는가?

9-21 **[다단계성장]** 현재 2022년 1월 1일이라고 가정하자. Wayne-Martin Electric Inc.(WME)는 현재 시장에 있는 다른 태양전지판보다 200% 더 많은 전력을 생산할 수 있는 태양전지판을 개발했다. 그 결과 WME는 향후 5년 동안 연 15%의 성장률을 기록할 것으로 예상된다. 다른 기업들도 5년도 말까지는 필적할 만한 기술을 개발할 것이고, 이로 인해 WME의 성장률은 하락해서 연 5%로 영구히 지속될 것이다. 주주들은 WME의 주식에 대해 12%의 수익률을 요구한다. 가장 최근의 연간 배당금(D_0)인 주당 $1.75은 어제 지급되었다.

a. 2022년, 2023년, 2024년, 2025년, 2026년에 대한 WME의 기대배당금을 계산하라.

b. 현재 주식의 가치 $\hat{P}_0$를 계산하라. 계산과정의 진행은 2022년, 2023년, 2024년, 2025년, 2026년 말에 예상되는 배당금들의 현재가치를 구한 후 2026년 말에 예상되는 주식가격의 현재가치를 구해서 더하면 된다. 2026년 말의 주식가격은 일정성장 공식을 사용해서 구할 수 있다. 2026년 12월 31일의 가격을 구하기 위해서는 2027년에 기대되는 배당금을 사용해야 하는데, 이 배당금은 2026년의 배당금보다 5% 더 크다는 것을 명심하라.

c. 2022년에 예상되는 기대배당수익률(D_1/P_0), 자본이득률, 총수익률(배당수익률과 자본이득률의 합)을 계산하라. ($\hat{P}_0 = P_0$를 가정하고, 자본이득률은 총수익률에서 배당수익률을 차감한 수치와 같다는 것을 생각하라.) 그다음에 2027년에 대해서도 동일한 세 가지 수익률을 계산하라.

d. 기업의 수명주기에서 초기단계에 있는 빠르게 성장하는 회사들의 주식과 오래되고 성숙단계에 있는 회사들의 주식 중에서 어느 주식을 매입할지 의사결정을 할 때, 투자자의 세금문제가 그 결정에 어떻게 영향을 미치는가? 이 질문의 취지에서 WME의 주식은 언제 "성숙한" 주식이 되는가?

e. 당신의 상사가 WME의 연간 성장률은 향후 5년 동안 12%에 불과하고 이 회사의 장기성장률도 4%에 불과할 것으로 확신한다고 당신에게 말했다고 가정하자. 이러한 성장률의 변화가 WME의 주식가격에 어떤 일반적인 영향을 미치는가? 어떤 계산도 하지 말고 답하라.

f. 또한 당신의 상사가 WME는 위험이 매우 높다고 생각해서 요구수익률은 12%가 아닌 14%가 되어야 할 것으로 확신한다고 당신에게 말했다고 가정하자. 어떠한 계산도 하지 않고, 더 높은 요구수익률이 주식의 가격, 자본이득률, 그리고 배당수익률에 어떻게 영향을 미치는지 결정하라. 장기성장률은 4%라고 가정한다.

종합계산문제

9-22 **[다단계성장 및 기업가치평가]** [문제 9-18]의 파트 a, b, 및 c를 스프레드시트 모형을 사용해서 다시 풀자. 파트 b에 대해서는 문제에서 요구한대로 가격, 배당수익률, 자본이득률을 계산하라. 스프레드시트 모형을 사용해서 파트 a, b, 및 c를 마친 후에 다음의 추가 질문에 답하라.

d. TTC는 매우 성공적인 새로운 제품군을 최근에 출시했다. 지금까지의 인기와 미래에도 계속될 성공에 대한 예측을 바탕으로 다음과 같은 잉여현금흐름을 추정했다:

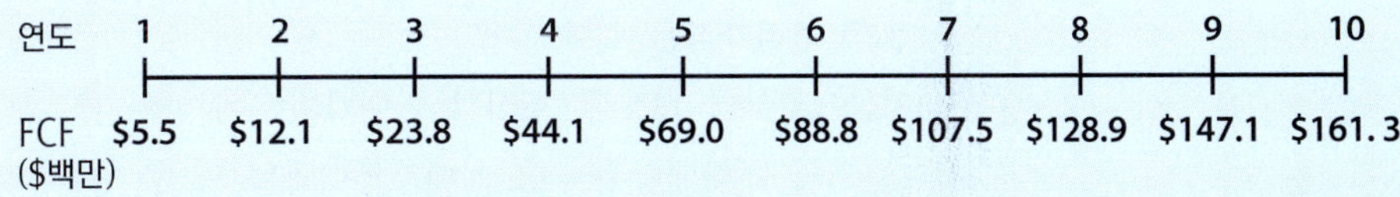

TTC의 재무설계사는 10년도 이후에 잉여현금흐름이 일정하게 6%로 성장할 것이라고 예측한다. 또한 신제품이 WACC를 9%로 하락시킬 것이라는 결론을 내렸다. TTC 부채의 시장가치는 $12억이고 우선주는 없으며, 비영업자산도 없다. 보통주의 발행주식 수는 2,000만 주이다. 기업가치모형을 사용해서 이 주식의 가치를 계산하라.

통합사례

MUTUAL OF CHICAGO INSURANCE COMPANY

9-23 **[주식의 가치평가]** Robert Balik과 Carol Kiefer는 Mutual of Chicago Insurance Company의 수석부사장이다. 회사의 연기금관리부문의 공동 부문장인데, Balik은 채권이 주인 고정수익증권, 그리고 Kiefer는 주식 투자를 책임지고 있다. California League of Cities라는 신규 주요 고객이 Mutual of Chicago에 관련 도시의 시장들을 위해 투자세미나를 개최해달라고 요청했고, 이 세미나에서 발표를 할 예정인 Balik과 Kiefer는 당신에게 자료의 작성을 도와달라고 부탁했다.

보통주의 가치평가 과정을 설명하기 위해 Balik과 Kiefer는 작업량이 일시적으로 증가하는 기업들을 대상으로 워드 프로세서 전문가 및 컴퓨터 프로그래머들을 알선하는 인력관리회사인 Bon Temps Company를 분석하도록 요청했다. 당신은 다음과 같은 질문들에 대한 답변을 준비해야 한다:

a. 보통주 주주들의 법적 권리와 특권에 대해 간략하게 설명하라.

b. 1. 배당의 형식과 관계없이 주식의 가치평가에 사용될 수 있는 공식을 써라.
   2. 일정성장주식은 무엇인가? 일정성장주식의 가치는 어떻게 평가되는가?
   3. 일정한 성장률인 g가 r_s보다 클 것으로 추정된다면 이것이 시사하는 바는 무엇인가? 많은 주식들이 단기적(즉, 향후 몇 년 동안)으로는 $g > r_s$일 것으로 예상되는가? 장기적(즉, 영구히)으로는 어떻게 예상되는가?

c. Bon Temps의 베타계수는 1.2이고, 무위험이자율(미국 장기 국채에 대한 수익률)은 3%, 시장에 대한 요구수익률은 8%라고 가정하자. Bon Temps의 요구수익률은 얼마인가?

d. Bon Temps는 일정하게 성장하는 회사이며, 직전의 배당(D_0로 어제 지급)은 $2.00이고 배당은 4%의 성장률로 영구히 증가할 것이라고 예상된다.

1. 향후 3년 동안 이 회사의 기대배당흐름은 얼마인가?
2. 현재 주식가격은 얼마인가?
3. 지금으로부터 1년 후 주식의 기대가치는 얼마인가?
4. 1년도의 기대배당수익률, 기대자본이득률 및 총기대수익률은 얼마인가?

e. 이제 이 주식이 현재 $40.00에 거래되고 있다고 가정하자. 기대수익률은 얼마인가?

f. 이 주식에 대한 배당이 무성장(zero growth)할 것으로 예상된다면 주식가격은 어떻게 될 것인가?

g. 이제 Bon Temps의 배당성장률은 1년도에 30%, 2년도에 20%, 3년도에 10%이고, 이후에 일정한 장기성장률인 4%로 복귀한다고 가정하자. 이 경우에 주식의 가치는 얼마인가? 1년도의 기대배당수익률 및 기대자본이득률은 얼마인가? 4년도에는 얼마인가?

h. Bon Temps는 첫 3년 동안에는 무성장, 그 이후 4년도부터는 4%로 안정적인 성장을 한다고 가정하자. 주식의 가치는 얼마인가? 1년도의 기대배당수익률 및 기대자본이득률은 얼마인가? 4년도에는 얼마인가?

i. 마지막으로 Bon Temps의 이익과 배당금은 연 4%의 일정한 비율로 감소한다고 가정하자. 즉, g = −4%이다. 왜 이런 주식을 매입하려고 하는가? 그리고 어떤 가격에 거래되어야 하는가? 매년 배당수익률 및 자본이득률은 얼마인가?

j. Bon Temps가 추가 자본을 필요로 하는 공격적인 확장에 착수했다고 가정하자. 경영진은 $4,000만의 차입 및 유보이익을 증대시키기 위한 배당 지급중지를 통해 확장에 대한 자금조달을 하기로 결정했다. 이 회사의 WACC는 현재 7%이고, 향후 3년 동안의 추정 잉여현금흐름은 −$500만, $1,000만, $2,000만이다. 3년 이후부터 잉여현금흐름은 5%로 일정하게 성장할 것으로 예측된다. Bon Temps 영업활동의 시장가치는 얼마인가? 이 회사의 발행주식 수는 1,000만 주, 부채와 우선주는 합해서 $4,000만, 그리고 비영업자산은 $500만이라면 주당 가격은 얼마인가?

k. Bon Temps가 연 $5.00의 배당을 지급하고 주당 발행가는 $100인 우선주를 발행하기로 결정했다고 가정하자. 이 주식의 기대수익률은 얼마인가? 우선주의 만기가 없는(영구 우선주) 경우나 만기가 20년인 경우에 기대수익률은 동일한가?

ExxonMobil Corporation의 내재가치 추정

이 장의 질문들에 답하기 위해 온라인 자료를 활용하라. 시간이 지나면서 웹사이트 정보는 변하고 이러한 변화는 일부 질문들에 대해 답하는 데 제약으로 작용할 수 있다는 점에 유의하라.

이 장에서는 주식가격에 영향을 미치는 다양한 요인들 및 애널리스트들이 주식의 내재가치를 추정하기 위해 사용하는 접근법들을 살펴봤다. 이 내재가치에 대한 추정치와 현재 가격을 비교함으로써 투자자는 어떤 특정 주식을 매입하거나 매도하는 게 타당한지를 평가할 수 있다. 추정된 내재가치보다 낮은 가격에 거래되고 있는 주식은 매입하기에 좋은 종목인 반면에, 내재가치보다 훨씬 높은 가격에 거래되고 있는 주식은 피하거나 매도하는 것이 바람직한 종목이다. 주식의 내재가치를 추정하는 것은 신뢰할 만한 데이터와 적절한 판단을 필요로 하는 복잡한 일이기는 하지만, 내재가치를 빠르고 간단하게 계산하기 위한 재무데이터는 인터넷을 이용하여 구할 수 있다.

토론문제

1. 이 실습의 목적을 위해 ExxonMobil Corporation(XOM)의 주식을 더 자세하게 살펴보도록 하자. 이 회사의 현재 주식가격과 최근 몇 달 동안의 시장 전체와 대비한 성과를 알아보기 위해 Yahoo! Finance, Google Finance, MSN Money(msn.com/en-us/money/markets) 및 Morningstar 등과 같은 웹사이트를 활용하라. ExxonMobil의 현재 주식가격은 얼마인가? 최근 몇 달 동안 이 주식의 성과는 시장의 성과와 비교해서 어떤가?
2. 이 회사와 관련된 최근 뉴스를 알아보기 위해 웹사이트에서 최근의 기사 제목을 검색하라. 이 회사의 주식가격에 영향을 미치는 사건이 최근에 있었는가 아니면 별다른 사건 없이 비교적 조용했는가?
3. 어떤 회사의 상대적인 가치를 평가하기 위한 출발점으로 보통 애널리스트들은 그 회사의 주가수익(P/E)비율을 검토한다. 웹사이트의 요약 시세나 주요 지표 화면으로 가서 XOM의 향후 12개월에 걸친 이익 추정치를 사용하여 계산된 이 회사의 미래 P/E비율 및 현재 P/E비율을 찾아보자. 이 회사의 미래 P/E비율 추정치 및 현재 P/E비율은 얼마인가?
4. XOM의 P/E비율을 넓게 보면 이 비율이 시간이 지나면서 어떻게 변화하는지 파악하는 것이 도움이 된다. (Morningstar에 접속해서 Valuation 탭을 클릭하면 P/E비율의 10년 요약을 볼 수 있다. 그리고 ExxonMobil의 5년 평균도 보여준다.) XOM의 현재 P/E비율은 5년 평균보다 높은가 아니면 낮은가? 현재 P/E비율이 왜 과거 추세에서 벗어나는지 그 이유를 설명하라. 이 정보에 근거하면 XOM의 현재 P/E비율은 이 회사의 주식이 저평가되어 있다는 것을 의미하는가 아니면 고평가되어 있다는 것을 의미하는가? 답을 설명하라.
5. 앞에서 배당할인모형을 사용해서 주식의 내재가치를 추정하는 것에 대해 살펴봤다. 설명을 단순화하기 위해 XOM의 배당은 연 4%로 일정하게 성장할 것으로 예상된다고 가정하자. 즉, $g = 4\%$이다. 그렇다면 내재가치는 $D_1/(r_s - g)$이고, 여기서 D_1은 지금으로부터 1년 후의 연 기대배

당금, r_s는 이 주식에 대한 요구수익률, 그리고 g는 배당의 일정성장률이다. 지표 화면으로 가서 XOM의 현재 연 배당금(trailing; 최근 1년간의 배당금을 기반으로 산정)을 찾아보자. 이 배당금을 (1+g)로 곱하면 D_1의 추정치를 구할 수 있다.

6. 자기자본의 요구수익률인 r_s는 내재가치를 추정하기 위한 마지막 입력변수이다. 여기서는 특정한 수치(가령 9%나 10%)를 가정하거나 또는 인터넷에서 구할 수 있는 데이터를 이용하여 CAPM을 사용해서 자기자본비용을 산정할 수 있다. (더 자세한 내용은 제8장의 [한걸음 더]를 참조하면 된다.) D_1, r_s 및 g에 최적의 추정치를 결정했다면 이제 XOM의 내재가치를 계산할 수 있다. 주의할 점은 장기성장률이 요구수익률보다 작아야 한다는 것이다. 이 내재가치 추정치는 현재 주식가격과 비교해서 어떤가? 이 분석의 결과는 XOM이 저평가되어 있다는 것을 의미하는가 아니면 고평가되어 있다는 것을 의미하는가? 답을 설명하라.

7. 내재가치 추정치가 다른 D_1, r_s 및 g의 추정치에 따라 어떻게 변하는지를 보여주는 민감도분석을 하는 것이 많은 경우에 유용하다. 이 분석을 위해서는 주요 입력변수들 각각에 대해 다른 추정치를 가정하고 내재가치 추정치를 재계산한다. 편리한 방법 중의 하나는 엑셀로 데이터 표를 만드는 것이다. 이 분석에 근거하면 어떤 입력변수들의 추정치가 현재의 주식가격을 가장 잘 설명하는가?

8. 지금까지는 XOM의 배당이 일정한 장기성장률인 4%로 증가할 것이라고 가정했다. 이 가정이 합리적인지 여부를 판단하기 위해서는 XOM의 배당 이력을 살펴보는 것이 도움이 된다. MSN Money 웹사이트(msn.com/en-us/money/markets)에 접속해서 Financials에 있는 연간 손익계산서를 보면 이 회사의 지난 4년간 연 배당금을 볼 수 있다. 이 정보에 근거하면 연평균 배당성장률은 얼마인가?

   배당 이력과 XOM의 장래 배당정책에 관한 판단에 근거하면 일정성장모형이 내재가치에 대한 좋은 추정방법이라고 가정하는 것이 합리적이라고 생각하는가? 그렇지 않다면 다단계성장모형으로 내재가치를 추정하기 위해 인터넷상에서 이용가능한 데이터를 어떻게 사용할 것인가?

9. 마지막으로 기업 전체에 대해 가치평가를 하기 위해서도 인터넷상의 정보를 이용할 수 있다. 이 접근법에서는 XOM의 연간 잉여현금흐름을 추정하는 것이 필요하다. 일단 기업의 영업활동에 대한 가치와 비영업자산의 가치를 추정했다면, 이 기업의 자기자본 가치에 대한 추정치를 구하기 위해서는 부채와 우선주의 가치를 차감하면 된다. 이 가치를 보통주의 발행주식 수로 나눠주면 주식의 내재가치에 대한 또 다른 추정치를 계산할 수 있다. 이 접근법에서는 추가적인 시간이 소요될 수도 있고 미래 잉여현금흐름의 추정과 관련하여 더 빈번한 판단이 필요할 수도 있지만, 유용한 출발점으로 인터넷상의 재무제표 및 성장률에 대한 전망치를 사용할 수 있다.

   Financials 화면에서 연간 현금흐름표를 보면 과거의 연간 잉여현금흐름 수치를 알 수 있다. 이 수치들은 다음연도의 추정치를 구하는 데 출발점으로 유용할 것이다. Morningstar에서 4년간에 걸친 과거 잉여현금흐름 또한 구할 수 있는데, 이 회사의 종목코드를 입력한 후에 Financials 탭을 선택하고 현금흐름을 클릭해서 화면을 아래로 이동하면 된다.

부록 9A : 주식시장의 균형

주식 X에 대한 요구수익률 r_X는 제8장에서 논의했던 것처럼 자본자산가격결정모형(CAPM)에 나오는 증권시장선(SML) 식을 이용하여 구할 수 있다는 것을 상기하라:

$$r_X = r_{RF} + (r_M - r_{RF})b_X = r_{RF} + (RP_M)b_X$$

만약 무위험이자율이 3%, 시장위험프리미엄이 5%, 주식 X의 베타가 2라고 한다면, 한계투자자는 주식에 대해 13%의 수익률을 요구할 것이다:

$$r_X = 3\% + (5\%)2.0 = 13\%$$

이 요구수익률 13%는 [그림 9A.1]에서 SML상에 베타가 2.0일 때의 점으로 표시된다. 한계투자자는 기대수익률이 13% 이상이라면 주식 X를 매수할 것이고, 기대수익률이 13% 이하이면 매도할 것이다. 그리고 기대수익률이 정확히 13%이면 호불호가 없을(보유하고는 있지만 매매하지 않는다) 것이다.

9A-1 예시

이제 투자자의 포트폴리오가 주식 X를 포함한다고 가정하자. 투자자는 회사의 전망을 분석해서 이익, 배당금, 그리고 가격이 연 4%의 일정한 비율로 성장할 것이라고 결론내렸다. 마지막 배당금 $D_0 = \$1.9231$이고, 따라서 나음 기대배당금은 아래와 같다.

$$D_1 = \$1.9231(1.04) = \$2.00$$

투자자는 현재 주식가격인 P_0가 $25인 것을 알고 있다. 투자자는 주식 X를 더 매입해야 하는가, 매도해야 하는가, 아니면 현 상태를 유지해야 하는가?

투자자는 주식 X의 **기대수익률**을 다음과 같이 계산할 수 있다:

$$\hat{r}_X = \frac{D_1}{P_0} + g = \frac{\$2}{\$25} + 4\% = 12\%$$

이 수치는 [그림 9A.1]에서 SML 아래에 X로 표시되었다. 기대수익률이 요구수익률보다 낮기 때문에 투자자는 주식을 매도하고자 할 것이다. 하지만 $25의 가격에 매

[그림 9A.1] 주식 X에 대한 기대수익률 및 요구수익률

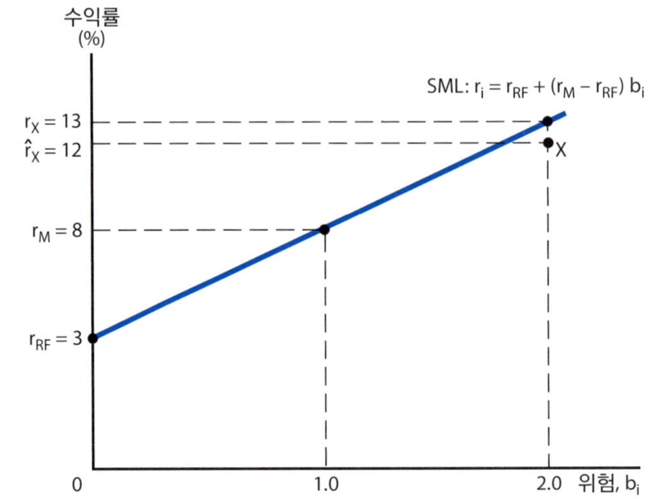

입하고자 하는 사람들은 없을 것이고, 현재 보유자들이 주식가격을 내리지 않는 한 매수자를 찾을 수는 없을 것이다. 따라서 가격은 하락하게 되고, 가격이 \$22.22가 될 때까지 계속 하락할 것이다. 그 시점에서 주식은 **균형**(equilibrium)이 되고, 균형의 정의대로 그 가격에서 기대수익률인 13%와 요구수익률은 같아지게 될 것이다:

균형
주식의 기대수익률과 요구수익률이 같아진 상태($\hat{r}_i = r_i$). 또한, $P_0 = \hat{P}_0$이고 가격은 안정적이다.

$$\hat{r}_X = \frac{\$2.00}{\$22.22} + 4\% = 9\% + 4\% = 13\% = r_X$$

처음에 주식이 \$22.22보다 낮은 가격(가령 \$20)에 팔렸다면 상황은 반대로 되었을 것이다. 주식의 기대수익률이 요구수익률을 초과했기 때문에 투자자들은 그 주식을 매입하고자 했을 것이고, 매수주문이 들어오고 주식의 가격은 \$22.22까지 상승했을 것이다.

요약하면 균형에서는 다음의 두 연관된 조건이 반드시 성립해야 한다:

1. 한계투자자가 예측하는 주식의 기대수익률은 반드시 그 주식의 요구수익률과 같아야 한다: $\hat{r}_i = r_i$
2. 주식의 실제 시장가격은 반드시 한계투자자에 의해 추정된 그 주식의 내재가치와 같아야 한다: $P_0 = \hat{P}_0$

물론, 어떤 개인투자자들은 $\hat{r}_i > r_i$이고 $\hat{P}_0 > P_0$라고 믿을 수도 있다(그래서 그들은 자금의 대부분을 주식에 투자할 것이다). 반면에, 다른 투자자들은 반대 견해를 가지고 있을 수 있고 그들의 주식 모두를 매도할지도 모른다. 하지만 한계투자자들은 실제 시장가격을 형성하고, 이러한 투자자들에게는 반드시 $\hat{r}_i = r_i$이고 $\hat{P}_0 = P_0$이어야 한다. 만약 이 조건들이 만족되지 않는다면 거래는 두 조건이 만족될 때까지 일어날 것이다.

9A-2 균형 주식가격의 변화

주식가격은 일정하지 않은데, 때로는 매우 극심하게 변동한다. 예를 들면, 2008년 10월 6일에 시작하는 주에 다우존스 산업평균 지수(Dow Jones Industrial Average)는 1,874포인트, 18%가 하락했고, 1997년 10월 27일에는 554포인트, 7.18%가 하락했다. 더 심했던 것은 1987년 10월 19일인데, 이날 다우지수는 508포인트가 하락했고, 이는 평균적으로 그 가치의 23%가 하루 만에 사라졌다는 것을 의미하며 어떤 개별 주식들은 시장가치의 70% 이상을 잃어버리기도 했다. 2018년 2월 5일에는 다우지수가 1,175포인트, 즉 4.60% 하락했다. 더 최근인 2020년 3월 16일에는 코로나바이러스의 발생에 대한 우려로 인해 다우지수가 역대 최대로 하락했다. 이날 다우지수는 2,997포인트 하락했고, 이는 그 가치의 13% 정도가 사라졌다는 것을 의미한다.

무엇이 그러한 변동들을 발생시키는지 알아보기 위해 주식 X는 균형상태에 있고 주당 $22.22에 거래되고 있다고 가정하자. 만약 모든 기대치들이 정확히 들어맞는다면 내년의 가격은 점차적으로 상승하여 $23.11(4% 증가)이 될 것이다. 그러나 조건들이 다음 표의 두 번째 열에 나타난 것과 같이 변한다고 가정하자:

	변수의 값	
	최초	신규
무위험이자율, r_{RF}	3%	2%
시장위험프리미엄, $r_M - r_{RF}$	5%	4%
주식 X의 베타계수, b_X	2.0	1.25
주식 X의 기대성장률, g_X	4%	5%
D_0	$1.9231	$1.9231
주식 X의 가격	$22.22	?

이제 스스로 풀어보자: 각 변수의 변화가 그 자체로 가격에 어떻게 영향을 미치는가? 그리고 새로운 가격은 얼마인가?

하나씩 보면, 발생하는 모든 변화는 가격의 **상승**을 이끈다. 처음 세 가지 변화는 r_X를 13%에서 7%로 더 낮게 만들 것이다:

$$최초\ r_X = 3\% + 5\%(2.0) = 13\%$$

$$신규\ r_X = 2\% + 4\%(1.25) = 7\%$$

새로운 g와 함께 이러한 수치들을 이용하면 $\hat{P}_0$가 $22.22에서 $100.96으로 354% 상승한 것을 알 수 있다:26)

$$최초\ \hat{P}_0 = \frac{\$1.9231(1.04)}{0.13-0.04} = \frac{\$2.00}{0.09} = \$22.22$$

$$신규\ \hat{P}_0 = \frac{\$1.9231(1.05)}{0.07-0.05} = \frac{\$2.0193}{0.02} = \$100.96$$

새로운 가격에서 기대수익률과 요구수익률은 같아진다는 점에도 주목할 필요가 있다:27)

$$\hat{r}_X = \frac{\$2.0193}{\$100.96} + 5\% = 7\% = r_X$$

실증분석의 결과들은 주식들, 특히 대기업의 주식들은 그 근본적인 상태가 변할 때 빨리 조정된다는 것을 보여준다. 그러한 주식들은 많은 증권애널리스트들에 의해 주시되고, 따라서 어떤 변화가 일어나자마자 주식가격도 변한다. 결론적으로, 균형은 보통 어느 주식에나 존재하고, 요구수익률과 기대수익률도 일반적으로 거의 같게 된다. 주식가격이 변동한다는 것은 확실한데, 가끔은 빠르고 급격하게 변동한다. 이것은 단순히 조건들과 기대의 변화를 반영하는 것이다. 물론 주식이 새로운 좋은 소식이나 나쁜 소식에 몇 달 동안에 걸쳐 반응하는 경우도 있다. 그러나 이것이 장기적인 조정기간을 의미하지는 않고, 오히려 그 상황에 대한 더 많은 새로운 정보가 이용가능해짐에 따라 시장이 그 정보를 반영해서 조정된다는 것을 보여준다.

---

26) 이런 규모의 가격 변화는 결코 드물지 않다. 많은 주식들의 가격은 1년 동안에 두 배가 되거나 절반으로 감소한다. 예를 들면, 2019년에 Snap의 주식가격은 196.4% 상승했다. 반면에 PG&E의 주식가격은 54.2% 하락했다.

27) 이제 실제 실현수익률이 기대수익률 및 요구수익률과 반드시 같을 필요가 없다는 것은 명확하다. 따라서 만약 어떤 투자자가 2019년에 Snap이나 PG&E의 주식을 매입했다면 그 투자자는 12%의 수익률을 얻을 것으로 기대했을 수 있다. 하지만 Snap에 대한 사후적인 실현수익률은 12%보다 훨씬 높았던 반면에, PG&E에 대한 수익률은 12%보다 훨씬 낮았다.

질문

9A-1 주식이 균형상태에 있기 위해서는 어떤 두 가지 조건이 성립해야 하는가?

9A-2 만약 어떤 주식이 균형상태에 있지 않다면, 금융시장은 그 주식을 균형상태로 만들기 위해 어떻게 조정되는지 설명하라.

문제

9A-1 **[수익률과 균형]** 주식 C의 베타계수는 $b_C = 0.4$이고, 주식 D의 베타계수는 $b_D = -0.5$이다. (주식 D의 베타는 음수인데, 이것은 다른 대부분의 주식들에 대한 수익률이 하락할 때 이 주식의 수익률은 증가함을 나타낸다. 때때로 추심업체의 주식이 예로 인용되지만, 음수인 베타를 갖는 주식은 거의 없다.)

a. 만약 무위험이자율이 7%이고 평균 주식에 대한 기대수익률이 11%라면, 주식 C와 주식 D에 대한 요구수익률은 얼마인가?

b. 주식 C에 대해 현재 가격 P_0가 $25.00이고, 다음 기대배당금 D_1은 $1.50, 주식의 기대성장률은 4%라고 가정하자. 이 주식은 균형상태에 있는가? 만약 주식이 균형상태가 아니라면 무슨 일이 일어날지 설명하라.

9A-2 **[균형 주식가격]** 무위험수익률 r_{RF}는 6%이고, 시장의 요구수익률 r_M은 10%이다. Upton Company의 주식은 베타계수가 1.5이다.

a. 만약 다음년도 배당금 D_1은 $2.25이고 성장률 $g = 5\%$로 일정하다면, 얼마의 가격에서 Upton의 주식을 매도해야 하는가?

b. 이제 연방준비제도이사회가 통화 공급을 증가시켜서 무위험이자율은 5%, r_M은 9%로 하락한다고 가정하자. Upton의 주가에는 무슨 일이 일어나겠는가?

c. 파트 b에서 언급된 변화에 더하여, r_{RF}의 하락과 더불어 투자자들의 위험회피가 감소해서 r_M이 8%로 하락한다고 가정하자. 이제 Upton의 주가는 얼마인가?

d. Upton의 경영진에 변화가 생겼다고 가정하자. 새로운 경영진은 기대 일정성장률을 5%에서 6%로 증가시키는 정책을 시행했다. 또한 새로운 경영진이 매출과 이익의 변동성을 줄여서 베타는 1.5에서 1.3으로 하락하게 되었다. r_{RF}와 r_M은 파트 c에서 주어진 수치들과 같다고 가정하라. 이러한 모든 변화 후에 이 회사 주식의 새로운 균형가격은 얼마인가? (주: D_1은 이제 $2.27이다.)

9A-3 **[베타계수]** Chance Chemical Company의 경영진이 수행한 분석에서, 만약 소비자제품 사업부(이 회사의 주 사업부인 공업용 화학제품 사업부보다 위험이 낮다)를 확장한다면 베타가

1.2에서 0.9로 하락할 것이라는 결론을 얻었다고 가정하자. 하지만 소비자제품은 이윤폭이 다소 낮고, 이런 이유로 이익과 배당금의 일정성장률은 6%에서 4%로 하락하게 될 것이다. 또한 다음과 같이 가정한다: $r_M = 9\%$, $r_{RF} = 6\%$, $D_0 = \$2.00$.

a. 경영진은 소비자제품 사업부를 확장시켜야 하는가? 설명하라.

b. 베타계수의 변화를 제외한 모든 주어진 사실을 동일하게 가정하자. 확장하는 것이 좋은 정책이 되려면 베타는 어느 정도까지 하락해야 하는가? (힌트: 새로운 정책하의 $\hat{P}_0$를 예전의 정책하에서의 $\hat{P}_0$와 같도록 설정하고, 이 등식이 성립하는 새로운 베타를 구하라.)

PART 4

장기 자산 투자: 자본예산

10
CHAPTER

자본비용

Disney의 가치 창출하기

Walt Disney Co.(DIS)는 세계적으로 성공한 기업들 중의 하나이다. 지난 몇 년에 걸친 어려운 경제 여건에도 불구하고, Disney의 경영진은 자산을 취득하는 경우에 부담하는 자본비용보다 높은 수익을 내는 자산들에 투자함으로써 주주들을 위한 가치를 창출하기 위해 부단히 노력했다. 예를 들어, 만약 투자안의 수익률은 20%이지만 조달된 자본비용은 10%라면, 이 투자안을 수행함으로써 기업의 가치와 주식가격은 상승하게 될 것이다.

자본은 부채, 우선주, 그리고 보통주의 세 가지 기본적인 형태로 조달되고, 자기자본은 유보이익 및 신규 주식의 발행을 통해 조달된다. Disney에 자본을 제공하는 투자자들은 최소한 그들이 투자한 자본에 대한 요구수익률 정도의 수익을 얻기를 기대하고, 이 요구수익률은 기업의 자본비용을 나타낸다.[1] 다양한 요인들이 자본비용에 영향을 미친다. 이자율, 조세정책, 그리고 일반적인 경제상황 등을 포함한 몇몇 요인들은 기업의 통제 밖에 있다. 하지만 자본을 어떻게 조달해서 이 자금을 어떻게 투자할 것인가에 관한 기업의 의사결정 또한 그 기업의 자본비용에 크게 영향을 미친다. 예를 들면, 2019년 3월에 Disney는 21st Century Fox를 인수했는데, 그 결과 이 회사의 자산 위험도는 변동했고 부채는 두 배가 되어 자본구조 또한 변동했다. 더 높아진 레버리지비율에도 불구하고 주요 경쟁기업들과 비교하면 Disney는 부채를 적게 사용하고 있는 셈이다.[2]

Disney와 같은 회사의 자본비용을 추정하는 일은 개념적으로는 간단하다. Disney의 자본은 부채와 보통주를 통해 조달되고, 따라서 그 자본비용은 경제 전반의 이자율 수준과 자기자본에 대한 한계투자자들의 요구수익률에 크게 좌우된다. 그러나 Disney는 전 세계적으로 많은 다양한 사업부들을 운영하고 있기 때문에 이 기업은 다양한 위험을 가진 많은 주식들을 포함하고 있는 포트폴리오와 비슷하다. 포트폴리오위험은 포트폴리오에 포함되어 있는 여러 주식들의 해당위험(relevant risk)을 가중평균한 것이라는 점을 다시 떠올리자.

마찬가지로 Disney의 사업부들은 각 사업부 고유의 위험수준과 이에 따른 고유의 자본비용을 가지고 있다. 따라서 Disney의 전체적인 자본비용은 각 사업부들의 자본비용에 대한 가중평균이다. 예를 들면, Disney의 Media Network 사업부(ABC와 ESPN이 포함되어 있다)의 자본비용은 아마도 Parks and Resorts 사업부(Walt Disney World Resort, Disneyland, Disney Cruise Line, Disney Vacation Club이 포함되어 있다)의 자본비용과는 다를 것이고, 심지어는 같은 사업부 내에서도 어떤 프로젝트들은 다른 프로젝트들보다 더 위험하기 때문에 프로젝트별로 자본비용은 다르게 된다. 더욱이 해외 프로젝트들의 경우에는 그 위험이 국내 프로젝트들과는 다를 수 있고, 따라서 유사한 국내 프로젝트들과는 그 자본비용이 다를 것이다.

앞으로 몇 개의 장에서 살펴볼 것처럼 자본비용은 기업의 자본예산과정에서 필수적인 요소이다. 앞에서 설명한 대로 Disney의 프로젝트들은 그 수익률이 자본비용을 초과할 때에는 언제나 가치를 창출한다. 예상하다시피 자본비용을 추정하고 프로젝트들을 평가하는 것은 최근의 경제적 격변기에는 더욱 어려운 일이 되었다. 이자율의 하락에도 불구하고 증가된 위험요인들은 대부분의 기업에 있어서 자본비용을 상승시킬 가능성이 높다. 동시에 불확실한 경제환경은 많은 제품과 서비스에 대한 수요를 감소시킴으로써 계획된 많은 프로젝트들의 기대수익률도 하락시켰다. 실제로 Disney에서는 테마파크 수입의 급격한 감소 및 극장 관객의 감소와 ESPN 광고수입의 감소를 경험했다. 이런 배경에서 많은 기업들이 앞다퉈 자본 투자의 규모를 축소하는 계획을 발표하는 것은 놀라운 일이 아니다. 이 침체가 단기간에 빨리 끝나고, 다시 사업을 확장하는 것이 기업들에게 이익을 증대시키는 길이 되기를 기대하며, 이후 몇 개의 장들에서는 경영진이 언제 투자를 하는 것이 좋을지를 결정하는 데 도움이 되는 원리나 원칙들을 살펴본다.

출처: Dan Gallagher, "Disney's Show Won't Go On Soon," *The Wall Street Journal*(wsj.com), May 5, 2020; Erich Schwartzel, "Disney Takes $1.4 Billion Hit to Earnings As Coronavirus Takes Hold," *The Wall Street Journal*(wsj.com), May 6, 2020.

학습개요 및 목표

앞서 네 개의 장에서, 위험이 채권과 주식의 가격 및 요구수익률에 어떻게 영향을 미치는지 설명했다. 기업의 최우선 목표는 주주가치의 극대화이다. 가치를 증대시키는 주요한 방법은 프로젝트의 수익이 그 자본비용보다 높은 프로젝트들에 투자하는 것이다. 다음 세 개의 장에서는 프로젝트의 미래 현금흐름들을 추정하고 그 현금흐름들을 할인해서 현재가치를 구하는 방법을 살펴볼 것이다. 만약 프로젝트를 통해 발생하는 현금흐름들의 PV가 그 프로젝트의 비용을 초과한다면, 이 프로젝트를 수행함으로써 기업의 가치는 증가할 것이다. 하지만 이 미래 현금흐름들의 PV를 구하기 위해서는 할인율이 필요한데, 이 할인율은 바로 기업의 자본비용이다. 이 장의 주된 초점은 새로운 프로젝

1) 이전 장들에서 살펴본 것처럼 한계투자자의 관점에서 기대수익률과 요구수익률은 반드시 같아야 하고, 그렇지 않다면 그 증권은 균형상태에 있지 않게 될 것이다. 따라서 새로운 정보가 공개된 직후의 짧은 기간을 제외하고는 이 등식이 성립할 때까지 그 증권에 대한 매매가 이뤄질 것이다. 기대수익률과 요구수익률은 통상적으로 동일하기 때문에 두 용어는 서로 대체하여 사용된다.

2) Celan Bryant, "Disney Stock: Capital Structure Analysis(DIS)," *Investopedia*(investopedia.com), October 16, 2019.

트들을 수행할지 결정하는 데 필요한 자본비용을 구하는 것이다.[3)]

이 장에서 사용되는 대부분의 공식들은 제7장과 제9장에서 채권과 주식에 대한 요구수익률을 살펴볼 때 이미 설명된 내용이다. **실제로, 투자자들이 채권이나 주식에 대해 요구하는 수익률은 기업에게는 그 증권들의 비용을 나타낸다.** 이제 살펴볼 것처럼, 기업들은 자신들이 발행한 증권들에 대한 요구수익률을 추정하고 다양한 형태의 자본에 대한 비용의 가중평균을 계산해서, 이 평균비용을 자본예산과정에 사용한다.

여러분이 이 장을 마치면 다음의 내용을 수행할 수 있어야 한다:

- 왜 가중평균자본비용(WACC)이 자본예산에서 사용되는지 설명할 수 있다.
- 부채, 우선주, 유보이익, 보통주와 같은 각기 다른 형태의 자본에 대한 비용을 추정할 수 있다.
- 기업의 WACC를 결정하기 위해 각기 다른 형태의 자본에 대한 비용들을 결합할 수 있다.

이러한 개념들은 기업의 자본예산과정을 이해하는 데 필수적이다.

10-1 가중평균자본비용(WACC)의 개요

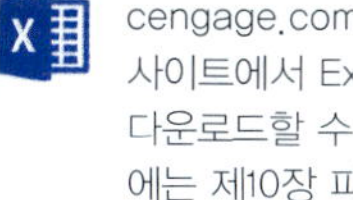

자료(Resource)

cengage.com의 본 교재 관련 사이트에서 Excel 챕터 모형들을 다운로드할 수 있다. 다운로드 후에는 제10장 파일을 열어 이 챕터를 읽으면서 따라 해보자.

<표 10.1>은 제3장에서 소개되었던 Allied Food Products의 재무상태표에 세 가지 내용이 추가된 것이다: (1) 회계상의 장부가치를 사용해서 계산된 투자자들(은행, 채권보유자, 주주)이 제공한 실제 자본, (2) 투자자들이 제공한 자본의 시장가치, 그리고 (3) Allied가 미래에 채택할 계획으로 있는 목표자본구조.

WACC를 계산할 때, 주된 관심사는 이자지급 부채, 우선주, 보통주와 같은 **투자자들에 의해 제공되는 자본**이다. 자본예산 프로젝트들이 착수될 때 자연스럽게 발생하는 매입채무나 미지급비용은 투자자들로부터 직접 조달된 것이 아니기 때문에 투자자들이 제공한 자본에 포함되지 않는다. <표 10.1>의 1열을 보면, 회계상의 장부가치를 사용해서 Allied의 자본은 47.8%의 부채와 52.2%의 자기자본으로 구성되어 있다는 것을 알 수 있다.

이러한 회계상의 측정치들은 중요하지만, Allied의 투자자들은 <표 10.1>의 2열에 제시된 이 회사의 부채와 자기자본의 현재 시장가치에 더 관심이 있다. 상황을 비교적 단순화하기 위해 Allied 부채의 시장가치는 그 장부가치와 같다고 가정한다(즉, 이 회사의 평균적인 기발행 채권은 액면가에 거래되고 있다고 가정한다).[4)] 자기자본의 시장가치는 발행주식 수에 현재의 주식가격을 곱한 금액이다. 제3장에서 Allied의 발행주

3) 만약 프로젝트들의 위험이 다르다면 하나의 단일한 기업의 자본비용이 아니라 위험조정자본비용(risk-adjusted cost of capital)이 사용되어야 한다. 이 문제는 10-9절에서 살펴본다.

4) 실제로 부채의 시장가치는 발행된 채권들이 할증가나 할인가 또는 액면가에 거래되고 있는지에 따라 그 장부가치보다 약간은 높거나 낮을 수 있다. 다시 한 번 사안을 단순화하기 위해 WACC를 계산할 때 일반적으로 부채의 시장가치는 그 장부가치와 같다고 가정한다.

〈표 10–1〉 Allied Food Products: WACC를 계산하기 위해 사용된 자본구조 ($백만)

자산 및 자산에 대한 청구권의 장부가치, 2021/12/31					투자자가 제공한 자본: 매입채무와 미지급비용은 투자자들이 제공한 것이 아니고 영업에서 발생하기 때문에 제외됨				
자산		청구권			장부가치 (1)		시장가치 (2)		목표 (3)
현금	$10	매입채무	$60	3.0%					
매출채권	375	미지급비용	140	7.0%					
재고자산	615	지급어음	110	5.5%	$110		$110		
총유동자산	$1,000	총유동부채	$310	15.5%					
순고정자산	$1,000	장기부채	750	37.5%	750		750		
		총부채	$1,060	53.0%	$860	47.8%	$860	33.2%	33.0%
		우선주	–	0.0%	–	0.0%	–	0.0%	2.0%
		보통주	130	6.5%	130				
		유보이익	810	40.5%	810				
		총자기자본	$940	47.0%	$940	52.2%	$1,730	66.8%	65.0%
총계	$2,000	총계	$2,000	100.0%	$1,800	100.0%	$2,590	100.0%	100.0%

주: 1. 시장가치의 계산은 회사의 부채가 액면가로 거래되고 있고, 따라서 부채의 시장가치는 그 장부가치와 같다고 가정한다.
2. 자기자본의 시장가치는 보통주의 가격에 발행주식 수를 곱한 금액이다. 2021/12/31 현재, 이 회사의 발행주식 수는 7,500만 주이고 그 주식은 주당 $23.06에 거래되고 있다.

식 수는 보통주 7,500만 주이며 이 주식은 현재 주당 $23.06에 거래되고 있다고 했고, 따라서 자기자본의 시장가치는 $17.3억이다. 이 경우 자기자본의 시장가치가 그 장부가치를 초과하기 때문에, 시장가치에 기초한 Allied의 자본구조는 회계상의 장부가치를 사용해서 계산된 자본구조하에서의 자기자본비율(52.2%)보다 더 높은 자기자본비율(66.8%)을 갖게 된다.

목표자본구조
기업이 향후 투자안에 대한 자금조달 시 사용할 계획인 부채, 우선주, 그리고 자기자본의 조합

이러한 시장가치에 기초한 수치들은 유용한 출발점이기는 하지만 궁극적으로 중요시되는 것은 **목표자본구조**(target capital structure)인데, 이것은 Allied가 미래의 투자안들에 자금을 제공하기 위해 어떻게 자본을 조달할 계획인지를 말한다. 제13장에서는 기업들이 어떻게 목표자본구조를 결정하는지에 관해 더 자세하게 살펴볼 것이다. 앞으로 설명하겠지만 기업의 가치를 극대화시키는 부채, 우선주, 자기자본의 비율인 최적자본구조(optimal capital structure)도 있다. <표 10.1>의 3열에 나타나 있는 것처럼 Allied Food는 목표자본구조가 부채 33%, 우선주 2%, 자기자본 65%라고 결론을 내렸고, 미래에도 이 비율을 유지하면서 자본을 조달할 계획이다. 따라서 Allied의 WACC를 계산하는 경우에는 이러한 목표가중치를 사용한다. 따라서 Allied의 전체 자본비용은 이 회사가 사용하고 있는 다양한 유형의 자본에 대한 비용들의 가중평균이고, 이때 가중치는 회사의 목표자본구조와 일치한다.

셀프 테스트

- WACC를 산정할 때 어떤 자본이 제외되고 그 이유는 무엇인가?
- 기업의 WACC를 산정할 때 장부가치나 시장가치, 또는 목표가중치가 사용되어야 하는가? 답을 설명하라.
- 장부가치나 시장가치 또는 목표치가 사용되는지에 따라 자본의 가중치는 왜 다를 수 있는가?

10-2 기본적인 정의

자본 구성요소
기업의 자금조달에 사용되는 자본의 각 유형

투자자가 제공한 자금인 부채, 우선주, 그리고 보통주는 **자본 구성요소**(capital component)라고 부른다. 자산의 증가는 반드시 이러한 자본 구성요소들의 증가를 통해 조달되어야 한다. 각 구성요소의 비용은 **구성요소 비용**(component cost)이라고 부르는데, 예를 들어 Allied가 8%로 자금을 차입할 수 있다면 부채의 구성요소 비용은 8%가 된다.[5] 이러한 비용들은 기업의 자본예산분석에 사용되는 WACC로 통합된다. 다음의 기호들은 각 구성요소의 비용과 가중치를 나타낸다:

r_d = 기업의 신규 부채에 대한 이자 = 세전 부채의 구성요소 비용. 이 비용은 기업의 현재 유통 중인 채권들에 대한 만기수익률을 계산하는 방법을 포함해서 여러 방식으로 구해질 수 있다.

$r_d(1-T)$ = 세후 부채의 구성요소 비용으로, 여기서 T는 기업의 한계세율이다. $r_d(1-T)$는 가중평균자본비용을 계산할 때 사용되는 부채비용을 의미한다. 앞으로 살펴보겠지만 이자는 세금이 공제되기 때문에 세후 부채비용은 세전 부채비용보다 낮다.

r_p = 우선주의 구성요소 비용으로, 투자자들이 우선주로부터 얻을 것으로 기대하는 수익률이다. 우선주 배당은 세금공제가 되지 않기 때문에 세전 및 세후 우선주의 자본비용은 동일하다.

r_s = 유보이익, 즉 내부자기자본(internal equity)을 통해 조달된 자기자본의 구성요소 비용. 이 자기자본비용은 제8장과 제9장에서 살펴본 r_s이고, 기업의 보통주에 대해 투자자들이 요구하는 수익률이라고 정의된다. 대

---

5) 세전 및 세후 부채비용이 있다는 것을 곧 살펴볼 텐데, 여기서는 8%가 세전 부채비용임을 아는 것으로 충분하다. 또한 단순화하기 위해 장기부채와 단기부채의 비용은 동일하다고 가정하며, 따라서 한 가지 유형의 부채만을 다루고 있는 것이다. 마지막으로 Allied의 각 자본 구성요소의 비용은 설명을 위한 예시에 불과하고, 실제의 경우를 보면 여기 제시된 Allied의 수치는 현재의 실제 수치보다 훨씬 높으며 오히려 장기 평균에 더 가깝다는 것을 알 수 있다.

부분의 기업들은 일단 안정된 이후에는 새로운 모든 자기자본을 유보이익을 통해 조달하기 때문에, r_s는 모든 신규 자기자본에 대한 비용이다.

r_e = 신규 주식을 발행해서 조달된 자기자본, 즉 **외부자기자본**(external equity)의 구성요소 비용. 앞으로 살펴보겠지만 r_e는 r_s에 새로운 주식을 발행하는 비용을 반영한 요소를 더한 것과 같다. 하지만 Allied Food와 같이 안정된 기업들은 새로운 주식을 거의 발행하지 않기 때문에, 설립 초창기인 빠르게 성장하고 있는 기업들을 제외하고는 r_e는 실제적으로 중요한 고려대상이 아니다.

w_d, w_p, w_c = 부채, 우선주, 그리고 자기자본(내부자기자본인 유보이익 및 외부자기자본인 신규 보통주로 구성)의 목표가중치. 이 가중치들은 기업이 미래에 자본을 조달할 때 사용하려고 계획하고 있는 다른 유형들의 각 자본에 대한 비율이다. 목표가중치들은 실제의 현재 가중치들과는 다를 수 있다.[6)]

WACC = 기업의 가중평균자본비용, 즉 기업 전체의 자본비용.

가중평균자본비용(WACC)
부채, 우선주, 자기자본에 대한 구성요소 비용의 가중평균

부채(w_d), 우선주(w_p), 그리고 자기자본(w_c)의 목표비율은 각 구성요소들의 비용과 함께 기업의 **가중평균자본비용**(weighted average cost of capital), WACC를 계산하는 데 사용된다. 이 시점에서 모든 신규 자기자본은 유보이익을 통해 조달된다고 가정하는데, 이 가정은 대부분의 기업들에 해당된다. 따라서 자기자본비용은 r_s이다.

$$\text{WACC} = \begin{pmatrix}\text{부채의}\\\text{구성비,}\\\%\end{pmatrix}\begin{pmatrix}\text{세후}\\\text{부채비용}\end{pmatrix} + \begin{pmatrix}\text{우선주의}\\\text{구성비,}\\\%\end{pmatrix}\begin{pmatrix}\text{우선주의}\\\text{자본비용}\end{pmatrix} + \begin{pmatrix}\text{자기자본의}\\\text{구성비,}\\\%\end{pmatrix}\begin{pmatrix}\text{자기자본}\\\text{비용}\end{pmatrix}$$

$$= w_d r_d(1-T) + w_p r_p + w_c r_s \tag{10.1}$$

오직 부채만이 세금조정 요인인 (1 − T)를 가지고 있다는 점에 유의할 필요가 있다. 다음 절에서 살펴보겠지만, 이것은 부채에 대한 이자는 세금이 공제되지만 우선주의 배당과 보통주의 수익(배당 및 자본이득)은 그렇지 않기 때문이다.

이러한 정의들과 개념들을 앞으로 이 장에서 Allied Food의 사례를 이용해서 논의

---

6) 제13장에서 기업들이 어떻게 부채, 우선주, 보통주의 목표가중치를 결정하는지에 대해 더 자세하게 살펴볼 것이다. 본문에서 언급한 대로 이 목표가중치들은 현재의 실제 가중치들과 다를 수 있다. 현재의 가중치들은 장부가치나 시장가치를 사용해서 추정할 수 있다. 장부가치는 기업의 재무상태표로부터 직접 구할 수 있는 반면에, 시장가치는 기업의 부채, 우선주와 보통주의 현재 시장가격에 기반한다. 예를 들어, 자기자본의 시장가치는 현재의 주식가격과 발행주식 수를 곱해서 구할 수 있다. 이론적인 관점에서 보면 대부분의 애널리스트들은 시장가치가 기업의 현재 자본구조에 대한 더 나은 평가수단이라고 생각한다. 하지만 때때로 신용평가사나 증권애널리스트들은 기업의 재무상태를 평가할 때 장부가치에 근거한 가중치도 고려할 것이다.

한다. 다음에 논의하게 될 자본구조에서는 논의를 확대하여 기업의 자본비용을 최소화하고 기업의 가치를 최대화하는 최적의 증권들의 조합에 대해 살펴본다.

셀프 테스트

- 기업의 세 가지 주요한 자본구조 구성요소들을 분류하고, 각 구성요소들의 비용과 가중치를 기호로 표시하라.
- 자기자본에는 왜 두 가지 다른 구성요소 비용이 있을 수 있는가? 어느 비용이 일반적으로 관련 있으며, 어떤 기업들에서 두 번째 비용이 실제적으로 중요할 가능성이 높은가?
- 어떤 회사의 부채비율은 현재 50%이지만 미래에는 이 비율을 40%로 유지하면서 자금조달을 할 계획이라면, 이 회사의 WACC를 계산할 때 어느 것을 w_d로 사용해야 하는가? 답을 설명하라.

10-3 부채의 자본비용, $r_d(1-T)$

세전 부채비용, r_d
기업이 신규 부채에 대해 부담해야 하는 이자율

세후 부채비용, $r_d(1-T)$
이자의 세금공제효과가 고려된 신규 부채의 실질적 비용으로 WACC 계산에 사용된다.

기업이 신규 부채에 대해 지급해야 하는 이자는 **세전 부채비용**(before-tax cost of debt) r_d로 정의된다. 기업은 차입하는 경우에 비용이 얼마일지를 은행에 물어보거나 현재 유통 중인 그 기업의 부채에 대한 만기수익률을 구함으로써 r_d를 추정할 수 있다(제7장 참조). 하지만 가중평균자본비용을 산정하기 위해서는 **세후 부채비용**(after-tax cost of debt) $r_d(1-T)$를 사용해야 한다. 이것은 신규 부채에 대한 이자율 r_d에서 이자는 세금을 공제받기 때문에 발생하는 절세효과(tax savings)를 차감해서 구한다:[7)]

$$\begin{aligned} \text{세후 부채비용} &= \text{신규 부채에 대한 이자율} - \text{절세효과} \\ &= r_d - r_d T \\ &= r_d(1-T) \end{aligned} \tag{10.2}$$

실질적으로 이자비용은 세금을 공제받기 때문에 부채의 자본비용에 대한 일부분은 정부가 부담하는 것이다. 따라서 만약 Allied가 8%의 이자율로 자금을 차입했고 한계세율은 25%라고 한다면 그 세후 부채비용은 6%이다:[8)]

---

7) 만약 Allied가 $100,000의 자금을 8%의 이자율로 차입했다면, 매년 $8,000의 이자를 지급해야 한다. 하지만 이자 $8,000에 대해서는 세금공제가 되기 때문에, 세율이 25%라면 연간 $2,000만큼의 세금을 절약할 수 있다. 손실이 난 회사는 세율이 0%이다. 따라서 세금을 지불하지 않는 회사에 대해서는 부채의 자본비용이 줄어들지 않는다. 식 (10.2)에서 만약 세율이 0%라면 세후 부채비용은 감소하지 않고 단순하게 세전 부채비용과 같아질 것이다.

8) 2020년도 기준으로 기업들에 대한 연방세율은 균일 세율인 21%이다. 하지만 대부분의 기업들은 주정부에도 소득세를 내야 하는데, 여기서는 설명하기 위한 목적으로 한계소득에 대한 실효세율은 연방세율과 주세율을 합쳐서 25%라고 가정한다.

$$\begin{aligned} \text{세후 부채비용} &= r_d(1-T) \\ &= 8\%(1.0-0.25) \\ &= 8\%(0.75) \\ &= 6.0\% \end{aligned}$$

WACC를 계산할 때 세후 부채비용을 사용하는 것은 우리의 주된 관심사가 주식가치의 극대화이고 주식가격은 **세후** 현금흐름에 달려 있기 때문이다. 우리의 관심사는 세후 현금흐름이고 현금흐름과 수익률은 비교가능한 근거하에서 계산되어야 하기 때문에, 부채가 갖고 있는 세제 혜택을 고려해서 이자율을 하향조정한다.[9]

중요한 점은 부채의 자본비용은 현재 유통 중인 부채에 대한 이자율이 아니라 **신규** 부채에 대한 이자율이라는 것이다. 자본비용과 관련된 최우선의 관심사는 자본예산의 의사결정에 사용하는 것이기 때문에, 신규 부채의 자본비용에 관심이 있는 것이다. 예를 들면, 새로운 기계는 그 기계를 구입하는 데 요구되는 자본비용보다 더 높은 수익을 낼 것인가? 이 질문에 답하려면, **신규 자본**의 비용을 알 필요가 있기 때문에 이 회사가 과거 차입할 때 적용되었던 이자율은 관계가 없게 된다. **이런 이유로 유통 중인 부채의 만기수익률(현재 시장상황을 반영한다)은 이표이자율보다 더 나은 측정치이다.** 만약 수익률곡선이 우상향하거나 우하향하는 기울기를 갖고 있다면, 장기부채와 단기부채의 자본비용은 다를 것이다. 이런 경우들에 있어서는, 자본은 대개 기업의 장기적인 프로젝트들에 투자할 목적으로 조달되기 때문에, 일반적으로 그 기업의 장기부채에 대한 만기수익률이 부채의 자본비용을 계산하는 데 사용된다.[10] 하지만 제15장에서 볼 것처럼 어떤 회사들은 투자안들에 대한 자금조달을 할 때 단기부채와 장기부채를 함께 사용한다. 이런 경우에 부채의 자본비용을 계산할 때, 이 회사들은 앞으로 사용할 계획인 장기부채와 단기부채의 비중에 기초해서 부채비용의 평균을 산정하는 선택을 할 수도 있다.

---

9) 엄격히 말하면 세후 부채비용은 기대부채비용을 반영해야 한다. Allied의 채권은 약정수익률이 8%이지만, 채무불이행의 가능성도 일부 있다. 따라서 채권보유자들의 기대수익률(따라서 Allied의 비용)은 8%보다는 다소 낮게 된다. Allied와 같이 비교적 건실한 기업에서는 이 차이가 매우 작을 것이다. 이 장의 뒷부분에서 살펴볼 것처럼 Allied가 채권을 발행할 때는 발행비용 또한 발생하지만, 약정수익률과 기대수익률 간의 차이와 마찬가지로 부채의 발행비용은 일반적으로 작다. 마지막으로 이 두 요인들은 서로 상쇄되는 경향이 있다는 것에 주목할 필요가 있는데, 채무불이행의 가능성을 포함시키지 않으면 부채의 자본비용은 확대되어 나타나는 결과가 되고, 반면에 발행비용을 포함시키지 않으면 이 비용은 축소되어 나타나는 결과가 된다. 이런 모든 이유들 때문에, 일반적으로 r_d와 $r_d(1-T)$는 각각 세전 부채비용과 세후 부채비용에 대한 적절한 근사치이다.

10) 부채의 자본비용에 대한 진정한 측정치를 구하기 위해서는 수의상환이 불가능하고 보통주로 전환이 가능하지 않은 유통 중인 부채에 대한 만기수익률을 사용해야 한다.

셀프 테스트

- WACC를 계산할 때, 세후 부채비용을 왜 세전 부채비용 대신 사용하는가?
- 적절한 부채의 자본비용은 왜 이미 발행된 예전의 부채에 대한 이자율이 아니고 신규 부채에 대한 이자율인가?
- 기업의 세전 부채비용을 추정하기 위해 그 기업이 발행한 부채에 대한 만기수익률이 어떻게 사용될 수 있는가?
- 한 회사가 발행한 채권은 20년 만기의 수의상환이 불가능한 채권이고, 액면가는 $1,000, 연 1회 지급의 이표이자율은 11%, 현재 시장가격은 $1,294.54이다. 만약 이회사가 새로운 부채를 발행한다면, 이 부채에 대한 이자율의 적절한 추정치는 얼마인가? 이 회사의 세율이 25%라면, 세후 부채비용은 얼마인가? **(8.0%, 6.0%)**

10-4 우선주의 자본비용, r_p

우선주의 자본비용, r_p
투자자들이 우선주에 대해 요구하는 수익률로 r_p는 우선주에 대한 배당금(D_p)을 현재 우선주의 가격(P_p)으로 나눠서 계산된다.

WACC를 산정하는 데 사용되는 **우선주의 비용**(cost of preferred stock) r_p는 우선주의 배당 D_p를 현재 우선주의 가격 P_p로 나눠서 구한다:

$$\text{우선주의 구성요소 비용} = r_p = \frac{D_p}{P_p} \tag{10.3}$$

현재 Allied에는 발행된 우선주가 없지만, 이 회사는 앞으로 우선주를 발행할 계획이기 때문에 목표자본구조에 우선주가 포함되어야 한다. Allied는 이 우선주를 소수의 대규모 헤지펀드(hedge fund)들에게 판매할 것이고, 주당 배당금은 $10이며 가격은 $97.50으로 정해질 것이다. 따라서 Allied의 우선주의 비용은 10.3%가 될 것이다:[11]

$$r_p = \$10.00/\$97.50 - 10.3\%$$

식 (10.3)에서 알 수 있듯이, 우선주의 비용을 계산하는 것은 쉬운 일이다. 이것은 고정된 배당을 영구적으로 지급하는 전통적인 "평범한(plain vanilla)" 우선주에 대해서는 특히 그렇다. 하지만 제9장에서 어떤 우선주들은 특정한 만기일을 갖고 있고, 이러한 우선주들에 대해서 기대수익률을 계산하는 방법을 살펴봤다. 또한 우선주가 보통주로 전환되는 선택권을 포함하고 있을 수도 있는데, 이렇게 되면 또 다른 차원의 복잡성이 추가될 것이다. 이런 복잡한 상황들은 고급과정의 수업에서 다루게 될 것이다.

---

11) 이 우선주는 일단의 헤지펀드들에게 직접 판매될 것이기 때문에 발행비용은 발생하지 않을 것이다. 이 장의 뒷부분에서 설명하겠지만, 만약 발행비용이 발생하는 경우라면 우선주의 자본비용은 상향조정되어야 한다.

마지막으로, 우선주의 비용 r_p를 계산할 때에는, 부채에 대한 이자와는 다르게 우선주의 배당에 대해서는 세금공제가 없기 때문에 세금으로 인한 조정은 발생하자 않고, 따라서 우선주와 관련된 절세효과는 없다는 점을 명심하라.

셀프 테스트

- 우선주의 비용에서 세금을 조정해야 할 부분이 있는가? 그 이유는 무엇인가?
- 한 회사의 우선주가 현재 $80에 거래되고 있고 주당 연 $6의 배당을 지급한다. 발행비용을 무시하면, 이 회사의 우선주에 대한 비용은 얼마인가? **(7.50%)**

10-5 유보이익의 자본비용, r_s

유보이익의 자본비용, r_s
기업의 보통주에 대해 주주들이 요구하는 수익률

신규 보통주의 자본비용, r_e
외부자기자본비용으로, 유보이익의 자본비용에 기초하고 있지만 신규 보통주 발행 시에 소요되는 발행비용으로 인해 높아진다.

부채의 자본비용이나 우선주의 자본비용은 투자자들이 이 증권들에 대해 요구하는 수익률에 기초하고 있다. 이와 비슷하게, 자기자본비용은 투자자들이 그 회사의 보통주에 대해 요구하는 수익률에 기초한다. 하지만 신규 자기자본의 증가는 두 가지 방법으로 이루어진다는 점에 주목하라: (1) 올해의 이익의 일부를 유보하는 방법, (2) 신규 보통주를 발행하는 방법.[12] **유보이익의 자본비용**(cost of retained earnings)은 r_s로 표기하고, **신규 보통주의 자본비용**(cost of new common stock) 혹은 외부자기자본비용(cost of external equity)은 r_e라고 표기한다. 주식을 발행해서 조달된 자기자본은 새로운 보통주를 발행하는 데 필요한 발행비용 때문에 유보이익을 통해 조달된 자기자본보다 비용이 더 높게 된다. 그러므로 기업들은 설립 초기단계를 지난 후에는 보통이익을 유보함으로써 새로운 자기자본의 전부를 조달한다.

유보이익은 배당금을 지급하고 "남은" 돈이기 때문에 "공짜"이어야 한다는 주장이 있다. 이 주장은 유보이익과 관련된 직접적인 비용은 없다는 측면에서 사실이지만, 이 자본에도 역시 **기회비용**이라는 비용이 있다. 기업의 세후 이익은 주주에게 귀속된다. 채권보유자들에 대한 보상은 이자지급을 통해 이루어지고, 우선주 주주들에 대한 보상

12) 유보이익(retained earnings)이라는 용어는 이전 기간들에 걸쳐서 기업에 내부유보된 모든 이익으로 구성된 재무상태표상의 유보이익 항목이나 손익계산서상의 신규발생 유보이익(addition to retained earnings) 항목을 의미하는 것으로 해석될 수 있다. 이 장에서는 손익계산서상의 항목이 관련되는데, 목적상 여기서 유보이익이라고 할 때는 배당으로 지급되지 않은 금년도의 순이익 부분(따라서 사업에 대한 재투자를 위해 금년도에 사용가능)을 말한다. 이 구분이 명확하지 않다면, <표 3.1>에 제시된 Allied의 재무상태표를 다시 보자. 2020년도 말 Allied의 유보이익은 $7.5억이고, 이 유보이익은 2021년도 말에는 $8.1억으로 증가했다. 그 다음에 2021년도의 손익계산서를 보면, Allied가 2021년의 순이익 중에 $6,000만을 내부유보한 것을 알 수 있다. 이 $6,000만은 유보이익을 통해 조달된 신규 자기자본이며, 일부 추가적인 부채와 함께 2021년도 자본예산 프로젝트들에 투자하기 위해 사용되었다. 또한 2020년도와 2021년도의 재무상태표에서 각 연도 말에 Allied의 보통주는 $1.3억인 것을 알 수 있다. 이는 Allied가 2021년도에 자본조달을 하는 경우 어떤 신규 보통주도 발행(판매)하지 않았다는 것을 나타낸다.

은 우선주 배당을 통해 이루어진다. 하지만 이자지급과 우선주 배당을 한 후의 순이익은 보통주 주주들에게 귀속되는데, 이 순이익은 보통주 주주들의 자본을 사용하는 데 대한 보상의 역할을 한다. 주주들을 위해 일하는 경영자들은 배당의 형태로 순이익을 배분하거나 사업에 재투자하기 위해 순이익을 유보할 수 있다. 경영자들이 이러한 의사결정을 내릴 때에는 여기에 기회비용이 관련되어 있다는 것을 인식해야 하는데, 즉, 주주들은 지급받는 배당금으로 다른 주식들이나 채권 또는 부동산이나 그 밖의 어떤 것에라도 투자할 수 있다. 따라서 기업은 적어도 그 주주들이 동일한 위험 수준의 대체투자들에서 얻을 수 있는 만큼의 수익률을 유보된 이익에 대해서도 얻어야 한다.

동등한 위험을 갖는 투자들에 대해 주주들은 어느 정도의 수익률을 기대할 수 있을까? 먼저 제9장에서 살펴본 것처럼, 주식들은 보통 균형상태에 있으며 기대수익률과 요구수익률은 같다($\hat{r}_s = r_s$)는 것을 상기하라. 따라서 Allied의 주주들은 그들이 투자한 돈에 대해서 r_s를 얻을 수 있을 것이라고 기대한다. 그러므로 기업이 유보이익을 적어도 r_s를 얻을 수 있는 것에 투자할 수 없다면, 그 기업은 유보이익을 주주들에게 지급해서 그들로 하여금 직접 r_s의 수익률을 내는 주식이나 다른 자산들에 투자하게 해야 한다.

그런데 부채나 우선주는 그 비용에 대한 내용이 계약서에 명시된 계약상 의무인 반면에, 주식의 경우에는 이에 상응하는 의무가 계약서에 명시되어 있지 않다. 바로 이런 점이 r_s를 측정하기 어렵게 만든다. 그렇지만 유보이익의 자기자본비용에 대한 합리적인 추정치들을 구하기 위해 이전의 제8장과 제9장에서 살펴봤던 방법들을 사용할 수 있다. 우선, 주식이 균형상태에 있다면, 그 주식의 요구수익률(r_s)과 기대수익률($\hat{r}_s$)은 반드시 같아야 한다는 점을 상기하라. 또한 요구수익률은 무위험이자율(r_{RF})과 위험프리미엄(RP)의 합과 같은 반면에, 주식에 대한 기대수익률은 배당수익률(D_1/P_0)과 기대성장률(g)의 합과 같다. 따라서 다음의 식과 같이 나타낼 수 있고, 이 식의 좌측항이나 우측 항, 혹은 두 개의 항 모두를 이용해서 r_s를 추정할 수 있다:

$$\text{요구수익률} = \text{기대수익률}$$
$$r_s = r_{RF} + RP = D_1/P_0 + g = \hat{r}_s \tag{10.4}$$

좌측 항은 제8장에서 논의된 자본자산가격결정모형(CAPM)에 기초하고, 우측 항은 제9장에서 살펴본 배당할인모형에 기초한다. 다음 절들에서는 이 두 가지 절차들과 더불어 기업 자체의 부채비용에 기초한 절차에 대해 논의한다.

10-5A CAPM 접근법

자기자본비용을 추정하는 데 가장 널리 쓰이는 방법은 제8장에서 살펴본 자본자산가격결정모형(CAPM)이다.[13] r_s를 구하기 위해 사용되는 절차는 다음과 같다:

단계 1: 무위험이자율 r_{RF}를 추정하라. 통상 무위험이자율을 측정하기 위해 10년 만기의 미국 재무부채권을 사용하지만, 일부 애널리스트들은 단기의 미국 재무부채권을 사용한다.

단계 2: 주식의 베타계수 b_i를 추정하고, 이 베타계수를 주식의 위험에 대한 지표로 사용하라. 여기서 i는 i번째 회사의 베타를 나타낸다.

단계 3: 시장위험프리미엄(RP_M)을 추정하라. 시장위험프리미엄은 투자자들이 평균 주식에 대해 요구하는 수익률과 무위험이자율의 차이이다.[14]

단계 4: 분석 중인 주식에 대한 요구수익률을 추정하기 위해 앞서의 수치들을 CAPM의 식에 대입하라:

$$\begin{aligned} r_s &= r_{RF} + (RP_M)b_i \\ &= r_{RF} + (r_M - r_{RF})b_i \end{aligned} \quad (10.5)$$

이렇게 r_s에 대한 CAPM 추정치는 무위험이자율(r_{RF}) 및 평균 주식에 대한 위험프리미엄($r_M - r_{RF}$)에 베타계수(b_i)로 측정된 개별 주식의 위험을 반영해서 일정 비율로 확대시키거나 축소시킨 위험프리미엄의 합과 같다.

현재 무위험이자율은 $r_{RF} = 4.5\%$, 시장위험프리미엄은 $RP_M = 5.0\%$, 그리고 Allied의 베타는 1.50이라고 가정하자. CAPM 접근법을 이용하면, Allied의 자기자본비용은

---

13) John Graham과 Campbell Harvey의 설문조사에서는 자기자본비용을 추정하기 위해 CAPM 접근법을 가장 많이 사용하는 것으로 나타났다. 조사한 기업들의 70% 이상이 CAPM 접근법을 사용하고 있다고 응답했다. 일부 경우들에서는 r_s를 결정하는 단 하나의 요인으로 CAPM의 베타를 사용했지만, 기업들은 추정치를 향상시킨다고 생각되는 다른 요인들을 추가하기도 했다. 더 자세한 내용은 John R. Graham and Campbell R. Harvey, "The Theory and Practice of Corporate Finance: Evidence from the Field," *Journal of Financial Economics*, vol. 60, nos. 2 and 3(May-June 2001), pp. 187-243을 참조하라. 자본비용을 추정하기 위해 기업들이 사용하는 기법들에 대한 추가적인 설문조사 결과는 W. Todd Brotherson, Kenneth Eades, Robert Harris, and Robert Higgins, "'Best Practices' in Estimating the Cost of Capital: An Update," *Journal of Applied Finance: Theory, Practice, Education*, vol. 23, no. 1(2013), pp. 15-33을 참조하라.

14) r_{RF} 및 시장위험프리미엄을 추정하는 데 있어서 장기이자율이나 단기이자율을 일관성 있게 사용하는 것이 중요하다. 시장위험프리미엄($RP_M = r_M - r_{RF}$)은 무위험이자율 추정에 사용된 측정치에 따라 다르게 나타난다. 수익률곡선은 보통 우상향하기 때문에, 10년 만기의 장기 국채수익률은 통상적으로 단기 국채수익률보다 높다. 이러한 경우에 더 높은 장기 채권수익률을 무위험이자율로 사용하게 되면 시장위험프리미엄의 추정치는 낮아지게 될 것이다. 어떤 이자율을 사용하든지 시장위험프리미엄을 구하기 위해 사용되는 r_{RF}는 CAPM 식에서 첫 번째 항에 사용된 r_{RF}와 동일해야 한다.

12.0%로 추정된다:

$$r_s = 4.5\% + (5.0\%)(1.50) = 12.0\%$$

CAPM을 통해서 r_s에 대한 정확한 추정치를 구하는 것처럼 보이지만 몇 가지 잠재적인 문제점들이 존재한다. 우선 먼저 제8장에서 보았듯이, 한 기업의 주주들이 잘 분산된 투자자들이 아니라면 시장위험보다는 **개별자산의 위험**(stand-alone risk)을 더 우려할 수도 있다. 이러한 경우에, 그 기업의 진정한 투자위험은 베타로 측정되지 않을 것이고, CAPM을 사용해서 구한 추정치는 올바른 r_s의 수치를 축소해서 나타낼 것이다. 더욱이 CAPM 이론이 타당하다고 하더라도 입력해야 할 추정치들의 정확한 수치를 구하는 것은 쉽지 않은데, 그 이유는 (1) 무위험수익률 r_{RF}로 장기 국채수익률을 사용할 것인지 단기 국채이자율을 사용할 것인지에 논란이 있고, (2) 투자자들이 미래에 예상하는 회사의 베타를 추정하기가 어려우며, (3) 적절한 시장위험프리미엄을 추정하는 것이 어렵기 때문이다. 앞에서 언급한 바와 같이, CAPM 접근법은 가장 흔히 쓰이는 방법이지만, 방금 지적한 문제점들 때문에 애널리스트들은 다음 절들에서 논의하는 다른 접근법들을 사용해서 자기자본의 비용을 추정하기도 한다.

10-5B 위험프리미엄 가산 채권수익률 접근법

비공개기업의 경우에는 특히 그렇지만 CAPM 접근법에 필요한 신뢰할 만한 입력수치들이 이용가능하지 않은 상황에서는 자기자본의 비용을 추정하기 위해 애널리스트들은 종종 다소 주관적인 절차를 사용하기도 한다. 실증분석에 의하면, 어떤 기업의 주식에 대한 위험프리미엄은 그 기업의 채권보다 3~5%포인트 정도 높은 범위에 있다고 한다.[15] 이에 근거해서, 자기자본의 비용을 추정하기 위해 그 기업이 보유하고 있는 장기부채에 대한 이자율에 주관적 판단상의(judgmental) 위험프리미엄 3~5%를 단순히 가산할 수도 있다. 위험하고 신용등급이 낮아서 이자율이 높은 부채를 보유하고 있는 기업들은 자기자본 또한 위험하고 비용도 높을 것이다. 기업의 이미 관측가능한 부채의 자본비용에 기초해서 그 기업의 자기자본비용을 추정하는 절차는 이 논리를 이용한 것이다. 예를 들어, Allied의 채권수익률이 8%라고 하면 Allied의 자기자본비용은 다음과 같이 추정될 수 있다:

---

15) Roger G. Ibbotson은 보통주와 회사채에 대한 역사적 수익률을 계산해서 그 차이를 회사채 대비 주식의 **역사적 위험프리미엄**(historical risk premium)으로 사용했다. 역사적 위험프리미엄은 연도별로 변동하지만 보통 3~5%의 범위 내에 있다. 또한 애널리스트들은 어느 특정 산업 내에 상장된 기업들을 대상으로 자기자본에 대한 CAPM 요구수익률을 계산해서 평균을 구하고, 여기에서 이 기업들의 평균 채권수익률을 차감했는데, 그 차이를 **기대위험프리미엄**(expected risk premium)으로 사용했다. 이 위험프리미엄 추정치들도 보통 3~5%의 범위 내에 있다.

$$r_s = \text{채권수익률} + \text{위험프리미엄} = 8.0\% + 4.0\% = 12.0\%$$

더 위험이 큰 회사의 채권은 더 높은 채권수익률 12%를 가진다. 이 경우에 추정된 자기자본비용은 16%가 될 것이다:

$$r_s = 12.0\% + 4.0\% = 16.0\%$$

4%의 위험프리미엄은 주관적인 판단에 기초한 추정치이기 때문에, r_s의 추정수치 또한 주관적이다. 이렇게 3~5%의 위험프리미엄에 대한 범위를 사용해서 Allied의 자기자본비용을 11~13%의 범위로 구할 수 있다. 이런 방법이 정확한 자기자본비용을 산정하는 것은 아니지만, 최소한 "근접한 비용을 예측"할 수는 있다.

10-5C 성장률 가산 배당수익률 또는 현금흐름할인(DCF) 접근법

제9장에서 살펴본 바와 같이, 보통주의 가격과 기대수익률은 궁극적으로 그 주식의 기대현금흐름에 따라 결정된다. 사업이 영속적으로 유지되는 회사의 경우 현금흐름은 배당을 의미하고, 반면에 만약 투자자들이 다른 회사에 인수되거나 청산될 것이라고 예상한다면, 이 경우의 현금흐름은 수년 동안의 배당금과 회사가 인수되거나 청산되는 시점인 경계일에서의 가격의 합계가 될 것이다. Allied도 대부분의 기업들과 같이 영구히 지속될 것이라고 예상되고, 이 경우에 다음과 같은 식을 적용한다:

$$P_0 = \frac{D_1}{(1+r_s)^1} + \frac{D_2}{(1+r_s)^2} + \cdots + \frac{D_\infty}{(1+r_s)^\infty} \qquad (10.6)$$

$$= \sum_{t=1}^{\infty} \frac{D_t}{(1+r_s)^t}$$

여기서 P_0는 현재의 주식가격이고, D_t는 t년도 연말에 지급될 것으로 기대되는 배당, 그리고 r_s는 요구수익률이다. 만약 배당이 일정성장률로 증가한다면, 제9장에서 본 것처럼 식 (10.6)은 다음의 중요한 공식으로 축약된다:[16)]

$$P_0 = \frac{D_1}{r_s - g} \qquad (10.7)$$

16) 성장률이 일정할 것으로 예상되지 않는 경우에도 r_s를 추정하기 위해 여전히 DCF 절차가 사용될 수 있지만, 이러한 경우에는 이 장의 단원별 엑셀모형에서 설명된 절차들을 사용해서 평균 성장률을 계산하는 것이 필요하다.

자기자본에 대한 요구수익률을 구하기 위해 r_s에 대해서 풀면 되고, 한계투자자의 경우 요구수익률은 또한 기대수익률과 같다:

$$r_s = \hat{r}_s = \frac{D_1}{P_0} + \text{기대 } g \tag{10.8}$$

이렇게 투자자들은 총기대수익률($\hat{r}_s$)로 배당수익률(D_1/P_0)과 자본이득률(g)의 합을 얻을 것으로 기대하고, 균형상태에서 이 기대수익률은 또한 요구수익률(r_s)과 같다. 자기자본비용을 추정하는 이 방법은 **배당할인모형**(discounted cash flow: DCF)이라고 부른다. 이제부터 균형상태가 존재한다고 가정하고, r_s와 $\hat{r}_s$를 대체가능한 용어로 함께 사용한다.

배당수익률을 계산하는 것은 쉽지만, 주식가격이 변동하기 때문에 배당수익률은 매일 변한다. 이는 DCF로 계산한 자기자본비용도 변동하는 결과를 낳는다. 또한 적당한 성장률을 결정하는 것도 쉽지 않다. 만약 이익과 배당의 과거 성장률이 비교적 안정적이고 투자자들은 과거의 추세가 지속될 것이라고 기대한다면, 성장률 g는 그 기업의 역사적 성장률에 기초할 수 있다. 하지만, 만약 특수한 상황에 기인하거나 혹은 전반적인 경제 변동 때문에 회사의 과거 성장률이 비정상적으로 높거나 낮았다면, 투자자들은 미래에 대한 성장률을 역사적 성장률에 근거하여 추정하지는 않을 것이다. 이 경우 Allied에도 적용되지만 g는 다른 방식으로 구해져야 한다.

증권애널리스트들은 추정 매출액, 매출액이익률, 경쟁 상황 등과 같은 요인들을 고려해서 주기적으로 이익과 배당에 대한 성장률을 추정한다. 예를 들어, 많은 도서관에서 이용가능한 Value Line Investment Survey는 1,700여 개 회사의 성장률 추정치를 제공하고 있으며, Citigroup, UBS, Credit Suisse, Morgan Stanley 등과 같은 여러 기관들도 이와 유사한 추정을 한다. 이러한 추정들의 평균치는 Yahoo! Finance나 다른 웹사이트에서 이용할 수 있다. 따라서 어떤 기업에 대해 자기자본비용을 추정할 때, 애널리스트들의 추정치들을 구해서 그 추정치들을 투자자들이 일반적으로 기대하는 성장률의 대용치로 사용할 수 있다. 그 다음에 이 성장률 g와 현재의 배당수익률을 합해서 $\hat{r}_s$를 추정할 수 있다:

$$\hat{r}_s = \frac{D_1}{P_0} + \text{증권애널리스트들에 의해 추정된 성장률}$$

다시 한 번 명심할 것은 이 $\hat{r}_s$의 추정치가 g는 미래에 일정하다는 가정에 기초한다는 점이다. 그렇지 않다면, 미래 기대성장률의 평균을 사용해야 한다.[17)]

DCF 접근법을 예를 들어 설명하기 위해, Allied의 주식은 $23.06에 거래되고 있고,

다음번 기대배당금은 $1.21이며 애널리스트들은 그 성장률을 5.5%로 예상하고 있다고 가정하자. Allied의 기대수익률과 요구수익률(따라서 유보이익의 자본비용)은 10.7%로 추정된다:

$$\hat{r}_s = r_s = \$1.21/\$23.06 + 5.5\%$$
$$= 5.2\% + 5.5\%$$
$$= 10.7\%$$

DCF 방법에 기초해서 계산된 10.7%는 이익을 배당으로 주주들에게 지불하는 대신에 회사의 사업에 재투자하는 것을 정당화하기 위해 유보이익에 대해서 얻어야 하는 최소수익률이다. 다시 말하면, 투자자들은 이익이 배당으로 지급된다면 10.7%의 수익률을 얻을 기회를 가진다고 생각하기 때문에, 유보이익을 통해 조달된 자기자본의 기회비용은 10.7%이다.

10-5D 다양한 추정치들의 평균

앞의 예에서 Allied의 추정된 자기자본비용은 CAPM 방법에 의하면 12.0%, 위험프리미엄 가산 채권수익률 방법에 의하면 12.0%, DCF 방법에 의하면 10.7%이었다. 그렇다면 회사는 어떤 방법을 사용해야 할까? 만약 경영진이 이 중에서 한 가지 방법에 신뢰를 가지고 있다면, 아마도 그 방법의 추정치만을 사용할 것이다. 그렇지 않다면 세 방법에 대해 특정한 가중치를 적용한 가중평균을 사용할 수도 있다.

컨설턴트의 입장에서 우리는 다양한 경우에 대해 기업의 자본비용을 추정했다. 보통 세 가지 방법 모두를 고려하지만, 상황에 따라 가장 적합해 보이는 방법에 더 큰 비중을 두고 전적으로 의존한다. 재무관리에서의 의사결정이 대부분 그렇듯이 판단은 중요하고 여기서도 작용을 한다. 또한 우리는 최종적인 추정치가 거의 확실하게 얼마간은 부정확할 것이라는 것을 인식하고 있다.[18] 따라서 우리는 일정한 범위를 제시하고 우리의 판단에 의하면 자기자본비용이 그 범위 내에 있다고 말하려고 시도한다. Allied의 경영진은 CAPM의 사용을 선호하고 따라서 이 회사의 WACC 계산에는

---

17) 애널리스트들의 성장률 추정은 보통 향후 5년 기간을 대상으로 하며, 제공되는 성장률은 이 5년 기간의 평균 성장률을 나타낸다.

18) 투자은행들은 일반적으로 자본비용과 같은 개념들에 대해 전문가로 간주되고, 그들의 분석에 대해 엄청난 보수를 지급받는다. 하지만 이러한 투자은행들이 항상 정확한 것은 아니다. 예를 들어, 그때 당시에 다섯 번째로 큰 투자은행이었던 Bear Stearns의 주식은 2008년 3월 14일 금요일에 종가가 $30이었고, 직원들은 회사 주식의 33%를 소유하고 있었다. 이 회사의 이사회는 일요일에 임시회의를 개최하고 주당 $2에 JPMorgan에게 회사를 매각하기로 합의했다. 2008년에 Bear Stearns는 결국 JPMorgan에 주당 $10에 매각되었고, 그 이후로 Bear Stearns라는 회사명의 사용은 중단되었다. 여기서 알 수 있는 것처럼 투자은행들조차도 항상 맞는 것은 아니기 때문에, 당신에게 일단의 수치들이 주어지고 비교적 간단한 계산을 요하는 경우가 아니라면 결과의 정확성은 기대하지 말아야 한다.

CAPM 추정치인 12.0%를 사용하기로 선택했다.

셀프 테스트

- 유보이익에 왜 비용을 할당해야 하는가?
- 자기자본비용을 추정하기 위해 사용되는 세 가지 접근법은 무엇인가? 어느 접근법이 실제에서 가장 일반적으로 사용되는가?
- CAPM의 잠재적인 문제점들을 제시하라.
- DCF 공식의 두 가지 구성요소인 배당이익률과 성장률 중에서 어느 것이 더 추정하기 어렵다고 생각하는가? 이유를 설명하라.
- 위험프리미엄 가산 채권수익률 접근법의 배경에 있는 논리는 무엇인가?
- 당신은 다음과 같은 데이터를 갖고 있는 애널리스트라고 가정하자: $r_{RF}=5.5\%$, $r_M - r_{RF} = 6\%$, $b=0.8$, $D_1=\$1.00$, $P_0=\$25.00$, $g=6\%$, r_d = 회사의 채권수익률 = 6.5%. CAPM 접근법, DCF 접근법, 위험프리미엄 가산 채권수익률 접근법을 사용하면, 이 회사의 자기자본비용은 얼마인가? 위험프리미엄 가산 채권수익률 접근법에서는 주관적 판단상의 위험프리미엄에 대한 평균을 사용하라. **(CAPM = 10.3%, DCF = 10%, 채권수익률 + RP = 10.5%)**

10-6 신규 보통주의 자본비용, r_e

기업들은 새로운 보통주를 발행할 때 일반적으로 투자은행을 이용하고 때로는 우선주나 채권을 발행할 때에도 투자은행을 이용한다. 투자은행들은 지급받는 수수료에 대한 대가로, 기업이 발행조건들을 구체화하고 발행증권의 가격을 설정해서 투자자들에게 판매하는 일을 돕는다. 투자은행들이 받는 수수료는 **발행비용(flotation cost)**이라고 부르고, 투자자들의 요구수익률에 이 발행비용이 더해져서 조달된 자본의 총비용이 된다.

대부분의 기업들에게는 많은 경우에 유보이익을 통해 자기자본을 조달하기 때문에 자기자본의 발행비용이 문제가 되지 않는다. 따라서 지금까지는 발행비용을 무시했다. 하지만 발행비용은 종종 상당히 클 수 있기 때문에, 만약 기업이 신규 주식을 발행할 계획이라면 이 비용을 무시해서는 안 된다. 자본조달이 필요한 기업들이 투자은행을 이용하는 경우에, 발행비용을 고려하기 위해 두 가지 접근법이 사용될 수 있다.[19] 다음 두 개의 절에서 이 방법들을 살펴본다.

19) 발행비용 조정에 대한 더 상세한 내용은 Eugene F. Brigham and Phillip R. Daves, *Intermediate Financial Management*, 14th edition(Mason, OH: Cengage Learning, 2022)의 제11장 및 다른 상위 수준의 교재들에서 볼 수 있다.

10-6A 프로젝트의 비용에 발행비용 추가

다음 장에서 살펴볼 것처럼, 자본예산 투자안들은 통상적으로 초기의 현금지출과 이후에 발생하는 일련의 현금흐름들이 수반된다. 발행비용은 투자안의 수행을 위해 조달된 부채, 우선주 및 보통주를 발행하는 데 소요된 비용들의 합계로 구해지고, 이 발행비용을 다루는 한 가지 접근법은 이 합계를 초기 투자비용에 더하는 것이다. 투자비용은 증가하기 때문에 투자안에 대한 기대수익률은 하락한다.

예를 들어, $1억의 초기비용(발행비용은 제외)이 발생하는 1년짜리 프로젝트를 고려해보자. 1년 후에 프로젝트로부터 $1.15억의 현금유입이 발생할 것으로 기대되고, 따라서 이 프로젝트의 기대수익률은 $1.15/$1 − 1 = 0.15 = 15.0%이다. 하지만, 만약 이 프로젝트가 신규 자본 $1억의 조달을 필요로 하고 여기에는 $200만의 발행비용이 발생한다면, 총초기비용은 $1.02억으로 증가하기 때문에, 이 경우에 프로젝트의 기대수익률은 $1.15/$1.02 − 1 = 0.1275 = 12.75%로 하락하게 될 것이다.

10-6B 자본비용의 증가

두 번째 접근법은 프로젝트의 투자비용을 증가시키는 대신에 자본비용을 조정하는 방법이다. 자기자본은 일반적으로 해당되는 경우인 회사가 미래에 자본을 계속해서 사용할 계획인 경우에는 두 번째 접근법이 이론상으로는 더 나은 방법이다. 조정과정은 다음과 같은 논리에 근거하고 있다. 발행비용이 있다면, 발행 회사는 투자자들이 제공한 자본의 일부만을 받게 되고, 나머지는 증권인수회사에 넘어가게 된다. 투자자들에게 그들이 기여한 자본에 대한 요구수익률을 제공하기 위해, 회사가 실제로 받는 각 $1은 더 "열심히 해야(work harder)" 한다. 즉, 각 $1이 투자자들의 요구수익률보다 더 높은 수익률을 얻어야 한다. 예를 들면, 투자자들이 그들의 투자에 대해 요구하는 수익률이 10.7%이지만 조달된 자금의 10%가 발행비용이라고 가정하자. 따라서 이 회사는 실질적으로 투자자들이 제공한 자금의 90%만을 받아서 투자하게 된다. 이 경우에 투자자들이 요구하는 자신들의 투자에 대한 수익률 10.7%를 투자자들에게 제공하기 위해서는 회사가 이렇게 조달된 자금에 대해 수익률 약 11.3%를 얻어야 한다. 더 높은 수익률은 발행비용 조정 자기자본비용이다.

DCF 접근법은 발행비용의 영향을 추정하기 위해 사용될 수 있다. **신규 보통주의 자본비용(cost of new common stock)** r_e는 다음과 같다:

$$\text{신규 보통주의 자본비용} = r_e = \frac{D_1}{P_0(1-F)} + g \tag{10.9}$$

발행비용, F
신규 보통주 발행 관련하여 소요되는 지출을 백분율로 표시한 비용

여기서 **F**는 신규 주식을 발행하는 데 소요되는 일정 비율의 **발행비용**(flotation cost)이고, 따라서 $P_0(1-F)$는 회사가 받게 되는 주당 순가격이다.

Allied의 발행비용이 10%라고 가정하면, 신규 보통주의 자본비용 r_e는 다음과 같이 계산된다:

$$r_e = \frac{\$1.21}{\$23.06(1-0.10)} + 5.5\%$$
$$= \frac{\$1.21}{\$20.75} + 5.5\%$$
$$= 5.8\% + 5.5\% = 11.3\%$$

발행비용 조정분
r_e 추정 시에 발행비용을 감안하기 위해 r_s에 가산해야 하는 부분

이전에 DCF로 추정한 자기자본비용 10.7%보다 0.6% 더 높은데, 따라서 **발행비용 조정분**(flotation cost adjustment)은 0.6%이다:

$$\text{발행비용 조정분} = \text{조정 DCF 비용} - \text{순수 DCF 비용} = 11.3\% - 10.7\% = 0.6\%$$

이 0.6%의 발행비용 조정분을 이전에 예측한 $r_s = 12.0\%$(Allied의 경영진이 CAPM 접근법을 사용해서 구한 자기자본비용의 추정치)에 더하면, 신규 보통주의 자기자본비용, 즉 외부자기자본의 비용은 12.6%가 된다:

$$\text{외부자기자본의 비용} = r_s + \text{발행비용 조정분} = 12.0\% + 0.6\% = 12.6\%$$

만약 Allied가 신규 주식의 발행으로 조달된 자금에 대해 12.6%의 이익을 얻는다면, 그 주식을 매입한 투자자들은 투자한 돈에 대해 그들의 요구수익률인 12.0%의 수익률을 얻을 것이다. 만약 Allied가 12.6%보다 높은 수익률을 얻는다면 이 회사의 주식가격은 상승하게 되지만, 12.6%보다 낮은 수익률 얻는다면 주식가격은 하락하게 될 것이다.[20)]

10-6C 외부자기지본은 언제 사용되어야 하는가?

발행비용 때문에 신규 주식을 발행해서 조달된 자금은 유보이익을 통해 조달된 자금보다 "열심히 해야" 한다. 더욱이, 유보이익에는 발행비용이 발생되지 않기 때문에 유보이익은 신규 주식보다 비용이 적게 든다. 따라서 기업들은 가능한 최대한도로 유

20) 우선주와 채권의 발행비용에 대해서도 보통주의 경우와 유사하게 다뤄진다. 우선주의 경우에는 발행비용의 금액이 증권의 가격 P_p에서 차감되고, 액면가로 발행된 채권의 경우에는 $1,000에서 그 발행비용이 차감된다. 이렇게 우선주에 대해서는 식 (10.9)에서 $g = 0$으로 놓고 계산하고, 채권에 대해서는 순수익인 ($1,000 − 발행비용)에 기초해서 YTM을 구한다. 예를 들어, 발행비용이 발행가격의 3%라면 순수익은 $970일 것이다.

보이익을 이용해야 한다. 하지만, 만약 어떤 회사가 유보이익과 더불어 이 유보이익이 지탱해주는 부채나 우선주로 조달할 수 있는 규모보다 좋은 투자기회가 더 많이 있다면, 이 회사는 신규로 보통주를 발행해야 할 필요가 있을 것이다. 신규 보통주를 발행하지 않고도 조달할 수 있는 자본의 총액을 **유보이익 임계점**(retained earnings break-point)이라고 정의하고, 이것은 다음과 같이 계산될 수 있다:

유보이익 임계점
신규 보통주의 발행 없이 조달가능한 자본의 총액

$$\text{유보이익 임계점} = \frac{\text{당해 연도의 신규 유보이익}}{\text{자기자본 비중}} \tag{10.10}$$

2022년도에 Allied의 신규 유보이익은 (나중에 제16장에서 살펴볼 것처럼) $6,600만으로 예상되고, 목표자본구조는 부채 33%, 우선주 2%, 그리고 자기자본 65%로 구성된다. 따라서 이 회사의 2022년 유보이익 임계점은 다음과 같다:

$$\text{유보이익 임계점} = \$6,600\text{만}/0.65 = \$1\text{억 } 150\text{만}$$

이 계산이 맞는지를 검증하기 위해, $1억 150만의 자본예산은 부채 0.33($1억 150만) = $3,350만, 우선주 0.02($1억 150만) = $200만, 유보이익을 통해 조달된 자기자본 0.65($1억 150만) = $6,600만으로 조달될 수 있다는 것에 주목할 필요가 있다. 자본예산 투자안들을 위해 조달되는 신규 자본인 총 $1억 150만까지는 신규발생 유보이익이 모두 소모되지는 않을 것이고, 따라서 자기자본비용은 $r_s = 12.0\%$가 된다. 하지만, 만약 자본예산 투자안들의 규모가 $1억 150만을 초과한다면 신규발생 유보이익은 모두 소모될 것이고, 이렇게 되면 Allied는 $r_e = 12.6\%$의 비용으로 신규 보통주를 발행해서 자기자본을 조달해야 할 것이다.[21]

셀프 테스트

- 발행비용을 조정하기 위해 사용되는 두 가지 접근법은 무엇인가?
- 좋은 투자기회가 많은 기업은 좋은 투자기회가 거의 없는 기업보다 배당성향이 높을 것 같은가 아니면 낮을 것 같은가? 설명하라.
- 어떤 회사의 보통주에 대해 $D_1 = \$1.50$, $P_0 = \$30.00$, g = 5%, F = 4%를 가정하자. 만약 이 회사가 주식을 발행해야 한다면, 새로운 외부자기자본의 비용은 얼마인가? **(10.21%)**
- 기업 A는 당해 연도에 $1억의 이익을 내부유보할 계획이다. 이 회사는 부채 46%, 우선주

21) 여기서 구한 임계점은 단지 하나의 제시에 불과하며 고정된 것은 아니다. 예를 들면, 신규 보통주를 발행하는 대신에 이 회사는 더 많은 부채를 사용할 수도 있고(따라서 부채비율을 증가시킨다), 또는 배당성향을 낮춰서 신규발생 유보이익을 증가시킬 수도 있다. 이 두 방법 모두 유보이익 임계점을 변경시킬 것이다. 또한 임계점들은 부채 및 우선주 비용의 증가로 인해 생길 수도 있다. 실제로 많은 변화들이 일어날 수 있고, 그 최종결과는 수많은 잠재적 임계점들일 것이다.

3%, 그리고 보통주 51%의 목표자본구조를 사용해서 자본예산에 대한 자금을 조달하려고 한다. 이 회사의 자본예산 규모는 신규 보통주의 발행 없이 얼마나 커질 수 있는가? **($1억 9,608만)**

10-7 가중평균자본비용, WACC

Allied의 목표자본구조는 부채 33%, 우선주 2%, 자기자본 65%로 이루어진다. 앞에서 보았듯이, 세전 부채비용은 8.0%, 세후 부채비용은 $r_d(1-T) = 8\%(0.75) = 6.0\%$, 우선주의 자본비용은 10.3%, 유보이익의 자본비용은 12.0%이며, 한계세율은 25%이다. 앞에서 제시된 식 (10.1)을 이용해서 신규 자기자본이 모두 유보이익으로 조달되는 경우의 WACC를 계산할 수 있다:

$$\begin{aligned} \text{WACC} &= w_d r_d(1-T) + w_p r_p + w_c r_s \\ &= 0.33(8\%)(0.75) + 0.02(10.3\%) + 0.65(12.0\%) \\ &= 10.0\% \text{ (자기자본이 유보이익을 통해 조달된 경우)} \end{aligned}$$

이러한 상황에서 Allied가 조달하는 신규 자본 $1은 세후 자본비용 6%인 부채 33센트, 자본비용 10.3%인 우선주 2센트, 그리고 신규발생 유보이익을 통해 조달된 자본비용 12.0%인 자기자본 65센트로 구성될 것이다. 이렇게 해서 각 $1의 평균비용, 즉 WACC는 10.0%가 된다.

이렇게 추정한 Allied의 WACC는 자기자본을 모두 유보이익을 통해서만 조달한다고 가정한다. 대신에 만약 Allied가 신규 보통주를 발행해야 한다면 추가적인 발행비용 때문에 그 WACC는 약간 더 높을 것이다

$$\begin{aligned} \text{WACC} &= w_d r_d(1-T) + w_p r_p + w_c r_e \\ &= 0.33(8\%)(0.75) + 0.02(10.3\%) + 0.65(12.6\%) \\ &= 10.4\% \text{ (자기자본이 신규 주식발행을 통해 조달된 경우)} \end{aligned}$$

기업의 WACC와 신규 보통주 발행에 소요되는 비용 간의 관련성에 대한 더 상세한 내용은 웹부록 10A에서 살펴본다.

셀프 테스트

- WACC를 구하는 식을 써라.
- 기업 A는 다음과 같은 자료를 갖고 있다: 목표자본구조는 부채 46%, 우선주 3%, 자기자

본 51%; 세율 25%; $r_d = 7\%$; $r_p = 7.5\%$; $r_s = 11.5\%$; $r_e = 12.5\%$. 어떤 신규 주식도 발행하지 않는다면 이 기업의 WACC는 얼마인가? **(8.51%)**

- 만약 기업 A가 신규 보통주를 발행한다면, 이 기업의 WACC는 얼마인가? **(9.02%)**
- 기업 A는 동일한 위험을 갖는 11개의 자본예산 투자안들을 고려중이다. 각 투자안은 $1,960.8만의 비용이 소요되고 그 기대수익률은 8.25%이다. 기업 A의 유보이익 임계점은 $1억 9,608만이다. 유보이익을 사용하는 경우 이 기업의 WACC는 8.0%이지만, 신규 주식 발행의 경우에는 WACC가 8.5%로 증가하게 된다. 기업 A는 기대수익률이 자본비용을 초과하는 투자안들에 투자한다. 기업 A는 얼마만큼의 자금을 조달해서 투자해야 하는가? 이유를 설명하라. **($1억 9,608만; 11번째 투자안은 그 기대수익률보다 더 높은 WACC를 가질 것이다.)**

10-8 WACC에 영향을 미치는 요인들

자본비용은 많은 요인들에 의해 영향을 받는다. 어떤 요인들은 기업의 통제 밖에 있지만, 기업의 자금조달 및 투자 의사결정에 의해 영향을 받을 수 있는 요인들도 있다.

10-8A 통제불가능한 요인들

기업이 직접 통제할 수 없는 세 가지 주요한 요인들은 **경제 전반의 이자율 수준**, **주식시장의 전반적인 주가 수준**, 그리고 **세율**이다. 만약 경제 전반의 이자율 수준이 오른다면, 기업은 차입할 때 채권보유자들에게 더 많은 이자를 지불해야 하기 때문에 부채의 비용은 증가하게 된다. 이와 비슷하게, 주가가 대체적으로 하락하는 추세이면 기업의 주식가격 또한 하락하게 되고, 이에 따라 자기자본비용은 증가할 것이다. 세율 또한 부채의 구성요소 비용을 계산하는 데 사용되기 때문에, 기업의 자본비용에 중요한 영향을 미치게 된다. 세금은 눈에 보이지는 않지만 또 다른 방식으로 자본비용에 영향을 미친다. 예를 들면, 배당과 자본이득에 대한 세율이 이자소득에 대한 세율보다 낮을 때는 주식이 부채에 비해 상대적으로 좀 더 매력적일 것이고, 결과적으로 자기자본비용과 WACC는 감소할 것이다.

실제 WACC의 추정치

아래의 표는 몇몇 선도적인 기업들을 대상으로 그 WACC에 대한 약식으로 계산한 추정치들(2020년 4월 기준)을 요약한 것이다. 계산은 다음과 같은 가정들에 기초했다:

1. 기업들이 내부적으로 갖고 있는 목표자본구조를 구할 수 없어서 자본구조의 가중치로 부채와 자기자본에 대한 현재 시장가치 가중치들을 사용했다. 문제를 단순화하기 위해 부채의 시장가치는 그 장부가치와 같다고(finance.yahoo.com에서 제공된 유동부채와 장기부채의 합계로 계산) 가정했다. 자기자본의 시장가치는 그 기업의 주식가격에 발행주식 수를 곱해서 구한다. 자기자본의 시장가치 가중치(market equity weight)와 부채의 시장가치 가중치(market debt weight)는 자기자본과 부채를 통해 각각 조달된 자본의 (시장에 근거한) 비율이다. 주목할 것은 이 표에 있는 기업들은 우선주를 사용하지 않고 있다는 점이고, 따라서 WACC 식에서 우선주 항은 생략될 수 있다.
2. 기업의 부채에 대한 만기수익률은 Financial Industry Regulatory Authority(FINRA)의 Bond Center로부터 수집했다. 가능한 10년 이상의 만기를 갖고 있는 유통 중인 채권들을 선택했다. 법인세율은 주 및 지자체 소득세의 영향도 포함할 때 평균적인 기업들이 부담하고 있는 현행 세율과 대략 동일한 25%의 세율을 가정했다. 세후 부채비용은 만기수익률에 (1 − 기업의 세율)을 곱해서 계산된다.
3. 무위험이자율로는 10년 만기의 국채에 대한 만기수익률을 사용한다. 시장위험프리미엄은 6.0%로 가정했고, 자기자본비용의 추정에는 CAPM을 사용했다. 주식의 베타는 finance.yahoo.com에서 구했다.
4. WACC는 다음과 같이 계산되었다:

WACC = (부채의 시장가치 가중치) × (세후 부채비용) + (자기자본의 시장가치 가중치) × (CAPM 자기자본비용)

예상했던 대로 좀 더 안정적인 분야에서 사업을 하는 기업들(Kellogg, Caca-Cola, 및 Target)의 WACC 추정치들이 가장 낮았고, 반면에 위험이 큰 산업에 속한 기업들(Boeing 및 Southwest Airlines)의 WACC 추정치들은 더 높았다. 약식으로 계산한 이 추정치들은 각 기업들의 WACC에 대해 개략적인 윤곽을 보여주고 있지만, 그 계산은 기본적인 가정들의 변화에 매우 민감하다는 것을 인식해야 한다. 예를 들어, 만약 우리가 더 높은 혹은 더 낮은 시장위험프리미엄을 가정하거나 또는 베타를 추정하는 데 있어서 다른 출처의 자료를 이용한다면, 우리는 상당히 다른 WACC의 추정치들을 얻게 될 것이다.

2020 샘플 데이터: 자본비용 분석

기업	자기자본의 시장가치 가중치	부채의 시장가치 가중치	기발행 부채의 만기수익률	소득세율	세후 부채비용	무위험 이자율	시장위험 프리미엄	베타	CAPM 자기자본 비용	WACC
Kellogg	73.49%	26.51%	3.33%	25.0%	2.50%	0.63%	6.00%	0.56	3.99%	3.59%
Coca-Cola	82.67	17.33	2.51	25.0	1.88	0.63	6.00	0.60	4.23	3.82
Target	82.69	17.31	2.41	25.0	1.81	0.63	6.00	0.65	4.53	4.06
Johnson & Johnson	93.45	6.55	2.51	25.0	1.89	0.63	6.00	0.66	4.59	4.41
Home Depot	87.30	12.70	2.70	25.0	2.03	0.63	6.00	0.98	6.51	5.94
Microsoft Corp.	94.77	5.23	2.48	25.0	1.86	0.63	6.00	0.96	6.39	6.15
Disney (Walt)	79.93	20.07	3.18	25.0	2.39	0.63	6.00	1.10	7.23	6.26
ExxonMobil Corp.	79.10	20.90	3.34	25.0	2.50	0.63	6.00	1.27	8.25	7.05
Apple Inc.	92.02	7.98	2.62	25.0	1.97	0.63	6.00	1.17	7.65	7.20
Marriott International	70.44	29.56	5.28	25.0	3.96	0.63	6.00	1.62	10.35	8.46
Boeing	75.26	24.74	5.38	25.0	4.04	0.63	6.00	1.76	11.19	9.42
Southwest Airlines	86.24	13.76	4.33	25.0	3.24	0.63	6.00	1.63	10.41	9.42

10-8B 통제가능한 요인들

기업은 다음과 같은 세 가지 주요한 방식으로 자본구조에 직접적으로 영향을 미칠 수 있다: (1) **자본구조를 변경하는 방식**, (2) **배당성향을 조정하는 방식**, 그리고 (3) 이전에 착수했던 프로젝트들에 비해 다소 위험한 프로젝트들을 채택할 수 있도록 **자본예산 의사결정의 기준을 변경하는 방식**.

자본구조는 기업의 자본비용에 영향을 미친다. 지금까지는 Allied가 주어진 목표자본구조를 가지고 있다고 가정하고, 이 목표가중치들을 사용해서 WACC를 계산했다. 하지만, 만약 기업의 목표자본구조가 변경된다면 WACC를 계산하는 가중치들도 바뀔 것이다. 다른 조건들이 일정할 때, 목표부채비율의 증가는 WACC를 낮추는 경향이 있는데(부채비율이 감소한다면 이와는 반대이다), 이는 세후 부채비용이 자기자본비용보다 낮기 때문이다. 하지만 다른 조건들이 일정하게 유지되지는 않을 것이다. 부채를 많이 사용한다면 부채와 자기자본의 위험도는 증가할 것이고, 이러한 구성요소 비용들의 증가는 가중치들의 변화로부터 발생하는 효과를 상쇄하고도 남을 만큼 클 수 있고, 이 경우에 WACC는 증가할 것이다. 제13장에서는 기업들이 최적자본구조에 도달하기 위해 이러한 영향들의 균형을 어떻게 조정할 수 있는지에 대해 살펴볼 것이다.

배당정책은 기업의 입장에서 사용가능한 유보이익의 규모에 영향을 미치고, 따라서 신규 주식을 발행할 필요성에도 영향을 미쳐서 이에 따른 발행비용을 발생시킨다. 이것은 높은 배당성향이 신규발생 유보이익을 감소시키고 자기자본비용을 증가시키기 때문에 WACC는 높아질 것이라는 것을 의미한다. 하지만 투자자들이 유보이익보다 배당을 선호할 수도 있는데, 이 경우에 배당의 감소는 r_s와 r_e 둘 다의 증가를 초래할 수 있다. 제14장에서 살펴보겠지만, 최적배당정책은 복잡한 문제이고 자본비용에 중요한 영향을 미칠 수 있는 문제이기도 하다.

기업의 자본예산 의사결정 또한 자본구조에 영향을 미칠 수 있다. 기업의 자본비용을 추정할 때, 출발점으로 그 기업의 발행된 주식과 채권에 대한 요구수익률을 사용한다. 이 수익률들은 기업이 보유하고 있는 자산들의 위험도를 반영하고 있다. 따라서 새로운 자본은 기존의 자산들과 동일한 수준의 위험을 갖고 있는 자산들에 투자된다고 암묵적으로 가정하고 있는 것이다. 이 가정은 대부분의 기업들이 현재 운용 중인 자산들과 유사한 자산들에 투자한다는 점을 고려하면 일반적으로 맞다고 할 수 있다. 하지만, 만약 어떤 회사가 완전히 새롭고 위험한 사업에 투자하기로 결정한다면, 이 회사의 부채와 자기자본에 대한 구성요소 비용들은(따라서 회사의 WACC도) 증가할 것이다.

셀프 테스트

- 자본비용에 영향을 미치지만 기업이 통제하지 못하는 세 가지 요인들을 열거하라.
- 기업의 자본비용에 영향을 미치는 요인들 중에서 기업이 통제할 수 있는 세 가지 요인들은 무엇인가?
- 경제 전반의 이자율 수준이 상승한다고 가정하자. 이러한 변화가 부채의 비용 및 CAPM에 기초한 자기자본비용에 어떻게 영향을 미칠 것인가?

10-9 위험을 반영한 자본비용의 조정

제11장에서 제12장에 걸쳐 살펴볼 것처럼 자본비용은 자본예산과정에서 핵심 요소이다. 투자안들의 추정된 수익률이 자본비용보다 높을 경우에만 투자안들이 채택되어야 한다. 이런 맥락에서 자본비용은 "장애수익률(hurdle rate)"인데, 다시 말하면 투자안이 채택되기 위해서는 그 투자안의 기대수익률이 반드시 "장애물을 뛰어넘는" 수준, 즉 자본비용보다 높아야 한다는 뜻이다. 게다가 투자자들은 보다 위험한 투자에 대해서는 더 높은 수익률을 요구한다. 결과적으로 위험한 프로젝트들을 진행하기 위해 자본을 조달하는 기업들은 안전한 프로젝트들에 투자하고 있는 기업들보다 더 높은 자본비용을 부담하게 된다.

[그림 10.1]은 위험과 자본비용 간의 상반관계를 보여주고 있다. 기업 L은 위험이 낮은(low risk) 사업을 하고 있으며 WACC는 8%이다. 기업 A는 평균 수준의 위험(average risk)을 갖고 있는 사업을 하고 있으며 WACC는 10%이다. 그리고 기업 H는 높은 수준의 위험(high risk)을 감수해야 하는 사업을 하고 있어서 WACC는 12%이다. 따라서 기업 L은 투자안의 기대수익률이 8%보다 높다면 그 투자안을 채택할 것이다. 기업 A의 장애수익률은 10%이고, 반면에 기업 H의 경우 장애수익률은 12%이다.

여기서 기억해야 할 중요한 점은 [그림 10.1]에 있는 기업 L, 기업 A 및 기업 H의 자본비용은 세 기업의 전체 또는 종합WACC를 나타내고, 따라서 각 기업의 "일상적인" 투자안들에 대해서만 적용될 수 있다는 것이다. 하지만 한 기업이 수행하는 투자안들일지라도 프로젝트마다 위험 수준이 다른 것은 흔한 경우이다. 따라서 각 투자안의 장애수익률은 기업의 종합WACC에 반영된 그 기업의 평균적인 투자안에 대한 위험이 아닌 개별 투자안에 대한 위험을 반영해야 한다. 실증연구에 따르면, 기업들은 개별 투자안들의 위험을 고려하기도 하지만, 대부분의 기업들은 많은 경우에 새로운 투자안의 위험을 그 기업이 이미 보유하고 있는 평균적인 자산들의 위험과 거의 동일한 위험을 갖고 있는 것으로 간주한다는 것이 밝혀졌다. 따라서 WACC는 대부분의 투자안

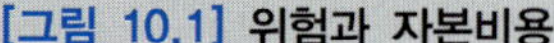

[그림 10.1] 위험과 자본비용

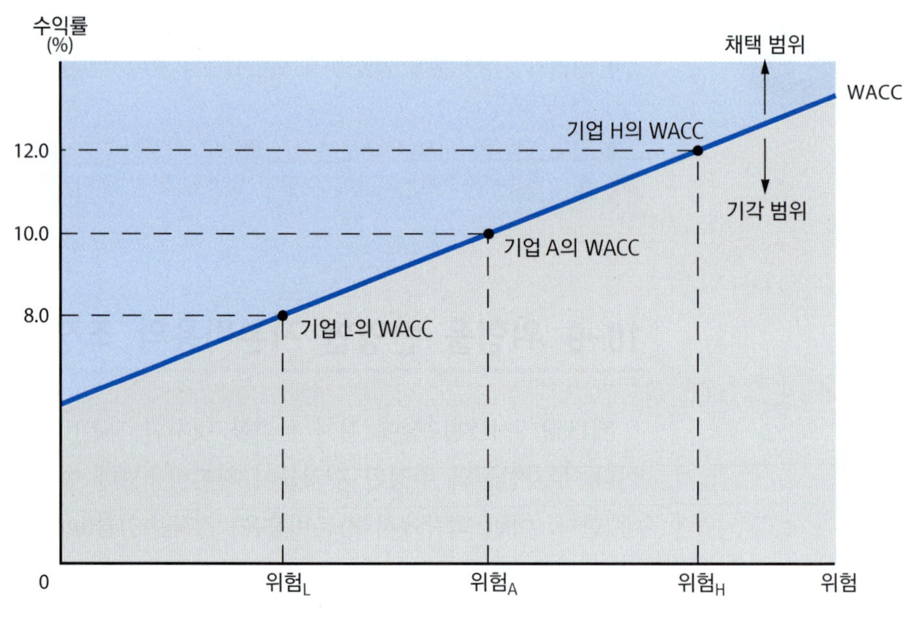

들을 평가하는 데 사용된다. 하지만, 만약 어떤 투자안이 특별히 높거나 낮은 위험을 갖고 있다면, 이 위험의 차이를 반영하기 위해 WACC는 높거나 낮게 조정되어야 할 것이다.

예를 들어, 두 개의 사업부 L과 H를 가지고 있는 기업 A(종합WACC는 10%인 평균 위험의 회사)가 있다고 가정하자. 사업부 L은 비교적 위험이 거의 없는데, 만약 독립적으로 운영되고 있다면 그 WACC는 7%가 될 것이다. 사업부 H는 위험이 높기 때문에 이 사업부의 자본비용은 13%이다. 두 사업부의 크기는 같기 때문에 기업 A의 종합WACC는 0.50(7%)+0.50(13%)=10%로 계산된다. 하지만, 각 사업부에 대해 이 10%의 WACC를 사용하는 것은 잘못일 것이다. 이 점을 이해하기 위해, 사업부 L은 기대수익률이 9%인 비교적 저위험의 프로젝트를 고려하고 있고, 사업부 H는 기대수익률이 11%인 비교적 고위험의 프로젝트를 고려하고 있다고 가정하자. [그림 10.2]에서 볼 수 있듯이, 사업부 L의 프로젝트는 그 수익률이 위험조정자본비용보다 높기 때문에 채택하지만, 반면에 사업부 H의 프로젝트는 기각되어야 한다. 만약 기업 전체의 WACC인 10%가 각 사업부에서 사용된다면, 앞에서 내린 결정은 반대가 될 것이다: 사업부 H는 프로젝트를 채택하는 잘못된 결정을 내리게 되고, 사업부 L은 프로젝트를 기각하는 잘못된 결정을 내릴 것이다. 일반적으로 위험의 차이에 대한 조정에 실패하게 되면, 그 기업은 너무 많은 위험한 투자안들을 채택하게 되고 또 너무 많은 안전한 투자안들을 기각하게 되는 난관에 봉착할 것이다. 시간이 지나면서 이 기업은 더

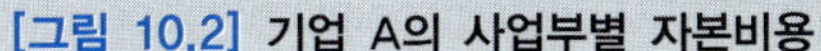
[그림 10.2] 기업 A의 사업부별 자본비용

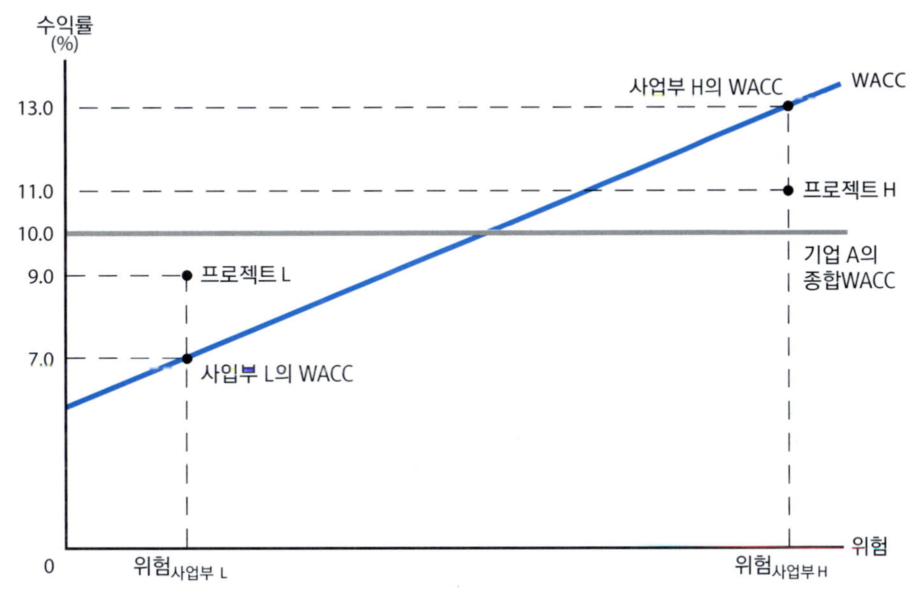

위험해질 것이고 그 WACC도 증가할 것이며, 주주의 가치는 손상을 입게 될 것이다. 이러한 문제들은 투자안의 위험을 측정하는 여러 접근법들에 대해 논의할 제12장에서 다시 살펴보기로 한다.

셀프 테스트

- 자본비용을 때때로 "장애수익률"이라고 부르는 이유는 무엇인가?
- 기업들은 상이한 위험을 갖는 프로젝트들을 어떻게 평가해야 하는가?
- 한 회사 내의 모든 사업부들은 자본예산 프로젝트를 평가할 때 모든 프로젝트들에 회사의 종합WACC를 사용해야 하는가? 답을 설명하라.

10-10 자본비용의 추정치와 관련된 기타 문제점들

이 장에서는 자본비용과 관련된 많은 문제점들이 언급되지 않았거나 대략적으로도 설명되지 않았다. 이러한 주제들은 고급과정의 재무관리 수업들에서 다뤄질 것이지만, 이 문제점들로 인해 발생하는 잠재적인 위험성에 대한 경각심을 일깨우고 앞으로 고급과정의 수업들에서 다루게 될 내용들을 미리 살펴본다는 차원에서 이제는 언급할 만한 가치가 있다.

1. **감가상각으로부터 발생한 자금**(depreciation–generated funds).[22] 대부분의 기업들에 있어서 가장 큰 자본의 원천은 감가상각(depreciation)이지만, 아직 이 자본의 비용이 어떻게 결정되는지에 대해서는 논의하지 않았다. 간단히 말하면, 감가상각으로부터 발생한 현금흐름은 재투자될 수도 있고, 투자자들(주주와 채권자 모두)에게 돌아갈 수도 있다. 이렇게 감가상각으로부터 발생한 자금에 대한 비용은 기회비용이고, 유보이익, 우선주, 그리고 부채에 대해 계산한 WACC와 거의 같다. 따라서 WACC를 추정할 때 감가상각으로부터 발생한 자금에 대한 비용은 무시될 수 있다.
2. **비공개기업**(privately owned firms). 지금까지 논의된 자기자본비용은 비공개기업이 아닌 공개기업에 초점을 맞추고 있기 때문에, 일반 주주들이 요구하는 수익률에 중점을 두었다. 하지만 주식이 거래되지 않고 있는 기업에 대해 자기자본비용을 측정하는 방법에 관해서는 심각한 의문이 있다. 이 경우에는 세금 또한 특히 중요한 문제이다. 일반적으로 자본비용을 추정하는 데 비공개기업이나 공개기업 모두에게 동일한 원칙들을 적용할 수 있지만, 입력자료들을 구하는 문제는 다소 다를 것이다.
3. **측정상의 문제**(measurement problems). 자기자본비용을 추정할 때 직면하게 되는 실제적인 어려움들은 아무리 강조해도 지나치지 않을 것이다. CAPM이나, $\hat{r}_s = D_1/P_0 + g$의 식에서 g, 혹은 r_s = 채권수익률 + 위험프리미엄의 식에서 위험프리미엄 등에 대해 신뢰할 만한 입력 데이터를 구하는 것은 매우 어려운 일이다. 그 결과 우리는 추정된 자본비용의 정확성에 대해 확신할 수 없게 된다.
4. **위험이 다른 투자안들의 자본비용**(cost of capital for projects of differing risk). 앞에서 투자안마다 위험이 다를 수 있고, 따라서 그에 따른 요구수익률도 다를 수 있다는 사실을 간략하게 언급했다. 하지만 투자안의 위험을 측정하는 것(따라서 상이한 위험을 갖고 있는 자본예산 투자안들에 대해 자본비용을 조정하는 것)은 어려운 일이다.
5. **자본구조의 가중치**(capital structure weights). 이 장에서는 목표자본구조가 주어진 것으로 간주하고, 이것을 사용해서 WACC를 계산했다. 제13장에서 살펴보겠지만, 목표자본구조를 설정하는 것 자체가 매우 어려운 과제이다.

여기서 언급한 문제점들이 만만치 않아 보이기는 하지만, 자본비용의 추정에 있어서 현재 상황이 나쁜 상태에 있는 것은 아니다. 이 장에서 설명된 절차들은 실제적인 용도로는 충분히 정확한 자본비용의 추정치들을 구하기 위해 사용될 수 있고, 따라서

22) 감가상각으로부터 발생하는 현금흐름에 대한 예시는 <표 3.3>의 현금흐름표를 참조하면 된다. 상위 수준의 재무관리 교재들을 보면 감가상각으로부터 발생한 자금에 대해 자세하게 설명되어 있다.

앞서 열거된 문제점들은 단지 좀 더 세밀한 부분까지 개선될 필요가 있다는 언급에 불과하다. 좀 더 세밀한 부분까지의 개선이 중요하지 않은 것은 아니지만, 여기서 주목한 문제점들이 이 장에서 제시된 절차들의 유용성을 무효화시키는 것은 아니다.

셀프 테스트

- 자본비용 분석에 있어서 문제점들을 열거하라. 이러한 문제점들은 이 장에서 논의된 자본비용에 관한 절차들을 무용지물로 만드는가? 답을 설명하라.

단원 종합

이 장은 가중평균자본비용의 개념에 대한 논의로 시작했다. 그리고 세 가지 주요한 자본의 구성요소들(부채, 우선주 및 자기자본) 및 각 구성요소들의 비용을 추정하기 위해 사용되는 절차에 대해 논의했다. 다음으로는 자본예산의 핵심적인 요소인 WACC를 산정했다. 여기서 중요한 문제는 WACC를 구하기 위해 사용되어야 하는 가중치이다. 일반적으로 기업들은 많은 요인들을 고려한 후에 WACC를 산정하는 데 사용되는 목표자본구조를 설정한다. 목표자본구조 및 목표자본구조가 WACC에 미치는 영향은 제13장에서 더 자세히 살펴볼 것이다.

자본비용은 다음 장에서 살펴볼 자본예산 의사결정에 있어서 핵심적인 요소이다. 실제로 올바른 자본예산은 자본비용에 대한 신뢰할 수 있는 추정치 없이는 불가능하다. 따라서 자본예산의 기초를 다루는 다음 장으로 넘어가기 전에 자본비용의 개념들에 대해 충분히 이해할 필요가 있다.

자가진단 질문과 문제

ST-1 **[핵심용어]** 다음의 용어들을 정의하라.

a. 목표자본구조; 자본의 구성요소

b. 세전 부채비용, r_d; 세후 부채비용, $r_d(1-T)$

c. 우선주의 자본비용, r_p

d. 유보이익의 자본비용, r_s; 신규 보통주의 자본비용, r_e

e. 가중평균자본비용, WACC

f. 발행비용 F; 발행비용 조정분; 유보이익 임계점

ST-2 **[WACC]** Lancaster Engineering Inc.(LEI)는 최적으로 생각되는 다음과 같은 자본구조를 가지고 있다:

부채	25%
우선주	15
자기자본	60
	100%

금년 LEI의 예상 순이익은 $34,285.72이고 설정된 배당성향은 30%, 법인세율은 25%이며, 투자자들은 미래 기대이익 및 배당의 9%의 일정한 성장률로 증가할 것으로 예상한다. LEI는 작년에 주당 $3.60의 배당금을 지급했고, 그 주식은 현재 $54.00에 거래되고 있다. LEI는 다음과 같은 방식으로 신규 자본을 조달할 수 있다: (1) 주당 $11.00의 배당금을 지급하는 신규 우선주는 $95.00으로 시장에서 발행될 수 있다. (2) 부채는 12%의 이자율로 조달될 수 있다.

a. 각 자본의 구성요소에 대한 비용을 결정하라.

b. WACC를 계산하라.

c. LEI는 평균 위험 수준인 다음과 같은 투자기회들을 가지고 있다:

투자안	t=0 시점의 비용	수익률
A	$10,000	17.4%
B	20,000	16.0
C	10,000	14.2
D	20,000	13.2
E	10,000	12.0

LEI는 어떤 투자안들을 채택해야 하는가? 이유를 설명하라. LEI는 신규 보통주의 발행을 원하지 않는다고 가정한다.

질문

10-1 다음 각각의 상황들은 한 기업의 부채비용 $r_d(1-T)$, 자기자본비용 r_s, WACC에 어떻게 영향을 미칠 것인가? 각 상황이 이 기업의 자본비용들을 높이는지, 낮추는지, 혹은 불명확한 영향을 미치는지에 대해 플러스(+), 마이너스(−), 제로(0)로 나타내라. 각각의 답에서 비록 어떤 경우에는 사실이 아닐 수도 있지만 다른 조건들은 일정하다고 가정하라. 답을 정당화할 이유를 제시하되, 어떤 부분들에서는 올바른 하나의 답이 없을 수도 있다는 점에 유의하라. 이 질문들은 사고와 논의를 자극하는 데 그 의의가 있다.

	미치는 영향		
	$r_d(1-T)$	r_s	WACC
a. 법인세율이 낮아진다.	______	______	______
b. 연방준비제도이사회에서 신용을 강화한다.	______	______	______
c. 이 회사는 더 많은 부채를 사용한다. 즉, 회사의 부채비율이 증가한다.	______	______	______
d. 배당성향이 증가한다.	______	______	______
e. 연중에 이 회사는 조달자본 규모를 두 배로 증가시킨다.	______	______	______
f. 이 회사가 위험한 신규 분야로 확장한다.	______	______	______
g. 이 회사의 이익 및 주식시장 둘 다와 반대의 순환주기를 보이는 이익의 추세를 갖고 있는 다른 회사와 합병한다.	______	______	______
h. 주식시장이 폭락하고, 이 회사의 주식가격도 함께 떨어진다.	______	______	______
i. 투자자들은 더 위험회피적이 된다.	______	______	______
j. 이 기업은 원자력발전소에 대규모 투자를 하고 있는 전력회사이다. 몇몇 주에서는 원자력발전을 금지할 것을 고려중이다.	______	______	______

10-2 무위험이자율은 증가하지만 시장위험프리미엄은 일정하다고 가정하자. 이것이 부채의 자본비용에 어떤 영향을 미칠 것인가? 자기자본비용에는 어떤 영향을 미칠 것인가?

10-3 WACC를 계산하는 데 사용되는 자본구조의 가중치는 어떻게 결정되어야 하는가?

10-4 한 회사가 WACC를 10%로 추정한다고 가정하자. 투자안들의 위험이 각각 다른 상황에서 모든 잠재적인 투자안들을 이 WACC를 사용해서 평가해야 하는가? 그렇지 않다면, 평균적인 위험, 높은 위험, 낮은 위험을 갖는 투자안들에 대해 각각의 "타당한" 자본비용은 어떻게 구할 수 있는가?

10-5 WACC는 부채, 우선주, 그리고 자기자본의 비용들에 대한 가중평균이다. 자기자본이 모두 유보이익만으로 조달되는 경우와 일부는 신규 보통주의 발행을 통해 조달되는 경우에 WACC는 달라지는가? 산정된 WACC는 어떤 방식으로든 자본예산의 규모에 따라 영향을 받는가? 배당정책은 WACC에 어떻게 영향을 미칠 수 있는가?

문제

초급 문제
1~5

10-1 **[세후 부채비용]** 현재 유통 중인 Holmes Company의 채권은 8%의 이표이자율과 10%의 만기수익률을 가진다. Holmes는 이전과 비슷한 만기수익률을 제공하는 새로운 채권을 액면가에 발행할 수 있을 것이라 믿고 있다. Holmes의 한계세율이 25%라면 이 회사의 세후 부채비용은 얼마인가?

10-2 **[우선주의 자본비용]** Torch Industries는 영구적인 우선주를 주당 $57.00에 발행할 수 있다. 이 우선주는 매년 주당 $6.00의 배당금을 지급할 것이다. 이 회사의 우선주의 자본비용(r_p)은 얼마인가?

10-3 **[자기자본비용]** Pearson Motors의 목표자본구조는 우선주 없이 부채 30%와 자기자본 70%로 구성된다. 이 회사가 발행한 채권의 만기수익률은 9%이고, 세율은 25%이다. Pearson의 CFO는 이 회사의 WACC를 10.50%로 추정한다. Pearson의 자기자본비용은 얼마인가?

10-4 **[발행비용 여부에 따른 자기자본비용]** Jarett & Sons의 보통주는 현재 주당 $30.00에 거래되고 있다. 연말에 주당 $1.00($D_1$ = $1.00)의 배당금을 지급할 것으로 예상되고, 일정성장률은 연 4%이다.

a. 만약 자기자본이 모두 유보이익을 통해 조달된다면 이 회사의 자기자본비용은 얼마인가?
b. 만약 회사가 신규 주식을 발행한다면 10%의 발행비용이 발생할 것이다. 신규 주식의 발행으로 조달된 자기자본비용은 얼마인가?

10-5 **[투자안 선택]** Midwest Water Works의 WACC는 10.5%로 추정된다. 이 회사는 다음과 같은 자본예산 투자안들을 고려하고 있다.

투자안	규모	수익률
A	$100만	12.0%
B	200만	11.5
C	200만	11.2
D	200만	11.0
E	100만	10.7
F	100만	10.3
G	100만	10.2

각 투자안들의 위험은 이 회사의 기존 자산들이 갖고 있는 위험과 동일한 수준이고, 회사는 이 투자안들 전부를 채택할 수도 있고 혹은 일부만을 채택할 수도 있다고 가정하자. 어떤 투자안들을 채택해야 하는가? 답을 설명하라.

중급 문제 6~13

10-6 **[자기자본비용]** Callahan Technologies Inc.의 미래 영업이익, 배당금 및 보통주의 가격은 연 6%로 증가할 것으로 예상된다. Callahan의 보통주는 현재 주당 $22.00에 거래되고 있고, 직전에 지급된 배당은 $2.00이며 금년 말에는 $2.12의 배당을 지급할 것이다.

a. DCF 접근법을 사용해서 구한 이 회사의 자기자본비용은 얼마인가?

b. 이 회사의 베타는 1.2이고, 무위험이자율은 6%, 시장평균수익률은 13%라면, CAPM 접근법을 사용해서 구한 이 회사의 자기자본비용은 얼마인가?

c. 이 회사의 채권수익률이 11%라면, 위험프리미엄 가산 채권수익률 접근법으로 구한 r_s는 얼마인가? 계산 시에 10-5절에서 논의된 위험프리미엄 범위의 중간값을 사용하라.

d. 세 가지 접근법에 사용된 입력수치들을 똑같이 신뢰한다면 Callahan의 자기자본비용에 대한 추정치는 얼마인가?

10-7 **[발행비용 여부에 따른 자기자본비용]** Evanec Company의 차기 기대배당금(D_1)은 $3.18이고, 배당의 성장률은 6%이다. 이 회사의 주식은 현재 $36.00에 거래되고 있다. 신규 주식(외부자기자본)은 $32.40의 순가격에 발행될 수 있다.

a. Evanec의 유보이익의 비용(r_s)은 얼마인가?

b. Evanec의 백분율로 표시된 발행비용(F)은 얼마인가?

c. Evanec의 신규 보통주의 자본비용(r_e)은 얼마인가?

10-8 **[자기자본비용과 WACC]** Palencia Paints Corporation은 우선주 없이 부채 35% 및 자기자본 65%로 구성된 목표자본구조를 갖고 있다. 이 회사의 세전 부채비용은 8%이고 한계세율은 25%이며, 현재 주식가격은 $P_0 = \$22.00$이다. 직전의 배당금은 $D_0 = \$2.25$였고, 배당금은 5%의 일정한 성장률로 증가할 것으로 예상된다. 이 회사의 자기자본비용과 WACC는 얼마인가?

10-9 **[WACC]** Paulson Company의 기말 재무상태표는 다음과 같다. 이 회사의 자기자본비용은 14%, 세전 부채비용은 10%, 한계세율은 25%이다. 이 회사의 장기부채는 액면가에 발행된다고 가정하자. 회사의 단기부채와 장기부채의 합인 총부채는 $1,167이다. 또한 보통주의 발행주식 수는 576주이고 주당 $4.00에 거래되고 있다. 시장가치 가중치를 사용해서 Paulson의 WACC를 계산하라.

자산		부채 및 자기자본	
현금	$ 120	매입채무와 미지급비용	$ 10
매출채권	240	단기부채	47
재고자산	360	장기부채	1,120
순고정자산	2,160	자기자본	1,703
총자산	$2,880	총부채 및 자기자본	$2,880

10-10 **[WACC]** Olsen Outfitters Inc.은 자기자본 55% 및 부채 45%로 구성하는 것이 이 회사의 최적자본구조라고 판단하고 있으며, 세율은 25%이다. Olsen은 앞으로 있을 회사의 확장을 위해 추가적인 자본을 조달해야 한다. 이 회사는 $r_s = 11\%$의 비용으로 유보이익을 통해 $400만을 조달할 수 있을 것이다. 신규 보통주는 $800만까지는 $r_e = 12.5\%$의 비용을 부담해야 한다. 또한 Olsen은 $400만까지는 $r_d = 9\%$의 이자율로 조달할 수 있고, 추가적인 $500만은 $r_d = 13\%$에 조달할 수 있다. Olsen의 CFO는 이 제안된 확장에 $820만의 투자가 필요하다고 추정한다. 회사가 확장을 완료하기 위해 마지막으로 조달된 자금에 대한 WACC는 얼마인가?

10-11 **[WACC와 부채조달 비율]** Hook Industries의 자본구조는 부채와 자기자본으로만 이루어져 있다. 부채는 $r_d = 11\%$의 비용으로 발행할 수 있고, 보통주의 배당금은 현재 주당 $2.00이다($D_0 = \$2.00$). 현재 주식의 가격은 $24.75이고 배당은 7%의 일정한 성장률로 증가할 것이라고 예측되며, 세율은 25%, WACC는 13.95%이다. 이 회사의 자본구조에서 부채가 차지하는 비율은 얼마인가?

10-12 **[WACC]** Empire Electric Company(EEC)는 부채와 자기자본만을 사용한다. 이 회사의 목표자본구조는 부채 35%와 자기자본 65%이며, 목표자본구조를 유지하는 한 $r_d = 9\%$의 이자율로 자금을 무한정 차입할 수 있다. 직전의 배당금(D_0)은 $2이었고 기대성장률은 6%로 일정하며, 보통주는 $26에 거래되고 있다. EEC의 세율은 25%이다. 두 개의 투자안들을 고려중이다: 투자안 A의 수익률은 12.5%이고, 투자안 B의 수익률은 11.5%이다. 두 투자안들의 위험 수준은 동일하고, 또한 두 투자안들은 회사의 기존 자산들과도 거의 비슷한 위험을 가지고 있다.

a. 이 회사의 자기자본비용은 얼마인가?
b. 이 회사의 WACC는 얼마인가?
c. Empire는 어느 투자안을 채택해야 하는가?

10-13 **[발행비용이 있는 경우의 자기자본비용]** Banyan Co.의 보통주는 현재 $46.75에 거래되고 있다. 성장률은 6%로 일정하며, 기대배당수익률은 5%이다. 장기 배당성향은 20%, 기대자기자본이익률(ROE)은 7.5%로 추정된다. 신규 주식은 현재의 가격에 발행될 수 있지만 5%의 발행비용이 발생할 것이다. 신규 주식의 자본비용은 얼마인가?

고급 문제
14~20

10-14 **[발행비용이 있는 경우의 우선주비용]** Travis Industries는 $11.00의 배당금을 지급하는 영구 우선주를 발행할 계획이다. 이 주식은 현재 $108.50에 거래되고 있지만, 시장가격의 5%에 해당하는 발행비용이 발생하기 때문에 순가격은 $103.08이 될 것이다. 발행비용을 포함한 우선주의 비용은 얼마인가?

10-15 **[WACC와 자기자본비용]** Kahn Inc.은 영업용 자산들에 투자하기 위해 $100억의 자금을 조달할 계획이고, 이 과정에서 고려해야 할 목표자본구조는 자기자본 60% 및 부채 40%이다. 또한 Kahn Inc.의 WACC는 13%, 세전 부채비용은 10%, 세율은 25%이다. 이 회사의

유보이익은 자본예산에서 자기자본으로 조달되어야 하는 부분을 충분히 감당할 수 있다. 내년도 기대배당금(D_1)은 $3이며, 현재 주식가격은 $35이다.

a. 이 회사의 기대성장률은 얼마인가?

b. 이 회사의 순이익이 $11억으로 예측된다면, 그 순이익 중 얼마를 이 회사가 배당으로 지급할 것으로 예상되는가? (힌트: 제9장의 식 (9.4)를 참조하라.)

10-16 **[자기자본비용]** Bouchard Company의 주당순이익(EPS)은 2016년에 $4.42에서 2021년에는 $6.50으로 증가했다. Bouchard는 순이익의 40%를 배당으로 지급하며, 이 회사의 보통주는 $36.00에 거래된다.

a. 과거 순이익성장률을 계산하라. (힌트: 여기서는 5년의 성장기간이 대상이다.)

b. 직전의 배당금은 $D_0 = 0.4(\$6.50) = \$2.60$이었다. 과거의 순이익성장률이 지속된다고 가정하고, 다음 기대배당금(D_1)을 계산하라.

c. Bouchard의 유보이익의 자본비용(r_s)은 얼마인가?

10-17 **[성장률(g)과 주당순이익(EPS) 계산]** Sidman Products의 보통주는 현재 $60.00에 거래되고 있다. 이 회사는 금년에 주당 $5.40의 순이익을 내고 연말에는 주당 $3.60의 배당금을 지급할 것으로 예상되며, 자기자본만으로 자금을 조달한다.

a. 만약 투자자들의 요구수익률이 9%라면 기대성장률은 얼마인가?

b. Sidman은 투자안들의 평균 수익률이 이 회사의 주식에 대한 기대수익률과 동일한 투자안들에만 유보이익을 재투자한다고 가정하면, 내년의 EPS는 얼마인가? (힌트: 제9장의 식 (9.4)를 참조하라.)

10-18 **[WACC와 최적자본예산]** Adamson Corporation은 다음과 같은 비용과 수익률을 갖는 네 개의 평균 위험 투자안들을 고려중이다:

투자안	비용	기대수익률
1	$2,000	16.00%
2	3,000	15.00
3	5,000	13.75
4	2,000	12.50

이 회사는 $r_d = 10\%$의 이자율로 부채를 발행할 수 있을 것으로 예상하며, 세율은 25%이다. 매년 주당 $5.00의 일정한 배당을 지급하는 우선주를 주당 $50.00에 발행할 수 있다. 또한 이 회사의 보통주는 현재 $38.00에 거래되고 있고, 다음 기대배당금(D_1)은 주당 $4.25이며 이 배당금은 매년 5%의 일정한 성장률로 증가할 것으로 예상된다. 목표자본구조는 보통주 75%, 부채 15%, 그리고 우선주 10%로 구성된다.

a. 각 자본의 구성요소들에 대한 비용은 얼마인가?

b. Adamson의 WACC는 얼마인가?

c. 투자안의 기대수익률이 WACC를 초과하는 투자안들만 채택될 것이다. Adamson은 어떤 투자안들을 채택해야 하는가?

10-19 **[위험을 반영한 자본비용의 조정]** Ziege Systems는 내년도에 실행되는 다음과 같은 독립적인 투자안들을 고려중이다:

투자안	필요 투자액	수익률	위험
A	$400만	14.0%	고
B	500만	11.5	고
C	300만	9.5	저
D	200만	9.0	평균
E	600만	12.5	고
F	500만	12.5	평균
G	600만	7.0	저
H	300만	11.5	저

Ziege의 WACC는 10%이지만, 고위험의 투자안들에 대해서는 WACC에 2%를 가산하고 저위험의 투자안들에 대해서는 WACC에서 2%를 차감하는 방식으로 WACC를 조정한다.

a. 만약 아무런 자본에 대한 제약이 없다면 Ziege는 어떤 투자안들을 채택해야 하는가?

b. 만약 Ziege가 총 $1,300만의 자본만을 투자할 수 있다면 어떤 투자안들을 채택해야 하며, 이 경우에 자본예산의 규모는 얼마가 될 것인가?

c. Ziege는 $1,300만 외에 추가적으로 자금을 조달할 수 있지만, 신규 자본조달의 규모가 $500만씩(또는 $500만 미만의 금액으로) 증가할 때마다 WACC도 1%포인트씩 증가한다고 가정하자. Ziege가 위에서와 같은 방식으로 위험을 조정한다면 이제 어느 투자안들이 채택되어야 하며, 그러한 경우에 자본예산의 규모는 얼마가 될 것인가?

10-20 **[WACC]** 다음의 표는 Foust Company의 지난 10년 동안에 걸친 주당순이익을 보여주고 있다. 780만 주가 발행된 이 회사의 보통주는 현재(2022년 1월 1일) 주당 $65.00에 거래되고 있다. 금년 말(2022년 12월 31일)의 기대배당금은 2021년도 EPS의 55% 수준이다. 투자자들은 과거의 추세가 지속될 것으로 예상하고 있고, 따라서 성장률 g는 역사적 순이익성장률에 기초할 수 있다. (9년 동안의 성장률이 10년 기간의 자료에 반영되어 있다는 점에 유의할 필요가 있다.)

연도	EPS	연도	EPS
2012	$3.90	2017	$5.73
2013	4.21	2018	6.19
2014	4.55	2019	6.68
2015	4.91	2020	7.22
2016	5.31	2021	7.80

신규 부채에 대한 현행 이자율은 9%이고, Foust의 한계세율은 25%이며 최적자본구조는 부채 40%와 자기자본 60%이다.

a. Foust의 세후 부채비용과 자기자본비용을 계산하라. 자기자본비용은 $r_s = D_1/P_0 + g$로 계산하라.

b. Foust의 WACC를 산정하라.

종합계산문제

10-21 **[WACC 계산]** Skye Computer Company의 2021년도 축약 재무상태표는 다음과 같다:

	2021
유동자산	\$2,000
순고정자산	3,000
총자산	\$5,000
매입채무와 미지급비용	\$ 900
단기부채	100
장기부채	1,100
우선주(10,000주)	250
보통주(50,000주)	1,300
유보이익	1,350
총자기자본	\$2,650
총부채 및 자기자본	\$5,000

작년 Skye의 주당 순이익은 \$3.20이었다. 보통주는 \$55.00에 거래되고 있으며 작년의 배당(D_0)은 \$2.10이었으며, 신규 보통주의 발행에는 10%의 발행비용이 수반된다. 증권애널리스트들은 보통주에 대한 배당이 연 9%로 성장할 것으로 추정하고 있다. Skye의 우선주는 주당 \$3.30의 배당을 지급하며 주당 \$30.00에 거래되고 있다. 이 회사의 세전 부채비용은 10%이고, 한계세율은 25%이다. 10%의 이표이자율로 발행된 이 회사의 장기 채권은 액면가에 거래되고 있다. 시장위험프리미엄은 5%, 무위험이자율은 6%이며, Skye의 베타는 1.516이다. 이 회사의 단기부채와 장기부채의 합계인 총부채는 \$120만이다.

a. 세후 부채비용, 우선주의 자본비용, 유보이익의 자본비용, 그리고 신규 보통주의 자본비용 등 각 자본의 구성요소들에 대한 비용을 계산하라. 자기자본비용을 계산할 때는 DCF 방법을 사용하라.

b. 이제 CAPM 방법을 사용해서 유보이익의 자본비용을 계산하라.

c. CAPM에 근거한 신규 보통주의 자본비용은 얼마인가? (힌트: DCF 방법으로 추정된 r_e와 r_s 간의 차이를 구해서 그 차이를 CAPM으로 추정된 r_s에 더하라.)

d. Skye가 시장가치 기반의 자본구조를 계속 사용한다고 가정하자. 이 회사의 WACC는 (1) 자기자본으로 유보이익만을 사용하는 경우 및 (2) 회사가 빠르게 확장해서 신규 보통주를 발행해야 하는 경우에 얼마인가?

통합사례

COLEMAN TECHNOLOGIES INC.

10-22 **[자본비용]** Coleman Technologies는 회사의 IT그룹에서 제안한 중요한 확장안을 고려중이다. 이 회사는 확장을 추진하기 전에 회사의 자본비용을 추정해야 한다. 당신은 재무담당 부사장인 Jerry Lehman을 보좌하고 있다고 가정하자. 당신의 첫 번째 임무는 Coleman의 자본비용을 추정하는 것이다. Lehman은 이 임무와 관련되어 있다고 생각하는 다음과 같은 자료를 제공했다.

- 이 회사의 세율은 25%이다.
- 이표이자율 12%, 반기이표, 그리고 수의상환은 없으며 만기까지 15년이 남아 있는 Coleman 채권의 현재 가격은 $1,153.72이다. Coleman은 이자 지급의 단기부채를 영구히 사용하지 않는다. 신규 채권의 발행은 발행비용 없이 사모로 진행될 것이다.
- 액면가 $100.00, 분기별 10%의 배당을 지급하는 이 회사 영구우선주의 현재 가격은 $111.10이다.
- Coleman의 보통주는 현재 주당 $50.00에 거래되고 있다. 직전의 배당($D_0$)은 $4.19였으며 이 배당은 당분간 연 5%의 일정한 성장률로 증가할 것으로 예상된다. Coleman의 베타는 1.2, 미국 장기 국채에 대한 수익률은 7%, 그리고 시장위험프리미엄은 6%로 추정된다. 이 회사는 위험프리미엄 가산 채권수익률 접근법에서는 4%의 위험프리미엄을 사용한다.
- Coleman의 목표자본구조는 부채 30%, 우선주 10%, 자기자본 60%이다.

임무를 다소 조직적으로 진행하기 위해 Lehman은 다음과 같은 질문들에 대한 답변을 준비하도록 요청했다:

a. 1. Coleman의 WACC를 추정할 때 어떤 자본의 원천들이 포함되어야 하는가?
   2. 구성요소 비용들은 세전 기반으로 추정되어야 하는가, 아니면 세후 기반으로 추정되어야 하는가?
   3. 이 구성요소 비용들은 역사적(내재) 비용이어야 하는가, 아니면 신규 (한계)비용이어야 하는가?

b. Coleman의 부채에 대한 시장이자율 및 부채의 구성요소 비용은 얼마인가?

c. 1. 이 회사의 우선주의 자본비용은 얼마인가?

2. Coleman의 우선주는 그 부채보다 투자자들에게는 더 위험하지만, 투자자들의 우선주에 대한 수익률은 부채의 만기수익률보다 더 낮다. 이 상황은 당신이 실수했다는 것을 의미하는가? (힌트: 세금을 생각하라.)

d. 1. 유보이익과 관련된 자본비용은 왜 존재하는가?

2. CAPM 접근법을 사용해서 구한 Coleman의 추정 자기자본비용은 얼마인가?

e. DCF 접근법을 사용해서 구한 Coleman의 추정 자기자본비용은 얼마인가?

f. Coleman의 자기자본비용에 대한 위험프리미엄 가산 채권수익률 접근법 추정치는 얼마인가?

g. r_s에 대한 당신의 최종 추정치는 얼마인가?

h. 신규 보통주가 왜 유보이익보다 더 높은 자본비용을 갖는지 그 이유를 말로 설명하라.

i. 1. 발행비용을 조정하기 위해 사용될 수 있는 두 가지 접근법은 무엇인가?

2. Coleman은 만약 신규 보통주를 발행한다면 그 발행비용이 15%일 것으로 예상한다. Coleman은 DCF 접근법에 발행비용을 포함시킨다. 발행비용을 감안하면 신규 보통주의 자본비용에 대한 추정치는 얼마인가?

j. Coleman 전체의 자본비용, 즉 가중평균자본비용(WACC)은 얼마인가? 발행비용은 무시한다.

k. 어떤 요인들이 Coleman의 종합WACC에 영향을 미치는가?

l. 이 회사는 종합WACC를 각각의 투자안들에 대한 장애수익률로 사용해야 하는가? 답을 설명하라.

3M의 자본비용 계산

이 장의 질문들에 답하기 위해 온라인 자료를 활용하라. 시간이 지나면서 웹사이트 정보는 변하고 이러한 변화는 일부 질문들에 대해 답하는 데 제약으로 작용할 수 있다는 점에 유의하라.

이 장에서는 기업의 부채비용, 우선주의 자본비용 및 자기자본비용의 가중평균인 WACC를 추정하는 방법에 대해 살펴봤다. 이를 위해 필요한 대부분의 데이터는 인터넷상의 다양한 출처로부터 구할 수 있다. 여기서는 Minnesota Mining & Manufacturing(MMM)의 WACC를 추정하는 단계들을 살펴본다.

토론 질문

1. 첫 단계로 MMM의 자본 구성비, 즉 부채, 우선주 및 자기자본의 비중을 추정할 필요가 있다. 이 정보는 기업의 최근 연도별 재무상태표에서 구할 수 있다. (2019년 말 현재 MMM은 우선주를 보유하고 있지 않다.) 총부채는 모든 이자 발생 부채를 포함하고, 단기부채와 장기부채의 합계이다.
   a. WACC에 사용되는 가중치는 기업의 목표자본구조에 근거한다는 점을 떠올릴 필요가 있다. 이 회사는 현재 재무상태표상의 자본 구성비를 계속 유지하고자 한다고 가정하면, MMM의 WACC를 추정하기 위해 어떤 가중치를 사용해야 하는가?
   b. 자기자본의 시장가치인 MMM의 시가총액을 구하라. 재무상태표상 단기부채와 장기부채의 합계(부채의 시장가치는 그 장부가치와 같다고 가정한다) 및 시가총액을 사용해서 WACC 식에 사용될 부채와 자기자본에 대한 가중치를 다시 계산하라. 이 가중치들은 시장가치 가중치에 대한 근사치이다. 부채의 계산에서 미지급비용을 포함시키지 않도록 주의하라.
2. MMM의 자기자본비용을 추정하기 위해 CAPM을 사용할 수 있다. 인터넷에서 베타 추정치에 대한 여러 많은 출처들을 찾을 수 있는데, 최선이라고 생각되는 추정치를 선택하여 무위험이자율 및 시장위험프리미엄에 대한 추정치와 함께 사용해서 자기자본비용 추정치를 구한다. (더 자세한 내용은 제8장의 "한걸음 더"에 있는 문제를 참조하면 된다.) MMM의 자기자본비용은 얼마인가? MMM의 자기자본비용을 추정하기 위해 DCF 접근법을 사용하는 것이 왜 타당성이 크지 않을 수도 있는가?
3. 다음으로 MMM의 부채비용을 계산할 필요가 있다. 부채비용을 추정하기 위해서는 여러 다른 접근법들을 사용할 수 있다. 하나의 방법은 이 회사의 이자비용을 총부채(단기부채와 장기부채의 합계)로 나누는 것이다. 이 방법은 과거의 부채비용이 현재 시장에서의 만기수익률과 동일한 경우에만 작동한다(즉, MMM의 발행 채권이 액면가에 가까운 가격으로 거래되고 있는 경우). 이 방법에서는 MMM이 신규 부채를 대규모로 발행한 해에는 잘못된 추정치들이 산출될 수도 있다. 예를 들면, 어떤 회사가 연도 말에 대규모 부채를 발행한다면 그 총액은 연도 말 재무상태표에 나타나게 되지만, 이 부채가 전체 연도의 매우 짧은 기간에만 존재했기 때문에 연간 이자비용은 아직 크게 증가하지 않을 것이다. 이러한 상황에서는 추정 부채비용이 진정한 부채비용보다 과소평가될 가능성이 높다. 다른 방법으로는 회사의 홈페이지와 IR 탭에서 연차보고서상의 주석들에

있는 이 수치를 찾는 것이다. 마지막으로 FINRA의 Bond Center(finra-markets.morningstar.com/BondCenter)에 접속해서 MMM의 채권 발행 현황을 검색할 수 있는데, 장기 채권의 YTM은 WACC 계산에 사용되는 이 회사의 현재 부채비용에 대한 추정치를 제공할 것이다. 기업의 WACC를 계산하기 위해서는 세후 부채비용이 필요하다는 점을 기억하자. 따라서 MMM의 세율이 필요한데 여기서는 20%로 추정된다. MMM의 세후 부채비용 추정치는 얼마인가?

4. a. 질문 1a에서 계산된 장부가치 가중치를 사용하면 MMM의 WACC 추정치는 얼마인가?
   b. 질문 1b에서 계산된 시장가치 가중치를 사용하면 MMM의 WACC 추정치는 얼마인가?
   c. 두 WACC 추정치 간의 차이를 설명하라. 어떤 추정치를 선호하는가? 답을 설명하라.
   d. 파트 c에서 선택한 추정치를 얼마나 신뢰할 수 있는가? 답을 설명하라.

11 CHAPTER 자본예산의 기초

변화하는 기술 및 시장상황에 직면한 기업들의 투자에 대한 고심

변화하는 기술과 시장상황들은 경영진에게 종종 주요한 프로젝트들에 투자할 기회를 제공하는데, 이 프로젝트들의 성공이 그 기업의 미래 성공을 결정짓기까지는 먼 길을 가야 할지도 모른다. 지난 몇 년 동안 Fosd는 최고 인기 차종인 F-150 픽업트럭을 알루미늄 차체로 전환하는 획기적인 의사결정을 했고, Apple은 많은 기대와 관심 속에 Apple iPad와 Apple Watch를 생산하기로 결정했다. 또한 Netflix는 완전하게 스트리밍 서비스(streaming service) 위주로 전환했으며, Boeing과 Airbus[European Aeronautic Defence & Space Co.(EADS)의 한 사업부문]는 둘 다 신규 항공기 프로젝트들을 공개했다.

예상하다시피 이 프로젝트들에는 개발을 위해 수십억 달러의 자본이 필요하고, 이 과정에서 회사들은 개발비용, 운영비용, 예상수요 등과 같은 중요한 요인들을 추정하는 데 있어서 많은 세부적인 계산을 한다. 이 추정들은 매우 단기간에 크게 변할 수 있는 시상상황에 따라 더 복잡해진다. 예를 들어, Boeing은 737 MAX의 비상착륙 후에 그 계획을 근본적으로 변경해야 했다. 더 최근에는 코로나바이러스의 발생으로 인한 경제의 대규모 일시 정지 와중에 대부분의 기업들은 투자계획을 신속하게 재평가해야 하는 상황이 되었다.

기업들은 외부와 단절된 상태에서 운영되고 있지 않다는 점 또한 주목할 필요가 있는데, 자신들의 주요 경쟁자들도 종종 비슷한 의사결정을 하고 미래현금흐름은 보통 누가 가장 좋은 제품이나 서비스를 개발함으로써 "경쟁의 승자"가 되는지에 달려 있다. 많이 알려져 있는 경쟁의 대표적인 사례들로는 스마트폰 기술을 개발하기 위한 Samsung, Apple, 그리고 기타 업체들의 경쟁, 무인자동차를 개발하기 위한 많은 테크기업들과 자동차 제조업체들이 현재 취하고 있는 조치들 및 현재진행형인 Airbus와 Boeing의 격돌을 들 수 있는데, 두 항공기 제조업체는 최근에 차세대 항공기 투자에 대한 중요한 발걸음을 내딛었다.

통상적으로 이러한 유형의 대규모 프로젝트들에서 기업들은 초기 몇 년 동안에는 음(−)의 현금흐름이 발생하고, 이후에는 장기간에 걸쳐 양(+)의 현금흐름이 발생할 것으로 기대하며 추정한다. 추정된 현금흐름을 바탕으로 Boeing이나 Airbus 같은 기업들과 주요 경쟁자들은 이 프로젝트들을 수행함으로써 각 기업의 내재가치가 증가할 것인지 여부를 결정한다. 하지만 이 사업분야에 내재된 위험 및 양측의 개발 기종은 서로 경쟁해야 하는 여건하에서 Boeing과 Airbus의 재무애널리스트들은 그들의 추정에 상당한 오류가 있다는 것을 인식하고 있다. 더욱이 최근의 *New York Times* 기사에서 조명된 것처럼 이 기업들은 어떤 유형의 항공기 기종을 생산할지를 결정할 때 종종 서로 다른 전략을 개발한다.

이러한 대규모 프로젝트들은 큰 관심을 받지만, 대부분의 기업들 또한 매년 새로운 트럭이나 기계장비를 구입하고 혹은 재고관리를 최적화하기 위해 컴퓨터나 소프트웨어를 구입하는 등의 많은 일상적 투자의사결정을 한다. 각 프로젝트마다 고유의 특성이 있지만, 모든 유형이나 규모의 프로젝트 분석에는 이 장에서 제시된 동일한 기법들이 사용된다. 마지막으로 이 기법들은 기업들에만 해당되는 것은 아니라는 점을 언급할 필요가 있는데, 개인들도 "부동산담보대출을 갈아타야 하는가 아니면 전액 상환해야 하는가?" "현재 보유 중인 차를 새 차로 바꿔야 하는가?" "직장을 그만두고 MBA를 취득하는 것이 합리적인가?"와 같은 자신들의 투자안들을 갖고 있다. 우리는 각각의 경우에 최선의 행동방침을 설정하기 위해 이 장에서 살펴보는 기법들을 사용할 수 있다.

출처: "Airbus Unveils First Passenger-Ready A350 XWB Plane," *CNN*(cnn.com), January 2, 2014; Jack Harty, "Countdown to Launch: The Airbus A350 XWB," *Airways News*(airwaysnews.com/blog), May 8, 2013; Peter Sanders and Daniel Michaels, "Winds of Change for Boeing, Airbus," *The Wall Street Journal*(wsj.com), March 16, 2010; Jad Mouawad, "Oversize Expectations for the Airbus A380," *The New York Times* (nytimes.com), August 9, 2014.

학습개요 및 목표

앞 장에서는 자본비용에 대해 논의했다. 이제 고정자산과 관련된 투자의사결정, 즉 자본예산에 대해 살펴보기로 한다. 여기서 *자본*은 생산에 사용되는 장기자산을 의미하고, *예산*은 미래에 발생하는 추정 지출들의 윤곽을 그린 계획이다. 따라서 *자본예산안*(capital budget)은 장기자산에 대한 계획된 투자의 요약이고, **자본예산**(capital budgeting)은 투자안을 분석하고 자본예산에 포함될 투자안들을 선정하는 전체 과정을 의미한다. Boeing이나 Airbus는 물론 다른 회사들도 제안된 자본적 지출을 채택할지 또는 기각할지 의사결정을 할 때, 이 장에서 살펴본 기법들을 사용한다.

자본예산
1년 이상의 기간 동안 현금흐름이 발생할 것으로 예상되는 자산에 대한 지출을 계획하는 과정

여러분이 이 장을 마치면 다음의 내용을 수행할 수 있어야 한다:

- 자본예산에 대해 논의할 수 있다.
- 자본예산에 있어서 주요 의사결정 기준인 NPV, IRR, MIRR, 그리고 회수기간을 계산하고 사용할 수 있다.
- NPV가 왜 최선의 기준인지와 다른 방법들에 내재된 문제점들을 어떻게 해결할 수 있는지에 대해

설명할 수 있다.

이 장에서는 간단한 예시들을 통해 자본예산 이론을 이해하고, 이를 바탕으로 다음 장에서는 현금흐름을 어떻게 추정하고 위험을 어떻게 측정하는지, 그리고 자본예산 의사결정이 어떻게 이뤄지는지를 살펴볼 것이다.

11-1 자본예산의 개요

증권의 가치평가에 사용된 동일한 개념들이 자본예산에서도 사용되지만, 두 가지 중요한 차이가 있다. 첫째, 주식이나 채권은 증권시장에서 이미 존재하고 있고 투자자들은 이 이용가능한 금융상품들 중에서 선택을 하지만, 반면에 자본예산 투자안들은 기업이 만들어낸다. 둘째, 대부분의 증권들 경우에 투자자들은 투자로부터 발생하는 현금흐름에 영향을 미치지 못하지만, 반면에 기업은 투자안들의 결과에 크게 영향을 미친다. 그럼에도 불구하고, 현금흐름들을 예측하고 그 현금흐름들의 현재가치를 구한 다음에 그 유입의 PV가 투자의 비용을 초과하는 경우에만 투자를 한다는 일련의 과정은 여전히 증권의 가치평가와 자본예산 둘 다에 동일하게 적용된다.

기업의 성장뿐만 아니라 경쟁력과 생존력은 새로운 제품이나 기존 제품의 개선, 더 효율적인 운영방식 등과 관련한 아이디어를 지속적으로 창출할 수 있느냐에 달려 있다. 따라서 잘 관리가 되고 있는 기업들은 자본예산 계획을 잘 세우는 데 모든 노력을 다한다. 예를 들어, 한 성공적인 기업의 수석부사장에 의하면 이 회사는 투자안들을 수행하기에 앞서 다음과 같은 절차를 거친다고 한다:

전략적 사업계획
향후 5~10년간에 걸친 기업의 기본전략에 관한 개요를 제시하는 장기 계획

> 우리의 R&D부서는 항상 새로운 제품 개발 및 기존 제품을 향상시키기 위해 끊임없이 연구한다. 게다가, 회사의 집행위원회는 마케팅, 생산, 재무 부문의 최고책임자들로 구성되어 있으며, 이 위원회는 우리 회사가 경쟁해야 하는 제품이나 시장을 찾아내고 각 부문별로 장기적인 목표를 설정한다. 회사의 **전략적 사업계획**(strategic business plan)에 상세히 기술되어 있는 이러한 목표들은 그 목표들을 달성해야 하는 회사의 운영담당 임원들에게 일반적인 지침을 제공한다. 운영담당 임원들은 신제품의 출시, 기존 제품들에 대한 생산라인의 확장에 관한 계획을 세우고, 생산비용이나 유통비용을 절감하는 방안을 모색한다. 운영담당 임원들에게 지급되는 특별 상여금이나 승진은 목표를 달성하거나 초과했을 때 주어지기 때문에, 이러한 경제적인 보상은 운영담당 임원들로 하여금 수익성 있는 투자기회를 찾기 위해 노력하도록 유인한다.
>
> 각 부문의 최고책임자들은 자기가 맡고 있는 부문의 성과에 따라 평가되고 보상을 받는 반면에, 실무직원들은 수익성 있는 투자기회를 제안했는지에 따라 특별 상여금이나 스톡옵션을 받게 된다. 게다가, 순이익의 일정 비율은 임원이 아닌 직원들에게 지급되도록 설정해

놓고 있으며, 추가적인 인센티브로 제공하기 위해 우리사주신탁제도(Employees' Stock Ownership Plan: ESOP)를 운영하고 있다. 우리의 목적은 직위에 관계없이 모든 직원들에게 좋은 아이디어, 특히 자본적 투자로 이어질 수 있는 아이디어들을 장려하는 것이다.

자본적 지출 제안을 분석하는 일은 그 혜택은 클 수 있지만 비용이 전혀 들지 않는 것은 아니다. 투자안의 유형에 따라 어떤 투자안에 대해서는 매우 세밀한 분석이 필요한 반면에, 더 단순한 절차로 충분한 경우도 있다. 따라서 일반적으로 기업들은 투자안들을 분류한 다음에 각 범주별로 약간씩 다르게 분석한다.

1. **대체: 현재 수준의 운영에 필요.** 수익성 있는 제품의 생산에 필요한 설비가 낡았거나 손상된 경우, 그 설비를 교체하기 위한 지출이 이 범주에 속한다. 여기서 가장 중요한 것은 운영을 계속해야 할 것인가에 대한 질문과 만약 그렇다면 동일한 생산과정을 계속해서 사용해야 하는가에 대한 질문이다. 만약 답이 긍정이라면, 그 투자안은 복잡한 의사결정과정을 거치지 않고 승인될 것이다.
2. **대체: 원가절감.** 사용은 가능하지만 구식의 장비를 교체하여 비용을 낮추려는 지출이 이 범주에 속한다. 이에 대한 의사결정은 자의적이기 때문에 일반적으로 매우 세밀한 분석이 요구된다.
3. **확장: 기존 제품이나 시장.** 이것은 기존 제품들의 생산량을 증가시키거나, 이미 진출한 시장에서 소매 판매점이나 물류창고를 확장하기 위해 필요로 하는 지출이다. 수요의 증가에 대한 명확한 예측이 요구되기 때문에 확장 의사결정은 더 복잡하고, 따라서 더욱 상세한 분석을 필요로 한다. 이에 대한 채택/기각의 의사결정은 일반적으로 기업 내 상위 직급에서 이루어진다.
4. **확장: 새로운 제품이나 시장.** 이러한 투자는 새로운 제품이나 새로운 지역과 관계되고, 동시에 사업의 근본적인 성격을 바꿀 수 있는 전략적 의사결정과 관련되어 있다. 이 경우에는 예외 없이 상세한 분석이 요구되고 최종 의사결정은 경영진의 최고위층에서 이루어진다.
5. **안전 및 환경 관련 투자안.** 정부의 규제, 노사협의나 보험약관과 같이 법규를 준수하거나 약속을 이행하는 데 필요한 지출이 이 범주에 속한다. 투자안들을 다루는 방식은 그 규모에 따라 다르다. 소규모 투자안은 첫 번째 범주의 투자안과 비슷하게 취급된다.
6. **기타 투자안.** 사무용 건물, 주차장, 임원용 항공기와 같은 다양한 항목들이 이에 포함된다. 이 투자안들이 어떻게 취급되는지는 기업마다 다르다.
7. **합병.** 합병에서는 한 회사가 다른 회사를 인수하게 된다. 회사 전체를 사는 것은 기계와 같은 자산을 사거나 새로운 항공기에 투자하는 것과는 다르지만, 적용되는 원리는 동일하다. 자본예산의 개념들이 합병에 대한 분석의 기초가 된다.

일반적으로 대체 의사결정, 특히 수익성 있는 공장의 유지보수 투자 등에 대해서는 비교적 간단한 계산과 몇몇 근거서류들만으로 충분하다. 원가절감 투자안이나 기존 제품공정의 확장, 특히 신제품이나 새로운 지역에 대한 투자에 대해서는 보다 세밀한 분석이 필요하다. 또한 각 범주 내에서 그 투자 규모에 따라 투자안들을 분류할 수 있다: 대규모 투자안은 더욱 세밀한 분석이 요구되며 더 고위층의 승인이 필요하다. 예를 들어, 공장장은 상대적으로 덜 정교한 분석이 요구되는 $10,000 이하의 투자에 대한 승인권을 가질 수 있고, 반면에 이사회에서는 $100만보다 큰 규모의 투자나 신제품 또는 새로운 지역으로의 확장과 같은 투자에 대한 승인권을 가질 수도 있다.

만약 기업의 임직원들이 유능하고, 또 인센티브제도가 잘 작동된다면, 자본적 투자에 대한 많은 아이디어들이 제안될 것이다. 제안들 중에는 좋은 아이디어도 있고 그렇지 않은 아이디어도 있을 것이기 때문에, 투자안들을 선별하는 절차가 반드시 수립되어 있어야 한다. 기업들은 투자안들을 채택하거나 기각하는 의사결정을 할 때 앞으로 이 장에서 논의할 다음과 같은 기준을 사용한다:[1]

1. 순현가(net present value: NPV)
2. 내부수익률(internal rate of return: IRR)
3. 수정내부수익률(modified internal rate of return: MIRR)
4. 회수기간
5. 할인회수기간

NPV가 최선의 방법으로 간주되고 있는 이유는 주주 부의 극대화라는 재무관리의 핵심 목표와 직접적으로 연결되기 때문이다. 그러나 모든 방법들은 유용한 정보를 제공하고 있으며, 적어도 어느 정도까지는 모두 실제에서 사용되고 있다

셀프 테스트

- 자본예산이 증권의 가치평가와 어떻게 비슷한가? 어떻게 다른가?
- 기업들이 자본적 투자안에 관한 아이디어를 만들어내는 방식들은 무엇인가?
- 투자안들을 주요 범주별로 분류하고, 이 범주들이 어떻게 그리고 왜 사용되는지 설명하라.
- 가장 최선인 단 하나의 자본예산 의사결정 기준은 무엇인가?

1) 자주 사용되지 않는 두 가지 기준인 수익성 지수(profitability index)와 회계적 이익률(accounting rate of return)은 Eugene F. Brigham and Phillip R. Daves, *Intermediate Financial Management*, 14th edition(Mason, OH: Cengage Learning, 2022)의 제12장 및 Web Extension 12A를 참조하라.

11-2 순현가(NPV)

제3장에서 현금흐름과 회계적 이익 간에는 차이가 있다는 것을 살펴봤고, 또한 투자자들은 특히 **잉여현금흐름**(free cash flow)에 관심이 많다는 것에 주목했다. 잉여현금흐름은 고정자산에 대한 필요한 투자(자본적 지출)와 순영업운전자본을 고려한 후에 모든 투자자들에게 이용가능한 현금의 순금액을 나타낸다는 점을 떠올릴 필요가 있다.

순현가(NPV)
투자안의 잉여현금흐름을 자본비용으로 할인하여 계산된 현재가치로 순현가법에서는 NPV를 사용해서 투자안들의 순위를 정한다.

제9장에서 기업의 가치는 시간이 지나면서 투자자들을 위해 그 기업이 창출하는 잉여현금흐름들의 현재가치와 같다는 것을 살펴봤다. 마찬가지로 투자안의 가치는 단순히 투자안의 잉여현금흐름들을 자본비용으로 할인한 현재가치인 **순현가**(net present value: NPV)와 같다. NPV는 투자안이 주주 부에 얼마나 기여하는지를 말해주는데, 투자안의 NPV가 클수록 그 투자안을 통해 더 많은 가치가 부가되고, 이 부가된 가치는 더 높은 주식가격을 의미한다.[2] 따라서 NPV는 최선의 선정 기준이다.

자본예산의 가장 어려운 측면은 관련현금흐름(relevant cash flow)을 추정하는 것이다. 단순화하기 위해 이 장에서는 현금흐름들이 주어져 있다고 가정하는데, 이것은 우리가 자본예산 의사결정을 하는 데 필요한 원칙들에 초점을 맞출 수 있도록 해준다. 현금흐름의 추정에 대해서는 제12장에서 자세히 살펴볼 것이다.

자료(Resource)

cengage.com의 본 교재 관련 사이트에서 Excel 챕터 모형들을 다운로드할 수 있다. 다운로드 후에는 제11장 파일을 열어 이 챕터를 읽으면서 따라 해보자.

<표 11.1>에 있는 투자안 S와 투자안 L에 대한 자료를 사용해서 계산과정을 설명한다. 여기서 S는 **단기**, 그리고 L은 **장기**를 나타낸다. 투자안 S는 현금유입의 많은 부분이 초기에 발생한다는 의미에서 단기투자안이고, 반면에 투자안 L은 총현금유입은 더 크지만 나중에 발생한다. 두 투자안의 위험은 동일하고, 자본비용도 10%로 동일하다. 그리고 현금흐름은 감가상각, 세금, 그리고 잔존가치를 반영하기 위해 조정되었다. CF_0로 표시된 투자지출은 고정자산과 운전자본에 대한 투자를 포함하고, 현금흐름은 연도 말에 발생한다. 마지막으로, 표는 "통상적인" 표에 단순히 행과 열의 제목을 추가한 "엑셀 형식"으로 나타냈다. 모든 계산은 재무계산기를 이용하여 쉽게 할 수 있으나 엑셀 사용을 원하는 학생들을 위해 엑셀에서 문제를 어떻게 설정하는지를 보여준다. 하지만 엑셀이 반드시 필요한 것은 아니라는 점을 명심할 필요가 있다.

NPV는 다음과 같이 구한다:

1. 각 현금흐름을 투자안의 위험조정자본비용(이 예에서 $r = 10\%$)으로 할인해서 현금흐름의 현재가치를 계산한다.
2. 할인된 현금흐름들의 합이 이 투자안의 NPV이다.

---

2) NPV를 발행주식 수로 나누면 투자안이 주식가격에 미치는 영향을 추정할 수 있다. 하지만, 투자안의 채택 시점과 이익에 미치는 뚜렷한 영향이 발생하는 시점 간에는 시간적으로 격차가 있어서 일상적인 투자안들에 대해서는 거의 사용되지 않는다. 그러나 주요 투자안들에 대해서는 이 절차가 유용하다.

〈표 11.1〉 투자안 S 및 투자안 L에 대한 자료

	A	B	C	D	E	F	G
13	두 투자안의 WACC =		10%				
14		초기비용	연도 말 세후 현금유입, CF_t				
15	연도	0	1	2	3	4	총유입
16	투자안 S	–$1,000	$500	$400	$300	$100	$1,300
17	투자안 L	–$1,000	$100	$300	$400	$675	$1,475

NPV에 대한 식 및 이 식에 투자안 S에 대한 입력자료를 적용하면 다음과 같다:

$$NPV = CF_0 + \frac{CF_1}{(1+r)^1} + \frac{CF_2}{(1+r)^2} + \cdots + \frac{CF_N}{(1+r)^N} \quad (11.1)$$

$$= \sum_{t=0}^{N} \frac{CF_t}{(1+r)^t}$$

$$NPV_s = -\$1,000 + \frac{\$500}{(1.10)^1} + \frac{\$400}{(1.10)^2} + \frac{\$300}{(1.10)^3} + \frac{\$100}{(1.10)^4}$$

$$= -\$1,000 + \$454.55 + \$330.58 + \$225.39 + \$68.30$$

$$= \$78.82$$

여기서 CF_t는 t시점의 기대현금흐름, r은 투자안의 위험조정자본비용(또는 WACC), 그리고 N은 기간이다. 투자안들은 일반적으로 초기투자를 요구한다—예를 들어, 제품의 개발, 이 제품을 생산하는 데 필요한 장비의 구입, 공장의 건설, 재고 보유 등이 이에 속한다. 초기투자는 음(-)의 현금흐름이다. 두 투자안 S와 L의 경우에는 오직 CF_0만이 음의 값을 갖지만, Boeing의 Dreamliner나 Airbus의 A350 XWB와 같은 대형 프로젝트들의 경우에는 현금유입이 발생하기 이전에 수년 동안 계속해서 현금유출이 발생한다.

[그림 11.1]은 투자안 S에 대한 현금흐름 시간선과 각 현금흐름의 PV, 그리고 이 PV들의 합계를 보여주는데, 이 합계는 정의상 NPV 그 자체이다. t=0에서의 비용은 −$1,000이다. 첫 번째 양(+)의 현금흐름은 $500이며, 이 현금흐름의 PV는 일반계산기를 이용하여 $\$500/(1.10)^1 = \$454.55$로 구할 수 있다. 다른 PV들도 유사하게 구할 수 있고, 최종 결과는 현금흐름 시간선의 좌측 열에 있는 수치들이다. 이 수치들을 모두 합하면, 그 결과는 NPV_S인 $78.82이다. 초기비용인 −$1,000은 t=0 시점에서 발생하기 때문에 할인되지 않는다는 것에 유의하라. 투자안 L에 대한 NPV인 $100.40도 유사한 방법으로 구할 수 있다.

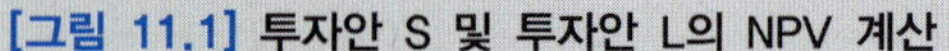
[그림 11.1] 투자안 S 및 투자안 L의 NPV 계산

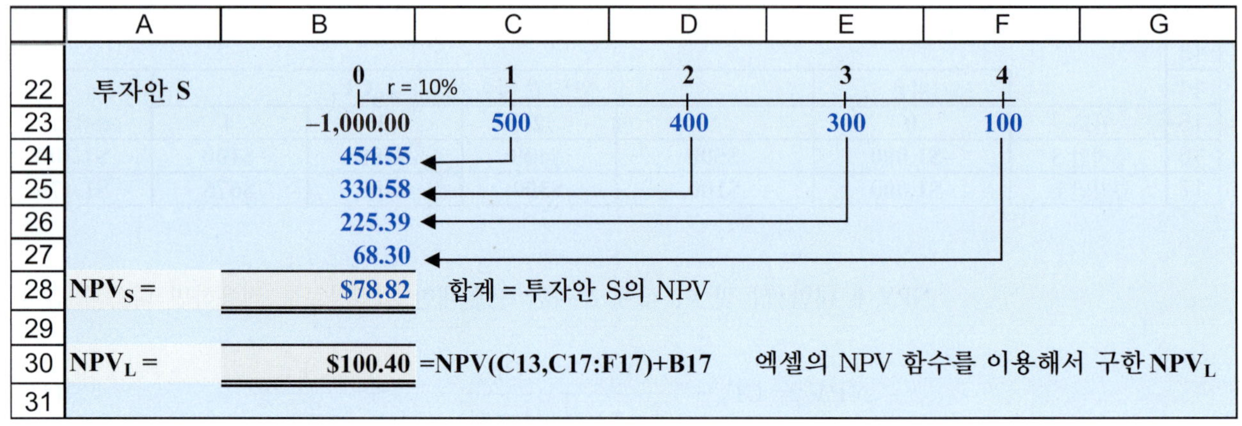

	A	B	C	D	E	F	G
22	투자안 S	0	r = 10% 1	2	3	4	
23		−1,000.00	500	400	300	100	
24		454.55					
25		330.58					
26		225.39					
27		68.30					
28	NPV_S =	$78.82	합계 = 투자안 S의 NPV				
29							
30	NPV_L =	$100.40	=NPV(C13,C17:F17)+B17		엑셀의 NPV 함수를 이용해서 구한 NPV_L		
31							

[그림 11.1]에서 보여준 단계별 계산과정은 어떻게 NPV가 계산되는지 설명하는 데 유용하다. 그러나 실무(그리고 시험)에서는 재무계산기나 엑셀을 이용하는 것이 훨씬 더 효율적이다. 계산기에 따라 설정방식에는 다소 차이가 있지만, 제5장에서 논의한 것처럼 모든 재무계산기들은 투자안 S나 투자안 L과 같은 불규칙적인 현금흐름들을 평가하기 위해 사용될 수 있는 "현금흐름을 기억시키는" 기능을 갖고 있다. 이런 계산기들에는 식 (11.1)이 내장되어 있기 때문에, 사용자는 r = I/YR = 10과 현금흐름들(올바른 부호와 함께)을 입력하기만 하면 된다. 자료를 입력하고 나서 NPV키를 누르면, 78.82라는 결과가 나타날 것이다.[3)]

만약 당신이 엑셀에 익숙하다면, S와 L의 NPV를 구하기 위해 엑셀의 NPV 함수를 이용할 수 있다:[4)]

$$NPV_S = \$78.82$$
$$NPV_L = \$100.40$$

이 수치들을 구하는 데 사용된 계산들은 [그림 11.1]에 있는 것과 같이 이 장의 단원별 엑셀모형에서 제시한다. 만약 엑셀에 대해서 좀 더 알기를 원한다면, 이 엑셀모형을 살펴보기를 권한다. 대부분의 사람들은 실제에서 이런 방식으로 NPV를 계산

---

3) NPV를 구하는 절차는 일부 브랜드의 계산기에 대해 교재의 웹사이트(cengage.com)에 있는 계산기 지침서에 포함되어 있다.

4) 엑셀의 NPV 함수는 다음과 같은 형식을 가진다: =NPV(rate, CF_1 to CF_N). [그림 11.1]에 제시된 것과 같은 NPV 함수는 t = 0 시점에서의 초기지출을 포함하지 않고 있다는 점에 주의할 필요가 있다. 엑셀의 NPV 함수는 현금흐름 영역에 있는 첫 번째 셀을 t = 1시점에서의 현금흐름으로 가정한다. 따라서 투자안의 NPV를 계산하기 위해서는 엑셀의 NPV 함수를 사용해서 구한 수치에서 반드시 초기지출을 차감해야 한다.

한다.

독립적 투자안
다른 투자안들의 채택 혹은 기각에 영향을 받지 않는 현금흐름을 가진 투자안

상호배타적 투자안
여러 투자안들 중에서 하나만 채택될 수 있는 복수의 투자안

의사결정과정에서 NPV를 사용하기 전에, 투자안 S와 투자안 L이 **독립적**(independent)인지 혹은 **상호배타적**(mutually exclusive)인지 알아야 한다. 독립적 투자안들은 각 투자안의 현금흐름들이 서로에게 영향을 미치지 않는 것을 의미한다. 만약 Walmart가 Boise와 Atlanta 두 지역에 새로운 점포를 고려중이라면, 이 두 개의 투자안은 독립적일 것이다. 만약 둘 다 양(+)의 NPV를 가진다면, Walmart는 두 투자안 모두를 채택해야 한다. 반면에, 상호배타적 투자안들은 만약 하나의 투자안이 채택되면 다른 투자안은 반드시 기각되어야 한다는 것을 의미한다. 창고 내에서 물건을 이동하는 컨베이어벨트와 이와 동일한 목적으로 사용되는 지게차는 상호배타적일 것이고, 이 경우에 어떤 하나를 채택하는 것은 다른 하나를 기각하는 것을 의미한다.

응용문제

두 투자안 X와 Y의 현금흐름은 다음과 같다:

연도 말 현금흐름

	0	1	2	3	WACC = r = 10%
X	−$700	$500	$300	$100	
Y	−$700	$100	$300	$600	

a. 만약 10%의 자본비용이 두 투자안 모두에 적용된다면, 각각의 NPV는 얼마인가?
b. X와 Y가 (1) 독립적일 경우, (b) 상호배타적일 경우 어느 투자안을 채택할 것인가?

[해답]

a. $NPV_X = -\$700 + \$500/(1.10)^1 + \$300/(1.10)^2 + \$100/(1.10)^3$

$= -\$700 + \$454.55 + \$247.93 + \$75.13$

$= \$77.61$

$NPV_Y = -\$700 + \$100/(1.10)^1 + \$300/(1.10)^2 + \$600/(1.10)^3$

$= -\$700 + \$90.91 + \$247.93 + \$450.79$

$= \$89.63$

b. (1) 두 투자안이 독립적이라면, 둘 다 양(+)의 NPV를 갖고 있기 때문에 두 투자안 모두 채택될 것이다.
(2) 두 투자안이 상호배타적이라면, 투자안 Y가 더 큰 양(+)의 NPV를 갖고 있기 때문에 투자안 Y가 채택될 것이다.

만약 두 투자안 S와 L이 독립적이라면 어떤 결정을 해야 하는가? 이 경우에는 NPV가 모두 양(+)이고, 따라서 기업가치를 증가시키기 때문에 두 투자안을 모두 채택해야 한다. 그러나 만약 상호배타적이라면, 투자안 L을 선정해야 하는데 그 이유는 투자안 L이 더 큰 양(+)의 NPV를 갖고, 따라서 투자안 S보다 기업가치를 더 증가시키기 때문이다. NPV의 의사결정 원칙에 대한 요약은 다음과 같다:

- **독립적 투자안.** NPV가 0을 초과한다면, 그 투자안을 채택한다.
- **상호배타적 투자안.** 가장 높은 양(+)의 NPV를 갖는 투자안을 채택한다. 만약 양(+)의 투자안이 없다면, 모두 기각한다.

투자안들은 반드시 독립적이거나 상호배타적 둘 중에 한 경우이어야 하기 때문에, 모든 투자안에는 이 원칙들 중 하나가 반드시 적용된다.

셀프 테스트

- NPV가 왜 가장 중요한 자본예산의 의사결정 기준인가?
- 독립적 투자안과 상호배타적 투자안의 차이점을 설명하라.

11-3 내부수익률(IRR)

내부수익률(IRR)
투자안의 NPV를 0으로 만드는 할인율

제7장에서 채권의 만기수익률에 대해 논의했고, 만약 당신이 채권을 만기까지 보유한다면 당신의 투자에 대해 YTM을 얻을 것이라는 것을 설명했다. YTM은 현금유입들의 PV와 채권의 가격을 같게 만드는 할인율로 구해진다. 이와 동일한 개념이 투자안의 **내부수익률**(internal rate of return: IRR)을 계산할 때 자본예산에도 관련된다:

> 투자안의 IRR은 현금유입들의 PV와 그 비용을 같게 만드는 할인율이다. 이는 NPV를 0으로 만드는 것과 같다. IRR은 투자안의 수익률에 대한 추정치이고, 채권의 만기수익률에 상응한다.

IRR을 계산하기 위해, NPV에 대한 식 (11.1)에서 분모의 r을 IRR로 대체하고 NPV를 0으로 설정한다. 이렇게 하면 식 (11.1)은 IRR을 구하기 위해 사용되는 식 (11.2)로 변환된다. NPV를 0으로 만드는 할인율이 IRR이다:[5)]

---

5) Boeing의 Dreamliner와 같이 복잡한 대규모 프로젝트는 현금유입이 시작되기 전 몇 년 동안에 걸쳐 비용이 발생한다. 즉, 양(+)의 현금흐름들이 시작되기 전에 많은 음(−)의 현금흐름들이 발생한다.

$$\text{NPV} = \text{CF}_0 + \frac{\text{CF}_1}{(1+\text{IRR})^1} + \frac{\text{CF}_2}{(1+\text{IRR})^2} + \cdots + \frac{\text{CF}_N}{(1+\text{IRR})^N} = 0 \quad \textbf{(11.2)}$$

$$0 = \sum_{t=0}^{N} \frac{\text{CF}_t}{(1+\text{IRR})^t}$$

$$\text{NPV}_s = 0 = -\$1{,}000 + \frac{\$500}{(1+\text{IRR})^1} + \frac{\$400}{(1+\text{IRR})^2} + \frac{\$300}{(1+\text{IRR})^3} + \frac{\$100}{(1+\text{IRR})^4}$$

[그림 11.2]는 투자안 S에 대해 IRR을 구하는 과정을 예시하고 있다. 세 종류의 방법이 사용될 수 있다:

1. **시행착오법.** 시행착오(trial and error) 절차가 사용될 수 있는데, 임의적인 할인율을 대입해서 계산한 후 식의 결과가 영(0)이 되지 않으면 다른 할인율을 시도한다. 이렇게 NPV를 0으로 만드는 할인율을 구할 때까지 계속 시도하면 되는데, 이때의 할인율이 IRR이다. 투자안 S의 IRR은 14.489%이다. 하지만 시행착오법은 시간이 너무 많이 걸리기 때문에, 컴퓨터나 재무계산기가 사용되기 이전에는 IRR이 거의 사용되지 않았다. 시행착오법으로 구하는 절차를 이해하는 것은 도움이 되지만, 실제로 계산할 때는 계산기나 엑셀을 이용하는 것이 훨씬 낫다.
2. **계산기 해법.** NPV를 구할 때 했던 것처럼, 현금흐름들을 계산기의 현금흐름 저장소에 입력한 후 "IRR"키를 누르면, 즉시 IRR을 구할 수 있다. 투자안 S와 투자안 L에 대한 수치는 다음과 같다:[6)]

$$\text{IRR}_S = 14.489\%$$
$$\text{IRR}_L = 13.549\%$$

3. **엑셀 해법.** 이 장의 단원별 엑셀모형과 [그림 11.2]에서 볼 수 있는 것처럼, 엑셀의 IRR 함수를 이용하면 IRRs을 더 쉽게 구할 수 있다.

---

6) 본 교재의 웹사이트(cengage.com)에서 계산기 사용지침서를 참조하라. 일단 현금흐름들을 현금흐름 저장소에 입력시키면, NPV와 IRR 둘 다 구할 수 있다는 점을 명심하라. NPV를 구하는 경우에는 이자율(I/YR)을 입력한 후에 NPV키를 누르면 된다. 추가적인 입력이 없어도 IRR키를 누르면 IRR을 구할 수 있다. 따라서 일단 NPV를 구하기 위해 계산기에 필요한 자료가 입력된 후에는 IRR을 구하는 것은 쉬운 일이다. 이것이 대부분의 기업들에서 NPV와 IRR 모두를 계산하는 하나의 이유이다. 일단 하나를 계산하면 다른 하나를 계산하는 것은 쉽고, 둘 다 의사결정자들에게 유용한 정보를 제공한다. 엑셀에 있어서도 마찬가지이다.

[그림 11.2] 투자안 S의 IRR 계산

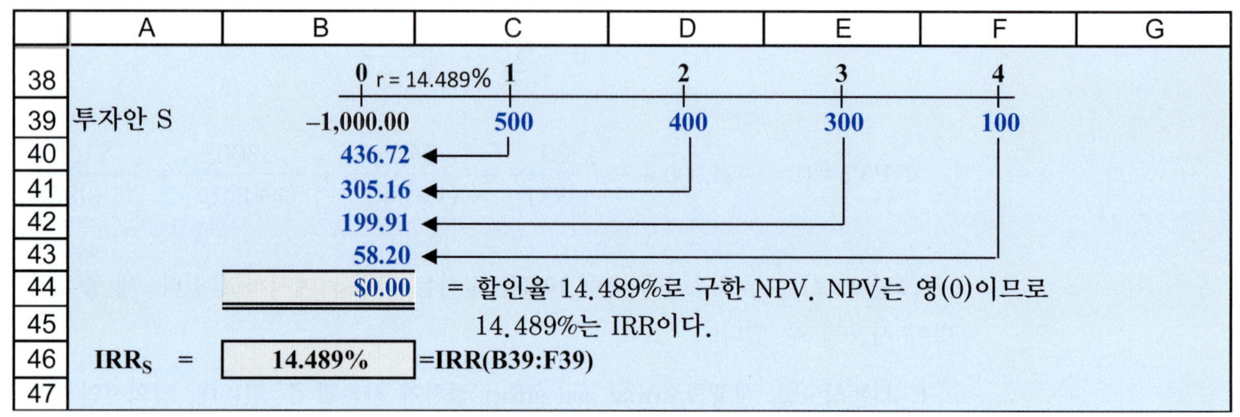

	A	B	C	D	E	F	G
38		0 r = 14.489%	1	2	3	4	
39	투자안 S	−1,000.00	500	400	300	100	
40		436.72					
41		305.16					
42		199.91					
43		58.20					
44		$0.00	= 할인율 14.489%로 구한 NPV. NPV는 영(0)이므로				
45			14.489%는 IRR이다.				
46	IRR_S =	14.489%	=IRR(B39:F39)				
47							

응용문제

두 투자안 X와 Y의 현금흐름은 다음과 같다.

	연도 말 현금흐름				
	0	1	2	3	WACC = r = 10%
X	−$700	$500	$300	$100	
Y	−$700	$100	$300	$600	

a. 이 투자안들의 IRR은 각각 얼마인가?

b. 이 회사의 자본비용은 10%이고 투자안들이 (1) 독립적일 경우, (b) 상호배타적일 경우 IRR법은 어떤 투자안(들)을 선택하는가?

[해답]

a. 재무계산기를 사용해서 각 현금흐름을 계산기의 현금흐름 저장소에 입력한 후에 IRR키를 누르면 IRR을 구할 수 있다.

투자안 X

재무계산기에 다음과 같이 자료를 입력하라: $CF_0 = -700$; $CF_1 = 500$; $CF_2 = 300$; $CF_3 = 100$; ■ IRR = 18.01%.

투자안 Y

계산기에서 저장소에 기억된 자료를 지우고, 다음과 같이 자료를 입력하라: $CF_0 = -700$; $CF_1 = 100$; $CF_2 = 300$; $CF_3 = 600$; ■ IRR = 15.56%.

b. (1) 두 투자안이 독립적이라면, 둘 다 기업의 WACC보다 IRR이 높기 때문에 두 투자안 모두 채택될 것이다.

(2) 두 투자안이 상호배타적이라면, 투자안 X의 IRR이 투자안 Y의 IRR보다 높고 또한 이 기업의 WACC보다 높기 때문에 IRR법에서는 투자안 X가 선택될 것이다.
주: 나중에 11-7절에서 살펴볼 것처럼, 이것은 주주 부의 극대화를 위해서는 올바른 선택이 아닐 수도 있다.

NPV를 0으로 만드는 할인율이 특별한 이유는 무엇일까? 그 이유는 IRR이 투자안의 수익률에 대한 추정치이기 때문이다. 만약 이 수익률이 투자자금의 자본비용을 초과한다면, 그 차이는 주주에게 돌아갈 추가적인 이익(어떤 의미에서는 "보너스")이며 회사의 주식가격을 상승시킬 것이다. 투자안 S에 대해 추정된 수익률은 14.489%이고 이에 대응하는 자본비용은 10%이기 때문에, 이 투자안은 그 자본비용을 초과하는 4.489%라는 추가 이익을 제공한다. 반면에, 만약 IRR이 자본비용보다 낮다면, 주주들은 부족분을 반드시 보충해야 하고 주식가격은 하락할 것이다.

IRR 공식인 식 (11.2)는 NPV 공식인 식 (11.1)에서 NPV를 0으로 만드는 특정한 할인율에 대해 푼 것이라는 점을 다시 한 번 강조한다. 이렇게 동일한 기본 공식이 두 방법 모두에서 사용된다. 유일한 차이점은 NPV법에서는 할인율이 주어진 상태에서 NPV를 구하는 반면에, IRR법에서는 NPV를 0으로 설정하고 이 등식을 만족시키는 이자율을 구한다는 것이다.

앞에서 살펴본 바와 같이, 투자안들은 NPV가 양(+)의 값을 갖는지 여부에 따라 채택 또는 기각되어야 한다. 하지만 IRR은 때때로 투자안들의 순위를 정해서 자본예산 의사결정을 하는 데 (우리의 생각에 의하면 부적절하게) 사용된다. 이제 IRR법에 대한 의사결정이 원치을 살펴보면 다음과 같다:

- 독립적 투자안. IRR이 투자안의 WACC을 초과한다면, 그 투자안은 채택되어야 한다. 만약 IRR이 투자안의 WACC보다 낮다면, 그 투자안은 기각되어야 한다.
- 상호배타적 투자안. IRR이 WACC보다 높은 경우에 한해서, 가장 높은 IRR을 갖고 있는 투자안을 채택한다. 만약 가장 높은 IRR이 WACC를 초과하지 않는다면, 모든 투자안들은 기각되어야 한다.

IRR은 논리적으로 호소력이 있는데, 즉 제안된 투자안들의 수익률을 아는 것은 도움이 된다. 하지만 11-7절에서 살펴볼 것처럼 상호배타적인 투자안들 중에 선택을 할 경우에 NPV와 IRR은 서로 충돌되는 결론을 낼 수 있다. 충돌이 발생되는 경우에는 일반적으로 NPV가 더 나은 의사결정 기준이다.

셀프 테스트

- 투자안의 IRR이 채권의 YTM과 유사하다는 것은 어떤 의미인가?

NPV가 IRR보다 더 나은 이유

최근에 Buffett대학은 경영자들을 위한 경영기법 세미나를 주최했다. 한 재무전공 교수가 자본예산에 대해 강의했는데, NPV 계산방법을 설명하고 잠재적인 투자안들을 선별하기 위해 사용되어야 한다고 말했다. 질의응답 시간에 전자회사의 재무담당자인 Ed Wilson은 자신이 근무하는 기업은 주로 IRR을 사용하고 있는데, 그 이유는 CFO와 이사들이 수익률에 기초한 투자안 선정은 이해하고 있지만 NPV는 이해하지 못하기 때문이라고 말했다. Ed는 NPV가 왜 더 나은지 설명하려고 노력했지만 모든 사람들을 혼란시키기만 했고, 결국 회사는 IRR의 사용을 고수하고 있다. 조만간 회사에서 자본예산에 대한 회의가 개최되는데, NPV가 왜 더 나은지에 대해 간단하게 설명할 수 있는 방법이 무엇인지를 Ed가 교수에게 질문했다.

교수는 다음과 같은 극단적인 예를 추천했다. 자본을 충분히 조달할 수 있고 WACC는 10%인 한 기업이 위험이 동일한 두 개의 상호배타적 투자안 중에서 선택을 해야 하는 상황이다. 투자안 대형(Large)에서는 $100,000을 투자하고 10년 동안 매년 $50,000을 받는 반면에, 투자안 소형(Small)에서는 $1을 투자하고 10년 동안 매년 $0.60을 받는다. 각 투자안의 NPV와 IRR은 우측 위의 표에 있다. IRR에 의하면 S를 선택해야 하고, NPV에 의하면 L을 선택해야 한다. 직관적으로 IRR은 낮더라도 대규모 투자안을 선택하는 것이 이 기업에는 더 좋은 결정이라는 점을 알 수 있다. 자본비용이 10%에 불과하다는 점을 고려할 때, 49%의 수익률을 내는 $100,000의 투자가 59%의 수익률을 내는 $1의 투자보다 이익이 더 크다.

투자안 대형(L)	투자안 소형(S)
CF_0 = −$100,000	CF_0 = −$1.00
CF_{1-10} = $50,000	CF_{1-10} = $0.60
I/YR = 10	I/YR = 10
NPV = $207,228.36	NPV = $2.69
IRR = 49.1%	IRR = 59.4%

Ed가 자본예산에 대한 임원회의에서 이 예를 제시했을 때, CFO는 예시가 극단적이고 비현실적이기 때문에 IRR이 더 높음에도 불구하고 아무도 S를 선택하지 않을 것이라고 주장했다. Ed는 이러한 주장에 대해서 동의하면서, CFO에게 현실적이고 비현실적인 예의 경계는 어떻게 규정해야 하는지를 반문했다. 아무도 답변을 못하고 있을 때, Ed는 계속해서 (1) 경계를 정하는 것은 어려운 일이고, (2) NPV는 각 투자안으로부터 기업에 얼마만큼의 가치가 부가되는지를 말해주며 이 가치는 기업이 극대화해야 하는 것이기 때문에, NPV가 항상 더 나은 방법이라는 것을 강조했다. 이야기를 듣고 있던 사장은 Ed의 손을 들어주었다. 그 이후에 회사는 IRR에서 NPV로 전환했고, Ed는 현재 CFO로 재직 중이다.

11-4 복수의 내부수익률[7)]

IRR을 사용할 때 발생하는 한 가지 문제점은 하나 이상의 IRR이 존재할 수도 있다는 것이다. 먼저 **정상적**(normal) 현금흐름의 경우에는 하나 이상의 현금유출(비용)이 발생한 이후에 일련의 현금유입이 뒤따르게 된다. 하지만 때때로 현금**유출**이 현금유입이 시작된 이후에 발생하는 경우도 있는데, 이는 현금흐름들의 부호가 **두 번 이상** 바뀌는 것을 의미하고, 이러한 경우에 **비정상적**(abnormal) 현금흐름이 발생한다고 말한다. 예시는 다음과 같다:

정상적 : − + + + + + 또는 − − − + + + + +
비정상적 : − + + + + − 또는 − + + + − + + +

복수의 IRR
투자안에 두 개 이상의 IRR이 존재하는 경우

비정상적 현금흐름의 예를 들면, 노천 석탄광산을 매입하려는 한 회사를 고려해보자. 이 회사는 이 광산부지를 매입하고 채굴을 준비하기 위해 비용을 부담하고 그 이후 몇 년 동안에는 양(+)의 현금유입을 가지며, 사업이 종료되면 부지를 본래의 상태로 돌려놓기 위해 많은 비용을 지출하게 된다. 이러한 경우에 투자안은 두 개의 IRR을 가질 수도 있는데, 이를 **복수의** IRR(multiple IRRs)이라고 한다.[8)]

복수의 IRR을 설명하기 위해, 어떤 회사가 비용은 $160만이며 1년도 말에 $1,000만의 현금유입을 창출할 것으로 예상되는 노천 광산(투자안 M)을 검토 중이라고 가정하자. 그리고 2년도 말에는 광산부지로 이용된 땅을 원래의 상태로 복구하기 위해 $1,000만의 비용을 반드시 부담해야 한다. 따라서 투자안의 기대현금흐름(단위: $백만)은 다음과 같다:

	현재	1년도 말	2년도 말
현금흐름	−$1.6	+$10	−$10

이 현금흐름들을 식 (11.2)에 대입하면 IRR을 계산할 수 있다:

$$NPV = \frac{-\$1.6\text{백만}}{(1+IRR)^0} + \frac{\$10\text{백만}}{(1+IRR)^1} + \frac{-\$10\text{백만}}{(1+IRR)^2} = 0$$

---

7) 이 절은 비교적 기술적인 내용이어서 생략하더라도 내용의 연속성에는 지장이 없다.

8) 식 (11.2)는 n차의 다항식이기 때문에 n개의 근 혹은 해를 갖는다. 투자안이 정상적 현금흐름(하나 이상의 현금유출이 발생한 이후에 일련의 현금유입이 발생)을 갖는 경우에는 한 개를 제외한 다른 모든 근은 허수이기 때문에, 정상적인 경우에는 IRR에 대해 하나의 값만이 나타난다. 하지만, 투자안이 진행 중일 때 음(−)의 현금흐름이 발생하면 복수의 실수근(따라서 복수의 IRR)이 존재할 가능성이 있게 된다.

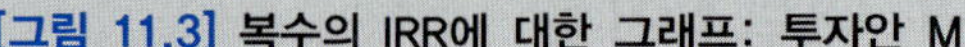

[그림 11.3] 복수의 IRR에 대한 그래프: 투자안 M

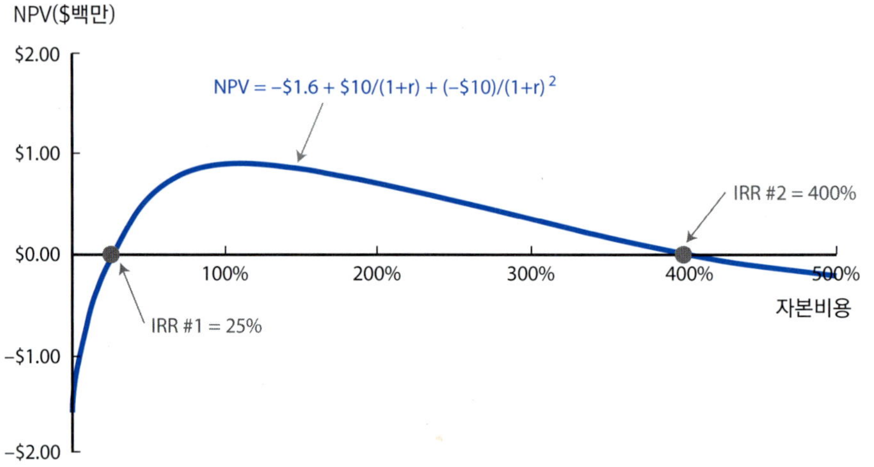

WACC = 10%

할인율	NPV	
0%	-$1.6000	
10	-0.7736	
25	0.0000	= IRR #1
110	0.8943	
400	0.0000	= IRR #2
500	-0.2111	

IRR = 25%일 때 NPV는 영(0)이고, IRR = 400%일 때도 NPV는 영(0)이 된다.[9] 따라서 투자안 M의 IRR은 25%와 400%이고, 우리는 어느 것을 사용해야 할지 모른다. 이러한 상황은 [그림 11.3]에서 그래프로 보여주고 있다.[10] 이 그래프는 각각 다른 할인율을 사용해서 구한 NPV를 나타낸 것이다.

NPV법을 사용하는 경우에는 이러한 문제는 발생하지 않는다는 점을 명심하라. 단순히 NPV를 구한 후에 투자안을 평가하는 데 사용하면 된다. 만약 투자안 M의 자본비용이 10%였다면, NPV는 –$0.7736백만이고 투자안은 기각되어야 한다. 하지만 만

9) 만약 HP 계산기를 이용하여 투자안 M의 IRR을 구하려고 한다면, 오류 메시지가 나타날 것이다. 반면에 TI 계산기는 영(0)에 가장 가까운 IRR을 보여준다. 이런 상황에서는 r = I/YR에 다양한 수치들을 입력해서 NPV들을 계산한 후에, 수평축은 할인율 그리고 수직축은 NPV인 그래프에 이 할인율들에 대응하는 NPV들을 표시한다. 어디에서 NPV = 0이 되는지를 찾으면 이것이 IRR들의 근사치가 된다. X축과의 교차점은 IRR들의 값에 대해 대략적인 아이디어를 제공할 것이다. 일부 계산기나 엑셀을 이용할 때는, 본 교재의 웹사이트(cengage.com)에 있는 계산기와 엑셀의 지침서에서 설명한 대로 추측치들을 입력함으로써 두 IRR 모두를 구할 수 있다.

10) [그림 11.3]은 순현가선(NPV profile)이라고 부른다. 순현가선은 11-7절에서 더 상세하게 살펴본다.

약 r이 25%에서 400% 사이에 있다면, NPV는 양(+)의 값이 되겠지만 그 수치들은 비현실적이며 아무런 도움도 되지 않을 것이다.

셀프 테스트

- 현금흐름들에 관한 어떤 조건이 두 개 이상의 IRR이 존재하는 상황을 발생시키는가?
- 투자안 MM은 다음과 같은 현금흐름을 가진다:

연도 말 현금흐름			
0	1	2	3
-$1,000	$2,000	$2,000	-$3,350

할인율이 각각 0%, 10%, 12.2258%, 25%, 122.1470%, 150%일 때, MM의 NPV를 계산하라. MM의 IRR은 얼마인가? 만약 자본비용이 10%라면, 이 투자안은 채택되어야 하는가 아니면 기각되어야 되는가? **(NPV 값은 -$350에서 +$164.8의 범위에 있다가 다시 -$94.4로 감소하고, IRR은 12.23%와 122.15%이다. 10%의 자본비용에서 이 투자안의 NPV는 음(-)이고, 따라서 투자안은 기각된다.)**

11-5 재투자수익률 가정[11)]

NPV 계산은 현금유입이 투자안의 위험조정WACC로 재투자될 수 있다는 가정에 기초하고 있고, 반면에 IRR 계산은 현금유입이 IRR로 재투자될 수 있다는 가정에 기초하고 있다. 그 이유를 살펴보기 위해 제5장에서 처음 사용된 이자율이 5%일 때 $100의 미래가치를 계산하는 도표를 고려해보자.

	0	5%	1	5%	2	5%	3
PV로부터 FV 구하기:	PV = $100.00	⟶	$105.00	⟶	$110.25	⟶	$115.76 = FV

FV 계산과정에서는 매년 발생한 이자가 그 다음 해에 동일한 5%로 재투자될 수 있다고 가정한다.

현재가치를 구할 때는 5%의 이자율로 이자를 복리계산하는 대신에 할인하는 반대의 과정이 된다. 다음의 도표는 이 점을 설명해주고 있다:

	0	5%	1	5%	2	5%	3
FV로부터 PV 구하기:	PV = $100.00	⟵	$105.00	⟵	$110.25	⟵	$115.76 = FV

11) 이 절에서는 NPV와 IRR 간의 주요한 차이에 대해 이론적인 설명을 제시한다. 하지만 내용이 비교적 기술적이기 때문에, 강의시간의 제약이 있다면 이 절은 생략하고 대신에 학생들에게 11-3절의 박스에 있는 "NPV가 IRR보다 더 나은 이유"를 읽어보게 할 수도 있다.

이 예시를 통해서 다음과 같은 결론을 얻는다: 현재가치를 계산할 때는 현금흐름이 특정한 이자율(이 예에서는 5%)로 재투자될 수 있다고 암묵적으로 가정한다. 이것은 투자안 S와 투자안 L 모두에 적용된다: 두 투자안의 NPV를 계산할 때 10%의 WACC로 할인했는데, 이는 현금흐름이 10%로 재투자될 수 있다고 가정했다는 것을 의미한다.

이제 IRR을 고려해보자. 11-3절에서는 IRR로 할인할 때 현금흐름의 PV를 보여주는 그림을 제시했다. 투자안 S에 대해서 14.489%로 할인할 때 그 PV들의 합계는 비용과 같아지며, 따라서 14.489%가 정의상 투자안 S의 IRR이라는 것을 알 수 있다. 이제 다음과 같은 질문을 할 수 있다: 어떤 재투자수익률이 IRR에 내재되어 있을까?

특정 수익률로 할인한다는 것은 현금흐름이 그 수익률로 재투자될 수 있다는 것을 가정하기 때문에, IRR은 현금흐름이 IRR로 재투자된다고 가정한다.

NPV 계산에서는 WACC로 재투자된다고 가정하는 반면, IRR 계산에서는 IRR로 재투자된다고 가정한다. 어느 가정이 더 타당한가? 다음과 같은 이유로 대부분의 기업들에 대해서 WACC로 재투자한다고 가정하는 것이 더 타당하다:

- 자본시장 접근성이 좋은 회사는 현행이자율로 필요한 자본 모두를 조달할 수 있다. 이 예에서는 10%이다.
- 이 기업은 10%에 자본을 조달할 수 있기 때문에, NPV가 양(+)인 투자기회는 채택해야 하며 이에 소요되는 자금은 10%의 비용으로 조달될 수 있다.
- 만약 이 기업이 외부자본이 아니라 내부적으로 과거의 투자안들로부터 발생한 현금흐름을 사용한다면, 10%의 자본비용을 절약하게 될 것이다. 이렇게 10%는 현금흐름의 기회비용이며, 재투자된 자금의 실효수익률인 것이다.

설명을 위해 투자안의 IRR은 50%, 회사의 WACC는 10%이며 회사의 자본시장 접근성이 좋아서 필요한 모든 자본을 10%에 조달할 수 있다고 가정하자. 독점기업이 아니라면 50%의 높은 수익률은 경쟁을 야기하게 되고, 이에 따라 IRR 계산에서 가정하고 있는 비슷하게 높은 수익률을 갖는 신규 투자안들을 찾기는 어려울 것이다. 더욱이 회사가 그런 투자안들을 찾더라도 투자안들을 수행하기 위해서는 비용이 10%인 외부자본이 필요할 것이다. 논리적인 결론은 원래 투자안의 현금흐름은 10%의 외부자본비용을 절약시켜주고, 이것이 그 현금흐름들에 대한 실효수익률이라는 것이다.

만약 회사가 외부자본에 대한 접근성은 좋지 않지만 IRR이 높은 잠재적 투자안들을 많이 갖고 있다면, 투자안의 현금흐름은 그 IRR에 근접한 수익률로 재투자될 수 있다고 가정하는 것도 타당할 수 있다. 그러나 그런 상황은 매우 드물다. 일반적으로 좋은 투자기회를 가진 기업들은 부채와 자기자본 시장에 대한 접근성 또한 좋다.

결론적으로 말하면, 현금흐름은 IRR로 재투자될 수 있다는 IRR에 내재된 가정은 많은 문제점을 지니고 있는 반면에, 현금흐름은 WACC로 재투자될 수 있다는 NPV에 내재된 가정은 일반적으로 적절하다. 더욱이 진정한 재투자수익률이 IRR보다 낮다면 투자에 대한 진정한 수익률은 계산된 IRR보다 반드시 낮아야 하고, 따라서 IRR은 투자안의 수익성을 측정하는 지표로서는 적절하지 못하다. 이 점에 대해서는 다음 절에서 더 살펴본다.

셀프 테스트

- 미래현금흐름의 현재가치를 구하는 경우에 재투자수익률이 암묵적으로 가정되어 있다는 것은 왜 사실인가? 암묵적인 재투자수익률의 가정 없이 FV의 PV를 구하는 것은 가능한가?
- 어떤 재투자수익률이 NPV 계산에 내재되어 있는가? IRR 계산의 경우는?
- 자본시장 접근성이 좋은 기업의 경우, WACC로 재투자한다고 가정하는 것이 더 합리적인가 아니면 IRR로 재투자한다고 가정하는 것이 더 합리적인가? 답을 설명하라.

11-6 수정내부수익률(MIRR)[12]

경영자들이 투자에 대한 기대수익률을 알고 싶어 하는 것은 당연하며, IRR은 이러한 정보를 제공해준다. 그러나 IRR은 현금흐름이 IRR로 재투자될 수 있다는 가정에 기초하고 있다. **일반적으로 이 가정은 옳지 않으며, 이로 인해 IRR은 투자안의 진정한 수익률을 과장하게 된다.**[13] 이러한 근본적인 결함을 갖고 있는 IRR보다 더 나은 백분율 평가치가 있겠는가? 답은 그렇다(yes)인데, 우리는 IRR을 수정하여 더 나은 수익성 측정치를 만들 수 있다.

수정내부수익률(MIRR)
투자안에 대한 비용의 현재가치와 만기가치의 현재가치를 같게 만드는 할인율로, 만기가치는 현금유입을 만기 시까지 기업의 자본비용으로 복리 계산한 미래가치의 합으로 구해진다.

새로운 측정치인 **수정내부수익률**(modified IRR: MIRR)을 [그림 11.4]에 있는 투자안 S를 예로 들어 설명한다. 현금흐름의 재투자수익률이 WACC(또는 만약 더 합리적인 가정이라면 또 다른 명시적인 수익률)라는 가정을 제외하고는 일반적인 IRR과 유사하다. MIRR의 측정 방법은 [그림 11.4]를 참조하라.

1. 투자안 S는 t=0 시점에서 −$1,000의 현금유출이 한 번 발생한다. 이 현금흐름은 시점 0에서 발생하기 때문에, 할인되지 않고 PV는 −$1,000이다. 만약 현금유출이 추가로 발생한다면 t=0에서의 PV를 계산하고 그 합계를 MIRR 계산에서 총비용의 PV로 사용한다.

12) 이 절은 비교적 기술적인 내용이어서 생략하더라도 내용의 연속성에는 지장이 없다.

13) 현금흐름은 일반적으로 IRR로 재투자될 수 없기 때문에 IRR은 채택된 투자안들의 기대수익률을 과대 추정한다. 따라서 채택된 투자안들의 평균 IRR은 진정한 기대수익률보다 더 크다. 이것이 IRR에 근거한 추정에서 상향편의(upward bias)가 존재하는 이유이다.

2. 다음으로, 각 현금유입을 마지막 현금유입이 발생하는 해인 "만기 연도(terminal year)"까지 WACC로 복리계산해서 그 FV를 구한다. 즉, 현금흐름이 WACC로 재투자된다고 가정한다. 투자안 S의 첫 현금유입 $500은 3년 동안 WACC = 10%로 복리계산하면 $665.50으로 증가한다. 두 번째 현금유입 $400은 $484.00으로 증가하고, 세 번째 현금유입은 $330.00으로 증가한다. 마지막 현금유입은 종료 시에 발생하기 때문에 복리계산하지 않는다. 미래가치들의 합인 "만기가치(terminal value: TV)"는 $1,579.50이다.

3. 이제 t = 0 시점에서 −$1,000의 비용과 만기연도인 4년도에서 $1,579.50의 TV가 주어져 있다. 만기가치의 PV를 비용과 같게 만드는 할인율이 존재할 것이다. **그 이자율이 MIRR로 정의된다.** 계산기에서 N = 4, PV = −1000, PMT = 0, 그리고 FV = 1579.50을 입력한 후 I/YR키를 누르면, 12.11%의 MIRR을 얻을 수 있다.

4. MIRR의 계산에는 여러 가지 방법이 있다. [그림 11.4]는 MIRR이 어떻게 계산되는지를 보여준다. 일반적으로 각 현금유입의 미래가치를 구한 후에 합계를 구하면 TV가 계산되며, TV의 현가를 비용과 같아지게 만드는 이자율을 구한다. 그 이자율이 12.11%이다. 그러나 일부 계산기에는 이미 MIRR 기능이 내장되어 있어서 계산과정이 효율적이다. 엑셀에서는 MIRR을 구하기 위해 [그림 11.4]에서 제시된 것처럼 RATE 함수나 MIRR 함수를 사용할 수 있다.[14] 계산기 기능의 사용법에 대해서는 계산기 지침서에서 설명하고, 엑셀을 이용해서 MIRR을 구하는 방법은 이 장의 단원별 엑셀모형에서 설명한다.[15]

---

14) 엑셀의 MIRR 함수에서는 현금유입들에 대해 WACC와는 다른 재투자수익률을 입력할 수 있다. 하지만 재투자는 WACC로 이뤄진다고 가정하고 있고, 따라서 [그림 11.4]에 있는 것처럼 엑셀의 MIRR 함수에 WACC를 두 번 입력한다.

15) 식 (11.2a)는 이러한 단계들을 요약한 것이다:

$$\sum_{t=0}^{N}\frac{\mathrm{COF}_t}{(1+r)^t}=\frac{\sum_{t=0}^{N}\mathrm{CIF}_t(1+r)^{N-t}}{(1+\mathrm{MIRR})^N} \tag{11.2a}$$

$$\text{비용의 PV}=\frac{\mathrm{TV}}{(1+\mathrm{MIRR})^N}$$

COF_t는 t시점의 현금유출이고, CIF_t는 t시점의 현금유입이다. 좌측 항은 자본비용으로 할인된 투자지출의 PV이고, 우측 항의 분자는 현금유입들의 미래가치이다. 현금유입은 자본비용으로 재투자된다고 가정한다. MIRR은 TV의 PV와 비용의 PV를 같게 만드는 할인율이다.

또한 MIRR에 대한 다른 정의들도 있다는 것에 유의할 필요가 있다. 차이점 하나는 양(+)의 현금흐름이 시작된 후 발생하는 음(−)의 현금흐름을 복리계산해서 TV의 일부로 처리할 것인지 아니면 할인해서 비용의 일부로 처리할 것인지 여부와 관련되어 있다. 이와 연관된 문제로는 특정 연도에 동시에 발생하는 양(+)의 현금흐름과 음(−)의 현금흐름들을 그 차액인 순현금흐름으로 처리할 것인지 아니면 각각 구분해서 별도의 현금흐름으로 처리할 것인지 여부가 있다. 자세한 논의는 William R. McDaniel, Daniel E.

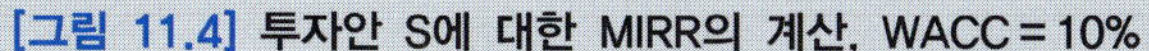
[그림 11.4] 투자안 S에 대한 MIRR의 계산, WACC = 10%

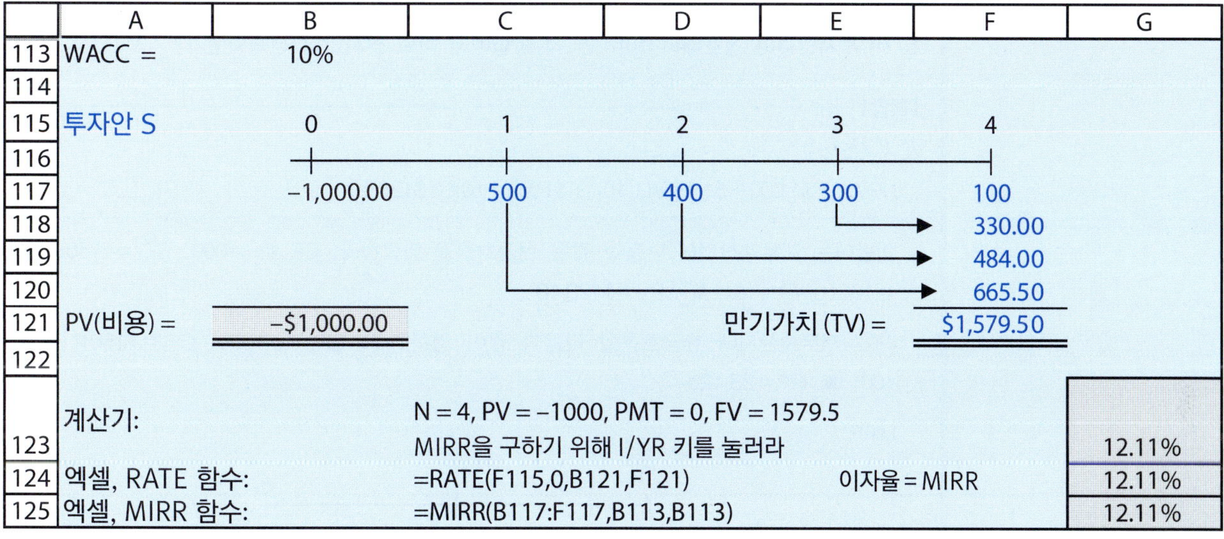

	A	B	C	D	E	F	G
113	WACC =	10%					
114							
115	투자안 S	0	1	2	3	4	
116							
117		−1,000.00	500	400	300	100	
118						330.00	
119						484.00	
120						665.50	
121	PV(비용) =	−$1,000.00			만기가치 (TV) =	$1,579.50	
122							
123	계산기:		N = 4, PV = −1000, PMT = 0, FV = 1579.5 MIRR을 구하기 위해 I/YR 키를 눌러라				12.11%
124	엑셀, RATE 함수:		=RATE(F115,0,B121,F121)		이자율 = MIRR		12.11%
125	엑셀, MIRR 함수:		=MIRR(B117:F117,B113,B113)				12.11%

MIRR은 일반 IRR보다 두 가지 장점이 있다. 첫째, 일반 IRR은 각 투자안으로부터의 현금흐름을 IRR로 재투자한다고 가정하는 반면에, MIRR은 현금흐름을 자본비용(또는 다른 명시적인 수익률)으로 재투자한다고 가정한다. IRR로 재투자한다는 것은 일반적으로 맞지 않는 가정이기 때문에, 보통 MIRR이 투자안의 진정한 수익성을 나타내는 지표로 더 적절하다. 둘째, MIRR은 복수의 IRR 문제를 해결하는데, 즉 한 개 이외의 MIRR은 결코 있을 수 없다. 그리고 투자안들을 채택하거나 기각하는 결정을 할 때 자본비용과 비교할 수도 있다.

응용문제

투자안 A와 투자안 B는 다음과 같은 현금흐름을 갖는다:

	연도 말 현금흐름		
	0	1	2
투자안 A	−$1,000	$1,150	$100
투자안 B	−$1,000	$100	$1,300

McCarty, and Kenneth A. Jessell, "Discounted Cash Flow with Explicit Reinvestment Rates: Tutorial and Extension," *The Financial Review*, vol. 23, no. 3(August 1988), pp. 369-385 및 David M. Shull, "Interpreting Rates of Return: A Modified Rate of Return Approach," *Financial Practice and Education*, vol. 10(Fall 1993), pp. 67-71을 참조하라.

두 투자안의 자본비용은 10%이다.

a. 이 투자안들의 NPV, IRR, 그리고 MIRR은 각각 얼마인가?
b. 이 투자안들이 상호배타적이라면 각 방법에서 어느 투자안이 선택되는가?

[해답]

a. *투자안 A*

NPV: $-\$1,000 + \$1,150/(1.10)^1 + \$100/(1.10)^2 =$ **\$128.10**

이번에는 재무계산기에 다음과 같은 현금흐름을 입력하라: $CF_0 = -1000$; $CF_1 = 1150$; $CF_2 = 100$; I/YR = 10; ■ NPV = **\$128.10**

IRR: 재무계산기에 현금흐름을 다음과 같이 입력하라: $CF_0 = -1000$; $CF_1 = 1150$; $CF_2 = 100$; ■ IRR = **23.12%**

MIRR:

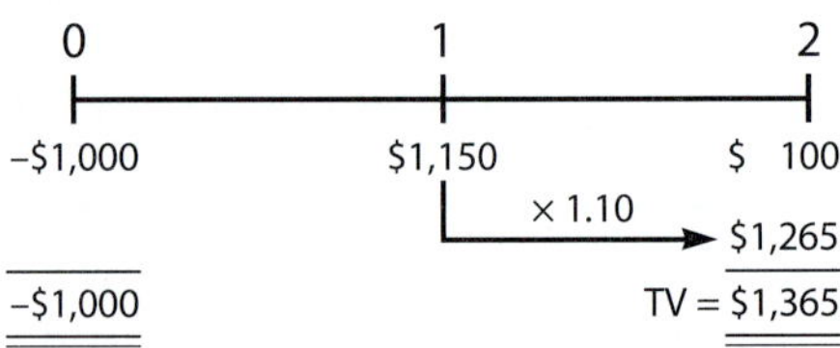

재무계산기에서 다음의 자료를 입력하라: N = 2; PV = −1000; PMT = 0; FV = 1365; 그리고 I/YR을 누르면 I/YR = MIRR = **16.83%**

투자안 B

NPV: $-\$1,000 + \$100/(1.10)^1 + \$1,300/(1.10)^2 =$ **\$165.29**

이번에는 재무계산기에 다음과 같은 현금흐름을 입력하라: $CF_0 = -1000$; $CF_1 = 100$; $CF_2 = 1300$; I/YR = 10; ■ NPV = **\$165.29**

IRR: 재무계산기에 현금흐름을 다음과 같이 입력하라: $CF_0 = -1000$; $CF_1 = 100$; $CF_2 = 1300$; ■ IRR = **19.13%**

MIRR:

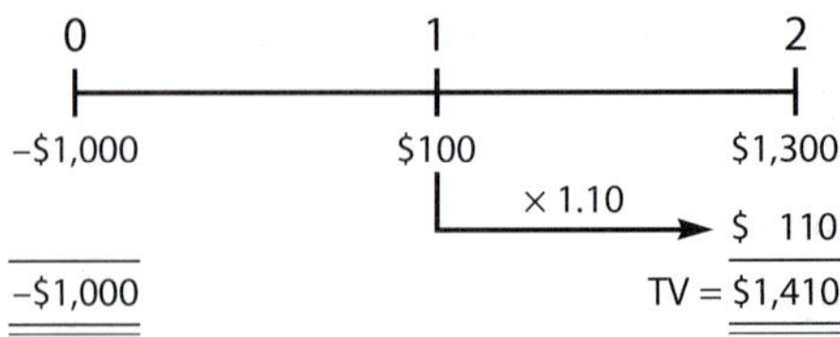

재무계산기에서 다음의 자료를 입력하라: N = 2; PV = −1000; PMT = 0; FV = 1410; 그리고 I/YR을 누르면 I/YR = MIRR = **18.74%**

b. 결과에 대한 요약은 다음과 같다. 각 방법하에서 채택된 투자안은 강조되어 있다.

	투자안 A	투자안 B
NPV	$128.10	**$165.29**
IRR	**23.12%**	19.13%
MIRR	16.83%	**18.74%**

NPV 및 MIRR 기준에 의하면 투자안 B가 선택되지만, IRR 기준을 사용하면 투자안 A가 선택될 것이다. 투자안 B가 기업에 더 많은 가치를 창출해주기 때문에 B가 선택되어야 한다.

결론적으로 MIRR이 IRR보다 더 나은 방법이라고 할 수 있지만, 여전히 남은 질문이 있다: MIRR은 NPV만큼 좋은 지표인가? 이에 대한 답은 다음과 같다:

- 정상적인 현금흐름의 **독립적** 투자안들의 경우에는 NPV, IRR, MIRR은 항상 동일한 채택/기각의 결론에 도달하고, 따라서 이러한 경우에는 세 가지 방법 모두 동등하게 좋은 기준이다.
- 하지만, 만약 투자안들이 **상호배타적**이고 투자 규모가 다르다면 상호 충돌이 발생할 수 있다. 이러한 경우에는 가치를 극대화시키는 투자안을 선택하는 NPV가 가장 좋은 기준이다.[16)]
- 종합적인 결론은 (1) 투자안의 "진정한" 수익률을 나타내는 지표로서 MIRR은 IRR보다 우월한 지표이지만, (2) 경쟁관계에 있는 투자안들 중에서 선택을 해야 하는 경우에는 NPV가 IRR이나 MIRR보다 더 나은 지표라는 것이다.

셀프 테스트

- MIRR과 IRR 간의 주요한 차이는 무엇인가?
- MIRR과 IRR 중에 어느 것이 투자안의 "진정한" 수익률에 대해 더 나은 추정치를 제공하는가? 답을 설명하라.

16) Eugene F. Brigham and Phillip R. Daves, *Intermediate Financial Management*, 14th edition(Mason, OH: Cengage Learning, 2022)의 12-6절을 참조하라.

11-7 순현가선

순현가선
투자안의 NPV와 기업의 자본비용 간의 관계를 보여주는 그래프

[그림 11.5]는 투자안 S의 **순현가선**(net present value profile)을 보여준다. 순현가선을 만들기 위해, 할인율 수준별로 투자안의 NPV를 계산하여 그래프로 나타내면 된다. 자본비용이 0이면, NPV는 할인되지 않은 현금흐름을 합한 $1,300 - $1,000 = $300이 된다. 이 값은 수직축의 절편에 해당한다. 또한 IRR은 NPV가 0이 되도록 만드는 할인율이므로 순현가선이 수평축과 교차할 때의 할인율이 투자안의 IRR이다. 이런 점들을 연결하면 순현가선이 완성된다.[17)]

두 투자안 S와 L에 대한 각각의 순현가선을 보여주는 [그림 11.6]을 참조해서 다음과 같은 결론을 얻을 수 있다:

- IRR은 고정되어 있고, 자본비용과 관계없이 투자안 S의 IRR이 더 높다.
- 하지만 NPV는 자본비용에 따라 달라진다.
- 두 개의 순현가선은 자본비용 11.975%에서 교차하고, 이것을 **교차수익률**(cross-over rate)이라 부른다. 교차수익률은 다음과 같이 두 투자안의 현금흐름 차이에 대한 IRR을 계산하여 구할 수 있다:

교차수익률
두 투자안의 순현가선이 교차해서 두 투자안의 NPV가 동일하게 되는 자본비용

	0	1	2	3	4
투자안 S	-$1,000	$500	$400	$300	$100
-투자안 L	-$1,000	$100	$300	$400	$675
$\Delta = CF_S - CF_L$	$0	$400	$100	-$100	-$575
IRR Δ =	11.975% = 교차수익률				

- 만약 자본비용이 교차수익률보다 낮다면 투자안 L의 NPV가 더 큰 반면, 자본비용이 교차수익률보다 높다면 투자안 S의 NPV가 더 크다.

투자안 L은 기울기가 더 가파르고, 이것은 자본비용의 증가에 따라 NPV_L이 NPV_S보다 더 크게 하락한다는 것을 나타낸다. 그 이유는 L의 현금흐름은 S보다 늦게 발생하기 때문이다. 따라서 L은 장기 투자안이고, S는 단기 투자안이다. 이제 NPV에 대한 식을 다시 보면:

17) 순현가선은 직선이 아니라 곡선이라는 점에 주의할 필요가 있다. 할인율이 무한대로 증가함에 따라 투자안의 NPV는 투자안의 비용인 $CF_0 = -\$1,000$에 접근한다. 자본비용이 무한대로 높으면 모든 현금유입의 PV는 영(0)이 되기 때문에, $r = \infty$에서 NPV는 반드시 CF_0이어야 한다. 또한 어떤 특정 조건하에서 순현가선은 수평축과 몇 차례 교차할 수도 있고 혹은 전혀 교차하지 않을 수도 있다. 이 점에 대해서는 11-4절에서 살펴봤다.

[그림 11.5] 투자안 S의 순현가선

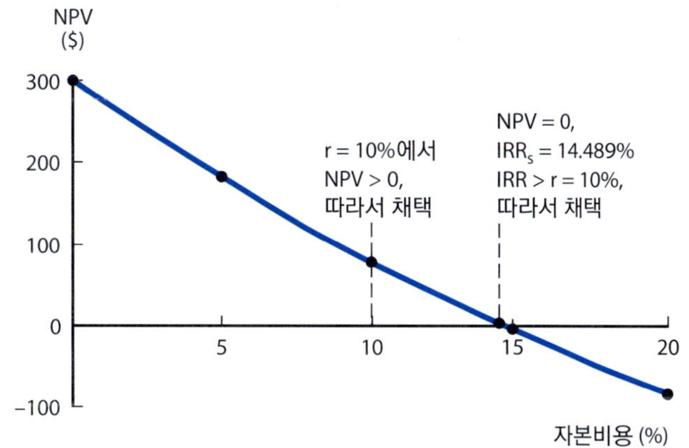

자본비용	NPV_S	
0%	$300.00	
5	180.42	
10	78.82	
14.489	0.00	NPV = $0, 따라서 IRR = 14.489%
15	-8.33	
20	-83.72	

$$NPV = CF_0 + \frac{CF_1}{(1+r)^1} + \frac{CF_2}{(1+r)^2} + \cdots + \frac{CF_N}{(1+r)^N}$$

다음에서 보는 바와 같이, 자본비용의 증가는 가까운 시점에 발생하는 현금흐름보다 먼 시점에 발생하는 현금흐름에 훨씬 더 크게 영향을 미친다:

r의 두 배 상승이 1년도의 현금흐름에 미치는 영향:

r = 5%일 때, 1년도 $100의 현재가치: $\$100/(1.05)^1 = \$95.24$

r = 10%일 때, 1년도 $100의 현재가치: $\$100/(1.10)^1 = \$90.91$

r의 상승으로 인한 감소율 = ($95.24 − $90.91)/$95.24 = 4.5%

r의 두 배 상승이 20년도의 현금흐름에 미치는 영향:

r = 5%일 때, 20년도 $100의 현재가치: $\$100/(1.05)^{20} = \$37.69$

r = 10%일 때, 20년도 $100의 현재가치: $\$100/(1.10)^{20} = \$14.86$

r의 상승으로 인한 감소율 = ($37.69 − $14.86)/$37.69 = 60.6%

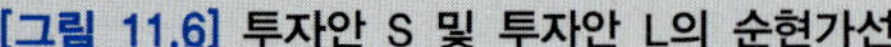
[그림 11.6] 투자안 S 및 투자안 L의 순현가선

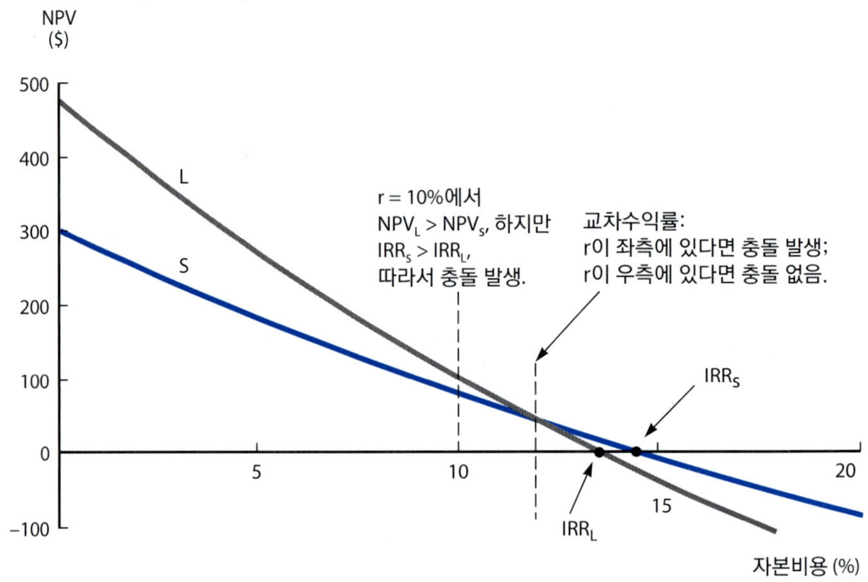

자본비용	NPV_S	NPV_L
0%	$300.00	$475.00
5	180.42	268.21
10	78.82	100.40
교차수익률 = 11.97	42.84	42.84
IRR_L = 13.55	15.64	0.00
IRR_S = 14.49	0.00	- 24.37
15	- 8.33	- 37.26
20	- 83.72	- 151.33

이렇게 할인율이 두 배로 높아지면 1년도 현금흐름의 PV는 4.5% 감소에 그치지만, 20년도 현금흐름의 PV는 60% 이상 감소하게 된다. 따라서 **자본비용이 상승하는 경우 현금흐름의 대부분이 말기에 발생하는 투자안의 NPV는 급격하게 감소하지만, 현금흐름의 대부분이 초기에 발생하는 투자안의 NPV는 상대적으로 작게 감소한다.** 자본비용의 상승은 투자안 S보다 현금흐름의 대부분이 말기에 발생하는 투자안 L의 NPV에 훨씬 큰 부정적 영향을 끼친다. 이에 따라 투자안 L의 순현가선은 더 가파른 기울기를 갖게 된다.

NPV와 IRR의 결론이 때때로 상충될 때도 있는데, 순현가선을 이용하면 상충되는 경우와 그렇지 않은 경우를 확인할 수 있다. 정상적 현금흐름을 가진 독립적인 투자안을 평가하는 경우에는 NPV와 IRR 모두 동일한 결정을 내린다: 만약 NPV가 투자안을 채택하는 결론을 내리면 IRR도 역시 채택하는 결론을 내리게 되며, IRR이 투자안을 채택한다면 NPV도 역시 투자안을 채택하게 된다. 그 이유는 [그림 11.5]에서 확인된다. (1) 만약 투자안의 자본비용이 그 IRR보다 낮다면(즉 IRR의 왼쪽에 있다면) 투자안을 채택하고, (2) 자본비용이 IRR보다 낮다면 NPV는 양(+)의 값을 가질 것이다. 그러므로 자본비용이 14.489%보다 낮다면 NPV와 IRR 두 기준 모두 투자안 S를 채택할 것이고, 만약 자본비용이 14.489%보다 크다면 두 방법 모두 투자안을 기각할 것이다. 투자안 L이나 다른 정상적 현금흐름을 가진 투자안들에 대해서도 이와 유사한 그래프를 사용할 수 있고, 언제나 동일한 결론에 이르게 될 것이다: **정상적 현금흐름을 가진 독립적인 투자안들의 경우에 IRR과 NPV는 동일한 결론을 제시한다.**

만약 두 투자안 S와 L이 독립적이 아니라 상호배타적이라고 가정하자. 따라서 S와 L 중에 하나만 선택할 수도 있고 혹은 둘 다 기각할 수도 있지만, 동시에 둘 다 채택할 수는 없다. 이제 [그림 11.6]을 참조하면서 다음의 내용을 명심하라:

- 자본비용이 교차수익률 11.975%보다 높은 경우에는 두 방법 모두 투자안 S가 더 낫다는 것으로 평가한다: $NPV_S > NPV_L$ 및 $IRR_S > IRR_L$. 그러므로 r이 교차수익률보다 **높다면** 두 방법 간에 상충되는 결론은 발생하지 않는다.
- 그러나 만약 자본비용이 교차수익률보다 **낮은** 경우에는 상충되는 결론이 발생한다. NPV는 투자안 L을 더 높게 평가하고, 반면에 IRR은 투자안 S를 더 높게 평가한다.

순현가선의 교차를 야기해서 상충되는 결론에 이르게 하는 두 가지 근본적인 조건은 다음과 같다:[18)]

1. **현금흐름 발생시점의 차이.** 두 투자안 S와 L의 경우처럼, 한 투자안은 현금흐름의 대부분이 초기에 발생하는 반면에 다른 투자안은 현금흐름의 대부분이 말기에 발생한다면, 순현가선은 교차하게 되고 상충되는 결론이 도출될 수도 있다.
2. **투자안 규모(크기)의 차이.** 한 투자안에 투입된 투자 규모가 다른 투자안보다 크다면, 역시 순현가선의 교차가 발생하며 상충되는 결론이 도출될 수 있다.

투자 규모나 현금흐름의 발생시점이 다를 때, 기업이 두 개의 상호배타적인 투자안들 중에서 어느 것을 선택하는가에 따라 수년 동안 투자할 자금의 규모가 달라질 것

18) 물론 상호배타적 투자안들은 투자의 규모와 현금흐름의 발생시점이 다를 수 있다. 또한 만약 상호배타적 투자안들의 수명이 다를 경우에는(수명은 동일하지만 현금흐름의 발생 형태가 다른 경우와는 반대로) 더 복잡해지고, 의미 있는 비교를 위해서는 상호배타적 투자안들은 반드시 공통수명에 기반해서 평가되어야 한다. 이 내용은 나중에 제12장에서 살펴본다.

이다. 만약 1년도에 현금유입이 많은 투자안 S를 선택한다면, 첫 해에 투자할 자금은 더 많아지게 될 것이다. 이와 유사하게, 한 투자안이 다른 투자안보다 비용이 더 들 때, 투자 규모가 작은 투자안을 선택한다면 현재 시점(t = 0)에서 투자할 수 있는 자금은 더 많아지게 될 것이다.

이러한 상황에서는 현금흐름들의 재투자수익률이 핵심적인 문제가 된다. 앞서 논의한 바와 같이, NPV는 자본비용으로 현금흐름을 재투자할 수 있다고 가정하고 있으며, 이것은 일반적으로 가장 최선의 가정이다. 따라서 상호배타적인 투자안들 간에 상충되는 결론이 있는 경우에는 NPV법을 사용해야 한다.

셀프 테스트

- 순현가선은 어떻게 만드는지 말로 설명하라. X축과 Y축의 절편들은 어떻게 결정되는가?
- 교차수익률은 무엇이고, 자본비용과 대비해서 어떻게 교차수익률의 수치가 NPV와 IRR 간의 충돌 발생 여부를 결정하는가?
- 상호배타적 투자안들을 평가할 때, NPV와 IRR 간에 충돌을 발생시킬 수 있는 두 가지 상황은 무엇인가?

11-8 회수기간

회수기간
투자안의 현금흐름으로 그 비용을 회수하는 데 소요되는 시간

최근에는 NPV를 가장 많이 사용하고 있지만, 과거에는 **회수기간**(payback period)을 가장 첫 번째 기준으로 사용했다. 회수기간은 투자안으로부터의 현금흐름이 투자된 자금을 회수하는 데 걸리는 기간(연도 수)으로 정의된다. 회수기간의 계산은 식 (11.3)을 사용하며, 그 계산과정은 [그림 11.7]에 나타나 있다. 먼저 음(−)의 금액인 투자안의 비용으로부터 출발해서, 현금흐름들을 더한 누적현금흐름이 양(+)의 금액이 될 때까지 각 연도의 현금유입을 계속 더한다. 회수기간은 투자비용을 완전회수하기 직전 연도까지의 연도 수에 그 직전 연도 말에서의 부족분을 완전회수 연도의 현금흐름으로 나눈 값을 더하여 계산한다:[19]

$$\text{회수기간} = \begin{array}{c}\text{완전회수 직전}\\ \text{연도까지의 연도 수}\end{array} + \frac{\text{완전회수 연도 초의 미회수 비용}}{\text{완전회수 연도의 현금흐름}} \quad (11.3)$$

19) 식 (11.3)은 완전회수 연도 동안 현금흐름이 균등하게 발생한다고 가정한다.

[그림 11.7] 회수기간의 계산

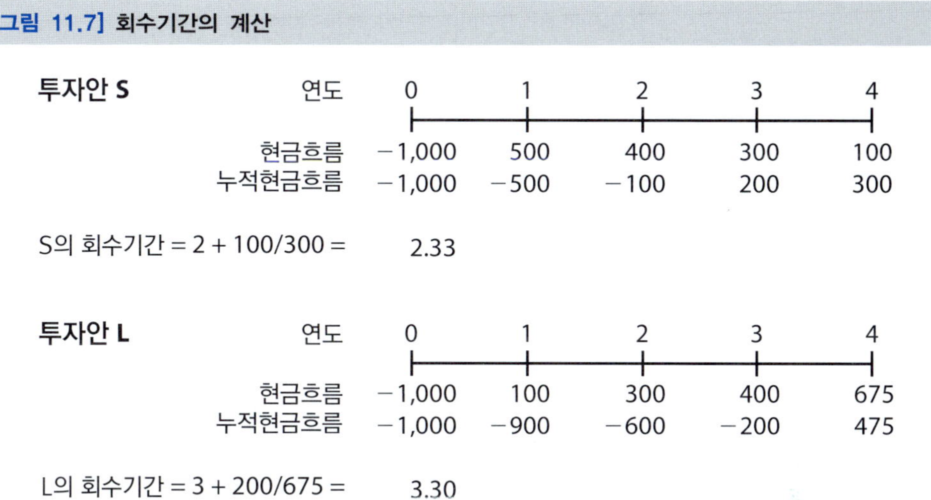

회수기간이 짧을수록 더 나은 투자안이다. 따라서 만약 회사가 3년 이하의 회수기간을 요구한다면, S는 채택되지만 L은 기각될 것이다. 만약 투자안들이 상호배타적이라면, 회수기간이 짧은 S가 L보다 더 나은 투자안으로 평가될 것이다.

회수기간은 다음과 같은 세 가지 결점이 있다: (1) 발생시점이 다른 현금흐름들에 동일한 가중치를 부여한다(즉, 화폐의 시간가치는 무시된다); (2) 회수기간 이후에 발생하는 현금흐름은 그 규모에 관계없이 무시된다; 그리고 (3) NPV는 투자안으로 인한 부의 증가분을 알려주며 IRR은 자본비용을 초과하는 투자안의 수익률이 얼마인지를 말해주지만, 회수기간은 단지 투자비용이 언제 완전히 회수되는지만을 말해준다. 회수기간은 주주 부의 극대화와 관련성이 없고, 따라서 의사결정에 사용할 기준이 되는 적정한 회수기간을 알 수 없다. 기업마다 수용가능한 최소한의 회수기간으로 2년이나 3년, 혹은 다른 기간을 설정할 수도 있지만, 이 선택은 순전히 자의적이다.

할인회수기간
투자안의 자본비용으로 할인된 현금흐름이 그 비용을 회수하는 데 소요되는 시간

첫 번째 결점을 보완하기 위해 애널리스트들은 **할인회수기간**(discounted payback)을 개발했다. 여기서 현금흐름들은 WACC로 할인되고, 이 할인된 현금흐름들이 회수기간을 구하기 위해 사용된다. [그림 11.8]에서는 두 투자안 모두에 대해 10%의 자본비용을 가정하고, 투자안 S와 투자안 L의 할인회수기간을 계산한다. 각 현금유입을 $(1+r)^t = (1.10)^t$로 나눠서 PV를 구하고, 이 PV들이 회수기간을 구하기 위해 사용된다. 여기서 t는 현금흐름이 발생하는 연도이고, r은 해당 투자안의 자본비용이다. 투자안 S의 할인회수기간은 2.95이고, 투자안 L의 할인회수기간은 3.78이다.

현금흐름이 예상한 대로 발생한다면 투자안은 이익도 없고 손실도 없을 것이라는 의미에서 회수기간은 "손익분기점" 계산이라고 할 수 있다. 그러나 정규 회수기간은 자본비용을 고려하지 않기 때문에 진정한 손익분기점을 나타내는 것은 아니다. 할인회

[그림 11.8] 할인회수기간의 계산, 자본비용 = 10%

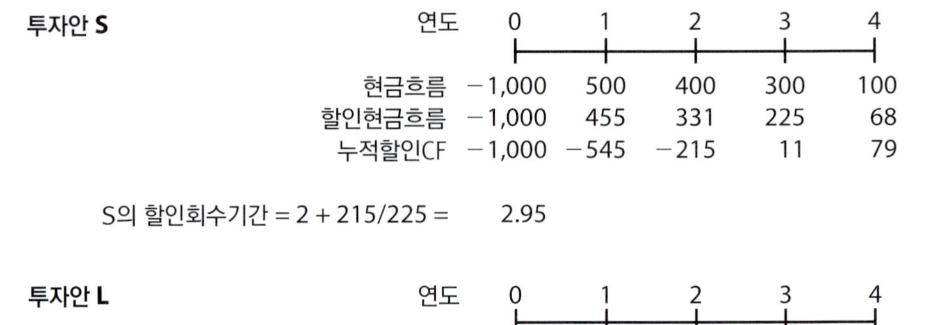

투자안 S

연도	0	1	2	3	4
현금흐름	−1,000	500	400	300	100
할인현금흐름	−1,000	455	331	225	68
누적할인CF	−1,000	−545	−215	11	79

S의 할인회수기간 = 2 + 215/225 = 2.95

투자안 L

연도	0	1	2	3	4
현금흐름	−1,000	100	300	400	675
할인현금흐름	−1,000	91	248	301	461
누적할인CF	−1,000	−909	−661	−361	100

L의 할인회수기간 = 3 + 361/461 = 3.78

수기간에서는 자본비용은 고려하지만 여전히 회수기간 이후에 발생하는 현금흐름들을 무시하는 심각한 문제점을 지니고 있다. 더욱이 투자 규모가 다른 상호배타적 투자안들의 경우, 두 가지 회수기간 모두 NPV와는 상충되는 잘못된 결정에 이르게 할 수도 있다. 마지막으로, 투자안의 채택 여부를 정당화하기 위해 회수기간이 얼마나 짧아야 하는지에 대한 적절한 기준을 제시하지 못한다.

비록 회수기간이 평가기준으로서 많은 결함을 가지고 있지만, **유동성**과 **위험**에 대한 정보는 제공해준다. 다른 조건들이 일정한 경우에 회수기간이 짧을수록 투자안의 유동성이 더 크다. 이 요인은 종종 자본시장 접근성이 떨어지는 소규모 회사들에게는 중요하다. 또한 일반적으로 먼 미래에 발생할 것으로 예상되는 현금흐름들은 일반적으로 가까운 시점에 발생할 현금흐름보다 더 위험하고, 그래서 회수기간은 **위험지수**(risk indicator)의 하나로 사용된다.

셀프 테스트

- 회수기간은 다른 자본예산 의사결정 방법들이 제공하지 못하는 어떤 정보를 말해주는가?
- (정규) 회수기간이 가지고 있는 세 가지 결점은 무엇인가? 할인회수기간의 사용으로 이 결점들을 고칠 수 있는가? 답을 설명하라.
- 투자안 P는 $1,000의 비용이 소요되며, 향후 3년 동안 매년 $300의 현금흐름이 발생하고 마지막 해인 4년도에는 $1,000이 발생한다. 이 투자안의 자본비용은 15%이다. 투자안 P의 회수기간과 할인회수기간은 얼마인가? **(3.10, 3.55)** 만약 회사가 3년 이하의 회수기간을 요구한다면, 이 투자안을 채택해야 하는가? 이 채택/기각 결정은 NPV나 IRR을 감안할 때 적절한 결정인가? **(NPV = $256.72, IRR = 24.78%)**

11-9 자본예산방법에 대한 결론

이제까지 다섯 개의 자본예산 의사결정 기준에 대해 논의했다—NPV, IRR, MIRR, 회수기간, 그리고 할인회수기간. 이 방법들 간의 차이점을 비교했고, 각각의 장점과 단점을 강조했다. 이 과정에서 "복잡한" 기업들은 NPV라는 하나의 방법만 사용해야 한다는 인상을 주었을지도 모르지만, 실제적으로 모든 자본예산 의사결정은 컴퓨터를 사용해서 분석되고, 따라서 다섯 가지 의사결정 기준 모두를 계산하는 것은 쉬운 일이다. Boeing이나 Airbus와 같은 복잡한 대기업들은 각각의 기준이 의사결정에 관해 약간씩 다른 정보를 제공하기 때문에 다섯 가지 측정치를 모두 계산해서 고려한다.

NPV법은 투자안이 주주의 부에 얼마만큼의 가치를 부가하는지에 대한 직접적인 측정치를 제공하기 때문에 가장 좋은 단 하나의 기준이다. IRR과 MIRR은 의사결정자들에게 유용한 수익률로 표시된 수익성을 측정한다. 더욱이, IRR과 MIRR은 투자안의 "안전 한계수익(safety margin)"에 관한 정보를 내포하고 있다. 설명을 위해, WACC가 10%인 한 회사가 두 개의 상호배타적 투자안 중에서 선택해야 한다고 가정하자: SS(소규모 사업)는 비용이 $10,000이고 1년도 말의 수익이 $16,500으로 예상되며, LL(대규모 사업)은 비용이 $100,000이고 1년 후 수익이 $115,550으로 예상된다. SS는 65%의 높은 IRR을 보이는 반면에 LL의 IRR은 15.6%에 불과하다. NPV 기준은 다소 다른 결과를 보이는데, 10%의 자본비용에서 SS의 NPV는 $5,000인 반면에 LL은 $5,045이다. NPV 기준에 의하면 LL이 채택될 것이다. 그러나 SS의 높은 IRR은 실제 현금흐름이 예상치를 벗어나더라도 이를 수용할 수 있는 여지가 있다는 것을 의미한다. 가령, 현금유입이 추정치인 $16,500보다 39% 감소하더라도 여전히 투자비용 $10,000을 회수할 수 있을 것이나. 반면에, LL의 경우에는 현금유입이 예측된 $115,550보나 저우 13.5%만큼만 감소하더라도 기업은 투자비용 $100,000을 회수하지 못할 것이다. 게다가 두 투자안 모두가 어떤 현금흐름들도 전혀 창출하지 못한다면, 투자안 SS의 경우에는 단지 $10,000의 손실이 발생하지만 투자안 LL의 경우에는 $100,000의 큰 손실이 발생하게 된다.

MIRR은 IRR의 모든 장점을 가지고 있고, 또한 더 적절한 재투자수익률을 가정하고 있으며 복수의 내부수익률 문제도 발생하지 않는다. 따라서 의사결정자들이 투자안들의 수익률에 대한 정보를 알기 원한다면, MIRR은 일반 IRR보다 더 나은 지표이다.

회수기간과 할인회수기간은 투자안의 유동성과 위험에 관한 정보를 제공한다. 회수기간이 길다는 것은 투자자금이 오랫동안 묶여 있다는 것을 의미하기 때문에 그 투자안의 유동성은 비교적 낮다. 더욱이 회수기간이 길면 먼 미래에 발생하는 현금흐름들까지도 예측해야 한다는 것을 의미하며, 회수기간이 짧은 투자안보다 위험이 더 크게 될 것이다. 채권의 가치평가가 이와 유사한 경우이다. 채권의 위험은 만기에 의해 매우 큰 영향을 받기 때문에, 투자자 또한 만기에 대한 고려 없이 두 채권에 대한 만기수익률을 비교해서는 결코 안 된다. 이 내용은 자본적 투자안들에 대해서도 동일하게 적용된다.

요약하면, 각각의 측정치들은 서로 다른 정보를 제공한다. 측정치 모두를 계산하는 것도 쉬운 일이기 때문에, 자본예산 의사결정 시에는 모든 측정치들을 고려해야 한다. 대부분의 의사결정 시에는 NPV에 가장 큰 가중치가 주어져야 하지만, 다른 기준들이 제공하는 정보를 무시하는 것은 어리석은 일일 것이다.

셀프 테스트

- 이 장에서 논의된 다섯 가지 자본예산방법들의 장점과 단점을 설명하라.
- 투자안의 NPV에만 근거해서 자본예산 의사결정을 해야 하는가? 답을 설명하라.

11-10 실무에서 사용되는 의사결정 기준

경영자들이 실제 어떤 기준들을 사용하는지에 관한 설문조사가 여러 해에 걸쳐서 행해졌다. 1999년 이전 조사들에서는 기업들이 가장 큰 비중을 두고 있는 1순위 방법을 응답하도록 요청했으며, 반면에 1999년 조사에서는 경영자들이 실제 어떤 방법(들)을 사용하고 있는지 질문했다. <표 11.2>는 조사결과를 요약한 것으로 흥미로운 추세

〈표 11.2〉 실제 사용되는 자본예산방법

	1순위 기준			실제 사용
	1960	1970	1980	1999
NPV	0%	0%	15%	75%
IRR	20	60	65	76
회수기간	35	15	5	57
할인회수기간	NA	NA	NA	29
기타 방법	45	25	15	NA
합계	100%	100%	100%	

출처: 1999년의 자료는 John R. Graham and Campbell R. Harvey, "The Theory and Practice of Corporate Finance: Evidence from the Field," *Journal of Financial Economics*, vol. 60, nos. 2 and 3(2001), pp. 187-244에서 인용했다. 그 이전의 자료는 다음과 같은 연구들의 자료를 평균해서 구한 추정치들이다: James S. Moore and Alan K. Reichert, "An Analysis of the Financial Management Techniques Currently Employed by Large U.S. Corporations," *Journal of Business Finance and Accounting*, vol. 10, no. 4(Winter 1983), pp. 623-645; Marjorie T. Stanley and Stanley R. Block, "A Survey of Multinational Capital Budgeting," *The Financial Review*, vol. 19, no. 1(March 1984), pp. 36-51.

를 보여주고 있다.

첫째, NPV 기준은 1980년 이전에는 주목할 만하게 사용되지 않았던 반면에, 1999년까지는 가장 많이 사용되는 방법 중의 하나로 자리 잡았다. 더욱이 기업들과의 비공식적 논의를 통해, 만약 2020년에 조사를 했다면 NPV가 가장 많이 사용하는 기준으로 나타났을 것이라는 결론을 얻었다. 둘째, IRR법은 많이 사용되고는 있지만, NPV법보다는 사용빈도의 최근 증가율이 높지는 않다. 셋째, 회수기간은 예전에는 가장 중요한 기준이었으나, 1980년대에 이르러서는 의사결정의 주된 기준으로 사용하는 빈도는 현저하게 낮아졌다. 기업들은 여전히 회수기간을 사용하고 있는데, 그 이유는 계산이 쉽고 얼마간의 정보는 제공하기 때문이다. 하지만 회수기간은 오늘날 주된 기준으로는 거의 사용되지 않고 있다. 넷째, 주로 회계적 이익률과 수익성 지수를 포함하는 "기타 방법들"은 IRR과 NPV의 사용(특히 NPV의 사용)이 증가되었기 때문에 거의 사라지고 있다.

이와 같은 추세는 다양한 방법들에 대한 우리의 판단과도 일치한다. NPV가 유일한 최선의 기준이지만, 다른 모든 방법들도 유용한 정보를 제공하며 또한 쉽게 계산이 가능하기 때문에 적절한 판단과 상식을 바탕으로 이 방법들 모두가 사용된다. 이 모든 내용들은 다음 장에서 더 논의될 것이다.

셀프 테스트

- 〈표 11.2〉에서 알 수 있는 자본예산 방법론의 추세는 무엇인가?

이 장에서는 자본예산 투자안들을 평가하는 데 사용되는 다섯 가지 기법들(NPV, IRR, MIRR, 회수기간, 할인회수기간)을 설명했다. NPV는 각 투자안이 주주의 부에 얼마만큼 기여하는지를 말해주는 유일한 최선의 측정치이다. 따라서 NPV는 자본예산 의사결정에서 가장 큰 가중치가 부여되어야 하는 방법이다. 하지만 다른 접근법들도 유용한 정보를 제공하며 컴퓨터를 이용하면 계산도 용이하기 때문에, 경영자들은 일반적으로 투자안들에 대한 채택/기각 의사결정을 할 때나 상호배타적 투자안들 중에서 선택을 할 때 다섯 가지 기준 모두를 검토한다.

이 장에서는 다양한 자본예산방법들을 설명하가 위해 현금흐름들은 주어져 있는 것으로 간주했다. 다음 장에서 알 수 있는 것처럼 현금흐름들을 추정하는 것은 힘든 과제이다. 여전히 이 장에서 확립된 틀은 의미 있고 건전한 자본예산분석에 있어서 매우 중요하다. 이 시점에서는 다음과 같은 내용을 알고 있어야 한다:

- 자본예산을 이해해야 한다.
- NPV, IRR, MIRR, 회수기간, 할인회수기간과 같은 주요 자본예산 의사결정 기준들을 계산하는 방법을 알아야 한다.
- NPV가 왜 최선의 기준이며, NPV가 다른 방법들에 내재되어 있는 문제점들을 어떻게 해소하는지 이해해야 한다.
- NPV가 최선의 방법이기는 하지만, 다른 방법들도 의사결정자들에게 유용한 정보를 제공한다는 것을 인식해야 한다.

자가진단 질문과 문제

ST-1 **[핵심용어]** 다음의 용어들을 정의하라.

a. 자본예산; 전략적 사업계획

b. 순현가(NPV)

c. 내부수익률(IRR)

d. 순현가선; 교차수익률

e. 상호배타적 투자안; 독립적 투자안

f. 비정상적 현금흐름; 정상적 현금흐름; 복수의 IRR

g. 수정내부수익률(MIRR)

h. 회수기간; 할인회수기간

ST-2 **[자본예산 기준]** 당신은 두 투자안 X와 Y를 분석해야 한다. 이 회사의 WACC는 12%이고, 기대현금흐름은 다음과 같다:

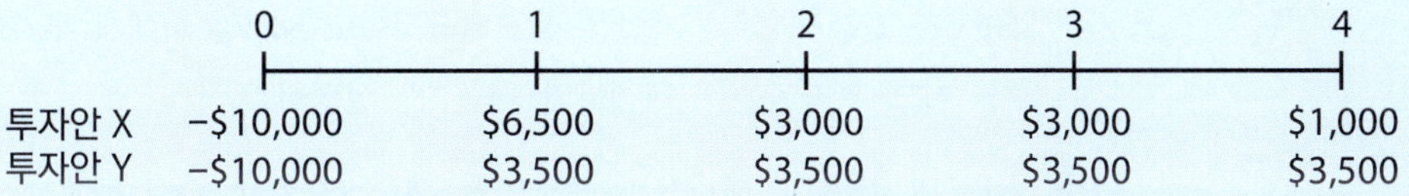

a. 각 투자안의 NPV, IRR, MIRR, 회수기간, 할인회수기간을 계산하라.

b. 만약 투자안들이 독립적이라면 어떤 투자안(들)을 채택해야 하는가?

c. 만약 투자안들이 상호배타적이라면 어떤 투자안(들)을 채택해야 하는가?

d. WACC의 변화가 어떻게 두 투자안에 대한 NPV 결론과 IRR 결론 간에 충돌을 발생시킬 수 있는가? 만약 WACC가 5%라면 충돌이 발생할 것인가? (힌트: 순현가선을 도표로 나타내라. 교차수익률은 6.21875%이다.)

e. 왜 상충된 결론이 도출되는가?

질문

11-1 자본예산과정에서 투자안의 분류는 어떻게 사용되는가?

11-2 정규 회수기간이 지니는 세 가지 결점은 무엇인가? 할인회수기간이 세 가지 결점을 모두 고칠 수 있는가? 설명하라.

11-3 장기 투자안(먼 미래에 발생하는 현금흐름의 비중이 높은 투자안)의 NPV가 왜 단기 투자안의 NPV보다 WACC 변화에 더 민감한가?

11-4 상호배타적 투자안이란 무엇인가? 경영자들은 어떻게 상호배타적 투자안들의 순위를 정해야 하는가?

11-5 만약 두 개의 상호배타적 투자안을 비교한다면, 높은 자본비용은 장기 또는 단기 투자안 중 어느 투자안에 유리한가? 이유는 무엇인가? 만약 자본비용이 하락한다면, 기업들은 장기 투자안 또는 단기 투자안 중 어느 투자안에 더 많은 투자를 할 것인가? WACC의 하락(또는 상승)이 상호배타적 투자안들의 IRR에 기초한 순위에 변경을 야기하는가? 설명하라.

11-6 다음의 문장을 평가하라: 한 회사의 투자안들이 독립적이고 WACC는 일정하며 현금흐름은 정상적이라면, NPV법과 IRR법은 항상 동일한 자본예산 결정을 내릴 것이다. 이것은 IRR과 NPV 간의 선택에 관해 무엇을 의미하는가? 만약 각 가정이 변한다면(한 번에 하나씩), 당신의 답은 어떻게 변하는가?

11-7 자본시장 접근성이 좋지 못한 소규모 기업은 NPV법보다 회수기간법을 사용하는 것이 합리적일 수 있는 이유는 무엇인가?

11-8 투자안 X는 매우 위험하고 $300만의 NPV를 갖는다. 투자안 Y는 매우 안전하고 $250만의 NPV를 갖는다. 두 투자안은 상호배타적이고 NPV분석에서 투자안 위험은 적정하게 고려되었다. 어느 투자안을 선택해야만 하는가? 설명하라.

11-9 NPV법, IRR법, MIRR법에는 어떤 재투자수익률 가정들이 내재되어 있는가? 설명하라.

11-10 어떤 회사의 자본예산 규모는 $1억이다. 이 회사는 각각 비용이 $1억인 두 개의 투자안을 고려중이다. 투자안 A의 IRR은 20%, NPV는 $900만이며, 1년 후에 $2,000만의 이익을 내고 종료된다. 이로 인해 즉시 이 회사의 EPS는 증가할 것이다. 투자안 B는 연기될 수 없고, IRR은 30%, NPV는 $5,000만이다. 하지만 만약 이 회사가 투자안 B를 채택한다면, 몇 년 동안 수익이 창출되지 않기 때문에 회사의 단기 EPS는 하락할 것이다.

a. EPS에 대한 단기적인 파급효과로 인해 투자안의 선택은 영향을 받아야 하는가?
b. 이러한 상황은 회수기간을 사용하려고 선택하는 기업의 결정에 어떻게 영향을 미칠 수 있는가?

문제

초급 문제 1~6

11-1 **[NPV]** 투자안 L의 초기 지출은 t=0 시점에서 $65,000이고 기대현금유입은 9년 동안 매년 $12,000이며, WACC는 9%이다. 이 투자안의 NPV는 얼마인가?

11-2 **[IRR]** 문제 11-1에서 이 투자안의 IRR은 얼마인가?

11-3 **[MIRR]** 문제 11-1에서 이 투자안의 MIRR은 얼마인가?

11-4 **[회수기간]** 문제 11-1에서 이 투자안의 회수기간은 얼마인가?

11-5 **[할인회수기간]** 문제 11-1에서 이 투자안의 할인회수기간은 얼마인가?

11-6 **[NPV]** 당신의 부서에서는 다음과 같은 현금흐름을 가진 두 개의 투자안을 고려중이다:

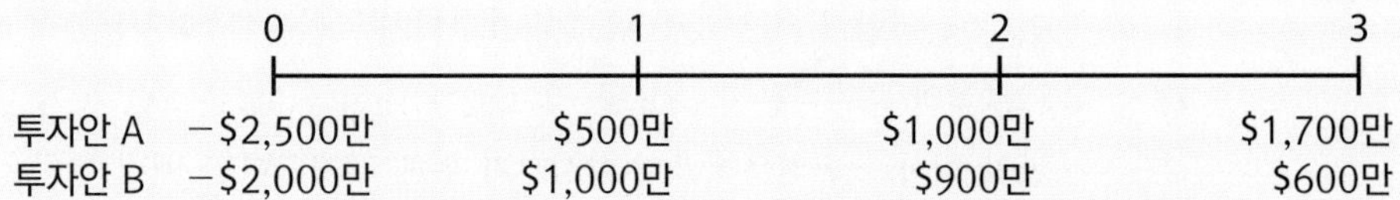

	0	1	2	3
투자안 A	−$2,500만	$500만	$1,000만	$1,700만
투자안 B	−$2,000만	$1,000만	$900만	$600만

a. WACC가 5%, 10%, 15%일 경우, 이 투자안들의 NPV는 얼마인가?

b. WACC가 5%, 10%, 15%일 경우, 이 투자안들의 IRR은 얼마인가?

c. 만약 WACC 5%이고 A와 B가 상호배타적이라면, 당신은 어떤 투자안을 선택할 것인가? WACC가 10%, 15%일 경우에는 어떤 선택을 할 것인가? (힌트: 교차수익률은 7.81%이다.)

중급 문제 7~13

11-7 **[자본예산 기준]** WACC가 14%인 한 회사가 금년의 자본예산으로 두 투자안을 평가하고 있다. 세후 현금흐름은 다음과 같다:

	0	1	2	3	4	5
투자안 M	−$30,000	$10,000	$10,000	$10,000	$10,000	$10,000
투자안 N	−$90,000	$28,000	$28,000	$28,000	$28,000	$28,000

a. 각 투자안의 NPV, IRR, MIRR, 회수기간, 할인회수기간을 계산하라.

b. 투자안이 독립적이라면 어떤 투자안(들)을 추천할 것인가?

c. 투자안이 상호배타적이라면 어떤 투자안을 추천하겠는가?

d. 투자안의 현금흐름 발생시점 형태가 동일하다는 점에 주목하자. NPV와 IRR 간에 충돌이 발생하는 이유는 무엇인가?

11-8 **[자본예산 기준: 윤리적 고려사항]** 한 광산회사가 새로운 프로젝트를 고려중이다. 광산에 대해서는 사업허가를 받았기 때문에 이 프로젝트는 합법적이지만, 근처에 있는 강에 심각한 피해가 초래될 것으로 판단된다. 회사는 환경문제를 완화하기 위해 t=0 시점에서 추가적으로 $1,000만을 지출할 수도 있지만, 이렇게 하는 것이 반드시 요구되지는 않는다. 광산 개발(환경문제의 완화가 없는 경우)에는 $6,000만의 초기비용이 소요될 것이고, 기대현금유입은 5년 동안 매년 $2,000만으로 예상된다. 만약 회사가 환경문제를 완화시키기 위해 투자한다면 매년 현금유입은 $2,100만이 될 것이다. 위험조정WACC는 12%이다.

a. 환경문제 완화가 있는 경우와 없는 경우의 NPV와 IRR을 계산하라.

b. 이 프로젝트를 평가할 때 환경문제의 영향을 어떻게 다뤄야 하는가?

c. 이 프로젝트는 착수되어야 하는가? 만약 그렇다면 이 회사는 환경문제 완화를 해야 하는가?

11-9 **[자본예산 기준: 윤리적 고려사항]** 한 전력회사가 애리조나 북부에 신규 발전소 건설을 고려중이다. 이 공장에서 생산된 전력은 그 필요성이 매우 큰 피닉스 지역에 공급될 것이다. 이 회사는 사업허가를 받았기 때문에 발전소 건설은 합법적이지만, 대기오염을 발생시킬 것이다. 이 회사는 환경문제를 완화시키기 위해 t=0 시점에서 추가적으로 $4,000만을 지출할 수도 있지만, 이렇게 하는 것이 반드시 요구되지는 않는다. 환경문제의 완화가 없는 경우에 발전소는 $2.4억의 초기비용이 소요될 것이고, 기대현금유입은 5년 동안 매년 $8,000만으로 예상된다. 만약 회사가 환경문제를 완화시키기 위해 투자한다면 매년 현금유입은 $8,400만이 될 것이다. 발전소가 건설되는 지역의 실업률은 매우 높고, 발전소는 약 350개의 괜찮은 일자리를 창출할 것으로 예상된다. 위험조정WACC는 17%이다.

a. 환경문제 완화가 있는 경우와 없는 경우의 NPV와 IRR을 계산하라.

b. 이 프로젝트를 평가할 때 환경문제의 영향을 어떻게 다뤄야 하는가?

c. 이 프로젝트는 착수되어야 하는가? 만약 그렇다면 회사는 환경문제 완화를 해야 하는가? 왜 그런지 아니면 왜 그렇지 않은지 그 이유를 설명하라.

11-10 **[자본예산 기준: 상호배타적 투자안]** WACC가 10%인 한 회사는 다음의 상호배타적 투자안을 고려중이다:

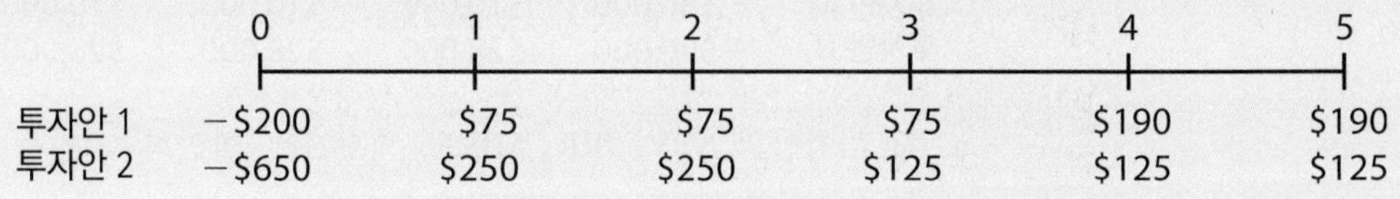

	0	1	2	3	4	5
투자안 1	−$200	$75	$75	$75	$190	$190
투자안 2	−$650	$250	$250	$125	$125	$125

당신은 어떤 투자안을 추천할 것인가? 답을 설명하라.

11-11 **[자본예산 기준: 상호배타적 투자안]** 투자안 S는 t=0 시점에서 $17,000의 초기비용이 소요되고, 기대현금흐름은 5년 동안 매년 $5,000으로 추정된다. 상호배타적 투자안 L은 t=0 시점에서 $30,000의 초기비용이 소요되고, 기대현금흐름은 5년 동안 매년 $8,750이 될 것이다. 만약 두 투자안 모두 WACC가 12%라면, 당신은 어떤 투자안을 추천할 것인가? 답을 설명하라.

11-12 **[IRR과 NPV]** 한 회사가 다음과 같은 현금흐름을 갖는 두 개의 상호배타적 투자안인 S와 L을 분석하고 있다:

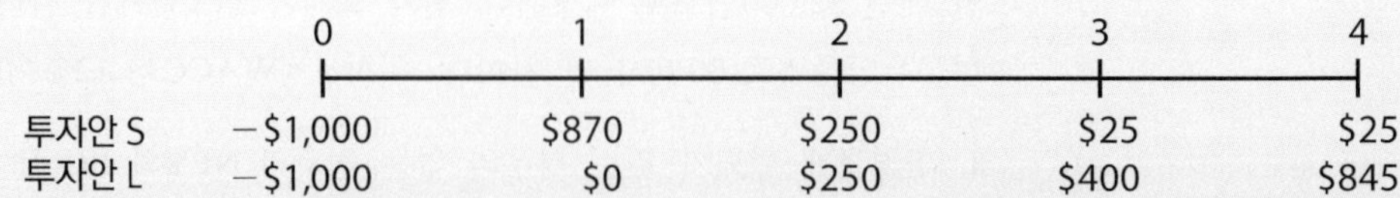

	0	1	2	3	4
투자안 S	−$1,000	$870	$250	$25	$25
투자안 L	−$1,000	$0	$250	$400	$845

이 회사의 WACC는 8.5%이다. 더 나은 투자안의 IRR은 얼마인가? (힌트: 더 나은 투자안은 IRR이 더 높은 투자안일 수도 있고 아닐 수도 있다.)

11-13 **[MIRR]** 한 회사가 다음과 같은 현금흐름을 갖는 두 개의 상호배타적 투자안인 X와 Y를 고려중이다:

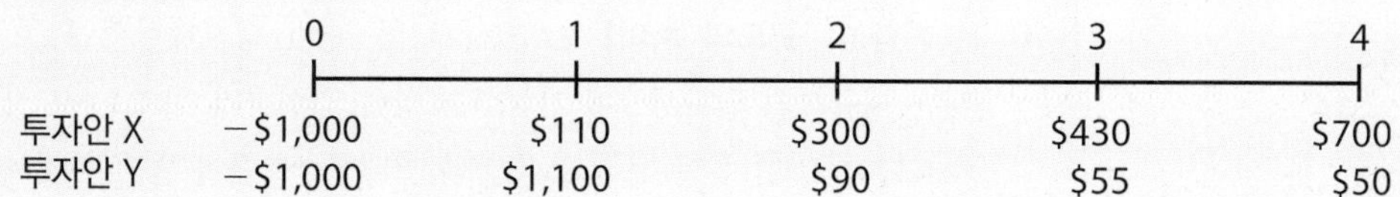

두 투자안의 위험은 동일하고 WACC는 11%이다. 주주의 가치를 극대화하는 투자안의 MIRR은 얼마인가?

고급 문제 14~22

11-14 **[최소비용에 기초해서 필수적 투자안 선택하기]** Kim Inc.는 이 회사의 주 공장에 반드시 신규 냉방기를 설치해야 한다. Kim은 두 종류의 냉방기 중 하나를 설치해야 하는데, 그렇지 않을 경우에 수익성이 매우 높은 이 공장의 가동을 중단해야 할 것이다. 사용가능한 두 종류의 냉방기는 높은 투자비용(high capital cost)의 HCC와 낮은 투자비용(low capital cost)의 LCC이다. HCC는 투자비용은 높지만 운영비용이 작고, 반면에 LCC는 투자비용은 낮지만 더 많은 전기를 사용하기 때문에 운영비용이 크다. 두 냉방기의 비용은 다음과 같다. Kim의 WACC는 7%이다.

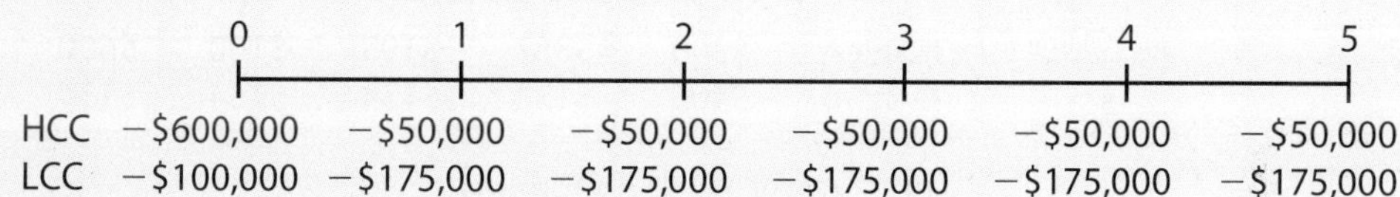

a. 당신은 어느 냉방기를 추천할 것인가? 답을 설명하라.

b. Kim의 감사가 두 투자안의 IRR을 알기 원한다면 당신은 얼마라고 말할 것인가?

c. 만약 WACC가 15%로 상승한다면 당신의 추천에 영향을 미칠 것인가? 답과 이러한 결과가 발생하는 이유를 설명하라.

11-15 **[순현가선: 현금흐름 발생시점의 차이]** 한 유선시추회사는 t=0 시점에서 $1,200만의 초기비용이 소요되는 두 개의 상호배타적 투자안 중에서 하나를 선택해야 하는 상황이다. 플랜 A에서는 1년 내에 모든 원유를 채굴하며 t=1 시점에서의 현금흐름은 $1,440만으로 예상된다. 플랜 B에서는 20년 동안 매년 $210만의 현금흐름이 발생할 것으로 예상된다. 이 회사의 WACC는 12%이다.

a. 두 투자안인 플랜 A와 플랜 B의 순현가선을 그래프로 만들고, 여기에 각 투자안의 IRR 및 교차수익률을 나타내라.

b. 이 회사가 12%보다 높은 수익률을 갖는 이용가능한 모든 평균 위험의 독립적 투자안들을 채택할 것으로 가정하는 것은 논리적인가? 만약 12%보다 높은 수익률을 갖는 이용가능한 모든 투자안들이 착수된다면, 이것은 과거 투자로부터 발생한 현금흐름으로 자본비용이 12%인 자금을 대체하는 것 이외에는 회사가 취할 수 있는 방법이 없기 때문에, 이 과거 현금흐름들의 기회비용은 12%에 불과하다는 것을 의미하는가? 이것은 WACC가 투자안의

현금흐름에 대한 적절한 재투자수익률 가정이라는 것을 의미하는가? 왜 그런지 아니면 왜 그렇지 않은지 그 이유를 설명하라.

11-16 **[순현가선: 규모의 차이]** 한 회사가 두 개의 상호배타적 확장계획을 고려중이다. 플랜 A에서는 대규모의 일관생산이 가능한 공장을 건설하기 위해 t=0 시점에서 $4,000만의 초기비용이 소요되며, 20년 동안 매년 $640만의 기대현금흐름이 발생할 것이다. 플랜 B에서는 다소 효율성이 떨어지는 노동집약적인 공장을 건설하는 데 t=0 시점에서 $1,200만의 초기비용이 소요되며, 기대현금흐름은 20년 동안 매년 $272만으로 추정된다. 이 회사의 WACC는 10%이다.

a. 각 투자안의 NPV와 IRR을 계산하라.

b. 플랜 A와 플랜 B에 대한 순현가선을 그래프로 만들고, 교차수익률을 대략적으로 표시하라.

c. 두 투자안의 NPV가 같아지는 교차수익률을 계산하라.

d. 주주의 가치를 증가시키는 자본예산 의사결정에서 왜 NPV가 IRR보다 더 나은 방법인가?

11-17 **[자본예산 기준]** 한 회사의 WACC는 11%이며, 이 회사는 다음과 같은 현금흐름이 발생하는 두 개의 상호배타적 투자(반복될 수 없는)를 고려중이다.

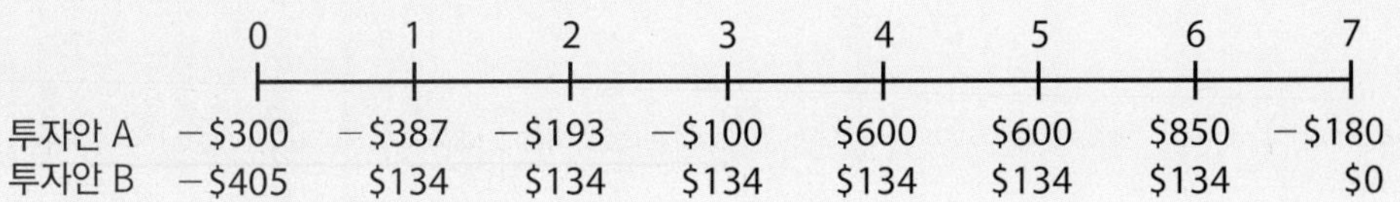

a. 각 투자안의 NPV는 얼마인가?

b. 각 투자안의 IRR은 얼마인가?

c. 각 투자안의 MIRR은 얼마인가? (힌트: 투자안 B가 종료되는 시점은 7번째 기간이라는 점을 고려할 필요가 있다.)

d. 앞의 세 파트 a, b, c의 답에 근거하면 어떤 투자안이 선택될 것인가? 만약 WACC가 18%라면 어떤 투자안이 선택될 것인가?

e. 두 투자안 A와 B의 순현가선을 그래프로 만들어라.

f. 두 투자안의 NPV가 같아지는 교차수익률을 계산하라.

g. WACC가 18%일 때 각 투자안의 MIRR은 얼마인가?

11-18 **[NPV와 IRR]** 쇼핑몰에서 영업 중인 한 상점의 임대차계약은 5년 남아 있다. 임대료로 매달 $2,000씩 60번을 납부해야 하는데, 다음 납부는 1개월 후이다. 쇼핑몰의 소유주는 1년 내에 이 쇼핑몰을 매각할 계획이고, 매각할 때 그 시점에서의 임대료가 높아서 이 부동산이 더 가치 있는 매물로 보일 수 있기를 원하고 있다. 이러한 계획하에 쇼핑몰의 소유주는 상점 주인에게 "상당히 좋은 조건"(쇼핑몰 소유주의 말에 의하면)의 새로운 5년짜리 임대차계약을 제시했다. 신규 임대차계약에 따르면 9개월 동안은 임대료가 전혀 없고, 그 다음 51개월 동안은 매달 $2,600을 임대료로 납부하게 된다. 임대차계약은 파기할 수 없고, 이 상점의 WACC는 12%이다(즉, 월 1%).

a. 신규 임대차계약을 받아들여야 하는가? (힌트: 월 1%를 이용한다는 점에 유의하라.)

b. 만약 상점 주인이 새로운 임대료 납부액에 대해 쇼핑몰의 소유주와 흥정을 하기로 결정했다면, 얼마 정도의 신규 임대료 납부액이 상점 주인으로 하여금 신규 임대차계약과 기존 임대차계약 간에 선호가 없게 만들 것인가? (힌트: t=9 시점에서 기존 임대료의 FV를 구하고, 그 다음에 이것을 10번째 달부터 60번째 달까지 매달 납부한 임대료를 현금흐름으로 하는 51개월 기간의 연금에 대한 PV로 간주하라.)

c. 상점 주인은 12%의 WACC가 정확하지 않으며, 이보다 높거나 낮을 수 있다고 생각한다. 얼마 정도의 명목WACC에서 상점 주인은 두 임대차계약 간에 선호가 없게 될 것인가? (힌트: 두 납부액흐름의 차이를 계산한 후에 그 IRR을 구하라.)

11-19 **[복수의 IRR과 MIRR]** 한 광산회사는 t=0 시점에서 $200만의 초기비용이 소요되는 노천광산을 개장할 것인지 결정해야 한다. $1,300만의 현금유입이 1년도 말에 발생한다. 광산부지는 2년도 말에 $1,200만의 비용을 투자해서 반드시 원래의 상태로 복구시켜야 한다.

a. 이 투자안의 순현가선을 작성하라.

b. WACC=10%라면 이 투자안은 채택되어야 하는가? 만약 WACC=20%라면? 그 이유를 설명하라.

c. 투자안의 기간 도중이나 말기에 음(−)의 현금흐름이 발생하여 복수의 IRR이 발생하는 다른 자본예산의 상황들을 생각해보라.

d. WACC=10%일 때 이 투자안의 MIRR은 얼마인가? WACC=20%일 때는? MIRR은 이 투자안에 대해 NPV법과 동일한 채택/기각 결정을 내리는가? MIRR법은 항상 NPV와 동일한 채택/기각 결정을 내리는가? (힌트: 규모가 다른 상호배타적 투자안들을 생각하라.)

11-20 **[NPV]** 한 투자안은 향후 10년 동안 매년 $5,000의 현금흐름이 발생하고, 그 다음 10년 동안은 매년 $9,000의 현금흐름이 발생한다. 이 20년 기간의 투자안에 대한 IRR은 8.52%이다. 이 회사의 WACC가 9%라면 투자안의 NPV는 얼마인가?

11-21 **[MIRR]** 투자안 A는 t=0 시점에서 $1,000의 초기비용이 소요되고, 현금흐름은 1년도부터 10년도까지 매년 동일하다. 이 투자안의 IRR은 16%이고, WACC는 8%이다. 이 투자안의 MIRR은 얼마인가?

11-22 **[MIRR]** 한 투자안의 현금흐름은 다음과 같다:

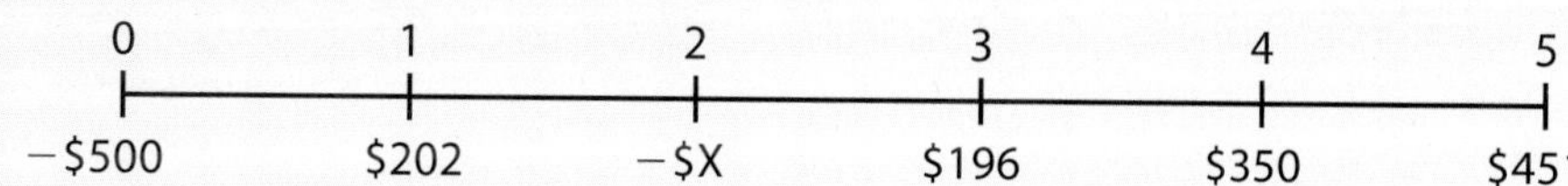

이 투자안에서는 연도 0과 연도 2 시점에 두 번의 현금유출이 발생하지만, 다른 현금흐름들은 모두 양(+)의 값을 갖는다. 이 투자안의 WACC는 10%이고, MIRR은 14.14%이다. 연도 2에서의 현금유출은 얼마인가?

종합계산문제

11-23 **[자본예산 기준]** 당신의 사업부에서는 두 개의 투자안을 고려중이다. 이 사업부의 WACC는 10%이고, 투자안들의 세후 현금흐름은 다음과 같다:

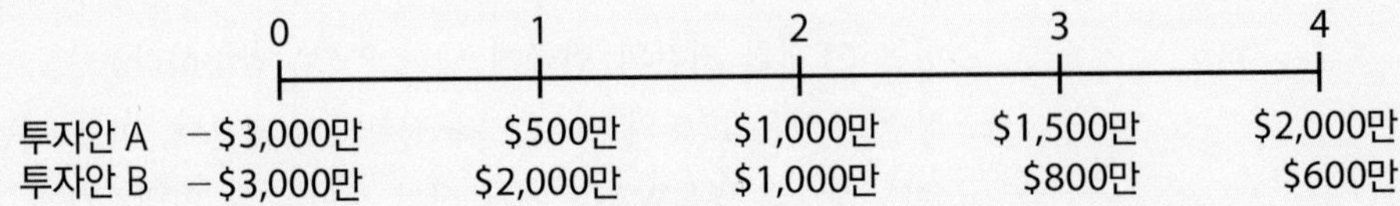

	0	1	2	3	4
투자안 A	−$3,000만	$500만	$1,000만	$1,500만	$2,000만
투자안 B	−$3,000만	$2,000만	$1,000만	$800만	$600만

a. 투자안들의 NPV, IRR, MIRR, 회수기간, 할인회수기간을 계산하라.

b. 두 투자안이 독립적이라면 어떤 투자안(들)이 선택되어야 하는가?

c. 두 투자안이 상호배타적이고 WACC가 10%라면 어떤 투자안(들)이 선택되어야 하는가?

d. 두 투자안의 순현가선을 그래프로 만들고, 여기에 각 투자안의 IRR을 나타내라.

e. 만약 WACC가 5%라면, 상호배타적 투자안들에 대한 당신의 추천은 변경될 것인가? WACC가 15%라면 당신의 추천은 변경될 것인가? 답을 설명하라.

f. 교차수익률은 13.5252%이다. 이 백분율이 무엇이고, 상호배타적 투자안들 간의 선택에 어떻게 영향을 미치는지 설명하라.

g. 독립적 투자안들을 평가하는 경우에 NPV와 IRR 간의 충돌이 발생할 가능성이 있는가? 답을 설명하라.

h. 이제 회수기간 및 할인회수기간을 살펴보자. 회수기간으로 판단하는 경우에 어떤 투자안이 더 좋아 보이는가?

i. 회수기간이 투자안들의 채택이나 기각에 사용되는 유일한 방법이라면 어떤 회수기간을 기준점(cutoff point)으로 선정해야 하는가? 즉, 투자안의 회수기간이 선정된 기준점보다 짧지 않으면 그 투자안을 기각하는 것을 의미한다. 이 선정된 기준점은 어떤 경제적인 척도들에 근거하는가 아니면 다소간은 자의적인가? 기업들이 NPV나 IRR을 사용하는 경우에도 기준점의 선정은 똑같이 자의적인가? 답을 설명하라.

j. MIRR을 정의하라. IRR과 MIRR 간의 차이는 무엇이고, 일반적으로 어떤 것이 투자안의 투자수익률에 대해 더 나은 개념을 제공하는가? 답을 설명하라.

k. 대부분의 학자들과 재무담당 임원들은 왜 NPV를 최선의 유일한 기준이고 IRR보다 우월하다고 생각하는가? 기업들은 왜 여전히 IRR을 계산하는가?

통합사례

ALLIED COMPONENTS COMPANY

11-24 **[자본예산의 기초]** 최근에 당신은 Daimler AG, Ford, Toyota 및 기타 자동차제조사들이 생산한 자동차들을 대상으로 한 애프터마켓(after-market)에 자동차 수리부속품들을 공급하고 있는 회사인 Allied Components Company에 취업했다. 당신의 상사인 최고재무책임자(CFO)는 당신에게 두 개의 투자안에 대한 추정 현금흐름들을 건네줬다. 투자안 L은 이 회사의 점화장치 제품군에 신제품을 추가하는 것인데, 이 신제품에 대한 시장이 형성되기까지는 시간이 상당히 걸릴 것이고 이에 따라 시간이 지나면서 현금유입은 증가할 것이다. 투자안 S는 기존의 제품군에 부가장치를 하는 것으로, 그 현금흐름은 시간이 지나면서 감소할 것이다. Allied는 3년 후에 완전히 새로운 모델을 도입할 계획이기 때문에 두 투자안 모두 수명기간은 3년이다. 투자안들의 세후 현금흐름은 다음과 같다:

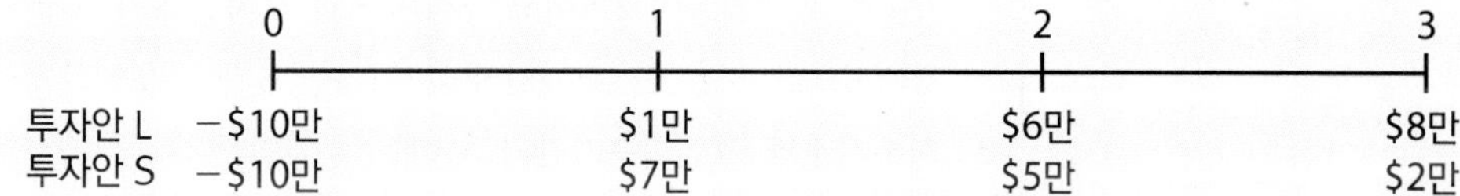

감가상각비, 잔존가치, 순영업운전자본 요건 및 세금의 영향은 모두 이 현금흐름들에 포함되어 있다. 또한 CFO는 각 투자안에 대해 주관적인 위험도 평가를 진행했고, 두 투자안 모두 이 회사의 평균적인 투자안과 유사한 위험 특성을 갖고 있다고 결론 내렸다. Allied의 WACC는 10%이다. 당신은 두 투자안 중에 하나를 채택할 것인지 아니면 둘 다 채택할 것인지에 대한 결정을 해야 한다.

a. 자본예산은 무엇인가? 기업의 자본예산 의사결정과 개인의 투자의사결정 간에는 유사성이 있는가?

b. 독립적 투자안들과 상호배타적 투자안들 간의 차이는 무엇인가? 정상적 현금흐름과 비정상적 현금흐름 간의 차이는 무엇인가?

c. 1. 순현가(NPV) 용어를 정의하라. 각 투자안의 NPV는 얼마인가?
   2. NPV법의 바탕에 있는 원리는 무엇인가? NPV를 따른다면, 투자안들이 독립적인 경우에 어떤 투자안(들)이 채택되어야 하는가? 상호배타적인 경우에는?
   3. WACC가 변하면 NPV도 변할 것인가? 답을 설명하라.

d. 1. 내부수익률(IRR) 용어를 정의하라. 각 투자안의 IRR은 얼마인가?
   2. 투자안의 IRR은 채권의 YTM과 어떻게 관련되어 있는가?
   3. IRR법의 바탕에 있는 원리는 무엇인가? IRR을 따른다면, 투자안들이 독립적인 경우에 어떤 투자안(들)이 채택되어야 하는가? 상호배타적인 경우에는?

4. WACC가 변하면 투자안들의 IRR도 변할 것인가?

e. 1. 투자안 L과 투자안 S에 대한 순현가선을 만들어라. 어떤 할인율에서 순현가선이 교차하는가?

2. 실제 NPV와 IRR을 참조하지 않고 순현가선 그래프를 보자. 투자안들이 독립적이라면 어떤 투자안(들)이 채택되어야 하는가? 투자안들이 상호배타적이라면? 답을 설명하라. 이 답은 23.6%보다 낮은 어떤 수준의 WACC에서도 맞는가?

f. 1. NPV와 IRR 간의 결론에서 충돌이 발생하는 근본적인 원인은 무엇인가?

2. 재투자수익률 가정은 무엇이고, 이 가정이 NPV와 IRR 간의 충돌에 어떻게 영향을 미치는가?

3. 어떤 방법이 최선인가? 이유를 설명하라.

g. 1. 수정내부수익률(MIRR) 용어를 정의하라. 투자안 L과 투자안 S에 대한 MIRR을 계산하라.

2. NPV와 비교해서 MIRR의 장점과 단점은 무엇인가?

h. 1. 회수기간은 무엇인가? 투자안 L과 투자안 S에 대한 회수기간을 계산하라.

2. 회수기간법의 바탕에 있는 원리는 무엇인가? 회수기간을 따른다면, 이 회사의 최대 수용가능한 회수기간이 2년이고 투자안 L과 투자안 S가 독립적인 경우에 어떤 투자안(들)이 채택되어야 하는가? 투자안 L과 투자안 S가 상호배타적인 경우에는?

3. 회수기간과 할인회수기간의 차이는 무엇인가?

4. 할인회수기간의 두 가지 주요한 단점은 무엇인가? 회수기간법은 자본예산 의사결정에서 유용한가? 답을 설명하라.

i. 별도의 투자안(투자안 P)으로 이 회사는 세계박람회에서 전시관 후원을 고려중이다. t = 0 시점에서 전시관의 초기비용은 $800,000이고, 전시관이 가동 중인 1년 동안의 증분현금유입은 $500만이 될 것으로 예상된다. 하지만 종료 후 시설을 철거하고 장소를 원상복구해야 하는데 시간은 1년이 걸리고 $500만의 현금유출이 발생될 것이다. 따라서 투자안 P의 기대현금흐름은 다음과 같다:

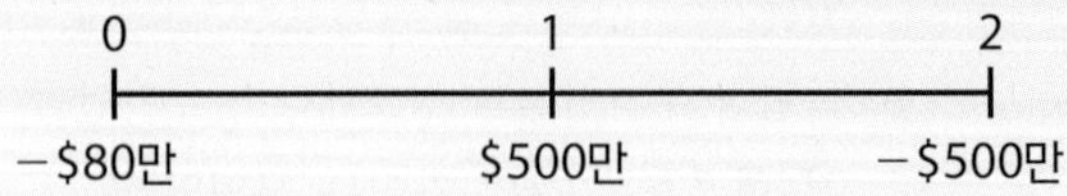

이 투자안은 평균 위험을 가질 것으로 추정되고, 따라서 WACC는 10%이다.

1. 투자안 P의 NPV는 얼마인가? IRR은 얼마인가? MIRR은 얼마인가?

2. 투자안 P의 순현가선을 만들어라. 투자안 P는 정상적 현금흐름을 갖는가, 아니면 비정상적 현금흐름을 갖는가? 이 투자안은 채택되어야 하는가? 답을 설명하라.

현금흐름의 추정 및 위험분석

12 CHAPTER

Home Depot의 신중한 신규 투자 평가

Home Depot(HD)는 지난 30여 년에 걸쳐 놀라운 성장을 했다. 1990년 초 연간 $28억의 매출에 118개의 점포를 가지고 있었던 HD는 2020년 초기에는 2,291개 점포와 연간 매출 $1,100억의 규모로 성장했다. 주식의 가격이 1990년 주식분할 조정 후 $1.87에서 2020년 5월 초에는 $226으로 증가하면서 주주들은 이러한 성장으로 인해 많은 혜택을 볼 수 있었다.

하지만 최근에 들어서면서 항상 좋은 소식만 있었던 것은 아니다. 모두 예상은 했겠지만, 금융위기와 주택시장의 침체에 따라 2008년과 2009년에 회사는 역경에 직면했다. 회사의 경영진은 2009년도 연차보고서에서 이러한 어려운 상황을 논의하면서 다음과 같은 의견을 제시했다:

> 2008년 회계연도에 우리 회사는 잉여현금흐름을 개선하고 회사를 위해 더 건실한 수익를 내며, 또한 기존 점포들에서 고객 만족도를 향상시키는 데 투자하기 위해 회사의 면적증가 계획을 축소했다. 이 점포합리화 계획에 의해서 우리 회사는 국내에서 새로운 점포로 계획 중에 있던 약 50개의 점포 개설을 더 이상 추진하지 않기로 결정했다. 회사는 다양한 기간에 걸쳐 이 점포들의 용지를 처분하거나 전대할 계획이다. 또한 우리 회사는 2008년 회계연도의 2분기에 실적이 부진한 15개의 국내 점포들을 폐쇄하고, 다양한 기간에 걸쳐 이 장소들을 처분하거나 전대할 계획이다.

이 연차보고서가 발간된 이후 10년 동안 회사는 점포가 잘 될 것이라고 생각되는 지역에는 서서히 점포들을 개설하고 있다. 동시에 기존 점포들에 대한 회사의 투자도 확대했으며, 온라인/디지털상에서 존재감을 제고시키기 위해 다양한 신규의 모험적 사업들에 착수했다. 이 전략은 최근에 회사의 2019년 연차보고서에서 조명됐다:

> 소매업계의 상황은 어떻게, 언제, 어디서 쇼핑할지에 대해 지속적으로 변화하는 소비자의 욕구로 인해 지난 몇 년 동안 빠르게 변하고 있다. 이러한 도전에 대응하기 위해 변화하는 경쟁상황 및 소비자 선호에 대한 응답에 있어서 우리는 좀 더 민첩해져야 했다. 그 결과로써 2017년 말에는 고객들이 온라인과 오프라인을 넘나들며 상호 연결되어 끊김 없는 쇼핑 경험을 가능하게 하는 우리의 비전인 하나의 Home Depot(One Home Depot) 경험을 만들어내기 위한 변혁의 여정을 시작했다. 우리는 이제 이러한 경험을 만들기 위한 약 $110억에 달하는 다년간의 속성 투자프로그램 2년차에 접어들었다. 우리는 우리의 고객, 제휴사, 공급업자, 주주들에 대한 가치를 제고하기 위해 매장, 제휴사, 상호 연결된 디지털 경험, 친고객 경험, 서비스 업무, 공급망 및 제품과 혁신 등에 투자하고 있다.

Home Depot가 신규 투자들을 평가할 때 매우 신중하다는 것은 분명하다. 부지 매입이나 신규 점포 건축, 재고 비축 등에 수백만 달러의 비용이 소요된다는 점을 감안하면 이러한 신중함은 이해할 만하다. 따라서 신설을 검토 중인 점포의 기대현금흐름이 그 투자비용을 감당할 수 있는지 여부에 대한 재무적 분석을 수행하는 것은 매우 중요하다.

Home Depot는 신설 점포의 기대현금흐름을 추정하기 위해 기존 점포들에 대한 정보를 이용한다. 이제까지의 예측은 적중했지만 위험은 항상 존재한다. 첫째, 점포의 매출은 추정된 수치보다 낮을 수 있다. 특히나 경제가 안 좋아진다면 더 그럴 수 있다. 둘째, 일부 HD의 고객들은 점포를 이용하지 않고 인터넷을 통해 생산자로부터 직접 구매할 수도 있다. 셋째, 신규 점포는 기존 점포를 "잠식할" 수도 있다. 즉, 기존 점포들이나 온라인 매출을 빼앗아올 수도 있다. 더욱이 이 위험들은 코로나바이러스가 대규모로 경제에 미친 영향 때문에 더 심각해졌다.

모든 상황에서 사업 확장에 관한 합리적인 의사결정을 내리기 위해서는 추정현금흐름 및 추정한 매출액이 실현되지 않을 수도 있는 위험에 대한 상세한 평가가 요구된다. 그 이후에 이러한 정보는 각 잠재적 투자안에 대한 위험조정NPV를 결정하는 데 사용될 수 있다. 이 장에서는 투자안들의 현금흐름과 그 위험을 추정하는 기법들에 대해 살펴본다. Home Depot와 같은 회사들은 자본예산 의사결정에 있어서 이 기법들을 일상적으로 사용한다.

출처: "Annual Report 2019," ir.homedepot.com, March 25, 2020.

학습개요 및 목표

제11장에서는 자본예산의 기본 원리들에 대해 살펴봤다. 투자안의 기대현금흐름이 주어져 있다면, 주된 의사결정 기준인 NPV뿐만 아니라 보조적 기준인 IRR, MIRR, 회수기간, 할인회수기간을 계산하는 것은 쉬운 일이다. 하지만 실제에서는 현금흐름의 수치가 직접 주어지지 않고, 대신에 다양한 출처로부터의 얻은 정보에 기초해서 현금흐름을 추정해야 한다. 더욱이 현금흐름의 추정에는 항상 불확실성이 존재하며, 어떤 투자안들은 다른 투자안들보다 더 불확실하고 따라서 더 위험하다. 이 장에서는 투자안의 현금흐름이 어떻게 추정되는지를 설명하는 예제들을 검토하며, 위험을 측정

하고 관리하는 기법들을 살펴보고 상이한 수명기간을 갖는 상호배타적 투자안들이 어떻게 평가되는지에 대해서도 살펴본다.

여러분이 이 장을 마치면 다음의 내용을 수행할 수 있어야 한다:

- 자본예산 분석에 포함되어야 하는 "관련(relevant)"현금흐름과 그렇지 않은 현금흐름을 파악할 수 있다.
- 투자안의 관련현금흐름들을 추정할 수 있고, 이 현금흐름들을 투자안의 NPV, IRR, 그리고 다른 자본예산 측정치들을 계산하는 데 사용될 수 있도록 시간선 위에 표시할 수 있다.
- 위험이 어떻게 측정되는지 설명할 수 있고, 투자안별 위험도를 반영하기 위해 이 측정치를 기업의 WACC 조정에 사용할 수 있다.
- 상이한 수명을 갖는 상호배타적 투자안들의 NPV를 정확하게 계산할 수 있다.

12-1 현금흐름 추정의 개념상 문제

현금흐름의 추정과정을 설명하기 전에, 몇 가지 중요한 개념상 문제들에 대해서 논의할 필요가 있다. 이러한 문제들이 적절하게 다루어지지 않는다면 투자안의 NPV가 틀리게 계산될 수 있고, 따라서 자본예산 의사결정도 잘못될 것이다.

12-1A 잉여현금흐름과 회계적 이익

앞 장에서 투자안의 NPV는 할인잉여현금흐름의 현재가치와 같다는 것을 살펴봤다. 제3장과 제9장에서 본 것처럼, 잉여현금흐름은 다음과 같이 정의된다:

$$\text{FCF} = \left(\text{EBIT}(1-\text{T}) + \begin{matrix}\text{감가상각비 및}\\ \text{무형자산상각비}\end{matrix} \right) - \left(\text{자본적 지출} + \Delta\,\text{순영업운전자본} \right)$$

전형적인 투자안에서는 고정자산과 순영업운전자본에 필요한 투자를 하기 위해 t=0 시점에서 기업의 자금지출이 요구된다. 어떤 경우에는 투자안의 수명기간 내내 계속적인 투자가 필요할 수도 있다. 특히 시간이 지나면서 추가적인 고정자산과 재고자산을 끊임없이 투입할 필요가 있는 성장하고 있는 투자안의 경우는 더욱 그렇다. 단순화하기 위해, 다른 언급이 없다면 고정자산과 순영업운전자본에 대한 투자는 t=0 시점에서만 발생한다고 가정한다.

초기투자가 이루어진 후, 기업은 투자안으로부터 그 수명기간에 걸쳐 양(+)의 현금흐름이 창출될 것으로 기대할 것이다. 잉여현금흐름의 식에서 첫 번째 대괄호 항인 [EBIT(1 − T) + 감가상각비 및 무형자산상각비]는 투자안의 영업현금흐름을 나타낸다. 대부분의 경우에 이 현금흐름들은 투자안의 수명기간에 걸쳐 변동할 것이다.

투자안이 종료된 후에는 이 투자안의 고정자산과 재고자산을 매각하고 회사는 현금을 받게 된다.[1] 어떤 측면에서는 투자안의 종료 시에 일어나는 고정자산의 매각을 음(−)의 자본적 지출로 생각할 수 있는데, 즉 고정자산을 취득하기 위해 현금을 사용하는 대신에 회사는 현금을 창출하기 위해 자산을 매각한다.

투자안의 종료 시에 고정자산을 매각하고 회사가 받게 되는 가격을 **잔존가치**(salvage value)라고 부른다. 기업은 자산의 잔존가치가 그 장부가치를 초과한다면 세금을 납부해야 하고, 구체적으로는 다음과 같다:

$$\text{매각자산에 대한 세금} = \text{세율} \times (\text{잔존가치} - \text{장부가치})$$

여기서 장부가치는 자산의 취득가액에서 그 자산에 대한 총누적감가상각비를 차감한 가치와 같다. 앞의 식은 기업이 장부가치보다 낮은 가격으로 자산을 매각한다면 납부하는 세금은 음(−)의 금액(즉, 기업은 세액공제를 받는다)을 의미한다는 점에 유의할 필요가 있다. 감가상각비가 현금지출은 아니지만 기업이 납부해야 할 세금에 영향을 미친다. 이러한 이유 때문에 중요한 것은 기업의 회계담당자들이 세무 목적상 사용하는 감가상각률이다. 많은 경우에 감가상각률과 잔존가치는 기업의 재무제표상 회계적 이익을 보고하기 위해 적용되는 일반적으로 인정된 회계원칙(GAAP), 즉 일반기업회계기준에서 사용하는 수치들과는 상당히 다를 수 있다.

예를 들어, 2017년의 조세감면 및 일자리법(Tax Cuts and Jobs Act: TCJA)은 많은 경우에 기업들이 투자안들의 모든 고정자산 초기비용을 그 지출이 발생한 당시에 공제받도록 허용했다. 하지만 GAAP 기준은 여전히 이 지출을 기간에 따라 감가상각하도록 요구한다. TCJA 하에서는 2017년 9월 27일 이후부터 2023년 1월 1일 이전까지 설치되어 사용 중에 있는 어떤 특정한 신규 및 중고 영업자산들에 대해서는 그 취득원가의 100%를 즉시 비용화할 수 있다. 2023년 1월 1일 이후부터 2027년 1월 1일 이전까지 설치되어 운영하는 자산들에 대해서는 그 취득원가의 80%만 즉시 비용화할 수 있다. 즉시 비용화하는 것은 2027년 1월 1일 이후에는 소멸된다. 이 "보너스 감가상각(bonus depreciation)"은 통상 20년 미만의 내용연수를 가진 자산들을 대상으로 한다. 다른 경우를 언급하지 않는다면, 여기서는 분석 중인 투자안들에 이 보너스 감가상각이 적용된다고 가정하는데, 즉 구입 당시에 자산의 취득원가 전액이 공제(완전히 감가상각)될 것이다. 따라서 자산의 장부가치는 구입하면서 영(0)이 될 것이다.

앞에서 언급한 바와 같이 투자안은 일반적으로 초기에 순영업운전자본(NOWC)의

---

1) 많은 경우에 고정자산과 재고자산의 "매각"은 회사의 다른 투자안들에 사용하기 위해 사내에서 이뤄진다. 이러한 경우에 회사는 기존 투자안이 신규 투자안에 대해 청구할 가격을 설정하게 된다. 이 "이전가격(transfer price)"은 중요한데, 운영이 잘되고 있는 기업들은 자산이 사내에서 효율적으로 이전될 수 있도록 공정한 이전가격을 설정하기 위해 많은 노력을 기울인다.

증가를 필요로 할 것이다. Home Depot가 신규 점포를 개설하는 투자안을 계획 중이라고 가정하자. 신규 점포에 재고를 비축하기 위해서는 $500만이 소요될 것으로 추정되는데, 그중에 $300만은 신규 매입채무를 통해 조달되고 나머지 $200만은 현금으로 지불된다. 만약 다른 모든 영업운전자본의 구성요소들이 일정하다면, 이 투자안은 회사의 현재 운영자산을 $500만만큼, 그리고 운영부채를 $300만만큼 증가시킬 것이다. 결과적으로 NOWC의 변동은 이 점포를 개설하기 위해서 필요한 현금 $200만이다. 만약 재고자산과 매입채무 규모가 시간이 지나도 일정하다면, 투자안의 수명기간 동안 NOWC의 추가적인 변동은 없을 것이다. 이 투자안이 종료(점포 폐쇄)되면, 남아 있는 $500만의 재고자산은 매각되고, 회사는 $300만의 매입채무 잔액을 지급할 것이다. 이 회사는 투자안이 착수될 때 필요했던 NOWC의 변동에 상응하는 투자액인 남은 $200만의 현금을 받게 될 것이다.

12-1B 현금흐름의 시점

이론상으로 자본예산분석은 현금흐름이 발생하는 시점에서 이뤄져야 하기 때문에, 일별 현금흐름이 연도별 현금흐름보다 이론적으로는 더 우월할 것이다. 하지만 매일매일의 현금흐름을 추정하고 분석하는 데는 많은 비용이 소요되고, 향후 10년 또는 그 이상의 기간에 대해 정확하게 추정할 수는 없기 때문에 아무래도 일별 추정치는 연도별 추정치보다 더 정확하지 않을 것이다. 따라서 일반적으로 연도 말에 현금흐름이 발생하는 것으로 가정한다. 하지만 현금흐름을 비교적 정확하게 예측할 수 있는 투자안들에 대해서는 현금흐름이 연도 중간(혹은 분기별이나 월별)에 발생한다고 가정하는 것이 유용할 수 있다는 점도 명심할 필요가 있다. 하지만 대부분의 경우에는 연도 말에 현금흐름이 발생하는 것으로 가정한다.

12-1C 증분현금흐름

증분현금흐름
기업이 투자안을 채택하는 경우에만 발생하는 현금흐름

증분현금흐름(incremental cash flow)은 어떠한 특정 사건이 일어나는 경우에만 발생하는 현금흐름이다. 자본예산에서 사건은 기업의 투자안 채택 및 그 의사결정의 결과로 이 투자안에서 증분현금흐름이 발생하는 것을 말한다. 투자안 수행에 필요한 건물이나 설비, 그리고 운전자본에 대한 투자는 명백하게 증분현금흐름이고, 투자안과 관련된 매출액이나 운영비도 마찬가지이다. 그러나 이 절의 뒷부분에서 설명할 일부 항목들은 그렇게 명확하지 않다.

12-1D 대체투자안

투자안은 두 가지 유형으로 구분될 수 있다: Home Depot의 신규 점포 개설과 같은 확장투자안 및 대개의 경우 비용을 줄이기 위해 기존 자산을 교체하는 대체투자안. 예를 들어, Home Depot가 배달트럭의 일부 교체를 고려중이라고 가정하자. 교체를 통해 예상되는 혜택으로는 연료비용과 유지비용이 낮아질 것이고, 또한 교체된 새 트럭으로 인해 회사의 이미지가 개선될 수 있고 대기오염도 감소시킬 수 있을 것이다. 대체분석은 거의 대부분의 현금흐름이 기존의 비용 수치에서 신규의 비용 수치를 차감해서 구해지는 증분현금흐름이라는 사실 때문에 더 복잡해진다. 가령, 더 효율성이 높은 신형 트럭의 연간 연료비는 기존 구형 트럭의 $15,000에서 $10,000으로 감소될 수도 있고, 이 $5,000의 비용 감소분은 대체분석에서 사용될 증분현금흐름이다. 이와 유사하게 감가상각비와 현금흐름에 영향을 미치는 다른 요인들 간의 차이를 구할 필요도 있을 것이다. 일단 증분현금흐름을 구한 후에는, 자산을 대체할 것인지 혹은 계속 사용할 것인지에 대한 의사결정을 위해 이 현금흐름들을 "정규" NPV분석에 사용한다.

12-1E 매몰비용

매몰비용

과거에 이미 발생하여 투자안의 채택이나 기각에 관계없이 회수될 수 없는 현금지출

매몰비용(sunk cost)은 이미 과거에 발생했고 고려중인 투자안의 채택과 상관없이 미래에도 회수될 수 없는 지출을 의미한다. 자본예산에서 관심을 기울이는 것은 미래 증분현금흐름인데, 우리는 신규 투자가 이 증분투자를 정당화하기에 충분할 정도의 증분현금흐름을 창출하는지를 알고 싶어 한다. 매몰비용은 과거에 발생되었고 투자안의 채택이나 기각에 관계없이 그 비용을 회수할 수 없기 때문에, 자본예산분석과는 관련이 없게 된다.

이 개념을 설명하기 위해, Home Depot가 신규 점포의 개설에 대한 조사와 건축에 필요한 허가를 취득하는 데 $200만을 지출한다고 가정하자. 이 $200만은 매몰비용일 것이다. 즉, 비용은 이미 지출되었고, 신규 점포의 건축이 진행될지 혹은 진행되지 않을지의 여부에 관계없이 다시 되돌릴 수는 없을 것이다.

매몰비용을 적절하게 처리하지 않는 경우에는 잘못된 의사결정을 내릴 수 있다. 예를 들어, Home Depot는 분석을 완료했고, 점포를 개설하기 위해서는 $200만의 사전조사비용 외에도 추가적으로 $1,700만을 지출해야 한다는 것을 발견했다고 가정하자. 그래서 $1,900만을 투자요구액으로 사용하여 신규 점포의 추정NPV를 계산한 결과 마이너스(−) $100만을 얻었다고 가정하자. 이 결과는 HD가 신규 점포를 기각해야 한다는 것을 뜻한다. 하지만 이것은 좋지 않은 의사결정일 것이다. 실질적인 문제는 이 증분의 $1,700만이 양(+)의 NPV가 도출되기에 충분할 정도의 증분현금유입을 창출

하는지 여부이다. 회사는 $200만의 매몰비용을 무시해야 하고, 이럴 경우에 신규 점포의 진정한 NPV는 플러스(+) $100만이 될 것이다. 이렇게 매몰비용을 적절하게 다루지 못하면 주주의 가치를 $100만만큼 증가시킬 수 있는 투자안을 기각하는 결정을 내리게 될 수도 있다.

12-1F 기업 보유자산의 기회비용

기회비용
기업이 이미 보유하고 있는 자산이 신규 투자안에 사용되지 않는 경우에 그 자산에 대해 얻을 수 있는 최상의 수익

또 다른 문제는 기업이 이미 소유한 자산들의 **기회비용**(opportunity cost)과 관련이 있다. 예를 들어, Home Depot는 시장가치가 $200만인 부지를 보유하고 있고, HD가 신규 점포를 개설하기로 결정한다면 이 부지가 사용될 것이라고 가정하자. 만약 HD가 투자안을 진행하기로 결정한다면, 이 경우에는 부지를 매입할 필요가 없기 때문에 HD의 투자요구액은 앞의 경우에서처럼 $1,700만이 아니라 $1,500만이 될 것이다. 이것은 HD가 점포 신설비용으로 $1,500만을 지출해야 한다는 의미일까? 답은 그렇지 않다는 것이다. 만약 점포 신설이 추진되지 않는다면, HD는 이 토지를 매각해서 $200만의 현금흐름을 얻을 수 있을 것이다. 이 $200만은 기회비용으로, 토지가 신규 점포의 부지로 사용된다면 이 현금흐름은 HD가 얻지 못하게 될 것이다. 따라서 $200만은 신규 투자안의 비용으로 처리되어야 하며, 그렇게 하지 않을 경우에는 신규 투자안의 NPV가 인위적으로 증가해서 부정확한 결과를 얻게 될 것이다.

추가적으로 다음의 예를 고려해보자. 한 회사가 $1,000만의 시장(재판매)가치가 있는 건물과 장비를 보유하고 있다고 가정하라. 회사는 이 자산들을 사용하지 않고 있는데, 향후 새로운 투자안에 사용하는 것을 고려중이다. 요구되는 추가적인 투자는 운전자본에 대한 투자 $100,000이고, 새로운 투자안은 영구적으로 $50,000의 현금유입을 발생시킬 것이다. 만약 이 회사의 가중평균자본비용은 10%이고 운전자본에 대한 투자 $100,000만을 지출한다면, 이 투자안의 NPV는 $50,000/0.10－$100,000＝$400,000일 것이다. 이것은 이 투자안이 좋은 투자안이라는 것을 의미할까? 답은 그렇지 않다는 것이다. 회사는 $1,000만에 자산들을 매각할 수 있고, 이 현금흐름은 $400,000보다 훨씬 큰 금액이다.

12-1G 외부효과

외부효과
투자안의 현금흐름에 반영되지 않은 기업이나 환경에 미치는 영향

또 다른 잠재적인 문제로는 투자안이 기업의 다른 부분들이나 환경에 미치는 영향으로 정의되는 **외부효과**(externality)와 관련이 있다. 다음에서는 외부효과의 세 가지 유형, 즉 부정적 사내 외부효과, 긍정적 사내 외부효과 및 환경적 외부효과에 대해 설명한다.

부정적 사내 외부효과

잠식
신규 투자안이 기업의 기존 분야에서 얻을 수 있는 현금흐름을 감소시키는 상황

앞에서 말한 것처럼, Home Depot와 같은 소매점들의 경우에는 새로운 점포를 기존 점포와 너무 가까운 거리에 개설하면 기존 점포의 고객들을 빼앗아오는 경향이 있다. 이 경우에 비록 신규 점포가 양(+)의 현금흐름을 가지더라도 회사의 현재 현금흐름의 일부는 감소하게 된다. 새로운 사업이 회사의 기존 사업을 침식해 들어가기 때문에 발생하는 이런 유형의 외부효과를 **잠식**(cannibalization)이라고 한다. 예를 들면, 언제 신규 점포를 개장할 것인가에 대해 분석할 때 Starbucks는 제안된 매장이 근방에 있는 기존 매장들의 매출을 감소시키는 정도를 감안한다. 이렇게 잃어버린 현금흐름들은 고려되어야 하고, 따라서 제안된 신규 점포를 분석할 때 비용으로 반영되어야 한다는 것을 의미한다.

부정적 외부효과를 적절하게 다루는 것은 까다로울 수 있다. 만약 Starbucks가 이 잠식효과 때문에 신규 점포를 개설하지 않기로 결정한다면, 또 다른 경쟁자가 동일한 장소에 신규 점포 개설을 고려할 수도 있지 않을까? 이렇게 되면 Starbucks가 신규 점포를 개설하는지 여부와 관계없이 기존 매장들의 매출 감소는 발생하게 될 것이다. 따라서 Starbucks는 단순하게 기계적으로 분석하기보다는 반드시 전체 상황을 검토해야 한다. 업계에 대한 경험과 지식이 좋은 의사결정을 내리기 위해 필요한 것이다.

잠식효과를 적절하게 다루지 못해서 낭패를 본 최악의 사례 중 하나는 1970년대에 트랜지스터의 도입으로 개인용 컴퓨터의 생산이 가능하게 된 시기에 IBM이 취한 대응을 들 수 있다. IBM의 메인프레임 컴퓨터는 업계에서 가장 큰 비중을 차지하고 있었으며 막대한 이익을 창출했다. 또한 IBM은 PC에 대한 기술도 가지고 있었고, PC 시장에 진입해서 일정 기간 동안 PC업계의 선두주자였다. 하지만 최고경영진은 PC 사업부가 수익성이 더 높은 메인프레임 사업에 지장을 초래할 것을 우려했기 때문에 이 사업부를 매각하기로 결정했다. 그 결정은 Microsoft, Intel, Dell, Hewlett-Packard를 비롯한 다른 회사들에게 기회를 제공하는 결과를 가져왔으며, IBM은 전 세계에서 가장 수익성이 좋은 회사에서 생존 자체를 위협받는 기업으로 전락하게 되었다. 이후의 노력 덕분에 IBM은 IT기술의 활용 등을 비롯한 광범위한 차원에서 기업경영을 지원하는 사업에 초점을 맞춘 기업으로 성공적인 변신을 할 수 있었다. 그럼에도 불구하고, 이러한 사례를 통해 재무이론을 이해하는 것도 기본적으로 중요하지만, 어떤 한 기업의 행동에 경쟁사들이 어떻게 대응할지 등을 포함한 사업환경 전반을 이해하는 것 또한 똑같이 중요하다는 것을 알 수 있다. 좋은 재무적 의사결정을 내리기 위해서는 많은 판단이 개입된다.

긍정적 사내 외부효과

잠식은 신제품과 기존 제품이 시장에서 경쟁할 때 발생한다. 하지만, 신규 투자안이 기존 제품에 대한 **보완재**(complementary) 역할을 할 수도 있는데, 이런 경우에는 신규 투자안이 도입되면 기존 투자안의 현금흐름은 **증가**할 것이다. 예를 들어, Apple의 iPod은 수익성이 높은 제품이었는데, Apple이 또 다른 투자안으로 온라인 음악사이트인 iTunes를 개설하면서 iPod의 매출은 더욱 증가했다. 따라서 온라인 음악사이트에 대한 투자안 분석에서 음(−)의 NPV가 나온 경우에, iPod 사업에서 발생하는 증분현금흐름이 온라인 음악사이트 사업에 더해지지 않았다면 이 분석은 완벽한 것이 아니다. 이 증분현금흐름이 투자안의 NPV를 음(−)에서 양(+)으로 바꾸는 것도 당연할 수 있다.

환경적 외부효과

부정적 외부효과의 가장 보편적인 형태는 환경에 대한 투자안의 영향이다. 정부의 법령과 규제는 기업들의 행동을 제약하지만, 기업들은 융통성 있게 환경에 관한 규제에 대응할 수 있다. 예를 들어, 한 제조업체가 공장 신설을 검토 중이라고 가정하자. 이 회사는 $100만의 비용으로 환경규제 기준을 충족시킬 수 있지만, 공장에서 여전히 배출하는 연기로 인해 근방의 주민들은 불쾌감을 느낄 수 있다. 그런 불쾌감은 현금흐름분석에는 나타나지 않을 것이지만 당연히 고려되어야 한다. 아마도 비교적 적은 규모의 추가적 지출을 통해 배출되는 연기를 일정 수준 이상 감소시킬 수 있다면, 그 지역의 다른 공장들과 비교해서 평판이 높아지고, 향후 기업의 매출과 정부기관과의 협상에 있어서 도움이 되는 소중한 영업권을 제공할 것이다.

물론 어느 누구든 이익을 창출하는 문제는 지구가 얼마나 건강하게 유지되는가에 달려 있기 때문에, 비록 외부로부터 요구되지 않아도 기업 스스로 환경을 보호하기 위해 노력할 유인은 있다. 하지만 한 회사가 환경을 보호하기 위해 비용을 부담하기로 결정했다면, 이 회사의 제품들은 높아진 원가를 반영해야 한다. 만약 경쟁사들이 비용이 낮고 환경친화적이지 못한 공정으로 제품을 생산하기로 결정한다면, 이 경쟁사들은 가격을 낮게 책정해서 더 많은 수익을 올릴 수 있다. 물론 보다 환경친화적인 기업들은 그들의 환경보호를 위한 노력을 광고를 통해 홍보할 수 있고, 이 홍보효과는 높은 비용을 상쇄할 수도 있을 것이다(혹은 그렇지 않을 가능성도 있다). 이 모든 것은 정부의 규제가 국가적 또한 국제적으로 왜 필요한지를 보여준다. 금융, 정치, 그리고 환경이 모두 상호 연계되어 있다.

셀프 테스트

- 투자안의 NPV를 계산할 때 기업들은 왜 회계적 이익 대신에 투자안의 잉여현금흐름을 사용해야 하는가?
- 다음의 용어들을 설명하라: 증분현금흐름, 매몰비용, 기회비용, 외부효과, 잠식.
- 투자안의 진정한 NPV를 증가시키는 "긍정적" 외부효과의 예를 제시하라.

12-2 확장투자안 분석

제11장에서 두 투자안 S와 L에 대해 분석했다. 현금흐름들은 주어졌고, 이 주어진 현금흐름을 사용해서 어떻게 NPV, IRR, MIRR, 그리고 회수기간이 계산되는지 살펴봤다. 현실에서는 투자안의 현금흐름들이 주어지는 경우는 거의 없고, 대신에 재무담당자들이 관련된 정보를 모으는 게 필요할 것이다. 이러한 정보는 종종 사내의 여러 다양한 출처로부터 수집된다. 예를 들면, 마케팅부서는 매출에 대한 추정을 제공할 수도 있고, 엔지니어들은 비용을 추정하고, 회계담당자들은 세금과 감가상각비에 대한 정보를 제공할 것이다.

설명을 위해 Allied는 제11장에서 소개된 투자안 S라는 신규 확장투자안을 고려중이라고 가정하자. 투자안 S는 Allied가 출시를 검토 중인 새로운 건강보조식품이다. 이 과정에서 Allied의 재무담당자는 많은 정보를 수집했고, 그 주요 내용은 다음과 같이 요약된다:

- 투자안 S에서는 Allied가 2022년(t = 0)에 $1,200,000의 장비를 구입하는 것이 요구된다.
- 재고자산은 $175,000이 증가하고, 매입채무는 $75,000이 증가할 것이다. 다른 모든 운전자본 구성요소들은 일정한 수준으로 유지되고, 따라서 t = 0 시점에서 순영업운전자본(NOWC)의 변동은 $100,000이다.
- 투자안은 4년 동안 지속된다. 회사는 판매량을 다음과 같이 추정한다: 2023년 2,720,000개; 2024년 2,640,000개; 2025년 2,515,000개; 2026년 2,430,000개. 개당 판매가격은 $2이다.
- 제품을 생산하기 위한 고정비용은 매년 $200만이고, 단위당 변동비용은 2023년 $1.0196에서 2026년에는 $1.1973으로 증가될 것이다.
- 추정 세율은 25%이다.
- 이 장비는 100% 보너스 감가상각이 적용되고, 따라서 장비의 세후 비용은 $1,200,000 × (1 − T) = $1,200,000(0.75) = $900,000이다.

- 투자안이 2026년(t=4)에 종료되면, 회사는 장비에서 $50,000을 회수할 수 있고 $100,000의 NOWC는 완전히 회복될 것으로 예상한다. 장비는 2022년에 100% 비용화될 것이기 때문에 이 장비의 장부가치는 영(0)이고, 따라서 2026년에 받을 $50,000 전액은 감가상각의 회복에 해당되어 세금이 부과될 것이다.
- 인지된 위험에 기초해서 투자안의 WACC는 10%로 추정된다.

재무담당자는 한눈에 알아볼 수 있게 <표 12.1>과 같이 모든 주요 자료를 스프레드시트에 정리했다. 표현을 간소화하기 위해 세 개의 영(0)은 생략했기 때문에 판매량과 금액(개당 판매가격과 단위당 변동비는 제외)은 천 단위이다.

<표 12.1>은 투자안의 현금흐름들을 세 개의 구성요소로 구분하고 있다:

1. t=0에서 요구되는 초기투자. 여기에는 세후 자본적 지출과 순영업운전자본의 변화(ΔNOWC)가 포함된다. 세후 자본적 지출은 투자안이 보너스 감가상각에 해당된다는 가정에 근거해서 계산되고, 따라서 이 장비의 취득원가 전액이 t=0 시점에서 공제될 수 있다는 점에 유의하라.
2. 투자안의 수명기간에 걸쳐 회사가 받게 되는 영업현금흐름.
3. 투자안의 종료 시에 실현되는 최종현금흐름. 이 현금흐름들에는 장비의 세후 잔존가치와 NOWC의 회복이 포함된다.

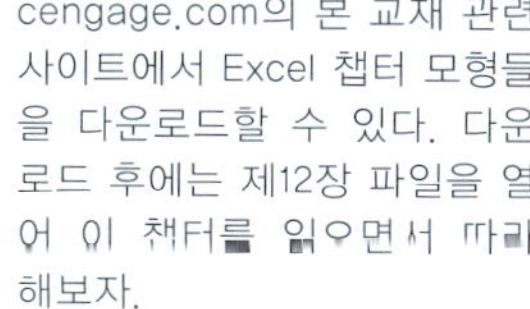

자료(Resource)

cengage.com의 본 교재 관련 사이트에서 Excel 챕터 모형들을 다운로드할 수 있다. 다운로드 후에는 제12장 파일을 열어 이 챕터를 읽으면서 따라 해보자.

<표 12.1>을 만들기 위해 엑셀이 사용되었다. 엑셀에 어느 정도 익숙하다면, 표가 어떻게 작성되었는지를 파악하기 위해 이 모형에 대해 단계별로 따라 해보면 좋을 것이다. 현실에서 자본예산 분석을 수행하고 있다면 실제로 이러한 형식의 모형을 사용할 것이고, 이 모형은 실제의 투자안을 분석할 필요가 있는 경우에 좋은 템플릿(template) 또는 출발점을 제공한다.

이 표에서 A부터 I까지의 열과 12부터 45까지의 행은 투자안의 자료를 포함하고 있는 셀들을 나타낸다. 예를 들면, 투자안 S를 위해서 필요한 장비를 구입하는 데 $1,200이 소요될 것이지만, 이 장비는 100% 보너스 감가상각에 해당되어서 장비의 세후 비용은 $900이기 때문에 그 금액이 음(−)의 값으로 셀 E14에 나타난다. 이 장비는 투자안의 종료시점인 4년도 말에 $50의 잔존가치를 가질 것으로 예상되고, 이 금액이 셀 I31에 나타나 있다.[2] 신규 투자안은 $100의 순영업운전자본이 요구되는데, 이것은 비용이기 때문에 셀 E15에서는 음(−)의 값으로 나타내고, 4년도 말에 회복되기 때문에 셀 I34에서는 양(+)의 값으로 나타낸다. t=0 시점에서 총투자는 $1,000이고, 셀 E35에 나타나 있다.

2) 장비는 t=0 시점에서 완전 상각될 것이기 때문에 추정 잔존가치 $50은 영(0)이 되는 장부가치를 초과할 것이다. 이 $50의 이득은 감가상각의 회복으로 분류되고, 25%의 동일한 일반 세율이 부과된다.

〈표 12-1〉 확장투자안 S의 현금흐름 추정 및 분석

	A	B	C	D	E	F	G	H	I
12					0	1	2	3	4
13	*투자지출(t = 0)*								
14	CAPEX = 장비 = 비용(1–T)				–$900				
15	⊿NOWC = 추가필요 순영업운전자본				–100				
16	*투자안의 수명기간(t = 1 – 4) 동안 영업현금흐름*								
17	판매량					2,720	2,640	2,515	2,430
18	판매가격					$2.00	$2.00	$2.00	$2.00
19	단위당 변동비					$1.0196	$1.0404	$1.0457	$1.1973
20	매출액 = 판매량 × 가격					$5,440	$5,280	$5,030	$4,860
21	변동비 = 판매량 × 비용/판매량					2,773	2,747	2,630	2,909
22	고정영업비용(감가상각비 제외)					2,000	2,000	2,000	2,000
23	감가상각비: 100% 보너스 감가상각(t = 0)					0	0	0	0
24	총영업비용					$4,773	$4,747	$4,630	$4,909
25	EBIT(또는 영업이익)					$667	$533	$400	–$49
26	영업이익에 대한 세금			25%		167	133	100	–12
27	EBIT(1 – T) = 투자안의 세후 영업이익					$500	$400	$300	–$37
28	감가상각비 가산					0	0	0	0
29	EBIT(1 – T) + 감가상각비					$500	$400	$300	–$37
30	*최종현금흐름(t = 4)*								
31	잔존가치(일반소득으로 과세)								50
32	잔존가치에 대한 세금 = 0.25 × (t = 4 시점에서 장비의 SV – BV)								13
33	세후 잔존가치								37
34	⊿NOWC = 순영업운전자본의 회복								100
35	투자안의 잉여현금흐름 = EBIT(1 – T) + 감가상각비 – CAPEX – ⊿NOWC				–$1,000	$500	$400	$300	$100
36									
37	다른 방식의 감가상각			정액법		1	2	3	4
38		비용:	$1,200	상각률		25%	25%	25%	25%
39				감가상각비		300	$300	$300	$300
40	*투자안 평가 @ WACC =*			10%					
41			보너스 감가상각	식			정액법		
42		NPV	$78.82	=NPV(D40,F35:I35)+E35			$16.56		
43		IRR	14.489%	=IRR(E35:I35)			10.700%		
44		MIRR	12.106%	=MIRR(E35:I35,D40,D40)			10.349%		
45		회수기간	2.33	=G12+(-E35-F35-G35)/H35			2.67		

주:

1. TCJA 하에서 2017년 9월 27일 이후부터 2023년 1월 1일 이전까지 설치되어 사용 중에 있는 어떤 특정한 신규 및 중고 영업자산들에 대해서는 그 취득원가의 100%가 즉시 비용화될 수 있다. 2023년 1월 1일 이후부터 2027년 1월 1일 이전까지 설치되어 운영하는 자산들에 대해서는 그 취득원가의 80%만 즉시 비용화할 수 있다. 즉시 비용화하는 것은 2027년 1월 1일 이후에는 소멸된다. 이 보너스 감가상각은 통상 20년 미만의 내용연수를 가진 자산들을 대상으로 한다. 이 장비에는 보너스 감가상각이 적용된다고 가정했다.
2. 회사가 이 투자안에 사용하려고 보유하고 있는 자산들을 투자안이 채택되지 않아서 매각한다면, 그 자산들의 세후 가치는 “투자지출” 파트에 “기회비용”으로 나타날 것이다.
3. 만약 이 투자안이 다른 사업부의 매출액이나 현금흐름을 감소시킨다면 세후 잠식효과, 즉 “외부효과”는 29행의 영업현금흐름에서 차감될 것이다.
4. 과거에 이 투자안과 관련된 비용이 이미 발생하였지만 투자안의 채택 여부와 상관없이 그 비용을 회수할 수 없는 경우, 이것은 “매몰비용”이고 분석에 포함시키지 말아야 한다.

17행에 표시한 투자안 S의 판매량은 투자안의 수명기간인 4년 동안에 걸쳐 다소 감소할 것으로 예측된다. 18행에 표시된 판매가격은 $2로 일정하다. 단위당 추정 변동비는 19행에 나타나 있는데, 예상되는 재료비와 인건비의 상승으로 인해 시간이 지나면서 전반적으로 증가한다. 매출액은 가격에 판매량을 곱해서 계산되고 20행에 주어져 있다. 21행의 변동비는 단위당 변동비에 판매량을 곱해서 구하고, 22행의 감가상각비를 제외한 고정비용은 $2,000으로 일정하다.

연도별 감가상각비는 23행에서 보여준다. 하지만 TCJA에 따라 이 장비는 t=0 시점에서 완전히 감가상각되고, 따라서 23행에는 아무런 연도별 감가상각비도 나타나지 않는다. 그러나 이 회사가 어떤 이유로 정액법(straight-line depreciation)을 사용하기로 결정했다면 매년 $300(=$1,200/4로 계산)의 일정한 금액이 상각될 수 있다. 4년 전체 기간의 총현금흐름은 즉시 비용화하는 경우와 동일할 테지만, 정액법의 경우에는 감가상각비 현금흐름이 4년에 걸쳐 발생하는 반면에 즉시 비용화하는 경우에는 감가상각 현금흐름을 즉시 얻게 된다. 감가상각에 대해서는 웹부록 12A에서 더 자세하게 살펴볼 것이다.

F열, G열, H열, I열에서는 4년에 걸친 투자안 S의 연간 현금흐름을 계산하고, 영업현금흐름은 29행에 나타나 있다. 31-34행에는 35행에 있는 투자안의 잉여현금흐름을 구하기 위해 4년도에 발생하는 최종현금흐름이 포함된다. 이 수치들은 제11장에서 사용된 투자안 S에 대한 현금흐름과 동일하다. 수치들이 동일하기 때문에 C42부터 셀 C45에 제시된 NPV, IRR, MIRR 및 회수기간에 대한 결과는 제11장에서 계산된 결과와 동일하다.

12-2A 상이한 감가상각률의 영향

만약 의회가 TCJA를 폐지하고 대신에 정액법을 요구한다면, 이 장비는 더 이상 t=0 시점에서 완전히 상각되지 않고 대신에 연 $300씩 일정하게 상각될 것이다. 그 결과, 총현금흐름은 동일한 잉여현금흐류의 시간선이 35행에 나타날 것이다. 하지만, 정액법의 경우에는 감가상각비 현금흐름이 4년에 걸쳐 발생하는 반면에 즉시 비용화하는 경우에는 감가상각 현금흐름을 즉시 얻게 된다. 화폐의 시간가치 때문에 초기에 얻는 현금흐름이 후기에 얻는 현금흐름보다 현재가치가 높다. 따라서 투자안 S의 NPV는 회사가 장비를 즉시 상각하는 경우에 더 높게 된다. 구체적인 결과는 <표 12.1>에 있는 투자안 평가 파트에 제시되어 있는데, NPV는 보너스 감가상각을 사용하는 경우에 $78.82이고, 정액법의 경우에는 이보다 79% 낮은 수준인 $16.56이다.

12-2B 잠식

투자안 S에는 어떤 잠식효과도 관련되어 있지 않다. 그러나 투자안 S를 시행하는 경우에 다른 사업부의 세후 순현금흐름이 매년 $50씩 감소한다고 가정하자. 이 회사가 투자안을 기각하더라도 이 투자안을 채택하는 회사들은 없을 것이다. 이 경우 28행 근처에 새로운 행이 추가되고 매년 $50씩 차감될 것이다. 이 작업이 완료되면 이제 투자안 S의 NPV는 음(−)의 값이 되고, 따라서 이 투자안은 기각될 것이다. 반면에, 만약 투자안 S의 수행으로 다른 사업부에서 추가적 현금유입이 발생한다면(긍정적 외부효과), 이러한 세후 현금유입은 투자안 S에 귀속되어야 할 것이다.

12-2C 기회비용

<표 12.1>에 제시된 세후 비용 $900은 투자안 수행 시에 이 회사가 현재 보유하고 있는 일부 설비를 사용해서 투자비용을 절감하고, 또한 만약 투자안을 채택하지 않는다면 세후 기준으로 $100에 매각될 것이라고 가정해보자. $100은 기회비용이고, 분석에 반영되어야 한다. 이 투자안의 비용에 $100을 더한다. 그 결과 NPV는 $78.82 − $100 = −$21.18이 되고, 이제 투자안은 기각될 것이다.

12-2D 매몰비용

이제 회사가 과거에 잠재적 매출을 추정하기 위한 시장조사에 $150을 지출했다고 가정한다. 이 $150은 투자안의 채택이나 기각에 상관없이 회수될 수 없다. 자본예산분석에서 NPV를 구할 때 이 $150을 투자안 S와 관련된 비용으로 처리해야 하는가? 답은 그렇지 않다는 것인데, 왜냐하면 관심은 **증분비용**에 있기 때문이다. 이 $150은 증분비용이 아니고 **매몰비용**이다. 따라서 분석에 포함되어서는 안 된다.

매몰비용에 대해서 한 가지 더 언급해야 할 내용이 있다. 만약 $150의 지출이 실제로 이루어진다면, 최종 분석에서 투자안 S의 NPV는 $78.82 − $150 = −$71.18이 되기 때문에 기각될 것이다. 만약 $150이 지출되기 이전으로 되돌아가서 투자안의 채택 여부를 재고할 수 있다면 투자안은 기각되어져야 할 것이다. 하지만 실제에서는 되돌아가는 것이 불가능하고, 이 시점에서는 투자안을 포기하거나 아니면 $1,000을 투자해서 투자안을 진행할 수밖에 없다. 만약 계속해서 진행한다면 $78.82의 증분현금흐름이 발생하고, 이 증분현금흐름은 손실을 −$150에서 −$71.18로 감소시킬 것이다.

12-2E 기타 입력변수의 변경

감가상각 이외에도 다른 변수들 또한 변경될 수 있으며 이로 인해 현금흐름이 변하고, 따라서 NPV와 IRR도 변하게 된다. 예를 들어, 판매량, 판매가격, 변동비나 고정비, 초기 투자비용, 운전자본에 대한 요건, 잔존가치, 그리고 만약 의회가 세금을 올리거나 낮출 가능성이 있다고 생각한다면 심지어는 세율 등까지 증가시키거나 감소시킬 수 있다. 액셀모형을 사용하면 이러한 변화들은 쉽게 처리될 수 있어서 NPV와 IRR이 어떻게 변하는지 그 결과를 즉시 확인할 수 있다. 이를 **민감도분석**(sensitivity analysis)이라 하고, 투자안의 위험 측정에 대한 내용을 다루는 12-5절에서 살펴볼 것이다.

셀프 테스트

- 투자안의 현금흐름을 구하는 절차는 단일 제품을 생산하는 기업의 추정손익계산서 작성과 어떤 측면에서 유사한가? 두 자료는 어떤 측면에서 다른가?
- 만약 기업이 정액법 대신 보너스 감가상각을 사용한다면, 일반적인 기업에서는 투자안의 NPV가 더 높아지는가 낮아지는가? 답을 설명하라.
- 〈표 12.1〉의 분석내용은 잠식효과, 기회비용 및 매물비용을 감안하기 위해 어떻게 수정될 수 있는가?
- 〈표 12.1〉에서 NOWC는 왜 음(−)의 금액으로 표시되기도 하고 양(+)의 금액으로 표시되기도 하는가?

12-3 대체분석[3)]

앞의 절에서 투자안 S는 완전히 새로운 투자안이라고 가정했다. 따라서 모든 현금흐름은 증분현금흐름이었는데, 즉 이 현금흐름들은 회사가 투자안을 채택하는 경우에만 발생했다. 이런 내용은 확장투자안에서는 맞는 사실이지만, 대체투자안의 경우에는 신규 투자안과 기존 투자안 간에 현금흐름의 차이를 구해야 하고 이 차이가 분석하고자 하는 증분현금흐름이다.

<표 12.1>과 매우 유사하게 작성된 <표 12.2>에서는 대체투자안에 대한 의사결정 과정을 다루는데, <표 12.2>에는 매우 효율적인 신형 기계(t=0 시점에서 완전 상각)와 기존의 구형 기계(정액법으로 상각) 두 장비에 대한 자료가 모두 주어져 있다. 여기서는 기존의 구형 기계를 계속 사용하는 경우의 현금흐름 및 신형 기계를 구입하기로 결정하는 경우의 현금흐름을 구한다. 마지막으로, **증분현금흐름**을 도출하기 위해 새로운 현금흐름에서 기존의 현금흐름을 차감한다. 분석에는 엑셀을 사용(챕터 모형의 "대체분석" 탭을 참조)하지만, 계산기를 사용할 수도 있고 혹은 수작업으로 분석할 수

3) 이 절은 비교적 기술적인 내용이어서 생략하더라도 내용의 연속성에는 지장이 없다.

도 있다. 분석에 사용된 주요 입력자료는 다음과 같다. 영업운전자본은 추가로 필요하지 않다.

두 기계에 공통으로 적용되는 자료:	
매출액(불변)	$2,500
신형 기계와 구형 기계의 기대내용연수	4년
WACC	10%
세율	25%
구형 기계에 대한 자료:	
기계의 현재 시장(잔존 = 장부)가치	$400
연간 인건비, 재료비, 기타비용	$1,140
연간 감가상각비	$100
신형 기계에 대한 자료:	
기계의 세후 취득원가	$2,000
연간 인건비, 재료비, 기타비용	$400

여기서 가장 중요한 것은 **증분**현금흐름을 구하는 것이다. 앞에서 설명한대로, 우선 기존의 구형 기계를 사용하는 경우의 현금흐름을 구하고, 신형 기계로부터 예상되는 현금흐름을 구한 후에 이 현금흐름들의 차이를 구한다. 이것은 <표 12.2>의 파트 I, II, III에서 수행된 내용이다. 신형 기계 구입을 위한 추가적인 지출은 셀 E24에 나타나 있다. 여기에 있는 금액은 t = 0 시점에서 완전 상각을 가정하는 경우에 이 기계의 세후 비용이다. 하지만 장부가치인 $400에 구형 기계를 매각할 수 있으며, 이에 따른 현금유입은 셀 E25에 표시되어 있다. 셀 E35에 나타나 있는 것처럼 t = 0 시점에서의 현금지출은 $1,600이다.

구형 기계로부터의 현금흐름은 22행에, 그리고 신형 기계와 관련된 현금흐름은 35행에 표시되어 있다. 37행은 대체가 있을 경우와 없을 경우의 현금흐름 차이를 보여주는데, 이것이 대체투자안의 NPV를 계산할 때 사용되는 증분현금흐름이다. 증분현금흐름의 평가를 통해 대체투자안의 NPV는 $80.03임을 알 수 있고, 따라서 기존의 구형 기계는 교체되어야 한다.[4)]

어떤 경우에는 대체를 통해 생산비용이 낮아질 뿐만 아니라 생산능력도 증가될 수 있다. 이러한 경우, 파트 II의 매출액은 증가될 것이고, 이를 위해 만약 더 많은 순영업운전자본이 필요하다면 그 금액은 t = 0 시점에서는 지출로 나타나고 투자안의 수명기간 말에는 회복으로 나타날 것이다. 이러한 변화는 물론 37행의 현금흐름 차이에

---

4) 신규 기계의 세후 비용, 세후 영업비용의 절감, 감가상각비의 세후 차이와 같은 변동요인들만을 고려해서 그 차이를 계산함으로써 증분현금흐름을 구할 수도 있다. 이런 절차는 표의 파트 IV에서 보여준다. 이 두 가지 방식에서는 동일한 증분현금흐름들과 NPV가 도출되는데, 결과는 반드시 동일해야 한다.

〈표 12-2〉 대체투자안 R의 현금흐름 분석

	A	B	C	D	E	F	G	H	I
12					0	1	2	3	4
13	*파트 I. 대체 전 잉여현금흐름:* *구형 기계(CAPEX 및 ⊿NOWC = 0)*								
14	매출액					$2,500	$2,500	$2,500	$2,500
15	영업비용(감가상각비 제외)					1,140	1,140	1,140	1,140
16	감가상각비					100	100	100	100
17	총영업비용					$1,240	$1,240	$1,240	$1,240
18	EBIT(또는 영업이익)					$1,260	$1,260	$1,260	$1,260
19	세율	25%				315	315	315	315
20	EBIT(1 − T) = 세후 영업이익					$945	$945	$945	$945
21	감가상각비 가산					100	100	100	100
22	대체 전 잉여현금흐름 EBIT(1 − T) + 감가상각비 − CAPEX − ⊿NOWC					$1,045	$1,045	$1,045	$1,045
23	*파트 II. 대체 후 잉여현금흐름:* *신형 기계(⊿NOWC = 0)*								
24			신형 기계 투자(100% 보너스 감가상각 후)		−$2,000				
25			세후 잔존가치(구형 기계)		400				
26			세후 CAPEX		−$1,600				
27	매출액					$2,500	$2,500	$2,500	$2,500
28	영업비용(감가상각비 제외)					400	400	400	400
29	감가상각비					0	0	0	0
30	총영업비용					$400	$400	$400	$400
31	EBIT(또는 영업이익)					$2,100	$2,100	$2,100	$2,100
32	세율	25%				525	525	525	525
33	EBIT(1 − T) = 세후 영업이익					$1,575	$1,575	$1,575	$1,575
34	감가상각비 가산					0	0	0	0
35	대체 후 잉여현금흐름 EBIT(1 − T) + 감가상각비 − CAPEX − ⊿NOWC				−$1,600	$1,575	$1,575	$1,575	$1,575
36	*파트 III. 증분잉여현금흐름 및 평가:*								
37	증분CFs = 대체 후 CF − 대체 전 CF				−$1,600	$530	$530	$530	$530
38									
39	투자안 평가 @ WACC =			10%					
40				NPV =	$80.03				
41				IRR =	12.29%				
42				MIRR =	11.35%				
43				회수기간 =	3.02				
44	*파트 IV. 다른 방식의(간소화된) 증분CFs의 계산:*								
45			신형 기계 투자(100% 보너스 감가상각 후)		−$2,000				
46			잔존가치(구형 기계)		400				
47			신형 기계의 순비용		−$1,600				
48	비용절감 = 구형 − 신형					$740	$740	$740	$740
49	세후 비용절감 = 비용절감 × (1 − 세율)					555	555	555	555
50	⊿감가상각비 = (신형 − 구형)					−100	−100	−100	−100
51	감가상각으로 인한 세금절약(비용) = ⊿감가상각비 × 세율					−25	−25	−25	−25
52	증분CFs = 세후 비용절감 + 감가상각으로 인한 세금절약(비용)				−$1,600	$530	$530	$530	$530
53									

반영되어질 것이다.

마지막으로, 대체투자안의 평가에서 살펴본 분석은 회사가 높은 이자율의 채권을 낮은 이자율의 신규 채권으로 대체하는 것이 타당한지 여부를 결정하는 경우에도 사용될 수 있다는 점에 주목할 필요가 있다. 이러한 **차환 의사결정**(refunding decisions)

을 평가하는 방법에 대한 더 자세한 내용은 웹부록 12B를 참조하면 된다.

셀프 테스트

- 증분현금흐름은 대체분석에서 어떤 역할을 하는가?
- 만약 대체투자안을 분석하고 있는 중에 구형 장비를 $100이 아니라 $1,000에 매각할 수 있다는 것을 알았다면, 이 새로운 정보는 대체투자안을 더 좋아 보이게 만드는가 아니면 더 나빠 보이게 만드는가?
- 〈표 12.2〉에서는 구형 기계를 교체하더라도 생산량에는 변화가 없다고 가정했다. 생산량은 실제로 두 배가 될 것이라고 가정하자. 이 변화는 〈표 12.2〉에서 어떻게 다뤄질 것인가?

12-4 자본예산에서의 위험분석[5)]

투자안마다 위험은 다르고, 위험은 자본예산 의사결정에 반영되어져야 한다. 그러나 위험을 측정하는 것은 어려운 일이며, 특히 과거 기록이 없는 새로운 투자안의 경우에는 더욱 그렇다. 이러한 이유 때문에 경영자들은 전적으로 주관적인 조정에서부터 컴퓨터 시뮬레이션이나 복잡한 통계기법을 사용하는 매우 정교한 분석에 이르기까지 다양한 방식으로 위험을 다룬다.

세 가지 서로 다른 유형의 위험이 관련된다:

개별자산위험
기업은 하나의 자산만을 보유하고 있고 투자자들은 이 기업의 주식 한 종목만을 보유하고 있을 때 그 자산이 갖는 위험. 이 위험은 자산의 기대수익에 대한 변동성으로 측정된다.

기업(기업내부)위험
기업의 분산투자는 고려하지만 주주의 분산투자는 고려하지 않은 위험. 이 위험은 기업의 미래 기대수익에 대한 불확실성에 투자안이 미치는 영향으로 측정된다.

시장(베타)위험
기업과 주주의 분산투자 효과를 모두 고려한 위험. 이 위험은 투자안의 베타계수로 측정된다.

1. **개별자산위험**(stand-alone risk)은 (a) 기업은 한 개의 자산만을 보유하고 있으며, (b) 각 투자자는 오직 그 기업의 주식만을 보유한다고 가정하는 경우에 투자안의 위험이다. 개별자산위험은 그 투자안의 기대수익에 대한 변동성에 의해 측정된다. 분산효과는 완전히 무시된다.
2. **기업위험**(corporate risk) 또는 **기업내부위험**(within-firm risk)은 투자자들이 아니라 기업이 직면하는 투자안의 위험이다. 기업내부위험은 투자안도 기업의 전체 자산으로 구성된 포트폴리오에 속하는 하나의 자산이라는 사실을 고려한다. 따라서 투자안의 위험 일부는 기업 내부적인 분산투자에 의해 제거될 것이다. 이런 유형의 위험은 투자안이 기업의 미래 수익에 대한 불확실성에 미치는 영향을 고려하여 측정된다.
3. **시장위험**(market risk) 또는 **베타위험**(beta risk)은 잘 분산된 투자를 하고 있는 투자자들이 인지하는 투자안의 위험도이다. 이 투자자들은 (a) 투자안은 기업의

5) 수업에서는 위험과 관련된 12-4절부터 12-6절에서 일부 내용만을 다루고 다른 내용들은 생략할 수도 있다. 다양한 선택이 있을 수 있는데, 비록 이 절들이 강의일정에 포함되어 있지 않더라도 관심이 있거나 필요한 학생들이 혼자서 학습하기에 충분할 만큼 내용이 명료하게 기술되도록 노력했다.

많은 자산들 중 하나이며, (b) 이 기업의 주식은 자신들이 보유하고 있는 주식포트폴리오의 한 부분에 지나지 않는다는 점을 잘 알고 있다. 투자안의 시장위험은 투자안이 기업의 베타계수에 미치는 영향에 의해 측정된다.

개별자산위험이나 기업위험이 매우 큰 투자안을 채택하는 것이 반드시 기업의 베타에 영향을 미치는 것은 아니다. 하지만 만약 투자안의 개별자산위험이 매우 크고, 또 투자안의 수익률이 기업의 다른 자산들에 대한 수익률 및 다른 대부분의 주식들에 대한 수익률과 상관관계가 매우 높다면, 그 투자안은 세 가지 유형의 위험 모두가 높을 것이다. 시장위험은 주식가격에 반영되어 있기 때문에 이론상으로는 세 가지 위험 중에서 시장위험이 가장 적절한 위험측정치이다. 불행히도, 시장위험은 또한 측정이 가장 어려운데, 그 주된 이유는 새로운 투자안들은 주식 시장수익률과 관련지을 수 있는 "시장가격"이 없기 때문이다. 따라서 대부분의 의사결정자들은 개별자산위험에 대한 **정량적** 분석을 먼저 한 다음에 **정성적**인 방식으로 다른 두 가지 위험측정치를 고려한다.

위험조정자본비용
투자안의 위험도가 고려된 자본비용. 위험이 클수록 자본비용은 높아진다.

투자안들은 일반적으로 몇 개의 범주로 분류된다. 그런 후에 기업의 WACC를 출발점으로 해서 각 범주별로 **위험조정자본비용**(risk-adjusted cost of capital)을 적용한다. 예를 들면, 세 개의 위험등급을 설정한 후에 평균 위험의 투자안에는 기업의 WACC를 적용하고, 고위험의 투자안에 대해서는 5%의 위험프리미엄을 더해주는 반면에 저위험의 투자안에 대해서는 2%를 차감한다. 즉, 기업 전체의 WACC가 10%라면, 평균위험의 투자안들을 평가하기 위해서는 10%가 사용되고, 고위험의 투자안들에 대해서는 15%, 저위험의 투자안들에 대해서는 8%를 적용한다. 아마도 이러한 접근법이 아무런 위험조정도 이뤄지지 않는 방식보다는 더 우수하지만, 이 위험조정 방식이 매우 주관적이어서 정당화하기가 어렵다. 불행하게도, 위험조정이 얼마나 높아야 하는지 혹은 낮아야 하는지를 명확하게 제시해주는 완벽한 방노는 없다.[6]

셀프 테스트

- 투자인 위험의 세 가지 유형은 무엇인가?
- 어느 유형의 위험이 이론상으로 가장 관련이 있는가? 이유를 설명하라.
- 기업들이 위험조정자본비용을 구하기 위해 흔히 사용하는 분류 방식은 무엇인가?

6) CAPM 접근법은 고려중인 투자안과 동일한 사업을 하고 있는 특화된 상장기업이 존재하는 경우에 사용될 수 있다는 점에 유의해야 한다. 위험조정자본비용의 추정에 대한 추가적인 내용은 웹부록 12C를 참조하고, 시장(베타)위험의 측정에 대한 추가적인 내용은 웹부록 12D를 참조하라.

12-5 개별자산위험의 측정

투자안의 개별자산위험은 현금흐름의 불확실성을 반영한다. <표 12.1>에서 제시된 투자안 S의 투자액, 판매량, 판매가격, 그리고 영업비용에는 불확실성이 존재한다. 첫 해의 매출은 2,720개(실제로는 2,720,000이지만 분석을 간소화하기 위해 2,720으로 축약)이고 판매가격은 개당 $2로 추정되었다. 그러나 실제 판매량은 거의 확실하게 2,720개보다 다소 많거나 혹은 적을 것이고, 개당 가격도 $2가 아닐 수도 있다. 마찬가지로 다른 변수들도 제시된 수치와는 아마 다를 것이다. **물론 모든 입력자료는 기댓값이고, 실제의 수치는 기댓값과는 다를 수 있다.**

개별자산위험을 평가하기 위해서 다음의 세 가지 기법이 사용된다: (1) 민감도분석, (2) 시나리오분석, (3) 몬테카를로 시뮬레이션. 다음 절들에서 이 기법들에 대해 논의한다.

12-5A 민감도분석

민감도분석
다른 조건이 동일할 때 한 입력변수의 백분율 변화에 따른 NPV의 백분율 변화

판매량 또는 판매가격과 같은 다양한 주요 입력변수들이 변동함에 따라 NPV도 변할 것이라는 것은 직관적으로 알 수 있다. **민감도분석**(sensitivity analysis)이란 **다른 변수들은 기댓값 수준에서 일정하다는 가정하에 하나의 입력변수를 변경할 때 발생하는 NPV의 변화율을 측정하는 것**을 말한다. 이것은 위험분석에 사용되는 가장 흔한 기법이고, 실제로 많은 기업들에서 사용되고 있다. 일반적으로 민감도분석은 각 입력변수에 대해 기본 수치를 부여하고 이를 사용해서 투자안의 NPV를 구하는 기본 상황에서부터 시작한다. 투자안 S의 주요 입력변수는 다음과 같다:

- 설비의 비용
- 순영업운전자본의 변화
- 판매량
- 판매가격
- 단위당 변동비
- 고정영업비용
- 세율
- WACC

기본 NPV
매출이나 다른 모든 입력변수들을 가장 발생할 가능성이 높은 수준(또는 기본 수준)으로 설정할 때의 NPV

<표 12.1>에서 사용된 자료는 가장 일어날 가능성이 높은, 즉 기본 수치들이고, 그 결과 산출되는 NPV $78.82는 **기본** NPV(base-case NPV)이다. 입력변수들이 변하면 NPV도 변할 것이라는 사실은 쉽게 예상할 수 있다.

[그림 12.1] 투자안 S의 민감도 그래프

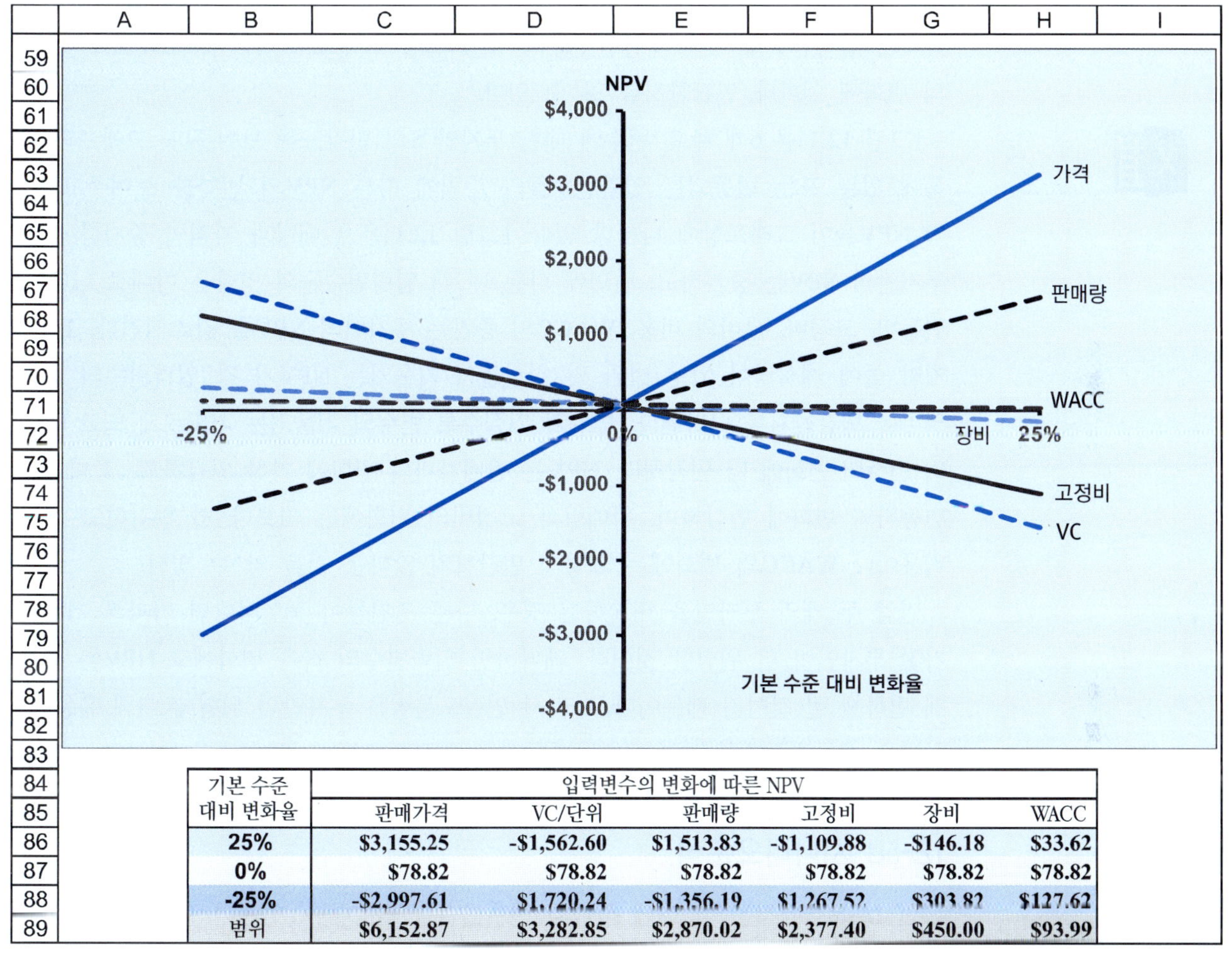

기본 수준 대비 변화율	입력변수의 변화에 따른 NPV					
	판매가격	VC/단위	판매량	고정비	장비	WACC
25%	$3,155.25	-$1,562.60	$1,513.83	-$1,109.88	-$146.18	$33.62
0%	$78.82	$78.82	$78.82	$78.82	$78.82	$78.82
-25%	-$2,997.61	$1,720.24	-$1,356.19	$1,267.52	$303.82	$127.62
범위	$6,152.87	$3,282.85	$2,870.02	$2,377.40	$450.00	$93.99

주:

1. 모든 입력변수의 값이 기본 수준일 경우에 기본 수준 대비 모든 변화율은 0%이고, NPV는 $78.82이다. 따라서 수직축의 절편은 $78.82이다.
2. 예상 판매가격이 기본 수준인 $2보다 25% 높고 다른 모든 변수들의 값이 기본 수준인 경우에 NPV는 +$3,155.25이다. 예상 판매가격이 기본 수준인 $2보다 25% 낮다면 NPV는 −$2,997.61이다. 표에 제시된 다른 모든 NPV도 이와 유사한 방식으로 구해졌다. 계산을 간소화하기 위해 이 장에 대한 단원별 엑셀모형에 있는 입력자료 표들을 이용했다.
3. 여기에서 계산한 최상과 최악의 NPV는 다음 절에서 살펴볼 시나리오분석의 계산 결과와는 다르다. 시나리오분석에서는 모든 변수들을 동시에 기본 수준 대비 25% 높거나 낮게 설정하는데, 따라서 시나리오분석에서 계산된 최상 및 최악의 NPV는 하나의 변수에 대해서만 최상이나 최악의 수준으로 설정하는 민감도분석에서 계산된 최상 및 최악의 NPV보다 훨씬 크거나 작게 나타난다.

경영자들이 자본예산에 관한 검토를 할 때 기본 NPV에도 물론 관심이 있지만, 그들은 항상 재무애널리스트에게 "만약의 상황(what-if)"에 대해 일련의 질문을 한다: 만약 판매량이 25% 정도 낮아진다면 어떻게 될까? 만약 시장 상황 때문에 제품의 가격을 $2가 아니라 $1.80으로 정해야 한다면 어떻게 될까? 만약 변동비가 추정된 것보다 크다면 어떻게 될까? 민감도분석은 그런 다양한 질문들에 대한 답을 제공하기 위한 것이다. 다른 모든 변수들은 기본 수준으로 일정하게 유지하면서 각 변수의 수치를 기댓값에서 증가시키거나 감소시켜서 NPV를 계산하게 된다. 마지막으로, 이렇게 변동된 각각의 입력변수에 대해 계산된 NPV의 결과들을 그래프로 나타내면 NPV가 각 변수의 변화에 얼마나 민감한지를 알 수 있다.

[그림 12.1]은 6개 주요 변수에 대한 투자안 S의 민감도를 보여준다. 그래프의 아래쪽에 있는 표는 변동되는 입력변수들의 수치에 따른 NPV의 변화를 보여주고 있고, 이 NPV들이 그래프상에 나타나 있다. [그림 12.1]은 판매량과 가격이 증가함에 따라 투자안의 NPV는 증가하고, 반면에 다른 네 개 입력변수들의 영향은 반대로 나타난다. 변동비, 고정비, 설비의 비용, WACC의 증가는 투자안의 NPV를 감소시킨다. 표의 마지막 줄에 제시되어 있는 범위 및 직선들의 기울기는 NPV가 각 입력변수의 변화에 얼마나 민감한지를 나타낸다: **범위가 커질수록 변수의 기울기는 가파르게 되고 NPV는 이 변수의 변화에 더 민감하다.** NPV는 판매가격의 변화에 가장 민감하고 그 다음으로 변동비의 변화에 민감하며, 판매량과 고정비의 변화에는 이보다 덜 민감하고 설비의 비용이나 WACC의 변화에는 그렇게 민감하지 않다는 것을 알 수 있다.

만약 두 개의 투자안을 비교하는 경우, 다른 조건들이 동일하다면 가파른 기울기를 가진 투자안이 더 위험할 것이다. 왜냐하면 입력변수의 작은 변화에도 NPV는 급격하게 변하게 될 것이기 때문이다. 따라서 민감도분석은 투자안의 위험에 대해 유용한 통찰력을 제공해준다.[7)]

12-5B 시나리오분석

시나리오분석
"최악" 및 "최상"인 경우의 상황과 가장 발생할 가능성이 높은 상황, 즉 기본 상황을 비교하는 위험분석기법

기본 시나리오
모든 입력변수들을 가장 발생할 가능성이 높은 수준으로 설정한 분석

민감도분석에서는 한 번에 하나의 변수값만을 변경한다. 하지만 모든 입력변수들의 값이 예측보다 좋거나 나쁘게 될 경우에, 투자안의 NPV가 어떻게 될지를 아는 것은 유용할 것이다. 또한 가장 긍정적인 경우, 가장 부정적인 경우, 그리고 가장 가능성이 높은(즉, 기본) 시나리오별로 확률을 할당한 후에 NPV의 기댓값과 표준편차를 계산해 볼 수도 있다. **시나리오분석**(scenario analysis)은 민감도분석의 확장된 형태이다 — 한 번에 하나 이상의 변수가 변할 수 있는 상황을 반영하고, 주요 변수들의 변화에 대한 확률을 내포하고 있는 분석방법이다.

시나리오분석에서는 발생가능성이 가장 높은 입력수치들을 사용하는 **기본 시나리오**(base-case scenario)로부터 출발한다. 다음으로는 마케팅이나 생산 및 기술, 그리고 영

7) 민감도분석은 일반 계산기를 사용하면 반복적이고 지루한 작업이지만, 스프레드시트로는 쉬운 작업이다. 여기서는 NPV들을 계산하고 [그림 12.1]과 같은 그래프를 작성하기 위해 이 장의 단원별 엑셀모형을 사용했다. 수작업에 의한 분석은 시간이 많이 소요되고, 또한 기본 입력자료에서 가령 장비의 비용이 약간 증가하는 것과 같은 작은 변화만 있어도 전체 계산과정을 다시 진행해야 한다. 하지만 스프레드시트에서는 바뀌는 기존 자료에 간단히 변동된 수치만 입력하면 분석이 즉각적으로 수정된다.

최악의 시나리오
모든 입력변수들을 합리적으로 예측되는 가장 나쁜 수준으로 설정한 분석

최상의 시나리오
모든 입력변수들을 합리적으로 예측되는 가장 좋은 수준으로 설정한 분석

업부문의 경영진에게 낮은 판매량, 낮은 판매가격, 높은 변동비 등을 가정한 **최악의 시나리오**(worst-case scenario) 및 이와는 반대의 상황을 가정한 **최상의 시나리오**(best-case scenario)를 설정해 줄 것을 요구한다. 종종 최상이나 최악의 상황은 각각 25%의 확률을, 그리고 기본 상황은 50%의 확률을 갖는 경우로 정의된다. 당연히 세 가지 이상의 상황을 가정할 수도 있지만, 이러한 세 가지 시나리오 설정방식은 투자안의 위험도를 이해하는 데 도움이 된다.

투자안 S에 대한 시나리오별 수치들이 결과에 대한 그래프와 함께 [그림 12.2]에

[그림 12.2] 투자안 S에 대한 시나리오분석

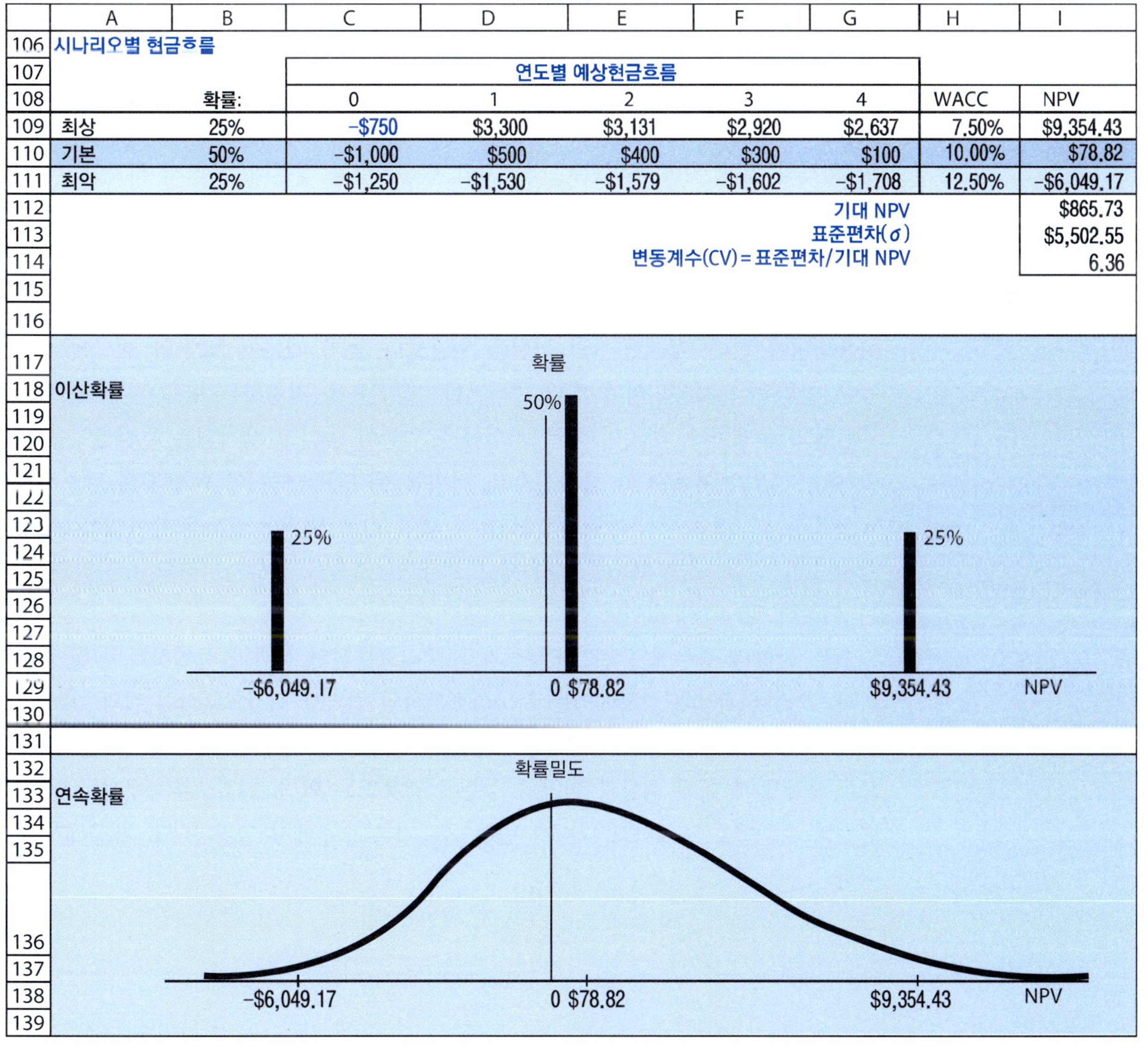

	A	B	C	D	E	F	G	H	I
106	시나리오별 현금흐름								
107					연도별 예상현금흐름				
108		확률:	0	1	2	3	4	WACC	NPV
109	최상	25%	−$750	$3,300	$3,131	$2,920	$2,637	7.50%	$9,354.43
110	기본	50%	−$1,000	$500	$400	$300	$100	10.00%	$78.82
111	최악	25%	−$1,250	−$1,530	−$1,579	−$1,602	−$1,708	12.50%	−$6,049.17
112							기대 NPV		$865.73
113							표준편차(σ)		$5,502.55
114							변동계수(CV) = 표준편차/기대 NPV		6.36
115									
116									

제시되어 있다. 만약 투자안이 성공적으로 수행된다면, 즉 높은 판매가격, 낮은 생산비용, 높은 판매량이 동시에 발생한다면, NPV는 $9,354.43으로 매우 높을 것이다. 그러나 만약 상황이 나쁘게 변한다면 NPV는 −$6,049.17이 된다. 그래프들은 변화의 폭이 매우 크다는 것을 보여주는데, 이는 이 투자안이 위험한 투자안이라는 것을 말해준다. 이 투자안은 대규모 기업에 있어서 단지 하나의 투자안에 불과하기 때문에 만약 부정적인 상황이 현실화되더라도 회사가 파산하지는 않을 것이다. 그래도 $6,049.17 (단위는 $천이기 때문에 실제로는 $6,049,170)을 잃는 일은 회사의 주식가격에 악영향을 미칠 것이다.

각 시나리오별로 확률과 투자안의 NPV를 곱해서 이들의 합을 구하면, [그림 12.2]에 나타나 있는 것처럼 이 투자안의 기대 NPV는 $865.73이 될 것이다. 기대NPV는 기본NPV와는 다르다는 점에 유의할 필요가 있다. 이는 오류가 아닌데, 수학적으로 두 수치는 같지 않다. 또한 기대NPV의 표준편차를 계산하면 $5,502.55임을 알 수 있다. 이 표준편차를 기대NPV로 나누면 개별자산위험의 측정치인 변동계수 6.36을 얻는다. 이 회사의 평균 위험 투자안은 약 2.0의 변동계수를 갖는데, 따라서 투자안의 CV가 6.36이라는 것은 이 투자안이 회사의 다른 투자안들보다 훨씬 더 위험하다는 것을 의미한다.

이 회사의 WACC는 10%이며, 이 자본비용이 평균 위험 투자안의 NPV를 구할 때 사용되어야 한다. 투자안 S의 위험은 평균보다 높기 때문에 NPV의 계산에서는 더 높은 할인율이 사용되어야 한다. “적절한” 할인율을 결정하는 방법은 없고, 이것은 판단상의 문제이다. 하지만 일부 기업들은 위험이 높다고 생각되는 투자안들을 평가할 때는 기업의 WACC를 증가시키고, 저위험 투자안들에는 이 WACC를 감소시킨다. WACC를 12.5%로 적용해서 재계산하게 되면 기본 NPV는 $78.82에서 $33.62로 낮아지지만, 위험조정WACC를 사용해서 기대현금흐름을 할인하더라도 투자안의 NPV는 여전히 양(+)의 값이다.

기본 상황의 경우에는 민감도분석과 시나리오분석의 결과가 동일하다는 것에 주목하라. 그러나 최악의 상황에서는 시나리오분석의 결과가 민감도분석의 결과보다 더 나쁘게 나타나며, 최상의 상황에서는 더 좋게 나타난다. 그 이유는 시나리오분석에서는 모든 변수들에 대해 최상과 최악의 수준이 적용되는 반면, 민감도분석에서는 단지 한 변수의 수준만을 조정하고 나머지 변수들은 기본 수준에서 일정하다고 가정하기 때문이다.

12-5C 몬테카를로 시뮬레이션

몬테카를로 시뮬레이션
컴퓨터 시뮬레이션을 통해 발생할 가능성이 있는 미래의 상황들을 구성하여 이로부터 수익률 및 위험도를 추정하는 위험분석기법

몬테카를로 시뮬레이션(Monte Carlo simulation)은 정교한 시나리오분석으로, 카지노 도박과 관련된 수학에서부터 발달했기 때문에 이러한 명칭이 붙었다. 이 방법에서는 수많은 시나리오, 즉 수많은 "시행(run)"을 반복하는 방식으로 투자안을 분석한다. 첫 번째 시행에서는 컴퓨터로 판매량, 판매가격, 단위당 변동비 등을 포함한 각 변수들에 대한 값을 무작위로 추출한다. 이 수치들을 이용하여 NPV를 계산하고, 계산된 NPV 결과를 저장한다. 그 다음 두 번째 시행에서는 다시 한 번 입력수치들이 무작위로 추출되고, 두 번째 NPV를 계산한다. 이러한 과정을 약 1,000회 정도 반복하면 1,000개의 NPV가 산출된다. 산출된 1,000개의 NPV들의 평균은 투자안의 기대수익성에 대한 측정치로 사용되고, 이 NPV들의 표준편차(또는 변동계수)는 투자안의 위험에 대한 측정치로 사용된다.

몬테카를로 시뮬레이션은 시나리오분석보다 기술적으로 더 복잡하지만, 시뮬레이션용 소프트웨어를 사용하면 이 과정은 큰 어려움 없이 수행될 수 있다. 시뮬레이션은 유용하지만 그 복잡성 때문에 상세한 내용은 상위 레벨의 재무관리 수업에서 다루는 것으로 남겨둔다.8)

셀프 테스트

- 민감도분석이 어떻게 수행되고, 이 분석이 의도하는 바는 무엇인지를 간략하게 설명하라.
- 시나리오분석은 어떤 것이고 이 분석이 의도하는 바는 무엇이며, 민감도분석과는 어떻게 다른가?
- 몬테카를로 시뮬레이션은 무엇인가? 시뮬레이션분석은 일반 시나리오분석과는 어떻게 다른가?

12-6 기업내부위험 및 베타위험 9)

앞 절에서 설명한 민감도분석, 시나리오분석, 몬테카를로 시뮬레이션은 투자안의 개별자산위험을 측정하는 방법들이고, 투자안의 위험에 대한 유용한 정보를 제공한다. 하지만 기업 내의 다른 투자안들과 음(-)의 상관관계를 가진 투자안은 기업의 총이익을 안정화시킬 수도 있고, 따라서 이 투자안 자체는 비교적 안전한 투자안일 수 있다.

8) 몬테카를로 시뮬레이션을 사용하기 위해서는 입력변수들에 대한 확률분포와 각 입력변수 간의 상관관계가 필요하다. 상관계수에 대한 "합리적인" 수치를 구하는 것은 종종 어려운 일인데, 특히 과거 자료가 없는 신규 투자안들에 대해서는 더욱 그렇다. 이것은 시뮬레이션분석의 사용에 제약으로 작용한다.

9) 이 절은 비교적 기술적인 내용이어서 생략하더라도 내용의 연속성에는 지장이 없다.

이와 유사하게, 대부분의 주식들에 대한 수익률과 음(−)의 상관관계를 가진 투자안은 기업의 베타를 낮출 수도 있기 때문에, 이 투자안의 평가에는 상대적으로 낮은 WACC를 적용하는 것이 타당할 수 있다. 따라서 이론상으로는 개별자산위험보다는 기업내부위험과 베타위험에 더 관심을 기울여야 한다.

경영자들이 비록 기업내부위험과 베타위험의 중요성을 인식하고 있더라도, 이러한 위험들을 정량적 분석보다는 주관적 판단에 의존하게 되는 경우가 일반적이다. 문제는 분산투자가 위험에 미치는 영향을 측정하는 것인데, 이를 위해서는 **투자안의 수익률과 기업의 다른 자산들에 대한 수익률 간의 상관계수**가 필요하다. 그러나 새로운 투자안의 경우에는 상관계수 계산에 필요한 과거 자료가 존재하지 않는다. 노련한 경영자들은 일반적으로 투자안의 수익률이 다른 자산들의 수익률과 어느 정도의 상관관계가 있는지에 대한 "감(feel)"을 가지고 있다. 일반적으로 상관관계는 양(+)의 값이다. 만약 상관관계가 높다면, 개별자산위험을 기업내부위험의 대용치로 사용할 수 있을 것이다. 마찬가지로, 경영자들은 경제와 주식시장이 강세일 때 투자안의 수익률도 높을 것인지(따라서 투자안의 베타가 얼마가 되어야 하는지)에 대해 판단상의 추정을 할 수 있다. 하지만 이러한 추정치들은 많은 부분 실제 자료에 기초하지 않은 주관적인 수치이다.

그러나 완전히 새로운 제품을 생산하는 투자안인 경우도 자주 발생한다. 가령, 철강회사가 광산업에 진출하는 것과 같은 경우이다. 이러한 경우들에는 신규 분야에 이미 진출해 있는 동종의 "단일사업(pure-play)" 기업들에 대한 베타를 이용할 수 있다. 예를 들면, 이 철강회사는 Rio Tinto나 BHP Billiton과 같은 광산회사들의 베타에 대한 평균을 구한 다음, 그 광산업 자회사가 이들 기업들과 유사한 특성을 가진다는 가정하에 이 "동종의" 기업들에 대한 평균 베타를 사용해서 그 자회사의 WACC를 계산할 수도 있다. 이런 방식은 일부 투자안들의 경우에는 타당하지만, 실제로는 거의 사용되지 않는다. 단순하게 생각해보자. 새로운 재고관리시스템이나 기계공구, 트럭, 그리고 대부분의 다른 투자안들에 대해 어떻게 동종의 단일사업 대용치를 구할 수 있을까? 답은 가능하지 않다는 것이다. 웹부록 12D에서는 베타위험을 측정하는 기법들에 대해 살펴본다.

위험분석에 대한 결론은 다음과 같다:

- 투자안들의 기업내부위험과 베타위험을 정량적으로 측정하는 것은 불가능할 수 있고, 불가능하지 않다면 매우 어려운 일이다.
- 많은 투자안들의 수익률은 기업 내의 다른 자산들의 수익률과 주식시장수익률에 대해 양(+)의 상관관계를 갖는다. 이 경우 개별자산위험은 기업내부위험 및 시장위험과 높은 상관성을 가지기 때문에, 개별자산위험에만 초점을 맞추더라도 위

험에 대해서 많은 정보를 간과하는 것은 아니다.

- 노련한 경영자들은 위험에 대한 평가를 포함해서 주관적 판단에 근거한 많은 평가를 하고, 이를 자본예산과정에 반영한다. 입문 수준의 학생들은 간단명료한 답을 선호하고, 따라서 계산된 NPV를 바탕으로만 의사결정을 내리길 원한다. 노련한 경영자들은 정량적인 NPV 결과도 고려하지만 의사결정과정에 주관적 판단이 수반된다.
- 만약 기업이 본 교재에 소개된 유형의 분석들을 사용하지 않는다면, 문제가 발생할 가능성이 있다. 반면에, 만약 기업이 모든 것을 계량화하고 컴퓨터에서 산출된 결과만으로 의사결정을 한다면, 이 역시 문제가 발생할 가능성이 있다. 좋은 경영자들은 재무이론을 이해하고 이용하지만 분별력 있게 적용한다.

셀프 테스트

- 신형 배달트럭의 구입이나 Home Depot의 물류창고 신축과 같은 투자안들에 대해 개별자산위험을 측정하는 것이 더 쉬운가, 기업내부위험을 측정하는 것이 더 쉬운가 아니면 베타위험을 측정하는 것이 더 쉬운가?
- 만약 기업이 잠재적인 투자안의 위험을 정확하게 측정할 수 없다면 투자안을 포기해야 하는가? 답을 설명하라.

12-7 상이한 투자안 수명

만약 한 회사가 두 투자안 중에 선택을 해야 하고, 이 투자안들은 **(1) 상당히 다른 수명기간을 갖고 있고, (2) 상호배타적이며, (3) 반복될 수 있다면**, "일반" NPV법은 더 나은 투자안을 판별하지 못할 수도 있다. 예를 들어, Home Depot가 물류유통센터를 현대화하는 계획을 갖고 있고, 컨베이어시스템(투자안 C)과 지게차(투자안 F) 중에서 선택한다고 가정하자. 두 투자안은 상호배타적인데, 즉 하나의 투자안을 선택하게 되면 다른 투자안은 기각되는 것을 의미한다. 또한 물류유통센터는 오랫동안 사용될 예정이기 때문에 노후화된 설비는 교체될 것이다.

[그림 12.3]의 파트 I은 두 투자안을 분석하기 위해 전통적으로 사용되는 분석을 보여준다. 12%의 WACC로 할인하는 경우, 투자안 C의 NPV가 더 높고, 따라서 이 투자안이 더 나은 투자안임을 알 수 있다. **하지만 전통적인 분석은 불완전하고, 실제로 투자안 C를 선택하는 의사결정은 잘못된 결정이다.** 만약 회사가 투자안 F를 선택한다면, 3년 내에 유사한 투자를 할 기회가 있게 되고, 비용과 수익이 파트 I의 수준에서 일정하다는 전제하에 이 두 번째 투자의 수익성도 있을 것이다. 만약 투자안 C를 선

[그림 12.3] 상이한 수명의 상호배타적이고 반복가능한 투자안

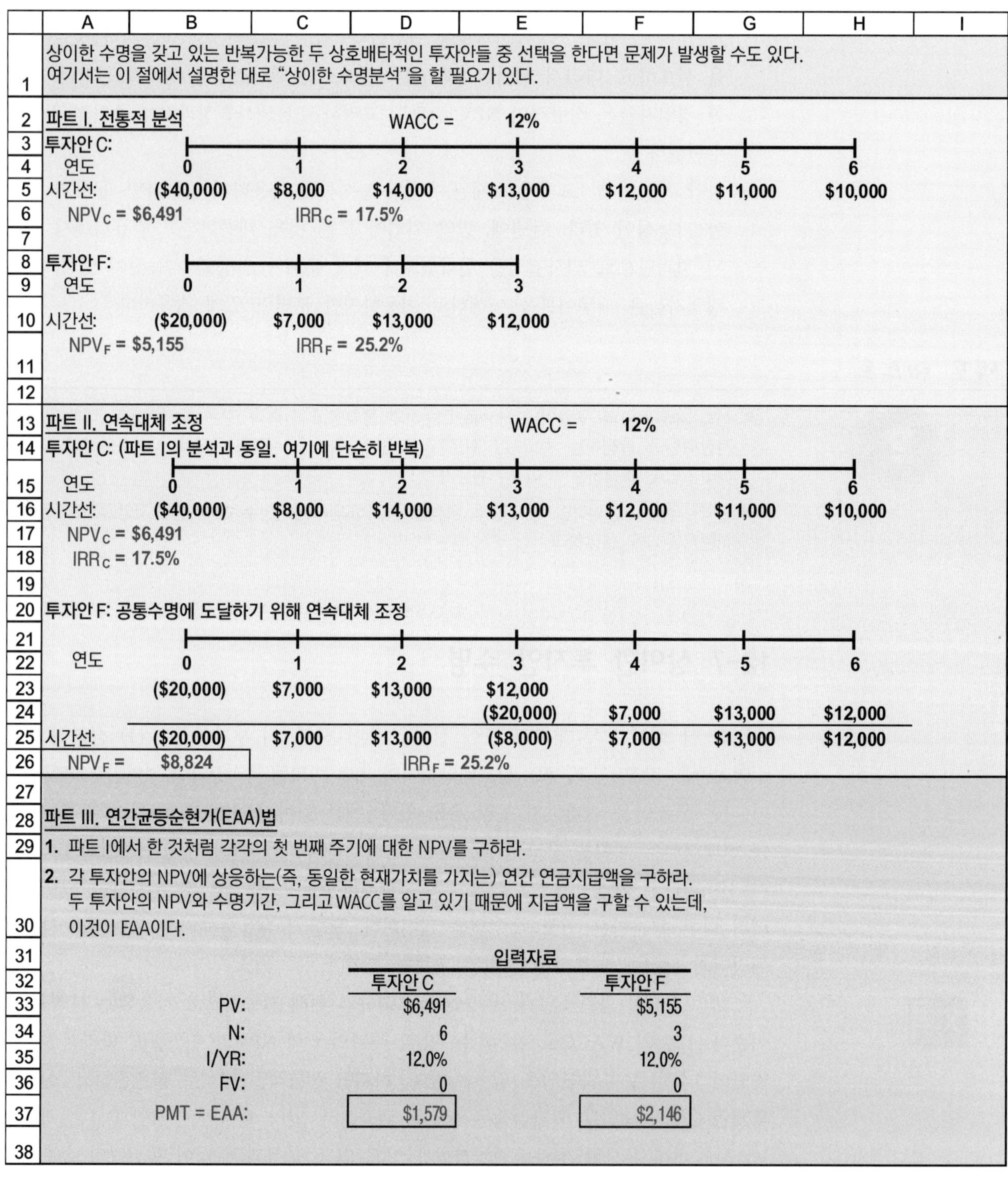

	A	B	C	D	E	F	G	H	I
1	상이한 수명을 갖고 있는 반복가능한 두 상호배타적인 투자안들 중 선택을 한다면 문제가 발생할 수도 있다. 여기서는 이 절에서 설명한 대로 "상이한 수명분석"을 할 필요가 있다.								
2	파트 I. 전통적 분석			WACC =	12%				
3	투자안 C:								
4	연도	0	1	2	3	4	5	6	
5	시간선:	($40,000)	$8,000	$14,000	$13,000	$12,000	$11,000	$10,000	
6	NPV_C = $6,491		IRR_C = 17.5%						
7									
8	투자안 F:								
9	연도	0	1	2	3				
10	시간선:	($20,000)	$7,000	$13,000	$12,000				
11	NPV_F = $5,155		IRR_F = 25.2%						
12									
13	파트 II. 연속대체 조정				WACC =	12%			
14	투자안 C: (파트 I의 분석과 동일. 여기에 단순히 반복)								
15	연도	0	1	2	3	4	5	6	
16	시간선:	($40,000)	$8,000	$14,000	$13,000	$12,000	$11,000	$10,000	
17	NPV_C = $6,491								
18	IRR_C = 17.5%								
19									
20	투자안 F: 공통수명에 도달하기 위해 연속대체 조정								
21									
22	연도	0	1	2	3	4	5	6	
23		($20,000)	$7,000	$13,000	$12,000				
24					($20,000)	$7,000	$13,000	$12,000	
25	시간선:	($20,000)	$7,000	$13,000	($8,000)	$7,000	$13,000	$12,000	
26	NPV_F =	$8,824		IRR_F = 25.2%					
27									
28	파트 III. 연간균등순현가(EAA)법								
29	1. 파트 I에서 한 것처럼 각각의 첫 번째 주기에 대한 NPV를 구하라.								
30	2. 각 투자안의 NPV에 상응하는(즉, 동일한 현재가치를 가지는) 연간 연금지급액을 구하라. 두 투자안의 NPV와 수명기간, 그리고 WACC를 알고 있기 때문에 지급액을 구할 수 있는데, 이것이 EAA이다.								
31					입력자료				
32				투자안 C		투자안 F			
33		PV:		$6,491		$5,155			
34		N:		6		3			
35		I/YR:		12.0%		12.0%			
36		FV:		0		0			
37		PMT = EAA:		$1,579		$2,146			
38									

택한다면, 이런 두 번째 투자기회는 없을 것이다. 따라서 두 투자안 C와 F를 적절하게 비교하기 위해서는 조정이 이루어져야 한다. 이 절에서는 그러한 조정이 어떻게 이루어지는지 그 두 가지 방법에 대해 논의한다.

12-7A 연속대체

연속대체(공통수명) 접근법
공통수명에 도달할 때까지 각 투자안이 반복될 수 있다는 가정하에 상이한 수명기간의 투자안들을 비교하는 방법. 공통수명기간 동안의 NPV를 비교해서 공통수명 NPV가 더 큰 투자안이 선택된다.

첫 번째로는 [그림 12.3]의 파트 II에 제시된 **연속대체 접근법**(replacement chain approach) 또는 **공통수명 접근법**(common life approach)을 적용할 수 있다. 이 방법에서는 투자안 C의 수명기간인 6년 기간에 걸쳐 투자안 F의 NPV를 구한 후에, 이 확장 NPV를 동일한 6년 기간에 걸친 투자안 C의 NPV와 비교한다. 공통수명에 기초하면 투자안 F가 더 나은 투자안이라는 것을 알 수 있다.[10)]

12-7B 연간균등순현가(EAA)

발전소와 보급망을 설계하는 전기엔지니어들이 상이한 수명기간 문제를 첫 번째로 접하게 된다. 이들은 내용연수는 짧지만 비교적 초기비용이 낮은 변압기들을 사용할 수도 있고, 내용연수는 길지만 초기비용이 높은 변압기들을 사용할 수도 있다. 변압기는 영구히 사용될 것으로 예상되고, 따라서 문제는 다음과 같다: 어느 선택을 해야 장기적으로 NPV가 더 높을까? 이 엔지니어들은 우선 투자안별로 명시된 수명기간에 걸친 각 투자안의 NPV를 구했고, 그 다음 이 NPV가 원래의 수명기간에 걸쳐서 제공할 일정한 금액의 연간 현금흐름을 구했다. 이 투자안들은 영구히 반복될 것이기 때문에 이 연금지급액(일정한 현금흐름)들도 영구히 지속될 것이고, 더 큰 지급액흐름을 제공하는 투자안이 더 좋은 선택이었다. 이 절차를 **연간균등순현가(EAA)법**(equivalent annual annuity method)이라고 부른다. 두 투자안 C와 F의 EAA는 [그림 12.3]의 파트 III에 계산되어 있다. 우선 투자안들의 전통적인 NPV를 구하고, 그 다음에 이 NPV들의 EAA를 구한다. 투자안 F가 더 좋은 선택이고, 연속대체법을 사용해서 얻은 결론과도 동일하다는 것을 알 수 있다.

연간균등순현가(EAA)법
연금 형태의 현금흐름을 가정하고 투자안이 제공하는 연간지급액을 계산하는 방법. 상이한 수명기간의 투자안들을 비교할 때 연간균등순현가(EAA)가 더 큰 투자안이 선택된다.

10) 이 경우에 투자안 F의 수명기간 확장에는 단지 한 번의 대체만이 필요하다. 하지만 만약 두 투자안 C와 F의 수명기간이 각각 7년과 3년이라면, 현금흐름은 21년까지 확장되어야 할 것이고, 이는 공통수명기간에 도달하기 위해서는 C에 대해서는 세 번의 대체, F에 대해서는 일곱 번의 대체가 필요하다는 것을 의미한다. 또한 조정 NPV들은 6년의 수명기간에 기초하고 있다는 점도 유의할 필요가 있다. 만약 선택된 투자안이 더 길게 사용된다면 NPV는 훨씬 커질 것이다. 가령, 24년 동안 사용된다면 24년의 총수명기간에 대한 NPV는 4배가 될 것이다.

12-7C 상이한 수명에 대한 결론

연속대체법과 EAA법에서는 항상 동일한 결론이 도출되기 때문에 어느 방법을 사용하든지 상관없다. EAA가 계산하기 좀 더 쉬운데, 긴 수명의 투자안이 짧은 수명의 투자안보다 수명기간이 정확히 두 배가 되지 않는 경우에는 특히 그렇다. 이 경우에 공통수명기간을 구하기 위해서는 두 번 이상의 주기가 필요하게 된다. 하지만 보통 연속대체법이 경영자들에게 설명하기는 더 쉽다. 또한 예상되는 생산성 향상이나 자산 가격의 변동 등을 반영하기 위해 자료를 변경하는 것은 연속대체법에서 더 용이하다. 이러한 이유들 때문에 일반적으로 비엔지니어들에게 제시할 때는 연속대체법이 사용되지만, 엔지니어들이 관련되어 있다면 두 방법의 결과를 모두 제시해도 좋을 것이다.

흔히 발생하는 또 다른 질문은 다음과 같다: 수명이 동일하지 않은 모든 투자안들에 대해 상이한 수명분석을 걱정해야 할까? 독립적 투자안들에 대해서는 상이한 수명기간의 문제가 결코 발생하지 않고, 상당히 다른 수명기간을 갖고 있는 상호배타적 투자안들을 비교하는 경우에는 문제가 될 수 있다는 것이 일반적인 지침이다. **하지만 원래의 수명기간 만료 시 투자안들이 반복되는 경우에만 문제가 발생한다.** 따라서 모든 독립적 투자안들의 경우와 반복되지 않는 상호배타적 투자안들의 경우에는 상이한 수명기간에 대해 조정할 필요가 없다.

셀프 테스트

- 상이한 수명기간 문제를 다루는 연속대체(공통수명)법과 EAA법에 대해 간략하게 설명하라.
- 투자안들이 동일하지 않은 수명기간을 가질 때 투자안들의 현금흐름을 조정하는 것이 항상 필요한가? 답을 설명하라.
- 당신의 회사는 두 상호배타적 투자안 중에서 하나를 선택해야 한다. 투자안 A는 현재 시점에서 $2,000의 세후 비용이 소요되고, 4년 동안 매년 $1,500의 세후 현금흐름을 창출한다. 투자안 B는 현재 시점에서 $1,500의 세후 비용이 소요되고, 2년 동안 매년 $1,750의 세후 현금흐름을 창출한다. 이 회사의 WACC는 10%이다. 만약 두 투자안 모두 반복될 수 없다면, 더 나은 투자안의 NPV는 얼마인가? **(NPV_A = $2,754.80)** 만약 두 투자안 모두 반복될 수 있다면, 더 나은 투자안의 확장 NPV는 얼마인가? **(NPV_B = $2,807.60)** 각 투자안의 EAA는 얼마인가? **(EAA_A = $869.06, EAA_B = $885.71)**

단원 종합

이 장에서는 자본예산분석에서 사용되는 잉여현금흐름을 추정하고 이 현금흐름들의 위험도를 측정하며, 위험을 고려한 NPV를 구하고 상이한 수명기간을 갖고 있는 상호배타적 투자안들의 NPV를 계산하는 것에 초점을 두었다. 주요 결론에 대한 요약은 다음과 같다:

- 어떤 현금흐름은 **관련되어** 있는(따라서 자본예산 분석에 포함되어야 한다) 반면에 포함되지 않아야 하는 현금흐름들도 있다. 핵심 질문은 다음과 같다: 이 현금흐름은 투자안이 채택된 경우에만 발생한다는 의미에서 **증분**인가?
- **매몰비용**은 증분비용이 아닌데, 즉 이 비용은 투자안의 채택이나 기각 여부에 영향을 받지 않는다. 반면에, **잠식효과**와 다른 **외부효과**는 투자안을 채택하는 경우에만 발생하기 때문에 증분이다.
- 투자안을 분석하는 데 사용하는 현금흐름은 투자안의 **순이익**과는 다르다.
- 많은 투자안들은 추가적인 **순영업운전자본**을 필요로 한다. 순영업운전자본의 증가는 투자안이 시작될 때 발생되는 추가적인 지출이지만, 자본이 회복되는 투자안의 종료(즉, 투자안이 종료되면 영업운전자본에 대한 투자가 감소된다) 시에는 현금유입이다.
- 투자안의 두 가지 유형인 확장과 대체를 고려했다. 대체투자안에 대해서는 기업이 기존 자산을 계속해서 사용하는 경우와 신규 자산으로 교체하는 경우의 잉여현금흐름 차이를 구한다. 만약 이 차이의 NPV가 양(+)의 값을 갖는다면 대체투자가 이뤄져야 한다.
- 예측된 잉여현금흐름(따라서 NPV와 다른 결과들)은 단지 추정치에 불과하다. 예측은 틀릴 수 있고, 이것이 **위험**을 의미한다.
- 위험에는 **개별자산위험, 기업내부위험, 시장(또는 베타)위험**의 세 유형이 있다. 이론상으로는 시장위험이 가장 중요하지만, 많은 투자안들의 경우에 측정할 수 없기 때문에 일반적으로 개별자산위험에 초점을 맞춘다. 하지만 기업위험과 시장위험을 무시해서는 안 되기 때문에 기업들은 이 위험들을 주관적으로 고려한다. 그래도 세 유형의 위험은 일반적으로 양(+)의 상관관계를 갖고 있기 때문에 개별자산위험은 종종 다른 위험들에 대한 훌륭한 대용치라는 점을 명심할 필요가 있다.
- 개별자산위험은 **민감도분석, 시나리오분석, 몬테카를로 시뮬레이션**을 사용해서 분석될 수 있다.

- 일단 투자안의 상대적 위험 수준이 결정되면 투자안을 평가하기 위해 **위험조정 WACC**를 산정한다.
- 만약 **상호배타적 투자안들**이 상이한 수명을 갖고 있고 반복가능하다면, 전통적 NPV분석은 잘못된 결과를 초래할 수도 있다. 이 경우에는 **연속대체법**이나 **연간 균등순현가(EAA)법**을 사용해야 한다.

자가진단 질문과 문제

ST-1 **[핵심용어]** 다음의 용어들을 정의하라.

a. 증분현금흐름; 매몰비용; 기회비용; 외부효과; 잠식
b. 개별자산위험; 기업위험(기업내부위험); 시장위험(또는 베타위험)
c. 위험조정자본비용
d. 민감도분석; 기본 NPV
e. 시나리오분석; 기본 시나리오; 최악의 시나리오; 최상의 시나리오
f. 몬테카를로 시뮬레이션
g. 연속대체(공통수명) 접근법; 연간균등순현가(EAA) 접근법

ST-2 **[투자안과 위험분석]** 재무분석가로서 당신은 프린터 카트리지를 생산하기 위해 제안된 투자안을 평가해야 한다. 장비의 구입가격은 설치를 포함해서 $65,000이며, 이 장비는 t=0 시점에서 완전 상각될 것이다. 연간 판매량은 4,000개, 판매가격은 개당 $50이고, 투자안의 수명기간은 3년으로 예상된다. 유동자산은 $5,000이 증가하고, 매입채무는 $3,000이 증가할 것이다. 3년도 말에 장비는 $10,000에 매각될 수 있다. 변동비는 매출액의 70%이고 고정비는 연간 $30,000이며, 한계세율은 25%, 기업 전체의 WACC는 11%이다.

a. 보너스 감가상각을 반영한 후의 요구 투자액은 얼마인가, 즉 t=0 시점에서 투자안의 현금흐름은 얼마인가?
b. 투자안의 연도별 현금흐름은 얼마인가?
c. 만약 투자안이 평균 위험 수준이라면 NPV는 얼마인가? 채택되어야 하는가?
d. 경영진은 정확한 판매량에 대한 확신이 없다. 만약 다른 입력자료는 예측대로이지만 판매량이 추정보다 20% 낮아진다면, 이 투자안의 NPV는 얼마가 될 것인가? 이것이 의사결정을 변경시킬 것인가? 답을 설명하라.
e. CFO가 당신에게 다음의 입력자료를 사용해서 시나리오분석을 수행하도록 요청했다:

	확률	판매량	VC%
최상	25%	4,800	65%
기본	50	4,000	70
최악	25	3,200	75

다른 변수들에는 변동이 없다. 기대NPV, 그 표준편차, 그리고 변동계수는 얼마인가? (힌트: 시나리오분석을 위해 당신은 각 시나리오에서 설정한 수치로 판매량과 VC%를 변경해야 하고, 이에 따른 시나리오별 현금흐름을 추정한 후 각 시나리오의 NPV를 구해야 한다. 그 다음에 투자안의 기대NPV, 표준편차(σ)와 변동계수(CV)를 계산해야 한다. 이 과정은 어렵지는 않지만 많은 계산을 필요로 한다.)

f. 이 회사의 투자안들에 대한 CV는 일반적으로 1.0에서 1.5의 범위에 있다. 만약 최초의 변동계수가 1.5를 초과하면 WACC에 3%의 위험프리미엄을 가산하고, 최초의 변동계수가 0.75 이하이면 WACC를 0.5% 감소시킨다. 그 다음에 조정 NPV를 계산한다. 투자안 위험이 적절하게 고려되었을 경우, 이 투자안에는 어떤 WACC가 사용되어야 하는가? 재계산된 NPV, 표준편차와 변동계수는 얼마인가? 당신은 투자안을 채택해야 한다고 추천할 것인가? 왜 그런지 아니면 왜 그렇지 않은지 그 이유를 설명하라.

ST-3 **[상이한 수명의 투자안]** Wisconsin Dairy Inc.는 내년도의 자본예산을 검토하고 있는 중이다. 고려되고 있는 투자안들은 두 기계 W와 WW이다. W는 $500,000의 세후 비용이 소요되고, 향후 2년 동안 세후 기대현금흐름 $300,000을 창출할 것이다. WW 또한 $500,000의 세후 비용이 소요되지만, 향후 4년 동안 세후 기대현금흐름 $165,000을 창출할 것이다. 두 투자안 모두 WACC는 10%이다.

a. 만약 두 투자안이 독립적이고 반복가능하지 않다면 이 회사는 어떤 투자안(들)을 채택해야 하는가?

b. 만약 두 투자안은 상호배타적이지만 반복가능하지 않다면 이 회사는 어떤 투자안을 채택해야 하는가?

c. 두 투자안이 상호배타적이고 영구히 반복될 수 있다고 가정하자.

1. 연속대체법을 사용해서 선택되는 투자안의 NPV를 구하라.
2. 연간균등순현가법을 사용해서 선택되는 투자안의 연금지급액(일정한 현금흐름)을 구하라.

d. 투자안이 반복될 때마다 그 현금흐름이 달라지는 경우에 사용하기 위해 연속대체분석은 수정될 수 있는가? 답을 설명하라.

질문

12-1 회계적 이익이 아니라 영업현금흐름이 <표 12.1>에 제시되어 있다. 자본예산에서는 왜 순이익보다 현금흐름에 초점을 맞추는가?

12-2 매몰비용은 왜 자본예산분석에 포함되어지지 않아야 하고, 기회비용과 외부효과는 왜 포함되어야 하는지 그 이유를 설명하라. 각각의 예를 하나씩 제시하라.

12-3 순영업운전자본이 자본예산에 포함되는 이유와 투자안 종료 시에 어떻게 회복되는지를 설명하라.

12-4 자본예산분석에 사용하기 위해 투자안의 현금흐름을 계산할 때, 이자지급액은 왜 차감되지 않는가?

12-5 대부분의 기업들에서 현금유입은 연도 말에 한 번 발생하는 것이 아니라 매일매일 발생한다. 이 사실을 반영하기 위해 자본예산에서 매일의 현금흐름을 추정하고 이 현금흐름을 분석에 사용해야 하는가? 그렇게 하지 않는다면 결과가 편향되는가? 만약 그렇다면, NPV는 상향 편향될 것인가 아니면 하향 편향될 것인가? 설명하라.

12-6 대체투자안에 대한 분석과 신규 확장투자안에 대한 분석에 있어서 차이점은 무엇인가?

12-7 자본예산에 포함을 고려중인 투자안에 대한 베타(또는 시장)위험, 기업내부(또는 기업)위험, 개별자산위험을 구별하라.

12-8 이론상으로는 시장위험만이 "관련된" 위험이다. 그러나 기업들은 시장위험만큼 개별자산위험에 관심을 기울인다. 개별자산위험에 관심을 기울이는 이유는 무엇인가?

12-9 (a) 민감도분석, (b) 시나리오분석, (c) 시뮬레이션분석을 정의하라. 만약 GE가 두 가지 투자안(한 투자안은 위성통신시스템을 개발하는 $5억 규모의 사업이고, 다른 투자안은 $30,000에 판매될 신규 트럭을 개발하는 사업이다)을 고려중이라면, 이 회사는 어느 사업에 시뮬레이션분석을 사용할 가능성이 높은가?

12-10 당신이 매년 수백 개의 잠재적인 사업을 결정해야 하는 한 회사의 CFO라면, 이 장에 설명된 민감도분석과 시나리오분석을 사용하려고 할 것인가, 아니면 요구되는 계산의 양이 방대하고 이에 너무 많은 시간이 소요되어서 비효율적이라고 할 것인가? 마케팅이나 회계, 생산 등과 같은 비재무분야의 직원들은 이러한 분석에서 어떤 역할을 하는가?

12-11 "연속대체"는 무엇인가? 연속대체는 자본예산에서 언제 그리고 어떻게 사용되어야 하는가?

12-12 "연간균등순현가(EAA)"는 무엇인가? 연간균등순현가는 자본예산에서 언제 그리고 어떻게 사용되어야 하는가?

12-13 한 회사가 두 개의 상호배타적 투자안을 고려중이라고 가정하자. 한 투자안은 6년 동안 지속되고, 다른 투자안은 10년 동안 지속된다. 두 투자안 모두 각 투자안이 수명기간 말에 반복될 수 있다. 연속대체법이나 EAA법을 사용하지 않는다면 투자안 중 하나에 대해서는 왜곡된 의사결정을 할 수도 있는가? 만약 그렇다면 어떤 투자안이고 그 이유는 무엇인가?

문제

초급 문제
1~5

12-1 **[투자요구액]** Tannen Industries는 확장을 고려중이다. 필요한 장비는 $1,800만에 구입할 수 있으며 구입 당시에 완전히 감가상각될 것이다. 확장을 위해서는 추가적으로 순영업운전자본에 $200만의 투자가 필요할 것이다. 세율은 25%이다.

a. 보너스 감가상각을 반영한 후의 초기 투자지출은 얼마인가?

b. 회사는 작년에 이 투자안과 관련된 조사에 $20,000의 비용을 지출했다. 이것이 당신의 답을 변경시킬 것인가? 이유를 설명하라.

c. 이 투자안을 수용하기 위해 회사가 보유하고 있는 다른 건물을 사용할 계획이라고 가정하자. 건물은 세금과 부동산 중개수수료를 제하고 $100만에 매각될 수 있다. 이러한 사실이 당신의 답에 어떻게 영향을 미칠 것인가?

12-2 **[투자안의 현금흐름]** Colsen Communications는 제안된 투자안의 1차년도(연도 1) 현금흐름을 추정하려고 한다. 이 투자안을 위해 필요한 자산들은 구입 당시에 완전히 감가상각될 것이다. 재무담당자는 이 투자안에 대해 다음과 같은 정보를 수집했다:

매출액	$1,500만
영업비용	1,350만
이자비용	100만

이 회사의 세율은 25%이고, WACC는 10%이다.

a. 1차년도(t = 1) 투자안의 현금흐름은 얼마인가?

b. 만약 이 투자안이 다른 투자안들의 세전 현금흐름을 연간 $50만만큼 잠식한다면, 이것은 파트 a에서의 답을 어떻게 변경시킬 것인가?

12-3 **[세후 잔존가치]** 올해는 Karsted Air Services가 진행하고 있는 투자안의 최종연도이다. 취득원가가 $2,900만인 장비의 100%는 이미 감가상각되었다. Karsted는 이 중고장비를 $800만에 매각할 수 있고, 세율은 25%이다. 이 장비의 세후 잔존가액은 얼마인가?

12-4 **[대체분석]** The Oviedo Company는 노후화된 기계를 교체하기 위해 신규 기계의 구입을 고려중이다. 기존 기계의 장부가치와 시장가치는 영(0)이지만, 지금도 잘 작동하고 있어서 적어도 10년 정도는 더 사용할 수 있을 것이다. 교체를 위해 제안된 신형 기계는 훨씬 더 효율성이 높아서, Oviedo의 엔지니어들은 매년 $8,000의 세후 현금흐름(인건비 절감)이 발생할 것으로 추정한다. 신규 기계의 세후 비용은 $45,000이고, 그 내용연수는 10년으로 추정된다. 잔존가치는 영(0)이다. 이 회사의 WACC는 10%이고, 한계세율은 25%이다. Oviedo는 새로운 기계를 구입해야 하는가?

12-5 **[연간균등현가]** Faleye Consulting은 두 종류의 컴퓨터시스템 중 한 시스템의 도입을 결정해야 한다. $21,000의 세후 비용이 소요되는 최첨단의 장비(시스템 A)를 구입할 수 있는데, 이 시스템은 향후 6년 동안 매년 말에 $6,000의 세후 현금흐름을 창출할 것이다. 대안으로는 $11,000의 세후 비용이 소요되는 다른 장비(시스템 B)를 구입할 수 있으며, 이 시스템의 내용연수는 3년이고, 이 기간 동안 매년 말에 $6,000의 세후 현금흐름을 창출할 것으로 예측된다. 이 회사의 WACC는 10%이고 두 투자안 모두 영구히 반복될 수 있다면, 어떤 시스템을 선택해야 하고, 그 투자안의 EAA는 얼마인가?

중급 문제
6~17

12-6 [감가상각 방법] Charlene은 수명기간이 4년인 자본예산 투자안을 평가하고 있다. 이 투자안은 $800,000의 장비를 필요로 하고, 이 장비는 100% 보너스 감가상각이 적용된다. 그녀는 장비를 즉시 비용화하거나 또는 정액법의 사용 중에 어떤 방법이 분석에 더 나을지 결정하지 못하고 있다. 정액법에서는 장비의 비용이 4년 동안 균등하게 상각될 것이다. 이 회사의 WACC는 8%이고 세율은 25%이다.

a. 각 방법하에서 매년 감가상각비는 얼마인가?

b. NPV는 어떤 감가상각 방법을 사용하는 경우에 더 높고, 얼마나 높은가?

12-7 [시나리오분석] Hung Industries는 NPV가 $1,200만일 것으로 추정되는 투자안을 고려중이다. 이 추정치는 경제상황이 "평균" 수준일 것이라는 가정에 기초하고 있다. 하지만 이 회사의 CFO는 상황이 좋아질 수도 있고 나빠질 수도 있다는 가능성을 인지하고, 시나리오분석을 수행해서 다음과 같은 결과를 얻었다:

경제상황 시나리오	발생확률	NPV
침체	0.05	($7,000만)
평균 이하	0.20	(2,500만)
평균	0.50	1,200만
평균 이상	0.20	2,000만
호황	0.05	3,000만

이 투자안의 기대NPV, 표준편차 및 변동계수를 계산하라.

12-8 [신규 투자안 분석] 당신은 R&D 부서에서 고려중인 분광계(spectrometer) 구입을 평가해야 한다. 필요한 변경을 포함한 분광계의 가격은 $170,000이고, 이 장비는 구입 당시에 완전 상각될 것이다. 장비는 3년 후에는 $60,000에 매각될 것이다. 이 장비는 $8,000의 순영업운전자본 증가(예비부품 재고)를 필요로 할 것이다. 이 투자안은 매출액에는 영향이 없지만, 세전 인건비를 연간 $50,000만큼 감축시켜줄 것이다. 이 회사의 세율은 25%이다.

a. 보너스 감가상각을 반영한 후의 분광계에 대한 초기 투자지출은 얼마인가, 즉 연도 0(t = 0) 시점에서 투자안의 현금흐름은 얼마인가?

b. 연도 1, 연도 2, 그리고 연도 3에 이 투자안의 연간 현금흐름은 얼마인가?

c. WACC가 10%라면 분광계는 구입되어야 하는가? 답을 설명하라.

12-9 [신규 투자안 분석] 당신은 신규 금속절삭기계를 구입하는 제안서를 평가해야 한다. 배송비를 포함한 금속절삭기계의 구입가격은 $143,000이고, 이 장비는 구입 당시에 완전 상각되며 3년 후에 $94,500에 매각될 것이다. 이 기계는 $5,000의 순영업운전자본 증가(재고자산 증가분에서 매입채무 증가분 차감)를 필요로 할 것이다. 이 투자안은 매출액에는 영향이 없지만, 세전 인건비를 연간 $52,000 감축시켜줄 것이다. 한계세율은 25%이고, WACC는 8%이다. 또한 작년에 이 기계 도입에 대한 타당성분석을 위해 $4,500을 지출했다.

a. 작년에 지출된 $4,500은 어떻게 처리되어야 하는가?

b. 자본예산에서 100% 보너스 상각을 반영한 후의 이 기계에 대한 초기 투자지출은 얼마인가, 즉 연도 0(t=0) 시점에서 투자안의 현금흐름은 얼마인가?

c. 연도 1, 연도 2, 그리고 연도 3에 이 투자안의 연간 현금흐름은 얼마인가?

d. 이 기계는 구입되어야 하는가? 답을 설명하라.

12-10 **[대체분석]** The Dauten Toy Corporation은 TCJA 시행 전에 구입했던 사출성형기계를 현재 사용하고 있다. 이 기계는 정액법으로 상각되고 있으며, 잔존 내용연수는 6년이다. 이 기계의 현재 장부가치는 $2,100이고 지금 $2,500에 매각될 수 있다. 따라서 연간 감가상각비는 $2,100/6=$350이다. 이 구형 기계는 만약 교체되지 않는다면 내용연수의 최종시점에서 $500에 매각될 수 있다.

Dauten은 $8,000의 비용이 소요되고 내용연수는 6년, 그리고 추정 잔존가치는 $800인 기계로의 교체를 제안받았다. 이 신형 기계는 구입할 때 100% 보너스 감가상각이 적용된다. 이 기계를 사용하면 생산량 증대가 가능하기 때문에 매출은 연간 $1,000이 증가하고, 이와 더불어 신형 기계의 대폭 향상된 효율성 덕분에 운영비용은 매년 $1,500이 감소할 것이다. 신형 기계의 도입에 따라 재고자산은 $2,000이 증가하고, 동시에 매입채무도 $500이 증가할 것이다. Dauten의 한계세율은 25%이고, WACC는 11%이다. 이 회사는 기존의 구형 기계를 교체해야 하는가?

12-11 **[대체분석]** St. Johns River Shipyards는 8년 전에 구입한 리벳으로 접합하는 리베팅 기계(riveting machine)를 신형 기계로 교체하는 투자안을 고려중인데, 이 신형 기계는 영업이익을 연간 $24,000에서 $46,000으로 증가시킬 것이다. 이 신형 기계는 $80,000의 비용이 소요되고, 내용연수는 8년이며 잔존가치는 없을 것이다. 이 신형 리베팅 기계는 100% 보너스 감가상각이 적용된다. 이 회사의 법인세율은 25%이고, WACC는 10%이다. 기존의 구형 기계는 이미 완전하게 상각되었고 잔존가치도 없다. 이 회사는 구형 리베팅 기계를 신형 기계로 교체해야 하는가? 답을 설명하라.

12-12 **[투자안 위험 분석]** The Butler-Perkins Company(BPC)는 두 상호배타적 투자안들 중에서 하나를 선택해야 한다. 각 투자안은 $6,750의 최초 세후 현금유출이 발생하고, 기대수명기간은 3년이다. 투자안의 연간 세후 현금흐름은 최초 투자가 이루어진 후인 연도 1에 시작되고, 다음과 같은 확률분포를 가진다:

투자안 A		투자안 B	
확률	세후 현금흐름	확률	세후 현금흐름
0.2	$6,000	0.2	$ 0
0.6	6,750	0.6	6,750
0.2	7,500	0.2	18,000

BPC는 위험이 큰 투자안에 대해서는 12%, 위험이 작은 투자안에 대해서는 10%를 적용해서 평가하기로 결정했다.

a. 각 투자안의 매년 세후 기대현금흐름은 얼마인가? 투자안 B의 표준편차(σ_B)는 \$5,798이고 변동계수(CV_B)는 0.76이다. σ_A와 CV_A는 얼마인가?

b. 위험조정NPV에 근거하면 BPC는 어떤 투자안을 선택해야 하는가?

c. 투자안 B의 현금흐름은 이 회사의 다른 현금흐름들과 음(−)의 상관관계를 갖고 있는 반면에 투자안 A의 현금흐름은 양(+)의 상관관계를 갖고 있다는 것을 알았다면, 이것은 의사결정에 어떻게 영향을 미칠 수 있는가? 만약 투자안 B의 현금흐름은 국내총생산(GDP)과 음(−)의 상관관계이고 투자안 A는 양(+)의 상관관계라면, 이것이 당신의 위험 평가에 영향을 미칠 것인가?

12-13 **[상이한 수명]** Crockett Graphic Designs Inc.는 두 상호배타적 투자안을 고려중이다. 두 투자안 모두 \$11,000의 최초 세후 투자지출이 필요하고, 이 회사에게는 전형적인 평균 위험 투자안들이다. 투자안 A의 기대수명기간은 2년이고, 1년도 말과 2년도 말에 각각 \$8,000과 \$10,000의 세후 현금유입이 발생한다. 투자안 B의 기대수명기간은 4년이고, 향후 4년 동안 매년 말에 \$5,500의 세후 현금유입이 발생한다. 이 회사의 WACC는 12%이다.

a. 두 투자안 모두 반복될 수 없고 Crockett이 투자안 평가에 NPV를 그 기준으로 사용한다면, 어떤 투자안을 선택해야 하는가?

b. 투자안들은 반복될 수 있고 현금흐름의 변화는 없을 것으로 예측된다고 가정하자. 연속대체분석을 사용해서 선택되는 투자안의 NPV를 구하라.

c. 파트 b와 동일한 가정을 하자. 연간균등순현가(EAA)법을 사용한다면 선택되는 투자안의 EAA는 얼마인가?

12-14 **[상이한 수명]** Overton Clothes Inc.는 완전히 상각된 기존의 편물기계 교체를 고려중이고, 두 가지 신형 모델을 검토하고 있다: (a) 기계 171-3은 \$171,000의 세후 비용이 소요되고, 기대수명기간은 3년, 매년 세후 현금흐름(인건비 절감)은 \$85,000이며, (b) 기계 356-6은 \$356,000의 세후 비용이 소요되고, 기대수명기간은 6년, 매년 세후 현금흐름은 \$102,400이다. 두 투자안 모두 반복될 수 있다고 가정하자. 편물기계들의 가격은 상승하지 않을 것으로 예상되는데, 그 이유는 이 기계들에 사용되는 부품(마이크로프로세서)은 더 싸지고, 이것이 인플레이션을 상쇄할 것이기 때문이다. Overton의 WACC는 13%이다. 연속대체법과 EAA법을 사용한다면 어떤 모델이 선택되어야 하는가? 이유를 설명하라.

12-15 **[연속대체]** Rini Airlines는 두 종류의 항공기를 고려중이다. 항공기 A는 기대수명기간이 5년이고, \$9,500만의 세후 비용이 소요되며 매년 \$3,500만의 세후 현금흐름을 창출할 것이다. 항공기 B는 기대수명기간이 10년이고, \$1.12억의 세후 비용이 소요되며 매년 \$2,500만의 세후 현금흐름을 창출할 것이다. Rini는 10년 동안 이 항로에 취항할 계획이다. 이 회사의 WACC는 9%이다. Rini가 5년도 말에 항공기 A의 교체를 위해 새로 구입하는 경우, 세후 비용은 \$1.05

억이 소요되지만 현금유입은 변하지 않을 것이다. Rini는 항공기 A와 항공기 B 중에서 어느 항공기를 구매해야 하는가? 답을 설명하라.

12-16 **[연속대체]** Lesseig Company는 향후 8년 동안 이 회사가 필요로 하는 제품을 생산할 두 상호배타적 기계 중 하나에 투자할 기회를 검토 중이다. 기계 A는 $890만의 세후 비용이 소요되고, 4년 동안 매년 $450만의 세후 현금유입을 창출할 것이다. 기계 A를 교체하는 경우 인플레이션으로 인해 그 세후 비용은 $980만이 소요될 것이고, 현금유입은 생산 효율성 덕분에 $470만으로 증가할 것이다. 기계 B는 $1,390만의 세후 비용이 소요되고, 8년 동안 매년 $430만의 세후 현금유입을 창출할 것이다. WACC는 9%라면 어떤 기계를 구입해야 하는가? 답을 설명하라.

12-17 **[연간균등순현가]** 한 기업이 두 가지 상호배타적 투자안을 평가하고 있다. 투자안들의 세후 현금흐름은 다음과 같다:

기간	세후 현금흐름 X	세후 현금흐름 Y
0	($80,000)	($75,000)
1	40,000	35,000
2	60,000	35,000
3	70,000	35,000
4	—	35,000
5	—	5,000

투자안 X와 투자안 Y의 위험은 동일하고, 두 투자안 모두 영구히 반복될 수 있다. 이 기업의 WACC가 10%라면, 기업에 가장 많은 가치를 부가해주는 투자안의 EAA는 얼마인가?(최종 답은 소수점 첫째 자리에서 반올림하라.)

고급 문제 18~20

12-18 **[신규 투자안 분석]** Holmes Manufacturing은 $285,000의 비용이 소요되고, 세금공제 전 기준으로 매년 $90,000의 제조원가를 감축시켜주는 신규 기계의 구입을 고려중이다. 이 신규 기계는 구입 당시 완전 상각될 것이다. 경영진은 이 기계의 내용연수는 5년이고, 5년도 말 그 잔존가치는 $23,000일 것으로 예상한다. 순영업운전자본은 초기에 $25,000이 증가할 것이지만 5년 후 투자안이 종료되면 회복될 것이다. Holmes의 한계세율은 25%이고, 이 투자안의 적절한 WACC는 10%이다.

a. 이 투자안의 NPV, IRR, MIRR 및 회수기간을 계산하라.
b. 경영진은 $90,000의 원가절감이 확실하지 않은 것으로 생각한다고 가정하자. 이 금액은 예측치보다 20% 높거나 낮을 수 있다. 각각의 경우에 NPV는 얼마가 될 것인가?
c. CFO가 당신에게 원가절감, 기계의 잔존가치 및 순영업운전자본(NOWC) 요건에 대해 다른 수치들을 사용해서 시나리오분석을 요청했다고 가정하자. 시나리오분석을 위해서는 다음과 같은 확률과 수치를 사용하라:

시나리오	확률	원가절감	잔존가치	NOWC
최악	0.35	$72,000	$18,000	$30,000
기본	0.35	90,000	23,000	25,000
최상	0.30	108,000	28,000	20,000

이 투자안의 기대NPV, 표준편차, 변동계수를 계산하라. 당신은 이 투자안을 채택해야 한다고 추천할 것인가? 왜 그런지 아니면 왜 그렇지 않은지 그 이유를 설명하라.

12-19 **[대체분석]** The Darlington Equipment Company는 TCJA 시행 전인 5년 전에 $85,000의 비용이 소요되는 기계를 구입했다. 구입 시점에서 이 기계의 기대수명기간은 10년이었고, 정액법으로 매년 $8,500씩 감가상각이 되고 있다. 기계가 교체되지 않는다면 이 기계는 내용연수의 최종연도 말 $15,000에 매각될 수 있다.

신규 기계는 설치비용을 포함하여 $170,000에 구입할 수 있으며, 내용연수인 5년 동안 매년 $40,000의 현금운영비용을 절감시킬 것이다. 매출에는 변동이 없을 것이고, 잔존가치는 영(0)으로 추정된다. 신규 기계는 구입 당시 100% 보너스 감가상각이 적용된다.

기존의 노후 기계는 현재 $55,000에 매각될 수 있다. 이 회사의 세율은 25%이고, 적절한 WACC는 9%이다.

a. 만약 신규 기계를 구입한다면 연도 0(t=0) 시점에서 보너스 감가상각 반영 후의 최초 현금흐름은 얼마인가?
b. 연도 1부터 연도 5까지 발생할 증분현금흐름은 얼마인가?
c. 이 투자안의 NPV는 얼마인가? Darlington은 기존의 노후 기계를 교체해야 하는가? 답을 설명하라.

12-20 **[대체분석]** Bigbee Bottling Company는 음료주입기계들 중 하나를 보다 효율적인 신형 기계로 교체할 것을 고심 중이다. 기존 기계는 TCJA 시행 전에 구입되었고, 그 장부가치는 $600,000이며 잔존 내용연수는 5년이다. 이 기계는 5년 후에는 아무런 가치도 없을 테지만, 지금 동종업계의 다른 회사에 매각한다면 $265,000을 받을 수 있다. 기존의 구형 기계는 정액법을 사용해서 매년 $120,000씩 상각되고 있다.

신형 기계는 구입가격이 $1,175,000이고, 기내내용연수는 5년이며 추정 잔존가치는 $145,000이다. 이 신형 기계는 구입 당시 100% 보너스 감가상각이 적용된다. 신형 기계가 도입된다면 전력사용량, 인건비, 수선비용이 감소하고, 또한 불량 음료병의 개수도 감소할 것으로 예상된다. 신형 기계가 설치된다면 전체적으로 연간 총 $220,000의 세전 비용절감이 이루어질 것이다. 이 회사의 한계세율은 25%이고, WACC는 12%이다.

a. 이 신형 기계에 요구되는 보너스 감가상각 후의 최초 현금지출은 얼마인가?
b. 교체가 이루어지는 경우 연간 감가상각비의 변동을 계산하라.
c. 연도 1부터 연도 5까지의 증분현금흐름은 얼마인가?
d. 이 회사는 신형 기계를 구입해야 하는가? 이유를 설명하라.

e. 일반적으로 다음의 각 요인들은 투자 의사결정에 어떻게 영향을 미치는가? 각 요인은 어떻게 처리되어야 하는가?
   (1) 현재 사용 중인 기계의 기대내용연수가 감소하는 경우
   (2) Bigbee가 당해 연도의 자본예산에 투자안들을 추가함에 따라 WACC가 일정하지 않고 증가하는 경우

종합계산문제

12-21 **[신규 투자안 분석]** 당신은 Cory Materials에서 계획 중인 신제품을 분석해야 하는데, 이 신제품은 회사의 R&D부서에서 주거용 건물에 사용하기 위해 개발한 틈새를 메우는 코킹화합물(caulking compound)이다. Cory의 마케팅 책임자는 3년 동안 연간 115,000 튜브를 튜브당 $3.25에 팔 수 있을 것으로 예상한다. 3년 후에 이 제품은 쓸모없게 될 것이다. 필요한 장비의 배송비를 포함한 구입가격은 $175,000이고, 이 장비는 구입 당시 100% 보너스 감가상각이 적용된다. 유동자산(매출채권과 재고자산)은 $35,000이 증가하는 반면에, 유동부채(매입채무와 미지급비용)는 $15,000이 증가할 것이다. 단위당 변동비는 $1.95이고, 고정비는 연간 $70,000이다. 3년 후에 생산이 중단될 때 장비의 시장가치는 $15,000으로 추정된다. Cory의 세율은 25%이고, 평균 위험의 투자안에 대해 10%의 WACC를 사용한다.

a. 연도 0(t=0) 시점에서 요구되는 보너스 감가상각 후의 투자지출과 투자안의 연간 현금흐름들을 구하라. 그다음에 이 투자안의 NPV, IRR, MIRR 및 회수기간을 계산하라. 지금은 투자안이 평균 위험을 갖는다고 가정하자.

b. 이제 신제품 R&D에 $30,000의 비용이 소요되었고, 이 비용은 작년에 발생했으며 세무 목적상 비용처리된 것을 알았다고 가정하자. 이것이 NPV 추정치와 다른 수익성 측정치에 어떻게 영향을 미칠 것인가

c. 신규 투자안이 Cory의 다른 투자안들로부터의 현금흐름을 감소시키고, 이 신규 투자안은 Cory 소유의 매각할 수도 있지만 현재는 비어 있는 건물을 사용한다면, 이러한 요인들이 투자안의 NPV에 어떻게 영향을 미칠 것인가?

d. 이 투자안의 현금흐름은 Cory의 다른 투자안들로부터의 수익 및 경제상황과 양(+)의 상관관계를 가질 가능성이 높은가 아니면 음(−)의 상관관계를 가질 가능성이 높은가? 이 요인은 당신의 분석에서 중요한가? 답을 설명하라.

e. 신제품과는 관계없이 Cory는 이 회사의 제조공장을 개보수하기 위해 두 상호배타적 기계를 분석하고 있다. 이 기계들은 평균 위험의 투자안이라고 판단되고, 따라서 경영진은 회사의 WACC인 10%로 투자안들을 평가하고자 한다. 기계 X의 수명기간은 4년인 반면, 기계 Y의 수명기간은 2년이다. 각 기계의 세후 비용은 $60,000이지만, 기계 X는 4년 동안 매년 $25,000의 세후 현금흐름을 제공하고 기계 Y는 2년 동안 매년 $42,000의 세후 현금흐름을

제공한다. 이 제조공장은 매우 성공적이어서 각 기계의 내용연수 종료 시 이 기계들은 재구매될 예정이다. 다시 말하면 이 기계들은 "반복가능한" 투자안이다.

1. 연속대체법을 사용하는 경우 더 나은 기계의 NPV는 얼마인가?
2. EAA법을 사용하는 경우 더 나은 기계의 EAA는 얼마인가?

f. **스프레드시트 과제: 교수자의 선택** 현금흐름, NPV, IRR, 회수기간 및 MIRR을 계산하는 스프레드시트를 작성하라.

g. CEO는 코킹화합물에 대한 일부 기본 수준의 입력자료들이 너무 낙관적이거나 너무 비관적이라는 우려를 표명했고, 이 6개 입력변수(판매량, 판매가격, 단위당 변동비, 고정비, WACC, 장비의 취득원가)들이 기본 수준보다 20% 높거나 20% 낮은 경우에 NPV가 어떻게 영향을 받을 것인지에 대해 알기를 원한다. 각 변수를 고려할 때 다른 변수들은 일정하다고 가정하고, 결과를 보여주는 민감도 그래프를 작성하라.

h. 파트 g에 열거된 6개의 각 변수가 파트 g에서 계산된 최상 수준의 수치를 가질 확률은 25%, 기본 수준의 수치를 가질 확률은 50%, 그리고 최악 수준의 수치를 가질 확률은 25%라는 가정에 기초하여 시나리오분석을 수행하라. 다른 변수들은 기본 수준으로 유지된다. 기대NPV, NPV의 표준편차, 변동계수를 계산하라.

i. Cory의 경영진은 투자안 위험을 반영하기 위해 위험조정할인율을 사용하는가? 답을 설명하라.

통합사례

ALLIED FOOD PRODUCTS

12-22 **[자본예산과 현금흐름 추정]** Allied Food Products는 신선한 레몬주스 신제품으로 과일주스사업의 확장을 검토 중이다. 최근에 당신은 자본예산 책임자를 보좌하기 위해 채용되었다고 가정하자. 당신은 신규 투자안을 평가해야 한다.

레몬주스는 Allied의 Fort Myers 공장 근방에 있는 미사용 건물에서 생산될 예정인데, 이미 완전 상각된 이 건물은 Allied가 소유하고 있다. 필요한 장비의 배송비를 포함한 구입가격은 $280,000이고, 이 장비는 구입 당시 100% 보너스 상각이 적용된다. 또한 재고자산은 $25,000이 증가하고 매입채무도 $5,000이 증가할 것이다. 이러한 모든 비용은 t=0 시점에서 발생한다.

이 투자안은 4년 동안 운영될 것으로 예상되며 4년 후에는 종료될 것이다. 현금흐름은 투자안이 착수되고 1년 후(t=1)부터 시작되며 t=4까지 계속된다고 가정한다. 투자안의 수명기간 말(t=4)에 이 장비의 잔존가치는 $25,000일 것으로 예상된다.

판매량은 연간 100,000개로 예측되고, 기대판매가격은 개당 $2.00이다. 투자안의 현금운영비용은 매출액의 60%로 추정된다. Allied의 세율은 25%이고 WACC는 10%이다. 잠정적으로 레몬주스 투자안은 Allied의 다른 자산들과 동일한 위험을 갖는다고 가정한다.

당신에게는 이 투자안을 평가해서 투자안의 채택 여부에 대한 의견을 제시하라는 임무가 부여되었다. 당신에게 분석에 있어서의 지침을 제공하기 위해 당신의 상사는 다음과 같은 일련의 과업/질문들을 던졌다:

a. Allied는 자본예산 과정에서 사용되는 표준화된 양식을 갖고 있다(<표 IC 12.1> 참조). 이 표의 대부분은 완성이 되었지만 빠진 수치가 있는 빈칸들을 채워야 한다. 다음의 단계들을 사용해서 표를 완성하라:
   1. 연도 0(t = 0) 시점에서 최초 투자지출인 CAPEX × (1 − T) 및 ΔNOWC에 대한 빈칸을 채워라.
   2. 판매량, 판매가격, 총매출액 및 영업비용에 대한 표를 완성하라.
   3. 표에서 세후 영업이익까지, 그리고 투자안의 영업현금흐름인 EBIT(1 − T) + DEP까지 완성하라.
   4. 연도 4의 최종현금흐름에 대한 빈칸을 채우고, 투자안의 잉여현금흐름 시간선을 완성하라. 순영업운전자본의 회복에 대해 설명하라. 이 장비가 그 장부가치보다 낮게 매각되었다면 어떤 일이 발생했을 것인가?

b. 1. Allied는 부채를 사용하는 자본구조를 갖고 있고, 따라서 투자안을 위해 조달되는 자금의 일부는 부채일 것이다. 이 사실에 근거하면 추정 현금흐름은 추정 이자비용을 반영하기 위해 수정되어야 하는가? 답을 설명하라.
   2. 당신은 Allied가 작년에 이 건물을 개보수하기 위해 $50,000을 지출했고 이 지출은 비용처리되었다는 것을 알게 되었다고 가정하자. 이 비용은 분석에 반영되어야 하는가? 답을 설명하라.
   3. 당신은 Allied가 이 건물을 다른 회사에 임대해서 연간 $25,000을 받을 수 있다는 것을 알게 되었다고 가정하자. 이 사실은 분석에 반영되어야 하는가? 만약 그렇다면 어떻게 반영되어야 하는가?
   4. 레몬주스 투자안은 수익성 있는 Allied의 다른 오렌지주스 사업의 매출을 빼앗아 올 것이라고 가정하자. 이 사실은 분석에 반영되어야 하는가? 만약 그렇다면 어떻게 반영되어야 하는가?

c. 파트 b의 모든 가정들은 무시하고, 이 건물은 향후 4년 동안 다른 용도가 없다고 가정하자. 이제 이 투자안의 NPV, IRR, MIRR, 회수기간을 계산하라. 계산 결과들은 투자안이 채택되어야 한다는 것을 제시하고 있는가? 답을 설명하라.

d. 이 투자안이 확장투자안이 아니고 대체투자안이라면 분석은 어떻게 달라져야 하는가? 현금흐름을 나타내는 표에 발생할 수 있는 변화들에 대해 생각해보자.

e. 1. 일반적으로 고려되는 투자안 위험의 세 가지 수준 또는 유형은 무엇인가?
   2. 어떤 유형이 가장 관련되어 있는가?
   3. 어떤 유형이 가장 측정하기 용이한가?

〈표 IC 12.1〉 Allied의 레몬주스 투자안(단위: $천)

연도 말:	0	1	2	3	4
I. 투자지출					
CAPEX × (1−T)					
재고자산의 증가					
매입채무의 증가					
⊿NOWC					
II. 투자안의 영업현금흐름					
판매량(단위: 천)			100		
가격/개(단위: $)		$2.00	$2.00		
총매출액					$200.0
영업비용			$120.0		
감가상각비: 연도 0에 100% 보너스 감가상각		0.0	0.0	0.0	0.0
총비용		$120.0	$120.0		
EBIT (또는 영업이익)				$80.0	
영업이익에 대한 세금(25%)		20.0			20.0
EBIT(1−T) = 세후 영업이익				$60.0	
감가상각비 가산		0.0		0.0	
EBIT(1−T) + DEP	$0.0	$60.0			$60.0
III. 투자안의 최종현금흐름					
잔존가치(일반 이득으로 과세)					
잔존가치에 대한 세금(25%)					
세후 잔존가치					
⊿NOWC = NOWC의 회복					
투자안의 잉여현금흐름 = EBIT(1−T) + DEP − CAPEX − ⊿NOWC	($230.0)				$98.8
IV. 결과					
NPV =					
IRR =					
MIRR =					

4. 세 유형의 위험은 일반적으로 높은 상관관계가 있는가?

f. 1. 민감도분석은 무엇인가?

2. 당신은 이 투자안의 판매량, 잔존가치 및 WACC에 대한 민감도분석을 어떻게 진행할 것인가? 각 변수들은 기본 수준 또는 기댓값에서 10% 증가하거나 감소, 20% 증가하거나 감소, 30% 증가하거나 감소한다고 가정하자. 각각의 경우에 NPV, IRR, MIRR, 회수기간을 어떻게 계산할 것인지 설명하라. 교수자가 과제로 부여하지 않는다면 이 분석은 진행하지 않아도 된다.

3. 민감도분석의 주요 단점은 무엇인가? 주요 장점은 무엇인가?

g. 레몬주스 투자안과는 관계없이 Allied는 이 공장을 개보수 중에 있고, 두 상호배타적인 기계 중에서 선택해야 한다. 이 공장은 매우 성공적이어서 어떤 기계를 선택하더라도 기계의 내용연수 종료 시 재구매될 예정이다. 두 기계는 동일한 $50,000의 세후 비용이 소요되고, 기계 A는 4년 동안 연간 $17,500의 세후 비용절감을 제공하며 기계 B는 연도 1에 $34,000, 연도 2에 $27,500의 세후 비용절감을 제공한다.
   1. 연속대체법을 사용하는 경우 더 나은 기계의 NPV는 얼마인가?
   2. EAA법을 사용하는 경우 더 나은 기계의 EAA는 얼마인가?

다음의 질문들에는 교수자가 과제로 부여하는 경우에만 계산문제들에 답하라. 또한 엑셀모형을 사용하지 않는다면 계산하는 데 오랜 시간이 소요될 것이라는 점에 유의할 필요가 있다.

h. 향후 4년에 걸쳐 인플레이션은 평균 5%로 예상되고, 이 예측은 WACC에 반영된다고 가정하자. 더욱이 인플레이션은 매출액과 변동비를 동일하게 5% 증가시킬 것으로 예상된다. 지금까지 최초 분석에서 인플레이션을 적절하게 다룬 것으로 보이는가? 그렇지 않다면 어떻게 다뤄져야 하고, 필요한 조정들이 어떻게 의사결정에 영향을 미칠 것인가?

i. 인플레이션을 감안한 기대현금흐름이 <표 IC 12.2>에 주어져 있다. Allied의 WACC는 10%이다. 현금흐름에 영향을 미치는 모든 변수들에 대한 측정치는 판매량을 제외하고는 신뢰할 수 있다고 가정하자. 제품에 대한 반응이 저조하다면 매출은 연간 75,000개에 그칠 것이고, 소비자들의 반응이 좋다면 매출은 125,000개에 달할 것이다. 어떤 경우든지 현금영업비용은 매출액의 60%이다. 당신은 저조한 반응일 확률 25%, 좋은 반응일 확률 25%, 그리고 보통의 평균적인 반응(기본 수준)일 확률 50%로 판단한다. 엑셀모형을 사용하는 경우에만 수치를 계산하라.
   1. 최악 수준의 NPV는 얼마인가? 최상 수준의 NPV는 얼마인가?
   2. 최악 수준의 NPV, 발생가능성이 가장 높은 경우의 NPV(기본 수준의 NPV), 최상 수준의 NPV와 함께 각 경우의 발생 확률을 사용해서 이 투자안의 기대NPV, 표준편차, 변동계수를 계산하라.

j. Allied의 평균적인 투자안은 변동계수(CV)가 1.25에서 1.75의 범위에 있다고 가정하자. 레몬주스 투자안은 고위험으로 분류될 것인가, 평균 위험으로 분류될 것인가 아니면 저위험으로 분류될 것인가? 여기서는 어떤 유형의 위험을 측정하고 있는가?

k. 상식에 기초해서 이 투자안이 회사의 다른 자산들과 얼마나 상관관계가 높을 것이라고 생각하는가? (당신의 판단에 기초해서 상관계수나 상관계수의 범위를 제시하라.)

l. 상관계수와 이전에 계산된 σ는 기업위험(또는 기업내부위험)에 대한 이 투자안의 기여에 어떻게 함께 작용해서 영향을 미칠 것인가? 답을 설명하라.

m. 당신의 판단에 기초하면 이 투자안의 상관계수는 경제의 전체적인 상황, 따라서 "시장"에 대한 수익률과 관련해서 어떨 것이라고 생각하는가? 경제와의 상관관계는 이 투자안의 시장위험에 어떻게 영향을 미칠 것인가?

〈표 IC 12.2〉 인플레이션 5% 고려 시 Allied의 레몬주스 투자안(단위: $천)

	연도				
	0	1	2	3	4
투자지출					
CAPEX × (1－T)	($210)				
⊿NOWC	(20)				
투자안의 영업현금흐름					
판매량(단위: 천)		100	100	100	100
판매가격(단위: $)		$2.100	$2.205	$2.315	$2.431
총매출액		$210.0	$220.5	$231.5	$243.1
현금영업비용(60%)		126.0	132.3	138.9	145.9
감가상각비: 연도 0에 100% 보너스 감가상각		0.0	0.0	0.0	0.0
EBIT (또는 영업이익)		$84.0	$88.2	$92.6	$97.2
영업이익에 대한 세금(25%)		21.0	22.1	23.2	24.3
EBIT(1－T)＝세후 영업이익		$63.0	$66.2	$69.5	$72.9
감가상각비 가산		0.0	0.0	0.0	0.0
EBIT(1－T)＋DEP		$63.0	$66.2	$69.5	$72.9
투자안의 최종현금흐름					
잔존가치					25.0
SV에 대한 세금(25%)					6.2
세후 잔존가치					18.8
⊿NOWC					20.0
투자안의 잉여현금흐름	($230.0)	$63.0	$66.2	$69.5	$111.7
회수기간에서 누적 현금흐름:	(230.0)	(167.0)	(100.8)	(31.4)	80.3
MIRR에서 복리계산된 현금유입:		83.9	80.0	76.4	111.7
복리계산된 현금유입의 합계:					352.0
결과					
NPV＝$10.4					
IRR＝11.9%					
MIRR＝11.2%					

n. Allied는 위험에 내해 소성하기 위해서 통상적으로 이 회사의 WACC에 4%를 가산하거나 차감한다. 위험에 대한 조정 후에 레몬주스 투자안은 채택되어야 하는가? 최종 결정을 내리기 전에 감안되어야 할 어떤 주관적 위험요인들이 있는가? 답을 설명하라.

자본구조와 배당정책

자본구조와 레버리지

13
CHAPTER

부채는 로켓 추진기인가, 아니면 닻인가? Caterpillar Inc.

기업이 성장하려면 자본이 필요한데, 자본은 부채 또는 자기자본의 형태로 조달된다. 부채조달은 다음과 같은 두 가지 장점이 있다. (1) 이자는 세금이 공제되는 반면 배당은 그렇지 못하기 때문에 부채는 자기자본에 비해 낮은 비용으로 조달가능하다. (2) 부채의 수익률은 고정되어 있기 때문에 기업의 실적이 매우 성공적으로 나타났다고 해서 주주들은 기업의 이익을 채권자와 나눌 필요가 없다.

하지만 부채 역시 다음과 같은 단점이 있다. (1) 부채가 증가하면 기업위험이 커지고 이로 인해 부채비용과 자기자본비용이 상승한다. (2) 기업이 어려움에 빠져 영업이익이 이자비용을 충당하지 못할 경우 기업은 파산할 수 있다. 기업에 매우 유리한 여건이 가까운 시기에 조성될지라도 과도한 부채로 인해 기업은 언제든 그 전에 파산할 수 있다.

부채는 기업에 추가적인 위험을 초래하기 때문에, 영업이익과 영업현금흐름의 변동성이 큰 기업들은 부채사용에 제한을 두는 경향이 있다. 반면 경영위험이 낮고 영업현금흐름이 안정적인 기업의 경우 더 많은 부채사용을 통해서 이득을 취할 수 있다. 제반 경제환경이 좋지 않을 경우 이자부담으로 인해 기업의 재무상태가 약화되거나 기업신용도가 하락하는 것을 방지하기 위하여 기업은 날씬한 체질로의 변환이 필요하다는 것을 알고 있다. 2009년 세계 최대의 토목장비 생산업체인 Caterpillar, Inc(CAT)가 바로 이와 같은 상황이었다.

2008년 말 기준 Caterpillar의 자본구조는 장부가치를 기준으로 부채 89%, 자기자본 11%로 구성되어 있었는데, 이 회사의 경영진은 과다한 부채로 인해 명성 높은 기업이 한순간에 파산할 수도 있음을 잘 알고 있었다. 실제로 당시 국가경제가 불황 속에 빠졌고 글로벌 시장으로 확대되고 있었다. 회사의 해외매출이 전체의 67%를 차지하고 있어 이 회사는 큰 타격을 받았고 이에 2009년도에는 매출액이 감소하게 되었다.

이에 따라 Caterpillar의 경영진은 재무구조를 개선하기 위하여 운전자본의 규모를 내리고, 간접비용을 절약하여, 부채의 규모를 줄여나갔다. 실제로 2009년 1분기부터 2013년 말에 이르기까지 이 회사는 부채에 대한 의존력을 지속적으로 감소시켰다. 동시에 기업경영의 초점을 재조정하려는 시도의 일환으로 주주에 대한 이익환원에 관심을 갖게 되었다. Caterpillar는 2014년 초에 2018년까지 시행할 $100억 규모의 새로운 자사주매입계획을 발표하였다. 그 이후로 유보이익의 증가로 인해서 자지자본이 증가하게 되었고 2019년 말에는 타사 비교 다소 높을 수 있으나 회사의 부채비율이 72%까지 감소하게 되었다.

하지만 Caterpillar의 자본구조를 좀 더 자세히 들여다보면 겉으로만 보면 알 수 없었던 다른 측면을 파악할 수 있다. 2019년도 말에 장부가치 기준 회사의 부채가 $377억, 자기자본이 $146억이었지만, 시가총액(주식의 주당 가격에 주식수를 곱한 금액)을 기준으로 계산된 자기자본은 $812억이 되어 부채-자산비율이 $377억/($377억+$812억)≒32%로 나타나게 되어 장부가치 기준 72%보다는 낮은 수치이다. 이러한 이유로 이 회사는 당시 채권평가에서 A등급을 유지할 수 있었던 것이다. 그럼에도 회사 상황은 급변할 수 있다. 시장상황도 비슷했으나 Caterpillar사의 주가는 2020년에 급감하여 5월경에는 2019년도 대비 25% 정도 하락하게 되었다. 시가총액도 유사하게 감소했을 것이다. 순효과의 측면에서 보면 주가하락으로 인해 부채-자산비율도 약 39% 정도 하락하게 되었다.

Caterpillar 등 많은 회사들이 자금조달을 할 경우 부채와 자기자본 중 어느 하나의 방법이 다른 것보다 더 우수한가? 만약 그렇다면 기업은 부채와 자기자본 중 하나의 방법만 선택해야 하는 것은 아닌가? 혹은 부채와 자기자본을 적절하게 결합하여 조달하는 방법이 최선이라면 최적조합은 무엇인가? 이 장을 읽으면서 독자들은 이러한 질문에 어떻게 답할 것인지를 생각해보기 바란다.

학습개요 및 목표

앞의 제10장에서 가중평균자본비용(WACC)을 계산할 때, 우리는 기업이 특정한 목표자본구조가 있음을 가정하였다. 하지만 목표자본구조는 종종 시간에 따라 변화하는데 그러한 변화는 각각의 조달자본의 위험과 비용에 영향을 끼치고, 결국 WACC를 변화시키게 된다. 더욱이 WACC의 변화는 자본예산에 관한 의사결정에 영향을 주고 궁극적으로 주가에 영향을 끼치게 된다.

여러 가지 다양한 요인이 자본구조에 관한 의사결정에 영향을 주고 있으며, 우리가 앞으로 살펴보겠지만, 최적자본구조를 수치적으로 정확하게 도출할 수 있는 것은 아니다. 따라서 같은 산업에 속하는 기업일지라도 종종 현격하게 다른 자본구조를 취하기도 한다. 이 장에서는 부채조달이 위험과 최적자본구조에 미치는 영향을 살펴본다.

이 장을 마치면 다음 과제를 수행할 수 있어야 한다.

- 기업의 자본구조를 장부가치와 시장가치를 기준으로 평가할 때 또는 목표자본구조로 평가할 때 왜 차이가 나타나는지를 설명할 수 있다.

- 경영위험과 재무위험을 구별할 수 있으며, 부채조달이 기업의 기대수익과 위험에 미치는 영향을 설명할 수 있다.
- 최적자본구조를 결정하는 데 있어서 사용되는 분석모형에 대해 논할 수 있다.
- 자본구조이론에 대해 논하고, 이를 이용하여 왜 서로 다른 산업에 종사하는 두 기업의 지본구조가 다르게 나타나는지를 설명할 수 있다.

13-1 장부, 시장, 목표가중치?

자본
개인이나 기관이 제공하는 장기 또는 단기간의 대출, 우선주, 보통주, 유보이익 등 투자자가 제공하는 자금을 뜻한다.

자본구조
기업의 자금조달방식인 부채, 우선주와 보통주의 혼합

최적자본구조
주식의 내재가치를 최대화할 수 있는 자본구조

자본(capital)은 투자자가 제공하는 자금으로서 부채, 우선주, 보통주, 유보이익 등을 뜻한다.[1] 매출채권과 미지급비용은 투자자가 제공한 자금이 아니고 일상적인 영업활동 중 납품업체, 종업원, 조세 당국 사이에서 각각 발생한 것이기 때문에 이 장에서 정의하는 자본의 범주에는 들어가지 않는다. 기업의 **자본구조**(capital structure)는 일반적으로 각 유형의 투자자가 제공하는 자금의 백분율로 정의한다. **최적자본구조**(optimal capital structure)는 주식의 내재가치를 극대화시키는 부채, 우선주, 보통주의 조합인데, 앞으로 살펴보겠지만 내재가치를 극대화시키는 최적자본구조는 WACC 역시 최소화시킨다.

13-1A 자본구조의 측정

자료(Resource)
cengage.com의 본 교재 관련 사이트에서 Excel 챕터 모형들을 다운로드할 수 있다. 다운로드 후에는 제13장 파일을 열어 이 챕터를 읽으면서 따라 해보자.

우선 다음 질문에 답해 보자. 자본구조는 어떻게 측정해야 하는가? 회계사가 작성한 재무상태표에 제시된 장부가치, 부채, 우선주, 보통주의 시장가치, 또 이외에 필요한 수치는 무엇인가? 어떤 자료가 필요한지 알아보기 위하여 최근의 재무제표를 이용하여 Caterpillar(CAT)의 장부가치와 시장가치를 비교한 <표 13.1>을 살펴보자.[2]

1. 여기서 투자자가 제공한 부채는 단기사채와 장기채권을 포함한다. 부채의 시장가치는 장부가치와 거의 비슷한 값을 갖는다고 가정했기에 표에서 장부가치와 시장가치를 표시한 열에 동일한 부채금액을 기재하였다.
2. 하지만 분석시점에서 보통주는 장부가치가 주당 $26.52인 반면 시장가격은 $147.68이다. 총 유통주식수가 5억 5,010만 주이므로 자기자본의 시장가치는 $147.68(550,100,000주) = $812억이고, 장부가치는 $146억이다.

1) 자본에는 흔히 장기부채, 즉 만기가 1년 이상인 부채만을 포함시킨다. 하지만 많은 기업들이 은행으로부터 단기부채를 조달할 때 거의 영구적인 형태를 취하기 때문에 단기부채도 투자자가 제공하는 부채의 범주에 포함시키는 것으로 한다.

2) Caterpillar의 실제 재무상태표는 여러 개의 항목으로 구성되어 있고 분량만 여러 페이지에 달한다. 편의상 <표 13.1>에서는 이를 압축하여 나타낸 것이다. 표의 자료는 2019년 12월 31일자를 기준으로 작성했다.

〈표 13.1〉 Caterpilla 2019년 12월 31일 기준 장부가치, 시장가치 및 목표자본구조에 대한 요약(단위: 10억 달러)

요약재무상태표 자산과 자산청구권(장부가치)					투자자제공자본 매입채무와 미지급비용은 영업활동이므로 제외				
자산		**청구권**			**장부가치**		**시장가치**		**목표비율**
현금	$8.3	매입채무	$6.0	7.7%	–	–	–	–	–
매출채권	17.9	미지급비용	5.4	6.9%	–	–	–	–	–
재고자산	11.3	기타단기부채	3.8	4.8%					
기타유동자산	1.7	지불어음	11.4	14.5%	$11.4	22%	$11.4	10%	5%
총유동자산	$39.2	총유동부채	$26.6	33.9%					
		기타장기부채	10.9	13.9%					
		장기부채	26.3	33.5%	26.3	50%	26.3	22%	35%
비유동자산	$12.9	총부채	$63.8	81.4%	$37.7	72%	$37.7	32%	40%
기타장기자산	26.3	보통주	$5.9	7.5%	$5.9				
		유보이익	8.7	11.1%	8.7				
		총자기자본	$14.6	18.6%	$14.6	28%	$81.2	68%	60%
총자산	$78.4	총청구권	$78.4	100%	$52.3	100%	$118.9	100%	100%

주: 분석 당시 Caterpilla의 발행주식 수는 5억 5,010만 주이고, 주당 장부가격은 $26.52이며, 시장가격은 주당 $147.68이다. **우리는 경영진이 결정한 목표자본구조를 알지 못한다. 부채비율 40% 정도면 적정한 목표치로 추정된다고 판단한다.** 13-3절에서 Caterpilla가 어떻게 목표자본구조를 수립하고 있는지를 설명하고 있다.

출처: 2019 SEC Form 10-K Annual Report, caterpillar.com/en/investors.html, February 19, 2020.

3. 자본구조를 평가할 때 보통주와 유보이익을 따로 구별하지 않는다. 보통주는 주주가 직접 돈을 지불하여 구입한 것이고, 유보이익은 기업이 주주에게 배당으로 주는 대신 기업에 남긴 것이므로 모두 주주가 제공한 몫으로 볼 수 있기 때문이다.
4. Caterpillar는 우선주를 발행하지 않았는데, 우선주의 시장가치도 보통주의 시장가치와 동일한 방법으로 계산한다.
5. 대부분의 재무이론가들은 시장가치법이 장부가치법보다 우수하다고 말한다. 하지만 대부분의 재무분석가들은 장부가치를 기준으로 자료를 보고하고 있으며, 채권신용평가기관도 시장가치에 못지않은 비중을 장부가치에 부여하고 있다. 또한 주가의 변동성 때문에 시장가치를 기준으로 할 경우 WACC를 계산하는 데 있어서 구성요소의 비중이 자주 변동하여, 일부 재무분석가는 장부가치 사용을 더 선호한다.
6. 완전시장에서 기업은 최적자본구조를 발견할 수 있고, 이 구조를 유지하도록 적절한 자금을 조달하며, 이렇게 얻어진 최적의 비율을 이용하여 WACC를 계산한다. 하지만 시장은 완전하지 않다. 정확한 최적의 자본구조를 발견하는 것은 불가능하다. 또 설령 최적자본구조를 찾았다 하더라도 금융시장의 변동성 때문에 이를 지속적으로 유지하는 것은 불가능하다. 이러한 이유로 대부분의 기업들은 단일 수치보다는 **목표부채비율범위**를 설정하며 관리한다.[3)]

7. 일반적으로 기업의 CFO는 기업의 자본구조를 모든 분석의 기준점으로 삼으며, 이 단원에서 기술한 분석방법은 책 나머지 부분의 분석에서 두루 사용된다.
8. 예를 들어, Caterpillar의 경영진이 기업의 최적자본구조로서 40%의 부채비율을 도출하였고, 이에 따라 35~45%의 목표부채비율을 설정하였다고 가정해보자. 그러면 자기자본의 범위는 (1 - 부채%), 즉 55~65%가 된다. 이제 간단한 분석을 위해, 장단기 부채의 평균 이자율이 5%, 자기자본비용이 11%, 법인세율이 대략 25%라고 가정해보자. <표 13.1>에 제시된 가중치를 이용하여 아래 식과 같이 WACC를 추정해보면, 선택하는 자본구조에 따라 그 수치가 현격하게 변하고 있음을 알 수 있다.

$$\begin{aligned}
WACC_{Book} &= w_{d(Book)}(r_d)(1-T) + w_{c(Book)}(r_s) \\
&= 0.72(5\%)(1-0.25) + 0.28(11\%) = 0.0270 + 0.0308 = 5.78\% \\
WACC_{Market} &= w_{d(Market)}(r_d)(1-T) + w_{c(Market)}(r_s) \\
&= 0.32(5\%)(1-0.25) + 0.68(11\%) = 0.0120 + 0.0748 = 8.68\% \\
WACC_{Target} &= w_{d(Target)}(r_d)(1-T) + w_{c(Target)}(r_s) \\
&= 0.40(5\%)(1-0.25) + 0.60(11\%) = 0.0150 + 0.0660 = 8.10\%
\end{aligned}$$

주식의 장부가치와 시장가치의 차이가 클수록 WACC의 차이가 크게 나타나고 있다.

9. 목표부채비율로서 40%의 중간값을 사용할 경우, 평균 정도의 위험이 내포된 투자안에 대한 Caterpillar의 WACC 추정치는 8.10%가 될 것이다.

만약 실제 부채비율이 목표범위보다 훨씬 낮았다면 이 기업은 부채조달을 증가시켜야 했을 것이고, 반면 부채비율이 목표범위보다 훨씬 높았다면 자기자본비중을 늘렸어야 했을 것이다. 여기서 주목할 사항은 조건이 변화하면 목표범위도 시간에 따라 변화할 것이라는 점이다.

13-1B 시간경과에 따른 자본구조의 변화

기업의 실제 자본구조는 시간에 따라 변화하는데, 이는 다음 두 가지 이유 때문이다.

1. 의도적 행동: 만약 기업의 자본구조가 현재 목표범위에 놓여 있지 않을 경우, 해당 기업은 의도적으로 자금을 추가적으로 조달하여 목표범위 내로 놓이도록 할

---

3) 아래의 연구에 의하면, 81%의 기업이 목표자본구조가 없고 10%는 엄격하게 부채비율을 유지하고 있으며, 34%는 목표부채비율의 범위를 유지하고 있고, 37%는 목표자본구조를 유동적으로 유지하고 있다고 답하였다. John R. Graham and Campbell R. Harvey, "The Theory and Practice of Corporate Finance: Evidence from the Field," *Journal of Financial Economics*, vol. 60, nos. 2 and 3(May-June 2001), pp. 187-243.

것이다.

2. 시장의 움직임: 만약 기업이 높은 이익 또는 큰 손실을 실현하여 재무상태표상의 자기자본의 장부가치 또는 주가에 큰 변화가 발생할 수 있다. 이와 유사하게 부채의 장부가치는 변하지 않음에도 시장의 일반적 금리수준이 변하게 됨에 따라 부채이자율이 변동할 수 있고, 채무불이행위험의 변화에 따라 부채의 시장가치가 크게 변동할 수 있다. 부채와 자기자본의 시장가치가 이런 방식으로 변화할 경우 자본구조 또한 크게 변동하게 될 것이다. 이번 단원의 도입부에서 강조한 바와 같이 기업들의 자기자본의 시장가치가 급격하게 하락하였던 2020년 봄에 이러한 영향을 경험한 바 있다. 이러한 하락으로 인해 시장가기준의 부채비율이 상승하게 된다.

대부분의 기업들은 여전히 매 시점에 자본구조에 대해 구체적인 목표범위를 설정하고 있다.[4] 만약 부채비율이 목표범위를 초과할 경우, 이 기업은 대량의 주식을 발행하여 이 자금으로 부채를 상환할 것이고, 혹은 주가가 상승하여 부채비율이 목표치 아래로 내려가면 기업은 채권을 발행하고 이 자금으로 자사주를 매입하는 조치를 취할 수도 있다. 또는 자본예산을 수행하는 데 있어 필요한 자금을 조달하는 과정을 통해서 목표치에 점차적으로 도달하기 위한 정책을 취할 수도 있다.[5]

셀프 테스트

- "장부가 자본구조", "시장가 자본구조" 그리고 "목포자본구조"를 정의하고 다른 점을 설명하라.
- 주식시장이 활황이거나 불황일 경우에 시장가 부채비율이 장부가 부채비율보다 다소 높을 수 있는가? 설명하라.
- 주가가 장부가를 초과하는 경우에 시장가에 근거한 가중평균자본비용이 장부가에 근거한 경우보다 높아지는 이유는 무엇인가?
- 기업의 장부가 자본구조와 시장가 자본구조 중에 장기적으로 안정적인 것은 어느 것인가? 설명하라.

4) 기업의 부채비율이 최소제한수준을 넘어서는 경우에 — 전체의 자본예산을 부채로 조달할 수 있는 경우에 — 자본예산에 포함시키는 사업을 평가하는 데에 있어 목포자본구조에 기반한 가중평균자본비용을 사용할 수 있다.

5) 비용을 고려한 자본구조조정에 대한 내용은 다음의 자료를 참조하라. Michael W. Faulkender, Mark J. Flannery, Kristine Watson Hankins, and Jason M. Smith, "Cash Flows and Leverage Adjustments," *Journal of Financial Economics*, vol. 103, no. 3(March 2012), pp. 632-646.

13-2 경영위험과 재무위험

우리는 제8장에서 개인투자자의 관점에서 위험에 대해 살펴보았다. 또한 우리는 개별자산의 현금흐름만을 분석하는 **개별자산위험**과 다수 자산으로부터 결합되어 발생하는 현금흐름을 분석하는 **포트폴리오위험**을 구분하였다. 포트폴리오 측면에서 살펴볼 때 자산의 위험은 두 가지 요소로 구성되어 있다. 분산되어 소멸되기 때문에 투자자들이 별로 염두에 두지 않는 **분산가능위험**과, 베타계수에 의해 측정되고 시장 전체의 움직임에 의해 결정되어 분산투자해도 소멸되지 않아 투자자들이 늘 염두에 두어야 하는 **시장위험**이 그것이다. 제12장에서는 기업의 관점에서 위험을 고찰하였고, 자본예산에 관한 의사결정이 어떻게 기업의 위험에 영향을 끼치는지를 살펴보았다.

이제 다음 두 개의 새로운 측면의 위험을 소개한다.

1. **경영위험**은 부채를 사용하지 않는 기업의 자산에 대한 위험이다.
2. **재무위험**은 부채를 사용하는 기업에서, 주주에게 부가되는 추가적인 위험이다.

13-2A 경영위험

경영위험
부채가 없는 기업의 경영활동에 내재하는 위험성

경영위험(business risk)은 자본구조를 결정하는 가장 중요한 요인이며, 부채를 사용하지 않는 기업의 영업활동에 내재된 위험의 크기를 나타낸다. 경영위험은 일반적으로 투하자본수익률, 즉 ROIC(return on invested capital)로 측정된다. 앞의 제4장에서 ROIC를 다음과 같이 정의하였음을 상기하자.[6]

$$ROIC = EBIT(1 - T)/총투하자본$$

ROIC는 기업의 모든 투자자에게 제공하는 세후수익을 측정한다. ROIC는 자본구조의 변화에 따라 변동하는 것이 아니기 때문에 ROIC의 표준편차(σ_{ROIC})는 부채조달의 영향을 배제한 상태에서 측정된 기업의 기초위험으로서 경영위험을 나타내는 적절한 척도이다.[7]

이제 **무부채기업** Bigbee Elctronics를 예로 들어 경영위험을 설명해본다. [그림 13.1]의 위에 제시된 그래프는 2012년부터 2020년 사이의 Bigbee의 투하자본수익률의 추이를 보여주고 있다. 이와 같은 그래프는 증권분석가와 경영진에게 ROIC가 과

---

6) EBIT(1 − T)는 부채가 없는 기업의 세후수익이다. 마찬가지로 부채가 없는 기업의 ROIC는 ROE와 동일한 값을 갖는다.

7) 기본분석에서는 자본구조의 변화는 기업의 영업활동에 영향을 주지 않는다고 가정한다. 이번 장의 후반부에서는 부채조달수준의 변화가 기업이 영업활동성과(EBIT)에 영향을 미치는 상황에 대해서 논의한다. 이런 상황에서는 ROIC가 부채수준에 따라 변화하게 된다.

[그림 13.1] 투하자본수익률(ROIC), 2012-2020년

a. 시간경과에 따른 ROIC의 추이: 경영위험의 지표

연도	ROIC
2012	-12.4%
2013	12.8%
2014	21.9%
2015	6.4%
2016	19.6%
2017	15.7%
2018	11.5%
2019	-12.2%
2020	18.0%
평균 ROIC	9.0%
표준편차	12.9%

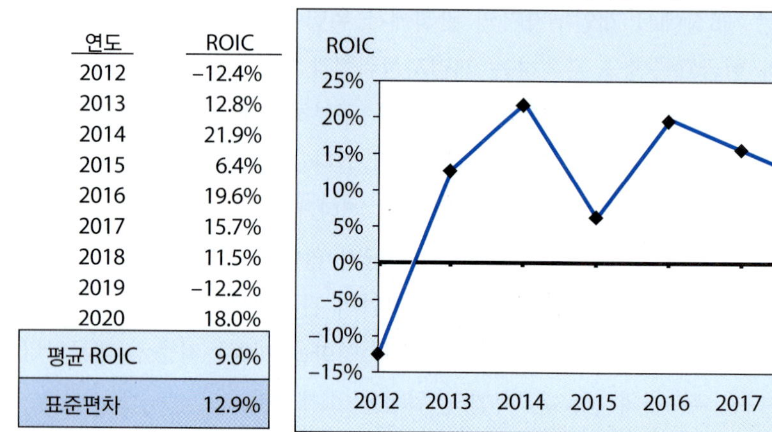

b. ROIC의 확률분포: 경영위험의 또 다른 지표

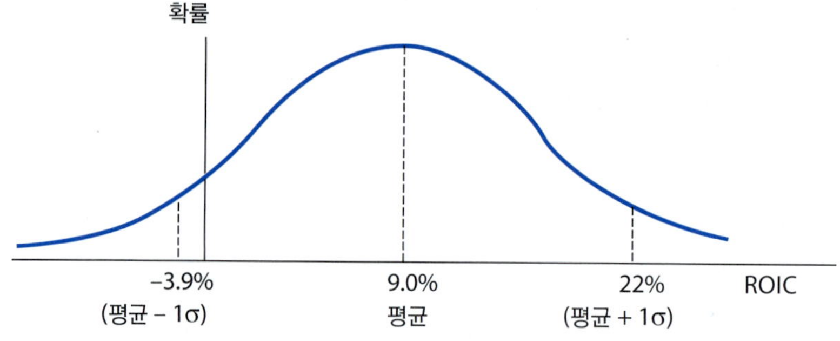

주: Bigbee는 부채가 없기 때문에 ROIC는 ROE와 동일하다. 따라서 ROIC를 ROE로 대체하여 사용할 수 있다. 하지만 부채를 사용하게 되는 순간 ROIC와 ROE는 다른 값을 갖는다.

거 어떻게 변동하였으며 미래에 어떻게 움직일 것인지를 제시한다. 아래의 그래프는 위에서 제시한 2012~2020년도 자료를 토대로 작성한 ROIC의 확률분포를 보여준다.

Bigbee의 ROIC는 경제호황과 불황, 해당 기업 및 경쟁사의 신상품 개발, 노동조합의 파업, 주요 공장의 화재 등 여러 가지 요인에 의해 변동하고 있다. 이러한 수치를 통해서 코로나바이러스로 인한 팬데믹 상황에서도 Bigbee사는 2020년에도 우수한 성과를 낼 수 있었다는 것을 보여준다. 향후에도 다양한 사건들이 언제든지 발생할 수 있으며, 이 경우 ROIC는 평균 9%를 중심으로 등락할 것이다. 여기에 장기적인 재앙이 닥칠 가능성이 항상 존재하는데, 이 경우 기업의 수익력을 영구히 억제할 수도 있다. 예를 들어, 경쟁사가 신제품을 출시하여 Bigbee 제품을 완전히 시대에 뒤떨어진 제품으로 만들어버리고 급기야 기업 전체를 시장에서 퇴출시켜버릴 수도 있다. 자동차가 처음 발명되었을 때 마차도 이런 식으로 시장에서 퇴출되었다.

장래의 EBIT 또는 ROIC가 불확실할수록 회사의 경영위험은 증가한다. Bigbee는 부채를 사용하지 않기 때문에 이 회사의 주주들은 현재 오로지 경영위험에만 노출되어 있다. 하지만 만약 이 회사가 부채로 자본을 조달한다면 주주들은 현재의 경영위험에 재무위험을 추가한 위험에 직면하게 될 것이다. 경영위험은 산업마다 다르고 동일 산업 내에서도 기업마다 다르다. 게다가 기업의 경영위험은 시간에 따라 변화한다. 예를 들어, 전력공공서비스사업은 과거 오랫동안 경영위험이 낮은 업종으로 인식되었지만, 최근 수십 년 사이에 경쟁 증가 및 환경규제와 관련된 불확실성의 증대로 인해 이 업종의 경영위험이 다소 증가된 상태이다. 오늘날 Kraft Heinz와 Pillsbury 등 식품가공업체의 경영위험은 낮은 반면, 철강회사 등 경기순환업종의 기업과 신생기업의 경영위험은 높게 나타나고 있다.[8)]

13-2B 경영위험에 영향을 주는 요인들

경영위험은 다음과 같은 여러 가지 요인들에 의해 영향을 받는다.

1. 경쟁: 만약 어느 기업이 생필품에 대해 독점적 지위를 갖고 있다면 경쟁에 따른 위험이 거의 없으며 따라서 안정적 판매량과 판매가격을 유지할 수 있다. 하지만 독점기업의 가격은 종종 규제대상이 되어 비용이 상승할 경우, 이를 충당할 만큼 충분하게 가격을 올리지 못할지도 모른다. 그럼에도 여전히 다른 조건은 동일할 때 경쟁은 위험을 감소시킨다.
2. 수요의 변동성: 기업 제품에 대한 수요가 안정적일수록 다른 조건은 동일할 때, 경영위험은 감소한다.
3. 판매가격의 변동성: 다른 조건은 동일할 때, 변동성이 큰 시장에서 제품을 판매되는 기업은 그렇지 않은 기업에 비해 더 큰 경영위험에 노출되어 있다.
4. 투입비용의 변동성: 투입비용이 불확실할수록 경영위험은 커진다.
5. 제품의 진부화: 제약회사나 컴퓨터 관련 업종과 같은 하이테크 산업의 기업은 지속적인 신상품 개발이 중요하다. 제품이 진부화가 빠르게 진행될수록 기업의 경영위험은 증가한다.
6. 국제영업위험: 영업의 대부분이 해외에서 이루어지는 기업에서는 환율의 급격한 변동에 의해 영업이익이 감소할 위험이 있다. 이런 기업은 또한 정치적 위험에 노출되어 있다.
7. 규제위험과 법률위험에의 노출: 금융기관과 전력, 수도 등 공공사업 관련 기업들

---

8) 여기에서는 시장위험과 기업고유의 위험에 대한 논의는 하지 않는다. (1) 개별자산의 위험 차원에서 경영위험을 증가시키는 결정은 기업의 베타계수를 증가시키고 (2) 경영위험 중에 기업고유의 위험에 해당하는 부분은 기업 주주들의 분산투자 노력으로 제거될 수 있다.

은 많은 규제를 받기 때문에 규제정책의 변화에 따라 기업의 현재 및 미래의 수익성이 큰 영향을 받는다. 또한 법적 분쟁에서 거액의 합의금을 부담해야 하는 기업의 경우, 그 기업에 치명상을 줄 수도 있는 법률적 위험에 노출된다. 예를 들어, 멕시코만에서 발생한 Deepwater Horizon 원유 유출 사고로 인해 BP는 아직도 거액의 청소비는 물론 임금 손실, 관광자원 파괴, 법령 위반 등과 관련한 법정 소송비용으로 인해 곤경에 빠져 있다. 담배회사와 제약회사들도 피해자들로부터 소송을 당해 여전히 거액의 송사 비용을 부담하고 있다.

8. **고정비용의 비중: 영업레버리지.** 전체 비용 중 고정비용의 비중이 높은 경우 수요가 줄어도 비용이 많이 감소하지 않아 기업의 경영위험은 증가한다. 이러한 요인을 **영업레버리지**(operating leverage)라고 부르는데 다음 절에서 다루도록 한다.

위의 요인 각각은 업종의 특성과 경영진의 의사결정 사항에 따라 부분적으로 영향을 받는다. 예를 들어, Bigbee는 장기고용계약과 장기공급계약을 통해서 투입비용의 변동성을 감소시킬 수도 있다. 하지만 이 경우 현재가격보다 더 높은 가격을 부담해야 할 수도 있다.[9)]

13-2C 영업레버리지

앞서 언급했듯이 경영위험은 기업이 사업을 수행하는 데 있어서 고정비용을 투여하는 정도에 의해서도 다소 영향을 받는다. 고정비용의 비중이 높을 경우 매출이 조금만 줄어도 ROIC는 크게 감소할 수 있다. 따라서 다른 조건은 동일할 때, 기업의 고정비용이 커질수록 경영위험은 증가한다. 일반적으로 높은 고정비용은 고도로 자동화된 자본집약적 기업과 산업에서 나타난다. 하지만 불황시기에도 계속 고용을 유지시켜야 하는 첨단기술자들을 보유하는 기업과 제품개발비용이 높은 기업 또한 상대적으로 높은 고정비용을 부담한다. 왜냐하면 개발비용의 감가상각비는 고정비용이기 때문이다.

영업레버리지
고정비용이 기업의 영업활동에서 차지하는 비중

고정비용의 비중이 높은 기업의 경우에 **영업레버리지**(operating leverage)가 높은 기업이라고 말한다. 물리학에서 레버리지는 지렛대를 사용하여 적은 힘으로 무거운 물체를 드는 경우를 말한다. 정치학에서 사람들이 레버리지를 갖고 있다는 것의 의미는 그들의 단순한 언행조차 큰 영향을 끼치고 있을 때를 말한다. **경영학 용어로서 사용하는 경우 레버리지가 높다는 것은, 다른 조건이 동일할 때 상대적으로 매출이 조금만 변화해도 ROIC에 큰 변화를 야기하는 상태를 의미한다.**

---

9) 헷징(Hedging) – 미래의 비용이나 가격을 사전에 정하는 행위 – 을 통해 경영위험을 감소시킬 수 있다. 예를 들어, 보석제조업 회사인 Tiffany는 금매수가격을 사전에 정하는 금선물계약에 매수포지션을 취할 수 있다. 반면에 금채굴을 하는 Newmont Mining사는 금매도가격을 사전에 정하기 위해 금선물가격에 매도포지션을 취하게 된다.

[그림 13.2]는 영업레버리지를 변화시켰을 경우 Bigbee사에 나타난 결과를 비교함으로써 영업레버리지의 개념을 소개하고 있다. 플랜 A는 고정비용이 $25,000으로서 상대적으로 낮은 비용을 필요로 한다. 따라서 자동화 장비가 많지 않아 감가상각비, 유지비, 재산세 등이 전반적으로 낮은 상태이다. 하지만 영업비용선의 기울기가 상대적으로 가파른데, 이는 영업레버리지를 높게 설정했을 때보다 단위당 변동비용이 더 높기 때문이다. 플랜 B는 $70,000의 고정비용을 필요로 하는데, 이 경우 자동화 장비를 더 많은 정도로 사용하여 동일 임금 대비 작업자 한 명당 더 많은 양을 산출하고 있다. 손익분기점은 플랜 A에서 5만 개, 플랜 B에서 7만 개로 플랜 B에서 더 높게 나타나고 있다.

영업손익분기점
EBIT = 0인 시점에서의 생산량

손익분기가 나타나는 생산수량은 **영업손익분기점**(operating breakeven)으로서 이자·법인세차감전이익(EBIT)이 0이 될 때 나타난다.[10)]

$$EBIT = PQ - VQ - F = 0 \tag{13.1}$$

여기서 P는 제품 1개당 평균 판매가격, Q는 제품생산량, V는 제품 1개당 변동비용, F는 고정영업비용이다. 손익분기가 되는 제품생산량 Q_{BE}는 다음 식으로부터 얻어진다.

$$Q_{BE} = \frac{F}{P - V} \tag{13.2}$$

따라서 플랜 A의 경우,

$$Q_{BE} = \frac{\$25,000}{\$2.00 - \$1.50} = 50,000$$

플랜 B의 경우,

$$Q_{BE} = \frac{\$70,000}{\$2.00 - \$1.50} = 70,000$$

영업레버리지는 경영위험에 어떻게 영향을 끼치는가? 다른 조건은 동일하다고 가정할 경우, 기업의 영업레버리지가 높을수록 경영위험도 높게 나타난다. 플랜 A와 B 각각에서 ROIC의 확률분포를 나타낸 [그림 13.3]은 이 점을 잘 보여준다.

[그림 13.3]의 위 그림은 [그림 13.2]에 제시된 매출액의 확률분포를 그린 것이다. 매출액의 확률분포는 두 개의 플랜 A, B에 상관없이 제품에 대한 고객의 수요에 의해 결정된다. 따라서 매출액에 대한 확률분포는 두 플랜 모두 동일하게 적용된다. 이 분포의 평균 매출액은 $200,000이고, 범위는 0부터 약 $400,000이며, 표준편차($\sigma_{Sales}$)는 $98,793이다.

10) 여기서 손익분기점의 정의는 재무적 고정비용을 포함하지 않는다. 고정재무비용이 존재한다면 영업손익분기점에서 회계상의 손실이 발생할 수도 있다. 재무적 비용은 후반부에서 논의하기로 한다.

[그림 13.2] 영업레버리지에 대한 설명

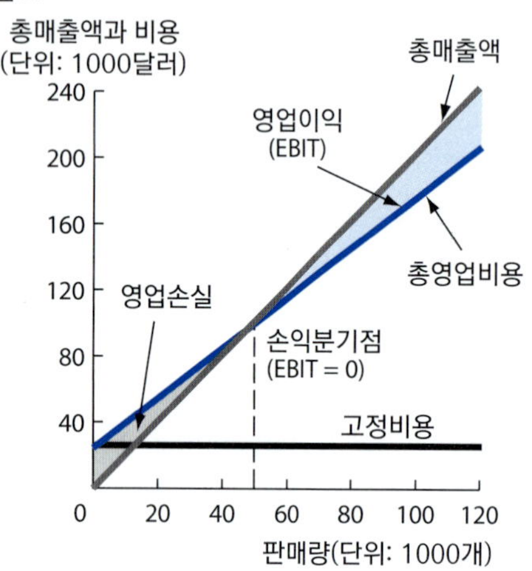

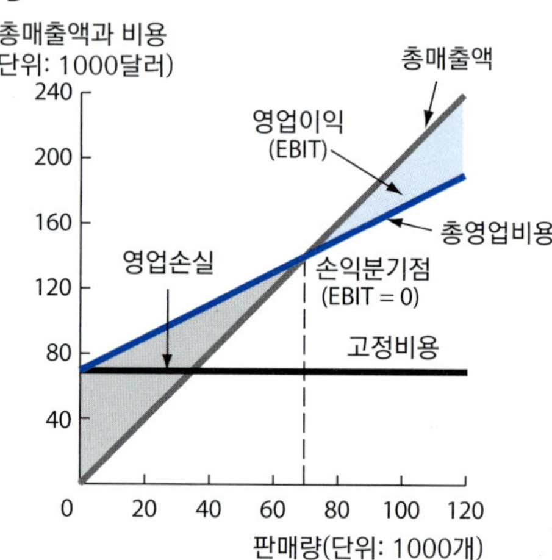

	플랜 A	플랜 B
가격	$2.00	$2.00
변동비용	$1.50	$1.00
고정비용	$25,000	$70,000
투하자산	$200,000	$200,000
세율	25%	25%

				플랜 A				플랜 B			
수요	확률	판매량	매출액	영업비용	영업이익 (EBIT)	EBIT(1-T)	ROIC	영업비용	영업이익 (EBIT)	EBIT(1-T)	ROIC
매우 나쁨	0.05	0	$0	$25,000	($25,000)	($18,750)	(9.38)%	$70,000	($70,000)	($52,500)	(26.25)%
나쁨	0.20	40,000	80,000	85,000	(5,000)	(3,750)	(1.88)	110,000	(30,000)	(22,500)	(11.25)
보통	0.50	100,000	200,000	175,000	25,000	18,750	9.38	170,000	30,000	22,500	11.25
좋음	0.20	160,000	320,000	265,000	55,000	41,250	20.63	230,000	90,000	67,500	33.75
아주 좋음	0.05	200,000	400,000	325,000	75,000	56,250	28.13	270,000	130,000	97,500	48.75
기댓값		100,000	$200,000	$175,000	$25,000	$18,750	9.38%	$170,000	$30,000	$22,500	11.25%
표준편차					$24,698		9.26%		$49,396		18.52%
변동계수					0.99		0.99		1.65		1.65

주

a. 영업비용 = 변동비용 + 고정비용

b. 무부채기업이므로 순이익=EBIT(1 - T)이고 ROE=ROIC이다. 하지만 부채가 있는 경우 이 식은 성립하지 않는다.

c. 손익분기점은 표에 표시하지 않았다. 하지만 플랜 A의 경우 판매량 5만 개이고, 총매출액(비용)은 $100,000이고, 플랜 B에서는 7만 개와 $140,000이다.

d. 기댓값, 표준편차, 변동계수는 제8장에 기술한 방법으로 계산하였다.

[그림 13.3] 경영위험의 분석

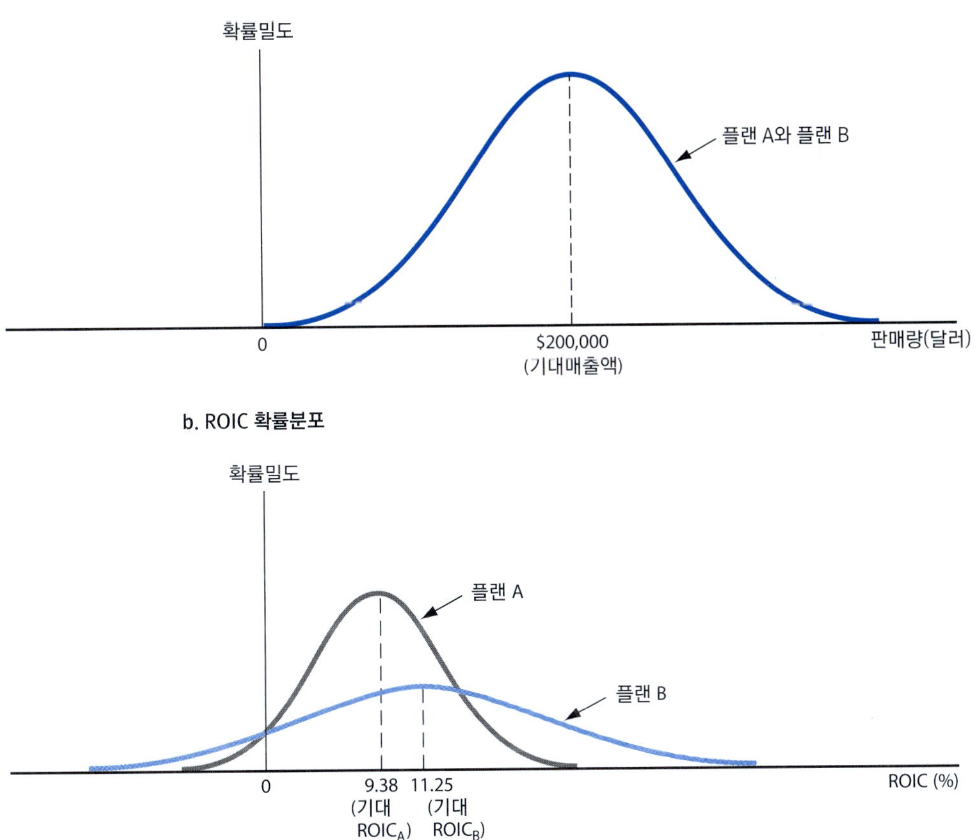

주: 그림의 연속확률분포는 [그림 13.2]에 제시된 이산확률분포를 근사화한 것이다.

매출액의 확률분포와 매출에 따른 영업비용을 모두 고려하여 우리는 플랜 A와 B 각각에 대해서 ROIC의 확률분포를 도출할 수 있다. [그림 13.3]에서의 아래의 그림은 이를 나타내고 있다. 플랜 B의 ROIC 기댓값이 더 큰 반면 손실영역 또한 더 크게 나타나고 있다. 더 높은 고정비용과 더 높은 영업레버리지를 갖는 플랜 B가 더 위험한 것임은 분명하다. 일반적으로 다른 조건은 동일하다고 가정할 때, 영업레버리지의 정도가 높을수록 기업의 경영위험도 높게 나타난다. 앞으로 전개되는 논의에서, 더 높은 기대수익이 높은 위험을 충분히 상쇄하고도 남는다는 판단을 근거로 Bigbee 경영진이 플랜 B를 채택하는 것으로 가정하겠다.

기업은 어느 정도까지 영업레버리지를 통제할 수 있는가? 상당한 정도로 영업레버리지는 기술에 의해 좌우된다. 전기공급회사, 전화회사, 항공사, 제철회사, 화학회사 등은 고정자산에 많은 규모의 투자가 이루어져 높은 고정비용과 높은 영업레버리지를 보이고 있다. 또한 마찬가지로 제약회사, 자동차, 컴퓨터 등 여러 회사들도 신제품을 개발하기 위해 많은 투자를 해야만 하는데, 이러한 제품개발비용으로 인해 높은 영업레버리지를 보이고 있다. 하지만 식료품마트와 회계 및 컨설팅 등 서비스제공회사의 경우 상당히 낮은 고정비용과 이로 인해 낮은 영업레버리지를 보이고 있다. 산업요인이 여전히 가장 크게 영향을 끼치고 있긴 하지만 모든 기업들은 나름대로 영업레버리지에 대해 일정 정도 통제가 가능하다. 예를 들어, 전기공급회사는 가스발전소와 원자력발전소 중에서 어느 하나를 건설하여 발전용량을 증대시킬지 선택할 수 있다. 원자력발전소의 경우 많은 투자가 필요하고 높은 고정비용이 들어가지만 변동영업비용은 상대적으로 낮을 것이다. 반면 가스발전소는 투자금이 많이 들어가지 않고 고정비용이 적겠지만 가스 사용으로 인해 높은 변동영업비용이 소요될 것이다. 그러므로 전기공급회사(또는 다른 많은 기업)가 어느 정도의 영업레버리지와 경영위험을 갖게 되는지는 자본예산에 관한 의사결정을 통해서 영향을 받게 된다.

영업레버리지는 원래 자본예산에 사용하기 위해 개발된 개념이다. 상호배타적인 투자안은 특정한 제품을 생산하기 위한 여러 대안의 제조방법을 각각 제시하고 있는데 이에 따라 영업레버리지와 손익분기점 및 위험이 서로 다르게 나타난다. Bigbee사 및 다수의 많은 기업들은 새로운 투자안이 제기되면 자본예산분석의 과정으로서 관행적으로 손익분기점분석(민감도분석은 제12장에서 살펴보았다)을 수행한다. 일단 영업레버리지에 대한 방침이 수립되면, 이는 자본구조문제에 중요한 영향을 미치는 요인으로 작용한다.

13-2D 재무위험

재무위험
재무레버리지로 인해서 기업의 경영위험을 초과하여 주주가 감당해야 하는 위험증가분

재무위험(financial risk)은 부채를 조달하는 경우에 보통주 주주가 부담하는 추가적인 위험을 의미한다. 개념적으로 주주는 기업의 영업활동에 내재된 위험, 즉 미래의 예상 영업이익에 내재된 불확실성으로 정의되는 경영위험에 노출된다. 만약 기업이 부채(재무레버리지)를 사용하면 경영위험이 보통주 주주에게 집중된다. 예를 들어, 10인으로 구성된 주식회사가 대규모의 아파트단지를 운영하려 한다면 운영에 있어서 일정 수준의 경영위험이 발생하게 될 것이다. 이 경우에 10인이 출자한 자본으로만 기업을 운영한다면, 10인의 투자자는 자신이 소유한 10% 수준의 경영위험을 동일하게 부담할 것이다. 그러나 10인 중 5인은 채권자로 나머지 5인은 주주로 참여한다면 부채와 자기자본이 50 : 50이 된다. 채권자는 일정한 금액을 이자의 형태로 받고, 주주에 앞서

〈표 13.2〉 다양한 부채비율별 Bigbee에 대한 이자율

차입금액[a]	부채비율(부채/자산)	전체 부채에 대한 이자율, r_d
$20,000	10%	4.0%
40,000	20	4.3
60,000	30	5.0
80,000	40	5.8
100,000	50	7.2
120,000	60	10.0

주: a. 기업이 2만 달러 단위로 부채를 조달한다고 가정한다. 또한 Bigbee는 정관에 정해진, 부채비율 60% 수준인 12만 달러를 초과하여 자금을 차입할 수 없다고 가정한다.

재무레버리지

고정수익증권(채무증권과 우선주)이 자본구조에서 차지하는 정도

그 권리를 요구할 수 있다. 기업이 파산하는 경우 채권자는 주주에 앞서 자신이 투자한 금액에 대해 우선적인 청구권을 갖는다. 이 경우 자기자본으로 투자한 5인의 주주들이 발생하는 모든 경영위험을 부담하며, 이때 주주는 자기자본으로만 자본을 조달한 경우에 비해 두 배의 위험에 노출된다. 따라서 부채조달, 즉 **재무레버리지**(financial leverage)는 기업의 영업위험을 주주에게 집중시키는 결과를 초래한다(웹부록 13A에서 영업레버리지와 재무레버리지 간의 관련성을 보다 상세하게 설명한다).

경영위험의 집중 현상을 설명하기 위하여 Bigbee Electronics 사례를 살펴보자. 지금까지 부채를 사용하지 않던 기업의 재무책임자(treasurer)가 자본구조를 변경할 것을 검토하고 있다.[11] 앞에서도 언급했듯이 부채 규모의 변화는 ROIC에 영향을 주지 않지만 주주에게 노출되는 위험에 영향을 준다. 좀 더 구체적으로 부채 규모의 변화는 주당순이익(earnings per share: EPS)과 노출된 위험도를 모두 변화시키고 이것이 주가에 영향을 미친다. 재무레버리지와 EPS 간의 관계를 이해하기 위해 <표 13.2>를 살펴보자. 이 표는 전체 조달자금 중에서 부채의 비율을 변경할 경우 Bigbee의 부채자본비용이 어떻게 변화되었는지를 나타낸다. 자본구조에서 차지하는 부채비율이 높을수록 부채의 위험은 높아지고 이러한 이유로 채권자는 더 높은 이자율을 부과하고 있다.

기업이 선택할 수 있는 자금조달방식이 100% 자기자본 방식과 부채와 자기자본의 비율이 각각 50%인 두 가지 경우만 존재한다고 가정하자. Bigbee가 부채 없는 경우 1만 주의 보통주가 유통되고 있고, 자본구조를 바꾸는 경우 주당 $20에 자사주를 매입한다고 가정하자. <표 13.3>을 통해서 자금조달방식에 따라 Bigbee의 수익성과 위험에 미치는 영향이 어떻게 달리 나타나는지 살펴보자.

11) Tax Cuts and Jobs Act(TCJA)로 인해 이자공제액을 기업의 수익의 30%까지로 제한되었다. 위의 사례에서는 Bigbee Electronics의 지난 3년간 평균 매출이 $2,500만 정도로 위의 공제제한법안이 적용되지 않는다고 가정한다. 2020년 3월 27일에 입법화된 CARES Act는 기업의 이자공제제한 수준을 30%에서 50%로 상향하였다.

〈표 13.3〉 재무레버리지 효과: Bigbee Electronics의 무부채와 50%의 부채조달

I. 무부채

부채비율	0%
세율(T)	25%
총자산	$200,000
부채	$0
자기자본	$200,000
유통주식 수	10,000

제품 수요 (1)	확률 (2)	EBIT (3)	EBIT(1-T) (4)	ROIC (5)	이자 (6)	순이익= (EBIT-I)(1-T) (7)	ROE (8)	EPS[a] (9)
매우 나쁨	0.05	($70,000)	($52,500)	(26.25)%	$0	($52,500)	(26.25)%	($5.25)
나쁨	0.20	(30,000)	(22,500)	(11.25)	0	(22,500)	(11.25)	(2.25)
보통	0.50	30,000	22,500	11.25	0	22,500	11.25	2.25
좋음	0.20	90,000	67,500	33.75	0	67,500	33.75	6.75
매우 좋음	0.05	130,000	97,500	48.75	0	97,500	48.75	9.75
기댓값		$30,000	$22,500	11.25%	$0	22,500	11.25%	$2.25
표준편차							18.52%	$3.70
변동계수							1.65	1.65

II. 50% 부채

부채비율	50%
세율(T)	25%
총자산	$200,000
부채	$100,000
이자율	7.2%
자기자본	$100,000
유통주식 수	5,000

제품 수요 (1)	확률 (2)	EBIT (3)	EBIT(1-T) (4)	ROIC (5)	이자 (6)	순이익= (EBIT-I)(1-T) (7)	ROE (8)	EPS[a] (9)
매우 나쁨	0.05	($70,000)	($52,500)	(26.25)%	$7,200	($57,900)	(57.90)%	($11.58)
나쁨	0.20	(30,000)	(22,500)	(11.25)	7,200	(27,900)	(27.90)	(5.58)
보통	0.50	30,000	22,500	11.25	7,200	17,100	17.10	3.42
좋음	0.20	90,000	67,500	33.75	7,200	62,100	62.10	12.42
매우 좋음	0.05	130,000	97,500	48.75	7,200	92,100	92.10	18.42
기댓값		$30,000	$22,500	11.25%	$7,200	$17,100	17.10%	$3.42
표준편차							37.05%	$7.41
변동계수							2.17	2.17

가정:

1. 영업레버리지 측면에서 Bigbee는 플랜 B를 선택하였다. 확률분포와 EBIT는 [그림 13.2]에서 가져왔다
2. 매출액과 영업비용(따라서 EBIT도 포함해서)은 재무의사결정에 의해 영향받지 않는다. 따라서 EBIT, EBIT(1 - T), ROIC는 두 개의 플랜([그림 13.2] 참조)에서 동일하게 나타난다.
3. 모든 손실은 전년도의 이익에서 소급하여 공제할 수 있다.

a. EPS는 아래의 식을 이용하여 계산하였다. 분자 항은 매출액에 따라 달라진다.

$$EPS = \frac{(\text{매출액} - \text{고정비용} - \text{변동비용} - \text{이자})(1 - \text{세율})}{\text{발행주식 수}} = \frac{(EBIT - I)(1 - T)}{\text{발행주식 수}}$$

예를 들어, 무부채의 경우 매출액이 20만 달러일 때, EPS는 다음과 같이 2.25달러가 된다.

$$EPS_{D/(D+E)=0\%} = \frac{(\$200,000 - \$70,000 - \$100,000 - \$0)(0.75)}{10,000} = \$2.25$$

한편 부채비율 50%의 경우 매출액이 20만 달러일 때, EPS는 다음과 같이 3.42달러가 된다.

$$EPS_{D/(D+E)=50\%} = \frac{(\$200,000 - \$70,000 - \$100,000 - \$7,200)(0.75)}{5,000} = \$3.42$$

식에서 사용된 매출액, 고정비용, 변동비용은 [그림 13.2]에 제시된 자료를 사용하였다.

주: 제품에 대한 수요가 정규분포를 따르기 때문에 분포곡선이 좌우 대칭이고 따라서 기댓값이 수요가 보통일 때의 수치와 동일하다. 비대칭분포에서는 이러한 현상이 발생하지 않을 것이다.

먼저 부채를 사용하지 않은 경우로서 <표 13.3>의 섹션 I을 살펴보자. 부채가 없어 이자비용이 발생하지 않아 순이익은 EBIT(1 − T)이다. ROIC는 EBIT(1 − T)를 투하자본으로 나누어 계산한다. Bigbee는 부채가 없으므로 투하자본 $20만은 전액 자기자본이다. ROE는 순이익을 자기자본 $20만으로 나누어 계산한다. 참고로 Bigbee에 대한 수요가 없어 순이익이 음일 경우, 이 기업은 법인세 공제 및 환급을 받을 수 있다.[12)] 여기서 우리는 Bigbee의 손실을 전년도 순이익을 상쇄시켜 법인세를 환급받을 수 있다고 가정하자. 매출 규모별 ROE와 발생 확률을 곱하여 11.25%의 기대ROE가 산출되었다. 참고로 이 11.25%는 [그림 13.2]의 플랜 B에 나와 있는 값과 동일하다. 부채가 없으므로 ROIC와 ROE는 동일하다.

<표 13.3>의 섹션 I은 Bigbee가 부채를 사용하지 않는다고 가정하여, 다양한 시나리오에서 계산한 EPS를 제시한 것이다. 순이익을 발행주식 수 10,000주로 나누면 EPS를 얻는다. 수요가 매우 적을 경우 EPS는 −$5.25이고, 수요가 매우 많을 경우 EPS는 $9.75로 상승할 것이다. 매출 수준별로 계산된 EPS에 발생확률을 각각 곱한 후 모두 더하면 부채가 없을 경우의 기대EPS $2.25를 얻는다. 그리고 기업의 위험 수준을 나타내는 지표로서 EPS의 표준편차와 변동계수를 계산해보면 각각 $\sigma_{EPS} = \$3.70$과 $CV_{EPS} = 1.65$이다.

이제 50%의 부채를 7.2%의 이자율 조건으로 조달하는 섹션 II를 살펴보자. Bigbee의 부채 사용여부와 관계없이 매출액과 영업비용은 변함이 없으며, 따라서 EBIT, EBIT(1 − T), ROIC는 전과 동일하다. 하지만 이 회사는 $100,000의 부채를 7.2%로 조달하고 있으므로 $7,200의 이자가 지출된다. 이자는 경제 상황에 관계없이 반드시 납부해야 하며, 만약 지불하지 않은 경우, 이 회사는 파산하게 되고 주주는 최악의 상태를 맞게 될 것이다. 따라서 매출 수준에 관계없이 6번열의 이자비용은 $7,200으로 동일하게 표시된다. 7번열은 순이익을 나타낸다. 순이익을 자기자본 $100,000으로 나누면 ROE가 도출된다(투자된 총자산 $200,000 중에서 $100,000을 부채로 조달했기 때문에 자기자본은 $100,000이다). 만약 수요가 거의 없다면 큰 손실이 발생하기 때문에 ROE는 −57.90%가 된다.

하지만 수요가 폭등하는 경우 ROE는 92.10%가 될 것이다. 50%의 부채 수준에서 기대ROE는 확률에 대한 가중평균이므로 17.10%가 된다. 참고로 부채 있는 경우 ROE와 ROIC는 더 이상 같지 않다.

일반적으로 부채를 많이 사용할수록 투자에 대한 기대수익률은 증가한다. 하지만 부채는 보통주 주주에 대한 위험도 증가시킨다. 이것이 앞서 제시한 예에서도 성립하고 있다. 예에서 재무레버리지가 증가함에 따라 기대ROE가 11.25%에서 17.10%로 증

---

12) 손실이연에 의한 법인세 공제 및 환급에 대한 내용은 해당 내용의 이해와는 관계가 없다.

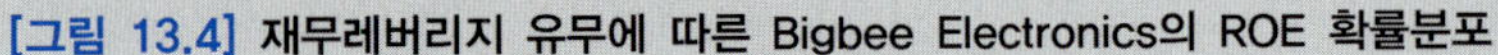

[그림 13.4] 재무레버리지 유무에 따른 Bigbee Electronics의 ROE 확률분포

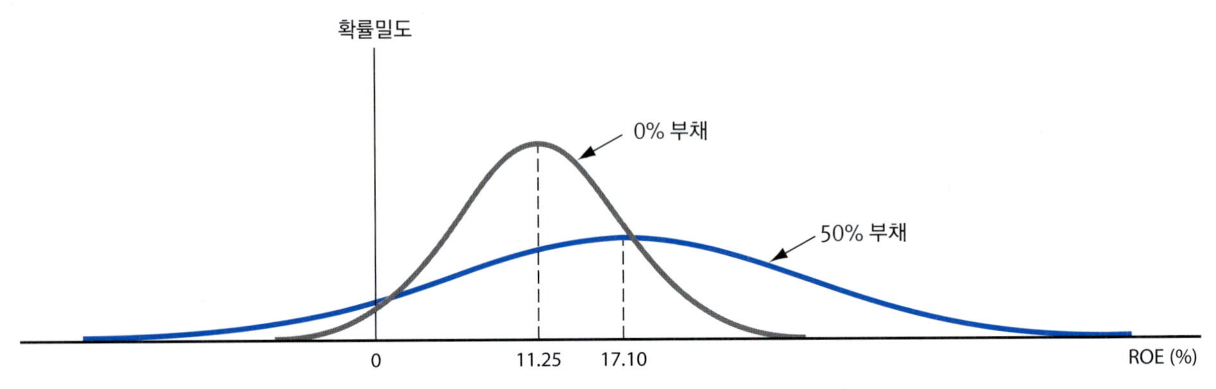

가한 바 있다. 하지만 ROE의 변동계수로 측정되는 투자에 대한 위험 또한 1.65에서 2.17로 증가하고 있다. [그림 13.4]는 <표 13.3>의 내용을 그림으로 나타낸 것이다. 그림에서 재무레버리지가 증가함에 따라 기대ROE가 증가했지만 확률분포는 더 평평해졌음을 알 수 있다. 즉, 대규모 손실에 대한 가능성이 커졌고 따라서 주주가 부담할 위험이 증가하였다.

부채가 50%일 때도 Bigbee의 EPS를 계산할 수 있다. 부채 없는 경우 총발행주식 수는 10,000주이지만 50% 부채 수준에서(부채 = $100,000), 총발행주식 수는 5,000주이다. 상이한 자본구조하에서 매출액 변화에 따라 EPS를 계산해보자.[13] 부채 없는 경우 EPS는 매출이 가장 작을 때 −$5.25이고 매출이 보통 수준일 때 $2.25이며, 매출이 가장 많을 때 $9.75에 이르게 된다. 50%의 부채를 사용하는 경우 EPS는 매출이 가장 작을 때 −$11.58이고, 보통 수준에서 $3.42, 가장 많을 때 $18.42까지 증가한다. 기대EPS는 부채 없는 경우 $2.25이고, 50%의 재무레버리지에서는 $3.42가 될 것이다. 기대EPS는 재무레버리지가 존재할 때 더 크지만 부채가 존재하기 때문에 낮은(또는 음의 값을 갖는) EPS의 위험수준은 더 높게 된다.

[그림 13.5]는 기대EPS, 위험, 재무레버리지 상호간의 관계를 또 다른 관점에서 살펴보고 있다. 하단의 표에 제시된 수치는 <표 13.3>에 제시된 방법으로 계산한 것이고, 상단의 그래프는 이 수치를 그림으로 나타낸 것이다. 여기서 부채비율이 50%에 이를 때까지 기대EPS가 계속 증가함을 알 수 있다. 부채비율의 증가에 따라 이자비용이 증가하지만, 자기자본이 부채로 대체됨에 따라 총발행주식 수가 감소하여 이자비용

13) 기업은 장부가 $20(= $100,000/5,000주)으로 자사주매입이 가능하다고 가정한다. 하지만 거래소에서 주식을 매입하는 경우에 더 높은 가격을 지불해야 할 수도 있다. 만약 Bigbee가 주당 $22를 지불한다면 $100,000/$22 = 4,545주를 매입할 수 있고 기대EPS가 $3.42가 아닌 $17,000/(10,000 − 4,545) = $3.13이 된다.

[그림 13.5] 기대EPS, 위험, 재무레버리지 간의 관계

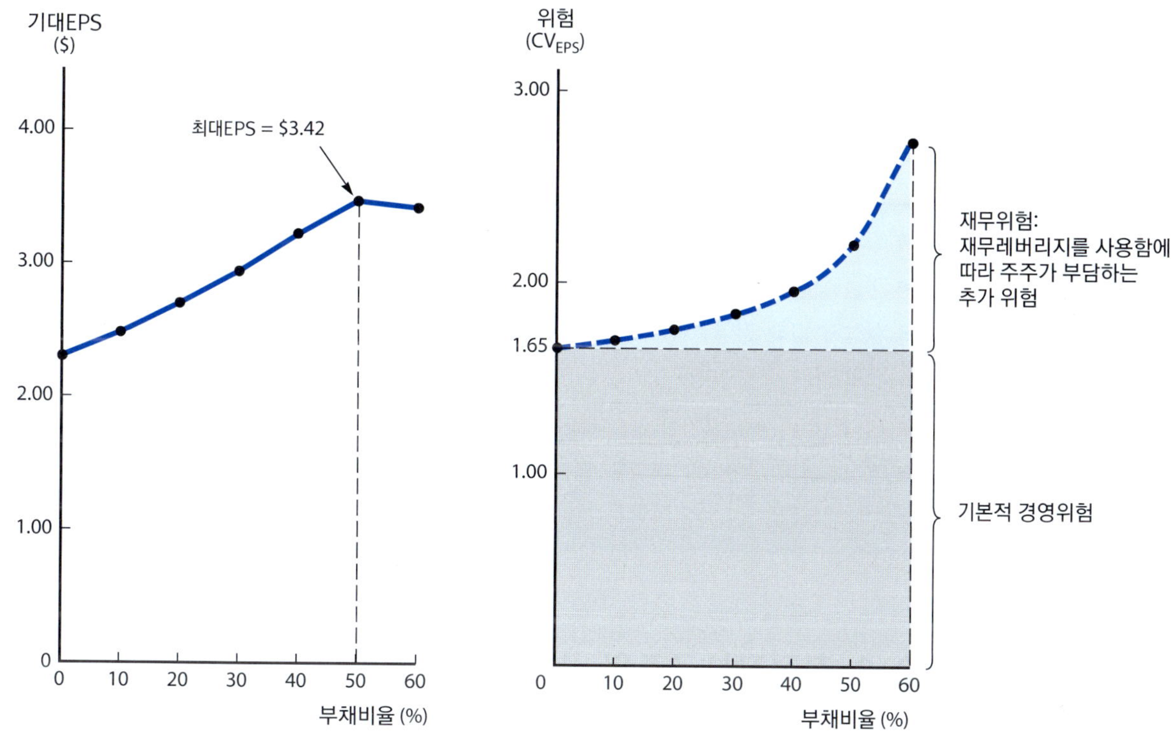

부채비율	기대EPS	EPS의 표준편차	변동계수
0%[a]	$2.25[a]	$3.70[a]	1.65[a]
10	2.43	4.12	1.69
20	2.65	4.63	1.75
30	2.89	5.29	1.83
40	3.17	6.17	1.95
50[a]	3.42[a]	7.41[a]	2.17[a]
60	3.38	9.26	2.74

주: a. 부채/자산비율 = 0%와 50%는 〈표 13.3〉에서 가져온 것이다. 다른 비율의 값은 유사하게 계산하였다.

의 증가를 상쇄시키고 있다. 하지만 EPS는 부채비율 50%에서 최대가 되고, 이보다 큰 부채비율에서는 발행주식 수가 감소함에도 불구하고 이자비용이 급격하게 증가하여 EPS는 하락한다.[14] [그림 13.5]의 우측 그래프는 EPS의 변동계수로 측정되는 위험을 그린 것인데, 부채비율이 증가함에 따라 위험 또한 연속적으로 증가하고 있다.

앞의 예를 통해서 레버리지를 사용하게 되면 긍정적 효과와 부정적 효과가 나타남

14) 이번 단원에서 부채비율이라 함은 부채/자산비율을 의미한다.

을 알 수 있다. 레버리지가 증가하면 기대EPS가 증가한다(예에서 부채/자산의 비율이 50%될 때까지 증가했다). 하지만 위험 역시 증가한다. 최적자본구조를 결정할 때 Bigbee는 레버리지의 긍정적 효과와 부정적 효과 사이의 균형을 유지하는 것이 필요하다. 이 주제는 다음 절에서 논의한다.

셀프 테스트

- 경영위험은 무엇이고 어떻게 산출하는가?
- 경영위험을 결정하는 요인은 무엇인가?
- 산업에 따라 경영위험이 다른 것은 무엇 때문인가?
- 영업레버리지는 무엇인가?
- 영업레버리지가 경영위험에 어떻게 영향을 미치는가?
- 재무위험은 무엇이고 어떻게 발생하게 되는가?
- "재무레버리지의 사용에는 장점과 단점이 모두 존재한다"는 말을 설명하라.

13-3 최적자본구조의 결정

앞서 [그림 13.5]에서 살펴보았듯이 Bigbee사의 기대EPS는 부채-자산비율이 50%일 때 최대로 나타난다. 이것이 의미하는 바가 Bigbee의 부채 규모가 50%일 때 최적자본구조가 성립한다는 것일까? 그 답은 절대로 '아니다!'이다. **최적자본구조는 기업의 주가를 극대화시키는 것으로서 이를 만족시키는 부채-자산비율은 일반적으로 기대EPS를 만족시키는 규모보다 낮게 나타난다.**

우리는 주가와 기업의 이익이 서로 양의 관계로 성립하는 반면 주가와 고위험은 서로 음의 관계가 성립함을 알고 있다. 따라서 높은 부채 규모가 기대EPS를 상승시키는 한도까지 재무레버리지는 주가를 올리는 효과를 갖는다. 하지만 높은 부채 규모는 한편 기업의 위험을 상승시키고 자기자본비용을 증가시켜 주가를 하락시키는 요인으로 작동한다. 따라서 이 예에서 부채-자산비율이 40%에서 50%로 증가할 때 EPS도 비록 증가했지만, 높은 EPS는 이에 따라 증가된 위험으로 인해 더 많이 상쇄된다.

13-3A WACC와 자본구조의 변화

기업의 경영진은 기업의 주가를 최대화시키기 위한 부채-자기자본 조합을 목표자본구조로 설정해야 한다. 하지만 자본구조의 변화가 주가의 변화에 어느 정도로 영향을 미치는지를 가늠하기는 매우 어렵다. 나중에 밝혀지듯이, 주가를 최대화시키는 자본구조하에서 WACC가 최소화되는데, 따라서 때로는 자본구조의 변화가 주가에 미치는 영향보다 WACC에 미치는 영향을 예측하는 것이 훨씬 수월하다. 따라서 다수의 경영진은 자본구조에 관한 의사결정을 위한 길잡이로서 자본구조와 WACC 사이의 추정관계식을 사용한다.

제10장에서 우선주가 없는 경우 WACC가 다음 식으로 나타남을 상기하자.

$$WACC = w_d(r_d)(1-T) + w_c(r_s)$$

위 식에서 w_d와 w_c는 기업의 자본구조에서 각각 부채와 자기자본의 비율을 나타내고, 두 비율의 합은 1.0이 되어야 한다. <표 13.4>에서 주목할 사항은 부채 자산비율이 증가할 경우 부채 및 자기자본의 자본비용 또한 증가한다는 점이다. [부채의 자본비용 r_d는 <표 13.2>에서 추출한 것인데, 세후자본비용을 계산하기 위해 (1 T)를 곱하였다.] 채권보유자들은 부채-자산비율이 증가하면 재무곤경위험 또한 증가하기 때문에 부채에 대한 이자율 또한 증가되어야 할 것이라고 생각한다.

실무에서 부채-자산비율을 변화시킬 경우 유동비율과 이자보상비율 그리고 EBITDA

〈표 13.4〉 부채비율 변화에 따른 Bigbee의 주가와 WACC추정치

w_d = 부채/자산 (1)	부채/자기자본[a] (2)	$r_d(1-T)$ (3)	기대EPS (DPS)[b] (4)	추정 Beta[c] (5)	$r_s=[r_{RF}+(RP_M)b]$[d] (6)	추정주가[e] (7)	P/E비율 (8)	WACC[f] (9)
0%	0.00%	3.00%	$2.25	1.375	11.25%	$20.00	8.89×	11.25%
10	11.11	3.00	2.43	1.490	11.94	20.38	8.38	11.04
20	25.00	3.23	2.65	1.633	12.80	20.72	7.81	10.88
30	42.86	3.75	2.89	1.817	13.90	20.81	7.19	10.86
40	66.67	4.35	3.17	2.063	15.38	20.62	6.50	10.97
50	100.00	5.40	3.42	2.406	17.44	19.61	5.73	11.42
60	150.00	7.50	3.38	2.922	20.53	16.44	4.87	12.71

주:

a. $D/E=(W_d)/1-W_d$, 여기서 W_d = 부채/(부채 + 자기자본) = 부채/자산

b. Bigbee는 이익 전부를 배당으로 지급한다. 따라서 EPS = DPS이다.

c. 기업의 무부채베타(b_U)는 1.375이다. 나머지 베타계수는 무부채베타, 세율, D/E를 하마다 공식에 대입하여 계산한다

d. $r_{RF}=3\%$, $RP_M=6\%$를 가정한다. 부채비율이 0%일 때, $r_s=3\%+(6\%)(1.375)=11.25\%$가 된다. 부채비율이 0이 아닌 경우도 유사하게 계산한다.

e. 모든 이익을 배당으로 지급하기 때문에 재투자에 사용할 유보이익은 없고, EPS와 DPS의 성장률은 0이다. 따라서 제9장에서 소개한 제로성장주식모형을 이용하여 Bigbee의 주가를 추정할 수 있다. 예를 들어, 부채비율이 0인 경우 주가는 다음과 같다.

$$P_0=\frac{DPS}{r_s}=\frac{\$2.25}{0.1125}=\$20$$

다른 가격도 유사하게 계산한다.

f. 9열의 수치는 가중평균자본비용 공식을 사용한다.

$$WACC=w_d(r_d)(1-T) + w_c(r_s)$$

예를 들어, 부채/자산 = 30%면,

$$WACC=0.3(5.0\%)(0.75)+0.7(13.90\%)=10.86\%$$

가 얼마나 변화될 것인지를 파악하기 위하여 재무책임자는 재무제표 추정방법을 사용한다.[15] 그런 후 이들은 은행과 신용평가기관과 추정된 비율을 가지고 논의하게 되는데, 은행과 신용평가기관은 심도 있는 질문을 통해서 필요한 경우 회사가 내놓은 추정치를 조정하기도 한다. 은행과 신용평가기관은 이 기업의 비율을 동종 산업 내 다른 기업들의 비율과 비교하고, 추정된 신용평가 등급과 적정 금리를 알려준다. 또한 기업이 채권을 공모 발행할 계획이 있을 경우, 신규채권 발행 후 커버리지비율이 어떻게 될 것인지를 기업이 투자자에게 알려줄 것을 미국증권거래위원회(SEC)는 요구하고 있다. 이러한 점을 감안하면, 능력 있는 재무관리자는 추정비율을 통해서 은행과 채권자들이 그 기업의 위험과 부채의 자본비용을 어떻게 평가할 것인지를 예상할 수 있다. 노련한 재무관리자와 투자은행들은 자본구조의 변동이 부채의 자본비용에 얼마나 영향을 줄지를 정확하게 파악할 수 있다.

13-3B 하마다 공식

부채비율이 증가하면 채권보유자의 위험이 증가하게 되고 결국 부채의 자본비용 증가로 이어진다. 부채 증가는 주주의 위험도 증가시켜, 자기자본의 자본비용(r_s) 또한 증가한다. 재무레버리지가 자기자본의 자본비용에 얼마나 영향을 주는지 이를 계량화하는 것은 매우 어렵지만, 이 영향을 파악하는 데 있어서 도움을 줄 수 있는 이론적 모형이 하나 있다.

먼저 앞서 제8장에서 주식의 베타계수는 분산투자하는 투자자에 있어서 체계적 위험을 나타낸다는 내용을 다루었다. 이에 더하여 베타계수는 재무레버리지가 커질수록 증가하게 되는데, Robert Hamada는 이러한 영향을 정량화하기 위하여 다음의 식을 제시하였다.[16]

$$b_L = b_U[1 + (1 - T)(D/E)] \tag{13.2}$$

여기서 b_L은 재무레버리지가 있는 기업의 현재 베타계수이고, b_U는 기업이 무부채기업, 즉 재무레버리지가 없다고 가정했을 때의 베타계수이다.[17] 만약 이 기업이 무부채기업이라면, 베타계수는 전적으로 경영위험에 의해서만 결정될 것이고, 이때의 베타계수는 기업의 '기본적 경영위험'을 나타내는 수치가 된다. D/E는 하마다(Hamada) 공식에서 재무레버리지를 나타내는 척도이고, T는 법인세율이다.[18]

15) 제16장에서 재무제표 예측에 대해 논의한다.

16) Robert S. Hamada, "Portfolio Analysis, Market Equilibrium, and Corporation Finance," *Journal of Finance*, vol. 24, no. 1(March 1969), pp. 13-31.

17) 식 (13.2)는 아래의 가정이 필요하다. (a) 베타는 영(0)이다. (b) 부채의 수준은 일정하다. (c) 기업의 이자소득세 절감효과는 세전부채비용으로 할인한다.

이제 자기자본의 자본비용에 관해 CAPM에서 다룬 다음 식을 살펴보자.

$$r_s = r_{RF} + (RP_M)b_i$$

위의 식에서 주목할 점은 베타계수만이 회사의 경영진이 통제할 수 있는 변수라는 사실이다. 다른 두 개의 변수, r_{RF}와 RP_M은 기업의 통제영역권 바깥의 시장의 힘에 의해 결정되다. 하지만 베타계수 b_L은 앞서 살펴보았던 기업의 기본적 경영위험에 영향을 주는 기업의 영업의사결정과 부채비율(D/E)로 반영되는 자본구조에 관한 의사결정에 의해 결정된다. 식 (13.2)를 풀면 **무부채베타**(unlevered bata), b_U는 다음 식 (13.2a)에 의해 구할 수 있다.

무부채베타, b_U
기업이 부채가 없을 경우의 베타계수

$$b_U = b_L/[1+(1-T)(D/E)] \tag{13.2a}$$

위 식에서 법인세율과 부채/자기자본(D/E)비율 및 현재 시점의 베타(부채 있는 기업의)를 알고 있으므로 이 값을 대입하면 무부채베타를 찾을 수 있다. 이렇게 도출된 무부채베타와 다양한 수준의 부채 규모를 식 (13.2)에 대입하면 그에 따라 여러 부채 규모에 대응하는 부채베타계수(levered beta)를 도출할 수 있다. 이 부채베타계수를 이용하여 다양한 부채 수준 하에서의 자기자본의 자본비용을 계산할 수 있다.

이러한 내용을 Bigbee Electronics를 예로 들어 설명해보자. 먼저 무위험수익률(r_{RF})이 3%, 시장의 위험프리미엄(RP_M)이 6%라고 가정하자. 다음으로 무부채베타 b_U가 필요한데 Bigbee사는 부채를 사용하지 않으므로 D/E=0이고 이 기업의 베타계수가 1.375로 알려져 있으므로 무부채베타(b_U)는 1.375가 된다. 이제 우리는 b_U, r_{RF}, RP_M의 수치와 식 (13.2)를 이용하면 다양한 수준의 재무레버리지하에서 Bigbee의 베타와 이에 대응하는 자기자본의 자본비용을 추정할 수 있다.

〈표 13.4〉의 5열은 D/E비율을 달리한 경우 Bigbee사의 베타계수를 보여준다. 현재 자기자본의 자본비용은 11.25%로서 6열의 첫째 줄에 나타나 있다.

$$\begin{aligned} r_s &= r_{RF} + \text{위험프리미엄} \\ &= 3\% + (6\%)(1.375) \\ &= 3\% + 8.25\% = 11.25\% \end{aligned}$$

위 식에서 무위험수익률은 3%이고, 기업의 위험프리미엄은 8.25%이다. 이 기업은 부채를 사용하지 않아 재무위험이 없다. 따라서 8.25%의 위험프리미엄은 전적으로 경영위험에 기인한 것이다.

18) Eugene F. Brigham and Phillip R. Daves, *Intermediate Financial Management*, 14th edition(Mason, OH: Cengage Learning, 2022).

[그림 13.6] Bigbee사의 부채수준별 자기자본의 요구수익률

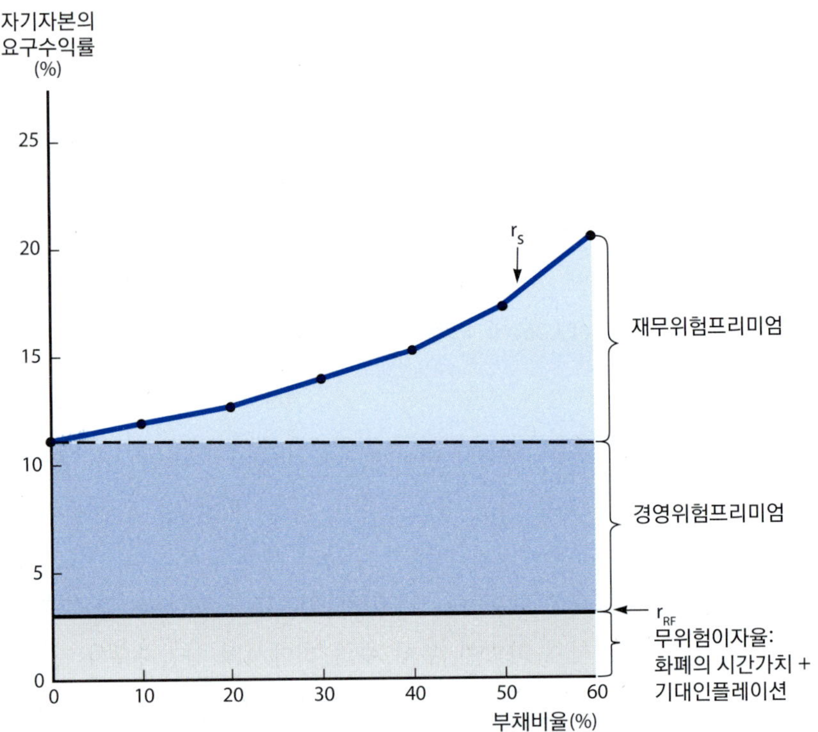

응용문제

Barnes Co.의 자본구조는 40%의 부채와 60%의 보통주로 구성되어 있다. 법인세율은 25%이고, 현재 부채가 반영된 이 회사 주식의 베타(b_L)는 1.5로 알려져 있다.

a. 이 기업의 무부채베타(b_U)는 얼마인가?

b. 만약 기업의 자본구조가 20%의 부채와 80%의 보통주로 변경된다면, 새로운 부채가 반영되어 나타난 주식의 베타계수(b_L)는 얼마인가?

[해답]

a. 기업의 무부채베타는 다음과 같이 구한다.

$$b_U = b_L/[1+(1-T)(D/E)]$$
$$b_U = 1.5/[1+(0.75)(0.4/0.6)]$$
$$b_U = 1.0$$

부채가 없는 경우의 $b_U < b_L$이 성립한다. 베타는 위험측정치이기 때문에 부채가 없으면 이러한 관계가 반드시 성립한다.

b. 문항 a에서 계산된 무부채베타를 이용하여, 부채 20%와 자기자본 80%의 자본구조를 갖는 기업

$$b_L = b_U[1+(1-T)(D/E)]$$
$$b_L = 1.0[1+(0.75)(0.2/0.8)]$$
$$b_L = 1.1875$$

여기에서 '새로운 b_L < 원래의 b_L'이 성립함에 주목하자. 이는 부채 수준이 감소함에 따라 나타난 당연한 결과이다. 즉, 감소된 위험이 새로운 베타계수에 반영되어 나타난 것이다.

만약 Bigbee가 부채를 조달하여 자본구조를 바꾼다면, 이러한 조치는 주주가 직면한 위험을 증가시킬 것이다. 개념적으로 기업의 자기자본비용은 다음의 항목으로 구성되어 있다.

$$r_s = r_{RF} + \text{경영위험프리미엄} + \text{재무위험프리미엄}$$

[그림 13.6]은 <표 13.4>의 6열에 표시된 자료를 토대로 부채비율의 변화에 따른 자기자본의 변화를 그림으로 나타낸 것이다. 그림을 통해 알 수 있듯이, r_s는 3%의 무위험수익률과 8.25%의 경영프리미엄, 그리고 0%에서 시작하여 부채비율이 상승함에 따라 증가하는 재무위험프리미엄으로 구성되어 있다.

13-3C 최적자본구조

<표 13.4>의 9번째 열은 여러 자본구조하에서의 Bigbee의 WACC를 표시하고 있다. 현재는 부채가 없기 때문에 부채비율은 0이고 따라서 WACC는 $r_s = 11.25\%$이다. 기업이 고비용의 자기자본을 낮은 비용의 부채로 대체할 경우 WACC는 감소하기 시작한다. 하지만 부채비율이 증가할수록 부채와 자기자본의 자본비용 모두 상승하는데, 처음에는 완만하게 상승하지만 점차 급격한 속도로 상승한다. 그래서 결국 자기자본 대비 저렴한 부채의 자본비용 요인은 부채 및 자기자본의 자본비용 상승이라는 요인으로 인해 상쇄되고 만다. 즉, 30%의 부채 수준에서 WACC는 10.86%의 최솟값을 갖는데, 부채가 증가함에 따라 WACC 또한 증가한다.

이를 다른 차원에서 살펴보자. 비록 자기자본 항목의 자본비용이 비록 부채의 자본비용보다 더 크다 하더라도, 부채만으로 구성해서는 가치를 최대로 만들 수 없는데 그 이유는 부채가 부채의 자본비용 및 자기자본의 자본비용에 영향을 주는 피드백 효과 때문이다. 예를 들어, Bigbee가 30%보다 많은 부채를 사용하는 경우(이를테면 40%), 자본구조가 값싼 항목에 의해 많이 채워지기는 하지만 이를 통해 얻게 되는 이득은 추가 조달된 부채가 부채 및 자기자본의 자본비용을 증가시키는 점에 의해 더 많이

상쇄되어버린다.

마지막으로 매우 중요한 것으로서, WACC를 최소화하는 자본구조가 또한 기업의 주식가격을 최대화하는 자본구조라는 사실을 재차 명심하는 것이다. Bigbee는 기업의 모든 이익을 배당으로 분배하고 사업에 재투자하지 않으므로 기업의 기대이익성장률과 배당성장률은 0이 된다. 따라서 Bigbee의 경우 다양한 자본구조하에서 주식가격을 추정하고자 할 때, 제9장에서 다루었던 제로성장주식가격모형을 적용할 수 있다. 이 추정치가 <표 13.4>의 제7열에 제시되어 있다. 표에서 주식가격은 재무레버리지의 증가에 따라 처음에는 상승하여 부채비율이 30%일 경우 $20.81로 최대가 되지만 이후 감소하기 시작한다. **따라서 Bigbee의 최적자본구조는 30%의 부채비율에서 발생하고, 이 부채비율하에서 주식가격은 최대로 나타나고 WACC는 최소로 나타나게 된다.**[19)]

[그림 13.7]은 <표 13.4>에 제시된 EPS와 자본비용, 주식가격 데이터를 그린 것이다. 그림에서 Bigbee의 기대EPS를 최대로 만드는 부채비율은 50%이다. 하지만 기대주식가격이 최대로 되고, WACC가 최소로 되는 부채비율은 30%이다. 그러므로 이 기업의 최적자본구조는 부채 30%와 자기자본 70%이다. 기업의 경영진은 이러한 비율로 목표자본구조를 설정해야 하고, 만약 현재의 비율이 목표치로부터 벗어나 있다면 증권을 새로 발행할 경우 이 목표치에 근접하도록 시도해야 한다.

셀프 테스트

- 부채비율이 증가할 경우 부채와 자기자본의 각 구성요소의 자본비용에는 어떤 변화가 발생하는가? 왜 그런 변화가 발생하는가?
- 하마다 공식을 이용하여 재무레버리지가 베타에 미치는 영향을 설명해보라.
- 기업의 무부채베타를 계산하는 식은 무엇인가?
- 하마다 공식을 이용하여 X기업의 무부채베타를 계산하라.
  단, $b_L = 1.25$, T = 25%, 부채/자산 = 0.42, 자기자본/자산 = 0.58 **(b_U = 0.8101)**
- 만약 X기업의 자기자본/자산의 비율이 각각 1.0과 0.58일 경우 자기자본의 자본비용은 각각 얼마인가? 단, r_{RF} = 5%, RP_M = 4%이다. **(8.24%, 10%)**
- 그림과 데이터 실례를 이용하여 부채비율의 변화가 재무위험과 경영위험프리미엄에 미치는 영향을 논하라. 이들 위험프리미엄은 부채비율에 따라 변동하는가? 설명해 보라.
- 일반적으로 최적자본구조하에서 기대EPS가 최댓값이 되는가? 설명해보라.

---

19) 잉여이익이 유보되고 기대성장률이 양(+)의 값을 갖으면 주가를 산출할 수 있다. 하지만, 분석이 복잡해지게 되기 때문에 주가보다는 WACC를 사용하여 최적자본구조에 대한 의사결정을 하는 이유이다.

[그림 13.7] 자본구조가 EPS, 자본비용, 주가에 미치는 영향

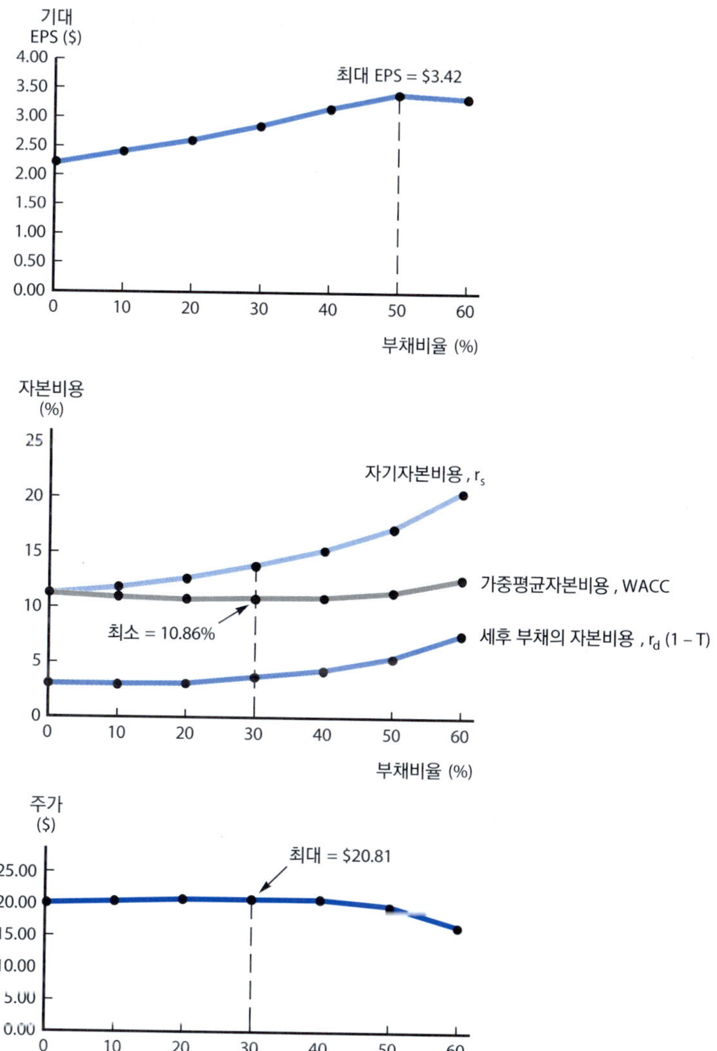

13-4 자본구조이론

경영위험은 최적자본구조를 결정하는 가장 중요한 요소이다. 또한 서로 다른 산업에 종사하는 기업들은 서로 다른 경영위험을 갖고 있다. 따라서 업종에 따라서 자본구조에 상당한 차이가 있는 것으로 기대하게 되는데, 실제로도 그렇다. 예를 들어, 생명공학회사는 일반적으로 식품가공회사와 자본구조상 많은 차이가 난다. 더군다나 설명

Yogi Berra와 MM명제

식당 여종업원이 Yogi Berra(명예의 전당에 오른 뉴욕 양키스의 포수)에게 피자를 4조각으로 자를지 또는 8조각으로 자를지 물었을 때 Yogi가 대답했다. "4조각이 좋겠어요. 8조각은 다 못 먹을 것 같아요."

Yogi의 위트 있는 답변은 Modigliani와 Miller의 기본적인 통찰력을 이해하는 데 도움을 준다. 기업이 선택한 부채비율에 의해 미래의 현금흐름이 분할되는 방식은 피자를 자르는 방식과 같다. MM은 기업의 미래 투자가 정해져 있다면 피자의 크기가 정해져 있는 것과 같은 것이라고 인식했다. 정보비용이 없다면 이는 모든 사람들이 같은 피자를 본다는 의미이다. 세금이 없다면 이는 IRS(미 국세청)의 몫이 없다는 것을 의미한다. '계약'비용이 없다면 이는 피자 자르는 칼에 피자 부스러기가 붙지 않는다는 것을 의미한다.

피자를 몇 조각으로 자르건 Yogi가 주문한 음식의 실질적인 양이 변하지 않듯이, MM의 가정하에서 재무상태표의 부채항목에 부채의 양이 얼마인지에 관계없이 기업의 경제적 실질가치는 변하지 않는다. 하지만 IRS가 Yogi의 피자를 손대지는 않겠지만 기업의 이익에 대해서는 일부 가져가려 할 것이다. Yogi의 가정이 MM의 가정보다 실제에 좀 더 부합한다.

출처: Lee Green, *Sportswit*(New York: Fawcett Crest, 1984), p. 228; and Michael J. Barclay, Clifford W. Smith, and Ross L. Watts, "The Determinants of Corporate Leverage and Dividend Policies," *Journal of Applied Corporate Finance*, vol. 7, no. 4(Winter 1995), pp. 4-19.

하기 어려운 일이지만 동종업계에서도 기업마다 서로 다른 자본구조를 취하고 있다. 이러한 차이를 설명할 수 있는 요인들은 무엇일까? 이러한 질문에 대답하려는 시도로 수많은 이론들이 학계와 업계에 의해서 개발되었다.

현대 자본구조에 대한 이론은 1958년 Franco Modigliani 교수와 Merton Miller 교수(이하 MM)에 의해 발표된 논문을 통해서 태동되었는데 이 논문은 지금까지 가장 영향력 있는 재무학 연구로 간주되고 있다.[20] MM은 몇 가지 제약을 가정하여 기업의 가치는 자본구조에 의해 영향받지 않는다는 사실을 증명하였다. 다시 말하여 MM의 이론은 기업이 어떻게 자금을 조달하는지는 전혀 중요하지 않다는 점을 시사한다. 따라서 자본구조는 전혀 관련이 없다는 것이다. 하지만 MM 연구의 토대가 되는 가정들이 비현실적이기 때문에 그들 연구의 결과에 대해서 많은 의문이 제기되고 있다. 이들 가정 중 일부를 제시하면 다음과 같다.

1. 중개수수료가 없다.
2. 세금이 없다.
3. 파산비용이 없다.
4. 투자자들은 기업과 동일한 금리로 자금을 차입할 수 있다.

---

20) Franco Modigliani and Merton H. Miller, "The Cost of Capital, Corporation Finance, and the Theory of Investment," *American Economic Review*, vol. 48, no. 3(June 1958), pp. 261-297. Modigliani와 Miller 모두 노벨경제학상을 수상하였다.

5. 모든 투자자들은 기업의 미래 투자기회에 관해서 경영진과 동일한 정보를 보유하고 있다.
6. EBIT는 부채사용에 의해 영향받지 않는다.

이들 중 일부의 가정이 비록 비현실적이기는 하지만, MM의 무관련이론은 대단히 중요하다. 어떠한 조건하에서 자본구조가 관련이 없는지를 제시함으로써, 자본구조가 관련이 있기 위해서 그리하여 기업의 가치에 영향을 주기 위해서는 무엇이 요구되는지에 관해 그 해결의 실마리를 제공하였다. MM의 연구는 현대 자본구조 연구가 시작되는 신호탄이었으며 후속연구들은 MM 가정을 완화시키는 데 중점을 두었으며 이를 통해서 좀 더 강건하고 현실적인 이론을 개발하였다. 이 분야의 연구 내용은 매우 방대하지만 다음 절에서 주요 내용만 요약하여 제시한다.

13-4A 세금효과[21)]

MM이 처음 발표한 1958년도 연구는 혹독한 비판을 받고, 그들은 법인세가 없다는 가정을 완화한 후속 연구를 1963년 발표한다.[22)] 그들은 세법이 이자지급액에 대해서는 비용으로 처리하여 기업에게 세금공제를 허용하지만 주주에게 지급되는 배당금은 세금공제해 주지 않는다면서, 이런 적용상 차이로 인해 기업들은 자본구조상 부채를 더 선호한다는 것이다. 이에 더하여 MM은 그들이 제시한 가정이 모두 성립될 경우, 이러한 세법 적용상 차이로 인해 기업들의 최적자본구조는 부채를 100% 사용하는 것임을 밝히고 있다.

MM의 1963년 연구는 몇 년 뒤 Merton Miller에 의해 수정되는데(이번에는 Modigliani는 빠진다), 그는 여기시 개인소득세의 영향을 도입하였다.[23)] Miller는 채권보유자에게는 이자가 지급되는 반면 주식보유자에게는 배당과 자본이득의 형태로 소득이 발생한다면서, 채권이자에는 최대 37%의 세율로 개인소득세로 과세됨을 지적하고 있다. 또한 장기자본이득에 대해서는 최대 15%의 세율로 과세하는데(2020년도 기준 고소득 납세자에 대해서는 20%이다), 이 세금은 주식을 매도하여 자본이득이 실현될 때까지 지연될 수 있다. 만약 주식을 보유한 채로 사망한다면 자본이득은 과세되지 않는데, 따라서 이 모든 것을 고려하면, 보통주로부터 얻어지는 수익이 대부제공을 통해서 얻어지는 수익보다 낮은 실효세율로 과세되고 있다.[24)]

---

21) 이번 장은 다소 이론적인 면이 있어 학습하지 않아도 전체를 학습하는 데에 문제가 없다.

22) Franco Modigliani and Merton H. Miller, “Corporate Income Taxes and the Cost of Capital: A Correction,” *American Economic Review*, vol. 53, no. 3(June 1963), pp. 433-443.

23) Merton H. Miller, “Debt and Taxes,” *Journal of Finance*, vol. 32, no. 2(May 1977), pp. 261-275.

24) 논문이 발표된 시점에서는 배당소득세가 최대 70%에 달하였으나 2020년도에는 배당소득과 자본이득세

Miller는 투자자들이 채권의 세전수익과 비교하여 상대적으로 더 낮은 세전수익을 보이는 주식이더라도 이를 기꺼이 소유할 수 있는 이유가 다 이런 세금 상황 때문이라고 주장하였는데, 예를 들어 살펴보자. 37%의 과세구간에 있는 어떤 투자자가 Bigbee의 채권에 대해 10%의 세전수익을 가정할 경우 세후수익은 10%(1 − T) = 10%(0.63) = 6.30%가 된다. Bigbee의 주식은 채권보다 더 위험한 자산이기 때문에 이 주식에 대해 투자자가 세후기준 더 높은 수익(예: 8%)을 요구할 것이다. 주식에 대한 수익(배당 또는 자본이득)은 20%의 세율로 과세되므로, 8%의 세후수익을 환산하면 8%/(1 − T) = 8.0%/0.80 = 10.0%의 세전소득이 된다. 따라서 이 예의 경우 채권금리가 주식에 대한 요구수익률(r_s)과 동일하게 나타나게 된다. 그러므로 주식에 대한 소득을 더 우대하여 과세하는 조건으로 인해, 투자자는 주식과 채권의 세전수익이 같아지는 것을 받아들일 수 있게 된다.[25)]

Miller가 주장한 바를 정리하면, (1) **이자에 대한 세금공제**를 고려하면 기업 입장에서 부채를 이용한 자금조달 방법이 유리하다. 그러나 (2) **주식수익에 대한 소득세우대 정책으로 인해 주식에 대한 요구수익률**이 낮아지면 자기자본을 이용한 자금조달 방법이 유리하다. 두 요인을 모두 고려하여 순효과를 파악하는 것은 쉽지 않다. 하지만 대다수 시장 관계자들은 이자에 대한 세금공제효과가 더 강한 영향력을 끼치고 따라서 현재의 조세체계상 부채를 이용한 자금조달 방법이 기업 측에 더 유리하다고 보고 있다. 그럼에도 주식소득에 대한 낮은 세율정책으로 인해 그 영향력은 확실히 감소하고 있다. 듀크대학의 John Graham 교수는 부채조달에 대한 총체적인 세금우대효과를 추정하였다.[26)] 그의 연구는 부채조달의 세금우대효과는 평균적으로 기업가치의 약 7%에 해당한다고 결론내리고 있다. 따라서 만약 무부채기업이 평균 규모의 부채를 사용하기로 결정했다면, 그 기업의 가치는 7% 정도 상승할 것이다.

13-4B 잠재적 파산 가능성의 영향

MM의 무관련 주장은 기업이 파산하지 않는다는 가정에 기반을 둔 것이며 따라서 파산비용은 고려하지 않는다. 하지만 실제로 파산은 존재하며 많은 비용이 수반된다. 파산한 기업은 높은 법률적 및 회계적 지출을 하게 되며 그동안 고객과 납품업체 및 종업원 등과 어려운 시기를 보내게 된다. 또한 파산 후 기업은 사업을 계속 유지했을 때의 가치보다 훨씬 낮은 가격으로 자산을 처분해야 한다. 공장과 기계설비는 기업의

모두 최대 20%에 머물고 있다.

25) 이자소득에 대해 세금이 공제되는 지방채와 과세되는 채권의 경우와 유사하다.

26) John R. Graham, "How Big Are the Tax Benefits of Debt?" *Journal of Finance*, vol. 55, no. 5(October 2000), pp. 1901-1941; John R. Graham, "Estimating the Tax Benefits of Debt," *Journal of Applied Corporate Finance*, vol. 14, no. 1(Spring 2001), pp. 42-54.

개별적 요구에 맞춰 재편성되어 있어 분해와 이동이 어렵기 때문에 대개 유동화(현금화)시키기 어렵다.

또한 파산 그 자체뿐 아니라 **파산의 위협**도 이러한 문제를 야기시킨다는 것을 유념해야 한다. 기업의 미래가 염려스러운 상황이 될 때, 핵심 종업원들이 '배에서 뛰어내리기' 시작하고, 납품업체가 신용거래를 중지하기 시작하고, 고객이 좀 더 안정적인 공급업체를 찾아 나서고, 자금 제공자가 더 높은 이자율과 까다로운 대출약관을 부과하는 등의 일들이 발생한다.

파산과 관련하여 문제가 발생하면 기업의 자본구조에서 부채가 증가할 가능성이 있는데, 따라서 파산비용은 기업이 극단적인 수준까지 부채를 사용하지 않도록 기업을 견제하기 위해 요구된다. 참고로 파산 관련 비용은 다음 두 가지 요소로 구성되어 있다. (1) 파산발생 가능성과, (2) 재무 곤경이 발생할 경우 야기되는 비용이 그것이다. 이익의 변동성이 큰 기업은, 다른 조건은 동일하다고 가정하여, 더 큰 파산 가능성에 직면하게 되며 따라서 안정적 이익을 유지하는 기업보다 부채를 적게 사용해야 한다. 이러한 내용은 앞서 제시한, 영업레버리지가 큰(그래서 경영위험이 큰) 기업은 재무레버리지의 사용을 제한해야 한다는 요지와 일맥상통하는 것이다. 마찬가지 이유로 자산을 현금화하기 어렵고 그래서 '폭탄세일' 가격으로 처분할 수밖에 없는 회사도 부채조달을 제한해야 한다.

13-4C 상충이론

상충이론
기업의 자본구조이론으로 부채조달의 절세효과와 잠재적 파산위험이 상충되는 상황을 일컫는다.

앞의 논의를 통해서 '레버리지에 관한 상충이론'이라 부르는 이론이 전개되었다. 이 이론은 기업에게 있어서 부채조달의 세제혜택이 잠재적 파산으로 인한 문제발생과 상충한다는 것이다. [그림 13.8]은 **상충이론**(trade-off theory)의 개요를 그림으로 나타낸 것이다. 그림에서 나타난 몇 가지 내용을 정리하면 다음과 같다.

1. 지급이자가 세금 공제되는 비용으로 인식되어 부채는 보통주 또는 우선주보다 저렴한 조달수단이 된다. 사실상 이는 정부가 부채의 비용 일부를 지불하거나 조세피난 혜택을 제공하는 것이다. 그 결과로 많은 부채를 사용하면 세금을 절약하게 되고 따라서 기업의 더 많은 영업이익(EBIT)이 투자자에게 흘러들어갈 수 있게 된다. 이 요인은 MM이 중점적으로 연구한 내용으로서 이로 인해 주식의 가격은 증가하는 경향이 있다. 실제로 MM의 가정하에서 부채를 100% 사용할 경우 주식의 가치는 최대로 나타나게 된다. [그림 13.8]의 '법인세 효과를 반영한 MM의 결과'라는 문구는 이러한 가정하에서 주가와 부채 사이의 관계를 표현한 것이다.
2. 실제 세계에서 기업들은 잠재적 파산의 부작용을 잠재적 위험요인의 역작용을

[그림 13.8] 재무레버리지가 Bigbee의 주가에 미치는 영향

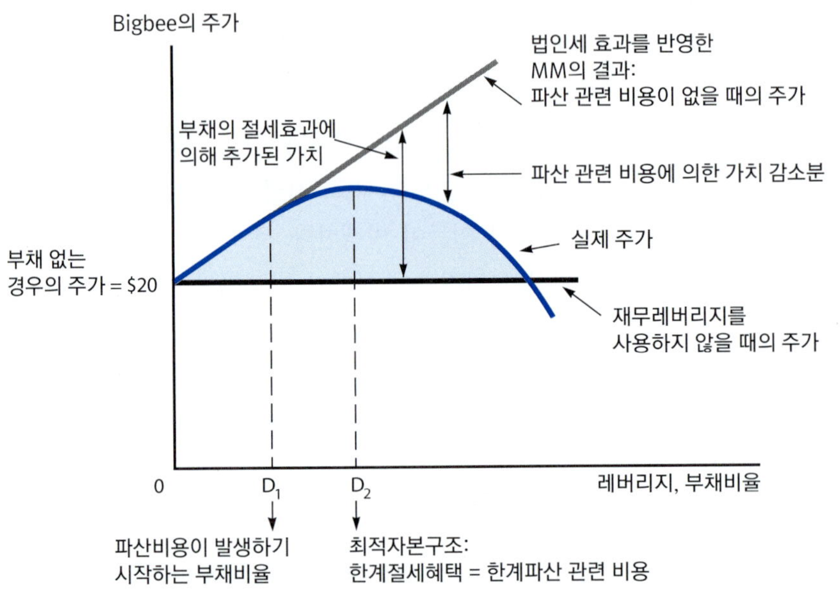

제한하기 위해 100%보다 낮은 수준으로 목표부채를 설정하고 있다.

3. [그림 13.8]에서 D_1으로 표시된 한계 수준 아래에서 파산 가능성은 매우 낮아 무시할 만하다. 하지만 D_1을 초과할 경우 파산 관련 비용은 점차 비중이 커지게 되어 부채의 세금혜택을 상쇄하기 시작한다. D_1과 D_2 구간 사이에서는 파산 관련 비용은 부채의 세금혜택을 감소시키지만 완전히 상쇄시키지는 않고 있다. 즉, 이 구간에서 부채가 증가함에 따라 주가도 증가하기는 하지만 속도는 감소하고 있다. 하지만 부채비율이 D_2보다 커지면 파산 관련 비용은 세금효과보다 많아지게 되어 부채비율이 증가할수록 주가는 하락한다. 그러므로 D_2는 주가가 최대로 나타나는 최적자본구조가 된다. 물론 D_1과 D_2는 경영위험과 파산비용의 규모에 따라서 회사마다 다양하게 나타나고, 시간 경과에 따라 변하기도 한다.
4. [그림 13.7]과 [그림 13.8]에 표시된 곡선의 일반적 형태는 이론연구 및 실증연구에 의해 입증된 것이기는 하지만 이를 명확하게 정의된 함수로서보다는 대략적으로 그린 것으로 받아들여야 할 것이다. [그림 13.7]에서 숫자를 반올림하여 소수점 이하 둘째자리까지 표시하였지만, 이들 숫자는 단지 예를 설명하기 위한 목적일 뿐이다. 그래프를 추정치에 기반을 두어 그린 것이기 때문에 숫자들은 그렇게 정확한 값은 아니다.
5. 실제 Intel과 Microsoft 등 다수의 성공적인 대기업들은 이론이 제시하는 것보다 훨씬 낮은 부채를 사용하고 있어 [그림 13.8]에 표현된 자본구조이론의 안정성을

교란하고 있는데, 이러한 점으로 인해 다음 절에서 논의하는 신호이론이 발전하는 계기가 되었다.

13-4D 신호이론

정보의 대칭
투자자와 경영자가 기업의 미래에 대해 동일한 정보를 지니고 있는 상황

정보의 비대칭
투자자와 경영자가 기업의 미래에 대해 상이한 (또는 더 나은) 정보를 지니고 있는 상황

MM은 투자자와 경영자 등 모든 경제 주체들이 기업의 미래 전망에 대해 동일한 정보를 갖고 있다고 가정하였다. 이를 **정보의 대칭**(symmetric information)이라고 부른다. 하지만 실제로 경영자는 종종 외부의 투자자보다 더 우월한 정보를 갖고 있다. 이를 **정보의 비대칭**(asymmetric information)이라고 부르는데, 최적자본구조에 중요한 영향을 미치고 있다. 왜 그런지 이유를 살펴보기 위해 다음 두 가지 상황을 고려해보자. 하나는 기업의 미래 전망이 극단적으로 우호적인 상황이라는 것을 경영자가 알고 있는 경우(F 기업)이고, 다른 하나는 미래 전망이 불리하다는 것을 경영자가 알고 있는 경우(U 기업)이다.

먼저 F 기업의 R&D부서에서 특허권이 적용되지 않는 일반 감기치료제를 이제 막 개발했다고 가정해보자. 이 회사는 경쟁사의 참여를 지연시키기 위하여 신약개발 사실을 가능한 한 오랫동안 비밀로 유지시키길 원한다. 이 기업은 신제품을 제조하기 위하여 공장을 신축해야 하며 이를 위해 자금조달이 필요한 상황이다. 하지만 F 기업은 어떻게 필요한 자금을 조달해야 하는가? 만약 주식을 발행하여 조달할 경우, 신제품으로부터 이익이 유입되면 주가는 급격하게 상승하고 그러면 신주 구입자는 엄청난 이익을 챙길 수 있게 된다. 현재의 주주(경영자를 포함하여)에게도 이익이 나긴 하겠지만, 주가 상승 전 주식을 발행하지 않았을 경우 얻을 수 있었던 이익만큼은 아닐 것이다. 이러한 경우 그들은 신제품 개발로 인해 언어지는 혜택을 신주 구입자와 나누지 말았어야 했다. 그러므로 우리는 미래 전망이 매우 우호적인 기업들은, 비록 부채비율이 목표 수준을 초과할지라도, 신주를 발행하는 대신 신규 부채를 통하여 필요한 자금을 조달하리라는 것을 예상할 수 있다.[27]

이제 U 기업을 살펴보자. 회사의 경영진은 최근 새로운 주문이 급격하게 감소하여 이유를 알아보니 경쟁사가 제품의 질이 향상된 새로운 기술을 도입했기 때문이었다는 정보를 얻었다고 가정해보자. U 기업은 현재의 매출을 유지하기 위해서는 고가의 생산설비로 개선해야 하는 상황이다. 그 결과 투자수익률은 감소될 것이다(하지만 아무런 조치를 취하지 않아 파산하여 100%의 손실이 나는 것보다는 적을 것이다). U 기업은 어떠한 방식으로 필요한 자금을 조달해야 하는가? 이러한 상황은 F 기업이 처한 상황과 정반대가 된다. U 기업은 주식을 발행하여 불리한 결과를 신주 구입자가 일부

27) F 기업의 경영자가 신상품에 대한 내부정보를 이용하여 개인적으로 추가 매수를 하는 것은 명백한 불법이다. 형사처벌을 받게 될 것이다.

부담하도록 할 것이다. **그러므로 미래 전망이 우호적이지 않은 기업들은 주식발행으로 자금을 조달하여 새로운 투자자가 손실을 분담하기를 원할 것이다.**[28)]

이 모든 것을 종합하여 결론을 내려 보면, 매우 희망적인 미래 전망이 있는 기업들은 신주 발행을 통한 자금조달을 선호하지 않는 반면, 미래 전망이 매우 부정적인 기업은 외부로부터 자기자본을 조달하는 방식을 더 선호한다는 것이다. 이런 결론을 접하고 투자자의 한 사람으로서 당신은 어떻게 반응해야 하겠는가? 당신은 마땅히 다음과 같이 말해야 할 것이다. "만약 어느 기업이 신주를 발행할 계획이 있다면 그 기업은 매우 우려스럽다. 왜냐하면 내가 알기로 미래 전망이 좋은 경우 경영진은 주식발행을 원치 않기 때문이다. 하지만 반대로 미래 상황이 좋지 않은 경우 주식발행을 원할 것이다. 그러므로 어느 기업이 신주를 발행하려고 계획하고 있다면 다른 조건이 변치 않는 경우 나는 그 기업의 가치를 낮추어야만 할 것이다."

신호
기업의 경영진이 자신들이 기업의 미래에 대해 어떻게 전망하는가에 대한 정보를 제공하는 행위

만약 당신이 위와 같이 답변하였다면, 당신의 견해는 노련한 포트폴리오 관리자의 견해와 일치한다. **간단히 말해서 유상증자 발표는 일반적으로 경영자가 평가한 기업의 미래 전망이 밝지 않다는 신호(signal)로 간주된다.** 이를 바꾸어 말하면, 어느 기업이 유상증자를 발표하는 경우 이는 대개의 경우 주가하락으로 이어짐을 시사한다.[29)] 실증연구들은 이러한 상황이 존재했음을 보여주고 있다.[30)]

차입여력
좋은 투자기회가 있을 경우에 적절한 비용을 지불하고 대출할 수 있는 능력. 기업은 일반적인 상황에서 추후에 필요할 경우에 부채조달이 용이하도록 MM이 주장한 최적자본구조보다 적은 부채를 사용한다.

자본구조에 관한 의사결정에서 이것들이 시사하는 것은 무엇인가? 주식의 발행은 부정적인 신호를 주게 되어 결국 주가를 하락시키는 경향이 있다. 따라서 기업은 정말로 좋은 투자기회가 나타날 경우를 대비해서, 미래 전망이 밝을지라도 정상시기에 **차입여력**(reserve borrowing capacity)을 유지해야 한다는 것이다. **이것이 의미하는 것은 정상시기에 [그림 13.8]에서 보여준 세금혜택/파산비용 상충이론에서 제시하는 것보다 더 많은 자기자본과 더 적은 부채를 사용해야 한다는 것이다.**

13-4E 경영자를 견제하기 위한 부채의 사용

제1장에서 우리는 경영진과 주주의 목적이 서로 다를 때 이해관계의 충돌 문제가 발생할 수 있다고 언급하였다. 그러한 충돌은 기업의 핵심적인 영업활동을 수행하기에 요구되는 것보다 많은 현금을 보유하고 있는 경우 특히 일어날 가능성이 크다. 경영자는 자신이 편애하는 프로젝트와 호화 사무실, 전용 비행기, 스포츠 공연장에서의 고급

---

28) 기업 U는 신규공모를 하는 경우에 일정 수준의 정보를 제공해야 한다. 하지만 경영자가 우려하는 모든 문제를 모두 공개하지 않아도 법적 요건을 충족할 수 있을 것이다.

29) 성장을 위해서는 추가적인 자기자본이 필요하기 때문에 주식발행은 성장하는 신생 기업보다 대기업의 경우에 부정적인 신호로 인식된다.

30) Paul Asquith and David W. Mullins Jr., "The Impact of Initiating Dividend Payments on Shareholders' Wealth," *Journal of Business*, vol. 56, no. 1(January 1983), pp. 77-96.

관람석 등 특전을 누리기 위해 과다한 현금을 종종 쓰게 되는데, 이러한 것들은 모두 주가를 올리는 것과 아무런 관련이 없다.[31] 반면 현금 사용이 매우 제한되어 있는 경영자의 경우 과도한 지출이 어려울 것이다.

기업은 여러 가지 방법으로 과다한 현금흐름을 줄일 수 있다. 하나의 방법은 현금의 일부를 고배당 또는 자사주매입을 통하여 주주에게 돌려주는 것이다. 또 하나의 방법은 채무상환조건이 높은 경우 경영자가 잘 통제될 것이라는 기대하에 목표자본구조를 부채 수준이 많은 방향으로 약간 경도시키는 방법이다. 만약 채무가 제때 상환되지 않을 경우, 기업은 파산하게 되고, 경영자는 직장을 잃게 된다. 따라서 기업이 높은 채무상환조건에 놓이게 되면 경영자는 비싼 전용 비행기를 되도록 사지 않으려 할 것이다.

차입매수(leveraged buyout: LBO)는 과나한 현금흐름을 줄이기 위한 좋은 방법이다. LBO는 부채를 조달하여 높은 비율의 기업 주식을 구입하는 것이다. 경솔한 낭비를 줄여 자금을 절약한다는 동기로 적지 않은 차입매수가 이루어지고 있다. 지적한 것처럼 LBO 후 높은 부채지급액으로 인해 경영자들은 불필요한 지출을 줄이고 현금을 아껴 쓸 수밖에 없다.

물론 부채가 증가하고 잉여현금흐름이 감소하면 분명 단점이 있는데, 그것은 파산위험의 증가이다. 경제학자 Ben Bernanke(전 미국 연방준비제도이사회 의장)는 기업의 자본구조에 부채를 추가하는 것은 자동차 핸들에 단검을 달고 다니는 것과 같다고 주장했다.[32] 당신의 가슴 쪽을 겨누고 있는 단검은 당신이 매우 조심스럽게 운전하도록 유인하지만, 당신이 아무리 조심해도 만약 누군가가 당신 차에 뛰어 들어온다든가 하면 당신은 그 칼에 찔릴지도 모른다. 이 비유는 다음과 같은 의미로 기업에도 적용 가능하다. 높은 부채 수준은 경영자로 하여금 주주의 돈을 조심스럽게 사용하도록 하지만 만약 전쟁, 지진, 파업 또는 경기침체 등 통제가 어려운 사건이 발생하게 되면 잘 운영되던 기업도 파산에 처해질 수(길에 찔릴 수) 있게 된다. 이 비유를 정리하사면, 자본구조에 관한 의사결정은 결국 주주가 얼마나 큰 단검을 경영자에게 맞춰 놓을지에 관한 의사결정과 같은 것이다.

만약 당신에게 있어서 이상의 자본구조이론에 관한 논의가 애매모호하고 다소 혼돈스럽다고 하더라도, 이는 당신 혼자만 그런 것은 아니다. 사실 전직 미국 연방준비제도이사회 의장조차도 기업의 최적자본구조를 어떻게 정확히 찾을 것인지 또는 자본구조의 변화가 주가와 자본비용에 미치는 영향을 어떻게 측정할 것인지 알지 못한다. 실

31) RJR Nabisco의 인수와 관련된 이야기는 아래의 자료를 참조하라. Bryan Burrough, *Barbarians at the Gate: The Fall of RJR Nabisco*(New York: Harper & Row, 1990).

32) Ben Bernanke, "Is There Too Much Corporate Debt?" Federal Reserve Bank of Philadelphia, *Business Review*(September/October 1989), pp. 3-13.

무에서 자본구조에 관한 의사결정은 판단과 수리적 분석을 함께 사용하여 내려져야 한다. 그럼에도 여기에 제시된 이론적인 이슈에 관해 이해하고 있다면 이는 당신이 자본구조 이슈에 관해 더 나은 판단을 하는 데 도움이 될 것이다.

13-4F 자본조달순위 가설

자본조달순위
기업이 자본을 조달하는 순위: 1차는 신용거래, 2차는 유보이익, 3차는 부채, 4차는 보통주 발행

자본구조에 영향을 미치는 또 하나의 요인으로서 기업이 자금을 조달하게 되는 경우 경영자들이 선호하는 **자본조달순위**(pecking order)가 있다는 견해가 있는데, 이 자본조달순위는 자본구조에 관한 의사결정에 영향을 끼치게 된다.[33] 기업은 다음과 같은 순서로 자금을 조달한다고 한다. 첫 번째 자금조달원천은 매입채무와 미지급비용이다. 당해 연도에 발생한 유보이익이 그 다음이며, 유보이익으로도 필요자금이 충족되지 못하는 경우 그때 기업은 부채를 발행한다. 마지막으로 최후의 수단으로서 보통주를 신규 발행한다.

기업이 이러한 자금조달순위를 따르는 것이 왜 논리적인 방법일까? 첫째, 일상에서 자연스럽게 발생하는 신용자금과 유보이익으로 자금을 조달하면 발행비용이 발생하지 않으며 또한 부채발행비용은 상대적으로 저렴하다. 하지만 신규 주식의 발행비용은 매우 비쌀 뿐더러 정보의 비대칭성과 신호효과로 인해 신규 주식을 이용한 자금조달은 덜 바람직하다. 따라서 비록 상대적인 중요성에 관해서 여전히 일부 논쟁이 있기는 하지만, 자본조달순위 이론은 논리적이고 기업의 자본구조에 영향을 끼칠 수 있다.[34]

13-4G 절호의 기회

만약 회사의 주식이 내재가치와 다른 가격으로 팔린다면 회사의 경영자는 이러한 가격불일치를 통해 이득을 취하기 위해서 기업의 자본구조를 조정할 수 있다. 회사의 주식이 고평가된 경우(내재가치보다 비싸게 거래되는 경우), 경영자는 시장가치가 상대적으로 높은 시점에서 신주를 발행하려 할 것이다. 마찬가지로 기업의 주가가 저평가되어 있을 경우 경영자는 자사주매입을 선택할 것이다. Malcolm Baker와 Jeffrey Wurgler의 연구에 의하면, 많은 기업들이 이런 **절호의 기회**(windows of opportunity)를 활용하고 있다고 하며, 시장에 동조하려는 이러한 시도는 기업의 자본구조에 중대한 영향을 미치고 있다고 두 저자는 주장하고 있다.[35]

절호의 기회
기업의 경영자가 특정 시장상황에 맞게 기업의 자본구조를 조정하는 경우

---

33) Jonathan Baskin, "An Empirical Investigation of the Pecking Order Hypothesis," *Financial Management*, vol. 18(Spring 1989), pp. 26-35.

34) Murray Z. Frank and Vidhan K. Goyal, "Testing the Pecking Order Theory of Capital Structure," *Journal of Financial Economics*, vol. 67, no. 2(February 2003), pp. 217-248.

35) Malcolm Baker and Jeffrey Wurgler, "Market Timing and Capital Structure," *Journal of Finance*, vol. 57, no. 1(February 2002), pp. 1-32.

셀프 테스트

- 세금을 고려한 MM이론에서는 왜 100% 부채로 귀결되는가?
- 법인세의 증가는 평균적 기업의 자본구조에 어떤 영향을 주는가? 또 개인소득세율의 증가는 어떤 영향을 주는가?
- 정보비대칭의 의미는 무엇인가? 신호가 자본구조결정에 어떻게 영향을 주는가?
- 차입여력의 의미는 무엇인가? 이것이 기업에 중요한 이유는 무엇인가?
- 부채 사용을 경영자 통제에 어떻게 이용할 수 있는가?
- 자본조달순위 가설이 무엇이고, 이것이 어떻게 기업의 자본구조에 영향을 미치는가?
- '절호의 기회'가 어떻게 기업의 자본구조에 영향을 끼치는가?

13-5 자본구조 결정시 고려사항

앞서 논의한 다양한 분석기법과 더불어 기업이 자본구조를 결정할 때 일반적으로 다음과 같은 요인들을 고려한다.

1. **매출 안정성.** 매출이 안정적인 기업은 불안정한 기업에 비해 더 많은 부채를 안전하게 관리할 수 있고 더 많은 고정비용을 지출할 수 있다. 전력회사와 같은 공공서비스 기업은 안정적 수요를 유지하고 있어 다른 산업의 기업에 비해 더 많은 재무레버리지를 사용하고 있다.
2. **자산구조.** 많은 회사들은 목표자본구조를 수립할 때 적절한 현금보유 규모를 고려한다. 다른 조건은 변하지 않는다고 가정하여, 회사가 재무상태표상에 더 많은 액수의 현금을 보유하고 있다면 부채에 대해서 부담을 덜 느낄 것이다. 이러한 이유로 일부 증권분석가는 기업의 총부채에서 현금과 현금등가성 증권을 차감한 **순부채**(net debt)를 또 다른 평가지표로 사용한다.

순부채
단기부채와 장기부채를 합한 후에 현금과 현금등가물을 차감한 수치. 기업은 목표자본구조를 정할 때 이 수치를 고려한다.

순부채 = 단기 부채 + 장기 부채 − 현금 및 등가물

<표 13.1>에서 Caterpillar는 $294억의 순부채($377억의 총부채에서 $83억의 현금 및 등가물을 차감한 금액)가 있음을 알 수 있다. 다른 조건이 변하지 않는다고 가정하면, 현금과 대출담보성 자산이 많은 기업은 상대적으로 부채를 많이 사용하는 경향이 있다. 여러 사업부문에서 두루 사용할 수 있는 범용자산들은 담보로 적합하지만, 특수목적용 자산들은 그렇지 못하다. 이런 이유로 부동산회사는 대개 많은 부채를 사용하는 반면 기술연구 중심의 회사는 그렇지 않다.[36)]

36) 이번 단원에서 다루지 않고 있는 자본구조와 관련된 2가지 이슈는 장기리스와 전환증권이 자금조달의

3. **영업레버리지.** 다른 조건이 동일할 때, 영업레버리지가 낮은 기업은 경영위험이 낮기 때문에 더 많은 재무레버리지를 선택할 수 있다.
4. **성장률.** 다른 조건이 동일할 때, 고속성장 기업은 외부자금에 더 많이 의존해야 한다. 또한 보통주를 발행할 때 소요되는 발행비용이 부채 발행비용보다 크기 때문에 이들은 부채를 더 선호한다. 하지만 동시에 고속성장 기업은 대개 높은 불확실성에 놓이는 경우가 많아 부채 사용을 꺼리는 측면도 있다.
5. **수익성.** 고수익 기업은 대체로 상대적으로 부채를 적게 사용한다고 알려져 있다. 이러한 현상에 대한 이론적인 설명은 제시되지 않았지만, 이것에 대한 실제적인 설명은 Intel, Microsoft, Google 같은 기업이 많은 부채를 필요치 않다는 것이다. 이 기업들은 수익률이 높아 대부분의 자본을 내부자금으로 충당하고 있다.
6. **세금.** 이자는 세금공제되며, 공제는 고세율 기업에게는 매우 소중한 것이다. 따라서 세율이 높은 기업일수록 부채의 장점이 크다.
7. **통제.** 주식 대비 부채가 경영진 통제에 미치는 영향에 따라 자본구조 또한 영향을 받는다. 만약 경영진이 현재 의결권을 갖고 있지만(50% 이상의 주식을 보유함), 주식을 추가 매수할 상황이 아니라면, 경영진은 자금조달 수단으로 부채를 선택할 것이다. 반면 재무여건이 좋지 않아 부채를 조달함으로 인해 채무불이행 위험이 심각한 상태에 빠진다면 경영진은 자기자본을 자금조달 수단으로 선택할 것이다. 그 이유는? 만약 기업이 채무불이행 상태에 빠지면 경영진은 직장을 잃기 때문이다. 하지만 부채가 너무 적으면 인수대상이 될 위험 또한 상존한다. 경영진의 지위를 최대로 보장할 수 있는 자금조달 수단은 상황에 따라 변하기 마련이며, 따라서 매 시기 경영진의 고려에 의해 자금조달 방법이 결정될 수 있다. 어떤 경우든 경영진의 지위가 불안정한 경우 경영진 통제 문제를 고려할 것이다.
8. **경영자의 태도.** 그 누구도 어떤 자본구조가 주가를 가장 크게 올릴 것인지 증명할 수 없다. 경영진은 적절한 자본구조에 대해 나름대로의 판단을 갖고 수행할 뿐이다. 어떤 경영자는 상대적으로 보수적인 입장을 보여 산업평균보다 적은 부채를 사용하는 반면 공격적인 경영자는 높은 이익을 추구하며 상대적으로 높은 부채비율을 사용한다.
9. **채권자와 신용평가기관의 태도.** 경영자가 그들 기업에 대한 레버리지 요인을 어떻게 평가하든 관계없이 채권자와 신용평가기관의 태도가 대체적으로 기업의 자본구조 의사결정에 영향을 미친다. 기업들은 자본구조에 관해서 채권자와 신용평가기관과 자주 협의하며 이들의 권고를 비중 있게 받아들이는 입장이다. 예를 들어, 최근 Moody's와 Standard & Poor's가 어느 대형 공공서비스 기업에게 채권

조합에 미치는 영향이다. 입문을 위한 교재에서 적합하지 않아 포함하지 않았다.

을 추가 발행할 경우 채권등급을 하향조정할 것이라고 경고한 바 있다. 이 메시지는 기업의 의사결정에 영향을 주었고, 그 기업은 차기에 보통주를 발행해서 자금을 조달하였다.

10. **시장 상황.** 주식시장과 채권시장에 장단기 변화가 나타나고 이것이 기업의 자본구조에 중대한 영향을 줄 수도 있다. 예를 들어, 최근 신용경색이 발생했을 때 정크본드시장은 씨가 말랐고 BBB등급 이하의 장기채권을 '적절한' 수준의 금리조건으로 발행할 수 없었다. 따라서 낮은 신용등급의 기업들은 시급한 자금을 조달하기 위해 주식시장 또는 단기채권시장을 두드릴 수밖에 없었다. 하지만 상황이 완화된 이후에 기업들은 목표자본구조로 다시 복원하기 위하여 장기채권을 발행하였다.
11. **기업의 내부 상황.** 기업의 자체 내부 상황이 또한 목표자본구조에 영향을 줄 수 있다. 예를 들어, 어느 기업이 방금 R&D 프로그램을 성공적으로 완수하여 당장 높은 수익을 올릴 수 있게 된다고 가정하자. 하지만 투자자는 이러한 사실을 알지 못하고 주가에도 아직 반영되지 않았다. 이 기업은 아직 주식발행을 원하지 않으며, 향후 좀 더 높은 수익을 실현하고 주가에 반영될 때까지 당분간은 부채를 통해 자금을 조달하기를 원한다. 그런 후 추후 주식발행자금을 통해 부채를 상환하고 다시 목표자본구조로 회귀할 수 있을 것이다. 이러한 사항은 정보의 비대칭과 신호효과와 관련하여 앞서 설명했다.
12. **재무 유연성.** 어느 영민한 기업의 재무책임자가 우리에게 다음과 같은 내용의 글을 보내왔다.

> 우리 회사는 현명한 자본조달 관련 의사결정보다 현명한 자본예산과 영업 관련 의사결정에 의해 더 많은 수입을 낼 수 있습니다. 실제 우리는 자금조달 의사결정이 어떻게 주가에 영향을 주는지 정확히 알지 못합니다. 하지만 우리가 확실히 알고 있는 것은 자금부족을 이유로 유망한 벤처사업을 포기하는 것은 우리의 장기 수익성을 감소시킨다는 것입니다. 이러한 이유로 재무책임자로서 본인의 주된 목표는 사업운용에 필요한 자본을 언제든지 조달할 수 있도록 준비해 놓는 것입니다. 경제 여건이 좋은 시기에는 우리는 주식 또는 채권 어떤 방법이든 자금을 조달할 수 있습니다. 하지만 경제 여건이 좋지 않은 시기에는 자금 제공자가 좀 더 유리한 위치가 되도록 해주어야만 자금을 조달받을 수 있습니다. 그것은 부채를 의미합니다. 더군다나 우리가 신주를 발행한다면 이는 투자자에게 부정적 신호를 줄 것입니다. 따라서 우리 같은 성숙기업의 경우 주식발행은 바람직하지 않습니다.

이러한 견해를 모두 종합하면 재무 유연성, 즉 경영 관점에서 적정한 '차입여력'을 유지하는 것이 중요하다. 적정한 차입여력은 고도의 판단을 요구하는 것이지만, 분명한 사실은 예상 자금수요, 자본시장의 상황, 예측에 있어서 경영진의 자신감, 자금 경색이 초래할 결과 등에 의해 결정된다.

예상할 수 있듯이 다수의 기업들이 2020년 상반기부터 시작된 경제적 셧다운 기간 동안에 재무적 탄력성을 유지하기 위해 많은 어려움을 겪었다. 부채의 규모가 크지 않고 현금흐름을 안정적으로 유지할 수 있는 기업은 영향이 크지 않았지만 현금흐름을 유지하지 못한 기업은 채무를 관리하는 것이 매우 어려울 수밖에 없었다. 재무적 탄력성을 유지하기 위해 많은 기업들은 자금을 조달하기 위해 채권을 발행하려 노력하였고, 연방준비위원회는 채권발행이 원활하도록 많은 조치를 취하였다. 연준은 대출금리를 낮추고 채권시장의 활성화와 유동성을 위해 회사채와 채권 ETF를 매입하는 정책을 취했다.[37] 마지막으로, 모든 기업이 채권발행이 원활했던 것은 아니었기에 기업 파산이 대폭 증가하였다. 주목할 점은 위기의 시대를 돌파하기 위한 채권발행이 가능했던 기업들도 몇 년 안에 채무를 상환해야만 하는 문제를 갖고 있었다.

셀프 테스트

- 매출 안정성이 목표자본구조에 어떤 영향을 미치는가?
- 기업의 자산 유형이 자본구조에 어떤 영향을 미치는가?
- 법인세가 목표자본구조에 어떤 영향을 미치는가?
- 대출자의 행태와 신용평가사가 자본구조에 어떤 영향을 미치는가?
- 기업의 내부상황이 기업의 실제 자본구조에 어떤 영향을 미치는가?
- 재무적 탄력성이란 무엇인가? 부채비율이 높아지면 재무적 탄력성이 상승하는가? 아니면 하락하는가? 설명하라.

13-6 자본구조의 다양성

예상했던 것처럼 레버리지의 사용은 산업별, 기업별로 다양하게 나타난다. <표 13.5>는 여러 산업에서 선정된 기업들을 장기부채비율이 증가하는 순서로 정리한 것이다.[38]

인터넷 기업, 철강기업, 정유사는 상대적으로 적은 부채를 사용하는데, 이는 산업특성상 경기순환적이거나 연구지향적이거나 또는 제품 책임에 관한 대형소송을 당하기

37) Patti Domm, "The Fed Thawed Debt Market and Big Companies Built a $500 Billion War Chest to Fight the Virus," *CNBC*(cnbc.com), May 11, 2020.

38) <표 13.5>를 구성하기 위해 *MSN Money*(msn.com/en-us/money/markets), *Morningstar*(morningstar.com), *The Value Line Investment Survey*, *Risk Management Association Annual Statement Studies* 및 *Dun & Bradstreet Key Business Ratios* 등의 자료를 사용하였다.

〈표 13.5〉 자본구조비율(2020년 기준, 장기부채비율 순위)[a]

	기업		산업	
기업명	장기 부채비율	이자 보상비율	산업분류	장기 부채비율
Alphabet Inc.	1.96%	395.56	Internet content	30.07%
NUCOR	29.58	10.18	Steel	39.39
BP	42.20	2.47	Petroleum	35.06
ConAgra Foods	53.92	2.74	Food processing	43.82
Duke Energy	54.55	2.63	Electric utilities	58.33
CSX	58.16	6.47	Railroads	53.49
Kroger	58.51	3.75	Grocery stores	53.92
United Airlines Holdings, Inc.	59.02	4.97	Airlines	60.94
Lockheed Martin	76.85	13.13	Aerospace	56.14
Ford Motor Company	79.42	−2.13	Automobile	51.92
Eli Lilly	81.95	14.95	Pharmaceuticals	43.18
The Wendy's Co.	85.84	2.25	Restaurants	55.75

a. 장기부채비율은 총자본 대비 수치이다. 총자본은 장부가 장기부채에 자기자본을 더한 값이다.
출처: MSN Money(msn.com/en-us/money/markets) and Morningstar(morningstar.com), June 1, 2020.

쉽기 때문이다. 반면 항공사, 항공관련 기업, 식음료 기업은 상대적으로 많은 부채를 사용하는데, 이는 이들 기업이 저당채권에 적합한 고정자산을 소유하고 있으며 매출도 안정적이므로 평균 부채 수준을 초과해도 안전하기 때문이다.

이자보상비율(time-interest-earned ratio: TIE ratio)은 기업이 재무적 곤경에 얼마나 취약한지를 나타내는 지표이다. 이 비율은 다음 세 가지 요인에 의해 결정된다. 즉 (1) 부채비율, (2) 부채이자율, (3) 기업의 수익성이다. 일반적으로 Alphabet Inc.와 NUCOR 등 레버리지가 낮은 기업은 이자보상비율이 높은 반면, United Airlines와 Wendy's 등 부채의 비중이 높은 기업은 보상비율이 낮다.

<표 13.5>에 나타낸 것처럼, 동종 산업 내의 기업들 사이에도 자본구조상 많은 차이가 존재한다. 예를 들어, 2020년도 항공산업의 평균 부채비율이 56.14%이지만, Lockheed Martin의 부채비율은 76.85%이다. 따라서 경영자의 태도 등 개별 기업의 고유한 특성이 목표자본구조를 설정하는 데 중요한 역할을 한다. 동시에 Harry DeAngelo와 Richard Roll의 연구에 의하면 많은 기업들이 부채비율을 비교적 안정적으로 유지한다.[39] 많은 기업들이 고정적인 목표자본구조를 정하지 않고 동적으로 관리한다는 것이다. 최근의 John Graham, Mark Leary와 Michael Roberts의 연구에 의하

39) Harry DeAngelo and Richard Roll, "How Stable Are Corporate Capital Structures?" *Journal of Finance*, vol. 70, no. 1(February 2015), pp. 373-418.

면 제2차 세계대전 이후로 부채비율이 증가하였고 자본구조에도 많은 변화가 발생하였다.[40)]

셀프 테스트

- 산업에 따라 그리고 산업 내의 기업 간에 재무레버리지를 사용하는 방식이 다양한 이유는 무엇인가?

단원 종합

제10장에서 자본비용을 학습하면서 우리는 주어진 기업의 자본구조를 바탕으로 기업의 자본비용을 계산하였다. 이어 제11장, 제12장에서 자본예산기법을 다룰 때 자본비용을 입력변수로 사용하였다. 자본예산에 관한 의사결정은 기업이 수행하는 투자안의 형태를 결정하고, 이는 다시 기업 자산의 특성과 경영위험에 영향을 미친다. 이 장에서는 순서를 반대로 하여, 기업의 자산과 경영위험이 주어진 상황에서 가장 최선의 자금조달 방법을 결정해 보았다. 구체적으로, 이 장에서 우리는 부채사용이 EPS, 주가, 자본비용에 미치는 영향을 살펴보고 이어 다양한 자본구조이론을 논의하였다.

이론마다 최적자본구조에 관해 서로 다른 결론을 제시하고 있고, 그 누구도 어느 이론이 다른 이론보다 더 우수하다고 증명하지 못하고 있다. 따라서 기업의 최적자본구조를 정확히 제시하는 것은 불가능하다. 이에 기업의 최고재무책임자는 일반적으로 최적자본구조를 35% 부채비율과 같은 구체적 수치보다는 30～40%의 부채비율과 같이 범위로 정한다. 이 장에서 논의한 개념들은 하나의 안내서로서, 경영자가 기업의 목표 자본구조를 설정할 때 고려해야 할 제반요인들을 이해하는 데 도움을 준다.

---

40) John R. Graham, Mark T. Leary, and Michael R. Roberts, "A Century of Capital Structure: The Leveraging of Corporate America," *Journal of Financial Economics*, vol. 118, no. 3(December 2015), pp. 658-683.

자가진단 질문과 문제

ST-1 **[핵심용어]** 다음의 용어를 정의하라.

a. 자본, 자본구조, 최적자본구조
b. 경영위험, 재무위험
c. 재무레버리지, 영업레버리지, 영업손익분기점
d. 하마다 공식, 무부채베타
e. 정보의 대칭, 정보의 비대칭
f. Modigliani-Miller(MM) 이론
g. 상충이론, 신호이론
h. 차입여력, 자본조달순위
i. 절호의 기회, 순부채

ST-2 **[영업레버리지와 손익분기점 분석]** Olinde Electronics Inc.는 스테레오 부품을 생산하는 회사로 개당 $100에 판매하고 있다. 이 제품의 고정비용은 $200,000이고, 변동비용은 개당 $50이며, 매년 5,000개의 부품을 생산하여 판매하고 있다. 기업의 EBIT는 $50,000, 그리고 100% 자기자본으로 구성된 자산의 가치는 $500,000이다. 생산공정을 변경하기 위해서는 $400,000을 자산에 더 투자해야 하고, $50,000의 고정운영비용이 소요된다. 생산공정을 변경하면, (1) 개당 변동비용을 $10 감소시키고, (2) 제품 2,000개를 추가 생산할 수 있지만, (3) 추가 생산된 제품의 판매를 위해 제품당 판매가격을 $95로 낮추어야만 한다. Olinde는 적자를 이월하고 있어서 법인세가 0%이고, 부채는 사용하지 않으며, 평균자본비용은 10%이다.

a. Olinde는 생산공정을 변경하는 것이 옳은가? 이유는 무엇인가?
b. 만약 생산공정을 변경하면 손익분기점은 증가하는가, 아니면 감소하는가?
c. Olinde가 자기자본을 추가로 조달하는 것이 어렵게 되어 $400,000의 부채를 10%의 이자율로 조달할 수밖에 없게 되었다고 가정해보자. DuPont공식을 사용하여 신규투자의 예상 ROA를 구하라. Olinde가 부채만 조달할 수 있다면 생산공정 변경투자를 해야 하는가? 설명하라.

ST-3 **[최적자본구조]** Carlisle Industries는 현재 자기자본으로만 구성되어 있는 자본구조를 결정하려 한다. 이 기업은 부채를 추가 조달하여 WACC를 최소로 만들려고 한다. 하지만 우선주는 고려하지 않고 있다. 또한 기업 전체의 규모는 유지하려고 하며 따라서 부채를 조달한 후 이 자금으로 자사주를 매입할 예정이다(기업의 부채-자산비율은 0%에서 25%로 증가할 것이고 25%의 발행주식을 자사주로 매입할 예정이다). Carlisle사는 예전 3년 평균 매출이 $2,500만 정도인 소기업이기 때문에 이자공제제한조항은 면제되었다.

기업의 재무담당자가 투자은행과 협의하여 다음과 같이 부채비율별로 부채의 비용을 작성하였다.

부채비율 (부채/자산) (w_d)	자기자본/자산 (w_c)	부채/자기자본 (D/E)	신용등급	세전 부채비용 (r_d)
0.00	1.00	0.0000	AA	5.0%
0.25	0.75	0.3333	A	6.0
0.50	0.50	1.0000	BBB	8.3
0.75	0.25	3.0000	BB	11.0

이 기업의 총자산은 $500만이고 유통되고 있는 보통주는 20만 주이다. 기업의 EBIT는 $50만이고 부채비율이 변하더라도 일정하다고 가정한다. Carlisle은 CAPM을 이용하여 자기자본비용(r_s)을 추정한다. 무위험이자율은 3.5%, 시장위험프리미엄은 4.5%, 세율은 25%이다. 현재 부채를 사용하지 않는 이 기업은 베타계수(b_U)는 1.25이다.

a. 위에서 주어진 표에서 부채비율별로 기업의 이자비용, 순이익, 유통주식 수, EPS를 각각 계산하라.
b. 어떤 자본구조하에서 EPS가 최댓값을 갖는가? 그때의 EPS 값은 얼마인가?
c. 부채비율별로 세후 부채의 자본비용[$r_d(1-T)$], 베타(b_L), 자기자본비용(r_s), WACC를 각각 구하라.
d. 위에서 주어진 부채비율 중에서, WACC가 언제 최솟값을 갖는가? 또 그때의 WACC의 값은 얼마인가?
e. 어떤 자본구조하에서 주주의 가치가 최대로 되는가? 앞의 b와 d에서 구한 답과 동일한가? 왜 같은가, 혹은 왜 다른가?
f. 재무분석가의 입장에서 Carlisle의 자본구조에 대해 경영진에게 어떤 권고를 하겠는가?

질문

13-1 매출액이 변하면 이익도 따라 변하게 된다. 만약 기업이 영업레버리지를 증가시킨다면 매출 변화로 야기되는 이익변화량은 더 증가할까, 아니면 감소할까? 설명해보라.

13-2 다음에 제시된 변화가 기업의 손익분기점(단위: 수량)을 증가시킬 것인가, 감소시킬 것인가, 아니면 아무런 영향도 주지 않을 것인가?

a. 제품원가의 변화 없이 판매가격을 인상한다.
b. 변동비 감소로 인해 고정비가 증가한다.
c. 다른 변화는 없고 오직 변동인건비만 감소한다.

13-3 다른 모든 것은 동일하다면, 상대적으로 매출이 안정적인 기업이 상대적으로 높은 부채비율을 감당할 수 있다. 이 문장은 참인가, 거짓인가? 그 이유는 무엇인가?

13-4 만약 의회에서 이자, 배당, 자본이득에 대한 개인소득세율을 인상하고 동시에 법인세율을 인하한다면, 평균적인 기업의 자본구조에 어떤 영향을 주겠는가?

13-5 다음 중 기업이 부채를 증가시키도록 유인하는 것은 어떤 것인가?

a. 기업 법인세율의 인상
b. 개인소득세율의 인상
c. 시장변화로 인한 기업자산의 유동성 저하
d. 파산법의 변화로 인한 파산비용 감소
e. 기업의 판매량과 이익 모두의 변동성 증가

13-6 일반적으로 전기, 수도 등 공공서비스 산업과 바이오테크 기업의 자본구조가 다른 이유가 무엇인가?

13-7 영업이익(EBIT)이 일반적으로 재무레버리지와 무관하다고 보는 이유가 무엇인가? 실제 높은 부채비율에서는 재무레버리지가 영업이익에 영향을 주는 이유가 무엇인가?

13-8 기업의 기대EPS가 최대화되는 부채 수준과 주가가 최대화되는 부채 수준이 동일한가? 이를 설명하라.

13-9 만약 무부채기업이 부채를 점차적으로 연속적으로 증가시켜 나간다고 했을 때, 처음에 주가가 상승하다가 최고점에 이른 후 다시 하락하기 시작하는 이유가 무엇인가?

13-10 Bell System이 해체되면서 과거의 AT&T사는 현재의 AT&T사와 7개의 지역 전화회사로 분할되었다. 강제해체를 하게 된 이유는 전화 산업의 경쟁을 유도하기 위한 것이었다. AT&T사는 시내 및 시외전화 서비스와 전화장비 제조 모두를 독점하고 있었기 때문에, 해체를 통해서 이들 전체의 시장에서 경쟁이 나타날 것으로 보았다. 법원은 해체를 결정하면서 존속하게 된 기업의 자본구조를 일정한 수준으로 유지하도록 명령하였고, 향후 예상되는 전화회사 간의 경쟁을 주목해서 관찰하도록 요청하였다. 당신이 생각하기에 해체 후 기업의 최적자본구조는 해체 전의 최적자본구조와 같겠는가?

13-11 한 기업이 급속도로 성장하는 시장 환경에 부응하기 위하여 자산규모를 두 배로 증대시키려고 한다. 이때 기업은 고도의 자동화된 생산공정과 이보다 자동화 정도가 낮은 생산공정 중 하나를 선택해야 하며, 또한 확장에 필요한 자본의 조달방법을 선택해야 한다. 여기서 기업은 생산공정방식과 자본조달방식을 상호 연계시켜 결정해야 하는가, 아니면 독립적으로 결정해도 되는가? 각각의 의사결정이 다른 결정에 어떻게 영향을 주는가? 기업 경영진들이 이 상황을 분석할 때 레버리지 개념을 어떻게 적용할 수 있는가?

문제

초급 문제 1~5

13-1 **[손익분기점 분석]** 한 기업의 고정비는 $430,000, 변동비는 개당 $2.95, 제품 판매가는 $4.50이다. 이 기업의 손익분기점을 구하라. 즉, 얼마의 판매수량하에서 기업의 소득과 비용은 같아지는가?

13-2 **[최적자본구조]** Terrell Trucking Company는 목표자본구조를 정하려고 한다. 이 기업의 CFO는 최적부채-자산비율이 20%에서 50% 사이 어딘가에 있다고 믿고 있고 부서 직원들은 부채비율에 따른 주당순이익(EPS)과 주가를 다음과 같이 계산했다.

부채비율(부채/자산)	예상 EPS	예상 주가
20%	$3.10	$34.25
30	3.55	36.00
40	3.70	35.50
50	3.55	34.00

기업이 부채와 보통주만을 사용한다고 가정한다면, 이 기업의 최적자본구조는 어떻게 되는가? 또한 이 기업의 WACC가 최소화되는 부채비율은 얼마인가?

13-3 **[위험분석]**

a. 다음에 주어진 정보를 사용하여 C 기업의 기대EPS를 계산하라. A 기업, B 기업에 관한 자료는 다음과 같다: $E(EPS_A) = \$5.10$, $\sigma_A = \$3.61$, $E(EPS_B) = \$4.20$, $\sigma_B = \$2.96$.

	확 률				
	0.1	0.2	0.4	0.2	0.1
A 기업: EPS_A	($1.50)	$1.80	$5.10	$8.40	$11.70
B 기업: EPS_B	(1.20)	1.50	4.20	6.90	9.60
C 기업: EPS_C	(2.40)	1.35	5.10	8.85	12.60

b. $\sigma_C = \$4.11$일 때, 이들 세 기업의 이익의 상대적 위험을 논하라.

13-4 **[무부채베타]** Hartman Mortors의 자산은 $1,800만인데 부채가 $600만이고 자기자본이 $1,200만이다. Harley의 베타는 현재 1.3이고 법인세율은 25%이다. 하마다 공식을 사용하여 Harley의 무부채베타를 구하라.

13-5 **[재무레버리지 효과]** HL 기업과 LL 기업은 레버리지비율과 부채에 대한 지급이자율을 제외하고는 모든 면에서 동일한 기업이다. 두 기업 모두 자산이 $2,000만, 영업이익(EBIT)이 $400만이며, 법인세율은 25%이다. 두 기업은 지난 3년간 평균 매출이 $2,500만인 소기업이므로 이자공제제한은 해당되지 않는다. HL 기업은 부채비율이 50%이며 부채의 이자율은 12%인 반면, LL 기업은 부채비율이 30%이며 부채의 이자율은 10%이다. 두 기업 모두 우선주를 발행

하지 않고 있다.

a. 두 기업의 투하자본수익률(ROIC)을 각각 구하라.

b. 두 기업의 자기자본이익률(ROE)을 각각 구하라.

c. HL 기업의 ROE가 더 높은 것을 본 LL 기업의 재무책임자는 비록 부채의 이자율이 15%로 상승하더라도 부채비율을 30%에서 60%로 증가시키려고 한다. LL 기업의 새로운 ROE를 구하라.

중급 문제 6~9

13-6 [손익분기점 분석] Warren Watch Company는 시계를 개당 $26에 판매하는데, 고정비용은 $155,000이고 변동비용은 개당 $13이다.

a. 시계 9,000개를 판매할 경우 손익은 얼마인가? 또한 시계를 15,000개 판매했을 때는 얼마가 되는가?

b. 손익분기점은 얼마인가? 그래프로 그려 설명하라.

c. 판매가를 $33으로 올린다면 손익분기점은 어떻게 변하는가? 이 분석이 중요한 이유가 무엇인가?

d. 판매가를 $33으로 올린 반면에 변동비용이 개당 $24로 올랐다면 손익분기점은 어떻게 변하는가?

13-7 [재무레버리지 효과] Neal Company는 여러 부채비율하에서 내년도의 자기자본이익률(ROE)을 추정하려고 한다. Neal의 총자산은 $1,400만이고 자기자본만을 사용하고 있으며 향후 우선주를 발행할 계획이 없다. 법인세율은 25%이다. CFO의 예상에 따르면, 내년도 EBIT는 세 가지 중 하나로 나타날 가능성이 있다. EBIT가 $420만일 확률은 0.2, $280만일 확률은 0.5, $700,000일 확률은 0.3으로 예상된다. 다음과 같은 부채비율하에서 Neal의 기대ROE와 표준편차, 그리고 변동계수를 계산하라.

부채비율	이자율
0%	
10	9%
50	11
60	14

13-8 [하마다 공식] Situational Software Co.(SSC)는 최적자본구조를 설정하고자 한다. 현재 25%의 부채와 75%의 자기자본으로 구성되어 있는데 이 기업의 CEO는 더 많은 부채를 사용해야 한다고 생각하고 있다. 무위험이자율은 4%, 시장위험프리미엄은 5%, 기업의 법인세율은 25%이다. 현재 CAPM으로 계산된 SSC의 자기자본비용은 12%이다. 만약 이 기업의 자본구조를 부채 40% 대 자기자본 60%로 변경한다면 자기자본비용은 얼마가 될 것으로 추정하는가?

13-9 **[자본구조의 변경]** Tartan Industries는 현재 부채가 없고, \$400만의 자산을 보유하고 있다. 기업의 법인세율은 25%, 순이익은 \$100만이며 이익의 40%를 배당으로 지불하고 있다. 예상 순이익증가율은 매년 3%이고, 발행주식 수는 20만 주이며, 기업의 WACC는 현재 12.30%이다.

이 기업은 자본구조를 변경할 계획으로 있는데, \$200만의 부채를 조달하여 이를 자사주매입에 사용하려 한다. 투자은행에서는 자본구조를 변경하는 경우 법인세전 부채비용은 10%, 자기자본비용은 15.5%가 될 것으로 예상한다.

a. 현재 주가는 얼마인가(자본구조 변경 이전)?

b. 배당성향을 일정하게 유지한다는 가정하에서 자본구조 변경 이후의 주가는 얼마인가? 단, 자사주매입 시 주식의 매입가는 앞의 a에서 구한 가격으로 한다.

고급 문제 10~13

13-10 **[손익분기점과 영업레버리지]**

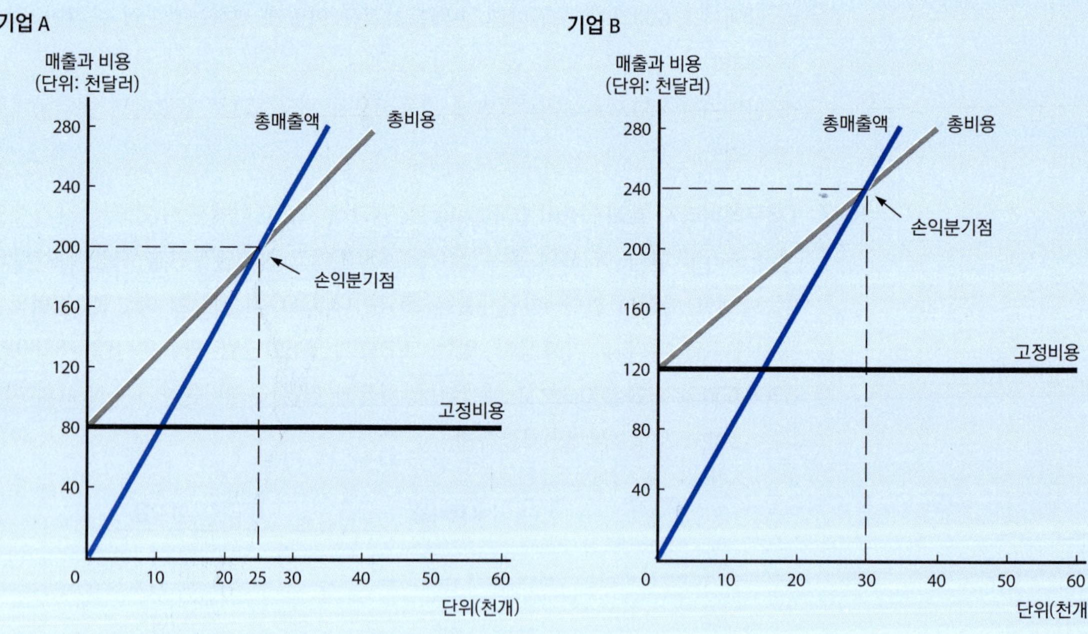

a. 위의 그래프를 보고 기업 A의 총고정비용, 생산단위(개)당 변동비용, 그리고 매출가격을 구하라. 기업 B의 고정비용은 \$120,000, 개당 변동비용은 \$4, 그리고 매출가격은 개당 \$8이다.

b. 매출과 관계없이 어느 기업의 영업레버리지가 높은가? 설명하라.

c. 어떤 매출 수준(개당)에서 두 기업의 영업레버리지가 동일한가?

13-11 **[자본구조 변경]** 현재 Forever Flowers Inc.는 25% 부채와 75% 자기자본으로 자본구조를 구성하고 있다. Forever 부채의 만기수익률은 7%이다. 무위험이자율은 6%, 시험위험프리미엄은 7%이다. CAPM을 이용하여 산출한 Forever의 자본비용은 14.5%이고 기업의 법인세율은 25%이다.

a. Forever사의 현재 WACC는 얼마인가?
b. 현재 Forever사의 보통주의 베타는 얼마인가?
c. 기업이 자본구조상에서 부채가 없다면 베타는 얼마가 되는가?

Forever사의 재무직원이 자본구조를 40% 부채－60% 자기자본으로 변경하려고 한다. 변경안대로 추진하는 경우에 회사의 만기수익률이 10.5%로 증가할 것이지만 법인세에는 영향이 없을 것이라 판단한다.

d. 제시안대로 자본구조가 변경되면 새로운 자기자본은 얼마가 되는가?
e. 제시안대로 자본구조가 변경되면 새로운 WACC는 얼마가 되는가?
f. 파트 e의 답안에 근거하여 Forever는 제시안을 수용하여야 하는가? 설명하라.

13-12 **[손익분기점과 레버리지]** Wingler Communication Corporation(WCC)는 Airpods을 생산하는 기업이다. 세트당 $28.80으로 판매하고 있으며 금년도 매출수량은 45만 개가 될 것으로 예상된다. 현재 생산방식으로 생산하여 판매하는 경우에 변동생산비는 $10.2백만으로 추산되고 고정생산비는 현재 $1.56백만이다. WCC사는 연이자 6%를 지급하는 $4.8백만의 채무가 존재한다. 보통주 발행총수는 24만 주이고. 우선주는 발행하지 않았다. 배당성향이 70%이고 법인세율은 25%이다. WCC는 지난 3년간 평균 매출액이 $25백만에 하회하여 이자공제제한이 적용되지 않는 소규모 기업이다.

WCC사는 새로운 상비에 $7.2백만을 투자하려고 고려중에 있다. 매출은 증가하지 않겠지만 생산단위당 변동비용이 20% 감소할 것으로 판단하고 있다. 또한 고정영업비용은 현재 $1.56백만에서 $1.8백만으로 증가할 것이다. WCC사는 10% 금리로 $7.2백만을 차입하거나 주당 $30에 보통주 24만 주를 증자할 수 있을 것으로 판단하고 있다.

a. 다음의 경우에 회사의 EPS는 얼마가 될 것으로 예상하는가? (1) 기존의 생산방식을 유지하는 경우, (2) 부채로 자금을 조달하여 새로운 생산방식을 도입하는 경우, 그리고 (3) 보통주 발행으로 새로운 방식을 도입하는 경우를 고려하라.
b. 부채조달 또는 자기자본조달을 고려할 때 매출단가가 어느 수준이면 EPS가 동일하게 유지될 것인가? (힌트: V = 단위당 변동비용 = $8.16백만/45만 개이고, EPS = [(PQ − VQ − F − I)(1 − T)]/N이다. $EPS_{stock} = EPS_{debt}$에서 Q를 구하라.)
c. 위에서 제시한 3가지 생산/자금조달 방식을 개별적으로 선택했다고 가정하자. 각각의 경우에 매출단가가 어느 수준이면 EPS = 0이 되겠는가? (힌트: V_{old} = $10.2백만/45만 개이다. 위의 b의 힌트(EPS = 0)를 사용하라.)

d. 위의 a에서 c의 분석을 감안하고 영업레버리지가 새로운 방식에서 더 낮다고 할 때 어느 경우가 가장 위험하고 어느 경우에 가장 높은 기대EPS값을 갖는가? 어느 경우를 추천할 것인가? 매출량이 25만 개로 감소할 확률이 매우 높다고 가정할 때, 2가지 자금조달방식의 위험도를 평가하기 위해서 감소한 매출수준에서의 EPS_{debt}와 EPS_{stock}을 결정하라.

13-13 **[자금조달의 대안]** Severn Company는 2022년 초에 새로운 장비의 구입자금을 조달하기 위해 $270백만이 필요하다. 2가지 대안이 고려되었는데, 주당 $60으로 보통주를 발행하거나 9% 금리로 채권을 발행하는 것이다. Severn Company사의 재무상태표와 손익계산서가 아래에 주어졌다.

The Severn Company: 재무상태표 (2021년 12월 31일)
(단위: 백만 달러)

유동자산	$900.00	단기차입금	$255.00
순고정자산	450.00	장기채무 (7%)	697.50
		보통주(발행가 $1)	60.00
		유보이익	337.50
총자산	$1,350.00	총부채 및 자기자본	$1,350.00

The Severn Company: 손익계산서 (마감일: 2021년 12월 31일)
(단위: 백만 달러)

매출액	$2,475.00
영업비용	2,103.75
영업이익(EBIT) (15%)	$371.25
단기부채이자액	10.50
장기부채이자액	48.83
세전이익	$311.92
법인세(25%)	77.98
당기순이익	$233.94

연매출의 확률분포는 아래와 같다.

확률	연매출(단위: 백만 달러)
0.30	$2,250
0.40	$2,700
0.30	$3,150

영업이익(EBIT)이 매출의 15%라고 가정하여 부채조달과 자기자본조달의 경우에 개별 매출수준에 따른 EPS를 산출하라. 2개의 자금조달방식에 대한 기대EPS와 σ_{EPS}를 각각 계산하라. 개별 자금조달방식에 대해 기대매출수준에 따른 부채-자산비율과 TIE비율을 계산하라. 기존의

채무는 동일한 수준으로 유지된다. 어느 자금조달방식을 선택하겠는가? (힌트: 단기차입금은 부채-자산비율 산출에 있어 분자와 분모에 모두 포함하라.)

종합계산문제

13-14 **[가중평균자본비용과 최적자본구조]** Elliott Athlectics사는 현재는 부채와 보통주로만 구성된 자본구조를 최적화할 수 있는 방안을 모색하고 있다. 회사는 자본구조에 우선주를 포함하지 않고 있으며 향후에도 고려하지 않는다. 재무부서의 직원은 투자은행의 전문가에게 조언을 구했다. 논의를 통해서 해당 직원이 아래와 같이 다양한 부채수준에 따라 발생할 수 있는 부채비용을 산출하여 제시하였다.

부채-자산비율 (w_d)	자기자본-총자산 비율(w_c)	부채-자기자본 비율(D/E)	채권 신용등급	세전부채비용 (r_d)
0.0	1.0	0.00	A	7.0%
0.2	0.8	0.25	BBB	8.0
0.4	0.6	0.67	BB	10.0
0.6	0.4	1.50	C	12.0
0.8	0.2	4.00	D	15.0

Elliott사는 보통주의 자본비용(r_s)를 추산하기 위해서 CAPM을 사용하는데 무위험수익률은 5%, 시장위험프리미엄은 6% 그리고 법인세율은 25%이다. Elliott는 부채가 없는 경우에는 무부채베타(b_U)로 1.2를 사용한다.

a. 회사의 최적자본구조는 얼마이고 최적화되는 경우에 WACC는 얼마가 되는가?

b. 만약 회사의 경영위험이 상승할 것으로 예상된다면 목표자본구조에 어떠한 영향이 발생하게 되는가?

c. 국회가 법인세를 증가한다면 이 기업의 목표자본구조에 어떠한 영향이 발생하는가?

d. 세후 부채자본비용, 자기자본비용, 그리고 WACC와 (1) 부채/자산비율, 그리고 (2) 부채/자기자본비율의 관계를 그래프로 제시하라.

통합사례

CAMPUS DELI INC.

13-15 **[최적자본구조]** 당신이 얼마 전부터 대학 근처에 위치한 Campus Deli(CD)사의 매니저로 일하게 되었다고 가정하자. 작년 기준 매출액은 $1.1백만이었고 매출의 60% 정도가 변동비용이었으며 고정비용은 $40,000이었다. EBIT는 총 $400,000이다. 대학정원이 거의 최대수준에 이르고 있어 EBIT는 향후에도 일정하게 유지될 것으로 예상된다. 확장을 위한 자본이 불필요하기 때문에 CD는 이익을 모두 배당으로 지급하고 있다. 투자자본은 $2백만이고 발행주식 수는 8만 주이다. 경영자들이 약 50%의 주식을 보유하고 있으며 주식은 거래소가 아닌 OTC시장에서 유통되고 있다.

CD사는 현재 부채가 없고 — 완전 자기자본 회사 — 유통되고 있는 8만 주의 주가는 장부가 기준으로 $25이다. 회사의 법인세율은 25%이다. 당신은 CD사의 주주의 수익은 부채로 자본을 조달하는 경우에 향상될 수 있다고 판단하고 회사의 임원에게 그러한 생각을 전달하였으며 임원은 당신에게 리포트를 제출해보라고 조언했다.

오늘 기준으로 무위험이자율은 7.5%이고, 시장위험프리미엄은 6%이다. CD사의 무부채베타는 1.25이고 부채가 없기 때문에 자기자본비용(즉, WACC)는 15%이다. 회사의 자본구조를 변경한다면 부채조달을 고려할 것이고 조달된 자본으로 자사주를 매입하게 될 것이다. 주주는 자사주매입을 위해 조달된 자본으로 유사한 경쟁사의 주식을 매수하려고 할 것이다. 아래의 질문에 답하고 리포트를 완성하라.

a. 1. 경영위험이란 무엇인가? 어떤 요인이 경영위험에 영향을 미치는가?
   2. 영업레버리지는 무엇이고 기업의 경영위험에 어떤 영향을 미치는가?
   3. 회사의 투하자본수익률(ROIC)은 얼마인가?

b. 1. 재무레버리지와 재무위험이라는 말은 무엇을 의미하는가?
   2. 재무위험과 경영위험은 어떻게 다른가?

c. CD사의 경영자에게 제시할 예시를 만들기 위해 2개의 가상의 소기업의 자료를 고려하라. 기업 U는 무부채기업이고 기업 L은 12% 이자율의 채무가 $10,000 존재한다. 2개 회사 모두 $20,000의 투자자본이 있고 법인세율은 25%이며 내년도 EBIT에 관한 발생확률은 아래와 같다.

확률	EBIT
0.25	$2,000
0.50	3,000
0.25	4,000

   1. <표 IC 13.1>에 제시된 손익계산서의 일부와 기업의 비율을 비교하라.

〈표 IC 13.1〉 손익계산서와 비율

	기업 U			기업 L		
총자본	$20,000	$20,000	$20,000	$20,000	$20,000	$20,000
자기자본	$20,000	$20,000	$20,000	$10,000	$10,000	$10,000
확률	0.25	0.50	0.25	0.25	0.50	0.25
매출액	$ 6,000	$ 9,000	$12,000	$ 6,000	$ 9,000	$12,000
영업비용	4,000	6,000	8,000	4,000	6,000	8,000
EBIT(이자 및 세전 영업이익)	$ 2,000	$ 3,000	$ 4,000	$ 2,000	$ 3,000	$ 4,000
이자율(12%)	0	0	0	1,200		1,200
EBT(세전 영업이익)	$ 2,000	$ 3,000	$ 4,000	$ 800	$	$ 2,800
법인세(25%)	500	750	1,000	200		700
당기순이익	$ 1,500	$ 2,250	$ 3,000	$ 600	$	$ 2,100
ROIC	7.5%	11.25%	15.0%	%	%	%
ROE	7.5%	11.25%	15.0%	6.0%	%	21.0%
TIE	∞	∞	∞	1.7×	×	3.3×
기대 ROIC		11.25%			%	
기대 ROE		11.25%			13.50%	
기대 TIE		∞			2.5×	
σ_{ROIC}		2.65%			%	
σ_{ROE}		2.65%			5.30%	
σ_{TIE}		0			0.6×	

2. 표의 앞부분을 이용해서 기대수익률과 위험에 대한 재무레버리지의 효과를 논의하라.

d. 투자은행의 전문가와 논의를 마친 후에 아래와 같이 부채수준을 달리하여 추산한 부채조달비용을 도출하였다. (단위는 천 달러이다.)

채무액	부채/자산비율	D/E비율	채권신용등급	r_d
$ 0	0	0	—	
250	0.125	0.1429	AA	8.0%
500	0.250	0.3333	A	9.0
750	0.375	0.6000	BBB	11.5
1,000	0.500	1.0000	BB	14.0

이제 CD사의 최적자본구조를 결정하라.

1. 우선 최적자본구조와 목표자본구조를 설명하라.
2. CD사의 채권신용등급과 부채조달비용이 채무액에 따라 달라지는가?
3. 자사주매입가격이 현재 시장가인 주당 $25라고 가정하자. 채무액이 $0, $250,000, $500,000, $750,000, 그리고 $1,000,000이라고 할 때 각각의 경우에 대해 CD사의 기대 EPS와 TIE를 계산하라.
4. 하마다 공식을 이용하여 CD사가 자본구조를 부채 $250,000, $500,000, $750,000 또는

$1,000,000으로 변경하는 경우에 대한 자기자본비용을 구하라.

5. 부채수준만 변경할 수 있다고 할 때 CD사의 WACC를 최소화하는 자본구조는 어떤 것인가?
6. CD사가 자본구조를 부채 $250,000, $500,000, $750,000 또는 $1,000,000으로 변경할 수 있다고 할 때 신주발행가는 얼마인가? 배당성향은 100%, 즉 g = 0이라는 점을 기억하라.
7. 주가를 최대화하는 부채수준에서 EPS가 최대화되는가? 설명하라.
8. 부채수준만을 변경할 수 있다면 CD사의 최적자본구조는 무엇인가?
9. 최적자본구조하에서 WACC는 얼마가 되는가?

e. CD사의 경영위험이 최초 평가 때보다 증가했다고 가정하자. 이런 사실이 위의 분석결과에 어떤 영향을 미치는가? 만약에 회사의 경영위험이 오히려 감소했다고 가정하면 분석결과에 어떤 영향을 미치는가?

f. 경영자들이 기업의 목표자본구조를 결정할 때 반드시 고려해야 하는 요인은 무엇인가?
g. [그림 IC 13.1]을 이용하여 회사의 임원에게 CD사가 왜 부채를 사용해야 하는가를 설명하라.
h. 정보의 비대칭과 신호효과가 자본구조에 어떤 영향을 미치는가?

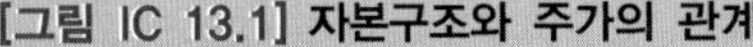
[그림 IC 13.1] 자본구조와 주가의 관계

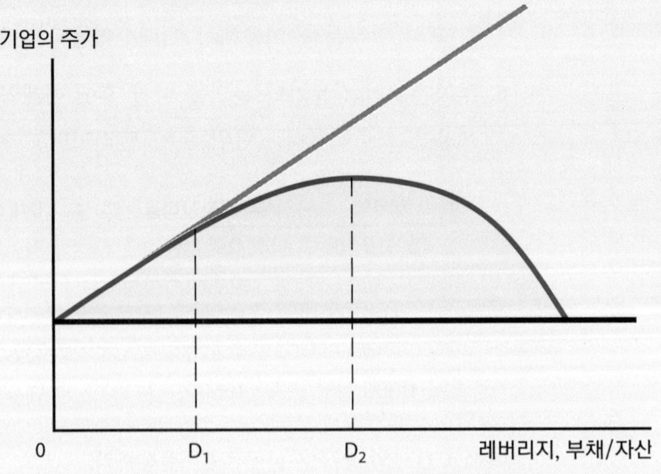

레스토랑산업의 자본구조

이 장의 질문들에 답하기 위해 온라인 자료를 활용하라. 시간이 지나면서 웹사이트 정보는 변하고 이러한 변화는 일부 질문들에 대해 답하는 데 제약으로 작용할 수 있다는 점에 유의하라.

이번 단원에서는 레버리지의 효과에 대해서 살펴보고 기업이 최적자본구조를 결정하는 절차에 대해서 학습하였다. 자본구조는 산업에 따라 그리고 국가에 따라 다를 수 있다는 점도 언급하였다. 산업별, 국가별 차별성을 보다 면밀히 이해하기 위해 Morningstar의 웹사이트에서 관심 기업의 자본구조에 대한 정보를 찾아볼 수 있다. 아래의 논의는 이렇게 얻은 정보를 이용해서 4개의 레스토랑 기업의 자본구조를 평가해본다. Cheesecake Factory(CAKE), Chipotle Mexican Grill(CMG), BJ's Restaurant Inc.(BJRI), 그리고 Darden Restautant Inc.(DRI)이다.

토론문제

1. 기업의 자본구조에 대한 기초적인 이해를 위해서 주요 비율을 살펴보라(Key Ratios 스크린의 Full Key Ratios Data 그리고 Financial Health 탭을 이용하라). 10년 정도의 재무정보를 찾아볼 수 있다. 자료를 통해서 주요 변화경향을 감지할 수 있는가? 부채수준은 비교적 높은 편인가? 아니면 낮은 편인가? 유동부채의 수준은 적절한가? 자본구조가 변화하고 있는가?
2. 주어진 나머지 3개 기업에 대해서도 동일한 분석을 실시하라. 4개 회사의 자본구조는 유사한가? 과거 5년 동안에 4개 기업의 자본구조는 유사하게 변화하고 있는가? 과거 5년 동안에 4개 기업의 자본구조가 점차 상이해지고 있는가?
3. 지금까지 논의된 재무비율은 부채와 자기자본의 장부가에 기초하여 산출된 것이다. 자기자본의 시장가를 이용하는 것이 기업의 자본구조에 중대한 영향을 미치는지 판단하라. 계산을 위해서 웹사이트에서 과거 5년간의 자료를 이용하라(Financial 스크린에서 Balance Sheet 섹션을 찾은 후에 Balance Sheet을 선택하고 More Financial Detail Data를 살펴보라). 시가총액 자료는 Quote 탭을 사용하여 기업의 자본구조에서의 부채와 자기자본의 비율을 재산출할 수 있다(여기서 부채의 장부가와 시장가는 동일하다고 가정한다). 장부가로 계산한 경우와 시장가로 계산한 경우의 자본구조 간에는 커다란 차이점이 존재하는가? 설명하라.

주주에 대한 분배: 배당과 자사주매입

14 CHAPTER

Apple이 정책을 전환하여 대량의 현금보따리를 풀기 시작하다

수익성 있는 기업은 주기적으로 다음 세 가지 중요한 질문에 직면한다. (1) 잉여현금 중 얼마를 주주에게 지급해야 하는가? (2) 배당금 지급과 자사주매입 중 어느 것을 택할 것인가? (3) 안정되고 일관된 지급정책을 취할 것인가, 아니면 상황에 따라 가변적인 정책을 취할 것인가?

이 장에서 우리는 기업의 현금분배정책에 영향을 주는 여러 이슈에 대해 논의할 것이다. 앞으로 다루겠지만 현금흐름이 안정적이지만 성장기회가 제한된 성숙기업은 보유현금의 상당량을 배당금으로 지급하거나 자사주매입에 사용하는 경향이 있다. 반면 좋은 투자기회가 있는 고속성장 기업은 그들의 가용현금을 배당이나 자사주매입보다는 대부분 새로운 사업안에 투자하려 한다.

지난 수년 동안 고속성장 기업의 전형으로 간주된 Apple은 이러한 경향을 잘 보여준다. 매출액은 2003년 $62억에서 2019년 $2,600억으로 성장했는데, 이는 26%의 연간 성장률에 해당하는 것이다. 성장의 주요 동력은 신제품과 기술개발에 대한 대규모 장기투자에 기인한다.

성장에 주력하다 보니 배당금은 오랫동안 지급하지 않았다. Apple의 전설적인 공동창업자이자 CEO인 Steve Jobs는 2010년 초 주주총회에서 이러한 관점을 제시하면서, 비록 재무상태표 기준 현금과 단기증권의 규모가 $500억 이상이지만, 기업은 배당금을 지급할 의도가 없음을 강력하게 재천명하였다. 월스트리트 저널에 의하면, Jobs는 당장은 아니지만 장차 미래에 인수를 위한 자금 용도로 현금을 보유할 것을 희망하였다고 한다.

하지만 Steve Jobs가 2011년 말 사망한 후, 소유한 현금의 일부를 주주에게 배분해줄 것을 요구하는 압력이 증가하기 시작했다. 이후에도 기업의 현금 보유량은 계속 불어났으며 동시에 Apple의 성장동력이 떨어질지도 모른다는 우려가 발생하고 있었다.

새로운 환경에 대해 명확히 인식하고 있었던 새로운 CEO인 Tim Cook은 2012년 초 배당금을 지급하고 아울러 자사주를 매입할 것이라는 계획을 발표하였다. Apple은 주주에 대한 현금배당지급정책을 지속적으로 수행하였다. 2018년도에 발표된 자료에 의하면 배당정책의 중요 변환을 계기로 2012년 8월부터 2018년 3월까지 $2,000억의 자사주매입을 포함해 약 $2,750억의 배당을 지급했으며, 2020년 5월에는 배당지급과 자사주매입을 강화하겠다고 밝혔다.

현금을 주주에게 돌려주려는 이러한 노력에도 불구하고, 현금은 계속 유입되었다. 2020년도 재무상태표상에 나타난 현금과 증권의 보유액은 믿기 어려울 정도의 규모인 $2,000억에 달하였으며 대부분이 해외영업을 통해 창출되었다. 2017년도에는 국외에서 이루어진 매출액을 본국으로 송금하도록 하는 조세제도의 변화가 있었으며, 이로 인해 Apple의 해외매출의 많은 부분이 배당으로 지급될 것으로 예상된다.

경영자가 주주에게 현금을 배분하는 방법과 시점을 결정할 때, 다음과 같은 근본적인 질문에 직면하게 된다. 만약 유보현금을 신사업에 투자한다면 더 많은 수익을 낼 수 있을까? 아니면 주주가 배당으로 받은 현금을 위험이 동일한 다른 투자기회에 투자하게 될 경우 더 많은 수익을 낼 것인가? 만약 기업이 더 많은 수익을 낼 수 있다면 현금을 기업에 유보하는 것이 더 타당할 것이다. 반면 주주가 다른 곳에 투자하여 더 많은 수익을 낼 수 있다면 기업은 배당 또는 자사주매입의 규모를 증가시켜 주주의 가치를 증진시켜야 할 것이다.

출처: Daisuke Wakabayashi, "Apple Boosts Buyback, Splits Stock to Reward Investors," *The Wall Street Journal*(online.wsj.com), April 23, 2014; Steven Russolillo, "Apple Announces Massive Cash Plans," *The Wall Street Journal*(online.wsj.com), April 23, 2013; Ben Charny, "Jobs Defends Apple's Cash Hoard," *The Wall Street Journal*(online.wsj.com), February 25, 2010.

학습개요 및 목표

성공적인 기업은 이익을 낸다. 그 이익은 운영자산에 재투자되거나, 부채를 상환하거나 주주에게 배분될 수 있다. 만약 이익을 주주에게 배분한다는 결정이 내려졌다면 다음 세 가지 핵심적인 사항을 고려해야 한다. (1) 얼마를 지급할 것인가?, (2) 배당의 형태로 지급할 것인가, 아니면 주식 재매입을 통해서 주주에게 현금이 이전되도록 할 것인가?, (3) 배분정책을 어느 정도로 안정적으로 유지할까? 다시 말하여 주주가 선호하는 방식으로서 매년 안정적인 금액을 지급할 것인가, 아니면 일반적으로 경영자가 선호하는 방식으로서 기업이 보유한 현금의 규모와 투자기회 등의 상황에 따라 매년 지급금액을 변경할 것인가?

이 장을 마치면 다음 과제를 수행할 수 있어야 한다.

- 왜 어떤 투자자는 기업이 더 많은 배당을 해주길 바라는 반면, 또 다른 투자자는 기업이 재투자해서 결과적으로 자본이득을 제공해주길 원하는지 설명할 수 있다.
- 기업이 최적의 배당정책을 수립할 때 직면하게 되는 다양한 상충관계에 대해 논의할 수 있다.
- 주식분할과 주식배당의 차이를 설명할 수 있다.
- 주주와 기업 양측의 입장에서 자사주매입과 배당의 장점과 단점을 각각 나열할 수 있다.

14-1 배당과 자본이득 중 투자자는 어느 것을 더 선호하는가?

목표배당성향
순이익 중에서 현금배당으로 지급되는 비율의 목표치

어느 정도의 현금을 주주에게 배분할 것인가에 관한 의사결정시, 재무책임자는 기업의 목표가 주주 부의 극대화에 있다는 사실을 유념해야 한다. 그 결과 기업은 배당금과 자본이득에 대한 투자자의 선호를 위주로 고려하여 **목표배당성향**(target payout ratio. 순이익에서 현금배당금이 차지하는 비율)을 결정해야 한다. 투자자들은 현금배당을 선호하는가, 아니면 회사가 현금을 재투자하고 이로 인해 창출될 자본이득을 선호하는가? 이러한 선호관계는 주식가치평가에 관한 고정성장모형(constant growth model)을 통해 알아볼 수 있다.

$$\hat{P}_0 = \frac{D_1}{r_s - g}$$

최적배당정책
현재의 배당과 미래의 성장 양자 사이의 균형을 이루고 기업의 주가를 극대화하는 배당정책

배당성향을 증가시키면 D_1이 상승한다. 배당증가만을 고려하면 주가는 상승하는 것으로 나타난다. 그러나 D_1이 증가하면 재투자자금이 줄어들고 이에 따라 기대성장률은 낮아지고 주가는 하락할 것이다. 따라서 배당성향을 변경하면 두 가지 서로 상반되는 결과가 나타난다. 그러므로 **최적배당정책**(optimal dividend policy)은 현재의 배당과 미래성장이 균형을 이루어서 주가를 극대화하는 것이어야 한다. 아래의 절에서는 투자자가 현재의 배당과 미래성장 두 가지를 어떤 관점에서 평가하는지를 설명하는 주요 이론들에 대해 논의한다.

14-1A 배당무관련이론

배당무관련이론
기업의 배당정책이 기업가치나 자본비용에 아무런 영향을 미치지 않는다는 이론

Merton Miller 교수와 Franco Modigliani 교수(MM)는 배당정책이 주가나 자본비용에 아무런 영향을 주지 않는다는 **배당무관련이론**(dividend irrelevance theory)을 제기하였다.[1] MM은 엄격한 가정하에서 이론을 개발하였고, 이 가정하에서 기업가치는 수익창출능력과 경영위험에 의해서만 결정된다는 것을 증명하였다. 다시 말하여 기업가치는 자산으로부터 발생한 이익에 의해 결정되는 것일 뿐, 이익을 어떻게 배당과 유보이익으로 나눌 것인지에 관한 것과는 관계가 없다는 것이다. 다만 MM의 여러 가정 중에서 배당소득세와 주식거래비용이 없고, 투자자와 경영자 등 모든 사람들이 기업의 미래이익에 대해 동일한 정보를 보유하고 있다는 가정을 유념하자.

MM은 이런 가정하에서 주주는 자신만의 배당정책을 스스로 구축할 수 있다고 주장하였다. 예를 들어, 기업이 원하는 만큼의 배당을 지급하지 않는 경우, 5%의 배당을

1) Merton H. Miller and Franco Modigliani, "Dividend Policy, Growth, and the Valuation of Shares," *Journal of Business*, October 1961, pp. 411-433.

원하는 주주는 자신이 보유한 주식의 5%를 팔아서 이를 배당금으로 만들어낼 수 있다. 반대로 기업이 자신이 원하는 수준보다 높은 배당을 지급하면 투자자는 그 잉여배당금을 처분하여 주식의 추가매입에 사용할 수 있다. 다만 실제 주식의 매입에는 거래비용이 발생한다는 점에 대한 주의가 필요하다. 즉, 추가배당을 원하는 투자자는 주식을 팔 때에 거래비용을 지급해야 하며 잉여배당을 원하지 않는 투자자는 배당소득세를 납부해야 하며 주식을 매입할 때에도 거래비용을 지불해야 한다. 이와 같이 세금과 거래비용이 발생하기 때문에 배당무관련이론은 성립하지 않으며 투자자는 세금과 거래비용이 적게 발생하는 배당정책을 선호할 것이다.

MM은 자신들의 이론을 방어하기 위해, 많은 주식들이 세금을 면제받고 매우 낮은 거래비용으로 주식을 매매할 수 있는 기관투자자에 의해 보유되고 있다는 사실에 유념해야 한다고 주장한다. 이러한 기관투자자들에게는 기업의 배당정책이 기업가치와 무관할 수 있으며, 만약 이들이 시장에서 지배적 위치를 차지하여 '한계투자자'가 된다면 MM이론은 비현실적인 가정에도 불구하고 유효할 수도 있다. 그리고 다른 유의할 점은 세금이 면제되지 않는 투자자의 경우에도 소득수준과 주식의 보유기간에 따라 세금과 거래비용이 다르다는 것이다. 결국 배당에 대한 선호 여부는 한 가지 요소만으로 설명되지 않는다. 아래에서는 왜 이런 투자자들은 배당을 선호하고 또 다른 투자자들은 자본이득을 선호하는지에 대해 논의한다.

14-1B 일부 투자자가 배당을 선호하는 이유

MM의 배당무관련이론의 주된 결론은 배당정책이 주식가격이나 자기자본에 대한 요구수익률(r_s)에 영향을 미치지 않는다는 것이다. 초기 MM이론의 비판자들은 투자자가 불확실한 미래의 자본이득보다 오늘의 확실한 배당을 선호한다고 주장하였다. 특히 Myron J. Gordon과 John Lintner는 투자자들이 이익유보의 결과로 자본이득을 얻는 것이 배당을 받는 것보다 더 불확실하다고 인식하기 때문에 배당성향이 증가하면 r_s는 낮아진다고 주장하였다.[2)]

손 안의 새 오류 (bird-in-the-hand fallacy)
배당성향을 높게 책정하면 기업가치가 극대화될 것이라는 Gordon-Lintner 이론에 대해 MM이 붙인 명칭

MM은 동의하지 않았다. r_s는 배당정책과 무관하고 따라서 투자자는 배당과 자본이익(D_1/P_0과 g) 중 어느 하나를 더 선호하는 것은 아니라고 주장하였다. MM은 Gordon-Lintner의 주장을 **손 안의 새 오류**(bird-in-the-hand fallacy)라고 불렀다. 왜냐하면 MM의 견해에 의하면, 대부분의 투자자들은 배당금으로 그 기업이나 유사한 기업의 주식에 재투자할 계획을 하고 있고, 따라서 투자자에게 돌아가는 현금흐름의 위험도

---

2) Myron J. Gordon, "Optimal Investment and Financing Policy," *Journal of Finance*, vol. 18, no. 2(May 1963), pp. 264-272; and John Lintner, "Dividends, Earnings, Leverage, Stock Prices, and the Supply of Capital to Corporations," *Review of Economics and Statistics*, vol. 44, no. 3(August 1962), pp. 243-269.

는 장기적으로 배당정책이 아닌 영업현금흐름의 위험도에 의해 결정되기 때문이다.

하지만 MM이론은 세금과 거래비용이 없고, 따라서 배당을 원하는 투자자는 매년 보유주식의 일부를 팔아서 스스로 자신만의 배당정책을 만들 수 있다는 가정하에서 성립한다는 점을 명심해야 한다. 현실에서는 대부분의 투자자들이 주식을 팔 때 거래비용을 지급해야 한다. 논리적으로 생각하면 안정된 수입원을 찾는 투자자는 정기적으로 배당을 지급하는 기업을 선호할 것이다. 예를 들어, 자금을 오랫동안 축적한 은퇴자가 이제 투자자금으로 매년 수입을 원한다면, 배당을 지급하는 주식을 선호할 가능성이 높다.

14-1C 일부 투자자가 자본이득을 선호하는 이유

배당지급은 안정된 수입을 원하는 투자자에게는 거래비용을 감소시키지만, 현재 수입에 대한 관심은 적고 장래를 위한 저축에 관심이 더 많은 투자자에게는 오히려 거래비용을 증가시킨다. 이와 같은 장기 투자자는 배당금을 재투자하기를 원하는데 이때에는 거래비용이 발생한다. 이러한 점을 감안하여 다수의 회사들이 투자자들로 하여금 배당금을 자사 주식에 자동적으로 투자할 수 있게 하는 배당재투자제도를 제공하고 있다(배당재투자제도는 14-4절에서 다룬다).

이외에도 개인투자자가 배당보다 자본이득을 선호하게 만드는 것은 세법이다(아마도 거래비용보다 더 중요한 요인일 수 있다). 가장 중요한 이점으로는, 배당소득에 대한 세금은 배당을 받는 그해에 납부해야 하는 반면 자본이득에 대한 세금은 주식을 처분하기 이전에는 납부하지 않는다는 점이다. 시간가치에 대한 효과 때문에 미래의 1달러 세금은 오늘의 1달러 세금보다 실질적으로는 더 적은 비용이다.[3] 이러한 장점을 차치하더라도, 배당금에 대한 세율이 자본이득에 대한 세율보다 자주 더 높았던 점도 고려사항이다. 예를 들어, 2003년 이전에는 장기보유 자본이득세율이 20%였던 반면, 배당금은 최대 38.6%에 달하는 경상소득세율로 부과된다. 이러한 차별적 세율은 2003년에 사라졌으며 이에 따라 배당금과 장기자본이득에 대한 최대세율은 15%로 결정되었다.[4] 하지만 2013년 초에 미국 의회는 고소득 납세자에 대한 배당금과 장기자본이득에 대한 최대세율을 20%로 증가시켰다.[5]

---

3) 또한 주식 보유자는 보유하는 동안 사망할 때까지 자본이득세가 없다. 주식 수취인은 사망 시점의 주식가격을 비용으로 처리하게 되며, 자본이득세는 영원히 사라진다.

4) 하지만 장기자본이득은 대체최소세금법안(Alternative Minimum Tax: AMT)을 적용받아 소득으로 분류되고, 소득구간에 따라 26% 또는 28%의 AMT 세율을 납부한다. AMT는 당초 최상위 소득자에게만 부과하도록 입안된 것이었지만 2013년까지 인플레이션에 연동되지 않아, 고소득자가 아닌 개인들도 이 법안의 적용을 받게 되었다. 하지만 의회가 이러한 문제점을 보완하여, 2013년 초부터는 AMT 면제금이 인플레이션에 연동되기 시작했다.

5) 2013년 1월부터 장기자본이득과 배당에 대한 세율이 최상위 과세구간(한계세율 39.6%)에 있는 고소득 납

셀프 테스트

- 배당무관련이론의 배경의 아이디어를 간단히 설명하라.
- MM이 배당무관련이론을 개발할 때 세금과 브로커 비용에 대해서는 어떤 가정을 하였는가?
- MM이 Gordon-Lintner의 배당과 관련한 주장을 '손 안의 새 오류'라고 지적한 이유는 무엇인가?
- 고배당주식을 선호하는 사람들의 이유는 무엇인가?
- 저배당주식을 선호하는 사람들의 이유는 무엇인가?

14-2 배당정책과 관련된 다른 이슈

실제 기업의 배당정책이 어떻게 수립되는지에 대한 논의에 앞서 배당정책에 영향을 미치는 다음 두 가지 이슈, 즉 (1) **정보가설** 또는 **신호가설**과 (2) **고객효과**를 먼저 살펴본다.

14-2A 정보효과 또는 신호가설

배당 증가는 흔히 주가 상승을 동반하는 반면, 배당 감소는 일반적으로 주가 하락을 야기한다. 이러한 현상은 MM의 배당무관련이론을 반박하는 데 이용되었다. 즉, MM 이론에 대한 반대론자들은 배당성향 변경 이후의 주가 행태가 투자자들이 자본이득보다 배당을 더 선호한다는 것을 보여준다고 주장하였다. 그러나 MM은 다른 주장을 펼쳤다. MM이 주목한 점은 기업은 배당 삭감을 꺼리기 때문에 향후 고배당 수준을 유지할 수 있는 더 높은 이익이 예상되지 않는 경우에는 배당을 인상하지 않는다는 것이다. 따라서 배당 증가가 기대치보다 크다면 이는 경영진이 미래의 이익 전망을 매우 긍정적으로 본다는 신호(signal)라고 MM은 주장하였다.[6] 반대로 배당이 감소하거나

세자에 대해 20%로 인상하였다. 1년 이하로 보유한 자산에 대한 단기자본이득은 통상적인 소득으로 과세하였다. 2020년 1월부터 개인에 대한 최상위 과세구간이 과세소득 기준 $441,450 이상이었으며, 공동으로 세금을 보고하는 부부에 대한 최상위 과세구간은 과세소득 기준 $496,600 이상이었고 세율은 20%까지 상승하였다

6) Stephen Ross는 경영자가 자본구조와 배당을 기업의 미래 전망에 대한 신호를 주기 위한 용도로 사용할 수 있다는 의견을 제시하였다. 예를 들어, 미래의 이익 전망이 밝은 기업은 그렇지 못한 기업에 비해 더 많은 부채를 감당할 수 있다. **인센티브 신호**(incentive signal)라고 부르는 이 이론은 현금기반변수(부채이자 또는 배당)와 관련된 신호는 성공적이지 못한 기업이 흉내내기 어렵다는 것을 전제로 하고 있다. 왜냐하면 그러한 기업은 약속한 이자 또는 배당금 지급을 미래에 계속해서 지킬 수 있을 정도의 현금 창출 능력이 없기 때문이다. 그러므로 투자자는 기업에 관해 찬사로 가득한 보고서라도, 배당 증가나 부채를 조달한 확장 사업을 수반한다면 더욱 신뢰를 하는 것 같다. 자세한 내용은 다음을 참고 바란다. Stephen

배당이 기대치에 미치지 못할 경우, 이는 경영진이 향후 이익 전망을 좋지 않게 본다는 신호이다. 만약 MM의 주장이 옳다면, 배당 증가나 배당 감소 이후의 주가변동 행태는 투자자가 이익을 유보하는 것보다 배당으로 지급하는 것을 선호한다는 사실을 보여주는 것이 아니다. 대신에 그러한 주가변동 행태는 배당공시가 기업의 미래 전망에 대해 **정보효과**(information content) 또는 **신호효과**(signaling content)를 보유하고 있다는 사실을 단순히 제시하고 있을 뿐이다.

정보효과(신호효과)
투자자가 배당변화를 기업 전망에 대한 경영자의 견해를 알려주는 신호로 인식한다는 이론

경영자는 일반 주주보다 미래배당에 대한 정보를 더 많이 보유하고 있기 때문에, 분명히 배당공시에는 정보가 담겨 있다. 그러나 배당의 증가나 감소에 따른 주가변동이 MM의 주장처럼 신호효과만을 반영하는지, 아니면 신호효과와 투자자의 배당선호를 함께 반영하는지는 알 수 없다. 그렇지만 회사는 배당정책의 변화를 검토할 때 반드시 신호효과를 고려해야 한다. 예를 들어, 회사의 장기 전망이 밝은 데에도 불구하고 당장 현금이 소요되는 투자를 실행하기 위해 배당금을 삭감하는 방안을 고려할지도 모른다. 그러나 이러한 행위는 주가를 하락시킬 수 있는데, 왜냐하면 투자자가 배당의 감소를 실제 내용과는 반대로 이를 미래이익의 감소 신호로 받아들일 수 있기 때문이다. 그 반대의 경우도 마찬가지이다. 그래서 경영자는 배당정책을 수립할 때 반드시 신호효과를 고려해야만 한다.

14-2B 고객효과

고객들
선호하는 배당정책이 각기 다른 주주집단

앞서 지적한 바와 같이 주주집단 또는 **고객들**(clienteles)마다 선호하는 배당정책이 서로 다르다. 예를 들어, 은퇴한 사람과 연기금 및 대학기금은 일반적으로 현금수입을 선호하기 때문에 회사가 이익의 많은 부분을 배당으로 지급하기를 원한다. 이런 투자자들은 적용 세율이 낮거나 세금이 면제되는 경우가 많아서 세금에 대해서는 별로 걱정하지 않는다. 반면에, 수년에 걸쳐 최고의 소득을 올린 주주들은 기업이 재투자하는 것을 선호할 것이다. 왜냐하면 이들은 현재 투자수익에 대한 욕구가 낮고, 지급받은 배당금을 세금과 위탁매매수수료를 부담하면서까지 주식에 재투자할 것이기 때문이다.

만약 기업이 배당을 지급하지 않고 유보이익을 재투자한다면, 당장 수입이 필요한 주주들은 불이익을 당하게 된다. 보유주식의 가치는 상승하겠지만 현금을 마련하기 위해 주주들은 보유주식을 처분해야 하는 어려움을 겪고 거래비용도 부담하게 된다. 그뿐만 아니라 일부 기관투자자(또는 신탁투자자)는 주식 매각대금을 비용으로 지출하지 못하도록 법적으로 금지되어 있다. 반면에 배당금을 소비하지 않고 저축하는 주주

A. Ross, "The Determination of Financial Structure: The Incentive-Signaling Approach," *The Bell Journal of Economics*, vol. 8, no. 1(Spring 1977), pp. 23-40.

들은 낮은 배당을 선호한다. 배당금이 적을수록 세금이 적어지고 또한 세후 배당금을 재투자하는 어려움과 거래수수료도 적어진다. 따라서 현재의 투자수익을 원하는 투자자는 배당성향이 높은 주식을 보유해야 하며, 이와 반대로 현재의 투자수익이 필요하지 않는 투자자는 배당성향이 낮은 주식을 보유해야 한다. 예를 들어, 높은 현금 수입을 원하는 투자자는 2020년 중반 배당성향이 74%이고 배당금이 $3.75인 전력회사 Duke Energy에 투자하는 반면, 성장성을 선호하는 투자자는 배당성향이 0%인 Adobe Systems에 투자할 것이다.

고객효과
회사가 자사의 배당정책을 선호하는 투자자들을 끌어들이려는 경향

이상의 내용은 **고객효과**(clientele effect)가 존재한다는 것을 시사한다. 즉, 기업마다 여러 고객층이 있으며 각 고객층마다 배당에 대한 선호도가 서로 다르다는 것을 의미한다. 따라서 기업이 배당정책을 변경하였는데 이로 인해 다수를 차지하는 고객집단이 곤경에 빠지고 주가에 부정적인 영향을 줄 수도 있다.[7] 이는 기업이 안정적이고 고객이 믿을 수 있는 배당정책을 유지하여 고객들을 곤경에 빠뜨리지 않도록 해야 한다는 점을 시사한다.

케이터링 이론
배당에 대한 투자자의 선호가 시간에 따라 변함에 따라 기업들이 현 주주들의 배당 요구에 부응하여 배당정책을 수립한다는 이론

행동재무학의 개념을 이용한 최근의 연구에 의하면 배당에 대한 투자자의 선호도는 시시각각으로 변한다고 한다. Malcolm Baker와 Jeffrey Wurgler는 배당에 관한 **케이터링 이론**(catering theory)을 제시하였는데, 이 이론에 의하면 투자자들은 때로는 안전과 고배당 주식에 대한 선호도가 매우 높다가도 또 다른 시기에는 좀 더 공격적이고 저배당 주식을 추구한다는 것이다. Baker와 Wurgler의 주장에 의하면, 기업 경영자는 투자자의 변화하는 선호도에 맞춰 부응하는 경향이 있다고 하는데, 따라서 투자자가 배당주식을 선호할 때는 가급적 배당금을 제공하려 하고, 자본이익을 좀 더 선호할 때는 배당을 생략하려 한다는 것이다.[8]

셀프 테스트

- (1) 정보내용가설과 (2) 고객효과를 정의하고, 이 개념이 각각 배당정책에 어떻게 영향을 주는지 설명해보라.
- '케이터링 이론'이란 무엇인가? 그리고 이 이론은 배당정책에 어떻게 영향을 주는가?

7) 예를 들어, 다음을 참고하라. R. Richardson Pettit, "Taxes, Transactions Costs, and the Clientele Effect of Dividends," *Journal of Financial Economics*, vol. 5, no. 3(December 1977), pp. 419-436.

8) Malcolm Baker and Jeffrey Wurgler, "A Catering Theory of Dividends," *The Journal of Finance*, vol. 59, no. 3(June 2004), pp. 1125-1165.

14-3 실제 배당정책의 수립

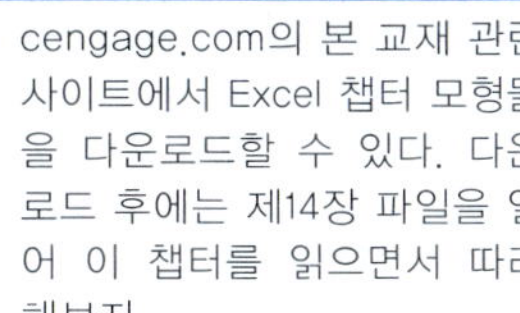
자료(Resource)

cengage.com의 본 교재 관련 사이트에서 Excel 챕터 모형들을 다운로드할 수 있다. 다운로드 후에는 제14장 파일을 열어 이 챕터를 읽으면서 따라해보자.

투자자들은 자본이득을 선호하거나 또는 배당금을 선호할 수도 있다. 그러나 고객효과 때문에 투자자는 **예측가능한** 배당정책을 선호하는 것이 거의 확실하다. 이러한 상황에서 회사들은 기본적인 배당정책을 어떻게 수립해야 하는가? 특히 배당성향과 배분 형태, 배분 금액의 장기안정성 등을 어떻게 결정할 것인가? 이 절에서는 이러한 물음에 대해 기업들이 어떻게 대답할 것인지를 기술한다.

14-3A 목표배당성향의 결정: 잔여배당모형[9)]

회사는 다음 두 가지를 고려하여 주주에게 배분할 현금규모를 결정해야 한다. (1) 주주의 부를 극대화하는 것이 최우선 목표이나, (2) 회사의 현금흐름은 실질적으로 주주들의 몫이기 때문에, 주주들이 직접 투자하여 벌 수 있는 수익률보다 회사의 재투자 수익률이 더 높지 않으면 경영자는 이익을 유보하지 말아야 한다. 반면에 제10장에서 언급한 것처럼, 외부자본(신규 보통주)보다 내부자본(유보이익)의 자본비용이 낮기 때문에 좋은 투자안이 있는 경우에는 신주 발행보다 유보이익으로 투자자금을 조달하는 것이 더 유리하다.

배당정책을 수립할 때 하나의 정답만이 있는 것은 아니다. 어떤 기업은 현금은 풍부하지만 투자기회가 적을 수 있는데, 이와 같은 현상은 수익성은 높지만 성장기회가 적은 성숙 산업에 속한 기업에서 나타난다. 이러한 기업들은 일반적으로 배당성향을 높게 유지하여 고배당을 선호하는 투자자 층을 유인한다. 반면에 수익성 있는 투자기회는 많지만 잉여현금이 매우 적거나 아예 없는 기업은 일반적으로 배당을 적게 지급하거나 또는 전혀 지급하지 않지만, 기업의 이익이 증가하고 주가가 상승하게 되어 자본이득을 선호하는 투자자를 끌어들인다.

지난 수십 년 동안 증권거래소에는 급성장한 신생기업의 수가 크게 증가하였다. Eugene Fama와 Kenneth French의 연구에 따르면, 배당을 지급하는 기업의 비율이 시간이 갈수록 급격히 줄어든다고 한다. 1978년에 주요 증권거래소의 상장기업들 중에서 배당을 지급한 기업이 66.5%였지만, 이 비율이 1999년까지 20.8%로 하락하였다. Fama와 French의 분석에 의하면 이러한 하락이 발생한 이유는 부분적으로는 상장기업의 구성 변화에 기인하지만, 동시에 기업이 오래되든 그렇지 않든 간에 관계없이

9) 배당성향은 두 가지로 해석될 수 있다. (1) 하나는 일반적인 해석으로, 순이익 중에서 **현금배당**으로 지급한 금액의 비율을 의미하는 것이고, (2) 다른 하나는 순이익 중에서 **배당과 자사주매입의 형식으로** 주주에게 분배된 금액의 비율을 의미한다. 이 절에서는 자사주매입이 없다고 가정한다. 하지만 주주에게 배분되는 몫을 결정하는 데 있어서 잔여배당모형을 사용하는 기업이 늘어나고 있으며, 배분하는 형태에 대해서는 별도의 의사결정을 하고 있다. 최근 들어 자사주매입의 형태로 분배하는 비중이 점점 증가하고 있다.

모든 기업이 배당을 적게 지급하는 경향을 보인다고 한다.[10)]

배당세율을 인하한 2003년의 세제 변경으로 인하여, 많은 회사들이 배당을 지급하거나 배당성향을 증가시켰다. 예를 들면, 배당을 지급하거나 증가시킨 회사는 2002년에 113개지만 2003년에는 229개로 두 배 증가하였다. 그 이전에는 이들 회사들이 자사주매입을 선호하는 경향이 있었다. 2019년 11월 기준 S&P 500 기업 중에서 422개 회사가 배당을 지급했다. 2020년 6월부터 S&P 500에 속한 40개의 기업이 배당유예를, 18개의 기업은 배당감축을 통보하기도 하였다.[11)] ("코로나로 인해 배당을 감축 또는 유예한 기업이 늘어났다"는 내용을 참조)

<표 14.1>에 제시한 것처럼 대기업의 배당성향과 배당수익률은 기업별로 상당히 다르다. 일반적으로 공공산업과 식품 및 담배제조와 같이 안정적이고 현금이 풍부한 산업에 속한 기업들은 비교적 높은 배당을 지급하는 반면, 컴퓨터 소프트웨어와 생명공학과 같이 급성장하는 산업에 속한 기업들은 낮은 배당을 지급한다. 국가별로도 평균 배당금은 상당한 차이가 있다. 특정 국가에서 배당성향이 높은 현상은 부분적으로는 재투자수익(자본이득)에 비해 배당에 대한 세율이 낮다는 점에 의해 설명될 수 있는데, 이러한 세금제도는 배당정책이 배당성향을 높이는 방향으로 기울어지게 한다.

잔여배당모형
순이익에서 신규 투자에 투입되는 유보이익을 차감한 금액을 배당지급액으로 책정하는 배당모형

어떤 특정 기업의 최적배당성향을 결정하는 네 가지 요인은 다음과 같다. (1) 배당과 자본이득에 대해 주주가 어떤 선호를 보이는지에 관한 경영자의 견해, (2) 기업의 투자기회, (3) 기업의 목표자본구조, (4) 외부자본의 조달가능성 및 조달비용. 이들 요인들을 모두 종합하여 만든 모형을 **잔여배당모형**(residual dividend model)이라고 부른다. 잔여배당모형에서는 투자자가 배당과 자본이득의 선호관계가 동일하다고 가정한다. 기업은 아래와 같은 4단계를 거쳐 목표배당성향을 결정한다. (1) 최적자본예산 투자안을 결정한다. (2) 주어진 목표자본구조하에서 필요한 자기자본 조달금액을 결정한다. (3) 자기자본 소요액은 최대한 유보이익으로 충당한다. (4) 최적자본예산을 수행하는 데 필요한 금액 이상으로 유보이익이 발생하는 경우에만 배당을 지급한다. 여기서 잔여(residual)의 의미는 '남은 것(leftover)'으로서, 잔여배당정책은 '남은' 이익으로부터 배당이 지급된다는 것을 의미한다.

---

10) Eugene F. Fama and Kenneth R. French, "Disappearing Dividends: Changing Firm Characteristics or Lower Propensity to Pay?" *Journal of Applied Corporate Finance*, vol. 14, no. 1(Spring 2001), pp. 67-79; "Disappearing Dividends: Changing Firm Characteristics or Lower Propensity to Pay?" *Journal of Financial Economics*, vol. 60, no. 1(April 2001), pp. 3-43. 두 번째 논문은 첫 번째 논문의 기술적 내용을 다룬 것으로서 분량도 더 많다.

11) Lawrence C. Strauss, "78 Stocks in the S&P 500 Don't Pay a Dividend. Here Are Some That Should," *Barron's*(barrons.com), November 8, 2019; and Lawrence C. Strauss, "May Was a Severe Month for Dividends," *Financial News*(fnlondon.com), June 1, 2020.

코로나바이러스로 인해 배당을 감축 또는 유예한 기업이 늘어났다

코로나바이러스 팬데믹과 그로 인해 발생한 경제활동의 위축은 기업의 현금유보액을 심하게 감소시켰다. 제13장에서 강조한 바처럼 수많은 기업이 영업활동을 유지하기 위해 필요한 현금을 확보하기 위해 부채를 통한 자금조달에 전력을 다하였다. 현금을 확보하기 위한 노력의 일환으로 수많은 기업들이 배당의 지급을 감축 또는 유예시킬 수밖에 없었다.

월스트리트 저널의 2020년 4월판 기사에 의하면 한 해에 83개의 기업이 배당지급을 취소 또는 연기하기에 이르렀다. 대부분은 중소기업의 경우이나 Boeing, Carnival, Delta Air Lines, Disney, Ford, General Motors와 Macy's와 같은 널리 알려진 기업들도 포함되어 있다.[12] 기사에 의하면 "142개의 기업이 2020년도의 배당액을 축소하여 2009년도에 316개 기업이 배당을 축소하였던 최악의 수준에 버금가는 정도에 이르렀다."고 한다.

기사에 의하면 지난 25년 동안 배당수준을 늘려와 "배당귀족기업"이라고 불리었던 Johnson & Johnson, Procter & Gamble, Clorox, Walmart, ExxonMobil, AT&T, Chevron 및 Caterpillar 등의 회사들은 경제적 어려움에도 불구하고 배당증액을 지속하려 한다고 보도하고 있다.

출처: Paul Vigna, "Companies Are Suspending Dividends at Fastest Pace in Years," *The Wall Street Journal*(wsj.com), April 28, 2020; and "Here Are Companies That Have Cut or Frozen Their Dividends in May," *Barron's*(barrons.com), May 1, 2020.

〈표 14.1〉 배당성향(2020년)

기업	산업	배당성향	배당수익률
I. 고배당기업			
Weyerhaeuser Company	목재업	277.55%	5.99%
Nokia Corporation	네트워크	161.11	5.10
Canon Inc.	출판업	149.23	6.70
ExxonMobil Corporation	정유업	130.34	7.57
International Paper Company	제지업	121.99	5.81
II. 무배당기업			
Adobe Systems	컴퓨터소프트웨어	0.00%	0.00%
Amazon.com Inc.	온라인쇼핑	0.00	0.00
Biogen Inc.	바이오테크	0.00	0.00
Facebook Inc.	인터넷커뮤니케이션서비스	0.00	0.00
Unisys Corp.	컴퓨터	0.00	0.00

출처: Yahoo! Finance(finance.yahoo.com), June 22, 2020.

12) 며칠 후에 *Baron's*도 S&P 500에 속한 기업 중에 배당을 축소하거나 연기하려는 기업이 배당지급을 시작하거나 증액하려는 기업보다 많다고 보도했다. 2020년 5월에는 40개의 기업이 배당연기를 통보했으며 18개의 기업이 배당축소를 결정하였다.

기업이 잔여배당정책을 충실하게 따른다고 볼 때, 특정 연도의 배당지급액은 다음과 같은 식으로 나타낼 수 있다.

$$\text{배당금} = \text{당기순이익} - \text{신규 투자에 소요되는 유보이익}$$
$$\text{배당금} = \text{당기순이익} - (\text{목표자기자본비율} \times \text{총자본예산금액})$$

예를 들어, 순이익이 $1억, 목표자기자본비율이 60%, 자본투자소요액이 $5,000만이라고 하면, 투자소요액은 자기자본 $5,000만(0.6) = $3,000만과 부채 $2,000만으로 조달해야 한다. 따라서 배당으로 지급할 수 있는 금액은 $1억 − $3,000만 = $7,000만이며 배당성향은 70%가 된다.

자본예산을 수행하기 위해 조달해야 하는 자기자본금액이 순이익을 초과할 수도 있다. 앞의 예에서 자본예산금액이 순이익/자기자본 조달비율 = $1억/0.6 = $1억 6,667만이면 배당금은 지급되지 않을 것이다. 만약 이 자본예산금액이 $1억 6,667만을 초과하면 기업은 목표자본구조를 유지하기 위해서 보통주를 신규로 발행해야 할 것이다.

대부분의 기업들은 최소한 얼마간이라도 부채를 포함하는 목표자본구조를 갖고 있다. 따라서 새로운 자본조달은 부분적으로 부채와 자기자본을 모두 포함한다. 기업이 최적의 부채와 자기자본 조합하에서 자본을 조달하되, 내부유보자금만을 사용하고자 한다면 새롭게 조달되는 자본의 한계비용은 최저수준이 될 것이다. 따라서 새로운 투자안의 일정 금액을 내부에서 조달한 자본으로 충당하고 그 이상의 금액에 대해서 기업은 더 비싼 신주 발행으로 조달해야만 한다. 신주가 발행되는 그 지점에서 자기자본의 비용(결과적으로 자기자본의 한계비용)은 상승한다.

이 점을 설명하기 위해 Texas and Western(T&W) Transport Company의 예를 들어보자. 신규 자기자본 소요액 전부를 유보이익으로 조달한다면 가중평균자본비용은 10%이다. 그러나 주식을 신규로 발행해야 한다면 가중평균자본비용은 이보다 높아진다. T&W의 순이익은 $6,000만이며, 목표자본구조는 자기자본 60%와 부채 40%이다. 배당을 지급하지 않으면 $1억의 순투자(감가상각으로 자산을 교체하는 것 이외의 추가 투자)가 가능하며, 투자소요액은 유보이익 $6,000만과 조달비용 10%의 신규 부채 $4,000만으로 조달한다. 투자소요액이 $1억을 초과하면, 자기자본 조달액이 유보가능한 최대금액인 순이익보다 많아진다. 이 경우에는 T&W는 신규로 주식을 발행해야 하며, 이로 인하여 자본비용은 10%보다 더 높아진다.[13)]

T&W의 재무담당자들은 계획수립 시점에서 모든 투자안들의 타당성을 분석한다.

---

13) 만약 T&W가 이익의 전부를 유보하지 않는다면, 자본예산이 $1억보다 작더라도 자본비용은 10%를 넘어선다. 예를 들어, T&W가 $3,600만을 유보한다면 자본예산이 $3,600만/0.6 = $6,000만을 초과할 경우, 자본비용은 증가한다. 왜 그런지 살펴보자. 자본예산이 $6,000만일 경우, 자기자본은 $3,600만이 필요하다. 따라서 자본예산이 $6,000만을 초과하면 기업이 필요로 하는 자기자본은 유보이익 $3,600만을 초과하므로 보통주를 신규로 발행해야 한다.

〈표 14.2〉 투자기회에 따른 T&W의 배당성향비율(순이익 $6,000만, 단위: 100만 달러)

	투자기회		
	나쁨	보통	좋음
자본예산	$40	$70	$150
순이익(NI)	60	60	60
필요자본(0.6 × 자본예산)	24	42	90
배당지급액(NI – 필요자본)	$36	$18	($30)[a]
배당성향비율(배당/순이익)	60%	30%	0%

주: a. 자본예산 1억 5,000만 달러의 경우 T&W는 모든 이익을 유보하고, 3,000만 달러 규모의 신주를 발행한다.

독립적인 투자안은 내부수익률이 위험조정 자본비용보다 큰 경우에 채택된다. 투자안이 상호배타적인 경우에는 양의 순현가가 가장 큰 투자안이 채택된다.

투자예산은 선택된 모든 투자계획의 수행에 필요한 자금 소요액이다. 만약 T&W가 잔여배당정책을 엄격하게 적용한다면, 투자예산이 배당성향에 막대한 영향을 끼칠 것이라는 것을 우리는 <표 14.2>를 통해서 알 수 있다. 투자기회가 나쁜 경우에는 투자예산이 $4,000만에 그친다고 하자. 목표자본구조를 유지하기 위해서는 자기자본은 0.6($4,000만) = $2,400만, 부채는 나머지 $1,600만이 되어야 한다. 만약 T&W가 잔여배당정책을 엄격하게 적용한다면, 배당은 $6,000만 – $2,400만 = $3,600만이 되고 배당성향은 $3,600만/$6,000만 = 0.6 = 60%가 된다.

T&W의 투자기회가 보통 수준일 때 투자예산이 $7,000만이 된다고 하면, 자기자본 소요액은 $4,200만, 배당금은 $6,000만 – $4,200만 = $1,800만, 배당성향은 $1,800만/$6,000만 = 30%가 된다. 마지막으로 투자기회가 좋을 때 투자예산이 $1억 5,000만이라면, 자기자본 소요액은 0.6($1억 5,000만) = $9,000만이다. 따라서 회사는 순이익 전부를 유보하여 배당을 지급하지 않아야 하며 목표자본구조를 유지하기 위해서 신규로 주식을 발행해야 한다.

잔여배당모형에서는 투자기회에 따라 배당금과 배당성향이 달라진다. 이익이 변동하면 배당금도 변동한다. 투자기회와 이익이 매년 달라지기 때문에, 잔여배당정책을 고수한다면 배당금이 불안정하게 되는 결과를 초래한다. 어떤 해에는 좋은 투자기회가 많아서 투자자금을 조달하기 위해서 배당금을 지급하지 않다가, 그 다음해에는 투자기회가 좋지 않아서 이익을 많이 유보할 필요가 없으면 배당금을 많이 지급할 수도 있다. 이와 비슷하게, 투자기회가 안정적이더라도 이익의 변동이 심하면 배당의 변동도 심하게 된다. 따라서 잔여배당정책을 사용하면, 배당은 변동이 심하고 안정적이지 못하게 되는 것이 분명하다. 투자자가 변동이 심한 배당을 개의치 않는다면, 이러한 배당정책이 나쁘다고는 할 수 없다. 그러나 투자자들은 안정적이고 신뢰할 수 있는 배당정책을 선호하기 때문에, 잔여배당모형을 엄격하게 따르는 것이 최선의 배당정책은 아니다. 따라서 회사는 다음과 같이 잔여배당모형을 사용해야 한다.

1. 향후 5년 정도의 평균 이익과 투자기회를 예측한다.
2. 예측정보를 잔여배당모형에 적용하여 대상기간 동안의 평균 배당금과 배당성향을 구한다.
3. 추정자료에 근거하여 목표배당성향을 결정한다.

이와 같이 회사는 잔여배당정책을 장기목표배당성향의 결정에 사용하지만, 어떤 한 해의 배당성향 결정의 지침으로는 사용하지 말아야 한다.

대다수의 대기업들은 잔여배당정책을 개념적인 차원에서 이용하며, 실제 적용은 전산화된 재무예측모형을 사용한다. 예측모형에 투입되는 요소는 자본적 지출과 운전자본 소요액, 매출액, 이익마진, 감가상각 등 현금흐름 예측에 필요한 다른 변수들에 대한 예측 정보이다. 그리고 목표자본구조가 명시적으로 주어지면, 재무예측모형은 투자지출에 필요한 금액을 자기자본과 부채로 구분하여 산출해낸다.

배당성향이 높을수록 외부에서 조달할 자기자본이 증가한다. 대부분의 회사들은 재무예측모형을 사용하여, 신주를 발행하지 않고 또한 적정자본구조를 이탈하지 않으면서 투자에 소요되는 자기자본을 충분히 제공해주는 예측기간(통상 5년) 동안의 배당금을 계산한다. 이러한 과정은 이 장의 엑셀모형에 설명되어 있으며, 웹부록 14A는 접근방법을 더 자세하게 다루고 있다. 최종결과는 CFO가 이사회 의장에게 보내는 다음의 보고서와 같을 것이다.

> 우리는 회사제품의 총시장수요와 시장점유율 그리고 장기자산과 운전자본에 대한 투자소요액을 예측하였으며, 이 정보를 사용하여 2022년부터 2026년까지의 추정재무상태표와 추정손익계산서를 작성하였다.
>
> 2021년의 총배당금은 \$5,000만이며 주당 배당금은 \$2.00이다. 이익 및 현금흐름과 투자지출을 추정한 결과에 의하면 우리는 배당을 매년 6%씩 증가시킬 수 있으며 이에 따라 예측기간 동안 평균 배당성향은 42%가 될 것이다. 배당증가율을 높이면 신주를 발행하거나 투자를 줄이거나 혹은 부채비율을 증가시켜야 한다. 배당증가율을 낮추면 자기자본비용이 증가한다. 따라서 본인은 이사회가 2022년 배당금을 전년대비 6% 증가한 주당 \$2.12로 결정하고 향후에도 이와 비슷한 수준의 배당증가계획을 세울 것을 제안한다.
>
> 향후 5년 동안에 많은 일들이 발생할 것으로 보여 우리의 예상이 틀릴 수 있다는 점은 의심의 여지가 없다. 그러한 사건들이 발생할 경우 우리의 위치를 재검토해야 할 것이다. 그러나 본인은 일시적인 현금 부족은 차입금으로 충당할 수 있다고 확신한다. 왜냐하면 현재 우리 회사는 차입능력보다 작은 규모의 부채를 사용하고 있어서 단기차입에 유연하게 대처할 수 있기 때문이다.
>
> 우리는 예측모형을 사용하여 몇 가지 시나리오별 분석을 실시했다. 만약 경제가 완전히

무너지면 우리의 이익으로는 배당을 충당할 수 없을 것이다. 그러나 발생가능성이 높은 모든 시나리오하에서는 우리의 현금흐름으로 그 배당금을 충당할 수 있을 것이다. 향후 경기가 나빠지게 될 때 다시 배당을 삭감해야 될 정도로 배당을 증가시키는 것을 이사회가 원하지 않는다는 사실을 본인도 알고 있다. 우리의 예측모형에 의하면 극단적인 경우를 제외한 보통의 합리적인 상황에서는 $2.12의 배당을 계속 유지할 수 있다. 그러나 $3.00 이상의 배당은 향후 심각한 배당삭감의 위험에 노출될 수 있다.

내가 주목하는 점은 우리 기업의 배당증가율이 5% 내지 6% 범위 내에 있을 것이라는 대다수 증권분석가의 예상이다. $2.12의 배당은 예상 증가율 중에서 가장 높은 수준으로 주가는 크게 상승할 것이다. 인수합병에 관한 소문이 널리 퍼지면서 주가가 약간 상승한 점도 우리를 다소 편하게 해주었다.

마지막으로 우리는 자사주매입을 통하여 주주에게 현금을 분배하는 것을 검토하였다. 배당성향을 낮추어서 마련한 자금을 공개시장에서 우리 회사의 주식을 사들이는 데 사용할 수 있다. 자사주매입에는 장점도 있지만 단점도 있다. 본인은 현재 시점에서 자사주매입을 추천하지 않는다. 그러나 잉여현금흐름이 예상 수준을 초과한다면 그 잉여분으로 자사주를 매입하도록 추천할 것이다. 또는 정기적인 자사주매입을 지속적으로 검토할 계획을 가지고 있으며 향후에는 자사주매입을 권고할 수도 있을 것이다.

이 기업은 매우 안정적으로 운영되고 있어서, 상당히 자신 있게 배당계획을 수립할 수 있다. 그러나 다른 회사, 특히 경기에 민감한 회사들은 호경기에는 매우 낮은 수준으로 간주되는 배당금을 불경기에는 유지하기조차 힘들어지는 상황에 처하기도 한다. 이러한 회사는 종종 '정기(regular)'배당은 낮게 설정하고 이를 보충하기 위해 경기가 좋을 때 '추가(extra)'배당을 지급하기도 한다. General Motors, Ford와 다른 자동차회사들은 과거에 이러한 **'낮은 정기배당과 추가배당**(low-regular-dividend-plus-extras dividend)' 정책을 채택하였다. 이들 회사들은 정규배당을 낮은 수준으로 책정하여, 어떠한 상황에서도 회사는 배당을 지급할 자신이 있고 주주들이 이를 믿을 수 있도록 하였다. 이후 경기가 좋아지고 이익과 현금흐름이 많아졌을 때 이들 회사들은 미리 정해둔 추가배당을 지급하였다. 투자자들은 추가배당이 지속적으로 지급되지 않는다는 것을 인지하고 있었기 때문에 추가배당을 회사의 이익이 영구적으로 높을 것이라는 신호로 해석하지 않았고, 또한 추가배당을 지급하지 않더라도 이를 부정적인 신호로도 생각하지 않았다.

낮은 정기배당과 추가배당
정기배당은 어떤 상황에 처하더라도 회사가 지급할 수 있는 낮은 수준으로 책정하고, 경기가 좋을 때에는 미리 정해둔 '추가'배당을 지급하는 배당정책

이와는 반대로 현금이 단기간 필요하게 되어, 상황이 호전되면 배당지급을 재개하리라는 희망하에 배당지급을 잠정적으로 중지할 수도 있다. 예를 들어, Deepwater Horizon호의 기름유출사고 당시, BP사는 정치적 압력의 부담 속에 2010년 3분기 동안 배당지급을 중지하고 그 자금을 청소와 복구비용으로 지불하였다. BP는 2010년 마지막 분기에, 비록 기름유출사고 전에 비해 적은 금액이긴 하지만 배당지급을 재개하였다.

14-3B 이익, 현금흐름, 배당

대개 이익이 배당을 결정하는 주된 요인이라고 생각하지만, 실제로는 현금흐름이 더 중요하다. 이러한 점은 1998년부터 2019년까지의 ExxonMobil Corporation의 자료를 그래프로 표시한 [그림 14.1]에 잘 나타나 있다. [그림 14.1]의 a는 ExxonMobil의 주당 배당금(DPS)이 조금씩 지속적으로 증가하는 것을 보여준다. EPS도 조금씩 증가하였지만 원유가격에 따라 상승하고 하락하는 높은 변동성을 보였다. 이익 기준 배당성향(DPS/EPS)은 22년 동안 평균 50%였지만 100%를 초과한 경우도 2차례 – 2016년과 2019년 – 발생하였다.

주당 현금흐름(Cashflow per share: CFPS)은 EPS와 밀접하게 움직여서 둘 사이의 상관계수는 0.92이다. 그러나 주당 현금흐름은 EPS나 배당보다는 항상 훨씬 높은 수준에 있었다. 더욱이 현금배당은 현금으로 지급되는데, 현금이 부족한 경우에는 그 부족분을 현금흐름으로 충당하여 배당을 안정적으로 유지할 수 있게 하였다.

이제 [그림 14.1]의 b를 살펴보자. 이익 기준 배당성향의 변동성은 매우 크지만 현금흐름 기준 배당성향(DPS/CFPS)은 비교적 안정적이며 항상 100%보다 훨씬 낮은 수준이다. 안정적인(그리고 높은 수준의) 현금흐름은 ExxonMobil의 배당이 비교적 안전하다는 것을 의미하며, 투자자들이 앞으로의 배당지급을 믿을 수 있다는 것을 의미한다. 주당 현금흐름이 매우 높은 수준이기 때문에, 원유시장에서 특별히 불운이 발생하지 않는다면 배당(또는 자사주매입)은 지속적으로 대폭 증가할 가능성이 높다. 코로나 팬데믹으로 인해 발생한 수요의 감소에도 불구하고 ExxonMobil은 배당을 줄이지 않았다 – 반면에 주요 경쟁사 중의 하나인 Royal Dutch Shell은 1945년 이후 최초로 배당을 축소하는 결정을 내린 바 있다.[14)]

ExxonMobil은 탄탄한 전형적인 대기업이다. 이 회사의 배당은 투자자들이 신뢰할 수 있고 또한 안정적으로 증가하고 있다. 이익은 비교적 변동이 심하지만 현금흐름이 안정적이어서 배당을 안정화시킬 수 있었다. 이익이 증가 또는 감소하면서 심하게 변동할 때, 경영자는 이러한 변동의 지속여부를 판단해야 하기 때문에, 배당은 시차를 두고 이익을 따라가게 된다. 2001년과 2002년에 ExxonMobil의 이익이 감소한 것은 일시적인 현상으로 판명되었으며, 이에 따라 배당은 이전 수준으로 유지되었고 심지어 증가하기도 하였다. 2002년 이후 2008년까지 막대한 이익과 현금흐름이 지속되었다.

2009년 경제불황으로 인해 이익과 현금흐름이 하락하였지만 2010년부터 2011년의 시기에 걸쳐 이전보다 더 높은 수준으로 회복하였다가, 2012년과 2013년에는 다시 하락하였다. 2014년에는 수익과 현금흐름이 개선되었으나 2011년보다는 낮은 수준이었

---

14) Spencer Jakab, "Exxon: Heavy Lies the Dividend Crown," *The Wall Street Journal*(wsj.com), May 1, 2020.

[그림 14.1] ExxonMobil Corp.의 이익, 현금흐름, 배당(1998-2019년)

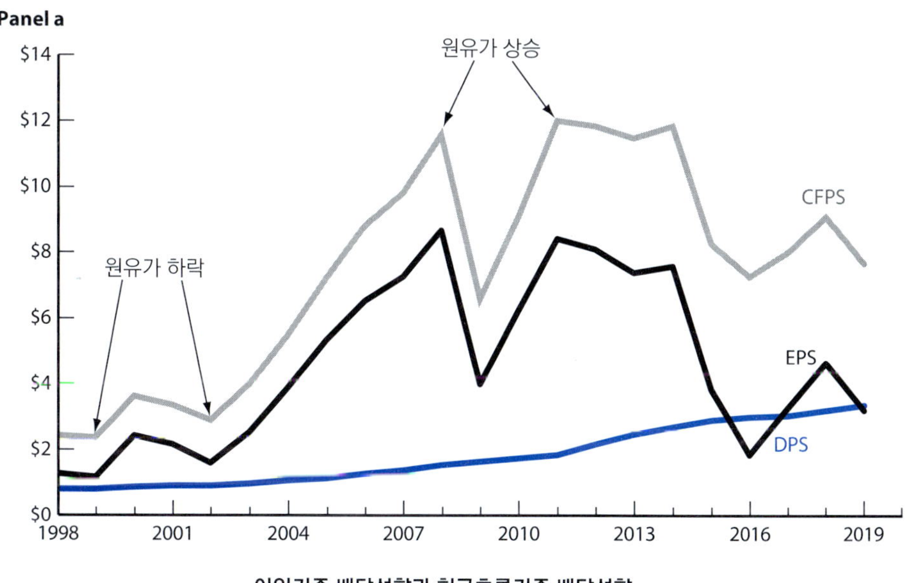

이익기준 배당성향과 현금흐름기준 배당성향

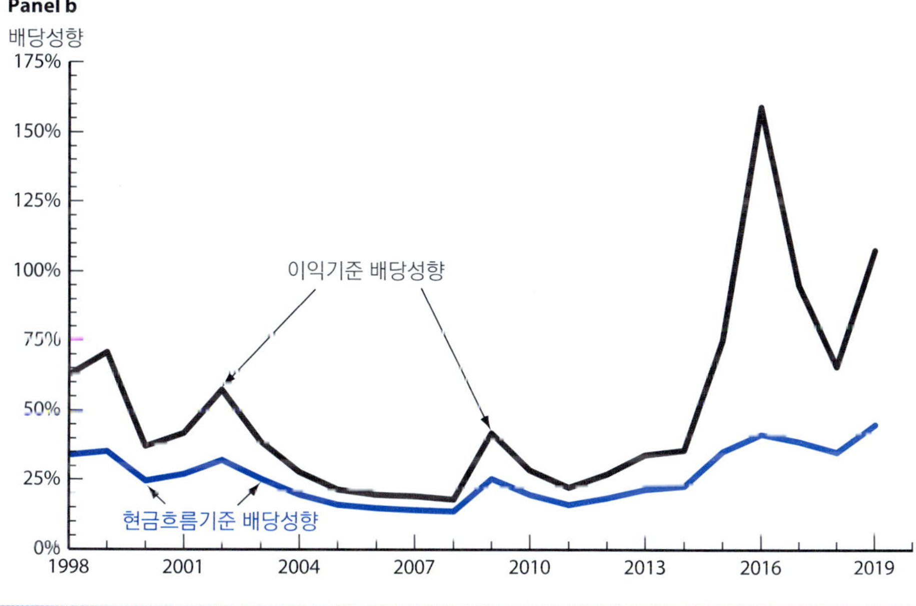

주: 일관성을 위하여 1994년과 2004년의 2:1의 주식분할을 조정한 것이다.
출처: Value Line Investment Survey.

다. 2015년부터 2016년에는 이익과 현금흐름이 악화되었으나 2009년보다는 높은 수준이었다. 2017년부터 2019년까지는 현금흐름은 2009년 이상으로 상승하였으나 이익은 다시 하락하였다. 하지만 ExxonMobil의 DPS는 여전히 CFPS와 EPS보다 많이 낮은데, 이는 배당과 자사주매입, 그리고 수익성이 높은 신규 투자가 향후에도 지속될

글로벌 관점

세계 각국의 배당수익률

평균 배당수익률은 시기에 따라 다르고, 국가별로도 큰 편차를 보이며 변동한다. 아래 그림은 London Business School의 Elroy Dimson, Paul Marsh, Mike Staunton의 연구에서 얻은 자료를 통해서 그린 것으로서 16개 국가의 평균 배당수익률이 지난 100년간 얼마나 변했는지를 보여주고 있다. 1900년과 1950년에 배당수익률은 국가별로 차이가 나며 전 세계 평균은 약 5%로 나타나고 있다. 하지만 2004년까지 대부분의 국가에서 수익률이 많이 하락했는데 전체 평균은 약 3%이다. 미국의 경우 배당수익률이 1900년에 4.3%, 1950년에 7.2%, 2004년에는 1.7%를 기록했다. 미국의 주식은 1950년에 배당수익률이 높은 국가 중 하나였지만, 2004년에는 두 번째로 낮았다. 이후 미국 주식의 평균 배당수익률은 다소 증가하고 있다. 2020년 6월에 S&P 500 주가지수의 배당수익률은 1.96%로 나타났는데, 이는 다른 여러 나라와 비교하여 여전히 낮은 수치이다. 추가적인 증거로서, 다음 페이지에 일부 국가의 2019년 1월의 배당수익률을 요약한 표를 볼 수 있다.

이들 연구는 배당금이 주주가 일정 기간 동안 얻는 수익 중 매우 중요한 부분임을 보여주고 있다. 잡지 이코노미스트의 2010년도 기사는 이러한 점을 인식하고 다음의 내용을 소개하고 있다.

> 배당은 이에 상응하는 대접을 받지 못하고 있다. 오랜 기간 동안 배당은 주식 투자자에게 많은 수익을 안겨 주었다. London Business School의 Elroy Dimson, Paul Marsh, Mike Staunton의 연구에 의하면 1900년부터 2005년 사이 전 세계 주식의 실질수익률은 5%이고, 평균 배당수익률은 4.5%로 나타났다.
>
> 그럼에도 불구하고 주식 투자자는 배당보다는 이익을 예측하고 분석하는 데 훨씬 더 많은 시간을 할애하고 있다. 이익은 쉽게 조작이 가능하며 정신없을 정도로 여러 가지 많은 형태로 제시된다(영업이익, 세후이익, 세전이익 등). 배당은 대부분 현금으로 지불되기 때문에 조작이 어렵다.

세계 각국의 배당수익률: 1900년, 1950년, 2004년

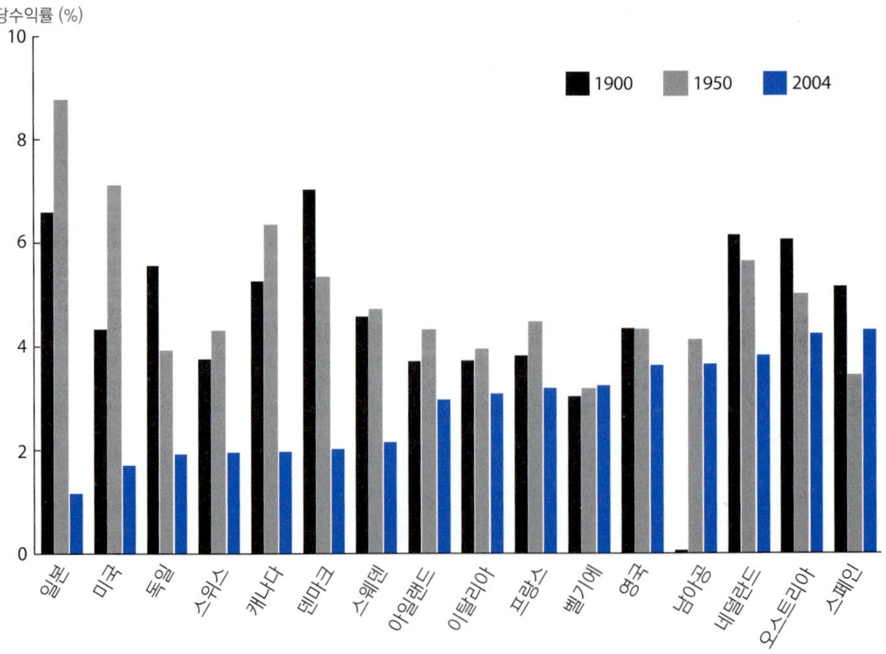

세계 각국의 배당수익률: 2019년 기준	
국가	배당수익률
러시아	6.07%
노르웨이	3.92
사우디아라비아	3.80
호주	3.54
남아프리카	3.48
홍콩	3.04
영국	3.02
이탈리아	3.01
중국	2.96
멕시코	2.79
터키	2.73
독일	2.57
캐나다	2.54
인도네시아	2.27
일본	2.08
브라질	1.90
대한민국	1.84
아르헨티나	1.81
미국	1.68
인도	1.29

주: Aswath Damodaran, January 2019 Country Statistics on Market Multiples and Corporate Finance Measure, Country Averages (stern.nyu.edu/~adamodar/pc/datasets/countrystats.xls). 저자의 허락하에 게재한다.

출처: Aswath Damodaran, "Country Statistics on Market Multiples and Corporate Finance Measure, Country Averages"(stern.nyu.edu/~adamodar/pc/datasets/countrystats.xls), January 2019; "S&P 500 Dividend Yield"(ycharts.com/indicators/sp_500_dividend_yield), June 22, 2020; "Divvying Up Returns," *The Economist*(economist.com), September 2, 2010, and Elroy Dimson, Paul Marsh, and Mike Staunton, *Triumph of the Optimists*(Princeton, NJ: Princeton University Press, 2002).

것이라는 것을 시사한다. 그럼에도 ExxonMobil은 다른 산업도 아닌 바로 원유에 종사하는 산업이고, 이 원유와 관련하여 특이한 사건들이 언제든 발생할 수 있는 것이다. 2020년 4월에 발생한 Crude Oil의 가격하락은 코로나바이러스로 인한 수요감소와 러시아와 사우디아라비아 간의 생산량을 둘러싼 경쟁으로 인한 것이었다.

14-3C 배당지급 절차

배당금은 분기마다 지급하고, 상황이 허락하는 조건에서 배당금은 1년에 한 번 증가시킨다. 예를 들어, Katz Corporation은 2021년에 분기마다 주당 $0.50의 배당, 즉 연간 $2.00의 배당을 지급했다. 일반적인 재무 용어로 표현하면, Katz의 2021년도 **정규분기배당**은 $0.50이며 **연간배당**은 $2.00이다. 2021년 말에 이사회를 개최하여 2022년도 전망을 검토하고 2022년도에도 배당금은 주당 $2.00으로 유지하기로 결정했다. 이사회는 이를 공시했고, 예상치 못한 문제가 발생하지 않는 한 주주들은 배당을 받을 것으로 생각할 것이다.

실제 배당을 지급하는 절차는 다음과 같다.

배당공시일
기업의 이사회가 배당을 발표하는 날

1. 배당공시일: 예를 들어, 11월 4일이 **배당공시일**(declaration date)이라면, 그날 이사회를 개최하여 정규배당지급을 결정하고 다음의 내용과 유사한 성명서를 발표한다. "2021년 11월 4일에 소집된 Katz Corporation의 이사회에서 결정한 내용은 정규분기배당은 주당 50센트이고, 주주명부기준일은 12월 9일이며, 배당지급일은 2022년 1월 3일이다." 공시한 배당금은 공시일부터 실질적으로 채무가 된다. 만약 재무상태표를 작성한다면, 발행주식 수에 50센트를 곱한 금액만큼 유동부채가 증가하고 동일한 금액만큼 유보이익이 줄어든다.

주주명부기준일
주주명부에 주주로 등재하는 마지막 날. 이날에 주주로 등재되어 있어야 배당을 받을 수 있다.

2. 주주명부기준일: 회기가 종료되는 12월 9일은 **주주명부기준일**(holder-of-record date)이며, 이 날짜를 기준으로 현재의 주주명부를 작성한다.

배당락일
배당을 받을 수 있는 권리가 더 이상 주식 구입자에게 부여되지 않는 날. 대개 주주명부기준일로부터 2영업일 이전 일이다.

3. 배당락일: 예를 들어, 12월 6일에 Jean Buyer가 John Seller로부터 100주를 매입했다고 하자. Jean Buyer가 새로운 주주로 등록되어 배당을 받을 수 있도록 주식매매내용이 제때에 회사로 통보될 것인가? 혼란을 방지하기 위한 증권업계의 관행은 주주명부기준일로부터 2영업일(business day) 이전까지 주식을 보유한 주주에게 배당을 받을 권리를 주는 것이다. 따라서 주주명부 폐쇄일 이전 두 번째 영업일에는 배당을 받을 권리가 없어지게 되는데, 이날을 **배당락일**(ex-dividend date)이라고 한다. Katz의 배당락일은 12월 9일보다 2영업일 이전인 12월 7일이다.

   12월 6일: 이날까지 주식을 매입하면 배당을 받는다.
   12월 7일: 배당락일이며 주식매입자는 배당을 받지 못한다.
   12월 8일: 이날에 주식을 매입한 자는 배당을 받지 못한다.
   12월 9일: 이날은 주주명부기준일이며, 주주들의 관심대상이 아니다.

   그러므로 배당을 원하는 투자자는 12월 6일이나 그 이전에 주식을 매입해야 한다. 12월 7일이나 그 이후에 주식을 매입한 사람은 배당을 받지 못하고 주식을 매도한 사람이 주주명부에 기록된 공식주주이기 때문에 배당을 받는다.

Katz의 배당금이 $0.50이므로 배당락일은 중요하다. 주식시장의 변동이 없다면, 배당락일의 주가는 대략 배당금만큼 하락할 것으로 예상된다. 예를 들어, Katz 주식의 12월 7일 종가(closed price)가 $30.50이면, 12월 8일 주식의 시가(open price)는 대략 $30 수준에서 형성될 것이다.15)

배당지급일
기업이 주주에게 실제로 배당을 지급하는 날

4. 배당지급일: 회사가 배당금을 주주에게 실제로 지급하는 1월 4일이 **배당지급일**(payment date)이다.

셀프 테스트

- 잔여배당모형의 논리적 근거와 실행 단계를 설명하라. 그리고 이 모형이 매년도 실제 배당성향을 설정하는 것보다 장기배당성향을 수립하는 데 더 많이 쓰이는 이유를 설명해 보라.
- 배당정책을 수립하는 데 도움이 되기 위해서 기업은 장기계획모형을 어떻게 사용하는가?
- 이익과 현금흐름 중 어느 것이 배당에 관한 의사결정에 더 중요한가?
- 실제 배당을 지급하는 절차를 설명하라.
- 배당락일이란 무엇이고, 이것이 투자자에게 왜 중요한가?
- 기업의 자본예산이 $3,000만, 순이익이 $3,500만이고, 목표자본구조는 45%의 부채와 55%의 자기자본으로 구성되어 있다. 잔여배당정책을 사용할 경우 기업의 배당성향은 얼마인가? **(52.86%)**

---

15) 세금효과로 인하여 배당락일의 주가는 평균적으로 배당금액보다 적게 하락한다. 만약 당신이 Katz의 주식을 12월 6일에 매입했다면 배당은 받겠지만, 당장 15%(고소득구간 납세자의 경우 20%)의 세금을 납부하게 될 것이다. 따라서 만약 당신이 주식을 $0.50 싼 가격으로 살 수 있을 거라 생각했다면 당신은 12월 7일까지 기다리려 했을 것이다. 당신(그리고 다른 사람)의 대도는 배당락일 근방의 주가에 영향을 줄 것이다. 다음은 발생가능한 상황이다.

1. 다른 조건들이 일정하다고 가정하면, 주가는 해당 분기 동안에, 하루 $0.5/90 = $0.005556씩 증가할 것이다. 따라서 직전 배당락일에 주가가 $30으로 시작했다면, 12월 6일에는 $30.50으로 상승할 것이다.
2. 세금이 없다면 주가는 12월 7일에 $30으로 하락할 것이다. 그런 후 다음 분기의 배당락일까지 전 분기의 주가 상승과정을 반복할 것이다. 따라서 다른 조건들이 일정할 경우, 시간의 경과에 따라서 주가는 톱니 형태의 그림을 그리면서 움직일 것이다.
3. 세금으로 인해 주가는 배당금만큼 상승하지도 않을 것이고, 또한 배당락일에 배당금만큼 감소하지도 않을 것이다.
4. 상승과 하락의 크기는 배당금(1 − T)가 될 것이다. 여기서 T는 세율로서 일반적으로 T = 15%이지만 고소득구간 납세자의 경우는 20%이다.

보다 자세한 사항은 다음 논문을 참조하라. Edwin J. Elton and Martin J. Gruber, "Marginal Stockholder Tax Rates and the Clientele Effect," *Review of Economics and Statistics*, vol. 5, no. 3(February 1970), pp. 68-74.

14-4 배당재투자제도

배당재투자제도(DRIP)
주주들이 기업으로부터 받은 배당금을 자동적으로 해당 기업의 주식에 재투자할 수 있게 만든 제도

1970년대에는 대부분의 대기업들이 주주들로 하여금 배당금을 자기 회사의 주식매입에 자동으로 재투자할 수 있게 하는 **배당재투자제도**(dividend reinvestment plan: DRIP)를 시행하였다.[16] 최근에도 대부분의 기업들이 배당재투자제도를 시행하고 있지만 참여율은 편차가 크다. 이 제도에는 두 가지 유형이 있는데, 매입대상 주식이 (1) 기발행된 구주인 경우와 (2) 신규발행주식인 경우로 구분된다. 두 가지 모두 배당소득세가 부과되며 더욱이 현금배당뿐만 아니라 주식배당에 대해서도 소득세가 부과된다.

배당재투자제도하에서 주주는 배당을 계속 받는 것과 배당금을 자사 주식의 추가매입에 사용하는 것 중에서 한 가지를 선택한다. '구주' 매입방식에서는 회사가 이를 선택한 주주들의 배당금을 신탁관리자인 은행에 지급하면 은행은 그 자금으로 공개시장에서 주식을 매입하여 주주들에게 비례기준에 따라 나누어준다. 대량으로 거래하기 때문에 거래비용(브로커 수수료)이 낮아서 당장 현금이 필요하지 않는 소액주주들에게 이득이 된다.

'신주' 매입방식에서는 배당금이 새로 발행되는 주식의 매입에 투자되기 때문에 회사는 신규자금을 조달하게 된다. AT&T와 Xerox 등 많은 기업들이 이 제도를 이용하여 상당한 규모의 자기자본을 조달하였다. 주주는 거래비용을 부담하지 않으며 회사들이 실제 시장가격보다 1%에서 10%까지 낮은 가격에 주식을 제공하기도 한다. 가격할인을 제공하는 이유는 투자은행을 통하여 신주를 발행하는 경우에 발생하는 발행비용(flotation cost)이 없기 때문이다.

한 가지 흥미로운 점은 DRIP를 통해서 회사들이 자신들의 배당정책을 재검토하게 된다는 것이다. DRIP에 참여하는 비율이 높다는 것은 회사가 현금배당을 줄여서 주주의 개인소득세를 절감시켜주는 것이 더 좋은 방법이라는 것을 의미한다. 주주의 선호도를 파악하고 배당정책의 변경에 대한 주주의 반응을 알아보기 위해서 설문조사를 실시하는 기업들은 소수에 그치고 있다. 그러나 이와 같은 조사를 통하여 기본적인 배당정책을 보다 합리적으로 결정할 수 있다. 기업들은 자기자본조달 수요에 따라 DRIP를 구주 매입방식에서 신주 매입방식으로 전환한다.

최근 기록에 따르면 (2020년 6월 기준으로) 다우존스 지수를 구성하는 30개의 주식 중에 28개의 회사가 배당재투자정책을 실시 중에 있다. UnitedHealth Group과 VISA가 대표적인 회사이다. DRIP를 시행하는 다수의 기업들이 DRIP에서 한발 더 나아간 '공개등록(open enrollment)'제도를 시행하고 있는데, 이 제도는 누구나가 브로커를 통

16) 좀 오래되긴 했지만 이 주제에 대해서 여전히 참고할 수 있는 훌륭한 논문으로서 다음을 참고하라. Richard H. Pettway and R. Phil Malone, "Automatic Dividend Reinvestment Plans," *Financial Management*, vol. 2, no. 4(Winter 1973), pp. 11-18.

하지 않고 직접 그 회사의 주식을 매입할 수 있게 하여 브로커 수수료를 지급하지 않게 한다. 배당을 지급하는 약 1,300개의 회사가 DRIP정책을 시행 중에 있다.[17)]

많은 기업들이 투자자로 하여금 자사주를 매입하도록 격려하고 있다. 예를 들어, ExxonMobil은 투자자들이 거래비용을 부담하지 않고 신주를 매입할 수 있게 할 뿐만 아니라 은행자동이체를 통하여 주식을 추가로 매입할 수 있도록 하였다. 이외에도 개인연금용 배당재투자를 제공하는 프로그램들도 있으며, 배당지급일뿐만 아니라 매주 또는 매월 단위로 배당을 재투자할 수 있게 허용하는 프로그램들도 있다. 이와 같은 프로그램들(다른 많은 프로그램들)은 주주가 배당금을 회사로 송금하는 간단한 과정을 거쳐 수수료를 지급하지 않고 주식을 살 수 있게 함으로써, 주주는 배당금보다 많은 금액을 투자할 수 있게 된다.

셀프 테스트

- 배당재투자제도가 무엇인가?
- 주주와 기업 각각의 입장에서 배당재투자제도의 장점과 단점은 무엇인가?

14-5 배당정책에 영향을 미치는 요인

앞 절에서는 배당에 대한 투자자 선호에 관한 이론과 배당정책이 기업가치에 미치는 잠재적 효과에 대해 기술하였으며, 기업의 장기목표배당성향을 결정하는 잔여배당모형에 대해 논의하였다. 이 절에서는 배당결정에 영향을 미치는 요인들에 대해 논의하는데 크게 다음 네 가지 영역으로 나누어볼 수 있다. 즉, (1) 배당지급에 대한 제약조건, (2) 투자기회, (3) 다른 대체 자금조달원의 가용여부 및 조달비용, (4) 배당정책이 r_s에 미치는 영향 등이다. 이제 이들 요인들에 대해 논의해보자.

14-5A 제약조건

1. **채권계약**: 채권계약에 자주 포함되는 배당제약조건은 지급가능한 최대배당금을 채권 발행 이후에 발생하는 이익 이내로 한정하거나 유동비율과 이자보상비율과 같은 안정성 재무비율이 미리 정해둔 최저수준을 초과하지 않으면 배당을 지급할 수 없게 하는 것들이다.
2. **법적 요건**: 규제산업에 속한 회사들은 현금배당에 대한 직접적 또는 간접적 제한

17) Vita Nelson, "Ten Dividend Stocks to Own Forever and Get Rich Slowly," *Forbes*(forbes.com), January 18, 2017.

이 존재한다. Dodd-Frank 법안은 은행이 배당을 지급하거나 자사주매입을 시행하기 위해서는 일련의 "Stress tests"를 통과하도록 제한하고 있다.

3. **우선주 제약조건**: 전형적인 제약은 우선주에 배당을 지급하지 않으면 보통주에 배당을 지급할 수 없다는 것이다. 우선주에 대한 미지급배당금은 보통주 배당을 실시하기 이전에 반드시 지급해야 한다.
4. **자본잠식 기준**: 배당금은 재무상태표 항목인 '유보이익'을 초과할 수 없다. 이는 채권자 보호를 위한 법적 규제사항이다. 이 규정이 없다면 곤경에 처한 회사가 대부분의 자산을 주주에게 나누어 주고 채권자를 빈털터리로 만들 수 있다. [청산배당(liquidating dividend)은 자본금에서 지급할 수 있다. 그러나 청산배당임을 반드시 표시해야 하며 청산배당으로 인하여 자본금이 채권계약에 명시된 최저수준 이하로 떨어지지 않아야 한다.]
5. **현금보유량**: 현금배당은 현금으로만 지급될 수 있기 때문에, 현금잔고가 부족하면 배당금이 제한된다. 그러나 차입으로 이러한 제한을 상쇄시킬 수 있다.
6. **부적절한 이익유보에 대한 가산세**: 부유한 개인이 개인소득세를 회피하는 데 회사를 이용하지 못하게 하기 위해, 세법은 부적절하게 축적된 이익에 대해 특별가산세를 부가할 수 있게 하고 있다. 회사가 주주들의 세금회피를 돕기 위해 배당성향을 의도적으로 낮춘다면, 국세청은 이를 확인하고 높은 벌금을 부과할 수 있다. 이러한 현상은 주로 개인소유기업에서 많이 발생한다.

14-5B 투자기회

1. **수익성이 높은 투자기회의 수**: 잔여배당모형에서 살펴보았듯이, 수익성이 높은 투자기회를 많이 보유하고 있는 기업은 목표배당성향을 낮게 설정하고 그렇지 못한 회사는 목표배당성향을 높게 설정하는 경향이 있다.
2. **투자의 가속실행 또는 연기의 가능성**: 투자를 더 빠르게 실행하거나 연기할 수 있는 능력이 있는 회사는 안정적인 배당정책을 유지할 수 있다.

14-5C 대체자금조달원

1. **신주 발행비용**: 투자 소요액을 자기자본으로 조달하는 방법은 유보이익을 사용하거나 신주를 발행하는 것이다. 주식발행비용(주식발행의 부정적 신호효과를 포함한)이 높은 경우, r_e는 r_s보다 훨씬 높기 때문에 배당성향을 낮추고 신주 발행보다 기업 내부의 유보된 자금을 조달하는 것이 더 좋다. 반면에 발행비용이 낮은 기업은 배당성향을 높이는 것이 더 용이해진다. 발행비용은 기업마다 다른데, 예를 들면 발행비용의 비중이 특히 높은 중소기업은 배당성향을 낮게 유지하는

경향이 있다.

2. **자기자본을 부채로 대체할 수 있는 능력:** 기업은 투자자금을 부채나 주식으로 조달할 수 있다. 앞서 언급한 것처럼, 주식발행이 낮은 회사는 유보이익이나 신주발행으로 자기자본을 조달할 수 있기 때문에 배당정책을 보다 유연하게 설정할 수 있다. 이와 유사한 상황이 부채정책에도 적용된다. 만약 가중평균자본비용을 크게 높이지 않고 부채비율을 조정할 수 있다면, 이익의 변동에도 불구하고 회사는 추가차입으로 배당을 지급할 수 있다.
3. **경영권 지배:** 경영자가 경영권 유지를 우려하여 신주 발행을 꺼리는 회사는 그렇지 않은 회사보다 이익을 더 많이 유보한다. 그러나 주주들이 고배당을 선호하고 위임장경쟁이 예상될 경우 경영진은 배당을 증가시킬 것이다.

14-5D 배당정책이 r_s에 미치는 영향

배당정책이 r_s에 미치는 영향은 다음 네 가지 요인으로 살펴볼 수 있다. (1) 미래소득 대비 현재소득에 대한 주주의 선호, (2) 배당 대비 자본이득에 대한 투자자의 인지위험, (3) 자본이득의 세금혜택, (4) 배당의 정보효과(신호효과). 이들에 대해서는 이미 논의하였으며, 여기서 언급하고자 하는 것은 이들 각각의 중요도는 현재와 미래의 주주 구성에 따라 회사마다 차이가 있다는 점이다.

분명한 사실은 배당정책의 결정은 계량적 분석보다는 수집된 정보에 근거한 경영자의 판단에 더 큰 비중이 주어진다는 것이다. 그렇다고 하더라도 재무책임자들은 합리적으로 배당을 결정하기 위해서 앞 절에서 다룬 모든 내용을 반드시 고려해야 한다.

셀프 테스트

- 배당정책에 영향을 미치는 네 가지 요인을 제시해부라.
- 배당정책에 영향을 주는 제약요긴은 무잇인가?
- 투자기회가 어떻게 배당정책에 영향을 끼치는가?
- 외부자본의 조달여건과 조달비용이 배당정책에 어떻게 영향을 주는가?

14-6 주식배당과 주식분할

주식배당은 원래 현금이 부족한 회사가 정규 현금배당 대신에 사용하였던 배당형태이다. 그러나 오늘날 주식배당을 사용하는 주된 목적은 발행주식 수를 증가시켜 주가를 낮추는 데 있다. 주식분할도 이와 유사한 목적으로 사용된다.

주식배당과 주식분할에 대한 설명은 예제를 사용하는 것이 가장 좋은 방법으로, 이를 위해 자산규모 $7억의 전자부품 제조업체인 Porter Electronic Controls Inc.의 사례를 사용한다. 이 회사는 설립 이후 당사 제품의 시장이 확대되었고 매출액과 이익도 지속적으로 증가해왔다. 매년 이익의 일부만을 배당으로 지급하고 이익을 유보했기 때문에 주당순이익(EPS)과 주가가 상승하였다. 회사의 최초 발행주식 수는 수천 주에 지나지 않았는데, 회사가 수년간 성장한 이후에는 EPS와 주당 배당금이 매우 높은 수준에 달하게 되었다. '정상적(normal)' PER이 적용되면 주가는 너무 높아져서 100주 단위로 주식을 살 수 있는 사람들이 많지 않게 되었다. 이로 인하여 Porter사 주식에 대한 수요는 제한적이 되었고, 기업가치가 낮은 가격에 많은 주의 주식을 발행했을 때보다 더 낮은 수준이 되었다. 이러한 상황에서 벗어나기 위해, Porter사는 주식분할을 단행하였다. 다음 절에서 주식분할에 대해 설명한다.

14-6A 주식분할

주식분할

발행주식 수를 증가시키기 위해 기업이 취하는 조치. 예를 들어, 주주가 보유하고 있는 기존 주식 1주당 새로운 주식 2주를 제공하면 전체 발행주식 수는 2배로 증가한다.

비록 실증적인 증거는 거의 없지만, 금융계에서는 **주가의 적정범위**(optimal price range)가 존재한다고 널리 믿고 있다. **적정하다**는 것은 주식가격이 이 가격범위 내에 있으면 PER이(이에 따라 기업가치도) 극대화된다는 것을 의미한다. Porter사의 경영진을 포함한 많은 사람들은 이 회사 주식의 적정가격범위는 $20에서 $80 사이라고 믿고 있다. 따라서 Porter사의 주가가 $80에 달하게 되면 경영진은 2 : 1 **주식분할**(stock split)을 단행하여 발행주식 수를 두 배로 증가시키고 EPS와 주당 배당을 절반으로 줄이는 결정을 할 수 있다. 주식분할로 주주는 더 많은 주식을 보유하게 되지만 한 주의 가치는 작아진다. Yogi Berra의 말을 빌리면(제13장의 'Yogi Berra와 MM명제' 참조), 주식분할은 전체 기업가치를 더 많은 작은 조각으로 나누는 것이다. 만약 주식분할 이후에 주가가 $40이 된다면, 주주의 부는 주식분할 이전과 정확하게 같아진다. 그러나 주식분할 이후에 주가가 $40보다 높은 수준에서 유지된다면, 주주의 부는 증가하게 된다. 주식분할 비율에 대해서는 제한이 없기 때문에 예를 들어, 2 : 1, 3 : 1 또는 1.5 : 1과 같이 어떤 비율로도 분할할 수 있다.[18)]

14-6B 주식배당

주식배당

현금 대신 해당 기업의 주식을 배당으로 지급하는 배당 지급 방식

주식배당(stock dividend)은 현 주주들의 근본적인 위상을 변경시키지 않고 단순히

---

18) **역주식분할**(reverse splits)은 발행주식 수를 감소시키는 것으로서, 이 역시 활용될 수 있다. 예를 들어, 주가가 $5인 주식을 1 : 5로 역주식분할을 하면 기존의 5주를 신규 주식 1주로 교환하고, 신주의 가치는 약 $25로 상승하게 되어 적정가격범위에 놓이게 된다. LTV Corporation은 과거 수년간의 손실로 인하여 주가가 적정가격범위 이하로 떨어지게 되어 역주식분할을 단행하였다.

'파이를 작은 조각들로 나눈다.'는 점에서 주식분할과 유사하다. 5%의 주식배당을 실시하는 경우, 100주를 보유한 주주는 추가로 5주를 비용을 부담하지 않고 받는다. 만약 20%의 주식배당이라면 동일한 주주는 20주를 받게 된다. 총발행주식 수는 증가하고 EPS와 주당 배당 그리고 주가는 모두 낮아진다.

주가를 낮추고자 하는 회사는 주식분할과 주식배당 중에서 어떤 방법을 선택해야 할까? 일반적으로 주식분할은 급등한 주가를 다시 낮추는 데 사용되는 반면, 주식배당은 매년 정규적인 관점에서 주가를 통제하는 데 사용된다. 예를 들어, 순이익과 배당이 연간 10% 정도 증가한다면 주가도 비슷한 증가율로 상승하게 되어 곧 적정범위를 벗어나게 될 것이다. 이때 10%의 주식배당을 실시하면 주가는 적정범위 내에서 유지될 수 있다. 다만 주식배당의 규모가 작은 경우에는 장부정리와 불필요한 비용이 발생하기 때문에 기업들은 주식배당보다 주식분할을 훨씬 더 많이 사용한다.[19]

14-6C 주가에 미치는 영향

주식분할이나 주식배당을 실시하면 주가는 상승하는가? 순수 경제학적인 관점에서 보면, 주식배당과 주식분할의 효과는 주식의 수를 증가시키는 것에 지나지 않는다. 그러나 경영자는 주식분할과 주식배당을 이용하여 비교적 적은 비용으로 회사의 향후 전망이 밝다는 것을 전달할 수 있다. 또한 몇몇 공기업 주식은 수백 달러 과대평가되어 있다. 따라서 우리가 반드시 유의해야 할 점은 Chevron, Microsoft, Xerox, Hewlett-Packard와 같은 성공적 기업들이 주식분할을 시행하지 않았다면 이 기업들의 주가가 수천 달러 또는 심지어 수백만 달러에 달했을 텐데, 주가 수준이 수백 달러 이상인 대규모 상장기업이 거의 없기 때문에 이와 같이 높은 주가 수준이 미치는 영향을 파악할 수 없다는 것이다.

최근 블룸버그 비즈니스위크(*Bloomberg Businessweek*)의 기사에 의하면, 최근 몇 년 동안 주식분할의 인기가 많이 사그라졌다고 한다. 이러한 변화의 이유로 이 기사는 개인투자자들이 개별 주식으로부터 뮤추얼펀드로의 이동이 최근 많이 증가하였기 때문이라고 지적하고 있다. 결과적으로 기관투자자(예: 뮤추얼펀드)가 상대적으로 더 중요하게 되었다. 이들 기관투자자는 주식의 가격이 일정 범위보다 높거나 낮은지의 여부에 대해 별로 개의치 않으며, 주식분할에 대해 특별한 가치를 부여하지 않는다.[20]

---

19) 주식배당과 주식분할의 회계처리는 다소 차이가 있다. 예를 들어, 2 : 1의 주식분할에서 발행주식 수는 2배가 되고 액면가치가 절반으로 감소하는 것 외에 다른 변화는 없다. 주식배당의 경우에는 '유보이익'의 계정에서 '보통주' 계정으로 이체되는 회계처리가 발생한다. 예를 들어, 발행주식 수가 100만 주이고 주가가 $10일 때, 10%의 주식배당을 실시한다면 (1) 주주는 10주당 1주의 신주를 받게 되며, (2) 보통주 10만 주가 신규로 추가되고, 유보이익계정의 10만 주($10) = $100만이 보통주 계정으로 이체된다. 유보이익을 이체해야 하기 때문에 주식배당의 규모는 한정된다. 그러나 주식분할에서는 기업이 원하는 대로 분할할 수 있기 때문에 이러한 제한은 중요하지 않다.

2018년에 가장 대표적인 주식분할은 AFLAC, Trex와 Herbalife Nutrition에 의한 것이었다.[21] Charles Schwab의 분석에 의하면 S&P 500에 속한 기업들의 주식분할은 지난 20년 동안 급격하게 줄어들었다. 1997년에는 102개의 기업이 주식을 분할하였고 500개 기업 중에 5개 기업이 주식을 분할하였다. 예상대로 주식분할의 감소는 유통주식의 주가상승을 초래했다. 2019년 10월에 S&P 500의 205개 주식은 주가가 $100을 넘어섰는데 10년 전에는 단 11개의 주식만 $100을 넘는 상황이었다. 더구나 2019년 10월에 12개 기업의 주가가 $500을 넘어섰으며 특히 6개 기업의 주가는 $1,000을 돌파하는 수준에 이르렀다.[22]

주식분할의 빈도가 감소하였음에도 불구하고 일부 유명기업은 주식분할을 지속하고 있다. 2014년에 Apple은 7 : 1 주식분할을 발표했으며 2015년에는 Netflix도 7 : 1 주식분할을 발표했다. Ball Corporation은 2017년에 주식을 분할한 S&P 500에 속한 2개 기업 중의 하나로 배당을 지급함으로써 기업의 현금흐름에 문제가 없음을 보여줬다. 또한 한 가지 지적하고 싶은 것은, Berkshire Hathaway의 의장이자 CEO인 Warren Buffett이 과거 오랫동안 주식분할 사용을 주저했지만, 2010년 초에 방향을 전환했다는 점이다. Berkshire Hathaway가 Burlington Northern Santa Fe를 인수한 후 이 회사는 B등급 주식에 대해 50 : 1의 주식분할을 발표하였다. 발표 전 주식은 대략 주당 $3,500에 거래되고 있었다. 주식분할 후 주식은 대략 주당 $70에 거래되었다.

셀프 테스트

- 주식배당과 주식분할이란 무엇인가?
- 주식배당과 주식분할은 각각 주가에 어떤 영향을 미치는가?
- 어떠한 상황에서 기업은 주식배당을 지급하는가?
- 어떠한 상황에서 기업은 주식을 분할하는가?
- 당신이 Tillman Industries의 보통주 100주를 보유하고 있다고 가정하자. 이 기업의 EPS는 $4.00, DPS는 $2.00이고 주식의 가격은 주당 $60이다. 이제 Tillman이 2 : 1의 주식분할을 발표하였다. 분할 직후, 당신은 몇 주를 보유하게 되는가? EPS와 DPS는 각각 얼마로 새롭게 조정되는가? 또 주식 1주의 가격은 얼마로 변경될 것이라고 예상하는가? **(200주, $2.00, $1.00, 아마도 $30보다 약간 높은 수준)**

---

20) Whitney Kisling and Alex Barinka, "Stock Splits Lose Their Allure for Companies Trading Above $100," *Bloomberg Businessweek*(businessweek.com), August 22, 2013.

21) Dan Caplinger, "The 3 Top Stock Splits of 2018," *The Motley Fool*(fool.com/investing-news/), June 15, 2018.

22) Mark Hulbert, "Opinion: Stock Splits Have Dried Up – Why That's Not Good for the Market," *Market Watch*(marketwatch.com), October 12, 2019.

14-7 자사주매입

수년 전 '자사주매입으로 시장보다 더 높은 수익률 달성하기(Beating the Market by Buying Back Stock)'라는 제목의 포춘 기사는 1년 동안 600개 이상의 주요 기업들이 상당한 규모의 자사주매입을 실시했다고 보고하였다. 또한 이 기사는 몇몇 특정 회사의 자사주매입 프로그램과 자사주매입이 주가에 미치는 영향을 설명하였다. 이 기사의 결론은 "자사주매입은 이를 실시한 회사에 남아 있는 주주들에게는 화폐 제조창이 되었다."는 것이다. 이 장 앞부분의 기사문에서 소개한 것처럼, 최근 Apple이 분기별로 배당을 지급하기 시작했고 2012년부터는 자사의 보통주를 재매입한 바 있다. 최근 Apple의 이러한 조치는 다수의 주요 기업들이 벌이는 자사주매입 경향의 흐름과 같이 하는 것이다.23) 자사주매입 프로그램이 어떻게 작동하는가? 그리고 최근 몇 년 동안에 널리 유행하게 된 이유는 무엇인가? 우리는 이 절의 나머지 부분에서 이러한 질문에 대해 논의한다.

자사주매입
기업이 자기 주식, 자사주의 일부를 되사들이는 형태의 거래. 이를 통해 발행주식 수는 감소하고, EPS는 증가하며, 주가는 대체로 상승한다.

자사주매입(stock repurchase)에는 다음 세 가지 주요 유형이 있다. 즉, (1) 회사가 보유한 현금을 주주에게 현금배당금의 방식으로 지급하는 대신 자사의 주식을 매입함으로써 현금을 주주에게 분배하는 방식, (2) 자기자본비율이 매우 높은 자본구조를 가진 회사가 부채를 발행하여 자사의 주식을 매입하는 방식, (3) 스톡옵션을 발행한 회사가 옵션이 행사될 때 사용하기 위해 공개시장에서 자사 주식을 매입하는 방식이다.

기업이 재매입한 주식은 **금고주**(treasury stock)라고 한다. 자사주를 매입하면 기업의 발행주식 수가 줄어든다. 자사주매입이 기업의 미래이익에 부정적인 영향을 미치지 않는다고 가정하면, EPS가 증가하여 주가는 상승하게 되고 결과적으로 자본이득이 배당금을 대체한다.

14-7A 자사주매입의 효과

최근 수년 동안 많은 회사들이 자사주를 매입하였다. 이 장 앞부분의 도입글에서 언급했듯이 2012년부터 2018년 3월까지 Apple은 $2,000억 규모의 자사주를 매입하였다. 월스트리트 저널의 최근 보도에 의하면, 2006년부터 2013년 초까지 DirecTV가 57%의 자사주를 매입하였는데, 이는 이 기간 동안 S&P 500기업 중에서 가장 높은 비율이라고 한다.24) 과거에 대량의 자사주를 매입한 기업으로는 Procter & Gamble,

---

23) Michael Wursthorn, "Stock Buybacks Are Booming, but Share Prices Aren't Budging," *The Wall Street Journal*(wsj.com), July 8, 2018.

24) Vipal Monga, "DirecTV Tops in Buying Back Stock Since 2006," *The Wall Street Journal*(online.wsj.com), May 9, 2013.

Dell, Home Depot, Texas Instruments, IBM, Coca-Cola, Teledyne, Atlantic Richfield, Goodyear, Xerox 등이 있다. 실제 2018년 한 해 동안 $8,064억에 이르러 한 해 동안 55%의 상승을 보였다.[25] 자사주매입은 2018년에 비해 2019년에는 감소하였는데 S&P 500 기업은 2019년에 $4,800억의 자사주를 매입하였다.[26] 한편으로 이런 경향은 주주에게는 긍정적인 측면이 있는데 주가는 자사주매입 이후에 상승하기 때문이다. 동시에 기업이 자사주매입의 수준이 지나치게 되면 미래의 사업에 투자하는 것을 소홀히 한다는 비난을 받을 수도 있다.[27]

자사주매입의 효과는 American Development Corporation(ADC)의 자료를 사용하여 설명할 수 있다. 2021년도의 이익은 $440만으로 예상되는데, 회사는 이익의 절반인 $220만을 자사주매입으로 사용할 계획이다. ADC의 발행주식 수는 110만 주이며 주가는 $20이다. ADC는 $220만을 사용하여, 주식 11만 주를 주당 현재의 주가 $20에 매입할 수 있을 것으로 믿고 있다.[28]

자사주매입이 EPS와 나머지 유통주식의 시장가격에 미치는 영향은 다음과 같이 분석할 수 있다.

1. 현재 $\text{EPS} = \dfrac{\text{총이익}}{\text{발행주식 수}} = \dfrac{\$440\text{만}}{\$110\text{만 주}} = \text{주당 } \$4.00$

2. $\text{주가수익비율(P/E비율)} = \dfrac{\$20}{\$4} = 5\text{배}$

3. $\text{자사주매입(11만 주) 이후의 EPS} = \dfrac{\$440\text{만}}{99\text{만 주}} = \text{주당 } \$4.44$

4. $\text{자사주매입(11만 주) 이후의 주가수익비율} = \dfrac{\$20}{\$4.44} = 4.50\text{배}$

---

25) Kate Rooney, "Share Buybacks Soar to Record $806 Billion – Bigger Than a Facebook or Exxon-Mobil," *CNBC*(cnbc.com), March 25, 2019.

26) Chris Matthews, "Buybacks Are the 'Dominant' Source of Stock-Market Demand, and They Are Fading Fast: Goldman Sachs," *MarketWatch*(marketwatch.com), November 9, 2019.

27) "The Repurchase Revolution," *The Economist*(economist.com), September 12, 2014.

28) 자사주매입은 다음 세 가지 중 한 가지 방식으로 시행된다. (1) 공개기업이 공개시장에서 단순하게 위탁매매를 통해서 자사의 주식을 매입한다. (2) 공개매수(tender offer) 방식을 취한다. 즉, 주주들이 약정된 가격으로 주식을 교환하기 위하여 주식을 기업에 보내도록('tender') 요청받는다. 이 경우 기업은 주식의 수와 매입기간(보통 약 2주)을 제시한다. 만약 주주들이 신청한 매도주식의 수가 매입주식의 수보다 많다면 매도주식 수를 그 비율만큼 조정한다. (3) 대량의 주식을 보유한 한 명의 주주와 협상을 통해서 주식을 매입한다. 이때 주식을 매도하는 사람에게 다른 주주에 우선하는 특혜가 제공되지 않도록 조심해야 하며, 어떠한 우대사항도 '건전한 상도의'로 인정받을 수 있어야 한다. 수년 전 Texaco가 Bass Brothers로부터 시장가격보다 많이 비싼 가격으로 $6억 어치의 자사주매입을 시행하였는데, 이에 대해 불만을 느낀 주주들이 Texaco 경영진을 고소하였다. 이들에게 적용된 혐의는, Bass Brothers가 인수를 시도할 것을 염려하여 그러한 상황을 벗어나기 위해 자사주를 매입하였다는 것이다. 그러한 대금조건은 변형된 그린메일(greenmail)이라고 볼 수 있다.

이 예에서 우리는 자사주를 현재의 주가인 $20에 매입하였다고 가정하였음을 주목해야 한다. 예에서 기업의 EPS는 증가하였지만, 이에 대응하는 주가수익비율은 하락하였다. 주가수익비율이 감소하게 된 이유로 하나를 제시하자면, 자사주매입으로 인해 (유통주식 수가 감소하였으므로) 기업의 부채비율이 증가하였기 때문이라는 것이다. 부채비율이 증가하였으므로 주주는 주식의 위험성이 더 큰 것으로 평가할 것이다. 따라서 미래의 이익을 더 높은 수익률로 할인하게 되므로, 주가수익비율은 하락한다.

현실에서는 주주가 그들의 보유주식을 회사에 팔 때 회사는 프리미엄을 지급해야 되는 경우가 많다. 만약 ADC가 앞의 예와는 달리 자사주를 1주당 $22에 매입했다면 회사는 10만 주의 주식만 매입할 수 있을 것이다. 이 경우 EPS는 다소 낮아질 것이고 ($4.40 = $440만/100만 주), 주가수익비율은 원래의 5배가 될 것이다. (주가는 자사주매입 후에도 $22로 유지된다고 가정하였다.)

여러 가지 이유로 인해 주가는 자사주매입 후 변동할 수 있다. 투자자가 자사주매입을 긍정적으로 본다면 주가는 상승할 것이고 부정적으로 본다면 하락할 것이다. 이러한 요인들을 이제 살펴보자.

14-7B 자사주매입의 장점

자사주매입의 장점은 다음과 같다.

1. 자기회사의 주식이 과소평가되었다고 믿는 경영자들이 자사주매입을 자주 실시하기 때문에 투자자들은 자사주매입 공시를 긍정적 신호로 인식할 것이다.
2. 기업이 자사주매입 조치를 취할 때 주주는 자신의 주식을 팔 것인지 여부를 선택할 수 있다. 반면 현금배당의 경우에는 주주는 반드시 현금배당을 받아야 하고 세금을 납부한다. 따라서 현금이 필요한 주주는 주식을 팔고, 현금이 필요하지 않은 주주는 주식을 그대로 보유할 것이다. 세금 측면에서 보자면, 자사주매입에서는 두 유형의 주주들 모두 자신들이 원하는 것을 할 수 있다.
3. 자사주매입을 통해서 주가를 하락시키는 대규모 대기 '매도물량(overhanging)'을 소진할 수 있다.
4. 경영자는 향후 배당을 지속적으로 유지하기 어려운 경우에는 배당 증가를 꺼리며 또한 부정적 신호효과를 가진 배당 감소도 꺼리기 때문에 배당은 단기간에 거의 변동하지 않는다. 따라서 여유 현금흐름이 일시적으로 발생한다면 경영자는 향후에 유지하기 어려운 수준의 배당 증가보다 자사주매입을 선호할 것이다.
5. 회사는 잔여배당모형을 사용하여 목표 현금지급총액을 결정한 다음에 이를 **현금배당항목**과 **자사주매입항목**으로 나눈다. 배당성향은 상대적으로 낮아지지만 배당

지급이 상대적으로 안전하고, 발행주식 수의 감소로 인하여 주당 배당은 증가하게 될 것이다. 따라서 회사는 부정적 신호를 보내지 않으면서, 자사주매입 규모를 매년 변경할 수 있기 때문에 이 방법을 사용함으로써 현금배당 형태로만 지급하는 경우보다 더 유연하게 현금지급액을 조정할 수 있게 된다. 이 방법은 권장할 만하며, 이러한 중요한 이유 때문에 자사주매입 규모가 극적으로 증가하게 된 것이다. IBM과 NextEra(구 FPL), Walmart 등 대부분의 대기업들이 이러한 방식으로 자사주매입을 이용하고 있다.

6. 자사주매입은 대규모의 자본구조 변경에 사용될 수 있다. 예를 들면, 수년 전 Consolidates Edison은 부채비율이 낮기 때문에 WACC가 최소화되지 않았다고 판단하여 $4억을 차입하여 이를 보통주 매입에 사용하였다. 그 결과 자본구조는 즉시 최적상태로 변경될 수 있었다.
7. 종업원 보상의 중요한 수단으로 스톡옵션을 이용하는 회사는 자사주매입으로 확보한 주식을 스톡옵션이 행사될 때 다시 사용할 수 있다. 회사는 주당순이익을 희석시키는 신규 주식발행을 피할 수 있다. 최근에는 Microsoft와 다른 첨단기술 기업들이 이 방법을 사용하고 있다.

14-7C 자사주매입의 단점

자사주매입의 단점은 다음과 같다.

1. 주주들은 배당과 자본이득을 동일하게 여기지 않을 수 있다. 자사주매입보다 현금배당이 주가에 더 좋은 영향을 미칠 수 있는데 일반적으로 현금배당은 불확실성이 없지만 자사주매입은 그렇지 않기 때문이다.
2. 자사주매입이 실행될 때 주식을 매도하는(selling) 주주들이 자사주매입의 효과를 충분히 이해하지 못하거나 기업의 현재와 미래 활동에 관한 모든 정보를 가지고 있지 못할 수도 있다. 이러한 상황은 특히 경영진이 충분한 근거를 가지고 자사의 주가가 내재가치보다 훨씬 낮다고 믿는 경우에 발생한다. 그러나 회사는 주주와의 소송을 피하기 위해 자사주매입을 실행하기 이전에 먼저 공시하는 것이 일반적이다.
3. 회사가 너무 높은 가격에 자사주를 매입하면 보유주식을 팔지 않고 남아 있는 주주들이 불리해질 수 있다. 만약 주식거래가 활발하지 않고 자사주매입 규모가 크다면 매입가격이 내재가치보다 높을 수 있으며 자사주매입이 완료된 이후에는 주가가 하락할 수 있다.

자사주매입이 공격받고 있다

교재에서 강조한 바처럼 제대로만 행해진다면 자사주매입은 주주에게 현금을 지급하는 효과적인 방법이다. 이러한 이유로 Warren Buffett은 오랫동안 자사주매입을 옹호해왔다. 자사주매입은 주가가 평가절하되어 있으며 기업이 수익성이 좋지 않은 사업에 잉여현금을 투여하지 않도록 통제하기 위한 매우 효과적인 수단이라고 주장해왔다.

그럼에도 자사주매입에 대한 비판도 증가하는 추세이다. 그 중 하나는 일부 경영자들이 장기적인 가치보다는 단기적인 성과를 확대하기 위한 수단으로 자사주매입을 이용할 수 있다는 점이다. 예를 들어, 2016년의 Almeida, Fos와 Kronlund의 연구에 의하면 "EPS에 근거한 자사주매입은 고용과 투자를 저하시키고 현금보유수준을 감소"시킨다고 밝혔다.[29] 이러한 가능성으로 인해 Buffett은 모든 자사주매입이 적절한 것은 아니라고 말하면서 주가가 내재가치보다 높은 수준에서 형성될 때의 자사주매입을 비판하였다. 다시 말해, 주가가 지나치게 높은 상황에서의 자사주매입은 적절하지 않다는 것이다.

다른 비판들은 사회적 관점에서 자사주매입의 문제를 지적한다. 자사주매입은 주주의 부만을 증가시킬 수 있기 때문에 잉여현금을 자사주매입 대신에 노동자의 임금이나 신사업에 투자하는 것이 사회 전체의 측면에서는 바람직하다는 주장이다.

이런 관점은 기업은 주주의 이해를 최우선시 해야 하며 주주에게 양의 순현가를 창출해주는 사업에 투자를 하는 것이 정당하다는 비판에 직면한다.

앞서 본 "코로나바이러스로 인해 배당을 감축 또는 유예한 기업이 늘어났다"는 자료에서 2020년도의 경제적 위축으로 인해 수많은 기업들이 미래에 대비하기 위한 현금유보를 결정하고 배당을 감축하거나 연기했다는 내용을 살펴보았다. 같은 논리로 자사주매입도 급격히 감소하였던 것이다. 추가적 고려사항은 수많은 기업에게 정부의 전폭적 지원이 필요한 상황이 발생하였는데 대부분의 정치지도자들이 정부지원을 받은 기업이 자사주매입을 추진하는 것은 금지하여야 한다고 주장하고 있다. 이러한 변화를 감안하여 Berkshire Hathaway의 주주총회에서 "자사주매입에 반대하는 것은 정치적인 측면에서는 옳다고 할 수 있다"고 언급한 바 있다.[30]

출처: Eric Rosenbaum, "Warren Buffett Explains the Enduring Power of Stock Buybacks for Long-Term Investors," *CNBC*(cnbc.com), September 1, 2018; Heitor Almeida, Vyacheslav Fos, and Mathias Kronlund, "The Real Effects of Share Repurchases," *Journal of Financial Economics*, vol. 119, no. 1(January 2016), pp. 168-185; Chuck Schumer and Bernie Sanders, "Opinion: Schumer and Sanders: Limit Corporate Stock Buybacks," *The New York Times*(nytimes.com), February 3, 2019; Richard E. Thornburgh, "Here's Why Sens. Schumer and Sanders Are Wrong on Stock Buybacks," *CNBC*(cnbc.com), May 15, 2019; Matt Phillips, "The Stock Buyback Binge May Be Over. For Now.," *The New York Times*(nytimes.com), March 24, 2020; and William Watts, "Warren Buffett: 'It's Very Politically Correct' to be against Buybacks," *MarketWatch*(marketwatch.com), May 2, 2020.

14-7D 자사주매입에 대한 결론

자사주매입의 장점과 단점을 모두 고려하여 우리는 어떤 입장을 취해야 할까? 결론을 요약하면 다음과 같다.

1. 자본이득에 대한 세금의 납부는 연기할 수 있기 때문에 세제상으로는 자사주매입이 배당보다 주주에게 더 유리한 이익 배분방법이다. 더욱이 자사주매입은 현

29) Heitor Almeida, Vyacheslav Fos, and Mathias Kronlund, "The Real Effects of Share Repurchases," *Journal of Financial Economics*, vol. 119, no. 1(January 2016), pp. 168-185.

30) William Watts, "Warren Buffett: 'It's Very Politically Correct' to be against Buybacks," *MarketWatch* (marketwatch.com), May 2, 2020.

금이 필요한 주주에게는 현금을 제공하며 현금이 필요치 않은 주주에게는 현금 지급을 연기한다는 장점이 있다. 반면에 배당은 주주가 더 많이 의존할 수 있는 자금원이기 때문에 안정적인 수입원이 필요한 사람에게 더 적합하다.

2. 신호효과가 존재하기 때문에 회사는 배당을 심하게 변동시키지 않아야 한다. 심한 배당변화는 회사에 대한 투자자의 신뢰를 떨어뜨리고 자기자본비용과 주가에 나쁜 영향을 미친다. 그러나 기간경과에 따라 현금흐름과 투자기회가 달라지기 때문에 잔여배당모형의 '적정'배당금도 달라진다. 이러한 문제에서 벗어나기 위해 회사는 배당금을 기업 경영에 제약이 되지 않는 낮은 수준으로 설정하고 자사주매입을 다소 정기적으로 사용하여 여유 현금을 주주에게 지급할 수 있다. 이와 같은 방법으로 회사는 배당을 정기적으로 지급하여 주주들이 배당에 의존할 수 있게 하며, 이와 동시에 추가현금흐름을 주주에게 제공할 수 있게 된다.

3. 자사주매입은 자본구조를 대규모로 신속하게 변경하려는 경우나 일부 사업의 매각과 같은 일회성 사건으로 발생한 현금을 주주에게 배분하려는 경우, 또는 스톡옵션에 필요한 주식을 취득하려는 경우에 유용하게 사용된다.

이 책의 이전 판에서 우리는 자사주매입을 더 많이 사용하고 현금배당은 적게 사용해야 한다고 주장하였다. 최근에 자사주매입의 규모와 빈도가 증가하였음을 고려해본다면, 기업들도 마침내 우리와 같은 결론을 내렸다는 것을 알 수 있다.

셀프 테스트

- 자사주매입으로 인해 어떻게 (1) 주주가 세금을 절약하고, (2) 기업이 자본구조를 변경할 수 있는지 설명하라.
- 금고주란 무엇인가?
- 자사주매입 시 기업이 취할 수 있는 세 가지 방식은 무엇인가?
- 자사주매입의 장점과 단점은 무엇인가?
- 잔여배당모형을 실행하는 데 있어서 자사주매입은 어떻게 이용될 수 있는가?

단원 종합

기업이 일단 수익을 낸 후에는 벌어들인 현금을 어떻게 처리할 것인지를 결정해야 한다. 현금을 유보시키기로 선택했다면, 이것으로 운영자산을 구입하거나 부채를 상환하거나 또는 기업 인수자금으로 사용할 수 있다. 대안으로 현금을 주주에게 돌려주는 것으로 선택할 수도 있다. 명심해야 할 것은 경영진이 유보시킨 현금은, 주주가 이를 배당으로 받았을 경우 다른 곳에 투자할 수도 있었다는 것이다. 따라서 경영자는 주주가 기업 외부에 투자하여 얻을 수 있는 수익보다 더 많은 수익을 낼 수 있을 때에만 이익을 유보해야 할 것이다. 이러한 결과로 수익성 좋은 투자안을 많이 갖고 있는 고성장기업은 이익유보비율이 높은 반면, 현금은 많지만 투자기회가 많지 않은 성숙기업은 매우 관대한 현금배분정책을 취하는 경향이 있다.

자가진단 질문과 문제

ST-1 **[핵심용어]** 다음의 용어를 정의하라.

a. 목표배당성향, 최적배당정책
b. 배당무관련이론, 손 안의 새 오류
c. 정보(신호)효과가설, 고객군, 고객효과
d. 케이터링이론, 잔여배당모형
e. 낮은 정기배당과 추가배당
f. 배당공시일, 주주명부기준일, 배당락일, 배당지급일
g. 배당재투자제도(DRIP)
h. 주식분할, 주식배당
i. 자사주매입

ST-2 **[대체배당정책]** Components Manufacturing Corporation(CMC)은 전액 자기자본만을 사용하고 있다. 발행주식 수는 20만 주이며 주식의 액면가는 \$2이다. CMC의 설립자는, 연구개발 담당 이사이면서 매우 성공적인 발명가였는데, 2021년에 전혀 예상치 않게 은퇴한 후 남태평양으로 떠났다. 이로 인하여 CMC는 급작스럽게 장기적인 미래 성장에 대한 기대가 매우 낮아졌고 좋은 신규 투자기회도 별로 없는 상황에 처하게 되었다. 또한 불행하게도 설립자의 역할을 대체할 다른 방법이 없었다. 이전에 CMC는 성장에 필요한 자금조달을 위해 이익의 대부분을 성장을 위해 재투자했는데 이때의 성장률은 평균 12%에 달하였다. 이제 6%의 성장률이 실현 가능한 수준으로 여겨지며, 이를 달성하기 위해서는 배당성향의 증가가 필요하였다. 또한 주주들이 요구하는 14%의 최저요구수익률(r_s)을 충족시키는 신규 투자의 규모는 2022년에 고작 \$800,000이고, 예상순이익은 \$200만이 될 것으로 예상된다. 만약 현재와 같이 배당성향을 20%로 유지한다면 2022년도의 유보이익은 \$160만이 될 것이다. 그러나 앞서 언급한 것처럼 \$800,000의 투자자금만 14%의 수익률을 얻을 것이다.

한 가지 고무적인 사실은 현재의 자산으로부터 높은 수익이 지속적으로 발생하고, 또한 2022년의 순이익은 \$200만에 이를 것으로 예상된다는 점이다. 이와 같은 극적인 경영환경의 변화 속에서, CMC의 경영진은 기업의 배당정책을 검토하고 있다.

a. 2022년 투자안에 소요되는 자금 전부를 유보이익으로 조달한다고 가정하는 경우, 잔여배당모형을 사용하여 2022년의 주당 배당금(DPS)을 계산하라.
b. 앞의 결과에 따르면, 2022년도의 배당성향은 얼마가 되는가?
c. 배당성향을 예측가능한 미래시점까지 60%로 유지한다면, 보통주의 현재가격은 얼마로 추정되는가? 창업자가 은퇴를 발표하지 않는다고 가정한다면 주가는 얼마로 되겠는가? 앞서 구한 두 개의 주가(P_0)가 다르다면, 그 이유가 무엇인지를 설명하라.

d. 배당성향을 과거와 마찬가지로 20%로 유지한다면 주가는 얼마가 되는가? 단, 배당성향을 20%로 유지한다면 유보이익의 평균수익률은 7.5%로 떨어지고 새로운 성장률이 다음과 같다고 가정한다.

$$\begin{aligned} g &= (1.0 - \text{배당성향})(\text{ROE}) \\ &= (1.0 - 0.2)(7.5\%) \\ &= (0.8)(7.5\%) = 6.0\% \end{aligned}$$

질문

14-1 회사의 이사진이 미래의 배당정책을 공식적으로 발표한다고 할 때, 이것의 장점과 단점을 각각 논하라.

14-2 유보이익의 비용은 기업 외부에서 자기자본을 조달하는 비용보다 낮다. 따라서 주식을 신규로 발행하고 같은 해에 배당을 지급하는 것은 완전히 비합리적인 것이다. 이 문장의 의미에 대해 논하라.

14-3 현금배당을 지급하기 위해 자금을 차입하는 것이 합리적인가? 설명하라.

14-4 Modigliani-Miller(MM)와 Gordon-Lintner(GL)는 상호 다른 입장에서, 배당정책이 기업가치와 자본비용에 미치는 영향에 대해 매우 완고한 견해를 제시한 바 있다.

a. 배당정책이 자본비용과 주가에 미치는 영향에 관해 MM과 GL이 주장하는 핵심내용은 무엇인가?

b. MM은 반대론자의 주장을 반박하기 위해 정보전달효과가설 또는 신호효과가설을 어떻게 이용하였는가? 만약 당신이 MM과 토론을 벌인다면 MM의 주장을 어떻게 반박하겠는가?

c. MM은 반대론자의 주장을 반박하기 위해 고객효과를 어떻게 사용할 수 있었는가? 만약 당신이 MM과 토론을 벌인다면 MM의 주장을 어떻게 반박하겠는가?

14-5 다음 각각 변화가 평균적으로 기업의 배당성향에 어떠한 영향을 끼치게 될 것인가? 단, 다른 모든 조건은 동일하다고 가정한다. 각각에 대해 설명하라

a. 개인소득세율의 상승

b. 소득세법에서 가속감가상각을 허용하는 것

c. 이자율의 상승

d. 회사 이익의 증가

e. 투자기회의 감소

f. 지급이자와 마찬가지로 배당을 소득세 공제대상으로 허용하는 것

g. 실현된 장기자본이득과 실현되지 못한 장기자본이득을 일반적인 이익과 동일하게 과세하도록 세법을 개정하는 것

14-6 기업들이 신규 투자에 사용하고 남은 잔여이익을 배당으로 결정한다는 주장이 재무학계에 제기되었다.

a. 잔여배당정책이 암시하는 바를 설명하라. 이때 투자기회에 따라 배당성향이 달라짐을 표로 작성하여 제시하라.

b. 자본구조와 자본비용의 관계를 다룬 제13장으로 돌아가서 생각해보자. 만약 가중평균자본비용(WACC)과 부채비율 간의 관계가 급격한 V자형으로 나타난다면, 얕은 접시형(편평한 U자형)인 경우로 나타나는 경우에 비해, 잔여배당모형에 의한 배당결정의 중요성 측면에서 다른 시사점을 제공하는가?

14-7 임원의 연봉은 기업의 수익성보다 기업규모와 더 밀접하게 연관되어 있는 것으로 알려져 있다. 기업의 이사회를 사외이사가 아닌 경영진이 통제하고 있을 경우, 이익유보율이 주주의 입장에서 정당화될 수 있는 수준보다 더 높은 것으로 나타나고 있다. 이들 두 문장 각각에 대해서 다음 내용을 포함하여 논하라. (1) 자본비용과 투자기회 및 신규 투자 사이의 상호관련성, (2) 배당정책과 주가 간의 내재된 관계.

14-8 주식배당과 주식분할의 차이점은 무엇인가? 당신은 주주의 입장에서 100% 주식배당을 선호하는가, 아니면 2 : 1 주식분할을 선호하는가? 단, 둘 중 하나만 실행할 수 있다고 가정한다.

14-9 대부분의 기업들은 자사 주식이 높은 주가수익(P/E)비율과 넓은 소유층을(주주가 많기를) 유지하기를 바란다. 주식배당과 주식분할이 이러한 목표를 달성하는 데 어떻게 도움이 되는지 설명하라.

14-10 다음 문장의 옳고 그름을 밝히고 그 이유를 설명하라.

a. 기업이 공개시장에서 자사주를 매입할 때 주식을 매도하는 주주는 자본이득세를 납부한다.

b. 현재 100주를 보유한 주주는 2 : 1 주식분할을 실시한 이후, 200주를 보유하게 된다.

c. 일부 배당재투자제도(DRIP)는 기업에 가용한 자기자본 규모를 증가시킨다.

d. 세법은 이익의 많은 부분을 배당의 형태로 지급하도록 유인한다.

e. 만약 어느 기업의 고객군(clientele)이 고배당을 선호하는 투자자들로 형성되어 있다면, 이 기업이 잔여배당정책을 채택할 가능성은 거의 없다.

f. 만약 기업이 잔여배당정책을 따른다면, 기업의 투자기회가 호전될수록 배당성향은 증가할 것이다.

14-11 케이터링이론이 의미하는 바가 무엇인가? 또 이 이론이 기업의 배당정책에 주는 시사점은 무엇인가?

문제

초급 문제 1~3

14-1 **[잔여배당모형]** Altamonte Telecommunications의 목표자본구조는 부채 45%와 자기자본 55%로 구성된다. 차기년도의 자본예산은 $100만으로 예상한다. 만약 기업의 순이익이 $120만이고 또 이 기업이 잔여배당정책에 따른다면, 배당성향은 얼마가 되겠는가?

14-2 **[주식분할]** Emergency Medical의 현재주가는 $145이며, 현재 3 : 2의 주식분할을 검토하고 있다. 주식분할이 자기자본의 시장가치에는 영향을 미치지 않는다고 가정하면 3 : 2의 주식분할을 실시한 이후의 주가는 얼마가 되는가?

14-3 **[자사주매입]** Gamma Industries는 순이익이 $380만이고, 보통주를 149만 주 발행하고 있다. 현재 주가는 $67에 거래되고 있다. Gamma는 보유한 현금을 사용하여 공개시장에서 보통주의 10%를 매입할 계획이다. 자사주매입이 순이익이나 PER에는 아무런 영향을 미치지 않는다고 예상된다. 자사주매입 이후의 주가는 얼마인가?

중급 문제 4~6

14-4 **[주식분할]** Tyler Company는 5 : 1 주식분할을 실시한 이후, 신주 1주당 $1.15의 배당을 지급하였는데, 이는 주식분할 이전인 전년도에 지급한 배당보다 7% 인상된 것이다. 전년도 1주당 배당금은 얼마인가?

14-5 **[자기자본의 외부조달]** Coastal Carolina Heating and Cooling Inc.는 자사가 특허권을 가진 태양열난방시스템에 대해 6개월 분량의 주문을 확보하고 있다. 이 기업은 제품수요를 충족시키기 위해 공장과 기계설비에 $2,000만을 투자하여 생산능력을 45% 확대할 계획이다. 기업의 부채가 총자산의 35%인 현재의 자본구조를 유지하고 전년도 순이익의 55%를 배당으로 지급하는 현행 배당정책을 고수하고자 한다. 2021년도 순이익은 $500만이었다. 생산능력을 원하는 수준으로 확대하기 위해 이 회사가 2022년 초에 외부로부터 자기자본을 조달해야 하는 금액은 얼마인가? 단, 이 기업은 부채와 보통주로만 자본을 조달한다고 가정한다.

14-6 **[잔여배당모형]** Walsh Company는 세 개의 독립적인 투자안을 고려하고 있다. 투자규모는 모두 동일한 $400만이며 각 투자안의 내부수익률과 자본비용의 추정치는 다음과 같다.

H 투자안(위험 높음):	자본비용 = 16%,	내부수익률(IRR) = 19%
M 투자안(위험 보통):	자본비용 = 12%,	내부수익률(IRR) = 13%
L 투자안(위험 낮음):	자본비용 = 9%,	내부수익률(IRR) = 8%

참고로 투자안의 위험도가 각기 다르기 때문에 자본비용도 다르다. 이 회사의 최적자본구조는 부채와 보통주가 각각 40%와 60%이며, 순이익은 $750만으로 예상된다. 잔여배당모형을 따르는 경우, 이 회사의 배당성향은 얼마인가?

고급 문제
7~9

14-7 **[배당]** Brooks Sporting Inc.의 2021년도 추정손익계산서는 다음과 같다(단위: 1,000달러).

매출액	$12,570
영업비용 (감가상각비 포함)	10,056
영업이익(EBIT)	$ 2,514
이자비용	330
세전이익(EBT)	$ 2,184
법인세(25%)	546
당기순이익	$ 1,638

손익계산서를 공시하기 이전에 회사는 연간 배당금을 결정하고자 한다. 보통주는 32만 주가 발행되고 있으며, 현재의 주가는 주당 $37이다.

a. 2020년도의 배당성향은 25%이다. 회사가 배당성향을 이와 동일한 수준으로 유지한다면 2021년도의 주당 배당금은 얼마인가?

b. 회사가 배당성향을 25%로 유지한다면 현재의 배당수익률은 얼마인가?

c. 2020년도의 순이익이 $135만이었다. 발행주식 수에 변동이 없는 경우, 2020년도 주당 배당금은 얼마인가?

d. 배당성향을 동일하게 유지하지 않는 대신에 주당 배당금을 동일하게 유지하고자 한다면, 이 회사의 2021년도 배당성향은 얼마인가?

e. 회사가 막대한 자금이 소요되는 획기적인 영업확장에 관심을 가지고 있다고 가정하자. 회사는 주식을 신규로 발행하는 데 야기되는 거래비용을 회피하고자 한다. 이러한 상황에서 배당성향을 일정하게 유지하는 방법과 주당 배당금을 일정하게 유지하는 방법 중에서 어느 것이 더 타당한가? 설명하라.

14-8 **[대체배당정책]** Rubenstein Bros. Clothing의 주당 배당금은 $0.75, 주당순이익은 $2.25, 주가는 $12.50이다. 회사가 고수하는 최적자본구조는 부채 40%이며, 총자산은 $1,000만이다. 자기자본의 장부가치와 시장가치가 동일하다고 가정한다. 또한 과거 자기자본이익률(ROE)은 18%인데, 향후에도 지속적으로 동일하게 유지할 것으로 예상된다.

a. 이러한 정보를 토대로, 회사의 장기성장률의 예상치는 얼마인가? (힌트: g = 유보율 × ROE)

b. 주식의 요구수익률은 얼마인가?

c. 회사가 배당정책을 변경하여 주당 배당금을 $1.50으로 결정하더라도 이러한 결정이 주가나 ROE에는 전혀 영향을 미치지 않는다는 것이 전문 분석가들의 예측이다. 이러한 경우 이 회사의 새로운 장기성장률과 요구수익률의 기대치는 얼마가 되어야 하는가?

d. 회사가 주당 배당금을 $0.75로 유지하면서 현금배당 대신 주식배당을 실시하고자 한다. 회사는 현재의 주가인 $12.50을 기준으로 신주를 할당할 것이다. 즉, 주주에게 돌아가는 매 $12.50의 배당에 대해 한 주의 신주를 지급할 것이다. 회사의 현재 시가총액 대비 주식배당의 규모는 얼마인가? (힌트: 시가총액 = 현재 주가 × 발행주식 수)

e. 앞의 d에서 제시한 방법으로 주식배당을 실시한다면 신규로 발행할 주식 수는 얼마이며,

주당순이익(EPS)은 얼마나 희석되는가?

14-9 **[대체배당정책]** 2020년에 Keenan Company는 $1,080만의 순이익에서 $360만을 배당으로 지급했다. 2020년은 회사운영이 비교적 평균적이었던 해였는데 회사는 지난 10년 동안에 수익이 10% 정도로 지속적으로 성장하였다. 하지만 2021년에 이르러 수익이 $1,440만으로 급성장하고 $840만의 수익성 있는 투자기회를 갖게 될 것으로 예상된다. 하지만 2021년도의 높은 수익수준은 수익성이 높은 신상품의 도입으로 인한 일시적 현상으로 향후에도 지속적으로 달성가능하지 않을 것이며 2021년 이후에는 성장률이 평년 수준인 10%로 회귀할 것으로 예상하고 있다. 회사의 자본구조는 40%의 부채와 60%의 자기자본으로 구성하고 있다.

a. Keenan사가 아래의 정책을 준수한다고 가정할 때 2021년 배당총액을 계산하라.
   1. 2021년 배당은 회사의 수익의 장기성장률 수준으로 증가한다.
   2. 2020년의 배당성향을 유지한다.
   3. 잔여배당정책을 준수한다($840만의 40%는 부채로 60%는 자기자본으로 조달한다).
   4. 정규배당과 추가배당을 지급하는 정책(정규배당은 장기성장률에, 추가배당은 잔여배당정책에 기반)을 실시한다.

b. 앞서 언급한 정책 중에 어떤 것을 추천하는가? 위에 나열한 정책 중에서 선택하고 그 이유를 제시하라.

c. 투자자들은 2021년도에 회사가 $9백만의 배당을 지급하고 그 이후에는 배당이 10% 수준에서 증가할 것으로 예상한다. 주가 시가총액이 $1억 8천만이라면 자기자본비용은 얼마인가?

d. 회사의 장기 평균 자기자본이익률(ROE)는 얼마인가? [힌트: g = 유보율 × ROE = (1 − 배당성향)(ROE)]

e. 위의 문항 c와 문항 d에 대한 답안에 비추어 볼 때 2021년의 배당이 $9백만이라면 적절하다고 생각하는가? 더 높아야 하는가 아니면 낮아야 하는가? 설명하라.

종합계산문제

14-10 **[잔여배당모형]** Buena Terra Corporation은 내년도의 자본예산안을 검토 중이다. 지난 7년간 주당 배당액은 $3이었고 주주들은 이러한 경향이 지속될 것으로 기대하고 있다. 회사의 목표자본구조는 자기자본 60%와 부채 40%이고 유통주식 수는 1백만 주이며 순이익은 $8백만이다. 회사는 내년에 있을 신규투자를 위해 $1천만을 조달하는 것이 필요하다고 판단하고 있다.

a. 잔여배당모형을 이용한다면 자본예산을 수행하기 위해 얼마의 유보이익이 필요한가?

b. 잔여배당모형을 이용하는 경우에 내년도 주당 배당액은 얼마이며 배당성향은 얼마인가?

c. 내년에도 주당 $3을 지급한다면 자본예산에 투여될 수 있는 유보이익은 얼마인가?

d. 회사가 신규 주식발행을 하지 않고도 현재의 자본구조와 $3의 배당 그리고 $1천만의 자본

예산을 수행할 수 있는가?

e. Buena Terra의 경영진은 배당축소에 반대하고 내년에도 주당 $3의 배당을 지급하려고 한다고 가정하자. 또한 회사는 수익성 있는 사업에 반드시 투자하기 위해서는 부채발행과 유보이익의 사용이 불가피하다고 판단하고 있다. 자본구조의 변화가 자본비용에 미치는 영향은 미비할 것이기 때문에 자본예산은 $1천만 수준으로 유지될 것으로 예상한다. 올해 자본예산의 어느 정도가 부채로 조달되어야 할 것인가?

f. Buena Terra의 경영진은 주당 $3의 배당을 유지하려 한다고 가정하자. 또한 회사는 목표자본구조를 부채 40%와 자기자본 60%로 유지하고 자본예산은 $1천만으로 유지하고자 한다. 이러한 목표를 달성하기 위해 발행해야 할 신규 주식의 최소금액은 얼마인가?

g. 만약에 경영진이 주당 배당은 $3과 목표자본구조는 유지하고 신규 주식발행은 피하고자 한다고 가정하자. 다른 목표를 달성하기 위해서는 자본예산의 축소가 불가피할 것이다. 회사가 추진하려고 하는 사업을 분리할 수 있다면 내년 자본예산의 수준은 어느 정도인가?

h. 잔여배당모형을 수용하는 기업은 예상되는 유보이익의 수준이 자본예산을 수행하기 위해 필요한 유보이익보다 작을 경우에 어떠한 조치를 취할 수 있는가?

통합사례

SOUTHEASTERN STEEL COMPANY

14-11 **[배당정책]** Southeastern Steel Company(SSC)는 5년 전에 새로운 방식의 주물공정의 가능성을 보고 창업하였다. 창업자인 Donald Brown과 Margo Valencia는 주요 제철기업의 연구소에서 근무하였고 그들이 창안한 새로운 주물공정이 채용되지 않자 창업을 결정한 것이다. 새로운 공정의 장점은 소요자본의 수준이 낮아 신규 주식발행이 필요하지 않았고 창업자들이 모든 지분을 소유할 수 있었다. 하지만 목표자본구조인 자기자본 60%와 부채 40%를 유지하면서도 목표로 하는 성장을 달성하기 위해서는 외부자본의 조달이 필요한 시점에 도달하게 되었다. 따라서 창업자들은 회사를 상장하기로 결정했다. 지금까지 창업자들의 보수는 적당하였고 회사 수익의 대부분은 재투자되었기 때문에 배당정책은 큰 문제가 아니었다. 하지만 잠재적 투자자와의 논의를 위해서는 내부적으로 배당정책에 대한 논의가 필요한 상황이다.

컨설팅 회사인 Arthur Adamson & Company(AA)에서 근무하는 당신이 SSC사의 상장을 위한 업무에 투입되었다고 가정하자. AA사의 선임컨설턴트인 Martha Milton는 당신에게 창업자들에게 배당정책이론에 대해 설명하고 아래의 질문에 대해 논의하기를 요청하였다.

a. 1. 배당정책이란 무엇을 의미하는가?

2. Modigliani와 Miller가 주창한 배당무관련이론에 대해 간략하게 설명하라. 이 이론에서 언급되고 있는 주요 가정은 무엇인가?

3. 왜 일부 투자자들은 고배당 주식을 선호하는 반면에 다른 투자자들은 배당이 적거나 없는 주식을 선호하는가?

b. (1) 정보효과(또는 신호) 이론, (2) 고객효과, (3) 케이터링이론, 그리고 (4) 배당정책에 대한 각각의 이론이 갖는 효과에 대해서 논의하라.

c. 1. SSC의 내년도 자본예산은 \$80만 수준이다. 당신은 회사의 현재 자본구조(자기자본 60%와 부채 40%)가 최적의 수준이고 순이익은 \$60만이 될 것이라고 판단했다. 잔여배당모형을 이용하여 회사의 총배당금액과 배당성향을 도출하고 잔여배당모형에 대해서 설명하라. 만약에 예상 순이익의 수준이 \$40만 또는 \$80만이었다면 어떻게 되었을지도 설명하라.

2. 일반적으로 투자기회의 변화가 잔여배당모형에서의 배당성향에 어떤 영향을 미치는가?

3. 잔여정책의 장점과 단점은 무엇인가? (힌트: 신호가설과 고객효과를 고려하라)

d. 실무적으로 배당정책을 결정하기 위해 어떤 절차를 거치는지를 기술하라.

e. 배당재투자계획(DRIP)은 무엇이고 어떻게 작동하는지 설명하라.

f. 주식배당과 주식분할이란 무엇인가?

g. 자사주매입이란 무엇인가? 기업 입장에서 자사주매입의 장점과 단점을 논하라.

Apple의 배당정책

이 장의 질문들에 답하기 위해 온라인 자료를 활용하라. 시간이 지나면서 웹사이트 정보는 변하고 이러한 변화는 일부 질문들에 대해 답하는 데 제약으로 작용할 수 있다는 점에 유의하라.

본 장을 시작하면서 Apple이 2012년도에 배당정책을 시행하고 $2,000억에 이르는 규모의 자사주 매입 프로그램도 시작하기로 한 결정에 대해 언급한 바 있다. 정책이 시행된 이후로 Apple(AAPL)의 배당정책에 어떤 변화가 있었는지 살펴보자. Yahoo; Finance, Moningstar.com 및 MSN money 등 인터넷에서 제공되는 정보에 의존하여 아래의 질문에 답하라.

토론문제

1. 지난 4년 동안의 Apple의 주당 배당, 배당수익률, 배당성향은 어떻게 되었는지 설명하라.
2. EPS, 주당 배당액, 주당 현금흐름 등을 그림으로 나타내라. 교재에서 배당은 수익보다 안정적이고 현금흐름은 수익과 관련이 크고, 주당 현금흐름이 주당 배당액보다 크다고 언급한 적이 있다. Apple의 경우에도 유사한 경향을 보이는가? 설명하라. (Morningstar.com은 10년 동안의 현금흐름을 제시해준다.)
3. 배당락일, 주주명부기준일, 배당지급일을 확인하라. 배당락일과 산업별 특성을 고려하면 주부명부기준일을 결정할 수 있다. 왜 이런 일정이 중요한가? 웹페이지의 주가정보를 통해서 이런 주요 일정의 주가변화를 확인하라. 예상했던 주가변화가 발생하고 있는지 설명하라.
4. 투자자에게는 과거의 배당보다 미래의 배당이 중요하다. 내년도의 배당액과 향후 5년간의 배당 성장률에 대한 애널리스트들의 예측을 살펴보라. 이런 정보에 의하면 향후 5년 동안의 Apple의 배당정책은 어떻게 될 것으로 예상하는가? (현재 정보에 근거하여 예측하라.)
5. 기업의 현금흐름표를 검토하라. Apple은 자사주를 매입한 적이 있는가? 아니면 신주를 발행한 적이 있는가?
6. 지난 4년 동안의 연말 시가총액은 어떠했는가? (시가총액의 계산은 회계연도 말의 조정종가와 가중평균 유통발행주식 수를 곱하여 산출한다. 웹페이지에서 10-K 파일을 찾아 과거 연도의 유통주식 수를 찾아보라.)

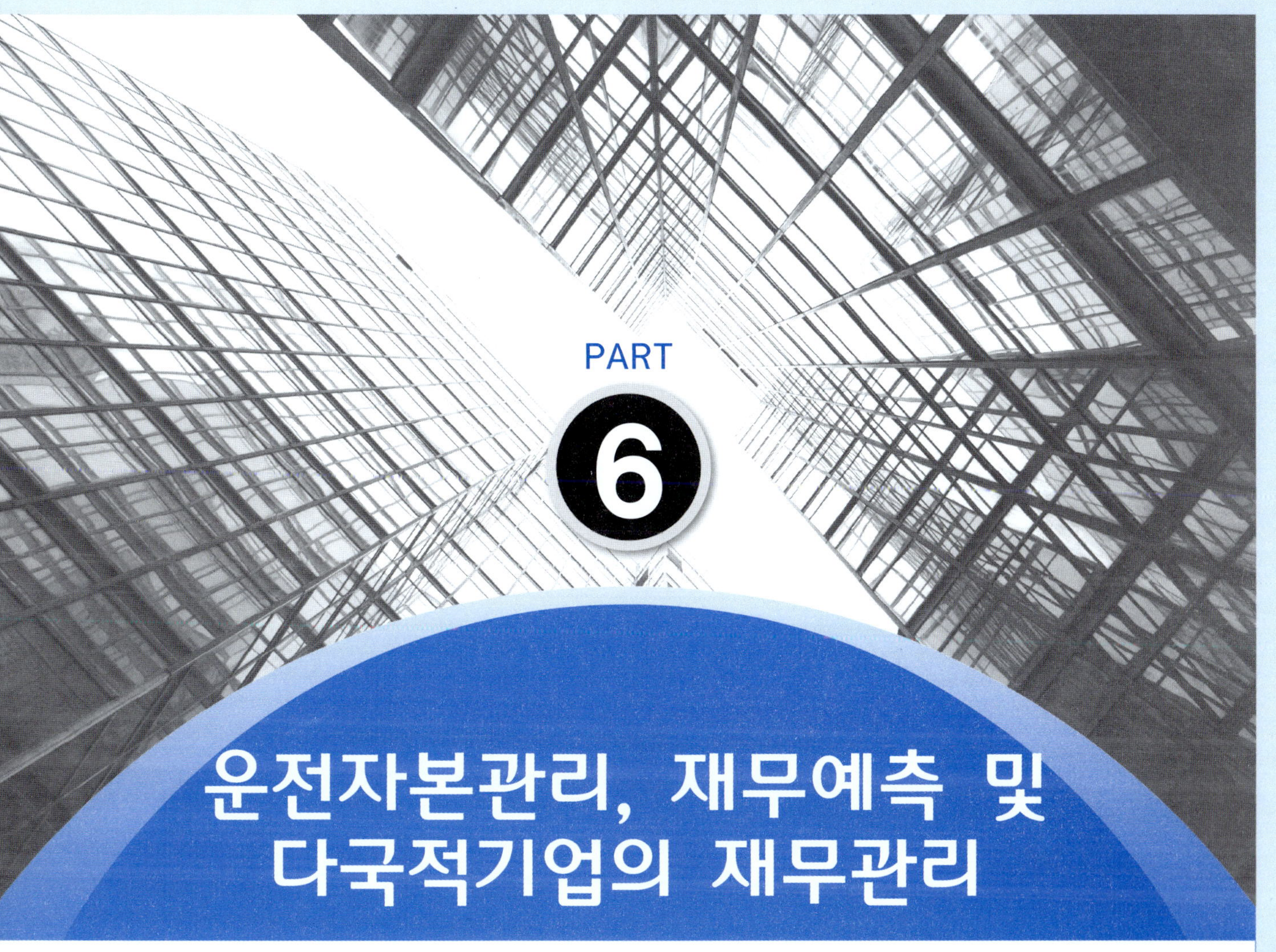

PART 6

운전자본관리, 재무예측 및 다국적기업의 재무관리

15 CHAPTER 운전자본관리

성공적인 기업은 운전자본을 효율적으로 관리한다

운전자본관리는 현금, 시장성 유가증권, 매출채권 및 재고자산의 수준을 최적으로 유지하면서 운전자본을 최저의 비용으로 조달하는 것이다. 운전자본을 효율적으로 관리한다면 제법 많은 규모의 현금을 확보할 수 있다.

소규모의 사업자라면, 납품업자에게 돈을 지급하는 것보다 더 빨리 고객으로부터 돈을 받아내는 것이 여유현금을 확보할 수 있는 하나의 방법이라고 말할 것이다. 이러한 관점을 확장시켜 Amazon은 효율적인 운전자본관리를 통해서 탄탄한 경쟁우위를 구축하였다. 고객이 Amazon에서 온라인으로 도서를 주문하면서 반드시 신용카드번호를 제시해야 하는데, 이 단계에서 비록 고객에게 제품을 발송하지도 않고 도서납품업자에게 대금을 지불하지 않았더라도, Amazon은 next-day cash라는 것을 받게 된다.

운전자본관리에서 또 하나의 핵심적인 요소는 효율적으로 재고를 유지하는 것이다. 소비자가전부문 최대판매사인 Best Buy는 재고관리에 각별한 심혈을 기울이고 있다. 적절한 매출을 유지하기 위하여 점포들은 고객이 쇼핑할 때 찾는 물건들을 잘 구비해 두어야 하는데, 이를 위해서 어떤 신제품이 '뜨는 제품'인지를 파악하고, 가장 저렴한 공급처는 어디인지를 알아야 하고, 적절한 시점에 점포에 공급해 두어야 한다. 통신과 컴퓨터 기술의 비약적인 발전에 힘입어 Best Buy는 재고관리기법을 변혁시켰다. 즉, 이 기업은 각 점포로부터 실시간으로 판매제품에 대한 정보를 전송받으며, 각 점포의 진열대가 제품을 항상 확보할 수 있도록 컴퓨터가 자동주문을 내고 있다. 또한 특정 제품의 판매가 매우 미흡한 경우, 나중에 상황이 악화되어 떨이로 팔아야 하는 처지가 되기 전에 미리 가격을 낮추어 재고를 줄였다.

최근의 금융위기 이후 경제가 열악한 상황에서 운전자본관리는 더욱 힘든 일이다. 일부 기업은 사용치 않고 남은 재고로 인해 골머리를 앓고 있으며, 또 다른 기업은 소비가 살아났는지에 대해서 확신을 못해 추가주문을 망설이고 있다. 여전히 기업들은 금융기관으로부터 단기부채를 조달하는 것이 더욱 어려워져, 점차적으로 대체 자금조달수단인 공급업체로부터의 신용거래에 의존하고 있다. 이와 동시에 공급업체들은 딜레마에 직면하고 있다. 즉, 매출을 증가시키기 위해서는 고객에게 관대한 대금지불정책을 제공해야 하는데, 이렇게 할 경우, 만약에 경기가 좋지 않아, 많은 고객이 제때에 대금을 지불하지 않을 수 있기 때문이다.

본문에서 살펴보겠지만, 효율적인 운전자본관리는 끊임없이 균형을 유지하는 행위로서, 기업의 가치에 중요한 영향을 준다. 이 장을 학습한 후에 기업의 이윤과 주가를 극대화하기 위해 운전자본을 어떻게 관리해야 하는지 이해할 수 있어야 한다.

학습개요 및 목표

통상적으로 제조업체나 소매업체가 보유한 자산의 약 50%가 운전자본이고, 학생들이 직장에 취직하여 부여받는 첫 번째 임무는 대개 운전자본을 관리하는 일이다. 업체의 규모가 소규모일수록 그럴 가능성이 많은데, 그 이유는 이곳에 새로운 일자리가 많이 생기고 있기 때문이다.

이 장을 마치면 다음 과제를 수행할 수 있어야 한다.

- 유동자산과 유동부채의 규모가 기업의 수익성과 주가에 어떤 영향을 미치는지를 설명할 수 있다.
- 현금, 시장성 유가증권, 매출채권, 재고자산 등의 유동자산의 적정규모를 어떻게 결정하는지를 설명할 수 있다.
- 현금전환주기에 대한 결정과 현금예산의 수립 방법, 그리고 이 둘을 운전자본관리에 활용하는 방법에 대해 논할 수 있다.
- 기업이 신용정책을 어떻게 수립하고, 또 신용정책이 매출과 이윤에 어떠한 영향을 주는지 설명할 수 있다.
- 신용거래, 은행대출, 기업어음의 비용이 어떻게 결정되고, 또 그 정보가 운전자본조달에 관한 의사결정에 어떤 영향을 주는지를 말할 수 있다.
- 단기부채의 자본비용을 줄이기 위해 기업이 증권을 어떻게 사용할 수 있는지 설명할 수 있다.

15-1 운전자본의 기초개념

운전자본이란 용어는 마차에 물건을 싣고 팔러 다니는 양키들의 행상에서 유래하였다. 수레의 물건들은 실제로 파는 것이거나 넘겨주어 이윤을 버는 것이기 때문에 '운

자료(Resource)

cengage.com의 본 교재 관련 사이트에서 Excel 챕터 모형들을 다운로드할 수 있다. 다운로드 후에는 제15장 파일을 열어 이 챕터를 읽으면서 따라 해보자.

전자본(working capital)'이라고 불렀다. 수레와 말은 오늘날 고정자산에 해당된다. 그 당시 행상은 보통 말과 수레를 소유했다(오늘날 '자기자본'에 해당된다). 그러나 물건들은 보통 외상으로 구입하거나(공급자로부터 차입했다고 할 수 있다), 은행에서 돈을 빌려 구입하였다. 이러한 은행대출은 **운전자본대출**이라고 불리었는데, 행상들은 지급능력이 있어 신규대출을 받을 자격이 있다는 것을 입증하기 위하여 여행에서 돌아올 때마다 대출금을 상환해야 했다. 은행은 이러한 관행을 '건전한 대출관행'이라고 하였다. 행상이 매년 수레를 끌고 물건들을 팔러 갔다 돌아오는 횟수가 많아질수록 행상의 운전자본은 보다 빨리 회전되었고 이윤도 더욱 더 많아졌다.

이와 같은 운전자본 개념은 현대의 비즈니스에도 적용될 수 있으며, 이 장에서는 이에 대해 소개한다. 먼저 앞서 제3장에서 다루었던 세 가지 기초적 개념을 살펴보자.

1. **운전자본.** 유동자산은 종종 운전자본이라고 불리는데 그 이유는 유동자산이 '회전되기'(사용된 당해 연도 중 대체되기) 때문이다.[1)]
2. **순운전자본**은 유동자산에서 유동부채를 차감한 금액으로 정의한다. 제3장에서 Allied Food Products의 순운전자본은 $6억 9,000만이다.

$$\text{순운전자본} = \text{유동자산} - \text{유동부채}$$
$$= \$10\text{억} - \$3\text{억 } 1{,}000\text{만} = \$6\text{억 } 9{,}000\text{만}$$

3. **순영업운전자본**(Net Operating Working Capital: NOWC)은 운전자본 중에서 영업용으로 사용되는 부분을 나타낸다. 제9장과 제12장에서 살펴본 것처럼 NOWC는 기업의 잉여현금흐름의 중요한 구성요소이다. NOWC는 순운전자본과 약간의 차이가 있다. NOWC를 계산할 때는 이자부 지급어음을 유동부채에서 공제한 후 계산한다. 이렇게 계산하는 이유는 대부분의 증권분석가들이 이자부 지급어음을 (장기부채와 유사하게) 기업의 영업잉여현금흐름의 일부가 아닌 조달비용으로 인식하기 때문이다. 이와는 달리 그 외의 유동부채(매입채무와 미지급비용)는 기업영업의 일부분이고 따라서 잉여현금흐름의 일부에 포함된다.[2)] 앞서 제3장에서 살펴보았던 기업, Allied Food Products의 2021년 순영업운전자본은 다음과 같다.

1) 유동자산 중에서 건설 중인 공장을 위해 보유하고 있는 잉여현금과 같이 정상적인 영업에 사용되지 않는 자산은 운전자본에 포함되지 않는다. Allied Food Products는 모든 유동자산을 영업활동에 사용하고 있다.

2) 제3장에서 언급했듯이, 순영업운전자본을 정의할 때 우리는 기업의 모든 유동자산이 정상적인 영업활동에 사용된다고 가정한다. 실무에서 만약 재무분석가가 판단하기에 일부 유동자산이 비영업 목적으로 사용된다면 그 자산은 유동자산에서 차감하여 순영업운전자본을 계산해야 한다. 가장 흔히 발생하는 사례는 기업이 거액의 '잉여현금'을 재무상태표에 기록하고 있는 것이다. 이를 단순화하기 위하여 교재 전체에 걸쳐서 우리는 재무상태표에 나와 있는 모든 현금은 다른 설명이 없는 한 영업을 목적으로 하는 것이라고 가정한다.

$$\text{순영업운전자본(NOWC)} = \text{유동자산} - (\text{유동부채} - \text{지급어음})$$
$$= \$10\text{억} - (\$3\text{억 1,000만} - \$1\text{억 1,000만}) = \$8\text{억}$$

셀프 테스트

- 운전자본이라는 용어는 어떻게 유래되었는가?
- 운전자본과 순운전자본의 차이가 무엇인가?
- 순운전자본과 순영업운전자본의 차이가 무엇인가?

15-2 유동자산 투자정책

비제약적 투자정책
상대적으로 많은 규모의 현금, 시장성 유가증권과 재고자산을 보유하는 정책. 완화된 신용정책은 높은 수준의 매출채권을 야기한다.

제약적 투자정책
현금, 시장성 유가증권, 재고자산, 매출채권의 보유 수준을 제한하는 정책

중도적 투자정책
제약 정도가 비제약적과 제약적 투자정책 사이에 있는 투자정책

이 절에서는 보유하고 있는 유동자산의 규모가 수익성에 어떤 영향을 주는지 알아본다. [그림 15.1]은 유동자산 보유 규모에 대한 세 가지 정책대안을 보여준다. 가장 위에 있는 직선은 기울기가 가장 가파른데, 이는 기업이 매출액 대비 상대적으로 큰 규모의 현금, 시장성 유가증권, 매출채권과 재고자산을 보유하고 있음을 의미한다. 매출채권의 규모가 클 때 기업은 느슨한 신용정책을 채택함에 따라 상당한 수준의 매출채권을 보유하게 되는 것으로 나타나고 있다. 이는 **비제약적 투자정책**(relaxed investment policy)이라고 한다. 반면에 어떤 기업이 **제약적**(긴축적 또는 '작은 규모의') **투자정책**(restricted investment policy, 'tight' or 'lean-and-mean')을 채택하고 있는 경우, 유동자산의 보유 규모는 극소화된다. 가장 아래에 있는 직선이 이러한 제약적 유동자산 투자정책을 의미한다. **중도적 투자정책**(moderate investment policy)은 두 극단의 중간에 위치한다. 가운데 있는 직선이 이에 해당한다.

운전자본관리가 자기자본순이익률(ROE)에 어떻게 영향을 미치는지 분석하기 위해 Dupont 공식을 사용한다. Dupont 공식은 다음과 같다.

$$\text{ROE} = \text{매출액이익률} \times \text{총자산회전율} \times \text{자본승수}$$
$$= \frac{\text{당기순이익}}{\text{매출액}} \times \frac{\text{매출액}}{\text{총자산}} \times \frac{\text{총자산}}{\text{자기자본}}$$

제약적 투자정책은 낮은 수준의 자산(따라서 총자산회전율은 높다)을 의미하기 때문에 다른 모든 것이 일정하다면 높은 ROE 수준을 보인다. 그러나 이러한 정책은 기업을 여러 가지 위험에 노출시킨다. 예를 들어, 유동자산의 부족은 조업중단이나 고객불만족, 그리고 심각한 장기적 문제들을 초래할 수 있기 때문이다. 비제약적 투자정책은 이러한 영업문제들을 최소화하지만 낮은 회전율을 초래하여 결국 ROE를 낮춘다. 중도적 투자정책은 두 극단적 정책의 중간에 위치한다. 최적전략은 기업의 장기 수익

[그림 15.1] 유동자산 투자정책(단위: 100만 달러)

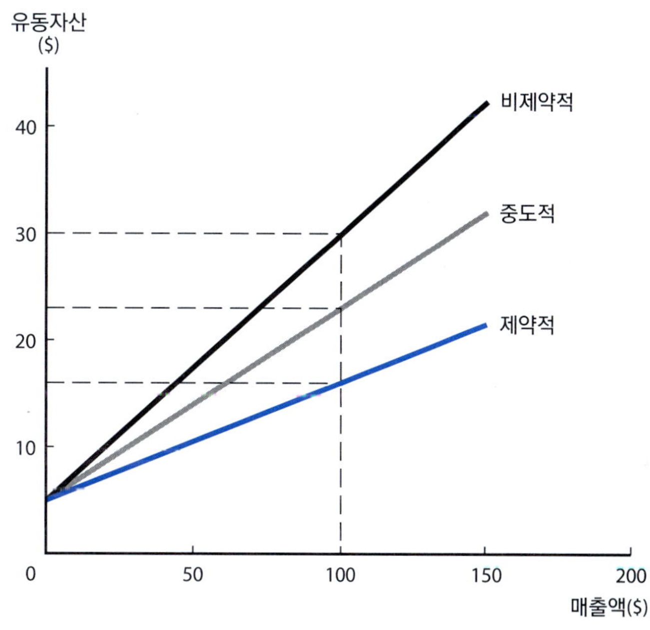

주: 매출액/유동자산 관계가 여기에서는 직선으로 나타났으나 곡선으로도 나타날 수 있다.

과 주식의 내재가치를 극대화시키는 것이다.

기술변화로 인하여 최적정책도 바뀔 수 있다. 예를 들어, 신기술이 개발되어 특정 제품의 생산기일이 10일에서 5일로 줄어들면 재고자산 가운데 재고품이 반으로 줄어들 수 있다. Wal-Mart와 Home Depot 같은 소매업체들의 경우 모든 제품들의 바코드를 계산대에서 읽는 재고자산관리시스템을 사용하고 있다. 이러한 정보는 컴퓨터에 전송되어 각 제품의 재고를 파악하고 재고가 특정 수준 이하로 떨어지는 경우 공급업체의 컴퓨터에 자동적으로 주문을 하게 된다. 이러한 일련의 과정은 재고 소진을 피하기 위한 최소재고량 수준을 낮출 수 있게 되고, 결국 이윤극대화를 위해 재고자산의 규모를 감소시키게 된다.

셀프 테스트

- 세 가지 유동자산 투자정책대안을 제시하고 이를 설명하라.
- DuPont 공식을 이용하여 운전자본정책이 어떻게 기업의 기대ROE에 영향을 주는지 설명하라.

15-3 유동자산 자금조달정책

유동자산 투자에 필요한 자금을 조달해야 한다. 이러한 자금을 조달하기 위한 주요 원천은 은행대출, 공급업체의 신용(매입채무), 미지급부채, 장기부채, 보통주이다. 각각의 자금원은 나름의 장단점을 갖고 있어, 기업 입장에서는 어떠한 자금원이 주어진 상황에서 최선인지 결정해야 한다.

영구적 유동자산
경기순환의 저점에서 기업이 보유해야 할 유동자산

임시유동자산
계절적 변동 또는 경기변동에 따라 변화하는 유동자산

유동자산 자금조달정책
유동자산에 대한 자금이 조달되는 방법

먼저 대부분의 사업은 계절적으로 또는 경기순환에 따라 변동을 경험한다. 예를 들어, 건설회사의 경우 여름이 성수기이고, 소매업체의 경우 크리스마스 시즌이 성수기라 할 수 있다. 건설회사와 소매업체에게 제품을 공급하는 제조기업의 경우 이들 업체와 연동되어 나타날 것이다. 경기가 호황일 때 거의 모든 기업의 매출이 증가한다. 따라서 기업들은 호황일 때 유동자산의 규모를 증가시키고, 불황일 때 재고자산과 매출채권을 감소시킨다. 물론 유동자산이 0으로 떨어지는 경우는 거의 없음에 유의하자. 기업들은 일정 수준의 **영구적 유동자산**(permanent current assets)을 보유하는데, 이는 경기순환의 저점에서 요구되는 유동자산 규모이다. 경기가 저점을 지나고 회복되면 매출이 증가하고, 유동자산도 증가한다. 이렇게 추가되는 유동자산을 **임시유동자산**(temporary current assets)이라고 정의하는데, 이는 영구적 유동자산과 반대되는 개념이다. 이렇듯 두 가지 형태의 유동자산을 조달하는 방법을 **유동자산 자금조달정책**(current assets financing policy)이라 부른다.

15-3A 만기일치정책 또는 '자기청산'정책

만기일치(자기청산)정책
자산과 부채의 만기를 일치시키고자 하는 정책으로서 중도적 정책

만기일치(maturity matching)**정책** 또는 '**자기청산**(self-liquidating)'**정책**은 [그림 15.2]의 패널 a에 제시된 것과 같이 자산과 부채의 만기를 일치시키는 것이다. 모든 고정자산과 영구적 유동자산 총액은 장기자본으로 조달되지만 일시적 유동자산은 단기부채에 의해 자금이 조달된다. 30일 내에 판매될 것으로 예상되는 재고자산은 30일 만기의 은행대출로, 5년 동안 지속될 것으로 예상되는 기계는 5년 만기대출로, 20년 동안 사용할 건물은 20년 만기의 부동산담보부채권으로 자금을 조달한다. 실제에서 다음 두 가지 요인으로 인해 정확한 만기일치가 어렵다. (1) 자산의 수명이 불확실하다. 예를 들어, 기업이 30일 내에 재고를 판매하여 현금을 수취할 것을 기대하면서 30일 만기의 은행대출로 자금을 조달하는 경우를 생각해보자. 만약 판매가 부진해지면 현금을 제대로 확보할 수 없고 이에 따라 대출만기 시 상환할 수 없다. (2) 보통주는 반드시 사용될 수밖에 없는데 이 보통주는 만기가 없다. 그럼에도 자산과 부채의 만기를 일치시키려고 노력하는 정책을 중도적 유동자산 자금조달정책이라고 정의한다.

[그림 15.2] 여러 가지 유동자산 자금조달정책

a. 중도적 정책 (만기일치정책)

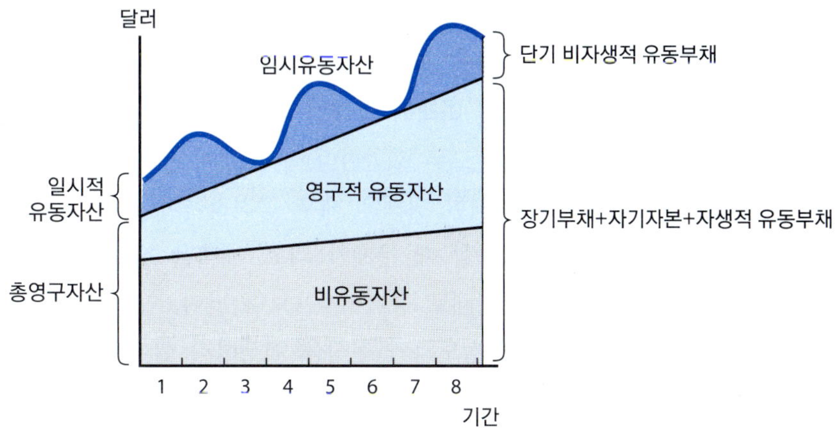

b. 상대적으로 공격적 정책

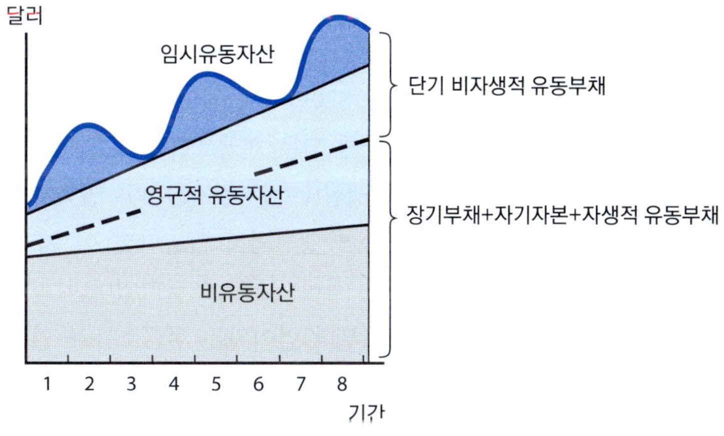

c. 보수적 정책

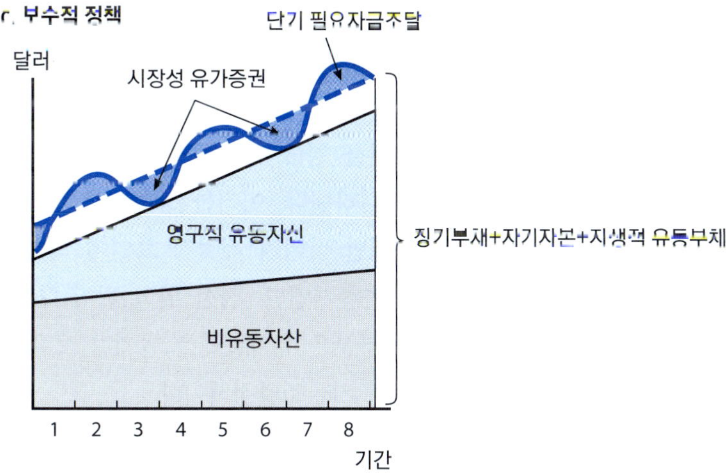

15-3B 공격적 정책

[그림 15.2]의 패널 b는 영구적 유동자산의 일부를 단기부채로 조달하는 좀 더 공격적인 기업의 상황을 나타낸다. 참고로 b에서 **상대적으로**라는 제목을 붙인 이유는 기업마다 공격적인 **정도**가 다를 수 있기 때문이다. 예를 들어, b의 점선이 고정자산을 나타내는 직선 아래에 그려질 수도 있는데, 이는 모든 유동자산(영구적 유동자산과 임시유동자산을 모두 포함한다)과 고정자산의 일부가 단기부채에 의해 조달되는 것을 의미한다. 이러한 정책은 매우 공격적이며 또한 극히 비보수적인 정책이다. 이 경우 이자율이 상승할 때 문제가 되고, 대출을 갱신할 때 위험에 처할 수 있다. 그러나 단기이자율이 대체로 장기이자율보다 낮아, 일부 기업들은 더 높은 이윤을 추구하고자 기꺼이 어느 정도의 안전성을 희생하려 한다.

공격적 정책을 채택하는 이유는 수익률곡선이 일반적으로 우상향의 기울기를 가지고 있어 이를 통해 이득을 취하려는 것이다. 즉, 단기이자율이 일반적으로 장기이자율보다 낮게 나타난다. 하지만 장기자산을 단기부채로 조달하는 전략은 정말로 극도로 위험한 것이다. 예를 들어, 어떤 기업이 $100만을 1년 주기로 차입하여 10년 동안 매년 인건비를 $20만까지 절약할 수 있는 기계를 구매한다고 가정해보자.[3)] 기계의 사용으로부터 얻게 되는 현금흐름으로 1년 후에 대출을 상환하기에는 충분치 않을 것이므로 대출을 갱신해야만 할 것이다. 만약 1년 후 이 기업이 일시적 재무위험에 직면해 있어서 대출이 갱신되지 않는다면 이 기업은 파산위기에 놓일 수도 있다. 만약 10년 만기 대출로 장비자금을 조달하였다면, 만기가 일치되기 때문에 상환금액은 기계장비의 사용으로부터 얻어지는 현금흐름과 일치될 것이고 따라서 대출갱신 문제는 발생하지 않을 것이다.

15-3C 보수적 정책

[그림 15.2]의 c에서 영구적 유동자산을 나타내는 선 위에 있는 점선이 있는데, 이는 장기자본을 영구적 유동자산 전체와 일부 계절적 요인에 의한 자금수요에 사용한다는 것을 나타낸다. 이러한 상황에서 기업은 최성수기 자금소요량을 소액의 단기대출로 사용하지만 나머지 계절적 요인에 의한 자금수요를 시장성 유가증권의 '저장된 유동성'으로 충족시킨다. 점선 위의 튀어 나온 부분은 단기자금조달을 나타내고 점선 아래의 도랑 부분은 유가증권을 단기간 보유하는 것을 의미한다. 이 정책은 매우 안전하고 보수적인 자금조달정책이다.

---

3) 이러한 가정은 현실을 과도하게 단순화시킨 것이라고 할 수 있다. 10년짜리 자산투자를 원하는 사람에게 명시적으로 1년짜리 대출을 해주는 채권자는 아마 없을 것이다. 실제 발생할 수 있는 상황은, 기업이 일반적인 사업목적으로 자금을 빌리고 그 돈을 10년 수명의 기계를 구입하는 데 사용하는 것이다.

15-3D 자금조달정책의 선택

수익률곡선은 보통 우상향하기 때문에, 단기부채비용은 일반적으로 장기부채비용보다 보통 낮다. 하지만 단기부채는 다음 두 가지 이유 때문에 장기부채보다 더 위험할 수 있다. (1) 기업이 장기로 차입하는 경우 이자비용은 장기간에 걸쳐 상대적으로 안정적이다. 그러나 기업이 단기차입을 한다면 이자비용은 큰 폭으로 변동할 수 있으며, 급기야 이자비용이 상승하여 이윤을 완전히 상쇄해버릴 수도 있을 것이다. (2) 단기차입에 대한 의존도가 높은 경우 일시적 경기불황이 발생하면 재무비율에 부정적인 영향을 주고 기업이 부채를 상환하는 데 문제가 발생할 수 있다. 이처럼 차입자의 재무상태가 나빠지게 되면, 대출자가 대출갱신을 중단할 수 있어 결국 차입자는 파산지경에 이를 수도 있다. 많은 기업들이 2007-2008년 동안의 금융위기 기간에 단기차입이 어려워지면서 단기부채의 어려움을 겪게 되었다.

참고로 장기차입보다 단기차입에 대한 대출 결정이 빨리 이루어지는 것이 보통이다. 자금 제공자 입장에서 보면 10~20년 장기대출을 제공하는 경우 그 기간 동안 중대한 사고가 발생할 수 있기 때문에 장기대출을 결정하기 전에 기업의 재무상황을 보다 철저히 분석해야 할 필요가 있고 대출조건을 보다 자세하게 글로 명시해야 한다.

끝으로 단기부채는 더 많은 유연성을 제공할 수 있다. 만약 시장금리가 비정상적으로 높다고 생각한다면 기업들은 채무조건의 변경이 용이한 단기부채를 더 선호할 수 있다. 마찬가지로 기업이 계절적 자금수요나 경기순환적 자금수요가 필요한 경우, 기업은 장기부채로 조달하는 것을 원하지 않을 것이다. 왜냐하면 중도상환이 이루어지면 대출자 입장에서는 비용이 위험이 발생하므로 이러한 비용을 충당하기 위해 중도상환수수료 지급을 장기부채계약에 명시하고 있는 경우가 많기 때문이다. 마지막으로 장기대출계약은 일반적으로 자금 제공자를 보호하기 위해 기업의 향후 행동을 제한하는 조항들이나 단서조항들을 포함하지만 단기대출계약은 일반적으로 제한조항이 거의 없다.

단기부채와 장기부채의 상대적인 장점은 시기에 따라 변하는 것 같다. 예를 들어, 최근 금융위기 직후 신용경색이 발생하자 많은 기업들이 만기가 다가온 단기대출의 갱신이 어려운 지경에 처하게 되었다. 아마도 이들 중 많은 기업들이 운전자본을 관리하는 데 있어서 좀 더 보수적인 정책을 취하려고 했을지도 모르겠다. 하지만 금융위기 전, 장기부채에 심하게 의존하는 보수적인 정책을 취했던 기업들은 경쟁열위에 놓일 수밖에 없었는데, 왜냐하면 단기부채가 장기부채보다 지속적으로 저렴했고 무엇보다 신용상황이 매우 좋아 계약갱신위험이 매우 낮았기 때문이다.

이러한 모든 점을 고려해볼 때, 단기부채와 장기부채 중 어느 것이 더 보다 낫다고 단정하기 어렵다. 기업의 구체적인 상황과 경영자의 선호에 따라 선택이 달라진다. 낙관적인 경영자나 공격적인 경영자인 경우 이자비용의 이점을 살려 단기부채를 더 선호할 것이고, 보수적인 경영자인 경우 잠재적 대출갱신 문제를 피하기 위해 장기부채를 선호할 것이다. 최종적인 의사결정은, 물론 여기서 논의한 모든 요인을 고려하겠지만, 결국 경영자의 개인적 선호와 판단에 따라 이루어질 것이다.

셀프 테스트

- 영구적 유동자산과 임시유동자산의 차이가 무엇인가?
- 만기일치란 무엇을 의미하며, 이러한 자금조달정책의 장점은 무엇인가?
- 이 장에서 언급한 단기부채와 장기부채의 장단점은 각각 무엇인가?

15-4 현금전환주기

현금전환주기(CCC)
자금이 운전자본에 묶여 있는 기간 또는 자금이 운전자본으로 투입되어 현금으로 회수될 때까지의 기간

모든 기업들은 '운전자본주기'를 따르는데, 이 주기는 재고자산을 구입 또는 생산한 후 일정 기간 보유하면서, 이를 판매해서 현금을 얻는 기간을 말한다. 이러한 과정은 양키들이 끌고 다니던 마차행상의 판매 여정과 유사한데, 이를 **현금전환주기**(cash conversion cycle: CCC)라고 부른다.

15-4A 목표 현금전환주기의 계산

신생기업 Great Fashion Inc.(GFI)는 중국 제조업체에서 매입한 여성용 골프용품을 미국, 캐나다, 멕시코의 골프장 프로숍에서 판매하고 있다. 이 기업의 사업계획은 매월 초 $100,000의 골프용품을 구입하여 60일 이내에 판매하는 것이다. GFI가 공급업체에게 지불할 구입대금의 지불기일은 40일이고 고객에게 판매한 금액의 회수기일은 60일이다. GFI는 몇 년 이내로 월매출과 월매입이 $100,000이 되는 손익분기점에 이를 것으로 예상하고 있다. 회사 운영을 위해 필요한 경비는 은행대출로 충당하고 여유 현금이 생기는 즉시 대출금을 상환한다. 이러한 정보를 토대로 GFI의 현금전환주기를 계산할 수 있는데, 이는 아래에 기술한 세 개의 기간으로부터 산출한다.[4)]

재고전환기간
원재료가 최종재로 전환되어 판매될 때까지 소요되는 평균 기간

1. **재고전환기간**(inventory conversion period): GFI가 제품을 판매하는 데 60일이 걸리므로 이 기간은 60일이다.[5)]

4) Verlyn D. Richards and Eugene J. Laughlin, "A Cash Conversion Cycle Approach to Liquidity Analysis," *Financial Management*, vol. 9, no. 1(Spring 1980), pp. 32-38.

5) GFI가 제조업체라면, 재고전환기간은 원재료를 완제품으로 전환하고 이를 다시 판매하는 데까지 소요되는 시간이다.

평균 회수기간

기업의 매출채권이 현금으로 전환되는 기간. 즉, 매출 이후에 현금을 회수할 때까지 소요되는 평균 기간

매입채무신용기간

원재료를 구입해서 그 대금을 현금으로 지급할 때까지 소요되는 평균 기간

2. **평균 회수기간**(average collection period: ACP): 제품판매 후 고객에게 주어진 지불기한이다. 평균 수금기간은 **매출채권 회전일수**(days sales outstanding: DSO)라고도 한다. GFI의 경영계획에 따르면 평균 수금기간은 60일로, 이는 60일 동안 신용판매를 제공하는 것과 일치한다.
3. **매입채무신용기간**(payables deferral period): GFI의 공급업체가 GFI에게 주는 지불기간이다. 이 예의 경우 40일이다.

제1일에 GFI는 제품을 구매한 후 이를 판매하는데, 따라서 60일 안에 제품을 매출채권으로 전환한다. 여기에 더하여 매출채권을 현금으로 회수하는 데 60일이 추가적으로 소요되므로, 골프용품을 구매해서 현금으로 회수할 때까지 총 120일이 소요된다. 한편 GFI도 대금지불을 40일 동안 지연할 수 있다. 이러한 세 개의 기간을 결합하여 계획된 현금전환주기를 계산할 수 있다. 식 (15.1)은 관련 계산식이고 [그림 15.3]은 이를 나타낸 것이다.

재고 전환기간	+	평균 회수기간	−	매입채무 신용기간	=	현금 전환주기	(15.1)
60	+	60	−	40	=	80일	

GFI는 40일 후에 공급업체에게 $100,000을 지불해야 하지만 현금은 120일 동안 받지 못한다. 따라서 40일째 되는 날에 대금을 지불하기 위해 $100,000을 차입해야 한다. 그러나 현금을 수금할 120일째 되는 날까지 은행대출을 상환할 수 없을 것이다. 따라서 120 − 40 = 80일(현금전환주기) 동안 GFI는 은행에 $100,000의 빚을 지고 있게 되고 이 채무에 대해 이자를 지불해야 한다. 현금전환주기가 짧으면 짧을수록 이자부담이 줄어들기 때문에 GFI 입장에서 더 좋아진다. 참고로 GFI가 제품을 보다 빠르게 판매하거나, 매출채권을 보다 빠르게 회수하거나, 또는 매출을 저해하지 않고 영업비용을 증가시키지 않으면서 매입채무에 대한 지불을 지연시킬 수 있다면, 현금전환주기는 감소하고 이자부담이 줄며 이익과 주가는 호전될 것이다.

15-4B 재무제표로부터 현금전환주기를 계산하는 방법

앞의 절에서 현금전환주기를 이론적으로 설명했지만, 실제로는 기업의 재무제표에 기초하여 현금전환주기를 계산한다. 또한 실제현금순환기간은 이론적으로 예측된 것과는 거의 확실히 다른데, 왜냐하면 실제 현실에서는 선적 지연, 매출 하락, 고객의 대금지급 지연 등과 같은 일들이 발생하기 때문이다. 게다가 GFI와 같은 신생기업은 앞의 순환이 끝나기 전에 새로운 순환기간을 시작하기 때문에 상황이 더욱 복잡하다.

실제로 현금순환기간이 어떻게 계산되는지 살펴보기 위하여, GFI가 과거 몇 년 동

[그림 15.3] 현금전환주기

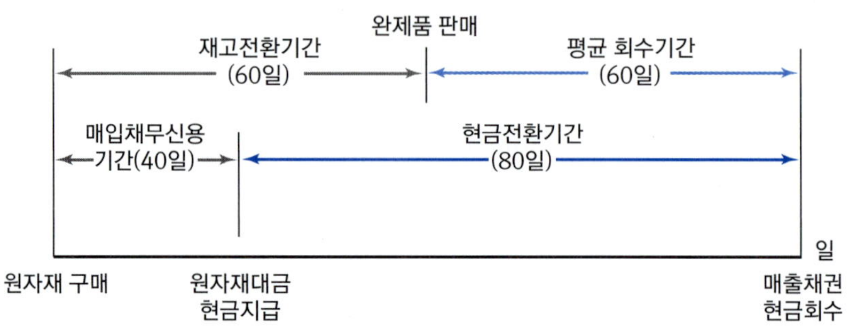

안 영업을 해왔고 이제 제품주문, 판매, 수금, 지급 등이 안정 상태를 유지한다고 가정하자. 다음은 가장 최근의 GFI 재무제표 자료에서 발췌한 것이다.

연매출액	$1,216,666
매출원가	1,013,889
재고자산	250,000
매출채권	300,000
매입채무	150,000

먼저 재고전환기간을 계산해 보자.

$$\text{재고전환기간} = \frac{\text{재고자산}}{\text{일간 매출원가}} \tag{15.2}$$

$$= \frac{\$250{,}000}{\$1{,}013{,}889/365} = 90\text{일}$$

따라서 GFI가 제품을 팔기 위해서는 사업계획안에 제시된 60일이 아닌, 평균 90일이 소요되는 것으로 나타났다. 재고자산은 원가로 기록되므로 위의 식에서 분모는 매출액이 아닌 매출원가이다.

평균 회수기간(또는 매출채권 회전일수)은 다음과 같이 계산한다.

$$\text{평균 회수기간} = \text{ACP(또는 DSO)} = \frac{\text{매출채권}}{\text{연매출액}/365} \tag{15.3}$$

$$= \frac{\$300{,}000}{\$1{,}216{,}666/365} = 90\text{일}$$

참고로 매출 후 현금을 회수하는 기간은 사업계획안에 제시된 60일이 아니라 90일로 나타나고 있다. 매출채권은 판매가로 장부에 기록되기 때문에 분모에 매출원가 대신 매출액을 사용한다.

현금전환주기의 실제 사례

아래 표는 6개 산업에 걸쳐 있는 12개 기업의 현금전환주기(CCC)의 최근 추정치를 정리한 것이다. 예상대로 CCC는 많은 재고가 요구되는 소매업에서 크게 나타났다. 그나마 다행인 것은, 많은 소매기업의 매출채권 회전일수(DSO)가 낮다는 것인데, 이는 대부분의 고객이 현금이나 신용카드로 결제를 하여 자금회수가 빠르기 때문이다. 동일한 산업에서도 기업 간에 CCC가 큰 편차를 보이고 있다. 예를 들어, 컴퓨터와 주변기기 산업에서, 컨실팅 및 경영시비스에 크게 의존하는 Pepsi의 CCC가 Coke의 CCC보다 절반 정도 수준인데 매입채무신용기간이 17% 길기 때문인 것으로 판단된다. 한편 Pepsi의 CCC가 음수로 나타나고 있는데, 이는 기업이 현금을 조달하지 않아도, 운전자본을 통해서 현금이 기업에 제공되는 것을 의미한다. Apple과 HP가 음의 CCC값을 보인다. 마찬가지로 의류소매업 3개 회사 중에서, Abercrombie & Fitch가 비정상적으로 유독 높은 CCC를 보이고 있는데, 그 이유는 이 기업이 상대적으로 많은 재고를 보유하고 있기 때문이다. 기업 경영에 대해서 우려하지 않을 수 없는 부분이다.

두 번째 표는 동일한 기업의 2020년 7월의 자료로 직전 1년 동안의 경영의 결과를 보여준다. 주목할 점은 첫 번째 표는 코로나바이러스의 효과 이전의 상황이 반영된 것인 반면, 두 번째 표는 코로나바이러스 기간인 2020년 상반기의 상황이 반영되었다는 점이다. 2개의 표를 비교하면 팬데믹 기간 동안에 발생한 주목할 만한 사실이 있다는 점을 알게 된다. 예를 들면, Coke의 현금전환주기는 양(+)의 값에서 음(−)으로 변화하였고 Pepsi의 경우는 음의 값이 더 심화되었다. 양 회사 모두 평균 회수기간과 재고전환기간이 모두 증가하였지만 매입채무신용기간은 더 심하게 증가하여 현금전환계수가 음(−)의 값을 갖게 된 것이다. EuroFinance에 의하면 식음료와 소비재를 생산하는 국제적 기업들의 60%가 운전자본상의 문제가 증가하였다고 밝혔으며, 25%의 기업은 공급체인상의 문제를 지적하였다. 이러한 회사들은 매입채무를 확대하여 운전자본의 문제를 해결하려고 했던 것이다.[6)]

현금흐름주기의 실제사례, 2019년

기업	산업	재고 전환기간*	평균 회수기간*	매입채무 신용기간*	현금 전환계수(CCC)
Coca-Cola	음료업	76.71	36.08	78.67	34.12
PepsiCo Inc.	음료업	39.16	34.04	92.22	−19.02
Abercrombie & Fitch	의류소매업	108.13	7.73	55.39	60.47
American Eagle Outfitters	의류소매업	57.04	4.67	34.48	27.23
Gap	의류소매업	76.33	7.52	40.95	42.90
Best Buy	컴퓨터소매업	57.50	9.05	57.29	9.26
Apple Inc.	컴퓨터 및 주변기기	9.09	32.35	115.20	−73.76
HP Inc.	컴퓨터 및 주변기기	45.24	34.61	113.56	−33.71
CVS Health Corp.	음료소매업	29.34	9.68	16.77	22.25
Walmart	음료소매업	41.02	4.38	43.49	1.91
Alcoa Corp.	제철업	64.87	24.07	62.09	26.85
U.S. Steel Corp.	제철업	58.56	40.00	69.32	29.24

*Morningstar는 비율계산에 기초와 기말자료의 평균을 사용한다.
출처: morningstar.com의 2020년 7월 7일 자료를 사용하였다.

6) Manpreet Singh, "Consumer Goods Companies Slashed Purchases, Extended Payables as Pandemic Disrupted Customers," *EuroFinance*(eurofinance.com), June 23, 2020.

현금흐름주기의 실제사례, TTM

기업	산업	재고 전환기간*	평균 회수기간*	매입채무 신용기간*	현금 전환계수(CCC)
Coca-Cola	음료업	84.06	40.66	291.68	-166.96
PepsiCo Inc.	음료업	42.71	43.36	191.00	-104.93
Abercrombie & Fitch	의류소매업	111.69	9.23	44.57	76.35
American Eagle Outfitters	의류소매업	58.30	8.29	27.16	39.43
Gap	의류소매업	83.66	-	36.87	-
Best Buy	컴퓨터소매업	50.48	6.71	50.25	6.94
Apple Inc.	컴퓨터 및 주변기기	9.04	20.98	69.17	-39.15
HP Inc.	컴퓨터 및 주변기기	46.71	33.75	111.46	-31.00
CVS Health Corp.	음료소매업	27.49	10.35	15.69	22.15
Walmart	음료소매업	38.87	3.54	40.34	2.07
Alcoa Corp.	제철업	66.39	24.01	55.78	34.62
U.S. Steel Corp.	제철업	66.69	43.44	74.17	35.96

*Morningstar는 비율계산에 기초와 기말자료의 평균을 사용한다.
출처: morningstar.com의 2020년 7월 7일 자료를 사용하였다.

매입채무신용기간은 다음과 같이 계산한다. 앞과 마찬가지로 매입채무는 원가로 장부에 기록되므로 분모에 매출액 대신 매출원가를 사용한다.

$$\text{매입채무신용기간} = \frac{\text{매입채무}}{\text{일간 구입대금}} = \frac{\text{매입채무}}{\text{매출원가}/365} \tag{15.4}$$

$$= \frac{\$150{,}000}{\$1{,}013{,}889/365} = 54\text{일}$$

GFI는 40일 후에 공급업체에게 대금을 지불해야 하지만, 실제 늦게 지급하고 있으며, 평균 54일이 걸리는 것으로 나타나고 있다.

이제 세 개의 기간을 결합하여 GFI의 실제 현금전환주기를 계산해보자.

$$\text{현금전환주기(CCC)} = 90\text{일} + 90\text{일} - 54\text{일} = 126\text{일}$$

GFI의 실제 현금전환주기 126일은 애초에 계획된 80일과는 상당한 차이가 있는 것이다. 제품 판매에 예정보다 많은 기간을 소요하고, 고객도 주어진 기간 안에 대금을 지불하지 않으며 GFI도 공급업체에게 원래보다 늦게 대금을 지불하고 있다. 이러한 결과로 CCC가 예정된 80일이 아닌 126일로 나타나고 있다.

애초 계획된 90일의 CCC가 '적정한' 것임에도 실제로 나타난 126일은 너무 높다.

기업의 CFO는 영업부서를 독려하여 매출을 시키고 신용부서에게는 자금회수를 서두르도록 지시해야 한다. 아울러 구매부서는 대금지급기간이 연장되도록 노력해야 한다. GFI가 매출과 영업비용을 손상시키지 않은 채 위의 사항을 수행할 수 있다면 기업의 이익과 주가는 개선될 것이다.

과거 20년의 기간에 대해 2,900개 이상의 기업을 분석한 Hyun-Han Shin과 Luc Soenen의 연구에 의하면, 현금전환주기를 감소시키면 기업의 이익이 상승하고 주식의 성과도 좋아진다고 한다.7) 이들의 연구는 양호한 운전자본관리가 기업의 재무상태와 성과에 중요한 것임을 시사한다.

응용문제

Direct Furnishings Inc.에 관한 자료는 다음과 같다.

연매출액	$10,000,000
매출원가	6,000,000
재고자산	2,547,945
매출채권	1,643,836
매입채무	1,200,000

이 기업의 현금전환주기는?

[해답]

먼저 기업의 재고전환기간, 평균 회수기간, 매입채무신용기간을 계산한 후, 현금전환주기를 계산해 보자.

$$\text{재고전환기간} = \frac{\text{재고자산}}{\text{일긴 매출원가}}$$

$$= \frac{\$2,547,945}{\$6,000,000/365} = 155\text{일}$$

$$\text{평균 회수기간} = \frac{\text{매출채권}}{\text{연매출액}/365}$$

$$= \frac{\$1,643,836}{\$10,000,000/365} = 60\text{일}$$

$$\text{매입채무신용기간} = \frac{\text{매입채무}}{\text{매출원가}/365}$$

7) Hyun-Han Shin and Luc Soenen, "Efficiency of Working Capital Management and Corporate Profitability," *Financial Practice and Education*, vol. 8, no. 2(Fall/Winter 1998), pp. 37-45.

$$= \frac{\$1,200,000}{\$6,000,000/365} = 73\text{일}$$

현금전환주기 = 재고전환기간 + 평균 회수기간 − 매입채무신용기간

= 155 + 60 − 73 = **142일**

셀프 테스트

- 다음 용어를 정의하라: 재고전환기간, 평균 회수기간, 매입채무신용기간. 현금전환주기를 계산하기 위해서 이 용어들을 어떻게 사용하는가?
- 현금전환주기의 감소가 어떻게 수익성의 증가로 나타나는가?
- 현금전환주기를 줄이기 위해 기업이 취할 수 있는 조치는 무엇인가?

15-5 현금예산

현금예산
일정 기간 동안 현금 수입, 현금 지출 및 그 잔액을 보여주는 표

기업은 현금흐름을 예측하고 있을 필요가 있다. 추가현금이 요청되는 경우 기업은 미리 자금을 준비해 두어야 한다. 반면에 잉여현금이 발생할 것으로 예상한다면 그것을 생산적 목적으로 사용할 수 있도록 미리 사용계획을 수립할 필요가 있다. **현금예산**(cash budget)은 기업의 현금흐름을 예측하는 가장 중요한 도구이며, <표 15.1>에 제시되어 있다. 이는 책의 엑셀 모형에서 출력한 것이다.

현금예산은 어느 기간에 대해서도 작성할 수 있다. 그러나 대부분 기업들은 <표 15.1>처럼 차기년도를 위하여 월간 현금예산을 작성하거나 매월 초에 일일 현금예산을 작성한다. 월간 현금예산은 연간계획을 마련하는 데 바람직하고, 일일 현금예산은 실제 현금흐름에 대한 보다 정확한 실상을 알려주기 때문에 매일매일의 실제 현금지급을 계획하는 데 있어서 유용하다.

월간 현금예산은 월간 예상매출과 현금회수가 실제로 언제 일어나는지에 대한 분석에서 시작한다. 그다음으로 원자재구매에 대한 예측, 그다음으로 원자재, 임금, 리스, 새로운 장비, 세금 및 기타 비용에 대한 지급액을 예측한다. 예상현금회수액에서 예상현금지급액을 빼면 월간 예상순현금의 증가분 또는 감소분이 계산된다. 이 금액을 월초의 현금잔고에 더하면(혹은 현금잔고에서 빼면), 이 금액이 바로 기업이 월말에 보유하게 될 현금액수가 된다. 물론 기업이 이 기간 동안 현금을 차입하거나 투자하지 않았음을 가정하였다.

이제 Allied Food를 예로 들어 현금예산을 살펴보자. 간단히 2022년 후반기만 분석해보자. Allied는 주로 슈퍼마켓 대리점에 상품을 판매하는데, 2022년도 예상매출은

〈표 15.1〉 Allied Food Products 2022 현금예산(단위: 100만 달러)

	A	B	C	D	E	F	G	H	I	J	K	L	M	N
5	입력자료													
6	당일 회수						20%	일정하다고 가정, 변하지 않음						
7	매출후 차기월에 회수						70%	일정하다고 가정, 변하지 않음						
8	매출후 차차기월에 회수						10%	100%-(20%+70%)- 악성채무비율과 동일함						
9	악성채무비율						0%	효과를 알아보기 위해 변동 가능						
10	매출 당월 회수시 할인율						2%	효과를 알아보기 위해 변동 가능						
11	익월 매출액 대비 매입액의 비율						70%	효과를 알아보기 위해 변동 가능						
12	리스 지급액						$ 15	효과를 알아보기 위해 변동 가능						
13	신설비의 건설비용(10월)						$ 100	효과를 알아보기 위해 변동 가능						
14	목표현금잔고						$ 10	효과를 알아보기 위해 변동 가능						
15	매출조정요인						0%	효과를 알아보기 위해 비율 증가 또는 감소						
16														
17														
18	**현 금 예 산**													
19							5월	6월	7월	8월	9월	10월	11월	12월
20	매출액(총액)						$200	$250	$300	$400	$500	$350	$250	$200
21	회수													
22	매출 당월 회수: 0.2(매출액)(0.98)								$59	$78	$98	$69	$49	$39
23	매출 후 차기월에 회수: 0.7(전원 매출액)								175	210	280	350	245	175
24	매출 후 차차기월에 회수: 0.1(2개월 전 매출액)								20	25	30	40	50	35
25	총회수액								$254	$313	$408	$459	$344	$249
26	매입액: 익월 매출액의 70%							$210	$280	$350	$245	$175	$140	
27	지급													
28	원자재에 대한 지급: 전월매입액								$210	$280	$350	$245	$175	$140
29	임금								30	40	50	40	30	30
30	리스 지급								15	15	15	15	15	15
31	기타비용								10	15	20	15	10	10
32	세금										15			10
33	생산설비 건설비용											100		
34	총지급액								$265	$350	$450	$415	$230	$205
35	순현금흐름(NCF):													
36	당월 순현금흐름: 25행-34행								($11)	($37)	($42)	$44	$114	$44
37	누적 순현금흐름: 전월 누적NCF-당월 NCF								($11)	($48)	($90)	($46)	$68	$112
38	현금잉여(또는 차입필요액)													
39	목표현금잔고								$10	$10	$10	$10	$10	$10
40	현금잉여(또는 차입필요액) 37행-39행								($21)	($58)	($100)	($56)	$58	$102
41	최대차입필요액(음수로 나타남)								($100)					
42	최대두자가능액								$102					

주: 1. 비록 예산기간이 7월부터 12월까지지만 7월과 8월의 현금회수와 지불을 계산해야 하기 때문에 5월과 6월의 매출액과 구입액이 필요하다.

2. 기업은 대출과 상환을 일간 단위로 할 수 있다. 따라서 7월의 대출액 $2,100만은 필요한 날마다 일수계산으로 점진적으로 차입해온 액수이다. 10월의 경우를 살펴보면, 10월이 시작할 때에는 $1억이었지만 매일 감소되어 10월 말일에는 $5,600만으로 감소하였다. 이 금액도 11월 중 어느 날 완전히 상환될 것이다.

$33억이다. <표 15.1>에서 보듯이 매출은 여름에 증가하고 9월이 성수기이며, 가을에는 하락한다. 모든 매출은 “2/10, net 30”을 적용하는데, 이는 판매대금을 10일 이내에 결제할 경우 2% 할인을 해준다는 의미이다. 만일 할인적용을 받지 않았다면, 대금은 30일 이내에 결제한다. 하지만 대부분의 회사들이 경험하듯이, Allied의 일부 고객 중

에도 지불을 지연하는 경우가 있다. 20%의 고객은 매출 당월에 대금을 지급한다(이들은 할인 고객이다). 70%의 고객은 매출 발생 후 차기월에 대금을 지급하고, 나머지 10%는 매출이 발생 후 차차기월에 대금을 지급하고 있다.[8)]

Allied가 식품, 향신료, 방부재, 포장자재 등에 지출하는 비용은 평균적으로 매출액의 70% 정도를 차지하고 있다. 구매는 완제품을 판매할 것으로 예상되는 날로부터 한 달 전에 하며, Allied의 공급업체들은 Allied에게 30일의 지불기한을 허용하고 있다. 7월의 예상매출액은 $3억이고, 따라서 6월 중의 구매액은 $2억 1,000만이며, 대금은 7월 중에 지불되어야 한다.

목표현금잔고
기업이 영업활동을 하기 위해 유지해야 하는 바람직한 수준의 현금 잔액

임금과 리스비용, 세금도 현금예산에 포함된다. Allied의 추정 세금납부액은 9월 15일 기한인 $1,500만과 12월 15일이 기한인 $1,000만이다. 또한 새로운 생산설비에 대한 건설비로 $1억이 10월에 지불되어야 하고, 기타 비용들도 현금예산에서 제시되어 있다. Allied의 **목표현금잔고**(target cash balance)는 $1,000만이다. Allied는 목표현금잔고를 충족시키기 위해 부족한 경우 차입을 하고, 필요 이상으로 현금이 더 많은 경우 잉여자금을 투자할 계획이다.

<표 15.1>의 상단에 있는 정보를 이용하여 7월부터 12월까지 매월 현금 잉여분 또는 현금 부족분을 예측하며, 이와 함께 월말의 현금잔고를 목표 수준에 맞추기 위해 필요한 차입금 규모나 투자가능한 잉여현금 규모를 예측한다. 예측에 사용되는 입력자료는(가정에 근거한 것으로 실제와 차이가 날 수 있다) 6행부터 15행까지 제시되어 있다. 이 값들을 이용하여 이제부터 계산해보자. 20행은 5월부터 12월까지의 예상매출액을 보여주고 있다. 5월과 6월 매출액은 7월과 8월의 계산을 위해 필요하다. 22행부터 25행까지는 현금회수와 관련된 자료이다. 22행은 매월 매출액의 20%가 그달 중에 회수된다는 것을 나타낸다. 그러나 매입 당월에 대금을 지불하는 고객들은 2% 할인을 받기 때문에 그달의 수금은 2%만큼 작아진다. 예를 들어, 7월 수금은 7월 매출액 $3억의 20%에서 2% 할인된 금액을 차감하여 계산된다. 즉, 0.2($3억) − 0.2($3억)(0.02) = $5,880만이 되고 반올림하면 $5,900만이 된다. 23행은 전월 매출액에 대한 수금을 나타낸다. 예를 들어, 7월의 경우 6월 매출액 $2억 5,000만의 70%인 $1억 7,500만이 수금되어야 한다. 24행은 매출 발생 후 2개월 내의 수금을 보여준다. 7월의 경우 5월 매출액 $2억의 10%인 $2,000만이 수금되어야 한다. 매월 수금은 합산하여 25행에 제시되어 있다. 예를 들어, 7월 총수금액은 7월 매출액의 20%에서 2% 할인액을 차감한 것($5,900만)에 6월 매출액의 70%($1억 7,500만)와 5월 매출액의 10%($2,000만)를

8) 매출 중 극히 일부만이 악성채무가 된다. Allied 기업에 악성채무손실이 적은 이유는 고객을 주의해서 선별하고 신용정책을 엄격하게 적용했기 때문이다. 현금예산모형은 악성채무의 영향을 보여줄 수 있다. 따라서 Allied의 CFO는 최고경영진에게 매출을 늘리기 위해 신용정책을 완화할 경우 현금흐름에 어떤 영향이 나타나는지를 보여줄 수 있다.

더한 값인 $2억 5,400만이다.

원자재의 매입은 익월 매출액의 70%인데 26행에 나타나 있다. 6월 매입액은 7월 예상 매출액 $3억의 70%로 0.7($3억) = $2억 1,000만이 된다. $2억 1,000만은 7월에 지불되어야 하는데 28행에 나타나 있다. 계속해서 8월 매출액은 $4억으로 예측되기 때문에 7월 매입액은 0.7($4억) = $2억 8,000만이 되어야 하고, 이 금액은 8월에 지불되어야 한다. 다른 필요경비, 예를 들어 인건비, 리스비용, 세금, 건설비 및 기타 비용은 29행부터 33행에, 그리고 총지급은 34행에 각각 제시되어 있다.

다음으로, 36행에는 순현금흐름(net cash flow: NCF)이 나타나 있는데 이는 25행의 총수금에서 34행의 총지급을 차감한 것이다. 7월의 NCF는 −$1,100만인데, 가을 수확과 식품가공 때문에 계속 음(−)을 유지하고, 10월에야 양(+)의 현금흐름이 발생한다.

당월 NCF는 37행의 누적 NCF를 계산하는 데 사용한다. 누적 NCF는 전월 누적 NCF에 당월 NCF를 더하여 계산한다. 7월이 시작될 때에는 전월의 누적 NCF가 없기 때문에 7월 말 누적 NCF는 단순히 7월 NCF인 −$1,100만이다. 8월 말 누적 NCF는 7월 말 누적 NCF −$1,100만에 8월의 NCF −$3,700만을 더한 −$4,800만이 된다. 9월에도 음(−)의 현금흐름이 발생하고 있기 때문에 누적 NCF는 −$9,000만이 된다. 그러나 10월의 NCF는 양(+)이 되므로 누적 NCF는 −$4,600만으로 축소되고 11월에는 음(−)의 값에서 양(+)의 값으로 전환되고 12월에는 양(+)의 값이 유지된다.

Allied의 목표현금잔고는 $1,000만이고, 그 잔고를 계속해서 유지하길 원한다. Allied는 7월 현금예산에 대한 분석을 시작할 때 $1,000만을 차입할 것을 계획하고 있는데 이 값이 39행에 나타나 있다. 7월 중 현금 부족이 $1,100만으로 예측되고 있고 7월이 시작하면서 $1,000만을 차입했기 때문에 7월 말 필요한 대출액은 40행에서 $2,100만으로 나타나 있다.[9] Allied는 8월과 9월에 추가적인 현금 부족을 겪게 되는데, 이에 따라 필요한 차입금은 증가하여 9월 말에는 $1억이 된다. 그러나 10월에는 양(+)의 현금흐름이 발생하여 필요한 차입금을 감소시키게 되어 11월 말에는 차입금을 완전히 상환하고 오히려 투자자금을 보유하게 된다. 그래서 12월 말에 Allied의 차입금은 없으며 투자용 자금은 $1억 200만이다.

6개월의 기간에 대해서, 41행은 최대소요차입금 $1억을 나타내고, 42행은 최대투자가능액 $1억 200만을 각각 제시하고 있다. Allied의 재무책임자는, 자금이 필요하면 자금을 차입하고 현금흐름이 양(+)이 될 때 차입금을 상환할 수 있도록, 최대 $1억의

9) 만약 Allied의 현금잔고가 양(+)인 상태에서 시작했다면, 그 금액은 부채를 상환하는 용도로 공제되었을 것이다. 또한 현금잔고는 대출에 대한 이자비용과 투자에 대한 이자수입이 반영되어 있지 않다는 점에서 단순화된 형태라는 것을 유의하자. 물론 그러한 항목을 현금잔고에 반영하기는 어렵지 않다.

여신한도를 증액하는 것이 필요할 것이다. 재무책임자는 여신한도에 관해 은행과 협상 시 현금예산을 보여줄 것이고, 대출은행은 Allied가 자금을 얼마나 필요로 하며, 언제 필요하며, 또 대출이 언제 상환될 것인지를 알고 싶을 것이다. 물론 그 전에 은행(그리고 Allied의 CEO)은 재무책임자에게 현금예산에 대해 질문을 할 것이다. 예를 들어, 실제매출이 예상매출보다 높거나 낮을 경우 예측치가 어떻게 달라지며, 고객의 대금 지불관행 등이 변화할 때 예측치가 어떻게 달라지는지 등을 물어볼 것이다. 질문을 통해서 다음 두 가지를 중점적으로 파악하려 할 것이다: **예측치가 얼마나 정확할 것으로 보는가? 또 주요 오차가 발생할 때, 예측치는 어떻게 달라지는가?**

현금유입과 현금유출이 매달 균일하게 발생하지 않는다면 실제 필요한 자금은 제시된 금액과 크게 다를 수 있다. <표 15.1>의 자료는 매월 말일의 상황을 보여주고 있고, 여기에서 최대요구차입금은 $1억인 것으로 나타나 있다. 그러나 모든 현금지불이 매월 1일에 이루어지고 대부분의 대금 회수가 30일에 이루어진다면, Allied는 $2억 5,400만을 회수하기 전에 $2억 6,500만을 7월에 현금으로 지불해야 한다. 이 경우 Allied는 <표 15.1>의 $2,100만이 아닌 약 $2억 7,500만을 차입해야 한다. 일일 현금예산은 이러한 상황을 말해준다.

<표 15.1>은 엑셀을 사용하여 작성했는데, 따라서 가정이 변할 경우 수정하기 용이하다. 따라서 매출, 목표현금잔고, 고객의 지불 관행 등의 변화가 현금흐름에 어떤 영향을 주는지를 파악할 수 있다. 또한 신용정책과 재고관리의 변화가 현금예산에 미치는 영향도 알아볼 수 있다.

셀프 테스트

- 은행대출조건에 대한 협상 시 현금예산을 어떻게 활용할 수 있는가?
- 한 달 동안 유입되는 기업의 현금흐름이 균일하게 발생하지 않는다고 가정하자. 이러한 문제가 월간 현금예산에서 도출된 예상요구차입금의 정확성에 어떠한 영향을 주는가? 이러한 문제를 기업은 어떻게 해결할 수 있는가?

15-6 현금과 시장성 유가증권

사람들이 현금(cash)이라는 용어를 사용할 때, 이는 대부분 화폐(지폐와 동전)와 은행의 요구불예금을 의미한다. 하지만 기업의 재무책임자가 이 용어를 사용할 때, 이는 화폐와 요구불예금뿐 아니라 매우 안전하고, 유동성이 높고, 시장성 있으며 따라서 신속하게 예측된 가격으로 팔 수 있어 요구불예금으로 전환될 수 있는 시장성 유가증권까지 포함한 것을 지칭한다.[10] 따라서 재무상태표의 '현금'에는 일반적으로 '현금등가물(cash equivalents)'이라고 불리는 단기 유가증권이 포함되어 있다.

기업이 보유하는 시장성 유가증권은 두 개의 범주로 나눌 수 있다. (1) 영업용 단기증권은 주로 유동성을 제공하고자 보유하며, 영업용 자금의 필요에 따라 매매한다. (2) 기타 단기증권은 정상 영업활동에 필요한 자금을 초과하여 보유하게 된 증권이다. Microsoft와 같이 수익성이 매우 높은 기업의 경우 대개 유동성 확보에 필요한 규모 이상으로 훨씬 많은 유가증권을 보유하고 있다. 이러한 유가증권은 결국 현금으로 전환된 후, 대규모의 일회성 배당금 지급, 자사주매입, 채무상환, 기업 인수, 사업 확장 등에 사용된다. 구체적인 자금분할 내용은 재무상태표에 나타나지는 않지만 재무책임자는 얼마의 증권이 영업용과 기타 목적으로 필요한지를 알고 있다. 순운전자본을 논의하면서 우리가 중점적으로 살펴볼 내용은 영업유동성을 제공하는 목적으로 보유하게 되는 유가증권에 관한 것이다.

15-6A 화폐

패스트푸드점, 카지노, 호텔, 영화관 및 일부 영업점포는 상당한 액수의 화폐를 보유한다. 그러나 신용카드, 체크카드 및 다른 지불수단의 사용이 증가하면서 화폐의 중요성은 감소하고 있다. McDonald 같은 기업은 일상적인 영업활동을 위해 충분한 화폐를 보유할 필요가 있지만, 필요한 수준보다 많이 보유하는 경우 자본비용은 증가하고 도둑을 유인할 가능성도 커진다. 기업들은 각각 최적보유수준을 결정한다. 하지만 심지어 소매상의 경우에도 화폐는 일반적으로 총현금보유액에서 작은 비중을 차지한다.[11]

---

10) 기업의 재무책임자가 현금을 그런 식으로 생각한 이유는 그들의 관점에서 요구불예금과 시장성 유가증권에 약간의 차이가 있기 때문이다. 그들이 딜러에게 전화해서, 증권을 팔고 그런 후 대금이 기업의 은행계좌에 입금하는 데 한 시간 정도면 완료된다. 또한 여러 종류의 단기증권이 활용가능한데, 미재무부 단기증권 T-bill이 전형적인 예이다. 제2장에서 소개한 것처럼 이외에도 안전하고, 유동성 있는 단기의 시장성 증권이 많이 있다.

11) 아주 오래전에는 화폐도 부를 축적하는 수단이었으며, 이를 비상용 또는 염가구매 등에 사용하였다. 이러한 모습은 오늘날 미개발 지역에서만 볼 수 있다.

15-6B 요구불예금

요구불[또는 체킹(checking)]예금은 대부분의 기업들에게는 화폐보다 훨씬 중요하다. 요구불예금은 인건비나 원자재대금을 지불한다든가, 고정자산을 구입하거나 세금을 납부하거나 부채를 상환하고 배당금을 지급하는 등의 거래를 위해 사용된다. 요구불예금은 대개 이자를 지급하지 않기 때문에 기업 입장에서는 요구불예금의 보유를 최소화하고자 한다. 그러나 적정수준의 요구불예금을 보유하고 있어야 공급업체에게 신속하게 대금을 지불할 수 있고 그에 따른 할인도 받을 수 있으며 구매협상에 있어서 유리한 위치에 있을 수 있다. 다음에 제시된 기법은 요구불예금의 보유 수준을 최적화하기 위해 사용될 수 있다.

1. **유동성을 확보하는 수단으로 요구불예금보다 시장성 유가증권을 보유한다.** 기업이 시장성 유가증권을 보유할 때는 요구불예금을 보유할 필요가 줄어든다. 예를 들어, 상당한 액수의 기업어음을 예기치 않게 즉시 지불해야 할 경우 기업의 재무책임자는 증권딜러에게 전화를 해서 일부 증권을 매도하여 기업의 당좌예금계좌로 자금이 당일 입금되도록 할 수 있다. 요구불예금은 이자를 지불하지 않고 증권은 이자를 받을 수 있기 때문에 요구불예금을 대신해서 유가증권을 보유하면 이익이 증가한다.

2. **여신한도 내에 예고 없는 통보(short notice)를 이용하여 차입한다.** 기업이 추가 현금이 필요한 경우 은행과 여신한도를 설정하여 전화만으로 신속하게 차입할 수 있도록 할 필요가 있다. 그러나 여신한도를 설정할 경우 수수료를 지불해야 한다. 따라서 유가증권 보유 대신에 여신한도를 사용하여 유동성을 확보할 때에는 이러한 수수료를 고려하여 의사결정이 이루어져야 할 것이다.

3. **현금지불과 현금수금에 잘 예측한다.** 현금의 유입과 유출에 대한 예측이 정확할수록 예상치 않은 자금수요가 발생하는 경우는 감소하게 된다. 따라서 현금유입과 현금유출에 대한 예측을 향상시키는 것은 유동자산을 보유할 필요성을 줄이고 필요한 운전자본의 양을 감소시킬 수 있다. 현금예산은 미래 현금을 예측하는 데 이용되는 핵심적인 수단이다.

4. **신속한 지불방법을 마련한다.** 기업은 현금수취를 촉진하기 위해 여러 가지 조치들을 취할 수 있다. 예를 들어, **사서함**(lock boxes)을 이용할 수 있는데 이는 은행이 관리하는 우체국의 사서함이라고 할 수 있다. 뉴욕에 있는 기업이 미국 전역의 고객들에게 제품을 판매한다고 하자. 이 기업이 청구서를 보내 고객들이 뉴욕 본사에 지급하도록 하면, 우편물의 배달, 봉투의 개봉, 은행으로의 수표의 입금, 은행의 수표계좌 잔고확인 등에 시간이 낭비될 것이다. 이러한 과정을 신속

사서함

은행이 관리하는 우체국의 사서함. 현금회수를 효과적이고 신속하게 처리하기 위해 사용한다.

하게 처리하기 위해 기업은 직접 고객들이 해당 지역의 우체국에서 지불하도록 하면 거래은행이 매일 여러 번 사서함을 체크하여 신속하게 수금을 하는 방법이다. 어떤 기업의 수금액이 일평균 $100만이라 하자. 이 기업이 사서함을 이용하여 가용현금을 얻는 시간을 5일에서 1일로 단축할 수 있으면, 이 기업은 이동자금을 $500만에서 $100만으로 감소시킬 수 있다. 이는 일회성 이익이지만, 이 기업은 $400만에 대해 지속적인 수익을 낼 수 있다.[12)]

5. **신용카드, 체크카드, 전신송금 및 계좌입금을 사용한다.** 기업이 외상판매 대신 신용카드나 체크카드 방법으로 전환하면 다음날에 현금을 받을 수 있고, 앞서 언급한 것과 같은 동일한 현금흐름상의 혜택을 얻을 수 있다. 유사한 방법으로 고객들이 전신송금을 사용토록 하면 회수를 보다 빠르게 하고, 여유현금흐름을 증가시키며, 요구되는 현금보유 수준을 감소시킨다.

6. **현금흐름이 동일한 시점에 발생토록 한다.** 기업이 현금유입과 현금유출이 동일한 시점에 발생하도록 일치시킬 수 있다면 요구되는 현금잔고를 줄일 수 있다. 예를 들어, 전기 등의 공공서비스 회사, 난방 회사, 백화점 등의 경우 대개 '청구서 발송주기(billing cycles)'를 이용한다. 이는 청구서를 발송하는 일자를 고객마다 다르게 함으로써 그달 중 현금흐름이 고르게 발생하도록 하는 것이다. 이러한 기업들은 현금유입과 지출의 일정을 조절하여 현금 유입과 유출이 동시에 일어나도록 하고 있다. 개인의 경우 수입 발생과 요구되는 현금지출이 동시에 이루어지면 개인의 월평균 현금잔고가 감소하듯이, 이를 통해 기업의 평균 현금잔고도 감소한다.

은행들은 기업이 현금관리과정을 최적화하는 것을 도울 수 있도록 전문가들을 고용하고 있다. 이러한 서비스에 대해서 수수료를 받기도 하지만, 양호한 현금관리시스템으로 인해 얻어지는 이득은 그 비용을 충분히 능가할 것이다.

15-6C 시장성 유가증권

영업활동을 위해 보유하는 시장성 유가증권은 요구불예금과 연계하여 관리한다. 즉, 어느 하나를 관리할 때 다른 하나에 대한 조정이 필요하다. 영업활동을 통해 현금이

12) 여기서 현금관리와 관련하여 자주 등장하는 용어, **미불기간**(float)에 대해 언급해야겠다. 만약 당신이 개인수표(check)를 발행하였는데 수령인이 이를 은행에 입금하고 이어 당신의 계좌에서 해당 금액이 인출되는 데 5일이 걸렸다고 한다면, 미불기간은 5일이 된다. 즉, 당신은 그 금액을 은행에 입금하기 전 5일 동안 사용할 수 있다. 이를 **지급 미불기간**(payment float)이라고 부른다. 반면 당신이 누군가로부터 수표를 받아 이를 은행에 예금한 후 당신 계좌에 최종적으로 자금이 입금되는 데 4일이 걸린다면, 이를 4일간의 **회수 미불기간**(collection float)이라고 부른다. 당신의 **순미불기간**(net float)은 1일이다. 요구현금보유액을 최소화하려는 입장에서 보자면, 양의 순미불기간은 바람직한 것이고, 음의 미불기간은 바람직하지 않다.

쌓이면 유가증권을 매입하고 현금이 필요한 경우에는 유가증권을 매각한다. 최근 유연성을 유지하고 또는 불황을 견디기 위한 목적으로 많은 기업이 대규모의 현금과 시장성 유가증권을 지속적으로 보유하고 있다. 미국 연방준비제도이사회의 보고에 의하면, 비금융기업이 보유한 현금과 시장성 유가증권이 총 $4.6조를 넘는다고 하는데, 이는 이 기업들의 재무제표 기준 총자산의 10% 이상에 해당하는 규모이다.[13] 오늘날 많은 대형 기업이 대규모의 현금과 증권을 보유하고 있다. 예를 들어, 최근 Microsoft와 Apple은 $900억 이상의 현금과 시장성 유가증권을 보유하고 있다. 또 2019년 12월에 미국 기업은 해외에서 발생한 총 $1조의 수익을 미국 내로 이전하였다.[14]

시장성 유가증권의 보유 규모와 중요성에 비추어 보면, 유가증권을 어떻게 관리하는지는 기업이익에 중요한 영향을 미칠 수 있다. 위험과 수익의 상충관계가 고려되어야 한다. 기업은 높은 수익을 얻기 원하지만 대부분 유가증권의 보유 목적은 유동성 확보이기 때문에 기업의 재무책임자는 알려진 가격으로 빠르게 매각할 수 있는 유가증권을 보유하고자 한다. 이것은 신용평가등급이 높은 단기금융상품이어야 한다는 것을 의미한다. 국채 중에서도 장기 채권은 안전하지만 기업의 유가증권 포트폴리오에는 적합하지 않다. 왜냐하면 이자율이 상승하면 채권가격은 하락하기 때문이다. 마찬가지로 신용등급이 취약한 위험기업이 발행하는 단기유가증권도 기업의 유가증권 포트폴리오에는 적합하지 않다. 왜냐하면 발행기업의 상황이 악화되는 경우 발행된 유가증권의 가격이 하락하기 때문이다. 재무부 단기 채권(T-bills)과 대부분의 기업어음(15-11절 참고), 양도성예금증서, MMF 등이 적합하다.

강조해서 말하지만, 이른바 안전한 증권이라는 것도 항상 안전한 것은 아니다. 2007년 수십억 달러의 Aaa등급의 기업어음은 실제로 서브프라임부동산담보대출(subprime mortgage)을 담보로 발행되었는데, 이 담보대출이 부도처리되면서 그 기업어음 보유자가 상당한 곤란을 겪게 되었다. 하루 만에 Aaa등급의 기업어음이 Ba등급으로 하향 조정되었고, 이에 이 기업어음은 안전하고 유동성이 매우 높은 유가증권에서 유동성이 극히 낮고 불투명한 가치를 갖는 유가증권으로 전락하였다. 아마도 추측하겠지만, 이 증권은 부도나기 전 3.505%라는 다소 높은 수익을 지급했다(T-bills 담보는 3.467% 지급). 고수익을 추구하려면 일반적으로 더 큰 위험을 부담해야 한다.

거래은행과의 관계, 특히 신속한 은행차입의 가능여부도 요구불예금과 유가증권의

---

13) "Financial Accounts of the United States-Z.1," Table L. 102 Nonfinancial Business (summation of rows 2 – 11), *Board of Governors of the Federal Reserve System* (federalreserve.gov/apps/fof/FOFTables.apx), June 11, 2020; and "Nonfinancial Corporate Business; Total Assets, Level, Billions of Dollars, Quarterly, Not Seasonally, Adjusted," *Economic Research, Federal Reserve Bank of St. Louis* (fred.stlouisfed.org), June 11, 2020.

14) Reade Pickert, "U.S. Companies' Repatriated Cash Hits $1 Trillion Under Tax Law," *Bloomberg* (bloomberg.com), December 19, 2019.

보유수준을 결정할 때 중요한 영향을 미칠 수 있다. 기업이 여신한도를 확실하게 확보해서 간단히 전화통화로 자금차입을 할 수 있다면 유동자산을 많이 보유할 필요가 없을 것이다.

마지막으로, 대형 기업들은 위험조정수익률이 높은 유가증권이라면 전 세계 어디든 찾아다니며 보유하려 한다. 이러한 거래행위는 전 세계 시장의 수익률을 동일하게 만든다. 예를 들어, 동일한 위험을 가진 유가증권의 이자율이 미국보다 유럽에서 더 높으면 글로벌 기업들은 유럽 증권을 매입할 것이고, 이에 따라 균형상태에 도달할 때까지 유럽 증권의 가격은 상승하고 수익률은 하락하게 될 것이다. 우리는 그야말로 글로벌 경제에 살고 있다.[15)]

셀프 테스트

- 현금 중에서 가장 흔하게 접하는 두 가지는 무엇인가?
- 영업활동을 위해 보유하는 시장성 유가증권과 기타 목적을 위해 보유하는 증권을 비교하여 설명하라.
- 신용카드와 체크카드의 발전은 기업의 현금보유에 어떤 영향을 주었는가?
- 과거 고객에게 30일간의 대금결제기한을 허용한 것을 감안할 때, 현재 신용카드의 사용은 현금전환주기에 어떤 영향을 주었는가?
- 기업의 차입능력은 기업이 현금과 증권을 최적으로 보유하는 데 있어서 어떤 영향을 주는가?
- 뉴욕증권거래소에 상장된 보통주는 간단한 통보 하나로 매도하여 현금으로 전환하는 것이 가능하다는 측면에서 유동성이 있는 증권이다. 기업이 보유하는 시장성 유가증권 포트폴리오로서 주식은 적절한 선택이 될 수 있는가? 설명해보라.

15-7 재고자산

재고자산(inventories)은 (1) **공급자재**(supplies), (2) **원재료**(raw materials), (3) **재공품**(work in progress), (4) **완제품**(finished goods)을 말하며, 모든 기업의 영업활동에 있어서 핵심적인 부분이다. 최적재고수준은 매출수준에 따라 결정되므로, 목표재고량을 결정하기 전에 매출수준을 예측해야 한다. 더군다나 재고수준을 잘못 결정하면 매출손실이나 과도한 재고비용을 부담해야 하기 때문에 재고관리는 아주 중요하다. 따라

15) 기업은 다른 나라의 통화로 표시된 증권도 살 수 있다. 만약 기업의 재무책임자가 생각하기에 유로화가 달러화 대비 평가절상될 것으로 본다면, 유로화로 표시된 증권을 살 것이다. 예상이 적중했다면, 기업은 이자뿐 아니라 환율 변화에 따른 추가적 이득을 얻을 것이다. 다시 말하지만 이러한 행위는 전 세계의 금융시장이 균형상태를 유지하는 데 일조한다.

서 기업들은 보유 재고를 모니터링하기 위해 정교한 컴퓨터 시스템을 사용하고 있다.

소매업체들은 일반적으로 컴퓨터를 사용하여 각 재고품목을 규격별, 형태별, 색상별로 구분해 모니터링하고 있는데, 계산대에서 계산을 하게 되면 바코드 정보가 재고수준을 실시간으로 갱신하게 된다. 컴퓨터에 나타난 재고수준이 정해진 수량 이하로 떨어지면 자동으로 공급업체의 컴퓨터에 정확히 어느 정도의 수량이 필요하다는 주문을 전달한다. 컴퓨터 시스템은 제품이 얼마나 빠르게 판매되는지도 체크한다. 어떤 품목의 판매가 부진해지면 컴퓨터 시스템은 그 제품이 쓸모없게 되기 전에 재고량을 줄이기 위해 가격인하를 제시한다. 제조업체들도 품목들을 실시간으로 계속 모니터링하고 필요할 때 주문을 낼 수 있도록 유사한 시스템을 사용한다.

재고관리가 중요함에도 불구하고 재고관리는 재무책임자가 관리하는 것이 아니라 생산부문과 마케팅부문 책임자의 통제하에 있는 것이 보통이다. 그럼에도 재무책임자도 여러 방면에서 관련되어 있다. 첫째, 재고를 모니터링하기 위해 컴퓨터 시스템을 설치하고 운영하는 데에는 많은 비용이 소요된다. 따라서 앞서 살펴본 자본예산분석을 실시하여 어떤 시스템이 최선의 방법인지를 결정해야 한다. 둘째, 만약 기업이 재고를 증가시키기로 결정한다면, 재무책임자는 추가 재고를 확보하는 데 필요한 재원을 조달해야 한다. 셋째, 재무책임자는 비율분석이나 다른 방법을 사용하여 경쟁기업과 비교함으로써 기업의 전체적인 수익성에 영향을 미치는 취약부분을 알아내야 할 책임이 있다. 따라서 재무책임자는 기업의 매출액 대비 재고수준을 경쟁기업과 비교하여 '적절한' 수준인지를 판단해야 한다. 재고관리는 주류 재무학의 영역이 아니기 때문에 본문이 아닌 웹부록 15A에서 다룬다.

셀프 테스트

- 재고관리와 관련한 재무책임자의 세 가지 주요 업무는 무엇인가?

15-8 매출채권

매출채권
기업이 고객으로부터 받아야 하는 금액

비록 일부 매출의 경우 현금으로 결제되기도 하지만, 오늘날 다수의 매출은 신용으로 결제된다. 따라서 일반적으로, 제품을 선적하여 재고가 감소하고 **매출채권**(account receivable)이 발생한다.[16] 궁극적으로는 고객이 지불하고 기업은 현금을 받으면서 매

16) 상품이 신용으로 판매될 때마다 두 가지 계정이 생성된다. 판매기업의 장부에는 **매출채권**이라는 자산 계정이 생기고 구매기업의 장부에는 **매입채무**라는 부채 계정이 생긴다. 여기서는 판매자 입장에서 거래를 분석하고 있기 때문에 우리는 판매자의 매출채권에 초점을 맞춘다. 15-9절에는 구매자의 입장에서 거래

출채권은 감소한다. 기업의 신용정책은 매출채권을 결정하는 가장 중요한 결정요인이고, CFO의 관리 통제하에 있다. 또한 신용정책은 매출의 핵심적인 결정요인이기 때문에 기업의 판매 책임자나 마케팅 책임자도 이 정책에 주의를 기울인다. 그러므로 먼저 신용정책에 대한 논의를 시작으로 매출채권에 대해 알아보자.

15-8A 신용정책

신용정책
신용기간, 할인, 신용기준, 추심정책으로 구성된 일련의 정책

신용정책(credit policy)은 다음 네 가지 변수로 구성된다.

신용기간
구매자에게 주어진 구매대금 지급기간

1. **신용기간**(credit period): 구매자에게 주어진 대금 지급기간을 말한다. 예를 들어, 신용기간이 30일이라고 하자. 고객들은 보다 긴 신용기간을 선호하기 때문에 신용기간을 늘리면 매출은 증가할 것이다. 그러나 신용기간이 길어질수록 현금전환주기도 길어지며, 매출채권에 더 많은 자금이 묶이기 때문에 비용요인이 된다. 매출채권에 대한 신용기간이 길어질수록 고객이 채무를 불이행할 확률도 높아지고 악성채무가 될 가능성도 높아진다.

할인
고객이 조기에 현금으로 지불하는 경우 그에 대한 보상으로 받게 되는 가격할인

2. **할인**(discount): 조기지불에 대한 가격감소를 의미한다. 할인정책에는 가격감소비율과 할인자격을 위해 얼마나 빨리 현금으로 지불해야 하는지가 명시된다. 예를 들면, 10일 이내에 현금으로 지불하는 경우 대개 2% 할인이 주어진다. 할인제공은 두 가지 이점이 있다. 첫째, 할인은 가격하락을 의미하므로 매출을 증가시킨다. 둘째, 할인은 그전보다 조기결제를 촉진하고 따라서 현금전환주기를 줄인다. 하지만 할인은 한편 낮은 가격을 의미한다. 따라서 가격할인을 상쇄할 정도로 판매량이 증가하지 않는다면 기업의 매출액은 감소한다. 따라서 할인의 장점과 단점을 균형 있게 고려하여 신용정책을 수립해야 한다.

신용공여기준
신용거래에 요구되는 고객들의 재무적 건전도 수준

3. **신용공여기준**(credit standards): 신용거래가 허용되는 고객의 재무건전도 요구수준을 말한다. 기업고객들의 경우 부채비율과 이자보상비율과 같은 재무비율들과 고객의 신용이력(고객이 과거 제때에 지불했는지, 채무불이행은 없는지 등)과 같은 요인들을 고려한다. 개인고객의 경우 신용평가기관에 의해 개발된 신용평점이 핵심사항이다. 두 고객 모두에게 핵심적인 질문 사항은 이것이다. 고객이 약정된 시점에 약속한 대금을 기꺼이 지불할 것인가? 그리고 지불할 능력이 있는가? 참고로 신용공여기준을 너무 낮게 설정하면 악성채권이 너무 많아지고, 너무 높게 설정하면 매출과 수익의 상당 부분을 잃게 된다. 따라서 신용공여기준을 보다 강화하거나 느슨하게 할 경우 그에 따른 비용과 이익을 잘 고려해야 한다.

를 분석하는데, 매입채무는 자금 원천의 하나로서 비용 측면에서 다른 자금 원천과 비교해 볼 것이다.

추심정책
신용계약사항의 집행에 대한 강도

4. **추심정책**(collection policy): 만기가 지난 채권을 추심하는 과정으로서 집행강도를 포함한 의미이다. 매우 느슨한 추심정책의 경우 오래된 연체에 대해서 일련의 정중한 편지를 통해 지불하도록 요청할 수도 있고, 매우 강력한 추심정책의 경우 연체된 건을 신속하게 추심대행기관에 넘겨버리는 것이다. 기업은 다소 엄격해야 하겠지만, 지나친 추심 압력은 수익성이 높은 기업들로 하여금 다른 거래처로 옮기게 할 수 있다. 어떠한 추심정책을 택하는지는 그 비용과 편익을 균형 있게 고려하여 결정되어야 한다.

신용조건
제공되는 신용기간과 할인정책의 내용

기업들은 일반적으로 **신용조건**(credit terms)을 공표하고 있다. 신용조건은 신용기간과 할인정책을 명시한 것이다. Allied Food의 경우 “2/10, net 30”이라는 신용조건을 공표하고 있는데, 이는 구매자가 구입 10일 이내에 현금을 지불하면 2% 할인을 해준다는 것이고, 할인을 받지 않는 경우에도 구입 후 30일 내에 전액 현금을 지불해야 한다는 의미이다. 신용공여기준과 추심정책은 상대적으로 주관적 내용이기 때문에 통상적으로 공표된 신용조건에서는 다루지 않는다.

15-8B 신용정책의 수립과 실행

신용정책은 다음과 같은 세 가지 이유 때문에 중요하다. (1) 신용정책은 매출에 중대한 영향을 미친다, (2) 신용정책은 매출채권에 묶이는 자금의 규모에 영향을 미친다, (3) 신용정책은 악성부채로 인한 손실에 영향을 미친다. 신용정책의 중요성 때문에 기업의 사장, 재무담당 부사장, 마케팅담당 부사장으로 구성된 중역회의가 신용정책에 대한 최종결정권을 가지고 있다. 일단 신용정책이 결정되면 CFO 산하의 신용담당 책임자가 신용정책을 집행하고 그 효과를 모니터링한다. 신용부서를 관리하기 위해 신속하고 정확한 최신의 정보를 요한다. Experian, Equifax, TransUnion과 같은 소비자 신용평가회사의 경우 컴퓨터 네트워크를 이용하여 신용정보를 수집하고, 저장하고, 알려주고 있다. 기업의 경우 Dun & Bradstreet는 수수료를 받고 인터넷을 통해 상세한 신용보고서를 제공해주고 있다. 신용보고서는 다음과 같은 정보를 담고 있다.

1. 요약 재무상태표와 요약 손익계산서
2. 핵심 재무비율들과 변화 추세 정보
3. 해당 기업의 공급업체들로부터 취득한 자료로서 기업이 신속하게 혹은 지연하여 대금을 지불하는지 그리고 최근 지불하지 않은 전례가 있는지에 대한 정보
4. 영업활동의 실체적인 상황에 대한 기술
5. 기업 소유자의 파산 경력, 소송 이력, 이혼의 합의문제 등 배경에 관한 기술
6. 최상위 신용기업은 A, 파산할 가능성이 높은 기업은 F로 평가한 신용등급 요약표

신용평점
개인이나 기업이 정시에 현금지불을 할 가능성을 1에서 10까지의 숫자로 표시한 점수

신용평점(credit score)은 통계적 분석에 기초한 수치화된 점수로서 잠재적 고객의 채무불이행 가능성을 요약하여 평가한 것이다. 전산화된 신용분석 시스템은 보다 나은 신용 의사결정을 하는 데 도움을 주고 있지만 최종 단계에서의 신용 의사결정은 대부분 이러한 정보를 사용하여 주관적 판단에 의해 이루어진다.17)

신용을 제공할 때 비용이 발생한다는 것을 이제까지 강조해왔다. 그러나 신용으로 판매하고 그 매출채권 잔액에 대해 수수료를 부과할 수 있으면, 신용판매는 실제로 현금판매보다 수익을 더 얻을 수 있다. 자동차나 전자제품과 같은 소비자 내구재의 경우 이 말은 확실히 타당한 말이며, 일부 산업설비의 경우도 마찬가지이다. GE의 General Electric Capital Corporation(GECC) 사업 부문은 가정용 기기의 자금을 융자해주는 회사인데, 타 기업의 신용 자회사와 마찬가지로 수익이 매우 높다.18) 일부 회사의 경우 실제로 현금판매보다 신용판매로 더 많은 수익을 얻고 있고 판매원들도 신용판매를 할 경우 더 많은 수수료를 받고 있다.

소비자신용대출에 대한 명목수수료는 보통 연간 약 18%로, 이는 월 1.5%(1.5%×12개월=18%)이다. 이를 실효연이자율로 환산하면 $(1.015)^{12}-1.0=19.6\%$가 된다. 지나치게 많은 악성부채만 발생하지 않는다면 매출채권에 대해 연 18%가 넘는 이자는 수익성이 매우 좋은 것이다.

신용정책을 수립할 때 법적인 문제들도 반드시 고려해야 한다. 로빈슨-패트먼 법(Robinson-Patman Act)에 따르면, 기업이 고객들에게 차별적 가격을 부과하는 것은 비용 면에서 정당성이 있지 않는 한(cost-justified) 불법이다. 신용판매의 경우도 마찬가지다. 다른 소비자나 소비자군과 달리 어떤 소비자나 소비자군에게 유리한 신용조건을 제시하는 것은 비용 면에서 정당성이 있지 않는 한 불법이다.

15-8C 매출채권의 모니터링

일정 시점에서 매출채권의 총잔액은 신용판매금액과 판매부터 대금 회수까지 소요되는 평균 시간에 의해 결정된다. 예를 들어, Boston Lumber Company(이하 BLC)는 목재제품을 판매하는 도매입제인데 매일 매출액 $1,000을 전액 신용으로 판매하고 있

17) 신용분석가들은 매우 첨단화된 컴퓨터를 기반으로 한 **신용평점** 시스템을 이용하여 고객의 채무불이행 확률을 계산하기도 하고, 비공식적인 방법으로서 신용평가 시 고려해야 할 요인들을 나열한 점검표를 확인하는 방법을 취하기도 한다. 신용평점 시스템은 채무불이행 확률을 산출하기 위해 다양한 재무비율, 예를 들어 유동비율, 부채비율(기업), 소득, 근속연수 등을 고려한다. 그런 후에 채무불이행확률이 낮은 자에게는 신용을 부여한다. 비공식적인 방법에서는 '신용의 5C'를 조사하는데 5C는 성격(character), 용량(capacity), 자본(capital), 담보(collateral), 조건(condition)을 의미한다. 성격은 다 아는 것이고, 용량은 상환능력을 나타내는 주관적인 추정치이고, 자본은 차입자가 보유하고 있는 순자산을 의미하고, 담보는 부채 변제를 보장하는 자산이며, 조건은 상환능력에 영향을 주는 것으로서 기업의 사업여건을 나타낸다.

18) 대규모 매출의 자금조달을 수반하는 기업의 경우 일반적으로 **계열금융사**(captive finance company)를 설립하여 실제 자금조달을 지원한다. 예를 들어, Ford, Sears, IBM 같은 기업에서 계열금융사를 두고 있다.

고 10일 후 현금으로 지불하도록 하고 있다고 가정하자. BLC는 현재 악성부채나 연체고객들이 없다. 이러한 조건에서 BLC는 매출채권 $10,000을 유지하기 위한 자금을 보유해야 한다.

$$\begin{aligned} \text{매출채권} &= \text{일간 매출액} \times \text{회수기간} \\ &= \$1{,}000 \times 10\text{일} = \$10{,}000 \end{aligned} \tag{15.5}$$

만약 매출이나 회수기간이 변하면 매출채권도 변할 것이다. 예를 들어, 매출이 두 배가 되어 일매출이 $2,000이 되면 매출채권도 두 배가 되고 이로 인해 추가로 $10,000이 필요하게 된다. 마찬가지로 수금기간이 20일로 늘어나면 매출채권도 두 배가 되어 추가자금이 필요하게 된다.

경영진이 주의하지 않으면 우량고객이 지불을 지연하고, 또한 천천히 지불하는 경향이 있거나 아예 지불하지 않는 신용도가 낮은 고객들에게 신용판매되면서 회수기간이 서서히 증가하게 된다. 따라서 매출채권을 모니터링하는 것은 중요한 일이다. 쉽게 사용할 수 있는 모니터링기법은 매출채권 회전일수(days sales outstanding: DSO)를 적용하는 것이다. 제4장에서 계산한 Allied Food의 DSO는 다음과 같다.

$$\begin{aligned} \text{매출채권 회전일수} &= \frac{\text{매출채권}}{\text{일평균 매출액}} = \frac{\text{매출채권}}{\text{평균 매출액}/365} \\ &= \frac{\$3\text{억 } 7{,}500\text{만}}{\$3\text{억}/365} = \frac{\$3\text{억 } 7{,}500\text{만}}{\$8{,}219{,}200} = 45.625\text{일} \approx 46\text{일} \end{aligned}$$

$$\text{산업 평균} = 36\text{일}$$

Allied의 일평균 매출(average daily sales: ADS)은 $8,219,200이며, 이를 회수하는 데 45.625일이 소요된다. 만약 DSO에 일평균 매출을 곱하면 매출채권에 묶여 있는 자금을 파악할 수 있다.

$$\begin{aligned} \text{매출채권} &= (\text{ADS})(\text{DSO}) \\ &= (\$8{,}219{,}200)(45.625) = \$3\text{억 } 7{,}500\text{만} \end{aligned}$$

하지만 Allied가 매출채권을 좀 더 빨리 회수해서 DSO를 산업 평균인 36일로 줄인다면, 매출채권은 $7,910만이 줄어든 $2억 9,589만으로 하락할 것이다. DSO는 기업의 신용조건과 비교해 볼 수 있다. Allied는 net 30의 조건으로 판매하고 있으므로 DSO는 30일보다 크지 말아야 한다. 당연한 얘기지만 일부 고객이 연체를 하고 있으며, 따라서 대금회수정책과 관행에 개선할 여지가 있다.[19)]

---

19) 매출채권을 모니터링하는 데 사용되는 또 다른 기법은 **연령분석표**(Aging Schedule)이다. 이는 상이한 기간 동안의 매출채권 잔액과 그 비율을 보여준다. Brigham과 Daves가 저술한 다음 도서의 제21장, '공급

셀프 테스트

- 신용조건이란 무엇인가?
- 네 개의 신용정책 변수는 무엇인가?
- 매출채권 회전일수(DSO)를 정의하라. 그것으로부터 어떤 정보를 얻을 수 있는가? 그리고 계절적 요인에 의해 매출이 변동할 경우 그것은 어떤 영향을 받는가?
- 신용등급이란 무엇인가? 어떻게 평가하는가?
- 대금회수정책은 매출, 회수기간, 악성채권손실률에 어떤 영향을 주는가?
- 매출액과 DSO에 영향을 주기 위해 현금할인은 어떻게 사용할 수 있는가?
- 법적인 고려사항들은 기업의 신용정책에 어떤 영향을 주는가?

15-9 매입채무(거래신용)

거래신용
신용판매에서 발생하는 부채. 판매자에게는 매출채권으로, 구매자에게는 매입채무로 회계처리된다.

기업은 일반적으로 다른 기업들과 신용거래를 하는데, 이때 발생하는 채무를 **매입채무**(account payable) 계정에 기록한다. 매입채무 또는 **거래신용**(trade credit)은 단기채무 가운데 가장 액수가 큰 항목으로서 평균 유동부채의 약 40%를 차지한다. 거래신용은 일상적인 영업거래에서 자동적으로 발생한다는 점에서 자동적 자금조달원천이라고 할 수 있다. 예를 들어, 어떤 기업이 net 30의 조건으로 $1,000어치를 구매한다면, 그 기업은 청구서가 발행된 날로부터 30일 이내에 제품에 대한 대금을 지불해야 한다. 즉, 구매와 동시에 $1,000의 신용을 30일간 즉시 그리고 자동적으로 제공하고 있다. 기업이 매일 평균 $1,000을 구매한다고 가정하면 공급업체로부터 $1,000 × 30 = $30,000의 신용대출을 받는 것과 동일하다. 매입이 2배가 되면 거래신용도 2배가 되어 거래신용은 $60,000이 된다. 따라서 단순히 매입을 2배 늘리면 그 기업은 자동적으로 $30,000의 거래신용을 더 창출하게 되는 셈이다. 마찬가지로 신용기간이 30일에서 40일로 늘어나면 거래신용도 $30,000에서 $40,000으로 증가한다. 따라서 매입을 확대하고 신용기간을 늘리면 추가자금 원천을 창출하는 셈이다.

거래신용은 비용이 전혀 들지 않을 수도 있고 비용이 들 수도 있다. 판매자가 할인을 제공하지 않는다면 거래신용을 사용하는 데 비용이 들지 않기 때문에 거래신용은 무료이다. 하지만 할인이 있는 경우 좀 복잡해진다. 이를 설명하기 위하여, PCC라는 회사가 2/10, net 30의 신용조건에서 정가 $100인 마이크로칩을 매일 20개씩 구매한다고 가정하자. 이러한 신용조건에서 10일 이내에 대금을 지불할 경우 $2를 할인하여

망과 운전자본'을 참조하라. *Intermediate Financial Management*, 14th edition(Mason, OH: Cengage Learning, 2022).

$98을 지불하면 구매할 수 있으므로, 칩의 '실효'가격은 0.98($100) = $98이다. 따라서 정가 $100은 다음과 같이 두 가지로 구성된다.

$$\text{정가} = \text{'실효'가격}(\$98) + \text{금융수수료}(\$2)$$

만약 PCC가 할인을 받기로 결정한다면, PCC는 10일 후 시점에 지급을 할 것이고 거래신용은 $19,600이다.[20]

$$\begin{aligned}\text{거래신용}_{(\text{할인을 받을 경우})} &= (10\text{일})(20\text{칩})(\text{칩당 }\$98)\\ &= \$19{,}600\end{aligned}$$

만약 PCC가 대금지급을 30일되는 날까지 지연하기로 결정한다면, 거래신용은 $58,800이 될 것이다.

$$\begin{aligned}\text{거래신용}_{(\text{할인을 받지 않는 경우})} &= (30\text{일})(20\text{칩})(\text{칩당 }\$98)\\ &= \$58{,}800\end{aligned}$$

가격할인을 받지 않는 경우, PCC는 $39,200의 거래신용을 추가적으로 얻을 수 있지만, 이 $39,200은 가격할인을 포기해야 하기 때문에 비용을 초래하는 신용이다. 따라서 PCC는 다음 질문에 답을 할 수 있어야 한다. 추가적인 자금 $39,200을 은행 등 다른 자금원천으로부터 보다 저렴한 비용으로 조달할 수 있는가?

이러한 상황을 구체적으로 살펴보자. PCC가 연간 365일 영업하고 개당 $98의 '실효'가격으로 매일 20개의 칩을 구매한다고 가정하자. 따라서 연간 총구매액은 20($98)(365) = $715,400이 된다. 만약 할인을 받지 않는다면, 연간 총구매액은 20($100)(365) = $730,000이 되고 가격할인을 받는 경우보다 $14,600을 더 지불하게 된다. 이 $14,600이 가격할인을 받지 않고 $39,200의 추가적인 신용을 얻는 데 따른 연간비용이다. $14,600을 $39,200으로 나누면 추가적인 거래신용의 명목이자율은 37.24%가 된다.

$$\text{거래신용의 명목연이자율} = \frac{\$14{,}600}{\$39{,}200} = 37.24\%$$

---

20) 여기서 한 가지 의문이 제기될 수 있다. 매입채무는 총구매액과 할인을 받은 순구매액 중 어느 것을 반영하는가? 일반회계기준(GAAP)에 의하면, 둘 사이에 차이가 별로 없다면 어떤 방법도 무방하지만, 차이가 크다면 할인을 받은 순구매액, 또는 '진성(true)' 가격으로 회계처리를 해야 한다. 이 경우 가격할인을 받지 않아 발생하는 비용은 '할인상실액(discounts lost)'이라 부르는 추가비용으로 보고된다. 이러한 처리는 가격할인을 받지 않는 경우 종종 높은 비용이 발생한다는 것을 나타낸다. PCC의 경우 회계처리되는 매입채무는 하루 20($98) = $1,960으로 $2,000이 아니다. PCC가 가격할인을 받지 않고 $2,000 전액을 지불해야 한다면 PCC는 하루 $40의 할인상실액을 비용처리해야 한다.

만약 PCC가 은행이나 다른 자금조달원으로부터 37.24%보다 낮게 차입할 수 있다면, PCC는 가격할인을 선택해서 거래신용을 \$19,600만큼만 이용해야 한다. 동일한 결과가 다음 식을 통해 얻어질 수 있다.

$$\text{거래신용의 명목연이자율} = \frac{\text{할인율}}{(100 - \text{할인율})} \times \frac{365}{\text{신용기간} - \text{할인기간}} \quad (15.6)$$

$$= \frac{2}{98} \times \frac{365}{20} = 2.04\% \times 18.25 = 37.24\%$$

첫 번째 항의 분자는 할인율로 거래신용 \$1당 비용이고, 분모는 100 − 할인율로 가격할인을 받지 않을 때 이용가능한 자금의 크기를 백분율로 나타내고 있다. 따라서 첫 번째 항 2.04%는 기간당 거래신용비용이다. 두 번째 항의 분모는 가격할인을 받지 않을 때 추가적 거래신용을 얻는 기간이다. 따라서 두 번째 항은 연간 거래신용비용이 발생하는 횟수로, PCC의 경우 18.25이다.[21]

이런 배경지식을 토대로 이제 두 가지 형태의 거래신용, 즉 무비용과 유비용 거래신용을 정의할 수 있다.

무비용거래신용
할인기간 중에 얻는 거래신용

유비용거래신용
거래신용 가운데 무비용거래신용을 초과하는 거래신용. 그 비용은 할인상실액과 같다.

1. **무비용거래신용**(free trade credit)은 비용을 부담하지 않고 얻는 거래신용이다. 무비용거래신용은 가격할인을 포기하지 않고도 얻을 수 있는 모든 거래신용을 의미한다. PCC의 경우 2/10, net 30의 신용조건으로 구매할 때 구매 후 10일 동안 무비용거래신용 \$19,600을 얻는다.
2. **유비용거래신용**(costly trade credit)은 거래신용 가운데 무비용거래신용을 초과하는 부분의 거래신용을 말한다. PCC의 경우 2/10, net 30의 신용조건으로 구매할 때 추가 20일 동안 얻을 수 있는 \$39,200의 거래신용은 가격할인을 포기해야 하기 때문에 비용이 발생한다.

기업은 항상 무비용거래신용을 이용해야 한다. 하지만 다른 자금조달원천으로부터 더 저렴하게 자금을 조달할 수 없다면 유비용거래신용도 이용해야 한다.[22]

---

21) 거래신용의 명목연이자율 계산식에서 복리를 고려하지 않으며, 실효연이자율은 한층 높게 나타난다. 가격할인은 일종의 이자이다. 2/10 net 30의 신용조건하에서 PCC는 30 − 10 = 20일 동안 자금을 사용하는 이득을 얻는다. 따라서 365/20 = 18.25의 '이자기간(interest period)'이 있게 된다. 명심해야 할 것은 식 (15.6)에서 첫 번째 항, 할인율/(100 − 할인율) = 0.02/0.98 = 0.0204는 기간당 이자율(periodic interest rate)을 나타낸다는 것이다. 이 이자율을 1년에 18.25회 지급하므로 거래신용의 실효연이자율은 다음과 같이 44.6%이다.

$$\text{실효연이자율} = (1.0204)^{18.25} - 1.0 = 1.4459 - 1.0 = 44.6\%$$

22) 참고로 거래신용비용은 늦게 지급할 경우 감소될 수 있다. PCC가 30일 내에 지급하는 대신 60일 내에 지급하는 경우 실효신용기간은 60 − 10 = 50일이 되고, 할인상실액이 발생하는 횟수는 365/50 = 7.3으로 감소하며, 명목비용은 37.2%에서 2.04%×7.3 = 14.9%로 하락할 것이다. 이를 **지연매입채무**(stretching accounts payable)라고 부르는데, 이는 기업의 명성을 손상시키고 추후 문제를 초래할 수 있다.

균형유지의 어려움

경기불황 시에는 운전자본 마련을 위한 대출이 쉽지 않기 때문에 많은 기업들이 거래신용에 의존하려는 경향이 증가하고 있다. 대개의 경우 공급업체는 고객과의 관계를 우호적으로 유지하기 위하여 거래신용을 기꺼이 허용한다.

하지만 *CFO* 잡지의 기사에서 지적한 것과 같이, 고객이 대금지불을 연체하는 경우 공급업체는 종종 균형유지의 어려움을 실감한다. 한편에서는 대금지불을 강하게 요구하다가는 고객을 잃을 수도 있으며, 또 한편에서는 연체가 장기화될수록 현금이 묶이게 되고, 대금회수가 아예 불가능하게 될 위험 또한 증가하게 된다.

이 기사는 아웃소싱기업, The Credit Department의 사장인 Pam Krank의 조언을 소개하고 있다. Krank는 대금지불의 시기를 가늠해보기 위해서는 고객의 매출채권 회전일수(DSO)를 면밀히 살펴볼 것을 권고한다. 그러면서 "고객이 그 기업의 고객으로부터 판매대금을 80일 안에 회수하지 못한다면 당신 회사는 30일 안에 받기 어렵다."고 지적한다. 동시에 연체자에 대해서는 경계를 늦추지 말아야겠지만 경기가 불황일 때 그들을 외면해서 영업하기는 쉽지 않다고 주장하면서 다음과 같이 덧붙인다. "그들이 신용이 좋지 않기 때문에 그들에게는 판매하지 않을 것이라고 말해서는 곤란하다." CreditRiskMonitor의 CEO인 Jerry Flum은 Krank의 주장에 동조하면서, "특히 매출을 통해서 높은 이익을 낼 수 있다면, 때로는 연체가 많은 업체들과도 거래를 할 수밖에 없지 않는가?"라는 의견을 제시했다.

이런 내용과 관련하여 월스트리트 저널의 어느 기사에 의하면, 최근 불황기에 대기업과 중소기업은 서로 다른 방법으로 이러한 문제를 조율하였다고 한다. 불황기에 매출 규모가 $50억 이상인 기업은 자금회수를 조금 빨리 하면서(평균 회수기간이 2008년에는 41.9일, 2009년에는 41일), 대금지불은 늦추었다는 것이다(2008년에는 53.2일, 2009년에는 55.8일). 반면 매출이 $5억 이하인 기업은 이와는 반대의 형태를 나타냈다. 이 기업들은 2009년에 대금지급은 더 빨리 했지만(2008년 42.9일에서 2009년 40.1일로 단축), 그들의 고객들은 대금지불을 더 늦추었다(2008년 54.4일에서 2009년 58.9일로 증가함).

십여 년이 지난 지금도 수많은 기업들이 코로나 시기를 지나면서 유사한 균형유지의 어려움을 겪고 있다. 현재의 상황은 좀 더 확장된 듯하다. 이제는 단순히 공급업자에게 매입대금을 정시에 지급할 수 있느냐의 수준을 넘어 임대료나 임금을 지급할 수 있느냐의 이슈로까지 확대되고 있다.

출처: Vincent Ryan, "Slow Burn: What should You Do When Customers Are Slow to Pay?" *CFO*(cfo.com), April 1, 2010; and Serena Ng and Cari Tuna, "Big Firms Are Quick to Collect, Slow to Pay," *The Wall Street Journal*(online, wsj.com), August 31, 2009.

응용문제

Diana's Designs는 바로 얼마 전 북동부 플로리다 지역에 고급의류매장을 개장하였다. 매장주인은 공급업체로부터 할인을 받아야 할지, 아니면 월말에 지불할지에 대해 결정하려 한다. 만약 15일 이내에 대금을 지불완료하면 공급업체는 3% 할인해주고, 그렇지 않은 경우 지불기한은 구매일로부터 30일이다. 매장주인 입장에서 거래신용의 명목연이자율과 실효연이자율은 각각 얼마인가?

[해답]

$$\text{거래신용의 명목연이자율} = \frac{\text{할인율}}{100-\text{할인율}} \times \frac{365}{\text{신용기간}-\text{할인기간}}$$

$$= \frac{3}{97} \times \frac{365}{30-15} = 3.093\% \times 24.333 = \mathbf{75.26\%}$$

실효이자율 $= (1.03093)^{24.333} - 1.0 = \mathbf{109.84\%}$

확실히 거래신용의 실효이자율은 극히 높다. 따라서 만약 매장주인이 15일 이내에 지불할 수만 있다면, 공급업체가 제공하는 3% 할인을 반드시 받아들여야 한다.

셀프 테스트

- 거래신용이란 무엇인가?
- 무비용거래신용과 유비용거래신용의 차이가 무엇인가?
- 거래신용의 명목연이자율을 계산하는 공식은 무엇인가? 거래신용의 명목이자율은 실효이자율을 축소하고 있는가?

15-10 은행대출

이 절에서는 기업과 개인에 대한 주요 단기자금조달방법인 은행대출의 핵심적인 특징들을 살펴본다.

15-10A 약속어음

약속어음
대출금액, 이자율 상환일정 등과 같은 대출조건을 구체화하는 증서

은행대출의 조건들은 **약속어음**(promissory note)에 명문화되어 있다. 대부분의 약속어음에 있어서 핵심적인 사항들을 정리하면 다음과 같다.[23)]

1. 금액: 차입금액이 명시되어 있다.
2. 만기: 은행도 장기대출을 취급하지만, **대출의 대부분은 단기로 이루어진다.** 즉, 대출의 2/3가 만기 1년 이내인 단기대출이다. 장기대출은 구체적인 만기일자가 명시되어 있지만 단기대출은 구체적인 만기일자가 있기도 하고 없기도 하다. 예를 들어, 만기가 30일 이내, 90일 이내, 6개월 이내, 1년 이내 등으로 대출이 이루어질 수 있다. 또는 차입자가 그 금액을 계속 차입하고자 하며 은행도 동의하는 경우 특정 기한을 제한하지 않고 대출이 계속해서 이루어질 수 있다. 이 경우 '필요할 때' 상환하도록 할 수 있다. 기업에 대한 은행대출은 보통 90일 만기 약

23) 약속어음은 간혹 대출 명목금액의 10~20%를 **보상잔고**(compensating balance)로 유지하는 조건을 명시하기도 한다. 보상잔고는 일반적으로 대출의 실효비용을 증가시킨다. 오늘날 보상잔고는 수년 전에 비해 흔하지 않다.

속어음으로 이루어진다. 이 경우 대출은 90일째에 상환되거나 갱신되어야 한다. 보통 대출이 갱신되는 것으로 예상되지만 차입자의 재무적 상황이 악화되는 경우 은행은 대출갱신을 하지 않을 수 있다. 이 경우 파산에 이를 수도 있다. 차입자의 신용도가 악화되지 않는다면 은행은 대개 상환을 요구하지 않는다. 이에 따라 일부 단기대출은 경제상황에 연동된 변동이자율 조건으로 수년 동안 유지되기도 한다.

3. **이자율**: 이자율은 **고정**되거나 **변동**될 수 있다. 액수가 큰 대출에서, 금리는 일반적으로 은행의 우대금리(prime rate)와 재무부 단기 채권금리(T-bill rate) 또는 LIBOR(London Interbank Offered Rate)에 연동되어 있다. 약속어음에는 이자계산 목적으로 1년을 360일로 또는 365일로 계산할지를 명시하고 있다. 제시되는 이자율은 **명목이자율**이고, 실효이자율은 일반적으로 더 높다.
4. **원금일시상환대출과 할부상환대출**: 대출금의 상환방법으로서 **원금일시상환대출**은 대출기간 동안에 이자만 납입하고 모든 원금은 대출이 만기가 될 때 일시에 상환한다. 반면에 **할부상환대출**(amortized loan, installment loan)은 원금의 일부를 매 납기일에 나누어 상환하는 방법이다.
5. **이자납입주기**: 원금일시상환 조건으로 약정된 약속어음의 경우 **이자납입주기**가 명시되어 있다. 이자는 대개 월 단위로 납입하지만 이자계산은 일 단위로 한다.
6. **할인율**: 대부분의 은행대출은 전액이 대출된 이후에 이자지불을 요구하지만 이자를 선납하는 **할인대출**도 행한다. 이 경우 차입자는 실제로 액면가보다 적은 금액을 대출받으며, 실효이자율도 증가하게 된다. 할인대출은 웹부록 15B에서 살펴본다.
7. **애드온(Add-on) 대출**: 자동차할부대출이나 기타 소비자할부대출은 대출기간의 이자를 액면금액에 더하는 '애드온 방식'을 취한다. 이 경우 차입자는 대출금에다 대출기간 동안의 전체 이자를 더한 금액에 대한 상환을 요구하는 약속어음에 서명한다. 애드온 방식은 대출의 실효이자율을 상승시킨다.
8. **담보**: 대출이 설비, 건물, 매출채권, 재고자산 등을 담보로 이루어질 경우 이 사실이 약속어음에 기재된다. 대출에 대한 담보는 15-13절에서 보다 자세히 살펴볼 것이다.
9. **단서조항**: 약속어음은 차입자가 특정 재무비율을 유지하거나 개선할 것을 명시하기도 하는데, 차입자가 이러한 단서조항(restrictive covenants)을 준수하지 않을 경우 처리내용을 어음에 명시한다. 단서조항에 대한 불이행시 대출금 잔액을 즉시 상환할 것을 요구하기도 한다. 또한 해당 대출에 대해 금리가 증가할 수 있다.
10. **대출보증**: 차입자가 중소기업인 경우 은행은 해당 기업의 대주주가 **개인보증**을

서도록 요구할 가능성이 높다. 부실기업의 소유주들은 때때로 회사자산을 친인척이나 그들이 소유하는 다른 업체에 빼돌린다고 알려져 있어, 은행은 개인보증을 통해 보호막을 구축한다.

15-10B 여신한도

여신한도
은행이 일정 기간 동안 대출하기로 동의한 최대 대출금액

여신한도(line of credit)는 은행이 차입자에게 제공하는 최대신용자금을 명시한 은행과 차입자 간의 약정이다. 예를 들어, 은행 대출담당자가 기업의 재무책임자에게 은행이 해당 기업을 '우량'하다고 평가하여 차입자의 재무상황이 악화되지 않는 경우 차기연도에 $80,000까지 대출 가능하다고 알려준다고 하자. 이 $80,000이 여신한도이다. 만약 1월 10일에 재무책임자가 만기 90일의 $15,000을 차입하는 약속어음에 서명하면 여신한도에서 $15,000이 '차감'된다. 이 $15,000은 차입자인 기업의 당좌계좌에 입금되고 이 금액을 상환하기 전까지 $65,000을 추가로 차입할 수 있다. 여신한도는 비공식적이고 비제약적일 수도 있다. 공식적이고 제약 있는 여신한도는 다음에 논의한다.

15-10C 회전신용협약

회전신용협약
은행 또는 금융기관과 약정한 공식적인 여신한도

회전신용협약(revolving credit agreement)은 공식적인 여신한도이다. 예를 들어, 2021년 Texas 석유회사가 한 그룹의 여러 은행들과 $1억의 회전신용협약을 맺었다고 하자. 은행들은 공식적으로 그 기업에 4년 동안 최대 $1억을 대출해주기로 하고 회사는 보상 차원에서 미사용 대출금액에 대해 1%의 1/4인 0.025%를 약정 수수료(commitment fee)로 지불하기로 했다. 따라서 이 기업이 1년 동안 $1억의 회전신용협약을 전혀 사용하지 않는다면 연간 수수료로 $250,000을 지불해야 한다. 따라서 월간 지불금은 $20,833.33이다. 이 기업이 약정 첫날에 $5,000만을 차입한다면 회전신용협약의 미사용 잔액은 $5,000만이기 때문에 연간수수료는 $125,000이 된다. 물론 기업이 실제 차입한 자금에 대한 이자는 지불되어야 한다. 이 기업의 '회전'대출에 대한 이자율은 LIBOR에 연동되어 LIBOR − 0.1%로 결정되었다면, 대출에 따른 비용은 시장이자율의 변화에 따라 변동하게 된다.[24)]

참고로 회전신용협약은 비공식적인 여신한도와 유사하지만, 중요한 차이가 있다. 은행은 회전신용협약을 지켜야 할 **법적 의무**가 있고 약정 수수료를 받는다. 하지만 비공식적인 여신한도의 경우 은행이 지켜야 할 법적 의무도 없고 약정 수수료도 받지

---

24) 각각의 은행은 우대금리를 스스로 결정하지만 치열한 경쟁 때문에 은행들의 우대금리는 대부분 동일하다. 또한 대부분의 은행들은 뉴욕시의 대형 은행들이 설정한 우대금리를 따라한다. 최근 많은 은행들이 건전한 대기업에게 우대금리보다 낮은 금리로 대출을 해주고 있다. 15-11절에 기술하는 것과 같이, 대기업은 기업어음 시장에서 자금을 쉽게 조달할 수 있으므로 은행이 이러한 대기업과 거래를 원할 경우 금리조건은 기업어음 금리에 준하거나 이보다 낮아야 한다.

않는다.

Victoria Ivashina와 David Scharfstein의 연구에 의하면, 여신한도가 2007-2008년 금융위기에서 중대한 영향을 미쳤다고 한다. 이들의 주장에 의하면, 금융위기가 악화되면 향후 대출이 어려울 것을 우려한 많은 기업들이 그들의 여신한도에서 대출을 앞다투어 받았다는 것이다. 일부의 경우 자금수요가 최고조에 달할 때 대출이 폭증하여 은행의 자금을 고갈시키기도 했다. 이러한 자금의 누수로 인해 은행의 신규대출 여력이 감소하게 되었다고 주장한다.[25)]

15-10D 은행대출의 비용

우대금리
은행이 우량의 대기업 차입자에게 적용하기 위해 공표하는 금리

은행대출비용은 일정 시점에서는 차입자마다 다르고 모든 차입자에 대해 시간경과에 따라 변한다. 이자율은 위험한 차입자에게 더 높고, 소액대출의 경우에도 대출 실행과 관리에서 발생하는 고정비용 때문에 더 높다. 반면에 어떤 기업은 그 규모와 재무적 건전도 때문에 '우량등급'으로 인정받아 은행이 부과하는 가장 낮은 금리인 **우대금리**(prime rate)로 자금을 차입할 수 있다. 다른 대출금리는 일반적으로 우대금리보다 더 높다. 그러나 신용도가 높은 대기업에 대한 대출금리는 LIBOR에 연동되어 있고, 대출금리는 대개 우대금리보다 많이 낮다.

금리(2020년 7월 8일): 우대금리: 3.25%; 3개월 LIBOR: 0.26838%

일반적으로 작고 위험한 차입자에 대한 금리는 '우대금리+2.5%(prime plus 2.5%)'와 같이 표시하지만, Texas석유회사와 같은 대기업 차입자에게는 '우대금리－1% (prime minus 1%)'와 같이 표시한다.

은행금리는 경제상황과 연방준비제도이사회의 금융정책에 따라 크게 변동한다. 경제가 어려울 때에는 대출수요가 감소하고 인플레이션율도 낮으며, 중앙은행도 자금을 충분하게 공급한다. 따라서 모든 대출형태의 금리가 상대적으로 낮다. 하지만 경제가 활황인 경우에는 대출수요가 많고 중앙은행은 인플레이션 압력 때문에 자금공급을 제한하며, 그 결과 금리가 상승한다. 예를 들어, 1980년에 우대금리가 4개월 만에 11%에서 21%로 상승하였고 1994년 한 해 동안 우대금리가 6%에서 9%로 상승했다.

은행이자 계산: 정규(단순)금리

은행은 여러 가지 다양한 방법으로 이자를 계산한다. 이 절에서는 대부분의 기업대출에 사용하는 계산법을 살펴본다. (소비자대출과 중소기업대출에 사용되는 이자계산

25) Victoria Ivashina and David Scharfstein, "Bank Lending During the Financial Crisis of 2008," *Journal of Financial Economics*, vol. 97, no. 3(2010), pp. 319-338.

법은 웹부록 15B에서 다룬다.) 예를 들어, 1년을 360일로 계산하고 우대금리(현재 3.25%)가 적용된 $10,000의 대출이 있다고 가정한다. 이자는 매월 지불하고 은행이 대출만료를 '요구'하면 상환한다. 그러한 대출을 **정규이자** 또는 **단순이자**(regular or simple interest) 대출이라고 부른다.

정규이자 또는 단순이자
만기 전에 이자만 매월 지급하는 경우의 이자

먼저 명목이자율(이 경우 3.25%)을 360으로 나누면 일별 이자율을 얻는다. 이를 백분율이 아닌 소수(decimal fraction)로 다음과 같이 표현한다.

$$\text{일간 단순이자율} = \frac{\text{명목이자율}}{\text{1년 일수}}$$

$$= \frac{0.0325}{360} = 0.000090277778$$

월 이자를 계산하기 위해서는 일별 단순이자율에 대출금액을 곱하고 그다음 지불기간 동안의 일수를 곱한다. 이 예에서 일간 이자금액은 $0.902777778이고, 30일 한 달 동안의 이자금액은 $27.08이다.

$$\text{월간 이자비용} = (\text{일간 이자율})\ (\text{대출금액})\ (\text{1개월 일수})$$

$$= (0.00009027778)\ (\$10{,}000)\ (30\text{일}) = \$27.08$$

이 대출에 대한 **실효연이자율**은 이자지급주기에 의해 결정된다. 자주 지급할수록 실효연이자율은 증가한다. 만약 이자를 연 1회 지급한다면 명목이자율은 실효연이자율과 같아진다. 하지만 이자를 매월 지급한다면 실효연이자율은 $(1+0.0325/12)^{12}-1=$ 3.2989%이다.

은행이자 계산: 애드온 이자

애드온 이자(add-on Interest)
대출기간 동안 지불해야 할 이자를 차입금에 합산하여 액면금액을 결정하는 할부대출의 이자

은행과 기타 대출기관은 일반적으로 자동차나 다른 유형의 할부대출에 대해서 **애드온 이자**(add-on interest)를 적용한다. 애드온의 의미는 이자를 계산하고 이를 더해서 대출금의 액면가를 결정한다는 것을 의미한다. 예를 들어, 차를 구입하기 위해 $10,000의 자금을 애드온 방식으로 명목이자율 3.0%를 적용하여 12개월 할부로 상환한다고 가정해보자. 명목이자율 3.0%를 애드온 방식으로 적용하면 총이자지급액은 $10,000(0.03) = $300이 된다. 그러나 대출금 일부가 매달 상환되므로 단지 첫 달에만 $10,000을 전액 사용하고, 이후 대출잔액은 계속 감소하여 마지막 달에는 대출원금의 1/12만 남아 있게 된다. 따라서 평균 이용금액은 약 $5,000이기 때문에 최초 대출금액의 절반만을 사용하고 그 대가로 $300을 지불하는 것이 된다. 그러므로 연간 이자율의 근사치를 계산하면 다음과 같이 6.0%가 나온다.

$$(근사치)\ 연이자율_{애드온} = \frac{이자금액}{(대출금/2)} \tag{15.7}$$

$$= \frac{\$300}{(\$10{,}000/2)} = 6.0\%$$

은행이 차입자에게 적용하는 연간명시이자율(annual percentage rate)은 5.49%이고 실효연이자율은 5.63%로 계산된다. 두 이자율 모두 명목이자율 3.0%를 훨씬 상회하고 있다.[26)]

셀프 테스트

- 약속어음은 무엇이며, 약속어음에는 일반적으로 어떠한 조항들이 포함되는가?
- 여신한도와 회전신용협약은 각각 무엇인가?
- 은행 종사자들이 사용하는 단순이자와 애드온 이자의 차이점은 무엇인가?
- 기업이 $500,000의 자금을 10%의 단순이자율로 차입하였다. 또 1년을 365일로 간주하고 월간이자를 납입한다고 하면, 1개월을 30일로 하는 경우 필요한 이자는 얼마인가? 이자가 매월 납부된다면 실효연이자율은 얼마인가? **($4,109.59, 10.47%)**
- 대출이 10% 애드온 방식이고 12개월간 매월 분할상환한다고 했을 때 월간 상환액은 얼마인가? 또 연간명시이자율과 실효연이자율은 각각 얼마인가? **($45,833.33, 17.97%, 19.53%)**
- 일반적으로 거래신용의 비용과 단기은행대출의 비용을 어떻게 비교하는가?

15-11 기업어음

기업어음

신용도가 우수한 대기업이 발행하는 무담보부 단기 약속어음. 최소 액면금액은 $100,000이며 우대금리보다 약간 낮은 금리가 적용된다.

기업어음(commercial paper)은 금융기관 등 건실한 대기업에 의해 발행되는 약속어음으로서, 주로 단기자금용으로 발행한다. 기업어음은 주로 다른 대기업들이나 보험회사, 연기금, 머니마켓 뮤추얼펀드와 은행들에 의해 팔리는데, 최소 액면금액은 $100,000이다. 기업어음은 대개 무담보이지만 신용카드 채권이나 기타 소액의 단기대출 채권을 담보로 한 '자산담보부(asset-backed) 기업어음'도 발행된다. 2007년 Citigroup과 같은 금융기관의 자회사들은 상당한 규모의 기업어음을 발행하여 조달한 자금을 서브프라임 주택담보채권을 매입하는 데 사용하였는데 매우 좋지 않은 결과를 초래했다. 이로 인하여 당시 신용도가 크게 떨어지는 장기 채권을 담보로 단기 기업어

26) 애드온 대출의 연간명시이자율(APR)과 실효연이자율을 구하기 위해, 먼저 월 상환액을 계산하면, $10,300/12 = $858.33이다. 재무계산기가 있다면, N = 12, PV = 10000, PMT = −868.33, FV = 0를 입력해 보자. 그런 후에 I/YR을 누르면 0.457646%가 얻어진다. 이 수치는 월간이자율이다. 따라서 12를 곱하면 5.49%가 얻어지는데 이 수치가 APR이며, 은행이 차입자에게 통보하는 값이다. 실효연이자율은 $(1.00457646)^{12} - 1 = 5.63\%$로 나타나는데 이는 APR에 비해 상당히 높은 수치이다.

음이 발행되는 상황이 발생했다. 실제 상황이 악화되면서 기업어음을 보유한 기관들은 만기 연장을 불허했다. 기업어음을 발행한 금융기관들은 담보로 설정된 주택대출증권을 매각할 수밖에 없었고 결국 엄청난 손실을 입게 되었다. 이에 따라 Citi와 다른 금융기관들은 수백억 달러의 엄청난 손실을 보고 위기에 처하면서 구제금융을 받을 수밖에 없었다.

학생들은 경제통계 및 연구용 자료를 연방준비제도(federalreserve.gov)에서 얻을 수 있다.

대부분의 기업어음은 금융기관이 발행한 것이다. 비금융기업들도 상당한 규모의 기업어음을 발행하지만 보통 단기자금은 은행대출에 더 많이 의존하고 있다. 예를 들어, 2020년 5월 연방준비제도이사회의 보고에 의하면, 비금융기업들이 발행한 기업어음은 약 $2,820억 정도 되지만 상업은행의 상업대출 및 제조업대출은 $3조 301억을 약간 초과하는 수준이다.

셀프 테스트

- 기업어음이란 무엇인가?
- 어떤 종류의 기업이 단기자금조달을 위해 기업어음을 사용하는가?

15-12 미지급비용(미지급부채)

미지급비용
지속적으로 반복하여 발생하는 단기부채로서, 미지급임금과 미지급세금이 이에 해당함.

자생적 자금
기업의 성장하는 과정에서 자생적으로 발생하는 자금

제3장에서 살펴본 것과 같이 기업은 일반적으로 주급, 2주급, 또는 월급으로 종업원에게 임금을 지불하고 있다. 따라서 재무상태표에는 대개 약간의 미지급임금이 나타나고 있다. 마찬가지로 기업 자신의 추정소득세, 사회보장 및 근로자임금의 원천징수세금, 회수된 판매세는 주 단위, 월 단위, 또는 분기 단위로 납부한다. 따라서 재무상태표에는 **미지급비용**(accurals)이라 부르는 약간의 미지급임금과 미지급세금 등이 나타나 있다.

미지급비용은 기업의 영업활동에서 자연스럽게 발생한다. 따라서 미지급비용을 **자생적 자금**(spontaneous funds)이라고 하기도 한다. 예를 들어, 매출이 50% 증가하면 미지급임금과 미지급세금도 약 50% 증가한다. 미지급비용은 어떠한 이자도 지불되지 않는다는 점에서 '무료(free)'이다. 그러나 임금지급일은 계약이나 업계의 관행에 의해 결정되고 세금납부는 법에 의해 정해지기 때문에 기업들은 미지급비용을 통제할 수 없다. 그러므로 기업들은 할 수 있는 한 모든 미지급비용을 사용할 수는 있지만 그 수준을 거의 통제하지 못한다.

셀프 테스트

- 어떤 종류의 단기신용이 미지급부채로 분류되는가?
- 미지급부채의 비용은 얼마인가? 미지급비용의 비용이 그렇게 낮다면 기업들은 왜 그것을 더 많이 사용하지 않는가?

15-13 단기자금조달을 위한 증권의 사용

담보대출
재고자산이나 매출채권과 같은 자산을 담보로 한 대출

다른 모든 것이 일정하다면 차입자는 무담보 단기부채를 선호하는데 그 이유는 **담보대출**(secured loan)의 회계처리비용이 매우 크게 때문이다. 그러나 기업들은 자금 제공자를 보호하기 위한 담보를 제공해야만 차입할 수 있거나 담보대출의 금리가 낮다는 것을 알고 있다.

주식과 채권, 설비, 재고자산, 매출채권, 토지, 건물 등은 담보로 사용될 수 있다. 그러나 대출을 원하는 기업 중에 주식과 채권 포트폴리오를 보유하고 있는 경우는 거의 없다. 토지, 건물 및 장비는 양호한 형태의 담보지만 대개 단기운전자본대출보다는 장기대출의 담보로 이용된다. 따라서 대부분의 단기기업담보대출은 매출채권과 재고자산을 담보로 사용한다.

증권의 사용을 이해하기 위해, 매장을 현대화하고 확장하고자 하는 시카고의 하드웨어 딜러를 고려하자. 딜러는 은행에 $200,000의 대출을 요청했다. 재무제표를 분석한 후 은행은 딜러에게 무담보로 최대 $100,000을 대출해줄 수 있고, 금리는 6.5%다. 하지만 딜러는 담보로 사용할 수 있는 매출채권 $300,000을 보유하고 있다. 이를 담보로 은행은 $200,000 전액을 대출해주고 3.25%의 우대금리를 적용하는 조건으로 대출을 승인했다. 담보대출의 처리비용은 높지만, 그럼에도 담보대출은 무담보대출보다 덜 비싸다.[27)]

대출용 담보물이 차입자의 매장 내에 있는 경우에는 UCC-1(Uniform Commercial Code Form 1)이라는 서식과 함께 약정의 내용을 기술하는 **담보약정서**(Security Agreement)를 담보물이 위치해 있는 주 정부의 국무장관에게 제출한다. UCC-1은 차입자가 동일한 담보물을 다른 대출의 담보로 사용하지 못하도록 하기 위한 것이고, 담보약정서는 대출기관이 담보물을 압류할 수 있는 조건을 기술하고 있다.

---

27) **자산유동화 자금조달**(asset-based financing)이란 용어는 때때로 **담보부자금조달**(secured financing)과 동의어로 사용된다. 최근 몇 년 사이에 매출채권은 장기 채권의 담보로 사용되었는데, 이를 통해서 기업은 과거 은행과 전통적인 단기대출기관에 국한되지 않고 연기금 등으로부터 자금차입이 가능해졌다.

셀프 테스트

- 차입자의 입장에서 담보대출의 장점과 단점은 무엇인가?
- 단기대출용 담보물로 흔히 사용되는 두 가지 형태의 유동자산은 무엇인가?
- 만약 UCC-1이 존재하지 않는다면 차입자는 어떻게 자금 제공자를 기만할 수 있는가?

단원 종합

이 장에서는 현금, 시장성 유가증권, 재고자산, 매출채권 등 유동자산관리에 대해 논의하였다. 유동자산은 필수적이지만 이를 보유하기 위해서는 비용이 소요된다. 따라서 기업이 매출을 유지하면서 유동자산을 감소시키면, 기업의 수익성을 증가시킬 것이다. 유동자산 투자를 위한 자금조달은 장기부채, 보통주, 단기신용의 형태로 취할 수 있다. 기업들은 대개 거래신용과 미지급비용을 이용한다. 이외에 은행대출과 기업어음을 이용하기도 한다.

비록 유동자산과 이를 조달하기 위한 과정은 이 장에서 제시한 방법으로 분석하면 되지만, 의사결정은 대개 기업의 전체적인 재무계획의 맥락에서 이루어진다. 다음 장에서 재무계획을 다루며, 따라서 운전자본에 대한 논의는 계속 이어진다.

자가진단 질문과 문제

ST-1 **[핵심용어]** 다음의 용어를 정의하라.

a. 운전자본, 순운전자본, 순영업운전자본
b. 제약적 투자정책, 비제약적 투자정책, 중도적 투자정책
c. 영구적 유동자산, 임시유동자산
d. 유동자산 자금조달정책, 만기일치(자기청산)정책
e. 현금전환주기(CCC), 재고전환기간, 평균 회수기간, 매입채무신용기간
f. 현금예산, 목표현금잔고
g. 사서함, 매출채권
h. 신용정책, 신용기간, 할인, 신용공여기준, 추심정책, 신용조건, 신용평점
i. 거래신용, 무비용거래신용, 유비용거래신용
j. 약속어음, 여신한도, 회전신용협약
k. 우대금리, 정규이자 또는 단순이자, 애드온 이자
l. 기업어음, 미지급비용, 자생적 자금
m. 담보대출

ST-2 **[운전자본정책]** Calgary는 현재 유동자산의 투자정책의 수정을 고려하고 있다. 고정자산은 $600,000이고, 매출은 $300만으로 예측된다. 매출액 대비 영업이익(EBIT), 즉 EBIT/매출은 15%로 예측되고, 모든 부채에 대한 이자율은 10%, 연방정부와 주 정부에 대한 세율은 합해서 25%이다. Calgary는 부채비율(부채/자산)을 50%로 유지하고자 한다. 유동자산을 예상매출 대비 40%, 50%, 60%로 유지하려는 세 가지 정책을 고려하고 있다. 각 유동자산 정책하에서 예상되는 자기자본순이익률(ROE)은 얼마인가?

ST-3 **[유동자산에 대한 자금조달]** Vanderheiden Press Inc.와 Herrenhouse Publishing Company의 2021년 12월 31일 시점의 재무상태표(단위: 1,000달러)는 다음과 같다.

	Vanderheiden Press	Herrenhouse Publishing
유동자산	$100,000	$80,000
비유동자산(순)	100,000	120,000
총자산	$200,000	$200,000
유동부채	$20,000	$80,000
장기부채	80,000	20,000
보통주	50,000	50,000
유보이익	50,000	50,000
총부채와자기자본	$200,000	$200,000

두 기업의 EBIT는 모두 $3,000만이고 연방정부와 주 정부 세금을 합친 실효세율은 25%이다.

a. 단기부채이자율이 2%이고, 장기부채이자율이 5%라면, 두 기업의 자기자본순이익률(ROE)은 각각 얼마인가?

b. 단기이자율이 9%로 상승한다고 가정하자. 신규 장기부채에 대한 이자율은 7%로 증가했지만, 기존 장기부채에 대한 이자율은 변하지 않았다고 하자. 이러한 조건에서 Vanderheiden Press와 Herrenhouse Publishing의 ROE는 각각 얼마인가?

c. 어느 회사가 더 위험한 상황에 있는가? 그 이유를 설명하라.

질문

15-1 매출액 대비 유동자산의 비율을 높게 유지하는 것에 대한 장점과 단점은 각각 무엇인가? DuPont 공식을 이용하여 설명하라.

15-2 현금전환주기(CCC)를 정의하라. 다른 모든 것이 일정할 때, 기업이 CCC를 낮추면 수익성이 증가하는 이유를 설명하라.

15-3 현금의 두 가지 정의는 무엇인가? 기업의 재무책임자가 대개 두 번째 정의를 사용한다. 이유가 무엇인가?

15-4 현금예산은 무엇인가? 기업이 유지할 현금의 규모를 감소시키기 위하여 현금예산을 어떻게 이용할 수 있는가? 일간 현금예산이 월간 현금예산에 비해 어떠한 장점과 단점이 있는가? 그리고 기업이 은행에서 대출을 받을 때 현금예산이 어떻게 사용될 수 있는가?

15-5 기업신용정책의 네 가지 핵심요인은 무엇인가? 신용강화정책과 신용완화정책의 차이점은? 네 가지 핵심요인이 두 정책에서 어떻게 차이가 나는지 예를 들어 설명해보라. 신용강화정책과 신용완화정책은 매출과 이윤에 각각 어떤 영향을 주는가?

15-6 유동자산을 포함한 자산투자에 필요한 자금을 조달하기 위해 만기일치정책을 기업이 택한다는 것은 무엇을 의미하는가? 공격적 정책과 방어적 정책은 만기일치정책과 어떠한 차이가 있는가? 각각의 정책은 기대이윤과 기대위험에 어떻게 영향을 미치는가? 특정한 정책이 일반적으로 다른 정책들보다 낫다고 할 수 있는가?

15-7 어떤 거래신용은 무료인 반면, 또 다른 거래신용은 유료이다. 이유는 무엇인가? 어떤 기업이 2/10, net 30의 신용조건으로 구매하고, 대금을 30일째에 지불하며, 재무상태표상에 $300,000의 매출채권이 있다면 $300,000 전액이 무비용신용거래인가, 유비용신용거래인가, 아니면 일부는 무비용이고 나머지는 유비용신용거래인가? 설명하라. 계산과정을 보일 필요는 없다.

15-8 우대금리, 기업어음금리, 매월 이자를 납입하는 대출의 단순금리, 애드온 대출의 금리를 각각 설명하고 이들 간의 상호 관련성을 설명하라. 이들 대출의 표면이자율이 5%로 동일하다면 실효연이자율도 동일한지 설명하라.

15-9 미지급비용이 왜 자생적 자금조달 원천이라고 불리는가? 미지급비용에는 어떠한 것이 있는가? 왜 기업은 미지급비용을 더 많이 사용하지 않는가?

15-10 다음 사건들이 매출채권, 매출, 이익을 증가시키면 (+), 감소시키면 (−), 변화가 없으면 0으로 표시하라.

	매출채권	매출	이익
신용기준을 강화한다.	______	______	______
신용조건이 2/10, net 30에서 3/10, net 30으로 변경된다.	______	______	______
신용조건이 2/10, net 30에서 3/10, net 40으로 변경된다.	______	______	______
신용정책 책임자가 지불기일이 지난 거래계좌를 엄격하게 처리한다.	______	______	______

문제

초급 문제
1~3

15-1 **[현금전환주기]** Primrose Corp은 매출 $1,200만, 재고자산 $300만, 매출채권 $325만, 매입채무 $125만을 보유하고 있다. 매출원가는 매출의 75%이고 운전자본은 8% 금리로 은행대출에서 조달하고 있다. Primrose의 현금전환주기(CCC)를 구하라. 만약 Primrose가 매출이나 매출원가에 영향을 주지 않고 재고자산과 매출채권을 10% 낮추고 매입채무를 10% 증가시킬 수 있다면, 새로운 현금전환주기는 어떻게 되는가? 얼마나 많은 현금이 확보되고 세전이익에는 어떠한 영향을 미치는가?

15-2 **[매출채권에 대한 투자]** Lamar Lumber Company는 매출이 매년 $1,200만인데, 신용조건은 30일 안에 현금지불을 하도록 하고 있으며, 매출채권 $150만이다. Lamar의 DSO를 구하라. 모든 고객들이 정시에 현금지불을 한다면 어떻게 변하는가? 만약 Lamar가 모든 고객들이 정시에 현금지불을 하도록 한다면 얼마나 많은 자금을 확보할 수 있는가?

15-3 **[거래신용과 은행대출의 비용]** Lamar Lumber는 $800만의 원자재를 매입하고 있는데(가격할인을 받아), 그 신용조건은 "3/5, net 55"이다. 현재 Lamar는 5일째에 현금지급을 하고 가격할인을 받고 있다. Lamar는 추가적으로 자금조달이 필요한 설비 확장을 계획하고 있다. 만약 Lamar가 가격할인을 받지 않는다면 어느 정도의 거래신용을 얻을 수 있는가? 그 거래신용의 명목금리와 실효금리는 어떻게 되는가? Lamar가 은행에서 이자를 매월 납입하고, 1년을

365일로 계산하는 방식으로 9% 금리의 자금을 차입할 수 있다면, Lamar 입장에서는 은행대출을 사용하는 것이 유리한가, 아니면 추가거래신용을 이용하는 것이 유리한가?

중급 문제 4~6

15-4 **[현금전환주기]** Zocco Corporation은 64일의 재고전환기간, 28일의 평균 회수기간, 41일의 매입채무신용기간을 설정하고 있다.

a. 현금전환주기는 며칠인가?

b. Zocco의 연매출이 $2,578,235이고 모두 신용매출인 경우, 매출채권에 대한 투자는 얼마인가?

c. Zocco는 매년 몇 번이나 재고자산을 회전하는가? 단, 매출원가는 매출의 75%라고 가정한다.

15-5 **[매출채권에 대한 투자]** McEwan Industries는 3/10, net 30의 신용조건으로 판매하고 있다. 연매출은 $1,921,000이고 고객들 가운데 40%는 10일째 현금지급을 해서 가격할인을 받고 있고, 나머지 고객들은 평균적으로 구매한 지 70일째에 현금지급을 하고 있다.

a. DSO를 구하라.

b. 평균 매출채권은 얼마인가?

c. 가격할인을 받는 고객들의 경우, 거래신용의 비용은 몇 %인가?

d. 가격할인을 받지 않고 구매한 지 70일째에 현금지급을 하고 있는 고객들에게 거래신용의 비용은 몇 %인가?

e. McEwan이 가격할인을 받지 않고 있는 모든 고객들에게 구매 후 30일째에 현금지불을 하도록 수금정책을 강화한다면, McEwan의 매출채권은 어떠한 변화가 있겠는가?

15-6 **[운전자본투자]** Pasha Corporation은 오토바이 건전지를 생산하고 있다. Pasha는 원자재와 노동력을 투입하여 개당 $7의 비용으로 하루 1,400개의 건전지를 생산하고 있다. 회사가 원자재를 최종재인 건전지로 만드는 데 22일이 소요된다. 회사는 고객들이 건전지를 구입한 후 40일 안에 지불할 수 있도록 하고 있고, 자신은 공급업체에게 30일 안에 지불하고 있다.

a. Pasha의 현금전환주기(CCC)를 구하라.

b. 하루 1,400개의 건전지를 생산하는 정상상태에서, 회사는 얼마 정도의 운전자본을 소날해야 하는가?

c. 회사가 매입채무신용기간을 33일까지 연장할 수 있다면 운전자본에 대한 자금조달을 얼마나 감소시킬 수 있는가?

d. 회사의 경영진은 운전자본 투자에 따라 새로이 제안된 생산공정의 효과를 분석하고자 한다. 새로운 생산공정은 재고전환기간을 17일로 단축시킬 수 있고 하루 생산량을 2,400개로 증가시킬 수 있다. 그러나 새로운 생산공정은 원자재비용과 인건비를 증가시켜 개당 $12의 비용이 들 것이다. 이러한 변화가 평균 회수기간(40일)이나 매입채무신용기간(30일)에는 영향을 미치지 않는다고 가정할 경우, 새로운 생산공정이 채택될 때 Pasha의 새로운 현금전환주기(CCC)와 필요한 운전자본 소요액을 구하라.

고급 문제
7~10

15-7 **[현금전환주기]** Chastain Corporation은 재고회전비율과 DSO가 현금전환주기에 미치는 영향을 결정하려고 한다. 회사의 2021년 매출은 $121,000이고, 매출원가는 매출의 80%이며, 매출대비 순이익률은 2%, 즉 $2,420이다. 당해연도의 매출회전율이 5.6배이고, DSO는 37일이며, 고정자산은 $42,000 수준이고 매입채무신용기간은 35일이다.

a. 회사의 현금전환주기를 산출하라.
b. 회사가 보유하고 있는 현금과 시장성 유가증권은 미비한 수준일 때 총자산회전율과 ROA를 산출하라.
c. 회사의 경영진은 재고자산회전율을 7.92배까지 증가시킬 수 있다고 판단하고 있다. 만약에 재고회전율이 2021년에 7.92배였다면 회사의 현금전환주기, 총자산회전율 그리고 ROA는 얼마가 되었어야 하는가?

15-8 **[유동자산투자정책]** Rentz Corporation은 내년도의 최적 유동자산의 수준을 결정하려 한다. 경영진은 자산 확충의 노력으로 인해 매출이 약 $200만 증가할 것으로 예상하고 있다. 고정자산의 수준은 $100만이고 부채-자산비율을 60%로 유지하려고 한다. 회사의 이자율은 단기부채와 장기부채 모두 5%(이 수준을 장기적으로 유지를 위해 노력하고 있으며)에 머물고 있다. 유동자산의 규모를 예측하는 데 있어 3개의 대안을 고려중에 있다. (1) 유동자산을 매출의 45% 수준으로 제한하는 긴축적인 정책과 (2) 유동자산을 매출의 50% 수준으로 유지하는 정상적인 정책, 그리고 (3) 유동자산을 매출의 60%까지 올리는 완화적 정책이다. EBIT는 총매출의 12% 수준이고 중앙정부와 지방정부의 법인세는 총 25% 수준이다.

a. 현재의 유동자산의 수준 하에서 예상되는 ROA는 얼마인가?
b. 위에서 예측되는 매출수준이 유동자산투자정책과는 독립적이라고 가정한 것은 적절하다고 판단되는가? 그렇다고 생각하는 이유는 무엇인가? 그렇지 않다고 생각하는 이유는 무엇인가?
c. 정책에 따라서 회사의 위험이 영형을 받을 것이라 판단하는가?

15-9 **[사서함제도]** Fisher-Gardner Corporation(FGC)은 시카고 지역에서 5년 전에 설립된 소규모 기업이다. 하지만 회사의 평판이 좋아 영업지역이 급격하게 넓어졌으며 미국 전역에 고객이 존재한다. 하지만 여전히 시카고 본사에 명세서 부서를 두고 있는 상황이다. 평균적으로 고객에서 명세서를 보내고 대금을 받아 예치하기까지는 7일이 소요되고 있어서 사서함제도를 활용하여 대금회수기간을 2일 정도 단축하려고 한다. 회사는 평균적으로 매일 $230만의 대금을 회수하고 있다.

a. 회사가 사서함제도를 시행하면 얼마의 잉여현금이 발생하게 되는가? 회사가 성장을 멈추는 경우에 이러한 변화는 일시적인 것인가? 반복적인 것이 될 것인가? 이 질문에 답하는 데에 있어서 회사의 성장에 대한 예측이 중요한가?
b. FGC의 기회비용이 6%라고 할 때 사서함제도는 매년 어느 정도의 가치를 갖는가?
c. 사서함제도에 회사는 매월 최대 얼마의 비용까지 지불할 것인가?

15-10 **[현금예산]** Helen's Fashion Designs사의 소유주인 Helen Bowers는 은행에서 여신한도를 요청하려고 한다. 아래와 같이 2021년도와 2022년도의 매출액을 추산하였다.

2021년 5월	$180,000
6월	180,000
7월	360,000
8월	540,000
9월	720,000
10월	360,000
11월	360,000
12월	90,000
2022년 1월	180,000

여신부서에서 전달된 회수금 추산은 다음과 같다. 당월매출 회수금액 10%, 익월매출 회수금액 75%, 익익월매출 회수금액 15%. 임금과 원자재 대금은 회수완료 후에 지급된다. 아래는 임금과 원자재 총액의 추산결과이다.

2021년 5월	$90,000
6월	90,000
7월	126,000
8월	882,000
9월	306,000
10월	234,000
11월	162,000
12월	90,000

판매관리비는 매월 약 $27,000이고 장기리스대금은 매월 $9,000이다. 감가상각비는 매월 $36,000이고 기타비용은 매월 $2,700이다. 소득세는 9월과 11월에 $63,000 납부해야 한다. 10월에는 신규 디자인스튜디오에 $180,000이 지출될 것이다. 7월 1일에 현금보유액은 $132,000일 것이지만 현금예산기간 동안에 최소 $90,000의 현금을 유지해야만 한다.

a. 2021년도의 하반기에 대한 월별 현금예산을 수립하라.
b. 요구 자금조달이나 잉여자금에 대한 월별 추정치를 산출하라. 즉, Bowers가 매월 차입해야 하거나 투자할 수 있는 금액을 의미한다.
c. 한 달 동안에 매출대금은 매일 동일한 금액이 발생(예를 들어, 현금대금은 매일 1/30의 비율로 발생한다는 의미이다)하지만 현금지출은 매월 5일에 발생한다. 이러한 가정이 현금예산에 영향을 미치는가? 즉, 이러한 가정하에서도 위에서 수립한 현금예산이 유효한가? 아니라면 최고수준의 자금조달의 적절한 추정치는 얼마인가? 이러한 질문에 답하기 위해서 수치가 반드시 필요한 것은 아니지만 선호하는 경우에는 수치를 제시하여 답할 수 있다.
d. Bowers의 매출은 계절적인 특성을 지니기 때문에 계절에 따라 매출이 달라지고 생산량에 차이가 발생한다. 단기 은행차입금의 모든 재무적 요구조건이 갖춰졌을 때 회사의 유동자산

비율과 부채비율이 (수치를 이용한 계산을 하지 않고) 어떻게 변할지 예측해보라. 이러한 비율들의 변화가 은행의 여신한도에 영향을 미치는가? 설명하라.

종합계산문제

15-11 **[현금예산]** 문항 15-10을 엑셀의 스프레드시트를 이용하여 답하라. 문항 a부터 문항 d까지 답한 후에 아래에 답하라. Bowers의 고객이 대금납부가 늦어지면 회수기간이 길어지면서 요구되는 차입금의 규모가 늘어나게 될 것이다. 만약에 매출이 감소하면 이 또한 차입금에 영향을 미치게 된다. 위에서 언급한 2개 요인이 최대 차입금 수준에 미치는 영향에 대해 민감도분석을 실시하라.

통합사례

SKI EQUIPMENT INC.

15-12 **[유동자산관리]** Ski Equipment Inc.(SKI)사의 재무담당임원인 Dan Barnes는 활기차지만 걱정이 많은 성격이다. 최근에 회사의 창업주가 EVA(경제적부가가치)의 신봉자인 Kent Koren에게 51%의 지분을 매도한 바 있다. EVA는 세후영업이익에서 회사자본의 비용을 차감한 수치이다.

$$\begin{aligned} EVA &= EBIT(1-T) - \text{연환산 자본비용 금액} \\ &= EBIT(1-T) - (WACC \times \text{투여자본}) \end{aligned}$$

EVA가 양의 값을 가지면 회사는 가치를 창출하고 있는 것이지만 그렇지 않다면 회사는 자본비용을 감당하지 못하여 주주의 가치를 감소시키게 된다. Koren은 경영자가 회사의 가치를 창출하면 충분한 보상을 제공하는 반면에 그렇지 못한 경우에는 경영자를 교체하려 한다. Koren은 회사가 자산을 축소하면서 현재 수준의 매출을 유지한다면 자본이 적게 요구될 것이라고 말하곤 했다. 즉, 다른 조건이 동일한 상황에서 자본비용을 줄이고 EVA를 늘이는 것을 의미한다.

지분을 인수한 후에 Koren은 SKI의 임원들에게 아래와 같이 회사에 대한 자신의 계획을 전달한 바 있다. 첫째, 회사가 최근에 가치를 창출하지 못하고 있다는 증거로 EVA관련 자료를 제시하면서 반드시 개선이 필요하며 현재 회사의 스키, 부츠 및 의류 디자인이 우수하나 그 외의 분야는 심각한 문제가 있다고 강조했다. 비용이 너무 높거나 가격이 너무 낮을 수도 있고 자본이 과다할 수 있기 때문에 문제를 파악하고 개선해줄 것을 요구한 것이다.

Barnes씨는 SKI사의 운전자본에 대한 분석이 필요하다고 판단하고 있는데, 그 이유는 현금,

유가증권, 매출채권과 재고는 최적의 수준이 존재함에도 항목에 따라 다소 부족하거나 과다하기 때문이다. 과거에 Barnes씨는 생산부문 임원에게는 원자재 재고량을, 영업부문 임원에게는 완제품에 대해서, 판매직원에게는 신용정책(매출채권에 영향을 미치는)에 대해, 그리고 자금부문 임원에게는 현금과 유가증권 잔고에 대해서 문의했으나 어떠한 답변도 받지 못했었다. Koren의 요구로 인해서 이러한 질의내용이 밝혀지게 될 것이다.

Barnes씨는 운전자본에 대한 결정은 투명하게 이루어져야 한다고 생각한다. 예를 들어, 생산에 부정적 영향을 미치지 않는 선에서 재고량은 최소화하게 되면, 적은 자본이 요구될 것이며 자본비용금액이 낮춰지게 되고 EVA가 증가하게 될 것이다. 하지만, 원자재 재고량을 너무 줄이면 생산이 늦춰지고 비용이 증가할 수 있고, 완제품의 재고를 줄이면 매출수익성이 감소하게 될 수 있다. 따라서 재고량을 변경하기 전에 생산 및 재무적 영향을 반드시 검토해야 한다. 현금과 매출채권에 대해서도 동일한 상황이 발생할 수 있는 것이다.

a. Barnes씨는 회사의 생산부문 임원들과 논의를 위해 <표 IC 15.1>에 제시된 비율을 사용하고자 한다. 논의를 통해 임원들 모두가 유동자산의 변화로 인한 장단점과 변화로 인해 회사의 이익과 EVA에 미치는 영향을 고려할 수 있어야 하기 때문이다. <표 IC 15.1>에 의하면 SKI사는 유동자산투자정책에서 비제약적, 중도적, 제약적 정책 중에 어느 유형의 정책을 시행하고 있다고 판단되는가?

b. 비제약적이지만 합리적인 유동자산투자정책을 시행하는 경우와 비효율성으로 인해 유동자산이 과다한 경우를 어떻게 구분할 수 있는가? SKI사의 유동자산투자정책은 적절한가? 설명하라.

c. SKI사는 자산과 부채의 만기를 일치시키기 위해서 자본조달정책을 공격적으로 취해야 하는가? 아니면 보수적인 정책을 취해야 하는가?

d. SKI사의 매입채무신용기간이 30일이라고 가정하자. 재고전환기간을 (365/재고회전율)으로 계산하는 경우에 현금전환주기를 산출하라.

e. SKI사는 생산에 문제를 발생시키지 않고 어떻게 현금과 유가증권 항목을 축소할 수 있는가?

SKI사의 현금보유상황을 면밀히 검토하기 위해서 Barnes씨는 예비 현금예산을 수립하였다. <표 IC 15.2>는 당해 연도의 초기 2개월간의 자료이다(이자수익과 이자비용은 감안하지 않았다). Barnes씨가 수립한 다른 기간에 대한 자료는 제시하지 않았다.

f. 예비 현금예산에 의하면 Barnes씨는 모든 매출액이 회수되어 부실채권은 없다고 판단하였나. 실제로 그렇다고 할 수 있는가? 아니라면, 부실채권은 현금예산의 측면에서 어떻게 취급해야 하는가? (힌트: 부실채권은 매입이 아닌 회수에만 영향을 미친다)

g. Barnes씨가 작성한 한 해 동안의 현금예산자료는 월별 매출에 대한 예측에 기반한다. 매출은 5월과 9월 사이에 매우 낮은 수준이지만 가을과 겨울에는 급격하게 증가할 것으로 예상된다. 흥미롭게도 Barnes씨의 추정현금예산에서는 회사의 현금보유액이 제품인도는 많지만 회수가 늦어질 것이기 때문에 10월과 11월을 제외하고는 항상 목표현금수준을 초과할 것으로 예상된다. <표 IC 15.1>에서 SKI사의 목표현금수준이 적당해 보이는가? 목표현금

수준을 낮추는 것과 더불어 SKI사가 현금관리정책을 개선하고 EVA를 향상시키기 위해서 어떤 조치를 취해야 하는가?

h. SKI사의 재고수준이 너무 높은 이유가 무엇인가? 그런 이유가 EVA와 ROE에 어떤 영향을 미치는가?

i. 회사가 매출에 부정적인 영향을 미치지 않고 재고를 줄인다면 (1) 단기적으로 그리고 (2) 장기적으로 볼 때, 회사의 현금보유수준에 어떠한 영향을 미치는가? 현금예산과 재무상태표에 대한 영향을 설명하라.

j. Barnes씨는 SKI사가 동일 산업의 회사들과 유사한 신용매출정책을 유지하고 있다고 생각한다. <표 IC 15.1>의 비율을 이용하여 SKI사의 고객들이 여타 경쟁사의 고객과 비교할 때 대금지급의 수준이 어떠한지 설명하라. 차이가 존재한다면 SKI사는 신용정책을 완화해야 하는가 아니면 강화해야 하는가? 기업의 신용정책을 결정하는 4개의 요인은 무엇이며 SKI사는 각각의 요인을 어떻게 조정해야 하는가?

k. SKI사가 신용정책을 강화하는 경우에 어떤 위험에 노출되는가? 설명하라.

l. 매출에 대한 급격한 변화 없이 DSO를 낮춘다면 현금보유수준에 (1) 단기적으로 그리고 (2) 장기적으로 어떤 영향이 발생할 수 있는가? 현금예산과 재무상태표에 대한 영향을 설명하라. 장기적으로 EVA에 어떤 영향이 발생하는가?

m. SKI사가 "1/10 net 30" 기준을 가지고 있다고 할 때 할인을 선택하지 않아도 40일차에 대금을 지급할 수 있다. 매년 할인을 고려하지 않고도 $300만 상당의 부품을 매입한다고 가정하자. SKI사의 기존 거래신용은 얼마이며 최대 거래신용수준은 어느 정도이며 최대 거래신용의 비용은 얼마인가? SKI사는 할인을 고려해야 하는가? 왜 고려해야 하는가? 아니면 고려하지 않아야 하는가?

n. 만약 SKI사가 이자율 8%에 1년 동안 은행으로부터 $100,000을 차입하기로 결정했다고 가정하자. 12개월 균등상환대출에 대해 단순이자(단리)와 애드온 이자를 가정하면 실효연수익률(EAR)은 얼마인가?

〈표 IC 15.1〉 재무비율표: SKI사와 산업평균

	SKI	산업평균
유동비율	1.75	2.25
부채/자산	58.76%	50.00%
현금과 유가증권 회전율	16.67	22.22
DSO(365일 기준)	45.63일	32.00일
재고자산회전율	4.82	7.00
고정자산회전율	11.35	12.00
총자산회전율	2.08	3.00
매출총이익률	2.07%	3.50%
ROE	10.45%	21.00%

〈표 IC 15.2〉 SKI사의 현금예산(1월과 2월)

	11월	12월	1월	2월	3월	4월
I. 회수 및 매입						
(1) 매출 (총액)	$71,218	$68,212	$65,213.00	$52,475.00	$42,909	$30,524
회수						
(2) 매출 당월 회수 (0.2)(0.98)(당월 매출)			12,781.75	10,285.10		
(3) 매출 후 차기월 회수 (0.7)(전월 매출)			47,748.40	45,649.10		
(4) 매출 후 차차기월 회수 (0.1)(2개월전 매출)			7,121.80	6,821.20		
(5) 총회수액: (2)+(3)+(4)			$67,651.95	$62,755.40		
매입						
(6) (0.85)(2개월 후 매출예상액)		$44,603.75	$36,472.65	$25,945.40		
(7) 매입대금(1개월 지연)			44,603.75	36,472.65		
II. 당월 현금소득 또는 손실						
(8) 회수액 (섹션 I. 자료)			$67,651.95	$62,755.40		
(9) 매입대금 (섹션 I. 자료)			44,603.75	36,472.65		
(10) 임금과 급여			6,690.56	5,470.90		
(11) 임대료			2,500.00	2,500.00		
(12) 법인세						
(13) 총지급액			$53,794.31	$44,443.55		
(14) 당월 순 현금소득 (손실): (8)부터 (13)까지			$13,857.64	$18,311.85		
III. 현금잉여 또는 차입필요액						
(15) 무차입시 월초 현금액			$3,000.00	$16,857.64		
(16) 누적 현금액: (초기현금+현금소득-현금손실)=(14)+(15)			$16,857.64	$35,169.49		
(17) 목표현금잔고			1,500.00	1,500.00		
(18) 누적 잉여현금 또는 차입액($1,500의 현금잔고 유지목적) (16)-(17)			$15,357.64	$33,669.49		

16 CHAPTER

재무계획과 재무예측

효과적인 예측은 강력한 실행을 위한 중요한 요인이다

여타 모든 공기업과 마찬가지로 United Parcel Service (UPS)도 주주들에게 과거 실적을 요약하고, 고위 경영진이 향후 핵심 기회와 위험으로 보는 것에 대한 통찰력을 제공하는 연례 보고서를 제공한다. UPS의 2019년 연례 보고서에는 보고해야 될 좋은 소식이 있다. 이 기업은 2019년에 55억 개 이상의 패키지를 배달했는데, 이는 2018년에 비해 6% 가까이 증가한 수치이다. UPS는 미국 내 수익이 6.7% 증가했지만 해외부문은 1.5% 감소한 것을 보고했다. 지난 10년 동안 많은 소비자들이 구매의 상당 부분을 온라인으로 전환했다. 이는 UPS와 같은 배달전문업체에게는 좋은 소식이다. 실제로 UPS는 현재 하루 평균 2천만 개 이상의 패키지를 배송하고 있다고 보고했다.

동시에 거대한 운영규모는 지속적 투자를 필요로 한다. 그것은 "스마트 물류 네트워크"라고 부르는 것이다. 이러한 유형의 투자 필요성을 요약하면, UPS의 회장 겸 CEO인 David Abney는 2017년 주주들에게 보낸 연례 서한에서 다음과 같이 말했다.

> 해당 계획의 중추적 기반은 수십 년 동안 우리 네트워크의 전면적 변화를 이루기 위해 우리가 하고 있는 투자이다. 우리는 미래에도 사용가능한 네트워크를 보장받기 위해 인공지능, 기계학습, 블록체인, 로봇 및 기타 여러 첨단기술에서의 발전을 최대한 활용한다. 이러한 투자는 단기적으로 중요한 재무 약속을 의미하지만 장기적으로는 고객과 주주들에게 상당한 이익이 될 것이다. 새로운 기술을 구현하고 시설 내 용

량을 확대하여 우리는 업계에서 가장 효율적인 네트워크를 더욱 효과적으로 만들고 있다. 우리의 디지털 투자는 우리와 우리 고객에게 패키지 라우팅 및 제공 방법에 대한 유연성, 일관성, 가시성을 향상시킬 수 있다.

어떤 투자를 할지 결정할 때 회사는 재무예측에 크게 의존한다. 효과적인 예측을 위해서는 시장 및 산업 동향, 경쟁환경, 경제 전반의 장점에 대한 확고한 이해가 필요하다. 그러나 눈을 크게 뜨고 신중함을 견지한 경영자는 일이 종종 예상과 다르게 나타날 것임을 인식한다. UPS는 2019년 연례 보고서에서 비슷한 점을 다음과 같이 지적했다.

> 우리는 항공기, 차량, 기술, 시설, 장비가 존재하는 사업에는 상당한 자본투자가 필요하다. 이러한 투자는 기존 사업을 지원하고, 향후 예상되는 성장이 가능토록 지원한다. 예상 규모의 예측에는 일반적 경제 동향, 정부규제 및 경쟁의 변화와 같이 불확실성에 영향을 받는 많은 요소가 포함된다. 미래의 자본투자 요구를 정확하게 예측하지 않으면 과잉생산 능력 또는 불충분한 생산능력을 초래할 수 있으며, 둘 중 하나가 수익과 수익성에 부정적인 영향을 미칠 수 있다. 자본 투자 요구사항을 예측하는 것 외에도 우리는 불리한 경제 상황에 대응하여 운영 및 비용 구조의 다른 요소를 조정한다. 하지만 이러한 조정으로는 영업마진을 유지하기에 충분하지 않을 수 있다.

UPS가 너무 잘 알고 있듯이 경제환경은 항상 변하기 때문에 회사의 미래 성과에 대한 합리적인 예측을 하기가 어렵다. 지난 몇 년 동안 경제 및 금융시장의 엄청난 변동성을 감안할 때 예측은 점점 더 어려워지고 있다. 예측에 관해 업데이트할 수 있는 것보다 빠르게 숫자가 변하기 때문에 손을 들고 "뭐하러 그래?"라고 말하고 싶을 것이다. 수건을 던지고 싶은 충동에도 불구하고, 변덕스러운 기간 중에 효과적 예측이 그 어느 때보다 중요하다. 잘 운영되는 회사는 자동조종장치로 작동할 수 없음을 알고, 내년도 지난해와 같을 것이라 가정한다.

출처: "Accelerating Forward. . . . Customer First. People Led. Innovation Driven." *2019 UPS Annual Report*, investors.ups.com/financials/annual-reports, February 20, 2020; and "Transforming UPS . . . for Today and Tomorrow," *2017 UPS Annual Report*, investors.ups.com/financials/annual-reports, February 21, 2018.

학습개요 및 목표

뉴욕 양키스(New York Yankees)의 전 선수이자 감독인 요기 베라(Yogi Berra)는 다음과 같이 말했다. "어디로 가는지 모른다면, 거기에 가지 못할 수도 있기 때문에 매우 조심해야 합니다." 그것은 확실히 기업에 있어서도 사실 그대로이다. 기업의 일반적인 목표에서 시작하여 거기에 도달하기 위해 취해야 할 단계를 자세히 설명하는 계획이 필요하다.

이 장을 마치면 다음을 수행할 수 있어야 한다.

- 전략적 계획의 중요성과 재무예측이 전체 계획 프로세스에서 수행하는 중심 역할에 대해 논의한다.
- 기업이 매출을 예측하는 방법을 설명한다.
- 추가 소요자금 추정(또는 AFN) 방정식을 사용하고 자산 성장과 자금 필요 간의 관계에 대해 논의한다.
- 스프레드시트가 어떻게 예측과정에서 사용되는지 설명한다. 예측과정은 기존의 재무제표에서 시작해 추정재무제표로 마무리되며, 추정재무제표에 기초해 재무비율들을 계산한다.
- 계획이 어떻게 반복적으로 이루어지는 과정인가를 토론한다.

재무계획자는 우선 일련의 가정을 설정하고, 해당 가정하에서 어떤 상황이 발생할 것인지를 살펴본 후, 좀 더 나은 결과를 얻기 위해 보완이 필요한지 여부를 조사한다. 이 장에서는 기업의 관점에서 예측하는 데 중점을 두지만 최고의 증권분석가도 동일한 과정을 거친다. 헤지펀드와 사모펀드를 보유한 증권분석가들은 예측가로서 활동하며, 예측의 반복과정에 특별한 관심을 가지고 있다.

16-1 전략계획

경영학 교과서는 종종 다음을 전략계획의 핵심 요소로 제시한다.

기업이념
기입진략 계획의 요약 형태

- 기업이념: 대부분의 기업이 **기업이념**(mission statement)을 명확히 제시한다. 예를 들어, 다음은 Pepsico의 기업이념이다:[1]

  한 모금 마실 때마다 더 많은 미소를 짓는다.

  소비자:
  맛있고 영양가 있는 제품과 독특한 브랜드 경험을 통해 즐거운 순간을 만들어간다.

  고객의 경우:
  최고의 파트너가 되어 판도를 바꾸는 혁신을 주도하고 업계에서 타의 추종을 불허하는 수준의 성장을 제공한다.

  직원 및 커뮤니티:
  일할 수 있는 의미 있는 기회를 만들고, 새로운 기술을 습득하고, 성공적인 경력을 쌓고, 다양하고 포용적인 직장을 만든다.

  지구를 위해:
  자연의 귀중한 자원을 보존하고 우리 아이들과 후손을 위해 더욱더 지속가능한 지구를 조성한다.

  주주:
  지속가능한 수준의 최상위 TSR(total shareholder return; 총주주수익)을 제공하고 동급 최고의 기업지배구조를 수용한다.

기업범위
기업의 사업 분야 및 지리적 운영 영역을 정의한다.

- 기업범위: **기업범위**(corporate scope)는 기업이 추구할 사업 분야와 사업을 운영할 지리적 영역을 정의한다. 일부 기업은 최고경영자가 다양한 유형의 사업 분야로 기업을 확장하는 것보다 좁은 범위의 기능에 집중하는 것이 더 낫다는 이론에 따라 의도적으로 범위를 제한한다. 학자들은 어느 것이 더 나은 선택인지 연구한 바 있다. 일부 연구에서는 투자자들은 일반적으로 다각화된 기업보다 특정

1) 웹사이트 pepsico.com/about/mission-and-vision에서 Pepsico의 기업 이념 및 비전을 참조할 것.

분야에 집중된 기업을 더 높게 평가한다고 제시한다.[2] 하지만 기업이 다각화된 사업체를 성공적으로 결합해 서로 도와줄 경우 결과적으로 전체 기업의 가치를 높이는 시너지 효과가 될 수 있다.[3] 어떤 경우에도 명시된 기업범위는 논리적이어야 하고 기업의 역량과 부합해야 한다.

기업목표 선언
경영의 지침이 되는 구체적인 목표를 설정한다.

- 기업목표 제시: **기업목표에 대한 선언**(statement of corporate objectives)은 운영담당관리자가 달성할 것으로 기대되는 특정 목표를 설정하는 기업계획의 일부이다. GE는 효과적 예측의 필요성을 오랫동안 인식하고 이를 투자평가, 전략계획 개발, 다양한 부서 간 자원할당, 보상의 대상 설정을 위한 근거로 사용해온 좋은 기업사례이다. 대부분의 기업과 마찬가지로 GE는 질적 목표와 양적 목표를 모두 가지고 있다. GE는 목표를 달성하지 못한 사업부를 매각하고 실적이 저조한 경영자를 교체한 이력이 있지만 목표를 달성하면 경영자에게 관대하게 보상하기도 한다.

기업전략
회사의 목표를 달성하기 위해 개발된 광범위한 접근

- 기업전략: UPS는 여러 가지 광범위한 **기업전략**(corporate strategies)을 가지고 있다. 특히 해당 기업은 전 세계적으로 공급망 서비스를 제공하고 "스마트 물류" 프레임워크를 활용해 수익 안정성과 재무 건전성을 달성했다. 2016년 연례보고서에서 UPS는 자사의 기업전략으로 "수백만 기업의 운송활동을 하나의 고효율 물류 네트워크로 통합함으로써 세계경제의 활력과 환경적 지속가능성"을 높이는 데 어떻게 도움이 될 것인지 강조했다.[4]

---

2) 예를 들어, 다음의 논문을 참조할 것. Philip G. Berger and Eli Ofek, "Diversification's Effect on Firm Value," *Journal of Financial Economics*, vol. 37, no. 1(1995), pp. 39-66; Larry Lang and René Stulz, "Tobin's Q, Corporate Diversification, and Firm Performance," *Journal of Political Economy*, vol. 102, no. 6(1994), pp. 1248-1280.

3) 시너지의 사전적 정의는 부분의 합보다 전체가 더 큰 상황을 2 + 2 = 5의 효과라고도 한다. GE는 제트엔진 사업과 발전용 가스터빈을 생산하는 사업을 갖고 있다. 이러한 사업은 서로 유사하기 때문에 한 분야에서의 신기술 개발이 다른 분야에도 도움을 줄 수 있다. 하지만 GE의 제트엔진 사업이 NBC 유니버설(NBC-Universal) 엔터테인먼트 사업에 어떤 혜택을 줬는지 의문이다. GE 경영진은 다각화가 수익과 이익을 안정화시켰고, 이로 인해 모든 사업에서 A등급의 채권과 상대적으로 낮은 자본비용을 가져왔다고 주장했다. 많은 학술연구에서는 이러한 결론에 대해 이의를 제기하고 있다. 학자들은 최고경영자가 하나의 사업에 집중할 경우 주주가 분산투자를 하는 데 쉽고 바람직하다는 의견을 제시한다. 아마도 이러한 우려를 염두에 두고 2010년에 GE 경영진은 일부 자산이 시너지 효과를 내지 못한다는 결론에 도달했고, 이에 해당 자산 중 일부를 매각했다. 이때 NBC 유니버설의 51% 소유권 지분을 Comcast에 매각하였다. 실제로 2013년 3월 19일까지 Comcast는 나머지 49%의 소유 지분을 구입하여 NBC 유니버설은 이제 Comcast의 자회사가 되었다. 또한 2015년 GE는 제조 기반에 다시 집중하기 위해 GE 캐피탈의 대부분을 매각하는 조치를 취했다

4) UPS 2016 연례보고서, investros.ups.com/financials/sec-filings, Form 10-K, 2016년 2월 25일, p. 9.

운영계획
기업목표를 달성할 수 있도록 기업전략에 기반한 세부적 실행 지침을 경영진에게 제공한다.

재무계획
전체적인 계획과정을 하나로 묶는 문서로서, 추정 재무제표 및 추정비율을 포함한다.

- 운영계획: 성공하기 위해서 UPS의 각 부서는 기업목표를 달성하는 데 도움이 되는 기업전략과 부합되는 상세한 **운영계획**(operating plan)을 개발해야 한다. 운영계획은 특정 기간을 대상으로 작성될 수 있지만 대부분 기업은 5년을 대상기간으로 계획을 수립한다. 해당 계획은 각 특정 기능을 담당하는 직원들, 특정 과업의 마감기한, 판매 및 수익 목표 등을 자세하게 설명한다.
- 재무계획: 대부분의 기업에서 **재무계획**(financial plan)은 다단계 프로세스로 이루어진다. 마찬가지로 Allied의 재무계획은 4단계로 이루어진다. 첫째, 예측을 위해 이용되는 매출액, 원가, 이자율 등의 미래 수준에 관해 가정이 수립된다. 둘째, 일련의 예상 재무제표가 작성된다. 셋째, 제4장에서 논의된 것과 같은 예상 비율을 계산하고 분석한다. 넷째, 전체 계획을 재검토하고 가정을 검토하며 경영진은 영업활동을 변경시킬 경우 결과가 어떻게 개설될 것인지를 검토한다. 마지막 단계에서는 기업이념에서 운영계획에 이르기까지 모두의 재점검이 필요하다. 이로써 재무계획은 전체 계획과정을 통합한다.

앞에서 설명한 재무계획은 종종 **가치기반경영**(value-based management)이라고 하며, 이는 기업의 여러 가지 의사결정들이 기업의 재무상태와 기업가치에 미치는 영향을 기업의 재무모형 내에서 시뮬레이션을 통해 파악할 수 있다는 것을 의미한다. 예를 들어, Tesla가 네바다 또는 캘리포니아에 새로운 생산기지를 건설할지 여부를 고려하고 있다면 재무모형을 통해 해당 효과를 시뮬레이션한 다음 장기적 주주 부를 극대화하는 방향으로 공장을 이전할 것이다.[5)]

셀프 테스트

- 기업의 전략계획에 있어 핵심 요소는 무엇인가?
- 재무계획은 기업의 전반적 전략계획의 다른 부분과 어떻게 관련되어 있는가?
- 경영진이 증권분석가에게 도움을 주기 위해서 재무계획은 어떻게 사용될 수 있는가?

5) 해당 움직임에는 분명히 정치적인 영향이 있을 것이라는 점에 유의할 것. 이러한 효과는 모형을 통해 연구되고, 컴퓨터가 생성한 분석결과는 의사결정에 반영된다. 그런데 궁극적 결정은 컴퓨터가 아니라 Tesla의 최고경영진과 이사회에 의해 이루어진다.

16-2 매출액 예측

자료(Resource)

cengage.com의 본 교재 관련 사이트에서 Excel 챕터 모형들을 다운로드할 수 있다. 다운로드 후에는 제16장 파일을 열어 이 챕터를 읽으면서 따라 해보자.

[그림 16.1]의 Allied Food의 매출액 예측처럼 재무계획은 과거 5년 동안의 매출실적을 분석함으로써 시작된다. 해당 수치는 제3장에서 처음 제시된 Allied의 재무제표를 기반으로 작성된 것이다. 그림 아래의 자료는 과거 5년 동안의 매출실적을 나타낸다.

Allied는 2017년부터 2021년까지 등락을 거듭하고 있다. 2019년에 캘리포니아의 과일생산농가의 날씨가 좋지 않아 생산량은 평균 이하로 하락했고, 2019년 매출은 2018년 수준 이하로 떨어졌다. 그런데 2020년의 풍년으로 인해 매출은 15% 증가했으며 이는 성숙한 식품가공업체에 있어서 이례적으로 높은 성장률이다. 4년 동안의 복리기준 연평균 성장률은 9.88%이었다.[6] 경영진은 현재 계획 중인 신제품, 생산 증가량, 유통시스템, 새로운 광고캠페인 및 기타 요인을 고려할 경우 매출액성장률이 10%로 약간 증가할 것으로 예상한다. 따라서 매출은 $30억에서 $33억으로 증가할 것으로 예측된다.

물론 경영진은 더 높은 매출성장을 원하지만 그렇게 할 경우 비용이 발생한다. 예를 들어, 가격을 인하하고, 광고에 더 많이 지출하고, 더 쉽게 신용을 부여하는 등의 방법으로 판매를 늘릴 수 있다. 하지만 이럴 경우 비용이 발생하는 것은 분명하다. 또한 비용이 많이 드는 생산설비 증설이 동시에 이루어지지 않을 경우, 매출액이 증가하기 쉽지 않다. 따라서 매출성장은 그 성장을 가능하게 하는 비용과 균형을 유지해야 한다.

만약 매출액 예측이 제대로 되지 않는다면 심각한 결과가 초래될 수 있다. 예를 들어, Allied의 예상치 이상으로 시장이 확대된다면 고객수요를 충족시킬 수 없게 되고, 따라서 고객들은 경쟁기업의 제품을 구매하게 되어 Allied의 시장점유율이 하락하게 된다. 반면에 Allied가 시장을 지나치게 낙관적으로 예측하여 기계설비와 재고를 과다하게 보유할 경우, 회전율이 낮아지고 감가상각비와 보관비용 및 재고자산 훼손손실이 발생하게 된다. 이는 Allied의 이익과 주가를 감소시킬 것이다. 또한 Allied가 부채로 필요자금을 조달했다면 높은 이자 부담으로 문제가 더 심화될 것이다. 마지막으로 매출액 예측은 16-4절에서 다루게 될 추정 EPS를 포함하여 기업의 재무제표 추정에 있어서 가장 중요한 입력자료임에 주목해야 한다. 매출액 예측의 중요성은 재무제표를 추정할 때 분명하게 나타난다.

---

6) 2017년부터 2021년까지의 4년 성장률을 구하려면 5년간의 데이터가 필요하다. N = 4, PV = −2058, PMT = 0, 그리고, FV = 3000을 입력할 것. 다음으로 I/YR = 9.88%를 풀어낼 것. 이는 해당 기간 동안의 매출성장률이다.

[그림 16.1] Allied Food Products: 2022년 매출액 추정(단위: $100만)

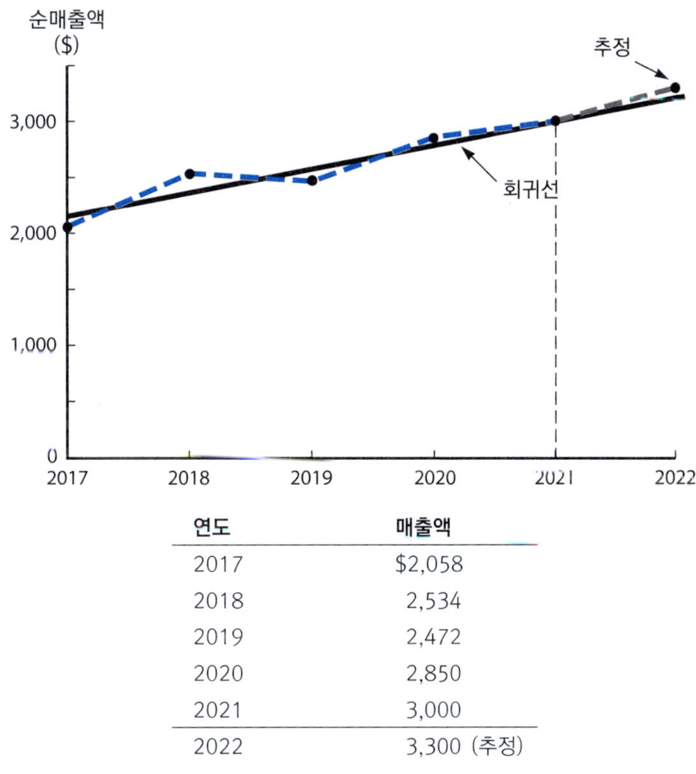

연도	매출액
2017	$2,058
2018	2,534
2019	2,472
2020	2,850
2021	3,000
2022	3,300 (추정)

셀프 테스트

- 정확한 판매예측이 재무계획에 중요한 이유는 무엇인가?

16-3 AFN 방정식

제3장에서 살펴본 것과 같이 2021년 Allied의 자산은 $20억, 매출액은 $30억이었다. 따라서 $1의 매출액을 신규 창출하기 위해 자산은 $2,000/$3,000 = $0.6667이 필요하다. 또한 Allied는 2022년에 매출액을 10%, 즉 $3억을 증가시킬 계획이다.

$$매출액의\ 증가 = \triangle 매출액 = 0.10(\$30억) = \$3억$$

자산회전율이 일정하다고 가정하면, 매출액을 $3억 증가시키기 위해 추가적으로 자산 $2억이 필요하다.

필요한 자산증가 = 0.6667(△매출액) = 0.6667($3억) = $2억

매출액의 증가율이 낮다면, 예를 들어 0%라면 매출액은 0이 되고 필요한 자산의 증가도 0이 될 것이다. 반면에 매출액이 매우 빠르게 증가하면 추가 자산의 소요액도 커질 것이다. 따라서 자산의 증가는 기본적으로 매출액의 증가율에 달려 있다. 자산이 $2억 증가하면 재무상태표는 차변과 대변이 일치해야 하기 때문에 부채와 자본도 동일한 금액만큼 증가한다. 그럼 자본은 어떻게 증가시킬 수 있는가? 기업에게 있어서 자본의 주요 원천은 다음과 같다.

자생적 창출자금

정상적 영업활동에서 자생적으로 발생하는 자금. 공급업체들에 대한 매입채무, 종업원들에 대한 미지급임금, 정부에 대한 미지급세금이 그것으로 기업의 필요한 외부자금조달을 감소시키는 역할을 한다.

1. **매입채무와 미지급비용의 자생적 증가**: Allied는 재고를 증가시키기 위해 추가매입을 해야 하고, 종업원들을 더 고용해야 한다. 매입은 자동적으로 매입채무를 추가로 발생시키고 이는 공급업체들로부터 '대출'을 받는 것과 마찬가지이다. 보다 많은 종업원들을 고용하는 것은 자동적으로 보다 높은 미지급임금을 발생시키고, 이는 종업원들로부터 단기 '대출'을 받는 셈이다. 따라서 필요한 $2억 가운데 일부는 공급업체들과 종업원들로부터 **자생적으로** 발생한다. 이를 **자생적 창출자금**(spontaneously generated funds)이라고 부른다. 매출액순이익률이 일정하다는 가정하에서 보다 높은 매출액은 보다 높은 이익을 의미하고 이에 따라 더 많은 세금을 납부해야 하기 때문에 미지급세금도 발생하게 된다. 따라서 매입채무, 미지급임금, 미지급세금의 '자생적인' 증가를 통해서, 필요한 자금 $2억 중 일부를 조달할 것이다.

유보율

순이익 중에서 기업에 재투자되는 금액의 비율. 이는 1에서 배당성향을 차감한 값과 같다.

2. **유보이익의 증가**: Allied가 양의 이익 전부를 배당으로 지급하지 않고 있다고 가정하면 유보이익이 증가하게 된다. 기업에서 재투자되는 순이익의 일부인 유보이익은 기업의 이익과 **유보율**(retention ratio)에 따라 그 크기가 결정된다. 유보이익의 증가는 성장에 필요한 자금의 조달원천이 된다.

추가필요자금(AFN)

자산을 취득하는 데 필요한 외부자본의 규모. 이자부부채와 우선주 및 보통주 등으로 구성된다.

3. **추가필요자금(AFN)**: 예상 자산증가금액은 자생적 자금과 유보이익의 증가로 충당할 수 있다. 그러나 정상적인 경우 완전히 충당되는 경우는 거의 없으며, 이 경우 그 부족분을 **추가필요자금**(additional funds needed: AFN)이라고 한다. AFN은 추가 차입이나 신주 발행으로 조달될 수 있다. 그러나 기업의 성장률이 낮다면, 자산 증가도 크게 발생하지 않기 때문에 자생적 자금과 이익유보금 증가의 합이 필요한 자산 증가액보다 클 수도 있다. 이런 경우 AFN은 음(−)이 되는데 이는 자본잉여가 발생한다는 것을 의미한다.

AFN 방정식(AFN Equation)

추정된 추가 자산의 취득을 위해 필요한 외부자금, 자생적 부채 증가와 사내유보 증가 사이의 관계를 보여주는 방정식

이러한 개념들을 모두 종합해서 표현하면 식 (16.1)을 얻는데, 이를 **AFN 방정식**(AFN equation)이라고 한다. AFN은 계획된 성장을 달성하기 위해 발행해야 하는 이자부부채, 우선주 및 보통주의 총액이다.[7)]

$$\begin{aligned} \text{AFN} &= \text{추정된 자산의 증가} - \text{자생적 부채의 증가} - \text{유보이익의 증가} \quad (16.1) \\ &= (A_0^*/S_0)\Delta S - (L_0^*/S_0)\Delta S - MS_1(1-\text{배당성향}) \end{aligned}$$

Allied Food의 CFO는 식 (16.1)을 다음과 같은 방법으로 사용한다. 매년 가을에 Allied는 CEO와 CFO 및 여러 최고책임자들이 참석하는 중역회의에서 새해 경영계획을 수립한다. 올해 회의는 다음과 같은 두 가지 이유로 인해 특히 중요하다. (1) 국가적 신용경색은 기업의 자금조달능력을 제한하고 있다. (2) 기업 매수자와 사모펀드들이 수많은 식품가공회사들을 인수대상으로 삼고 있으며, 인수 후 피인수기업 경영진의 지위는 보장되지 않는다.

Allied의 경영진은 이러한 두 가지 사항을 잘 알고 있다. Allied의 CFO는 두 단계를 취할 계획이다. 첫째, AFN 방정식을 이용해서 다른 여러 가지 운영비율들은 변하지 않는다고 가정할 때 10%의 목표성장률을 달성하기 위해 필요한 신규 자금 규모를 산출한다. 둘째, 총체적인 재무계획모형의 결과를 제시한다. 모형에서 추정재무제표와 제4장에서 논의된 추정재무비율과 추정 EPS를 보여줄 것이다. CFO가 바라는 것은 EPS 예측을 통하여 회사가 GE의 Jeff Immelt가 겪었던 당황스러운 상황을 피하는 것이다.

CFO는 경영진에게 <표 16.1>을 복사해 주었는데 <표 16.1>은 식 (16.1)과 제3장에서 제시된 재무제표에 기초해서 작성되었다.[8] <표 16.1>의 I은 2021년 재무상태표와 손익계산서에서 선별한 자료다. II는 I의 자료를 이용해서 식 (16.1)에 투입될 자료를 계산한다. II의 모든 계산은 Allied의 2022년 영업 관련 비율들이 2021년 수준에서 변하지 않는다는 가정하에 이루어졌다. III은 II에서 계산된 항목들을 사용해서 AFN을 계산한다. 매출액을 $3억 증가시키기 위해 Allied는 자산을 $2억 증가시켜야 한다. 자산증가 가운데 $2,000만은 매입채무와 미지급비용의 자생적 증가에서 소널될 것이고 $6,600만은 유보이익에서 조달될 것이다. 총 $1억 1,400만의 자금이 더 필요한데 이는 신규 외부자금으로 조달해야 할 것이다. Allied는 우신주를 발행하지 않기 때문에 총 $1억 1,400만의 자금은 보통주 발행과 이사부채권으로 조달되어야 한다.

앞서 지적했듯이 AFN 방정식은 Allied의 2022년 영업 관련 비율들이 2021년의 수준을 유지한다고 가정한다.[9] 경제상황이 변하거나 경영자의 의사결정이 변하면 이러

7) 추가필요자금(AFN)이란 용어는 기업이 계획하고 있는 성장을 충족시키기 위해 얼마의 자본을 추가로 필요로 하는지를 제시하기 위해 개발된 것이다. 하지만 나중에 살펴보겠지만, 기업은 외부로부터 추가 자본을 조달하지 않고 성장하기도 한다. 즉, 기업은 채무상환, 자사주매입, 배당금증액에 사용할 수 있는 초과자본을 생성할 수도 있다. 이 경우 산출된 AFN은 음의 값이 될 것이다. 또한 본문에서 제시되고 있는 여러 결과치들은 일반적으로 반올림한 것이다. 사소한 '반올림에 의한 오차'는 무시해도 좋다.

8) CFO는 또한 엑셀 모형을 노트북 컴퓨터에서 작동시킨 후 바로 민감도분석을 실행해 볼 수 있다. 예를 들어, 성장률을 변화시키면 새로운 AFN이 바로 산출된다. 마찬가지로 배당성향, 매출액이익률 등 여러 변수가 변화할 때 기업의 필요자본에 어떤 영향이 발생하는지를 알아볼 수 있다.

〈표 16.1〉 AFN 모형(단위: $100만)

	A	B	C	D	E	F	G	H	I
2	I. 제3장 〈표 3.1〉과 〈표 3.2〉의 2021년 자료								
3	A_0* = 자산(2021년 12월 31일)								$2,000
4	S_0 = 2021년 매출액								$3,000
5	2021년 순이익								$146.3
6	2021년 배당금								$86.3
7	L_0* = 2021년 매입채무 + 비지급비용(매출에 따라 자생적으로 증가함)								$200
8	II. AFN 방정식에 사용된 자료: 2021년 비율과 동일함								
9	AFN = 성장을 유지하기 위해 요구되는 자산구매에 필요한 추가자금으로서 AFN은 내부조달자금 이외의 외부조달자금이다.								2021년 자료 기준:
10	g = 목표매출액성장률								10.00%
11	A_0*/S_0 = 매출액 $1당 필요한 자산 = $2,000/$3,000. 여기에 매출증가분을 곱하면 필요로 하는 자산이 도출된다. 이를 자본집약률이라고 부른다. 이 비율이 클수록 성장을 유지하기 위한 새로운 자산이 더 많이 필요하게 된다.								0.6667
12	S_1 = 2022년 매출액 = (1+g)(S_0) = (1.1)($3,000)								$3,300
13	ΔS = 매출액 증가 = S_1−S_0 = $3,300 − $3,000. 다음과 같이 구할 수도 있다. △S = g(S_0)								$300
14	L_0*/S_0 = 새로운 매출 $1당 자생적 창출자금. 이 수치에 △S를 곱하면 성장을 유지하기 위해 가용한 새로운 매입채무와 미지급비용을 알 수 있다.								0.0667
15	M = 매출액이익률 = 2021 순이익/S_0 = $146.3/$3,000. 여기에 S_1(S_0가 아님)을 곱하면 2022년에 배당과 성장에 사용가능한 순이익을 알 수 있다.								0.0488
16	1−배당성향 = 1 − (배당/순이익) = 1 − ($86.3/$146.3). 배당성향이 낮을수록 순이익 중 더 많은 부분이 성장을 위해 유보된다.								0.4101
17	III. AFN 방정식								
18	AFN =	필요한 자산 증가		–	매입채무와 미지급비용의 자생적 증가		–	2022년 매출기준 유보이익 증가액	
19	=	(A_0*/S_0)ΔS		–	(L_0*/S_0)ΔS		–	MS_1 (1 − 배당성향)	
20	=	0.6667($300)		–	0.0667($300)		–	0.0488($3, 300)(0.4101)	
21	=	$200		–	$20		–	$66	
22	AFN =	$11,400만							

9) 이 가정으로 인해 AFN 계산을 간단하게 할 수 있지만, 대개 실제와는 차이가 있다. 예를 들어, 특정 연도에 고정자산(비유동자산)이 매출액과 같은 속도로 증가하지 않을지도 모른다. 이러한 상황을 감안하여 일부 분석가들은 아래와 같이 또 다른 형태의 AFN 방정식을 사용한다.

AFN = (매출에 의해 발생되는 유동자산/매출액) × △매출액 + △고정자산
− (매출에 의해 발생되는 유동부채/매출액) × △매출액 − △유보이익

위의 식에서 매출에 의해 발생되는 유동자산은 매출채권, 재고자산을 의미하는데 이 항목은 대개 매출과 같은 속도로 증가한다. 마찬가지로 매출에 의해 발생되는 유동부채는 매입채무와 미지급비용을 의미하는데 이들 항목 역시 매출과 비슷한 속도로 증가한다(이 항목들은 표준(단순) AFN 방정식을 설명할 때 사용했던 자생적 부채와 같은 것이다). 이 방정식은 약간 복잡하긴 하지만 단순 AFN 방정식에 비해 좀 더 유연하고 확실히 정확한 분석도구를 제시한다. 하지만 본문의 모든 예제와 장 말미의 문제에서는 단순 AFN 방정식(식 16.1)을 사용할 것이다. 이 새로운 AFN 방정식에 대한 자세한 내용은 다음 책을 참조하라. Wallace N. Davidson, III, *Financial Forecasting and Management Decisions*(New York: AICPA, 2009).

〈표 16.1〉 AFN 모형(단위: $100만) (계속)

	A	B	C	D	E	F	G	H	I
23	IV. 민감도 분석: 입력변수의 변화에 따른 AFN의 변화							AFN(변경 전 = $114)	
24								변경 후	변경 후-변경 전
25	높은 성장:	10%에서 15%로 상승하는 경우, 빠른 성장으로 인해 기업은 더 많은 신규 자산을 필요로 한다.						**$201**	**$87**
26	낮은 성장:	10%에서 5%로 하락하는 경우, 더딘 성장으로 인해 기업은 더 적은 신규 자산을 필요로 한다.						**$27**	**−$87**
27	**A_0*/S_0:**	0.6667에서 0.5000으로 하락하는 경우. 이를 **자본집약률**이라고 부른다. 이 비율을 낮추면 주어진 매출액에서 더 적은 자산이 요구된다. 만약 Allied의 경영진이 총자산회전율을 증가시키면 A_0*/S_0 비율은 하락한다. 따라서 AFN도 하락한다						**$64**	**−$50**
28	**L_0*/S_0:**	0.0667에서 0.0800으로 상승하는 경우. Allied는 매입채무와 미지급비용으로부터 자생적 자금을 창출한다. L_0*/S_0 비율이 커질수록 외부자금은 덜 필요하게 된다. 여기에서는 이 비율이 증가하였다. 비율이 높을수록 자발적 자금이 많으므로 AFN은 감소한다.						**$110**	**−$4**
29	**M:**	0.0488에서 0.1000으로 상승하는 경우. 매출액 이익률이 증가할수록 성장에 사용될 수 있는 이익이 많아지므로 AFN은 감소한다. 즉, M이 증가하면 AFN은 감소한다.						**$45**	**−$69**
30	배당성향:	0.5899에서 0.2000으로 하락하는 경우. Allied가 배당성향을 낮추면 더 많은 이익이 유보되므로 AFN은 감소한다. 즉, 배당성향을 낮추면 AFN도 감소한다.						**$51**	**−$63**
31	모든 변수들을 동시에 성장률 g = 5%에 맞게 변화시키고 그 외의 변수들은 위에 기술한 수치로 변경한다. 그 결과 AFN은 음(−)의 값으로 큰 값을 갖게 된다. 이는 기업이 상당히 많은 액수의 자본을 창출하고 있음을 의미한다.							**−$189**	**−$303**
32									
33	V. 지속성장률 외부자본을 조달하지 않은 채 성취할 수 있는 최대성장률을 의미하는데, 즉 다른 변수들은 기본수준을 유지하면서, AFN = 0을 만족시키는 성장률 g = 3.45%를 나타낸다.								**3.45%**
34									
35	Goal Seek								
36	Set cell:	B22			지속성장률은 엑셀의 '목표치 찾기'를 통해서 노출할 수 있다.				
37					성장률(셀 I10)는 변화시켜 AFN(셀 D22)을 0으로 만들어야 한다,				
38	To value:	0			OK를 누르면 AFN이 0이 될 때까지 셀 I10에 있는 성장률이 변화한다.				
39	By changing cell:	I10			그 결과 성장률 3.45%가 도출되었다.				
40									
41	OK	Cancel							
42									
43									

한 비율들은 변한다. 그 경우 추정 AFN 역시 변하게 될 것이다. <표 16.1>의 IV는 일부 투입요소들이 변하면 AFN이 어떻게 변하는지를 보여준다. 예를 들어, 다른 모든 것이 일정할 때 목표성장률이 10%에서 15%로 증가한다면 AFN은 $1억 1,400만에서 $2억 100만으로 증가할 것이다. 반면에 다른 모든 것이 일정할 때 목표성장률이 10%에서 5%로 감소한다면 AFN은 $1억 1,400만에서 단지 $2,700만으로 감소할 것이다. V에서 알 수 있듯이 다른 모든 것이 일정할 때 Allied가 3.45%의 성장률을 보인다면 AFN은 0이 될 것이다. 따라서 3.45%와 같은 수준의 성장률을 **지속성장률**(sustainable growth rate)이라고 부른다. 모형을 통해서 알 수 있듯이, 지속성장률은 엑셀의 분석도구 중 하나인 목표치 찾기(Goal Seek)를 이용하여 쉽게 추정할 수 있다. 마지막으로 성장률이 낮아지고 <표 16.1>의 IV에서 가정하는 방식으로 다른 투입물들이 변한다면 Allied는 상당히 큰 음(−)의 AFN을 갖게 될 것이다. 이는 자생적 자금과 유보이익 증가액의 합이 요구되는 자산 증가액보다 훨씬 크다는 것을 의미한다.

지속성장률
기업이 외부자금을 조달할 필요 없이 달성할 수 있는 최대 성장률. 즉, 기업의 AFN＝0이 되는 성장률

16-3A 초과자산 조정

AFN식에 포함된 A_0^*/S_0은 **자본집약률**(capital intensity ratio)이라 부른다. Allied의 경우 이 비율은 $2,000/$3,000＝0.6667이다. △S＝$3억을 이 항에 곱하면 Allied가 자산을 $2억 증가시켜야 한다는 것을 보여준다. 그러나 Allied의 CFO는 2021년에 필요 이상으로 많은 고정자산(비유동자산)을 보유했다고 생각했다. 이에 따라 CFO는 경영진에게 **과잉설비조정**(excess capacity adjustment)에 따라 필요한 외부 조달자금이 어떻게 다르게 나타나는지를 보여주길 원했다. Allied가 유동자산 $10억, 고정자산 $10억을 보유하였고, 따라서 CFO는 A_0^*/S_0항을 두 부분으로 나누어 하나는 고정자산(비유동자산), 다른 하나는 유동자산으로 구분하였다.

자본집약률
매출 1달러당 요구되는 자산의 규모(A_0^*/S_0)

과잉설비조정
기업이 완전가동상태에 있지 않아 기존의 자산계획을 수정하는 것

유동자산: $A_{0\ C}^*/S_0$ = $1,000/$3,000 = 0.333 = 33.3%
고정자산: $A_{0\ F}^*/S_0$ = $1,000/$3,000 = 0.333 = 33.3%

이제 2021년의 경우 유동자산은 최대한도로 사용되었지만 고정자산은 전체 여력의 96%만 사용했다고 가정하자. 따라서 만약 고정자산이 완전가동되었다면 매출액은 $30억이 아니라 $31억 2,500만에 도달했을 것이다. 이 예에서 Allied의 완전가동 시의 매출액은 $31억 2,500만으로 다음과 같이 계산된다.

$$\text{완전가동 시 매출액} = \frac{\text{실제 매출액}}{\text{고정자산의 가동률}}$$

$$= \$30\text{억}/0.96 = \$31\text{억 } 2{,}500\text{만}$$

이는 Allied의 매출액 대비 목표고정자산 비율이 이전에 계산된 33.3%가 아니라 32%가 되어야 한다는 것을 의미한다.

$$\frac{\text{목표고정자산}}{\text{매출액}} = \frac{\text{실제고정자산}}{\text{완전가동 시 매출액}}$$
$$= \$10\text{억}/\$31\text{억 } 2{,}500\text{만}$$
$$= 0.32 = 32\%$$

이러한 상황에서 고정자산의 증가 없이도 매출액은 $31억 2,500만으로 증가할 수 있다. 만약 매출액이 $33억으로 증가한다면 필요한 고정자산은 단지 $5,600만이 증가된 $10억 5,600만에 불과할 것이다.

$$\text{필요한 고정자산} = (\text{목표고정자산}/\text{매출액}) \times \text{추정 매출액}$$
$$= 0.32(\$33\text{억}) = \$10\text{억 } 5{,}600\text{만}$$
$$\text{조정 전 고정자산 추정치} = 1.1(\$10\text{억}) = \$11\text{억}$$
$$\text{요구되는 고정자산의 차이} = -\$4{,}400\text{만}$$

따라서 고정자산에서 초과여력이 있어, Allied의 AFN은 $1억 1,400만에서 $1억 1,400만 − $4,400만 = $7,000만으로 낮아질 것이다.

비슷한 상황은 재고와 현금 또는 기타 자산의 경우에도 발생할 수 있다. 또한 매입채무에 대한 신용기간을 늘린다면 비율이 증가할 수 있다. 마찬가지로 Allied는 매출액순이익률을 향상시킬 수도 있고 배당성향을 낮출 수도 있다. 이처럼 매우 많은 조건들이 변할 수 있기 때문에 AFN 방정식 분석에서 더 나아가, 다음 절에서 살펴보게 될 **추정재무제표**(forecasted financial statements)를 만드는 것이 유용하다. 우리는 기업의 재무비율이 개선될 것인지 악화될 것인지 그리고 그러한 결과가 EPS에 어떠한 영향을 줄 것인지를 알기 원한다. AFN은 이것에 대해 아무것도 알려주지 않지만, 추정재무제표는 알려준다.

추정재무제표
기업의 재무상태와 일정기간 동안의 성과를 추정한 재무제표

셀프 테스트

- 만약 핵심비율들이 일정할 것으로 예상한다면 AFN 방정식을 이용하여 필요한 외부자금 규모를 추정할 수 있다. 방정식을 제시하고 그 논리를 설명해 보라.
- 다음 각각의 요소가 증가할 경우 AFN에는 어떤 영향이 미치게 되는가?
  1. 배당성향
  2. 자본집약률(A_0^*/S_0)
  3. 매출액이익률
  4. 매출채권 회전일수(DSO)
  5. 매출액성장률

- AFN이 음(−)이 될 수 있는가? 만약 그렇다면 그것은 무엇을 의미하는가?
- 자산이 초과되는 경우, AFN에는 어떤 영향을 주는가?

16-4 추정재무제표[10)]

AFN 방정식은 예측과정을 이해하는 데 유용하다. AFN을 이해하면 추정재무제표를 이해하는 것이 보다 쉬워질 것이다. 따라서 Allied의 CFO는 2022년 추정재무제표를 작성하는 준비단계로 <표 16.1>의 AFN 계산을 이용한다. 이 절에서는 <표 16.2>에 제시된 추정재무제표를 어떻게 작성하는지 설명한다.

16-4A I. 입력자료

4행부터 9행은 추정에 사용되는 기본적 입력자료 또는 가정을 보여준다. CFO는 CEO 및 여타의 경영진들과의 회의를 통해서, 앞의 제4장에서 소개한 비율분석을 검토하였고, 그 결과 2022년에는 뭔가 개선이 있어야 한다고 결론을 내렸다. 그렇지 않다면 사모펀드나 헤지펀드의 인수위협에 직면할 수 있으며, 인수가 된다면 경영진은 아마도 직장을 잃게 될 것이다.

조정가능한 입력자료

C열은 경영진이 통제하는 2021년도 핵심비율들을 보여준다. 이 비율들은 미래에 바뀔 수 있다. D열은 CFO가 2022년 추정을 시작할 때 사용하는 값들을 나타내고 있다. E열은 산업평균값이다. 첫 입력변수는 성장률이다. 성장률은 바뀔 수 있지만 <표 16.2>에서는 10%로 가정한다. 다음에는 영업원가/매출액 비율을 입력한다. 2021년 Allied의 경우 이 비율은 산업평균인 87%보다 높은 90.73%로 산업평균값 정도로 감소시키면 순이익은 실질적으로 늘어나기 때문에 CFO는 이 비율의 2022년도 목표를 89.5%로 책정했다. 다음 입력사항들을 보자.

앞의 제4장에서 살펴보았듯이 Allied의 매출채권과 재고자산이 매출액 대비 상대적으로 너무 높았다. 매출채권과 재고자산을 낮출 수 있다면 악성부채와 재고유지비용이 감소하고 이에 따라 이익이 증가할 것이다. 마찬가지로 매출채권과 재고자산에 투자된 초과자본이 부채상환과 자사주매입에 사용될 수 있다면 Allied의 ROE와 EPS는 개선

---

10) 이 절은 상대적으로 단순하지만 여러 단계를 거쳐야 한다. 표는 계산기를 이용해서 작성할 수 있지만 엑셀이 더 편하다. 이 작업을 하는 동안 이 절의 내용과 <표 16.2>를 잘 살펴보기를 권고한다. 재무 전공 학생은 이 절을 특히 주의 깊게 읽어야 한다. 이 절을 읽는 동안 모형을 직접 평가해보면 도움이 될 것이다.

될 것이다. Allied의 CFO는 Allied의 초기목표비율들을 2021년도 비율과 산업평균 사이의 값으로 책정하였다.

한편 Allied의 총자산 대비 자기자본비율 47%는 산업평균을 크게 밑돌고 있다. Allied의 거래은행들은 이 비율을 높이면 부채조달비용이 하락할 것이라고 지적하고 있

〈표 16.2〉 추정재무제표(단위: $100만)

	A	B	C	D	E	F	G
2	I. 입력자료		변동가능한 입력자료				
3			2021	2022	산업평균	고정입력자료	
4		성장률, g	NA	10.00%	NA	세율(T)	25.00%
5		영업원가/매출액	90.73%	89.50%	87.00%	이자율	9.60%
6		매출채무/매출액	12.50%	11.00%	9.86%	주식 수	75
7		재고자산/매출액	20.50%	19.00%	9.17%	주가	$23.06
8		부채비율	53.00%	49.00%	40.00%	비유동자산/매출액	33.33%
9		배당성향	58.99%	55.00%	45.00%	COGS/매출액	70.00%
10	II. 손익계산서				2021	변동	2022
11	매출액				$ 3,000.0	(1+ g)	$ 3,300.0
12	영업원가(감가상각 포함)				2,722.0	0.895	2,953.5
13	영업이익(EBIT)				$ 278.0		$ 346.5
14	이자비용				83.0	주석 참조	77.7
15	세전이익(EBT)				$ 195.0		$ 268.8
16	세금				48.8	EBT(T)	67.2
17	순이익(NI)				$ 146.3		$ 201.6
18	배당				$ 86.3	NI(배당성향)	$ 110.9
19	유보이익 증가				$ 60.0		$ 90.7
20	III. 재무상태표				2021	변동	2022
21	자산						
22	현금(매출액에 비례함)				$ 10.0	(1+ g)	$ 11.0
23	매출채권				375.0	0.1100	363.0
24	재고자산				615.0	0.1900	627.0
25	비유동자산(매출액에 비례함)				1,000.0	(1+ g)	1,100.0
26	총자산				$ 2,000.0		$ 2,101.0
27	부채와 자기자본						
28	매입채무+미지급비용(매출액에 비례함)				$ 200.0	(1+ g)	$ 220.0
29	단기은행부채				110.0	주석 참조	103.5
30	총유동부채				$ 310.0		$ 323.5
31	장기회사채				750.0	주석 참조	706.0
32	총부채				$ 1,060.0		$ 1,029.5
33	보통주				130.0	주석 참조	170.8
34	유보이익				810.0	$90.7	900.7
35	총자기자본				$ 940.0		$ 1,071.5
36	총부채와 자기자본				$ 2,000.0		$ 2,101.0

〈표 16.2〉 추정재무제표(단위: $100만) (계속)

	A	B	C	D	E	F	G
37	IV. 재무비율과 EPS		2021		2022E		산업평균
38	영업원가/매출액		90.73%		89.50%		87.00%
39	매출채권/매출액		12.50%		11.00%		9.86%
40	재고자산/매출액		20.50%		19.00%		9.17%
41	부채비율		53.00%		49.00%		40.00%
42	배당성향		58.99%		55.00%		45.00%
43	재고자산회전율		3.41		3.68		7.62
44	매출채권 회전일수(DSO)		45.63		40.15		36.00
45	총자산회전율		1.50		1.57		1.80
46	자산/자기자본(자기자본승수)		2.13		1.96		1.73
47	이자보상비율(TIE)		3.35		4.46		6.00
48	매출액이익률		4.88%		6.11%		6.00%
49	ROA		7.32%		9.60%		10.80%
50	ROE		15.56%		18.81%		18.70%
51	DuPont 계산		매출액 이익률 (NI/S)	총자산 회전율 (S/A)	자기자본 승수 (A/ E)	= ROE	
52	2021년 실적		4.88%	1.50	2.13	15.6%	
53	2022년 추정치		6.11%	1.57	1.96	18.8%	
54	산업평균자료		6.00%	1.80	1.73	18.7%	
55	주당순이익(EPS)		$1.95		$2.63		
56	V. 계산에 관한 주석						
57		2022년 변경된 자산					$ 2,101.0
58		목표부채비율					49.00%
59		총부채: (목표부채비율)(2022년 자산)					$ 1,029.5
60		차감: 매입채무와 미지급비용					(220.0)
61		은행대출과 회사채(=이자부 부채)					$ 809.5
62		은행대출 비중(2021년 비율)				12.79%	103.5
63		회사채 비중(2021년 비율)				87.21%	$ 706.0
64		이자비용: (이자율)(2022년 은행대출과 회사채)					$ 77.7
65		목표자기자본비율=1 - 목표부채비율					51.00%
66		필요자기자본: (2022년 자산)(목표자기자본비율)					$ 1,071.5
67		유보이익(2022년 재무상태표에서)					900.7
68		필요보통주=필요자기자본 - 유보이익					$ 170.8
69		기존발행주식 수(100만 주)					75.0
70		보통주 자기자본 증가=2022년 보통주 - 2021년 보통주					$ 40.8
71		초기 주가(입력자료에서)					$ 23.06
72		주식 수 변동=보통주 자기자본 증가/초기 주가					1.77
73		신규 발행 주식 수=기존 발행 주식 수 + 주식 변동					76.77
74		기존 EPS =2021년 순이익/기존 발행 주식 수					$ 1.95
75		신규 EPS =2022년 순이익/신규 발행 주식 수					$ 2.63

다. 증권분석가들 역시 Allied 주식이 높은 부채비율 때문에 더 위험할 뿐만 아니라 PER에도 부정적인 영향을 미치고 있다는 것을 언급하고 있다. 마찬가지로 Allied의 배당성향은 산업평균보다 높다. CEO를 비롯한 경영진 상당수가 배당성향을 낮추어야 한다고 생각하고 있다. 배당성향을 낮추면 Allied가 기업성장을 위해 사용할 수 있는 자금이 많아져 주가 상승을 가져올 수 있는데, 이는 결국 주주들이 원하는 것일 수 있다.

고정입력자료

예측에 필요한 다른 투입변수는 경영진이 직접 통제하지 않거나 변동될 것으로 예상되지 않는다. 이러한 투입변수는 G열에 표시되며 세율, 이자율, 최초 유통주식, 최초 주가, 고정자산/매출액 비율, 매출 대비 매출원가비율이 포함되며 CFO는 모두 괜찮다고 결론내렸다. 발행주식 수는 회사가 신주를 얼마나 조달해야 하느냐에 따라 2022년에 달라진다. 추가 이자부부채 규모는 자발적 자금조달 증가, 목표 총부채/자산 비율, 자산 증가 등에 따라 달라진다. Allied의 경영진은 2022년에도 2021년과 동일한 비율의 채무를 유지하기로 결정했다. 물론 경영진은 경영 및 재무적 상황의 개선으로 주가가 오르기를 바라고 있지만, CFO는 현 시점에서는 미래상황에 대해 예측하지 않기로 결정했다.

16-4B II. 추정손익계산서

2022년도 추정손익계산서는 2021년도 손익계산서로부터 출발한다. 하지만 매출액은 2022년에 10% 성장한다고 가정한다. 다음으로 가정한 영업원가 비율에 새 매출액을 곱하면 2022년도 추정영업원가를 계산할 수 있으며, 매출액에서 추정영업원가를 차감하면 추정 EBIT를 얻는다. 이자부부채는 III의 재무상태표에서 결정된 다음에 이자비용이 V의 각주 부분에서 계산된다.[11)] 일단 이자비용이 산출되고 손익계산서에 입력되면 추정순이익이 결정된다. 목표배당성향에 2022년도 추정순이익을 곱해서 2022년도 배당을 구한 다음, 순이익에서 배당을 차감하여 2022년도 유보이익을 계산한다.

16-4C III. 추정재무상태표

2022년도 추정재무상태표는 2021년도 재무상태표로부터 작성된다. 현금과 고정자산은 2021년도 값에 1.10을 곱하면 되는데, 이는 매출액과 동일하게 전년대비 10% 증가한다고 가정하기 때문이다. 매출채권은 I에서 가정한 19%의 매출액 대비 재고자산을 매출액에 곱하여 계산한다. 이러한 자산항목들 모두를 합하면 2022년도 추정총

---

11) 미지급어음과 최근 발행된 $1억 7천만의 채권은 8%의 이자율을 가지고 있으며, 나머지 채권의 평균 이자율은 10.45%이다. 해당 결과는 예측모형에 사용된 평균 이자율 9.6%이다.

자산을 얻게 된다.

부채 측면을 보자. 매입채무와 미지급금은 매출액과 동일하게 전년 대비 10% 증가한다고 가정하기 때문에 2021년도 값에 1.10을 곱하면 얻을 수 있다. 마찬가지로 2022년도 유보이익은 손익계산서의 2022년도 증가금액을 2021년도의 유보이익에 더해 얻을 수 있다. 재무상태표를 완성하기 위해서는 단기 은행부채와 신규 보통주 금액을 알아야 한다. V의 주석사항을 보자. 위에서 계산된 총자산에 목표부채비율을 곱하면 추정 총부채를 얻을 수 있다. 이 총부채에서 매입채무와 미지급금을 차감하면 이자부부채(은행대출과 회사채 포함)를 얻게 된다. 다음으로 여기에 은행대출 비중과 장기사채비중을 곱하면 그에 해당하는 각각의 금액을 얻을 수 있다. 마찬가지로 2022년도 필요 자기자본은 (1 − 목표부채비율)을 추정자산에 곱해 구할 수 있다. 다음으로 필요한 자기자본에서 추정유보이익을 차감하여 2022년도에 필요한 보통주 규모를 계산한다. 이렇게 구한 추정부채와 추정자기자본을 합한 값은 추정자산과 동일하며, 또 그렇게 되어야 한다.

16-4D IV. 재무비율과 EPS

추정손익계산서와 추정재무상태표를 이용하여 2022년도 추정재무비율 및 추정EPS를 구할 수 있다. 이러한 계산은 IV에서 이루어진다. 처음 다섯 개의 비율은 I의 투입자료에 주어진 것과 동일하다. 모형의 정확성을 검증하기 위해 추정재무제표에서 비율들의 값을 계산하였다.

IV에서 DuPont 계산이 흥미롭다. 2021년의 경우 Allied의 매출액이익률과 총자산회전율은 아주 낮았지만 자기자본승수는 상대적으로 높았다. 그 결과 ROE는 낮고 위험한 수준인 15.6%였다. 2022년도 예상은 수익성과 회전율이 개선되어 ROE는 상승하고 자기자본승수는 낮아져 ROE를 낮추지만 재무적 위험도는 감소된다는 것이다. 이에 따라 수익성은 향상되고 위험은 낮아진 18.8%의 ROE로 나타나는데, 이는 산업평균에 비해 약간 높은 수준이다.

IV의 마지막 항목은 추정EPS로 2021년 \$1.95에서 2022년 \$2.63으로 증가할 것으로 추정된다. CFO는 계산을 위해 다음 자료를 사용했는데 논의만 하고 표에는 포함하지 않기로 결정했다.

PER	11.8배 vs. (산업평균 13.6배)
현재 주가	\$23.06

Allied의 2022년도 추정 주가는 Allied의 추정EPS에 산업평균 주가수익비율을 곱해서 계산한다.[12)]

추정 주가: $2.63(13.6) = $35.77

주가 상승률: $35.77/$23.06 − 1 = 55.12%, 약 55%

16-4E 경영개선을 위한 예측의 활용

Allied의 CFO는 간단한 엑셀모형을 이용하여 <표 16.2>를 만들었다. <표 16.2>는 계산기를 사용해서도 가능하지만 엑셀을 이용하는 것이 더 수월하다. 더 중요한 것은 CFO가 일단 엑셀 모형을 설정하며 가능한 한 모든 변화를 고려한 다양한 시나리오별로 분석할 수 있다는 점이다. I의 성장률과 다섯 개의 핵심비율들을 변화시키는 것은 매우 쉽다. 은행부채를 증가시키고 회사채를 감소시키는 것과 같이 자금조달에 관한 가정을 변경하는 것도 용이하다. 부채만으로 자금을 조달하는 경우나 주식만으로 자금을 조달하는 경우에도 그 결과들을 쉽게 분석할 수 있다. 투입자료들이 변할 때 엑셀모형은 즉시 수정된 결과들을 보여준다. CFO가 이러한 모형을 노트북 컴퓨터에 설치하여 회의에 가져온다면, 입력변수가 변화함에 따라 결과가 어떻게 변경되는지를 그 자리에서 바로 확인할 수 있다. 엑셀의 데이터 메뉴에는 가상분석('What if' Analysis)이란 분석도구가 있어, 이를 통해서 시나리오 관리자(Scenario Manager), 목표치 찾기(Goal Seek), 데이터 표(Data Tables) 등 다양한 분석을 시도할 수 있다.[13)]

물론 추정결과를 얻기 위해 스프레드시트 모형에서 투입자료를 변화시키는 것이 실제 경영에서 변화시키는 것보다 훨씬 더 쉬운 일이다. 그러나 앞에서 말했듯이, 어디로 가는지 모른다면 그곳에 도착하기는 쉽지 않다. 앞의 제4장에서 소개한 비율분석을 통해서 기업의 약점을 파악할 수 있고, <표 16.2>의 모형을 통해서 중요 변수들이 개선될 경우 기업의 ROE, EPS 및 주가가 어떻게 변하는지를 알아볼 수 있다. ROE나 주가뿐 아니라 경영자보상도 기업의 재무 상황에 의해 결정되므로, 경영진은 모형과 분석결과에 민감한 관심을 보인다. 해고 위협도 강력한 동기부여 수단인데, 우량한 자산을 운영하면서 저조한 경영실적을 보인다면 경영진에 대한 해고가 실제로 발생할 수 있다.

셀프 테스트

- 자금 소요액 예측에서 추정재무제표가 AFN 방정식에 비해 어떤 장점이 있는가?
- 마케팅 또는 인사관리 전공 학생이 재무예측에 관심을 기울여야 하는 이유는 무엇인가?
- 졸업 후 회사에 취직하는 비재무 전공 학생에게 재무예측이 업무에 관련이 있는가? 설명해보라.

---

12) 이 책 제4장의 <표 4.2>에 Allied의 주가수익비율과 산업평균 주가수익비율이 제시되어 있다.

13) 시나리오 관리자는 다소 복잡하므로, 엑셀의 고급 사용자가 시도해 볼 수 있다.

16-5 예측력 향상을 위한 회귀분석의 이용[14)]

회귀분석
관측데이터로 최적으로 근사하는 함수관계를 찾는 통계학적인 분석기법. 이 함수식을 이용하여 예측에 활용할 수 있다.

재무제표의 추정에 있어서 대부분 자산들이 매출액성장률과 동일하게 증가한다고 가정하는 것이 적절할 수 있다. 그러나 그렇지 않은 경우들도 물론 많다. AFN 방정식을 논의할 때 초과자산이 존재할 수 있다는 것을 언급하였다. 그 경우 그 자산은 매출액보다 느리게 증가한다. 마찬가지로 규모의 경제가 존재하는 경우 매출액은 자산보다 느리게 증가한다. 회귀분석을 사용하여 그러한 상황이 존재하는지를 분석하고 이를 통하여 재무예측을 향상시킬 수 있다. **회귀분석**(regression analysis)을 설명하기 위해 [그림 16.2]를 살펴보자. 그림은 Allied의 지난 5개년 동안의 재고자산과 매출채권을 매출액에 대비한 산포도(scatter diagram)이다.

회귀방정식은 계산기나 엑셀과 같은 스프레드시트를 사용하여 구할 수 있다. 예를 들어, 재고자산과 매출액(단위: 100만 달러) 간의 관계가 다음과 같이 추정되었다고 하자.

$$\text{재고자산} = -\$35.7 + 0.186(\text{매출액})$$

[그림 16.2] Allied Food Products: 회귀모형(단위: $100만)

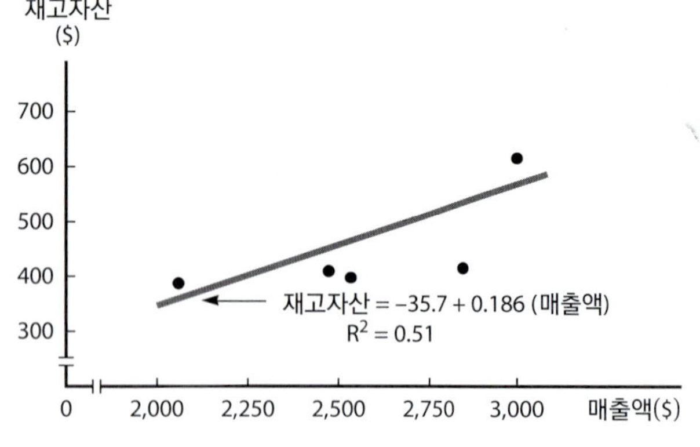

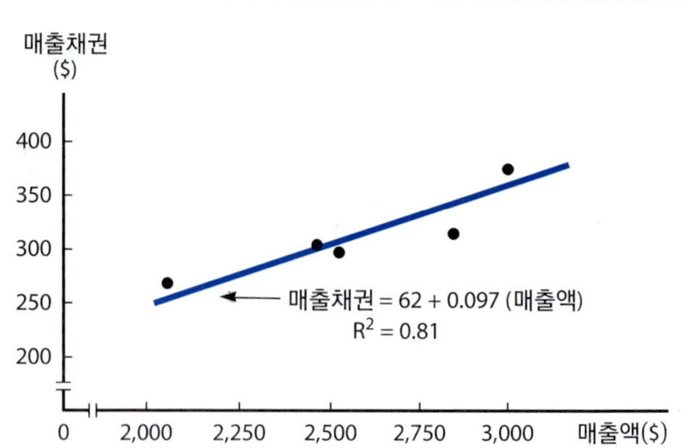

연도	매출액	재고자산	매출채권
2017	$2,058	$387	$268
2018	2,534	398	297
2019	2,472	409	304
2020	2,850	415	315
2021	3,000	615	375
2022	3,300 (추정)		

14) 이 절은 상대적으로 기술적인 부분을 다루고 있다. 이 내용을 생략해도 내용 흐름에 무리가 없다.

위의 회귀방정식을 사용하여 2022년도 재고자산을 추정할 수 있다. 2022년 예상매출액이 $33억이기 때문에 회귀방정식을 사용하면 2022년도 재고자산은 $5억 7,800만이 된다.

재고자산 = −$3,570만 + 0.186($33억) = $5억 7,800만

이는 추정재무제표에서 예상된 $6억 2,700만보다 $4,900만이 더 적다. [그림 16.2]의 그래프는 선형관계를 보이고 있지만 비선형관계가 보다 타당하다고 판단되면 비선형회귀모형을 상용할 수 있다. 마찬가지로 재고자산에 여러 가지 요인들이 영향을 미친다면 다중회귀(multiple regression)모형을 사용하여 분석할 수도 있다.

셀프 테스트

- 다음 문장을 살펴보자: 재고자산과 같은 항목을 예측하기 위해 회귀분석을 사용하는 것이 전년도의 재고자산회전율(재고/매출액)을 이용하는 것보다 더 우수한 방법이다. 왜냐하면 회귀분석은 무작위변동에 의한 효과를 완화시키기 때문이다. 동의하는가? 혹은 동의하지 않는가? 설명하라.

16-6 비율 변화에 따른 효과분석

2022년도 추정재무제표를 작성할 때 2022년의 영업비율들은 산업평균에 가깝게 움직인다고 가정하였고 자산규모도 그러한 가정에 근거하여 추정하였다. 그러나 때로는 회귀분석을 사용하여 자산을 추정하는 것이 더 선호되기도 한다. 또한 비율의 변화가 기업의 재무상태에 미치는 효과들을 충분히 살펴보기 위하여 구체적인 자산비율들을 분석할 필요가 있다. 이 절에서는 매출채권과 재고비율이 변화할 때 나타나는 효과들을 검토한다.

16-6A 매출채권의 변화

<표 16.2>에서 산업평균 DSO는 36일인데 Allied의 DSO는 40.15일로 추정되었다. 하루 매출액은 $3,300/365 = $904만이다. 만약 Allied가 산업평균 DSO 수준을 유지할 수 있다면 매출채권은 다음과 같이 감소된다.

매출채권(DSO가 40.15일인 경우) = 40.15($904.1만) = $3억 6,300만
매출채권(DSO가 36.00일인 경우) = 36.00($904.1만) = $3억 2,550만
매출채권 감소 = 2022년 잉여현금흐름(FCF) 증가 = $ 3,750만

따라서 Allied의 신용판매 책임자가 산업평균 DSO를 달성할 수 있으면 $3,750만의 매출채권 감소가 발생한다. 이는 $3,750만의 추가 잉여현금흐름을 창출하여 기업성장에 사용할 수 있다는 것을 의미한다. CFO는 Allied의 신용판매 책임자와 논의할 때 이 예를 사용할 수 있다.

16-6B 재고자산의 변화

재고자산도 유사한 방법으로 분석할 수 있다. 우선 Allied의 추정재고자산회전율은 3.684로 산업평균인 7.62보다 낮다는 것에 유의하자. 또한 <표 16.2>에서 Allied의 2022년 추정재고자산은 $6억 2,700만이고 매출원가는 $23억 1천만이다. (매출원가는 $33억인 매출액의 70%에 해당) 이러한 정보하에서 Allied가 재고자산회전율을 산업평균을 유지할 수 있다면 Allied의 재고자산은 다음과 같이 감소된다.

현재 재고자산 = $23억 1천만/3.684 =	$6억 2,700만
재고자산(재고자산회전율이 산업평균 수준) = $23억 1천만/7.62 =	$ 3억 300만
재고자산 감소 = 2022년 잉여현금흐름(FCF) 증가 =	$3억 2,400만

따라서 Allied의 재고자산회전율이 산업평균을 달성할 수 있으면 $3억 2,400만의 재고자산이 감소하여 2022년에는 $3억 2,400만의 추가 잉여현금흐름을 창출하고 이를 기업성장에 사용할 수 있다는 것을 의미한다. CFO는 Allied의 재고관리 책임자와 논의할 때 이 예를 사용할 수 있다.

16-6C 다른 변수들의 변화: '특수 연구'

일단 재무제표를 추정하기 위한 모형을 개발하고 나면 모든 종류의 가상분석('What if' analysis)을 해볼 수 있다. 예를 들어, Allied의 CFO가 엑셀모형의 일부인 <표 16.2>를 만드는 데 사용한 모형을 사용하여 앞서 계산한 매출채권과 재고자산에 대한 결과 등을 찾을 수 있다. 이 모형은 또한 배당정책을 변경할 경우, 재무제표와 AFN에 어떠한 영향이 끼쳤는지를 추정하는 데에도 사용될 수도 있다. 실제로 AFN 방정식을 약간 수정하여 AFN에 대한 배당정책의 효과를 약식으로 추정할 수 있다. 앞서 16-3절에서 AFN 방정식을 설명할 때 살펴보았듯이, Allied의 배당성향이 0.5899이다. 이를 AFN 방정식에 대입하면 AFN은 다음과 같이 $1억 1,400만이 도출된다.

$$\begin{aligned} \text{AFN} &= 0.6667(\Delta S) - 0.06667(\Delta S) - 0.0488(S_1)(0.4101) \\ &= 0.6667(\$3\text{억}) - 0.06667(\$3\text{억}) - 0.0488(\$33\text{억})(0.4101) \\ &= \$2\text{억} - \$2{,}000\text{만} - \$6{,}600\text{만} \\ &= \$1\text{억 } 1{,}400\text{만} \end{aligned}$$

이제 Allied가 자신의 경영계획을 수행하기 위해 $1억 1,400만을 조달하는 문제를 해결해야 한다고 가정하자. CFO는 경영진에게 배당성향을 20%로 축소할 것을 제안할 수 있다. 배당성향을 20%로 감소시키면, <표 16.1>의 IV에서 보듯이 AFN은 약 $5,100만이 되어 당초 금액보다 $6,300만이 감소한다. 물론 배당정책에서 살펴보았듯이 배당을 줄이면 그 자체로 문제가 발생할 수 있다. 그러나 때로는 기업의 내재가치를 극대화하고 장기적으로 주가 상승을 도모하기 위해 배당을 줄이는 것이 필요할 수도 있다.

단원 종합

이 장에서는 재무계획과정에서 가장 중요한 부분으로서, 재무제표의 추정기법을 소개하였다. 투자자와 기업은 기업의 주가를 평가하고, 미래 투자안으로부터 발생하는 혜택을 추정하고, 또한 자본구조, 배당정책, 운전자본정책의 변화가 주주의 가치에 어떠한 영향을 줄지에 대해 평가하기 위한 목적으로 일상적으로 예측기법을 사용한다. 여기에서 소개한 예측방법은 다음과 같은 이유 때문에 중요하다. 첫째, 추정된 사업결과가 만족스럽지 못하다면 처음으로 다시 돌아가, 계획을 다시 수립하고 좀 더 타당한 목표를 설정해야 한다. 둘째, 예상 매출액을 충족시키기 위해 필요한 자금을 조달하지 못하게 되는 경우도 발생할 수 있다. 만약 그러한 상황이 예상된다면 갑자기 자금이 부족하여 추진하던 사업을 갑자기 중단해야 하는 상태를 미연에 방지하기 위하여, 미리 자금조달 사정을 파악해서 영업계획을 재조정하는 것이 바람직할 것이다. 셋째, 기업은 종종 증권분석가에게 예상되는 미래 영업실적에 관해 정보를 제공해야 하는데, 이로써 이들에게 합리적으로 정확하게 예측된 정보를 제공할 수 있다면 유익한 일이 될 것이다.

자가진단 질문과 문제

ST-1 **[핵심용어]** 다음의 용어를 정의하라.

a. 기업이념, 사업범위, 기업목표, 기업전략

b. 운영계획, 재무계획

c. 자생적 창출자금

d. 추가필요자금(AFN), AFN 방정식

e. 자본집약률, 지속성장률

f. 추정재무제표, 유보비율

g. 과잉설비조정

h. 회귀분석

ST-2 **[지속성장률]** Weatherford Industries Inc.의 비율들은 다음과 같다. $A_0^*/S_0 = 1.6$, $L_0^*/S_0 = 0.4$, 매출액이익률=0.10, 배당성향=0.45(45%), 작년 매출액은 $1억이다. 이 비율들이 일정하다고 가정하고, AFN 방정식을 이용하여 기업이 비자생적 외부자금에 의존하지 않고 달성할 수 있는 최대성장률(지속성장률)을 구하라.

ST-3 **[추가필요자금(AFN)]** Weatherford의 재무컨설턴트들이 다음과 같이 보고했다고 가정하자.

(1) Weatherford의 재고자산회전율(매출액/재고자산)은 3으로 나타났다. 산업평균은 4이다.

(2) Weatherford는 매출액, 매출액이익률 또는 다른 자산회전율에 영향을 미치지 않고도 재고자산을 줄일 수 있어서 재고자산회전율을 3에서 산업평균인 4로 증가시킬 수 있다. 이러한 조건하에서 AFN 방정식을 이용하여 내년도 Weatherfordf의 추가필요자금(AFN)을 계산하라. 단, 매출액성장률은 20%로 가정하라.

질문

16-1 AFN 방정식에 나타난 것과 같이, 외부자금조달에 영향을 미치는 핵심요인들을 설명하라.

16-2 사무용품 산업에서 평균적 기업의 매출액이익률이 6%, 부채비율이 40%, 총자산회전율이 2, 배당성향이 40%라고 가정하자. 이러한 평균적 기업의 성장률이 0보다 크다면($g > 0$), 이 기업은 차입을 하거나 보통주를 발행해야 하는가? (g가 아주 작다고 하더라도 기업은 비자생적 외부자본을 일부 필요로 하는가?)

16-3 경영계획모형이 전산화되는 것은 1990년대 한때 유행이었지만 경영계획의 유연성을 확보하기 위해 이제는 대부분 기업들에 의해 더 이상 사용되지 않고 있다는 주장에 대해 동의하는가? 설명하라.

16-4 어떤 부채 항목들과 순자산 항목들은 매출액이 증가하면서 보통 자생적으로 증가한다. 다음 항목들 가운데 어떠한 것들이 그러한 경우에 해당하는지 오른쪽에 체크(√)하라.

매입채무	______
은행 약속어음	______
미지급임금	______
미지급세금	______
부동산담보부채권	______
보통주	______
유보이익	______

16-5 어떤 기업이 나음과 같이 성책을 변경한다고 가성하자. 이러한 변화가 비자생적 외부 추가필요자금(AFN)을 증가시키면 +, 감소시키면 −, 변화가 없거나 무시할 정도이면 0으로 오른쪽에 표시하라. 필요자금에 대한 즉각적인 단기효과의 관점에서 판단하라.

a. 배당성향을 증가시킨다. ______

b. 컴퓨터 회사가 미리 제품을 생산하지 않고 주문을 받은 이후에 컴퓨터를 생산하기로 결정한다. ______

c. 신속한 지불에 대한 할인혜택을 받기 위해 대금지불을 30일 이후가 아니라 배달 시에 지불하기로 결정한다. ______

d. 외상매출을 하기 시작한다. (이전의 모든 매출은 현금을 받고 이루어졌다.) ______

e. 경쟁이 격화되면서 매출액이익률이 감소된다. 매출액수준은 정체되고 있다. ______

f. 광고비가 크게 증가한다. ______

g. 장기 부동산담보부채권을 단기은행대출로 전환시키는 결정을 한다. ______

h. 종업원들의 임금을 주 단위로 지급하기 시작한다. (여태까지는 매월 말에 지급했다.) ______

문제

초급 문제 1~6

16-1 **[AFN 방정식]** Carlsbad Corpoartion의 매출액이 2021년 $500만에서 2022년 $600만으로 20% 증가할 것으로 예측된다. 총자산은 2021년 말 기준 $300만이다. 기계설비를 완전가동하고 있어서 자산은 매출액에 비례하여 증가한다. 2021년 말 기준 유동부채는 $100만인데, 이 가운데 $250,000은 매입채무, $500,000은 약속어음, $250,000은 미지급부채이다. Carlsbad의 매출액이익률은 5%로 예측되고 추정유보율은 30%이다. AFN 방정식을 이용하여 Carlsbad의 내년도 AFN을 계산하라.

16-2 **[AFN 방정식]** 위의 [문제 16-1]을 참고하라. 2021년 말 기준 Carlsbad의 자산이 $400만이라면 AFN은 얼마인가? 다른 모든 조건들은 [문제 16-1]과 동일하다고 가정하라. 왜 [문제 16-1]의 답과 차이가 나는가? Carlsbad의 '자본집약률'은 [문제 16-1]과 동일한가? 이에 대해 설명하라.

16-3 **[AFN 방정식]** [문제 16-1]을 참고하라. 2021년 말 기준 Carlsbad의 자산은 $300만이지만 이제 배당이 없다고 가정하라. 이러한 가정하에서 Carlsbad의 내년도 AFN을 계산하라. 왜 [문제 16-1]의 답과 차이가 나는가?

16-4 **[추정손익계산서]** Austin Grocers는 최근 다음과 같이 2021년도 손익계산서를 보고했다(단위: $100만).

매출액	$700
영업비용(감가상각비 포함)	500
EBIT	$200
이자비용	40
EBT	$160
세금(25%)	40
순이익	$120
배당금	$ 40
유보이익증가	$ 80

올해 이 기업은 매출액이 25% 증가할 것으로 예측하고 있다. 감가상각비를 포함한 영업비용은 연도 말에 매출액의 70% 수준이 될 것으로 추정된다. Austin의 세율, 이자비용, 배당성향은 모두 변하지 않을 것으로 예상된다.

a. Austin의 2022년도 추정순이익은 얼마인가?
b. Austin의 예상배당성장률은 얼마인가?

16-5 **[과잉설비]** Williamson Industries의 매출액은 $70억이고 비유동자산은 $19.44억이다. 현재 Williamson Industries의 고정자산은 90% 수준에서 가동되고 있다.

a. 설비가 100% 가동된다면, Williamson Industries의 매출액 수준은 얼마인가?
b. Williamson Industries의 목표 고정자산/매출액은 얼마인가?
c. Williamson Industries의 매출액이 15% 증가한다면, 목표 고정자산/매출액을 충족시키기 위해 필요한 고정자산의 증가는 얼마여야 하는가?

16-6 **[회귀분석과 재고자산]** Jasper Furnishings의 매출액은 $3억이다. Jasper는 매출액이 올해 12% 증가할 것으로 기대한다. Jasper의 CFO는 단순회귀분석을 이용하여 예상매출액이 주어졌을 때 재고자산을 추정하고자 한다. 자료에 따르면 재고자산과 매출액 간의 관계는 다음과 같이 추정된다(단위: $100만).

재고자산 = $25 + 0.125(매출액)

추정예상매출액과 위의 관계식이 주어졌을 때 Jasper의 연도 말 재고자산 수준과 재고자산회전율을 구하라.

중급 문제 7~12

16-7 **[추정손익계산서]** Roberts Inc.는 지난해 말 다음과 같이 손익계산서를 보고했다(단위: $100만).

매출액	$3,000
영업비용(감가상각비 포함)	2,450
EBITDA	$ 550
감가상각비	250
EBIT	$ 300
이자비용	124
세전이익	$ 176
세금(25%)	44
순이익	$ 132

내년 전망을 하기 위해, Roberts의 CFO는 다음과 같은 정보를 취합하였다.

- 연도 말 매출액은 전년도 매출액인 $30억보다 10% 상승할 것으로 예상된다.
- 감가상각비를 제외한 연도 말 영업비용은 연도 말 매출액의 80% 수준일 것으로 예상된다.
- 감가상각은 매출액성장률과 동일할 것으로 예상된다.
- 이자비용은 변하지 않을 것으로 예상된다.
- 법인세율은 25%이다.

이러한 정보를 토대로 Roberts의 추정 연도 말 순이익을 구하라.

16-8 **[필요한 장기자금조달]** 2021년도 말 Arrington Inc.의 총자산은 $180만이었고, 매입채무는 $45만이었다. 매출액은 2021년 말 $300만이었고, 2022년에 25% 상승할 것으로 예상된다. 총자산과 매입채무는 매출액과 비례해서 증가하고 이러한 관계는 계속 유지될 것이다. 즉, 이것들은 매출액과 동일한 증가율로 증가한다. Arrington Inc.는 보통 매입채무 이외의 유동부채는 사용하지 않는다. 보통주 금액은 2021년 $500,000이었고, 유보이익은 $475,000이었다. Arrington Inc.는 $130,000의 보통주를 새로이 매각할 계획이다. Arrington Inc.의 매출액이익률은 5%이고, 순이익 가운데 35%가 사내에 유보된다.

a. Arrington Inc.의 2021년도 총부채는 얼마인가?

b. 2022년도에 필요한 장기자금조달액은 얼마인가? (힌트: AFN − 신규 보통주발행액 = 신규 장기부채금액)

16-9 **[매출액 증가]** Paladin Furnishings의 2021년 매출액은 $400만이었고, 연도 말 총자산은 $320만이었다. 그리고 유동부채는 $500,000인데 이 가운데 $200,000은 약속어음, $200,000은 매입채무, $100,000은 미지급부채였다. 2022년도 전망에서, Paladin은 매출액 $1.00 증가에

따라 자산은 $0.80 증가할 것으로 추정된다. Paladin의 매출액이익률은 3%이고 유보율은 50%이다. 외부자금을 조달하지 않고 Paladin이 성취할 수 있는 매출액 증가는 얼마인가?

16-10 **[회귀분석과 매출채권]** Edwards Industries의 매출액은 $3억 2,000만이다. Edwards는 올해 매출액이 12% 증가할 것으로 예상된다. Edwards의 CFO는 단순회귀분석을 이용하여 예상매출액이 주어졌을 때 매출채권을 추정하고자 한다. 자료에 따르면 매출채권과 매출액(단위: $100만) 간의 관계는 다음과 같이 추정된다.

$$\text{매출채권} = \$9.25 + 0.07(\text{매출액})$$

추정예상매출액과 위의 관계식이 주어졌을 때 Edwards의 연도 말 매출채권 수준과 DSO를 구하라. 단, DSO는 365일을 기초로 계산된다고 가정하라.

16-11 **[회귀분석과 재고자산]** Charlie's Cycles Inc.의 매출액은 $1억 1,000만이다. Charlie's는 매출액이 올해 5% 증가할 것으로 기대한다. Charlie's의 CFO는 단순회귀분석을 이용하여 예상매출액이 주어졌을 때 재고자산을 추정하고자 한다. 자료에 따르면 재고자산과 매출액(단위: $100만) 간의 관계는 다음과 같이 추정된다.

$$\text{재고자산} = \$9 + 0.0875(\text{매출액})$$

추정예상매출액과 위의 관계식이 주어졌을 때 Charlie's의 연도 말 재고자산 수준과 재고자산회전율을 구하라.

16-12 **[과잉설비]** Earleton Manufacturing Company의 매출액은 $30억이고 비유동자산은 $7.875억이다. 현재 Earleton의 고정설비는 80% 수준에서 가동되고 있다.

a. 고정설비가 100% 가동된다면 Earleton이 얻을 수 있는 매출액 수준은 얼마인가?
b. Earleton의 목표 비유동자산/매출액은 얼마인가?
c. Earleton의 매출액이 30% 증가한다면, 목표 비유동자산/매출액을 충족시키기 위해 필요한 비유동자산의 증가는 얼마여야 하는가?

고급 문제 13~14

16-13 **[추가적 소요자금]** Morrissey Technologies Inc.의 2021년 재무제표는 다음과 같다.

Morrissey Technologies Inc.의 재무상태표(2021.12.31 기준)

현금	$ 180,000	매입채무	$ 360,000
매출채권	360,000	미지급부채	180,000
재고자산	720,000	미지급어음	56,000
총유동자산	$1,260,000	총유동부채	$ 596,000
		장기부채	100,000
고정자산	1,440,000	보통주	1,800,000
		내부유보금	204,000
총자산	$2,700,000	총부채 및 자기자본	$2,700,000

Morrissey Technologies Inc.의 손익계산서(2021.12.31 기준)

매출액	$3,600,000
감가상각비 포함한 영업비용	3,279,720
영업이익(이자 및 세금납부 전)	$ 320,280
이자	20,280
영업이익(세금납부 전)	$ 300,000
법인세(25%)	75,000
순이익	$ 225,000
주당정보:	
보통주 가격	$45.00
주당순이익(EPS)	$2.25
주당배당금(DPS)	$1.35

2022년 매출이 2021년보다 10% 증가한다고 가정해보자. 해당 기업은 현재 10만 주의 유통주식을 보유하고 있다. 동 기업은 2021년 배당성향비율 유지를 기대하고 있으며 매출과 동일한 비율로 자산이 성장해야 하지만, 과잉설비수준은 아닌 것으로 판단한다. 그러나 본 업체는 영업비용/매출액 비율을 87.5%로 낮추고 자산 대비 총부채비율을 30%로 높이려고 한다. (현재 자산 대비 부채비율이 업계 평균에 비해 너무 낮다고 보고 있다.) 동 기업은 2022년 예상되는 이자부부채의 30%를 어음으로 조달하고, 나머지는 장기 채권을 발행할 예정이다. 이 기업은 세전 부채비용(단기 및 장기 부채를 모두 포함)이 12.5%일 것으로 예측하고 있다. 보통주 발행이나 환매는 기업의 현재 주가인 $45로 가능하다고 가정하자.

a. 이러한 변경이 이루어진다고 가정하여 예측 재무제표를 작성하라. 기업의 예상 미지급 채권과 장기부채 잔액은 얼마인가? 이익잉여금에 추가되는 예상액은?

b. 이익률이 6.25%로 유지되고 배당성향률이 60%로 유지된다면 추가 자금조달요건이 정확히 0이 되는 매출성장률은 얼마인가? 즉, 기업의 지속가능한 성장률은 얼마인가? (힌트: AFN을 0으로 설정하고 g에 대해 해결하라)

16-14 [과잉설비] Krogh Lumber의 2021년 재무제표는 다음과 같다.

Krogh Lumber의 2021년 재무상태표(단위: 천달러)

현금	$ 1,800	매입채무	$ 7,200
매출채권	10,800	미지급채무	2,520
재고자산	12,600	미지급어음	3,472
총유동자산	$25,200	총유동부채	$13,192
		담보부채권	5,000
순고정자산	21,600	보통주	2,000
		내부유보금	26,608
총자산	$46,800	총부채 및 자기자본	$46,800

Krogh Lumber의 2021년 손익계산서(단위: 천달러)

매출액	$36,000
감가상각비 포함한 영업비용	30,783
영업이익(이자 및 세금납부 전)	$ 5,217
이자	1,017
영업이익(세금납부 전)	$ 4,200
법인세(25%)	1,050
순이익	$ 3,150
배당금(60%)	$ 1,890
내부유보액에 대한 추가액	$ 1,260

a. 고정자산을 제외한 모든 항목에 대해 2021년 기업이 설비를 풀가동했다고 가정하자. 2021년 고정자산은 설비용량의 75%만 활용된다. 고정자산 증가 없이 2022년 매출이 2021년에 비해 얼마나 증가할 수 있을까?

b. 이제 2022년 매출이 2021년에 비해 25% 증가했다고 가정하자. Krogh가 어떤 고정자산도 매각할 수 없다고 가정하자. 고정자산을 제외한 모든 자산은 매출액과 동일한 비율로 성장하지만, 업계 평균을 검토한 결과 이 기업은 매출액 대비 운영비를 82%로 줄이고 자산 대비 총부채비율을 42%로 높이고자 한다. 이 기업은 60%의 배당률을 유지할 것이며, 현재 100만 주를 보유하고 있다. 이 기업은 2022년 예상되는 이자부부채의 35%를 어음으로 조달하고, 나머지는 채권을 발행할 계획이다. 기업은 세전 부채비용(단기 및 장기 부채를 모두 포함)이 11%일 것으로 예측하고 있다. 모든 주식 발행이나 환매는 기업의 현재 주가 $40을 기준으로 이루어진다. <표 16.2>와 같이 Krogh의 예상 재무제표를 작성해보라. 미지급어음, 채권, 보통주 및 이익잉여금의 잔액은 얼마인가?

종합계산문제

16-15 **[예측 재무제표]** [문제 16-13] 및 [문제 16-14]에서 재무제표 예측을 위해 스프레드시트 모형을 이용하라.

통합사례

NEW WORLD CHEMICALS INC.

16-16 **[재무예측]** 과수원에 사용되는 캘리포니아의 전문 화학제품 생산업체인 뉴월드케미칼(NWC)의 Sue Wilson 신임 재무담당임원은 2022년 공식적인 재무예측을 준비해야 한다. NWC의 2021년 매출액은 $20억이었으며, 마케팅부서는 2022년에 25% 증가할 것으로 전망하고 있다. Wilson은 기업이 2021년에 설비를 풀가동했다고 생각하지만, 그녀는 확신하지 못한다. 그녀 전망의 첫 단계는 주요 재무비율이 변하지 않고 NWC에서 “평소 수준의 사업행태”가 될 것이라고 가정하는 것이었다. 2021년 재무제표, 2022년 최초 예측, 2021년 및 2022년 최초 예측된 재무비율 분석은 <표 IC 16.1>에 제시되어 있다. 기업의 매출원가가 매출액의 50%라고 가정하라.

당신은 최근에 Wilson의 업무를 수행하는 직원으로 고용되었고, 당신의 첫 번째 주요 임무는 그녀가 공식적인 재무예측을 수행하는 것을 돕는 것이라고 가정하라. 그녀는 당신에게 다음 질문에 대답하는 것부터 시작하라고 요청한다.

a. (1) 모든 자산에 대해 2021년 NWC가 풀가동되고, (2) 모든 자산이 매출액과 동일한 비율로 성장해야 하며, (3) 미지급 어음 및 부채도 매출액과 동일한 비율로 성장하며, (4) 2021년 수익률과 배당금이 유지된다고 가정한다. 그러한 조건하에서, AFN 방정식은 다음 해의 기업의 재무 요구사항을 어떻게 예측할 수 있을까?

b. 생산, 재고, 채권 관리자를 포함한 NWC 내의 여러 주요 관리자와의 상담은 매우 유용한 정보를 산출해냈다.

1. NWC의 높은 DSO는 지난 2년간 어려움을 겪었지만 재무적으로 다시 양호한 것으로 보이는 데에는 중요한 고객 한 명의 덕분이다. 결국, NWC의 매출채권 관리자는 기업이 매출에 있어 부정적인 영향을 받지 않고 34일 동안 계산된 DSO에 따라 충분하게 매출채권을 낮출 것으로 기대한다.
2. NWC는 설비 대비 약간 낮게 운영되었지만, 예측된 성장은 새로운 설비를 필요로 할 것이며, 이것은 NWC의 순고정자산을 $7억으로 증가시킬 것으로 예상된다.
3. 새로운 재고관리시스템(지난해 설치)이 인기를 얻고 효율적으로 운영되기까지 시간이 다소 소요되었다. 지난해 재고자산회전율이 소폭 개선됐지만 올해는 재고가 줄고 재고자산회전율이 5배까지 증가할 것으로 예상되어, NWC는 더욱 개선될 것으로 기대하고 있다. 다시 말해, 매출원가가 매출액의 50%라고 가정해보라. 최초 예측에 대한 이러한 조정은 2022년의 최종 예측을 나타내므로, 해당 정보를 2022년 최초 예측 결과에 통합한다. (힌트: 총자산은 최초 예측과 변동이 없다.)

c. 최종 예측에 기초하여 NWC의 예측 재무비율을 계산하고 2021년 기업의 과거 비율, 2022

년 최초 예측 비율 및 업계 평균과 비교하라. NWC는 해당 업계의 평균적 수준의 기업과 어떻게 비교되고 있으며, 기업의 재무상태가 내년에 개선될 것으로 기대되고 있는가?

d. 최종 예측에 기초하여 NWC의 2022년 여유 현금흐름을 계산하라. 이 FCF는 NWC의 초기 "평소수준의 사업행태" 예측에서 예측한 FCF와 어떻게 다른가?

e. 처음에 일부 NWC 관리자들은 특히 순고정자산이 $5억에서 $7억(40% 증가)으로 증가하기 때문에 새로운 설비확장이 필요한지 의문을 제기했다. 그러나 NWC는 미래의 성장을 위해 입지를 다지고 현재 시장에서 유연성과 경쟁력을 갖추어야 한다는 광범위한 논의 끝에 NWC의 최고경영자들은 설비확장의 필요성에 동의했다. 반대 입장에서 제기된 문제 중에는 NWC의 고정자산이 설비의 85%에 불과한 상태로 운영되고 있다는 점도 있었다. 고정자산이 설비수준의 85%에 불과하다고 가정할 때, NWC가 전체 설비수준에 도달하기 전에 매출액은 달러 및 백분율 측면에서 얼마나 증가할 수 있었을까?

f. 다음 항목의 변화는 AFN에 어떤 영향을 미칠까? (1) 배당비율, (2) 이익률, (3) 자본집약률 및 (4) 30일 이후가 아닌 60일 이후에 결제할 수 있는 조건으로 납품업체로부터 매입을 시작하는 경우의 NWC. (각 항목을 별도로 고려하고, 다른 모든 항목을 일정하게 유지하라.)

〈표 IC 16.1〉 NWC와 관련된 재무제표와 기타 자료 (단위: $100만)

A. 재무상태표	2021년	2022년(예상)
현금 및 현금등가물	$20	$25
매출채권	240	300
재고자산	240	300
총유동자산	$500	$625
순고정자산	500	625
총자산	$1,000	$1,250
매입채무 및 미지급부채	$100	$125
미지급어음	100	190
총유동부채	$200	$315
장기부채	100	180
보통주	500	500
내부유보금	200	255
총부채 및 자기자본	$1,000	$1,250

B. 손익계산서	2021년	2022년(예상)
매출액	$2,000.00	$2,500.00
변동비	1,200.00	1,500.00
고정비	700.00	875.00
영업이익(이자 및 세금납부전)	$100.00	$125.00
이자	16.00	20.00
영업이익(세금납부전)	$84.00	$105.00
법인세(25%)	21.00	26.25
순이익	$63.00	$78.75
배당금(30%)	$18.90	$23.63
내부유보금에 추가된 금액	$44.10	$55.13

C. 주요 재무비율	NWC(2021)	NWC(2022E)	산업	비고
손익분기(BEP)	10.00%	10.00%	20.00%	
영업마진	3.15	3.15	4.00	
자기자본이익률	9.00	10.43	15.60	
매출채권 회전일수(365일)	43.80일	43.80일	32.00일	
재고자산회전율	4.17×	4.17×	6.00×	
고정자산회전율	4.00	4.00	5.00	
총자산회전율	2.00	2.00	2.50	
총부채/자산	30.00%	39.60%	36.00%	
이자보상배율	6.25×	6.25×	9.40×	
유동비율	2.50	1.98	3.00	
배당성향	30.00%	30.00%	30.00%	

Abercrombie & Fitch의 미래성과 예측

온라인 자료를 사용하여 이 장의 질문에 답하라. 웹 사이트 정보는 시간이 지남에 따라 변경되며 이러한 변경으로 인해 해당 질문에 답변하는 데 한계가 있을 수 있다.

의류 소매업체 Abercrombie & Fitch는 1990년대 말에 놀라운 성공을 거두었다. 1996년과 2000년 사이에 매출액은 $3억 3,500만에서 $12억 이상으로 거의 4배 성장했고 주가는 500% 이상 급등했다. 그러나 2002년 성장률이 둔화되기 시작했고 Abercrombie는 분기 수익목표를 달성하는 데 어려움을 겪었다. 그 결과 2002년 말 주가는 3년 전의 절반 수준이었다. Abercrombie의 고군분투는 늘어난 경쟁, 침체된 경제, 그리고 유행을 선도하는 도전에서 비롯되었다. 2002년 말부터 2007년 11월까지 이 기업의 주가는 강한 반등세를 보였으나 2008년 경기침체기에 주가가 하락하였다. 2011년 10월 말까지 주가가 반등했다가 다시 하락세로 돌아섰다. 동 기업의 장기적인 성장 전망에 대해서는 의문이 남아 있다. 하지만, 기업은 공급망에 초점을 맞추어 비용을 절감하고 생산성을 향상시키기 위해 노력해 왔다. 게다가 적극적인 주식 환매에 나서고 있어 경영진이 자사 주식이 저평가돼 있다고 보고 있는 것으로 나타났다. 동사는 실적이 저조한 국내 매장은 폐점하는 한편 해외 매장은 꾸준히 확대하고 있다.

Abercrombie의 향후 성장률에 대한 질문을 고려할 때 분석가들은 기업의 실적보고서에 초점을 맞췄다. Yahoo Finance와 같은 금융 웹사이트, Morningstar, MSN Money(msn.com/en-us/money/markets)는 애널리스트들의 실적 전망 요약과 함께 기업의 최근 실적에 관한 정보를 제공한다.

토론문제

1. Abercrombie의 다음 회계연도 주당 수익 전망치는 평균 얼마인가?
2. 애널리스트들의 예측에 따르면 장기(5년) 이익성장률은 어느 정도인가?
3. 애널리스트들이 지난 몇 달 동안 Abercrombie & Fitch의 예상 수익에 큰 변화를 준 적이 있는가? 설명하라.
4. Abercrombie의 보고된 분기별 수익은 일반적으로 애널리스트의 예상 수익에 부합하거나 초과 또는 미달하였는가?
5. Abercrombie의 올해 주식은 S&P 500과 비교했을 때 어떠한 성과를 냈는가?

다국적기업의 재무관리

17 CHAPTER

미국 기업은 주주가치를 제고시키기 위해 해외시장을 바라본다

2차 세계대전이 끝난 후부터 1970년대까지 미국은 세계경제를 지배했다. 하지만 그 상황은 더 이상 존재하지 않는다. 제2장에서 강조했듯이, 세계화는 지난 수십 년 동안 개인, 기업 및 금융시장에 영향을 미치는 주요 요인 중 하나였다. 원자재, 완제품, 서비스, 돈은 혁신적인 아이디어와 신기술이 그렇듯이 대부분의 국가 경계를 넘나들며 자유롭게 흘러간다. 세계적인 미국 기업들은 외국 연구소에서 돌파구를 마련하고, 외국인투자자로부터 자본을 확보하며, 외국인 직원들을 단기 내에 최고경영자로 올려놓고 있다. General Electric, IBM, Procter & Gamble을 포함한 수십 개의 미국 최고의 제조업체들은 그들의 제품을 국내보다 미국 밖에서 더 많이 판매한다. 마찬가지로 Citigroup, McDonald, AFLAC와 같은 서비스 기업들은 해외판매로부터 수익의 절반 이상을 얻는다.

이 같은 추세는 이익 측면에서도 더욱 두드러진다. 최근 몇 년 동안 Coca-Cola와 다른 많은 기업들은 미국보다 환태평양과 서유럽에서 더 많은 돈을 벌었다. 그 결과 전 세계의 경제적 사건과 환율의 변화는 이제 기업의 수익에 지대한 영향을 미친다. 특히 외화로 벌어들인 이익은 미국 달러가 하락할 때 가치가 커진다.

Coca-Cola와 같이 성공한 글로벌 기업들은 서로 다른 경제적 영역에서 사업을 진행해야 하며, 서로 다른 문화와 정치 시스템에 있어 나타나는 미묘한 부분에 민감해야 한다. 따라서 그들은 제품이 시장에서 채택되고 정치적 문제를 회피하기 위해 이국적 풍경과 섞이는 것이 유용함을 알게 되었다. 동시에, 외국계의 다국적기업들이 훨씬 더 많은 수의 미국 해안에 도착하고 있다. 스위스 ABB, 네덜란드 Philips, 프랑스 Thomson, 일본 Fujitsu · Honda 등이 모두 미국인을 고용해 기술을 이전하고 미국의 무역수지를 돕는 기업으로 지목되기 위해 캠페인을 벌이고 있다.

"세계 기업(world companies)"의 등장은 정부에게 많은 의문을 제기한다. 예를 들어, 국내 기업들은 특혜를 받아야 하는가, 아니면 기업이 국내 일자리를 제공하는 한 기업의 국적은 아무런 차이가 없는 것인가? 기업은 모국에서 일자리를 유지하기 위해 노력해야 하는가, 아니면 총생산비용이 가장 낮은 곳에서 생산해야 하는가? 다국적기업에 의해 개발된 기술이 군사용으로 사용될 때 이를 통제하는 국가는 어떤 국가인가? 다국적기업은 본국 밖의 사업과 관련해 본국에서 부과된 규칙을 준수해야 하는가? 마지막으로, 우리가 이 장에서 논의할 것처럼, 세계화의 힘에 대한 반발이 증가하고 있으며, 이러한 세력은 코로나바이러스 대유행의 여파로 계속해서 중요성이 커질지 여부에 대한 의문이 남아 있다. 이 장을 읽을 때 이 모든 질문들을 명심해야 한다. 학습을 마친 후에, 독자들은 정부가 직면한 문제와 다국적기업의 경영자들이 직면하는 어렵지만 수익성 있는 기회에 관해 더 잘 이해할 수 있어야 한다.

학습개요 및 목표

다국적기업의 경영자들은 기업이 단일 국가에서 운영될 때 이전에 존재하지 않았던 광범위한 문제를 처리해야 한다. 이 장에서는 다국적기업과 국내 기업 간의 주요 차이점을 강조하고, 이러한 차이가 다국적기업의 재무관리에 미치는 영향에 대해 논의한다.

이 장을 학습하고 나면 다음의 것들을 수행할 수 있어야 한다.

- 기업들이 "글로벌"로 가는 것을 선택하는 주된 이유를 식별할 수 있다.
- 환율이 어떻게 작동하는지 설명하고 다른 환율 시세로 환산할 수 있다.
- 이자율 평가와 구매력 평가이론 이면에 있는 직관에 관해 토론할 수 있다.
- 투자자들이 해외에 투자할 때 직면하는 다양한 기회와 위험에 관해 설명할 수 있다.
- 다국적기업이 직면하는 몇 가지의 구체적 과제를 식별하고 자본예산, 자본구조 및 운전자본정책에 어떠한 영향을 미치는지 논의할 수 있다.

17-1 다국적 또는 글로벌 기업들

다국적 또는 글로벌 기업
여러 국가에서 통합된 방식으로 운영되는 기업

다국적기업 또는 **글로벌 기업**(multinational, or global corporation)이라는 용어는 여러 국가에서 통합된 방식으로 운영되는 기업을 말한다. 지난 20여 년 동안 근본적으로 다른 형태의 새로운 국제적 상업활동이 개발되면서 전 세계에서 경제적, 정치적 측면의 상호의존도를 크게 증가시켰다. 다국적기업들은 단순히 해외로부터 자원을 구입해 판매하는 것이 아니라, 제조공정을 통한 원자재 추출에서부터 마지막으로 전 세계 소비자들에게 제품을 공급하는 등 완전히 통합된 영업에 있어 직접 투자한다. 오늘날 다국적기업 네트워크는 전 세계의 기술, 마케팅 및 생산자원의 상당 부분을 장악하고 있다.

자료(Resource)

cengage.com의 본 교재 관련 사이트에서 Excel 챕터 모형들을 다운로드할 수 있다. 다운로드 후에는 제17장 파일을 열어 이 챕터를 읽으면서 따라 해보자.

미국과 외국 기업 모두 다음과 같은 7가지 주요 이유로 "글로벌(global)"에 진출한다:

1. **생산효율을 추구하기 위해.** 국내 시장에서 경쟁이 치열해지고 다른 시장에서도 수요가 늘면서 기업은 반드시 해외에서 제품을 생산해야 한다는 결론을 내리는 경우가 많다. 고비용 국가에 기반을 둔 기업들은 필요한 기술과 적절한 교통 인프라를 갖춘 노동력의 적절한 공급을 가정했을 때 저비용 지역으로 생산을 전환할 강력한 유인이 있다. 예를 들어, Nike는 41개국에 생산공장을 가지고 있다.[1] 마찬가지로 일본 제조업자들은 그들의 생산 일부를 환태평양과 아메리카의 저비용 국가로 옮기기 시작했다. 독일의 높은 생산비용에 대응하여 BMW는 다른 나라들 중에서도 미국에 조립공장을 지었다. 그리고 최근 Apple과 여타 전자제품 제조업체에 대한 대만의 대규모 공급사인 Foxconn이 위스콘신에 새로운 공장을 착공했다. 이러한 사례는 기업이 생산가능한 세계 어느 곳에서든 제조시설을 찾고, 주요 시장의 수요를 충족시키기 위해 최저수준의 총 양륙비용 단위(제품을 목적지까지 가져오는 데 들어가는 관련 총비용)로 제품을 운송함으로써 경쟁력을 유지하기 위해 노력하는 방법을 보여준다.

2. **정치, 무역 및 규제 장애물을 피하기 위해.** 정부는 때때로 수입 상품과 서비스에 관세, 할당량, 그리고 다른 제한을 부과한다. 정부는 종종 세수를 확보하고, 국내 산업을 보호하며, 다양한 정치 및 경제정책 목표를 추구하기 위해 그렇게 한다. 정부의 장애물을 피하기 위해 기업들은 종종 해외에서 생산시설을 확충한다. 예를 들어, 일본 자동차 회사들이 미국으로 생산을 이전한 주된 이유는 미국의 수입쿼터를 얻기 위해서였다. 현재 Honda, Nissan, Toyota, Mazda, Mitsubishi는 미국에서 자동차를 조립하고 있다. 이는 1970년대 인도기 수입 제품과 내수 경쟁을 하기 위해서 개발된 전략을 추진했을 때의 상황이기도 했다. 미국의 제약회사인 SmithKline과 영국의 Beecham이 합병하게 된 이유 중 하나는 가장 큰 시장인 서유럽과 미국의 인허가 및 규제 지연을 피하기 위해서였다. GlaxoSmith-Kine은 2000년 Glaxo Wellcome과 SmithKline Beecham의 합병으로 유럽과 미국에서 내수시장 참여자로 자리매김했다.[2] 좀 더 최근에는 Harley-Davision이 트

1) "Nike Manufacturing Map", nikeinc.com, 나이키 제조맵을 참조할 것.

2) 은행 규제의 세계적 차이가 국가 간 자본흐름에 영향을 미친다는 최근 증거도 있다. Joel Houston, Chen Lin, and Yue Ma, "Regulatory Arbitrage and International Bank Flows," *Journal of Finance*, vol. 67,

럼프 대통령의 유럽 상품 관세에 대한 보복으로 유럽연합(EU)이 부과한 관세에 대응해 시설 일부를 해외로 이전하겠다는 계획을 밝힌 바 있다. Harley-Davision은 2019년 7월 EU로부터 태국산 오토바이 수입과 관련해 올해 기업에 부과된 관세 $1억의 대부분을 완화한다는 승인을 받았다.[3)]

3. **시장을 넓히기 위해.** 국내 시장이 성숙해진 후에는 해외시장에서의 기업 성장기회가 더 나은 경우가 많다. 재화의 수명주기이론에 따르면, 기업은 그들의 제품을 더 잘 개발하고 지역 고객을 만족시킬 수 있는 기업의 내수시장에서 먼저 생산한다. 이것은 경쟁자들을 끌어들이지만, 내수시장이 빠르게 확장될 때, 신규고객들은 필요로 하는 매출의 성장을 제공한다. 다만 내수시장이 성숙해지고 총수요 성장세가 둔화되면서 경쟁은 더욱 치열해진다. 동시에 제품에 대한 수요가 해외에서 발전하여, 해외 수요를 충족시키고 기업이 경쟁력을 유지할 수 있도록 생산과 운송비용을 절감하기 위해 외국에서의 생산을 선호하는 여건이 조성된다. 따라서 IBM, Coca-Cola, McDonald와 같은 내수시장의 기업들은 공격적으로 해외시장으로 진출을 확대했다. 최근에는 Netflix가 전 세계로 빠르게 진출하고 있다. Netflix는 2020년 중반에 거의 200개국에서 1억 9천만 명 이상의 구독자를 보유하고 있다.[4)] Sony와 Toshiba와 같은 외국 기업들은 이제 미국 가전시장에서 중요한 역할을 한다. 끝으로 제품이 복잡해지고 개발비용이 많이 들수록 간접비를 충당하기 위해 더 많은 단위로 제품을 판매할 필요가 있기 때문에 더 큰 시장이 매우 중요하다.

4. **원자재 및 신기술을 확보하기 위해.** 많은 필수 원자재 공급이 지리적으로 분산되어 있기 때문에 기업들은 일부 지역에서의 영업이 어렵더라도 자재가 있는 곳으로 가야 한다. 예를 들어, 석유의 주요 매장지는 알래스카의 북쪽 해안, 시베리아, 중동의 사막, 그리고 캐나다의 타르 모래인데, 이 모든 것들은 각자 특유의 문제를 야기한다. 이에 ExxonMobil 등 미국 석유기업은 향후 기업을 지탱하는데 필요한 기본적으로 투입되는 자원에 접근하기 위해 전 세계에 걸쳐 주요 생산설비를 필요로 한다. ExxonMobil은 정유 · 유통시설 · 석유 생산분야 등의 사업을 보유하고 있어 **수직계열화 투자**(vertically integrated investment)로 언급될 수 있는데, 이는 안정적인 가격에 투입 원자재 공급을 확보하기 위한 목적으로 투자에 나선다.

수직계열화 투자
이는 기업이 투입공급을 안정적인 가격에 확보하기 위해 투자를 할 때 발생한다.

---

no. 5(October 2012), pp. 1845-1895를 참조할 것.

3) "Harley-Davidson Gets EU Approval for Plan to Dodge $100 Million Tariff Hit," *Los Angeles Times* (latimes.com), July 23, 2019를 참조할 것.

4) 2020년 7월 16일자 워싱턴포스트(washingtonpost.com)에서 Steven Zeitchik는 "넷플릭스가 전 세계인이 집에 머물면서 올봄 가입자 1,010만 명을 추가했다"고 보도했다.

5. **공정 및 제품을 보호하기 위해.** 기업들은 브랜드명, 기술 및 마케팅 노하우, 경영 전문성, 우수한 연구개발(R&D) 역량 등 특별한 무형자산을 보유하고 있는 경우가 많다. 불행히도 무형자산에 관련된 재산권은 특히 해외시장에서 종종 보호받기 어렵다. 기업들은 때때로 그들의 생산과정, 유통시스템 또는 제품 자체의 비밀을 유지하기 위해 현지 외국기업들에게 이를 이용하도록 허용하기보다 해외투자를 선호한다. 기업의 제조비법(formula)이나 생산과정이 다른 지역 기업들에게 해당 내용이 드러나게 되면, 그 기업들은 유사한 제품이나 공정을 더 쉽게 개발할 수 있으며, 이는 모기업의 매출에 타격을 줄 것이다. 예를 들어, Coca-Cola는 제조법을 보호하기 위해 외국 시장에 병으로 된 용기생산 공장과 유통망을 구축하고, 제품을 만드는 데 필요한 농축액이나 시럽은 미국에서 수입한다. 1960년대에 Coca- Cola는 인도에서 영업을 계속하는 조건으로 비밀조항을 공개하도록 인도 정부로부터 강력한 압박에 직면했다. 기업은 비밀조항을 밝히는 대신 외국인 투자 분위기가 개선될 때까지 인도에서 사업을 철수했다.

6. **다각화를 위해.** 전 세계 생산시설과 시장을 구축함으로써 기업들은 특정한 국가로부터의 경제적 불리함의 영향을 완화시킬 수 있다. 예를 들어, 해외영업이 중요한 미국 법인은 달러화 가치가 떨어질 때 이익을 얻는다. 일반적으로 투입과 산출물의 지리적 다각화가 필요한데, 이는 서로 다른 나라의 경제적 변동이나 정치적 변화가 서로 완전하게 상관되어 있지 않기 때문이다. 따라서 해외에 투자하는 기업은 개인이 광범위한 주식 포트폴리오에 투자함으로써 이익을 얻는 것과 같은 방식으로 다각화의 혜택을 받을 수 있다. 개인주주가 스스로 국제적으로 투자를 다변화할 수 있기 때문에 기업이 다각화 목적으로만 해외투자에 나서는 것은 이치에 맞지 않는다. 그러나 외국인 주식 소유에 제약을 가하거나 국제적으로 거래되는 기업이 없는 국가에서 기업은 주주가 개별 포트폴리오에서 쉽게 복제할 수 없는 일을 할 수 있기 때문에 기업 다각화가 타당할 수 있다.

7. **고객을 확보하기 위해.** 기업이 해외로 나가 생산이나 유통사업을 구축한다면 기업은 새로운 시역에서 원사재 투입과 서비스를 필요로 할 것이다. 같은 국가에서 활동하는 공급업체로부터 필요한 것을 얻을 수 있다면 관계망 관리가 훨씬 쉬워지고 규모의 경제와 다른 시너지 효과를 얻을 수 있을 것이다. 따라서 투입물 또는 서비스 공급자는 해외에서 그들의 고객을 따라 진출할 경우, "글로벌화"하는 고객들의 사업을 더 잘 유지시킬 수 있다. Citibank와 JP모건체이스와 같은 미국의 대형 은행들은 그들의 오랜 고객들에게 은행 서비스를 공급하기 위해 처음에는 해외로 진출했지만, 그들은 새로운 고객관계를 발전시키기 위해 글로벌 네트워크를 빠르게 이용했다. 회계, 법률, 광고 및 이와 유사한 서비스 제공자에게도

트럼프 대통령이 새로운 관세를 부과하다

도널드 트럼프 대통령은 오랫동안 미국 무역정책을 비판해 왔다. 그는 우리의 많은 무역 상대국들이 미국 상품에 불공정한 무역장벽을 부과해왔으며 이러한 장벽이 미국의 대규모 무역적자의 주요 원인이라 주장해왔다. 이러한 우려에 대응해, 트럼프 대통령은 자신의 권한을 이용해 미국의 주요 무역 상대국들이 판매하는 몇 가지 주요 상품에 대해 광범위한 관세를 부과했다.

관세는 사실상 수입품에 대한 세금이다. 초기 효과는 이러한 수입품들을 미국 소비자들에게 더 비싸게 만들어서 수입을 줄이는 것이다. 게다가, 트럼프 대통령은 외국 상품에 대한 높은 가격이 미국 산업들로 하여금 국제적으로 더욱 효과적으로 경쟁할 수 있게 하고, 이는 결국 미국의 수출을 증가시킬 것이라고 주장한다. 이러한 데에는 수입 감소와 수출 증가 모두 무역적자가 줄어들기를 바라는 기대가 있다. 기타 모든 여건들이 동일하다면, 이러한 조치들은 목표로 했던 미국 수출업자들에게 큰 이익을 가져올 것이다.

비판가들은 다른 모든 것들이 동등하지 않고 관세의 장기적인 효과는 매우 부정적이며 그 영향은 궁극적으로 세계경제에 있어 극도로 파괴적일 수 있다고 주장한다. 무역 상대국들이 미국의 조치에 대해 가만히 있지 않고 추가 관세 부과로 대응할 것이라는 게 주된 우려다. 실제로 트럼프 대통령의 첫 행동 이후, 미국의 많은 핵심 파트너들이 미국의 정책 변화에 걸맞은 새로운 관세를 부과하는 방식으로 즉각 반응했다. 많은 비판가들은 급증하는 무역전쟁이 세계 상품가격을 극적으로 상승시키고, 무역의 감소는 모든 피해국 기업들의 성장기회를 감소시켜 결국 세계적인 경기침체를 촉진시킬 수 있다고 우려한다. 해외에서 물건을 판매하는 미국 제조업체들이 미국 교역국의 보복관세를 피하기 위해 해외로 공장을 이전할 수도 있다는 점도 심각한 우려다. 일례로 2018년 6월 Harley-Davidson은 트럼프 대통령의 유럽 상품 관세 부과로 인한 EU가 발표한 관세에 대응해 공장 일부를 해외로 이전하겠다는 계획을 밝힌 바 있다.

트럼프 대통령은 자유무역에 찬성하며, 새로 부과된 관세를 궁극적으로는 장벽을 낮추고 더 많은 자유무역으로 이어지는 광범위한 수준의 일련의 양자무역거래에 박차를 가하기 위해 사용하고 싶다고 주장해왔다. 이로써 트럼프 대통령은 만약 그가 실패 시 어떠한 중대한 결과를 초래할지 모르는 고공 줄타기 행태에 나설 수도 있다. 그렇긴 하지만 그가 발표한 관세 부과 이후 몇 달 동안 주식시장은 큰 혼란이 없었다. 이는 재계인사들이 결국 글로벌 긴장이 해소될 것으로 믿고 있음을 시사한다. 무역의 중요성을 고려할 때, 이러한 문제들이 궁극적으로 어떻게 해결되느냐가 앞으로 세계경제에 중요한 시사점을 줄 것이다.

출처: Alan Rappeport, "Harley-Davidson, Blaming E.U. Tariffs, Will Move Some Production Out of U.S.," *The New York Times* (nytimes.com), June 25, 2018.

동일한 역사가 적용된다.

지난 20년 동안 외국 기업의 미국 투자와 미국 기업의 해외투자가 증가했다. 이러한 경향은 [그림 17.1]에 나타나 있으며, 이는 미국 정책의 특징이었던 독립과 자립의 전통적 교리가 잠식되는 것을 암시하기 때문에 중요하다. 해외 진출이 광범위한 미국 기업들이 세계 곳곳에서 주재국 정부에 상당한 경제적·정치적 영향력을 행사하는 것처럼 외국계 기업들도 미국의 정책에 대해 비슷한 영향력을 행사하고 있는 것으로 우려된다. 이러한 발전은 미국이 영향을 받지 않는 기업 및 국가 간의 상호 의존도가 증가하고 있음을 시사한다. [그림 17.1]은 외국인투자 수준이 경기 사이클에 따라 달라

[그림 17.1] 시장가치 기준의 직접투자 현황

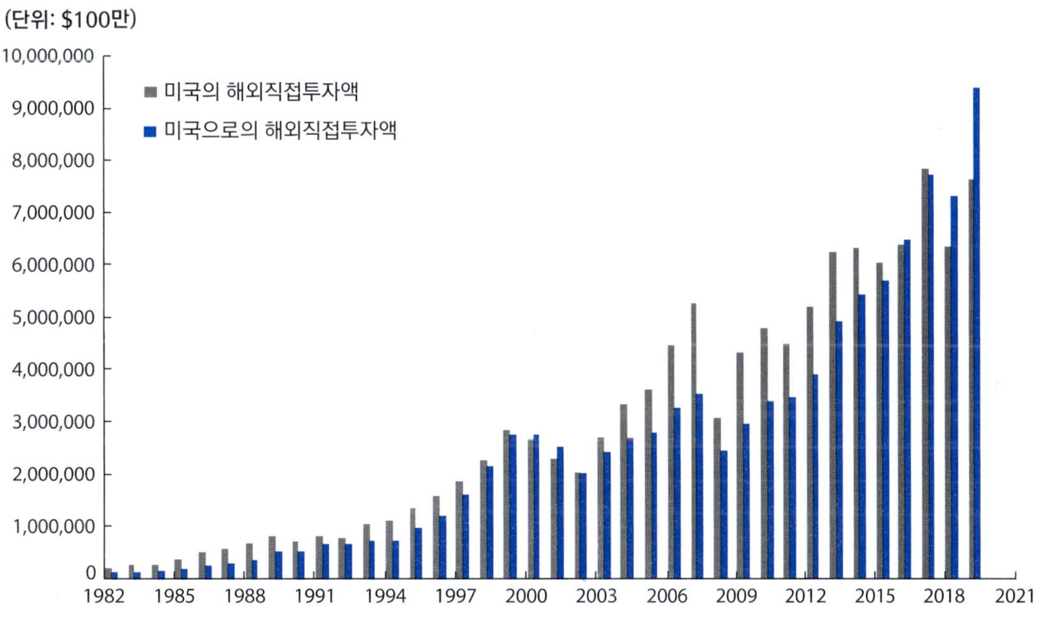

출처: "Table 2.1. U.S. Direct Investment Positions at the End of the Period," *Bureau of Economic Analysis*, apps.bea.gov/international/bp_web/tb_download_type_modern.cfm?list=5&RowID=148, June 30, 2020.

지며 일반적으로 세계경제가 약해짐에 따라 감소한다는 것을 보여준다. 가장 최근 들어 확인된 이러한 효과는 2008-2009년 경기침체기간 동안 미국 내외의 외국인투자 수준이 급격히 감소했을 경우이다. 2017년에는 미국의 해외직접투자보다 미국에 대한 외국인직접투자 수준이 소폭 낮았지만 2018년과 2019년에는 미국에 대한 외국인직접투자가 미국의 해외직접투자를 다시 한 번 앞질렀다. UN은 코로나바이러스 대유행의 영향을 고려하여 2020년에 전 세계 외국인직접투자가 40% 급감할 것으로 전망하고 있다.5)

셀프 테스트

- 다국적기업이란 무엇인가?
- 기업들이 "글로벌화"하는 이유는 무엇인가?
- 다음 문장에 대해 토론해보자: 미국은 미국의 경제적 · 정치적 정책의 범위를 넘어서는 외국 기업의 영향력에서 벗어나지 못한다.

5) 다음을 참고하라. "Global Foreign Direct Investment Projected to Plunge 40% in 2020," *United Nations Conference on Trade and Development*(unctad.org/en/pages/newsdetails.aspx?OriginalVersionID=2396), June 16, 2020.

17-2 다국적기업과 내수기업의 재무관리

이론적으로 처음 제16장에서 논의된 개념과 절차는 국내 및 다국적기업의 영업 모두에 유효하다. 다만 기업이 전 세계적으로 영업할 때는 몇 가지 추가 요소를 고려해야 한다. 이 중 5가지 요소는 다음과 같다.

1. **화폐단위의 차이.** 다국적기업 시스템의 다양한 사업부분의 현금흐름은 다른 통화로 표시될 것이다. 따라서 환율은 모든 재무분석에 포함되어야 한다.

2. **정치적 위험.** 각국은 기업 자원의 이전이나 사용에 대한 제약이 자유롭고, 언제든지 규정과 세칙을 변경할 수 있다. 그들은 심지어 자국의 역내에서 자산을 몰수할 수도 있다. 그러므로 정치적 위험은 많은 형태로 나타날 수 있다. 물론 정치적 위험은 한 개 국가에서 영업을 영위하는 기업들에게 존재한다. 하지만 다국적기업의 경우 정치적 위험은 국가마다 다양한 형태로 존재하며, 어떠한 재무분석에서도 명확하게 다루어져야 한다.

3. **경제적 · 법적 파장.** 각 국가는 그들만의 독특한 경제 및 법률 시스템을 가지고 있으며, 이러한 차이는 기업이 전 세계 사업을 조정하고 통제하려고 할 때 중대한 문제를 일으킬 수 있다. 예를 들어, 국가 간 세법의 차이로 인해 경제거래가 어디에서 발생하느냐에 따라 세후 영업성과가 현저하게 달라질 수 있다. 마찬가지로 영국 관습법 대 프랑스 민법 등 진출국 법체계의 차이는 단순한 기업의 사업거래상 기록부터 갈등 해결을 위한 사법부의 역할까지 문제를 복잡하게 만든다. 이런 차이는 다국적기업의 자원할당에 있어 유연성을 제한하고 기업의 특정 사업영역상 요구되는 절차가 다른 부분에서는 불법이 될 수 있다. 이러한 차이점들은 특정 국가에서만 훈련받은 기업 관리자들이 다른 국가로 쉽게 이동하기 어렵게 만든다.

4. **정부의 역할.** 미국에서 개발된 대부분의 금융 모형은 참여자들이 교역조건을 결정하는 경쟁적 시장의 존재를 가정한다. 정부가 기본적 근거가 되는 규칙의 제정 권한을 이용하여 해당 과정에 관여하고 있지만 세금 외에는 역할이 미미하다. 따라서 시장은 성공의 주요한 첩경이 되고, 경쟁력을 유지하기 위해 무엇을 해야 하는지에 대한 가장 좋은 단서를 제공한다. 이러한 관점은 미국과 서유럽에 대해서는 이치적으로 옳지만, 나머지 세계의 상황을 정확하게 설명하지는 못한다. 시장 불완전성은 의사결정을 복잡하게 만들 수 있지만 하나의 기업이 이를 극복하면서도 경쟁사의 진입장벽으로 작용할 정도로 가치를 부여할 수도 있다. 기업이 경쟁하는 조건, 해야 하거나 피해야 할 행동, 각종 거래에 대한 교역조건은 시장

탈세계화의 시대?

이번 장의 본문을 통해 우리는 세계화가 지난 수십 년 동안 개인, 기업 및 금융시장에 미친 극적인 효과를 강조했다. 이러한 효과에는 더 낮은 가격에 상품을 구매할 수 있는 기회 확대, 투자를 다양화할 수 있는 기회 확대, 글로벌 인재와 기술에 대한 접근성, 그리고 거의 틀림없이 보다 높아진 전 세계인들의 평균 생활수준이 포함된다. 또 다르게 추정된 세계화의 이점 중 하나는 국가 간의 상호의존과 협력을 촉진한다는 것인데, 이것은 세계 분쟁을 제한하는 데 도움을 준다.

동시에, 우리는 모든 사람이 세계화의 혜택을 받는 것은 아니라는 것을 인식하고 있다. 예를 들어, 만약 기업이 해외로 사업을 이전하거나 다른 나라의 사람들을 고용한다면, 이것은 해당 기업을 더 효율적으로 만들 수 있고 기업이 더 낮은 가격에 제품을 판매할 수 있게 할 수 있다. 이러한 조치들이 기업의 주주들과 고객들뿐만 아니라 해외 근로자들에게도 이익이 될 수 있지만, 이러한 조치들로 인해 일자리를 잃은 국내 근로자들은 더 나빠질 가능성이 높다.

최근 몇 년 동안 세계화 세력에 대한 반발이 커지고 있다는 징후가 있다. 2007-2008년의 금융위기로 인해 많은 글로벌 은행과 다국적기업들은 외국인의 대출과 투자를 억제해야 했다. 유럽 내에서 EU는 통일성을 유지하기 위해 고군분투해왔고, 시리아 내전의 비극적인 사건 이후 유럽으로 도망친 난민들을 동화시키기 위해 많은 국가들이 고군분투해왔다. 게다가, 중국의 무역 관행, 홍콩 및 인도의 최근 분쟁에 대한 우려로 인해 많은 기업들과 국가들은 중국과의 관계를 분리하는 것을 고려하게 되었다. 게다가 코로나바이러스 대유행은 여행 제한과 해외에서 사업을 하는 것이 더 위험해졌다는 인식 때문에 많은 국가들을 더욱 고립시키게 되었다.

이러한 효과를 인식하면서, 2020년 5월 이코노미스트지의 커버스토리는 '굿바이 세계화(Goodbye Globalisation)'였다. 내부 기사에서, "Covid-19가 세계화를 죽였는가?" 그들은 현재 환경에 대한 우려를 표명하고 "세계화의 가장 위대한 시대로의 작별을 고하고 무엇이 그 자리를 차지할지 걱정하라"고 경고한다. 세계화에 더 비판적인 다른 사람들은 의심할 여지없이 이러한 최근의 추세를 다른 시각으로 볼 것이다. 앞을 내다보면, 이러한 현재의 사건들이 세계화의 지속적이고, 장기적인 측면의 증가에 있어 일시적 충격을 나타내는 것인지 아니면 지속적인 탈세계화의 새로운 시대로 접어들기 시작하는 것인지 지켜볼 일이다.

출처: "Has Covid-19 Killed Globalisation?" *The Economist*(economist.com), May 14, 2020.

이 아니라 현지정부와 다국적기업 간의 직접 협상에 의해 결정되는 경우가 많다. 이것은 본질적으로 정치적 과정이며, 그렇게 취급되어야 한다. 따라서 전통적인 재무모형은 정치적 및 비경제적 측면을 포함하도록 다시 수정되어야 한다.

5. **언어와 문화의 차이** 모든 사업거래에서 커뮤니케이션 능력은 매우 중요하다. 이런 점에서 미국 시민들은 대체로 영어만 유창하게 구사하기 때문에 불이익을 받는 경우가 많다. 반면에 유럽과 일본의 사업가들은 보통 영어를 포함한 여러 언어에 능통하다. 동시에 비교적 동질적이라고 여겨지는 지리적 지역에서도 국가마다 가치를 형성하고 사업 수행에 영향을 미치는 독특한 문화유산을 가지고 있다. 다국적기업들은 기업의 적절한 목표 정의, 위험에 대한 태도, 성과 평가 및 보상 시스템, 직원들과의 상호작용, 그리고 수익성이 없는 사업운영을 축소하는 능력과 같은 문제들이 국가마다 크게 다르다는 것을 알게 되었다.

상기의 다섯 가지 요소들은 재무관리를 복잡하게 만들고 다국적기업들이 직면하는 위험을 증가시킨다. 그러나 높은 수익률과 다른 요인들에 대한 전망은 기업들이 이러한 위험을 받아들이고 그것들을 관리하는 방법을 배우는 것을 가치 있게 만든다.

셀프 테스트

- 다국적기업의 재무관리를 복잡하게 만드는 5가지 주요 요인을 식별하고 간략하게 논의하라.

17-3 국제통화시스템

국제통화시스템
환율이 결정되는 프레임워크. 그것은 국제무역과 자본흐름에 대한 청사진이다.

모든 국가는 통화체계와 통화당국을 가지고 있다. 미국에서 연방준비제도이사회는 통화당국이다. 통화당국의 역할은 경제 안정과 성장을 촉진하는 동시에 인플레이션을 제한하는 것이다. 만약 국가들이 서로 무역을 한다면, 어떤 종류의 시스템은 국가 간의 지불을 용이하게 하도록 설계되어야 한다. **국제통화시스템**(international monetary system)은 환율이 결정되는 틀이며, 세계 통화, 화폐, 자본, 부동산, 상품 및 실물자산 시장을 정부 간 협정에 의해 규제하고 각 국가의 고유한 정치적, 경제적 목표에 의해 움직이는 기관과 기구의 네트워크와 연결된다.[6)]

17-3A 국제 통화용어

환율
다른 통화의 한 단위에 대해 구입할 수 있는 특정 통화의 단위 수

세계 통화, 통화 기호 및 해당 체제의 목록을 보려면 the University of British Columbia Sauder School of Business Pacific Exchange Rate Service의 웹사이트인 fx.sauder.ubc.ca를 방문할 것.

국제통화시스템에 대한 논의에서 몇 가지 중요한 개념과 용어를 소개하는 것으로 시작하는 것이 유용하다.

1. **환율**(exchange rate)은 다른 국가의 통화로 볼 때 한 국가의 통화 가격이다. 예를 들어, 2020년 8월 7일 금요일, $1로 £0.7663, €0.8484 또는 CAD1.3384를 구매할 수 있다.
2. **현물환율**(spot exchange rate)은 "즉시" 또는 매우 짧은 기간 내에 인도되는 외화 단위의 공시가격이다. 파운드 환율은 £0.7663/$로, 2020년 8월 7일 마감일 현재 현물환율이다.

6) 국제통화체제의 포괄적인 역사와 그 발전과정에 대한 자세한 내용은 Robert Carbaugh, *International Economics*, 17th edition(Mason, OH: Cengage Learning, 2019)과 Joseph P. Daniels, David D. VanHoose, *Global Economic Issues and Policies*, 4th edition(London: Routledge, 2018)을 포함한 많은 경제학 서적 중 하나를 참조하라.

3. **선도환율**(forward exchange rate)은 미래의 특정일에 인도될 외화 단위에 대한 공시가격이다. 오늘이 2020년 8월 7일이고 2021년 2월 3일에 1달러에 얼마의 파운드를 받을 수 있을 것으로 예상할 수 있다면 6개월 선도환율인 £0.766683/$와 현물환율 0.7663/$를 비교하여 볼 것이다. 일단, 달러가 향후 6개월 동안 영국 파운드화에 비해 **절상**될 것으로 예상된다. 참고로 8월 7일 **선물환계약**은 해당 환율로 고정되고, 2021년 2월 3일까지는 확보할 수 있는 금액은 바뀌지 않는다. 2월 3일 현물금리는 £0.766683과 상당히 다를 수 있으며, 이로써 선도매입과 관련되어 손실 또는 이익을 볼 수 있다.

4. **통화의 고정환율**(fixed exchange rate)은 정부가 정하고, **액면금액**(par value)이라 불리는 원하는 환율을 중심으로 (만약 그렇다면) 약간만 변동할 수 있다. 예를 들어, Belize는 Belize 달러 환율을 $1당 2BZD로 1978년부터 고정환율로 유지하고 있다.

5. **변동환율**(floating or flexible exchange rate)은 정부의 규제를 받지 않기 때문에 시장의 수요와 공급이 통화가치를 결정한다. 미국 달러와 유로는 자유변동 통화의 예이다. 미국 고객이 유럽에 수출하는 것보다 유럽에서 더 많은 상품을 수입하고 있다면 유로화를 순매수하고 달러를 팔아야 하므로 달러 대비 유로화가 절상될 것이다. 그러나 비록 기본적으로 변동가능할지라도, 중앙은행들이 때때로 시장에 개입하여 환율을 상승 또는 하락시키는 것을 주목하라.

6. **통화가치의 평가절하 또는 재평가**(devaluation or revaluation of a currency)란 통화가치가 고정된 통화의 액면가 감소 또는 증가를 나타내는 기술 용어이다. 이러한 결정은 보통 경고 없이 정부에 의해 내려진다. 예를 들어, 2005년 7월 21일, 중국 정부는 갑자기 위안화를 미국 달러 대비 2.1% 더 강하게 평가한다고 발표했다. 미국 달러화는 거의 10년 동안 8.2781위안/달러로 고정되어 있었다. 마찬가지로 중요한 것은 중국 정부가 달러화에 대한 엄격한 고정환율을 버리고 대신 위안화가 달러화를 포함한 무역가중 국제통화 바스켓에 연동되는 좀 더 유연한 제도를 채택했다는 점이다. 이후 10년 동안 위안화는 미국 달러에 비해 꾸준히 절상되었다. 이 시기에 중국 정부도 점차 환율 유연성을 높이겠다고 발표했다. 2015년 5월 29일 환율은 6.2004위안/달러였기 때문에 2005년 7월 21일에 비해 1달러를 사는 데 드는 위안이 23.5% 줄었다. 하지만 불과 두 달 반 후에 중국 정부는 이틀에 걸쳐 중국 통화의 3.5% 평가절하를 발표하면서 시장을 놀라게 했다. 성장률 약화를 상쇄시키고, 중국 증시를 부양하기 위해 고안된 평가절하 이후 며칠 만에 환율은 6.3948위안/달러가 되었다. 중국 중앙은행이 위안화 환율 조작을 이어가고 있다. 2018년 7월 26일, 제임스 다니엘 중국 주재 IMF 총재는

미국과 중국 사이의 고조되는 무역전쟁으로 인해 최근 달러 대비 가치가 하락했음에도 불구하고 중국 위안화가 타당하게 평가되고 있다고 말했다. 최근 위안화 가치의 변동은 탄력적인 환율로 예상된다.[7] 2020년 8월 7일 위안화 환율은 6.9678위안/달러였다.

7. **통화가치 하락 또는 절상**(depreciation or appreciation of a currency)은 변동통화의 외환가치가 각각 하락 또는 상승하는 것을 말한다. 이러한 변화는 정부보다는 시장의 힘에 의해 야기된다.

17-3B 현재의 통화 약정

가장 기본적인 수준에서 우리는 통화체제를 변동환율과 고정환율이라는 두 가지 큰 그룹으로 나눌 수 있다. 두 체제 내에서는 기본 입장을 얼마나 엄격하게 고수하느냐에 따라 하위 영역 사이에 등급이 있다. 먼저 변동률 범주를 살펴보면 두 개의 주요 하위 그룹은 다음과 같다.

자유변동환율체제
통화 수급에 따라 환율이 결정될 때 발생한다.

1. **자유변동환율체제.** 여기서 환율은 통화의 공급과 수요에 의해 결정된다. **자유변동환율체제**(freely floating regime) 하에서 정부는 환율 변동성을 안정시키기 위해 때때로 시장에 개입하여 자국 통화를 사거나 팔 수 있지만, 절대적인 환율 수준을 바꾸려고 시도하지는 않는다. 이 정책은 환율체제 변화의 연속선상에서 가장 마지막에 위치한다. 예를 들어, 호주, 브라질 및 필리핀의 통화는 최소의 개입으로 변동한다.

관리형 변동환율체제
통화의 수급 조작을 통해 환율을 통제하기 위해 정부가 상당한 개입을 할 때 발생한다.

2. **관리형 변동환율체제.** 여기서는 통화 수급을 조작하여 환율을 관리하기 위한 정부의 상당한 개입이 있다. 예를 들어, 콜롬비아, 자메이카, 싱가포르 정부는 각각의 변동통화를 관리한다. 정부는 **관리형 변동환율체제**(managed-float regime)를 사용할 때 목표환율 수준을 거의 밝히지 않는데, 그렇게 하면 통화 투기꾼들이 이익을 보기 너무 쉽기 때문이다.

대부분의 선진국들은 자유변동환율체제 또는 관리형 변동환율체제를 채택한다. 몇몇 개발도상국들도 종종 마지못해 상기 환율체제를 선택하는데, 이는 고정환율체제를 포기하도록 강요하는 시장의 결과이다. 고정환율제의 종류는 다음을 포함한다:

1. **자국통화가 없다.** 가장 극단적인 입장은 다른 국가의 통화를 법정 통화로 사용하거나(에콰도르, 터키, Caicos 제도 등) (유로화와 같이) 공용통화를 공유하는 국

---

7) Huileng Tan, 2018년 7월 26일 CNBC(cnbc.com)는 "최근 약세에도 불구하고 중국 위안화가 '공정하게 평가'되고 있다"고 말한다.

브렉시트(BREXIT)가 유럽을 뒤흔들다

영국 유권자들은 2016년 6월 EU 탈퇴에 투표했을 때 많은 관찰자들을 놀라게 했다. 영국은 1973년부터 유럽공동체의 일원이었고, 지난 40년 동안 많은 사람들은 지속적으로 영국이 유럽과 연계하는 지혜에 대해 논쟁해왔다. 이러한 긴장관계는 많은 유럽 국가들의 지속되는 부채 위기, 브뤼셀의 EU 지도자들에 의해 부과된 규제에 대한 불만, 그리고 새로운 이민자들과 난민들의 유럽 대륙으로의 대규모 유입 때문에 최근 몇 년 동안 두드러지게 가속화되었다.

David Cameron 전 영국 총리는 영국이 EU에 잔류하는 것을 강력히 지지했다. 그러나 계속되는 압력에 직면하여, 그는 유권자들이 최종적으로 이 문제를 결정하도록 하는 데 동의했고, 2016년 2월에 4개월 후인 6월에 국민투표가 실시될 것이라고 발표했다. 투표가 임박했음을 보여주는 여론조사에도 불구하고, 대부분의 분석가들과 결과에 베팅한 "스마트 머니"들은 유권자들이 궁극적으로 EU에 잔류하기로 결정할 것이라고 추정했다. 6월 국민투표에서 영국의 유럽연합(EU) 탈퇴(브렉시트)를 추진하는 '탈퇴' 세력이 근소한 승리를 거두자 이런 가정은 잘못된 것으로 드러났다. 그들의 놀라운 승리는 영국, 유럽, 미국의 많은 사람들을 놀라게 했다. 실제로 브렉시트를 이끌었던 글로벌 세력은 그해 11월 말 트럼프 대통령의 깜짝 승리를 이끌었다는 의견이 많았다.

브렉시트 투표 직후 영국 파운드화는 미국 달러 대비 12%, 유로 대비 10% 가량 하락했다. 얼마 지나지 않아 Cameron 총리가 사임하고 브렉시트 지지자인 Theresa May 총리가 후임으로 취임했다. 흥미롭게도 브렉시트 투표에 이어 영국 증시(FTSE 100)가 반등했고, 투표의 경제에 미치는 즉각적인 영향은 그리 극적이지 않았다.

그렇긴 하지만 브렉시트의 구체적인 세부사항을 도출하는 것은 상당히 어려운 일이었다. 브렉시트 지지자들 사이에서도 어떻게 진행할지에 대한 논의가 적지 않았다. 어떤 이들은 깨끗한 탈출, 즉 "하드 엑시트"를 홍보했고, 다른 이들은 "소프트 엑시트"를 홍보했다.

문제를 복잡하게 만든 것은 EU 지도자들이 영국 지도자들을 수용하는 데 거의 관심을 보이지 않고 영국의 탈퇴를 가속화하도록 압력을 가했다는 사실이다. 2019년 7월 Theresa May는 총리직을 사임했다. 그녀는 Boris Johnson으로 대체되었다. 1년이 지난 지금까지도 당사자들은 합의점을 찾지 못하고 있다. 실제로 2020년 7월 블룸버그의 한 기사는 진행 중인 회담이 최근 어떻게 결렬됐는지를 묘사했다. 그들이 협상을 재개할 계획이지만, EU와 영국은 여전히 멀리 떨어져 있는 것으로 보인다. 확실히, 영국과 유럽 대륙 양쪽에서 상황이 궁극적으로 어떻게 전개되는지 보는 것은 흥미로울 것이다.

출처: Ian Wishart, "Brexit Talks End Early as EU, U.K. Say Major Hurdles Remain," *Bloomberg*(bloomberg.com/news/articles/2020-07-02/brexit-talks-end-early-as-eu-u-k-say-big-differences-remain), July 2, 2020.

가 그룹에 속할 경우 자국 통화가 없다. 이러한 통화협정으로 해당국 정부는 경제상황을 인위적으로 조정하기 위해 환율을 사용할 수 있는 능력을 포기한다.

통화위원회 약정
한 국가가 자국 통화를 가지고 있지만 고정된 환율로 특정 외화 단위로 환전하기로 약속하고 요청된 외환을 충당할 수 있는 외환보유고가 없는 한 국내 통화 규제를 법제화할 때 발생한다.

2. 통화위원회 약정. 첫 번째 하위 체제의 변형으로 국가는 자체 통화를 가지고 있지만 고정환율을 통해 지정된 외화단위로 교환할 것을 약속한다. 이는 모든 교환 요청을 처리하기에 충분한 외환보유고가 없는 국가는 자국 통화에 대한 규제를 부과한다. 이를 **통화위원회 약정**(currency board arrangement)이라고 한다. 아르헨티나는 2002년 1월 위기 이전에 통화위원회 약정을 맺어 페소화를 평가절하한 결과 채무상환에 실패했다.

고정식 페그 약정
한 국가가 특정 통화 또는 통화 바스켓에 고정환율로 통화를 고정할 때 발생한다.

3. 고정식 페그 약정. **고정식 페그 약정**(fixed-peg arrangement)에서 특정 국가는 고정환율로 자국 통화를 다른 통화 또는 통화 바스켓에 잠근다. 이는 통화가 원하는 환율에서 약간만 변동할 수 있게 하고, 지정된 한도(종종 목표환율의 1%로 설정됨)를 벗어나면 중앙은행이 개입하여 통화가치를 한도 내로 되돌리도록 강제한다. 위안화가 더 이상 미 달러화에 고정되지 않고 무역가중치 국제통화 바스켓에 묶여 있는 중국이 대표적이다. 추가적인 예로는 인도 루피에 고정되어 있는 부탄의 눌트럼(ngultrum), 영국 파운드 스털링에 고정되어 있는 포클랜드 제도(Falkland Islands)의 파운드, 그리고 미국 달러에 고정되어 있는 바베이도스(Barbados)의 달러가 있다. 유럽 채무위기로부터 경제를 보호하기 위해 스위스 프랑은 2011년 9월 6일 유로에 고정되었다. 그러나 2015년 1월 15일 스위스 중앙은행은 이 정책이 더 이상 필요하지 않다는 이유로 해당 협정을 포기했다.

여타 변형된 환율체제가 사용되었고, 새로운 변형들도 때때로 개발되었다. 세계 대부분의 국가들은 고정환율을 포함한 시스템을 채택하고 있으며, 때때로 개입하고 있다. 따라서 가장 중요한 통화(거래량으로 측정)는 변동이 허용되고 국제통화시스템은 이를 자유변동환율체제로 부르기도 하지만, 대부분의 통화는 부분적으로 고정적이다. 하지만 때때로 어떤 방식으로든 환율은 조작되기도 한다.

셀프 테스트

- 국제통화시스템은 무엇인가?
- 현물환율과 선도환율의 차이는 무엇인가?
- 변동환율과 고정환율의 기본적인 차이는 무엇인가?
- 통화의 평가절하/재평가와 통화의 절하/절상의 차이점을 구분하라.
- 다양한 통화체제상에서 두 가지의 광범위한 범주는 무엇인가? 두 가지 광범위한 범주의 하위 그룹은 무엇인가?

17-4 환율의 시세 표시

웹에서 최신 통화 시세는 bloomberg.com/markets/currencies.com 또는 finance.yahoo.com/currencies의 두 곳을 방문하여 확인하라.

환율 시세는 월스트리트 저널과 다른 주요 인쇄물 및 웹사이트에서 확인할 수 있다. 환율은 두 가지 다른 방법으로 주어진다. 월스트리트 저널(WSJ)의 웹사이트에서 발췌한 <표 17.1>에서 볼 수 있듯이, 1열은 "USD 등가환율"이고 2열은 "달러당 환율"이다. 예를 들어, 1캐나다 달러는 0.7472미국 달러(또는 교환가능)이거나 1미국 달러는 1.3384캐나다 달러로 매입할 수 있다. 외환시장이 주로 거래되는 통화처럼 균형상태에 있다면, 캐나다 달러처럼 2가지 환율시세는 서로 호환된다.

$$\text{캐나다 달러: } 1/0.7472 = 1.3384$$
$$1/1.3384 = 0.7472$$

17-4A 교차환율

교차환율
두 개 통화 간의 환율

<표 17.1>에 제시된 모든 환율은 미국 달러에 상대적이다. 하지만 독일 경영자가 사업차 도쿄로 간다고 가정해보자. 그가 관심을 갖는 환율은 달러당 유로나 엔화가 아니라 유로화로 몇 엔을 구매할 수 있느냐가 관건이다. 이를 **교차환율**(cross rate)이라고 하며 <표 17.1>의 2열에서 다음 데이터로 계산할 수 있다.

	현물환율
유로	€0.8484/$1
엔	¥105.93/$1

상기 시세는 같은 분모(미화 1달러)를 갖기에, 2열 시세를 사용하여 유로화와 엔화 간의 교차환율을 계산할 수 있다. 독일인을 위한 교차환율은 다음과 같다.

$$\text{유로/엔 교차환율} = \frac{\text{Euro/\$}}{\text{Yen/\$}}$$

〈표 17.1〉 환율의 예시: 2020.8.7(금)

	직접표시법: 외화 1단위 구매에 필요한 달러	간접표시법: 미국 달러당 외화 단위 수
호주 달러	0.7157	1.3972
브라질 레알	0.1839	5.4381
영국 파운드	1.3050	0.7663
캐나다 달러	0.7472	1.3384
중국 위안	0.1435	6.9678
덴마크 크로네	0.1582	6.3200
EMU 유로	1.1788	0.8484
헝가리 포린트	0.00340507	293.68
이스라엘 쉐켈	0.2932	3.4107
일본 엔화	0.00944	105.93
멕시코 페소	0.0447	22.3873
남아공 랜드	0.0567	17.6397
스웨덴 크로네	0.1143	8.7509
스위스 프랑	1.0959	0.9125

주: 열 2는 1.0을 열 1로 나눈 값이다. 하지만 반올림 차이는 발생한다.
출처: 2020년 8월 7일사 월스트리트 저널(wsj.com)에서 발췌되었다.

〈표 17.2〉 선택된 주요 통화의 교차환율: 2020.8.7(금)

	USDollar (1)	Euro (2)	Pound (3)	SFranc (4)	Peso (5)	Yen (6)	CdnDlr (7)
캐나다	1.3384	1.5776	1.7466	1.4667	0.0598	0.0126	—
일본	105.9300	124.8586	138.2357	116.0877	4.7317	—	79.1467
멕시코	22.3873	26.3877	29.2148	24.5340	—	0.2113	16.7269
스위스	0.9125	1.0756	1.1908	—	0.0408	0.0086	0.6818
영국	0.7663	0.9032	—	0.8398	0.0342	0.0072	0.5725
유로	0.8484	—	1.1071	0.9298	0.0379	0.0080	0.6339
미국	—	1.1788	1.3050	1.0959	0.0447	0.0094	0.7472

주: 1열은 미국 달러당 얼마나 많은 외화를 구매할 것인지 나타내고, 2열은 유로당 얼마나 많은 단위를 구매할 것인지를 나타내며, 다른 열도 마찬가지이다.

출처: 2020년 8월 7일 <표 17.1>에 제공된 데이터를 수정하였다.

그리고 달러 표시를 취소하면, 우리는 1엔이 구매할 수 있는 유로화 금액을 파악할 수 있다:

$$€0.8484/¥105.93 = €0.0080/¥$$

반대로 1유로가 살 수 있는 엔의 금액을 찾을 수 있다:

$$\text{엔/유로 환율} = \frac{\text{Yen/\$}}{\text{Euro/\$}}$$

$$¥105.93/€0.8484 = ¥124.8586/€$$

상기 이종통화 간 교차환율은 서로의 역수라는 점에 유의하라. 월스트리트 저널과 같은 금융 간행물들과 블룸버그, 야후, 그리고 wsj.com과 같은 웹사이트들은 주요 통화 간 교차환율표를 제공한다. <표 17.2>는 <표 17.1>에 제공된 데이터에서 선택된 주요 통화의 교차환율을 제공한다. 교차환율을 계산할 때 각 환율 시세의 반올림으로 인해 약간의 차이가 있을 수 있다. 환전상은 소수점 이하 12자리까지 시세를 낸다.

17-4B 은행 간 외국환 시세

미국 입장에서의 자국통화표시 방법(American terms)
현지 통화 한 단위로 구매할 수 있는 미국 달러 수를 나타내는 환율

직접표시법
외화 1단위의 자국 통화가격

<표 17.1>과 <표 17.2>에 제시된 월스트리트 저널의 환율 시세는 활용 목적별로 충분하다. 그러나 특정한 목적을 위한 환율 사용을 위해서라면, 추가적인 용어와 관습을 이해하는 것이 유용하다. 두 통화 사이의 환율을 **미국식**(American terms) 또는 유럽식(European terms)으로 기술하는 두 가지 방법이 있다. 따라서 한 통화는 "홈(home)" 통화로 지정하고 다른 통화는 "**외국**(foreign)" 통화로 지정해야 한다. 이 지정은 임의적이다. 외화 1단위의 본국 화폐가격을 **직접표시법**(direct quotation)이라고 한

다. 따라서 미국을 "본국"으로 간주하는 사람에게 미국 입장에서의 통화표시방법은 직접표시법을 나타낸다. 반면에, 자국 통화 1단위의 외화가격은 **간접표시법**(indirect quotation)이라고 불린다. 유럽식 용어는 미국에 있는 사람들에 대한 간접적인 환율시세를 나타낸다. 관점이 바뀌고 '자국' 통화가 더 이상 미국 달러가 아닐 경우 직간접적인 명칭도 바뀐다는 점에 유의해야 한다. 이 장의 나머지 부분에서는 특별히 언급하지 않는 한 미국이 "본국"인 국가이므로 미국 달러가 자국 통화라고 가정하겠다.

간접표시법
자국 통화 1단위의 외화가격

셀프 테스트

- 환율의 직접표시법과 간접표시법의 차이를 설명하라.
- 교차환율은 무엇인가?
- 오늘날 CAD 1이 $0.75라고 가정한다. 미화 1달러에 캐나다 달러는 얼마나 받을 수 있는가? **(1.333)**
- 미화 1달러를 ¥105 또는 €0.80으로 환전할 수 있다고 가정하자. 유로/엔 환율이 어떻게 되나? **(€0.007619/¥)**

17-5 외국환 트레이딩

수입업자, 수출업자, 관광객, 정부는 외환시장에서 통화를 사고판다. 예를 들어, 미국 무역업자가 일본에서 자동차를 수입할 때, 대금은 아마도 일본 엔화로 지불된다. 수입업자는 뉴욕증권거래소에서 보통주를 사거나 시카고상품거래소에서 돼지삼겹살을 사듯 외환시장에서 (은행을 통해) 엔화를 산다. 그러나 주식과 상품 거래소가 거래소(trading floors)를 갖춘 반면, 외환시장은 뉴욕, 런던, 도쿄 및 다른 금융 중심시에 기반을 둔 중개인과 은행들의 네트워크로 구성되어 있다. 대부분의 매매주문은 컴퓨터와 전화로 이루어진다.

17-5A 현물환율 및 선도환율

현물환율
(대략) 현재에 인도할 외화의 유효환율

앞서 <표 17.1>과 <표 17.2>에 표시된 환율은 **현물환율**(spot rates)이라고 알려져 있는데, 이는 "즉시" 또는 실제로는 거래일 이후 2일 이내에 통화의 인도를 위해 지불된 환율을 의미한다. 세계 주요 통화의 경우, 보통 거래가 협상된 날로부터 30일, 90일 또는 180일 등 미래에 합의된 날짜에 통화를 인도하기 위해 매입(또는 매도)될 수 있다. 이 환율은 **선도환율**(forward exchange rate)이라고 알려져 있다.

선도환율
미래 어느 시점에 두 통화가 교환될 합의된 가격

예를 들어, 미국 기업이 30일 안에 일본 기업에 5억 엔을 지불해야 하는데 현재 현

〈표 17.3〉 선택된 현물 및 선도환율(미국 달러당 외환 단위 수): 2020.8.7.(금)

	현물환율	선도환율			할증 또는 할인된 선도율
		30일	90일	180일	
영국 파운드	0.7663	0.766364	0.766492	0.766683	할인
멕시코 페소	22.3873	22.478509	22.662042	22.940156	할인
일본 엔화	105.93	105.921168	105.903508	105.877022	할증
스위스 프랑	0.9125	0.911928	0.910784	0.909072	할증

주: 1. 뉴욕 은행의 샘플로서 제시된 대표적 환율 시세이다. 다른 통화와 상이한 기간에 대한 선도금리는 종종 협상된다.
2. 미래에 $1을 매입하기 위한 외화 단위가 더 필요할 때 외화 가치는 현물시장보다 선도시장에서 낮기 때문에 선도금리는 현물금리보다 할인된 수준이다. 마찬가지로 향후 $1을 사들이는 데 외화 단위가 적을 때 외화 가치는 현물시장보다 선도시장에서 더 높기 때문에 선도금리는 현물금리에 프리미엄이 붙는다.

출처: "선도율 계산기", investing.com/tools/forward-rates-calculator, 2020년 8월 7일.

물환율이 달러당 105.93엔이라고 가정하자. 현물환율이 바뀌지 않는 한 30일 안에 $472만 100(약 5억 엔을 달러당 105.93엔으로 나눈 금액)을 지불하게 된다. 그러나 예를 들어, 현물환율이 달러당 104엔으로 떨어지면 해당 미국 기업은 $480만 7,700에 해당하는 금액을 지불해야 한다. 미국 기업의 재무담당자는 30일간의 선도교환계약을 체결함으로써 이러한 위험을 피할 수 있다. 이 계약은 30일 안에 달러당 105.921168엔의 보증가격으로 엔화를 미국 기업에 인도할 것을 약속한다.

비록 미국 기업이 채무불이행에 대한 보증으로 약간의 담보물을 설정해야 할지라도 회계담당자가 선도계약에 서명할 때 현금의 교환은 이루어지지 않는다. 그러나 기업은 담보를 위해 이자부여 상품을 사용할 수 있기 때문에 이 요구사항은 원가가 많이 들지 않는다. 선도계약 상대방이 30일 이내에 엔화를 미국 법인에 인도해야 하며, 미국 법인은 기존에 합의한 달러당 105.921168엔의 환율로 5억 엔을 구매할 의무가 있다. 따라서 이 미국 기업의 회계담당자는 어떤 일이 발생하더라도 현물환율로 $472만 500에 해당하는 지불금을 고정(lock in)시킬 수 있다. 이 기술은 "헤징(hedging)"이라고 불린다. 30일 인도, 90일 인도, 180일 인도 선도환율은 일반적으로 거래되는 일부 통화의 현행 현물환율과 함께 <표 17.3>에 제시되어 있다.

다양한 기간 및 다양한 통화의 선도환율을 계산할 수 있는 investing.com/tools/forward-rates-calculator를 참조할 것.

선도환율 할인
현물환율이 선도환율보다 낮은 상황

선도환율 프리미엄
현물환율이 선도환율보다 큰 상황

현물시장보다 선도시장에서 1달러에 외화를 더 많이 구할 수 있다면 선도통화는 현물통화보다 가치가 떨어지고, 선도통화는 **할인**(discount)된 가격에 팔리고 있다고 한다. 반대로 현물시장보다 선도시장에서 1달러에 외화를 적게 얻을 수 있다면 현물통화보다 선도통화가 더 가치 있고, 선도통화는 **프리미엄**(premium)에 팔리고 있다고 한다. 이에 1달러가 현물시장보다 선도시장에서 엔화와 스위스 프랑을 덜 사들이기 때문에 선도 엔화와 스위스 프랑이 프리미엄(할증)으로 팔리고 있다. 반면 1달러는 현물시장보다 선도시장에서 파운드와 멕시코 페소를 더 많이 사들이기 때문에 선도 파운드와 멕시코 페소는 할인된 가격에 팔리고 있다.

셀프 테스트

- 선물통화가 할인과 할증가로 판매된다는 것이 무엇을 의미하는지 설명하라.
- 미국 기업이 90일 안에 스위스 회사에 2억 스위스 프랑을 지급해야 한다고 가정해보자. 기업이 90일 이내에 지불해야 할 가격을 "고정"시키기 위해 어떻게 선도환율을 사용할 것인지 간략히 설명하라.
- 〈표 17.3〉의 데이터를 사용하여, 미국 기업이 90일 동안 선도계약을 체결할 경우, 2억 스위스 프랑 관련 계약의무를 이행하기 위해 얼마가 필요한가? **($219,591,034)**

17-6 이자율평형이론

이자율평형이론
투자자가 위험을 조정한 후 모든 국가에서 동일한 수익을 얻을 것으로 기대해야 함을 명시한다.

시장의 힘은 통화가 선도 프리미엄으로 판매되는지 아니면 할인율로 판매되는지를 결정하며, 현물환율과 선도환율의 일반적 관계는 '이자율평형'이라는 이론에 의해 규정된다. **이자율평형**(interest rate parity)이론은 투자자들이 위험을 조정한 후 모든 국가에서 이자창출형 투자에 대해 동일한 수익을 얻어야 한다고 주장한다. 본국이 아닌 다른 나라에 투자할 때 투자 자체에 대한 수익률과 환율 변동이라는 두 가지 힘에 의해 영향을 받는다는 점이 인식된다. 따라서 당신의 투자를 행하는 통화가치가 자국통화가치 대비 절상된다면 본인의 전체 수익률은 명시된 투자수익률보다 더 높을 것이다. 마찬가지로, 당신이 받는 외화가치가 떨어지면 전반적으로 수익률은 낮아질 것이다.

현물환율과 선도환율, 이자율평가는 다음과 같은 방정식으로 표현된다.

$$\frac{\text{선도환율}}{\text{현물환율}} = \frac{(1 + r_h)}{(1 + r_f)}$$

선도환율과 현물환율은 모두 외화 단위당 받은 본국 통화 금액으로 표시되며, r_h와 r_f는 각각 수취하는 본국과 외국의 이자율이다. 이러한 관계가 유지되지 않는다면, 통화 트레이더들은 이러한 관계가 유효할 때까지 차익거래(arbitrage)를 통해 통화를 매매할 것이다.

이자율평형을 예로 들어보면 4%의 명목수익률을 약속하는 90일짜리 일본 채권을 살 수 있는 미국 투자자의 경우를 생각해보자. 90일이 1년 360일의 1/4이기 때문에 90일 금리는 4%/4 = 1%이다. 현물환율이 $0.00944라고 가정하면, $0.00944를 1엔, 달러당 105.93엔으로 환전할 수 있다. 마지막으로 90일 선도환율이 $0.009443이라고 가정하면, 지금부터 90일 후에 1엔을 $0.009443으로 환전하거나 달러당 105.903508엔을 받을 수 있다.

미국 투자자는 엔화로 표시된 연 4%의 수익률을 받을 수 있지만, 궁극적으로 미국에서 상품 소비를 위해서는 해당 엔화를 달러로 환산해야 한다. 따라서 투자 대비 달러 수익률은 향후 3개월 동안 환율이 어떻게 되느냐에 따라 달라진다. 다만 선도시장에서 외화를 팔아 달러 수익률을 고정시킬 수 있다. 예를 들어, 투자자는 다음과 같은 거래를 진행할 수 있다.

- 현물시장에서 $1,000을 105,930엔으로 환산한다.
- 연수익률 4% 또는 분기수익률 1%인 90일물 일본채에 105,930엔을 투자하여 90일 후 105,930(1.01) = 106,989.30엔을 지급한다.
- 90일 후 선도환율 106,989.30엔을 달러당 105.903508엔으로 총 $1,010.25에 환전하는 데 오늘 동의한다.

따라서 상기 투자의 90일 예상수익률은 $10.25/$1,000 = 1.025%이며, 이는 명목수익률 4(1.025%) = 4.10%로 환산된다. 이 경우 4.10%의 수익률 중 4%는 채권투자로터 창출된 것이며, 0.1%는 시장이 달러 대비 엔화가 강세를 보일 것이기에 발생한다. 오늘 선도환율로서 고정함으로써 투자자는 환율위험을 제거했다는 점에 유의하라. 일본채권은 채무불이행이 없는 것으로 추정되기 때문에 투자자는 4.10%의 수익을 얻을 수 있다.

이자율평형이론은 일본 채권에 투자되는 것과 동일한 위험을 가진 미국에서의 투자가 연 4.10%의 수익률을 내야 한다는 것을 의미한다. 패리티 방정식의 r_h를 풀면 미국의 연간 예상이자율이 4.10%라는 것을 알 수 있다.

이자율평형이론은 특정 통화가 선도할증이나 할인일 수 있는 이유를 보여준다. 국내 이자율이 외국의 이자율보다 높을 때마다 통화는 선도 프리미엄이라는 점에 유의하라. 국내 이자율이 외국 이자율보다 낮으면 할인이 이루어진다. 이러한 조건들이 유지되지 않는다면, 차익거래는 곧 이자율을 같은 수준으로 되돌려 놓을 것이다. 실제로, 최근의 한 연구는 정상적 경제 상황에서 이자율평형이 주목할 만할 정도로 제대로 유지된다는 것을 발견했다. 그러나 유동성 부족으로 차익거래가 더 어려웠던 2007-2008년 금융위기 동안에는 이자율평형이론에서 유의적인 편차가 존재하였다.[8]

---

8) Tommaso Mancini-Griffoli and Angelo Ranaldo, “Limits to Arbitrage during the Crisis: Funding Liquidity Constraints and Covered Interest Parity,” February 4, 2011. 해당 연구자료는 사회과학연구네트워크인 papers.ssrn.com/abstract51569504에서 이용할 수 있다.

응용문제

6개월 만기 미국 국채의 명목연이자율은 2%이다(즉, 반기 연수익률은 1.00%). 영국 파운드의 현물환율은 $1.3050(미국 달러당 £0.7663), 영국 파운드의 6개월 선물환율은 $1.3043(미국 달러당 £0.766683)이다. 이자율 패러티가 유지된다면, 채무불이행 없는 6개월 영국 채권의 명목연이자율은 얼마인가?

[해답]

이자율 패러티 방정식은

$$\frac{\text{선도환율}}{\text{현물환율}} = \frac{(1+r_h)}{(1+r_f)}$$

문제에 주어진 데이터를 이자율 패러티 방정식에 대입하면, 다음의 식이 도출된다.

$$\frac{\$1.3043}{\$1.3050} = \frac{1.01}{(1+r_f)}$$

이 방정식은 다음과 같이 줄어든다:

$$0.9995 = \frac{1.01}{(1+r_f)}$$

$$0.9995 + 0.9995r_f = 1.01$$

$$r_f = 0.010505$$

만약 이자율 패러티가 유지된다면, 파산위험이 없는 6개월 영국 채권의 명목연이자율은 2×1.0505% = **2.1011%**가 될 것이다. 직관적으로 이해하기 위해 여러분이 $1,000을 가지고 있고 채무불이행 없는 6개월짜리 영국 채권에 투자할 것이라고 가정해보자. 다음과 같이 해보자.

- 현물시장에서 $1,000을 £766.30으로 환산하라.
- 명목연수익률이 2.1011%이거나 반기 수익률이 1.0505%인 6개월 영국 채권에 £766.30을 투자하라.
- 지금부터 6개월 후 £774.35를 미국 달러당 £0.766683의 6개월 선도환율로 교환하여 총 $1,010.00(£774.35/£0.766683)를 수취하는 데 오늘 동의하자.

예상되는 6개월 투자수익률은 $10.00/$1,000 = 1.00%로 명목 연간 수익률은 2(1.00%) = 2.0%이다. 이것은 6개월 미 국채가 창출하는 것과 동일한 이자율이므로 이자율 패러티가 유지된다.

셀프 테스트

- 이자율평형이론은 무엇인가?
- 이자율평형이론이 유지된다고 가정하자. 통화가 선도 프리미엄으로 거래될 때, 또는 화폐가 선도 할인으로 거래될 때 외국 이자율과 비교하여 국내 이자율 관련해서 시사하는 것은 무엇인가?

- 90일짜리 미국 증권은 연리 3.5%인 반면 90일짜리 캐나다 증권은 연리 4%라고 가정하자. 현물시장에서 1달러는 C$1.4로 환전할 수 있다. 이자율평형이론이 유지될 경우 90일 선도환율은 얼마인가? **($0.7134/C$ 또는 C$1.40173/$)**
- 이전 질문에 대한 답변을 근거로 캐나다 달러는 선도환율 할증 또는 할인으로 판매되는가?

17-7 구매력평가이론

우리는 환율에 대해 자세히 논의했고, 현물환율과 선도환율의 관계를 고려했다. 그러나 우리는 아직 근본적인 문제를 다루지 않았다. 무엇이 각 나라의 현물환율 수준을 결정하는가? 비록 환율은 장기적으로 예측하기 어려운 여러 요인에 의해 영향을 받지만, 시장의 힘은 환율을 고려한 이후 비슷한 상품이 다른 국가에서 비슷한 가격에 판매되도록 작동한다. 이 관계를 "구매력평가"라고 한다.

구매력평가(PPP)
이는 환율을 고려한 이후에는 동일한 제품이 다른 국가에서 거의 같은 금액이 되는 관계이다.

구매력평가(purchasing power parity: PPP)는 동일한 상품이 다른 국가에서 같은 금액으로 가격 책정되도록 환율 수준이 조정됨을 의미한다. 예를 들어, 테니스화 한 켤레가 미국에서 $100, 영국에서 50파운드라면, PPP는 환율이 파운드당 $2가 될 것임을 암시한다. 소비자들은 영국에서 이 신발을 50파운드에 구매할 수 있으며, 거래 또는 운송비가 없다고 가정할 때 50파운드를 $100으로 교환하고 동일한 유효가격으로 미국에서 같은 신발을 구입할 수 있다. 구매력평가에 대한 방정식은 다음과 같다.

$$P_h = (P_f)\,(\text{현물환율})$$

또는

$$\text{현물환율} = \frac{P_h}{P_f}$$

여기서, P_h = 자국의 제품가격($100, 미국이 본국임을 가정)
P_f = 외국의 제품가격(50파운드)

현물환율은 외화 한 단위(파운드당 $2)로 교환할 수 있는 자국 통화 단위 수로 표현된다.

PPP는 시장의 힘은 동일한 제품이 해외에서 다른 가격에 판매되는 상황을 없앨 것이라고 가정한다. 예를 들어, 미국에서 테니스화가 $90이라면, 무역회사들은 미국에서 그것을 $90에 구매할 수 있고, 영국에서는 £50에 팔고, 외환시장에서 £50을 $100에 교환할 수 있으며, 신발 한 켤레당 $10의 이익을 얻을 수 있다. 궁극적으로 이 무역

응용문제

미국의 한 소비자는 골프채의 가격이 $200임을 파악한다. 현재 현물시장에서 €1은 $1.1788에 환전할 수 있다. 구매력평가(PPP)가 유지된다면, 유럽에서 같은 골프클럽에 대해 몇 유로를 지불할 것으로 예상해야 하는가?

[해답]

PPP 방정식을 통해 P_h = (P_f)(현물환율)을 알 수 있다. 이 예에서 우리는 시장의 가격이 $200($P_h$ = $200)임을 알고 있다. 현물환율은 $1.1788(즉, $1은 €0.8484)이다. 구매력평가에 따르면 유럽 시장에서 골프클럽의 가격은 €169.6641이어야 한다.

$$P_h = (P_f)(\text{현물환율})$$
$$\$200 = P_f(\$1.1788)$$
$$P_f = \$200/\$1.1788$$
$$P_f = €169.6641$$

미국 소비자가 $200을 가지고 있다고 가정한다. 그녀는 미국 시장에서 골프클럽을 사기 위해 $200을 사용할 수도 있고, 아니면 $200을 €169.6641에 교환할 수도 있다. 만약 골프클럽의 가격이 €169.6641이라면, 가치의 등가성이 유지된다. 대신 골프클럽이 €169.6641 이하에 팔린다면 유럽에서 골프클럽을 사는 것이 타당하고, 골프클럽이 €169.6641 이상 팔린다면 미국에서 골프클럽을 사는 것이 타당하다.

활동은 미국에서 테니스 신발에 대한 수요를 증가시켜 P_h를 증가시키고, 영국의 테니스 신발 공급을 증가시켜 P_f를 감소시키며, 외환시장에서 달러 수요를 증가시켜 현물환율을 감소시킬 것이다. 이는 PPP를 복원하도록 작동한다.

PPP는 국가 간 상품 배송능력을 제한하는 운송 또는 거래 비용(또는 수입제한)이 없다고 가정한다. 많은 경우, 이러한 가정은 부정확하며, 이것은 PPP가 종종 위반되는 이유를 설명한다. PPP가 유지되는지 확인하기 위해 경험적으로 테스트할 때 추가적인 문제는 다른 국가의 제품이 거의 동일하지 않다는 것이다. 종종 품질 측면에서 실제 또는 인식된 차이가 존재하며, 이는 나라마다 가격 차이로 이어질 수 있다.

그럼에도 불구하고, 이자율평형이론 및 구매력평가이론의 개념은 국제거래에 종사하는 사람들에게 매우 중요하다. 기업과 투자자들은 이자율, 인플레이션, 환율의 변화를 예상해야 하며, 그들은 종종 그러한 요소들에서 불리한 움직임의 위험을 회피하려고 한다. 평형이론은 미래 상황을 예측할 때 매우 유용하다.

빅맥에 굶주렸는가? 남아프리카로 가자

구매력평가(PPP)는 같은 상품이 현재 환율에 맞춰 모든 나라에서 같은 가격에 판매된다는 것을 의미한다. PPP가 유지되는지를 시험할 때 한 가지 문제는 PPP가 다른 나라에서 소비되는 상품이 동일한 품질이라고 가정한다는 것이다. 예를 들어, 만약 어떤 제품이 캐나다에서보다 스위스에서 더 비싸다는 것을 알게 된다면, 한 가지 설명은 PPP가 버티지 못한다는 것이다. 다만 스위스에서 판매되는 제품이 품질이 우수하기 때문에 더 높은 가격을 받을 만하다는 설명도 있다.

PPP를 테스트하는 한 가지 방법은 전 세계적으로 동일한 품질의 제품을 찾는 것이다. 이것을 염두에 두고 이코노미스트지는 때때로 120개의 다른 나라에서 품질이 동일한 것으로 잘 알려진 상품인 맥도날드 빅맥 햄버거의 가격을 비교한다.

다음 페이지의 패널 a와 b에 표시된 표는 2020년 동안 수집된 정보를 제공한다. 패널은 빅맥의 가격을 각국의 현지 통화로 표시한 표와 이 데이터를 수집했을 때의 실제 달러 환율을 보여준다. 패널 b에서 첫 번째 숫자 열은 미국 달러 기준으로 빅맥의 가격을 계산한다. 이는 현지 가격을 실제 환율로 나누어 구한다. 예를 들어, 패널 a에 표시된 오슬로의 빅맥 가격은 52.0크로나이다. 달러당 9.37크로네(패널 a 참조)의 환율을 고려할 때, 이는 빅맥의 달러 가격이 패널 b에 표시된 52.0크로네/달러당 9.37크로네 = $5.55임을 의미한다.

패널 b의 두 번째 숫자 열은 PPP 하에서 유지되는 내재적 환율을 나타낸다. 이는 각 지역 통화의 빅맥 가격을 미국 가격으로 나누어 구한다. 예를 들어, 패널 a에서 볼 수 있듯이 빅맥은 러시아에서 135루블, 미국에서 5.71달러이다. PPP가 유지되는 경우, 환율은 패널 b에 표시된 달러당 약 23.64루블(135루블/$5.71)이어야 한다.

내재 환율(패널 b에 표시)과 실제 환율(패널 a에 표시)을 비교하면 달러 대비 현지 통화가 저평가되거나 과대평가된 정도를 알 수 있다. 당시 실제 환율이 달러당 70.59루블이었던 점을 감안하면 루블화가 66.5% 저평가됐음을 시사하는 것으로 패널b의 다음 칸에 나와 있다.

패널 b의 마지막 두 열은 “원(raw)” 빅맥지수에 의해 제시되고, 1인당 국내총생산(GDP)에 의해 조정된 달러 대비 각 통화의 저평가 또는 과대평가된 정도를 나타낸다. “값싼” 버거가 반드시 달러 대비 통화가 저평가되어 있다는 것을 나타내는 것은 아니다. 부유한 선진국보다 인건비가 낮기 때문에 가난한 국가의 평균 가격은 낮을 것으로 예상될 것이다. 연구진이 1인당 빅맥 물가와 국내총생산(GDP) 간 회귀분석을 한 결과 국가별로 예측된 가격과 실제 가격의 차이는 ‘빅맥지수’보다 달러 대비 통화가 저평가됐는지 과대평가됐는지를 더 잘 보여주는 것으로 나타났다. 패널 b의 마지막 열은 회귀분석에서 조정된 가치를 제시한다. ‘원(raw)’ 빅맥지수는 러시아 루블화가 66.5% 저평가돼 있다고 제시했지만, 회귀분석 결과 루블화는 43.6% 저평가된 것으로 나타났다.

그 증거들은 엄격한 PPP가 유지되지 못한다는 것을 시사하지만, 최근의 연구는 빅맥 테스트의 경우 환율이 어디로 향하는지에 대한 몇 가지 통찰력을 제시할 수 있다는 것을 시사한다. 유럽통화동맹(EMU)에서 빅맥의 평균 가격은 4.21유로이다. 이는 유로화의 PPP가 0.74유로라는 것을 의미한다. 그러나 회귀분석 결과를 고려할 때, 유로화는 2%만큼 과대평가되어 있다. 스웨덴과 스위스의 통화를 제외한 모든 통화가 달러 대비 저평가되어 있다. 국내총생산(GDP)으로 조정하면 태국, 브라질, 파키스탄의 통화가 크게 과대평가된다. 국내총생산(GDP)을 기준으로 조정했을 때 홍콩, 러시아, 남아프리카공화국, 대만, 터키, 멕시코, 말레이시아의 통화는 달러에 비해 현저히 저평가되어 있다. 이들 국가의 소비자들은 국내 상품이 외국 수입품보다 덜 비싸다는 것을 알게 될 것이다.

빅맥 테스트의 마지막 이점은 빅맥을 찾을 수 있는 가장 저렴한 장소를 알려준다는 것이다. “빅맥지수”의 원(raw) 수치를 살펴보면, “가장 저렴한” 버거는 남아프리카에 있는 반면, 가장 비싼 버거는 스위스에 있다.

패널 a

		내국통화로 평가된 빅맥가격	실제 달러환율, 7/1
미국[a]	$	5.71	—
아르헨티나	Peso	250	71.24
호주	A$	6.55	1.43
브라질	Real	20.9	5.34
영국	£	3.39	0.79
캐나다	C$	6.88	1.36
칠레	Peso	2,740	787.70
중국	Yuan	21.7	7.00
콜롬비아	Peso	11,900	3,617.01
코스타리카	Colon	2,350	581.83
체코	Koruna	89	23.41
덴마크	DKr	30	6.55
이집트	Pound	42	15.95
유로지역	€	4.21	0.88
홍콩	HK$	20.5	7.75
헝가리	Forint	900	311.38
인도	Rupee	190	75.20
인도네시아	Rupiah	34,000	14,435.00
이스라엘	Shekel	17	3.44
일본	¥	390	107.28
말레이시아	M$	9.99	4.27
멕시코	Peso	50	22.44
뉴질랜드	NZ	6.6	1.52
노르웨이	Kroner	52	9.37
파키스탄	Rupee	550	166.50
페루	Sol	11.9	3.50
필리핀	Peso	142	49.43
폴란드	Zloty	11	3.94
러시아	Rouble	135	70.59
사우디아라비아	Riyal	14	3.75
싱가포르	S$	5.9	1.39
남아공	Rand	31	16.67
한국	Won	4,500	1,200.95
스리랑카	Rupee	680	185.85
스웨덴	SKr	52.6	9.14
스위스	SFr	6.5	0.94
대만	NT$	72	29.46
태국	Baht	128	31.39
터키	Lira	13.99	6.86
UAE	Dirham	14.75	3.67
우크라이나	Hryvnia	59	27.13
우루과이	Peso	189	43.68

패널 b

	달러화로 표시된 빅맥가격[b]	달러화로 표시된 내재 PPP[c]	달러 대비 평가절하(-)/평가절상(+), %	
			원 지수	인당 GDP로 조정된
미국[a]	$5.71	—	—	—
아르헨티나	3.51	43.78	-38.5	3.0
호주	4.58	1.15	-19.8	-15.5
브라질	3.91	3.66	-31.5	19.1
영국	4.28	0.59	-25.1	-10.8
캐나다	5.08	1.20	-11.1	2.3
칠레	3.48	479.86	-39.1	-3.3
중국	3.10	3.80	-45.7	-6.5
콜롬비아	3.29	2,084.06	-42.4	3.4
코스타리카	4.04	411.56	-29.3	
체코	3.80	15.59	-33.4	-3.1
덴마크	4.58	5.25	-19.8	-18.5
이집트	2.63	7.36	-53.9	-12.2
유로지역	4.79[d]	0.74	-16.2	2.0
홍콩	2.64	3.59	-53.7	-47.7
헝가리	2.89	157.62	-49.4	-20.3
인도	2.53	33.27	-55.7	-15.1
인도네시아	2.36	5,954.47	-58.7	-23.0
이스라엘	4.95	2.98	-13.4	3.9
일본	3.64	68.30	-36.3	-21.8
말레이시아	2.34	1.75	-59.0	-30.7
멕시코	2.23	8.76	-61.0	-33.0
뉴질랜드	4.35	1.16	-23.8	-8.2
노르웨이	5.55	9.11	-2.8	-15.3
파키스탄	3.30	96.32	-42.1	11.8
페루	3.40	2.08	-40.4	6.4
필리핀	2.87	24.87	-49.7	-5.0
폴란드	2.79	1.93	-51.1	-22.0
러시아	1.91	23.64	-66.5	-43.6
사우디아라비아	3.73	2.45	-34.6	-5.3
싱가포르	4.25	1.03	-25.5	-26.5
남아공	1.86	5.43	-67.4	-41.3
한국	3.75	788.09	-34.4	-14.5
스리랑카	3.66	119.09	-35.9	
스웨덴	5.76	9.21	0.8	8.0
스위스	6.91	1.14	20.9	4.3
대만	2.44	12.61	-57.2	-39.0
태국	4.08	22.42	-28.6	26.7
터키	2.04	2.45	-64.3	-38.3
UAE	4.02	2.58	-29.7	
우크라이나	2.17	10.33	-61.9	
우루과이	4.33	33.10	-24.2	

주: a 뉴욕, 시카고, 샌프란시스코 및 애틀랜타의 평균.
b 현재 환율 기준.
c 구매력평가: 현지 가격을 미국 가격으로 나눈 값.
d 회원국 가중평균.

출처: "How Big Is China's Economy? Let the Big Mac Decide," *The Economist*(economist.com), July 15, 2020.

셀프 테스트

- 구매력평가란 무엇인가?
- TV 한 대가 $3,000에 팔린다. 현물시장에서는 $1=106 일본 엔이다. 구매력평가이론이 유지된다면 동일 일본 텔레비전의 가격(엔화)은 얼마가 되어야 하는가? **(¥318,000)**
- 국가마다 "유사한" 제품의 가격 차이가 종종 존재한다. 그 차이를 어떻게 설명할 수 있을까?

17-8 인플레이션, 이자율, 환율

상대적인 인플레이션율, 즉 본국과 비교한 외국의 인플레이션율은 다국적기업에 두 가지 주요 영향을 미친다: (1) 상대 인플레이션율은 국내외 미래 생산비용에 영향을 미치며, (2) 인플레이션은 상대 이자율 및 환율에 중요한 영향을 미친다. 이 두 가지 요소 모두 다국적기업의 자금조달 결정과 외국인투자의 수익성에 영향을 미친다.

미국의 물가상승률보다 인플레이션율이 높은 국가들의 통화는 달러에 대해 시간이 지남에 따라 가치가 하락한다. 이러한 현상이 발생한 국가는 멕시코와 모든 남미 국가들을 포함한다. 반면 스위스는 미국보다 인플레이션이 낮았기 때문에 스위스 프랑은 달러 대비 가치가 상승했다. 사실, 외화는 평균적으로 그것의 인플레이션 비율이 미국의 인플레이션 비율을 초과하거나 아래에 있는 것과 거의 같은 비율로 평가절하되거나 평가절상될 것이다.

상대적 인플레이션율도 이자율에 영향을 미친다. 실제로, 어느 나라의 이자율은 대체로 인플레이션율에 의해 결정된다. 그래서 미국 물가상승률보다 물가상승률이 높은 나라들은 이자율이 높으며, 물가상승률이 낮은 나라들의 경우에는 이자율이 낮다.

다국적기업의 경우 이자율이 가장 낮은 국가에서 대출을 받는 것은 솔깃한 일이다. 그러나 이것이 항상 좋은 전략은 아니다. 예를 들어, 스위스의 물가상승률이 낮기 때문에 스위스의 이자율이 미국의 이자율보다 낮다고 가정하자. 따라서 미국의 다국적기업은 스위스에서 돈을 빌려서 이자비용을 줄일 수 있다. 그러나 상대적인 인플레이션율 때문에, 스위스 프랑은 아마도 미래에 절상되어, 스위스 부채에 대한 연간 이자와 원금 상환의 달러 비용이 시간이 지남에 따라 상승하게 될 것이다. 따라서 낮은 이자율은 환율상승으로 인한 손실로 상쇄되는 것 이상일 수 있다. 마찬가지로 브라질처럼 이자율이 매우 높았던 국가에서 다국적기업은 반드시 차입을 피해서는 안 되는데, 이는 향후 브라질 헤알화 가치 하락으로 이러한 차입금이 상대적으로 저렴해질 수 있기 때문이다.

셀프 테스트

- 상대 인플레이션율은 상대 이자율에 어떤 영향을 미치는가?
- 시간이 지남에 따라 미국의 인플레이션율보다 인플레이션율이 높은 국가들의 통화에는 무슨 일이 일어날까? 또한 물가상승률이 낮은 국가들의 통화에는 무슨 일이 일어날까?
- 다국적기업은 왜 스위스처럼 이자율이 낮은 나라가 아니라 브라질처럼 이자율이 높은 나라에서 차입을 결정했을까?

17-9 국제 통화 및 자본시장

미국 시민이 세계시장에 투자하는 한 가지 방법은 외국에 직접 투자하는 미국의 다국적기업 주식을 사들이는 것이다. 또 다른 방법은 외국계 기업이 발행하는 주식, 채권, 또는 금융시장상품을 구매하는 것이다. 증권투자는 **포트폴리오 투자**로 알려져 있으며 미국 법인의 실물자산에 투자하는 **직접투자**와 구별된다.

제2차 세계대전 이후 한동안 미국 자본시장이 세계시장을 지배했다. 그러나 오늘날 미국 유가증권의 가치는 모든 유가증권 가치의 약 50%를 차지한다. 상황이 이렇다 보니 기업 경영자와 투자자 모두 국제시장을 이해하는 것이 중요하다. 게다가, 이러한 시장은 종종 국내에서 이용할 수 있는 것보다 자본을 조달하거나 투자할 수 있는 더 좋은 기회를 제공한다.

17-9A 국제 신용시장

유로크레딧(Eurocredits)
주요 거래 통화에서 이용가능한 변동금리(LIBOR와 연동) 은행 대출

유로달러
미국 밖의 은행에 예치된 미국 달러

국제 신용시장에는 크게 세 가지 유형이 있다. 첫 번째 유형은 **유로크레딧**(eurocredits)이라고 불리는 변동금리 은행대출시장인데, 해당 대출금리는 LIBOR에 묶여 있는데, London Interbank Offered Rate를 의미한다. LIBOR는 가장 크고 강한 은행들이 거액의 예금에 대해 제시하는 금리이다. 2020년 8월 7일, 3개월 LIBOR 금리는 0.2550%였다. 유로크레딧은 조기상환 없이 고정된 기간 동안 발행되는 경향이 있다. 유로크레딧의 가장 오래된 예는 미국 밖의 은행에 예치된 미국 달러인 **유로달러**(eurodollar) 예금이다. 오늘날 유로크레딧은 대부분의 주요 무역통화를 위해 존재한다. 영국 규제당국이 2017년 7월 2021년 연말까지 LIBOR를 단계적으로 폐지하고 새로운 지수로 대체하겠다고 발표한 것이 눈에 띈다. 이러한 조치들은 우리가 제1장에서 강조했던 최근의 LIBOR 가격담합 스캔들 때문이기도 하다.[9] 대표적인 대체재가 뉴욕 연

---

9) Chad Bray, "Libor Brought Scandal, Cost Billions—and May Be Going Away," *The New York Times* (nytimes.com), July 27, 2017기사를 참조할 것.

방준비제도이사회(FRB)가 발행하는 SOFR(Secured Overnight Financing Rate)이다. SOFR은 실제 하룻밤 동안의 거래를 기반으로 한다. 금융회사는 미국 국채나 정부 부채를 담보로 현금을 빌린다. LIBOR와 달리 SOFR은 실거래를 기반으로 하기 때문에 LIBOR보다 조작이 어렵다는 것이 주요 장점이다.[10]

유로본드
은행들의 국제 신디케이트에 의해 인수되어 채권의 화폐단위가 표시된 국가를 제외한 국가의 투자자들에게 판매되는 국제 채권이다.

두 번째 유형의 시장이 유로본드 시장이다. **유로본드**(eurobond)는 국제은행이 발행한 국제 채권으로, 동 채권은 특정국 화폐로 표시된 해당 국가를 제외한 여타 국가의 투자자에게 판매된다. 따라서 미국 달러 표시 유로본드는 미국에서 판매되지 않고, 파운드 유로본드는 영국에서 판매되지 않으며, 엔 유로본드는 일본에서 판매되지 않는다. 이들 채권은 진정한 국제적으로 통용되는 부채수단으로 보통 소지자 형태로 발행되는데, 이는 소유주의 신원이 등록되어 있지 않아 알 수 없다는 것을 의미한다. 이자를 지급받으려면 소유자는 사전에 이표(쿠폰)를 잘라내어 지정된 지급은행 중 한 곳에 보내야 한다. 대부분의 유로본드는 S&P나 무디스와 같은 신용평가기관에서 등급을 매기지 않고 있지만, 그 중 다수가 등급을 받기 시작하고 있다. 유로본드는 발행사의 선호도에 따라 고정금리 쿠폰이나 변동금리 쿠폰 중 하나로 발행이 가능하며 중기 또는 장기의 만기를 가지고 있다.

외국채권
이는 발행국 화폐로 표시된 채권으로 국내 자본시장에서 발행되는 국제 채권의 일종이다. 이는 동일한 국가의 투자은행에 의해 인수되지만 차입자는 다른 국가에 본사를 두고 있다.

세 번째 시장은 외국채권시장이다. **외국채권**(foreign bonds)은 발행국 화폐로 표시된 채권이며 해당 국가의 투자은행에 의해 인수된다. 그러나 차입자는 다른 나라에 본사를 두고 있다. 예를 들어, 한 캐나다 회사가 미국 사업자금을 조달하기 위해 뉴욕에서 달러 표시 채권을 발행할 수도 있다. 미국에서 발행되는 외국채권을 '양키 채권(Yankee bonds)'이라고 부르기도 한다. 비슷하게, "불독(bulldogs)"은 런던에서 발행되는 외국채권이고, "사무라이 채권(samurai bonds)"은 도쿄에서 발행되는 외국채권이다. 외국채권은 고정금리 쿠폰이나 변동금리 쿠폰 중 하나를 채택할 수 있으며, 자금조달을 위해 투자자 유치에 경쟁해야 하는 순수 국내채권과 만기가 같다.

17-9B 국제 주식시장

신주는 다양한 이유로 국제시장에서 매각된다. 예를 들어, 특정 터키 기업은 본국에서보다 훨씬 더 많은 자본금을 확보할 수 있기 때문에 미국에서 신주를 발행, 매각할 수도 있다. 또한 한 미국 기업은 터키에서의 사업을 수행할 때 필요한 주식시장의 입지를 구축하기를 원하기 때문에 터키 시장을 공략할 수도 있다. 간혹 다국적 대기업들이 여러 나라에서 동시에 신주를 발행하기도 한다. 예를 들어, 캐나다 기업인 Alcan Aluminum은 캐나다, 유럽, 미국에서 시장마다 상이한 인수 신디케이트를 이용해 동

10) Anneken Tappe, "The World Needs a New Workhorse Interest Rate. Finding One Isn't Easy," *CNN* (cnn.com), February 20, 2020.

세계의 주가지수들

제2장에서 우리는 미국 주요 증시 지수에 대해 설명했다. 세계 주요 금융중심지마다 비슷한 시장지표가 존재한다. 여기에서의 수치는 4가지 지수(일본, 독일, 영국, 인도)를 미국 다우존스산업평균지수와 비교한 것이다.

홍콩

홍콩 내 주요 주가지수는 항셍(Hang Seng)지수이다. HSI 서비스 유한공사가 만든 항셍지수는 홍콩 증시의 실적을 반영한다. 50개의 국내 주식(시총의 약 60%를 차지)으로 구성되어 있으며, 4개의 하위 지수: 상업 및 산업, 금융, 유틸리티 및 부동산으로 나뉜다.

독일

독일 증시의 주요 지표인 XETRA DAX는 독일 블루칩 종목 30개로 구성돼 있다. 이 종목들은 프랑크푸르트 거래소에 상장되어 있으며, 독일 경제의 산업구조를 대표한다.

영국

영국 FTSE 100 지수(Footsie)는 영국의 주식투자지표 중 가장 널리 따르는 지표이다. 런던증권거래소 100대 기업으로 구성된 가치가중지수(Value-weighting Index)로 거래기간 동안 시시각각 가치가 산출된다.

일본

일본에서는 니케이 225 지수(Nikkei 225 Index)가 주가 실적의 주요 지표이다. 매일 거래되는 동안 시시각각 계산되는 이 지수의 가치는 일본 경제를 대표하는 것으로 생각되는 유동성이 높은 발행주식의 모음으로 구성되어 있다.

칠레

칠레 산티아고 증권거래소는 주가지수(IGPA), 선택적 주가지수(IPSA), INTER-10 지수 등 3가지 주요 주가지수를 가지고 있다. 가장 활발한 종목의 가격변동을 반영한 IPSA는 거래소에서 가장 활발하게 거래되는 종목 40개로 구성돼 있다.

인도

인도 내 22개 증권거래소 중 봄베이 증권거래소(BSE)에는 최대 규모로 5,500개 이상의 상장 주식이 있으며 인도 전체 거래량의 약 3분의 2를 차지하고 있다. 1875년에 설립된 이 거래소는 아시아에서 가장 오래된 거래소이기도 하다. BSE의 잣대는 BSE 센섹스(S&P 다우존스 지수와 파트너십을 맺어 S&P BSE 센섹스로 개명)로, BSE 시가총액의 약 40%를 차지하는 30개 인도 상장주식 지수이다.

스페인

스페인에서는 IBEX 35가 주식시장 실적을 측정하는 공식 지수이다. 이 지수는 마드리드 증권거래소 종합지수에서 가장 활발하게 거래되는 35개 증권으로 구성되어 있다.

선정된 국제주가지수들: 1995년 1월 이후 복리 수익률

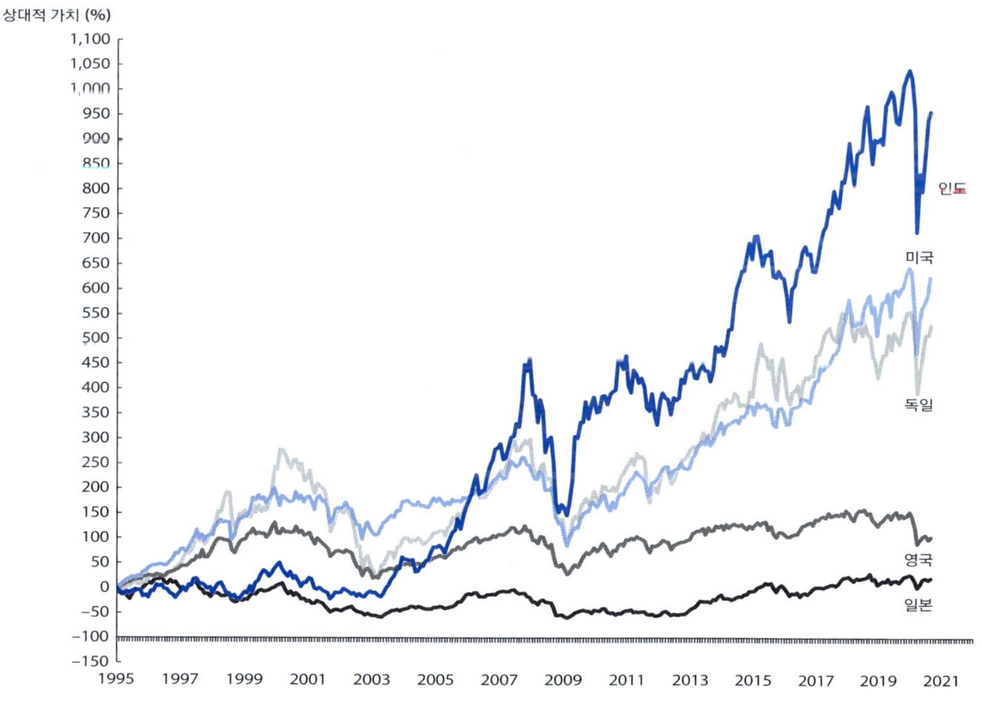

출처: finance.yahoo.com의 웹에서 발췌한 Yahoo!Finance의 주가지수를 조정

시에 신주를 발행했다.

미국주식예탁증서(American Depository Receipts: ADRs)
외국 주식의 소유권을 나타내는 증서

신주발행뿐만 아니라 다국적 대기업의 주식이 여러 국제거래소에 상장되는 경우가 종종 있다. 예를 들어, IBM은 뉴욕증권거래소, 시카고증권거래소 및 런던증권거래소에서 거래된다. 미국에는 500여 개의 외국 주식이 상장돼 있는데, 뉴욕증시에 상장된 Royal Dutch Petroleum이 대표적이다. 많은 **ADR**(American depository receipts)들이 현재 미국에서 투자가능하며, 그들 중 대부분은 장외거래(OTC) 시장에서 거래된다. 영국의 British Airwarys, 일본의 Honda Motors, 이탈리아의 Fiat Group을 포함한 점점 더 많은 ADR이 뉴욕증권거래소에 상장되고 있다.

셀프 테스트

- 국제 신용시장의 세 가지 주요 유형은 무엇인가?
- LIBOR란 무엇인가?
- ADR이란 무엇인가?

17-10 해외투자

국가위험
특정 국가에서 투자하거나 사업을 할 때 발생하는 위험

투자자가 해외투자를 할 경우 추가적인 위험요인을 고려해야 한다. 첫째, **국가위험**(country risk)이 있는데, 이는 특정 국가에 대한 투자에 수반되는 위험을 말한다. 이러한 위험은 국가의 경제적, 정치적, 사회적 환경에 따라 달라진다.

일부 국가는 안전한 투자환경을 제공하므로 다른 국가보다 국가위험이 작다. 국가위험의 예로는 세율, 규제 및 본국 송금과 관련된 위험 외에도 적절한 보상 없이 재산이 수용될 위험이 있다. 국가위험은 현지 생산과 고용에 관한 주재국의 요구사항 변화뿐만 아니라 무력 파업에서부터 테러와 내전에 이르기까지 내분으로 인한 피해의 위험도 포함한다.

환율위험
환율변동으로 주어진 외화만큼 제공되는 달러액이 감소할 위험

특히 해외투자 시 유가증권은 달러가 아닌 다른 통화로 표기되는 경우가 많아 환율이 어떻게 되느냐에 따라 투자수익률이 좌우된다는 점을 명심해야 한다. 이것은 **환율위험**(exchange rate risk)으로 알려져 있다. 예를 들어, 미국 투자자가 일본 채권을 사면 이자는 아마 엔화로 지급되는데, 이것은 달러로 환산되어야 투자자가 미국에서 돈을 쓸 수 있다. 달러 대비 엔화가 약세를 보이면 달러 매입액이 줄어들고, 자금이 본국 송금 시 받는 달러도 줄어들기 때문이다. 다만 엔화가 강세를 보이면 실효투자수익률이 높아진다. 따라서 외국인투자에 대한 수익은 외국의 외국증권의 실적과 환율 변화에 따라 달라진다.

셀프 테스트

- 국가위험이란 무엇인가?
- 환율위험이란 무엇인가?
- 외국인투자에 대해 수익률이 달라지는 두 가지 요소는 무엇인가?

글로벌 관점

국가위험의 측정

다양한 예측 서비스는 각국의 국가위험 수준을 측정하고 각국의 예상되는 경제적 성과, 세계 자본시장 접근성, 정치적 안정성, 내부 갈등 수준 등을 나타내는 지표를 제공한다. 국가위험 분석가는 정교한 모형을 사용하여 위험을 측정하므로 기업 관리자와 투자자에게 서로 다른 국가에 대한 투자의 상대적, 절대적 위험을 모두 판단할 수 있는 방법을 제공한다. *Institutional Investor*가 집계한 2016년 국가위험 추정치의 샘플이 첨부된 표에 제시되어 있다. 한 나라의 점수가 높을수록 국가위험은 낮아진다. 최대 점수는 100점이다.

순위	국가	총점 (최대가능수치 = 100)
1	스위스	95.4
3	노르웨이	93.8
7	미국	93.3
11	호주	90.5
14	뉴질랜드	87.1
18	한국	83.5
21	일본	80.5
23	칠레	78.0
27	중국	75.9
28	아일랜드	74.6
34	이스라엘	71.2
36	멕시코	70.6
44	콜롬비아	62.9
57	인도네시아	56.9
59	브라질	55.7
62	러시아	54.4
65	남아공	51.9
100	이집트	32.3
129	그리스	27.1
148	이라크	21.4
149	쿠바	20.8
169	아프가니스탄	14.2
179	소말리아	5.7

국가위험이 가장 작은 국가들은 모두 강력한 시장기반 경제, 세계 자본시장에 대한 접근성, 비교적 작은 사회불안, 안정된 정치 풍토, 상대적으로 낮은 인플레이션, 그리고 건전한 수준의 통화를 가지고 있다. 스위스의 최고 순위는 여러분을 놀라게 할 수도 있지만, 그것은 강력한 경제적 성과와 정치적 안정의 결과이다. 미국이 7위에 올랐다는 것 또한 놀랄 수 있다. 범위의 하단에는 놀랄 일이 적다. 이들 각국은 상당한 사회적, 정치적 불안을 가지고 있으며 시장기반의 경제시스템이 없다. 이들 국가에 대한 투자는 분명히 위험한 제안이다.

출처: "The 2016 Country Credit Survey September Global Rankings," *Institutional Investor*(institutionalinvestor.com), September 2016.

글로벌 관점

국제주식에 대한 투자

2019년 말 미국 증시는 세계 증시의 약 54.5%를 차지했지만, 많은 미국 투자자들이 적어도 일부 외국 주식을 보유하고 있다. 애널리스트들은 외국 증시가 투자 다변화 측면의 개선과 좋은 성장기회를 제공한다고 주장하며 해외투자의 이점을 오랫동안 선전해 왔다. 국제주식에 투자할 때는 외국 **시장**과 **외화** 모두에 투자하고 있다는 인식이 필요하다. 〈표 17.4〉는 2019년 각국의 증시가 어떻게 성과를 냈는지를 보여준다. 2열은 미국 달러 기준으로 각국의 증시가 어떻게 성과를 냈는지, 3열은 자국 통화 기준으로 해당 국가의 증시가 어떻게 성과를 냈는지를 보여준다.

예를 들면 2019년 스웨덴 증시는 30% 상승했지만 스웨덴 크로나는 미국 달러 대비 약 5.3% 하락했다. 따라서 미국 투자자가 스웨덴 주식을 샀다면 스웨덴 크로나 기준으로 30%를 벌었을 텐데 스웨덴 크로나는 미국 달러를 5.3%를 적게 매입함으로써 실효수익률은 23.1%가 됐을 것이다. 따라서 외국인투자의 결과는 외국 시장과 환율에 무슨 일이 일어나는지에 달려 있다. 실제로 해외투자를 할 때 (1) 외국 주식가치가 해당 시장에서 상승할 것이라는 점, (2) 달러 대비 지급받을 통화가치가 상승한다는 점의 두 가지에 베팅을 하고 있다.

〈표 17.4〉 2019년 글로벌 주가지수들(미국 달러 기준으로 2019년 성과를 랭킹으로 매김)

국가	미국 달러 수익률%	해외통화 수익률%	국가	미국 달러 수익률%	해외통화 수익률%
라트비아	48.6	51.3	터키	12.0	25.3
그리스	46.3	49.0	태국	11.9	3.2
러시아	41.8	29.4	노르웨이	10.0	11.6
바레인	37.1	37.2	멕시코	9.9	5.4
아르헨티나	32.5	110.6	스페인	8.6	10.6
뉴질랜드	30.7	29.9	남아공	8.6	5.5
네덜란드	30.6	33.0	모로코	8.0	7.9
아일랜드	30.0	32.4	핀란드	8.0	10.0
루마니아	29.3	35.3	필리핀	7.7	3.8
스위스	29.2	26.9	한국	7.2	11.1
대만	28.6	25.5	인도네시아	7.1	3.4
미국	28.4	28.4	인도	6.1	8.5
콜롬비아	27.2	28.5	홍콩	5.1	4.6
쿠웨이트	26.9	26.7	베트남	3.6	3.5
케냐	26.6	26.0	에스토니아	3.4	5.3
브라질	26.0	30.6	튀니지	3.0	-4.5
이집트	25.4	13.4	페루	2.2	2.0
덴마크	25.3	27.8	UAE	0.8	0.8
캐나다	25.3	19.0	카자흐스탄	0.2	0.7
이탈리아	24.5	26.8	모리셔스	-0.4	5.2
스웨덴	23.1	30.0	체코	-0.8	-0.2

벨기에	23.1	25.4	말레이시아	-1.0	-2.0
프랑스	22.9	25.2	카타르	-1.9	-1.9
중국	19.3	18.6	스리랑카	-4.0	-4.8
독일	18.6	20.8	오만	-5.3	-5.3
이스라엘	18.4	13.0	폴란드	-5.6	-4.9
호주	18.3	18.5	요르단	-5.7	-5.8
영국	18.1	13.5	파키스탄	-6.6	4.2
일본	16.6	15.5	불가리아	-7.1	-5.4
오스트리아	15.6	17.7	사이프러스	-10.1	-8.5
슬로베니아	15.2	17.3	룩셈부르크	-10.9	-9.2
헝가리	13.8	19.5	우크라이나	-12.0	-24.4
싱가포르	13.5	12.1	레바논	-18.1	-17.7
포르투갈	13.4	15.5	방글라데시	-18.2	-17.2
크로아티아	13.4	16.0	칠레	-18.5	-11.7
슬로바키아	13.4	15.5	나이지리아	-19.7	-19.8
리투아니아	12.1	14.2			
글로벌	**23.7**				
미국 제외 글로벌	**18.4**				

출처: "Country-by-Country Derby," *The Wall Street Journal*, January 2, 2020, p. R11; "Market Boxscores," *The Wall Street Journal*, January 2, 2020, p. R11; and "Dow Jones Global Index," *MarketWatch*(marketwatch.com), December 31, 2018 and December 31, 2019.

17-11 국제자본예산

지금까지 다국적기업이 영업하는 일반적인 환경에 대해 논의해 왔다. 이 장의 나머지 부분에서는 국제적인 요인이 주요 기업 결정에 어떻게 영향을 미치는지에 대해 논의한다. 우선 자본예산부터 시작하겠다. 자본예산의 기본 원칙은 외국 사업장과 국내 사업장에 모두 동일하게 적용되지만, 몇 가지 핵심적인 차이가 있다.

첫째, 해외투자의 경우 현금흐름 추정이 더 복잡하다. 다국적기업은 대부분 자신이 영업하는 해외 국가별로 별도 자회사를 설립하고, 모기업에 대한 관련 현금흐름은 자회사가 지배기업에 지급하는 배당금과 로열티다.

둘째, 이러한 현금흐름은 모회사의 통화로 전환되어야 하므로 환율위험의 대상이 된다. 예를 들어, Coca-Cola의 독일 법인은 2021년에 1억 유로의 이익을 낼 수 있지만, Coca-Cola 이익의 가치는 달러/유로 환율에 따라 달라진다. 1억 유로로 얼마의 달러를 매입할 수 있을까?

조세감면 및 일자리법(TCJA)은 해외에서 벌어들인 비미국계 법인의 이익이 미국으로 송금되면 미국 세금을 면제해주는 영토세 제도를 신설했다. TCJA에 따르면 미국 법인은 일반적으로 미국 법인이 소유한 지분의 10%의 범위에서 미국 이외 회사가 지불한 배당금의 전액을 세금공제할 수 있다. 그러나 TCJA는 2018년 이전에 해외에서 축적된 이익에 대해서는 2017년 일회성 세금을 부과했다: 현금 또는 현금등가물의 누적 이익에 대한 15.5%의 세금, 기업의 사업에 재투자된 이익에 대한 8%의 세금.[11] 결과적으로 기업들은 2018년 해외에서 벌어들인 이익으로 $7,765억 1,000만을 본국으로 송금했다.[12]

과실송금
외국법인의 현금흐름을 모기업으로 돌려보내는 과정

외국 정부는 모기업에 대한 **과실송금**(repatriation of earnings)을 제한할 수 있다. 예를 들어, 일부 정부는 모기업의 자회사가 모기업에게 지급할 수 있는 현금배당액의 상한선을 설정하기도 한다. 환율에 지장을 줄 수 있는 대규모 통화 유출을 막기 위해 때로는 제한이 가해지기도 하지만, 이 같은 제한은 통상 다국적기업들이 외국에 수익을 재투자하도록 하기 위한 것이다.

외국의 이익환수 차단 동기가 무엇이든 간에 모기업은 외국에 막혀 있는 현금흐름을 주주에게 배당금을 지급하거나 다른 곳에 사업투자를 할 수 없게 된다. 따라서 모기업의 관점에서 해외투자분석에 적합한 현금흐름은 자회사가 모기업에 다시 돌려보낼 것으로 실제 기대되는 현금흐름이다. 이러한 현금흐름의 현재가치는 적절한 할인율을 적용하여 도출되며, 이 현재가치는 프로젝트의 순현재가치(NPV)를 결정하기 위해 모기업의 요구투자액과 비교된다.

현금흐름 분석의 복잡성과 더불어 해외사업과 동등한 수준의 국내사업에서의 자본비용은 다를 수 있는데, 이는 해외사업에서 위험도가 다소 높아질 수 있기 때문이다. 더 높은 위험은 (1) 환율위험과 (2) 정치적 위험으로부터 발생할 수 있다. 국제적 분산투자의 혜택으로 인해 더 낮은 위험이 발생할 수도 있다.

모기업에게 보내질 외화 현금흐름은 향후 예상 환율로 환산해 달러로 바꾸어야 한다. 환율변동 효과를 확인하기 위한 분석을 실시해야 하며, 이를 바탕으로 국내 자본비용에 환율위험프리미엄을 추가해 해당 위험을 반영해야 한다. 때로는 환율변동에 대비한 위험헤지가 가능하지만, 특히 장기 프로젝트에서는 불가능할 수 있다. 위험헤지가 사용되는 경우, 헤징비용은 프로젝트의 현금흐름에서 차감되어야 한다.

정치적 위험
기업의 투자가치를 떨어뜨릴 수 있는 외국정부의 잠재적인 행동

정치적 위험(political risk)은 기업의 투자가치를 떨어뜨릴 수 있는 외국정부의 잠재적인 행동을 말한다. 극단적으로 자회사 자산에 대한 보상 없이 수용하는 것뿐만 아니

11) Clifford Chance 출판물에 기반한 Philip Wagman, Richard Catalano, and Alan Kravitz의 "Tax Reform Implications for U.S. Businesses and Foreign Investments," *Harvard Law School Forum on Corporate Governance and Financial Regulation*(corpgov.law.harvard.edu), January 5, 2018을 참조할 것.

12) Eric Morath and Theo Francis, "U.S. Companies Brought Home More Profits from Overseas," *The Wall Street Journal*(wsj.com), June 20, 2019.

라 세금 인상, 송금 또는 환율 통제 강화, 가격에 부과되는 제약 등 모기업의 해외 자회사 투자가치를 떨어뜨리는 조치도 포함된다. 영국이나 스위스 같은 전통적으로 친근하고 안정적인 국가에서는 수용의 위험이 적다. 그러나 중남미, 아프리카, 극동, 동유럽에서는 위험이 상당할 수 있다. 과거의 수용에는 칠레의 ITT와 Anaconda Copper, 볼리비아의 Gulf Oil, 리비아의 Occidental Petroleum, 그리고 이라크, 이란, 쿠바의 많은 기업의 자산이 포함된다.

2017년 베네수엘라는 General Motors 자동차 공장을 수용하여 GM이 가동을 중단하도록 강요했다. 기업은 수용으로 인한 잠재적 손실을 줄이기 위한 여러 조치를 취할 수 있다: (1) 현지자본으로 자회사에 자금을 조달하고, (2) 자회사가 통합기업시스템의 일부로서만 가치를 갖도록 운영을 구조화하며, (3) 해외민간투자공사(OPIC)과 같은 기관을 통해 과다 수용으로 인한 경제적 손실에 대한 보험에 가입한다. 후자의 경우, 보험료는 프로젝트의 원가에 추가되어야 할 것이다.

비즈니스 환경
한 나라의 사회, 정치, 경제 환경

여러 기관에서는 국가위험 또는 특정 국가에 대한 투자와 관련된 위험을 평가한다. 한 가지 출처로서 글로벌 관점의 박스 내 "국가위험의 측정"을 참조할 것. 이 등급은 국가의 사회, 정치, 경제 환경, 즉 **비즈니스 환경**(business climate)에 기초한다. 이러한 연구의 대부분은 미국이 가장 낮은 수준의 국가위험을 가지고 있지 않다는 것을 시사한다. 이것은 미국 사람들이 종종 채권은 국가위험을 가지고 있지 않다고 가정하지만, 다른 사람들은 동의하지 않기 때문에 중요하다. 외국인투자자들은 미국 정책(세금 또는 연방준비제도)의 변화가 투자에 어떤 영향을 미칠지 우려하고 있다. 미국 국가위험에 대한 이러한 인식이 투자자들의 미국 유가증권 보유 의사에 영향을 미치는 범위 내에서 미국 금리에도 영향을 미칠 것으로 보인다. 이러한 이슈들은 현재, 그리고 예상되는 미국 정부의 부채 수준에 대한 우려가 커지는 상황에서 점점 더 관련성이 높아지게 되었다. 이러한 우려는 2011년 8월 스탠더드앤드푸어스(S&P)가 미국 국채를 AAA등급에서 AA+등급으로 강등하면서 극적으로 드러났다. 무디스와 피치는 미국 국채의 등급을 AAA로 유지했다.

셀프 테스트

- 해외 사업장과 국내 사업장에 적용되는 자본예산에서 몇 가지 주요 차이점을 나열하라.
- 국제투자 관련 현금흐름(영업하는 국가의 자회사가 창출하는 현금흐름 또는 모기업에 보내는 달러화 현금흐름)은 무엇인가? 설명하라.
- 해외 프로젝트의 자본비용이 동등한 국내 프로젝트의 자본비용과 다를 수 있는 이유는 무엇인가? 더 낮을 수도 있을까? 설명하라.
- 환율위험, 정치적 위험, 국가위험으로 인해 해외투자에 대한 국내 자본비용은 어떻게 조정될 수 있는가?

17-12 국제자본구조

자본구조는 나라마다 다르다. 예를 들어, 경제협력개발기구(OECD)는 평균적으로 일본 기업이 총자산 대비 부채(장부가치 기준)가 85%, 독일 기업이 64%, 미국 기업이 55%라고 보고했다. 그러나 이러한 수치를 해석할 때 한 가지 문제는 (1) 역사적 원가 대 대체원가 기준으로 자산을 보고하고, (2) 리스자산을 처리하고, (3) 연금부채를 보고하고, (4) 자본화 대 R&D 원가의 지출과 관련하여 국가마다 다른 회계관행을 사용하는 경우가 많다는 것이다. 이러한 차이 때문에 자본구조를 비교하기가 어렵다.

1995년 시카고 대학의 Raghuram Rajan과 Luigi Zingales에 의한 연구는 다른 회계관행을 통제하려는 시도를 했다. 그들의 연구에서, Rajan과 Zingales는 OECD보다 적은 수의 기업을 다루는 데이터베이스를 사용했지만, 재무상태표에 대한 보다 완전한 분석을 제공하는 데이터베이스를 사용했다. 그들은 회계관행의 차이가 국가 간 차이를 많이 설명할 수는 있지만 전부는 아니라고 결론지었다. 더 최근의 연구는 자본구조의 국가 간 결정요인을 탐구했다. 해당 연구들은 기업의 자본구조 선택이 기업의 제도적 환경뿐만 아니라 산업적 특성 모두에 의해 주도된다는 것을 보여준다.[13)]

Rajan과 Zingales의 결과가 <표 17.5>에 요약되어 있다. 다소 시간이 지난 연구들이지만, 그들의 연구는 여전히 꽤 유용하고 많은 중요한 점들을 강조한다. 아마도 가장 주목할 만한 것은 자본구조를 측정하는 여러 가지 방법이 있다는 것이다. 한 가지 방법은 총자산 대비 총차입금(total liabilities)의 평균 비율이다. 이는 OECD가 사용하는 측정치와 유사하며, 1열에 기재되어 있다. 첫 번째 방법의 측정결과 독일과 일본 기업이 미국 기업보다 레버리지 비중이 높은 것으로 보인다. 다만 자본구조가 총자산 대비 부채(debt)로 측정되는 2열을 살펴보면 독일 기업이 미국이나 일본 기업보다 부채를 덜 사용하는 것으로 나타났다. 이 차이를 어떻게 설명할 수 있을까? Rajan과 Zingales는 이러한 차이의 상당 부분이 독일 기업들이 연금부채를 회계처리하는 방식에 의해 설명된다고 주장한다. 독일 기업들은 일반적으로 모든 연금부채(및 그 상쇄자산)를 재무상태표에 포함하는 반면, 다른 나라들(미국 포함)의 기업들은 일반적으로 연금 자산과 부채를 재무상태표에 "순액"으로 표시한다. 이 차이의 중요성을 보려면 부채가 $1,000만(연금부채 미포함)이고 자산이 $2,000만(연금자산 미포함)인 회사를 생각해보자. 회사가 연금자산 $1,000만을 조달한 연금부채 $1,000만을 보유하고 있다

13) Ali Gungoraydinoglu and Ozde Oztekin, "Firm- and Country-Level Determinants of Corporate Leverage: Some New International Evidence," *Journal of Corporate Finance*, vol. 17, no. 5(December 31, 2011), pp. 1457-1474; and Ozde Oztekin, "Capital Structure Decisions around the World: Which Factors Are Reliably Important?" *Journal of Financial and Quantitative Analysis*, vol. 50, no. 3(June 2015), pp. 301-323을 참고할 것.

〈표 17.5〉 대규모 산업화 국가 중 자본구조의 중간값

국가	총자산 대비 총차입금 (회계적 차이 미조정) (1)	총자산 대비 부채 (회계적 차이 미조정) (2)	총자산 대비 총차입금 (회계적 차이 조정) (3)	총자산 대비 부채 (회계적 차이 조정) (4)	이자보상 배율 (5)
캐나다	56%	32%	48%	32%	1.55×
프랑스	71	25	69	18	2.64
독일	73	16	50	11	3.20
이탈리아	70	27	68	21	1.81
일본	69	35	62	21	2.46
영국	54	18	47	10	4.79
미국	58	27	52	25	2.41
중간값	64%	26%	57%	20%	2.69×
표준편차	8%	7%	10%	8%	1.07×

출처: Raghuram Rajan and Luigi Zingales, "What Do We Know about Capital Structure? Some Evidence from International Data," *Journal of Finance*, vol. 50, no. 5(December 1995), pp. 1421-1460.

고 가정한다. 따라서 순연금부채는 영(0)이다. 이 회사가 미국에 있다면 총자산 대비 총차입금 비율이 50%($1,000만/$2,000만)에 해당한다고 보고했을 것이다. 반면 이 회사가 독일에서 운영한다면 연금자산과 차입금은 모두 재무상태표에 보고될 것이다. 이 기업은 차입금 $2,000만과 자산 $3,000만, 또는 총자산 대비 총차입금의 67%($2,000만/$3,000만)를 보유하게 될 것이다. 총부채는 단기부채와 장기채무를 합한 것으로 연금부채 등 기타차입금은 제외된다. 따라서 총자산에 대한 총부채의 측정치는 서로 다른 국가 간에 비교가능한 레버리지의 측정치를 제공한다.

또한 Rajan과 Zingales는 회계관행의 다른 차이를 통제하기 위해 다양한 조정을 한다. 이러한 조정의 효과는 3열과 4열에 보고된다. 전반적으로 그 증거는 독일과 영국의 기업들이 더 적은 영향력을 갖는 경향이 있는 반면, 캐나다의 기업들은 미국, 프랑스, 이탈리아, 일본의 기업들에 비해 더 많은 영향력을 갖는 것으로 보인다. 이 결론은 여러 국가에 있는 기업들의 평균 이자보상배율을 보여주는 마지막 열의 데이터에 의해 뒷받침된다. 제4장의 TIE 비율은 이자비용에 대한 운용수익(EBIT)의 비율이라는 것을 기억하라. 이 측정치는 기업이 이자비용을 처리하는 데 사용할 수 있는 현금이 얼마인지를 나타낸다. 일반적으로 레버리지가 큰 기업일수록 이자보상배율이 낮다. 데이터는 이 비율이 영국과 독일에서 가장 높고 캐나다에서 가장 낮다는 것을 나타낸다.

셀프 테스트

- 재무 레버리지에서의 국제적 차이가 존재하는가? 이를 설명하라.

단원 종합

지난 20년 동안 세계경제는 점점 더 통합되었고, 더 많은 기업들이 해외 사업에서 더 많은 이익을 창출하고 있다. 많은 측면에서, 처음 제16장에서 전개된 개념은 여전히 다국적기업에도 적용된다. 다만 다국적기업은 자국 시장에서만 영업하는 기업보다 기회가 많지만 상이한 위험도 따르다. 이 장에서는 오늘날 세계시장에 영향을 미치는 많은 주요 동향에 대해 논의했으며, 다국적, 그리고 자국 내 재무관리 사이의 가장 중요한 차이점을 기술했다.

자가진단 질문과 문제

ST-1 **[핵심용어]** 다음의 용어들을 정의하라

a. 다국적, 글로벌 기업
b. 수직계열화 투자
c. 국제통화시스템
d. 환율
e. 자유변동환율체제; 관리변동환율체제
f. 통화위원회 약정
g. 고정페그 약정
h. 교차환율
i. 미국 입장의 환율표시법(American terms); 유럽 입장의 환율표시법(European terms)
j. 직접환율표시법; 간접환율표시법
k. 현물환율; 선도환율
l. 선도환율 할인; 선도환율 프리미엄
m. 이자율평형이론; 구매력평가이론
n. 유로크레딧; 유로달러
o. 유로본드; 외국채권
p. 미국주식예탁증서(ADRs); 본국과실송금
q. 국가위험; 환율위험; 정치적 위험; 비즈니스 환경

ST-2 **[교차환율]** 미국 달러와 EMU 유로 간의 환율은 €0.85 = $1이고 미국 달러와 캐나다 달러 간의 환율은 $1 = C$1.34라고 가정한다. 캐나다 달러 대비 유로화의 교차환율은 얼마인가?

질문

17-1 미국 기업들은 국내에 공장을 지을 수 있는데 왜 해외에 공장을 짓는가?

17-2 유로화가 미국 달러 대비 가치가 떨어지면 결과적으로 1달러로 유로를 더 살 수 있는가?

17-3 미국이 수출하는 상품보다 해외에서 더 많은 상품을 수입하면 외국인들은 여분의 미국 달러를 얻을 수 있을 것이다. 이것이 외화 대비 달러의 가치에 어떤 영향을 미칠까? 미국에서의 외국인 투자에 상응하는 효과는 무엇인가?

17-4 회사들은 국내의 동일 프로젝트보다 외국 프로젝트에서 더 높은 수익률을 요구해야 하는가? 설명하라.

17-5 이자율평형이론이 모든 나라에서 이자율이 같다는 것을 의미하는가?

17-6 구매력평가가 왜 유지되지 못할까?

17-7 유로달러란 무엇인가? 만약 프랑스 시민이 뉴욕의 Chase Manhattan Bank에 $10,000을 예금한다면 유로달러가 창출되나? 런던에 있는 Barclay's Bank에 입금하면 어떻게 되나? Chase Manhattan의 파리 지점에 입금하면 어떻게 되나? 유로달러 시장의 존재는 미국 금리를 통제하는 연방준비제도의 일을 더 쉽게 만드는가 아니면 더 어렵게 만드는가? 설명하라.

문제

초급 문제
1~4

17-1 **[환율]** 영국 파운드가 파운드당 $1.30에 팔린다면 달러당 파운드로는 얼마에 팔아야 하는가?

17-2 **[교차환율]** 현물거래소에서는 1달러가 3.4이스라엘 쉐켈, 106일본 엔에 거래될 수 있다고 보고 있다. 엔화와 쉐켈의 교차환율은 얼마인가? 즉, 쉐켈을 교환할 때마다 몇 엔을 받게 되는가?

17-3 **[이자율평형이론]** 6개월 만기 국채의 명목금리는 2%인 반면 6개월 후에 만기가 돌아오는 채무불이행 없는 일본 국채는 명목금리가 1.25%이다. 현물시장에서 1엔은 $0.009와 같다. 이자율평형이론이 유지된다면 6개월 선도환율은 얼마인가?

17-4 **[구매력평가이론]** 텔레비전은 미국에서 $750이다. 같은 텔레비전의 가격은 637.5유로이다. 구매력평가가 유지된다면 유로와 달러 사이의 현물환율은 얼마인가?

중급 문제
5~11

17-5 **[환율]** <표 17.1>은 2020년 8월 7일의 환율 목록이다. 그날 영국 파운드, 캐나다 달러, EMU 유로, 일본 엔, 멕시코 페소, 스웨덴 크로나를 각각 1,000단위씩 구매하려면 몇 달러가 필요한가?

17-6 **[환율]** 17-5번 문제의 6개 통화를 조회하기 위해 월스트리트 저널 최신호의 외환 섹션을 사용하라.

a. 달러를 파운드, 캐나다 달러, 유로, 엔, 멕시코 페소, 스웨덴 크로나의 1,000단위로 바꾸는 현재의 환율은?

b. 2020년 8월 7일 환율과 a의 각 통화의 현재 환율 사이에는 몇 %의 손익이 발생하는가?

17-7 **[통화가치 절상]** 오늘 외환시장에서 1덴마크 크로네를 $0.16에 구매할 수 있다고 가정해보자. 만약 내일 달러 대비 크로네가 4% 절상되었다면, 내일 달러로 몇 크로네를 살 것인가?

17-8 **[교차환율]** 미국 달러와 스웨덴 크로나의 환율은 8.8크로나=$1이고 달러와 영국 파운드 사이의 환율은 £1=$1.3이라고 가정하자. 스웨덴 크로나와 파운드의 교차환율은 얼마인가?

17-9 **[교차환율]** 월스트리트 저널 최신호의 외환 섹션을 사용하여 문제 17-8에서 세 가지 통화를 찾아보라. 스웨덴 크로나와 파운드의 현재 환율이 어떻게 되나?

17-10 **[이자율평형이론]** 이자율평형이론이 유지된다고 가정하자. 현물시장에서는 1엔＝$0.009400, 90일 선도시장에서는 1엔＝$0.009426이다. 일본에서는 90일 무위험증권이 2%의 수익률을 낸다. 미국에서 90일 무위험증권의 수익률은 얼마인가?

17-11 **[구매력평가이론]** 현물시장에서는 22.4멕시코 페소를 1달러로 환전할 수 있다. 미국에서는 컴팩트디스크가 $15이다. 구매력평가(PPP)가 유지된다면 멕시코에서 동일한 디스크의 가격은 얼마가 되어야 하는가?

고급 문제
12~17

17-12 **[이자율평형이론]** 이자율평형이론이 유지되고 90일 무위험증권의 경우 미국에서 명목 연리 3%와 영국에서 명목 연리 3.5%를 산출한다고 가정하자. 현물시장에서는 1파운드＝$1.3이다.

a. 90일 선도환율은 얼마인가?

b. 현물환율에 대해 90일 선도환율은 프리미엄 또는 할인가로 거래되는가?

17-13 **[현물과 선도환율]** Arvin Australian Imports은 오늘 현물환율로 400만 호주 달러에 15,000상자의 호주산 와인을 구매하기로 합의했다. 이 회사의 재무관리자인 Sarah Vintnor는 다음과 같은 현물 및 선도환율에 주목했다.

	미국 달러/호주 달러	호주 달러/미국 달러
현물환율	0.715700	1.397200
30일 선도환율	0.715651	1.397329
90일 선도환율	0.715353	1.397911
180일 선도환율	0.714907	1.398783

같은 날 Vintnor는 같은 가격인 400만 호주 달러에 3개월이 지난 후에 와인 15,000상자를 추가로 구매하기로 합의했다.

a. 오늘의 현물환율로 와인을 산다면 미국 달러로는 얼마인가?

b. 90일 후 현물환율이 오늘의 90일 후 선도환율과 같다면 2번째 15,000상자 구입건의 달러 매입비용은 얼마인가?

c. 90일 안에 호주 달러 환율이 $1 대비 1.30이 되면 Vintor는 와인값(미달러)으로 얼마를 내야 하는가?

17-14 **[환차익과 환차손]** 당신은 미네소타주 미니애폴리스에 본사를 둔 Worldwide InfoXchange의 부사장이다. 그 회사의 모든 주주들은 미국에 산다. 이번 달 초 당신은 몬트리올에 새로운 공장을 건설하기 위해 토론토에 있는 은행에서 1,000만 캐나다 달러를 대출받았다. 대출을 받을 당시 환율은 캐나다 달러 대비 $0.75이었다. 이달 말에는 예상외로 $0.70으로 떨어졌다. 그 결과 귀사는 얼마나 많은 이익을 얻었는가?

17-15 **[환율변화로 인한 결과]** 1983년 6월 초, $1은 245엔과 동일했다. 2020년 8월에는 환율이 106엔 대 $1로 떨어졌다. 1983년 6월 일본산 자동차 가격이 $9,000이었고 그 가격 변화는 환율과 직접적인 관련이 있다고 가정하자.

a. 환율의 변화로 인해 37년 동안 자동차 가격이 달러 단위로 상승하였는가, 하락하였는가?
b. 2020년 8월 자동차 가격이 환율에 의해서만 바뀐다고 가정할 때 자동차 달러 가격은 얼마일까?

17-16 **[해외투자분석]** 외국의 세금과 미국의 세금을 모두 감안한 후 올해 한 미국 법인은 영국 법인으로부터 주당 2파운드의 배당금을 받을 수 있을 것으로 기대하고 있다. 연말 환율은 파운드당 $1.30이 될 것으로 예상되며 파운드화 가치는 매년 달러 대비 5%씩 무기한 절하될 것으로 전망된다. 배당금은 매년 10%씩 무한히 증가할 것으로 예상된다. 모기업인 미국 법인은 이 자회사의 주식 1,000만 주를 소유하고 있다. 자회사에 대한 주식 소유권의 현재가치는 얼마인가? 자회사에 대한 자기자본비용을 11%로 가정하라.

17-17 **[해외자본예산]** Sandrin Machinery는 스위스의 다국적 제조기업이다. 현재 Sandrine의 재무관리자들은 미국에서 1년짜리 프로젝트를 착수하는 것을 고려하고 있다. 프로젝트의 예상 달러 표시 현금흐름은 초기 투자금 $2,000과 이듬해 현금유입금 $2,400으로 이루어진다. Sandrine은 위험조정자본비용을 10%로 추산하고 있다. 현재 1달러로 0.91스위스 프랑을 구매할 수 있다. 이밖에 미국의 1년 만기 무위험증권은 3%의 수익률을 보이고 있는 반면 스위스의 유가증권은 1.50%의 수익률을 보이고 있다.

a. 만약 이 프로젝트가 동일한 위험조정자본비용을 가진 유사한 미국 회사에 의해 대신 수행된다면, 이 프로젝트가 창출하는 순현재가치와 수익률은 얼마가 될까?
b. 1년 후 예상되는 선도환율은 어떻게 되나?
c. Sandrine이 해당 프로젝트를 맡게 되면 Sandrine의 프로젝트의 순현재가치와 수익률은 얼마인가?

종합계산문제

17-18 **[다국적기업의 재무관리]** Yohe Telecommunications는 통신기술을 생산하고 유통시키는 다국적기업이다. 본사는 플로리다주 Maitland에 있지만 Yohe는 보통 여러 다른 외국 화폐를 사용하여 여러 국가에서 원자재를 구입한다. Yohe는 종종 다른 나라에서 제품을 판매하기 때문에 해당 문제는 더 복잡하다. 특히 SY-20 무선송신기는 각각 스위스, 프랑스, 영국으로부터 부품 X, 부품 Y, 부품 Z(주요 부품들)를 가져온다. 구체적으로 부품 X의 가격은 165스위스 프랑, 부품 Y의 가격은 20유로, 부품 Z의 가격은 105영국 파운드이다. SY-20의 가장 큰 시장은 일본이며, 이 제품은 50,000엔에 판매된다. 당연히 Yohe는 달러 환율에 악영향을 미칠 수

있는 경제 상황에 대해 우려하고 있다. 해당 문제 해결을 위해 <표 17.1>, <표 17.2> 및 <표 17.3>을 이용하라.

a. Yohe SY-20을 생산하는 데 달러로 얼마가 들까? SY-20의 달러 판매가격은 얼마인가?
b. Yohe가 SY-20 판매로 벌어들인 달러 이익은? 이익률이 얼마나 되는가?
c. 만약 미국 달러가 모든 외화 대비 10% 약세를 보인다면, SY-20의 달러 이익은 얼마인가?
d. 만약 미국 달러가 일본 엔화에 대해서만 10% 약세를 보이고 다른 모든 외국 통화들에 비해 일정하게 유지된다면, SY-20의 달러와 이익률은 얼마일까?
e. <표 17.3>의 180일 선도환율 정보를 사용하여 미국 1년 만기 유가증권의 수익률을 4.9%로 가정하여 스위스 1년 만기 유가증권의 수익률을 계산하라.
f. 구매력평가(PPP)가 유지된다고 가정할 때, SY-20이 일본이 아닌 영국에서 판매될 경우 판매가격은 얼마인가?

통합사례

CITRUS PRODUCTS INC.

17-19 **[다국적기업의 재무관리]** Citrus Products Inc.는 플로리다주 Indian River County에 있는 농장을 갖춘 중간규모의 시트러스 주스음료 생산업체이다. 지금까지 이 회사는 영업과 판매를 미국에 국한해 왔지만, CEO인 George Gaynor는 환태평양 지역으로 사업확장을 원하고 있다. 그 첫 단계는 일본과 호주에 판매법인을 세운 뒤 일본에 생산공장을 세우고 마지막으로 환태평양 선역에 세품을 유통시키는 것이다. 이 회사의 재무관리자인 Ruth Schmidt는 이 계획에 열정으로 보이지만, 해외진출이 회사의 재무관리 과정에 미칠 영향에 대해 걱정하고 있다. 그녀는 회사의 가장 최근에 고용된 재무분석가인 귀하에게 다국적 재무관리의 기본 사항을 설명하는 1시간짜리 설명자료를 개발하라고 요청했다. 해당 설명자료는 다음 이사회 회의에서 발표될 예정이다. 당신이 해당 업무에 착수하기 위해, Schmidt는 다음과 같은 질문 목록을 제시했다.

a. 다국적기업이란 무엇인가? 왜 기업들은 다른 나라로 진출하려고 하는가?
b. 순수하게 국내 기업에 의해 이루어지는 다국적 재무관리와 국내의 재무관리 간의 차이를 구별하는 5가지 주요 요인은 무엇인가?
c. 다음의 환율 예시를 고려하라.

	1단위의 외국통화 구입을 위한 미국 달러
일본 엔화	0.009
호주 달러	0.650

1. 해당 통화의 가격은 직접환율표시법인가 아니면 간접환율표시법인가?
2. 엔화와 호주 달러를 간접환율표시법으로 계산하라.
3. 교차환율은 얼마인가? 엔화와 호주 달러 간 2가지 교차환율을 계산하라.
4. Citrus Products는 1리터의 오렌지주스를 생산하여 $1.75에 일본으로 배송할 수 있다고 가정한다. 만약 그 회사가 해당 제품 관련 50% 가격 인상해서 판매하기 원한다면, 오렌지주스는 일본에서 얼마의 환율로 팔아야 하는가?
5. 이제 Citrus Products가 일본에서 동일한 리터의 오렌지주스를 생산하기 시작한다고 가정해보자. 이 제품을 생산해서 호주로 배송하는 데 250엔이 들며 6호주 달러에 판매될 수 있다. 이 판매에서 미국 달러화로 이익은 얼마인가?
6. 환율위험은 무엇인가?

d. 현재의 국제통화시스템을 간략하게 설명하라. 상이한 환율시스템에는 무엇이 있는가?

e. 현물환율과 선도환율 간의 차이는 무엇인가? 현물환율에 프리미엄이 붙는 선도환율은 언제 나타나는가? 또한 언제 할인이 되나?

f. 이자율평형이론이란 무엇인가? 현재 30일 선도시장에서 1엔을 $0.0095로 환전할 수 있으며, 30일물 유가증권의 무위험률은 일본과 미국 모두 4%다. 이자율평형이론이 유지되는가? 그렇지 않다면 어떤 증권들이 가장 높은 예상 수익을 제공하는가?

g. 구매력평가(PPP)란 무엇인가? 미국에서 자몽주스가 리터당 $2이고 구매력평가이론이 유지된다면, 호주에서 자몽주스의 가격은 얼마가 되어야 하는가?

h. 상대적 인플레이션은 금리와 환율에 어떤 영향을 미치는가?

i. 1. 국제 신용시장의 세 가지 주요 유형을 간략하게 설명하라.
   2. ADR이 어떻게 작동하는지 간략하게 설명하라.

j. 다국적기업 운영이 자본예산 결정에 미치는 영향은 무엇인가?

k. 평균 자본구조는 국가마다 어느 정도 차이가 있는가?

한걸음 더

인터넷을 사용하여 환율 및 국제 주가지수의 파악

온라인 자료를 이용하여, 이번 장의 질문에 답하라. 웹 사이트 정보는 시간이 지남에 따라 변경되며 이러한 변경으로 인해 관련 질문에 답변하는 데 한계가 있을 수 있다.

이번 장을 읽음으로써 개인, 기업, 정부가 자국에서 일어나는 일뿐만 아니라 다른 나라의 경제와 사건에도 영향을 받는다는 것을 알 수 있다. 이러한 질문에 답하기 위해, 여러분은 다음과 같은 웹사이트들: Bloomberg, Yahoo! Finance, Investing.com, MSN Money(msn.com/en-us/money/markets))이 도움이 된다는 것을 알게 될 것이다.

토론문제

1. 다음 통화로 〈표 17.1〉을 다시 작성하라: 호주 달러, 영국 파운드, 캐나다 달러, 중국 위안, EMU 유로, 일본 엔 및 스위스 프랑. 직접환율표시와 간접환율표시법으로 이를 모두 표시하라.
2. 질문 1에 열거된 동일한 통화의 교차환율을 보여주는 〈표 17.2〉를 다시 작성하라.
3. 웹사이트들 중 일부는 한 통화가 다른 통화와 비교하여 어떠한지를 보여주는 그래프를 보여준다.
   a. 지난 한 해 동안 파운드화는 달러 대비 어떤 성과를 냈는가? 오늘날 달러는 1년 전보다 파운드를 더 많이 살 수 있는가, 아니면 적게 살 수 있는가?
   b. 지난 1년 동안 엔화에 대한 달러화의 실적은 어땠나? 오늘은 1년 전보다 미달러로 엔화를 더 많이 살 수 있는가, 아니면 적게 살 수 있는가?
4. 일부 웹사이트는 국제 주가지수에 대한 정보를 제공한다.
   a. 지난 한 해 동안 FTSE 100(영국의 주가지수)은 어떤 성과를 냈는가? 지난 한 해 동안의 수익(현지통화)을 계산하라(참고: 인덱스 값은 현지 통화로 표시된다.) 질문 3a에 대한 귀하의 답변에 따르면, 1년 동안 미국 투자자는 달러로 계산된 수익을 다소 더 많이 얻었는가? 미국 투자자의 대략적인 달러 수익률을 계산하라. (미국 투자자가 당초 연초에 FTSE 100 인덱스펀드에 $1,000을 투지했으나 연말에 투자금을 청산하려고 한다고 가정하자.) 모든 거래비용은 무시하라.)
   b. Nikkei 225(일본 주가지수)는 지난 한 해 동안 어떤 성과를 냈는가? 지난 한 해 동안의 수익(현지통화)을 계산하라(참고: 인덱스 값은 현지 통화로 표시된다.) 질문 3b에 대한 귀하의 답변에 따르면, 지난 1년 동안 미국 투자자는 달러로 계산된 수익을 다소 더 많이 얻었는가? 미국 투자자의 대략적인 달러 수익률을 계산하라. (미국 투자자가 당초 연초에 N225 인덱스펀드에 $1,000을 투자했으나 연말에 투자금을 청산하려고 한다고 가정하자. 모든 거래비용은 무시하라.)

PART

7

재무관리의 특수주제

18
CHAPTER

파생상품과 위험관리

위험관리를 위한 파생상품의 이용

소비재 거대기업인 Procter & Gamble(P&G)은 180개국에 50억 명에 가까운 고객을 보유하고 있으며, 이 회사의 제품에는 Crest, Tide, Pampers, Gillette 및 Charmin과 같이 잘 알려진 브랜드가 포함되어 있다. 자사 제품은 정기적으로 소비되고 있으며 매출과 수익은 경기변동에 영향을 받지 않아 상대적으로 리스크가 작은 기업이다. Yahoo! Finance는 P&G의 베타를 0.44로 추정해 리스크가 일반 종목보다 56% 낮은 것으로 보고 있다.

리스크가 낮다고 해서 기업이 리스크가 없는 것은 아니며, P&G의 경영자들은 회사가 직면한 리스크 관리에 상당한 시간과 노력을 쏟는다. 예를 들어, 경영진은 최근 연차보고서에서 금리, 환율, 상품가격 변동에 따른 리스크를 회사가 어떻게 처리하는지 상세히 설명했다. 각 사례별로 P&G가 먼저 리스크에 대한 순 익스포저(net exposure)를 조사한 뒤 옵션, 선물, 스왑 등 파생상품을 활용하여 위험을 줄인다. 2019년 연차보고서에서 밝힌 내용은 다음과 같다:

> 우리는 다양한 상품을 제공하는 다국적기업으로서 금리, 환율, 상품가격 변동 등 시장위험에 노출되어 있습니다. 우리는 본연적으로 노출액(익스포저)에 대한 상관관계와 상계(netting)을 활용하기 위해 중앙집중방식으로 익스포저를 평가합니다. 우리는 회사의 다각화된 포트폴리오의 익스포저를 자연헤지방식으로 관리하고 금융시장 수단 이상의 영업 헤지 활동을 우선적으로 이용합니다. 아래에서 논의한 바와 같이 금융영업의 변동성을 관리하는 데 선택가능한 범위까지

파생상품및 헤징 활동에 적용하는 회계지침을 고려하는 다양한 금융거래를 체결합니다. 이러한 금융거래는 허용가능한 거래상대방 익스포저, 유형별 수단, 기타 헤징 관행을 다루는 당사의 정책에 의해 통제됩니다. 파생상품 관련 회계정책의 논의는 연결재무제표 주석 9를 참조하세요.

파생상품 포지션은 시장가치 평가, 민감도분석 및 Value-at risk 모형을 포함한 기술을 사용하여 모니터링된다. 아래에서 논의한 금리, 환율 및 상품파생 포지션에 대한 테스트는 1년의 기간과 95% 신뢰수준을 사용하는 RiskManager™ value-at-risk model에 기초해서 논의된다. 해당 모형은 상관관계(시간 경과에 따라 익스포저가 함께 움직이는 정도)와 다각화(다수의 통화, 원자재 및 금리상품을 보유하는 것)의 영향을 통합하고 재무적 수익이 정규적으로 분포한다고 가정한다. 시장요인의 변동성 및 상관관계 추정치는 2019년 6월 30일 기준 RiskMetrics™ dataset으로부터 도출한다. RiskMetrics™에서 데이터 이용이 불가할 경우 추론가능한 대리변수가 포함된다.

기업이 각종 리스크를 매우 정교하게 관리하는 데 많은 시간과 에너지를 쏟고 있다는 것은 P&G의 연례보고서를 통해 알 수 있다. 그러나 완전히 위험이 없는 것은 없으며, 어떤 경우에는 위험을 통제하기 위해 취한 조치들이 역효과를 불러왔다. 실제로, P&G는 1990년대에 위험을 줄이기 위해 행해진 것으로 추정되는 파생상품 거래에서 큰 손실을 입었다. 이 장에서는 먼저 기업들이 위험을 주주들에게 전가하지 않고 관리하는 이유에 대해 논의한다. 다음으로, 이 장에서는 옵션, 선물 및 스왑에 대한 개요를 제공하고 기업들이 위험을 최소화하기 위해 이러한 금융상품을 사용하는 방법에 대해 설명한다. 마지막으로, 이번 장은 기업의 위험관리 정책, 위험관리의 특성, 그리고 기업들이 위험을 관리할 때 따르는 일반적 과정에 대한 개요로 마무리된다.

출처: Procter & Gamble의 *2019 Annual Report*(pg.com/annualreport2019/download/PG-2019-Annual-Report.pdf), August 6, 2019, pp. 26-27.

학습개요 및 목표

이 장에서는 재무관리자에 대한 중요성을 제고시키는 주제로서 위험관리에 대해 논의한다. 위험관리라는 용어는 여러 가지 의미를 가질 수 있지만, 비즈니스에서는 재무적 피해를 가져올 수 있는 사건을 식별하여 그러한 사건으로 인한 피해를 방지 및/또는 최소화하기 위한 조치를 취하는 것을 포함한다. 수년 전 기업 위험관리자들은 주로 보험을 취급했다. 즉, 회사가 화재, 도난 및 기타 인명피해에 대한 적절한 보험을 보유하고 있는지, 그리고 적절한 책임보장 조건을 갖추고 있는지 확인해야 했다. 최근에는 석유선물을 매입하여 석유와 같은 주요 투입물의 원가를 통제하거나 금리 또는 외환시장 거래를 통해 이자율이나 환율변동을 방지하도록 위험관리의 범위가 확대되었다. 또 위험관리자들은 위험을 회피하기 위해 고안된 행동이 실제로 위험을 증가시키지 않는다는 것을 확실히 하고자 노력한다. 이 장을 마치면 다음을 수행할 수 있다.

- 기업이 위험을 관리하는 타당한 상황을 제시한다.
- 다양한 유형의 파생상품을 설명하고 위험을 관리하는 데 사용할 수 있는 방법을 설명한다.
- 이항옵션가격결정모형과 블랙-숄즈 옵션가격모형을 이용한 옵션가치를 평가한다.
- 위험관리의 다양한 요소와 기업이 위험을 관리하기 위해 사용하는 다양한 프로세스에 대해 논의한다.

18-1 위험관리의 이유

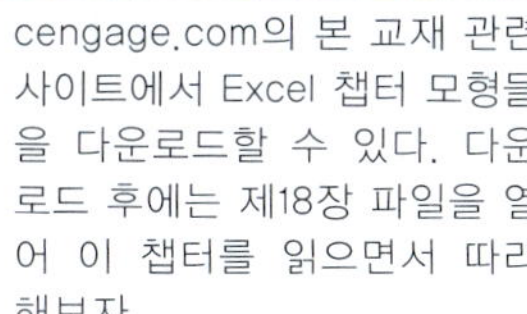

자료(Resource)

cengage.com의 본 교재 관련 사이트에서 Excel 챕터 모형들을 다운로드할 수 있다. 다운로드 후에는 제18장 파일을 열어 이 챕터를 읽으면서 따라 해보자.

우리는 투자자들이 위험을 싫어한다는 것을 안다. 우리는 또한 대부분의 투자자들이 잘 분산된 포트폴리오를 보유하고 있기 때문에 적어도 이론적으로는 유일하게 "적합한 위험"은 체계적 위험이라는 것을 알고 있다. 기업 임원들에게 어떤 유형의 위험을 우려하는지 물어본다면 "베타(beta)"라고 대답할 것이다. 하지만, 이것은 당신이 얻을 수 있는 확실한 답은 아니다. CEO에게 위험을 정의해 달라고 한다면 가장 가능성이 높은 대답은 다음과 같다: "위험은 우리의 미래 수익과 잉여현금흐름이 예상보다 현저히 낮아질 가능성이다." 예를 들어, 대시보드, 내부 도어 패널 및 자동차 기업에서 사용하는 기타 플라스틱 부품을 제조하는 Plastics Inc.를 생각해보자. 석유는 플라스틱의 주요 공급원료로 비용의 상당 부분을 차지한다. Plastics Inc.은 자동차 회사와 매년 50만 개의 도어 패널을 개당 $80의 가격으로 납품하기로 3년 계약을 맺고 있다. 이 회사가 계약을 체결했을 때 석유는 배럴당 $47에 팔렸고, 석유는 향후 3년 동안 그 수준을 유지할 것으로 예상되었다. 유가가 하락하면 Plastics Inc.은 예상보다 높은 이익과 잉여현금흐름을 갖게 되지만 유가가 오르면 이익이 줄어든다.

Plastics Inc.의 가치는 이익과 잉여현금흐름에 달려 있기 때문에, 석유 가격의 변화는 주주들이 예상했던 것보다 더 많이 혹은 더 적은 이익을 가져다 줄 것이다. Plastics Inc.이 3년간 석유 공급을 배럴당 $47의 약정가격으로 고정시킬 계획이라고 발표하는데, 약정비용은 제로라고 가정하자. 그렇게 되면 회사 주식이 오를까? 언뜻 보면 답이 '그렇다'로 보일 수도 있지만, 그게 아닐 수도 있다.

주식의 장기 가치는 가중평균자본비용(WACC)으로 할인된 미래의 기대잉여현금흐름의 현재가치에 달려 있다는 점을 기억하자. (1) 미래의 현금흐름이 증가할 것으로 예상되는 경우 또는 (2) WACC가 하락하는 경우에만 주가 상승이 이루어질 것이다.

첫째, 잉여현금흐름을 고려하라. 유가의 고정발표가 있기 전, 투자자들은 배럴당 $47의 예상 유가를 근거로 미래의 잉여현금흐름에 대한 추정치를 작성했었다. 따라서 유가가 배럴당 $47로 고정되면 예상되는 미래 잉여현금흐름의 위험성은 낮아지지만 투자자들은 이미 배럴당 $47의 가격을 예상했기 때문에 현금흐름의 규모는 바뀌지 않을 것이다.

이제 WACC는? 유가 고정으로 인해 부채나 자본비용 또는 목표자본구조에 변화가 생길 경우에만 변경될 것이다. 예측가능한 유가 상승이 파산을 일으킬 만큼 심하지 않다고 가정하면 Plastics Inc.의 부채비용은 바뀌지 않고 목표자본구조도 바뀌어서는 안 된다. 자본비용과 관련해서는 대부분의 투자자가 잘 분산된 포트폴리오를 보유하고 있다는 8장의 내용을 상기하면 자본비용은 체계적 위험에만 의존해야 한다. 게다가, 유가 상승이 Plastics Inc.의 주가에 악영향을 미칠지라도, 모든 주식에 부정적인 영향을 미치지 않을 것이다. 실제로 산유국들은 기대 이상의 수익률과 주가를 가지고 있어야 한다. Plastics Inc. 투자자가 원유생산기업의 주식 등 잘 분산된 포트폴리오를 보유하고 있다고 가정할 경우 Plastics Inc.의 자기자본비용이 하락할 것으로 기대할 이유는 별로 없어 보인다. 결론은 이렇다. 유가 상승 위험이 제거돼 Plastics Inc.의 예상 미래 현금흐름과 WACC가 크게 변하지 않는다면 주식의 가치도 크게 달라져서는 안 된다. 선물계약과 위험회피에 대해서는 다음 절에서 자세히 논의하지만, 일단 Plastics Inc.이 유가에 발목을 잡히지 않았다고 가정해보자.

따라서 유가가 오르면 주가는 하락할 수밖에 없다. 다만 주주가 이를 알기 때문에 유가에 따라 가치가 오르거나 떨어지는 석유선물을 포함한 포트폴리오를 구축해 Plastics Inc. 주가 변동을 상쇄시킬 수 있다. 선물계약 개수를 정확히 선택함으로써 투자자들은 포트폴리오를 '헤지'할 수 있고 유가 변동에 따른 위험을 완전히 제거할 수 있다. 헤지에는 비용이 들겠지만, 거대하고 정교한 투자자들에게 들어가는 비용은 Plastics Inc.에 들어가는 비용과 거의 비슷해야 한다. 만약 주주들이 유가 위험을 회피할 수 있다면, 회사가 위험을 회피한다고 해서 왜 Plastics Inc. 주식에 더 높은 가격을 지불해야 하는가?

이 논의는 별다른 일이 일어나지 않는 한 기업이 위험을 회피하는 것은 말이 안 된다는 것을 시사한다. 그러나 49개국 4,000개 이상의 비금융회사를 대상으로 한 2009년 CFO에 대한 설문조사에 따르면 이들 기업의 대다수가 다양한 위험관리 관행에 참여하고 있는 것으로 나타났다.[1] (이어지는 "CFO는 위험관리의 비용과 혜택을 평가한다" 제목의 박스는 본 설문조사의 몇 가지 세부 정보를 제공한다.) 그럼 분명히 뭔가 다른 일이 벌어지고 있다. 한 가지 설명은 기업 경영자들이 기업가치를 높이는 데는 별 도움이 안 되지만 위험을 회피하는 경우가 많다는 것이다. 또 다른(아마도 더 가능성이 높은) 설명은 위험회피가 궁극적으로 더 큰 현금흐름 및/또는 더 낮은 WACC를 가져오는 또 다른 효익을 창출한다는 것이다. 다음은 기업이 위험을 관리해야 하는 몇 가지 이유들이다.

1. **부채능력.** 위험관리는 현금흐름의 변동성을 감소시킬 수 있으며, 이는 파산의 확률을 감소시킨다. 제13장에서 논의한 것처럼 영업위험이 낮은 기업은 부채를 더 많이 사용할 수 있어 이자비용에 대한 법인세 절감이 이루어져 주가 상승으로 이어질 수 있다.

---

1) Henri Servaes, Ane Tamayo and Peter Tufano, "The Theory and Practice of Corporate Risk Management," *Journal of Applied Corporate Finance*, vol. 21, no. 4(Fall 2009), pp. 60-78을 참조할 것.

CFO는 위험관리의 비용과 혜택을 평가한다

Henri Servaes, Ane Tamayo 및 Peter Tufano 교수의 2009년 설문조사는 위험관리에 관한 CFO의 태도를 보여주는 흥미로운 점을 제공한다. 여기에서는 그들의 설문조사 내 많은 흥미로운 점들 중 몇 가지만을 보여준다.

1. CFO들에게 리스크 관리의 이점은 무엇인지 물었다. 여기에서 CFO는 잠재적 혜택을 0("중요하지 않음")부터 5("매우 중요")까지의 6점 척도로 평가했다. 이점 중 다수는 이 장에 포함된 목록에 있는 항목과 일치한다. 각 항목에 대한 척도에서 4 또는 5의 순위를 매긴 CFO의 비율의 결과는 〈표 1〉에 요약되어 있다. 이번 조사에서는 CFO들은 위험관리의 주요 이점으로 전반적인 의사결정 강화, 기업의 명성 유지, 실적 변동성 감소로 보고 있는 것으로 나타났다.

〈표 1〉 위험관리의 혜택

요인들	4 또는 5로 등급을 매긴 CFO의 비율
전사적 의사결정 개선	63%
기업평판 유지	43%
이익의 변동성 감소	37%
수익흐름의 안정	36%
재무적 곤경비용의 감소	36%
현금관리 의사결정의 개선	28%
지분구조 결정의 개선	28%
투자패턴의 계획 및 안정화	27%
가격정책의 개선	26%
채권자 또는 대여자의 요구	25%
주주의 요구	24%
규제기관의 요구	24%
세금납부관리 및 절감	24%
수익성 높은 거래기회의 활용	17%

2. CFO는 동일한 6점 척도를 사용하여 위험관리의 가능한 단점을 평가하도록 요청받았다. 이러한 결과(〈표 2〉에 요약됨)는 위험관리 상품 구입에 따른 직접적 비용이 주요 단점임을 시사한다.

〈표 2〉 위험관리의 약점

요인들	4 또는 5로 등급을 매긴 CFO의 비율
보험구입 관련 직접비용	23%
위험관리상품 이용에 드는 직접비용	19%
장기적 기회비용	16%
사업의 연속에 소요되는 서비스 비용	15%
이사회에 설명하는 데 어려움	13%
위험관리그룹의 운영비용	13%
단기기회비용	12%
규정준수 및 보고비용	10%
트레이딩 활동과 관련된 위험	9%
투자자에게 설명하는데 어려움	7%
투자자들의 반발	5%

3. CFO는 위험관리에 사용되는 다양한 상품을 나열하도록 요청받았다. 이 질문에 대한 결과(〈표 3〉에 요약됨)는 대다수의 기업이 최소한 어떤 형태로든 위험관리에 참여하고 있으며 다양한 상품을 사용하고 있음을 보여준다. (그 중 일부는 이 장의 뒷부분에서 더 자세히 설명한다.)

〈표 3〉 위험관리상품

상품	상품을 선택한 CFO의 %
보험정책	83%
환율파생상품	82%
금리파생상품	79%
재무적 보증	47%
외화표시 부채	45%
영업적 대안	44%
상품파생상품	32%
구조화상품	13%
지분파생상품	12%
신용파생상품	12%
다중위험 파생상품	8%

출처: Henri Servaes, Ane Tamayo and Peter Tufano, "The Theory and Practice of Corporate Risk Management," *Journal of Applied Corporate Finance*, vol. 21, no. 4(Fall 2009), pp. 60-78에서 발췌.

2. 시간이 지남에 따라 최적의 자본예산 유지. 높은 발행비용과 시장의 압력 때문에 기업들은 주식발행을 통한 외부조달을 꺼리고 있다는 점은 제10장과 제13장을 통해 상기하자. 이는 자본예산이 일반적으로 부채와 내부적으로 창출된 자금(주로 이익잉여금과 감가상각비)으로 조달되어야 한다는 것을 의미한다. 내부 현금흐름이 낮은 해에는, 이러한 현금흐름이 너무 작아 최적의 자본예산을 지원할 수 없어 기업들이 최적수준 이하로 투자를 늦추게 하거나 외부자본과 관련된 높은 비용을 부담하게끔 될 수 있다. 현금흐름의 변동을 완만하게 함으로써 위험관리는 상기 문제를 완화시킬 수 있다.

3. 재무적 곤경. 재무적 곤경(그리고 그 결과 — 노심초사하는 주주, 부채에 대한 높은 이자율, 고객 이탈 및 파산에 이르기까지)은 현금흐름이 예상 수준 이하로 떨어지는 것과 관련이 있다. 위험관리는 낮은 현금흐름과 그에 따른 재무적 곤경의 가능성을 줄일 수 있다.

4. 위험회피의 비교우위. 많은 투자자들은 기업이 할 수 있는 것처럼 효율적 측면에서 자체적으로 만든 위험회피 프로그램을 시행하지 못한다. 첫째, 기업들은 일반적으로 위험회피활동의 규모가 더 크기 때문에 거래비용이 더 낮다. 둘째, 비대칭 정보의 문제가 있다. 즉, 경영자는 외부 투자자보다 기업의 위험 익스포저에 대해 더 잘 알고 있기 때문에 경영자는 더 효과적인 위험회피수단을 만들 수 있다. 셋째, 효과적인 위험관리를 위해서는 기업이 보유할 가능성이 높은 전문 기술과 지식이 필요하다.

5. 차입비용. 본 장의 뒷부분에서 논의되는 바와 같이, 기업들은 때때로 "스왑(swaps)"이라고 불리는 파생상품의 사용을 통해서 투입비용, 특히 부채에 대한 이자율을 낮출 수 있다. 이러한 비용절감은 기업에 가치를 더한다.

6. 세금효과. 실적 변동이 심한 기업은 세액공제 처리와 기업손실 이월 규정 때문에 안정적 기업보다 세금을 더 많이 낸다. 더욱이 변동성 있는 수익이 파산으로 이어지면 일반적으로 세금 결손금 이월 손실이 발생한다. 따라서 우리의 세금 시스템은 수익 안정을 위한 위험관리를 장려한다.[2)]

7. 보상시스템. 많은 보상시스템은 보너스에 대해 "하한선"과 "상한선"을 설정하거나 목표를 달성한 관리자에 대해 보상한다. 예를 들어, 기업의 보상체계는 관리자가 순이익이 $100만 미만일 때 보너스를 받지 않고, $100만에서 $200만 사이일 때 보너스 $10,000, $200만 이상일 때 보너스 $20,000을 받아야 한다고 가

---

2) Clifford W. Smith and René Stulz, "The Determinants of Firms' Hedging Policies," *The Journal of Financial and Quantitative Analysis*, December 1985, pp. 395-406을 참조할 것.

정하자. 게다가, 관리자는 실제 이익이 예상 수준($100만)의 90% 이상일 때 $10,000을 추가로 받게 된다. 이제 다음의 두 가지 상황을 생각해보자. 먼저 매년 이익이 $200만으로 안정적이라면 관리자는 매년 $30,000의 보너스를 받아 2년간 총 $60,000의 보너스를 받는다. 그러나 첫 해 이익이 0이고 두 번째 해엔 $400만이면 관리자는 2년 총액 $30,000의 보너스를 받는데, 첫 해에는 보너스를 받지 않고 두 번째 해에는 $30,000을 받는다. 그래서 회사가 2년간 총이익($400만)은 동일하더라도, 이익이 안정적일 때 관리자의 보너스가 더 높다. 따라서 위험회피가 주주에게 많은 가치를 부여하지 않더라도 여전히 경영자에게는 유익할 수 있다.

파생상품
시장가격 또는 기타 자산의 이자율에 따라 가치가 결정되는 유가증권

아마도 위험관리의 가장 중요한 측면은 파생상품이다. 다음 절에서는 파생상품에 대해 설명하는데, **파생상품**(derivatives)은 다른 자산의 시장가격에 따라 가치가 결정된다. 파생상품에는 기초자산의 가격에 따라 가치가 달라지는 옵션, 이자율과 환율 선물 및 스왑, 상품가격에 따라 가치가 달라지는 상품선물이 있다.

셀프 테스트

- 잘 분산되어 있는 투자자 및 "자체적 위험헤징"의 결합으로 실행되는 위험관리가 기업에 큰 가치를 부여하지 못하는가를 재무적 이론 측면에서 설명하라.
- 기업들이 위험관리 기술을 사용하는 몇 가지 이유를 나열하고 설명하라.

18-2 파생상품 관련 배경

시카고상품거래소(Chicago Board of Trade) 웹사이트인 cmegroup.com는 "Markets" 탭을 통해 10년 만기 재무부채권 선물계약과 같은 다양한 상품에 대한 정보를 제공하는데, 이는 시세 및 결제 데이터와 같은 시장의 "snapshot"을 제시한다.

역사적 관점은 파생상품을 연구할 때 유용하다. 파생상품의 첫 번째 공식 시장 중 하나는 밀의 선물시장이었다. 농부들은 가을에 밀을 팔 때 받을 가격을 걱정했고, 제분업자들은 그들이 지불해야 할 가격을 걱정했다. 연초에 가격을 책정한다면 양 당사자가 직면할 위험은 줄어들 수 있을 것이다. 이에 따라 제분업자들은 밀밭으로 나가 농부들과 미리 정해진 가격으로 곡물을 배달하는 계약을 맺었다. 양측 모두 위험이 줄었다는 점에서 해당 거래로 이득을 봤다. 농부들은 곡물가격 걱정 없이 작물재배에 전념할 수 있었고, 제분업자들은 제분작업에 전념할 수 있었다. 따라서 선물을 이용한 헤징은 경제의 총위험을 낮췄다.

이러한 초기 선물거래는 그들끼리 거래를 주선하는 두 당사자 간의 거래였다. 그러나 곧 중개인들이 등장했고, 선물거래가 성립되었다. 시카고상품거래소(Chicago Board of Trade)는 이 거래를 위한 초기 시장이었고, 선물 딜러들은 선물계약에서 시장조성

을 도왔다. 그러므로 농부들은 교환소에서 선물을 팔고, 제분업자들은 그곳에서 선물을 살 수 있었다. 이것은 위험회피의 효율성을 개선하고 위험헤징작업의 비용을 낮췄다.

재빨리 세 번째 그룹인 투기꾼이 현장에 들어왔다. 다음 절에서 보겠지만 선물을 비롯한 대부분의 파생상품은 레버리지율이 높아 기초자산 가치의 작은 변화만으로도 파생상품 가격의 큰 변동이 발생한다. 레버리지는 투기꾼들의 관심을 끌었다. 처음에는 투기꾼들이 등장하면 위험이 커진다고 생각할 수 있지만 그렇지 않다. 투기세력은 자본과 참여자를 시장에 보태 시장을 안정시키는 경향이 있다. 물론 파생상품시장은 레버리지로 인해 본질적으로 변동성이 크므로 투기세력에 대한 위험은 높다. 그러나 그러한 위험을 감수하는 투기자들에 의해서 파생상품시장은 헤저들에게는 안정적이다.

자연헤지
거래상대방이라고 알려진 두 당사자 간의 파생상품거래로 인해 총위험을 줄일 수 있는 상황

자연헤지(natural hedges)는 양 당사자(**거래상대방**(counterparties)이라고 함) 간의 파생상품거래로 총위험을 줄일 수 있는 상황으로 정의된다. 이들은 많은 원자재, 외화, 만기가 다른 유가증권의 이자율, 심지어 포트폴리오 관리자들이 "베팅에 대한 헤지"를 원하는 보통주를 위해 존재한다. 자연헤지는 면화농부와 면화공장, 구리광산과 구리제조업체, 수입업자와 외국 제조업자, 전기공사와 광부, 석유 생산자와 석유 사용자 간에 선물이 거래될 때 발생한다.

이러한 모든 상황에서 위험회피는 총위험을 감소시켜 경제에 효익을 준다. 자연헤지가 존재하지 않는 경우에도 헤지가 수행될 수 있다. 이러한 상황에서 당사자는 특정 유형의 위험을 줄이기를 원하며, 다른 당사자는 특정 사건이나 상황으로부터 첫 번째 당사자를 보호하는 계약을 매도하기로 동의한다. 보험은 이러한 유형의 헤지의 명백한 예이다. 그러나 **비대칭 헤지**(nonsymmetric hedges)의 경우 위험이 **제거되기보다는** 일반적으로 **이전된다는** 점에 유의하자.

그러나 이러한 경우에도 보험사는 다각화를 통해 특정 유형의 위험을 줄일 수 있다. 여러 가지 이유로, 파생상품시장은 최근 몇 년 동안 다른 어떤 주요 시장보다 더 빠르게 성장했다. 먼저 18-5절에서 논의되는 블랙-숄즈 옵션가격결정모형(Black-Scholes option pricing model: OPM)과 같은 분석기법이 개발돼 '적정' 가격을 책정했다. 헤지의 가격결정기준이 더 좋으면 거래상대방이 거래에 더 익숙해진다. 둘째, 컴퓨터와 전자통신은 상대방이 서로 상대하는 것을 훨씬 더 쉽게 만든다. 셋째, 세계화는 통화시장의 중요성과 세계 무역에 의해 야기되는 환율위험을 줄일 필요성을 크게 증대시켰다. 최근의 추세와 발전이 가속화하지 않더라도 계속될 것이 확실하기 때문에 위험관리를 위한 파생상품의 활용은 커질 수밖에 없다.

그러나 파생상품은 잠재적인 단점이 있다는 점에 주목하라. 이 도구들은 활용도가 높기 때문에 작은 계산 착오가 큰 손실을 초래할 수 있다. 또한 그것들은 복잡하기 때

문에 대부분의 사람들은 그것들을 잘 이해하지 못한다. 결과적으로 덜 복잡한 금융상품보다 실수가 발생할 가능성이 더 높으며, 기업의 최고경영진이 파생상품 거래를 적절하게 통제하기 더 어렵게 만든다. 극동에서 활동하는 비교적 낮은 직급의 직원 한 명이 거래를 시작함으로써 영국 여왕의 계좌를 갖고 있던 영국 최고령 은행(Barings Bank)이 파산했다. 캘리포니아 Orange County의 Barings Bank 문제가 발생하기 직전 동 은행은 회계책임자의 파생상품 투기로 파산했고 Procter & Gambl은 파생상품 관련 손실 문제로 Bankers Trust와 험악한 싸움을 벌였다. 마찬가지로 유명 헤지펀드인 Long-Term Capital Management LP도 파생상품시장의 부실 베팅으로 거의 무너질 뻔했다. 몇 년 후, 2001년에 Enron은 파산했다; 많은 사람들은 Enron의 추락이 부분적으로 회사의 손실 일부를 감추고 수익성이 없는 일부 사업에서 발생한 부채를 숨길 수 있게 한 광범위한 파생상품의 포지션에 기인한다고 주장했다. 보다 최근에 비평가들은 이국적 파생상품의 상호연결거래가 2007~2008년 금융위기에 중요한 역할을 했다고 주장하였다.

이러한 사건 하나하나의 여파로 파생상품은 '대중을 보호'하기 위해 존재하지 않도록 규제되어야 한다는 주장이 많았다. 그러나 파생상품은 해로운 투기에 사용되는 것보다 위험을 회피하기 위해 훨씬 더 자주 사용되지만, 이러한 유익한 거래는 헤드라인을 장식하지 않는다. 공포 스토리들은 최고경영자들이 파생상품을 다루는 인력에 대한 통제권을 행사할 필요가 있다는 점을 지적하지만, 그렇다고 파생상품의 철폐가 정당화되는 것은 아니다. 이번 장의 나머지 부분에서는 기업이 위험을 어떻게 관리할 수 있는지, 파생상품이 위험관리에 어떻게 사용되는지에 대해 논의한다.

셀프 테스트

- "자연헤지"란 무엇인가? 자연헤지의 몇 가지 예를 들어보라.
- 비대칭 헤지와 자연헤지는 어떻게 다른가? 비대칭 위험헤지의 예를 들어보라.
- 파생상품시장이 최근 몇 년간 다른 어떤 주요 시장보다 더 빠르게 성장한 세 가지 이유를 나열하라.

18-3 옵션

옵션
보유자에게 특정 기간 내에 미리 정해진 가격으로 자산을 매입(또는 매도)할 수 있는 권리를 부여하는 계약이다.

옵션(option)은 보유자가 특정 기간 내에 미리 정해진 가격으로 자산을 매입(또는 매도)할 수 있는 권리를 부여하는 계약이다. 재무관리자는 위험관리를 위한 옵션이론을 이해해야 한다. 또한 이러한 이해는 구조화된 워런트와 전환금융을 구성하는 데 도움이 될 것이다.

18-3A 옵션유형과 시장

옵션 및 옵션시장에는 많은 유형이 있다.[3] 옵션이 어떻게 작동하는지 설명하기 위해 2020년 8월 27일 목요일에 주당 $294.19에 팔린 Facebook Inc.(FB)의 주식 100주를 소유하고 있다고 가정해보자. 당신은 앞으로 7개월 동안 언제든지 주당 $300의 가격으로 당신의 100주를 살 수 있는 권리를 누군가에게 팔 수 있다. $300은 **행사가격**(strike 또는 exercise price)이라고 불린다. 그러한 옵션들이 존재하며, 옵션거래는 시카고옵션거래소(Chicago Board Options Exchange: CBOE)라는 가장 오래되고 가장 큰 거래소에서 이루어지고 있다. 이러한 유형의 옵션은 매수자가 주식 100주에 대해 "콜옵션"을 가지고 있기 때문에 **콜옵션**(call option)으로 정의된다. 옵션의 판매자를 옵션 **매도자**(writer)라고 한다. 투자자가 자신의 포트폴리오에 있는 주식에 대해 콜옵션을 "매도"하는 것을 **커버드 옵션**(covered options)을 매도하는 것이라고 말할 수 있다. 주식 없이 팔린 옵션을 **무방비 옵션**(naked options)이라고 한다. 행사가격이 현재 주가를 넘으면 콜옵션은 **외가격**(out-of-the-money)이 된다고 한다. 행사가격이 현재 주가보다 낮을 때 옵션은 **내가격**(in-the-money)이다.

행사가격
옵션이 행사될 때 보통주 한 주에 대해 지급해야 하는 가격이다.

콜옵션
특정 기간 내에 특정 가격으로 주식을 매수하거나 "콜"할 수 있는 옵션이다.

<표 18.1>은 2020년 8월 27일 MSN Money 웹사이트에서 획득한 FB 옵션 시세(콜 및 풋)의 목록이다. 첫 번째 열에서 볼 수 있듯이 FB의 마지막 주가는 $294.19이었다. 이는 처음 열거된 2개의 콜옵션이 내가격으로 매도된 반면, 마지막으로 열거된 2개의 콜옵션은 외가격으로 거래된 것임을 암시한다. 자세히 살펴보면, 2020년 9월 18일 FB의 $300 콜옵션이 $17.20에 판매된 것을 알 수 있다. 따라서 $17.20(100) = $1,720에 옵션보유자는 2020년 9월 18일 만료일 이전에 언제든지 주당 $300의 가격으로 FB 주식 100주를 구입할 수 있는 권리를 보유한다.[4] 만약 만기일에 주가가 $300 미만이었다면, 그 옵션은 가치가 없어질 것이다. 결국 주식시장에서 더 싸게 살 수 있는데 굳이 $300에 주식을 살 수 있는 옵션을 행사하려는 이유가 뭘까? 이 경우에는 $1,720을 잃게 된다. 반면에 FB의 주식이 $330으로 상승하면 콜옵션에 대한 $1,720의 투자는 30일 이내에 가치가 ($330 − $300)(100) = $3,000으로 상승하게 된다. 그것은 매우 경쟁력 있는 연간 수익률이라 해석된다.

msn.com/en-us/money/markets에서 특정 회사의 콜 및 풋옵션에 관한 정보를 얻을 수 있다. 단지 Quote Search dialog box에서 기업의 티커 기호(ticker symbol)를 입력하고, "Options" 탭을 클릭하기만 하면 된다.

상기 예에서 기초자산(FB주식의 경우)의 가치가 상승할 때 콜옵션 투자자가 이익을 얻는 것을 볼 수 있다. 대신 투자자들이 FB 종목이 하락할 것으로 판단한다면 해당 종목에서 콜옵션을 매도하는 것이 타당하다. 이 경우 옵션 매입자는 오늘 현재 옵션가격을 지불하고 그 대가로 주식 매입자로부터 행사가격으로 주식을 매도하기로 동의를

---

3) 옵션에 대한 자세한 설명은 Don M. Chance and Robert Brooks, *An Introduction to Derivatives and Risk Management*, 10th edition(Mason, OH: South-Western/Cengage Learning, 2016)을 참조할 것.

4) 대부분의 주식 옵션의 계약규모는 100주이다.

〈표 18.1〉 선정된 FB 옵션시세, 2020.8.27

		콜(Calls)			풋(puts)		
종가	행사가	9/18/20	12/18/20	3/19/21	9/18/20	12/18/20	3/19/21
294.19	230.00	73.50	78.41	85.05	0.62	7.05	11.85
294.19	255.00	50.50	60.15	64.00	1.59	12.12	18.75
294.19	300.00	17.20	33.70	41.78	13.40	29.20	38.00
294.19	330.00	7.19	21.03	28.45	33.00	47.85	54.20

주: 〈표 18.1〉은 MSN Money 웹사이트 msn.com/en-us /money/markets에서 2020년 8월 27일 데이터를 기반으로 작성되었다. 이 웹 사이트에서 제공하는 데이터는 하루 동안 지속적으로 업데이트되므로, 동 데이터는 거래일 중 한 시점을 "발췌"했다.

받는다. 이전 문단에서 언급한 바와 같이 옵션의 매입자는 주식이 행사가격보다 높게 팔리는 경우에만 옵션을 행사하기로 결정할 것이다. 예를 들어, 2020년 9월 18일 $300 옵션을 판매했다면 옵션 매도자로서 즉시 $1,720을 받게 된다. 2020년 9월 18일까지 FB 주식이 $300 미만으로 유지되면 옵션이 무효가 되며 옵션 판매로 $1,720의 이익을 얻게 된다. 그러나 주가가 $330까지 올랐다면 옵션 보유자는 주식 100주를 주당 $300에 매입하는 옵션을 행사할 것이다. 즉, 옵션의 매도자(또는 발행자)로서 시장에서 주식 100주를 $330 가치에도 불구하고 $300에 팔아야 한다는 뜻이다. 이 경우에 콜옵션의 매도자는 −$1,280의 순손실을 보게 될 것이다.

풋옵션
특정 기간 내에 특정 가격으로 주식을 매도할 수 있는 옵션이다.

주가하락으로 이익을 얻는 또 다른 방법은 주식을 미래에 특정 가격에 팔 수 있는 권리를 주는 옵션(**풋옵션**, put option)을 사는 것이다. 예를 들어, FB의 주가가 다음 달 중 현재 수준인 $294.19에서 하락할 가능성이 높다고 가정해보자. <표 18.1>은 FB의 풋옵션에 대한 데이터를 제공한다. 1개월 풋옵션(2020년 9월 18일, 풋옵션)을 $159($1.59×$100)에 매수할 수 있으며, 주당 $255(행사가격이 $255)의 가격에 주식을 판매할 수 있는 권리를 갖게 된다. 당신이 이 100주 계약을 $159에 샀고, 그 후 FB의 주식이 $245로 떨어졌다고 가정해보자. 당신은 $245에 주식을 살 수 있고 $255에 주식을 파는 당신의 풋옵션을 행사할 수 있다. 옵션을 행사하여 얻는 수익은 ($255 − $245)(100) = $1,000이다. 옵션에 대해 시불한 $159를 뺀 후, 당신의 이익은 $841이 될 것이다.

개별 주식에 대한 옵션 외에도 NYSE 지수, Dow Jones 산업평균지수, S&P 100, S&P 500과 같은 여러 주가지수에서도 옵션이 제공된다. 주가지수 옵션은 개인이 개별 주식뿐만 아니라 시장의 상승 또는 하락에 대해 헤지(또는 베팅)할 수 있도록 해준다.

옵션 거래는 미국에서 가장 뜨거운 금융활동 중 하나이다. 레버리지는 단 몇 달러만 가지고 있는 투기꾼들이 거의 하룻밤 사이에 큰돈을 벌 수 있게 해준다. 또한 투자자들은 주식에 대한 옵션을 팔 수 있고 주식가격이 일정하게 유지되더라도 옵션의 가치

(중개수수료는 차감)를 얻을 수 있다. 그러나 가장 중요한 것은 개별 주식이나 포트폴리오의 가치를 보호하는 **헤지**를 이끌어내는 데 옵션을 사용할 수 있다는 점이다. 헤지 전략에 대해서는 장 후반부에서 더 자세히 논의하기로 하겠다.[5]

장기 지분예상증권(LEAPS)
거래소에 상장되어 개별 주식 및 주가지수에 연계되는 장기 옵션이다.

전통적 옵션은 일반적으로 7개월 이하로 판매되지만 **장기 지분예상증권**(long-term equity anticipation security: LEAPS)이라고 불리는 다른 유형의 옵션도 거래된다. 기존 옵션과 마찬가지로 LEAPS 옵션도 거래소에 상장되며 개별 종목과 주가지수에 연계된다. 가장 큰 차이점은 LEAPS 옵션은 만기가 최대 3년인 장기 옵션이라는 점이다. 1년 LEAPS은 3개월 옵션보다 약 2배 더 비싸지만, 만기가 훨씬 길기 때문에 매입자에게 더 많은 이익을 제공할 수 있고 포트폴리오에 대해 더 나은 장기적 보장 기능을 제공한다. 특정 기업의 개별 옵션에서 해당 기업은 옵션시장과 무관하다.

기업은 옵션시장에서 자금을 조달하지도 않고, 직접거래도 하지 않는다. 더욱이 옵션보유자는 기업 이사에 투표하거나 배당을 받지 않는다. SEC 등은 옵션 거래가 증시를 안정시키거나 불안정하게 하는지, 그리고 이러한 활동이 새로운 자본을 마련하려는 기업에 도움이 되는지 또는 방해하는지 등에 대한 연구를 수행해왔다. 해당 연구들이 결정적이지는 않았지만, 옵션 거래는 여전히 유지되고 있고, 많은 사람들은 그것을 "동네에서 가장 흥미로운 게임"으로 간주한다.

18-3B 콜옵션가치에 영향을 미치는 요인들

<표 18.1>의 연구는 콜옵션 평가에 대한 몇 가지 통찰력을 제공한다. 첫째, 콜옵션의 가치에 영향을 미치는 요인은 적어도 세 가지임을 알 수 있다. (1) 행사가격과 관련해 주가가 높을수록 콜옵션 가격이 오른다. 따라서 2020년 9월 18일 $330의 행사가격인 FB의 콜옵션은 $7.19에 팔리는 반면 2020년 9월 18일 $230의 행사가격인 FB의 콜옵션은 $73.50에 팔린다. 이러한 차이는 FB의 현재 주가가 $294.19이기 때문이다. (2) 행사가격이 높을수록 콜옵션 가격은 낮아진다. 따라서 행사되는 월에 관계없이 표시된 모든 FB의 콜옵션은 행사가격이 상승함에 따라 감소한다. (3) 옵션기간이 길어질수록 옵션가격이 높아진다. 만기 전 기간이 길어질수록 주가가 행사가격을 실질적으로 웃돌 가능성이 커지기 때문이다. 따라서 옵션가격은 만기일이 길어질수록 상승한다. <표 18.1>과 같이 2021년 3월 19일 옵션 모두 2020년 9월 18일 또는 2020년 12월 18일 옵션보다 가격이 높다. 옵션가치에 영향을 미치는 다른 요인들, 특히 기초주

5) 불법거래를 하는 내부자들은 옵션에 내재된 레버리지가 수익성을 증가시키기 때문에 일반적으로 주식보다는 옵션을 매입한다. 그러나 내부자 정보를 개인적 이익을 위해 사용하는 것은 불법이라는 점을 유의하라; 그러한 정보를 사용하는 내부자는 옵션 판매자의 혜택을 누릴 수 있다. 내부자 거래는 불공정할 뿐만 아니라 본질적으로 절도와 동일할 뿐만 아니라 경제에 해를 끼친다. 투자자들은 자본시장에 대한 신뢰를 잃고 요구수익률을 올리게 되는데, 이는 위험요인이 증가하고, 그것은 자본비용을 증가시키기 때문이다.

식의 변동성은 뒷부분에서 논의한다.

18-3C 행사가치와 옵션가격

행사가치
콜옵션의 경우 현재 주가와 옵션 행사가격 간 차이이다.

콜옵션의 실제 가격은 시장에서 어떻게 결정되는가? 18-5절에서 우리는 콜옵션의 가격을 책정하기 위해 널리 사용되는 모형(블랙-숄즈 모형)을 제시하지만, 먼저 몇 가지 기본 개념을 확립하는 것이 유용하다. 먼저 콜옵션의 **행사가치**(exercise value)를 다음과 같이 정의한다.

$$\text{행사가치} = \text{현재 주가} - \text{행사가격} \qquad (18.1)$$

행사가치는 옵션을 즉시 행사해야 하는 경우 가치가 있는 것이다. 예를 들어, 어떤 주식이 $50에 팔리고 그 주식의 행사가격이 $20이라면, 그 옵션을 행사해서 주식을 $20에 살 수 있다. $50 상당의 가치가 있는 주식을 소유하게 되지만 단지 $20만 지불하면 된다. 따라서 즉시 행사할 경우 옵션은 $30의 가치가 있을 것이다. 콜옵션의 계산된 행사가치는 음수일 수 있지만 현실적으로 옵션의 최소 "내재"가치는 0이 된다. 아무도 외가격으로 옵션을 행사하지 않을 것이기 때문이다. 또한 옵션의 행사가치는 옵션가치의 첫 번째 근사치일 뿐이며 옵션의 실제 가치를 찾기 위한 출발점일 뿐이다.

이제 Space Technology Inc.(STI)의 일부 데이터를 보여주는 [그림 18.1]을 살펴보자. 이 회사는 최근 상장했으며 짧은 역사의 기간 동안 주가가 크게 변동한 기업이다. 세 번째 열은 주식을 서로 다른 가격에 팔았을 때 STI 콜옵션의 행사가치를 보여주고, 네 번째 열은 옵션의 실제 시장가격을 나타내며, 다섯 번째 열은 행사가치를 초과하는 실제 옵션가격의 프리미엄을 보여준다. $20 이하의 주가는 행사가치가 0으로 설정되지만 $20 이상의 주가는 $1 상승할 때마다 옵션의 행사가치가 $1씩 상승한다. 주가가 행사가 이상으로 올라갈수록 프리미엄은 하락함에도, 콜옵션의 실제 시장가격은 보통주의 각 가격의 행사가치보다 높음에 유의하라. 예를 들어, 주식이 $20에 팔렸을 때 옵션의 행사가치가 0일 때 실제 가격과 프리미엄은 $9이었다. 이어 주가가 오르면서 행사가치 상승폭은 주식의 달러 대비 상승폭과 일치했지만 옵션 시세는 덜 빠르게 상승해 프리미엄이 하락했다. 주가가 주당 $20에 팔릴 때는 프리미엄이 $9이었지만 주가가 주당 $73으로 오를 때는 $1로 떨어졌다. 해당 지점을 넘어서면 프리미엄이 사실상 사라졌다.

왜 이 패턴이 존재하는가? 왜 콜옵션이 행사가치보다 더 비싸게 팔려야 하고, 왜 주가가 상승함에 따라 프리미엄이 떨어지는가? 답은 부분적으로 옵션의 투기적 매력에 있다. 옵션을 통해 증권을 구매할 때 높은 수준의 개인적 레버리지를 얻을 수 있다.

[그림 18.1] Space Technology Inc.: 옵션가격과 행사가치

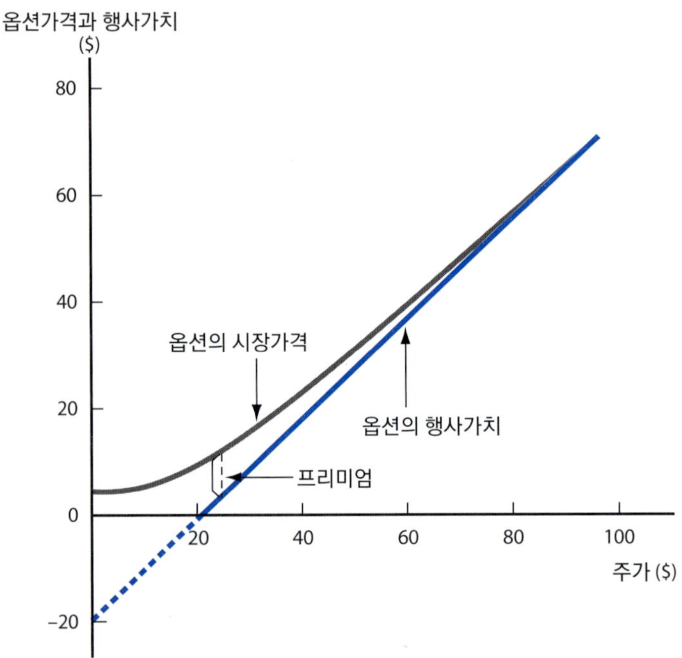

주가 (1)	행사가격 (2)	옵션의 행사가치 (1)－(2)＝(3)	옵션의 시장가격 (4)	프리미엄 (4)－(3)＝(5)
$20.00	$20.00	$0.00	$9.00	$9.00
21.00	20.00	1.00	9.75	8.75
22.00	20.00	2.00	10.50	8.50
35.00	20.00	15.00	21.00	6.00
42.00	20.00	22.00	26.00	4.00
50.00	20.00	30.00	32.00	2.00
73.00	20.00	53.00	54.00	1.00
98.00	20.00	78.00	78.50	0.50

예를 들면, STI의 옵션이 행사가치와 동일한 금액에 매도되었다고 가정하자. 이제 주당 $21에 팔리던 시점에 회사의 보통주에 투자할 생각을 하고 있다고 가정해보자. 만약 당신이 주식을 샀을 때 가격이 $42로 올랐다면, 당신은 100% 시세차익을 얻었을 것이다. 그러나 주식 행사가액으로 옵션(주식이 $21에 팔릴 때 $1)을 샀다면 $1 투자 시 $22－$1＝$21, 즉 2,100%의 시세차익이 발생했을 것이다. 동시에, 옵션과 함께 당신의 총손실가능성은 당신이 주식을 샀을 경우 $21의 잠재적 손실에 비해 $1밖에 되지 않을 것이다. 손실 제한과 함께 막대한 자본이익의 잠재력은 분명히 가치가 있으며, 투자자에게 가치가 있는 정확한 금액은 프리미엄 금액이다. 다만, 옵션을 사는 것

이 손실을 입을 가능성이 더 높기 때문에 STI의 주식을 사는 것보다 더 위험하다. STI의 주가가 $20까지 떨어지면 주식을 사면 4.76%의 손실이 발생하지만(거래비용 무시) 옵션투자 손실은 100%다.

주가가 오를수록 프리미엄이 떨어지는 이유는 무엇인가? 답의 일부는 레버리지 효과와 손실 보호 기능이 모두 높은 주가에서 감소한다는 것이다. 예를 들어, STI 주가가 주당 $73일 때 주식을 살 생각을 했다면 옵션의 행사가치는 $53이 된다. 만약 주가가 2배인 $146으로 오른다면, 당신은 100%의 주식수익률을 얻게 될 것이다. 이제 옵션의 행사가치는 $53에서 $126으로 증가하여 이전의 2,100%에 비해 138%의 이득을 얻게 된다. 또한 옵션의 잠재적 이익에 대한 달러당 잠재적 손실은 옵션이 높은 가격에 판매될 때 훨씬 더 크다. 감소하는 레버리지 영향과 더 큰 손실의 위험 증가라는 두 가지 요인은 보통주 가격이 상승함에 따라 프리미엄이 감소하는 이유를 설명하는데 도움이 된다.

주식가격과 행사가격 외에도 옵션의 가격은 다음 세 가지 다른 요인에 따라 달라진다. (1) 옵션이 만기가 될 때까지의 시간, (2) 주가의 변동성, (3) 무위험이자율. 이러한 요인이 콜옵션 가격에 어떻게 영향을 미치는지 자세히 설명하겠지만 지금은 다음 사항에 유의하자.

1. 콜옵션의 실행까지의 기간이 길어질수록 콜옵션의 가치는 커지고 프리미엄은 커진다. 오늘 오후 4시에 옵션이 만기가 되면 주가가 크게 오를 가능성이 크지 않기 때문에 옵션이 행사가치에 가깝게 팔리고 프리미엄도 작아야 한다. 반면 만기일이 1년 남았을 경우 주가가 크게 올라 옵션가치가 상승할 수 있다.

2. 매우 변동성이 큰 주식에 대한 옵션은 매우 안정적인 주식에 대한 옵션보다 더 가치가 있다. 주가가 거의 움직이지 않을 때 큰 이익을 얻을 가능성은 적다. 그러나 주가의 변동성이 매우 높을 때 옵션의 가치는 쉽게 높아질 수 있다. 동시에 옵션에 대한 손실은 제한적이다. 이익을 무제한으로 얻을 수 있지만 옵션에 대해 지불한 만큼만 잃을 수 있다. 따라서 주식가격의 큰 폭 하락은 그에 상응하는 옵션 보유자에게 나쁜 영향을 미치지 않는다. 상승 폭은 무제한이지만 하락 폭은 제한적이기 때문에 주식의 변동성이 클수록 옵션의 가치는 높아진다.

3. 무위험금리가 콜옵션에 미치는 영향은 앞선 2가지 요인에 비해 명확하지 않다. 이자율이 상승하면 기업 주가의 기대성장률은 증가하지만 미래 현금흐름의 현재가치는 감소한다. 첫 번째 효과는 콜옵션 가격을 높이는 경향이 있는 반면 두 번째 효과는 가격을 낮추는 경향이 있다. 결과적으로 첫 번째 효과가 두 번째 효과를 지배하므로 무위험금리가 증가함에 따라 콜옵션의 가격은 항상 증가한다. 섹션 18 5절의 <표 18.2>에서 이 사실을 설명하다.

상기의 1과 2 때문에 [그림 18.1]과 같은 그래프에서 옵션의 수명이 길수록 시장가격선은 행사가치선 위에 놓이게 된다. 마찬가지로 기초주식의 가격 변동성이 클수록 시장가격선이 높아진다. 블랙-숄즈 옵션가격결정모형에 대해 논의할 때 이러한 요소(및 할인율)가 옵션가치에 어떻게 영향을 미치는지 정확히 알 수 있다.

셀프 테스트

- 옵션이란 무엇인가? 콜옵션이란? 풋옵션이란?
- 콜옵션의 행사가치를 정의하라. 콜옵션의 실제 시장가격이 일반적으로 행사가치보다 높은 이유는 무엇인가?
- 콜옵션의 가치에 영향을 미치는 요인은 무엇인가?
- Underwater Technology 주식은 현재 주당 $30에 거래되고 있다. 행사가 $25의 콜옵션은 현재 $12에 판매되고 있다. 콜옵션의 행사가치와 프리미엄은 얼마인가? **($5; $7)**

18-4 옵션가격결정모형의 소개[6)]

무위험 헤지
투자자가 주식을 매수하는 동시에 해당 주식에 대한 콜옵션을 매도하여 무위험 포지션이 되는 헤지

거의 모든 옵션가격결정모형은 무위험 헤지 개념을 기반으로 한다. **무위험 헤지**(riskless hedge)가 작동하는 방식을 설명하기 위해 투자자가 Western Cellular에서 주식을 구매하는 동시에 해당 주식에 대한 콜옵션을 판매하는 예를 생각해보자. 주식가격이 오르면 투자자는 주식에서 이익을 얻을 수 있지만 콜옵션을 매도했기에 돈을 잃게 된다. (투자자가 콜옵션을 매도하거나 매도하기로 동의하면 주가가 떨어지면 돈을 벌고 주가가 오르면 손해를 본다는 점을 기억하자.) 반대로 주가가 하락하면 투자자는 주식에 투자했지만 콜옵션을 매도함으로써 이익을 얻었다. 우리가 입증한 바와 같이, 투자자가 위험이 없는 포지션으로 끝날 수 있도록 설정하는 것이 가능하다. 주가가 어떻게 되든 투자자의 포트폴리오 가치는 일정하게 유지된다. 따라서 무위험투자가 창출될 것이다. 투자가 무위험이라면 균형상태에서 무위험이자율을 산출해야 한다. 더 높은 수익률을 제공하면 차익거래자는 이를 매수하고 그 과정에서 수익률을 낮추고, 무위험이자율보다 낮은 수익률 제공 시 앞선 내용의 반대 경우가 나타난다.

주가, 옵션의 잠재적 변동성, 옵션의 행사가격, 옵션의 존속기간, 무위험이자율을 감안할 때 옵션이 균형조건을 충족하려면 옵션의 가격은 단 하나이다. 주식과 콜옵션으로 구성된 포트폴리오는 무위험이자율의 수익을 얻을 것이다. 이러한 아이디어를 토대로, 콜옵션의 현재가치를 추정하는 데 사용되는 단계를 제시하고자 한다.

---

6) 18-4절 및 18-5절은 상대적으로 기술적이며, 옵션 이해의 연속성을 저해하지 않으므로 생략될 수 있다.

이항옵션가격결정모형
기초자산 가치에 대한 두 가지 시나리오가 있는 무위험 헤지에 기반한 옵션가격결정모형

1. 사례의 가정. 휴대전화 제조업체인 Western Cellular의 주식은 주당 $40에 판매된다. 보유자가 $35의 행사가격으로 Western 주식 1주를 구매할 수 있는 옵션이 있다. 이 옵션은 1년이 지나면 만료되며, 이때 Western의 주식은 $30 또는 $50의 두 가지 가격 중 하나로 판매된다. 또한 무위험이자율은 8%이다. 이러한 가정을 바탕으로 우리는 옵션의 가치를 찾아야 한다. 이 설정에서는 주가에 대해 두 가지 시나리오만 있다고 가정하여 작업을 단순하게 유지한다. 이러한 이유로 이 접근방식을 **이항옵션가격결정모형**(binomial option pricing model)이라고도 한다.

2. 옵션만기시점에 가치의 범위를 찾아라. 옵션이 연말에 만료되면 Western의 주식은 $30 또는 $50에 판매되며 옵션가치에 대한 상황은 다음과 같다.

	연말 주가	−	행사가격 가치	=	연말 옵션가치
	$30.00	−	$35.00	=	$0.00 (옵션이 가치가 없다; 가장 낮은 가치는 0)
	50.00	−	35.00	=	15.00
범위	$20.00				$15.00

3. 주식과 옵션의 보수 범위를 동일하게 한다. 방금 보인 바와 같이 주식과 옵션의 보수 범위는 각각 $20과 $15이다. 무위험 포트폴리오를 구성하려면 이러한 범위를 균등화해야 한다. 우리는 0.75주를 매수하고 하나의 옵션(또는 75주와 100개 옵션)을 매도하여 다음 상황을 생성한다. 여기서 주가와 옵션가치의 최종가치 범위는 $15이다.

	연말 주가	×	0.75	=	주식의 연말 가치	옵션의 연말 가치
	$30.00	×	0.75	=	$22.50	$0.00
	50.00	×	0.75	=	37.50	15.00
범위	$20.00				$15.00	$15.00

4. 무위험 헤지 투자를 창출하라. 이제 Western의 주식 0.75주를 매수하고 콜옵션 1개를 매도하여 무위험투자 포트폴리오를 만들 수 있다. 상황은 다음과 같다.

연말 주가	×	0.75	=	포트폴리오 내 주식의 연말 가치	+	포트폴리오 내 옵션의 연말 가치	=	포트폴리오의 연말 총가치
$30.00	×	0.75	=	$22.50	+	$ 0.00	=	$22.50
50.00	×	0.75	=	37.50	+	−15.00	=	22.50

포트폴리오의 주식은 주가가 어떻게 되는지에 따라 $22.50 또는 $37.50의 가치가 있다. 매도된 콜옵션은 Western의 가격이 $30 이하로 떨어지면 포트폴리오 가치에 영향을 미치지 않을 것이다. 왜냐하면 그것은 행사되지 않고 만료될 것이기 때문이다. 그러나 주가가 $50에서 끝나면 옵션 보유자는 옵션을 행사하여 공개시장에서 $50이 되는 주식에 대해 $35의 행사가격을 지불한다. 이 경우 옵션은 포트폴리오 보유자에게 $15의 비용이 든다.

이제 포트폴리오의 가치는 Western의 주가가 오르든 내리든 상관없이 $22.50이다. 따라서 포트폴리오는 위험하지 않다. 주가의 상승 또는 하락을 방지하는 헤지가 만들어졌다.

5. **콜옵션 가격결정.** 지금까지 무위험 헤지를 생성하기 위해 매도한 콜옵션의 가격은 언급하지 않았다. 얼마에 팔아야 할까? 분명히 판매자는 높은 가격을 받고 싶어 하지만 구매자는 낮은 가격을 지불하기를 원할 것이다. **공정한 가격 또는 균형가격**은 얼마인가? 이 가격을 찾기 위해 다음과 같이 진행한다.
   a. 포트폴리오의 가치는 주가에 무슨 일이 일어나는지 상관없이 연말에 $22.50이 될 것이다. 이 $22.50은 위험하지 않다.
   b. 무위험이자율은 8%이므로 무위험 $22.50 연말 가치의 현재가치는 다음과 같다.

   $$PV = \$22.50/1.08 = \$20.83$$

   c. Western의 주식이 현재 $40에 판매되고 있고 포트폴리오에 0.75주가 포함되어 있기 때문에 포트폴리오의 주식비용은 다음과 같다.

   $$0.75(\$40) = \$30.00$$

   d. 주식에 대해 $30을 지불하고 포트폴리오의 현재가치가 $20.83인 경우 옵션은 최소 $9.17에 매도해야 한다.

   $$\begin{aligned}\text{옵션가격} &= \text{주식비용} - \text{포트폴리오의 PV}\\ &= \$30 - \$20.83 = \$9.17\end{aligned}$$

이 옵션이 $9.17보다 높은 가격에 판매되면 다른 투자자들은 설명된 대로 무위험 포트폴리오를 만들고 무위험이자율보다 더 많은 수익을 올릴 수 있다. 투자자들은 가격이 $9.17로 떨어질 때까지 그러한 포트폴리오와 옵션을 만들 것이고, 이 시점에서 시장은 균형을 이룰 것이다. 반대로 옵션이 $9.17 미만에 판매되면 투자자는 옵션 생성을 거부하고 결과적으로 공급 부족으로 인해 가격이 $9.17로 상승한다. 따라서 투자자(또는 차익거래자)는 옵션이 균형수준에서 가격책정될 때까지 시장에서 사고팔 것이다.

분명히 이 예는 지나치게 단순하다. Western의 주가는 1년 후 거의 모든 것이 될

비용집행 스톡옵션

제1장에서 우리는 많은 기업들이 보상 패키지의 일부로 고위 관리자에게 스톡옵션을 제공한다는 점을 언급했다. 그렇게 하는 한 가지 이유는 옵션이 관리자에게 회사 주가를 인상할 강력한 인센티브를 제공하기 때문이다. 또 다른 이점은 옵션이 급여를 대체하여 회사의 현금 요구사항을 줄이는 것이다. 현금 지급의 필요성을 줄이는 것은 급여를 위한 현금이 일반적으로 부족한 신생기업에게 특히 중요하다. 그러나 옵션은 발행회사에 무료가 아니다. 옵션은 발행주식 수를 증가시키고 결과적으로 회사의 주당 순이익을 감소시키기 때문에 매우 실질적인 비용이 든다.

과거에는 기업이 스톡옵션 발행을 선호하는 또 다른 중요한 이유가 있었다. 급여로 지급된 현금은 손익계산서에 급여비용으로 기재해야 하므로 보고된 이익이 감소한다. 대조적으로, 2006년 이전에는 스톡옵션이 수백만 달러의 진정한 가치를 지녔더라도 손익계산서에 보고할 필요가 없었기 때문에 보고된 이익이 감소하지 않았다.[7] Cisco, Citigroup 및 GE는 경영진 스톡옵션을 자발적으로 지출하기 위한 조치를 취했지만 다른 많은 회사는 저항했다.

기업들은 두 가지 이유로 비용옵션을 꺼려했다. 첫째, 관리자들은 일반적으로 보고되는 이익을 감소시키는 행위를 싫어하는데, 이는 자신의 급여, 보너스 및 미래 옵션이 보고된 이익을 기반으로 하기 때문이다. 최근 연구에 따르면 옵션을 비용처리하면 평균 S&P 500 기업의 보고된 이익이 약 15% 감소하고 일부 기업의 경우 50% 이상 감소한다. 둘째, 기업은 가치를 평가하는 방법을 확신하지 못했다. 블랙-숄즈 모형이 가장 많이 사용되지만 한계가 있다. 특히, 일부 경영진 스톡옵션은 수혜자가 옵션을 행사하기 전에 몇 년을 기다려야 하기 때문에 블랙-숄즈가 시사하는 가치보다 가치가 낮다.

그들의 꺼림에도 불구하고 회계사와 기업 관리자는 정확히 틀린 것보다 대략적으로 옳은 것이 더 낫다고 주장하는 투자자로부터 강한 압력에 직면했다(즉, 대략적인 평가를 위해 블랙-숄즈를 사용하여 옵션에 비용을 지불하는 것이 비용을 들이지 않고 분명히 잘못된 결과를 얻는 것보다 낫다). 이러한 압력에 대응하여 FASB(Financial Accounting Standards Board)는 상장기업에게 매년 부여되는 스톡옵션의 가치를 비용으로 공제하도록 요구하는 지침을 마련했다. 일부 비평가들은 이러한 지침이 여전히 기업에 이러한 옵션의 가치를 결정할 때 너무 많은 재량권을 부여한다고 불평하지만 많은 사람들은 이것이 적어도 올바른 방향으로 나아가는 단계라고 주장한다.

출처: Elizabeth MacDonald, "A Volatile Brew: Easing the Impact of the Strict New Stock Option Rules," *Forbes*, 2005년 8월 15일, pp. 70-71; and Anthony Bianco, "The Angry Market," *BusinessWeek*, 2002년 7월 29일, pp. 32-51.

수 있으며 0.75주를 구매할 수 없다(그러나 실제로는 75주를 사고 100개 옵션을 판매함으로써 그렇게 할 수 있음). 그러나 이 예는 원칙적으로 투자자가 주식을 사고 해당 주식에 대한 콜옵션을 매도함으로써 무위험 포트폴리오를 만들 수 있음을 보여준다. 이러한 포트폴리오의 수익률은 무위험이자율이어야 한다. 콜옵션의 가격이 이 조건을 반영하지 않으면 차익거래자는 옵션가격이 균형조건을 반영할 때까지 주식과 옵션을 적극적으로 거래한다. 다음 절에서는 여기에서 개발된 일반 전제(위험 없는 포트폴리오 생성)를 기반으로 하지만 종가의 완전한 가격범위를 허용해야 하기 때문에 "실제" 옵션가격결정에 적용할 수 있는 블랙-숄즈 옵션가격결정모형에 대해 논의한다.

---

7) 옵션은 기업의 손익계산서에 비용으로 표시되지 않았지만 재무제표 주석에는 표시되어야 했다.

셀프 테스트

- 주식과 옵션을 사용하여 무위험 포트폴리오를 만드는 방법을 설명하라. 그러한 포트폴리오는 콜옵션의 가치를 추정하는 데 어떻게 사용할 수 있는가?

18-5 블랙-숄즈 옵션가격결정모형(OPM)

블랙-숄즈 옵션가격결정모형(OPM)
무위험 헤지 개념에서 파생된 이 모형은 옵션의 가치를 최종 주가의 예상 현재가치와 행사가격의 현재가치의 차이로 계산한다.

1973년에 개발된 **블랙-숄즈 옵션가격결정모형**(Black-Scholes option pricing model: OPM)은 옵션 거래의 급속한 성장을 도왔다.[8] 일부 휴대용 계산기의 영구 메모리에도 프로그래밍된 이 모형은 옵션 거래자들이 널리 사용한다. 다음으로 우리는 OPM을 사용하여 콜옵션을 평가하는 방법을 보여준다. 부록 18A에서 콜과 풋 값 사이의 연관성과 풋옵션 가치평가에 OPM을 사용하는 방법을 자세히 보여준다.

18-5A OPM 가정과 방정식

옵션가격결정모형을 도출할 때 Fischer Black과 Myron Scholes는 다음과 같은 가정을 했다.

1. 콜옵션의 기초가 되는 주식은 옵션의 존속기간 동안 배당금이나 기타 분배금을 제공하지 않는다.
2. 주식이나 옵션을 사고팔 때 거래비용이 발생하지 않는다.
3. 단기 무위험이자율이 알려져 있으며 그것은 옵션의 수명 동안 일정하다.
4. 유가증권의 구매자는 구매가격의 일부라도 단기 무위험이자율로 차입할 수 있다.
5. 공매도가 허용되며 공매도는 공매도된 유가증권에 대해 오늘 가격 전액을 현금으로 즉시 수령한다.[9]
6. 콜옵션은 만기일에만 행사할 수 있다.
7. 모든 증권의 거래는 지속적으로 이루어지며 주가는 무작위로 움직인다.

---

8) Fischer Black and Myron Scholes, "The Pricing of Options and Corporate Liabilities," *Journal of Political Economy*, 1973년 5월/6월, pp. 637-659 참조.

9) 투자자(또는 투기자)가 FB 주식을 소유하고 있지 않다고 가정하자. 투자자가 주가 상승을 예상하고 결과적으로 FB 주식을 사는 경우, 그 또는 그녀는 FB에서 **매수 포지션**을 취했다고 한다. 반면에 투자자의 경우 FB의 주가가 하락할 가능성이 있다고 생각하면 FB에 대한 **매도 포지션**을 취하거나 **공매도**할 수 있다. 공매도인은 FB 주식이 없기 때문에 공매도한 주식을 브로커로부터 빌려야 한다. 주가가 떨어지면 공매도인은 나중에 공개시장에서 주식을 사고 브로커로부터 빌린 주식을 갚을 수 있다. 수수료와 세금을 제외한 공매도의 이익은 공매도에서 받은 가격과 나중에 대체 주식을 구매하기 위해 지불한 가격의 차액이 된다.

블랙-숄즈 모형의 도출은 이전 절에서 설정한 것과 같이 무위험 헤지 개념에 기초한다. 주식을 사고 그 주식에 대한 콜옵션을 동시에 매도함으로써 투자자는 무위험투자 포지션을 만들 수 있다. 여기서 주식의 이익은 옵션의 손실을 정확히 상쇄한다. 이 무위험 헤지 포지션은 무위험이자율과 동일한 수익률을 얻어야 한다. 그렇지 않으면 차익거래 기회가 존재하고 이 기회를 이용하려는 사람들이 블랙-숄즈 모형에서 지정한 균형 수준으로 옵션가격을 끌어올릴 것이다.

블랙-숄즈 모형은 다음의 세 방정식으로 구성된다.

$$V = P[N(d_1)] - Xe^{-r_{RF}t}[N(d_2)] \tag{18.2}$$

$$d_1 = \frac{\ln(P/X) + [r_{RF} + (\sigma^2/2)]t}{\sigma\sqrt{t}} \tag{18.3}$$

$$d_2 = d_1 - \sigma\sqrt{t} \tag{18.4}$$

여기서, V = 콜옵션의 현재가치

P = 기초자산인 주식의 현재가격

$N(d_i)$ = 표준정규분포에서 d_i보다 작은 편차가 발생할 확률. 따라서 $N(d_1)$ 및 $N(d_2)$는 표준정규분포곡선 아래의 영역을 나타낸다.

X = 옵션의 행사가격

$e \approx 2.7183$

r_{RF} = 무위험이자율

t = 옵션만기까지의 시간(옵션기간)

$\ln(P/X)$ = P/X의 자연로그

σ^2 = 주식수익률의 분산

Robert의 Online Option Pricer는 intrepid.com/robertl/option-pricer1.html에서 액세스할 수 있다. 이 사이트는 옵션가격결정을 위해 소액 투자자에게 온라인 금융 서비스를 제공하도록 설계되어 누구에게나 값비싼 소프트웨어와 하드웨어를 구입할 필요 없이 옵션거래가격을 결정할 수 있는 수단을 제공한다.

옵션의 가치는 앞에서 논의한 변수의 함수이다. (1) P, 주식가격; (2) t, 옵션의 만기까지의 시간; (3) X, 행사가; (4) σ^2, 기초자산인 주식의 분산; 그리고 (5) r_{RF}, 무위험이자율. 우리는 블랙-숄즈 모형을 도출하지 않는다. 해당 모형의 도출은 이 금융 입문서의 범위를 훨씬 뛰어넘는 매우 복잡한 수학이 포함된다. 그러나 모형을 사용하는 것은 어렵지 않다. 앞에서 설명한 가정하에서 옵션가격이 식 (18.2)에서 확인된 것과 다른 경우 차익거래 이익의 기회가 있으며, 이는 옵션가격을 모형에 의해 제시된 값으로 되돌리도록 한다.[10] 앞서 언급한 바와 같이, 블랙-숄즈 모형은 거래자들에 의해 널리 사용되므로 실제 옵션가격은 모델에서 도출된 값과 합리적으로 잘 일치한다.

본질적으로 식 (18.2)의 첫 번째 항인 $P[N(d_1)]$은 최종 주가의 기대 현재가치로 생

10) 주식을 사고 옵션을 파는 **프로그래밍된 거래**(또는 그 반대로)는 주식과 옵션 간의 차익거래의 한 예이다.

각할 수 있고, 두 번째 항인 $Xe^{-r_{RF}t}[N(d_2)]$는 행사가격의 현재가치로 생각할 수 있다. 그러나 방정식이 무엇을 의미하는지 알아내려고 하는 것보다 수치입력이 변화가 옵션의 가치에 어떤 영향을 미치는지 알아보기 위해 몇 가지 숫자를 입력해보는 것이 더 생산적이다.

18-5B OPM의 실례

현재 주가(P), 행사가격(X), 만기까지의 시간(t)은 월스트리트 저널 같은 신문이나 Yahoo! Finance!, Google Finance 및 MSN Money와 같은 유명한 금융사이트로부터 얻을 수 있다. 무위험이자율(r_{RF})은 만기가 옵션 만기일과 동일한 국채수익률이다. 주식수익률의 연간 분산 σ^2는 지난 1년 동안의 일별 주가변동률의 분산에 365일을 곱하여 추정할 수 있다.

다음 정보를 얻었다고 가정하자.

$P = \$21$

$X = \$21$

$t = 0.36$년

$r_{RF} = 5\% = 0.05$

$\sigma^2 = 0.09$. 즉, $\sigma = \sqrt{0.09} = 0.3$

상기 정보가 주어지면 이제 식 (18.2), (18.3) 및 (18.4)를 풀어서 OPM을 사용할 수 있다. d_1과 d_2는 식 (18.2)의 필수 입력사항이므로 다음과 같이 식 (18.3)과 (18.4)를 먼저 푼다.

$$d_1 = \frac{\ln(\$21/\$21) + [0.05 + (0.09/2)](0.36)}{0.3(0.6)}$$

$$= \frac{0 + 0.0342}{0.18} = 0.19$$

$$d_2 = d_1 - 0.3\sqrt{0.36} = 0.19 - 0.18 = 0.01$$

$N(d_1) = N(0.19)$ 및 $N(d_2) = N(0.01)$은 표준정규분포곡선 아래의 영역을 나타낸다. $d_1 = 0.19$ 값은 $0.0753 + 0.5000 = 0.5753$의 확률을 의미한다. 따라서 $N(d_1) = 0.5753$이다. 유사하게, $N(d_2) = 0.504$이다. 우리는 이 값을 사용하여 식 (18.2)를 풀 수 있다.

$$\begin{aligned} V &= \$21[N(d_1)] - \$21e^{-(0.05)(0.36)}[N(d_2)] \\ &= \$21[N(0.19)] - \$21(0.98216)[N(0.01)] \\ &= \$21(0.5753) - \$20.625(0.504) \\ &= \$12.081 - \$10.395 = \$1.686 \end{aligned}$$

따라서 가정된 조건에서 옵션의 가치는 **$1.686**이다. 실제 옵션가격이 **$2.25**라고 가정한다. 차익거래자는 옵션을 동시에 매도하고 기초주식을 매수하며 무위험이익을 얻을 수 있다. 이러한 거래는 옵션가격이 **$1.686**까지 떨어질 때까지 발생한다. 옵션이 **$1.686** 미만으로 매도된 경우에는 반대 현상이 발생한다. 투자자는 옵션에 대해

투자자들의 공포를 측정하는 VIX 지수의 사용

블랙-숄즈 옵션가격결정모형에 대한 논의에서 우리는 기초자산인 주가의 변동이 옵션의 추정가치를 결정하는 중요한 요소임을 보여주었다. 이러한 통찰력을 바탕으로 분석가는 종종 이 프로세스를 "역설계"한다. 다시 말해, 옵션의 시장가격이 주어지면 기초자산인 주식의 내재 분산 또는 표준편차(종종 "변동성"이라고 함)를 "거꾸로 산출(back out)"해낼 수 있다.

한 단계 더 나아가 1993년 Robert Whaley 교수는 S&P 500 지수의 옵션 정보를 사용하여 전체 주식시장의 인지된 변동성을 추정하기 위해 CBOE 시장 변동성 지수를 개발하는데 유사한 접근방식을 사용했다. 이 지수를 VIX라고 하며, VIX를 계산하는 정확한 기술은 시간이 지남에 따라 다양화되었지만 이제 투자자는 VIX를 추적하는 증권을 거래할 수 있다. 아래 그림은 VIX가 시간에 따라 어떻게 변했는지 보여준다.

시장 참여자들이 시장 변동성에 대해 점점 더 불안해지면 VIX가 상승하는 경향이 있다. 이러한 이유로 VIX는 때때로 "공포지수"라고도 한다. 아래 그래프를 보면 VIX가 2008년 금융위기 동안 역사적 수준으로 급등했음을 알 수 있다. 몇 년 후 VIX는 2011년 8월과 9월에 급격히 상승했다. 미국 정부의 부채가 투자자들의 두려움을 높였다. 보다 최근에 VIX는 코로나바이러스 전염병과 이에 따른 경제적 불확실성 속에 2020년에 다시 한 번 급격히 급등했다.

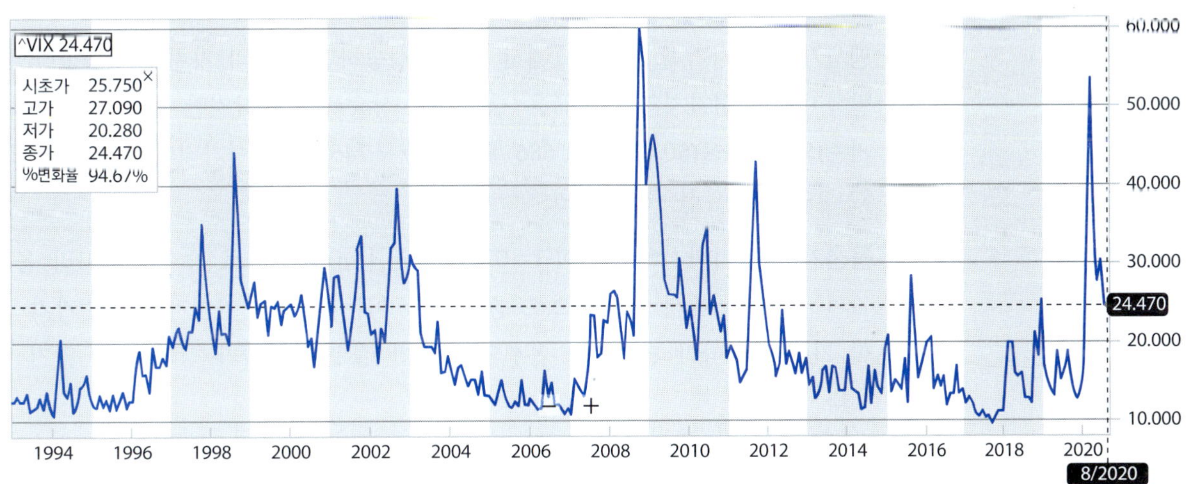

출처: finance.yahoo.com, August 27, 2020.

〈표 18.2〉 콜옵션의 가치에 미치는 OPM 요인의 영향력

경우	입력요인들					산출치
	P	X	t	r_{RF}	σ^2	V
기본	$21	$21	0.36	5%	0.09	$1.686
P를 $4 증가시킴	**25**	21	0.36	5	0.09	4.672
X를 $4 증가시킴	21	**25**	0.36	5	0.09	0.434
t를 0.5로 증가시킴	21	21	**0.50**	5	0.09	2.023
r_{RF}를 8%로 증가시킴	21	21	0.36	**8**	0.09	1.802
σ^2를 0.16으로 증가시킴	21	21	0.36	5	**0.16**	2.181

$1.686 이상을 지불할 의사가 없으며 더 적은 가격에 구매할 수 없으므로 $1.686은 옵션의 **균형가치**(equilibrium value)이다.

5가지 OPM 요인이 옵션가치에 어떤 영향을 미치는지 알아보려면 <표 18.2>를 고려하라. 여기서 맨 위의 행은 이전에 OPM과 결과 옵션 값 V = $1.686을 설명하는 데 사용된 기본적인 경우의 입력 값을 보여준다. 각 후속 행에서 굵게 표시된 요소는 증가하고 나머지 4개는 기본적 경우 수준에서 일정하게 유지된다. 콜옵션의 결과값은 마지막 열에 제공된다. 이제 <표 18.2>를 더 자세히 검토하면서 해당 요인의 변화가 옵션의 가치에 미치는 영향을 고려해보자.

1. 현재 주가. 현재 주가 P가 $21에서 $25로 상승하면 옵션가치는 $1.686에서 $4.672로 증가한다. 따라서 옵션의 가치는 주가가 상승함에 따라 증가하지만 주가 상승보다 적은 금액($2.986 vs. $4.00)이다. 그러나 옵션가치의 백분율 증가 ($4.672 − $1.686)/$1.686 = 177%는 주가의 백분율 증가($25 − $21)/$21 = 19%를 훨씬 초과한다.

2. 행사가격. 행사가격 X가 $21에서 $25로 상승하면 옵션의 가치는 하락한다. 다시 말하지만 옵션가치의 하락폭은 행사가격 상승폭보다 작지만 옵션가치(절대가치 기준)의 변화율($0.434 − $1.686)/$1.686 = −74%은 행사가격의 변화율 ($25 − $21)/$21 = 19%를 초과한다.

3. 옵션기간. 만기까지의 시간이 t = 0.36년에서 t = 0.50년으로 증가함에 따라 옵션의 가치는 $1.686에서 $2.023으로 증가한다. 이는 옵션의 가치가 기초주가가 상승할 가능성에 따라 달라지고 옵션의 만기가 길수록 주가가 상승할 수 있기 때문이다.

4. 무위험이자율. 무위험이자율이 5%에서 8%로 증가함에 따라 옵션의 가치는 $1.686에서 $1.802로 약간 증가한다. 식 (18.2), (18.3) 및 (18.4)는 r_{RF} 증가의 주요 효과가 행사가격 $Xe^{-r_{RF}t}$의 현재가치를 감소시켜 옵션의 현재가치를 높이는 것임을 시

사한다.[11] 무위험이자율도 정규분포함수 $N(d_1)$ 및 $N(d_2)$의 값을 결정하는 역할을 하지만 이 효과는 부차적으로 중요하다. 실제로 옵션가격은 일반적으로 이자율 변화에 그다지 민감하지 않으며, 최소한 일반적으로 발생하는 범위 내의 변화에는 민감하지 않다.

5. 분산. 분산이 기본 경우인 0.09에서 0.16으로 증가함에 따라 옵션의 가치는 $1.686에서 $2.181로 증가한다. 따라서 기초자산인 증권이 위험해질수록 옵션의 가치가 높아진다. 해당 결과는 논리적이다. 첫째, 행사가격으로 판매되는 주식을 사는 옵션을 구입하고 $\sigma^2 = 0$이면 주가가 상승할 확률은 0이므로 옵션으로 돈을 벌 확률은 0이다. 반면에 높은 수준의 분산을 가진 주식에 대한 옵션을 구입했다면 주가가 상당히 상승할 가능성이 높다. 따라서 옵션에서 큰 이익을 얻을 것이다. 물론 변동성이 큰 주식은 크게 하락할 수 있지만 옵션 보유자로서 손실은 옵션에 대해 지불한 가격으로 제한되며 주식의 확률분포의 오른쪽만 계산된다. 다시 말해 주가 상승은 하락보다 옵션 보유자에게 더 큰 도움이 된다. 따라서 분산이 클수록 옵션의 가치가 커진다. 이것은 위험한 주식에 대한 옵션을 더 안전하고 변동이 적은 주식에 대한 옵션보다 더 가치 있게 만든다.

Myron Scholes와 Robert Merton은 1997년 노벨경제학상을 받았으며 Fischer Black은 아직 살아 있었다면 공동 수혜자가 되었을 것이다.[12] 그들의 연구는 옵션가격결정뿐 아니라, 다양한 유형의 재무적 문제를 해결하는 데 널리 사용되는 분석 도구와 방법론을 제공했다. 실제로, 그들은 현대 위험관리와 관련된 전반적 분야에 기여했다.

셀프 테스트

- 블랙-숄즈 옵션가격결정모형의 목적은 무엇인가?
- "무위험 헤지"는 무엇이며 블랙-숄스 OPM에서 무위험 헤지 개념이 어떻게 사용되는지 설명하라.
- 콜옵션의 가치에 대한 다음 요인의 변화가 미치는 영향을 설명하라.
  1. 주가
  2. 행사가격
  3. 옵션기간

11) 식 (18.2)의 첫 번째 항인 $P[N(d_1)]$이 할인되지 않는 이유가 궁금할 것이다. 사실, 현재 주가 P는 이미 만기 시 예상 주가의 현재가치를 나타내기 때문이다. 즉, P는 할인가치이고 시장에서 오늘의 주가를 결정하기 위해 사용되는 할인율에는 무위험율이 포함된다. 따라서 식 (18.2)는 주가가 행사가보다 높을 확률에 대해 조정된 옵션 종료 기간의 주가와 행사가 사이의 스프레드의 현재가치로 생각할 수 있다.

12) Robert C. Merton, "Theory of Rational Option Pricing," *Bell Journal of Economics and Management Science*, vol.4(1973), pp. 141-183 참조.

4. 무위험이자율

5. 주가변동(즉, 주식의 위험)

- 다음 데이터를 갖는 콜옵션의 가치는 얼마인가: P = \$25, X = \$25, r_{RF} = 8%, t = 0.5(6개월), σ^2 = 0.09, $N(d_1)$ = 0.61586, $N(d_2)$ = 0.53287 **(\$2.60)**

18-6 선도 및 선물계약

선도계약
거래당사자는 특정 미래일에 특정 가격으로 상품을 구매하기로 합의하고 다른 당사자는 판매하기로 합의하는 계약이다. 물리적 전달이 발생한다.

선물계약
거래소에서 거래되고 매일 "정산" 되지만 기초자산의 물리적 인도가 이루어지지 않는 표준화된 계약

선도계약(forward contracts)은 당사자가 특정 미래일에 특정 가격으로 상품을 구매하기로 합의하고 상대방이 판매하기로 합의하는 계약이다. 상품은 **실제로 선도계약에 따라 인도된다.** 양 당사자가 재무적으로 건전하지 않은 한, 특히 계약에 도달한 후 상품가격이 크게 변동하는 경우 한 당사자가 계약을 불이행할 위험이 있다.

선물계약(futures contract)은 선도계약과 유사하지만 세 가지 주요 차이점이 있다. (1) 선물계약은 매일 "정산(marked to market)"된다. 즉, 손익이 기록되고 손실을 메우기 위해 돈을 넣어야 한다. 이것은 선도계약에 존재하는 채무불이행의 위험을 크게 줄인다. (2) 선물의 경우 기초자산의 실제 인도가 이루어지지 않는다. 양 당사자는 단순히 계약가격과 만기일의 실제가격 간의 차액을 현금으로 결제한다. (3) 선물계약은 일반적으로 거래소에서 거래되는 표준화된 상품인 반면, 선도계약은 일반적으로 맞춤형이며 두 당사자 간에 협상이 이루어지고 서명이 완료된 후에는 거래되지 않는다.

선물 및 선도계약은 원래 밀과 같은 상품에 사용되었으며, 농부는 선물계약을 제분업자에게 판매할 경우 양 당사자가 가격을 고정하여 위험 노출을 줄일 수 있었다. 상품계약은 여전히 중요하지만 오늘날 더 많은 거래가 외환 및 금리 선물에서 이루어진다. 외환계약이 어떻게 이용되는지 설명하기 위해 다음을 가정해보자. 즉, GE는 180일이 지난 후 100만 유로를 지불하는 조건으로 독일 제조업체로부터 전기모터를 구매하기로 결정했다고 가정한다. GE는 자유로운 거래 신용을 포기하고 싶지 않을 것이지만 유로가 향후 6개월 동안 달러에 대해 평가절상되면 100만 유로에 대한 달러 비용이 상승할 것이다. GE는 고정 달러 가격으로 180일 후 100만 유로를 매입하기로 합의한 선도계약을 매수함으로써 거래를 헤지할 수 있었다. 이것은 모터 구입관련 달러 비용을 고정시킨다. 이 거래는 6개월 안에 달러가 필요한 독일 회사("상대방")를 찾으려는 대형 미국은행을 통해 이루어질 것이다. 또는 GE는 거래소에서 선물계약을 매수할 수 있다.

금리선물은 또 다른 거대하고 성장하는 시장이다. 예를 들어, Simonset Corporation이 \$2,000만의 비용으로 새 공장을 건설하기로 결정했다고 가정하자. 오늘 발행된다면

이자율 8%의 10년 만기 채권으로 프로젝트 자금이 조달될 계획이다. 하지만 회사는 약 7개월 동안 돈이 필요하지 않다. Simonset은 지금 10년 만기 채권을 판매하여 8%의 이율로 고정할 수 있지만 필요하기 전에 자금을 확보할 것이기에 수익률이 8% 미만인 단기 증권에 투자해야 한다. 하지만 Simonset이 채권 발행을 7개월 기다린다면 금리가 오늘보다 높아질 수 있고, 이 경우 회사는 채권에 더 높은 이자비용을 지불해야 할 것이고, 아마도 공장을 짓는 것이 수익성이 없게 될 것이다.

Simonset의 딜레마에 대한 한 가지 해결책은 미국 10년 만기 국채(T-note) 금리선물과 관련이 있다. 이 선물은 6% 반기 쿠폰이 있는 가상의 10년 만기 국채를 기반으로 한다. 경기상승에 따른 이자율 상승이 이루어지면, 가정한 T-note의 가치는 하락하고 이자율 하락은 T-note의 가치 상승으로 나타날 것이다. 이 예에서 Simonset은 금리 인상에 대해 걱정하고 있다. 금리가 상승하면 가정한 재무부채권의 가치는 하락할 것이다. 따라서 Simonset은 포지션을 헤시하기 위해 7개월 이내에 인도되는 10년물 국채선물을 매도할 수 있다. 금리가 오르면 Simonset은 자체 채권을 발행할 때 더 많은 비용을 지불해야 한다. 그러나 채권을 확보(재매입)하기 위해 지불해야 하는 것보다 더 높은 가격으로 채권을 사전 판매했기 때문에 선물 포지션에서 이익을 얻을 것이다. 물론 이자율이 하락하면 Simonset은 선물 포지션에서 손해를 보게 되지만 채권을 발행할 때 더 낮은 이자율을 지불한다는 사실로 인해 손실이 상쇄된다.

상품선물
투입물에 대한 가격 변동을 헤지하기 위해 사용되는 계약

금융선물
변동하는 이자율, 주가 및 환율을 헤지하는 데 사용되는 계약

선물계약은 **상품선물**(commodity futures)과 **금융선물**(financial futures)의 두 가지 그룹으로 나뉜다. 석유, 다양한 곡물, 유지종자(oilseeds), 가축, 육류, 섬유, 금속 및 목재를 다루는 상품선물은 1800년대 중반 미국에서 처음 거래되었다. 1975년에 처음 거래된 금융선물에는 국채, 어음, 채권, 예금증서, 유로달러 예금, 외화 및 주가지수가 포함된다.

선물계약이 어떻게 작동하는지 설명하기 위해 미국 10년 만기 국채(T-note)에 대한 CBOT의 계약을 고려하라. 기본 계약은 $100,000에 대한 가상의 6% 구폰, 만기가 10년인 반기 지급 미 국채이다. <표 18.3>은 2020년 8월 28일 발행된 월스트리트 저널에서 2020년 8월 27일 거래 관련 T-notes 선물 표의 발췌문을 보여준다. 첫 번째 열은 배송 월을 나타내고 다음 세 열은 시작 가격과 당일의 고가 및 저가를 나타낸다. 다음 두 열은 결제가격(또는 최종 거래가격) 및 종가와 전일 종가 간의 변동을 나타낸다. 마지막 열은 미결제약정, 즉 미결제 계약의 수를 나타낸다. 여기에 표시된 표는 2020년 8월 27일 거래일의 마감분이다. <표 18.3>에 표시된 2020년 12월 선물 결제가격은 138−265이며, 이는 138에 $100,000 계약가치의 26.5/32%를 더한 값이므로 가격은 액면가의 138.8281250%이다.

예시를 위해 2020년 9월 인도되는 10년 만기 T-notes에 초점을 맞춘다. 체결가는

〈표 18.3〉 금리선물의 시세, 2020.8.27

T-Notes (CBT) - $100,000; pts 32nds of 100%

	시초가	고가	저가	결제가	변동	미결제약정
9월	139-105	139-200	138-285	138-310	-11.0	950,559
12월	139-055	139-160	138-240	138-265	-11.0	2,626,682

출처: "Futures Contracts Section: Interest Rate Futures," *The Wall Street Journal*, 2020년 8월 28일, p. B8.

138 - 310 또는 138에 $100,000 계약가치의 31/32%를 더한 값이다. 따라서 2020년 9월 인도되는 10년 만기 국채 액면가 6%인 $100,000을 살 수 있는 가격은 액면가의 138.96875%인 1.3896875($100,000) = $138,968.75이다. 지난 시세로부터 계약가격이 $100,000의 1%의 11/32 또는 $343.75 정도 떨어졌다. 따라서 이전 가격으로 계약을 구매했다면 $343.75를 잃었을 것이다. 미결계약은 950,559건으로 총가치는 약 $1,320억 9,800만이다.

특정 날짜에 계약가격이 11/32%만큼 하락했다. 10년 만기 국채선물계약의 가치가 하락하는 이유는 무엇인가? 금리가 오르면 채권가격이 떨어지기 때문에 해당일 금리가 올랐다는 것을 알고 있다. 또한 선물계약에 내재된 내재금리를 계산할 수 있다. 해당 계약은 가상으로 10년 만기로 6% 쿠폰의 반기 지급 채권과 관련되어 있음을 상기하라. 지난 가격은 138 - 310, 즉 액면가의 138.96875%였다. 재무계산기를 사용하여 다음 방정식에서 r_d를 풀 수 있다.

$$\sum_{t=1}^{20} \frac{\$30}{(1+r_d/2)^t} + \frac{\$1,000}{(1+r_d/2)^{20}} = \$1,389.6875$$

6개월 이자율을 적용할 경우 할인율 r_d는 0.8689248%이며, 이는 명목연간이자율 1.7378495% 또는 1.74%에 해당된다. 당일 채권가격이 11/32 하락했기 때문에 이전 계약가격과 내재이자율을 찾을 수 있었고 결과적으로 1.71%가 되었다. 따라서 이자율은 3bp(1.71%에서 1.74%로) 상승했으며 이는 계약가치를 $343.75만큼 감소시키기에 충분했다.

따라서 이 가상의 10년 만기 국채를 2020년 9월 인도하기 위한 선물계약은 액면가 $100,000인 채권 1좌당 $138,968.75에 판매되었으며, 이는 연간 만기수익률로 환산하면 약 1.74%이다. 해당 수익률은 2020년 9월 금리 수준에 대한 투자자들의 믿음을 반영한다. 10년 만기 T-notes의 현물수익률은 2020년 8월 말에 약 1.40%였으므로 선물시장의 한계거래자(marginal trader)는 다음과 같이 예측했다. 다음 달 수익률은 34bp 상승한다. 물론 그 예측은 잘못된 것으로 판명될 수 있다.

이제 다음 달 선물시장의 이자율이 이전 수준인 1.74%에서 1.6%로 떨어졌다고 가정하자. 금리 하락은 채권가격 상승을 의미하며 9월 계약은 약 $140,511.23의 가치가 있을 것이라고 계산할 수 있다. 따라서 계약가치는 $1,542.48 증가하는데, 이 값은 $140,511.23 − $138,968.75 = $1,542.48로 계산된다.

선물계약을 구매할 때 구매자는 구매가격 전액을 지불할 필요가 없다. 오히려 구매자는 **개시증거금**(initial margin)을 납부해야 하며, 10년 만기 국채선물계약의 경우 $100,000 계약당 $1,500이다.[13] 그러나 투자자는 **유지증거금**(maintenance margin)이라고 하는 증거금 계정에 일정 가치를 유지해야 한다. CBT 10년 미국 국채 계약의 유지증거금은 $100,000 계약당 $1,000이다. 계약가치가 하락하면 소유자는 증거금 계정에 추가자금을 납부해야 하며 계약가치가 떨어질수록 더 많은 돈을 추가해야 한다. 계약금액은 매일 영업일이 끝날 때 확인되며, 해당 시간에 증거금 계정의 조정이 이루어진다. 이를 "일일정산(markingt market)"이라고 한다. 예시로 투자자가 2020년 8월 27일에 계약을 $138,968.75에 매수체결한 다음 한 달 후인 9월에 $142,785.80에 매도했다면(이자율이 1.4%로 떨어졌다고 가정) $1,500의 투자로 $3,817.05의 이익을 얻었을 것이다. 즉, 1개월 만에 약 154%의 수익률을 거두었다. 따라서 선물계약이 상당한 레버리지를 제공한다는 것은 분명하다. 물론 금리가 올랐다면 계약가치는 떨어졌을 것이고 투자자는 쉽게 $1,500 이상을 잃을 수 있었다. 선물계약은 관련된 증권의 인도로 결제되지 않는다. 오히려 선물거래는 원래 판매자에게 계약을 재매도하는 반대매매를 통해 거래가 완료된다.[14] 계약의 실제 손익은 선물계약이 종료될 때 실현된다.

우리의 예는 선도계약과 선물이 위험을 헤지하거나 줄이는 데 사용될 수 있음을 보여준다. 나중에 18-8절에서 다양한 유형의 위험을 헤지하기 위해 선물을 사용할 수 있는 방법에 대해 자세히 설명한다. 모든 선물거래의 95% 이상이 헤지로 설계되었으며 은행과 선물 딜러는 헤지 거래상대방 사이에서 중개자 역할을 하는 것으로 추정된다. 금리 및 환율 선물은 투기 및 헤징 목적으로 사용될 수 있다. 우리는 $1,500 정도만 내려놓는다면 $100,000짜리 채권 액면가인 10년 만기 T-note 계약을 살 수 있다. 이 경우 금리의 작은 변화로 인해 매우 큰 손익이 발생한다. 그럼에도 불구하고 이러한 거래의 대다수 뒤에 있는 주요 동기는 위험을 생성하는 것이 아니라 위험을 헤지하는 것이다.

선물계약과 옵션은 서로 비슷하므로 사람들이 종종 혼동한다. 따라서 두 도구를 비

---

13) 선물계약의 증거금 요건은 시간과 상품에 따라 다르다. 이 예에서 사용된 숫자는 설명을 위한 것이다.

14) 대부분의 금융선물계약의 매수자와 매도자는 실제로 서로 거래하지 않는다. 각 거래자의 계약상 의무는 선물거래소에 의해 부과된다. 이 기능은 거래의 재정 건전성을 보장하는 데 도움이 된다. 아울러, 거래소에서 거래되는 상품선물은 금융선물과 같은 방식으로 결제되지만 상품의 경우 대부분의 계약이 거래소에서 농부와 가공업자 간의 **선도계약**으로 이루어지며 이 경우 실제 배송이 이루어진다.

교하는 것이 유용하다. **선물계약**은 특정 날짜에 특정 가격으로 당사자가 물건을 구매하고 상대방이 동일한 조건으로 판매하기로 합의하는 확정된 계약이다. 가격이 얼마나 낮든 높든 상관없이 두 당사자는 합의된 가격으로 계약을 체결해야 한다. 반면에 **옵션**은 누군가에게 자산을 매수(콜)하거나 매도(풋)할 수 있는 권리를 부여하지만 옵션 보유자가 거래를 완료할 필요는 없다. 또한 옵션은 개별 주식과 S&P 및 Value Line 지수와 같은 주식 "묶음" 모두에 존재하지만 일반적으로 상품에는 존재하지 않는다. 반면 선물은 상품, 부채증권 및 주가지수에 사용된다.

셀프 테스트

- 선도계약이란 무엇인가?
- 선물계약이란 무엇인가? 선도계약과 선물계약의 주요 차이점은 무엇인가?
- 선물계약과 옵션의 주요 차이점은 무엇인가?
- 선물계약의 개시증거금과 유지증거금의 차이는 무엇인가?
- 오늘 결제가격이 125-060인 가상의 10년, 6% 반기 이표 채권에 대한 12월 선물계약을 매수했다고 가정하자. 이 거래에 필요한 개시증거금을 납부한다($100,000 계약당 $1,500). 정산가격에 내재된 명목 연간 만기수익률은 얼마인가? 이자율이 2.4%로 떨어지면 1개의 선물계약에서 얻을 수 있는 수익률은 얼마인가? 이자율이 3.2%로 상승하면 1개의 선물계약의 수익률은 얼마인가? **(3.06%, 343.31%, −192.45%)**

18-7 기타 유형의 파생상품

옵션, 선도 및 선물은 파생상품 증권의 가장 중요한 부류에 속하지만 스왑, 구조화 어음, 인버스 플로터(inverse floaters) 및 기타 다수의 "특이한" 계약을 비롯한 다른 유형의 파생상품이 있다.

18-7A 스왑

스왑
두 당사자가 지정된 지불흐름을 만들기 위해 의무를 교환하는 데 동의한다.

스왑(swap)은 이름에서 알 수 있듯이 두 당사자가 무언가를 교환하기로 합의하는 것으로 일반적으로 지정된 지불흐름을 만들 의무가 있다. 오늘날 대부분의 스왑에는 이자 지급 또는 통화가 포함된다. 이자율 스왑을 설명하기 위해 회사 S는 20년 만기 $1억의 변동금리 채권을 가지고 있고, 회사 F는 $1억의 20년 만기 고정금리로 채권을 발행한다고 가정한다. 따라서 각 회사는 이자를 지급할 의무가 있지만 하나의 지급방식은 고정되어 있고 다른 지급방식은 미래의 이자율에 따라 달라질 것이다.

이제 회사 S가 안정적인 현금흐름을 가지고 있고 부채비용을 고정하려고 한다고 가

신용파생상품은 새로운 투자와 위험을 창출한다

시장 참여자들은 전통적으로 이자율위험과 환율위험을 헤지하기 위해 파생상품을 사용했지만 여전히 신용위험에 직면하는 경우가 많다. 시장 참여자가 이러한 신용위험을 관리하는 데 도움이 되도록 새로운 파생상품 세트가 발전된 것은 놀라운 일이 아니다.

신용파생상품의 한 가지 예는 **신용스왑**[credit swap; **신용디폴트스왑**(credit default swap)이라고도 함]이다. 가장 간단한 형태로, 거래당사자는 지속적인 지불의무를 대행하는 대가로 다른 당사자의 신용위험을 부담하는 데 동의한다. 예를 들어, Z사가 최근에 L사에 대출을 제공한 A은행에 신용스왑을 판매하는 데 동의했다고 가정하자. 계약조건에 따라 은행 A는 Z사에 정기적 현금흐름을 지급하는 데 동의한다. 그 대가로 Z사는 회사 L이 대출을 불이행할 경우 은행 A에 보상하는데 동의한다. 스왑은 거래 당사자가 대출 신용위험의 전부 또는 일부를 부담하는 데 동의함으로써 은행 A에 일종의 보험을 제공하는 것이다.

신용파생상품은 시장 유동성을 높이고 금융기관의 위험관리에 도움이 되는 만큼 가치를 제공한다. 반면에 이러한 포지션의 가치는 단기간에 극적으로 변할 수 있다. 더욱이 갑작스러운 손실로 연쇄반응을 초래할 수 있다는 우려도 있다. 예를 들어, 헤지펀드가 신용파생상품 포지션에서 큰돈을 잃으면 헤지펀드에 돈을 빌려준 은행에 부정적인 영향을 미칠 수 있다. 비즈니스위크에 인용된 월스트리드의 한 진문가는 이를 균형감 있게 설명하기 위해 신용파생상품을 다음과 같이 비료에 비유했다. "그것은 당신의 정원이 잘 가꾸어질 수 있게끔 도울 수도 있고, 폭탄으로 만들 수도 있다."

출처: Mara Der Hovanesian, Chester Dawson and Kerry Capell, "Taking Risk to Extremes: Will Derivatives Cause a Major Blowup in the World's Credit Markets?" *BusinessWeek*, 2005년 5월 23일, p. 96.

정한다. 회사 F는 경기에 따라 변동하는 현금흐름을 가지고 있으며 경기가 강할 때 증가하고 약할 때 감소한다. 이자율도 경제에 따라 오르락내리락한다는 사실을 인식하고 회사 F는 변동금리 부채가 더 나을 것이라고 결론지었다. 회사가 지불의무를 교환하면 **이자율 스왑**(interest rate swap)이 발생한다. 회사 S는 이제 안정적인 현금유입과 일치하는 고정지급금을 지급해야 하고 회사 F는 위험이 덜한 변동지급금을 지급해야 한다.

그러나 스왑에는 **부수적 지불**이 포함될 수 있다. 예를 들어, 회사 F가 채권을 발행한 후 이자율이 급격히 떨어졌다면 기존 지불의무가 상대적으로 높을 것이고 S가 스왑에 동의하도록 하기 위해 추가 지불을 해야 할 것이다. 유사하게, 한 회사의 신용위험이 다른 회사의 신용위험보다 높으면 보다 강한 회사는 요구되는 지불을 해야 하는 약한 "상대방"의 지급능력에 대해 우려할 것이다. 이 역시 부수적 지불이 필요하게 된다.

통화스왑(currency swaps)은 금리 스왑과 유사하다. 예를 들어, 미국 회사인 회사 A가 독일에 대한 투자자금을 조달하기 위해 미국에서 $1억의 달러 표시 채권을 발행했다고 가정해보자. 한편 독일 기업 G사는 미국 투자를 위해 독일에서 $1억 규모의 유로화 표시 채권을 발행했다. 회사 A는 유로를 벌지만 달러로 지불해야 하고 회사 G는 반대 상황이다. 따라서 두 회사 모두 환율위험에 노출된다. 그러나 두 회사가 지불 의무를 교환하면 두 회사의 위험이 제거된다. 이자율 스왑과 마찬가지로 이자율이나 신용위험의 차이는 부수적 지불을 요구할 것이다.

원래 스왑은 거래 상대방을 일치시키는 미국의 대형은행 주선에 의해 회사 간에 이루어진다. 이러한 매칭은 여전히 발생하지만 오늘날 대부분의 스왑은 회사와 은행 간에 이루어지며 은행은 자체 위험을 헤지하기 위한 조치를 취한다. 예를 들어, Citi는 A사와 스왑을 주선하여 A사가 은행에게 유로로 지정된 지급금을 지급하는 데 동의하고 은행은 A사가 부담해야 할 달러 지급금을 지급할 것이다. Citi는 스왑 설정에 대한 수수료를 부과하고 이러한 비용은 회사 A의 신용도를 반영한다. 환율변동으로부터 자신을 보호하기 위해 은행은 달러 지불이 필요한 독일 회사와 계약체결을 하거나 통화선물을 이용하여 포지션을 헤지한다.

18-7B 구조화된 채권

구조화 채권
다른 부채의 이행의무에서 파생된 채무

구조화 채권(structured note)이라는 용어는 종종 다른 부채의 이행의무에서 파생된 채무를 의미한다. 예를 들어, 1980년대 초 투자은행가들은 30년 만기 미 재무부채권을 대량 매입한 다음 이를 쪼개어 일련의 제로쿠폰 채권을 만들기 시작했다. 만기가 가장 짧은 제로쿠폰 본드는 국채 발행에 대한 첫 번째 이자 지급을 기초로 발행되고, 두 번째로 만기가 짧은 제로쿠폰 본드는 국채의 다음 이자지급을 기초로 발행되는 식으로 연속해서 국채의 마지막 이자지급을 기초로 하는 제로쿠폰 본드가 발행되는 등 30년 만기 제로쿠폰 본드가 발행되었다. 미 국채를 쪼개는 식으로 이루어진 제로쿠폰 본드는 구조화된 채권의 첫 번째 유형 중 하나였다.

구조화 채권의 또 다른 중요한 유형은 모기지론에 대한 이자 및 원금 지급을 기초로 발행되는 것이다. 1970년대에 월스트리트의 기업들은 연방기관이 지원하는 대규모 모기지 패키지를 구입하고 이러한 패키지 또는 "풀(pools)"을 수탁자에게 맡기기 시작했다. 그런 다음 신탁에 보관된 모기지 풀을 기초로 하는 **담보부 모기지 채권**(collateralized mortgage obligations: CMO)이라고 하는 채권이 연기금, IRA 계정을 갖고 있는 개인, CMO에 투자할 의사가 있지만 개별 모기지를 구매하지 않았을 기타 투자자에게 판매되었다. 이러한 모기지의 **증권화**는 주택 구매자에게 수십억 달러의 새로운 자본을 제공했다.

여러 가지 이유로 CMO는 순수채권보다 평가하기가 더 어렵다. 첫째, 기초자산인 모기지는 언제든지 선지급될 수 있으며, 이 경우 선지급금은 CMO 부채의 일부를 상환하는 데 사용된다. 따라서 CMO 보유자는 자신의 채권이 언제 상환될지 모른다. 이 상황은 금리가 하락하면 채권가격이 상승한다는 사실로 인해 더욱 복잡해진다. 그러나 금리 하락은 모기지 선지급으로 이어지므로 CMO가 특히 빠르게 상환된다.

현금흐름을 거의 확실하게 예측할 수 있는 채권에서 지불흐름이 매우 불확실한 다른 채권에 이르기까지 다양한 구조화된 채권이 생성될 수 있다. 예를 들어, 투자은행가는 모기지 상환 지급금의 이자구성 요소에서 현금흐름을 제공하는 IO(interest only; 이자 전용)라는 채권과 원금 상환 흐름에서 지불되는 PO(principal only; 원금 전용)를 만들 수 있다. 각 경우에 채권의 가치는 예상되는 지불흐름의 현재가치로 확인되지만 흐름의 길이와 크기는 불확실하다. 예를 들어, 10년 동안 $100을 지불할 것으로 예상되는 IO를 제안받았다고 가정하자. (10년 후에 모기지가 재융자될 것으로 예상하고 그 시점에 지불이 중단된다.) 또한 예상되는 지불흐름을 10%의 비율로 할인하고 그 가치를 $614.46으로 결정한다고 가정하자. 투자할 $614.46이 있으므로 IO를 구매하고 돈의 10%를 벌 것으로 기대한다.

이제 금리가 하락한다고 가정하자. 이율이 떨어지면 할인율이 떨어지며 이는 일반적으로 IO 가치의 증가를 의미한다. 그러나 이자율이 급격히 하락하면 모기지 재융자가 급증하게 되며, 이 경우 이자만 받는 지불이 중단(또는 크게 감소)되고 IO 가치가 급격히 떨어진다. 반면에 이자율이 급격히 상승하면 재융자 횟수가 줄어들고 예상되는 지불흐름이 길어지며 IO 가치가 증가할 수 있다.

투자은행가는 현금흐름을 예측할 수 있는 "평범한 바닐라(plain vanilla)" 채권부터 위험을 거의 계산할 수 없는 "이국적(exotic)" 채권(때로는 "독성 폐기물(toxic waste)"이라고도 함)에 이르기까지 다양한 구조화된 채권으로 모기지 풀을 "얇게 썰어냄(slice and dice)"의 방식을 취한다.

CMO를 통한 모기지 증권화는 유용한 경제적 기능을 제공한다. 즉, 연기금 및 기타 투자자금을 갖고 있는 여타 사람들에게 투자 수단을 제공하고 주택 소유자가 합리적인 비용으로 더 많은 돈을 사용할 수 있도록 한다. 또한 일부 투자자는 상대적으로 안전한 투자를 원하지만 다른 투자자는 더 높은 기대수익을 얻기 위해 더 많은 투기성 증권을 구매할 의향이 있다. 구조화된 채권은 투자자가 원하는 것을 제공하기 위해 위험을 분할할 수 있다. 그러나 위험이 있다. 캘리포니아주 오렌지카운티와 같은 시방정부를 위해 자금을 관리하는 순진한 관리들은 안전한 유가증권만 보유해야 할 때 종종 "독성 폐기물"을 구입한다.

보다 최근에 월스트리트의 기업은 CDO(collateralized debt obligations; 담보부 부채증권)라고 하는 유사한 파생상품의 세트를 만들었다. CDO는 CMO와 유사하지만 모기지 포트폴리오를 구성하는 대신 발행회사가 부채 상품 포트폴리오를 구성한다. 다시 한 번 전체 위험은 여러 등급으로 나뉜다. 시니어 클래스(senior class)를 보유하고 있다면 포트폴리오에서 현금흐름을 가장 먼저 받게 된다. 결과적으로 위험이 그다지 크지 않을 수 있다. 반면에 우선순위가 낮은 더 위험한 클래스 중 하나를 구입하면 더 높은 수익을 기대할 수 있지만 훨씬 더 많은 위험이 있다.

18-7C 인버스 플로터

변동금리 채권은 금리 지수에 따라 금리가 오르내리는 이자율을 가지고 있다. 예를 들어, 우대금리가 3.25%일 때 우대금리 1%를 더하면 $100,000 채권의 이자율은 4.25%가 되며, 우대금리에 따라 이자율이 오르락내리락 할 것이다. 채권과 관련된 현금흐름과 이를 평가하는 데 사용되는 할인율이 함께 오르내리기 때문에 채권의 시장가치는 비교적 안정적이다.

인버스 플로터
지급된 이자율이 시장이자율과 반대 방향으로 움직이는 채권

인버스 플로터(inverse floater)를 사용하면 채권에 지불된 이자율이 시장이자율과 반대 방향으로 움직인다. 따라서 경제호황국면에서 이자율이 상승하면 인버스 플로터에 지불되는 이자율이 하락하여 현금 이자지급액이 낮아진다. 동시에 인버스 플로터의 현금흐름을 평가하는 데 사용되는 할인율은 다른 이율과 함께 상승한다. 낮은 현금흐름과 높은 할인율의 결합된 효과는 인버스 플로터의 가치에서 매우 큰 하락을 초래할 것이다. 따라서 인버스 플로터는 금리 인상에 예외적으로 취약하다. 물론 금리가 떨어지면 인버스 플로터의 가치는 치솟는다.

우리는 파생증권의 가장 중요한 유형에 대해 논의했지만 모든 유형은 아니다. 그러나 이 논의를 통해 파생상품이 생성되는 방법과 이유, 파생상품이 어떻게 사용되고 오용될 수 있는지에 대한 좋은 아이디어를 얻을 수 있다.

셀프 테스트

- 파생증권의 다음 유형에 대해 간략하게 설명하라.
  1. 스왑
  2. 구조화 채권
  3. 인버스 플로터

18-8 위험축소를 위한 파생상품의 이용

기업은 금융시장의 금리, 주가, 환율변동과 관련된 수많은 위험에 노출되어 있다. 투자자의 경우 재무위험을 줄이는 가장 확실한 방법 중 하나는 국제 증권 및 다양한 만기의 부채를 포함시켜 주식 및 채무증권의 광범위한 분산 포트폴리오를 보유하는 것이다. 그러나 파생상품은 금융 및 상품 시장과 관련된 위험을 줄이기 위해 사용될 수도 있다.[15)]

18-8A 유가증권 가격노출

기업은 투자 포트폴리오에 유가증권을 보유할 때 유가증권 가격 변동에 따른 손실에 노출되고, 기업은 유가증권을 발행할 때 손실에 노출된다. 또한 기업이 고정 현금흐름을 창출하는 투자자금을 조달하기 위해 변동금리 부채를 사용하는 경우 위험에 노출된다. 이러한 위험은 종종 파생상품을 사용하여 완화할 수 있다. 앞서 논의한 바와 같이 파생상품은 가치가 다른 자산의 가치에서 유래하거나 파생된 증권이다. 따라서 옵션과 선물계약은 가치가 일부 기초자산의 가격에 따라 달라지기 때문에 파생상품이다. 다음 절에서는 특정 유형의 위험을 관리하는 데 도움이 되는 두 가지 유형의 파생상품인 선물과 스왑의 사용에 대해 더 자세히 알아볼 것이다.

18-8B 선물

투기
선물의 경우 미래 가격변동에 대한 베팅이 포함된다.

헤징
위험을 낮추기 위해 이용하는 거래

선물은 투기와 헤징 모두에 사용된다. **투기**(speculation)는 미래 가격 변동에 대한 베팅을 포함하며 선물은 계약에 내재된 레버리지 때문에 사용된다. 반면에 **헤징**(hedging)은 기업이나 개인이 이익에 부정적인 영향을 미칠 수 있는 가격 변동으로부터 보호받기 위해 수행된다. 예를 들어, 금리와 상품(원자재) 가격 상승은 환율 변동에 악영향을 미칠 수 있는 것처럼 이익에 손해를 끼칠 수 있다. 만약 두 당사자가 거울에 비친 위험을 가지고 있다면, 그들은 위험이전에 반하는 위험을 제거하는 거래를 할 수 있다. 이것은 "자연헤지(natural hedge)"이다. 물론 선물계약의 한쪽 당사자는 투기꾼이 될 수 있고 다른 한쪽은 헤지 거래자가 될 수 있다. 따라서 투기꾼이 시장을 확장하고 헤징을 가능하게 하는 한, 그들은 그것을 피하려는 사람들의 위험을 줄이는 데 도움이 된다.

롱 헤지
선물계약은 가격 상승을 예상하여(또는 방지하기 위해) 매수한다.

숏 헤지
선물계약은 가격 하락을 방지하기 위해 판매된다.

헤지에는 두 가지 기본 유형이 있다: (1) 가격 상승을 예상하여(또는 방지하기 위해) 선물계약을 매수하는 **롱 헤지**(long hedges), (2) 기업이나 개인이 가격 하락에 대비해서 선물계약을 매도하는 **숏 헤지**(short hedges). 금리 인상은 채권가격을 낮추고 따라서 미국 국채선물계약의 가치를 감소시킨다는 점을 기억하라. 따라서 기업이나 개인이 금리 인상에 대비해야 하는 경우 금리 인상 시 돈을 버는 선물계약을 사용해야 한다. 이는 선물계약을 매도하는 것을 의미한다. 예를 들어, 8월 말에 Carson Foods가 자본지출 프로그램을 위한 자금조달 차원에서 12월 말에 $10,000,000의 10년 만기 채권을 발행할 계획을 고려하고 있다고 가정한다. 채권이 오늘 발행되는 경우 이자율은 반기 지불로 6%가 되며 해당 이율에서 동 프로젝트는 양의 순현재가치(NPV)를 갖게 된다. 그러나 향후 4개월 동안 이자율이 인상될 수 있으며, 발행 시 금리가 6%를 훨씬 상회

15) 제17장에서 우리는 외화보유와 관련된 위험과 그러한 위험을 줄이는 절차에 대해 논의했다.

할 수 있으므로 프로젝트가 부적합한 투자가 될 수 있다. Carson은 선물시장에서 헤지를 함으로써 금리 인상으로부터 스스로를 보호할 수 있다.

이 상황에서 Carson은 금리 인상으로 인해 피해를 입을 것이므로 숏 헤지를 사용한다. 발행 계획인 10년 만기 채권과 가장 유사한 해당 증권에 대한 선물계약을 선택할 것이다. 이 경우 Carson은 미국 10년물 국채선물로 헤지할 것이다. $10,000,000 채권을 발행할 계획이기 때문에 12월에 인도 예정인 $10,000,000/$100,000 = 100좌의 국채계약을 판매할 것이다. Carson은 증거금으로 100($1,500) = $150,000을 입금하고 중개수수료를 지불해야 한다. 설명을 위해 <표 18.3>의 숫자를 사용한다. 각 12월 인도분 계약의 가치는 138 − 265 또는 138 + 26.5/32%이므로 100계약의 총가치는 1.388281250($100,000)(100) = $13,882,812.50이다. 이제 인플레이션에 대한 새로운 두려움으로 인해 Carson의 부채 금리가 향후 4개월 동안 100bp 인상되어 7%가 된다고 가정해보겠다. Carson이 6% 반기 이표 채권을 발행하면 투자자는 이제 7%의 수익을 요구하기 때문에 채권당 $928.94를 받게 된다. 따라서 Carson은 자금조달 지연의 결과로 채권당 $71.06 × 채권 10,000좌 또는 $710,600을 잃게 된다. 그러나 금리 인상은 선물시장에서 Carson의 공매도 포지션 가치에도 변화를 가져올 것이다. 이자율이 높아져 선물계약의 가치는 하락할 것이며, 선물계약의 이자율이 1.75%에서 2.75%로 증가하면 계약가치는 $12,824,586.90으로 떨어질 것이다. 그런 다음 Carson은 이전에 $13,882,812.50에 공매도한 계약을 $12,824,586.90에 환매하여 수수료를 차감한 $1,058,225.60의 이익을 줌으로써 선물시장에서 포지션을 마감할 것이다.

따라서 수수료와 증거금의 기회비용을 무시한다면 Carson은 채권 발행 손실을 상쇄할 것이다. 실제로 우리의 예에서 Carson은 손실을 상쇄하는 것 이상으로 $347,625.60을 추가로 벌었다. 물론 이자율이 떨어졌다면 Carson은 선물 포지션에서 손실을 입었을 것이지만 Carson이 이제 더 낮은 쿠폰으로 채권을 매각할 수 있다는 사실에 의해 해당 손실을 상쇄했을 것이다.

완전헤지
헤지 거래의 손익이 헤지되지 않은 포지션의 손실 또는 이익을 정확히 상쇄할 때 발생한다.

Carson의 부채에 대한 선물계약이 존재하고 현물시장과 선물시장에서 이자율이 동일하게 움직인다면 회사는 선물계약의 이익이 채권의 손실을 정확히 상쇄하는 **완전헤지**(perfect hedge)를 구축할 수 있다. 현실에서는 대부분의 경우 기초자산이 선물자산과 동일하지 않고 동일하더라도 가격(및 금리)이 현물시장과 선물시장에서 정확히 함께 움직이지 않을 수 있기 때문에 완전헤지를 구성하는 것은 사실상 불가능하다.

Carson이 주식 공모를 계획하고 있고 그 주식이 주가지수 중 하나와 상당히 가깝게 움직이는 경향이 있었다면 회사는 지수선물을 공매도하여 주가 하락을 헤지할 수 있었다. 더욱이 Carson의 주식에 대한 옵션이 옵션시장에서 거래되었다면 주가 하락에 대비하기 위해 선물 대신 옵션을 사용할 수 있었을 것이다.

선물 및 옵션 시장은 기업이 의사결정에 도달한 시점과 거래가 완료된 시점 사이에 발생하는 변동으로부터 회사를 적어도 부분적으로 보호할 수 있기 때문에 금융거래 시기에 유연성을 허용한다. 그러나 이러한 보호에는 비용이 따른다. 회사는 수수료를 지불해야 한다. 보호가 비용의 가치가 있는지 여부는 판단의 문제이다. 헤지 결정은 경영진의 위험회피와 해당 위험을 감수할 수 있는 회사의 힘과 능력에 달려 있다.

이론적으로 헤지 거래로 인한 위험 감소는 헤지비용과 동일한 가치를 가져야 한다. 따라서 기업은 헤징에 무관심해야 한다. 그러나 많은 기업들은 헤징이 가치가 있다고 생각한다. 텍사스의 대형 부동산 개발업체인 Trammell Crow는 변동금리로 지급되는 건설용도의 대출에 대한 이자비용을 고정하기 위해 T-bill선물을 사용했으며, Kraft Heinz Company는 유가증권 포트폴리오를 보호하기 위해 유로달러 선물을 사용했다. Morgan Stanley 및 기타 투자은행은 주요 인수에 관여할 때 자신을 보호하기 위해 선물 및 옵션 시장에서 헤지한다.

18-8C 스왑

스왑(swap)은 재무위험을 줄이는 또 다른 방법이다. 앞서 언급한 바와 같이 스왑은 교환이다.[16] 금융에서 스왑의 경우 각 당사자가 상대방의 지불 유형이나 패턴을 선호하는 현금 지불의무로 교환하는 것이다. 즉, 스왑은 상대방의 채무계약조건을 선호하고 스왑을 통해 각 당사자가 우선 지급의무를 획득할 수 있기 때문에 발생한다. 일반적으로 한 당사자는 고정이자율 의무가 있고 다른 당사자는 변동이자율 의무가 있다. 또는 한 당사자가 특정 통화로 표시된 의무를 가지고 있고 다른 당사자는 다른 통화로 표시된 의무를 가지고 있다.

시간이 지남에 따라 스왑시장에서 주요 변화가 발생했다. 첫째, 가장 일반적 유형의 스왑에 대해 표준화된 계약이 개발되었으며 이는 두 가지 효과를 가져왔다. (1) 표준화된 계약은 스왑 준비에 소요되는 시간과 노력을 줄여 거래비용을 낮춘다. (2) 표준화된 계약의 발전은 스왑을 위한 2차 시장으로 이어져 스왑시장의 유동성과 효율성을 높였다. 많은 국제 은행이 현재 스왑시장을 만들고 여러 표준 유형에 대한 견적을 제공한다. 또한 이전에 언급했듯이 은행은 이제 스왑 거래상대방의 입장을 취하기 때문에 스왑거래가 완료되기 전에 거울에 비춰진 위험을 회피하려는 다른 회사를 찾을 필요가 없다. 은행은 일반적으로 다소 늦게 스왑에 대한 최종 거래상대방을 찾기 때문에 포지션이 정해지면 스왑시장이 보다 효율적으로 운영될 수 있다.

---

16) 스왑에 대한 자세한 내용은 Clifford W. Smith, Jr., Charles W. Smithson, Lee MacDonald Wakeman, "The Evolving Market for Swaps," *Midland Corporate Finance Journal*, Winter 1986, pp. 20-32; 및 Pacific Investment Management Company, LLC의 "Interest Rate Swaps"라는 제목의 교육 기사, global.pimco.com/en-gbl/resources/education/understanding-interest-rate-swaps을 참조할 것.

스왑거래를 더 자세히 설명하기 위해 다음 상황을 고려해보자. 특정 전력회사는 현재 우대금리와 연계된 5년 만기 변동금리 채권을 보유하고 있다. 우대금리는 향후 크게 상승할 수 있으므로 해당 채권에는 높은 금리 위험이 따른다. 하지만 전력회사는 상대방(예: Citi)과 스왑을 체결할 수 있다. 여기서 전력회사는 Citi에 5년 동안 고정된 일련의 이자를 지불하고 Citi는 전력회사에서 요구하는 변동이율에 연동된 자금을 지급한다. 그 결과 전력회사는 변동금리 대출을 고정금리 대출로 전환하고 이자율 상승의 위험은 전력회사에서 Citi로 전가되었을 것이다. 이러한 거래는 양 당사자의 위험을 낮출 수 있다. 은행의 수익은 이자율이 상승함에 따라 증가하기 때문에 Citi에 변동금리 의무가 있다면 위험은 더 낮을 것이다. 장기 스왑도 가능하다. 몇 년 전 Citi는 전력 열병합 발전 프로젝트 파이낸싱 계약에서 17년 스왑을 체결했다. 프로젝트의 후원자들은 합리적인 조건으로 고정금리 자금을 조달할 수 없었고, 금리가 인상되어 프로젝트의 수익성이 악화될 것을 두려워했다. 그러나 프로젝트 후원자들은 지역은행에서 변동금리로 차입한 후 고정금리 의무에 대해 Citi와 스왑을 주선할 수 있었다.

18-8D 상품가격 노출

앞서 언급했듯이 선물시장은 금융상품에 사용되기 오래 전에 많은 상품에 적용되기 위해 설립되었다. 대량의 구리와 여러 귀금속을 사용하는 Porter Electronics를 통해 재고 헤지를 설명할 수 있다. 2020년 8월 말에 Porter는 2021년 5월에 미국 정부에 태양열 전지를 공급하기 위한 고정가격 계약을 이행하는 데 사용하기 위해 100,000파운드의 구리가 필요하다고 예측했다고 가정해보자. Porter의 관리자는 칠레 구리 광부의 파업이 발생하여 세계 시장에서 구리 가격이 상승하고 태양전지의 예상이익이 손실로 바뀔 수 있다고 우려하고 있다.

물론 Porter는 계약을 이행하는 데 필요한 구리를 구입할 수 있지만 그렇게 하면 상당한 운반비용이 발생한다. 대안으로 회사는 선물시장에서 상승하는 구리 가격을 헤지할 수 있다. 시카고상품거래소(Chicago Mercantile Exchange)는 각각 25,000파운드의 표준 구리 선물계약을 거래한다. 따라서 Porter는 2021년 5월 인도분 계약 4개를 매수할 수 있다. 이 계약은 2020년 8월 말에 파운드당 $3.0820에 거래되었고 당시 현물가격은 파운드당 $3.0410이었다. 구리 가격이 향후 9개월 동안 계속해서 눈에 띄게 상승하면 구리 선물에 대한 Porter의 매수 포지션 가치가 증가하여 상품가격 상승의 일부를 상쇄할 것이다. 물론 구리 가격이 하락하면 Porter는 선물계약에서 손실을 보게 된다. 그러나 회사는 현물시장에서 더 싼 가격에 구리를 구입하기 때문에 태양전지 판매로 예상보다 높은 이익을 얻을 것이다. 따라서 구리 선물시장의 헤징은 원자재 비용을 고정시키고 회사가 노출될 위험을 일부 제거한다. 알루미늄을 사용하는 Alcoa 및 곡물을 사용하는 Archer Daniels Midland와 같은 다른 많은 제조업체는 일상적으로 선물시장을 이용하여 투입가격의 변동성과 관련된 위험을 줄인다.

18-8E 파생상품의 이용과 오용

파생상품에 대한 뉴스 기사의 대부분은 금융부문의 폐해와 관련이 있다. 파생상품의 이점에 대해서는 훨씬 덜 알려져 있다. 그러나 이러한 이점 때문에 미국 대기업의 90% 이상이 정기적으로 파생상품을 이용한다. 오늘날 시장에서 정교한 투자자와 분석가는 기업이 파생상품을 이용하여 특정 위험을 헤지할 것을 요구하고 있다. 따라서 회사가 위험을 안전하고 저렴하게 헤지할 수 있다면 그렇게 해야 한다.

그러나 파생상품을 이용하는 데에는 단점이 있을 수 있다. 당국은 헤징을 파생상품의 "좋은" 용도로 항상 인용하는 반면 파생상품에 대한 투기는 종종 "나쁜" 용도로 인용한다. 일부 사람들과 조직은 파생상품에 대한 투기와 관련된 위험을 감수할 수 있지만, 여타 사람들은 그들이 감수하는 위험에 대해 충분히 알지 못하거나 애초부터 그러한 위험을 감수해서는 안 된다. 대부분의 사람들은 전형적 기업은 이윤을 늘리기 위해 투기가 아니라 위험을 헤지하기 위해서만 파생상품을 사용해야 한다는 데 동의할 것이다. 이 장의 시작 부분의 연례보고서에서 Procter & Gamble은 파생상품을 이용하여 다양한 위험을 헤지했다고 밝혔다. 특히 파생상품을 투기 목적으로 사용하지 않았다는 점을 강조했다. 헤징을 통해 관리자는 금리, 통화 및 상품가격 변동성에 대해 걱정할 필요 없이 핵심 비즈니스 운영에 집중할 수 있다. 그러나 헤지 방식이 부적절하거나 상대적으로 높은 수익을 보고자 기업의 재무관리자가 파생상품을 투기 목적으로 사용할 경우 문제가 빠르게 발생할 수 있다.

셀프 테스트

- 기업이 금리 인상에 대비하여 선물시장을 어떻게 활용할 수 있는지 설명하라.
- 스왑이란 무엇인가? 고정금리 스왑과 변동금리 스왑의 메커니즘을 설명하라.
- 기업이 원자재 가격 상승을 헤지하기 위해 선물시장을 어떻게 사용할 수 있는지 설명하라. 파생상품은 위험관리에 어떻게 사용되어야 하는가? 어떤 문제가 발생할 수 있는가?

18-9 위험관리

위험관리
기업에 부정적인 결과를 초래하는 예측 불가능한 사건의 관리와 연관된다.

비즈니스가 점점 더 복잡해짐에 따라 CEO와 임원들은 어떤 문제가 기다리고 있는지 알기가 점점 더 어려워지고 있다. 따라서 기업은 잠재적인 문제를 체계적으로 찾아내고 잠재적인 손상을 최소화하기 위한 보호장치를 설계해야 한다. 이러한 이유로 대부분의 대기업은 CFO에게 보고하는 "위험관리자"를 지정하고 소규모 회사의 CFO는 개인적으로 위험관리 책임도 진다. 어쨌든 **위험관리**(risk management)가 점점 더 중요해지고 있기 때문에 재무전공 학생들이 이해해야 할 것이 있다. 따라서 이 장의 나머지 부분에서 파생상품을 사용하여 금융위험을 헤지하는 방법에 특히 중점을 두고 위험관리의 기본 사항을 논의한다.

다양한 위험을 설명하는 몇 가지 일반적으로 사용되는 용어를 정의하여 위험관리에 대한 논의를 시작하는 것이 유용하다. 이러한 위험 중 일부는 완화되거나 관리될 수 있으며, 이것이 바로 위험관리이다.

1. 순수위험(pure risks)은 손실 가능성만 제공한다. 예를 들면, 공장이 화재로 파괴될 위험이나 제품책임소송으로 인해 회사의 이익에 반하는 중대한 판결이 내려질 위험이 있다.
2. 투기적 위험(speculative risks)은 이익의 기회를 제공하지만 손실을 초래할 수 있다. 따라서 신규 프로젝트 및 유가증권에 대한 투자는 투기적 위험을 수반한다.
3. 수요위험(demand risks)은 기업의 제품 또는 서비스에 대한 수요와 관련이 있다. 매출은 모든 사업에서 필수적이기 때문에 수요위험은 기업이 직면하는 가장 중요한 위험 중 하나이다.
4. 투입위험(input risks)은 인건비와 자재를 포함한 투입비용과 관련이 있다. 따라서 제조공정에서 구리를 원료로 사용하는 회사는 구리 비용이 상승하고 이를 고객에게 전가할 수 없는 위험에 직면해 있다.
5. 금융거래에서 발생하는 금융위험(financial risks). 우리가 보았듯이 회사가 새로운 채권을 발행할 계획이라면 채권이 시장에 나오기 전에 이자율이 상승할 위험에 직면해 있다. 유사하게, 회사가 외국 고객 또는 공급업체와 계약을 체결하는 경우 환율 변동으로 인해 예상치 못한 손실이 발생할 위험에 직면하게 된다.
6. 재산위험(property risks)은 생산을 위한 자산의 파괴와 관련이 있다. 따라서 화재, 홍수 및 폭동의 위협은 회사에 재산위험을 부과한다.
7. 인적위험(personnel risks)은 직원의 행동으로 인해 발생한다. 예를 들어, 직원 사기 또는 횡령과 관련된 위험 및 연령 또는 성차별 혐의에 따른 소송이 있다.

8. 환경위험(environmental risks)에는 환경오염과 관련된 위험이 포함된다. 환경 정화의 막대한 비용과 함께 최근 몇 년 동안 대중의 인식은 이 위험의 중요성을 증가시켰다.

9. 책임위험(liability risks)은 제품, 서비스 또는 직원 행동과 관련이 있다. 예를 들어, 석면 제조업체 및 일부 의료 제공자에 대한 부정적 평가와 연관된 중요한 판결과 회사 차량을 무모하게 운전하는 것과 같은 직원의 부적절한 행동으로 인해 발생된 비용이 포함된다.

10. 보험가능위험(insurable risks)은 보험으로 처리할 수 있다. 일반적으로 재산, 인력, 환경 및 책임 위험은 보험회사에 이전될 수 있다. 그러나 위험을 보장할 수 있는 능력이 반드시 위험을 보장해야 함을 의미하지는 않는다. 실제로 위험관리의 주요 기능은 자가보험을 포함하여 특정 위험을 관리하기 위한 모든 대안을 평가한 다음 최적의 대안을 선택하는 것이다.

우리가 사용한 위험 분류는 다소 임의적이며 다양한 산업에서 일반적으로는 다른 분류가 사용되기도 한다. 하지만 해당 리스트는 회사가 노출될 수 있는 다양한 위험에 대한 아이디어를 제공한다.

18-9A 위험관리에 대한 접근

기업은 종종 위험관리를 위해 다음의 프로세스를 이용한다.

1. 회사가 직면한 위험을 식별한다. 여기에서 위험관리자는 자신의 회사가 직면한 잠재적 위험을 식별한다. ("PWC의 위험 평가 및 관리의 지침" 박스를 참조할 것)

2. 각 위험의 잠재적 영향을 측정한다. 일부 위험은 너무 작아서 중요하지 않은 반면 다른 위험은 회사를 파멸시킬 가능성이 있다. 잠재적 영향에 따라 위험을 분리한 다음 가장 심각한 위협에 초점을 맞추는 것이 유용하다.

3. 각 관련 위험을 처리하는 방법을 결정한다. 대부분의 상황에서 다음의 기술 중에서 하나를 통해 위험 노출을 줄일 수 있다.

   a. 위험을 보험회사에 이전하라. 종종 위험에 대비하여 보험에 가입하는 것이 유리하다(즉, 위험이전). 그러나 보험에 가입할 수 있다고 해서 반드시 위험이 보험에 의해 보장되어야 한다는 것은 아니다. 많은 경우에 회사가 자가보험에 가입하는 것이 더 나을 수 있다. 즉, 그것은 다른 당사자에게 비용을 부담시키는 것보다 스스로 직접 위험을 감수하는 것을 의미한다.

   b. 위험을 발생시키는 기능을 제3자에게 이전한다. 예를 들어, 가구 제조업체는

제조공장에서 전국의 다양한 지역으로 제품을 운송하는 데 사용되는 트럭 소유로 인해 발생가능한 잠재적 부채에 대해 우려하고 있다고 가정하자. 이 위험을 제거하는 한 가지 방법은 운송회사와 계약하여 해당 기업이 운송을 담당하게끔 함으로써 위험을 제3자에게 전가하는 것이다.

c. **위험을 줄이기 위해 파생상품 계약을 구매한다.** 앞서 언급했듯이 기업은 위험을 헤지하기 위해 파생상품을 이용한다. 상품파생상품을 사용하여 투입되는 원자재의 가격변동위험을 줄일 수 있다. 예를 들어, 곡물회사는 곡물가격 상승을 헤지하기 위해 옥수수 또는 밀 선물을 이용할 수 있다. 유사하게, 금융파생상품은 이자율과 환율의 변화로 인해 발생하는 위험을 줄이는 데 사용될 수 있다.

d. **부작용이 발생할 확률을 줄인다.** 모든 위험에서 발생하는 예상 손실은 발생확률과 불리한 이벤트가 발생할 경우 달러 손실의 함수이다. 어떤 경우에는 부작용이 발생할 확률을 줄이는 것이 가능하다. 예를 들어, 화재예방 프로그램을 시행하고, 오래된 전기 배선을 교체하고, 화재 가능성이 가장 큰 지역에서는 불에 잘 타지 않는 재료를 사용하여 화재가 발생할 확률을 줄일 수 있다.

e. **부작용과 관련된 손실의 규모를 줄인다.** 화재위험 사례를 계속하여 설명하면 화재와 관련된 달러 비용은 스프링클러 시스템 설치, 화재 확산을 억제하는 자급식 화재구역을 갖추도록 시설 설계, 소방서에 가까운 지역에 설비 지정과 같은 조치를 통해 줄일 수 있다.

f. **위험을 초래하는 활동을 완전히 피하라.** 예를 들어, Dow Corning이 실리콘 유방 보형물 제조를 중단하기로 결정한 것처럼 회사는 위험이 보상보다 크기 때문에 제품 또는 서비스 라인을 중단할 수 있다.

PWC의 위험 평가 및 관리의 지침

2008년 보고서에서 PWC는 기업이 조직 내에서 위험을 신중하게 평가하고 관리할 수 있는 방법에 대한 통찰력을 제공했다. 그들의 보고서는 기업이 자주 수행하는 위험 평가 유형에 대한 광범위한 목록을 제공했다. 이 목록에는 다음이 포함된다.

- **전략적 리스크 평가**. 일반적으로 전략적 계획 회의에서 고위 경영진들은 공식적으로 조직의 임무 및 전략적 목표와 관련된 위험 평가의 수행. 또한 경영진이 주요 위험을 얼마나 잘 처리하느냐가 기업의 전략적 목표 달성 여부를 결정하는 경우가 많기 때문에 기업의 이사회는 주요 위험에 대해 다시 집중해야 한다.
- **운영위험 평가**. 부적절하거나 실패한 바 있는 내부 프로세스, 인력, 시스템 또는 외부의 사건으로 인한 손실위험(재무 성과 및 상태에 대한 위험 포함) 평가. 특정 산업에서

규제기관은 기업이 이러한 위험에 대한 노출을 정기적으로 식별하고 수량화하도록 요구했다. 위험관리에 대한 책임은 사업체에 있지만, 독립적인 기능은 종종 이러한 위험을 평가하는 데 도움이 되는 자문 역할을 한다.

- **규정준수위험 평가**. 법률 및 규정, 정책 및 절차, 윤리 및 비즈니스 행동기준, 계약, 조직이 약속한 전략적이고 자발적인 표준 및 모범 사례를 고려하여 조직의 준수 의무와 관련된 위험요소 평가. 이러한 유형의 평가는 일반적으로 사업영역에서의 착수와 함께 컴플라이언스(compliance) 기능에 의해 수행된다.
- **내부감사위험 평가**. 전략, 재무, 운영 및 컴플라이언스 목표를 포괄하는 조직의 가치 동인과 관련된 위험 평가. 평가에서는 주주가치에 대한 위험의 영향을 감사계획으로 정의하고 주요 위험을 모니터링하는 기준으로 고려한다. 이러한 하향식 접근방식을 통해 내부감사활동을 주주 및 고객 가치에 직접적인 영향을 미치는 이슈에 따라 수행할 수 있으며 조직의 전략적 동인과 명확하고 분명하게 연결된다.
- **재무제표위험 평가**. 내부통제관, 내부 감사 및 운영 등 다양한 당사자의 의견 제시를 통해 조직의 재무제표상 중요한 오류와 관련된 위험 평가. 일반적으로 재무기능에 의해 수행되는 이러한 평가는 재무보고 요소의 특성(예: 기초회계, 거래 또는 중요한 왜곡 표시에 대한 관련 지원의 중요성과 취약성)과 주요 통제의 효과성(예: 통제가 의도한 대로 작동하지 않을 수 있는 가능성, 그리고 결과적인 영향)을 고려한다.
- **사기위험 평가**. 조직의 윤리 및 규정준수의 표준, 비즈니스 관행에서의 요구사항, 재무보고의 무결 여부 및 기타 목표에 영향을 미칠 수 있는 잠재적 사기 사례에 대한 평가. 이는 일반적으로 Sarbanes-Oxley 규정 준수의 일부로 또는 더 광범위한 조직 전반의 위험 평가과정으로 수행되며 사기가 발생할 수 있는 주요 비즈니스 기능(예: 조달, 회계 및 판매)의 관련 전문가와 법의학 전문가가 참여한다.
- **시장위험 평가**. 이자율위험, 통화위험, 옵션위험 및 상품위험을 고려하여 조직의 성과 또는 위험 노출에 영향을 미칠 수 있는 시장 움직임을 평가. 이는 일반적으로 시장위험 전문가가 수행한다.
- **신용위험 평가**. 차주(borrower)나 거래상대방이 합의된 조건에 따라 의무를 이행하지 못할 가능성에 대한 평가. 이는 전체 포트폴리오에 내재된 신용위험과 개별 신용 또는 거래의 위험을 고려하며 일반적으로 신용위험 전문가가 수행한다.
- **고객위험 평가**. 조직의 평판과 재무상태에 잠재적으로 영향을 미칠 수 있는 고객의 위험 프로필 평가. 이 평가는 고객의 의도, 신용도, 제휴관계 및 기타 관련 요소를 평가한다. 이는 일반적으로 공통적 평가척도 및 평가 데이터를 관리하는 중앙 저장소를 이용해 계정 관리자가 수행한다.
- **공급망 리스크 평가**. 공급업체의 선정 및 관리(예: 공급업체 자격을 얻기 위한 사전 실사, 조직 구성 달성에 영향을 미칠 수 있는 모든 변화를 평가하기 위한 지속적인 품질보증 검토)를 포함하여 제품 및 서비스 창출을 지원하기 위해 필요한 투입물 및 물류 파악과 관련된 위험 평가. (예 : 공급업체 자격을 얻기 위한 사전 실사, 조직의 비즈니스 목표 달성에 영향을 미칠 수 있는 변경사항을 평가하기 위한 지속적인 품질보증 검토)[17)]
- **제품위험 평가**. 설계 및 개발에서 제조, 유통, 사용 및 폐기에 이르기까지 조직의 제품과 관련된 위험요소 평가. 이 평가는 수익 또는 비용에 미치는 영향뿐만 아니라 브랜드에 대한 영향, 다른 제품과의 상호 관계, 제3자에 대한 의존도를 이해하는 것을 목표로 한다.
- **보안위험 평가**. 조직의 물리적 자산과 정보 보호 및 보안에 대한 잠재적 침해 여부 평가. 이는 인프라, 애플리케이션, 운영 및 사람을 고려하며 일반적으로 조직의 정보 보안 기능에서 수행한다.
- **정보기술위험 평가**. 기술 시스템의 실패 가능성 및 조직의 정보기술 투자에 대한 수익성 평가. 이 평가에서는 처리 능력, 액세스 제어, 데이터 보호 및 사이버 범죄와 같은 요소를 고려한다. 이는 일반적으로 조직의 정보기술 위험 및 거버넌스 전문가가 수행한다.
- **프로젝트위험 평가**. 이해관계자, 프로젝트의 종속성, 일정, 비용 및 기타 주요 고려 사항을 고려하여 프로젝트 제공 또는 구현과 관련된 위험요소 평가. 이것은 일반적으로 프로젝트 관리팀에서 수행한다.

보고서에서 PWC는 기업에 대한 전반적 위험 노출을 효율적으로 관리하는 데 사용할 수 있는 일련의 원칙과 프로세스에 대해 설명한다. 많은 측면에서 이러한 원칙은 18-9A절에서 논의된 아이디어를 반영한다. 마지막으로 기업은 코로나바이러스 대유행과 관련된 다양한 혼란을 관리하기 위해 고군분투해 왔기 때문에 이러한 원칙이 중요한 지침을 제공한다는 점을 강조할 필요가 있다. 이러한 혼란시점에는 경제 및 정치적 불확실성 증가, 공급망 혼란, 사회로부터 유리된 노동력 관리 문제가 포함된다. 자세한 내용은 2020 Knowledge@Wharton의 게시물을 참조할 필요가 있는데, 동 게시물에서는 이러한 다양한 중단이 미치는 영향을 잘 요약하고, 해당 위험을 관리하기 위한 몇 가지 전략도 제공한다.[18]

출처: "A Practical Guide to Risk Assessment," PriceWaterhouseCoopers(pwc.com), 2008년 12월; 및 "Why Your Board Should Refocus on Key Risks," Governance Insights Center at PriceWaterhouseCoopers LLP, 2017년 5월에서 발췌.

모든 기업의 결정과 마찬가지로 위험관리에 대한 결정은 각각의 실행가능한 대안에 대한 비용/편익 분석을 기반으로 해야 한다. 예를 들어, 위험이 높은 공장의 모든 직원을 대상으로 포괄적 화재안전교육 프로그램을 수행하는 데 연간 $50,000의 비용이 든다고 가정하자. 아마도 이 프로그램은 미래의 화재 손실로 초래되는 예상가치를 감소시킬 것이다. 훈련 프로그램의 대안은 미래의 화재 손실을 충당하기 위해 따로 마련된 예비기금에 연간 $50,000을 배정해 놓는 것이다. 두 대안 모두 기대현금흐름을 포함하며 경제적인 관점에서 미래비용에 있어 가장 낮은 현재가치를 가지는 것을 선택해야 한다. 따라서 여타 기업의 의사결정에 동일하게 적용되는 재무관리 기법을 위험관리 의사결정에도 적용할 수 있다. 그러나 화재가 발생하여 인명 손실이 발생하는 경우 화재예방과 예상손실 사이의 절충은 배심원단과 잘 맞지 않을 수 있다. Ford, GM, Mitsubishi, Wyeth, Merck, Johnson & Johnson 및 기타 기업들이 학습했던 것처럼 제품책임에 대해서도 마찬가지이다.

셀프 테스트

- 다음 용어를 정의하라.

1. 순수위험
2. 투기위험
3. 수요위험
4. 투입위험
5. 재무위험
6. 재산위험
7. 인적위험
8. 환경위험

---

17) 공급망 위험평가에 대해 자세히 알아보려면 PriceWaterhouseCoopers 백서 *From Vulnerable to Valuable: How Integrity Can Transform a Supply Chain*(2008년 12월)을 참고할 것.

18) "Coping with Coronavirus: Five Strategies to Mitigate Business Risks," *Knowledge@Wharton*, March 17, 2020을 참고하라.

9. 책임위험
10. 보험가능위험
11. 자가보험

- 기업이 직면한 모든 보험가능위험에 대해 스스로 보험을 들어야 하는가? 설명하라.

단원 종합

기업은 매일 다양한 위험에 직면해 있다. 기회를 잡지 않고는 성공하기 어렵기 때문이다. 제8장에서 우리는 위험과 수익 사이의 균형에 대해 논의했다. 어떤 행동이 수익을 너무 낮추지 않으면서 위험을 낮출 수 있을 때 그 행동은 가치를 높일 수 있다. 이 장에서는 계속해서 위험과 수익에 중점을 두고 기업이 직면한 다양한 유형의 위험과 기업 위험관리의 기본 원칙에 대해 설명했다. 위험관리를 위한 중요한 도구 중 하나는 파생상품시장이며, 이 장에서는 파생상품 증권에 대해 소개했다.

자가진단 질문과 문제

ST-1 **[핵심용어]** 다음 용어를 각각 정의하라.

a. 파생상품; 자연헤지

b. 옵션; 콜옵션; 풋옵션

c. 장기 지분예상증권(LEAPS)

d. 행사가치; 행사가격

e. 이항옵션가격결정모형; 블랙-숄즈 옵션가격결정모형; 무위험 헤지

f. 선물계약; 선도계약

g. 상품선물; 금융선물

h. 스왑; 구조화 채권

i. 인버스 플로터

j. 위험관리

k. 투기

l. 헤징; 매수헤지; 매도헤지; 완전헤지

ST-2 **[이항모형]** 주식의 현재 가격은 \$32이다. 1년 후 가격은 \$30 또는 \$55가 된다. 연간 무위험이자율은 4.50%이다. 이항접근법을 사용할 경우 행사가격이 \$35이고 1년 후에 만료되는 콜옵션의 가격은 얼마인가?

ST-3 **[블랙-숄즈 모형]** 애널리스트는 블랙-숄즈 모형을 이용하여 Ledbetter Inc. 주식의 콜옵션가치를 평가하는 데 관심이 있다. 애널리스트는 다음 정보를 확보했다.

- 주식가격은 \$33이다.
- 행사가격은 \$33이다.
- 옵션은 6개월 후에 만료된다($t = 0.50$).
- 주식수익률의 표준편차는 0.30이고 분산은 0.09이다.
- 무위험이자율은 10%이다.

해당 정보가 주어지면, 애널리스트는 블랙-숄즈 모형의 여타 필수 구성요소를 계산할 수 있다.

- $d_1 = 0.34177$
- $d_2 = 0.12964$
- $N(d_1) = 0.63369$
- $N(d_2) = 0.55155$

$N(d_1)$ 및 $N(d_2)$는 표준정규분포곡선 아래에서의 면적을 나타낸다. 블랙-숄즈 모형을 이용할 경우 콜옵션의 가치는 얼마인가?

질문

18-1 위험관리가 기업의 가치를 높일 수 있는 7가지 이유를 나열하라.

18-2 옵션이 일반적으로 행사가치보다 높은 가격에 판매되는 이유는 무엇인가?

18-3 위험 노출을 줄이는 데 사용할 수 있는 몇 가지 기술에 대해 논의하라.

18-4 선물시장이 이자율과 투입가격위험을 줄이는 데 어떻게 사용될 수 있는지 설명하라.

18-5 채무계약과 관련된 위험을 줄이기 위해 스왑을 어떻게 사용할 수 있는가?

18-6 주주들은 현금흐름이 불안정한 기업의 주식을 소유하는 것과 현금흐름이 안정적인 기업의 주식을 소유하는 것 간에 무관심할 수 있는 두 가지 이유를 제시하라.

문제

초급 문제
1~3

18-1 **[옵션]** Rosenstein Corporation 주식에 대한 콜옵션의 시장가격은 $7이다. 주식은 주당 $31에 팔리고 옵션은 주당 $25의 행사가를 갖는다.

a. 콜옵션의 행사가치는 얼마인가?
b. 옵션의 프리미엄은 얼마인가?

18-2 **[옵션]** Boudreaux Company의 콜옵션 중 하나에 대한 행사가격은 $14, 행사가치는 $20, 프리미엄은 $5이다. 옵션의 시장가치와 주식의 현재 가격은 얼마인가?

18-3 **[옵션]** 다음 중 보통주에 대한 콜옵션의 시장가치를 증가시킬 가능성이 있는 사건은 무엇인가? 설명하라.

a. 주가 상승
b. 주가의 변동성 증가
c. 무위험이자율의 증가
d. 옵션이 만료될 때까지의 시간 감소

중급 문제
4~5

18-4 **[블랙-숄즈 모형]** Fiore Industries에 대한 다음 정보가 제공되었다고 가정한다.

- 현재 주가 = $16
- 옵션의 행사가격 = $16
- 옵션 만료까지의 시간 = 6개월
- 무위험금리 = 8%
- 주가의 분산 = 0.12
- $d_1 = 0.28577$
- $d_2 = 0.04082$
- $N(d_1) = 0.61247$
- $N(d_2) = 0.51628$

블랙-숄즈 옵션가격결정모형을 사용할 때 옵션의 가치는 얼마인가?

18-5 **[선물]** 103-060으로 체결된 10년 만기 미국 국채($100,000) 선물계약의 내재 명목이자율은 얼마인가? 이자율이 3% 증가하면 계약의 새로운 가치는 얼마인가?

고급 문제 6~9

18-6 **[헤징]** The Zinn Company는 2021년 3월에 $20,000,000의 10년 만기 채권을 발행하여 새로운 연구개발연구소에 자금을 조달할 계획이다. 2021년 3월 만기 금리선물이 125-145에 판매되고 있다고 가정한다. 지금은 2020년 6월 초이며 높은 위험을 가진 바이오테크 회사의 현재 부채비용은 11%이다. 그런데 회사의 재무관리자는 금리가 앞으로 몇 개월 동안 훨씬 더 오를 것을 우려하고 있다.

a. 금리 인상에 대한 헤지 수단을 마련하라.
b. 이자율이 일반적으로 200bp 인상된다고 가정하자. 헤지 실적은 어느 정도였는가?
c. 완전헤지란 무엇인가? 대부분 실제에서 헤지는 완벽한가? 설명하라.

18-7 **[옵션]** Rachel은 현재 주식이 $65에 판매되고 있는 Yonan Communications에 대한 투자를 고려하고 있다. 행사가격이 $60인 Yonan의 주식에 대한 풋옵션의 시장가치는 $2.90이다. 한편, 동일한 행사가격과 만기의 콜옵션의 시장가치는 $9.13이다. 시장은 옵션이 만료될 때 주가가 동일한 확률로 $55 또는 $75가 될 것이라고 믿는다.

a. 풋옵션과 관련된 프리미엄은 얼마인가? 콜옵션은?
b. Yonan의 주가가 $75로 상승하면 해당 주식을 매수한 투자자의 수익은 얼마인가? 투자자가 주식에 대한 콜옵션을 매수했다면? 투자자가 주식에 대한 풋옵션을 매수했다면?
c. Yonan의 주가가 $55로 하락하면 해당 주식을 매수한 투자자의 수익은 얼마인가? 투자자가 주식에 대한 콜옵션을 매수했다면? 투자자가 주식에 대한 풋옵션을 매수했다면?
d. Rachel이 Yonan의 0.5주를 매수하고 해당 주식에 대한 1개의 콜옵션을 매도하는 경우, 그녀는 위험 없는 헤지 투자를 만든 것인가? 각 시나리오에서 그녀의 포트폴리오의 총가치는 얼마인가?
e. Rachel이 Yonan의 주식 0.75주를 매수하고 해당 주식에 대한 콜옵션 1개를 매도한다면, 그녀가 위험 없는 헤지 투자를 만든 것인가? 각 시나리오에서 그녀의 포트폴리오의 총가치는 얼마인가?

18-8 **[이항모형]** Misuraca Enterprise의 현재 주가는 주당 $45이다. 보유자는 $50의 행사가격으로 1주를 구입할 수 있는 이 주식에 대한 콜옵션이 있다. 이 옵션은 1년이 지나면 만료되며 Misuraca의 주식은 $35 또는 $55의 두 가지 가격 중 하나로 판매된다. 무위험이자율은 5.5%이다. 기업 재무관리자의 보좌역으로서 당신은 회사의 콜옵션가치를 파악하기 위해 다음 작업을 수행하라는 요청을 받았다.

a. 1년 후 옵션 만기일의 기말 주가와 콜옵션의 가치 범위를 구하라.
b. 주식과 옵션의 보수(payoffs) 범위를 동일하게 하라.

c. 위험 없는 헤지 투자를 만들어라. 1년 후 포트폴리오의 가치는 얼마인가?

d. 무위험 포트폴리오의 주식비용은 얼마인가?

e. 무위험 포트폴리오의 현재가치는 얼마인가?

f. d와 e의 답변에서 회사의 콜옵션가치는 얼마인가?

18-9 **[이항모형]** 주식의 현재 가격은 $55이다. 1년 후 가격은 $50 또는 $65가 된다. 연간 무위험이자율은 5.5%이다. 이 주식의 행사가격은 $60이며 1년 후에 만료된다.

a. 1년 후 옵션 만기일의 기말 주가와 콜옵션의 가치 범위를 구하라.

b. 주식과 옵션의 보수(payoffs) 범위를 동일하게 하라.

c. 위험 없는 헤지 투자를 만들어라. 1년 후 포트폴리오의 가치는 얼마인가?

d. 무위험 포트폴리오의 주식비용은 얼마인가?

e. 무위험 포트폴리오의 현재가치는 얼마인가?

f. d와 e의 답변에서 회사의 콜옵션가치는 얼마인가?

종합계산문제

18-10 **[옵션가격모형]**

a. 스프레드시트 모형을 사용하여 문제 18-4를 다시 작업하라.

b. 이 옵션에 대한 내재가치와 블랙-숄즈 행사가치에 대한 데이터 테이블을 구성하고 관계를 그래프로 나타내라. 최대 $30 범위까지 가능한 주가 값을 포함하라.

c. 해당 콜옵션을 오늘 매수했다고 가정해보자. 만기 시 이 옵션 포지션의 이익의 도표를 그려보아라.

d. 이 문제의 해결을 위해 a~c를 무시하라. 6개월이 지나면 회사의 주식가치는 $20 또는 $40이 된다. 다음 정보를 고려할 때 기업의 콜옵션가치를 결정하기 위해 무위험 헤지를 생성하라.

- 현재 주가 = $25
- 행사가격 = $30
- 옵션 만기 = 6개월
- 무위험금리 = 5%

e. d에서 기업의 콜옵션가치는 얼마인가?

통합사례

TROPICAL SWEETS INC.

18-11 **[파생상품 및 기업 위험관리]** 당신은 망고, 파파야, 대추와 같은 열대 과일로 이국적 사탕을 만드는 것을 전문으로 하는 캘리포니아 중소기업인 Tropical Sweets Inc.에 재무분석가로 고용되었다고 가정해보자. 이 회사의 CEO인 George Yamaguchi는 최근 샌프란시스코에서 열린 업계 기업 임원회의에 참가 후 돌아왔다. 그가 참석한 세션 중 하나는 소규모 기업이 기업 위험관리 프로그램을 도입해야 할 절박한 필요성에 관한 것이었다. Tropical Sweets Inc.의 누구도 파생상품 및 기업 위험관리의 기초에 익숙하지 않기 때문에 Yamaguchi는 회사 경영진에게 동 주제에 대한 최소한의 피상적 이해를 제공하기 위해 사용가능한 요약보고서를 준비하도록 당신에게 요청했다.

당신은 해당 작업 착수를 위해 파생상품 및 기업 위험관리에 대한 외부 자료를 수집하고 해당 자료를 사용하여 답변해야 하는 관련 질문 목록을 작성한다. 사실, 보고서 작성을 위한 한 가지 방법으로 질문과 답변 형식을 사용하는 것이다. 질문이 작성되었기에 이제 답변을 작성해야 한다.

a. 주주들이 기업 현금흐름의 변동성을 줄이는지 여부에 무관심할 수 있는 이유는 무엇인가?
b. 위험관리가 기업의 가치를 높일 수 있는 7가지 이유는 무엇인가?
c. 옵션이란 무엇인가? 옵션의 가장 중요한 하나의 특성은 무엇인가?
d. 옵션에는 고유한 용어들이 있다. 다음 용어를 정의하라.

1. 콜옵션
2. 풋옵션
3. 행사가격
4. 옵션행사, 가격
5. 옵션가격
6. 만기일
7. 행사가치
8. 커버드 옵션
9. 네이키드 옵션
10. 내가격 콜
11. 외가격 콜
12. LEAPS

e. 행사가격이 $25인 Tropical Sweets의 콜옵션을 생각해보자. 다음 표에는 다양한 주가에서의 해당 옵션에 대한 과거 값이 포함되어 있다.

주가	콜옵션가격
$25	$3.00
30	7.50
35	12.00
40	16.50
45	21.00
50	25.50

1. (a) 주가, (b) 행사가격, (c) 행사가치, (d) 옵션가격, (e) 행사가치에 대한 옵션가격 프리미엄을 보여주는 표를 만들어라.
2. 주가가 상승함에 따른 행사가격에 대한 옵션가격 프리미엄은 어떻게 되는가? 이유는?

f. 1973년 Fischer Black과 Myron Scholes는 블랙-숄즈 옵션가격결정모형을 개발했다.

1. 이 모형의 기초가 되는 가정은 무엇인가?
2. 모형을 구성하는 세 가지 방정식을 작성하라.
3. 상기 모형을 감안 시 다음 콜옵션의 가치는 얼마인가?
   - 주가 = $27
   - 행사가격 = $25
   - 만기까지의 시간 = 6개월
   - 무위험이자율 = 6.0%
   - 주가수익률 편차 = 0.11

g. f의 정보를 무시하라. 다음 정보를 통해 무위험 헤지를 생성하여 이항 접근법을 이용한 기업의 콜옵션가치를 결정하라. 회사의 현재 주가는 주당 $15이다. 보유자가 $15의 행사가격으로 회사 주식 1주를 살 수 있는 옵션이 있다. 이 옵션은 6개월 후에 만료되며, 이때 회사의 주식은 $10 또는 $20의 두 가지 가격 중 하나로 판매된다. 무위험이자율은 6%이다. 이 기업의 콜옵션가치는 얼마인가?

h. 다음 콜옵션의 매개변수 각각은 콜옵션가치에 어떤 영향을 미치는가?

1. 현재 주가
2. 행사가격
3. 옵션기간
4. 무위험이자율
5. 주가변동성

i. 선도계약과 선물계약의 차이점은 무엇인가?

j. 스왑이 어떻게 작동하는지 간략하게 설명하라.

k. 기업이 위험을 헤지하기 위해 선물과 스왑을 어떻게 사용할 수 있는지 간략하게 설명하라.

l. 기업 위험관리란 무엇인가? 왜 모든 기업에 중요한가?

Facebook, Inc.: 콜옵션과 풋옵션 가격결정 및 금리선물

온라인 자료를 사용하여 이 장의 질문에 대해 작업하라. 웹사이트 정보는 시간이 지남에 따라 변경되며 이러한 변경으로 인해 해당 질문 중 일부 답변이 제한될 수 있다.

이 장에서는 위험관리에서 파생상품의 사용에 대해 논의했다. 파생상품은 가치가 다른 자산의 시장 가격에 의해 결정되는 증권이다. 논의된 파생상품의 다양한 유형 중에는 옵션과 금리 선물이 있다. Facebook의 옵션 및 미국 국채선물계약에 대한 관련 질문에 답하려면 다음 웹사이트를 참조하라. Bloomberg, Yahoo! Finance, Google Finance, MSN Money(msn.com/en-us/money/markets) 및 Chicago Mercantile Exchange 웹사이트(cmegroup.com/trading/interest-rates/us-treasury/10-year-us-treasury-note_quotes_settlements_futures.html).

1. 페이스북(FB) 옵션 화면으로 이동한다. 3개월 동안 만료되지 않는 통화 옵션을 하나 선택하라.
   a. FB의 현재 주가는 얼마인가?
   b. 이 콜옵션의 행사가격은 얼마인가?
   c. 이 콜옵션은 "내가격"인가 아니면 "외가격"인가?
   d. 이 콜옵션을 구매하려면 얼마를 지불해야 하는가? (단 하나의 콜옵션 계약만 구매한다고 가정한다.)
   e. 이 콜옵션이 만료되기 직전에 주가가 현재 가격에서 $20 상승한다면 수수료를 제외하고 귀하의 이익은 얼마가 되겠는가?

2. FB의 주가가 너무 높아 향후 6개월 이내에 하락할 것이라고 생각한다. 사용할 수 있는 하나의 풋옵션을 선택하라.
   a. 이 풋옵션의 행사가격은 얼마인가?
   b. 이 풋옵션을 구매하려면 얼마를 지불해야 하는가? (단 하나의 풋옵션 계약만 구매한다고 가정한다.)
   c. 이 풋옵션이 만료되기 직전에 주가가 풋옵션 행사가보다 $20 하락했다면 수수료를 제외한 수익은 얼마인가?

3. 3개월 동안 인도되지 않을 10년 만기 미국 국채선물계약을 선택하라. (이 문제의 앞부분에서 언급한 CME 웹사이트를 사용하라.)
   a. 계약의 배송 월은 언제인가?
   b. $100,000 계약 하나의 가격(달러)은 얼마인가?
   c. 계약가격이 이전 시세에서 얼마나(달러로) 변경되었는가?
   d. 이 계약의 내재이자율은 얼마인가?
   e. 시장은 금리가 현재 수준에서 상승하거나 하락할 것으로 예상하는가?
   f. 이자율이 이 계약에 대해 이전에 계산했던 내재이자율에서 1% 하락하면 현재 계약가치는 얼마인가?
   g. 계약에 따른 손익은 얼마인가?

부록 18A : 풋옵션의 가치평가

풋옵션은 소유자에게 주식을 팔 수 있는 권리를 부여한다. 주식이 배당금을 지급하지 않고 만기일에만 옵션을 행사할 수 있다면 그 가치는 얼마인가? <표 18A.1>에 나와 있는 만기일 T에 두 포트폴리오의 수익을 고려하라. 첫 번째 포트폴리오는 풋옵션과 주식으로 구성된다. 두 번째는 콜옵션(풋옵션과 행사가 및 만기일이 동일)과 약간의 현금이 있다. 현금 금액은 행사가격의 현재가치를 연속복리 무위험이자율로 할인한 $Xe^{-r_{RF}t}$와 동일하다. 만기 시 현금의 가치는 행사가격 X와 같다.

〈표 18A.1〉 포트폴리오 수익

		만기 시 주가(가정):	
		$P_T < X$	$P_T \geq X$
풋(Put)		$X-P_T$	0
주식		P_T	P_T
	포트폴리오 1	X	P_T
콜(Call)		0	P_T-X
현금		X	X
	포트폴리오 2	X	P_T

만기일 T의 주가인 P_T가 행사가 X보다 낮으면 옵션이 만기가 될 때 만기 시 풋옵션의 가치는 $X-P_T$가 된다 따라서 풋과 주식을 포함하는 포트폴리오 1의 가치는 $X-P_T$에 P_T를 더한 값 또는 X와 같다. 포트폴리오 2의 경우 콜옵션은 만기 시 0(콜옵션이 외가격이기 때문)이고, 현금 가치는 X이며 총가치는 X이다. 주가가 행사가보다 낮을 때 두 포트폴리오 모두 동일한 보수를 가진다.

주가가 만기 시 행사가보다 높다면? 이 경우 풋옵션은 가치가 없으므로 포트폴리오 1의 수익은 만기 시 주가인 P_T와 같다. 콜옵션의 가치는 P_T-X이고 현금의 가치는 X이므로 포트폴리오 2의 수익은 P_T이다. 따라서 주가가 행사가보다 높든 낮든 두 포트폴리오의 수익은 동일하다. 두 포트폴리오의 보수가 동일하다면 가치도 동일해야 한다. 이를 풋–콜 등가관계(put-call parity relationship)라고 한다.

$$풋옵션 + 주식 = 콜옵션 + 행사가격의\ 현재가치$$

V가 콜옵션의 블랙-숄즈의 가치라면 풋옵션의 가치는 다음과 같다.[19]

$$풋옵션 = V - P + Xe^{-r_{RF}t}$$

예를 들어, 18-5B에서 논의된 주식에 대해 작성된 풋옵션을 고려하라. 풋옵션의 행사가격과 만기일이 콜옵션과 동일한 경우 그 가격은 다음과 같다.

$$\begin{aligned} 풋옵션 &= \$1.69 - \$21 + \$21e^{-0.05(0.36)} \\ &= \$1.69 - \$21 + \$20.62 = \$1.31 \end{aligned}$$

질문

18a-1 풋-콜 등가는 한마디로 무엇인가?

문제

18a-1 **[풋-콜 등가]** Ellis Enterprises(EE)의 주식에 대한 풋옵션은 행사가격이 \$30이고 만기까지 9개월이 남아 있다. 무위험이자율은 5%이다. EE의 주식에 대한 콜옵션은 풋옵션과 동일한 행사가격과 만기일을 가진다. EE의 주가는 \$45이다. 콜옵션의 가격이 \$18.99인 경우 풋옵션의 가격(즉, 가치)은 얼마인가?

18a-2 **[풋-콜 등가]** 주식의 현재 가격은 \$50이고 연간 무위험이자율은 5.5%이다. 행사가격이 \$46이고 만기가 6개월인 콜옵션의 현재가치는 \$9.59이다. 콜옵션과 행사가격 및 만기일이 같은 풋옵션의 가치는 얼마인가?

---

19) 해당 모형은 만기 전에 배당금을 지급하는 주식에 대한 미국식 풋옵션 또는 유럽식 옵션에는 적용할 수 없다. 이러한 상황에서 가치평가 접근방식에 대한 설명은 Don M. Chance and Robert Brooks, *An Introduction to Derivatives and Risk Management*, 10th edition(Mason, OH: South-Western/Cengage Learning, 2016)을 참조할 것.

19 CHAPTER 합병과 인수

Disney 미디어 제국의 확장

2019년 3월 Disney는 21st Century Fox의 인수를 완결하였다. Disney에 인수되기 전에 21st Century Fox는 Fox News Channel, Fox Broadcasting, Fox Television Stations을 분할하여 새로 설립된 Fox Corporation에 합병하였다. Disney는 21st Century Fox의 인수에서 21st Century Fox Studio, FX Channel의 연예사업부문을 인수하고 Hulu의 30% 지분을 확보하였다. 현재 Disney는 피인수기업의 브랜드 이미지를 새롭게 하고 Disney Studios, Theme Parks, ABC, ESPN 등 기존 사업 포트폴리오에 통합하는 작업을 진행 중이다. Disney의 21st Century Fox의 인수는 연예산업 전반의 구조를 크게 변동시킬 가능성이 높으며 Disney가 궁극적으로 Comcast, Verizon, Sony 등과 첨예한 경쟁에서의 완승으로 결말을 맺을 것으로 예상된다.

Disney-21st Century Fox의 결합 이후 지난 10여 년간 유지된 기업환경을 변화시키는 여러 기업결합이 발생하였다. 이와 같은 기업결합은 Amazon의 Whole Foods 인수, T-Mobile의 Sprint 인수, Just Eat Takeaway의 Grubhub 인수, Microsoft의 LinkedIn 및 Skype Global 인수, Google의 Nest 및 Motorola 전화기 부문 인수, Facebook의 WhatsApp의 인수, Apple의 Beats Music과 Beats Entertainment 인수 등을 포함한다. 이와 같은 인수합병들은 다양한 기술을 보유한 기업들의 흥미로운 결합 사례들이다. 그러나 이들 기업결합들은 위험요소를 포함한다.

이들 기업결합 사례 외에도 거대 기업의 결합은 장기간에 걸쳐 기업환경을 변화시켜 왔다. 이와 같은 거대 기업의 결합 사례로 Exxon과 Mobil의 $850억 규모 합병, 2005년의 Procter & Gamble(P&G)의 Gillette $550억 인수, 2008년의 InBev의 $520억 Anheuser-Busch 인수, Procter & Gamble (P&G)-Gillette 결합기업의 $1,000억 SABMiller 인수 거래, 2000년의 America Online과 Time Warner의 $1,650억 기업 결합 등을 포함한다.

최근의 대형 기업결합 사례들도 존재한다. 2013년에 Verizon은 Vodafone의 Verizon Wireless 보유지분 45%을 $1,290억에 매입하였다. 2016년 10월에 Charter Communications는 Time Warner Cable을 $600억에 인수하였다. AT&T는 Time Warner Inc.의 인수를 2018년에 완료하였다.

Disney-21st Century Fox의 인수합병이 이후 기업운영이 어떻게 전개될지는 흥미로운 관찰대상이지만 일반적으로 합병된 후 피인수기업의 주주들은 이득을 얻지만, 인수기업 입장에서는 대형 입수합병의 결과가 성공적이지 않은 것으로 나타나고 있다. David Harding와 Sam Rovit는 P&G-Gillette 합병 발표 직후 월스트리트 저널에 기고한 대형 합병의 잠재적 재앙에 대해 분석한 글에서, 최근 수년 동안 발생한 10개의 대형 거래 중 인수기업의 주주들에게 유용한 이득을 제공한 사례는 3개에 불과하다고 평가하였다. Bain & Company의 파트너이자 『*Mastering the Merger: Four Critical Decisions That Make or Break the Deal*』의 저자인 Harding과 Rovit는 인수합병이 성공적인지의 여부는 다음 5가지 주요 기준에 의해 결정된다고 말한다.

1. **경영진은 협상을 잘 하는가?** 경험이 많은 인수기업이 그렇지 못한 기업보다 더 잘 하는 경향이 있다.
2. **인수기업은 합병을 통해 기업의 핵심역량을 증진시키는가?** 인수기업이 피인수기업의 사업내용을 이해하고 있는 경우 인수합병의 결과가 보다 성공적일 가능성이 높다.
3. **경영진은 인수합병을 위하여 필요한 과제를 수행하는가?** 성공한 인수기업은 시간을 갖고 기업실사(due diligence)라는 필요한 단계를 거치고 있다.
4. **합병 후 발생할 인수기업과 피인수기업의 통합과정에 대한 문제점을 사전에 고심하는가?** 인수 후 양 기업의 경영진을 어떻게 통합할 것인지에 대한 분명한 계획이 없기 때문에 협상은 종종 결렬될 수 있다.
5. **경영진은 예상치 못한 상황을 대비하는가?** 과거의 많은 인수합병 사례들에서 의도하지 않은 상황이 발생하고 있다. 성공적인 인수기업은 예상치 못한 사항을 충분히 고려하고 대비해야 한다.

출처: Brooks Barnes, "Disney Moves from Behemoth to Colossus with Closing of Fox Deal," *The New York Times*(nytimes.com), March 20, 2019; Anne Steele and John D. McKinnon, "Charter Communications Completes Acquisition of Time Warner Cable," *The Wall Street Journal* (wsj.com), May 18, 2016; Cecilia Kang and Michael J. de la Merced, "AT&T's Blockbuster Deal for Time Warner Hangs in Limbo," *The New York Times*(nytimes.com), July 9, 2017; Cecilia Kang and Jia Lynn Yang, "Microsoft-Skype Deal to Boost the Online Free-Calling Service," *The Washington Post*, May 11, 2011, p. A10; Shayndi Raice, "When Google Met Moto," *The Wall Street Journal*, August 17, 2011, pp. B1-B2; David Harding and Sam Rovit, "Five Ways to Spot a Good Deal," *The Wall Street Journal*, March 29, 2005, p. B2; and David Harding and Sam Rovit, *Mastering the Merger: Four Critical Decisions That Make or Break the Deal*(Boston: Bain and Company, Inc., 2004).

학습개요 및 목표

대부분의 기업들은 내적 확장을 통해서 성장한다. 즉, 기업 내부의 기존 사업부들이 정상적인 자본예산 활동을 통해서 기업은 성장하는 것이 일반적이다. 반면에 기업의 성장과 가치의 극적인 확대는 인수합병 상황에서 발생한다. 본 장에서는 기업의 인수합병을 다양한 측면에서 분석한다.

본 장의 학습 후에 다음 과제를 수행할 수 있어야 한다:

- 합병의 다양한 유형과 합병의 제반 근거가 무엇인지를 설명할 수 있다.
- 피인수기업의 잠재적 가치를 평가하기 위해 간단한 분석을 수행할 수 있고, 매수가격에 영향을 주는 다양한 고려사항에 대해 토론할 수 있다.
- 일반적 형태의 인수합병이 참여 주주들에게 가치를 창출하는지 여부를 설명할 수 있다.
- 차입매수(LBO), 기업제휴, 사업분할 등 다양한 거래의 가치를 논할 수 있다.

19-1 합병의 근거

합병
누 개 이상의 기업들이 결합되어 하나의 기업을 형성하는 것

기업의 재무관리 책임자와 재무학자들은 미국시장에서 합병이 매우 활발하게 전개된 배경에 대해 다양한 이유를 제시하고 있다. 기업 **합병**(mergers)을 설명하는 중요한 동기들을 본 절에 소개한다.[1)]

19-1A 시너지

시너지
전체가 부분의 합보다 더 커지는 상태. 시너지가 발생하는 합병의 경우, 합병 사후의 가치는 합병 전 개별 기업의 가치를 합한 것보다 더 크다.

대부분의 경우 합병의 가장 중요한 동기는 합병된 기업의 가치를 증가시키는 데 있다. 만약 A 기업과 B 기업이 합병되어 새로운 C 기업이 설립되고, C 기업의 가치가 A 기업과 B 기업의 가치를 결합한 것보다 크다면 **시너지**(synergy)가 존재한다고 말한다. 이와 같은 합병은 A 기업과 B 기업의 주주 모두에게 이득이 될 것이다.[2)] 합병효과는 다음 4가지 원천에 의해 발생할 수 있다: (1) 경영, 마케팅, 생산 또는 분배에 대한 규모의 경제성으로 인하여 발생하는 **영업의 경제성**(operating economies), (2) 저렴해진 거래비용과 증권분석가의 영역 확대에 의한 **재무의 경제성**(financial economies), (3) 합병 이후 더 효율적인 경영진이 이보다 덜 효율적인 기업자산을 보다 생산적으로 운용할 수 있게 되어 발생하는 **차등효율성**(differential efficiency), (4) 경쟁 감소로 인하여 발생하는 **시장지배력의 증대**(increase market power). 합병으로 인한 경영효율성의 증가로 운영의 경제성과 재무의 경제성은 사회적으로 바람직한 것이지만, 산업 내에서 경쟁을 약화시키는 합병은 사회적으로 바람직하지 않으며 종종 불법적이기도 하다.[3)]

---

1) 합병(merger)은 이는 2개 이상의 경제단위가 하나의 경제단위로 결합되는 것을 의미한다. 법률적 용어로 사용할 때에는 결합하는 방식에 따라서 차이를 두고 있지만, 본서의 설명은 경제적, 재무적 측면에서의 합병에 중점을 둔다.

2) 시너지가 존재하면 전체는 부분의 합보다 더 크게 나타난다. 시너지를 '2 더하기 2는 5 효과'라고 부르기도 한다. A와 B 기업의 주주 사이의 시너지 이득의 분배는 협상에 의해서 결정된다. 이 점에 대해서는 본 장의 뒷부분에서 설명된다.

3) 1880년대와 1890년대에 미국에서 많은 합병이 발생했는데, 그들 중 일부는 명백하게 효율성을 증가시키

19-1B 세금에 대한 고려

일부의 합병은 세금을 고려하여 발생하였다. 예를 들어, 이익을 많이 내는 어느 기업이 최고 세율구간에 놓여 있는 경우, 대규모의 누적조세손금이 있는 기업을 인수할 수도 있다. 합병 후 조세손금은 차기 이월되어 미래에 사용하는 대신, 당장 세금감면의 용도로 둔갑할 수도 있다.[4] 또 다른 사례로, 국제인수합병이 국가 간의 다양한 세율의 차이로 인해 발생하는 이점을 활용하기 위하여 발생하고 있다.[5] 또한 합병은 잉여현금흐름을 처리해야 할 때 세금을 최소화하기 위한 방편으로 활용될 수도 있다. 예를 들어, 잉여현금흐름에 비하여 내부투자기회가 충분하지 않은 기업은 (1) 추가 배당금을 지급, (2) 현금화가 용이한 시장성 유가증권에 투자, (3) 자사주매입, (4) 타 기업을 인수 등의 방식으로 잉여현금흐름을 감소시킨다. 기업이 추가배당을 지급하는 경우, 주주들은 배당금에 대해 세금을 납부해야 한다. 시장성 유가증권은 일시적으로 현금을 보관하기에는 적합하지만, 일반적으로 주주의 요구수익률보다 낮은 수익률을 제공한다. 자사주매입은 기존 주주들에게 자본이득을 초래한다. 하지만 잉여현금을 다른 기업을 인수하는 데 사용하게 되면 이와 같은 문제점들을 회피할 수 있다. 다수의 합병은 이와 같은 세금절약을 위한 동기로 발생하였다.

19-1C 자산의 대체비용보다 낮은 가치의 자산매입

자산의 대체비용이 시장가치보다 현저히 높은 경우, 때로는 특정 기업이 인수대상 1순위로 부상하기도 할 것이다. 1980년대 초 석유회사들은 저장원유를 늘리기 위해 시추를 하는 것보다 다른 석유회사를 인수하는 것이 오히려 비용이 낮은 방법이기도 했다. 예를 들면, Chevron은 저장원유를 증가시키기 위하여 Gulf Oil을 인수했다. 일부 철강회사들의 경영진은 1980년대에 새로운 공장을 건설하는 것보다 기존의 철강회사를 인수하는 것이 비용을 낮추는 자산매입 방식이었다고 설명하기도 했다. 예를 들어, LTV(당시 업계 4위의 철강회사)가 Republic Steel(당시 업계 6위의 철강회사)을 인수하여 업계 2위로 부상한 사례가 있다.

기보다는 시장지배력을 강화하기 위한 것이었다. 그 결과 미국 의회는 합병이 경쟁을 감소시키기 위한 용도로 사용되지 않도록 제도화한 일련의 법안을 통과시켰다. 주요한 법안으로는 Sherman Act(1890), Clayton Act(1914), Celler Act(1950) 등이 있다. 이와 같은 법안들은 경쟁을 감소시킬 가능성이 높은 합병을 불법으로 규정하였다. 이 법안들은 연방 법무부(Justice Department)의 반독점(antitrust) 부서와 연방 공정거래위원회(Federal Trade Commission)에 의해서 집행되고 있다.

4) 누적조세손금을 활용할 목적으로만 이루어지는 합병은 IRS의 승인이 제한될 가능성이 높다. 최근 몇 년간 의회는 합병 후 세금절약이 발생하는 것을 금지하기 위한 조치를 점점 강화하고 있다.

5) "The Rush of Firms Fleeing America for Tax Reasons is Set to Continue," *The Economist*(www.economist.com), June 21, 2014를 참고하라.

19-1D 다각화

경영자들은 종종 다각화를 합병의 이유로 제시하며 다각화를 통하여 기업의 이익을 안정화시킬 수 있어 주주들에게 이득이 된다고 주장한다. 이익의 안정화는 확실히 종업원, 납품업체, 고객 등 기업의 이해 당사자들에게 이득이 된다. 하지만 주주의 입장에서 볼 때 석연치 않은 부분이 있다. 주주들이 단순하게 두 기업의 주식을 구입할 수 있음에도 왜 A 기업은 B 기업을 인수해야만 하는 걸까? 실제로 미국 기업에 대한 연구에 의하면 다각화는 대부분 기업의 가치를 증가시키지 않는다는 결과를 보여주고 있다. 또한 여러 연구들에 따르면 다각화된 기업들의 가치가 기업 각각의 가치를 더한 것보다 현저히 낮다고 밝히고 있다.[6)]

19-1E 경영진의 개인적 유인

재무경제학자들은 기업의사결정이 순전히 경제적인 고려, 특히 기업가치의 극대화에 기초하여 내려진다고 설명하기를 선호한다. 하지만 다수의 기업의사결정은 경제적 분석보다는 경영자의 개인적 동기로 인해 내려지는 경우가 더 많다. 기업의 경영진들은 권력을 좋아하며 더 많은 권력은 작은 기업보다 큰 기업을 경영할 때 부여되는 경우가 많다. 그 어떤 최고경영자도 당연히 자신의 자존심이 합병 이면의 가장 중요한 이유라고 인정하려 들지는 않겠지만 자존심은 여러 합병에서 매우 중추적인 역할을 하고 있다.

최고경영자의 연봉이 기업의 크기와 높은 상관관계를 갖고 있다고 관찰되고 있다. 즉, 기업규모가 클수록 최고위급 임원들의 연봉 또한 높게 나타나고 있는데, 이러한 사실 역시 기업의 인수과정에서 일정 정도 영향을 줄 것이다.

경영자의 개인적 고려는 합병을 저지하기도 하고 촉진하기도 한다. 기업인수 후 대부분의 경우 피인수기업의 일부 경영진은 사직하거나 또는 최소한 자율권을 잃게 된다. 따라서 기업주식의 51% 미만을 보유한 경영자는 인수될 가능성을 줄이기 위한 방안을 강구하게 된다. 합병은 이러한 방편의 일환으로 활용될 수 있다. 예를 들어, 수년 전 Paramount는 Time Inc.를 인수하기 위한 가격을 제시했는데, Time Inc.의 경영진은 그들의 권력을 계속 유지하기 위하여 수많은 비판 속에서도 Paramount의 제의를 거절하고 대신 Warner Brothers와 대규모 부채를 조달하는 방식의 합병을 선택하였다. 이러한 **방어적 합병**(defensive mergers)은 어떤 경제적 근거로도 정당화되기 어렵다. 방어적 합병을 실행하는 경영자들은 합병이 자신들의 일자리를 보호하기 위한 개인적

방어적 합병
인수될 가능성을 줄이기 위한 목적으로 이루어진 합병

---

6) Philip Berger and Eli Ofek, "Diversification's Effect on Firm Value," *Journal of Financial Economics*, vol. 37(1995), pp. 37-65; Larry Lang and René Stulz, "Tobin's Q, Corporate Diversification, and Firm Performance," *Journal of Political Economy*, vol. 102(1994), pp. 1248-1280.

욕심에서 나온 것이 아니라 합병 시너지가 주요 동기가 된 것이라고 지속적으로 항변하고 있지만, 합병들 중에는 주주보다 경영진에게 더 많은 이익을 주기 위한 방편으로 성사된 사례가 많은 것으로 의심된다.

19-1F 분할가치

기업은 장부가치, 경제적 가치, 또는 교체가치 등으로 가치를 평가할 수 있다. 최근에 기업인수 전문가들은 분할가치를 기업가치를 평가하는 또 하나의 기초로서 인식하기 시작했다. 기업분석가들은 기업이 분할되어 매각될 경우 각각의 사업부문의 가치를 분할가치로 추정하고 있다. 만약 이 가치가 기업의 현행 시장가치보다 크다면 인수합병 전문가들은 이 기업을 현행 시장가격 또는 심지어 그 이상의 가격으로 구입한 후 분할하여 판매해서 실질적인 이득을 취할 수도 있을 것이다.

셀프 테스트

- 시너지를 정의하라. 시너지가 합병을 합리화하는 타당한 근거가 되는가? 합병이득을 창출하기 위한 여러 가지 상황을 기술하시오.
- 세금에 대한 고려가 어떻게 합병의 동기가 될 수 있는지 두 가지 예를 제시하시오.
- 기업이 교체가치의 절반만을 지불하여 다른 기업을 인수할 수 있다고 가정하자. 이것이 인수를 합리화하는 충분한 이유가 되는가?
- 합병을 뒷받침하는 이유로서의 다각화의 장점과 단점을 제시하시오.
- 분할가치란 무엇인가?

19-2 합병의 유형

수평적 합병
같은 유형의 상품 또는 서비스를 판매하는 두 기업의 결합

수직적 합병
기업이 공급업체 또는 고객기업과 결합하는 합병

동종산업 합병
공급업체 또는 고객관계가 아니면서 동종 산업 내에 있는 기업들의 합병

재무경제학자들은 합병을 다음 네 가지 유형으로 분류한다. (1) 수평적 합병, (2) 수직적 합병, (3) 동종산업 합병, (4) 이종산업 합병. **수평적 합병**(horizontal merger)은 어느 기업이 동일한 사업영역에 있는 또 다른 기업과 결합한 경우 성립한다. Sirius Satellite Radio와 XM Satellite Radio 사이의 합병이 이 예에 해당한다. **수직적 합병**(vertical merger)의 예로서 철강 생산업체가 철 또는 석탄 채굴업체를 합병한 경우, 또는 원유 생산업체가 원유를 원재료로 사용하는 석유화학업체를 합병한 경우를 들 수 있다. 동종(congeneric)의 의미는 같은 성질과 행태상 같은 종류인 것을 의미하는데, 따라서 **동종산업 합병**(congeneric merger)은 같은 제품을 생산하는 경우(수평적 합병)도 아니고, 생산자–공급자의 관계(수직적 합병)도 아닌 밀접한 관련을 맺는 기업 간의 합병을 말한다. Bank of America와 Countrywide Financial 간의 합병이 이 예에

이종산업 합병
상이한 업종에 소속된 기업들의 합병

해당한다. **이종산업 합병**(conglomerate merger)은 관련 없는 기업 간 결합에서 나타난다. 이종산업 합병은 시너지를 낸다고 해도 거의 내지 못하는 경향이 있으며 최근 수년간 인기가 점차적으로 시들어가고 있다.

영업의 경제성(과 비경쟁효과)은 합병의 유형에 따라 부분적으로 달리 나타난다. 수직적 및 수평적 합병은 영업이득 면에서 일반적으로 가장 큰 시너지효과를 제공하지만 미국 법무부로부터 반경쟁적인 측면에서 공격받을 가능성 역시 가장 크다. 어쨌든 장래의 합병을 분석하는 데 있어서 이러한 경제적 분류를 생각해보면 도움이 된다.

셀프 테스트

- 합병의 4가지 경제적 형태는 무엇인가?

19-3 합병 활동의 수준

미국에서는 다섯 번의 주요한 "합병의 물결"이 발생하였다. 첫 번째 "합병의 물결"은 1800년대 말에 발생하였으며, 원유, 철강, 담배 및 여러 기초산업에서 합병이 발생했다. 두 번째 "합병의 물결"은 1920년대에 발생하였으며 당시 주식시장의 붐에 힘입어 재무기획자들에 의해 전기, 수도 등의 공공사업, 통신 및 자동차 등 여러 산업에서 합병기업이 발생하였다. 세 번째 "합병의 물결"은 1960년대에 발생하였으며 당시 이종산업 합병이 크게 유행하였다. 네 번째 "합병의 물결"은 1980년대에 발생하였으며 당시 인수를 위한 자금조달을 위해 차입매수와 정크본드가 사용되기 시작하였다. 다섯 번째 합병의 물결"은 지금도 진행 중이며 글로벌 경제체제 하에서 우수한 경쟁력을 갖기 위한 수단으로 전략적 제휴가 발생하고 있다. 근래(2020년 9월) 미국은 코로나바이러스 팬데믹으로 인해 경기침체에 빠져 있다. 2020년 2분기 합병 건수는 전년 동기 대비 29%, 가치는 79% 감소하였다. 이는 2001년 닷컴 불황 이후 인수합병 활동이 전년 대비 감소한 단일 규모로는 가장 큰 폭의 하락이다. 그러나 2020년 5월과 6월 인수합병 활동이 4월보다 높고 7월 중순에 대규모 인수합병 건들이 발표되면서 시장이 반등하기 시작했다는 징후가 존재한다.[7)]

<표 19.1>은 1990년대 후반 이후 발표된 합병 거래 중에서 세간의 주목을 받은 대규모 합병을 정리한 것이다. 일반적으로 이 합병들은 1980년대의 합병과 비교하여 큰 차이를 보이고 있다.[8)] 1980년대에 성사된 대부분의 합병은, 무능하고 부진한 경영으

7) "Deals Industry Insights," *PWC*(pwc.com/us/en/services/deals/industry-insights.html), July 2020.

〈표 19.1〉 1990년대 후반 이후 대형 합병 사례

인수기업	피인수기업	인수합병 공시일	가치(10억 U.S. 달러)
Vodafone AirTouch	Mannesmann	November 14, 1999	$180.9
America Online	Time Warner	January 10, 2000	165.0
BHP Billiton	Rio Tinto	May 11, 2007	145.3
Verizon Communications	Verizon Wireless	September 1, 2013	129.0
United Technologies	Raytheon Corporation	June 9, 2019	121.0
AB InBev	SABMiller	November 11, 2015	100.0
RBS, Fortis, & Banco Santander	ABN-AMRO Holding	July 16, 2007	98.0
Pfizer	Warner-Lambert	November 4, 1999	89.0
AT&T	BellSouth Corporation	March 6, 2006	86.0
AT&T	Time Warner	October 22, 2016	85.4
Exxon	Mobil	December 1, 1998	85.2
Bell Atlantic	GTE	July 28, 1998	85.0
SBC Communications	Ameritech	May 11, 1998	80.6
Glaxo Wellcome	SmithKline Beecham	January 18, 2000	76.0
Vodafone	Air Touch	January 18, 1999	74.4
Royal Dutch Petroleum	Shell Trans. & Trading	October 28, 2004	74.3
Bristol-Myers Squibb	Celgene	January 3, 2019	74.0
Disney	21st Century Fox	December 14, 2017	71.3
Travelers Group	Citicorp	April 6, 1998	70.0
Royal Dutch Shell	BG Group	April 8, 2015	69.8
Saudi Aramco	Saudi Basic Industries (Sabic)	August 22, 2018	69.1
Pfizer	Wyeth	January 26, 2009	68.4
Cigna Corp	Express Scripts Holding Co.	March 8, 2018	67.0
BB&T	SunTrust	February 7, 2019	66.0
Dell	EMC	October 12, 2015	66.0
AbbVie	Allergan	June 25, 2019	63.0
Bayer	Monsanto	September 14, 2016	63.0
NationsBank Corporation	Bank America Corporation	April 13, 1998	62.0
British Petroleum	Amoco	August 11, 1998	61.7
AT&T	Media One Group	May 6, 1999	61.0
Sanofi-Synthelabo	Aventis	January 26, 2004	60.2

8) 1980년대에 나타난 합병 물결에 대한 상세한 내용을 보려면 다음을 참고하라. Andrei Shleifer and Robert W. Vishny, "The Takeover Wave of the 1980s," *Journal of Applied Corporate Finance*, Fall 1991, pp. 49-56; Edmund Faltermayer, "The Deal Decade: Verdict on the '80s," *Fortune*, August 26, 1991, pp. 58-70; "The Best and Worst Deals of the '80s: What We Learned from All Those Mergers, Acquisitions, and Takeovers," *Business Week*, January 15, 1990, pp. 52-57.

〈표 19.1〉 1990년대 후반 이후 대형 합병 사례 (계속)

인수기업	피인수기업	인수합병 공시일	가치(10억 U.S. 달러)
Charter Communications	Time Warner Cable	May 26, 2015	60.0
Pfizer	Pharmacia Corporation	July 15, 2002	60.0
JPMorgan Chase	Bank One	January 14, 2004	58.8
British American Tobacco	Reynolds American	October 21, 2016	58.0
Occidental Petroleum	Anadarko	May 9, 2019	55.0
Procter & Gamble	Gillette	January 28, 2005	55.0
InBev	Anheuser-Busch	June 11, 2008	52.0
AT&T	DirecTV	May 18, 2014	49.0
Comcast	AT&T Broadband	July 8, 2001	47.0
Roche Holding	Genentech	July 21, 2008	46.8

출처: "Year-End Review," *The Wall Street Journal* 기사; Samuel Stebbins, "Biggest Mergers of the Year," *24/7 Wall St.*(247wallst.com/special-report/2018/12/03/biggest-mergers-of-the-year-3/), December 3, 2018; and Douglas A. McIntyre, "20 Corporate Mega-Mergers of 2019," *24/7 Wall St.*(247wallst.com/special-report/2019/12/23/20-corporate-mega-mergers-of-2019/), December 23, 2019.

로 인해 기업의 실제가치보다 낮은 가격에 형성된 피인수기업을 인수기업이 적극적으로 탐색하였다는 점에서 재무적 거래라고 볼 수 있다. 이후 피인수기업의 경영을 개선하고, 중복된 자산을 매각하며, 운영 및 관리 비용을 절감할 수 있게 된다면 기업이익과 주가가 상승하게 될 것이다. 최근에 발생한 합병은 이와는 반대로 본질적으로 전략적인 동기에 의한 것이 대부분이다. 즉, 합병을 통해 규모의 경제성 또는 범위의 경제성을 증진시켜 글로벌 경제에서 경쟁력을 제고하려는 취지이다. 최근의 합병이 금융, 항공, 군수, 미디어, 컴퓨터, 통신, 의료산업 등 산업구조의 변화와 극심한 경쟁을 겪고 있는 분야에서 많이 발생하고 있다.

최근에는 국제인수합병 또한 증가하고 있는데, 이들 합병의 상당수는 기축통화의 가치가 크게 변화함에 따라 야기된 것들이 많다. 예를 들어, InBev가 Anheuser-Busch를 인수하게 된 것은 최근 미국 달러의 가치 하락 때문이라는 시각이 많다.

셀프 테스트

- 미국에서 발생한 5개의 주요 "합병의 물결"은 무엇인가?
- 현재 "합병의 물결"의 이유는 무엇인가?

19-4 적대적 인수와 우호적 인수

인수기업
다른 기업을 매수하는 기업

피인수기업
매수대상이 되는 기업

합병이 발생하는 상황에서 대부분 한 기업(일반적으로 규모가 큰 기업)이 다른 기업을 인수할 것을 결정하고, 피인수기업의 경영진과 인수가격을 협상하며, 인수가격이 합의되면 최종적으로 기업을 인수하게 된다. 가끔 피인수기업이 먼저 행동을 취하기도 하지만, 이보다는 인수기업이 인수할 대상을 찾아 나서는 것이 더 일반적이다.[9] 이러한 관례에 따라 우리는 다른 기업을 인수하려 애쓰는 기업을 **인수기업**(acquiring company)이라 부르고 인수기업에게 인수되는 기업을 **피인수기업**(target company)이라고 부른다.

인수기업이 적절한 피인수대상을 찾게 되면, 그 기업은 먼저 (1) 적절한 가격 또는 가격대를 수립하고, 그런 후 (2) 지불조건, 즉 현금, 그 기업이 보유한 보통주, 채권, 또는 이들의 혼합 중 어떤 방법으로 지불할 것인지에 관한 안을 잠정적으로 수립한다. 그런 다음 인수기업은 피인수기업의 경영진에게 어떻게 접근할 것인지를 결정한다. 만약 피인수기업의 경영진이 그 합병을 승인할 것으로 판단된다면, 인수기업은 합병을 제안하고 적절한 계약조건을 놓고 협상을 하게 된다. 협상에 대한 최종합의가 이루어지면 두 기업의 경영진은 두 기업의 주주들에게 합병이 승인되었음을 알리는 고지문을 발송하고 피인수기업의 경영진은 그 기업의 주주들에게 합병에 동의할 것을 권고한다. 일반적으로 피인수기업의 주주들은 그들 주식의 소유권을 양도한다는 내용의 서명된 위임장과 더불어 주식을 지정된 금융기관에 제출(tender)하도록 요청받는다. 그런 후 피인수기업의 주주들은 명시된 대금을 인수기업의 주식(피인수기업의 주주는 이제 인수기업의 주주가 된다)이나 현금, 채권, 또는 현금과 증권을 혼합하는 등의 방법으로 지급받는다. 이상의 내용은 **우호적 합병**(friendly merger)을 설명한 것이다.

우호적 합병
두 기업의 경영진 모두의 동의 및 승인하에 이루어지는 합병

적대적 합병
피인수기업의 경영진이 인수를 저항하는 상태에서 추진되는 합병

공개매수
어느 기업이 다른 기업의 주주에게 주식을 매도할 것을 직접 요청하는 것. 이러한 요청은 항상 그런 것은 아니지만, 대개 피인수기업 경영진의 반대 속에 이루어진다.

그러나 때로는 피인수기업의 경영진이 합병을 반대하기도 한다. 아마도 제시된 인수가격이 너무 낮거나 혹은 그들의 일자리를 계속 지키기를 원하는 것이 이유일 수 있다. 어떤 이유라도 이 경우는 우호적이 아닌 적대적(hostile)인 매수가 되고, 인수기업은 피인수기업의 주주를 직접 접촉하여 합병에 동의해줄 것을 요청해야 한다. **적대적 합병**(hostile merger)에서 인수기업은 **공개매수**(tender offer)를 하여 피인수기업의 주주들이 그들의 지분을 제시된 가격으로 양도할 것을 요청한다. 하지만 이 경우 피인수기업의 경영진은 제시된 가격조건(현금, 채권, 인수기업의 주식 등으로 지급됨)이 너

9) 하지만 기업이 재정적으로 어렵거나, 경영자의 연령이 너무 많은데 주위에 적절한 후계자가 없거나, 또는 대기업으로부터 주로 자본조달 측면에서 지원을 필요로 하는 경우, 인수할 기업을 찾아 나서기도 한다. 1980년대 텍사스, 오하이오, 메릴랜드의 다수의 금융기관이 곤경에 처했을 때, 이들 기업들은 주의회 의원들을 상대로 그들 금융기관이 타 기업에 의해 쉽게 인수될 수 있도록 법안을 마련해 줄 것을 요청하는 로비를 펼쳤다.

무 낮다고 설명하며 주주들에게 지분을 양도하지 말 것을 종용한다.

비록 대부분의 합병이 우호적이기는 하지만 세간의 관심을 집중시킨 합병 중에서 적대적인 인수의 사례들이 존재한다. 예를 들어, Warner-Lambert는 Pfizer의 적대적 매수에 대하여 저항을 시도했지만 결국 2000년에 합병이 완결되었다. 미국 이외 국가에서는 Olivetti가 Telecom Italia에 대한 적대적 인수를 성공적으로 완료하였으며, 또 다른 통신회사 합병사례로서 영국의 Vodafone AirTouch가 독일의 경쟁사인 Mannesmann AG에 대한 적대적 인수를 성공시켰다.

셀프 테스트

- 적대적 합병과 우호적 합병의 차이는 무엇인가?

19-5 합병분석

자료(Resource)

cengage.com의 본 교재 관련 사이트에서 Excel 챕터 모형들을 다운로드할 수 있다. 다운로드 후에는 제19장 파일을 열어 이 챕터를 읽으면서 따라해보자.

이론상 합병분석은 매우 단순하다. 인수기업은 피인수기업의 가치를 추정, 평가한 후에 해당 기업을 추정된 가격 또는 가능하면 추정치 이하의 가격으로 매수할 수 있는지 여부를 타진한다. 반면 피인수기업은 제시된 인수가격이 합병 없이 독립적으로 영업을 계속하여 얻게 되는 가치보다 크거나 혹은 다른 인수기업에서 제시한 가격보다 높을 경우 매수제안에 동의할 것이다. 하지만 이론과는 별개로 일부 까다로운 이슈가 있다. 본 절에서는 합병분석의 첫 번째 단계로서 피인수기업의 가치평가를 학습한 후에, 매수가격의 결정과 합병 이후 사후관리에 대해 논의한다.

19-5A 피인수기업의 가치평가

피인수기업의 가치를 평가하는 방법에는 여러 가지가 있지만 여기서는 가장 일반적인 2가지 방법, 즉 (1) 할인현금흐름법과 (2) 시장배수모형을 학습한다. 어떠한 가치평가 방법을 활용하더라도 다음 2가지를 유념하는 것이 매우 중요하다. 첫째, 피인수기업은 합병 이후 더 이상 독립적인 업체로 운영되는 것이 아니라 포트폴리오 자산으로서 인수기업의 일부가 된 것이다. 따라서 영업상에 발생하는 변화들이 모두 기업의 가치에 영향을 주게 되므로 이러한 사항을 반드시 분석에 반영해야 한다. 둘째, 합병가치평가의 목적은 피인수기업의 자기자본의 가치를 평가하는 것이다. 왜냐하면 기업을 소유주로부터 인수한 것이지 부채를 제공한 채권자로부터 인수한 것이 아니기 때문이다. 그러므로 합병분석에서 **기업가치평가**라는 용어가 사용하지만 중점적으로 살펴볼 내용은 전체 기업가치보다는 자기자본의 가치이다.

할인현금흐름분석

할인현금흐름법(DCF method)은 사업에 대한 가치평가방법으로서 개별 투자안이 아닌, 기업 전체에 대해 자본예산기법을 적용하여 기업가치를 분석하는 방법이다. 할인현금흐름법을 적용하기 위해서는 2가지 핵심적인 자료가 필요하다. (1) 합병으로 인해 예상되는 증분현금흐름을 예측하여 작성한 추정현금흐름표(pro forma statements)와 (2) 추정된 현금흐름에 적용할 할인율, 즉 자본비용이 필요하다.

재무합병

합병기업이 하나의 단위로 운영되지 않는 합병. 영업의 경제성이 발생하지 않는다.

영업합병

시너지효과를 창출하려는 기대하에 두 기업의 영업이 통합된 합병

추정현금흐름표 합병 이후의 정확한 현금흐름을 추정하는 것은 할인현금흐름법에서 가장 중요한 작업이다. 시너지효과가 없는 순수 **재무합병**(financial merger)에서 합병 이후 증분현금흐름은 단순히 인수기업의 기대현금흐름과 동일하다. 두 기업의 영업이 통합되는 **영업합병**(operating merger)에서는 미래현금을 추정하는 것이 매우 어렵다.

<표 19.2>는 거대복합기업인 Hightech가 인수할 것을 고려하는 Apex Corporation의 예상현금흐름표를 나타낸 것이다. 자료들은 합병 이후를 예상하고 모든 시너지효과를 포함하여 추정한 것이다. Apex는 현재 50%의 부채를 사용하고 있고, 인수된 이후에도 Hightech는 50%의 부채비율을 유지할 것이다. Hightech와 Apex에 대한 연방정부 및 주정부 세금을 모두 고려한 한계법인세율은 25%이다.

<표 19.2>에서 1번부터 4번까지는 합병이 성사되었다는 가정하에서 Hightech가 예상한 계열회사 Apex의 영업정보를 보여주고 있고, 5번은 연도별 이자 · 법인세차감전 영업이익(EBIT)을 보여주고 있다. 자본예산분석과는 달리 합병분석에서는 대체로 6번에서 제시되는 것과 같이 이자비용을 예상현금흐름에 반영한다. 그 이유는 다음 3가지로 정리된다: (1) 인수기업은 대개 피인수기업의 부채도 떠안을 것을 가정한다. 따라서 다양한 이표금리로 발행된 기존의 부채는 합병 시 협상의 대상이 된다. (2) 합병 시 대개 부채를 통해 일부 자금을 조달한다. (3) 만약 인수된 계열사가 장차 성장하게 될 경우 이러한 사업확장을 유지할 수 있도록 신규 부채를 지속적으로 조달해야 하기 때문이다. 따라서 합병과 관련된 부채는 일반적인 자본예산과 관련하여 조달되는 단일성 부채보다 복잡하며 가장 용이한 처리 방법으로 각 연도마다의 예상 이자비용을 포함시켜 현금흐름을 추정하는 것이 적절하다. 피인수기업에 대한 이와 같은 가치평가법을 **지분잔여법**(equity residual method)이라고 정의한다. 여기서 추정하는 현금흐름은 인수기업의 주주에게 유일하게 귀속되는 잔여분인 것이다. 따라서 이 추정치는 자기자본의 자본비용으로 할인되어야 한다. 이러한 방법은 주주뿐 아니라 모든 투자자들에게 속하는 잉여현금흐름을 WACC로 할인하는 제9장의 기업가치 평가모형과 비교하여 분명한 차이가 있다. 기본적인 가정을 일관되게 유지한다면, 자기자본 가치에 대한 추정치는 두 방법 모두 동일하게 나타난다.

지분잔여법

피인수기업의 가치를 평가하는 방법. 인수기업의 주주에게 유일하게 귀속되는 잔여현금을 사용한다.

〈표 19.2〉 Apex Subsidiary의 합병 이후 12월 31일 기준 추정현금흐름표 (단위: 100만 달러)

	2021	2022	2023	2024	2025
1. 순매출액	$105.0	$126.0	$151.0	$174.0	$191.0
2. 매출원가	75.0	89.0	106.0	122.0	133.7
3. 판매비와 일반관리비	10.0	12.0	13.0	15.0	18.0
4. 감가상각	8.0	8.0	9.2	9.2	12.1
5. EBIT	$12.0	$17.0	$22.8	$27.8	$27.2
6. 이자[a]	8.0	9.0	10.0	11.0	12.4
7. EBT	$4.0	$8.0	$12.8	$16.8	$14.8
8. 세금 (25%)[b]	1.0	2.0	3.2	4.2	3.7
9. 순이익	$3.0	$6.0	$9.6	$12.6	$11.1
10. 감가상각	8.0	8.0	9.2	9.2	12.1
11. 현금흐름	$11.0	$14.0	$18.8	$21.8	$23.2
12. 성장을 위한 유보금[c]	4.6	5.2	9.0	11.6	12.0
13. 잔존가치[d]					127.8
14. Hightech에 대한 현금흐름[e]	$6.4	$8.8	$9.8	$10.2	$139.0

주:

a. 이자비용은 Apex의 기존 부채뿐 아니라 성장에 필요한 추가조달부채를 모두 고려하여 추정하였다.

b. Hightech는 합병 후 연결세무신고를 할 것이다. 따라서 표에 제시된 세금은 Apex 기업에 귀속된 세금이다. 어떠한 추가 세금도 Apex로부터 Hightech로 이전되지 않을 것이다.

c. 합병 후 Apex로부터 발생한 현금흐름 중 자산대체와 성장을 위해 유보되어야 하며, 나머지는 Hightech로 이전되어 주주에 대한 배당금과 기업의 재배치비용으로 사용될 것이다.

d. Apex의 가용현금흐름은 2025년 이후 연간 5%의 고정된 비율로 성장할 것으로 예상된다. 2025년 이후 발생하는 모든 현금흐름의 가치를 고정성장모형을 이용하여, 2025년 12월 31일 시점에서 추정하면 다음과 같이 1억 2,780만 달러가 도출된다.

$$V_{2025} = \frac{CF_{2026}}{r_s - g} = \frac{(\$2{,}320만 - \$1{,}200만)(10.5)}{0.142 - 0.05} = \$1억\ 2{,}780만$$

다음 절에서 자기자본비용 14.2%를 추정하는 방법을 다룬다. 1억 2,780만 달러는 2025년 이후 계속해서 발생하는 현금흐름을 2026년 12월 말 시점에서 평가한 현재가치이다

e. 이 현금흐름은 합병을 통해서 Hightech가 사용할 수 있는 현금흐름의 예상치이다. 이 현금흐름은 Hightech 주주에 대한 배당지급 또는 Hightech의 타 사업부문 혹은 자회사 등의 자산을 확장하기 위한 자금으로 사용될 수 있다.

7번은 세전이익(earnings before tax, EBT)을 나타낸 것이고, 8번은 25%의 한계세율을 적용하여 계산한 세금을 나타낸다. 9번은 매년도의 순이익을 나타내고, 10번의 감가상각을 합하면 11번에 표시된 현금흐름이 추정된다. Apex의 자산 중 일부는 너무 낡거나 구식이 되어 쓸모없는 것들이고 또한 인수 이후 Hightech는 자회사인 Apex를 확장할 계획이므로 일부 자기자본의 자금은 유보되어 향후 사업에 재투자되어야 하는 상황이다. 모기업에 이전되지 않는 이러한 내부유보금은 12번에 표시되어 있다. 마지막으로, 5년간의 현금흐름만 추정하였는데 Hightech는 자회사 Apex를 향후 수년 동안, 이론적으로는 영원히 운영하기를 기대한다. 따라서 2025년까지의 현금흐름에 적용

된 고정성장모형을 2025년 이후의 현금흐름 추정에도 동일하게 적용하였다(<표 19.2>의 주d를 확인하라). 13번에 제시된 '잔존가치(continuing value)'는 이렇게 계산된 2025년도 말 시점의 Apex에 대한 추정가치를 나타낸다.

14번의 현금흐름은 Hightech 주주의 몫이 되며, 이것이 가치평가의 기초가 된다.[10)] 물론 합병 이후 시기의 현금흐름추정은 매우 어렵고, 완전합병가치평가에서는 완전자본예산분석에서와 같이 민감도분석, 시나리오분석, 시뮬레이션분석을 실시해야 한다. 실제로 우호적 합병에서 인수기업은 회계사, 엔지니어 등 많은 인원으로 구성된 인수팀을 피인수기업에 파견한다. 인수팀은 재무제표의 검토, 자산의 유지 및 보수에 요구되는 비용의 추정, 부동산, 비축유 등과 같은 다양한 종류의 자산들의 가치평가 등을 수행한다. 이와 같은 조사업무를 **기업실사**(due diligence)라고 하며 합병분석에서 매우 중요한 요소이다.

할인율의 추정 14번에 표시된 현금흐름은 이자와 세금을 이미 반영한 것이므로 이는 주주의 몫이 되며 전체 자본비용보다는 자기자본의 자본비용으로 할인하는 것이 적절하다. 또한 할인율은 <표 19.2>에서 추정된 현금흐름의 위험을 적정하게 반영해야 한다. 가장 적절한 할인율은 Hightech의 자기자본비용도 아니고 또는 합병 이후 결합되어 나타난 합병기업의 자기자본비용도 아닌 바로 Apex의 자기자본비용이다.

비록 여기서는 살펴보지 않겠지만, Hightech는 자본예산 의사결정을 위한 현금흐름에 대해 위험분석을 할 수 있듯이 <표 19.2>에 제시된 현금흐름을 토대로 위험분석을 시도해볼 수 있다. 민감도분석, 시나리오분석, 몬테카를로 시뮬레이션 등을 통해서 Hightech의 경영진은 인수합병에 야기된 위험을 가늠해볼 수 있다. Apex는 공개기업이므로 기업의 시장위험을 직접 평가할 수 있다. 합병 전 시장에서 나타난 Apex에 대한 베타계수는 1.63으로 나타났다. 합병 이후에도 Apex의 자본구조와 법인세율은 변하지 않으므로 기업의 베타계수는 1.63으로 계속 유지된다. 만약 Apex의 자본구조가 변경된다면 하마다 공식(제13장 참고)을 이용하여 수정된 자본구조에 해당하는 새로운 베타계수를 결정해야 할 것이다. 이제 증권시장선을 이용하여 합병 후 Apex의 자기자본비용을 추정해보자. 무위험수익률이 6%이고 시장위험프리미엄이 5%일 경우 Hightech와의 합병 후, Apex의 자기자본비용(r_s)은 14.2%가 될 것이다.[11)]

---

10) 핵심주제에 집중할 수 있기 위하여 의도적으로 현금흐름 추정과정을 단순하게 설정하였다. 실제 합병평가에서는 현금흐름이 보다 복잡한 것이 일반적이다. 예를 들어, 인수기업으로부터 제공되는 자금, 차기이월 조세손금, 공장과 설비의 가치조정에 따른 세금효과, 자회사의 일부 자산을 처분하여 발생하는 현금흐름 등이 추정에 포함되어야 한다.

11) 본 예시에서 Apex의 자기자본비용을 추정하기 위하여 자본자산가격결정모형(capital asset pricing model: CAPM)이 활용되었다. 따라서 투자자가 시장위험프리미엄만을 요구한다고 가정되었다.

대형기업 간의 합병에서 기업들은 대개 투자은행을 고용하여 합병가치의 추정을 위임한다. 예를 들어, General Electric이 Utah International(UI)을 인수했을 때 GE는 Morgan Stanley를 고용하여 UI의 가치평

$$r_s = r_{RF} + (RP_M)b = 6\% + (5\%)1.63 = 14.15\% = 14.2\%$$

현금흐름의 가치평가 Hightech의 입장에서 Apex 주식의 현재가치는, Apex로부터 예상되는 현금흐름을 14.2%로 할인한 값이 된다.

$$V_{12/31/20} = \frac{\$6.4}{(1.142)^1} + \frac{\$8.8}{(1.142)^2} + \frac{\$9.8}{(1.142)^3} + \frac{\$10.2}{(1.142)^4} + \frac{\$139.0}{(1.142)^5} = \$96.5$$

따라서 Hightech의 입장에서 Apex 주식의 가치는 $9,650만이 된다.

합병분석에서 피인수기업의 가치는 합병 이전 피인수기업의 가치에 영업 또는 재무시너지 가치를 합산한 금액으로 구성된다. 본 예시에서는 피인수기업의 자본구조와 법인세율이 변하지 않아 운영시너지 효과만 발생하였고 추정현금흐름에 반영되었다. 만약 재무시너지 효과가 발생한다면 이 효과를 반영할 수 있도록 분석을 수정해야 할 것이다. 예를 들어, 만약 Apex가 30%의 부채로 운영했었고, Hightech가 합병 후 부채비율을 50%로 증가시켜 Apex의 전체 자본비용을 낮추었다면, Apex의 합병가치는 앞서 계산한 $9,650만보다 더 컸을 것이다.

시장배수분석

시장배수분석
피인수기업의 가치를 평가하는 방법. 순이익, 주당순이익, 매출액, 장부가치 등에 시장결정배수를 적용한다.

피인수기업의 가치를 평가하는 두 번째 방법은 **시장배수분석**(market multiple analysis)이다. 순이익, 주당순이익, 매출액, 장부가치 등에 시장결정배수를 적용하거나, 또는 케이블TV, 핸드폰 등 사업체의 경우에는 가입자 수를 배수로 사용하여 산출하는 방법이다. 현금흐름법이 기대현금흐름을 기초로 엄밀하게 가치평가를 하는 방법임에 반하여 시장배수분석은 상대적으로 빠르고 간단하게 계산하는 방법이다. 시장배수분석의 개념을 설명하기 위해 앞서 제시한 자료를 활용하면, 2021년도의 Apex의 기대순이익은 $300만인데 2025년도에 $1,110만으로 증가하며, 5년의 예측기간 동안의 평균순이익은 $846만이다. 또한 Apex와 유사한 동일산업 내 공개기업들의 평균 주가수익비율은 11.38이다.

시장P/E배수법을 이용한 Apex의 추정가치는 $846만의 순이익에 시장배수(또는 주가수익비율) 11.38을 곱하여 산출되며 $846만 × 11.38 = $9,627만이 된다. 이 금액이 바로 기업의 자기자본 가치이다. 참고로 여기서 Apex의 가치를 평가하기 위하여 향후 5년간의 평균 순이익이 사용되었다. 시장의 주가수익비율 11.38은 당해 연도 비교대상

가를 요청하였다. Morgan Stanley의 평가책임자와 평가과정에 대해 의견을 교환했는데, 그는 실제로 본 장에서 기술된 모든 표준적인 절차를 적용하여 평가했다고 확인해 주었다. 그러나 합병분석은 다른 복잡한 상황에 대한 분석과 마찬가지로 의사결정 판단을 필요로 한다는 점에 유의할 필요가 있다. 의사결정자의 판단이 주어진 상황에서 여러 가지 방법에 대해 어느 정도의 비중을 두는지는 상황, 의사결정자, 기업 등에 따라 상이하다.

기업의 순이익을 기초로 산출된 것이지만 Apex의 당기순이익은 합병으로 인해 야기된 시너지효과와 경영상 변화가 반영된 것은 아니다. 따라서 미래의 순이익을 평균하여 계산한 것은 Hightech와의 합병으로 인해 얻어진 가치를 최대한 반영하고자 함이다.

시장배수법에서 순이익 외에 다른 변수를 사용해도 무방하다. 예를 들어, 이자·법인세·감가상각비차감전이익(EBITDA)도 일반적으로 많이 사용된다. 이 경우 앞에서 설명한 방법과 동일하나, 다만 시장배수로 주가를 주당순이익으로 나눈 값이 아닌 주가를 EBITDA로 나눈 값이어야 하며 이 배수를 Apex의 EBITDA에 곱하여 가치를 추정한다.

앞에서 언급한 바와 같이 케이블TV, 핸드폰 등의 사업체의 경우 가치평가 과정에서 중요한 요소는 회사가 확보한 고객 수이다. 인수기업은 새로운 고객을 확보하기 위한 비용과 고객 1인당 평균 현금흐름에 대해서는 충분히 파악하고 있을 것이다. HMO 같은 의료관리기업도 보험가입자를 토대로 가치평가를 하는 등 인수과정에서 유사한 논리를 적용한다.

19-5B 매수가격의 책정

앞서 할인현금흐름법을 활용하여 추정된 $9,650만은 Hightech가 Apex에게 지불할 수 있는 최대금액이며 이보다 더 많이 지불한다면 Hightech의 가치가 희석될 것이다. 반면 Hightech가 이보다 적은 금액으로 Apex를 인수하게 된다면 Hightech의 주주는 이득을 얻게 된다. 따라서 Hightech는 $9,650만보다 적은 인수금액으로 Apex에게 인수를 제안할 것이다.

[그림 19.1]은 이러한 합병 상황을 분석한 것이다. 수평선 위에 점으로 표시된 $9,650만은 Hightech가 지불가능한 최대가격을 나타낸 것이다. 만약 Hightech가 이보다 적은 금액을 지불한다면(예: $8,650만), 이 기업의 주주들은 합병으로부터 $1,000만의 이득을 얻는다. 하지만 이보다 더 많은 금액을 지불하게 된다면 주주들은 손해를 보게 된다. 그림의 X축을 $9,650만 지점에서 45도 각도로 교차하는 선은 인수가격이 변함에 따라 Hightech의 주주가 얼마나 얻거나 또는 잃게 되는지를 나타낸다.

이제 피인수기업, Apex의 입장에서 살펴보자. 이 기업의 발행주식은 1,000만 주이고 주당가격은 $6.25이며, 따라서 기업 전체의 가치는 $6,250만으로 추정된다. 이와 같은 설명을 위해서는 다음과 같은 가정이 필요하다: (1) 현재의 경영진이 기업을 잘 운영하고 있다. (2) $6.25의 주식가격에는 영업현금흐름의 현재가치 이외에 '투기적 합병프리미엄'을 포함하지 않는다. 만약 Apex가 $6,250만보다 높은 가격으로 인수된다면 그 주주들은 이득을 얻을 것이고, 이보다 낮을 경우 손해를 볼 것이다. 따라서

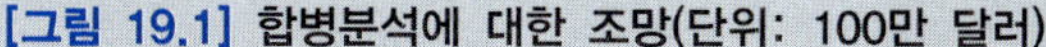
[그림 19.1] 합병분석에 대한 조망(단위: 100만 달러)

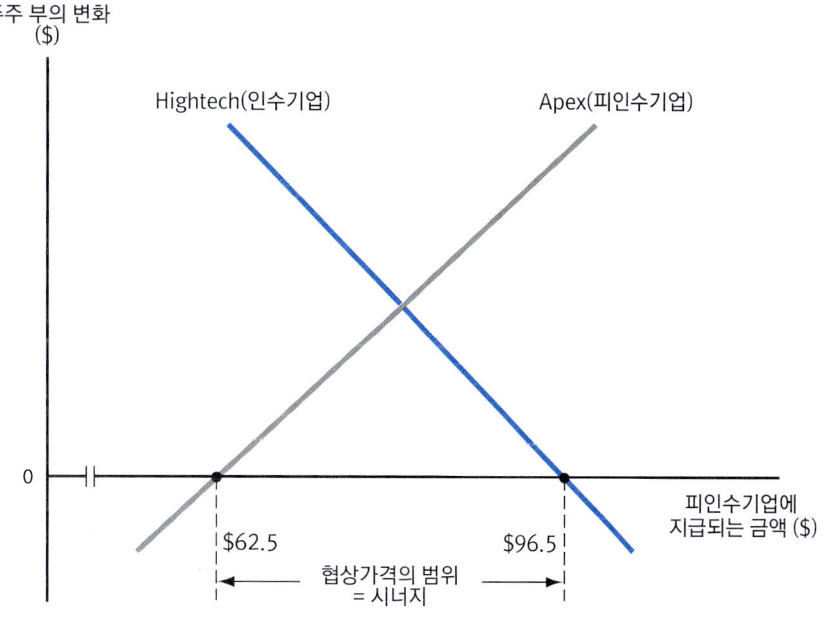

합병가격의 변화에 따라서 Apex 주주가 어떤 영향을 받는지를 보여주는, 45도 각도로 증가하는 교차선을 표시할 수 있다.

교차점 $6,250만과 $9,650만의 차이는 합병으로부터 기대되는 시너지이득이다. 여기서 몇 가지 주목할 점을 제시하면 다음과 같다.

1. 만약 시너지이득이 없다면 최대인수가는 피인수기업의 현재가치와 같은 것이다 시너지이득이 클수록 피인수기업의 현재가치와 인수기업이 지불할 수 있는 최대가격의 차이 또한 크게 나타날 것이다.
2. 시너지이득이 크면 클수록 합병이 성사될 가능성은 더욱 커질 것이다.
3. 시너지이득을 어떻게 분배할 것인지에 관한 이슈는 매우 중요하다. 두 당사자는 당연히 가능한 한 많은 몫을 차지하려 들 것이다. 이 예에서 만약 Apex의 경영진이 Hightech가 지불할 수 있는 최대가격을 알고 있다면, $9,650만에 근접한 가격으로 협상을 요구하려 들 것이다. 반면 Hightech는 가능한 한 $6,250만에 근접한 수준에서 타결을 보고자 할 것이다.
4. $6,250만과 $9,650만의 범위 중 실제 어느 가격에서 협상이 이루어질까? 그 해답은 Hightech가 현금, 증권 등 어떤 지불수단을 사용하는지의 여부, 두 기업 경영진들의 협상기술, 그리고 무엇보다 가장 중요한 것으로 기본적 경제상황에 의해 좌우되는 두 기업의 교섭여건 등 여러 가지 요인에 의해 결정된다. 마지막 요

단지 재무제표만이 아니라 그 이상

기업이 합병할 때, 그들은 단지 재무제표만을 합병하는 것이 아니고 그 이상이다. 합병은 역사와 기업문화가 상이한 두 개의 조직을 합치는 것이다. 협상이 서류상으로는 그럴듯하게 보였더라도, 함께 참여하는 개인 구성원들이 잠재적인 시너지를 창출하기 위한 노력을 꺼리거나 또는 불가능하게 될 때 합병은 실패하게 된다. 결과적으로 잠재적인 합병을 분석할 때, 두 기업이 서로 양립가능한지 여부를 판단하는 것이 중요하다.

많은 협상이 결렬되는 이유는 '기업실사' 단계에서 시너지효과가 기대한 것만큼 크지 않은 것으로 드러나 합병의 경제적 근거가 희박해지기 때문이다. 또 다른 결렬 이유로는 양측이 피인수기업의 주식에 대한 가격합의를 볼 수 없었기 때문이다. 이외에도 협상은 '사회적 이슈' 때문에 종종 결렬된다. 사회적 이슈는 두 기업과 구성원들 사이의 '궁합' 그리고 다음과 같은 기본적 이슈를 포함한다. 합병된 기업의 상호는 무엇으로 할 것인가? 본사는 어디에 둘 것인가? 그리고 가장 중요한 것으로, 누가 합병기업을 경영할 것인가? 뉴욕의 로펌, Cravath, Swaine & Moore의 파트너로서 유명한 합병전문가인 Robert Kindler는 이러한 이슈의 중요성을 다음과 같이 정리하고 있다. "명백하게 경제적으로 타당해 보이는 합병거래일지라도 사회적 이슈가 정리되지 않으면 결국 성사되지 않는다."

투자은행, 법조인, 다양한 전문가에 따르면, 어떤 주체가 합병기업을 경영할 것인지를 명시한, 분명하고 잘 정돈된 계획이 있다면 이러한 합병은 대부분 성공하는 경향이 있다고 한다. 두 기업 중 어느 한쪽이 확실히 월등할 경우, 이러한 이슈는 더욱 분명하게 나타난다. 하지만 '대등한 합병'의 경우에도 연장자에 관한 이슈는 종종 민감하기 마련이다. 만약 CEO 중 어느 한쪽이 정년 또는 정년에 임박했다면 이러한 상황의 긴장감은 많이 누그러지게 된다.

일부 분석가들은, 사회적 이슈가 종종 너무 크게 영향을 끼쳐서, 성사될 수 있는 합병을 결렬시킨다고 보고 있다. 합병이 이루어진 후에도 사회적 이슈에 대한 걱정 때문에, 합병이 주주에게 이익이 되기 위해 반드시 필요함에도, 경영자가 이익이 중복된 인원에 대한 정리해고 등 필요한 조치를 취하지 못하기도 한다.

출처: "Perspectives on Merger Integration," *McKinsey & Company*, June 2010; and Steven Lipin, "In Many Merger Deals, Ego and Pride Play Big Roles in Which Way Talks Go," *The Wall Street Journal*, August 22, 1996, p. C1.

인을 좀 더 살펴보자. Hightech가 Apex와 유사한 기업들을 인수할 수도 있으며, 한편 Hightech 이외에 그 어떤 기업도 Apex 인수를 통해 시너지효과를 낼 수 없다고 가정해보자. 이 경우 Hightech 기업은 아마도 Apex에게 상대적으로 낮은 가격조건으로, 받아들이지 않으면 떠난다는 양자택일식의 제안을 하게 될 것이고, Apex 입장에서는 아예 없는 것보다는 일부의 이득이라도 얻는 것이 나을 것이므로 이 제안을 받아들일 것이다. 반면 다른 기업에는 없는 뭔가 고유한 기술 또는 자산을 Apex가 보유하고 있는 경우, Hightech가 인수제안을 발표하자마자 다른 기업들도 입찰에 경쟁적으로 뛰어들 것이며 따라서 최종인수가격은 $9,650만에 근접하거나 심지어 상회하는 수준이 될 수도 있을 것이다. 만약 Apex 기업과의 합병에 따른 시너지효과가 크거나 혹은 그 합병에 대해 매우 낙관적으로 생각하는 인수기업이 있다면 그 기업은 $9,650만 이상을 지불할 수도 있을 것이다. 이러한 상황은 [그림 19.1]에서 Hightech 주주에 대한 이득을 표시한 선분을 우측으로 평행이동한 선으로 표시될 수 있다.

5. Hightech는 물론 기업이 제시할 수 있는 최대 인수가격을 비밀로 유지하면서 이러한 상황에 맞춰 조심스럽고 일관된 인수전략을 취할 것이다. 만약 다른 기업이 인수하려 들거나 혹은 Apex의 경영진이 자신들의 일자리를 지키기 위해 저항하려 한다면, Hightech는 다른 경쟁자 또는 경영진의 저항을 물리치기 위하여 선제적으로 높은 인수가를 제의할 수도 있을 것이다. 반면 기업을 '갈취'하기 위한 기대하에 과도하게 낮은 인수가격을 제시할 수도 있을 것이다.

위의 내용을 다음 절에서 자세히 논의하며 이후 본 장의 나머지 부분을 학습하는 동안 독자들은 [그림 19.1]의 분석을 숙지하고 있어야 한다.

19-5C 합병 후의 경영지배권

고용과 경영지배권에 관한 상황이 대개 합병분석에 있어서 가장 이해관계가 걸려 있는 부분이다. 먼저 소유자가 경영하는 소규모 기업이 매각되는 상황을 살펴보자. 소유경영자는 자신의 경영자로서의 지위가 계속해서 유지될 수 있을지 여부에 대해 불안해 할 수 있다. 또한 소유경영자가 종업원들과 동지적 유대감으로 기업을 운영했다면, 합병 이후 종업원의 고용여건에 대한 우려가 존재한다. 따라서 합병교섭 과정에서 이와 같은 측면들이 중요하게 고려될 것이다.[12] 경영자가 소유하지 않는 공개기업이 다른 기업과 합병하는 상황에서, 피인수기업의 경영진은 합병 이후 자신들의 거취에 대해 우려를 가질 수 있다. 만약 인수기업이 피인수기업의 기존 경영진의 유임에 동의한다면, 이들 경영진은 기꺼이 합병을 지지하고 피인수기업의 주주들에게도 합병을 승인하도록 권고할 것이다. 하지만 기존 경영진을 교체하려 한다면, 이들은 아마도 합병을 저지하려 할 것이다.[13]

---

12) 특히 피인수기업의 경영진이 확실히 훌륭하다면, 인수기업은 이러한 점이 특히 염려스러울 것이다. 실제 경영진이 합병 이후 일정 기간, 예를 들어 5년 동안 계속 근무하는 것이 합병조건 중 하나라면, 인수기업이 지불하는 가격은 합병 이후 피인수기업의 성과에 따라 조건부로 결정되기도 한다. 예를 들어, International Holdings가 Walker Products를 합병했을 때, 지불가격은 주당 $63인 International Holdings의 주식 10만 주를 합병시점에 지급하고, 향후 3년간 매년 3만 주를 추가로 지급하는 것이다. 이때 추가 지급은 Walker Products가 연간 $100만의 이익을 달성했을 때로 한정한다. Walker의 경영자들은 주식을 소유했고 보너스를 받을 수 있기 때문에, 그들은 기업에 계속 머물며 목표를 달성하기 위한 강한 동기가 있었다.

끝으로 피인수기업의 경영자가 매우 유능하지만 합병 후 기업에 잔류하기를 원치 않는다면 인수기업은 합병계약에 기존 경영진과의 비경쟁약정(noncompete agreement)을 포함시킬 수도 있다. 일반적으로 피인수기업의 경영책임자들은 기존 기업과 경쟁관계에 있는 새로운 사업에 일정기간 동안(예: 5년) 관여하지 않을 것을 동의해야 한다. 이러한 약정은 서비스 지향 사업일 경우 특히 중요하다.

13) 매력적인 합병 1순위 대상으로 간주되는 기업의 경영진은 대개 그들 자신을 **황금낙하산**(golden parachutes)의 적용대상으로 삼는다. 황금낙하산은 극단적으로 많은 퇴직금을 제공하는 것으로서, 합병이 완료될 경우에만 효력이 발생한다. 그래서 Bendix Corp.이 Allied Automotive에 의해 인수되었을 때

셀프 테스트

- 영업합병과 재무합병의 차이점은 무엇인가?
- DCF 분석에 의한 합병 후 현금흐름을 추정하는 방법을 설명하라.
- DCF 분석에서 어떠한 기준으로 할인율을 결정하는가?
- 시장배수분석법을 설명하라.
- 인수기업이 매수가격을 결정할 때 고려하는 요인들은 무엇인가?
- 경영지배권에 관한 이슈가 어떻게 합병에 영향을 미치는가?
- 아래의 자료를 가정하여, XYZ 기업의 가치는 JKL 기업의 입장에서 얼마인가? XYZ의 사후 현금흐름은 1차년도에 $700만, 2차년도에 $1,000만, 3차년도에 $1,200만이다. 또한 3차년도 시점의 잔존가치는 $3억 1,800만이다. 기업의 자본비용은 10%, 성장률은 6%이다. **($2억 6,256만)**

19-6 투자은행의 역할

투자은행은 합병에서 다음과 같은 다양한 역할을 수행한다. (1) 합병을 주선한다. (2) 피인수기업이 방어전략을 입안하고 실행하는 데 도움을 준다. (3) 피인수기업에 대한 가치평가 작업을 자문한다. (4) 합병에 필요한 자금조달을 도와준다. (5) 잠재적 합병기업들의 주식에 투자한다. 투자은행들은 합병 관련 다양한 역할을 수행함으로써 많은 수익을 발생시키고 있다. 예를 들어, 2019년에 Bank of America, Citi, Goldman Sachs, JPMorgan Chase 및 Morgan Stanley는 $102억 8,000만의 자문수수료 수익을 발생시켰다-2018년에 비하여 5% 감소한 자문수수료 수익이다. 수익 감소는 전반적인 합병 건수의 감소, 국가 간 합병 건수의 감소로 인한 것이다.[14] 그럼에도 불구하고 투자은행이 재무전공 졸업생들에게 최고의 직장을 제공함에는 의심의 여지가 없다. <표 19.3>은 2020년 9월 기준 상위권 합병자문사를 정리한 것이다.

Bendix의 이사회 의장 Bill Agee는 '황금낙하산의 끈을 잡아당기며' $400만을 거머쥐고 떠나갔다. 황금낙하산에서 제공하는 액수가 충분히 클 경우, 예를 들어 $1,000만의 가치를 갖는 기업의 사장에게 기업이 인수될 경우 $800만의 퇴직금을 준다고 설정된 경우, 이는 포이즌필(poison pill)로 작동할 수 있다. 이러한 조항이 있는 기업은 인수될 가능성이 거의 없다. 이러한 조항에 반대하는 주주들이 증가하고 있지만, 일부에서는 여전히 남아 있다.

14) Eric Platt, "Wall Street M&A Fees Drop by More Than $500m in 2019," *Financial Times*(ft.com), January 17, 2020을 참고하라.

〈표 19.3〉 전 세계 인수합병에 관여한 상위권 투자은행 순위 (2020년 9월 집계 기준)

YTD 2020				YTD 2019		
순위	투자은행	가치 ($10억)	인수합병 주선 건수	순위	가치 ($10억)	인수합병 주선 건수
1	Goldman Sachs	530.2	212	1	1,053.8	269
2	Morgan Stanley	485.1	179	3	808.9	218
3	JPMorgan	379.8	187	2	922.7	267
4	BofA Securities	305.0	160	5	584.8	167
5	Citi	189.6	131	4	619.4	174
6	UBS	185.1	90	17	138.0	111
7	Credit Suisse	184.2	96	7	321.4	155
8	Lazard	159.3	125	12	164.0	185
9	Evercore Inc	153.8	109	6	530.0	125
10	Barclays	144.2	91	8	246.1	157

출처 “Investment Banking Scorecard,” *WSJ MoneyBeat*(graphics.wsj.com/investment-banking-scorecard/), September 21, 2020.

19-6A 투자은행에 의한 인수합병 거래의 중개

대형 투자은행의 기업재무 부문은 유가증권에 대한 인수 및 중개 서비스를 제공하기보다는 투자자들에게 기업재무와 관련한 자문을 제공하며 부문 내에 인수합병그룹이 존재한다. 인수합병그룹의 역할 중 하나는 다른 기업을 인수할 만큼 충분한 현금을 보유한 기업, 인수되기를 원하는 기업, 여러 가지 측면에서 인수하기에 매력적인 기업 등을 탐색하는 것이다. 예를 들어, 석탄채굴업으로 사업영역을 확장하려는 어느 석유회사가 투자은행의 도움을 받아 석탄회사를 인수할 수도 있다. 마찬가지로 경영실적이 좋지 않은 기업에서 경영진에 반대하는 주주들은 투자은행의 자문을 받아 타기업과의 합병의 추진할 수 있으며 현재의 경영진을 퇴진시킬 수도 있다. 투자은행은 기업 매수사에게 인수를 위한 금융패키지를 제공하며 이와 같은 금융패키지에는 피인수기업의 주식 매수를 위한 인력, 피인수기업의 탐색, 공개매수를 위한 증권의 설계, 최종 인수제인 이후 피인수기업의 주식을 주주로부터 매수하는 업무 등이 포함된다.

투자은행은 합병업무 과정에서 종종 불법적인 일을 저지르기도 한다. 예를 들어, 기업 탈취자가 외부에 노출되지 않은 채 투자은행들이 사실상 피인수기업 주식지분의 5% 이상을 취득하는 것을 돕기 위해 주식 파킹(parked stock)을 했다고 보도되기도 했다. 이 일에 연루된 자들은 결국 감옥에 가게 되었다.

19-6B 인수합병 방어전술의 개발

다른 기업으로부터 인수되지 않으려는 기업은 일반적으로 합병전문 법무법인과 함께 투자은행에 도움을 요청한다. 인수합병 방어를 위한 전략은 다음과 같다: (1) 매년 이사회 구성원의 1/3만을 교체할 수 있도록 정관을 개정하고 (또는) 과반수가 아닌 75%의 찬성을 얻어야만 합병이 승인되도록 정관을 개정한다. (2) 피인수기업의 주주들에게 제시된 주식가격이 너무 낮다는 점을 납득시키도록 노력한다. (3) 법무부가 개입하도록 반독점법에 관한 이슈를 제기한다. (4) 공개시장에서의 자사주매입을 통해서 주가가 유력 인수기업이 제시하는 가격수준보다 높아지도록 시도한다. (5) 잠재적 인수기업에 대항하기 위해 피인수기업의 경영진에 용인되는 **백기사**(white knight)를 내세운다. (6) 인수합병을 방어하기에 충분할 정도의 피인수기업 주식을 매수할 수 있는 **백지주**(white squire)를 내세운다. (7) 다음에 설명할 포이즌필을 발동한다.

백기사

적대적 인수의 위협에 처한 기업의 경영진에게 용인된 기업. 잠재적 인수자와 대항하는 역할을 한다.

백지주

현 경영진과 우호적 관계에 있는 개인 또는 기업. 적대적 인수를 차단하기 위해 충분한 양의 피인수기업 주식을 매수할 수 있다.

포이즌필

기업이 인수될 경우 인수 시도를 좌절시키기 위해 피인수기업에 치명적인 해를 끼치게 되는 조치

황금낙하산

기업이 인수될 경우 피인수기업의 경영진에게 거액의 자금을 지불하는 것

포이즌필(poison pill)은 인수를 피하기 위해 종종 경제적 자살에 버금가는 조치를 취하는 전략으로서, 예를 들어 기업이 인수될 경우 모든 부채를 즉시 상환하는 조건으로 부채를 조달하거나, 인수자가 탐내는 기업의 자산을 헐값에 처분하거나, 기업의 경영진에게 거액의 **황금낙하산**(golden parachutes)을 부여하여 합병 이후 피인수기업의 현금을 소진시켜 합병을 무의미하게 만들 수 있다. 또는 잠재적 피인수기업의 경영진이 방어적 합병을 실행하여 의도적으로 부실 자산과 과다 부채를 보유하는 상황을 만들 수 있다. 현재 가장 많이 사용하는 포이즌필은 기업이 합병될 경우 인수기업의 주식을 현재의 반값으로 매수할 수 있는 권리를 현재의 주주에게 부여하는 것이다. 노골적인 포이즌필의 사용은 자제되고 있는데, 과도하게 사용될 경우 이에 찬성표를 던진 경영진 개개인에 대한 법적 소송이 제기되거나 또는 가까운 미래에 포이즌필 사용에 대한 추가적인 법적 규제가 부과될 수 있기 때문이다. 그럼에도 여전히 투자은행과 인수합병 방어 전문 변호사들은 새로운 포이즌필의 제조법을 지속적으로 고심하고 있으며 다른 편에서는 이에 대한 해독제를 개발하는 데 열중하고 있다.[15)]

기업인수에 대한 방어책으로 활용되는 방법으로 종업원지주제도(employee stock ownership plan: ESOP)가 있다. 종업원지주제도는 낮은 직급의 종업원이 자사주를 취득하여 주주가 되도록 지원하며 현행 미국의 세법은 종업원지주제도를 도입하는 기업에 대하여 다양한 지원책을 제공하고 자사주 취득을 위한 자금을 지원하고 있다.

---

15) 이사회의 이사들을 주주들의 소송으로부터 보호하려는 목적으로 기업이 '이사보험(directors' insurance)'을 구입하는 것은 매우 어렵기도 하고 가격도 비싸다. 설령 보험을 구입했다 하더라도 적절한 주의와 판단을 소홀히 하였다면, 보험사는 대개 손실을 보상하지 않는다. 이러한 점 때문에 이사진은 주주소송을 당하지 않기 위하여 매우 조심스럽게 행동한다.

19-6C 피인수기업 적정가치의 결정

인수기업과 피인수기업의 경영진 간에 우호적 합병이 타결될 경우 합의된 인수가격이 적정하게 결정되었다는 것을 문서화하는 것이 매우 중요하다. 그렇지 않을 경우 어느 한 기업의 주주로부터 소송을 제기당해 합병이 무산될 수도 있으며, 대부분의 대형 합병에서 당사자인 인수기업과 피인수기업은 각각 투자은행에 위탁하여 피인수기업의 가치를 평가하여 적정가격을 책정하는 데 도움을 받고 있다. 합병에 대한 의견의 적정성에 관한 최근의 연구에 의하면, 인수기업을 위해서 일하는 자문사들은 피인수기업의 가치를 지나치게 낙관적으로 평가하는 반면 피인수기업에 고용된 자문사들은 피인수기업의 가치를 보다 정확하게 추정하는 경향이 있다고 주장한다. 따라서 이 연구는 피인수기업에 의하여 고용된 자문사가 작성한 적정성 견해가 시장에 보다 유용한 정보를 제공하고 있다는 결론을 제시한다.[16)]

19-6D 인수합병을 위한 자금조달

다수의 인수합병에서 소요되는 자금은 인수기업의 여유자금을 통해 조달되고 있다. 인수기업이 보유한 현금이 충분치 않을 경우 다른 자금조달원이 필요하다. 예를 들면, Amazon.com은 2017년 8월에 $160억의 부채를 조달하여 Whole Foods의 인수에 사용하였다.[17)] 1980년대에 합병물결이 발생한 배경의 가장 중요한 요인 중의 하나는 아마도 기업인수를 위한 자금을 조달할 수 있도록 설계된 정크본드(junk bonds)의 개발이다. 정크본드는 투자등급(BBB/Baa) 미만의 등급으로 평가된 채권을 의미하는 것으로 Drexel Burnham Lambert에서 최초로 개발되었다. Drexel이 개발하기 전에는 저등급 위험채권의 발행을 통해서는 자금조달이 거의 어려운 상황이었다. Drexel Burnham Lambert는 그 당시 피인수기업의 상황을 가장 근접하게 평가하고 <표 19.2>에 제시된 것과 같은(물론 이보다는 더 상세하다) 예상현금흐름을 추정하는 방법을 선구적으로 개발하였다.

인수합병 거래의 중개업무에서 성공하려면 투자은행은, 고객이 기업을 인수하기 위해 자본이 필요한 인수기업, 인수합병 방어수단으로 자사주매입 또는 다른 대항수단을 마련하기 위한 자금이 필요한 피인수기업 등의 다양한 고객들을 위하여 설계된 금융패키지를 제공할 수 있어야 한다. Drexel Burnham Lambert는 1980년대 전반에 걸쳐서 합병게임에서 가장 독보적인 활약을 펼친 투자은행이었다. 그러나 Drexel Burnham

---

16) Matthew D. Cain, "The Information Content of Fairness Opinions in Negotiated Mergers," 2007 PhD dissertation, Purdue University.

17) Evelyn Cheng, "Amazon Raises $16 Billion to Fund Whole Foods Acquisition with Debt That Includes 40-Year Bond," *CNBC*(cnbc.com), August 15, 2017을 참조하라.

Lambert가 파산한 이후에는 Morgan Stanley, Goldman Sachs, JPMorgan Chase, Citi, BofA Securities, Barclays, Credit Suisse 등 여러 투자은행들이 선두자리를 놓고 치열한 경쟁을 벌이고 있다.

19-6E 차익거래 운영

차익거래
서로 다른 시장에서 서로 다른 가격으로 거래되고 있는 동일 상품 또는 증권에 대해 시장에서 매수와 매도를 동시에 취하여 무위험수익을 실현하는 거래

차익거래(arbitrage)는 일반적으로 동일한 상품 또는 증권을 서로 다른 시장에서 서로 다른 가격으로 동시에 매수와 매도를 취하여 무위험수익을 얻는 것을 의미한다. 그러나 대형 금융중개기관과 일부 부유한 개인투자자들은 **위험차익거래**(risk arbitrage)로 정의되는 다른 형태의 차익거래에 참여하고 있다. **차익거래자**(arbitrageurs)가 기업을 인수할 가능성이 높아 보이는 회사들의 주식을 대상으로 투기거래를 하는데, 대량의 주식을 거래하고 위험을 감소시키기 위해서는(그러면 좁은 스프레드 범위에서 이익이 나겠지만) 대규모의 자본이 필요하다. 대형 투자은행들은 이러한 게임을 참여하는 데 필요한 자금을 보유하고 있으며 차익거래에서 성공하기 위해서는 어느 기업이 인수될 것인지를 탐색하는 능력이 필요하고, 인수제안이 최종적으로 합병으로 귀결될 가능성을 평가할 수 있어야 하고, 낮은 거래비용으로 차익거래를 실현하고 시장에서 신속히 나올 수 있어야 한다.

셀프 테스트

- 적대적 인수에 저항하기 위하여 기업이 사용할 수 있는 방어전술은 무엇인가?
- 1980년대의 합병물결에서 정크본드는 어떠한 역할을 수행했는가?
- 순수차익거래와 위험차익거래의 차이는 무엇인가?

19-7 합병은 가치를 창출하는가? 실증적 증거

최근에 나타난 합병에서 2가지 문제가 제기되었다: (1) 기업합병은 가치를 창출하는가? (2) 만약 그렇다면 당사자들은 그 가치를 어떻게 분배하는가? 대부분의 연구자들은 합병이 피인수기업 주주들의 부를 증가시킨다는 점에 동의한다. 그렇지 않다면 피인수기업 주주들은 인수제안에 동의하지 않을 것이기 때문이다. 하지만 합병이 인수기업의 주주에게도 이득이 되었는지에 대해서는 의견이 분분하다. 실제로 인수기업의 경영진이 주주의 부를 극대화시키려는 목적 외에 다른 동기를 가지고 합병을 추진할 가능성도 존재한다. 예를 들어, 기업이 성장하면 일반적으로 경영진에게는 연봉인상은 물론 고용 보장, 특전, 권력, 명성 등이 수반되며 경영진은 단지 이와 같은 측면들 때

문에 합병을 원할 수도 있다.

인수합병 발표 전후로 나타난 주가변화를 조사해보면 합병으로 인해 누가 이득을 얻는지에 관한 상반된 견해들의 타당성을 평가할 수 있다. 인수기업 및 피인수기업의 주가변화는 합병으로 인해 창출된 가치가 얼마인지 그리고 두 기업이 어떻게 그 가치를 분배할 것인지에 관한 시장참여자의 견해를 나타낸다. 따라서 다수의 합병사례에서 주가의 움직임을 조사해보면 합병이득의 주체가 누구인지에 관한 의문을 풀 수 있다.

주가에 영향을 주는 요인에는 여러 가지가 있기 때문에 단순히 합병발표 전후의 주가변화를 분석하는 것만으로는 불충분하다. 예를 들어, 시장 전체가 상승하는 날에 합병이 발표된 경우, 피인수기업의 주가가 상승하였다고 해서 합병이 기업가치를 증진시킬 것이라고 예상할 수는 없는 것이다. 따라서 제반 연구들은 일반적인 주식시장의 변화로 인한 요인을 배제하고 합병요인들에 의해 발생한 **비정상수익**(abnormal return)을 조사하게 된다.

여러 연구에 의하면, 인수기업 및 피인수기업의 주가가 합병과 공개매수에 대해 반응하는 것으로 나타났다.[18] 이들 연구는 1960년 초반부터 현재까지의 거의 모든 공개기업의 합병을 포함하여 분석하였는데, 그 결과들은 놀라울 정도로 서로 일치하고 있다. 피인수기업의 주가는 적대적 공개매수에서 평균적으로 약 30% 증가하는 반면, 우호적 합병에서는 평균적으로 약 20% 증가하는 것으로 도출되었다. 그러나 인수기업의 주가는 적대적 및 우호적 협상 모두에서 평균적으로 변하지 않는 것으로 도출되었다. 그럼에도 불구하고 다음의 "대형 합병의 성과"라는 제목의 박스기사에 제시된 것과 같이, 개별 합병의 특성과 상황에 따라서 비정상수익에 많은 차이가 존재하며, 합병이 발표되는 시점에 인수기업의 주가가 하락하는 것도 전혀 비정상적인 상황이 아니다. 종합하면, (1) 기업인수는 가치를 창출하지만, (2) 피인수기업의 주주가 사실상 이 모든 이득을 차지한다.

사후적으로 생각해보면, 이러한 결과들은 전혀 놀라운 것이 아니다. 첫째, 피인수기업의 주주들은 항상 합병제안을 거절할 수 있기 때문이다. 그들은 협상의 열쇠를 쥐고 있다. 둘째, 인수는 일종의 경쟁게임이므로 만약 어느 인수기업이 피인수기업에게 충분히 높은 인수가격을 제시하지 않는다면, 일반적으로 다른 기업들이 더 높은 인수가격을 제시하면서 인수합병 경쟁에 참여할 수 있다. 끝으로, 인수기업의 경영진은 합병으로 인해 창출되는 가치를 모두 피인수기업에게 기꺼이 양보할 용의가 있다. 왜냐하면 합병으로 인하여 인수기업의 주주에게는 어떤 해도 끼치지 않으면서 경영진 자신

18) 합병이 주가에 미치는 영향을 탁월하게 정리한 다음의 논문을 참조하라. Michael C. Jensen and Richard S. Ruback, "The Market for Corporate Control: The Scientific Evidence," *Journal of Financial Economic*, April 1983, pp. 5-50.

대형 합병의 성과

학계에서는 오래전부터 인수기업의 주주들이 합병으로부터의 혜택을 거의 공유하지 못한다는 사실을 알고 있었다. 하지만 이런 중요한 정보가 미국 기업의 의사결정자에게 위안을 주는 것 같지는 않다. 1990년대는 좋지 않은 거래의 연속이었다. 이는 욕심 많은 경영자의 입장에서 명백히 무지의 결과이다.

비즈니스위크의 보도에 의하면 1995년부터 2001년까지 302개의 대형 합병을 분석한 결과, 61%의 합병이 인수기업의 주주에게 손실을 끼친 것으로 나타났다. 구체적으로 살펴보면, 합병 이후 첫 해에 이들 손실을 기록한 주주들의 수익률은 같은 산업 내 다른 기업보다 25%포인트가 낮은 것으로 조사되었다. 합병 이후 이익 또는 손실 여부와 상관없이 모든 합병기업의 평균 수익률은 산업평균보다 4.3% 낮았고, S&P 500 평균 수익률보다는 9.2% 낮게 조사되었다. 이 기사는 이와 같은 상황이 발생하는 이유로 다음 4가지 실수를 제시하였다:

1. 인수기업은 대개 비싼 금액을 지불했다. 일반적으로 인수합병으로 창출되는 모든 시너지를 피인수기업의 주주에게 넘겨주고 있었다.
2. 경영진은 합병으로부터 야기되는 시너지를 과대평가했다.
3. 경영진은 합병 후 두 기업의 영업을 통합하는 데 과도한 시간을 소비했으며, 이는 고객과 종업원 모두를 성가시게 했고, 인수합병에 따른 이득의 실현이 지연되었다.
4. 일부 기업은 비용절감을 위한 노력이 과도하여 매출감소와 생산기반의 약화를 초래했다.

그럼에도 불구하고 기업의 경영진이 시간의 경과에 따라 천천히 교훈을 얻었으며 평균적으로 입찰자가 인수합병 입찰에서 보다 향상된 성과를 산출하였다는 증거가 존재하기도 한다.[19] 또한 합병이 인수기업에 항상 유익한 것은 아니지만 피인수기업 주주의 일반적인 이익을 고려하면 대부분의 합병이 가치를 창출하는 경향이 있음을 명심하는 것이 중요하다. University of Chicago의 Steve Kaplan 교수는 합병가치의 창출에 대하여 다음과 같이 훌륭하게 요약하였다:

> "인수기업의 경영진이 거래를 성사시켰어야 했는지 여부에 관심이 있다면, 우리의 주요 관심사는 입찰자에게 발생할 수 있는 상황이다. 그러나 합병이 경제 전반에 유익한지 또는 사회 전체에 유익한지에 대하여 보다 신경을 쓴다면 올바른 초점은 합병이 창출하거나 파괴하는 결합된 가치이어야 한다."

출처: David Henry, "Mergers: Why Most Big Deals Don't Pay Off," *BusinessWeek*, October 14, 2002, pp. 60-70; Andre Annema, "M & A in 2012: Picking Up the Pace," *McKinsey on Finance*, McKinsey & Company, Spring 2013, pp. 20-22; and Steve Kaplan, "Forget What You've Read: Most Mergers Create Value," *Chicago Booth Review*(review.chicagobooth.edu), May 21, 2016.

의 개인적 지위를 향상시킬 수 있기 때문이다.

인수합병이 채권자의 희생을 대가로 주주의 부를 증진시키는 것이라는 주장이 제기되기도 한다. 특히 차입매수가 채권자의 청구권을 희석시킨다는 우려가 존재한다. 기업합병의 직접적인 결과로 채권 신용등급이 하락하고, 채권자들이 큰 손해를 입은 구체적인 사례를 소개할 수는 있지만 대부분의 연구에서는 채권 보유자가 기업합병으로 인하여 평균적으로 손해를 보았다는 주장을 입증하지는 못하고 있다.

19) Andre Annema, "M & A in 2012; Picking Up the Pace," *McKinsey on Finance*, McKinsey & Company, Spring 2013, pp. 20-22를 참고하라.

셀프 테스트

- 연구자가 합병이 주주의 부에 미치는 영향을 어떻게 조사할 수 있는지 설명하시오.
- 합병은 가치를 창출하는가? 만약 그렇다면 그 가치를 누가 수취하는가?
- 이번 절의 본문에서 소개한 연구결과가 논리적인 것으로 생각되는가? 설명하시오.

19-8 기업제휴

기업제휴 또는 전략적 제휴
합병에는 다소 못 미치는 협력 거래

합병은 두 기업이 힘을 합치는 하나의 방법이다. 하지만 많은 기업들은 합병과는 다소 차이가 있지만, **기업제휴**(corporate alliance) 또는 **전략적 제휴**(strategic alliance)로 정의되는 기업 간 협력을 위한 거래를 실행한다. 합병이 기업에 귀속된 모든 자산뿐 아니라 소유권과 경영노하우 모두를 결합하는 것인 반면, 제휴는 잠재적 시너지효과가 가장 큰 특정 사업 분야에 중점을 두어 기업 간 결합을 실행하는 것이다. 이러한 제휴는 단순 마케팅협정부터 글로벌 영업에서의 공동소유권까지 다양한 형태를 취하게 된다.

조인트벤처
두 개 이상의 기업이 특정의 한정된 목적을 달성하기 위해 기업의 가용 자원을 결합한 일종의 기업 제휴

기업제휴의 한 가지 형태는 **조인트벤처**(joint venture)인데, 이는 구체적이고 한정된 목적을 달성하기 위하여 기업의 일부분을 결합한 형태이다.[20] 조인트벤처는 두 개 또는 그 이상의 모기업에서 파견된 대리인들로 구성한 경영진에 의해 통제된다. 조인트벤처는 미국, 일본, 유럽 기업들이 기술과(또는) 마케팅노하우를 공유하기 위하여 종종 사용되었다. 예를 들어, 미국의 Whirlpool은 네덜란드의 대형 전자회사인 Philips와 유럽 5개국에서 Philips의 상호를 사용하여 가정용 기기를 생산한다는 내용의 조인트벤처를 발표하기도 했다.[21] 미국 기업들은 동종의 외국기업과의 조인트벤처를 통해서 유럽에서 든든한 교두보를 마련하기 위한 시도를 하고 있다. 제휴라는 것이 일부 기업에게는 생소한 것이기는 해도 어떤 기업에게는 그간 관행처럼 이루어지기도 했는데, 실제로 Corning Inc.은 1930년대에 조인트벤처를 통해서 기업을 운영한다는 정책을 펼치기 시작했다. 보다 최근의 사례로 (2020년 1월) Warner Brothers와 Universal Pictures는 DVD, 블루레이(Blu-ray), 결합 미디어 상품의 유통을 위한 간접비를 절감하기 위하여 가정오락부문에서 10년간의 기업제휴에 동의하였음을 발표하였다.

---

20) 교차라이센스(cross licensing), 컨소시엄(consortia), 공동입찰(joint bidding)과 프랜차이즈(franchising)는 여전히 기업들 간에 자원을 결합하는 방법들이다. 조인트벤처에 관해 더 많은 정보는 다음을 참고하라. Sanford V. Berg, Jerome Duncan, and Phillip Friedman, *Joint Venture Strategies and Corporate innovation*(Cambridge, MA; Oelgeschlager, Gunn and Hain, 1982).

21) Whirlpool과 Philips의 조인트벤처는 1988년에 시작되었는데, Whirlpool의 지분은 53%였다. 1991년에 Whirlpool은 Philips의 나머지 지분을 모두 매수한 이후 Whirlpool International의 100% 지분을 소유하게 되었다.

셀프 테스트

- 합병과 기업제휴의 차이점이 무엇인가?
- 조인트벤처란 무엇인가? 조인트벤처가 참여기업에게 이득이 되는 이유들을 제시하시오.

19-9 사모펀드(private equity fund: PEF)

차입매수(LBO)
현 경영진을 포함한 작은 투자자 그룹이 대규모의 부채를 발행하여 기업을 인수하는 것

모든 기업인수가 공개기업에 의해서만 이루어지는 것은 아니다. 최근 수년 동안 California Pizza Kitchen, On the Border, Outback Stakehouse, Neiman Marcus 등 다수의 기업이 사모펀드에 의하여 인수되는 사례가 점점 증가하고 있다. 사모펀드는 자금력이 풍부한 개인투자자들로부터 자본을 조달하여 수익성 높은 투자기회를 탐색한다. 선도적인 사모펀드로서는 TPG Capital, Goldman Sachs Principal Investment Area, The Caryle Group, Kohlberg Kravis Roberts(KKR), The Blackstone Group 등이 있다. 이와 같은 사모펀드들은 현재 경영진을 포함한 작은 수의 투자자 그룹을 구성하여 대량의 부채를 발행하고 기업을 인수하는 **차입매수**(leveraged buyout: LBO)에 참여하는 경우가 많다. 조달된 부채는 일반적으로 피인수기업의 영업으로부터 발생하는 현금흐름과 피인수기업 자산의 일부를 매각하여 상환된다. 인수그룹은 때로는 피인수기업을 수년간 운영하여 매출액과 수익을 대폭적으로 신장시킨 후 과거에 비하여 견고한 기업으로 탈바꿈시켜 다시 기업공개를 시도할 계획을 세우기도 한다. 또 다른 경우로 LBO기업은 타기업과 시너지효과를 유발할 수 있는 사업부를 매각할 계획을 세우기도 한다. 어떤 경우든 인수그룹은 LBO로부터 만족할 만큼의 충분한 수익을 실현할 것을 기대하지만, 높은 재무레버리지에 대한 의존도 때문에 내재된 위험이 매우 높을 수 있다.

셀프 테스트

- LBO란 무엇인가?
- LBO 시 발생하는 대규모의 부채 부담을 타개하기 위하여 기업은 일반적으로 어떤 행위를 하는가?

19-10 사업분할

비록 기업들이 생산성 높은 설비를 매수하는 경우가 매도하는 경우보다 더 많기는 하지만, 매도 또한 상당히 많이 발생하고 있다. 이번 절에서는 사업분할의 주요 종류를 간단히 소개한 후 몇 가지 사례와 사업분할이 발생하는 동기를 살펴본다.

19-10A 사업분할의 형태

사업분할
기업의 영업자산을 매도하는 것

스핀오프
자회사의 주식을 모회사의 주주에게 제공하는 사업분할의 형태

카브아웃
자회사의 소수 주주지분을 새로운 주주에게 매도하는 것. 모기업은 경영지배권은 유지하면서 신규 자기자본을 조달하게 된다.

청산
사업부의 자산을 하나의 단위가 아닌 여러 개의 조각으로 매각하는 행위

사업분할(divestitures)에는 네 가지 종류가 있다. (1) 하나의 영업 단위를 다른 기업에 파는 것, (2) 사업부를 별개의 기업으로 처분하기 위한 준비를 한 후 이어 이를 매각기업의 주주들에게 '스핀오프'를 하는 것, (3) 앞의 스핀오프까지 동일한 단계를 거치지만 주식의 일부만을 파는 것, (4) 자산을 전부 청산하는 것.

다른 기업에 파는 것의 의미에는 일반적으로 사업부 전체 또는 일부 사업부를 파는 것을 포함하며, 보통 현금을 받으나 인수기업의 주식을 받기도 한다. **스핀오프**(spin-off)에서 기업의 기존 주주는 매각된 사업부문에 대해 독립적인 소유권을 표시하는 주식을 받는다. 이 사업부문은 그 자체의 이사회와 경영진을 갖추고 있으며, 사실상 별도의 기업조직이다. 주주들은 하나의 기업이 아니라 이제 두 기업의 주식을 소유하게 되며, 다만 현금이 이전되지는 않는다. **카브아웃**(carve-out)은 기업의 자회사 중에서 소수의 지분을 새로운 주주에게 매도하는 것으로서, 이를 통해서 모기업은 경영지배권은 유지하면서 새로운 자기자본을 조달하게 된다. 마지막으로 **청산**(liquidation)은 사업부문의 자산을 하나의 영업단위가 아닌 작은 단위로 분할하여 매도하는 것이다. 다음 절에서는 사업분할의 다양한 종류를 보여주기 위해, 세간에 알려진 유명한 사례를 통해서 소개한다.

19-10B 사업분할 사례

과거 수십 년에 걸쳐 세간의 주목을 받은 수많은 사업분할이 발생했다. <표 19.4>는 2005년 이후의 최대 규모의 스핀오프를 정리한 것이다.

보다 장기간에 걸쳐서 살펴보면 기업지형을 변화시킨 매우 주목할 만한 사업분할 사례가 존재한다. 주요 사례는 다음과 같다:

1. Pepsi는 Pizza Hut, Taco Bell, Kentucky Fried Chicken을 포함하는 패스트푸드 사업부를 스핀오프했다. 스핀오프된 사업부는 Tricon Global Restaurants란 이름으로 운영된다(추후 Yum! Brands Inc.로 변경). Pepsi가 원래 이 체인을 인수한 것은 소프트음료의 유통채널을 증가시키기 위해서였다. 하지만 시간이 지나면서

〈표 19.4〉 2005년 이후 대형 기업분할 대표적 사례

연도	모기업	기업분할	시장가치($10억)
2008	Altria Group	Philip Morris Int'l	$106.6
2013	Abbott Labs	AbbVie	64.0
2019	DowDuPont	Dow	52.4
2015	eBay	PayPal	47.0
2007	Altria Group	Kraft Foods	46.2
2019	Naspers	Prosus	34.5
2006	Viacom[a]	Viacom	32.2
2019	Novartis	Alcon	31.4
2012	Kraft Foods[b]	Kraft Foods Group	26.9
2015	Hewlett Packard	Hewlett Packard Enterprise	26.0
2009	Time Warner	Time Warner Cable	22.5
2007	Tyco Int'l	Covidien	21.5
2007	Duke Energy	Spectra Energy	20.8
2012	ConocoPhillips	Phillips 66	20.7

주: a CBS Corporation으로 사명 변경
b Mondelez International으로 사명 변경

출처: "M&A Highlights: Full Year 2019," *Dealogic*(dealogic.com/insight/mahighlights-full-year-2019/), January 2, 2020; Joe Cornell, "Hewlett-Packard Completes Spin-off of Enterprise Business," *Forbes* (forbes.com/sites/joecornell/2015/11/03/hp-hpq-completes-spin-off-of-enterprise-business/#7b835441b4a6/), November 3, 2015; Rebecca Borison, "PayPal Spinoff Day Has Arrived—What Does It Mean for Investors?" *TheStreet*(thestreet.com/technology/paypal-spinoff-day-is-here-what-does-it-mean-for-investors-13222445/), July 20, 2015; and Greg Bensinger, David Benoit, and Daisuke Wakabayash, "Ebay to Split as Apple, Others Prepare to Challenge PayPal," *The Wall Street Journal*(wsj.com), September 30, 2014.

Pepsi는 소프트음료와 외식업은 전혀 다르고 두 사업 간에 시너지는 예상보다 낮다는 것을 깨닫기 시작했다. 이 스핀오프는 Pepsi가 핵심사업에 주력하기 위한 일환으로 시도되었다. 하지만 Pepsi는 3개의 스핀오프 체인 각각에 독점적으로 Pepsi 제품을 공급한다는 장기계약에 서명함으로써 유통채널을 유지하려 노력할 것이다.

2. United Airlines는 자회사 Hilton International Hotels를 영국의 Ladbroke Group PLC에 $11억에, 그리고 Hertz 렌트카를 Westin hotel group에 각각 매각하였다. 이 매각은 풀서비스 여행제국을 구축하려는 United Airlines의 형편없는 전략의 종말을 의미하는 것이었다. 이 실패한 전략으로 인해 그 당시 기업의 이사회 의장이던 Richard J. Ferris는 해고되었다.
3. General Motors(GM)는 자회사 Electronic Data Systems(EDS)를 스핀오프하였다. 이 기업은 1962년 Ross Perot가 설립한 컴퓨터서비스 기업으로서 1984년

GM에 의해 인수될 때까지 독립기업으로 번창했다. 인수의 동기는 EDS의 전문 기술이 정보시대에 GM의 운영을 돕고 최첨단 컴퓨터 기술이 장착된 자동차를 생산하기 위함이었다. 하지만 데스크톱 컴퓨터의 보급과 내부 컴퓨터 인력을 축소하려는 기업의 움직임으로 인해 EDS의 비GM 사업이 크게 확장되었다. GM의 소유하에 있음으로 해서 제휴관계를 구축하고, 사업양해를 성사시키는 것이 힘들게 되었다. EDS가 산업 내에서 경쟁력을 유지하기 위한 최선의 방법은 스핀오프되어 독립기업으로 남는 것이다.

4. AT&T는 1970년대 법무부가 제기한 반독점소송의 합의과정에서 1983년에 해체되었다.[22] 이와 같은 기업분할은 경쟁을 강화하여, 독점이 아니었던 정보통신사업의 해당 부문의 기술혁신을 가속화시키려는 의도로 고안된 것이었다. 2005년 11월 8일에 모순적으로 과거 최초의 Bell Telephone Co.에 뿌리를 둔 SBC Communications가 AT&T를 $160억에 인수하였다. '새로운' 기업, AT&T Inc.는 글로벌 정보통신회사이다.

근래에(2020년 10월)에 IBM은 매출액 $190억의 정보기술인프라서비스 부문을 매각할 계획을 발표했다. 이와 같은 공시는 투자자들과 애널리스트들로부터 긍정적으로 평가되어 매각 발표 후 6%의 가격인상에 반영되었다. 본 사업분할의 목표는 IBM 성장사업 부문에 재집중하려는 기업의 전략을 반영한다.[23] 앞에서 살펴보았듯이, 사업분할의 이유는 매우 다양하다. 증권분석가와 투자자에게 있어, 기업이 생소한 것을 시작하는 것보다 평소에 하던 것을 계속 고수하는 경우 더 안도감을 준다. Pepsi와 United Airlines의 사업분할이 바로 이런 예에 해당한다. 또 다른 경우로서, 주력사업 부문을 확장하거나 과다한 부채 부담을 감소시키기 위해, 사업분할을 통해 현금을 조달할 수 있다. 사업분할은 기업 경영이 역동적인 과정이라는 것을 보여준다. 즉, 상황이 변화하면 그에 맞춰 기업경영전략이 수정되며, 따라서 그 결과 기업은 인수와(또는) 사업분할을 통하여 자산포트폴리오를 재조정한다.

셀프 테스트

- 사업분할의 4가지 종류를 제시하고 이를 간략히 설명하시오.

---

22) 강제로 사업분할된 또 하나의 사례는 DuPont과 GM이 관련된 것이다. 1921년 GM이 심각한 경영난에 처했을 때 DuPont이 자금을 제공하는 조건으로 GM 주식을 23% 소유하게 되었다. 하지만 1950년대에 DuPont이 GM의 주식을 분할할 것을 요구하는 반독점 소송에서 법무부가 승소하게 된다.

23) Asa Fitch, "IBM Split Doesn't Guarantee a Speedy Recovery, History Suggests," *The Wall Street Journal*(wsj.com), October 10, 2020을 참고하라.

단원 종합

이 장에서는 합병, 사업분할 및 LBO에 대해 논의하였다. 이 장에서 논의한 대부분의 내용은 합병에 관한 것이었다. 우리는 합병이 발생하는 동기, 합병의 다양한 형태, 합병의 단계 및 합병분석 등을 다루었다. 피인수기업의 가치를 평가하기 위한 방법으로서 할인현금흐름법과 시장배수분석법을 어떻게 사용하는지 제시하였다. 또한 인수기업이 어떤 전략으로 매수에 임하는지, 그리고 투자은행이 합병의 진행과 자금조달 측면에서 수행하는 역할 등에 대해 설명하였다. 끝으로 우리는 합병 수준에는 미치지 못하지만, 두 개의 협력방안으로 전략적 제휴와 조인트벤처를 다루었다.

자가진단 질문과 문제

ST-1 **[핵심용어]** 다음의 용어를 정의하라.

a. 시너지, 합병

b. 수평적 합병, 수직적 합병, 동종산업 합병, 이종산업 합병

c. 우호적 합병, 적대적 합병, 방어적 합병, 공개매수, 피인수기업

d. 영업합병, 재무합병, 지분잔여법, 시장배수분석

e. 백기사, 백지주, 포이즌필, 황금낙하산

f. 차익거래

g. 조인트벤처, 기업제휴, 전략적 제휴

h. 사업분할, 스핀오프, 차입매수(LBO), 카브아웃, 청산

ST-2 **[합병가치]** Pizza Place는 전국적 규모의 피자 체인점으로서 이보다 작은 규모의 체인점인 Western Mountain Pizza를 매수할 것을 고려하고 있다. Pizza Place의 분석에 의하면, 합병으로 인해 첫해에 $150만, 두 번째 해에 $200만, 세 번째 해에 $300만, 네 번째 해에 $500만의 추가 현금이 발생할 것으로 예상하고 있다. 또한 이후 추가 현금흐름은 5%의 일정한 비율로 증가할 것으로 예상된다. 모든 현금흐름은 연도 말에 발생하고, 인수는 착수하는 즉시 완료된다고 가정한다. Western의 합병 후 베타계수는 1.5로 추정되고, 합병 후 법인세율은 25%이다. 또한 무위험이자율은 6%, 시장위험프리미엄은 4%이다. Pizza Place의 입장에서 Western Mountain Pizza의 가치는 얼마가 되겠는가?

질문

19-1 합병에 대한 네 가지 경제적 분류는 (1) 수평적 합병, (2) 수직적 합병, (3) 동종산업 합병, (4) 이종산업 합병이다. 합병분석을 하는 데 있어서 (a) 정부의 개입 가능성과 (b) 영업시너지의 발생가능성 측면에서 이들 네 가지를 평가하라.

19-2 A기업은 B기업을 인수하려 한다. B기업의 경영진은 이 합병에 대해서 동의하는 입장이다. A기업이 공개매수를 사용할지 여부에 대해서 판단하라. 판단에 대한 근거는 무엇인가?

19-3 영업합병과 재무합병을 비교하여 설명하라.

19-4 1984년 봄에 Disney의 주식은 약 $3.125에 거래되고 있었다(주가는 1986년과 1992년의 4:1 주식분할을 조정한 것이다). 그 당시 Saul Steinberg라는 뉴욕의 금융업자가 그 주식을 매수하고 있었다. 전체 주식의 12%를 매수한 후, 그는 37% 분량의 주식을 추가적으로 공개매수(tender off)할 것이라고 발표하였다. 매수가격은 주당 $4.22였고 이것이 성사될 경우 그는

총 49%의 지분을 소유하게 된다. Disney의 경영진은 그때 Gibson Greeting Cards를 매수할 계획이며, 그 비용을 주식으로 지불할 것이라고 발표하였다. 또한 Steinberg에 따르면, Disney는 은행으로부터 $20억을 차입할 계획이고, 이 자금으로 Steinberg가 제시한 것보다 높은 가격으로 자사주를 매입할 것이라고 하였다. 이 모든 시도는 Steinberg에게 경영권을 넘기지 않으려는 목적으로 계획된 것이었다. 같은 해 6월에 Disney의 경영진은 Steinberg에게 주당 $4.84의 가격으로 주식을 매수한다고 합의하였는데, 이로 인해 그는 2개월간 약 $2,650만의 투자를 통해서 약 $6,000만의 이득을 얻었다.

Disney가 Steinberg의 주식을 재매입한다는 사실이 발표되자마자 주가는 거의 동시에 $4.25로부터 $2.875로 급락하였다. 많은 Disney 주주들은 이에 격분하였고, 이러한 매입을 저지하기 위한 소송을 제기하였다. Disney의 이러한 행위는 당시 관련 법안에 대해 공청회를 열고 있는 의회의 위원회 활동에 있어서 불길에 기름을 끼얹는 격이었다. 당시 의회에 제안된 법안의 골자는 다음과 같다. (1) 그 누구도 남아 있는 전체 주식 중에서 공개매수를 하지 않고 주식의 10% 이상을 매수할 수 없다. (2) Disney 경영진이 Steinberg로부터 경영권을 방어하기 위해 취했던 포이즌필 전략을 금지한다. (3) 투표에 의한 주주의 동의가 없는 한, Steinberg에게 제공했던 것 같은 재매입(그린메일)을 금지한다. (4) 황금낙하산(Disney의 경영진은 사용하지 않았다)의 사용을 제한하거나 또는 실질적으로 축소한다.

이와 같은 법안에 대해 찬성과 반대되는 주장을 제시하라. 필요한 경우 어떠한 조항이 법안에 포함되어야 한다고 생각하는가? 또한 이 회사의 주주들이 어떠한 성과를 거두었는지 현재 시점의 주가 추이를 살펴보기 바란다. 참고로 Disney의 주식은 1998년 7월에 3:1, 2007년 6월에 1,014:1,000의 비율로 주식분할된 것이다.

19-5 두 개의 대형 공개기업이 합병을 고려하고 있다. 영업시너지는 없을 것으로 예상하고 있다. 하지만 두 기업의 수익이 완전한 양의 상관관계에 놓여 있지 않기 때문에 합병할 경우 이익의 표준편차가 감소할 것으로 보고 있다. 어떤 부류의 컨설턴트들은 위험감소는 합병의 충분한 근거가 된다고 주장하고 있고, 또 다른 부류의 컨설턴트들은 이런 주장이 터무니없다고 말한다. 왜냐하면 굳이 번거롭게 비용을 들여 합병할 필요없이 주주들은 두 기업의 주식을 보유함으로 인해 위험감소효과를 볼 수 있기 때문이라는 것이다. 두 주장 중 어느 입장이 옳은가? 설명해 보라.

문제

다음의 자료는 문제 19-1, 19-2, 19-3에 적용된다.

Harrison Corporation은 Van Buren Corporation을 인수하는 데 관심이 많다. 무위험이자율은 4%이고, 시장위험프리미엄은 5%이다.

초급 문제 1~3

19-1 **[가치평가]** Van Buren은 현재 주당 $1.99의 배당금을($d_1 = 1.99$) 연말에 지급할 것으로 예상된다. Van Buren의 배당금은 매년 5%의 고정된 비율로 성장할 것으로 기대되고, 이 기업의 베타계수는 0.8이다. Van Buren의 현재주가는 얼마인가?

19-2 **[합병가치]** Harrison은 Van Buren을 인수할 경우, 연말 배당금은 주당 $1.99로 동일하겠지만 이후 배당금은 매년 7%의 비율로(현재의 5% 대신) 성장할 것으로 추정하고 있다. 또한 Harrison은 인수 후에 Van Buren의 부채비율을 늘릴 계획으로 있는데, 그 경우 Van Buren의 베타계수는 1.05로 증가한다고 한다. Harrison Corporation에게 있어서 Van Buren의 1주당 가치는 얼마인가?

19-3 **[합병의 제시가격]** 앞의 문제 19-1과 19-2를 토대로 하여, 만약 Harrison이 Van Buren을 인수한다면, Van Buren의 보통주 1주당 Harrison이 제시할 수 있는 가격 범위는 어떻게 되는가?

중급 문제 4~5

19-4 **[합병분석]** Aubey Appliance Corporation은 Velmore Vaccum Company를 합병할 것을 검토하고 있다. Velmore는 공개기업으로서 현재 베타계수는 1.30이다. Velmore는 최근 거의 이익을 내지 못하고 있으며 따라서 최근 몇 년간 평균 20%의 세율을 유지하고 있다. 이 기업은 또한 부채를 많이 사용하지 않아 부채비율은 단지 25%에 불과하다.

합병이 성사될 경우 Aubey는 Velmore를 독립적인 자회사로 운영할 계획이다. Aubey는 연결재무제표에 기초하여 법인세를 납부할 것이며 따라서 법인세율은 25%로 증가할 것으로 보고 있다. Aubey는 Velmore의 부채비율을 40%로 늘릴 계획인데, 따라서 베타계수는 1.54로 증가할 것으로 예상된다. Aubey의 인수부서에서 추정에 따르면, 인수 후에 Velmore는 다음과 같은 현금흐름을 Aubey의 주주에게 제공할 것으로 예상된다(단위: 100만 달러).

연도	현금흐름
1	1.25
2	1.45
3	1.65
4	1.85
5년 및 이후	6%의 고정비율로 계속 성장함

이와 같은 현금흐름은 인수효과가 포함되어 있다. Aubey의 자기자본비용은 14%, 베타계수는 1.0, 부채비용은 10%이고, 무위험이자율은 9%이다.

a. 앞의 추정현금흐름을 할인하는 데 사용하는 할인율은 얼마인가? (힌트: 시장위험프리미엄을 계산할 때 Aubey의 r_s를 사용하라.)

b. Aubey에게 Velmore의 가치는 몇 달러인가?

c. Velmore의 보통주 발행주식 수는 150만 주이다. Aubey가 Velmore에게 인수가격으로 제시할 수 있는 최대금액은 얼마인가? 만약 그 가격으로 공개매수가 진행될 경우 Aubey의 주식가격은 어떻게 변화하겠는가?

19-5 **[자본예산 분석]** Stanley Stationery Shoppe는 Carlson Card Gallery를 $450,000에 인수하기를 원한다. Stanley는 합병을 통해서 향후 10년 동안 매년 $70,000의 추가적인 이익이 나타날 것으로 보고 있다. Ken Stanley의 계산에 의하면 이 투자에 대한 한계자본비용은 8%이다. 자본예산분석을 통해서, Stanley가 Carlson Card Gallery를 매수하는 것이 경제적으로 타당한지의 여부를 판단하라.

고급 문제 6

19-6 **[합병분석]** TransWorld Communications Inc.은 대형 정보통신업체로서 지역케이블 회사인 Georgia Cable Company(GCC)를 인수하는 것이 타당한지 여부를 검토하고 있다. TransWorld의 분석에 따르면, 합병 후 GCC 관련 자료가 다음과 같이 나타날 것으로 보고 있다(단위: 1,000달러).

		2021	2022	2023	2024
매출액		$450	$518	$555	$600
판매관리비용		45	53	60	68
이자비용		18	21	24	27
합병 후 법인세율	25%				
매출액 대비 매출원가 비율	65%				
합병 후 베타계수	1.60				
무위험수익률	8%				
시장위험프리미엄	4%				
TransWorld에게 가용한 현금흐름의 지속적 성장률	7%				

인수가 실행된다면, 이는 2021년 1월 1일에 인수효과가 재무제표에 표시될 것이다. 손익계산서상의 모든 현금흐름은 당해 연도 말에 발생한다고 가정한다. GCC는 현재 40%의 부채비율을 보이고 있는데, TransWorld는 인수 후에 이를 50%로 늘릴 예정이다. GCC는 독립기업인 경우 20%의 세율을 적용받지만 결합될 경우 세율은 25%가 된다. 시장에서 결정된 GCC의 베타계수는 현재 1.40이지만, 만약 부채비율이 50%로 증가할 경우 투자은행은 이 기업의 베타계수가 1.60으로 커질 것으로 보고 있다. 제품원가는 매출액 대비 65%이지만 다소 변동할 수도 있다. 감가상각적립금은 노후장비를 교체하기 위해 사용될 예정이므로 이 자금은 TransWorld의 주주들에게 가용한 자금이 아니다. 무위험이자율은 8%이고 시장위험프리미엄은 4%이다.

a. 인수를 평가하기 위해 사용될 적절한 할인율은 얼마인가?
b. 잔존가치(continuing value)는 얼마인가?
c. TransWorld에게 있어서 GCC의 가치는 얼마인가?

종합계산문제

19-7 **[합병분석]** 문제 19-6을 스프레드시트 모형을 활용하여 다음 질문에 답하라:

a. GCC의 기발행 보통주는 120,000주라고 가정하자. TransWorld가 GCC에게 제시해야 하는 최대 주가는 얼마인가?

통합사례

SMITTY'S HOME REPAIR COMPANY

19-8 **[합병분석]** DIY 재료 및 장비대여를 전문으로 하는 지역 하드웨어 체인인 Smitty's Home Repair Company는 몇 년 연속 호황을 누리며 현금보유가 풍부하다. 초과 현금보유의 대체용도 중 하나는 기업 인수이다. Smitty's의 재무담당이자 당신의 상사인 Linda Wade는 잠재적인 인수 목표 기업으로 인접 주의 소규모 하드웨어 체인 운영사인 Hill's Hardware 가치를 평가해 달라는 요청을 받았으며 당신의 도움을 요청했다.

<표 IC 19.1>은 Smitty's가 관리하는 경우 Hill's의 잠재적 수익에 대한 Wade의 추정치를 제시한다(백만 달러 단위). 이자비용에는 (1) Hill's의 기존 부채에 대한 이자, (2) Smitty's가 인수자금을 조달하기 위해 발행할 신규 부채에 대한 이자, (3) 피인수기업(인수목표기업)에 부여된 코드명인 신규 "H부문"의 확장을 위하여 발행될 예상 신규 부채에 대한 이자가 포함된다.

현재 Hill's Hardware의 부채비율은 40%이며 연방 및 주 한계법인세율은 20%이다. 주식애널리스트들은 Hill's의 베타를 1.25로 추정한다. 인수가 이루어지면 Smitty's는 Hill's의 부채비율을 50%로 높이고 Hill's 베타를 1.43으로 증가시킬 것이다. 또한 Smitty's는 수익성이 높기 때문에 연결회사에 대한 세금은 25%가 된다. Wade는 Hill's Hardware가 감가상각 현금흐름을 생성한다는 것을 알고 있지만, 그녀는 이러한 자금이 노후된 장비를 교체하기 위해 부서에 재투자되어야 한다고 생각한다.

Wade는 무위험이자율이 9%이고 시장위험프리미엄이 4%라고 추정한다. 그녀는 또한 2024년 이후 현금흐름이 6%의 일정한 비율로 증가할 것으로 추정한다. Smitty's의 경영진은 합병게임을 처음 접했기 때문에 Wade는 합병에 대한 몇 가지 기본적인 질문에 답하고 합병분석을 수행하라는 요청을 받았다. 작업을 구성하기 위해 Wade는 다음과 같은 질문을 제시하였다. 이들 질문에 답한 다음 Smitty's의 이사회에서 합병의 필요성을 설득할 수 있어야 한다.

a. 합병의 필요성을 합리화하기 위해 몇 가지 이유가 제안되었다. 주요 이유는 다음과 같다: (1) 법인세의 고려, (2) 위험 감소, (3) 기업 통제, (4) 대체비용 미만으로 자산 매입, (5) 시너지. 일반적으로 경제적으로 합당한 이유는 무엇인가? 경제적으로 합당하지 않은 이유

는 무엇인가? 당면한 상황에 맞는 이유는 무엇인가? 설명하시오.

b. 적대적 합병과 우호적 합병의 차이점을 간략하게 설명하시오.

c. <표 IC 19.1>에서 제시된 자료를 활용하여 2021년–2024년까지 H부서의 현금흐름표를 작성하라. 이자비용이 일반적인 자본예산 현금흐름분석에서는 공제되지 않는 반면 합병 현금흐름표에서 공제되는 이유는 무엇인가? 현금흐름표에서 이익유보금이 차감되는 이유는 무엇인가?

d. 개념적으로, 문항 c에서 제시된 현금흐름에 적용할 적절한 할인율은 무엇인가? 이 할인율의 실제 추정치는 얼마인가?

e. 인수의 추정 계속가치는 얼마인가? 즉, 2024년 이후에 H부문 현금흐름의 추정가치는 얼마인가? Smitty's에 대한 Hill's의 가치는 얼마인가? 다른 회사가 Hill's를 피인수기업 후보로 평가하고 있다고 가정하자. 다른 기업은 Hill's의 인수로 동일한 가치를 얻을 수 있는가? 설명하시오.

f. Hill's가 1천만 주를 발행했다고 가정하자. 이 주식은 비교적 드물게 거래되지만 몇 주 전에 이루어진 마지막 거래는 주당 $12.50이었다. Smitty's가 Hill's에 인수제안을 해야 하는가? 제안을 한다면 주당 얼마를 제시해야 하는가?

g. 투자은행은 기업 간 인수합병과 관련하여 어떤 역할을 수행하는가?

〈표 IC 19.1〉 합병분석을 위한 Hill's Hardware 추정자료

	2021	2022	2023	2024
매출액	$60.0	$90.0	$112.5	$127.5
매출원가(60%)	36.0	54.0	67.5	76.5
판매관리비용	4.6	6.0	7.4	9.0
이자비용	3.0	4.4	4.4	6.0
필요 유보이익	0.0	7.5	6.0	4.5

찾아보기

ㅇ

B

저자 소개

Eugene F. Brigham

Eugene F. Brigham 박사는 1971년부터 플로리다 대학교에서 재직했고 현재는 이곳에서 명예교수로 있다. Brigham 교수는 MBA와 PhD 학위를 캘리포니아 대학교 버클리 캠퍼스에서 받았으며, 학부 학위는 노스캐롤라이나 대학교에서 받았다. 플로리다 대학교에 오기 전에 Brigham 교수는 코네티컷 대학교, 위스콘신 대학교, 캘리포니아 대학교 로스앤젤레스 캠퍼스에서 강의했다. Brigham 교수는 미국 재무관리학회의 회장을 역임했고 자본비용과 자본구조 및 기타 재무관리 주제로 수많은 학술 논문을 저술했다. 그는 또 미국의 1,000개 이상의 대학에서 교재로 사용되고 있고 11개국 언어로 번역된, 기업재무 및 관리경제학과 관련한 10권의 대학교재를 단독 또는 공동으로 저술했다. 그는 연방법원과 주법원에서 전기, 가스 및 전화료 관련 여러 소송에서 법원감정인 자격으로 활동했다. 그는 또 여러 기업과 FRB, FHLBB, 통신정책 랜드 연구소(U.S. Office of Telecommunications Policy RAND Corporation)의 미국 사무소 등 여러 기업과 정부기관에서 자문을 수행했다. 그는 여가시간을 골프로 즐기거나, 가족 및 애견과 같이 보내며, 알래스카에서 자전거를 타는 등 다양한 야외 모험활동을 즐긴다.

Joel F. Houston

Joel F. Houston은 플로리다 대학교의 재무교수(Eugene F. Brigham Professor of Finance)이다. 그는 펜실베이니아 대학교의 와튼스쿨에서 MA와 PhD 학위를 받았고 학사학위는 프랭클린마샬 대학교에서 받았다. Houston 교수가 플로리다 대학교에 오기 전에는 필라델피아의 FRB에서 경제학자로 근무했다. 주된 연구분야는 기업재무와 금융기관론이며 그의 학술논문은 *The Journal of Finance*, *Journal of Financial Economics*, *Journal of Business*, *Journal of Financial and Quantitative Analysis*, *Journal of Accounting Research*, *Financial Management* 등 다수의 최고권위 학술지에 게재되었다. Houston 교수는 현재 *The Journal of Financial Services Research*, *The Journal of Financial Economic Policy* 등에서 부편집인으로 봉사하고 있다. 1987년 플로리다 대학교에 부임한 이후 Houston 교수는 25개의 우수강의상을 수상했고 학부와 대학원에서 활발하게 교육을 담당하고 있다. Houston 교수는 이외에 재무관리 분야의 대학교재를 공동 저술했고, PURC/World Bank Program, Southern Company, Exelon Corporation, Volume Services America 등의 경영교육 프로그램에 참여하고 있다. 그는 골프와 헬스, 그리고 아내(Sherry)와 두 자녀(Chris와 Meredith) 및 손자(Teddy)와 시간 보내기를 즐긴다. 그는 스포츠팀 플로리다 게이터스, 피츠버그 스틸러스, 피츠버그 파이리츠, 피츠버그 펭귄스의 열광적인 팬이다.

역자 소개

이현석

고려대학교 경영대학 경영학과 학사
고려대학교 대학원 경영학 석사
고려대학교 대학원 경영학 박사(Ph.D. in Finance)
현) 성신여자대학교 사회과학대학 경영학부 교수
한국금융공학회 회장 역임

남두우

서울대학교 경제학과 학사
Syracuse University 경영학 석사(MBA)
University of Alabama 경영학 박사(Ph.D. in Finance)
현) 인하대학교 경영대학 글로벌금융학과 교수
University of Southern Mississippi 경영학과 조교수 역임

김범

고려대학교 교육학과 학사
University of Georgia 통계학 석사, Georgia State University 보험위험관리 석사
University of Alabama 경영학 박사(Ph.D. in Finance)
현) 숭실대학교 경영대학 금융학부 교수, 한국리스크관리학회 학회장
한국파생상품학회 학회장, University of Minnesota 교수, California State University 교수 역임

서지용

고려대학교 사회학과(부전공: 행정학) 학사
University of Illinois at Urbana-Champaign 경영학 석사(MBA)
고려대학교 경영학 박사(Ph.D. in Finance)
현) 상명대학교 경영경제대학 경영학부 교수
상명대학교 경영경제대학장, 한국신용카드학회장, 한국산업경제학회 편집위원장 역임

정병욱

고려대학교 경영대학 무역학과 경영학사
고려대학교 대학원 무역학과 경영학 석사
Ohio State University 경제학 석사
Krannert School of Management Purdue University 경제학 박사
현) 서울시립대학교 경영대학 경영학부 교수
이화여대 경영대학 경영학부 및 University of Technology-Sydney 재무학부 교수 역임

Brigham의 재무관리

2022년 8월 16일 인쇄
2022년 9월 1일 발행

저 자 Eugene F. Brigham / Joel F. Houston
역 자 이현석 · 남두우 · 김범 · 서지용 · 정병욱
발행인 김광범
발행처 도서출판 시대가치
주 소 서울특별시 마포구 토정로 222, 422-1호(한국출판콘텐츠센터)
전 화 02)3152-2620
팩 스 02)6442-2621
등 록 2017년 3월 23일 제2018-000088호
이메일 timepub2017@gmail.com

정가 43,000원 ISBN 979-11-89607-65-4 (93320)